www.ingramcontent.com/pod-product-compliance
Lightning Source LLC
Chambersburg PA
CBHW050643150426
42813CB00054B/1168
9781951948023

ספר

הלכתא ברורה

מסכת סוכה

כולל כל הלכות סוכה ולולב

ושאר ההלכות הנמצאות על הדף

שבשו"ע ובמשנה ברורה

בשילוב תמצית דברי הביאור הלכה והשער הציון

מסודרות על הדף ע"פ ציוני ה'עין משפט'

בתוספת מקורות של הבאר הגולה

לאסוקי שמעתתא אליבא דהלכתא

ספר זה
וכן ספרי חזרה ברורה: ג' כרכים על כל ו' חלקי משנה ברורה
ניתן להשיג אצל:
"עם הספר" י. לעוויץ 0047 -377-718
יעקב בלוי 05-266-6245

ספר הלכתא ברורה על מסכת ברכות
ספר הלכתא ברורה על מסכת שבת
ספר הלכתא ברורה על מסכת פסחים
ספר הלכתא ברורה על מסכת ר"ה ויומא
ספר הלכתא ברורה על מסכת ביצה ומועד קטן
ספר הלכתא ברורה על מסכת תענית מגילה וחנוכה
ספרי חזרה ברורה על יורה דעה: ב' כרכים
ספר חזרה ברורה על דיני חושן משפט ע"פ הסדר של הקשו"ע
עם שאר הספרים המוזכרים למעלה
ניתן להשיג ע"י: www.chazarahmp3.com

1139 East 12th St.
Brooklyn, NY 11230
718 - 646 - 1243
info@chazarahmp3.com

בית דין צדק
לכל מקהלות האשכנזים
שע"י "העדה החרדית"
פעיה"ק ירושלם תובב"א
רח' שטראוס 26/א

BETH DIN TZEDEK
OF THE ORTHODOX
JEWISH COMMUNITY
26\A STRAUSS ST.
JERUSALEM

ת.ד. P.O.B 5006 טל. TEL 02-6236550 פאקס FAX 02-6221317

ב"ה

הסכמת הביד"צ שליט"א

נודע בשערים המצוינים בהלכה גודל ענין החזרה והשינון לדעת את הדרך ילכון בה ואת המעשה אשר יעשון בפרט בהלכתא רברבתא כהלכות שבת וכדו' אשר לפעמים נצרך להם ואין פנאי לחפש מקורו בספר, וע"כ בואו ונחזיק טובה להאי גברא יקירא הרה"ג ר' אהרן זליקוביץ שליט"א מעיר נ"י, אשר ערך ספר "חזרה ברורה" לפי סדר המשנה ברורה לחזור ולשנן הלכות שבת תחומין ועירובין שבמשנ"ב חלק ג' וד'.

והנה עבר על הספר ידידינו הגאון רבי חיים יוסף בלויא שליט"א מו"צ פעיה"ק רב שכו' פאג"י ומרבני ועד השחיטה דעדתינו, ומעיד כי הספר בנוי לתלפיות לתועלת ללומדים לשינון וחזרה, ע"כ אף ידינו תכון עמו לחלקו ביעקב ולהפיצו בישראל, והרוצים לידע את המעשה אשר יעשון עליהם לעיין בפנים הספר משנה ברורה ובהלכה, וכידוע מפי הפוסקים שאין לסמוך על ספרי הקיצורים ללא לימוד מקור הדברים בעיון כדת של תורה.

מי יתן וחפץ ה' בידיו של המחבר יצליח להגדיל תורה ולהאדירה מתוך שמחה ונחת וברכת ה' מלא, עדי נזכה לביאת גוא"צ אשר אליו מייחלים עינינו בקרוב הימים בב"א.

וע"ז באעה"ח ביום ז"ך לחודש תמוז - בין המצרים יהיה לששון ולשמחה - תשע"ה לפ"ק הביד"צ דפעיה"ק ת"ו

נאם יצחק טוביה ווייס – גאב"ד

נאם משה שטרנבוך – ראב"ד

נאם אברהם יצחק אולמאן

נאם נפתלי ה' פרנקל

קיבלנו בעד ספר "חזרה ברורה" על משנה ברורה

הרה"ג רב עזריאל אוירבאך שליט"א

בס"ד

Rabbi Azriel Auerbach
Rabbi of "Chaniche Hayeshivot"
53 Hapisga St., Bayit Vegan, Jerusalem

הרב עזריאל אוירבאך
רב בית הכנסת "חניכי הישיבות", בית וגן
רח' הפסגה 53, בית וגן, ירושלים

בס"ד

ראיתי את הספר "חזרה ברורה" הנועד לאלו אשר כבר
עסקו בעיון בשו"ע ובס' משנה ברורה - לקיים ושננתם
ובפרט בדבר הלכה בעניני או"ח אשר יום יום ידרושון
לדעת את הדרך ילכו בה. והנה המחבר עשה עבודה
יפה ומתוקנת ערוך ומסודר במעשה אומן לשם שינון הלכה
בבחינת נר לרגלי דבריך ואור לנתיבתי.
וברכה להמשך זיכוי הרבים להחדרת ההלכה היום
יומית מתוך הרחבת הדעת.

עזריאל אויערבאך

בס"ד

ראיתי את הספר "חזרה ברורה" הנועד לאלו אשר כבר עסקו בעיון בשו"ע ובס' משנה ברורה - לקיים ושננתם ובפרט בדבר הלכה בעניני או"ח אשר יום יום ידרושון לדעת את הדרך ילכו בה, והנה המחבר עשה עבודה יפה ומתוקנת ערוך ומסודר במעשה אומן לשם שינון הלכה בבחינת נר לרגלי דבריך ואור לנתיבתי.

וברכה להמשך זיכוי הרבים להחדרת ההלכה היום יומית מתוך הרחבת הדעת.

עזריאל אוירבאך

קיבלנו בעד ספר "חזרה ברורה" על משנה ברורה

הרה"ג רב ישראל גנס שליט"א

הרב ישראל גנס
רח' פנים מאירות 2
קרית מטרסדורף, ירושלים 94423

בס"ד א' אלול תשע"ב

ראיתי את הספר "חזרה ברורה" אשר הפליא לעשות
האברך היקר הרב אהרן זליקוביץ שליט"א.
בספר הזה יש עמל רב, יגיעה רבה, סדר נפלא, ובעיקר תועלת
גדולה ללימוד המשנה ברורה שיוכלו לזכור את דבריו, הן המ"ב
הן הבה"ל והן השעה"צ.
ולא נצרכה אלא לברכה שיוסיף המחבר תת תנובה לזכות הרבים
בעוד ספרים מועילים.

הכו"ח לכבוד התורה ועמליה פה עיה"ק ירושלים תובב"א

ישראל גנס

בס"ד א' אלול תשע"ב

ראיתי את הספר "חזרה ברורה" אשר הפליא לעשות האברך היקר הרב אהרן זליקוביץ שליט"א. בספר הזה יש עמל רב, יגיעה רבה, סדר נפלא, ובעיקר תועלת גדולה ללימוד המשנה ברורה שיוכלו לזכור את דבריו, הן המ"ב הן הבה"ל והן השעה"צ. ולא נצרכה אלא לברכה שיוסיף המחבר תת תנובה לזכות הרבים בעוד ספרים מועילים.

הכו"ח לכבוד התורה ועמליה פה עיה"ק ירושלים תובב"א
ישראל גנס

הרה"ג רב שמואל פירסט שליט"א

Rabbi Shmuel Fuerst
6100 North Drake Avenue
Chicago, Illinois 60659
(773) 539-4241
Fax (773) 539-1208

בס"ד

הרב שמואל פירסט
דיין ומו"ץ אגודת ישראל
שיקאגא, אילינאי

ה' מנחם אב תשע"ב

ראיתי הספר "חזרה ברורה" שחיברו הר"ר אהרן זליקוביץ שליט"א
שכתוב בתוכו כל דברי המחבר והרמ"א וכמעט כל דברי המ"ב ושע"צ
ובה"ל והכל ערוך בסדר נאה. והתועלת מהספר יהי' ללומדי המ"ב
שיוכלו לחזור על ספר מ"ב באופן קל להבין אותו על בוריו.
ובודאי ספר הנ"ל יהי' תועלת גדולה להרבה לומדי משנה ברורה שיהא להם
קל לחזור על דבריו כדי שיהיו בקיאין בדבריו ועי"ז יזכו לשמור ולעשות
ולקיים את דבר הלכה.
יהי רצון שיזכה המחבר שיתקבל הספר "חזרה ברורה" לפני כל הלומדים
הלכות אלו ויזכה לסיים כל שאר חלקים של המ"ב, ויזכה לשבת באהלה של
תורה כל ימי חייו.

הכו"ח לכבוד התורה,
בידידות,
שמואל פירסט

ה' מנחם אב תשע"ב

ראיתי הספר "חזרה ברורה" שחיברו הר"ר אהרן זליקוביץ שליט"א שכתוב בתוכו כל דברי המחבר והרמ"א וכמעט כל דברי המ"ב ושע"צ ובה"ה, והכל ערוך בסדר נאה. והתועלת מהספר יהיה להלומדי המ"ב שיוכלו לחזור על ספר מ"ב באופן קל להבין אותה על בוריה.

ובודאי ספר הנ"ל יהיה תועלת גדולה להרבה לומדי משנה ברורה שיהא להם קל לחזור על דבריו כדי שיהיו בקיאין בדבריו ועי"ז יזכו לשמור ולעשות ולקיים את דבר הלכה.

יהי רצון שיזכה המחבר שיתקבל הספר "חזרה ברורה" לפני כל הלומדים הלכות אלו ויזכה לסיים כל שאר חלקים של המ"ב, ויזכה לשבת באהלה של תורה כל ימי חייו.

הכו"ח לכבוד התורה,
בידידות, שמואל פירסט

קיבלנו בעד ספר "חזרה ברורה" על משנה ברורה

הרה"ג רב שמואל פעלדער שליט"א

RABBI SHMUEL FELDER
BETH MEDRASH GOVOAH
LAKEWOOD N.J.08701

שמואל יצחק פעלדער
דיין ומו"ץ בית מדרש גבוה
לייקוואד נוי זשערזי

בעזה"י יום א' כ"א אייר תשע"ב לפ"ק

הן הובא לפני קונטרס שחיברו ר' אהרן זליקוביץ שליט"א על משנה ברורה אשר בשם "חזרה ברורה" יקבנו המכיל בתוכו כל דברי המחבר והרמ"א ומ"ב. וגם תמצית דברי הביאור הלכה ושער הציון, הכל עורך בצורה מסודרת ומאירת עינים, באופן ששייך לחזור על ספר משנה ברורה עם תמצית בה"ל ושעה"צ באופן קל ובהיר בלא בלבול ועירבוביא.

ובודאי שיש בחיבור זה תועלת גדולה ללומדי משנה ברורה לחזור ולשנן הדברים בצורה מועילה ביותר למען תהיה תורתם בלבם ערוכה ושמורה להיות בקיאין בדבר הלכה ללמוד וללמד לשמור ולעשות ולקיים.

ועל כן אברך הרב המחבר שיזכה שיתקבלו הדברים באהבה ובשמחה לפני הלומדים ויזכה לחבר עוד חיבורים כזה ואחרים בתורה הקדושה ולשבת באהלה של תורה כל ימי חייו מתוך מנוחת הנפש והרחבת הדעת.

הכו"ח לכבוד התורה
שמואל יצחק פעלדער

בעזהי"ת יום א' כ"א אייר תשע"ב לפ"ק

הן הובא לפני קונטרס שחיברו ר' אהרן זליקוביץ שליט"א על משנה ברורה אשר בשם "חזרה ברורה" יקבנו המכיל בתוכו כל דברי המחבר והרמ"א ומ"ב, וגם תמצית דברי הביאור הלכה ושער הציון, הכל עורך בצורה מסודרת ומאירת עינים, באופן ששייך לחזור על ספר משנה ברורה עם תמצית בה"ל ושעה"צ באופן קל ובהיר בלא בלבול ועירבוביא.

ובודאי שיש בחיבור זה תועלת גדולה ללומדי משנה ברורה לחזור ולשנן הדברים בצורה מועילה ביותר למען תהיה תורתם בלבם ערוכה ושמורה להיות בקיאין בדבר הלכה ללמוד וללמד לשמור ולעשות ולקיים.

ועל כן אברך הרב המחבר שיזכה שיתקבלו הדברים באהבה ובשמחה לפני הלומדים ויזכה לחבר עוד חיבורים כזה ואחרים בתורה הקדושה ולשבת באהלה של תורה כל ימי חייו מתוך מנוחת הנפש והרחבת הדעת.

הכו"ח לכבוד התורה
שמואל יצחק פעלדער

קיבלנו בעד ספר "חזרה ברורה" על משנה ברורה

הרה"ג רב יחזקאל רוטה שליט"א

RABBI Y. ROTH
1556-53RD STREET
BROOKLYN, N. Y. 11219
TEL:(718) 435-1502

יחזקאל רוטה
אבדק"ק קארלסבורג
בארא פארק ברוקלין, נ.י. יע"א

להי"ו

תפארת שבנצח למב"י לסדר כללותיה ופרטותיה ודיקדוקיה מסיני תשע"ד לפ"ק

בימי הספירה שמסוגלים מאד ללמוד הלכה ברורה, כמבואר בתשו' המפורסמת לכ"ק זקיני זי"ע בשו"ת מראה יחזקאל סי' ק"ד בשם רבו הרה"ק מרימנאב זי"ע, שכל ההלכות שנשתכחו בימי אבלו של משה והחזירן עתניאל בן קנז כדאיתא בתמורה ט"ז, היתה בימי העומר, ועי"כ מסוגל מאד בימים הקדושים הללו לעשות חזרה על הלימוד שלא ישתכח, ועי"ז רומז לשון והחזירן מלשון חזרה, ועי"כ מאד מתאים כעת לחזק את ידי הרב המופלג צמ"ס כמוהר"ר **אהרן זליקוביץ** שליט"א שאיתמחי מכבר לערוך חיבור **חזרה ברורה** על המ"ב או"ח, ונתעטר בהמלצות והסכמות מגדולי הרבנים שיחי', ועל של עכשיו באתי מה שהוציא עתה חדש מן הישן על הלכות או"ה שביו"ד, ובוודאי יועיל להלומדים לחזור על לימודם, ודבר גדול עשה בזה שיהי' מוכן ומזומן לפני הלומד הלכות שירוץ בהם בלי גימגום וחיפוש, ובזה יתרבה יודעי דת ודין לזכור הלכה המביא לידי מעשה, והמחבר יהי' נמנה בין מזכי הרבים להגדיל תורה ולהאדירה, ויזכה להמשיך בעבוה"ק על מי מנוחות מתוך הרחבה וכט"ס עדי שיתרומם קה"ת וישראל ב"ב אמן.

הכו"ח לחיזוק תוה"ק ולומדיה

הק' יחזקאל רוטה

קיבלנו בעד ספר "חזרה ברורה" על יו"ד הלכות איסור והיתר

הקדמה

בעזה"י. תנא דבי אליהו: "כל השונה הלכות בכל יום מובטח לו שהוא בן עולם הבא, שנאמר 'הליכות עולם לו', אל תקרי הליכות אלא הלכות". **ואיתא** בגמ' (סוטה כא.) "משל לאדם שהיה מהלך באישון לילה ואפילה, ומתיירא מן הקוצים ומן הפחתים ומן הברקנים ומחיה רעה ומן הלסטין, ואינו יודע באיזה דרך מהלך, נזדמנה לו אבוקה של אור, ניצל מן הקוצים ומן הפחתים ומן הברקנים, (פירש רש"י: כך זכה לקיים מצוה ניצל ממקצת פורעניות), ועדיין מתיירא מחיה רעה ומן הליסטין ואינו יודע באיזה דרך מהלך, כיון שעלה עמוד השחר ניצל מחיה רעה ומן הליסטין, (פי' רש"י: זכה לתורה ניצול מיצה"ר ומן החטא), ועדיין אינו יודע באיזה דרך מהלך, הגיע לפרשת דרכים ניצל מכולם; מאי פרשת דרכים, מר זוטרא אמר: זה ת"ח דסלקא ליה שמעתתא אליבא דהלכתא" (פי' רש"י: כלומר זכה לכך ניצול מכולם). מבואר דהמעלה הגבוהה ביותר בלימוד התורה, היא לאסוקי שמעתתא אליבא דהלכתא.

וכך מצינו גם בדברי הרמב"ם באגרת לתלמידו: "ואין המטרה העיקרית אלא ידיעת מה שצריך לעשות וממה להמנע". **וכתב** הטור לבניו (נדפס בדף האחרון בספר ארחות חיים לרא"ש - ירושלים תשכ"ב): "והוי זהיר בתלמוד תורה לשמה, כדי שתדע המצות ותשמור עצמך מן העבירות וכו', והוי זהיר להאריך ולהעמיק ולחפש אחר כל הספרים בדרך פסק ההלכה בדבר הצריך לעולם וכו', ובכל מסכתא שתלמוד תכתוב מעט בכל מן הפוסקים, ומן ההלכות המעורבבות כתוב הכללים, כדי שיהיו בידך, ואם תספק באחד מהם, תמצאם בפעם אחרת, ובזה יצאו דבריך לאור ותתקיים תורתך".

כתב הדרישה (יו"ד סי' רמ"ו סק"ב, הובא בש"ך שם סק"ה ובט"ז שם סק"ב): "יש בעלי בתים נוהגין ללמוד בכל יום גפ"ת ולא שאר פוסקים, ומביאים ראיה מהא דאמרינן סוף פרק בתרא דנדה: 'תנא דבי אליהו כל השונה הלכות בכל יום מובטח לו שהוא בן העולם הבא'. אבל לי נראה כי לא זאת המרגוע ולא בזאת יתהלל המתהלל, כי אם בזאת יתהלל השכל וידוע בספרי פוסקים דיני תורה כגון האלפסי והמרדכי והרא"ש ודומיהם, דזהו שורש ועיקר לתורתנו, ואינם יוצאים כלל בלימוד גפ"ת, דהא דתנא דבי אליהו וכו', כבר כתב רש"י שם: כל השונה הלכות, פירוש הלכות פסוקות". **וכתב** המשנ"ב (סי' קנה סק"ט): "וכשלומד רק מעט, נכון שעיקר למודו יהיה בהלכות, שידע איך להתנהג למעשה וכנ"ל, ואמרו חז"ל (ברכות ח.) על הפסוק (תהלים פז, ב): 'אוהב ה' שערי ציון מכל משכנות יעקב', אוהב ה' שערים המצוינים בהלכה יותר מכל בתי כנסיות וכו', וגם אמרו (נדה עג.): 'כל השונה הלכות בכל יום מובטח לו שהוא בן עוה"ב'. **בנוסף** לאמור לעיל הובא בשם החזו"א זצ"ל: "שהמפרש היותר טוב של הגמרא הוא השלחן ערוך".

מטרת הספר שלפנינו 'הלכתא ברורה' היא, לאפשר לכל לומד - גם ללומד גמרא ורש"י בלבד - לראות מיד את ההלכה למעשה, ע"פ המראה מקומות שציין ה"עין משפט".

כדי להימנע מאריכות יתר, ברוב מקומות שהציון ב"עין משפט" הוא גם לרמב"ם וגם השו"ע, לא הבאתי את פסק הרמב"ם אלא רק את דברי השו"ע, אליהם חיברתי גם את דברי המשנה ברורה, וכן את הנקודות העיקריות שבדברי הביאור הלכה והשער הציון. במקומות שבהם ציין ה"עין מפשט" רק לדברי הרמב"ם, הבאתי רק את דברי הרמב"ם ללא הוספת דברי נושאי כליו, מלבד במקומות שבהם יש בנושאי הכלים פירוש נוסף לעצם הסוגיא.

הוספתי בשולי הדף גם את כל ציוני ה"באר הגולה", בהן מבוארת מקורה של כל הלכה בדברי הראשונים. במקומות שבהם פוסק השו"ע שלא כפירוש רש"י בגמ', הוספתי את עיקר דברי הנושאי כלים והמפרשים, כדי שהסוגיא תובן על פי השיטה שכמותה פסק.

כידוע רבים נוהגים ללמוד את מסכת סוכה לפני החג, במקביל ללימוד הלכות לולב וסוכה, וא"כ התועלת בספר זה רבה, שבאמצעותו יוכל הלומד לדעת את כל ההלכות בסמיכות למקורותיהם בגמ', ובנוסף, במקומות שלהלכה נפסק אחרת מכפי הנראה מפירוש רש"י, יוכל הלומד לראות מיידית לפי איזו שיטה בראשונים פוסק השו"ע, ואיך מתפרשת הסוגיא לפי אותה שיטה. **להשלמת** הענין הוספתי את כל הלכות לולב וסוכה - גם אלו שאינן מובאות ב"עין משפט" - אותן סדרתי על הדף ע"פ דברי הבית יוסף, הביאור הגר"א ו"באר הגולה". את ההלכות שאינן מוזכרות בגמ', סדרתי ליד ההלכות השייכות להן, שהוזכרו בסוגיא.

הקדמה

גם בספר זה סדרתי את דברי השו"ע והמשנ"ב משולבים זה בזה - כפי שעשיתי בס"ד בספר "חזרה ברורה" - כך שניתן לקרוא את כל הענין ברציפות, כדי להקל על הלומד. **כיון** שבמקומות רבים נצרכים מאד גם דברי הביאור הלכה ושער הציון, הן מחמת חידושים להלכה שמופיעים בהם והן מחמת תוספת הסבר בסוגיות הגמ' או בפסקי השו"ע, לקטתי את עיקרי דבריהם והצבתי אותם בתוך דברי השו"ע והמשנ"ב.

וזאת למודעי שדברי השו"ע והרמ"א וסידורם לא שונו על ידי בשום אופן. גם דברי המשנ"ב הובאו בדרך כלל כלשונם ממש ללא שום שינוי, מלבד במקומות מועטים בלבד, שבהם נאלצתי לשנות מעט למען הסדר הטוב. גם את לשונות הביאור הלכה והשער הציון שהוצבו בתוך דברי השו"ע והמשנ"ב השתדלתי כמיטב יכולתי שלא לשנות, מלבד במקומות שהיה הכרחי לעשות זאת, הן מחמת צורך ההבנה והן מחמת סידור הדברים.

כדי שלא יצטרך ללומד, לבדוק בכל הלכה האם הוא מדברי השו"ע, הרמ"א, או המשנ"ב, הבאתי את דבריהם בצורת "פונטים" שונים: דברי השו"ע המחבר הובאו באותיות גדולות ברורות ב"פונט" זה: **מחבר**. ודברי הרמ"א הובאו באותיות כתב רש"י גדולות וברורות ב"פונט" זה: **רמ"א**. הציטוטים מהמשנ"ב נעשו באותיות רגילות ב"פונט" זה: משנה ברורה. את הליקוט מדברי הביאור הלכה הכנסתי לסוגריים עגולים ב"פונט" זה: (ביאור הלכה). ואת תמצית השער הציון הצגתי בסוגריים מרובעים וב"פונט" שונה: [שער הציון]. במעט המקומות בהן היה צורך בהוספה כלשהי, הודפסו הדברים באופן זה: <באופן זה>. **ולמטה** בחלק ה"באר הגולה", דברי הבאר הגולה עצמו הובאו כזה: (**באר הגולה**). וכל שאר הדברים המובאים שם בשם הפוסקים, נכתבים באופן זה: <באופן זה>.

יתן ה' שספר זה יהיה לתועלת הרבים להגדיל תורה ולהאדירה, שנוכל להיות בקיאים בדבר ה' זו הלכה, ללמוד וללמד לשמור ולעשות ולקיים, ושלא אכשל ח"ו בדבר הלכה, ושאזכה להיות ממזכי הרבים, ולראות בבנין בית המקדש בב"א.

לוח ה"פונטים"

מחבר **רמ"א** משנה ברורה (ביאור הלכה/באר הגולה) [שער הציון] <הוספה>

מפתח הלכות

לוח המפתח

- האותיות שהם תוך רבוע כזה **א** הם אותיות הסעיפים.
- כשהסעיף אינו נכתב במקום א' בשלימותה, אלא נחלקה לחלקים, אז נרשם בהמפתח אצל כל חלק וחלק מספר כזה (1) או (2) וכדו'.
- כשהעין משפט מביא הלכה אחת בכמה מקומות, בקצת המקומות לא הבאנו את ההלכה בשלימותה, ובמפתח רשמנו את המקומות האלו כזה [יא.]

הלכות סוכה

תרכה: ובו סעיף אחד.

א - יא:

תרכו: העושה סוכה תחת האילן או תחת הגג, ובו ג' סעיפים.

א - ט: [יא.] **ב** - יא. (1) (2) **ג** - ט: (1) יא. (2)

תרכז: דיני הישן בסוכה, ובו ד' סעיפים.

א - כ: **ב** - י: (1) יא. (2) **ג** - יא. **ד** - י.

תרכח: דיני סוכה שתחת סוכה, ובו ג' סעיפים.

א - ט: (3,1) י. (2) **ב** - [כב:] כג. **ג** - כב:

תרכט: ממה צריך להיות הסכך, ובו י"ט סעיפים.

א - יא. **ב** - טו. (1) טו: (2) [יא.] **ג** - יב: **ד** - יב: **ה** - יב: **ו** - יט: [כ.] **ז** - יב: כא: (2) **ח** - כא: **ט** - יג: **י** - יג:
יא - יג: **יב** - יג: **יג** - יא. **יד** - יג. **טו** - יב. (1) יג. (2) יג: (3) **טז** - יג: **יז** - יב. **יח** - יד. יד: (2) **יט** - י. י: (2)

תרל: דיני דפנות הסוכה, ובו י"ג סעיפים.

א - ז: (2) י"ב. **ב** - ז. (1) (2) [ב.] [ו:] **ג** - ז. (1) (2) **ד** - ז. **ה** - ז. **ו** - ד: **ז** - ז: **ח** - יח. **ט** - טז. (2) טז: (1) **י** - כד:
יא - כג. **יב** - כג. **יג** - כא:

תרלא: סוכה שחמתה מרובה מצלתה ויתר דיני הסכך, ובו י' סעיפים.

א - [ב.] כב: **ב** - יט. **ג** - כב: **ד** - כב. **ה** -כב. **ו** - יט. **ז** - יט. **ח** - טו. (1) טו: (2) **ט** - טו. **י** - יט:

תרלב: דברים הפוסלים בסכך, ובו ד' סעיפים.

א - יז. (2) יז: (1) **ב** - יז. [יז.] יח. (1) יט. (2) **ג** - יז. יח. (2) **ד** -יז.

תרלג: דין גבה הסוכה, ובו י' סעיפים.

א - ב. **ב** - ד. **ג** - ג: (2) י: (1) **ד** - ד. **ה** -ד. **ו** - ד. **ז** - ד. **ח** - ב. **ט** -ד. (1) י: (2) **י** - ד.

תרלד: שלא תהיה פחות מן שבעה על שבעה, ובו ד' סעיפים.

א - ג. **ב** - ז: **ג** - י: **ד** ג. [כח.]

תרלה: דין סוכת גנב"ך ורקב"ש, ובו סעיף אחד.

א - ח: (1) טז. (2)

תרלו: דין סוכה ישנה, ובו ב' סעיפים.

א - ט. **ב** - ח:

תרלז: דין סוכה שאולה וגזולה, ובו ג' סעיפים.

א - כז: **ב** - כז: **ג** - לא.

מפתח הלכות

תרלח: סוכה ועיה אסורין כל שבעה, ובו ב׳ סעיפים.

א - ט. ב - י.

תרלט: דיני ישיבת סוכה, ובו ח׳ סעיפים.

א - [ב.] כח:(1) כט.(2) [מג.] [מה:] ב - כו.(3,1) [כו:] כו:(2) ג - כז. ד - כח: ה - כט. ו - כט. ז - כט. ח - מו.

תרמ: מי הם הפטורים מישיבת סוכה, ובו י׳ סעיפים.

א - כח. ב - כח. [כח:] ג - כו. ד - כו. ה - כה: ו - כה: ז - כה. כו. ח - כו. ט - כו. י - כו.

תרמא: שאין מברכין שהחיינו על עשיית הסוכה, ובו סעיף אחד.

א - [מו.] מו.

תרמב: ובו סעיף אחד.

א - מו.

תרמג: סדר הקידוש, ובו ג׳ סעיפים.

א - נו. ב - נו. ג - [מו.] נו.

תרמד: סדר הלל כל ימי החג, ובו ב׳ סעיפים.

א - מח. ב - מח.

<u>הלכות לולב</u>

תרמה: דיני לולב, ובו ט׳ סעיפים.

א - כט: ב - לב. ג - לב.(2) לב. (3,2,1) ד - לב. ה - כט: ו - כט: ז - [לא:] לב. ח - לב.(1) לב.(2) ט - לא:

תרמו: דיני הדס, ובו י״א סעיפים.

א - לד:(1) לב:(2) ב - [לב:] לג: ג - לב: ד - לב: ה - לב: ו - לא. לב: ז - לב: ח - לג. ט - לג. י - לד: יא - לג:

תרמז: דיני ערבה, ובו ב׳ סעיפים.

א - לד. ב - לא.(1) לג:(1) לג:(3,2) לד:(3)

תרמח: דברים הפסולים באתרוג, ובו כ״ב סעיפים.

א - לד: ב - [לד:] לו. ג - לו. ד - לו. ה - לד: ו - לו. ז - לה: ח - לה: ט - לה: י - לה: יא - לה: יב - לה:
יג - לד: יד - לד: טו - לו. טז - לו. יז - לו. יח - לו. יט - לו: כ - לו. כא - לד:(1) לה:(2) כב - לד:

תרמט: דברים הפוסלים בארבעה מינים, ובו ו׳ סעיפים.

א - כט:(3,1) ל.(4,2) [לב:] לג:(1) לד:(1) ב - מא: ג - כט:(2,1) לא:(4,3,2) [לג:] לד:(1) ד - כט: ה - כט:(1) לו: ו - לא:

תרן: שיעור הדס וערבה, ובו ב׳ סעיפים.

א - לב:(1) לב:(2) ב - לב:

תרנא: נטילת הלולב וברכתו, ובו ט״ו סעיפים.

א - לג.(2) לג:(5,2) לד:(1) לו:(3) לז:(4) מא:(1) ב - לז:(3,1) מה:(2) ג - לז: ד - לז: ה - מב.(1) מו. ו - מו. ז - לז.
מב.(2) ח - לז: מב.(1) ט - לח.(1) מה:(2) י - לח. יא - לח. יב - לד: יג - לא. יד - לא. טו - לה.

תרנב: זמן נטילת לולב, ובו ב׳ סעיפים.

א - לז:(4) לח.(2) מא:(6) מג.(5,4,3,2,1) ב - לח.

מפתח הלכות

תרנג: הדס אסור להריח בו, ובו ב׳ סעיפים.

[א] - לז: [ב] - לז:

תרנד: שיכול להחזיר הלולב במים בי״ט, ובו סעיף אחד.

[א] - מב.

תרנה: ובו סעיף אחד.

[א] - ל.

תרנו: שצריך לחזור אחרי הדור מצוה בקניית האתרוג, ובו סעיף אחד.

[א] - מו:

תרנז: ובו סעיף אחד.

[א] - מב.

תרנח: דיני לולב ביום טוב ראשון, ובו ט׳ סעיפים.

[א] - מה: [ב] - מד. [ג] - מא: [ד] - מא: [ה] - מא: [ו] - מו: [ז] - מא: [ח] - מא: [ט] - מא:

תרנט: סדר קריאת התורה בסוכות, ובו סעיף אחד.

[א] - נה.

תרס: סדר הקף הבימה, ובו ג׳ סעיפים.

[א] - מה. [ב] - מה. [ג] - מה.

תרסא: ובו סעיף אחד.

[א] - נג.(2) נו.(1)

תרסב: סדר תפלת יום ב׳ של סוכות, ובו ג׳ סעיפים.

[א] - מה: מו. [ב] - מה: [ג] - נה.

תרסג: סדר תפלת ח״ה, ובו ג׳ סעיפים.

[א] - נה. [ב] - נה. [ג] - נה.

תרסד: סדר יום הושענא רבא, ובו י״א סעיפים.

[א] - מה. [ב] - מד:(1) מד:(2) [ג] - מג: מה. [ד] - מד: [ה] - מד: [ו] - מד: [ז] - מה. [ח] - מד: [ט] - מד: [י] - מד: [יא] - מד:

תרסה: אתרוג אסור לאכול בשביעי, ובו ב׳ סעיפים.

[א] - מו: מו:(2) [ב] - מו:

תרסו: דיני סוכה ביום השביעי, ובו סעיף אחד.

[א] - מח.

תרסז: סוכה ונוייה אסורין גם כל שמיני, ובו סעיף אחד.

[א] - מו:

תרסח: סדר תפלת ליל שמיני ויומו, ובו ב׳ סעיפים.

[א] - מז.(2) מח.(1) [ב] - מח.

תרסט: סדר יום שמחת תורה, ובו סעיף אחד.

[א] - מח.

§ מסכת סוכה דף ב. §

אות א'

סוכה שהיא גבוהה למעלה מכ' אמה פסולה

סימן תרל"ג ס"א - [א]סוכה שהיא גבוה למעלה מעשרים אמה - היינו שהיה חללה של סוכה יותר מעשרים אמה וכדלקמיה, **פסולה.**

ובאמה בת ששה טפחים מצומצמות, דלחומרא אזלינן, [היינו כשחושבין בטפח ד' אצבעות {גודלין במקום הרחב} יהיו האצבעות דבוקין זה בזה, **ולענין** עשרה טפחים גובה, וז"ט על ז"ט בריבוע, בעינן דוקא שיהיו הטפחים מרווחין, והם יותר למצומצמין חצי אצבע לאמה].

(**כתב** בספר מעשה רוקח, בשם הר"א בנו של הרמב"ם וז"ל: והאצבע הנזכר הוא הגודל מאיש בינוני ביצירה, לא ננס האיברים ולא גדול האיברים, ולא רך בשנים, אלא ממוצע היצירה שהגיע לתכלית הגידול, והוא בן ל"ה שנה או יותר, עכ"ל, והוא נ"מ לכמה דברים).

[ב]בין שהיא גדולה בין שהיא קטנה - ר"ל לאפוקי ממ"ד דטעם פסול גובה בסוכה יותר מכ', הוא משום דאין צלו מתפשט לכל הקרקע שתחתיו, או לרובו, מתוך גובהו, והצל הוא רק מחמת הדפנות, ואנן צל סוכה בעינן, **ולפי** סברא זו בהיתה הסוכה רחבה הרבה, היה לנו להכשיר אף בגובה יותר, דכיון שהסוכה רחבה, צל הדפנות מתרחק מאמצעה, וצל הסכך מתפשט בו.

בין שמחיצות מגיעות לסכך, בין שאינן מגיעות - והסכך תלוי על קנים גבוהים, ואם הוא למטה מכ' כשר בזה, וכדלעיל בסימן תר"ל ס"ט.

ולאפוקי ממ"ד בטעם פסול הגובה, משום דלא שלטא ביה עינא מתוך גובהו, ואינו רואה שיושב תחת הסכך, ומצות סוכה היא שיראה ויזכור כי בסוכות הושיב הקב"ה את אבותינו, **ולפי** סברא זו י"ל, באם היו הדפנות ג"כ גבוהים עד הסכך, מתוך שהוא נותן עיניו בדפנות שהם לפניו, אינו מפסיק בהבטתו עד שיראה את כולה, וכשמביט בראש הדופן הרי רואה ג"כ הסכך המונח על הדופן.

אכן לא קי"ל ככל הני סברא, אלא טעם פסול יותר מכ' הוא, משום דסוכה דירת עראי בעינן, [דכתיב: בסוכות תשבו שבעת ימים, אמרה תורה: צא מדירת קבע ושב בדירת ארעי, והיינו מדכתיב "תשבו" ולא כתיב "תדורו", שיטת ריב"ב} {על הרי"ף, ועיין ברש"י, ועד כ' שיערו חכמים שאין צריך ליתן לב כ"כ על חיזוק המחיצות, ודיו במחיצות קנים, וביותר מכאן צריך לעשות הכתלים חזקים כעין בית, שלא יפלו מרוב גובהן, **ולפי** טעם זה, באם היו הכתלים מגיעים לסכך ורחבה הרבה, מכ"ש דפסולה משום דירת קבע.

[**ולכאורה** לפי"ז היה לנו להכשיר בשאין הדפנות מגיעות לסכך, כשהם נמוכים למטה מכ', שהרי בזה לא בעינן שיהיו המחיצות חזקות, **ואפשר** בשביל הקנים הגבוהים שעליהם מונח הסכך, שצריכים להיות חזקים ועבים כשל בית, שלא ישתברו מחמת גבהן].

ומ"מ בלמטה מעשרים, ועשה הדפנות חזקים כעין בית, כשר, שהרי אפשר היה לו לעשותה ארעי, ולא הקפיד רחמנא אלא היכי דמוכרח הוא לעשותה קבע, כמו בלמעלה מכ', [**ואז** פסול אפי' עושה אותה ארעי, וכגון שעשה מחיצותיה ארעי ואירע שלא נפלה].

[**וכ"ז** בדפנות, אבל בסכך, שעיקר הסוכה על שם הסכך, לא מתכשרא מן התורה עד דעביד לה ארעי, דהיינו שלא יקבע הנסרים של הסכך במסמרים].

אבל עשרים כשרה, [ג]אפילו כל סככה למעלה מעשרים, כיון שאין בחללה אלא עשרים.

אות ב'

ושאינה גבוהה עשרים טפחים

סימן תרל"ג ס"ח - [ד]סוכה שאינה גבוהה י' טפחים - ר"ל החלל שלה מן הקרקע עד הסכך, **פסולה.**

אות ג'

ושאין לה שלש דפנות

סימן תר"ל ס"ב - עיין לקמן דף ז.

אות ד'

ושחמתה מרובה מצלתה פסולה

סימן תרל"א ס"א - עיין לקמן דף כב:

אות ה'

מבוי שהוא גבוה מכ' אמה ימעט

סימן שס"ג סכ"ו - ואם היה בגובה חללו יותר מעשרים אמה מצומצמות, אינו ניתר בקורה.

אות ו'

אמרה תורה כל שבעת הימים צא מדירת קבע ושב בדירת ארעי

סימן תרל"ט[ה] ס"א - עיין לקמן דף כח:

באר הגולה

א משנה ריש סוכה | ב כטעמא דרבא שם דסוכה דירת עראי בעינן | ג מסקנת הגמ' שם [עירובין] ג' | ד משנה שם ריש סוכה | ה ‹מה שכתוב בה'עין משפט' "תרלג" הוא טעות, וזה תוקן במהדורת נהרדעא›

סוכה

מתני׳

סוכה *שהיא גבוהה למעלה מעשרים אמה פסולה ורבי יהודה מכשיר ושאינה גבוהה עשרה טפחים ושאין לה (*שלשה) דפנות ושחמתה *מרובה מצלתה פסולה: **גמ׳** תנן התם *מבוי שהוא גבוה *מעשרים אמה ימעט רבי יהודה אומר אינו צריך מאי שנא גבי סוכה דתני פסולה ומאי שנא גבי מבוי דתני תקנתא סוכה דאורייתא תני פסולה מבוי דרבנן תני תקנתא ואיבעית אימא בדאורייתא נמי תני תקנתא מיהו סוכה (*דנפישי מילתה) פסיק ותני פסולה מבוי דלא נפיש מיליה תני תקנתא מנה״מ *אמר רבה דאמר קרא [ויקרא כג] °למען ידעו דורותיכם כי בסוכות הושבתי את בני ישראל עד עשרים אמה אדם יודע שהוא דר בסוכה למעלה מעשרים אמה אין אדם יודע שדר בסוכה משום דלא שלטא בה עינא רבי זירא אמר מהכא [ישעיה ד] °וסוכה תהיה לצל יומם מחורב עד עשרים אמה אדם יושב בצל סוכה למעלה מעשרים אמה אין אדם יושב בצל סוכה אלא בצל דפנות א״ל אביי אלא מעתה העושה סוכתו בעשתרות קרנים הכי נמי דלא הוי סוכה א״ל התם דל עשתרות קרנים איכא צל סוכה הכא דל דפנות ליכא צל סוכה ורבא אמר מהכא [ויקרא כג] °בסוכות תשבו שבעת ימים אמרה תורה כל שבעת הימים צא מדירת קבע ושב בדירת עראי עד עשרים אמה אדם עושה דירתו דירת עראי למעלה מעשרים אמה אין אדם עושה דירתו דירת עראי אלא דירת קבע א״ל אביי אלא מעתה עשה מחיצות של ברזל וסיכך על גבן הכי נמי דלא הוי סוכה א״ל הכי קאמינא לך עד כ׳ אמה דאדם עושה דירתו דירת עראי כי עביד ליה דירת קבע נמי נפיק למעלה מכ׳ אמה דאדם עושה דירתו דירת קבע כי עביד ליה דירת עראי נמי לא נפיק כולהו

רש״י

סוכה · ורבי יהודה מכשיר · בגמרא מפרש פלוגתייהו: **ושאינה גבוהה עשרה ·** בגמרא מפרש טעמא: **שלש דפנות ·** כמו בגמרא יליף להו: **ושחמתה מרובה מצלתה ·** המועט בטל ברוב והרי הוא כמי שאינו ועל שם הסכך קרויה סוכה: **גמ׳ מבוי שהוא גבוה ·** מבוי שהוא סתום משלש צדדין וראשו פתוח לרשות הרבים והחצירות פתוחות לו ויוצאות ובאות לרשות הרבים הרי הוא רשות היחיד לבני חצירות ואסרו חכמים להוציא מרשותו לרשות חבירו בלא עירוב שהחצירות כל אחת רשות לעצמה והמבוי רשות לכולן והצריכו בו שיתוף להשתתף כל החצירות בפת או ביין ולהניח השיתוף באחת מן החצירות ולפי שאין לו מחיצה רביעית וקרוב הוא להיות דומה לרשות הרבים הצריכו היכר בראשו הפתוח לרשות הרבים או לחי זקוף או קורה מכותל לכותל ואם גבוה הקורה מעשרים אמה: **ימעט ·** ישפיל: **אינו צריך ·** והתם מפרש טעמא: **סוכה מדאורייתא ·** דעשרים אמה דילה ילפינן מדאורייתא וקודם שנשנית המשנה נאמרה שיעורה מסיני: **תני פסולה ·** שייך למיתני בה לשון פסול כלומר לא נעשית כתורה וכהלכה: **מבוי ·** דכוליה מדרבנן דמדאורייתא סגי ליה בשלש מחיצות ואינו צריך לקורה זו אלא מדרבנן: **תני תקנתא ·** דלא שייך למתני בה לשון פסול דמאן פסלה קודם שנשנית משנה זו הרי היא תחלת הוראתו ומצותו: **ואיבעית אימא בדאורייתא נמי ·** שייך למימר תקנתא: **סוכה דנפישי מילתה ·** ואין דומין תקנותיהן זו לזו וצריך לשנות הלשון לכל תקנה ותקנה כגון בגבוהה ימעט וכשאינה גבוהה יגביה ושאין לה שלש דפנות יעשה לה ושחמתה מרובה יוסיף סכך הלכך פסיק ותני פסולה דמצי למיכללינהו לכולהו בהך פסולה דקיימא לן (פסחים דף ג:) ישנה אדם לתלמידו דרך קצרה: **מבוי לא נפיש מיליה ·** באותה משנה: **למען ידעו ·** עשה סוכה שישיבתה ניכרת לך דכתיב ידעו כי בסוכות הושבתי ואיתי לישב הכי דריש ליה ואע״ג דאין יוצא מידי פשוטו דהיקף ענני כבוד מיהו דרשינן ליה לדרשה: **דלא שלטא בה עינא ·** שאינו רואה את הסכך וסוכה היינו סכך כשמה: **וסוכה תהיה לצל ·** משמע אין סכך אלא העשוי לצל: **אלא בצל דפנות ·** שהצללין מגיעין זה לזה מתוך גובהן של דפנות ואין צריך סכך ולקמן מוקי פלוגתייהו לר׳ זירא בשאין בה אלא ארבע על ארבע דקים להו לרבנן דבהאי שיעורא ליכא צל סכך אלא צל של דפנות: **עשתרות קרנים ·** שני הרים גדולים והשפלה ביניהם ומתוך גובה ההרים אין חמה זורחת שם בשפלה: **דל דפנות ליכא צל סוכה ·** שחמה באה מתחתי׳ נמצא שמה בטל: **שבעת ימים ·** סוכה של שבעה ותו לא דהיינו עראי ודייה במחיצות קלות: **למעלה מעשרים ·** צריך לעשות יסודותיה ומחיצותיה קבועין שלא תפול: **עד עשרים אמה דאדם עושה כו׳ ·** שפיר דמי דודאי יש בכלל קבע עראי והרי עשה כתורה ועל כרחך לא הקפידה תורה על העראי אלא לשם שיעור לתת לך שיעור בגובהה שתהא יכולה לעמוד ע״י יתידות עראי:

תוספות

סוכה · מאי שנא גבי סוכה דתני פסולה ומאי שנא גבי מבוי דתני תקנתא · והא דלא פריך מאי שנא גבי הדס דתני פסולה ותקנתא דתנן בפרק לולב הגזול (לקמן דף לג:) או שהיו ענביו מרובין מעליו פסול ואם מיעטן כשר דלא פריך אלא מסוכה ומבוי שדינם שוה לענין גבוה ושינה לשון משנתו ועוד דגבי הדס אצטריך למיתני תקנתא דס״ד אמינא כיון *דגדולו בפסול תו לית ליה תקנתא: **דאורייתא** תני פסולה · דאי הוה תני ימעט חיישינן דילמא טעי אינים לומר ימעט לכתחילה ודיעבד כשרה ודקדק בלשונו דלמא אתי לידי איסורא דאורייתא ותני פסולה אע״ג דלא הוי לישנא מעליא כמו ימעט אבל במבוי דרבנן לא חייש ותנא ימעט שהוא לישנא מעליא כדאשכחן בריש פסחים (דף ג.) שעקם הכתוב כמה אותיות שלא להוציא דבר מגונה מפיו ובקונטרס לא פירש כן אי נמי יש לומר דלשון ימעט משמע חומרא דרבנן בעלמא ופסולה משמע דאורייתא ובפרק במה מדליקין (שבת דף כב.) דאמרינן נר חנוכה שהניחה למעלה מעשרים אמה פסולה כסוכה וכמבוי אגב דתנן כסוכה נקט נמי גבי נר חנוכה פסולה א״נ אי הוה תני ימעט הוה משמע כמות שהיתה מדלקת ישפילנה וזה אינו למאן דאמר הדלקה עושה מצוה ואפי׳ למ״ד הנחה עושה מצוה חיישינן דהרואה אומר לצורכו הוא מדליקה כדאמרינן גבי הדליקה בפנים והניחה בחוץ: **אמר** רבה אמר קרא למען ידעו כו׳ · קצת קשה ללישנא קמא דבריש עירובין (דף ג.) גבי מקצת סוכה בתוך עשרים דאמר רבה הסוכה פסולה הא שלטה בה עינא כיון דאין חללה עשרים ורבה גרס התם כי הכא דהא רבא פליג התם ואמר זה וזה כשר חלל סוכה תנן חלל מבוי תנן ויש לומר דהא מפרש התם טעמא משום דסוכה דביחיד קא הוי׳ לא קא מדכר וזימנין דמיסתקיל מלתחת עובי הסכך הנכנס לתוך עשרים וקיימא כולה למעלה מעשרים ורבינא נמי דמשני סוכה דאורייתא אחמירו בה רבנן מ״מ משמע דמדאורייתא כשרה: **כי** עביד ליה דירת קבע שפיר דמי · דאע״ג דיש לפרש קרא בדירה שאינה ראויה אלא לשבעה למעוטי קבע משמע ליה קרא דאתא לשיעורא לאורויי לך מדת גובהה כלו׳ בסוכה שאפשר לעשות עראי וא״ת וכיון דלא חיישינן אלא שתהא ראויה לעשותה עראי ואע״פ שעשה אותה קבע א״כ אמאי אמר (תענית דף ב.) גשמים סימן קללה בחג והלא יכול לקבוע הנסרים במסמרים שלא ירדו גשמים בסוכה ואפילו תימצי לומר לאסור משום גזרת תקרה כי היכי דאמר לקמן בפירקין (דף יד.) גבי פלוגתא דר״מ ורבי יהודה דמסככין בנסרין דאי מכשרת בהו אתי למימר מה לי לסכך בזה מה לי לישב תחת תקרת ביתי וביתו ודאי פסול מדאורייתא דסוכה אמר רחמנא ולא ביתו של כל ימות השנה מ״מ כיון דלא אסור אלא מדרבנן לא שייכא למימר שהגשמים סימן קללה וי״ל דנהי דלא חיישינן בדפנות אי עביד להו קבע מ״מ בסככה שעיקר הסוכה על שם הסכך לא מיתכשרה עד דעביד לה עראי ומה״ט נמי ניחא לרבי זירא דדריש מדכתי׳ וסוכה תהיה לצל הא כתי׳ נמי מזרם וממטר וניבעי נמי שלא ירדו גשמים לתוכה אלא ודאי משום דבעינן סככה עראי וא״כ הוה ליה קבע: כרבי

רבינו חננאל

סוכה שהיא גבוהה מעשרים אמה פסולה׳ ור׳ יהודה מכשיר׳ ותנן בעירובין מבוי שהוא גבוה מעשרים אמה ימעט מ״ש מבוי דקתני תקנתא כלומר ימעט זה העובה יוריד הקורה למטה מכ׳ אמה ויתקן המבוי והוכשר׳ ולגבי סוכה תני פסולה לתני נמי גבי סוכה ימעט ושנינן בסוכה שפסילותה בגובה מדאורייתא ונפישי מלתא תני פסולה׳ מבוי שהוא מדרבנן כו׳ ובאו לבאר מנין כי הגובה פוסל בסוכה׳ רבה אמר מהא למען ידעו דורותיכם כי בסוכות הושבתי את בני ישראל כל סוכה שאינה ידועה דהאי סוכה דמצוה היא אינה סוכה׳ ולמעלה מכ׳ אמה אין אדם יודע שדר בסוכה דלא שלטא ביה עינא לפיכך פסולה ור׳ זירא אמר *)בצל דפנות ודחי אביי אלא מעתה מקום שאין החמה זורחת כגון עשתרות קרנים אם יעשה באותו מקום סוכה אינה סוכה משום שאין שם צל מפני חמה. ושני התם דל עשתרות קרנים המונעים החמה ונמצא צל סוכה**)תבא אם הדפנות תמצא צל הסכך במקום אחר רחוק מזה המקום שהוא תחת הסכך כי הוא מיצל. רבא אמר מדכתיב בסכות תשבו שבעת ימים ז׳ ימים בלבד׳ ש״מ דירת עראי בעינן׳ ולמעלה מכ׳ אמה ודאי דירת קבע הוא ואינה דירת עראי לפיכך פסולה׳ אבל למטה מכ׳ אמה דמשכחת לה דעביד אינש דירת עראי אע״ג דעביד לה מעין דירת קבע [נמי נפיק]. כולהי הני אמוראי כרבה לא אמרי משום דסבירא להו דהאי ידיעה דכתיב בה קרא ליתא ידיעה למאן דיתיב בסוכה דצריך היושב שיעור ידיעתו כי יושב בסכך של אותה סוכה אלא ידיעה לדורות כלומר הדורות הבאין כיון שרואין שעושין סוכות ומניחין בית דירתן ויושבין בימות החג בסוכה שואלין מפני מה עושין כך ומגידין להן אבותיהם מעשה יציאת מצרים׳ ור׳ זירא סוכה לימות המשיח היא׳ כלומר ישיבת ישראל בשלוה בלי פחד או אפילו במדבר במקום שאין שם לא חומה ולא עיר ואין חוששין אלא לחמה או לזרם מטר וסוכה לצל ולמכסה דיי ולא נלמד ממנה דין סוכה של מצוה׳ ומשני ר׳ זירא אי הכי ליכתוב חופה בלשון כיסוי כלומר דבר המכסה והמסתיר מן השמש ומן המטר אמאי כתיב בלשון סוכה ללמדך כי גם סוכה של מצוה (בעינן) זו היא מצותה (כרבה) [כרבא] נמי לא אמרי משום קושיא דאביי כו׳ הא דאמר ר׳ יאשי׳ אמר רב מחלוקת ת״ק דמתני׳ ור׳ יהודה בשאין דפנות

*) [נראה דחסר וצ״ל דמשו״ה פסולה משום דלמעלה מכ׳ אינו יושב בצל סוכה אלא בצל דפנות] **) [נראה דצ״ל סכה אם תסיר הדפנות תמצא צל הסכך במקום אחר וכו׳]

עין משפט נר מצוה

א א מיי׳ פ״ד מהלכות סוכה הלכה א סמג עשין מג טוש״ע א״ח סי׳ תרלג סעיף א:

ב ב מיי׳ שם טוש״ע שם סעיף ח:

[כן דגדולו פי׳ אגדו ע״ד דאיתא לקמן לז. מגדלי׳ הושענא ובזה כוונת התוס׳ דאי דמפסיק לקמן לג: נעולם כתר דלאגדן]

ג ג מיי׳ שם הלכה כ סמג שם טוש״ע א״ח סימן תרל סעיף ג:

ד ד מיי׳ שם פ״ה הלכה יט וסמג שם טוש״ע א״ח סי׳ תרלא סעיף א:

ה ה מיי׳ פי״ז מהלכות שבת הלכה יד סמג עשין דרבנן א טוש״ע א״ח סי׳ שסג סעיף כו:

[נ״ל למעלה מעשרים כו׳]

ו ו מיי׳ פ״ו מהל׳ סוכה הלכה ה סמג עשין מג טוש״ע א״ח סימן תרלג סעיף א:

[נ״ל דנפישין מילית וכ״א בעירובין ב.]

מסורת הש״ס

[לקמן ז:] עירובין ב.

[נ״ל שלש]

[לקמן כב:]

עירובין ג.

שם ג.

כולהו כרבה לא אמרי ההוא ידיעה לדורות היא כרבי זירא נמי לא אמרי ההוא לימות המשיח הוא דכתיב ור' זירא א"כ לימא קרא וחופה תהיה לצל יומם ומאי וסוכה תהיה לצל יומם שמעת מינה תרתי כרבא נמי לא אמרי משום קושיא דאביי כמאן אזלא הא דאמר ר' יאשיה אמר רב מחלוקת בשאין דפנות מגיעות לסכך אבל דפנות מגיעות לסכך אפילו למעלה מעשרים אמה כשרה כמאן כרבה דאמר משום דלא שלטא בה עינא וכיון דדפנות מגיעות לסכך משלט שלטא בה עינא כמאן אזלא הא דאמר רב הונא אמר רב מחלוקת בשאין בה אלא ארבע אמות על ארבע אמות אבל יש בה יותר מארבע אמות על ארבע אמות אפי' למעלה מעשרים אמה כשרה כמאן כרבי זירא דאמר משום צל הוא וכיון דרויחא איכא צל סוכה כמאן אזלא הא דאמר רב חנן בר רבה אמר רב מחלוקת בשאינה מחזקת אלא כדי ראשו ורובו ושולחנו אבל מחזקת יותר מכדי ראשו ורובו ושולחנו אפי' למעלה מעשרים אמה כשרה כמאן דלא כחד בשלמא דרבי יאשיה פליגא אדרב הונא ורב חנן בר רבה דאינהו קא יהבי שעורא במשכא ואיהו לא קא יהיב שעורא במשכא אלא רב הונא ורב חנן בר רבה נימא בהכשר סוכה קמיפלגי דמר סבר הכשר סוכה בארבע אמות ומר סבר הכשר סוכה במחזקת ראשו ורובו ושולחנו לא דכולי עלמא הכשר סוכה ראשו ורובו ושולחנו והכא בהא קמיפלגי דמר סבר במחזקת ראשו ורובו ושולחנו פליגי אבל יותר מראשו ורובו ושולחנו ד"ה כשרה ומר סבר מראשו ורובו ושולחנו עד ד' אמות פליגי אבל יותר מד' אמות דברי הכל כשרה מיתיבי סוכה שהיא גבוהה למעלה מעשרים אמה פסולה ורבי יהודה מכשיר עד ארבעים וחמשים אמה °אמר רבי יהודה *מעשה בהילני המלכה בלוד שהיתה סוכתה גבוהה מעשרים אמה והיו זקנים נכנסין ויוצאין לשם ולא אמרו לה דבר אמרו לו *משם ראייה אשה היתה ופטורה מן הסוכה אמר להן והלא שבעה בנים הוו לה ועוד כל מעשיה לא עשתה אלא על פי חכמים למה לי למיתני ועוד כל מעשיה לא עשתה אלא על פי חכמים הכי קאמר להו כי תאמרו בנים קטנים היו וקטנים פטורין מן הסוכה כיון דשבעה הוו אי אפשר דלא הוי בהו חד שאינו צריך לאמו וכי תימרו קטן שאינו צריך לאמו °מדרבנן הוא דמיחייב ואיהי בדרבנן לא משגחה ת"ש ועוד כל מעשיה לא עשתה אלא ע"פ חכמים בשלמא למ"ד בשאין דפנות מגיעות לסכך מחלוקת דרכה של מלכה לישב בסוכה שאין דפנות מגיעות לסכך משום

רש"י

כולהו · הנך אמוראי : **כרבה לא אמרי** · דיליף מלמען ידעו : **ההוא** · לאו בידיעה דישיבת סוכה קא אמר אלא בידיעות דורות הבאין היקף סוכות ענני כבוד הנעשה לאבות : **לימות המשיח** · אותם סוכות יהיו לצל לענג ולמסתור אבל סוכת מצוה אינה לצל : **ההיא** · דאין שם סוכה אלא העשויה לצל דההיא דימות המשיח משום דעשויה לצל קרויה סוכה : **משום קושיא דאביי** · דעשה מחיצות של ברזל ושיטויא לא משמע להו הואיל וקרא לאו דוקא ערלי נקט לא ילפינן מיניה שיעורא : **כמאן** · מהנך אמוראי דלעיל אזלא הך ס' : **מחלוקת** · דר' יהודה ורבנן : **משלט שלטא ביה עינא** · דרך דפנות דאי טעמא משום ערלי הוא או משום צל בדפנות מגיעות לסכך אמאי מודו רבנן : ה"ג מחלוקת בשאין בה אלא ארבע אמות על ארבע אמות אבל יש בה יותר כו' : **משום צל** · דאי משום משלט עינא בטפי מד' אמות *פורתא לא שלטא בה עינא : **הכי גרסינן מחלוקת בשאינה מחזקת אלא כדי ראשו כו'** · ואם תאמר קשיא דרב אדרב אמוראי נינהו ואליבא דרב : (א) **כמאן דלא כחד** · מהנך דלעיל דמפרשי טעמא דעשרים אמה דאי משום משלט עינא בשיעורא דיותר מכדי ראשו ורובו ושלחנו(נמי) לא שלטא ואי נמי ליכא ומחיצות קבע נמי בעיא: **ראשו ורובו** · דרך סעודתן בהסיבה היתה על מטות ומסובין על צד שמאלם ואין אוכלין זקופין ויושבין כמונו לפיכך הוצרך לומר ראשו ורובו לאפוקי קטנה שראשו נכנס בה ושלחנו ולא רובו או ראשו ורובו ולא שלחנו : **למשכא** · למשך הסוכה דאמר בין גדולה בין קטנה לא נחלקו אלא בשאין דפנות מגיעות : **אלא רב הונא ורב חנן** · דאמרי טעמא דרבנן בשיעורא דמשכא הוא ומר אמר ד"א ומר אמר ראשו ורובו ושלחנו : **נימא בהכשר סוכה** · בארכה וברחבה פליגי דתרוייהו אית להו דכי פליגי רבנן בסוכה המצומצמת בשיעור הכשר אורך סוכה פליגי ובטפי מיהא מכשרי אפילו היא גבוהה דכיון דרויחא איכא צל סכך או טעמא אחרינא להכשירה דרב הונא סבר אי אפשר להעמיד מחלוקתן בפחותה מד' אמות דאם כן בלאו גבוהה מעשרים אמה פסולה דהכשר סוכה בארבע אמות כרבי דאמר לקמן הכי (דף ג.) : **אבל יותר מכדי ראשו כו' כשירה** · וטעמא דפסול למעלה מעשרים לא ידיע לן כדאמרן לעיל דהך לא כחד : **ומר סבר בכדי ראשו ורובו ושלחנו** · וכן ביותר עד ד' אמות פליגי בגובה וטעמא משום צל אבל ביותר מד' לא פליגי דכיון דרויחא איכא צל: **מיתיבי** · להנך אמוראי דפרישו דפלוגתא דמתני' כדמפרש ואזיל : **קטן שאינו צריך לאמו** · אמרינן לקמן (דף כח.) דחייב לחנכו במצות סוכה: **מדרבנן** · שהזקיקו להרגיל את הקטן למצוה שהוא ראוי לה כדי שיהא מחונך ורגיל למצות : משום

תוספות

כרבי זירא לא אמרי · הא דלא קאמר משום קושיא דאביי כדקאמר על רבה משום דרבי זירא שני לאביי שפיר :

וכיון דדפנות מגיעות לסכך מישלט שלטא ביה עינא · ולא דמי לנר חנוכה וקורת מבוי דלא חשיב היכר למעלה מעשרים אע"פ שהקורה על גבי כתלים דהתם קורה טפח לא שליט בה עינא כמו בסוכה דרחבה טובא : **יש** בה יותר מארבע אמות אפילו למעלה מעשרים כשירה · לבסוף מסיק דרב הונא סבר מראשו ורובו ושולחנו עד ד' אמות פליגי יותר מד' אמות כשרה ותימה וכי נכשיר ברחבה משהו יתר מד' אמות אם היתה גבוהה מעשרים אפילו טובא הא ודאי אין כאן צל סוכה וי"ל דלעולם צריך הרוחב לפי הגובה °לפי חשבון ד' אמות לעשרים אי נמי קים להו לרבנן דאפילו בגובה אלף אי אפשר שלא יהא כאן צל סכך פורתא אם היתה רחבה יותר מד' אמות כדאשכחן בפרק יוה"כ (יומא דף פ:) גבי כותבת הגסה דמייתבא דעתא דאמרינן כולי עלמא טובא עוג מלך הבשן פורתא : **כרבי** זירא דאמר משום צל · אבל כרבה דאמר משום מישלט עינא לא דאפילו רחבה טובא לא שלטא בה עינא :

כמאן דלא כחד · ודברי רב חנן בר רבה צריכה טעמא ויש מפרשים משום דהוה ליה לול של תרנגולין כיון דגביהא וקטינא כולי האי אבל מחזקת טפי מכדי ראשו נפקא מכלל לול של תרנגולין לאקרויי סוכה · הכי גר"ח: **בשלמא** דר' יאשיה דרב חנן ודרב הונא לא פליגי אדר' יאשיי דלא יהיב שיעורא למשכא ט' · וכתב רבינו חננאל ויש שגורסין פליגא: **עד** ארבעים וחמשים אמה · כי האי גוונא קתני גבי מבוי בריש עירובין (דף ב:) ולא תיקשי דלא דייק הכא השתא חמשים כשרה ארבעים מיבעיא כדדייקינן בריש אלמנה ניזונית (כתובות דף נד.) גבי אלמנה ששהתה שתים ושלש שנים ולא תבעה מזונותיה איבדה מזונותיה ובסוף ב"ק (דף קיח:) גבי לוקחין מן הרועים ארבע וחמש לאן ארבע וחמש גיזין דהתם ניחא דהאי זו ואין צריך לומר זו משום הכי קשיא ליה אבל קשיא מההיא דפרק בנות כותים (נדה לג:) גבי קישוי דקאמר רבי מאיר אפילו ארבעים וחמשים יום ופריך עלה השתא חמשים מקשיא ארבעים מיבעיא ויש לומר דאיכא לשנויי הכא כי ההוא לישנא דמשני בריש מפנין (שבת דף קכו.) ארבע וחמש כדאמרי אינשי וה"ה אפילו טובא אבל לגבי קישוי לא שייך לשנויי הכי דלא מיסתבר שיהא קישוי לעולם וכן פרק במה אשה יוצאה (שם ס: ושם) גבי סנדל המסומר שנשתיירו בו ד' וחמש פשיטא ליה דלא שריך טובא ובריש אע"פ (כתובות נז.) גבי משהה אדם אשתו ב' וג' שנים בלא כתובה ועוד התם (דף ס. ושם) גבי יונק תינוק והולך אפילו ארבע וחמש שנים בהגי שייך לומר ה"ה אפילו טובא* :

רבינו חננאל

דפנות מגיעות לסכך אלא העמד דופן שתים או יותר תחת הסכך והשאר הניחו בלא דופן כדי שיהא האויר נכנס כו' · אבל אם מגיעות לסכך אפי' למעלה מכ' אמ'(כ"ש)[כשרה]כרבה דאמר משום ידיעה היא וקיי"ל כרבה דהא*) כל מילית כרב (הונא)עביד והא דאמר רב הונא משמיה דרב מחלוקת בשאין בה אלא ד' על ד' אמות כו' · והא דאמר רב חנן משמיה דרב מחלוקת כשאינה מחזקת אלא ראשו ורובו ושולחנו וכו' דבריהן פשוטין הן · נמצאו שמועות שלשתן משמיה דרב ואמרינן בשלמא שמועה דרבי יאשיה לא פליגא אשמעתא דרב הונא ורב חנן משום דלא איירי **)אלא הכשר בדפנות אבל משך בשיעור לא אורי ויש מי שגורסים פליגא ופשוטה היא אלא רב הונא ורב חנן בר רבה במחוקת ראשו ורובו פליגי אבל אם הוא רחבה יתיר מזה השיעור [כשרה] נימא בהכשר סוכה פליגי אליבא דרב ושנינן לא כולי עלמא הכשר סוכה במחוקת ראשו ורובו ושלחנו ובהא פליגי מר סבר רב חנן בר רבה במחוקת ראשו ורובו פליגי אבל אם היא רחבה יתיר מזה השיעור אפילו גבוהה מכ' אמה אפילו לת"ק כשר וכ"ש לר' יהודה ורב הונא סבר מכדי ראשו ורובו ושלחנו עד ד' אמות על ד' אמות פליגי · יתר מד' אמות על ד' אמות אפילו גבוה מכ' אמה כשרה לדברי הכל · ומותבינן מהא דתניא סוכה שהיא גבוהה מכ' אמות פסולה ור' יהודה מכשיר עד מ' ונ' אמה · א"ר יהודה מעשה בסוכת הילני המלכה שהיתה גבוהה מכ' אמה והיו זקנים נכנסין אצלה ולא אמרו לה דבר : ירושלמי אמרו לו מפני שהיא אשה ואין אשה מצווה במצות · ואמרה להן והלא ז' בנים היו לה תלמידי חכמים אית לך למימר בסוכת מלכה שאינה מחוקת אלא ראשו ורובו ושלחנו אלא כשאין הדפנות מגיעות לסכך דרך אורחייהי דעתיהייא למעבר דפנת' קלילן די יהא [קרירא] עייל (פי' מן קור חלכתי בלא חמה) · דייקנן מינה דלא מייתי ראיה מסוכת הילני המלכה אלא בדבר שחלק והביא סיוע לדבריו עכשיו אם תאמר כשאין הדפנות מגיעות לסכך חלוקתם שפיר שדרך המלכה לישב בסוכה כעין זו · אבל לדברי (הכל) מי שאו' בסוכה קטנה

[תיבת פורתא אין לו מובן ואולי צ"ל נמי לא שלטא בה]

הגהות הב"ח

(א) רש"י ד"ה כמאן דלא כחד סד"א עם ד"ה ראשו ורובו :

[תוספ' פ"א]

[שבת כט : ושם נסמן]

גליון הש"ס

גמ' א"ר מעשה בהילני המלכה · עיין עירובין דף לו ע"א תד"ה מיכל ועיין בראב"ן סימן פ"ו : שם מדרבנן הוא דמחייב · עיין יומא דף פב ע"ב בתוס' ד"ה בן שמנה וכמ"ש שם שיהא מחונכת למצות בעלמא וקי"ל ואין

[וע"ע תוס' שבת ס: ד"ה בשתא ובעירובין ב: ד"ה עד ובכתובות נז. ד"ה שנים ודף ס. ד"ה ריי ובכ"מ שם. ד"ה בשתא ובנדה לג: ד"ה ארבעים]

אמרי' בסוגיי' וכ"ה קטן שא"צ לאמו מדרבנן הוא דמחייב ואיהי בדרבנן לא אשגחה ת"ש ועוד וכו' · הא אסי' מדרבנן לא מיחייבה איהי להנך אותם וצ"ע : רתום' ד"ה יש בה וכו' · לפי חשבון ד"א לעשרים · עי' תשובת תשב"ץ ח"א סימן קכו :

*) [עי' בר"ף שכ' והיכא מ"ד הלכתא כרבה דכל מילי כרב עביד ופשוט שכיוון על רבינו הר"ח ז"ל]. **) [נראה דצ"ל אלא בהכשר דפנות אבל בשיעור משך הסוכה לא איירי]:

§ עניני הלכה שונים הקשורים להדף §

מעשה בהילני המלכה

אשה אינה מחוייבת אפי' מדרבנן במצות עשה שהזמן גרמא, כדמוכח בהדיא בפרק מי שמתו (ברכות דף כ:) גבי נשים חייבות בקדוש היום דבר תורה, ובריש סוכה (דף ב:) גבי הילני המלכה – תוס' עירובין דף צו. ד"ה דלמא, ועיין תוס' ר"ה דף לג. ד"ה הא רבי יהודה.

נראה מדברי רש"י ז"ל, כי לדברי רבי יהודה (שאין בנות ישראל סומכות רשות), אם עושות עוברות על בל תוסיף, **והקשו** בתוס', דהא סוכה שהנשים פטורות ממנה, ואשכחן לר' יהודה דסבר שהנשים יושבות בה, דקאמר בפ"ק דסוכה (ב' ב') מעשה בהילני המלכה שהיתה יושבת בסוכה ושבעה בניה עמה, **ויש** שתירצו, דהתם לא היתה יושבת אלא בשביל בניה, וכי האי גוונא אין משום בל תוסיף – ריטב"א עירובין דף צו:. **אי** נמי, משום דשמעינן ליה לרבא בפרק ראוהו ב"ד (ר"ה דף כח:) דלעבור שלא בזמנו בעי כוונה, ולגבי אשה דלא מיחייבא הוי כשלא בזמנו, דכיון דלא מיכווני לה, לא עברה, אך נראה דוחק – תוס' שם ד"ה מיכל. **ור"י** ז"ל אומר, דבכל המצות כיון שהאנשים חייבים, אף הנשים שאינם חייבות אין בו משום בל תוסיף, דקל הוא שהקלה תורה בנשים, דומיא דסומא שפטור מכל המצות, ואין בו משום בל תוסיף, **ולא** אסר רבי יהודה אלא במצות שיש שם חשש נדנוד איסור, כגון תקיעת שופר שיש בו משום שבות וכו' – ריטב"א הנ"ל.

מהא שמעינן, דקטן שמחנכין אותו במצות, צריך לעשות לו מצוה בהכשר גמור כגדול, דהא מייתינן ראיה בשמעתין מסוכה של הילני, משום דלא סגיא דליכא בבניה חד שהגיע לחינוך דבעי סוכה מעלייתא, מקרא מלא דבר הכתוב: חנוך לנער על פי דרכו, וגדולה מזו אמרו במסכת עירובין (מ' ב') גבי זמן ביום הכפורים, ליטעמיה לינוקא, דלמא אתי למיסרך, **והוצרכתי** לכתוב זה, לפי שראיתי חכמים טועים בזה – ריטב"א. **ודלא** כשיטת המרדכי בשם הראב"ן, דס"ל דיכול לקיים מצות חינוך בד' מינים גם בלולב שאול, שא"צ לחנכו בכל פרטי המצוה, **ועיין** סי' תרנ"ח ס"ו במ"ב ושעה"צ שם.

בשו"ע או"ח (סימן תרל"ט) ברמ"א שם כתב, דכל הפטור מן הסוכה ואינו יוצא משם נקרא הדיוט ואינו מקבל שכר, עיין שם. **וקשה** לי ע"ז, כיון דקיי"ל דעצי סוכה וכ"ש סכך גופא אסור בהנאה כל שבעה, כדדריש ר"ע מקרא דחג הסוכות שבעת ימים לד', בסוכה (דף ט'), וא"כ איך מותר לישב בה בשעה שפטור מסוכה, הא איסורא נמי איכא, דמתהני מסוכה בעידן דליכא מצוה, שפטור מחמת הגשמים, **ואל** תשיבני מהא דאשה מותרת לישב כדאשכחן בהילני המלכה בפ"ק דסוכה, ובשמאי הזקן שפיחת המעזיבה בשביל כלתו שילדה, ולא חיישינן למה דמתהנית מסוכה והיא אינה חייבת בסוכה אפילו מדרבנן, **דזה** אינו, דלא מיבעי לר' יוסי דסובר בר"ה (דף ל"ג) דנשים סומכות רשות, ולא איכפת לן במה דעבדה עבודה בקדשים, משום דכל מידי דהותר גבי איש הותר נמי גבי אשה, **אלא** אפילו למאן דאוסר נשים לסמוך, משום דכיון דאינן מצווים במצות סמיכה אית בהו איסור עבודה בקדשים, נמי לא קשה מישיבת אשה בסוכה, דהתם נמי גבי הילני המלכה לא ישב בה איש המחויב במצות, דלא נעשה רק בשבילה, וסוכה אינה מתקדשת להאסר בהנאה אלא אם ישב בה בקיום המצוה, ואפי' בהזמנה לישב בה לשם מצוה נמי לא מיתסרא בהנאה, כמ"ש הרשב"א בחידושיו בביצה, וכיון שלא ישב בה איש המחויב בסוכה, היא מותרת בהנאה. **ואף** לר"י דסובר בניה גבה הוו יתבי, הא קטנים הוו ואינם מחוייבים בסוכה מדאורייתא – עונג יו"ט סי' מ"ט.

ורבי אומר דחינוך לא שייך אלא באב, אבל באדם אחר לא שייך ביה חינוך, הלכך נמי אין נזהרין להפרישו, **ומעשה** דהילני המלכה שישבה היא ושבעה בניה בסוכה, שמא הוה להם אב וחנכם בכך, **ואפילו** לא היה להם אב, היתה מחנכם למצוה בעלמא. מ"ר – תוס' ישנים דף פב: ד"ה בן שמונה. **ועיין** בגליון הש"ס כאן, ועיין שו"ע סי' שמ"ג ובמ"ב ס"ק ב'.

§ מסכת סוכה דף ג, §

אות א׳

הלכה צריכה שתהא מחזקת ראשו ורובו ושולחנו

סימן תרל״ד ס״א - [א]סוכה שאין בה שבעה על שבעה, פסולה - דזהו השיעור שמחזיק ראשו ורובו של אדם, [דגברא באמתא יתיב - הרא״ש], ושולחן טפח, [**ולכאורה** הרי האדם יושב בוי״ו טפחים וטפח לשלחנו, ודי בוי״ו על ז׳, **ואפשר** דכיון דבעינן ז׳ מצד אחד, צריך להיות ז׳ מכל צד, כדי שיוכל האדם לישב בכל מקום ומקום, **וממ״א** משמע עוד טעם בשם רש״י ‹דף ב: ד״ה ראשו ורובו›, לפי שדרך סעודתן בהסיבה, ואין אוכלין זקופין ויושבין כמונו, לפיכך צריך ז׳ על ז׳ להיות בזה ראשו ורובו ושלחנו, **ואפי׳** לדידן דיושבין זקופין, והוי סגי בוי״ו על ז׳, מ״מ בעינן ז׳ על ז׳, דבציר מזה לאו דירה היא כלל, אלא דירה סרוחה].

ועיין באחרונים שהסכימו, דבין באורך ובין ברוחב לא יחסר מז׳ טפחים, וע״כ אם בצד אחד פחות משבעה טפחים, ובצד השני ארוך הרבה יותר, לא מהני לזה.

(**עיין ברא״ש הטעם, דלראשו ורובו של אדם צריך אמה, דגברא באמתה יתיב, ושולחנו מחזיק טפח, וכ״כ הריטב״א, והנה ידוע המחלוקת שיש בין הראשונים, דלהרי״ף הוא רק משום גזירה שמא ימשך אחר שולחנו, ולפי״ז מן התורה די בראשו ורובו בלבד, והוא שיעור וי״ו על וי״ו, ורבנן תקנו ז׳ על ז׳ כדי שיוכל להעמיד השולחן בתוך הסוכה ולא ימשך אחריו, וליתר** הפוסקים, **כל שאין בו ז׳ על ז׳ שיוכל להיות שם ראשו ורובו** ‹ושלחנו›, **אין בו הכשר סוכה מן התורה, דלאו דירה היא כלל).**

כתב המ״א, אפילו סוכה גדולה הרבה, ובמקום א׳ יש קרן אחד משוך לפנים שאין בו ז׳ על ז׳, אסור לישב שם, כיון שהמקום צר לו לשבת שם, והעתיקו הא״ר, (**והנה בדה״ח ראיתי שהעתיק ג״כ דברי המ״א, וסיים ע״ז: ודוקא כשהקרן אינו רחב ז׳ ג״כ, אבל כשהקרן רחב ז׳, רק אינו ארוך ז׳, כשר, כיון שמצורף לסוכה גדולה, תדע, דהא בעגול ויש לרבע ז׳ על ז׳, מותר לישב סמוך להדופן, אף דבעגולה סמוך לדופן ליכא ז׳ על ז׳, אלא ודאי כיון דמצורף לגדולה כשר, דבשלמא כשהקרן אינו רחב ז׳ ג״כ, יש לומר דחשיב כלול של תרנגולים ופסולה, אבל כשרחב ז׳, רק שאינו ארוך ז׳, ודאי דכשרה דמצורף לסוכה גדולה וכו׳, עכ״ל, ולענ״ד** לא דמי זה לזה, דשם הולך כל העיגול מבפנים בשטח אחד, ואין לחלק זה מזה, וכולו כשר, דאין צר לו לשבת שם כלל, דשטח אחד הוא עם הריבוע, ולכן לא אישתמיט אחד מן האחרונים לחלק בזה, **משא״כ** בענינינו, אף דאין מחיצה מפסקת, מ״מ הרי מנכר שהקרן הזה חלוק מן הסוכה הגדולה, וצר לו לשבת בקרן ההוא, ולכן מחמיר המ״א בזה, **ולענ״ד** דינא דמ״א דמיא למאי דאמרינן בשבת דף ז׳, דקרן זוית הסמוכה לר״ה, כיון דלא ניחא תשמישתיה אינו מצטרף עם הר״ה, אף דליכא הפסק ביניהן, וככרמלית דמיא, וה״נ כיון דצר לו לשבת שם, **ומדברי** המ״א משמע ג״כ דלא כוותיה, שכתב שאין בו ז׳ על ז׳, ונמשך במאמר אחד עם הקודם, משמע דדינו כשאר סוכה שאין בה ז׳ באורך וז׳ ברוחב דפסולה, **וע״כ** לפענ״ד אין לזוז מדברי המ״א).

(**אכן בפרט אחד נראה דיש להקל בזה, וכמו שכתב בבכורי יעקב, וז״ל:** אף שלא מלאני לבי להקל לישב שם נגד דעת המ״א, מ״מ נ״ל שא״צ להקפיד שלא להניח השולחן באותו קרן, ולא חיישינן בזה שמא ימשך אחר שולחנו, כיון שהרבה פוסקים ס״ל דאפילו בשולחנו בתוך הבית לא גזרינן הכי, כדאי הם לסמוך עליהם בזה).

(**ודע עוד, דהא דבעינן השיעור ז׳ על ז׳, הוא בכל גובה עשרה טפחים, ועיין בפמ״ג, דצריך הכל בריבוע, ונוי סוכה דממעטין מן הצד, הוא ג״כ עד גובה י״ט).**

[ב]ולענין גודל, אין לה שיעור למעלה - ואף דסוכה דירת עראי בעינן, מ״מ הא אפילו גדולה הרבה יכול לעשות מחיצותיה עראי בהוצא ודפנא, וע״כ אפילו עשאה בקבע כשרה.

‹המשך ההלכות בעמוד הבא›

באר הגולה

א **מימרא דרב הונא** ‹עיין בגירסא בצד הגמ׳› **סוכה ג׳ וכפי׳ הרא״ש שם, ורי״ף בסוף פרק ב׳ ובגמרא ט״ו**

ב רמב״ם ‹ופשוט הוא, דאל״כ היה להם לחכמים לפרש כשם שפירשו בגובהה - ב״י›

משום אירא אלא למאן דאמר בסוכה קטנה מחלוקת וכי דרכה של מלכה לישב בסוכה קטנה אמר רבה בר רב אדא לא נצרכה אלא לסוכה העשויה קיטוניות וכי דרכה של מלכה לישב בסוכה העשויה קיטוניות אמר רב אשי לא נצרכה אלא לקיטוניות שבה רבנן סברי בניה בסוכה מעליא הוו יתבי ואידהי יתבה בקיטוניות משום צניעותא ומשום הכי לא אמרי לה דבר ור' יהודה סבר בניה גבה הוו יתבי ואפ"ה לא אמרי לה דבר *אמר רב שמואל בר יצחק "הלכה צריכה שתהא מחזקת ראשו ורובו ושולחנו א"ל רבי אבא כמאן כב"ש א"ל אלא כמאן איכא דאמרי אמר רבי אבא דאמר לך מני א"ל ב"ש היא ולא תזוז מינה מתקיף לה רב נחמן בר יצחק ממאי דב"ש ובית הלל בסוכה קטנה פליגי דלמא בסוכה גדולה פליגי וכגון דיתיב אפומא דמטולתא ושולחנו בתוך הבית דבית שמאי סברי גזרינן שמא ימשך אחר שולחנו ובית הלל סברי לא גזרינן ודיקא נמי דקתני *מי שהיה ראשו ורובו בסוכה ושולחנו בתוך הבית ב"ש פוסלין ובית הלל מכשירין ואם איתא מחזקת ואינה מחזקת מיבעי ליה ובסוכה קטנה לא פליגי והתניא מחזקת ראשו ורובו ושולחנו כשרה רבי אומר עד שיהא בה ארבע אמות על ארבע אמות ותניא אידך רבי אומר *כל סוכה שאין בה ארבע אמות על ארבע אמות פסולה וחכ"א אפילו אינה מחזקת אלא ראשו ורובו כשרה ואילו שולחנו לא קתני קשיין אהדדי אלא לאו ש"מ הא ב"ש הא ב"ה אמר מר זוטרא מתניתין נמי דיקא מדקתני ב"ש פוסלין וב"ה מכשירין ואם איתא בש"א לא יצא וב"ה אומרים יצא מיבעי ליה ואלא קשיא מי שהיה לעולם בתרתי פליגי בסוכה קטנה ופליגי בסוכה גדולה וחסורי מיחסרא והכי קתני מי שהיה ראשו ורובו בסוכה ושולחנו בתוך הבית ב"ש אומרים לא יצא וב"ה אומרים יצא ושאינה מחזקת אלא כדי ראשו ורובו בלבד ב"ש פוסלין ובית הלל מכשירין מאן תנא להא דתנו רבנן בית שאין בו ארבע אמות על ארבע אמות פטור מן המזוזה ומן המעקה ואינו מטמא בנגעים ואינו נחלט בבתי ערי חומה ואין חוזרין עליו מעורכי המלחמה ואין מערבין בו ואין משתתפין בו ואין מניחין בו עירוב ואין

משום אוירא · רוח שהאש שולט בה מפני האוש : **אלא למ"ד בקטנה פליגי** · אבל בגדולה אפילו רבנן מודו : **וכי דרכה של מלכה** · והלא נערותיה ומשרתיה מסובים עמה : **לקיטוניות שבה** · סוכה גדולה לבני מסיבתה וקיטונית קטנה בתוכה לצניעות והיא בקיטונית יתבא ואע"ג דפסולה לא איכפת לן דאשה פטורה מן הסוכה : **ורבי יהודה סבר כו'** · וא"ת לרב חנן דמוקי פלוגתא בשאינה מחזקת אלא כדי ראשו ורובו ושולחנו הכא כיון דבניה גבה היא לה גדולה ומודו בה רבנן ומאי ראיה של רבי יהודה י"ל דשולחנה בתוך הסוכה הגדולה היתה ובניה על השולחן היו יושבין ראשן ורובן ולא כמסובין הן ולא כזקופין ולי נראה חדא דלרב חנן קשיא והאי תירוצא לרב הונא הוא וכן עיקר דשיעור ראשו ורובו אמרינן לקמן דהיינו אלא ז' טפחים ואי אפשר לשבעה בנים בשבעה טפחים : **כב"ש** · דאי כב"ה לא בעי שולחנו כדלקמן בפרק הישן (דף כח.) : ודיקא נמי גרסינן ודיקא נמי כדלקמן בגדולה פליגי והוא יושב על הפתח מבחוץ וראשו מושכב לתוכה ושולחנו לפני גופו בבית : **מדקתני** · גבי פלוגתא מי שהיה ולא איירי בשיעורא דסוכה : **ואם איתא** · דבשיעורא דסוכה פליגי ליתני סוכה המחזקת ראשו ורובו ושולחנו כשרה ושאינה מחזקת אלא כדי ראשו ורובו ב"ש פוסלין כו' : **אמר מר זוטרא דיקא נמי** · דבקטנה פליגי ובשיעורא דפוסלין ומכשירין על כרחך אסוכה מהדרי : אלא לא גרסינן והכי גרסינן לעולם בתרתי פליגי : **פטור מן המזוזה** · כולה מפרש טעמא לקמן : **ואינו נחלט** · אלא פודהו לעולם ויוצא ביובל אם לא גאלו כשאר קרקע בלא בנין : **מעורכי המלחמה** · מי האיש אשר בנה בית חדש וגו' (דברים כ) : **ואין מערבין בו** · דרך בתיהם להיות פתוחין לחצר והרבה בתים פתוחים לחצר אחת והן יוצאין דרך חצר לרשות הרבים נמצא החצר רשות לכולן והבתים כל אחד מיוחד לבעליו ואמרו חכמים אין מוציאין מרשות לרשות בלא עירוב שיערב כל הרשויות להיותם רשות אחת ותיקנו ליתן כל בית ובית שבחצר פת וכולן בסל אחד ומניחין אותו באחד מן הבתים ונעשים כולם כאילו דרין באותו בית וכל הבתים דירה אחת ואשמעינן הכא דבית שאין בו ד' על ד' אין צריך ליתן את הפת : **ואין משתתפין בו** · שתיקנו חכמים על כל חצר הפתוחה למבוי כדרך שתיקנו עירוב לבתי החצר שיהו טתנין בשיתוף ואם בית קטן זה פתוח לחצר שבמבוי ואין בית אחר פתוח לה אין משתתפין בו אין צריכה ליתן בשיתוף : **ואין מניחין בו עירוב** · החצר לאחר שגבו אותו מן הבתים : למעשר והנודר מן הבית מותר ליכנס בו ועוד הוה ליה למימר ולאין לענין פתח בית אב של נערה המאורסה :

לא נצרכה אלא לקיטוניות שבה · מה שרחק בקונטרס לרב חנן בר רבה מה ראיה לרבי יהודה הא אי אפשר לשבעה בנים בשבעה טפחים לאו פירכא היא דדילמא ארוכה טובא אבל לא היתה רחבה *שבעה טפחים ובניה בארכו אורך הוו יתבי :

דאמר לך מני ב"ש היא ולא תזוז מינה כו' · בסדר רב עמרם פסק בששה מקומות הלכה כב"ש חדא האי דסוכה צריכה שתהא מחזקת ראשו ורובו ושולחנו ואידך במנחות פרק התכלת (דף מ. ושם) גבי סדין בציצית ב"ש פוטרין וב"ה מחייבין עוד לשם כמה חוטין הוא טתן ב"ש אמרי ד' וב"ה אמרי ג' עוד התם כמה תהא משולשלת בית שמאי אומרים ד' וב"ה אמרי ג' בכל הני עבדי כב"ש ואידך במסכת ברכות פרק אלו דברים (דף נא:) בש"א מכבדין [את] הבית ואח"כ נוטלין לידים ואמרינן בגמ' בכוליה פירקין הלכה כב"ה בר מהך עוד התם בסוף [נ"נ] פירקא גבי מי שאכל *ושתה ולא בירך [ושכח] דמייתי בגמרא עובדא דרבה בר בר חנה דאשכח יונה דדהבא וחד תלמיד דעבד כב"ש ואשכח ארנקי ואידך תלמיד דעבד כב"ה ואכליה אריה וקצת קשה הא דקאמר התם בכוליה פירקין הלכה כב"ה בר מהך ושמא משום דב"ה נמי מודו דלכתחילה מיהא עבדינן כב"ש ועל מה שפסק בהך דהלכה כב"ש אין להקשות מהא דאמרינן פ"ק דברכות (דף יא.) דאמר רב יוסף עשה כדברי ב"ש לא עשה ולא כלום ומייתי ראיה מההיא מילתא דסוכה מעשה ברבי יוחנן החורני שחלה והלכו זקני ב"ש וזקני ב"ה לבקרו ומצאוהו שהיה יושב ראשו ורובו בסוכה ושולחנו בתוך הבית אמרו לו זקני ב"ש א"כ היית נוהג כל ימיך לא קיימת מצות סוכה כל ימיך ומסקינן התם דהלכה כרבי יוחנן החורני דההיא פלוגתא בסוכה גדולה כדמסקינן דבתרתי פליגי בההיא הלכה כב"ה אבל הכא בסוכה קטנה ובהא הלכה כב"ש מיהו שמעתין דהתם תימה היכי דייק מינה דעשה כב"ש לא עשה ולא כלום דראיה דמייתי במעשה כב"ה מיירי ועוד וכי צריך ראיה על זה היכא דהלכה כב"ה שאם עשה כב"ש לא עשה ולא כלום וי"ל דאיצטריך התם לאיתויי היכא דב"ה מחמירים מדרבנן וב"ש מוקמי לה אדאורייתא ולא גזרינן אם עשה כדברי ב"ש לא יצא ידי חובתו אפי' דאורייתא כדאשכחן לב"ש היכא דיתיב אפיתחא דמטללתא דגזרי שמא ימשך אחר שולחנו וקאמרי לא קיימת מצות סוכה מימיך דאפי' מדאורייתא לא קיים ומדבית שמאי נשמע לב"ה : **בית** שאין בו ד' אמות · בירושלמי חשיב שאין טובל

ואין מניחין בו עירוב · דלא חזי לדירה ואפי' לשמואל דאמר פרק מי שהוציאוהו (עירובין דף מט. ושם) עירוב משום קנין לא מיקנו רשותייהו בשביל בית דלא חזי לדירה ודשותיה אשכחן התם שמואל גופיה דאמר בית שמניחין בו עירוב אין צריך ליתן פת מאי טעמא כולהו הכא דיירי ואף על פי דאית ליה עירוב משום קנין ומקנו אהדדי משום דמנחי עירובן בביתו : ואין

[אלא שבעה כצ"ל מג"א וס"ז רסי' תרלד ע"ש]

ז א מיי' פ"ד מהלכות סוכה הלכה א סמג עשין מג טוש"ע א"ח סימן תרלד סעיף א [רב אלפס פ"ב דף רמג.]

ח ב מיי' שם טוש"ע שם סעיף ד :

ט ג מיי' פ"ו מהלכות מזוזה הלכה ב סמג עשין כב טוש"ע י"ד סי' רפו סעיף יג :

י ד מיי' פי"א מהלכות רוצח הלכה א סמג עשין עט :

יא ה מיי' פי"ד מהל' טומאת צרעת הלכה ו סמג עשין רלה :

יב ו מיי' פי"ב מהלכות שמטה הל' יג סמג עשין קצד :

יג ז מיי' פ"ז מהלכות מלכים הל' ח סמג עשין קכ [כל הדינים אלו מן אות ד' עד כה כמה ברב אלפס עירובין פ"ז דף קסז. ועוד בכ"כ פ"א דף קס: ועוד בהלכות מזוזה דף פח.]

רבינו חננאל

פליגי וכי דרך מלכה לישב בסוכה קטנה ושנינן בסוכה שהיתה עשויה קיטוניות היתה ט' ואסיקנא הלכתא צריכה שתהא מחזקת ראשו ורובו ושולחנו ואמר ליה ר' אבא מני הא וא' רב הונא ב"ש היא ולא תזו מינה ואקשינן עלה ממאי דהלוקת ב"ש וב"ה בסוכה קטנה' דתנן מי שהיה ראשו ורובו בסוכה ושלחנו בתוך הבית בית שמאי פוסלין וב"ה מכשירין · ודייקת מינה הנה ב"ה מכשירין אע"פ שאינה מחזקת אלא ראשו ורובו בלבד וב"ש פוסלין *) בסוכה קטנה פליגי וכיון דיתיב אפומא דמטללתא ושלחנו בתוך הבית · ואוקימנא לעולם בסוכה גדולה (וכי דאמרין) [ודיקא נמי] מדקתני [במשנתנו מי שהיה ראשו ורובו ולא קתני מי שהיה בסוכה שאינה מחזקת אלא ראשו ורובו ודחינן להאי סברא משום] דקשיא לן . דאי איתא שסוכה גדולה היא וכשרה · ומשום שיושב על פי הסיכה ושלחנו בתוך הבית פליגי · אי הכי לא יצא ידי סוכה היה להן לומר' אלא מדקתני פוסלין ש"מ בסוכה קטנה פליגי' ואמרי' אי הכי דבסוכה קטנה פליגי ליתני מי שהיה בסוכה שאינה מחזקת אלא ראשו ורובו בלבד ב"ש פוסלין כו' · מי שהיה [ראשו ורובו] פתם לפת לי ותריצנא בתרתי פליגי בגדולה וקטנה וחסורי מחסרא והכי קתני מי שאין

ס"א אמר רב הונא

ברכות יא. לקמן ז: כח. עירובין יג:

[לקמן ז: עירובין ג: תוס' ס"ב]

שהיה ראשו ורובו בסוכה ושלחנו בבית או שאינה מחזקת ראשו ורובו ושלחנו ב"ש פוסלין וב"ה מכשירין וקי"ל כב"ש ותני מתניתא דקתני הדא מחזקת ראשו ורובו ושלחנו כשרה רבי אמר עד שיהא בה ד' על ד' אמות ותניא אידך כל שאין בה ד' אמות על ד' אמות פסולה וחכ"א אפילו אינה מחזקת אלא ראשו ורובו כשרה ואוקימנא קמייתא כב"ש ובתרייתא כב"ה · פשוטות הן · מאן תנא להא דת"ר בית

*) [נראה דצ"ל דילמא בסוכה גדולה פליגי וכגון דיתיב אפומא דמטולתא וכו'] .

אות ב'

מי שהיה ראשו ורובו בסוכה ושלחנו בתוך הבית, ב"ש אומרים לא יצא

סימן תרל"ד ס"ד - [ג]מי שהיה ראשו ורובו בסוכה, ושלחנו חוץ לסוכה, ואכל, כאילו לא אכל בסוכה - (לדעת התוס', מן התורה לא יצא, כיון דרבנן גזרו על זה, ואמרו כאלו לא קיים מצות סוכה, **ולהר"ן** וריטב"א רק מדרבנן, ולדינא אין נפקותא, דלכל השיטות צריך לחזור ולאכול בסוכה, **אכן** לענין אם יברך זמן באכילה שניה, דעת הפמ"ג דיברך, **והבכור"י** חולק עליו).

אפילו אם היא סוכה גדולה, גזירה שמא ימשך אחר שלחנו - ר"ל וכ"ש אם היא קטנה שאינה מחזקת רק ראשו ורובו, ושלחנו היה בתוך הבית, דבזה בודאי שייך לומר שמא ימשוך אחר שולחנו, כיון דהמקום צר לו בסוכתו, **וגם** דהרבה פוסקים סוברים דבזה אינו יוצא מן התורה, דלאו דירה היא כלל.

ואם מקצת שולחנו עומד בסוכה ומקצתו תוך הבית, מותר, דלא גזרינן שמא ימשך אחר שולחנו, [**ואפי'** אם רובו בבית, ובסוכה רק טפח ממנו, מותר, דהא סגי בשלחן טפח, כ"כ המ"א, **ובברכי** יוסף כתב דוקא רובו בסוכה, ואפי' משהו יותר מחציו סגי, דמה דדי בשלחן טפח, זהו אם אינו מחזיק רק טפח, **אבל** בשלחן גדול ורק מקצתו בסוכה, גזרינן שמא ימשך].

אבל אם כל שולחנו בבית, אפילו הוא יושב כולו בסוכה, (ולא רק ראשו ורובו), והסוכה היתה סוכה גדולה, אסור, [מ"א, **ובא"ר** כתב שצ"ע בזה].

[**ונראה** דכ"ז דוקא ביושב על פתח הסוכה מבפנים, ולוקח מן המאכל שערוכין לפניו על השלחן מבחוץ, וכמו שצייר הגמ', דיתיב אפומא דמטללתא, דאז גזרינן שמא ימשך אחר שלחנו, **אבל** שלא בכה"ג, שיושב בסוכה ואוכל, ואינו לוקח מן השלחן כלל, רק שנוהג כמו עני שפתו בידו ואוכל, אז לא גזרו חכמים כלל שמא ימשך].

[**וסוכה** שמחזקת רק ראשו ורובו, אפי' אם ירצה לאבול בפנים ופתו בידו, ג"כ אינו יוצא בזה, דכל שאינה ראויה לאכילה כדרכה, היינו שאין לו מקום להעמיד שלחן ולאבול, אינה סוכה, **משא"כ** בשיכול להעמיד שם שולחן, אלא שמתעצל בזה, בודאי יוצא באכילתו].

(מה דפסול בגדולה, הוא דעת הרי"ף והרמב"ם, דבגמרא פליגי ב"ש וב"ה בתרתי, בסוכה גדולה, היינו שיש לה שיעור סוכה ז' על ז', ושולחנו בתוך הבית, **ובסוכה** קטנה שאינה מחזקת רק ראשו ורובו, ושולחנו בתוך הבית, ואיפסוק הלכתא כב"ש, וס"ל דתרווייהו בחד טעמא שייך, משום שמא ימשוך אחר שולחנו, א"כ הלכה כב"ש בין בסוכה גדולה ובין בסוכה קטנה, **אבל שאר**י פוסקים חולקים, וס"ל דשני טעמים יש, בסוכה קטנה הטעם, משום דבעינן קבע, אע"ג דפסקינן דסוכה דירת עראי היא, מ"מ בעינן קבע קצת, ואם אינו מחזקת ראשו ורובו ושולחנו הוי דירה סרוחה, ובסוכה גדולה הטעם, שמא ימשוך אחר שולחנו, **וא"כ** אע"ג דאיפסוק הלכתא כב"ש בסוכה קטנה, בסוכה גדולה הדרינן לכללא, ב"ש וב"ה הלכה כב"ה, **אכן** המחבר פסק להחמיר כהרמב"ם, **ועיין** בחי' רע"א על משניות, דבסוכה קטנה סמוך לסוכה גדולה, וראשו ורובו בסוכה קטנה שאינו ז' על ז', ושולחנו בסוכה גדולה, בזה הרי"ף לקולא ותוס' לחומרא, **דלהרי"ף** יצא, דלא שייך למיגזר שמא ימשוך, דהא גם שולחנו בתוך סוכה כשרה, ולתוס' פסולה, דמ"מ סוכה הקטנה דירה סרוחה היא, עכ"ל).[ד]

מי שיש לו סוכה בשדה סמוך לביתו, כגון בכפרים, אסור להוציא מביתו לסוכה דרך רה"ר או כרמלית, **וכן** שני סוכות בחצר אחד שלא עירבו עירובי חצרות, אסור לטלטל מזו לזו, **וע"י** עכו"ם מותר.

אות ג'

בית שאין בו ד"א על ד"א פטור מן המזוזה

יו"ד סי' רפו סי"ג - [ה]בית שאין בה ד' אמות על ד' אמות, פטור; [ו]ואם יש בו כדי לרבע ד' אמות על ד' אמות בשוה, אע"פ שארכו יתר על רחבו או שהוא עגול או בעל ה' זויות, חייב.

באר הגולה

[ג] **משנה שם כ"ח וכבית שמאי** [ד] ‹**עיין** ברש"י ד"ה ורבי יהודה, דהתם מיירי בסוכה שיש בו ז' על ז', ושלחנו בסוכה גדולה, דבכה"ג לכו"ע כשר› [ה] **ברייתא סוכה דף ג' ע"א וכגירסת הרי"ף** ‹ברייתא בפרק קמא דסוכה (ג.). וכתב הרא"ש בהלכות מזוזה: אע"פ שבכל הספרים אין כתוב אלא בית שאין בו ארבע אמות, רב אלפס גרים: שאין בו ארבע אמות על ארבע אמות, דמסתבר דלא חזי לדירה בענין אחר, **ודלא** כמו שכתב הרמב"ם ז"ל (שם ה"ב) שאם היה ארכו יתר על רחבו, הואיל ויש בו ד' אמות על ד' אמות חייב במזוזה, דד' אמות על ד' אמות בעינן לכל הנהו דקא חשיב בברייתא פרק קמא דסוכה, עכ"ל. **וזה** לשון הרמב"ם: אם יש בו כדי לרבע ד' אמות על ד' אמות בשוה, אע"פ שהוא עגול או בעל חמש זויות, וא"צ לומר שאם היה ארכו יתר על רחבו, הואיל ויש בו לרבע ד' אמות על ד' אמות חייב במזוזה. **ולענין** הלכה נקיטינן כהרמב"ם, דהא לא פליג עליה אלא הרא"ש, ולישנא דארבע אמות על ארבע אמות שלמד ממנו הרא"ש, אינו מוכרח, דכל שיש בו לרבע ד' אמות, בכלל ד' אמות על ד' אמות הוא, וכל שיש בו לרבע כן ראוי לדירה הוא - ב"י› [ו] **טור בשם הרמב"ם** שבספ"ו, דס"ל כל שיש בו לרבע כן, ראוי לדירה הוא, והוא בכלל ד' אמות על ד"א

אות ד׳

ומן המעקה

חו״מ סי׳ תכז ס״ב - ׳כל בית שאין בו ד׳ אמות על ד׳ אמות, פטור ממעקה.

אות ה׳

ואינו מטמא בנגעים

רמב״ם פי״ד מהל׳ טומאת צרעת ה״ו - אין הבית מטמא בנגעים עד שיהיה בו ארבע אמות על ארבע אמות או יתר.

אות ו׳

ואינו נחלט בבתי ערי חומה

רמב״ם פי״ב מהל׳ שמיטה ויובל הי״ב - בית שאין בו ד׳ אמות על ד׳ אמות, אינו נחלט כבתי ערי חומה.

אות ז׳

ואין חוזרין עליו מעורכי המלחמה

רמב״ם פ״ז מהל׳ מלכים ה״ה - אבל הבונה בית התבן ובית שער אכסדרה ומרפסת, או בית שאין בו ארבע אמות על ארבע אמות, או הגוזל בית, הרי זה אינו חוזר.

באר הגולה

ז ברייתא בפרק קמא דסוכה דף ג׳ ע״א

ואין עושין אותו עיבור בין שתי עיירות ואין האחין והשותפין חולקין בו לימא רבי היא ולא רבנן אפילו תימא רבנן עד כאן לא קאמרי רבנן *התם אלא לענין סוכה דדירת עראי היא אבל לגבי בית דדירת קבע הוא אפי' רבנן מודו דאי אית ביה ד' אמות על ד' אמות דיירי ביה אינשי ואי לא לא דיירי ביה אינשי: אמר מר פטור מן המזוזה ומן המעקה ואין מטמא בנגעים ואינו נחלט בבתי ערי חומה ואין חוזרין עליו מעורכי המלחמה מ"ט דבית כתיב בהו בכולהו ואין מערבין בו ואין משתתפין בו ואין מניחין בו עירוב מ"ט דלא חזי לדירה *עירובי חצירות אין מניחין בו אבל *שיתוף מניחין בו מ"ט דלא גרע מחצר שבמבוי דתנן *עירובי חצירות בחצר שיתופי מבוי במבוי והוינן בה עירובי חצירות בחצר והתנן הנותן עירובו בבית שער אכסדרה ומרפסת אינו עירוב *והדר שם אינו אוסר אלא אימא *עירובי חצירות בבית שבחצר *ושיתופי מבואות בחצר שבמבוי והאי לא גרע מחצר שבמבוי *ואין עושין אותו עיבור בין שתי עיירות דאפי' כבורגנין לא משוינן ליה מ"ט בורגנין חזו למילתייהו והאי לא חזי למילתיה ואין האחין והשותפין חולקין בו טעמא דלית ביה ד' אמות הא אית ביה ד' אמות חולקין והתנן *אין חולקין את החצר עד שיהא בה ארבע אמות לזה וארבע אמות לזה אלא אימא *אין בו דין חלוקה *כחצר דאמר רב הונא חצר לפי פתחיה מתחלקת ורב חסדא אמר *נותן לכל פתח ופתח ארבע אמות והשאר חולקין אותו בשוה דהני מילי בית דלמהוי קאי יהבינא ליה חצר האי דלמיסתר קאי לא יהבינן ליה חצר: *היתה גבוהה מעשרים אמה ובא למעטה בכרים וכסתות לא הוי מיעוט

ואע"ג

ואין עושין אותו עיבור בין שתי עיירות · דתנן במסכת עירובין (דף מ.) שנותנין קרפף לשתי עיירות אם יש לזו שבעים אמה ושיריים ולזו שבעים אמה ושיריים עושה קרפף לשתיהן להיות אחת שתי עיירות המובדלות זו מזו קמ"א אמות ושליש ויש באמצע בית נמלא אותו בית בתוך שבעים אמה וד' טפחים לשתיהן נעשה אותו בית כעיבור להן כאשה עוברה שכריסה בולטת ומלמרפסת להיות שתיהן כאחת לגן באחת מהן שיהו שתיהן לו כד' אמות ומונה אלפים מחולה להן ואם יש בית פחות מד' אמות אינו חשוב לצרפן: **ואין האחין או השותפין חולקין בו** · קס"ד השתא שאין יכולין לכוף זה את זה לחלק לפי שאין בו כדי לזה וכדי לזה: **לימא רבי היא** · דלא חשיב סוכה בציר מד' אמות: **ולא רבנן** · דכי היכי דמכשרי בסוכה אלמא דירה היא והוא הדין לכל מילי דבית: **כולהו בית כתיב בהו** · מזוזות ביתך (דברים ו) כי תבנה בית חדש (שם כב) ובא אשר לו הבית (ויקרא יד) כי ימכור בית מושב (שם כה) אשר בנה בית חדש (דברים כ): הכי גרסינן אין מערבין ואין משתתפין בו ואין מניחין בו עירוב דלא חזי לדירה עירובי חצירות אין מניחים בו אבל שיתופי מבואות מניחין בו כו': **דלא חזי לדירה** · וטעמא דעירובא מפרש בעירובין (דף מט.) משום דירה דבית שנותנין בו הפת של עירוב הוי כאילו כולן דרין בתוכו ונמלאת כל החצר משתמשת לבית אחד הלכך בית דראוי לדירה בעינן ופת נמי אינו צריך ליתן כיון דלא מיקרי דירה אין הדר בו אוסר על בני חצר שאין רשותו כלום: **דלא גרע מחצר** שאינו מקורה והאי נמי סלק הקיפו וקרויו כמי שאינו נמלא שיתוף עומד באויר החצר ותנן (עירובין דף פה:) דשיתוף נותן באויר החצר משום דעירוב החצר לצירוף הבתים הוא להיות כולם כדרים בבית אחד הלכך בעינן בית הראוי לדירה ושיתוף המבוי אינו אלא לצרף החצרות וחצרות לאו דירה נינהו והלכך לא בעי דירה אלא באוירא של חצר דיו ובמקום משתמר ויהיו כל החצרות כולן כאילו תשמישן להיות אחד: **מי מינטר לא גרסינן דאי משום נטירותא טרוייהו נטירותא בעו ועוד דבחצר מנטר הוא בכלי ומעירוב פריך דבעיא בית דירה כדמוכח לקמן אלא הכי גרסינן עירובי חצירות בחצר והתנן הנותן את עירובו כו'** · עירוב הגבוי מבתי החצר ונתנו בבית שער היינו בית קטן שלפני שער החצר או מבפנים או מבחוץ ושומר הפתח יושב שם: **אכסדרה** · שלפני הבית שקורין פורטק"א: **מרפסת** · עלייה ארוכה על פני החצר על פני רשות הרבים ובה פתחים הרבה לפי מחיצותיה ודיורין בכל אחת ואחת ועושין מרפסת ארוכה לפני הפתחים לאורך עלייה וכולן עולים בסולם אחד למרפסת ודרך המרפסת נכנסין ויוצאין כולן מרפסת אלוי"ר סולם אשקל"א: **אינו עירוב** · דלא חזי לדירה שכל היוצא ונכנס עובר עליו: **אלא הכי קאמר עירובי חצירות בבית שבחצר** · והאי בחצר דקתני לאו באוירא אלא באחד הבתים שבה ולאפוקי בית שבחצר אחרת שאין מצרפן ושיתופי מבואות דקתני במבוי ה"נ קאמר באחת החצרות שבמבוי ולאפוקי חצר שבמבוי אחרת: **בורגנין** · צריף שעושין מן ערבה וקנים לשומרי פירות או לציידי עופות ותניא בעירובין בכילד מעברין (דף נה:) בורגנין מתעברין עמה: **למלתייהו** · ללינת לילה לאדם אחד: **הא לא חזי למלתיה** · דכל בית עשוי לדירת קבע תמיד: **הכי קאמר אין בו דין חלוקה כחצר** · ומהו דין חלוקה כדרב הונא ורב חסדא: **חצר מתחלקת לפי פתחים** · חצר שהיו בתים פתוחין לה וחלקוה שני אחין ביניהם זה נטל שלשה בתים קטנים וזה נטל כנגדן בית גדול אם באו לחלק אוירה של חצר זה שנטל שלשה בתים הקטנים נוטל ג' חלקים כמנין שלשה פתחים וזה נוטל רביע לפי שהאוצר עשוי ליציאה וביאה שדרך החצר נכנסין ויוצאין מן הבתים להחזיר ומכניסין משאותיהן ופורקין לפני פתחיהם לפיכך חצר מתחלקת לפי הפתחים: **ורב חסדא אמר** · אין צריך ליתן לכל פתח אלא ד"א כנגדן מן הפתח והלאה ורחבן ברוחב הפתח ואפילו הוא רחב י' אמות נוטל ד' אמות במשך וכנגד כל רחבו לפרק משאו ובית קטן זה הפתוח מד' אין לפתחו דין חלוקה ליטול בחצר לא כרב הונא ולא כרב חסדא: **דהני מילי** · דשקיל חלק בחצר בית דלמיהוי קאי ומבעי ליה לחצר לפרק משאו: **היתה גבוהה מעשרים** · פיסקי שמועות הן של כל בני הישיבה שהיו במדרשו של רב אשי שסידרו הגמרא: **ובא למעטה** · למעט גובה חללה מכ' ונותן בקרקעיתה להגביה: **לא הוי מיעוט** · שאין סופו להניח שם כל ז' מפני הפסד ממונו:

ואף

ואין עושין אותו עיבור בין שתי עיירות · תימה האי בית מאי עבידתיה לר"מ דאמר פרק כילד מעברין (עירובין דף נז: ושם) שנותנין קרפף לזו וקרפף לזו בלא בית כך היא וכן לרבנן אליבא דרב הונא דבגמרא ולחייא בר רב דאמר קרפף אחד לשתיהן אותו קרפף אינו צריך בית ואי בשיש יותר ממאה וארבעים ואחת אמה ושליש אמה בין שתי עיירות דהוא שיעור שני קרפיפות שבכשיו מצטרף בית זה לצרפן דבשיש בו ד' חשיב למעט האויר ולצרפן ואי לית ביה ארבע אמות לא חשיב והוי כמאן דליתא ואין העיירות מתחברות בין לרב הונא בין לחייא בר רב א"כ מה לו להזכיר שתי עיירות הוה ליה למימר ואין עושין אותו עיבור לעיר אחת כיון שאין בו ד' אמות דאי הוה בו ד' אמות וקאי לתוך שבעים אמה ושיריים הוה מתעבר עם העיר למדוד מן הבית דשל עיר אחת יכולין לעשות בורגנין ללכת במקום שירצו כדאמרינן בפרק עושין פסין (שם דף כא.) אתיהו מברנים לבי כנישתא דדניאל דהוי תלתא פרסי אמאי סמכיתו אבורגנין הא אטוה דאימך אמר אין בורגנין בבבל נפק אחוי ליה מתוותא דמיבלען בשבעים אמה ושיריים ואומר רשב"ם דגרסינן הכא ואין עושין עיבור לעיר וכן משמע בירושלמי דגרסינן ואין עושין אותו חיבור לעיר ור"ת מקיים גירסת הספרים ומפרש דאינטתנין לזה הבית דין עיבור שבין ב' עיירות דלרבנן לעיר אחת בפני עצמה אין לה קרפף כדאמרינן (שם דף מ.) לא אמרו קרפף אלא בין שתי עיירות ואם היה לזה הבית ד' אמות היה לו דין עיר אחת לתת לו קרפף כמו לעיר והיינו טתנין לבית זה ולעיר שאצלו ב' קרפיפות כמו בשתי עיירות לרב הונא ולחייא בר רב קרפף אחד לשתיהן דעל כרחך לאו דוקא נקטי רבנן שתי עיירות דהוא הדין עיר ובית אלא אגב דנקט ר"מ עיר נקטי רבנן שתי עיירות דהא לחייא בר רב דאמר קרפף אחד לשתיהן על כרחך לא נקטי רבנן שתי עיירות דווקא דהוא הדין עיר ובית דע"י בורגנין המובלעים בתוך שבעים אמה ושיריים הולך כדמוכח פרק עושין פסין (שם דף כא.) ומיהו אין נראה שיחשב בית כעיר לגמרי ליתן קרפף לבית אחד בפני עצמו לר"מ ולרב הונא אליבא דרבנן ליתן לשני בתים בלא עיר קרפף לזו וקרפף לזו ואע"פ שלחייא בר רב אליבא דרבנן הוי בית כעיר לגמרי שנותנין לשני בתים בלא עיר קרפף אחד לשתיהן דאי לאו הכי עיר שאין לה חומה במה יתחברו הבתים ליחשב אחת אם לא על ידי דמיבלען כל אחת ואחת בתוך שבעים אמה ושיריים של חברתה דאין סברא להצריך שיגיע זו לזו:

ואף

יד א מיי' פ"א מהלכות עירובין הלכה טו סמג עשין א טוש"ע א"ח סי' שצו סעיף ג:

טו ב מיי' שם הלכה יז סמג שם טוש"ע א"ח סי' שצו סעיף א:

טז ג מיי' שם הלכה טז סמג שם טוש"ע א"ח סימן שצו סעיף ג:

יז ד מיי' שם פ"ד הל' ח סמג שם טוש"ע א"ח סי' שמ סעיף א:

יח ה מיי' שם פ"א הל' טז סמג שם טוש"ע א"ח סי' שצו סעיף ג:

יט ו מיי' שם הלכה יז סמג שם טוש"ע א"ח סימן שצו סעיף א:

כ ז מיי' פכ"ח מהלכות שבת הלכה ב סמג לאוין סה טוש"ע א"ח סימן שנח סעיף ו:

כא ח ט מיי' פ"א מהל' שכנים הלכה ד סמג עשין פב טוש"ע ח"מ סימן קעב סעיף ח:

כב י מיי' שם פ"ב הלכה א טוש"ע שם סעיף א:

כג כ מיי' פ"ד מהלכות סוכה הלכה יג טוש"ע א"ח סימן תרלג סעיף ג:

רבינו חננאל

שאין בו ד' אמות על ד' אמות פטור מן המזוזה ומן המעקה כו' ואוקימנא אפילו לרבנן דמכשרי בסוכה במחזקת ראשו ורובו משום דהיא דירת עראי אבל בית דהי' דירת קבע אפילו רבנן מודו שאינו בית דירה ולא מקרי בית דירה עד שיהא בו ד' אמות על ד' אמות וכ"ש פחות מד' אמר מר פטור מן המזוזה ומן המעקה כו' הני הא בהריא כתיב בהו קרא בית מזוזה שנאמר וכתבתם על מזוזות ביתך מעקה שנאמר כי תבנה בית חדש ועשית מעקה ואינו נחלט שנאמר כי ימכור בית מושב וגו' וכתיב בעורכי המלחמה מי האיש אשר בנה בית חדש · בנגעים כתיב כנגע נראה לי בבית. ואין מערבין בו ואין משתתפין בו ואין מניחין בו עירוב מ"ט דכיון דאין בו ד' אמות על ד' אמות לאו דירה היא אבל שיתופי מבוי מניחין בו דקי"ל עירובי חצרות בבית שבחצר ושיתופי מבוי בחצר שבמבוי והא בית שאין בו ד' אמות לא גרע מחצר שבמבוי · ואין עושין אותו עיבור בין ב' עיירות משום דאתקן לדירה ולא חזי לדירה אבל בורגנין חזו למלתייהו ואין האחין והשותפין חולקין בו · ואוקימנא אין בו דין חלוקה כמו בית שיש בו חלק בחצר · כי הא דאמר רב הונא חצר מתחלקת לפי פתחיה רב חסדא אמר נותן ד' אמות לכל פתח ופתח והשאר חולקין בשוה · והני מילי בית דקאי

[נ"ל חבא]

עירובין סה:

ב"ב יא.

י"ג בחצר

§ מסכת סוכה דף ג׳ §

אות א׳

עירובי חצירות אין מניחין בו

סימן שסו ס״ג - [א]וצריך שיהא בו ד׳ אמות על ד׳ אמות.

אות ב׳

שיתוף מניחין בו

סימן שפו ס״א - ומפני שאינו אלא לשתף החצרות, יכולים ליתנו באויר החצר, [ב]או בבית שאין בו ד׳ על ד׳.

אות ג׳

הנותן עירובו בבית שער אכסדרה ומרפסת, אינו עירוב

סימן שסו ס״ג - לאפוקי בית שער אכסדרה ומרפסת.

אות ד׳

והדר שם אינו אוסר

סימן שע ס״א - הדר בבית שער אכסדרה ומרפסת שבחצר, אינו אוסר על בני החצר, שאינם חשובים דירה.

אות ה׳

עירובי חצירות בבית שבחצר

סימן שסו ס״ג - ואין מניחים אותו בחצר, אלא בבית שראוי לדירה.

אות ו׳

ושיתופי מבואות בחצר שבמבוי

סימן שפו ס״א - ומפני שאינו אלא לשתף החצרות, יכולים ליתנו באויר החצר, או בבית שאין בו ארבע על ארבע, וא״צ ליתנו בבית, רק שיהיה במקום המשתמר, הילכך אין נותנים אותו באויר המבוי.

אות ז׳

ואין עושין אותו עיבור בין שתי עיירות

סימן שצח ס״ו - היה בית קרוב לעיר בשבעים אמה, ובית שני קרוב לבית הראשון בשבעים אמה, ובית שלישי קרוב לשני בשבעים אמה, וכן עד מהלך כמה ימים, הרי הכל כעיר אחת, וכשמודדין מודדין מחוץ לבית האחרון; [ג]והוא שיהיה בית דירה זה ד׳ אמות על ד״א או יותר.

אות ח׳ – ט׳

אין חולקין את החצר עד שיהא בה ד״א לזה וד״א לזה

בית שאין בו ד״א על ד״א... אין בה דין חלוקה בחצר

חו״מ סי׳ קעב ס״ח - [ד]בית שאין לו ארבע אמות על ארבע אמות, אין לו ד׳ אמות בחצר כנגד הפתח; אלא אם יש בחצר ד׳ אמות לזה וארבע אמות לזה עד פתח הבית הזה, חולקין.

אות י׳

נותן לכל פתח ופתח ד׳ אמות והשאר חולקין בשוה

חו״מ סי׳ קעב ס״א - חצר המתחלקת, נותן לכל פתח ד׳ אמות, והשאר חולקים בשוה; שכל פתח צריך לפניו ארבע אמות לתוך החצר, ואפילו שהפתח רחב הרבה, נוטל ארבע אמות על פני כל רחבו לתוך אויר החצר.

אות כ׳

היתה גבוהה מכ׳ אמה ובא למעטה בכרים וכסתות, לא הוי מיעוט

סימן תרלג ס״ג - [ה]וכן אם מיעטה בכרים וכסתות - שנתן אותם בקרקעיתה להגביה, **לא הוי מיעוט; ואפילו ביטלם** - דבטלה דעתו אצל כל אדם, שאין שום אדם מפסיד ממונו ומניח כריו בעפר ואבנים ומבטלן.

(ולכאורה באותן מצעות שמציעין ע״ג ריצפה בבתי עשירים, שפיר אפשר למעט בהו, כשמציען בשטח ז׳ על ז׳ ומבטלן, דהא לא שייכא טעם הנ״ל, וביותר לפי מה שכתב הר״ן, בטעמא דלא מהני בטול בכרים, משום דמשתמש הוא בהם תדיר, וזה לא שייכא באותם מצעות, ואדרבה הלא הן עומדין לזה, אכן מדברי הרב המאירי מבואר לכאורה שלא כדברינו, דז״ל: ואף בכרים פחותים שדרכן של בני אדם לבטלן בישיבה שם, מ״מ לא נתנו חכמים דבריהם לשיעורין, עכ״ל, ולכאורה היינו מצעות שכתבנו, ואף אם נחלק בזה, מ״מ כ״ז הוא דוקא למאן דסבר שבטול ז׳ ימים סגי, אמנם למאן דבעי בטול לעולם, אפשר דלא מהני, מדאין דרך של בני אדם להניחם שם לעולם, ואף בסוכה המשומרת משנה לשנה, אלא נוטלים אותם כשמתלכלכים ומכבסים אותם, או אפשר דלא קפדינן בזה, שהרי נוטלה ע״מ להניחה שם, וצ״ע).

באר הגולה

א סוכה ג׳ ב ברייתא סוכה ג׳ ג (עיין ברש״י ותוס׳. ורשב״ם גריס: אין עושין אותו עיבור לעיר, משמע דחולק על ר״ת, וסובר דבית אפי׳ יש בו דע״ד אין נותנין לו דין עיר לתת לו קרפף – ב״י) ד שם דין ח׳, ברייתא סוכה דף ג׳ ע״ב וכדמפרש לה בגמ׳ שם ה שם בגמ׳ ג׳ ד׳

§ מסכת סוכה דף ד. §

אות א'

תבן ובטלו הוי מיעוט, וכ"ש עפר ובטלו; תבן ואין עתיד לפנותו ועפר סתם, מחלוקת ר' יוסי ורבנן

סימן תרל"ג ס"ד - [א]מיעטה בתבן וביטלו, הרי זה מיעוט - וא"צ לנענע הסכך מחדש, אע"ג דפסולה היתה קודם שמיעט גובהה, וכדמוכח לעיל בסימן תרכ"ו ס"ב בהג"ה עי"ש.

עיין לעיל סימן שנ"ח ס"ב פלוגתא בזה, די"א דוקא כשמבטל לעולם, **ויש** מקילין דדי כשמבטל לאותו שבת, והכא גבי סוכה ג"כ די לפי"ז בשמבטל לכל ימי החג שלא להזיזם ממקומם, ‹וכ"כ רש"י ד"ה תבן וביטלו›, **ונטו** האחרונים להקל בזה.

אבל בששטח תבואה ע"ג קרקע, לא מהני אפילו בשמבטלם, דבטלה דעתו, וכמו בכרים וכסתות.

ואין צריך לומר עפר וביטלו; אבל סתם אינו מיעוט, [ב]אפי' בעפר, עד שיבטלנו בפה - ע"ל סימן שע"ב סט"ז במ"ב, די"א שגם בביטול בלב סגי.

כתבו האחרונים, דאסור למעטה ביו"ט, דהוי כעין בונה, ועוד שמתקן הסוכה בזה ומכשירה, ואסור כההיא דהדס בסימן תרמ"ו.

[**ובחי'** רעק"א מסתפק, במיעטה בעיו"ט רק לא ביטלה, אם רשאי לבטל ביו"ט, וטעמו, דאע"ג דביטול ביו"ט שרי וכמבואר לעיל בסי' תמ"ד, הכא גריעה, שהרי מתקן הסוכה ומכשירה ע"י ביטולו, וכמו לענין להתרים תרומה בשבת, דאסור אפי' בקריאת שם בלבד, כמו כן הכא, **ומ"מ** אפשר דיש להקל, מאחר דלכמה פוסקים בהסכם בלבו ג"כ סגי].

(**הנה יש מאחרונים דמפרשי, דדעת המחבר בעפר ואין עתיד לפנות אותו, דהוי מיעוט, אכן מלשון "שיבטלנו בפה" לא משמע כן, ובאמת יש בזה דיעות בראשונים, דדעת העיטור והריטב"א דהוי מיעוט, ודעת** רש"י ‹ד"ה מחלוקת ר' יוסי כו'› ותוס' והר"ן דלא הוי מיעוט).

אות ב'

בית שמילאהו תבן או צרורות וביטלו מבוטל

רמב"ם פכ"ד מהל' טומאת מת ה"ג - [ג]בית שהוא מלא תבן [ד]ואין בינו לבין הקורות פותח טפח, טומאה בפנים בין בתוך התבן בין שהיתה בין תבן לקורות, כל הכלים שכנגד יציאת הטומאה במלואו של פתח טמאים; היתה טומאה חוץ לתבן במלואו של פתח, כלים שבפנים אם יש במקומן טפח על טפח על רום טפח טהורין, ואם לאו טמאין; [ה]ואם יש בין תבן לקורות פותח טפח, בין כך ובין כך טמאין, שאין התבן חוצץ, מפני שסתם תבן דעתו לפנותו.

אות ג'

היתה גבוהה מכ' אמה והוצין יורדין בתוך כ' אמה, אם צלתה מרובה מחמתה כשרה, ואם לאו פסולה

סימן תרל"ג ס"ב - [ו]היתה גבוה יותר מעשרים, והוצין (פי' ענפים קטנים עם העלין פלהס) יורדים למטה - ר"ל שאם נמדוד עד ההוצין ליכא חלל יותר מעשרים, **אם צלתן מרובה מחמתן** - פי' של אותן ההוצין, אי שקלית לסכך העליון יהיה צלתן מרובה מחמתן, **כשרה** - דמנינן כ' מהם ולמטה.

ואם לאו, פסולה – (ואע"ג דפסקינן לעיל, דהיכי שאין בחללה יותר מכ', אפילו כל סככה למעלה מעשרים כשר, **ומשמע** דאפילו אין בסכך התחתונה לחודה שיעור כדי שתהיה צילתה מרובה מחמתה כשר, ומשום דמצרפינן כל דרי דסכך המונחים זה על זה, ובין כולם צלתה מרובה מחמתה, וא"כ ה"נ נצרף סכך הגמור להוצין, **עיין** בר"ן שתירץ, דהוצין יורדין לא חשיבי כסכך, הלכך כל שאין צלתן מרובה מחמתן מחמת עצמן, כמאן דליתנהו דמי, ונמצא שחללה יותר מעשרים, משא"כ בסכך דחשיב).

(ונ"ל פשוט, דבאופן זה אפילו ההוצין יורדין לתוך חלל כ' ג"כ פסול, כל שהסכך שלמעלה מן ההוצין הוא יותר מעשרים אמה מן הארץ).

אות ד'

היתה גבוהה י' טפחים והוצין יורדין לתוך י'... הא דירה סרוחה היא, ואין אדם דר בדירה סרוחה

סימן תרל"ג ס"ט - [ז]היתה גבוה מעשרה, והוצין יורדין לתוך עשרה, אפילו אם חמתן מרובה מצלתן - והר"א כיון דאין עיקר הסכך למטה מעשרה, אלא קצות הסכך, ולא חשיבי, וגם אין בהם כדי שיעור סכך, יהיה כשרה, קמ"ל אפ"ה **פסולה** - משום דסוף סוף קשה לאדם לדור בסוכה כזו, ודירה סרוחה היא, [**ומשמע** מהמחבר דאפי' בדיעבד פסולה, **ולאפוקי** מלשון הרמב"ם דמשמע לכאורה מיניה, דאינה אלא זהירות בעלמא].

באר הגולה

א שם ד' ב שם כרבנן משנה פרק ט"ו דאהלות, הרי"ף ורא"ש שם ורמב"ם פ"ד ג ‹אהלות פט"ו משנה ו', והגם דהגמ' הביא משנה ז', ומה דפסק הרמב"ם ממשנה ז', נמצא בפ"ז ה"ו, אבל שם אינו מזכיר ענין של ביטול, דהולך לשיטתו, דמש"כ במשנה ז' "וביטלו" הולך על הבית, {וס"ל דההיא דמס' סוכה הוי ברייתא, ולא הויא הך משנה דאהלות - מעשה רוקח}, ומש"ה מביא העין משפט מה דפסק הרמב"ם ממשנה ו', דשם מבאר ענין של ביטול התבן› ד ‹והרי אז אפי' הניחו שם סתם כביטלו בפירוש דמי - תפארת ישראל› ה ‹דאז ודאי דעתו לפנות התבן ואינו חוצץ - תפארת ישראל› ו שם ד' ז שם בגמ' ד'

ואע"ג דבטלינהו [לכולהו] משום *דבטלה דעתו אצל כל אדם *תבן ובטלו הוי מיעוט וכל שכן עפר ובטלו תבן ואין עתיד לפנותו ועפר סתם מחלוקת ר' יוסי ורבנן דתנן *בית שמילאהו תבן או צרורות וביטלו מבוטל ביטלו אין לא ביטלו לא ותני עלה *רבי יוסי אומר תבן ואין עתיד לפנותו הרי הוא כעפר סתם ובטל עפר ועתיד לפנותו הרי הוא כסתם תבן ולא בטיל היתה גבוהה מעשרים אמה והוצין יורדין בתוך כ' אמה אם צלתם מרובה מחמתם כשרה ואם לאו פסולה היתה גבוהה י' טפחים והוצין יורדין לתוך י' סבר אביי למימר אם המתם מרובה מצלתם כשירה א"ל רבא הא דירה סרוחה היא ואין אדם דר בדירה סרוחה היתה גבוהה מעשרים אמה ובנה בה איצטבא כנגד דופן האמצעי על פני כולה ויש בה הכשר סוכה כשרה ומן הצד אם יש משפת איצטבא לכותל ד"א פסולה פחות מארבע אמות כשרה מאי קא משמע לן דאמרינן דופן עקומה תנינא *בית שנפחת וסיכך על גביו אם יש מן הכותל לסיכוך ד"א פסולה הא פחות מכאן כשרה מהו דתימא התם הוא דחזיא לדופן אבל הבא דלא חזיא לדופן אימא לא קמ"ל היתה גבוהה מכ' אמה ובנה איצטבא באמצעיתה אם יש משפת איצטבא ולדופן ארבע אמות לכל רוח ורוח פסולה פחות מארבע אמות כשרה מאי קא משמע לן דאמרינן דופן עקומה היינו הך מהו דתימא דופן עקומה מרוח אחת אמרינן אבל כל רוח ורוח לא קא משמע לן היתה פתוחה מי' טפחים וחקק בה כדי להשלימה לעשרה אם יש משפת חקק ולכותל ג' טפחים פסולה פחות

איצטבא באמצע

רש"י

ואע"ג דבטלינהו· לכל שבעה בטלה דעתו אצל כל אדם ואין ביטולו ביטול: **תבן וביטלו·** בפיו לשבעה: **תבן ואין עתיד לפנותו·** ולא ילמרך לפנותו כל ימי החג ומיהו לא בטלו ממש בפיו: **או עפר·** נתן בו סתם ואין ידוע אם עתיד לפנותו אם לאו: **מחלוקת ר' יוסי וכו'·** וכן עפר ואין עתיד לפנותו יש בו מחלוקת דבטיל לר' יוסי מסתמא ואפי' לא בטלו בפיו ולרבנן לא בטיל והא דנקט עפר סתם משום כחו דר' יוסי דאפי' סתם דלא ידיע אי עתיד לפנותו אי לא אמר דבטיל אבל תבן ראוי לבהמה ולהסקה או לטיט הלכך סתמיה לא בטיל אפילו לרבי יוסי: **הכי גרסינן בית שמילאהו תבן או צרורות וביטלו·** ולענין אהלות תנן דטומאה שיש לה אהל חלל טפח אינה בוקעת למעלה מן הגג אבל טומאה רצוצה שאין לה חלל טפח הימנה לגג שכנגדה עד לרקיע טמא דבוקעת ועולה וכן הלכה למשה מסיני והלכך בית שיש בו מת או כזית מן המת ומילאוהו תבן או צרורות וביטלו הויין רצוצה ובוקעת אבל לא ביטלו הוי כמאן דפנייה ויש לה חלל: **תבן ואין עתיד לפנותו הרי הוא כסתם עפר ובטיל·** ופליג בין אתבן בין אצרורות דצרורות היינו עפר וקאמר ת"ק דצריך ביטול וא"ל ר' יוסי תבן אם ידוע שאינו עתיד לפנותו הרי הוא בטל מאליו וצרורות אפי' סתמא דלא ידיע אי עתיד לפנותו אי לא מסתמא בטל אלא א"כ ידוע דעתיד לפנותו דההיא הוי כסתם תבן ולא בטיל אלמא דתבן וביטלו עפר וביטלו כולהו מודו דבטיל תבן סתם ועפר ועתיד לפנותו דכולי עלמא לא בטיל תבן ואין עתיד לפנותו ועפר כיולא בו או אפי' עפר סתם מחלוקת דלרבי יוסי בטיל: **והוצין·** של סכך ראשיהן התלויין: **אם צלתם·** של אותם הוצין מרובה מחמתם אי הוי שקלא ליה לסכך העליון: **כשרה·** דמוקין עשרים מהן ולמטה: **סבר אביי למימר·** דכי היכי דבגובהה לא ממעטי להכשיר היכא שחמתן מרובה מצלתן בגמוכה נמי לא ממעטי לפסול ואם חמתן מרובה מצלתן כשרה: **דופן האמצעי·** דסתם סוכה בת שלשה דפנות כי מתניתין והרביעית היא כולה פתח: **על פני כולה·** שמגיעין ב' ראשי האיצטבא לב' דפנות הצדדין ואיצטבא היא בנין אבנים וטיט אם יש בה באיצטבא שיעור הכשר סוכה קטנה שבעה טפחים ומשהו דהיינו ראשו ורובו ושלחנו: **כשרה·** כל הסוכה שיש לה ג' דפנות והאי הכשר סוכה אפי' מן האיצטבא והלאה דמנין חללה מראש האיצטבא ומעלה ונמלא דופן אמלעי כולו כשר ודפנות הצדדים ברחב האיצטבא הוכשרו בה הרי כאן סוכה קטנה כשרה ואמרינן לקמן (דף יט.) פסל היוצא מן הסוכה נידון כסוכה ומפרשינן ליה אם יש הכשר סוכה ביחד ועוד יש בסוכה משם והלאה פסל היינו סכך העשוי בפסולת גורן ויקב שזהו דרכן ליעשות ויולא מהכשר סוכה שאין לו הכשר דפנות נידון כסוכה הלכך כל הסוכה כמות שהיא גדולה כשרה: **מן הצד·** כגון אם בנה האיצטבא על פני אחד מדופני הצדדים: **אם יש משפת איצטבא ולכותל·** השני שהרחיקו ממנו ד' אמות: **פסולה·** דלא הוכשרו באיצטבא זו אלא שתי דפנות אותו שסמוך לה מן הצד והאמצעי שראש האיצטבא מגיע לו: **פחות מד' אמות כשרה·** שאף הוא הוכשר על ידה דקי"ל (לקמן דף ו:) הלכה למשה מסיני דמכשרי סוכה על ידי עקימת דופן עד ארבע אמות חסר משהו ורואין סכך העליון המחובר לדופן הרחוק כאילו הוא מן הדופן עלמו ועקום עד כנגד שפת האיצטבא וכאן מודדין את גובהן משפת האיצטבא ולמעלה ואף על פי שמתחתיו נמשך כלפי חוץ האויל וראשו אינו כלה ע"כ זהו גובה חללה והרי נתמעט חללה מתחתיו: **בית שנפחת·** גגו וגגין שלהם חלקים הן ושוין ולא משופעים ונפחת הגג באמלעו: **וסיכך·** בסכך כשר על פי הפחת ונמלא סכך הכשר מופלג מן הדפנות לכל לד: **פחות מארבע אמות כשרה·** שדופני הבית נעשין לה דפנות והתקרה פסולה המפסקת בינתיים רואין אותה כאילו היא מן הדופן ונעקם הדופן עד כאן ואין כאן סכך פסול אלא דופן ומחובר לסכך כשר: **התם הוא·** דאמר דופן עקומה משום דדופן דידה חזי לדופן דאיתו גבוה מכשיעור ואין צריך לעקמו אלא כדי לקרבו לסכך: **אבל הכא דלא חזי לדופן·** ועקימותו משום דליתחזי למיהוי דופן הוא לא אמר קא משמע לן: **וחקק בה·** גומא באמלע: **כדי להשלימה לעשרה·** כנגד הגומא ובאותה גומא הכשר סוכה באורך ורוחב:

תוספות

ואע"ג דבטלינהו בטלה דעתו אצל כל אדם· לא דמי לארנקי דפ' חלון (עירובין דף עט.) דהיכא למאן דאמר דאפילו ארנקי מבטל איניש: **בית** שמילאהו תבן או צרורות וביטלו בטל· כך היא הגירסא בכל הספרים כאן ובפרק חלון (שם דף עח:) דמייתי לה אמתניתין דחריץ שבין שתי חצירות מלא קש או תבן מערבין שנים ואין מערבין אחד מלא עפר או מלא צרורות מערבין אחד ואין מערבין שנים והיא משנה במסכת אהלות פט"ו ולא כתב שם תבן אלא עפר או צרורות ומשום דמייתי לה הכא ובעירובין אתבן טעו להגיה הספרים תבן במקום עפר ולא גרסינן נמי במסכת אהלות וביטלו בטל אלא טומאה בוקעת ועולה טומאה בוקעת ויורדת והיא היא דהא בהא תליא אלא שדרך הש"ס לקצר משניות של סדר טהרות כשמביאם ואין [לומר] דהך דמייתי [הכא] ברייתא היא דאין לו להביא מן הברייתא כיון שיכול להביא מן המשנה וזה לשון המשנה בית שמילאהו עפר או צרורות וביטלו וכן כרי של תבואה וגל של צרורות אפי' כגלו של עכן אפילו טומאה בצד הכלים טומאה בוקעת ועולה בוקעת ויורדת פי' לפי שהם מבוטלים והא דקאמר תבן ואין עתיד לפנותו ועפר סתם מחלוקת רבי יוסי ורבנן אע"ג דבמתניתין דאהלות לא איירי רבנן מידי בתבן מכ"ש הוא דידע ליה כיון דבעפר ולרורות מלרכי רבנן ביטול כ"ש בתבן וכן פרק חלון (שם עט.) קאמר מאן תנא אהלות רבי יוסי היא ופריך אי רבי יוסי איפכא שמעינן ליה בין אתבן בין אלרורות פריך מטעמא דפרישית אע"ג דלא קתני תבן במתני' דאהלות והא דפשיטא לן הכא דתבן וביטלו הוי מעוטא אפי' לרבנן דייק לה מדקתני במתניתין דאהלות אפילו כרי של תבואה דמהני ביטול כ"ש בתבן והא דקאמר עפר סתם מחלוקת רבי יוסי ורבנן הוי מלי למימר דבעפר ואין עתיד לפנותו נמי פליגי דלרבנן לא בטיל אלא א"כ בטלו ואין עתיד לפנותו לאו היינו ביטלו כדמוכח הכא אלא משום ר' יוסי נקט עפר סתם דאפילו בסתם קבטיל ולא חש להאריך לומר תבן ועפר שאין עתיד לפנות ועפר סתם מחלוקת:

והוצין יורדין בתוך כ'· וא"ת כשצלתו מרובה מחמתו אמאי כשרה הא אי קלשת היו ההולין נופלין כדאשכחן בעירובין (דף ג.) גבי מקלת סכך בתוך כ' ומקלת סכך למעלה דפסלינן הסוכה דכי קלשת לה האי לה חמתה מרובה מצלתה ועל כורחין פי' לפי שלא יכול להתקיים הסכך בתוך עשרים דמחמת קלישותו יבא הרוח ויפזר או יפול דאין לפרש אפילו היה מתקיים כך הוה ליה חמתו מרובה שבזה לא היו מכשירין איכך אמוראי דהתם כיון דאין ללתה מרובה אלא על ידי סכך של מעלה מכ' הוה ליה סכך פסול *מלטרף בהדי סכך כשר ויש לומר דהכא יש לנו להכשיר יותר שיש רוב ההולין ורלויין הן להתקיים בקל כך אם היה שם דבר הסומכת:

פחות

עין משפט נר מצוה

כד א מיי' פ"ד מהל' סוכה הל' יג טוש"ע או"ח סי' תרל"ג ס"ד:

כה ב מיי' שם וסמג עשין ס"ג וטוש"ע שם ומיי' פכ"ד מהל' טומאת מת הלכה ג:

כו ג מיי' פ"ד מהלכות סוכה הלכה יג וסמג וטוש"ע שם סעיף ג:

כז ד מיי' פ"ב שם הלכה ב טוש"ע שם סעיף ט:

כח ה מיי' פ"ד שם הלכה יד טוש"ע שם סעיף ה:

כט ו מיי' שם טוש"ע שם סעיף ו:

ל ז מיי' שם טוש"ע שם סעיף ז:

לא ח מיי' שם הלכה טו טוש"ע שם סעיף י:

רבינו חננאל

לדירה אבל האי כיון דלמיסתר קאי לית ליה מידי בחצר: היתה גבוהה מכ' אמה ומיעטה בכרים וכסתות אע"ג דביטלן לא הוי (ביטול) מיעוט דבטלה דעתו אצל כל אדם שאין אדם נותן [כרים וכסתות] במקום עפר ואבנים. תבן וביטלו הוי מיעוט וכ"ש עפר וביטלו כגון שהסכים שלא ליטלו משם לעולם תבן ואין עתיד לפנותו ועפר סתם מחלוקת ר' יוסי ורבנן לר"י בטל לרבנן לא בטל· דתנן [בית שמילאהו] עפר או צרורות וביטלו דייקינן מינה מדקתני וביטלו מכלל שאם לא ביטלו מפורש אלא בסתם אינן מבוטלים ותני עלה ר' יוסי אומר תבן ואין עתיד לפנותו לתנא דידן לא בטל הרי הוא כעפר סתם וביטלו עפר ועתיד לפנותו הרי הוא כסתם תבן ולא ביטלו ש"מ תבן ואין עתיד לפנותו לתנא דידן לא הטל לר' יוסי בטל· וכן עפר סתם לר' יוסי בטל לתנא דידן דקתני צרורות וביטלן מכלל דסתמא לא בטלו· היתה גבוה מכ' אמה והוצין יורדין לתוך כ' רואים אם צילתן של הוצין הללו מרובין מחמתן כשרה דחשבינן אלו ההוצין הן הן הסכך· היתה גבוהה עשרה טפחים והוצין יורדין לתוך י' טפחים *) ודחה רבא דברי אביי ואמר דירה סרוחה היא ופסולה· היתה גבוהה מכ' אמה ובנה בה איצטבא כנגד דופן האמצעית על פני כל האמצעית הסוכה ויש (בין האיצטבא) [בהאיצטבא] ז' טפחים שהן הכשר סוכה קטנה כשרה. בנה זו האיצטבא מן הצד אם יש משפת איצטבא ולכותל ד' אמות פסולה פחות מיכן כשרה מאי קמ"ל דופן עקומה תנינא בית שנפחת וסיכך ע"ג אם יש בין כותל לסיכוך ד' אמות פסולה ודחינן שאני התם משום דבדוכתיה דופן מעליא היא דפחות מכ' אמה היא· אבל הכא שזה הדופן גבוה יותר מכ' אמה ולגבי זו הסוכה דופן פסולה היא אימא לא קמ"ל· היתה גבוהה מכ' אמה ובנה בתוכה באמצעיתה האיצטבא אם יש משפת האיצטבא ולכותלי הסוכה ד' אמות ריוח לכל רוח פסולה· פחות מד' אמות כשרה ואתא לאשמעינן דמכשירין דופן עקומה ואפילו מכל רוח היתה פתוחה מי' וחקק בתוכה להשלימה לי' טפחים

מסורת הש"ס

[ברכות לב: פסחים מד.]

עירובין עח: אהלות פט"ו מ"ז

[תוספתא דאהלות פט"ו עירובין עט.]

לקמן יז.

גליון הש"ס

תוס' ד"ה והוצין וכו' מצטרף בהדי סכך כשר· עי' לקמן דף ט ע"ב תוס' ד"ה הא קא מצטרף:

*) נראה דחסר בדברי רבינו וצ"ל וסבר אביי למימר דאם חמתם מרובה מצלתם כשרה ודחה רבא וכו'.

אות ה'

היתה גבוהה מכ' אמה, ובנה בה איצטבא כנגד דופן האמצעי על פני כולה, ויש בה הכשר סוכה, כשרה

סימן תרל"ג ס"ה - [ח]היתה גבוה מעשרים ובנה בה איצטבא - הוא בנין אבנים [ט]או של עצים, וה"ה פאדלאגע שמרצפין על הקרקע, וכשמודדין מראש האיצטבא ולמעלה, ליכא יותר מכ' אמה עד הסכך, **כנגד דופן האמצעי** - היינו שסמוך לדופן ממש, והוא הדופן שכנגד הפתח, ונקראה כן משום שסתם סוכה הוא רק בת ג' דפנות, והרביעית היא כולה פתוח, [רש"י], **על פני כולה** - ונמצא נוגעת גם בשתי הדפנות שמזה ומזה, והרי יש לה ג' דפנות, [י]**ובה שיעור סוכה, כשרה [יא]כל הסוכה אפילו מהאצטבא והלאה** - ואוכלים וישנים שם, והטעם, דאנו רואים אותה איצטבא כאלו מתפשטת בכל הסוכה, [יב]‹רש"י ומאירי ושארי פוסקים›, וכדאמרינן כעין זה לעיל בסי' תרל"א ס"ז, לענין קנים הבולטים לצד הפרוץ, [**ולא** דמי לסכך פסול דאינו נבשר ע"ג סכך כשר, דהכא הסוכה כשרה בעיקרה, והריעותא הוא רק בשביל הגובה, וקילא טפי].

אות ו'

ומן הצד, אם יש משפת איצטבא לכותל ד"א פסולה, פחות מד"א כשרה

סימן תרל"ג ס"ו - [יג]אם בנה האצטבא מן הצד - ר"ל בצד דופן אחד, ומ"מ הגיעה עד דופן האמצעי, וא"כ יש לה שתי דפנות, [רש"י], **אם יש מן האצטבא עד כותל השני פחות מארבע אמות, כשרה** - מתורת דופן עקומה, דכל שהוא פחות מד"א, רואין אנו את הכותל והסכך כאלו הכל דופן שנתעקם, ונשתפע מקרקעיתה עד מקום הסכך הכשר, [רש"י], שכן דרכו של כותל להתעקם עד כדי שיעור זה, וא"כ יש לה ג' דפנות, **ודע**, דכ"ז דוקא בשהדפנות מגיעים לסכך, דאי אינם מגיעים, א"א לומר דרואין אנו את הכותל והסכך כאלו הם דופן אחת, שהרי אין נוגעים כלל זה בזה. ‹וע"ל סי' תרל"ב ס"א›.

[יד]על האצטבא דווקא - דמשם ולהלן א"א להכשיר אגבה דאיצטבא כדלעיל, דהא ליכא שם סכך כשר, שהרי עשית לסכך דופן, וא"כ הוא יושב תחת הדופן, ‹**והא** דבסוף סי' תרל"א גבי עשאה כמין צריף, כתב דמותר לישן תחת הדפנות, צ"ל כיון דאיכא אוהל במקום א', הו"ל כאילו כולו אוהל, וא"כ הו"ל כאילו הוא גבוה כולו י' - מ"א, וצ"ע בכוונתו›, **ומ"מ** לצד הפתח מותר לישב אף להלן מן האיצטבא, דשם יש סכך רק שהוא למעלה מעשרים, ושפיר מתכשר אגבה דאיצטבא, וכבסעיף שלפני זה.

ואם לאו, פסולה.

אות ז'

היתה גבוהה מכ' אמה ובנה איצטבא באמצעיתה, אם יש משפת איצטבא ולדופן ד"א לכל רוח ורוח, פסולה, פחות מד"א כשרה

סימן תרל"ג ס"ז - [טו]אם בנה האצטבא באמצע, אם יש ממנו לכותל לכל צד פחות מארבע אמות, כשרה על האצטבא - כנ"ל מתורת דופן עקומה, **ואשמועינן** הכא דגם בכמה רוחות בבת אחת אמרינן דופן עקומה בענינינו.

[**וגם** כאן לאו דוקא על האיצטבא, דבמקום שאין דופן, כגון נגד הפתח, מותר מטעם פסל, **ועיין** בדגמ"ר שכתב, דאם יש לה ד' דפנות, ויש לכל צד פחות מד"א, כל הסוכה כשרה ביש באיצטבא שיעור סוכה, וטעמו, דבכל פעם יש לומר: אני מחשב זה כפסל היוצא, והשאר ג' דפנות כדופן עקומה, **ועיין** בביכורי יעקב, דמצדד להתיר זה דוקא בשני בני אדם, שזה יכול לשמש בצד זה, ויחשוב אותה כפסל, וצדדים אחרים כדופן עקומה, ואדם אחר יכול להשתמש בצד שכנגדו כן, ויחשוב הפסל שחבירו יושב תחתיו כדופן, ושהוא יושב תחתיו כפסל היוצא מן הסוכה, **ובאדם** אחד צ"ע].

[טז]אפילו אם גבוה יותר מעשרה - ולא אמרינן דבגובה כזה היא חולקת רשות לעצמה, ואין הכתלים שייכים לה כלל.

ואם יש בינה לכותל ארבע אמות, פסולה, [יז]אפילו האצטבא גבוהה עשרה - קמ"ל לאפוקי ממאי דס"ד בש"ס, ‹עמוד ב'› דבגובה כזה אינה צריכה כלל לכתלים של סוכה, דאית לה כתלים דידה, דאמרינן גוד אסיק מחיצתא, ודפני האיצטבא הם דפנותיה לסוכה, **קמ"ל** דלא אמרינן הכי, דבסוכה בעינן שיהא מחיצותיה ניכרות.

באר הגולה

ח **שם** **ט** ‹ועיין רש"י שכתב: ואיצטבא הוא בנין אבנים וטיט› **י** ‹בפרש"י בד"ה על פני כולה כו': ז' טפחים ומשהו דהיינו כו', עכ"ל. צ"ע דהוסיף כאן, ולקמן {עמוד ב' ד"ה ובנה בה} גבי עמוד בשיעור סוכה, ז' ומשהו על ז' ומשהו, ובכמה דוכתין במכילתין נראה דלא הוי שיעור הסוכה אלא ז' טפחים מצומצמים, והטעם דגברא באמתא יתיב ושלחנו טפח, כדאיתא בירושלמי וכמ"ש הרא"ש ע"ש - מהרש"א› **יא** **טור בשם רש"י, ושלזה הסכים אביו הרא"ש, וכ"כ הרמב"ם** **יב** ‹הדין נמצא ברש"י כמו שציין העין משפט, אמנם הסברא נמצאת במאירי› **יג** **שם בגמ'** **יד** **כפירוש רש"י שם** ‹ד"ה פחות מד'› **וכ"כ הרא"ש** ‹בדעת רש"י מה דיוצא מסברתו שם›, ‹וז"ל: ולא הכשיר רש"י כל הסוכה, שהרי אין לה סכך, כיון דרואין את הסכך כאילו הוא כותל עקום - ב"י› **טו** **שם בגמ'** **טז** ‹ר"ל דלא כרי"ץ גיאות שכתב דמש"כ שם {בעמוד ב'} בנה בה עמוד, מיירי בתוך ד"א לכתלים, ואפ"ה פסל רבא, כיון שגבוה עשרה חלק רשות לעצמו, ואצטבא מיירי שאינו גבוה עשרה, **וחלק** עליו הרא"ש, דעמוד מיירי חוץ לד"א, וסבור אביי {בעמוד ב'} להכשיר משום גוד אסיק, ופסל רבא, כן פרש"י שם {ד"ה ובנה בה}, וכן פי' שם הריטב"א, **וזהו** שכתב ואם יש כו' ואפילו האצטבא גבוהה - גר"א› **יז** **כרבא** ‹בעמוד ב'› **דלא אמרינן גוד אסיק מחיצתא, דבעינן מחיצות הנכרות**

אות ח'

היתה פחותה מי' טפחים וחקק בה כדי להשלימה לי', אם יש משפת חקק ולכותל ג' טפחים, פסולה, פחות משלשה טפחים כשרה

סימן תרל"ג ס"י - [יח]"**היתה נמוכה מעשרה, וחקק בה להשלימה לעשרה, ויש בחקק שיעור הכשר סוכה** - וה"ה אם היה הסכך עב, ונטל מן הסכך מלמטה עד שנעשית גובה י',

אם אין בין חקק לכותל שלשה טפחים, כשרה - דאמרינן לבוד, והוי כמו הכתלים מגיעים עד החקק, **ומ"מ** לאכול ולישן חוץ לחקק, בין לצד הפתח בין לצד הכתלים, יש מן הפוסקים שהחמירו בזה, ולא מתכשר אגבה דחקק, וכדלעיל באיצטבא באמצע, דסוף סוף דירה סרוחה היא שם, כיון שהיא פחותה מי"ט.

יש ביניהם ג' טפחים, פסולה - ולא מתכשר משום דופן עקומה, דהיינו כאלו הדופן נעקם למעלה עד המקום שכנגד החקק, **שכל** שאיננה גבוה י"ט איננה דופן, ולא נאמרו בה הלכות דופן, [גמרא].

באר הגולה

יח שם בגמרא דף ד'

תורה אור

פחות משלשה טפחים כשרה מאי שנא התם דאמרת פחות מארבע אמות ומאי שנא הכא דאמרת פחות משלשה טפחים התם דאיתיה לדופן פחות מארבע אמות סגיא הכא לשוויי לדופן פחות משלשה טפחים אין אי לא לא היתה גבוהה מעשרים אמה ובנה בה עמוד שהוא גבוה עשרה טפחים ויש בו הכשר סוכה סבר אביי למימר גוד אסיק מחיצתא א"ל רבא בעינן מחיצות הניכרות וליכא ת"ר נעץ ארבעה *קונדיסין וסיכך על גבן ר' יעקב מכשיר וחכמים פוסלין אמר רב הונא מחלוקת על שפת הגג דר' יעקב סבר אמרינן גוד אסיק מחיצתא ורבנן סברי לא אמרינן גוד אסיק מחיצתא אבל *באמצע הגג דברי הכל פסולה ורב נחמן אמר באמצע הגג מחלוקת איבעיא להו באמצע הגג מחלוקת אבל על שפת הגג דברי הכל כשרה או דלמא בין בזו ובין בזו מחלוקת תיקו מיתיבי נעץ ד' קונדיסין בארץ וסיכך על גבן ר' יעקב מכשיר וחכמים פוסלין והא ארץ דכאמצע הגג דמי וקא מכשיר רבי יעקב תיובתא דרב הונא תיובתא ועוד באמצע הוא דפליגי אבל על שפת הגג דברי הכל כשרה *לימא תיהוי תיובתיה דרב הונא בתרתי אמר לך רב הונא פליגי באמצע הגג והוא הדין על שפת הגג והאי דקמיפלגי באמצע הגג להודיעך כחו דר' יעקב דאפילו באמצע הגג נמי מכשיר ת"ר *נעץ ארבעה קונדיסין בארץ וסיכך על גבן ר' יעקב אומר רואין כל שאילו יחקקו ויחלקו ויש בהן טפח לכאן וטפח לכאן נידונין משום דיומד ואם לאו אין נידונין משום דיומד שהיה רבי יעקב אומר דיומדי סוכה טפח וחכמים אומרים עד שיהו שתים כהלכתן ושלישית אפילו טפח: ושאינה גבוהה עשרה טפחים: מנלן אתמר רב ורבי חנינא ורבי יוחנן ורב חביבא מתנו *בכולה סדר מועד כל כי האי זוגא חלופי רבי יוחנן ומעיילי רבי יונתן *ארון תשעה *וכפורת טפח הרי כאן עשרה וכתיב °ונועדתי לך שם ודברתי אתך מעל הכפורת (שמות כה) ותניא

רש"י

פחות משלשה · כלבוד הלכה למשה מסיני וחשבינן ליה כאילו החקק לבוד ומגיע עד הכותל לבוד סגיף אפוסטי"ן בלע"ז דבר שמאריכין אותו על ידי סגיפין כדי לסגוף חקק על חקק : **התם דאיתיה לדופן** · התם דאיכא שם דופן עליו דכל דופן שאינו פחות מד' שמו דופן ואפילו גבוה עד לרקיע הלכך עד ארבע אמות חסר משהו אגמריה רחמנא למשה דופן עקומה : **הכא** · פחות מד' אין שם דופן עליו אלא השתא הוא דבעינן לשוייה דופן הלכך במה שאינו דופן לא אגמרי' רחמנא דהא דופן עקומה אגמרי' והאי לאו דופן הוא והלכך פחות מג' טפחים בכל דוכתא לבוד הוא שפיר דמי ואי לא לא : **ובנה בה עמוד גבוה עשרה** · רחוק מן דפנות הרבה ובו הכשר סוכה שיש בראשו שבעה *ומשהו על שבעה ומשהו : **גוד אסיק מחיצתא** · של עמוד שמבחוץ סביב הגביהם עשרה סביבות ראשו והרי יש בהן גובה י' ותשובה סוכה על ראשו ודופני העמוד דופנותיה על ידי גוד אסיק וסכך של מעלה כשר לה דאיתו למעלה מכ' מראש העמוד : **מחלוקת על שפת הגג** · דמחיצה הבית תחתיה כנגד בין הקונדיסין ואיכא למימר גוד אסיק והכא לא אמרינן דבעינן מחיצות ניכרות : **אבל באמצע הגג** · שאין תחתיה מחיצות סביב דברי הכל פסולה ולא דייה בארבעת הקונדיסין להיות לה שם ד' מחיצות : **הכי גרסינן ורב נחמן אמר באמצע הגג מחלוקת** · ועל ידי הקונדיסין ר' יעקב מכשירה וכגון שהן רחב טפח לכל צידיהן דאיכא שם מחיצות טפח מצפון לדרום ושם מחיצות טפח ממזרח למערב בכל אחת ואחת כדלקמן ורבנן סברי לא מתכשרה אלא בשתי מחיצות כהלכתן כשיעור משך סוכה ובשלישית אפילו טפח : **אבל בשפת הגג דברי הכל כשרה** · דאמרי' גוד אסיק : **דכי אמצע הגג דמי** · דאין מחיצות תחתיה דנימא גוד אסיק : **תיובתא דרב הונא** · דאמר אבל באמצע דברי הכל פסולה : **באמצע הגג הוא דפליגי** · הש"ס הדר ודייק ממתניתא לאותבי היובתא אחריתי : **בתרתי** · חדא למאי דאמר באמצע הגג דברי הכל פסולה ומתני' קתני דבה פליגי וחדא למאי דאמר מחלוקת על שפת הגג ואנן מלינו למידק ממתני' דבשפת הגג דברי הכל כשרה : **כל שאלו יחקקו ויחלקו** · בקונדיסין עגולין קא אמר רואין כל שיש בעוביין כל כך שאילו יחקק ויגטל עובי עיגולן וירבעום ויחלקו ויש בהן טפח לכאן וטפח לכאן ולאחר שירבעום יחלקום מבפנים ויעשו אותם כעין מרזבים שלא שיש להם שתי דפנות שאם אתה זוקפן אחד מדפנותיה עומד ממזרח למערב והשני מצפון לדרום : **נידון משום דיומד** · אתה דנו להכשיר כדין שאמרו חכמים לענין פסי בירות בעירובין (דף יח:) שניתרין בארבעה דיומדין ועל שם שיש לכל אחד שתי מחיצות קרי להו דיומדין דיו עמודין שני עמודין : **שהיה רבי יעקב אומר דיומדי סוכה דיו בטפח** · ולא כשל פסי בירות שהאריכום אמה לכאן ואמה לכאן ועל כרחיך הא דרבי יעקב דאמר יחקקו ויחלקו בעגולין קאמר דאי במרובעין לא אמר אלא יחלקו דהכי אמרי להו בעירובין : **שתים כהלכתן** . באורך כל הסוכה וברחבה אחד לארכה ואחד לרחבה : **ושלישית אפילו טפח** · דהכי אגמריה רחמנא למשה מסיני דבשלישית סגי ליה בטפח : **רב ורבי חנינא ורבי יוחנן ורב חביבא מתנו** · להך מילתא דלקמן : **בכולי סדר מועד** · כל היכא דאמרינן האי זוגא כי הדדי בשמעתא איכא אמוראי דמחלפי רבי יוחנן ומעיילי רבי יונתן : **ארון תשעה** · גובהו דכתיב ואמה וחצי קומתו ואמה בת ששה טפחים : ותניא

תוספות

פחות משלשה טפחים כשרה · מכאן קשיא לפי מה שפי' בקונט' בריש פרק שני דגיטין (דף טו:) גבי גידוד חמשה ומחיצה חמשה אין מצטרפין דאם היה צריך עמוק חמשה ומקיפו מחיצה חמשה אין מצטרפין להיות בתוכו רשות היחיד הא אשכחן הכא לענין סוכה דמצטרפין וכן בפ"ק דשבת (דף ז:) גבי בית דאין תוכו עשרה דאם חקק בו ארבעה על ארבעה חשיב כוליה רשות היחיד מיהו ההיא איכא לדחות שחקק ארבעה בעומק עשרה ועוד מקשה רבינו תם מהא דאמר פ' בתרא דעירובין (דף צט:) ובשבת פרק הזורק (דף פט.) דבור וחולייתה מצטרפין לעשרה ועוד אמרינן בסוף פרק כל גגות (עירובין צג:) גבי שתי אצירות זו למעלה מזו ויש גידוד חמשה ומחיצה חמשה דמודה רב חסדא בתחתונה הואיל ורואה פני עשרה דמערבת שנים ולא מערבת אחד אלא יש לומר דגידוד חמשה ומחיצה חמשה לענין שתי אצירות זו למעלה מזו איירי ולענין עליונה כדמוכח סוגיא דכל גגות ולענין עירוב אי נמי לענין תל ברשות הרבים גבוה חמשה והקיף על גביו מחיצה חמשה דלא חשיב רשות היחיד לענין שבת וא"ת ויחשבה רשות היחיד מטעם דאי בעי מנח עליה מידי ומשתמש כדאשכחן בריש חלון (שם דף עח. ושם) גבי עמוד ברשות הרבים גבוה עשרה ורחב ארבעה ונעץ בו יתד כל שהוא מיעטו ואם מילאו כולו ביתדות חשיב כולו רשות היחיד הואיל ואי בעי מנח ליה מידי ומשתמש ודייק לה מהא דאמר רבי יוחנן בור וחוליא מצטרפין לעשרה כלומר וכי היכי דמצטרפי לעשרה לענין עומק הוא הדין דמצטרפי לארבעה לענין רוחב דממתני' דשבת פרק הזורק (דף פט.) ובפרק המוצא תפילין (עירובין דף צט:) דקתני חוליית הבור שהן גבוהין עשרה ורחבין ד' דייק לה ר' יוחנן וכי היכי דקתני עשרה קתני נמי ד' ואמאי חשיב רשות היחיד הא לא משתמש ליה ברוחב שהאויר מפסיק אלא מאי אית לך למימר דמנח ליה מידי ומשתמש ה"נ וי"ל דהכא מיירי בתל שהוא רחב הרבה בעשר אמות או בעשרים כעין חצר דלא שייך להחשיבו רשות היחיד מטעם דאי מנח עליה מידי אלא בדבר צר כעין עמוד רוחב ד' וא"ת בפ"ק דשבת (דף ז:) גבי בית שאין תוכו עשרה וחקק בו להשלימו לעשרה אמאי לא מחלק כי האי גוונא אם יש משפת חקק ולכותל שלשה טפחים ויש לומר דלא דמי רשות שבת שהוא למעט רגל רבים לסוכה דבעינן מחיצות סמוכות לסכך : [ועי' תוס' שבת ז: ד"ה ואם]

סבר אביי למימר גוד אסיק מחיצתא · לבסוף מסיק בעינן מחיצות הניכרות ולא דמי לסיכך על גבי אכסדרה שאין לה פצימין דשילהי פירקין (דף יח:) דפי תקרה חשיב שפיר מחיצות הניכרות :

אבל על שפת הגג כשרה לדברי הכל · דחשיב מחיצות ניכרות טפי מעמוד משום דניכרות בבית :

דיומדי סוכה טפח · והא דבעינן אמה גבי פסי בירות פרק עושין פסין (עירובין דף יז:) גבי מחיצות שבת החמירו :

עשרה טפחים מנלן · והא דבעינן נמי גבי שבת מחיצה עשרה מהכא ילפינן :

יו"ד

עין משפט נר מצוה

לב א ב מיי' פ"ד מהל' סוכה הל' יא טוש"ע א"ח סי' תל"ג סעיף ו :

רבינו חננאל

טפחים אם יש משפת חקק ולכותל ג' טפחים [פסולה] פחות מיכן כשרה ולא דומה לדופן עקומה דלא מיפסלא אלא בר' אמות דלגבי הדופן עקומה הדופן מיהא איתיה ולקרוביה הוא דבעינן הלכך עד ד' אמות כעקומה חשבינן לה · אבל הכא דלית לדופן ולשוי לדופן קאתי פחות מג' טפחים כלבוד דמי וכשרה ג' טפחים פסולה (הלכך עד ד' אמות כעקימה חשבינן לה) אבל היתה גבוהה מכ' אמה ובנה עמוד מאמצעיתה גבוה עשרה טפחים ויש בזה הכשר סוכה סבר אביי למימר גוד אסיק מחיצתא כלומר הבן בלבבך כאלו התכתה ועלית מחיצות מזה העמוד ודחה רבא ואמר בעינן מחיצות הניכרות וליכא. תנו רבנן נעץ ד' [קונדיסין]וסיכך על גבן ר' יעקב מכשיר וחכמים פוסלין ואסיקנא אליבא דרב הונא פליגי באמצע הגג · והוא הדין על שפת הגג · ר' יעקב סבר גוד פירוש משוך מלשון וימשכו ומתרגמינן ונגידו כלומר משוך אסיק למחיצתא כדאמרן לעיל · ורבנן סברי לא. *) והאי דפליג בארץ ודייקינן מינה באמצע הגג פליגי להודיעך כחו דר' יעקב דמכשיר דלעולם כח דהתירא עדיף ליה פירוש קונדיסין קורות של עץ כגון עמודין (הן) ואם הם עבים שאם יחקקו יש בהן טפח לכאן וטפח לכאן וכשתעמידהו בזוית סוכה נראה טפח ממנו לרוח אחרת וטפח לרוח אחרת הסמוכה נידון כשתי דיומדין פירוש בלשון יון קורין לשנים דיו · נמצא פי' דיומדין ב' עמודין · כלומר ב' פסין של טפח טפח שומדין : ת"ר נעץ ד' קונדיסין וסיכך ע"ג ר' יעקב אומר רואין כל שאלו יחקקו ויחלקו ויש בהן טפח לכאן נידון משום דיומד שהיה ר' יעקב אומר דיומדי סוכה טפח · וחכ"א עד שיהו שתי דפנות כהלכתן ושלישית אפי' טפח ופשוטות הן :

פיסקא ושאינה גבוהה עשרה טפחים אתמר רב ור' יוחנן ור' חנינא ואמרי לה רב חביבא מתנו כוליה סדר מועד כל כי האי גוונא זוגא (זוגא חלופי) חלופי ר' יוחנן ועייל ר' יונתן · ארון ט' טפחים וכפורת טפח הרי עשרה וכתיב ונועדתי לך שם כלומר כיון שמצאנו כי הארון יש בו עשרה טפחים וכתיב השמים שמים לה' והארץ נתן לבני אדם · נמצא למעלה מארון רשות אחרת :

*) נ"ע דל"ג והאי דפליגי בכרייתא אחריתי כגון בארץ דייקינן מינה.

מסורת הש"ס

[עי' רש"א מ"ש על רש"י דלעיל ע"א ד"ה אם יש כה]

[תוספ' פ"א]

שבת נד: מגילה ז. שבת לב. עירובין ד: סנהדרין ז.

גליון הש"ס

גמ' לימא תיהוי תיובתיה דר"ה בתרתי · כעין זה לקמן דף מ' ע"א גיטין דף מ' ע"ב

§ מסכת סוכה דף ד: §

אות א׳- ב׳

באמצע הגג דברי הכל פסולה

בין בזו בין בזו מחלוקת, תיקו

סימן תרל׳ ס״ו - [א]נעץ ד׳ קונדסין, בין באמצע הגג [ב]בין על שפת הגג, וסיכך על גבן, פסולה - ואף דלגבי שבת לכו״ע (על שפת הגג) אמרינן גוד אסיק מחיצתא, לגבי סוכה ס״ל דבעינן מחיצות ממש.

(והנה בגמרא משמע דהוי דאורייתא, ולכאורה לפי מה דפסק הרא״ש, דאף לגבי סוכה יוצא מן התורה בצוה״פ, א״כ אפילו אם ס״ל דלא אמרינן גוד אסיק, אמאי אינו יוצא מטעם צוה״פ, **ואפשר** דהרא״ש סובר, כיון שבסכך שסיכך לא נתכוין לשם צוה״פ, לא הוי צוה״פ, ולא ס״ל כפסק הרמ״א לעיל בס״ב בהג״ה).

[ג]ויש מכשירין בנעץ על שפת הגג, משום דאמרינן: גוד אסיק מחיצתא - פי׳ כאלו שפת כותל הבית מעלה את מחיצותיה למעלה, והרי יש לסוכה מחיצות, (**ואף** דבעינן לגבי סוכה מחיצות דוקא, ולהכי בעמוד גבוה י׳ ורחב ז׳ על ז׳ לא הוי סוכה, הכא ס״ל דעדיף, משום דיש בבית מחיצות ממש, רש״י שם (ד"ה מחלוקת)).

ודוקא כשהגג אינו בולט מן הבית ולחוץ, אבל כשהגג בולט לחוץ, אפי׳ לגבי שבת לא אמרינן גוד אסיק.

ודוקא כשהוא על שפת הגג ממש, אבל רחוק מזה, אפילו פחות מג"ט, לא אמרינן לבוד וגוד לכו"ע, (ועיין בס"ט).

והלכה כדעה א׳, דבכל גווני לא אמרינן לגבי סוכה גוד אסיק, [**ועיין** בפמ״ג, דבאין לו מקום אחר, אין לו לפטור עצמו אף מסוכה זו, ובלא ברכה, דהא בגמ׳ נשאר בזו בתיקו, ומחמת ספק מחמרינן].

באר הגולה

א **ברייתא ד׳** ב **בעיא ולא נפשטא כגירסת הרי״ף,** (דגורס כגירסתינו), **ולחומרא כרבנן ואליבא דרב נחמן, וכ״כ אבי העזרי ורבי ישעיה והרא״ש** (ולכאורה מה דמציין העין משפט דברי רב הונא דכו"ע סברי דפסולה, אע"ג דניתותב, ודלא כהפוסקים, הוי לאו דוקא, ורק דהוא מימרא מפורשת דפסולה באמצע הגג) ג **רב שרירא גאון לפי גרסתו דלא גריס איבעיא להו,** (אלא הכי גרסינן: ורב נחמן אמר באמצע הגג מחלוקת, אבל על שפת הגג דברי הכל כשרה, ופסקינן כרב נחמן – ב"י), **והרי״ץ גיאות והרמב״ם, וכ״כ הטור בשמם**

§ מסכת סוכה דף ה. §

אות א'

ציץ דומה כמין טס של זהב, ורחב ב' אצבעות, ומוקף מאוזן לאוזן, וכתוב עליו ב' שיטין, יו"ד ה"א מלמעלה, וקדש למ"ד מלמטה, וא"ר אליעזר ב"ר יוסי אני ראיתיו ברומי וכתוב עליו קדש לה' בשיטה אחת

רמב"ם פ"ט מהל' כלי המקדש ה"א - [א]כיצד מעשה הציץ, עושה טס של זהב רחב שתי אצבעות, ומקיף מאוזן לאוזן, וכותב עליו שני שיטין "קדש לה'", "קדש" מלמטה, "לה'" מלמעלה; ואם כתבו בשיטה אחת כשר, ופעמים כתבוהו בשיטה אחת.

באר הגולה

א ‹בפרק במה אשה יוצאה דף סג: ואיתיה נמי בפרק קמא דסוכה, אלא ששם כתוב: "יו"ד ה"א מלמעלה וקדש למ"ד מלמטה", ורבינו כתב כגירסת פ' במה אשה, {**בספרינו** כתוב בין בשבת בין בסוכה: "יו"ד ה"א למעלה וקדש למ"ד מלמטה", וצ"ל דבין להרמב"ם בין להכ"מ היה להם גירסא אחרת בפרק במה אשה}, **ואף** על גב דפליג התם ר' אליעזר בר' יוסי, ואמר: אני ראיתיו ברומי וכתוב עליו "קדש לה'" בשיטה אחת, פסק כת"ק. **ומ"ש**: ואם כתבו בשיטה אחת כשר, נראה דהיינו מדאמר ר"א ברבי יוסי "אני ראיתיו", דאע"ג דהלכה כת"ק, היינו לכתחילה, אבל בדיעבד מיהא הלכה כרבי אליעזר ברבי יוסי, **ומטעם** זה כתב: ופעמים כתבוהו בשיטה אחת, דכיון דעד ראיה הוא ר' אליעזר ברבי יוסי, אמרינן דפעמים כתבוהו כן - כסף משנה›

מסורת הש"ס

סוכה פרק ראשון סוכה ה

תורה אור

ותניא ר' יוסי אומר מעולם לא ירדה שכינה למטה ולא עלו משה ואליהו למרום שנאמר [תהלים קטו] °השמים שמים לה' והארץ נתן לבני אדם ולא ירדה שכינה למטה והכתיב [שמות יט] °וירד ה' על הר סיני למעלה מעשרה טפחים והכתיב [זכריה יד] °ועמדו רגליו ביום ההוא על הר הזיתים למעלה מעשרה טפחים ולא עלו משה ואליהו למרום והכתיב [שמות יט] °ומשה עלה אל האלהים למטה מעשרה והכתיב [מ"ב ב] °ויעל אליהו בסערה השמים למטה מעשרה והכתיב [איוב כו] *°מאחז פני כסא פרשז עליו עננו *ואמר ר' תנחום מלמד שפירש שדי מזיו שכינתו ועננו עליו למטה מעשרה מכל מקום מאחז פני כסא כתיב אישתרבובי אישתרבב ליה כסא עד עשרה ונקט ביה בשלמא ארון תשעה דכתיב [שמות כה] °ועשו ארון עצי שטים אמתים וחצי ארכו ואמה וחצי רחבו ואמה וחצי קומתו אלא כפורת טפח מנלן דתני רבי חנינא כל הכלים שעשה משה נתנה בהן תורה מדת ארכן ומדת רחבן ומדת קומתן כפורת מדת ארכה ומדת רחבה נתנה מדת קומתה לא נתנה צא ולמד מפחות שבכלים שנאמר [שם] °ועשית לו מסגרת טפח סביב מה להלן טפח אף כאן טפח ונילף מכלים גופייהו תפשת מרובה

[ר"ה ה: וש"נ] לא תפשת *תפשת מועט תפשת ונילף מציץ דתניא **ציץ דומה כמין טס של זהב ורחב ב' אצבעות ומוקף מאזן לאזן וכתוב עליו ב' שיטין יו"ד ה"א מלמעלה וקדש למ"ד מלמטה וא"ר אליעזר בר' יוסי אני ראיתיו ברומי וכתוב עליו קדש לה' בשיטה אחת דנין כלי מכלי ואין דנין כלי מתכשיט ונילף מזר דאמר מר זר משהו דנין כלי מכלי ואין דנין כלי מהכשר כלי אי הכי מסגרת נמי הכשר כלי הוא מסגרתו למטה היתה הניחא למאן דאמר מסגרתו למטה היתה אלא למאן דאמר מסגרתו למעלה היתה מאי איכא למימר האי הכשר כלי הוא אלא דנין דבר שנתנה בו תורה מדה מדבר שנתנה בו תורה מדה ואל יוכיחו ציץ וזר שלא נתנה בהן תורה מדה כלל רב הונא אמר מהכא [ויקרא טז] °על פני הכפורת קדמה ואין פנים פחות מטפח ואימא כאפי

דבר

ומניא מעולם לא ירדה שכינה למטה. וקרא כתיב דעל כפורת ירד ש"מ למעלה מעשרה מיפסקא רשותא: **למעלה מעשרה טפחים**. תירוצא הוא: **שפירש שדי מזיו שכינתו**. פרשז נוטריקון קא דריש: **מדת קומתה לא נתנה**. מדת עוביה היא קומתה שהיא היתה לארון ככסוי תיבה: **מסגרת**. שפה כעין לבזבזין סביב השלחן: **תפשת מרובה כו'**. כל דבר שמשמעו מרובה ומועט אם תפשת את המועט יפה תפשת דבליר מהכי לא משמע ואם ימלא שהיה לך לתפוס המרובה הרי הוסיפו לך ולא נטלו ממה שבידך כלום ואם תפשת המרובה לא תפשת שאתה נראה כשקרן בדבריך ושמא המועט יש לך לתפוס ואתה הרבית לתפוס חסרו לך ממה שבידך והיינו לא תפשת אבל כשתתפוש המועט אם יוסיפו טוב ואם לאו מה שתפשת תפשת ומשל הוא: **ונילף מציץ**. שהוא מועט ממסגרת: קדש למ"ד מלמטה גרסינן: **אני ראיתיו ברומי**. שהכניסוהו לאוצר המלך כדאמרינן במעילה (דף יז:) בבן תלמיון: **מכשיט**. מלבוש לאדם: **מזר**. של ארון או של מזבח או של מסגרת זר אינו כלי אלא תיקון כלי לקשטן: **מסגרת נמי הכשר**. קישוט שלחן הוא: **למטה היתה**. מרגל לרגל היתה נתונה בראשם ודף השלחן מונח עליו: **הניחא כו'**. פלוגתא במנחות (דף צו:): **מאי איכא למימר**. אדיליף מינה נילף מזר: **ואין פנים**. של אדם פחותין מטפח:

בר

[שבת פח:]

יו"ד ה"א מלמעלה. אע"פ שיו"ד ה"א שם גמור אין זה הוגה שם באותיותיו אם מזכיר שתי אותיות כיון דאינו מזכירם לשם שם שלם ועוד ההוגה שם באותיותיו פירש בקונטרס שדורש אותיות של שם בן ארבעים ושתים ואעפ"כ נזהרין בכל השמות*:

קדש למ"ד מלמטה. י"מ למטה ממש זה למעלה מזה ולא מיסתבר דאין זה כדרך קריאתו אלא יש לפרש זה שלא כנגד זה קדש למ"ד בתחילת שיטה התחתונה ושם בסוף שיטה עליונה:

מסגרתו למטה היתה. משמע מכאן דלדידיה לא היתה מסגרת הכשר כלי שלא היתה מסגרת בשלחן אלא ברגל היתה מונחת בראשה ודף השלחן מונחת עליה ולא כמו שמפרש ר"ת דלמאן דאמר למטה היתה מחוברת נמי בשלחן משום דקשי' ליה הא דאמר ר' יוחנן פרק שתי הלחם (מנחות דף צו:) למאן דאמר למטה היתה טבלא המתהפכת טמאה ובפרק אלו מומין (בכורות דף לח.) לא משכחת טומאה דאורייתא לאין לו תוך בכלי שטף אלא בהנך דחזו למדרסות ובפרק המוכר את הבית (ב"ב דף סו.) גבי דף של נחתומין מסקינן שאני פשוטי כלי עץ דרבנן ולא מיסתבר למימר דאתא כמאן דאמר מסגרתו למעלה היתה דלהוות נמי אמר במנחות (דף צו:) טבלא המתהפכת תיבעי ומתוך כך היה דוחק רבינו תם דלמאן דאמר מסגרתו למטה היתה היה לה בית קיבול מלמטה והיינו מתהפכת שאם היתה מתהפכת היה לה בית קיבול מלמעלה ולכך טמאה טפי משאר פשוטי כלי עץ וזה לא יתכן כדמוכח הכא וצריך לומר דהא דאמרינן גבי דף של נחתומין דרבנן היינו כמאן דאמר מסגרתו למעלה היתה דמדרבנן טמאה ומדאורייתא תיבעי ור' אליעזר דמיקל משום דשמא מדאורייתא טהורה א"נ ההוא שטיא דפ' המוכר את הבית דלא כרבי יוחנן ומסקנא לא קאי וכן פירש שם רשב"א דההיא מסקנא לא קיימא ועוד י"ל דהא דמיבעיא לן בטבלא המתהפכת היינו משום דמשמשת את האדם ומשמשי משמשי אדם כדתניא בתורת כהנים פרשת ויהי ביום השמיני כלי עץ יכול אף הסולם והקולב והנחותא והמנורה ת"ל מכל כלי עץ ולא כל כלי עץ יכול שאני מוציא את השלחן ואת הטבלא ואת הדולבקי ת"ל כל כלי ריבה מה ראית לרבות את אלו ולהוציא את אלו אחר שריבה הכתוב ומיעט ת"ל שק מה שק מיוחד שמשמש אדם ואת משמשי אדם אף אני מרבה את השלחן ואת הטבלא ואת הדולבקי שמשמש אדם ואת משמשי אדם ומוציא אני את הסולם שמשמש אדם ואינו משמש את משמשי אדם וקולב והנחותא והמטרה שמשמש את משמשי אדם ואינו משמש אדם ועל כרחין כשאין ראוין למדרס מיירי מדלא נקט מטה כסא וספסל ועוד דהוי מצי לרבויינהו ממשכב וכשאין להם בית קיבול נמי מיירי מדלא קאמר מה שק מיטלטל מלא וריקן ומיבעיא לן במנחות (שם) אי דרשה גמור' או אסמכתא בעלמא משום דעל כרחיך אפילו למ"ד מסגרתו למטה אע"פ שכל הדרשות לריבות ההיא דת"כ לרבויי משמשי אדם ומשמשי משמשי אדם והשלחן הטהור אצטריך ללמד שמגביהין אותו לעולי רגלים מ"מ לענין טבלא לאו דרשה גמורה דטבלא המתהפכת נפקא לן משלחן הטהור והשתא דף של נחתומין דפשיטא לן שהיא מדרבנן אינה משמשת אדם ומשמשי אדם והא דמשמע בכל דוכתא דפשוטי כלי עץ אפילו טומאה דרבנן לית בהו כדמשמע בריש חולין (דף ג. ושם) דקאמר טמא במוקדשין שבדק קרומית של קנה ושחט בה ועל כורחין כשעשאה כלי מיירי דעולה טעונה כלי ובפ' בכל מערבין (עירובין דף לא.) דשקיל ליה בפשוטי כלי עץ ובפרק כל הכלים (שבת דף קכג:) גבי קנה של זיתים דפריך בגמרא פשוטי כלי עץ הוא ובפ"ק דשבת (דף טז:) כלי עץ וזכוכית פשוטיהן טהורין אפילו מדרבנן דומיא דכלי זכוכית ולקמן בפירקין (דף יג:) דאמר סיככה בחצים זכרים כשירה ואי מקבלי טומאה אפילו מדרבנן הוו פסולין לסיכוך דאפילו מטלניות שאין בהן שלש על שלש ואגילי פשתן פסלינן אף על גב דלא מקבלי טומאה כל הני לא דמו לדף של נחתומין מחמת שהדפין רחבין וראוי להניח עליהן דבר גזרו עליהן דדמו לבית קיבול כדפירש בקונטרס במנחות (דף צו:) דמהאי טעמא טמאה טבלא המתהפכת מדאורייתא למ"ד מסגרתו למטה היתה ואי הוה מצי למימר דף של נחתומין הוה כטבלא המשמשת אדם ומשמשי אדם כל שכן דניחא טפי דלא דמו לכל הני דאפילו מדרבנן טהורין:

ואל יוכיח ציץ וזר שלא נתנה בהן תורה מדה. והא דאמר לעיל דציץ רחב שתי אצבעות אין זה אלא מדרבנן משום דכתיב (שמות כח) על מצחו שיעור מצחו וסתם מצח רוחב שתי אצבעות ומיהו ריב"א מפרש *הציץ היה מונח בראש משום דקשיא ליה מאי שנא גבי כהן גדול דקראה מצנפת כדכתיב (שם כט) ושמת המצנפת על ראשו וכתיב (ויקרא טז) ובמצנפת בד יצנף ואמר פ"ק דגיטין (דף ז. ושם) בזמן שהמצנפת בראש כהן גדול תהא עטרה בראש כל אדם ובכהן הדיוט קראה מגבעות כדכתיב (שמות כח) (*ועשית להם מגבעות) אלא ודאי משונות היו זו מזו דשל כהן הדיוט גדולה משל כהן גדול שהציץ היה דוחה אותה וכן התפלין כדאמרינן בפרק שני דזבחים (דף יט.) שערו היה נראה בין ציץ למצנפת ששם מניח תפלין וכהן הדיוט היה יכול להניחם במקום שכהן גדול מניח את

הציץ

[ועי' תוס' יומא כה. ד"ה טפל] [צ"ל ומגבעות תעשה להם]

עין משפט נר מצוה

לג א מיי' פ"ט מהלכות כלי המקדש הלכה א סמג עשין קעג:

[ועי' תוס' ע"ז יח. ד"ה הוגה ותוס' שבועות לה. ד"ה כאלף]

רבינו חננאל

ותניא ר' יוסי אומר מעול' לא ירדה שכינה למטה ולא והכתיב וירד ה' על הר סיני והא כתיב ועמדו רגליו ביום ההוא ושנינן למעלה מעשרה טפחים ולא עלו משה ואליהו למרום והכתיב ומשה עלה אל האלהים וכתיב ויעל אליהו בסערה השמים ושנינן למטה מעשרה. והכתיב מאחז פני כסא פרשז עליו עננו. וא"ר נחום מלמד שפירש שדי מזיו שכינתו עליו. [למטה מעשרה] מכל מקום מאחז פני כסא[כתיב]. מכלל שיש שם אחיזת יד ושנינן אישתרבובי אישתרבב לו הכסא ואחז בו אלא משה לא עלה אלא למטה מעשרה טפחים. בשלמא ארון ט' טפחים דכתיב ביה אמה וחצי קומתו כל אמה ו' טפחים נמצא קומת הארון ט' טפחים אלא פרוכת מנלן ואסיקנא יליף מפחות שבכלים והוא המסגרת דכתיב ועשית לו מסגרת טופח ואקשינן ונילף מציץ דתניא ציץ דומה כמין טס של זהב רחבו ב' אצבעות מוקף מאזן לאוזן וכתוב עליו ב' שיטין ה' מלמעלה וקודש למ"ד למטה. וא"ר יוסי אני ראיתיו ברומי וכתוב עליו קודש לה' בשיטה אחת ודחינן ציץ וזר תכשיטין ואין דנין כלי מתכשים. ואפילו למ"ד מסגרתו למעלה היתה והכשר כלי הוא. מ"מ נתנה תורה בעיקר השלחן מדה ונתנה תורה בעיקר הארון מדה ודומה זה לזה לאפוקי ציץ וזר דלא נתנה תורה בהן מדה כלל: ירושלמי מנא לן דלמעלה מעשרה רשות אחרת. ר' אבהו בשם ר' שמעון בן לקיש ונועדתי לך שם. וכתיב אתם ידעתם כי מן השמים דברתי עמכם. מה דבור האמור להלן רשות אחרת אף דבור האמור כאן מעל הכפורת רשות אחרת. רב הונא אמר כפורת טפח מהכא דכתיב אל פני הכפורת קדמה וכתיב אל פני הכפורת יהיו פני הכרובים וגמירי דאין פני הכרובים פחותים מטפח. ואקשינן ממאי דהלל הסכה בעינן עשרה טפחים ולתי הסככה. אימא עשרה טפחים בהדי סככה הן.

תורה אור

דבר יוכני תפשת מרובה לא תפשת תפשת מועט תפשת ואימא כאפי דציפרתא דזוטר טובא אמר רב אחא בר יעקב רב הונא פני פני גמר כתיב הבא אל פני הכפורת וכתיב התם °מאת פני יצחק אביו (בראשית כז) ונילף מפנים של מעלה דכתיב °כראות פני אלהים ותרצני (שם לג) תפשת מרובה לא תפשת תפשת מועט תפשת ונילף מכרוב דכתיב °אל הכפורת (שמות כה) יהיו פני הכרובים אמר רב אחא בר יעקב גמירי אין פני כרובים פחותין מטפח ורב הונא נמי מהכא גמיר ומאי כרוב א"ר אבהו *כרביא שכן בבבל קורין לינוקא רביא א"ל *אביי אלא מעתה דכתיב °פני האחד פני (יחזקאל י) הכרוב ופני השני פני אדם היינו כרוב היינו אדם אפי רברבי ואפי זוטרא וממאי דחללה עשרה בר מסככה אימא בהדי סככה אלא מבית עולמים גמר דכתיב °והבית אשר בנה (מ"א ו) המלך שלמה לה' ששים אמה ארכו ועשרים רחבו ושלשים אמה קומתו וכתיב °קומת (שם) הכרוב האחד עשר באמה וכן הכרוב השני ותניא מה מצינו בבית עולמים כרובים בשליש הבית הן עומדין משכן נמי כרובים בשליש הבית הן עומדין משכן כמה הוי עשר אמות דכתיב °עשר אמות אורך הקרש (שמות כו) כמה הוי להו שיתין פושכי תלתיה כמה הוי עשרים פושכי דל עשרה דארון וכפורת פשו להו עשרה וכתיב °והיו הכרובים פורשי כנפים (שם כה) למעלה סוככים בכנפיהם על הכפורת קרייה רחמנא סככה למעלה מעשרה ממאי דגדפינהו עילוי רישייהו קיימי דלמא להדי רישייהו קיימי אמר רב אחא בר יעקב למעלה כתיב ואימא דמידלי טובא מי כתיב למעלה למעלה הניחא *לר' מאיר דאמר כל האמות היו בינוניות אלא לר' יהודה דאמר אמה של בנין ששה טפחים ושל כלים חמשה מאי איכא למימר ארון וכפורת כמה הוי להו תמניא ופלגא פשו להו חד סרי ופלגא אימא סוכה עד דהויא חד סרי ופלגא אלא לרבי יהודה הלכתא גמירי לה דאמר ר' חייא בר אשי אמר רב °[א]שיעורין חציצין ומחיצין הלכה למשה מסיני שיעורין *דאורייתא נינהו דכתיב °ארץ חטה ושעורה וגפן ותאנה ורמון ארץ (דברים ח) זית שמן ודבש *ואמר רב חנין כל הפסוק הזה לשיעורין נאמר חטה לבית המנוגע דתנן *[ג]הנכנס לבית המנוגע וכליו על כתפיו וסנדליו וטבעותיו בידו הוא והן טמאין מיד
היה

*בר יוכני. עוף גדול הוא מאד ובבכורות (דף נז:) אמרינן פעם אחת הטילה בר יוכני ביצה במקומו וטבעה ששים כרכים ושיברה ש' ארזים: **פני פני גמר**. ג"ש גמר ובציפרתא לא כתיב פני: **תפשת מרובה**. במקום שאתה שומע אף המועט במרובה לא תפשת דיש להקשות תפוס את המועט והרי אתה שקרן בדבריך: **ונילף מפני הכרובים**. דזוטרי מטפח: **היינו פני כרוב היינו אדם**. הלא שניהן שוין ולמה חלקם הכתוב ומשני לעולם כרוב נמי פני תינוק הוא וזהו חילוקם פני אדם אפי רברבי פני הכרוב אפי זוטרי: **וממאי דחללה עשרה**. כיון דמארון וכפורת ילפת עשרה ממאי דחללה עשרה לבד מעובי סככה דלמא בהדי סככה כי ארון וכפורת: **בשליש הבית היו עומדין**. שהיו הכרובים שעשה שלמה עומדין בארץ על רגליהם וכתיב קומת הכרוב עשר נמצא קומתו כלה בשליש גובה הבית שהוא שלשים אף כאן במשכן כשהיו הכרובים שעשה משה על הכפורת היה גבהן כלה בשליש גובה הבית: **משכן כמה הוי**. גבהו: **תלתיה כמה הוי עשרים**. נמצא גובה הכרובים כלה לסוף עשרים טפחים מן הארץ והן עומדין על הכפורת: **דל עשרה טפחים דארון וכפורת**. לדעת מראשם של כרובים כמה הוי נמצא מראשם של כרובים עד רגליהם עשרה טפחים: **וכתיב סוככים בכנפיהם**. אלמא מכנפיהם ולמטה עד הכפורת קרוי סכך וכנפיהם למעלה לגבהן היו פרוסות אלמא תחת כנפיהם עשרה טפחים חלל עד הכפורת וקרי ליה סוכה: **וממאי דגדפייהו עילוי רישייהו**. פריסי דהוה ליה חללה עשרה: **לגבי רישייהו**. בשוה לראשם דהוה ליה עשרה עם עובי הכנפים: **הניחא לרבי מאיר דאמר**. במסכת מנחות (דף נז.): **כל האמות**. שבמשכן בין של כלים בין של בנין היו נמדדות בבינונית שהיא אמה בת ששה טפחים והיא קרויה בינונית מפני שיש בת חמשה קטנה הימנה והיא אמת יסוד וסובב ואמת הקרנות ואמת ריבוע של מזבח הפנימי כדאמר במנחות (שם) מהאי קרא ואלה מדות המזבח באמות אמה אמה וטופח וגו' ויש גדולה הימנה חצי אצבע כדתניא בפסחים (דף פו.) שתי אמות היו בשושן הבירה אחת יתירה על של משה חצי אצבע שתי אמות ב' מקלות עשויין למדוד בהן האמות שושן הבירה מקום הוא על חומת שער מזרחי של הר הבית ושושן הבירה מצויירת בו הניחא לר"מ שהשוה כל האמות איכא למילף כדילפת דל י' לארון וכפורת פשו להו עשרה מכנפיהם עד מקום מושבם: **מאי איכא למימר**. אי מינה ילפת בעי חללה חד סרי ופלגא דארון וכפורת תמניא ופלגא הוא דהוו וכיון דכרובים בשליש הבית עומדין דהיינו לסוף עשרים פשו חד סרי ופלגא תחת כנפיהם: **לרבי יהודה**. דלא מצי יליף מקרא כל שיעור מחיצה הלכתא גמירי לה מסיני וגמירי דבציר מעשרה לבר מסככה לאו מחיצה היא ובהכי הויא מחיצה: **שיעורין**. של איסורין כגון כזית לכל אכילת איסור וככותבת ליום הכפורים: **חצצין**. שהחציצה פוסלת בטבילה: **ומחיצין**. הלכות מחיצה: **לשיעורין נאמר**. הפסוק מדבר בשבחה של ארץ ישראל שאפילו בדברי תורה צריכין לשער בפירותיה איסורין שבתורה: **כליו על כתפיו**. שאינו לבוש בהן: **וסנדליו וטבעותיו בידו**. אחוזין בידו טבעותיו דומיא דסנדליו: **טמאין מיד**. בלא שהייה דכתיב (ויקרא יד) והבא אל הבית יטמא וכולהו בא אל הבית קרינא ביה:
היה

הציץ דיש מקום בראש שראוי להניח בו שני תפלין כדאמרינן בריש המוצא תפילין (עירובין דף לה:) ואע"ג דגבי ציץ כתיב מצח *ומתרגמינן *בין עינוהי ואמרינן פרק האומר (קידושין סו.) גבי ינאי המלך הקם להם בציץ שבין עיניך והאי בין עיניך משמע כמו בין עיניך דכתיב גבי תפלין שהכל בגובה של ראש ומיהו אינו מתיישב כל כך משום דתפלין יליף בסוף הקומץ רבה (מנחות דף לז:) בגזרה שוה שבין עיניך בגובה הראש מלא תשימו קרחה בראשם במקום שער ומ"מ אפילו היה ציץ על המצח ממש מ"מ היה צריך לקשור הציץ והתפלין מאחורי ראשו והיו שניהם דוחין שם את המצנפת והא דאמרינן בפרק ראשון דיומא (דף יב:) דבגדי כה"ג ביוה"כ כשרין לכהן הדיוט אע"ג דבבגדי לבן כתיב מצנפת בשאר בגדים איירי חוץ מן המצנפת ומיהו בלשון גמ' אשכחן דקרי מצנפת להאיך דכהן הדיוט דאמרינן בפ' בראשונה (שם כה. ושם) גבי פיים שנטל מצנפתו של אחד מהם ועוד קשה דלא היה ציץ ביוה"כ בבגדי לבן ולמה קרי ליה מצנפת ושמא אעפ"כ היתה קטנה כמצנפת של כל השנה [ועי' תוספות עירובין לה: ד"ה מקום]: **תפשת** מרובה לא תפשת: יש מפרשים לפי שמדה מרובה אין לה סוף וכאן אי אפשר לומר כן דעל כרחיך לא אפשר ללמוד אלא מפנים שיכולין ליכנס במשכן וכן בפרק קמא דר"ה (דף ד: ושם) ובחגיגה (דף יז.) גבי עצרת דיש לה תשלומין כל שבעה דיליף מחג המצות ופריך ונילף מחג הסוכות ומשני תפשת מרובה לא תפשת והתם יש לדבר סוף ועוד מוכח בהדיא בתורת כהנים דכתיב (ויקרא טו) כי יזוב זוב דמה ימים רבים ימים שנים יכול ימים הרבה אמר ר' עקיבא כל שמשמעו מועט ומשמעו מרובה תפשת מרובה לא תפשת תפשת מועט תפשת רבי יהודה בן בתירה אומר שתי מדות אחת מדה כלה ואחת מדה שאינה כלה מודדין במדה כלה ואין מודדין במדה שאינה כלה אמר רבי נחמיה וכי למה בא הכתוב לפתוח או לנעול והלא לא בא לנעול אלא לפתוח אם אתה אומר ימים עשרה או אינו אלא מאה או מאתים או אלף או ריבוא וכשאתה אומר ימים שנים פתחת וזהו פירושו של תפשת מרובה דאם אתה תופש את המועט אין מוציאין אותו מידך שהמועט בכלל המרובה אבל באת לתפוס המרובה אומר לך הבא ראיה וטול ורבי יהודה בן בתירה בא ללמוד ממנהג העולם שתופסין את המדה כלה ומניחין את המדה שאינה כלה אף כאן תופסין החשבון המועט שיש לו סוף ור' נחמיה בא ללמוד מדרך המקראות שלא בא לסתום אלא לפרש והכא גבי תשלומין צריכין כולן לטעמיה של רבי עקיבא: [ועי' תוספות יומא עב: ד"ה נעביד]

בשליש הבית הן עומדין. דקומת הכרובים עשר אמות והבית שלשים אמות והא דכתיב (מלכים א ו) ולפני הדביר עשרים אמה אורך ועשרים אמה רוחב ועשרים אמה קומתו היינו משפת הכרובים ולמעלה כדאיתא בפ' המוכר פירות (ב"ב צט:) ולא כמו שפירש בקונטרס בפירוש מלכים (שם) דעליית בית קדשי הקדשים כמוכה משל היכל: [ועי' תוספות יומא נב. ד"ה ועשרים]
גפן

עין משפט
נר מצוה

[נ"א הא מתרגמינן]
[בתרגום אונקלוס איתא בית עינוהי]

לד א מיי' פי"ד מהלכות מאכלות אסורות הלכה כ:

לה ב מיי' פט"ז מהלכות טומאת צרעת הלכה ז:

רבינו חננאל

ושנינן תנא מבית עולמים גמר לה דכתיב והבית אשר בנה המלך שלמה וגו' ודברי' פשוטי' הן. נמצאו הכרובים על גבי הכפורת במשכן עומדים בשליש הבית שהוא כ' טפחי' דל מיניה עשרה טפחים לארון וכפורת כדאמרינן פשו להו עשרה וכתיב והיו הכרובים פורשי כנפים למעלה סוככים בכנפיהם. נמצאו כנפי הכרובים למעלה מעשרה וקרי להו סככה. ש"מ כי חללה עשרה זולתי הסככה. ואקשינן ממאי דכנפיהן למעלה מראשיהן היו פורשין שנמצא החלל עשרה טפחים דלמא בהדי רישייהו הוו קיימו ונמצאת הסככה למעלה מכלל עשרה. ושנינן מדכתיב פורשי כנפים למעלה ש"מ למעלה מראשיהן. הניחא לר' מאיר דתני במס' כלים בפרק ס"ז כל האמות היו בינוניות ומפורש דאמה של משה היתה קטנה ואחרת היתה יתירה עליה חצי אצבע ואחרת יתירה עליה חצי אצבע. נמצאת האמה שהיא ששה טפחים וחצי אצבע היא הבינונית שיש פחות הימנה חצי אצבע ואחרת יתירה עליה חצי אצבע אלא לר' יהודה דפליג עליה דר"מ דאמר אמה של בנין ו' טפחים ושל כלים ה' נמצא ארון ז' טפחים ומחצה כי כלי הוא וכפורת טפח הרי ח' וחצי נשארו קומות הכרובים י"א טפחים וחצי*) הנה צריכין להיות שיעורי י"א טפחים חצי הסוכה ושנינן לר' יהודה גמרא גמיר לה שיעור דסוכה י' טפחים דאמר רב חייא בר אשי אמר רב שיעורין חציצין ומחיצות הל"מ. מחיצות הא דאמרן. שיעור מחיצות של סוכה עשרה טפחים הל"מ. הניחא לר' יהודה דצריך הלכה אלא לר"מ מדאורייתא היא כדאמרן ארון ט' טפחים וכפורת טפח הרי עשרה והכרובים סוככים על הכפורת ושנינן לר' מאיר מדאורייתא גובה הדפנות אתאי הלכתא לגוד אסיק מחיצתא ולדופן עקומה ד' אמות ופורת מצ' כלבוד דמי ואקשינן שיעורין דאורייתא נינהו דכתיב ארץ חטה ושעורה א"ר אבין כל הפסוק הזה לשיעורא נאמר חטה דתנן בנגעים פרק י"ג מי שנכנס לבית המנוגע

*) נ"ל הגהה צריך להיות שיעור הסוכה י"א טפחים וחצי.

מסורת
הש"ס

חגיגה יג:
[שם איתא ר"פ לאביי]

[לקמן ו: כלים פי"ז מ"י עירובין ד: מנחות נז.]

עירובין ד:

שם
ברכות מא.

שם
חולין צח:
נגעי' פי"ג מ"ט

גליון
הש"ס

גמ' שיעורין חצצין. עי' לקמן דף לד ע"א רש"י ד"ה עשר:

§ מסכת סוכה דף ה: §

אות א׳

שיעורין.... הלכה למשה מסיני

רמב״ם פי״ד מהל׳ מאכלות אסורות ה״ב - ושיעור זה עם כל השיעורין הלכה למשה מסיני הם.

אות ב׳

הנכנס לבית המנוגע, וכליו על כתיפיו, וסנדליו וטבעותיו בידו, הוא והן טמאין מיד

רמב״ם פט״ז מהל׳ טומאת צרעת ה״ז - מי שנכנס לבית מנוגע, וכליו על כתפיו וסנדלו וטבעתו בכפיו, הוא והן טמאין מיד, שאינו מציל מלטמא מיד אלא כלים שהוא לבוש בהן; וכן העכו״ם והבהמה שהיו לבושין בכלים ונכנסו לבית המנוגע, נטמאו הכלים מיד, אבל העכו״ם אינו מקבל טומאה כבהמה.

§ מסכת סוכה דף ו. §

אות א'

היה לבוש כליו וסנדליו ברגליו, וטבעותיו באצבעותיו, הוא טמא מיד, והן טהורים עד שישהה בכדי אכילת פרס, פת חטין ולא פת שעורין, מיסב ואוכל בליפתן

רמב"ם פט"ז מהל' טומאת צרעת ה"ו - טהור שהכניס ראשו ורובו לבית טמא, נטמא, וכן טלית טהורה שהכניס ממנה ג' על ג' לבית טמא, נטמאת... בד"א בכלים שנכנסו חלוצין, אבל אדם מישראל שנכנס לבית מנוגע והוא לבוש בבגדיו וסנדליו ברגליו וטבעותיו בידיו, הרי האדם טמא מיד, ובגדיו טהורים עד שישהה שם כדי שיסב אדם ויאכל כג' ביצים פת חטים בלפתן, שנאמר: והשוכב בבית יכבס את בגדיו והאוכל בבית יכבס את בגדיו, [א]וכי תעלה על דעתך שאין בגדיו מתטמאין עד שיאכל שם, אלא ליתן שיעור לשוכב כאוכל; ואחד השוכב או היושב או העומד, אם שהה כדי לאכול שיעור אכילה האמורה, נטמאו בגדיו.

אות ב'

עצם כשעורה מטמא במגע ובמשא, ואינו מטמא באהל

רמב"ם פ"ג מהל' טומאת מת ה"ב - ואלו מטמאין במגע ובמשא ואין מטמאין באהל... ועצם אפילו כשעורה.

אות ג'

גפן כדי רביעית יין לנזיר

רמב"ם פ"ה מהל' נזירות ה"ב - היוצא מן הגפן כיצד... [ב]וכן אם שתה רביעית יין... או שתה רביעית חומץ שהוא פסולת הפרי, הרי זה לוקה.

אות ד'

כגרוגרת להוצאת שבת

רמב"ם פי"ח מהל' שבת ה"א - המוציא דבר מרשות היחיד לרה"ר או מרה"ר לרה"י, אינו חייב עד שיוציא ממנו שיעור שמועיל כלום; ואלו הן שיעורי ההוצאה, המוציא אוכלי אדם, כגרוגרת, ומצטרפין זה עם זה.

אות ה'

כל כלי בעלי בתים שיעורן כרמונים

רמב"ם פ"ו מהל' כלים ה"ב - כמה שיעור השבר שישבר בכלי עץ או כלי עצם ויהיה טהור, כל כלי בעלי בתים שיעורן כרמונים, כיצד, משינקב הכלי במוציא רמון, טהור; והרמון שאמרו בינוני, לא גדול ולא קטן לפי דעת הרואה; ויהיו בכלי שלשה רמונים אחוזים זה בזה.

אות ו'

ככותבת הגסה ביום הכפורים

סימן תריב ס"א - האוכל ביום הכיפורים ככותבת הגסה, חייב, והוא פחות מכביצה מעט, ושיעור זה שוה לכל אדם, בין לננס בין לעוג מלך הבשן.

אות ז'

שלא יהא דבר חוצץ בינו לבין המים

יו"ד סימן קצח ס"א - צריכה שתטבול כל גופה בפעם אחת, לפיכך צריך שלא יהיה עליה שום דבר החוצץ, ואפילו כל שהוא. אם דרך בני אדם לפעמים להקפיד עליו, חוצץ אפילו אם אינה מקפדת עליו עתה; או אפילו אינה מקפדת עליו לעולם, כיון שדרך רוב בני אדם להקפיד עליו, חוצץ; ואם הוא חופה רוב הגוף, אפילו אין דרך בני אדם להקפיד בכך, חוצץ. הגה: ולכתחלה לא תטבול אפילו בדברים שאינם חוצצין, גזרה אטו דברים החוצצים.

אות ח' – ט'

נימא א' קשורה חוצצת, שלש אינן חוצצות, שתים איני יודע דאמר רבי יצחק: דבר תורה, רובו ומקפיד עליו חוצץ וכו'

יו"ד סימן קצח ס"ה - [ג]שתי שערות או יותר שהיו קשורים ביחד קשר אחד, אינם חוצצין. הגה: ואין חלוק בין אם קשר ב' שערות עם שתי שערות, או שקשר ראש ב' שערות בפני עצמן. ושערה אחת שנקשרה, חוצצת, והוא שתהא מקפדת עליה; אבל אם אינה מקפדת עליה, עלתה לה טבילה, עד שיהא רוב שערה קשור נימא נימא בפני עצמו.

באר הגולה

א ‹עיין ברש"י› ב ‹אפשר משום פשוטן של הדברים, מביא העין משפט הלכה זו, הגם דאין זה הפשט בהגמרא, עיין רש"י ותוס', או דמאיזה טעם סובר דהרמב"ם לומד כרש"י בעירובין, עיין בתוס', הגם דאין שום משמעות מהרמב"ם לזה, וצ"ע› ג ‹מדגרסינן בפרק תינוקת (סז) אמר רבה בר בר חנא וכו', ורבי יוחנן אמר אין לנו אלא אחת, ונראה דהלכה כרבי יוחנן, וכן פסק הרמב"ם וכן פסק סמ"ג – ב"י›

תורה אור

היה לבוש כליו וסנדליו ברגליו וטבעותיו באצבעותיו הוא טמא מיד והן טהורים עד שישהה בכדי אכילת פרס פת חטין ולא פת שעורין מיסב ואוכל בליפתן שעורה דתנן *עצם כשעורה מטמא במגע ובמשא ואינו מטמא באהל גפן כדי רביעית יין לנזיר תאנה כגרוגרת להוצאת שבת רמון דתנן *כל כלי בעלי בתים שיעורן כרמונים ארץ זית שמן (*ודבש) *ארץ שכל שיעוריה כזיתים כל שיעוריה סלקא דעתך הא איכא הני דאמרינן אלא אימא שרוב שיעוריה כזיתים דבש ככותבת הגסה ביום הכפורים אלמא דאורייתא נינהו ותסברא שיעורין מי כתיבי אלא *הלכתא נינהו וקרא אסמכתא בעלמא *הוא חציצין דאורייתא נינהו דכתיב ורחץ (*את בשרו) במים *שלא יהא דבר חוצץ בינו לבין המים כי אתאי הלכתא לשערו כדרבה בר בר חנה *דאמר רבה בר בר חנא נימא אחת קשורה חוצצת שלש אינן חוצצות שתים איני יודע שערו נמי דאורייתא נינהו דכתיב ורחץ את בשרו במים את הטפל לבשרו ומאי נידהו שערו כי אתאי הלכתא לכדרבי יצחק דאמר רבי יצחק

דבר

רש"י

היה לבוש כליו. דאיקרו להו בגדיו: הוא טמא מיד. דכתיב והבא אל הבית יטמא: והן טהורין עד שישהה. דכתיב (ויקרא יד) והאוכל בבית יכבס וגו' ודרשינן בת"כ אין לי אלא אוכל ושוכב אוכל בלא שוכב שוכב בלא אוכל לא אוכל ולא שוכב מניין ת"ל יכבס בגדיו ריבה שתי פעמים כתיב יכבס בגדיו ואם סופנו לרבות הכל מה ת"ל והאוכל ליתן שיעור לשוכב כדי אכילה שאין טעון כיבוס בגדים עד שישהה כדי אכילה וגופו טמא מיד דהכי כתיב והבא אל הבית יטמא ולא כתיב כיבוס בגדים והאוכל בבית דהיינו שוהה כדי אכילה יכבס בגדיו: אכילת פרס. חצי ככר שיערו חכמים אותו למזון שתי סעודות לעירוב דתנן בעירובין (דף פב:) חציה לבית המנוגע: פת חטין. שהייתה מועטת משל שעורים: מיסב. דהיינו דרך אכילה מי שהוא מיסב הוא עסוק באכילה ואינו עסוק בדברים אחרים: עצם כשעורה. מן המת: ואינו מטמא באהל. כשיעור זה עד שיהא שדרה או גולגולת שלמה או רוב מנין אברי אדם: גפן. מה שיערו בו: כדי רביעית יין. בשאר איסורי נזיר דאיכא למאן דאמר במסכת נזיר (דף לח:) דחרצנים ועלין ולולבין מצטרפין לשיעור רביעית יין שאם יתנם לכוס מלא יין עד שיצא ממנו רביעית יין ואין דומה המשער בכוס מלא מים למשער ביין משום דיין עב הוא ואינו ממהר לצאת אלא נכרך ונגדש על שפת הכוס יותר מן המים: תאנה. מה שיערו בה: כגרוגרת להוצאת שבת. שיערו בכל האוכלים: כל כלי בעלי בתים שיעורן. בנקביהם: כרמון. לעד שניקב כמוציא רמון שם כלי עליו ומקבל טומאה לפי שבעל הבית חס על כליו וכשאינו מוציא זיתים הוא משתמש בו רמונים אבל כלי אומן שעומד לימכר טהור בנקב כל שהוא: רוב שיעורים כזיתים. מת ונבילה ואיסור חלב ודם ופיגול ונותר וטמא וגיד הנשה: דבש. כל מיני מתיקה קרויין דבש ותמרים מיני מתיקה הן: כותבת. תמרה: ליום הכפורים. דלא כתיב ביה אכילה אלא אשר לא תעונה (ויקרא כג) מידי דמייתב דעתיה ומפקע ליה מעיוי: מי כתיבי. כלום כתיב בתורה עלם כשערה ובית המנוגע בחטין וכן כולם: ה"ג בשרו במים שלא יהא דבר חוצץ כו': נימא אחת קשורה. ומקפיד עליו חוצצת דמיהדק שפיר ולא עיילי בה מיא ואמרינן לקמן גזרינן על מיעוטו המקפיד: שלש אינן חוצצות. לפי שהשער קשה ולא מיהדק שפיר ועיילי ביה מיא: את הטפל לבשרו. יהא במים הטפל הדבוק:

תוספות

גפן כדי רביעית יין לנזיר. פי' בקונטרס כדי רביעית בשאר איסורי נזיר דאיכא למאן דאמר במס' נזיר (דף לח:) דלולבין ועלין וחרצנין מצטרפין לשיעור רביעית יין דאם יתנם לכוס מלא יין ויצא ממנו רביעית יין ואינו דומה המשער בכוס מלא יין למשער בכוס מלא מים דיין עב ואינו ממהר לצאת אלא נכרך ונגדש על שפת הכוס יותר מן המים ובריש עירובין (דף ד.) פי' בקונטרס גפן כדי רביעית יין לנזיר לחייבו מלקות משמע שרוצה לומר אם שתה רביעית יין ואין זה מענין האחרים דמשערינן בהו מילתא אחריתי וכמו שפירש כאן עיקר וכי האי גוונא תניא בתוספתא דנזיר כילד הוא עושה מביא כוס מלא יין ומביא זית אגורי ונותן לתוכו ושופע אם שתה כיוצא בו חייב ואם לאו פטור דברי ר' עקיבא ר' אלעזר בן עזריה אומר אינו חייב עד שישתה רביעית והשתא סוגיא דשמעתין כר' אלעזר בן עזריה ואין לחוש בכך דהכי נמי ההיא דעשר רביעית דפרק שלשה מינין (נזיר דף לח.) כוותיה ואע"ג דאמרינן התם בפלוגתא לא קמיירי לא חייש בהו אע"ג דפליג עלה רבי עקיבא ובנזיר נמי איכא בפלוגתא בפ' ג' מינין (דף לד:) דתנן ואינו חייב עד שיאכל מן הענבים כזית משנה ראשונה אומרת עד שישתה רביעית יין ר' עקיבא אומר אפילו שרה פתו ביין ויש בו לצרף כזית חייב ואמרינן בגמ' [דף לח:] ת"ק מדמה להו איסורי נזיר לשתיה ובאכילת עלין ולולבין נמי בעי רביעית כמו בשתיה ור' עקיבא סבר כיון דאמר קרא וענבים לחים ויבשים לא יאכל מה אכילה בכזית אף כל בכזית כלומר אף שתיה וקצת קשה לגירסא זו דהיכא אשכחן דמצריך רביעית במידי דאכילה וצריך לומר דמשמע ליה דכי קתני עד שיאכל מן הענבים כזית ה"ה בשתיה ומשנה ראשונה דאומרת עד שישתה רביעית ה"ה באכילה אלא מר נקיט אכילה משום דיליף מיניה לענין שתיה ומר נקיט שתיה משום דיליף מיניה לענין אכילה ור"ת גרים שם בנזיר ת"ק לא מדמה להו לכל איסורי נזיר לאכילה וכן מצא בספר ישן ויש ספרים שכתוב בהן ולא מדמי להו לאיסורי נזיר לשתיה והכל אחד אבל לאכילה ניחא טפי פי' משנה ראשונה מחלקת בין אכילה לשתיה ולא ילפינן מהדדי ולגירסא זו הויא אכילה בכזית לכולי עלמא ובשמעתין גרס ר"ת כזית יין לנזיר ואתיא ככ"ע ובמידי דאכילה וקשה לפי' ר"ת דמאי נפקא מינה דמשערינן אותו זית בכוס מלא יין דכן יכול לשער במים כמו יין במקום שישימו הזית אגורי בין ביין בין במים שם ישימו כמו כן החרצנים והזגים ואם נעמיד שמעתין במידי דשתיה כיון דאמרינן לחייב בשותה מה שמפיל שיעור כזית מן היין דהוא דבר מועט הא פשיטא דכיון דשתה יין דשעוריה *(מהכא) דאי אפשר לשערו אלא ביין וקצת משמע בירושלמי דנזיר כפר"ת דאכילה לכולי עלמא בכזית דקאמר התם משנה ראשונה עד שישתה רביעית יין דהוו דרשינן שכר שכר מה שכר שנאמר להלן רביעית אף שכר האמור כאן רביעית חזרו לומר לא יאכל ולא ישתה מה אכילה בכזית אף שתיה בכזית:

כל כלי בעלי בתים שיעורן כרמונים. גבי כלי עץ מיתניא פי"ז דכלים אבל בכלי חרס תנן פ' שלישי דכלים [מ"א] העשוי לאוכלין שיעורו כזיתים העשוי למשקים כו' יצא דאמר בסוף המצניע (שבת דף צה:) חמש מדות בכלי חרס ניקב כמוציא זית טהור מלקבל זיתים ועדיין כלי הוא לקבל רמונים היינו אם יחדו לרמונים אבל סתמו כמוציא זית:

שיעורן כרמונים. במס' כלים פ' י"ז [מ"ו] תנן הרמונים שאמרו שלשה אחוזים זה בזה ולא שיהא צריך נקב גדול כל כך כדי שיצאו שלשתן בבת אחת אלא אחד לבד דהא אמר בסוף המצניע (שבת דף צה:) כמוציא רמון משמע רמון אחד דלא קאמר רמונים ועוד בפ' אלו קשרים (שם דף קיב:) ובפ' עושין פסין (עירובין דף כד:) דבעי חזקיה ניקב כמוציא זית וסתמו וחזר וניקב כמוציא זית וסתמו עד שהשלימו למוציא רמון מהו הוה ליה למינקט ניקב כמוציא רמון וסתמו וחזר וניקב כמוציא רמון וסתמו עד שהשלימו לשלשה רמונים מהו ונראה לפרש דהא דנקט שלשה רמונים אחוזים דאע"פ שמוציאם זה אחר זה אין טחין לצאת דרך נקב צר כמו שהיה יוצא זה אחר זה בפני עצמו עוד יש לפרש דנקט שלשה אחוזים זה בזה משום דרמון דגדל יחידי בפני עצמו או שנים גדולים יותר מדאי והגדלים ארבעה אחוזים קטנים יותר מדאי אבל הגדלים שלשה בינונים ומשערים בהן: [וע"ע תוספות שבת קיב: ד"ה עד ותוספות עירובין ד: ד"ה שיעורן]

אלא הלכתא ניהו וקרא אסמכתא בעלמא. מכאן קשה לגירסת הספרים דבפ' בתרא דיומא (דף פ. ושם) דא"ר יוחנן שיעורין ועונשין הלכה למשה מסיני ופריך שיעורין מיכתב כתיבי ארץ חטה ומשני אלא אימא שיעורין של עונשין וקשה לאותה גירסא דמאי קפריך מיכתב כתיבי הא מסיק הכא דקרא אסמכתא היא ועוד מאי קמשני אימא שיעורין של עונשין הלא על השיעור הקשה מיכתב כתיבי ועוד דבכל דוכתא דמייתי האי קרא דשיעורין מייתי כולה מילתא דר' חנן דהכא ומתוך כך גרים התם בקונטרס עונשין מיכתב כתיבי אלא אימא שיעורין של עונשין ובפ' כילד מברכין (ברכות ד' מא. ושם) משמע קצת (א) דרשה גמורה דאמר רב (*חמא אמר) ר' יצחק כל המוקדם בפסוק זה מוקדם לברכה שנאמר ארץ חטה וגו' והדר אמר ופליגא דר' חנן דאמר ר' חנן כל הפסוק לשיעורין נאמר ושמא למאי דמסיק התם ואידך שיעורין מי כתיבי לא פליגי:

דבר

עין משפט נר מצוה

לו א מיי' פט"ו מהלכות טומאת צרעת הלכה ו:

לז ב מיי' פ"ג מהלכות טומאת מת הלכה ג:

לח ג מיי' פ"ה מהלכות נזירות הלכה ב סמג לאוין רכ:

לט ד מיי' פי"ח מהל' שבת הלכה א:

מ ה מיי' פי"ז מהלכות כלים הלכה ג:

מא ו מיי' פ"ב מהלכות שביתת עשור הלכה א סמג לאוין סט טור ש"ע א"ח סי' תריב סעיף א:

[בברכות מא: וכן בילקוט ליתא]

*) [בברכות איתא אמר ר"י בר חנינא]

מב ז מיי' פי"א מהל' איסורי ביאה הלכה טז ופ"א מהל' מקואות הלכה יב סמג לאוין קיא ועשין רמח טוש"ע י"ד סי' קצח סעיף א:

עירובין ד: פסחים קט. ע"ש [חגיגה יא.]

מג ח ט מיי' פ"א מהל' מקואות שם טוש"ע שם סעיף ה:

רבינו חננאל

וכליו על כתפו וסנדליו וטבעותיו בידו הוא והן טמאין מיד כו'. מצאנו שכתוב בפסוק והבא אל הבית והאוכל בבית והשוכב בבית הית [לו] לומר והבא אל הבית ודיו. ואני אומר הבא טמא האוכל והשוכב לא כ"ש. ותניא בתורת כהנים אם סופנו לרבות [הבא אל] הבית אע"פ שאינו לא אוכל ולא שותה מה ת"ל אוכל ושותה אלא ליתן שיעור להבא כדי אכילה*) בשכיבה. וכמה שיעור אכילה כדי אכילת פרס פת חטין ולא פת שעורין מיסב ואוכלן בלפתן ושנינן במס' פרה פרק ראשון [אמרו] כיוצא בו (אחר) האוכל בבית המנוגע פרס משלש לקב אמרו לא מי"ח לסאה אמר להם כך שמעתי סתם. אמר בן עזאי אני אפרש כשאתה אומר סג' לקב אין בו חלה. וכשאתה אומר מי"ח לסאה מיעטתו חלתו. שעורה עצם כשעורה מטמא במגע במשא ולא באהל ומפורש במס' אהלות. גפן כדי רביעית יין לנזיר ואמרינן (בנזיר ל"ח ע"א) עשרה רביעיות הן. תאנה וכו' ושנינן לעולם הלכתא והאי קרא דכתיב ארץ חטה ושעורה וכו' אסמכתא בעלמא. חציצין דאורייי' נינהו דכתיב ורחץ את בשרו במים שלא יהא דבר חוצץ בינו ובין המים. ודחינן מן התורה חציצת בשרו. כי אתאי הלכתא לשערו שערו נמי דאורייתא דכתיב ביה ורחץ את בשרו ודרשינן את הטפל לבשרו ומאי נינהו שערו

מסורת הש"ס

אהלות פי"ג מ"ג

שבת קיב: כלים פי"ז מ"א עירובין ד: כד. ברכות מא.

[בברכות מא: איתא מדרמן וקרא אסמכתא וכו']

*[עי' פסחים קט.]

נדה סז. [ב"ק פב. עירובין ד: ושם אי' בר רב הונא]

הגהות הב"ח

(א) תוס' ד"ה אלא הלכתא ומי' משמע קצת דדרשה גמורה היא דאמר:

נ"ל כספי

[נ"ל יוסף ולתימא]

ואמרינן נימא אחת קשורה חוצצת שלש אינן חוצצות משום דמתהלהלי ועייל בהו מיא. שתים איני יודע. אלא כי אתאי הלכתא לרובו ולמיעוטו ולמקפיד ולשאינו מקפיד וכדר' יצחק דאמר ר' יצחק כו' ודברי ר' יצחק מפורשין ביבמות בפרק הערל דגרסינן התם ואלא הא דאמר רבא מעוברת שנתגיירה אין בנה צריך טבילה אמאי אין צריך טבילה וכי תימא משום דר' יצחק דאמר

*) ר"ל כדרך שכיבה והיינו שיהא מיסב ואוכל.

מד א מיי' פ"ד מהל' סוכה הלכה ג סמג עשין מג טור שו"ע א"ח סי' תרל סעיף ג:

תורה אור

*דבר תורה רובו ומקפיד עליו חוצץ ושאינו מקפיד עליו אינו חוצץ וגזרו על רובו שאינו מקפיד משום רובו המקפיד ועל מיעוטו המקפיד משום רובו המקפיד וליגזר נמי על מיעוטו שאינו מקפיד משום מיעוטו המקפיד אי נמי משום רובו שאינו מקפיד *היא גופא גזירה ואנן ניקום ונגזור גזירה לגזירה מחיצין הא דאמרן הניחא *לרבי יהודה אלא לר"מ מאי איכא למימר כי אתאי הלכתא לגוד *ולבוד ודופן עקומה: ושאין לה שליש דפנות: תנו רבנן *שתים *כהלכתן ושלישית אפילו טפח ר"ש אומר שלש כהלכתן ורביעית אפילו טפח במאי קמיפלגי רבנן סברי יש אם למסורת ור' שמעון סבר *יש אם למקרא רבנן סברי יש אם למסורת °בסכת בסכת בסכות הרי כאן ארבע דל חד לגופיה פשו להו תלתא שתים כהלכתן ואתאי הלכתא וגרעתה לשלישית ואוקמה אטפח ר' שמעון סבר יש אם למקרא בסכות בסכות בסכות *הרי כאן שש דל חד קרא לגופיה פשו להו ארבע שלש כהלכתן אתאי הלכתא וגרעתה לרביעית ואוקמתה אטפח ואי בעית אימא דכולי עלמא יש אם למקרא והכא בהא קמיפלגי מר סבר *סככה בעיא קרא ומר סבר סככה לא בעיא קרא ואיבעית אימא דכולי עלמא יש אם למסורת והכא בהא קמיפלגי מ"ס כי אתאי הלכתא לגרע ומ"ס כי אתאי הלכתא להוסיף ואיבעית אימא דכולי עלמא כי אתאי הלכתא לגרע ויש אם למסורת והכא *בדורשין תחילות קמיפלגי מ"ס דורשין תחילות ומ"ס אין דורשין תחילות רב מתנה אמר טעמיה דר"ש מהכא °וסוכה תהיה לצל יומם מחורב ולמחסה ולמסתור מזרם וממטר ואותו טפח היכן מעמידו אמר רב מעמידו כנגד היוצא אמרי ליה רב כהנא ורב אסי לרב

ויעמידנו

ויקרא כג · ישעיה ד

רש"י

דבר תורה. הלכה למשה מסיני: רובו. רוב שערו מטופף בטיט או קשור אחת אחת ומקפיד עליו חוצץ: אין מקפיד עליו. הוה ליה כגופיה הואיל ואין סופו ליטלו ובטיל לגביה ולא חייץ: וגזרו על רובו שאינו מקפיד. הואיל והוי רוב ודמי במקצת לחציצה דאורייתא: ועל מיעוטו המקפיד. הואיל ודמי ליה בהקפדה: (א) גזרה. לאו הלכה למשה מסיני הוא אלא גזירה מדרבנן ורובו המקפיד לחודיה הוא דהוי הלכה למשה מסיני: הא דאמרן. לגובה עשרה: הניחא לרבי יהודה. דלא נפקא ליה מקראי אצטריך הלכתא: לגוד. להיכא דצריך למיגד או גוד אחית או אסיק כגון אכסדרה בבקעה דאמרינן בה פי תקרה יורד וסותם: ולבוד. פחות מג': דופן עקומה. פחות מד' אמות: שתים כהלכתן. מזרחית וצפונית כמין גאם או דרומית

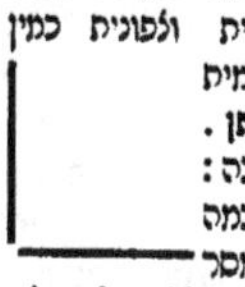

ומערבית: כהלכתן. כשיעור מסך סוכה: יש אם למסורת. כמה שכתב משה ומסר בספר תורה לישראל היא האם והעיקר ולא כמו שהוא נקרא: בסכת. תשבו ישבו בסכת כי בסכות הושבתי חד מלא ותרין חסרין: בסכת. משמע חדא: לגופיה. דאין דורשין תחילות פסוק הנאמר ראשון אינו לדרשה אלא למשמעי אתא: הלכתא. הא דאמרינן לעיל הלכה למשה מסיני להכי נמי אתמר ליה הלכתא למחיצות למיגרעיה לשלישית דופן סוכה ולמיסגי ליה בטפח: סככה לא בעי קרא. דממשמעותא דגופיה נפקא דסוכה בלא סכך לא מקרייא: דורשין תחילות. לדרשה הוו להו ארבעה: למחסה ולמסתור וגו'. ובלא ארבע מחיצות לאו מחסה מזרם הוא שהרוח משיב את הזרם דרך דופן הפרוץ:

כנגד היוצא. מקום שהמחיצה כלה באיזה שירצה אם השתים מזרחית לצפונית יעשה הטפח בסוף הצפונית במקומו נגד מערב או במזרחית נגד דרום:

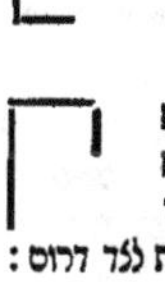

ויעמידנו

תוספות

דבר תורה רובו ומקפיד עליו חוצץ. י"מ דהכא איירי בשער אבל בבשר חוצץ אפילו מיעוטו שאינו מקפיד וקשה לר"ת מהא דאמרינן פרק הערל (יבמות דף עח. ושם) נכרית מעוברת שנתגיירה בנה אין צריך טבילה ופריך אמאי וכי תימא משום דרבי יצחק דאמר רב כהנא לא שנו אלא רובו אבל כולו חוצץ והשתא דעדיפא הוה ליה לאקשויי דבבשר אפילו משהו ואפילו אינו מקפיד חוצץ ועוד מדקיהיב שיעורא בחלילה במסכת מקואות (פ"ט מ"ה) ומייתי לה בסוף אלו קשרים (שבת דף קיד.) על המרדעת רשב"ג אומר עד כאיסר האיטלקי ועוד מייתי התם של בנאים של תלמידי חכמים מצד אחד חוצץ ושל בור משני צדדין ובזבחים בסוף דם חטאת (דף צח:) דם על בגדו חוצץ ואם טבח הוא אינו חוצץ רבב על בגדו חוצץ ואם מוכר רבב הוא אינו חוצץ וא"ת כיון דאתא הלכתא לרובו ולא למעוטו א"כ קרא למאי אתא דדרשינן בשרו שלא יהא דבר חוצץ בינו לבין המים וי"ל דאצטריך לבית הסתרים כדאיתא בפרק קמא דקדושין (דף כה.): ורבי שמעון סבר יש אם למקרא. כולהו מודו דדרשינן מקרא ומסורת דלא על חנם נכתב כן אלא במילתא דמיכחשי אהדדי פליגי דמר סבר מקרא עיקר כדאשכחן ר"ע בריש סנהדרין (דף ד.) דסבר יש אם למקרא ובפ' כל שעה (פסחים דף לו.) גבי לחם עוני דדריש מקרא ומסורת ובפ' לולב הגזול (לקמן דף לד:) תנן ר"ע אומר כשם שלולב אחד ואתרוג אחד כך כו' ודרשינן בגמרא [דף לה.] לולב אחד מדכתיב כפת חסר וי"ו וכן ר"ש דסבר הכא יש אם למקרא ובפ' קמא דקדושין (דף יח:) גבי בבגדו בה דריש מקרא ומסורת ומיהו קשה דלרבי עקיבא דלא דריש התם אלא מקרא לחוד ואמאי לא דריש תרוייהו כר' שמעון כדאמרינן גבי לחם עוני ועוד אשכחן ר"ע דסבר יש אם למקרא ולקמן בסמוך [דף ז:] מכשיר ר"ע סוכה בראש הספינה ומוכח שמעתא משום דקסבר סוכה דירת עראי בעינן אלמא לא בעי ג' כהלכתן דחד טעמא הוא כדקאמרי' בההוא שמעתא (ב) (*דרשב"ג) דפליג אדר"ע שוין בסוכה דדירת קבע בעינן א"כ סבר ר"ע יש אם למסורת ומיהו בזה יש לומר כמו שאפרש לקמן דהאי דקאמר כולהו סבירא להו סוכה דירת קבע בעינן לא בשביל שיהו שוין אבל עוד קשה דהא ר"ע ור"ש דסברי יש אם למקרא ומחייבי אחתיכה אחת בפרק דם שחיטה (כריתות דף כב:) גבי חתיכה של חולין וחתיכה של קדש בא אחד ואכל את הראשונה ובא אחר ואכל את השניה זה מביא אשם תלוי וזה מביא אשם תלוי דברי ר"ע ר"ש אומר שניהם מביאין אשם אחד וכן גבי חלב ושומן אלמא לא בעינן חתיכה משתי חתיכות ומאן דבעי חתיכה משתי חתיכות אמרינן בפרק ספק אכל (שם דף יז:) משום דמצות קרינא ביה ומאן דמחייב סבר יש אם למסורת מצת כתיב ואין לפרש ההיא דדם שחיטה בשתי חתיכות גדולות שאכל זה מזו כזית וזה מזו כזית דתרווייהו שתי מצות דעל כרחך טעמא משום דלא בעי חתיכה משתי חתיכות כדמוכח התם בשילהי פירקין בגמרא גבי ר' יוסי דקאמר חתיכה משתי חתיכות איכא בינייהו ואין לומר דכיון דהוו לכתחילה שנים חשוב מצות משום דאיקבע איסורא דהא רב נחמן הוא דקאמר הכי בריש פרק ספק אכל (שם יח.) אבל רבה דמפרש טעמא משום דמצות קרינן בה לית ליה כלל כדמוכח התם ועוד קשיא מדר' שמעון להאי לישנא דאמרינן הכא דכולי עלמא יש אם למסורת ובסוף פרק כיצד צולין (פסחים דף פו:) גבי בבית אחד יאכל קסבר יש אם למקרא ועוד קשה דלקמן (דף ט:) פסלינן לכ"ע סוכה תחת סוכה מדכתיב בסכת ולא אמרינן יש אם למקרא: [וע"ע תוס' לקמן לג. ד"ה כפת ותוספות סנהדרין ד' ד"ה כולהו ותוספות זבחים מ. ד"ה לא נצרכה ותוספות נדה סו. ד"ה לא ותוספות פסחים לו. ד"ה עוני]:

בדורשין תחילות קמיפלגי. ומשמע דלכולי עלמא סככה לא בעי קרא ואפילו הכי דל חד לגופיה ולא מוקמינן ליה למניינא למאן דלא דריש תחילות ולא כמו שפי' הקונטרס בריש סנהדרין (דף ג:) גבי תלתא אלהים כתיבי בפרשה דפי' אין דורשין תחילות משום דאצטריך למומחה ועוד קשיא לפי' למאי דמסיק התם דלכולי עלמא אין דורשין תחילות ואמר *ליה ר' יאשיה א"כ נכתוב קרא אל השופט דאי משופט לא הוה ידעינן מומחה כמו שפי' שם בקונטרס עצמו ור' (*יוחנן) (עצמו) לישנא דעלמא נקט כדאמרי אינשי מאן דאית ליה דינא ליקרב לגבי דיינא הרגיל ולא לגבי הדיוט וכיון דמשופט לא ממעט הדיוט א"כ הוי אתי למניינא אלא ודאי אפילו לא איצטריך למומחה אפילו הכי דל חד לגופיה דאין דורשין תחילות וכל הני דבריש סנהדרין (דף ד:) דקרנות קרנת לטוטפות לטטפת ועשרה כהנים דסוף פרק קמא דסנהדרין (דף יד:) צריך לדקדק דדרשינן כולהו למניינא ולא אמרינן דאין דורשין תחילות: וסוכה תהיה לצל. בירושלמי אמרינן טעמא דר"ש מן הדא קרייה וסוכה תהיה לצל יומם מחורב הרי אחת למחסה ולמסתור הרי שנים מזרם וממטר ורבנן אמרי מזרם וממטר אחת:

ויעמידנו

מסורת הש"ס

עירובין ד: יבמות עח. נדה סז: · [ביצה ג. וש"נ] · [לעיל ה. וש"נ] · [לקמן ז:] סנהדרין ד. נדה כו. · [תוספ' פ"א] · [קידושין יח: וש"נ] · [ולפ"ע דדפוסי' לא איירי סוכה מ"מ מיזורא דקרא ילפינן לדפוסי' פי' רש"י לקמן יב. במשנה ד"ה כשרין] · [סנהדרין ג:] · [עי' שבת נו:] · [סנהדרין ד:] · [צ"ל דר"ג] · [צ"ל לג] · [צ"ל יונתן]

הגהות הב"ח

(א) רש"י ד"ה ועל מיעוטו וכו' בהקפדה הס"ד ואח"כ מ"ה וכל גזרה: (ב) תוס' ד"ה ור' שמעון וכו' כדקאמרינן בההוא שמעתא דרבי שמעון ורבן גמליאל דפליגי אדר' עקיבא:

רבינו חננאל

דבר תורה רובו ומקפיד עליו(אינו)חוצץ והאמר רב כהנא לא שנו אלא רובו אבל כולו אע"פ שאינו מקפיד חוצץ. ומשני שאני עובר דהיינו רביתיה. ש"מ דהאי רובו רוב גופו של אדם הוא *) ואתאי הלכתא. וגזרו על רובו שאינו מקפיד להיות חוצץ משום שרובו המקפיד שהוא דבר תורה וכן מיעוטו המקפיד משום רובו המקפיד ונגזור נמי על מיעוטו שאינו מקפיד משום מיעוטו המקפיד כו' ורחינן רובו שאינו מקפיד ומיעוטו המקפיד גזירה נינהו ואין עושין גזרה לגזרה פי' המקפיד כגון שערה וכיוצא בה שיש דבוק בבשרו של אדם ומקפיד עליו להוציאו מעל בשרו חוצץ. כדתנן (מקוואות פ"ט) כל המקפיד עליו**) להסירו חוצץ וכל שאינו מקפיד עליו להסירו אינו חוצץ: ושאין (עליו)(לה)ג' דפנות כו'. ת"ר ב' כהלכתן ושלישית אפילו טפח. ר' שמעון אומר ג' כהלכתן ורביעית אפילו טפח. במאי פליגי רבנן סברי יש אם למסורת פירוש במסורת הכתיבה וחסירין הן בסכת בסכת בסכות הרי כאן ד' דל חד לגופיה פשו להו ג' שתים כהלכתן ואתאי הלכתא גרעת' לשלישית ואוקימתא אטפח. הלכתא הא דגרסינן בנדה פרק ג' תני אושעיא ועירא דמן חברייא. חמשה שיעורים ואלו הן שליא ושופר ושדרא ואיזוב ודופן הסוכה. דתנא ב' כהלכתן ושלישית אפילו טפח ור' שמעון סבר יש אם למקרא ולא חיישינן לכתיבה דבסוכות בסוכות בסוכות קרינן הרי כאן ו' דל חד קרא לגופיה פשו להו ד' ג' כהלכתן ורביעית אפילו טפח אתאי הלכתא תאי דתני אושעיא גרעתא לרביעית אוקימתא אטפח איבעית אימא כ"ע יש אם למקרא ור' הם ובהא פליגי ת"ק סבר סככה בעיא קרא פשו להו תלת. ור' שמעון סבר סככה לא בעיא קרא. איבעית אימא כ"ע יש אם למסורת ור' הם דל חד לגופיה פשו להו תלת ת"ק סבר כי אתאי הלכתא למגרע מהני תלת חד ולוקמה אטפח ור' שמעון כי אתאי לשפויי אהני תלת דופן אחריתי דאית בה טפח. איבעית אימא כ"ע כי אתאי הלכתא למיגרע והכא בדורשין תחלות קמפלגי פירוש הא קרא חדא דאוקימתא לגופיה ור' שמעון סבר דרשינן לה ות"ק סבר לא דרשינן לית רב א' לטעמיה דר' שמעון מהכא היה קבלה בידינו ומצאו מפורש בתלמוד א"י רבנן דקיסרי שמעין טעמיידו דרבנן וטעמא דר"ש מהדא קרא וסוכה תהיה לצל יומם מחורב למחסה ולמסתור. הרי אחת למעלה כסככה לסככה ולמסתור הרי ב' לדפנות מזרם

*) מלה דר"ל דאתאי הלכתא לזה דרוב גופו של אדם ומקפיד עליו חוצץ. **) במשנה שם ליתא לתיבת להסירו ואולי דרבינו גרס שם.

§ מסכת סוכה דף ו: §

אות א׳

תנו רבנן שתים כהלכתן ושלישית אפילו טפח

סימן תרל׳ ס״ב - עיין לקמן דף ז.

§ מסכת סוכה דף ז. §

אות א׳

עושה לו טפח שוחק ומעמידו בפחות משלשה טפחים סמוך לדופן, וכל פחות משלשה סמוך לדופן כלבוד דמי

סימן תרל׳ ס״ב - כדי להבין היטיב, אקדים לכאן כמה עקרים להלכה זו: **א)** דשיעור סוכה הוא שתהא מחזקת ז׳ על ז׳ טפחים לפחות, **ב)** דילפינן בגמרא מקראי, דלא קרוי סוכה ע״י הסכך לבד, אא״כ יש לה ג׳ דפנות, והלכה למשה מסיני דאחת מן הדפנות סגי בטפח אחת, **ג)** דמ״מ בעינן שיהיה נראה כדופן.

[א]**דפנות הסוכה, אם היו שתים זו אצל זו כמין ג״ם, עושה דופן שיש ברחבו יותר על טפח, [ב]ומעמידו בפחות מג׳ לאחד מהדפנות** - דאז הוי לבוד, וא״כ יש כאן ד׳ טפחים, דהוא רוב הכשר סוכה, **דאע״ג** דבסתם טפח יהיה ג״כ רוב דופן, דהוי טפי מג״ט ומחצה, אכן משום דבציר מארבעה טפחים לא חשיב בשום דוכתא, להכי הצריכו טפח מרווח.

במ״א מבואר, שמותר לעשות דפנות הסוכה בקנים, שמעמידם פחות פחות מג״ט רחוק זה מזה, **והוא** בעושה כן ד׳ דפנות, דהיינו קנים כזה מארבעה רוחות, **אבל** כשאין רוצה לעשות רק ג׳ דפנות, בעינן שתי מחיצות שסמוכות זה לזה ושלמות, והשלישית בטפח.

אות ב׳

עושה לו פס ארבעה ומשהו ומעמידו בפחות משלשה סמוך לדופן, וכל פחות משלשה סמוך לדופן כלבוד דמי

סימן תרל׳ ס״ג - [ג]**היו לה שני דפנות זו כנגד זו וביניהם מפולש, עושה דופן שיש ברחבו ארבעה טפחים ומשהו, ומעמידו בפחות משלשה סמוך לאחד משתי הדפנות, וכשרה** - ומה דלמעלה די בטפח, דהתם השתי דפנות סמוכות להדדי, וע״כ די בשלישי בטפח בעלמא, **משא״כ** בזה דהם רחוקים זה מזה, ע״כ צריך לעשות דופן של ד׳ טפחים ומשהו, ולהעמידו בפחות מג׳ סמוך לדופן אחד, דהוי כלבוד, ונחשב כאלו היה דופן שלם של ז׳ טפחים סמוך לדופן, וממילא גם בזה יש שתי דפנות סמוכות להדדי כמו למעלה, [גמרא].

אות ב׳*[ד]

סימן תרל׳ ס״ד - [ה]**במה דברים אמורים, בעושה סוכתו במקום שאין דופן אמצעי כנגדה; אבל העושה סוכתו באמצע החצר, רחוק מדפנות החצר, אע״פ שאין לה אלא שתי דפנות זו כנגד זו, די לה בתיקון המתיר בשתי דפנות העשויות כמין גם** - דהיינו שיעמיד הטפח מרווח בפחות מג״ט סמוך לדופן, והיינו לצד שהוא כנגד פתח החצר, ולא לצד שהוא כנגד דופן החצר, [דשם נחשב בלא״ה קצת כסתום לדעת המחבר].

מקור דין זה הוא מהר״ן, ועיין במ״א שחולק ע״ז, ודעתו דאין להתיר להר״ן, אלא כששתי דפנות זו כנגד זו של הסוכה, הם עצמם דפנות החצר, דבהא מהני דופן אמצעי של החצר, אע״פ שאינה דופן לסוכה, {כגון שחציו של הסוכה לצד דופן האמצעי אינה מסוכך כלל}, שלא תהא נידונית כסוכה העשויה כמבוי, **אבל** לא כשהיא עומדת באמצע החצר, [**ולמעשה** נראה דאין להתיר באמצע החצר בודאי, דאפילו באופן שצייר המג״א דברי הר״ן, דקאי על מבוי המסוכך ובאופן שציירו התוס׳, ג״כ צ״ע על המחבר, איך העתיק דברי הר״ן לדינא, דהלא לפי מה שהעתיק בסעיף ז׳, סיכך על גבי מבוי שיש לו לחי וכו׳, מוכח דסבירא לה כפירוש הרמב״ם והרא״ש ‹ורש״י›, דהגמרא מיירי במבוי מפולש, אם כן אין שום מקור לדברי הר״ן לדינא, **דעל** כרחך אנו צריכין לתרץ, דמה שאמר הגמרא ״דאילו סוכה דעלמא בעי טפח שוחק״, ‹הגם דקימ״ל סוכה העשוי כמבוי מפולש לא סגי בטפח שוחק›, היינו דס״ל כדברי רב יהודה, ‹דסוכה העשויה כמבוי מפולש ג״כ צריך רק טפח שוחק›, וכמו שכתבו המפרשים, ‹ואין מכאן בהגמ׳ מקור לקולא שלא יצטרך פס ד׳ כמ״ש הר״ן, עיין למטה בהערה›, **וא״כ** עכ״פ אין להתיר יותר ממה שציירו התוס׳].

אות ג׳

וצריכא נמי צורת הפתח

סימן תרל׳ ס״ב - ‹כשיש ב׳ דפנות זו אצל זו כמין ג״ם, עושה דופן שיש ברחבו יותר מטפח, ומעמידו בפחות מג׳ לאחד מן הדפנות›, [ו]**ויעמיד קנה (כנגד הכותל)** - היינו כנגד סוף המקצוע השני של הכותל שכנגדו, שסתמו מחזיק ז׳ טפחים, **וי״א** דירחיקו עוד טפח יותר, כדי שיהיה הצורת הפתח על ד׳ טפחים, [**ואם** הדופן השלימה היא ארוכה, א״צ שיגיע הצוה״פ עד קצה השני של כותל השלימה, וא״צ אלא עד ז׳ טפחים, וממילא מותר בכל הסוכה, כדין פסל היוצא מן הסוכה], **כנגד אותו טפח, ויעשה לה צורת פתח, שיעמיד קנה עליו ועל הטפח** -

---

באר הגולה

[א] ברייתא שם ו׳ [ב] שם בגמרא כרב סימון ואי תימא רבי יהושע בן לוי [ג] שם כרב סימון אריב״ל [ד] ‹מילואים› [ה] ר״ן מהא דאמרינן בגמרא שם ‹"דאילו סוכה דעלמא בעיא טפח שוחק". דהוי קשיא ליה להר"ן {בסיכך על גבי מבוי שיש לו לחי} קושית התוס' {עמוד ב' ד"ה סיכך}, דממה נפשך באיזה מבוי מיירי, אי יש לו ג' מחיצות ולחי, למה צריך לענין סוכה להתיר משום מיגו דמהני לענין שבת, תיפוק ליה הא יש לו ג' מחיצות שלמות, ואי מיירי דאין לה רק שתי מחיצות, א"כ אפילו לענין שבת לא מהני הלחי להתיר הטלטול מדרבנן, **ולכך** תירץ דמיירי באינו מפולש, דהיינו שיש לו ג' מחיצות, אלא שסיכך לצד הלחי – מחה"ש, ואמר הגמ', דבסוכה דעלמא די בטפח שוחק, ולא צריך פס ד׳›, ‹**מוכח** בגמרא, שהעושה סוכתו בכי האי גוונא, כיון שאינה מפולשת לגמרי, כמו העושה סוכתו במבוי באמצע החצר רחוק מדפנות החצר, ניתרת בטפח שוחק פחות מג' סמוך לדופן, כשם שניתרת בו סוכה דאית לה שתי דפנות דעריבן, ולא הצריכו פס ד' אלא בסוכה שהיא מפולשת ואין דופן אמצעי כנגדה – ב"י› [ו] כלישנא בתרא דרבא שם

סוכה פרק ראשון סוכה ז

ויעמידנו כנגד ראש תור *שתיק רב איתמר נמי אמר שמואל משמיה דלוי מעמידו כנגד היוצא וכן מורין בי מדרשא מעמידו כנגד היוצא רבי סימון ואיתימא רבי יהושע בן לוי אמר *עושה לו טפח שוחק ומעמידו בפחות משלשה טפחים סמוך לדופן וכל פחות משלשה סמוך לדופן כלבוד דמי אמר רב יהודה סוכה העשויה כמבוי כשרה ואותו טפח מעמידו לכל רוח שירצה רבי סימון ואיתימא ר' יהושע בן לוי אמר [ב]עושה לו פס ארבעה ומשהו ומעמידו בפחות משלשה סמוך לדופן וכל פחות משלשה סמוך לדופן כלבוד דמי ומאי שנא התם דקאמרת סגיא טפח שוחק ומאי שנא הכא דקאמרת בעיא פס ארבעה התם דאיכא שתי דפנות כהלכתן סגי ליה בטפח שוחק הכא דליכא שתי דפנות אי איכא פס ארבעה אין אי לא לא אמר רבא ואינה נתרת אלא בצורת הפתח איכא דאמרי אמר רבא ונתרת נמי בצורת הפתח איכא דאמרי אמר רבא [ג]וצריכא נמי צורת הפתח רב אשי אשכחיה לרב כהנא דקא עביד טפח [א] שוחק וקא עביד צורת הפתח א"ל לא סבר מר להא דרבא דאמר רבא ונתרת נמי בצורת הפתח א"ל אנא כאידך לישנא דרבא סבירא לי דאמר רבא וצריכא נמי צורת הפתח: שתים כהלכתן כו': אמר (א) רבא [ד]וכן לשבת מגו דהויא דופן לענין סוכה הויא דופן לענין שבת איתיביה אביי ומי אמרינן מגו והתניא דופן סוכה כדופן שבת ובלבד שלא יהא בין קנה לחברו שלשה טפחים ויתירה שבת על סוכה שהשבת אינה נתרת אלא בעומד מרובה על הפרוץ [ה]מה שאין כן בסוכה מאי לאו יתירה שבת דסוכה אסוכה ולא אמרינן מגו לא יתירה שבת דעלמא על שבת דסוכה אי הכי ליתני נמי יתירה סוכה דעלמא אסוכה דשבת דאילו סוכה דעלמא בעיא טפח שוחק ואילו סוכה דשבת לא בעיא טפח שוחק וסגי בלחי דהא את הוא דאמרת סיכך על גבי מבוי שיש לו לחי כשר ההוא לא אצטריכא ליה השתא מקילתא לחמירתא אמרינן מחמירתא לקילתא לא כל שכן גופא אמר (ב) רבא

סיכך

רש"י

ויעמידנו כנגד ראש תור. (ראש שורה) במקצוע *לפונית מערבית באלכסון או מזרחית דרומית כשהמחיצות מערבית לפונית דנראה נוטה לב' מחיצות ומיחזי כארבע מחיצות ראש תור היא אלם מענה של סוף שדה שהתלמים כלים והולכין באלכסון זה ארוך מזה מעט: **טפח שוחק.** מודדין בד' אצבעות שאינם נוגעות זו בזו דהוי טפח ומשהו: **ומעמידו בפחות מג' ב]**. סמוך לאחת הדפנות ופחות מג' כלבוד והויא ליה כמחיצה של ד' טפחים ומשך סוכה שבעה נמצא רובו של דופן עשוי: **כמבוי המפולש ג]**. שתי הדפנות זו כנגד זו: **כשרה.** דהא נמי קרי כהלכתן: **לכל רוח שירצה.** שהרי יש כאן ארבעה יוצאין ולאיזה יוצא שירצה יעשנו: **עושה פס ד]**. דופן גמור של ד' טפחים ומעמידו בפחות מג' סמוך לדופן אצל מקצוע פס ארבעה דכי אמרינן לבוד איכא ז' טפחים ארוך כדי סוכה קטנה: **שתי דפנות** (ה). שלמות כהלכתן כמין גאם דאין נראות מפולשות כי האי: **אמר רבא ואינה נתרת אלא בצורת הפתח.** בעירובין (דף יא:) אמר היכי דמי צורת הפתח קנה מכאן וקנה מכאן וקנה על גביהן והכא קאמר רבא דטפח ששנינו בברייתא שמתיר בדופן שלישית אינו מתיר אלא אם כן עשאו לאותו טפח צורת הפתח על פני כל הדופן כולו כיצד קנה של חצי טפח אצל היוצא וקנה של חצי טפח במקצוע שכנגדו וקנה על גביהם מזה לזה (ג) הוה ליה כאילו כל הדופן סתום דפתח שיש לו צורת פתח סתימה מעלייתא היא בפרק קמא דעירובין (דף ב:) וזהו טפח שאמרו חכמים: **וניתרת נמי בצורת הפתח.** משמע דטפח ששנינו היינו כדפריש רבי סימון לעיל עושה סתימה טפח אצל היוצא ואתא רבא למימר דאם עשה צורת הפתח על פני כל הדופן בשני קנים כל שהוא וקנה על גביהם קאי ליה במקום טפח ומכשר ליה כוותיה דאו האי או האי מכשר: **וצריכא נמי צורת הפתח.** משמע דתרוייהו בעינן טפח אצל היוצא וקנה בזוית שכנגדו וקנה שעל גביהם קאי מטפח זה לקנה של זוית: **דקעביד טפח שוחק.** אצל היוצא כדרבי סימון: **לא סבר לה מר וניתרת נמי.** או האי או האי: **וכן לשבת.** אע"פ שצריך לשבת שלש מחיצות ליעשות רשות היחיד שבת של סוכות מותר לסמוך על מחיצות הסוכה אם עשה ברה"י סמוך לפתחו סוכה דאין בה אלא שתים כהלכתן ושלישית אפילו טפח מכניס ומוציא הימנה לביתו (ד) ואע"ג דבשאר שבתות לא משתרי אי נמי בשאר מחיצות שאינן של סוכה לא מישתרו בהכי לשבת דסוכה שריא דמיגו דהוא טפח אגמריה רחמנא למשה במחיצות סוכה דליהוי ליה דופן שלישית לסוכה הוי דופן נמי בשבת דסוכה לענין שבת: **דופן סוכה כדופן שבת.** כל צידי דפנות שהתירו חכמים לשבת כגון מחיצה של שתי בלא ערב כדאמר בעירובין (ד' טז:) מקיפין בקנים ובלבד שלא יהא בין קנה לחבירו שלשה טפחים ואע"פ שרחב קנה אינו אלא מלא אצבע ויש בין קנה לקנה שלשה טפחים חסר משהו ואיכא פרוץ מרובה על העומד שפיר דמי דאמרינן לבוד והוה ליה כולו עומד או של ערב בלא שתי כדתנן התם (שם) מקיפין שלשה חבלים הוי היקף נמי לדופן סוכה ובלבד שיהא זהיר שלא יהא בין קנה לחבירו שלשה טפחים כשהוא מקיף כי היכי דלאמר לענין שבת דאם כן נפיק ליה מתורת לבוד ודווקא במקומות הרבה דהוי ליה פרוץ מרובה על העומד אבל מקום אחד או שני מקומות הוו להו כפתחים: **שהשבת אינה נתרת.** אם יש בה פתחים הרבה שאין בהם צורת הפתח ורבים על העומד ומבטלי ליה לעומד: **מה שאין כן בסוכה.** דסגי ליה בשתים כהלכתן ושלישית אפילו טפח ואפילו היו לה פתחים בשתי הדפנות אחד או שנים דכי מצטרפת להו בהדי שתים הפרוצות הוה ליה פרוץ מרובה שריא: **מאי לאו.** אפילו בשבת שבתוך החג קאמר דלא מישתריא לטלטולי והכי קאמר יתירה הלכות טלטול שבת דסוכה אהלכות הכשר סוכה לאכול ולישן ולצאת ידי חובת סוכה דלענין מיפק ידי חובתו נפיק ובלבד שלא יטלטל בה אלא (ה) ארבעה ולא יכניס מתוכה לבית: **לא.** הכי קאמר יתירה הלכות טלטול שבת דעלמא אהלכות טלטול שבת דסוכה שבשבת דעלמא אינה נתרת אלא בעומד מרובה דליכא למימר בה מיגו ושבת דסוכה נתרת משום מיגו: ואי שבת דעלמא קאמר אבל שבת דסוכה והלכות הכשר סוכה שוין משום מיגו ליתני נמי יתירה הלכות הכשר סוכה דעלמא דחול אהלכות הכשר סוכה דשבת: **ואילו סוכה דשבת.** אם עשויה כמבוי שתי דפנותיה זו כנגד זו סגי לה בלחי זקוף אצל היוצא אע"ג דאין רחבו טפח דמיגו דהוי דופן לשבת הוי נמי דופן לסוכה דהא מר משום דאית ליה מיגו אמר הכי לדידך דאמרת לחי משום מחיצה והזורק למבוי מפולש שיש לו לחי חייב אלמא מדאורייתא מחיצה היא ומתוכו לרשות היחיד כהי דמדרבנן אסור מדאורייתא מיהא מותר דהא מר משום דאית ליה מיגו אמר הכי: **סיכך על גבי מבוי מפולש שיש לו לחי כשרה.** בשבת ולא בחול דמיגו דהוי דופן לשבת למהוי רשות היחיד הוי דופן לענין סוכה: **השתא לא איצטריך ליה.** לאשמעינן דיתירה סוכה דעלמא אסוכה דשבת משום דמרישא שמעינן ליה: **דהשתא מקילתא לחמירתא אמר מיגו.** מיגו דהוי דופן לסוכה דקילא הוי דופן לשבת דחמירא: **מחמירתא לקילתא מיבעיא.** דמבוי שיש לו לחי זקוף דכשר לסוכה בשבת:

פסי

תוספות

ויעמידנו כנגד ראש תור. אע"ג דאכיולא בזה אמר פ' קמא דעירובין (דף י:) אתי אוירא דהאי גיסא ודהאי גיסא ומבטל ליה גבי והרחב מעשר אמות וגבי עור העטלף הכא דטפח מחיצה דאורייתא והלכתא גמירי לה לא אתי אוירא ומבטל לה:

עושה לו טפח שוחק. קנה בפחות מג' סמוך (ו) (ליה) לדופן לא יועיל ליחשב כטפח מחמת לבוד דהא לכך בעי טפח שוחק כדי שיהא דופן זה רחב ארבעה טפחים כדפירש בקונטרס כדי שיהא רוב דופן דשיעורו בשבעה טפחים ומשהו ועוד דקנה מבטל ליה אוירא:

ואינה ניתרת אלא בצורת פתח. פירוש אלא אם כן עשאו לאותו טפח צורת הפתח על פני כל הדופן כולו כיצד קנה של חצי טפח אצל היוצא וקנה חצי טפח במקצוע שכנגדו וקנה על גביהם דהוה ליה כאילו כל הדופן סתום דאע"ג דבפ' קמא דעירובין (ד' יא:) לא יהבינן שיעורא לקנה של צורת פתח אלא אפילו קנה משהו מכאן וקנה משהו מכאן וקנה על גביהם אלא שתהא בריאה כדי לעמוד בה דלת ואפילו דלת של קשין גבי סוכה החמירו דבעינן מחיצות הניכרות:

שלא יהא בין קנה לחברו שלשה טפחים. אין זה כר' יאשיה דבסמוך דבעי מחיצות (ז) כסכך צלתו מרובה מחמתו:

שהשבת אינה ניתרת אלא בעומד מרובה על הפרוץ. משמע הא כפרוץ אסור והוי מצי לאקשויי מהכא לרב פפא דאמר פ"ק דעירובין (ד' טו:) פרוץ כעומד מותר ובלאו הכי איתותב התם אף על גב דהלכתא כוותיה כדאמרינן התם משום דדייקינן מתניתין כוותיה כדאמר התם ולאו גרסינן הכא שהשבת אינה ניתרת בפרוץ מרובה על העומד אתי שפיר:

סיכך

עין משפט נר מצוה

מה א מיי' פ"ד מהל' סוכה הלכה ג טוש"ע א"ח סי' תרל סעיף ב:

מו ב מיי' שם הלכה ג טוש"ע שם סעיף ג:

מז ג מיי' שם הלכה ג טוש"ע שם וסעיף ב:

מח ד מיי' שם הלכה ט טור שם:

מט ה מיי' שם הלכה יב טור ש"ע שם סעיף ט:

רבינו חננאל

מורם וממטר. רבנן אמרי אחת רבי שמעון אמר שתים. אותו טפח היכן מעמידו רב אמר כנגד היוצא כדגרסינן בירושלמי רב אמר אותה של טפח צריכה שתהא משוכה מן הכותל טפח אמרו רב כהנא ורב אסי ויעמידנו כנגד ראש תור כלומר בראש הזויות סמוך זה וזה כדגרסינן בתחלת השוכר את הבית בענין מצר לו מצר אחד ארוך ומצר אחר קצר. אמר רב לא קנה אלא כנגד אותו הקצר. א"ל רב כהנא לרב אסי לרב ויקנה כנגד ראש תור שתיק רב וזו ראיה למה שאמרנו ואסיק' ומעמידו כנגד היוצא שהוא כנגד קצה הדופן היוצא להראות כי הוא פתח הסוכה. סוכה העשויה כמבוי מפולש רב יהודה אמר אותו הטפח מעמידו לכל רוח שירצה ריב"ל אמר עושה לה פס ד' ומשהו ומעמידו בפחות מג' סמוך לדופן דכל פחות מג' סמוך לדופן כלבוד דמי. דכיון דלית בה ב' דפנות דבוקות זו בזו לא סגי לה הדופן השלישית בטפח אלא בפס ד' ומשהו רחוק מן הדופן ג' חסר משהו הכל ז' טפחים. והן משך סוכה קטנה ונכשרת הסוכה בכך אמר רב אינה ניתרת הסוכה בענין הזה אלא בצורת הפתח דלא חיישינן לטפח אם ישנו ואם אינו. איכא דאמרי אמר רבא וניתרת נמ' בצור' הפתח או טפח או צורת הפתח. איכא דאמרי אמר רבא וצריכא נמי צורת הפתח אע"פ שיש שם טפח [בעינן] צורת הפתח וכן הלכתא דהא רב כהנא עבד בה עובדא הכי: ב' כהלכתן ושלישית אפילו טפח. אמר רבא וכן לשבת מגו דהויא [מחיצה] לסוכה הויא נמי מחיצה לשבת. ומותיב עלה אביי מהא דופן סוכה כדופן שבת. כדתנן מקיפין בקנין ובלבד שלא יהיה בין קנה לחבירו ג' טפחים יתירה שבת על הסופה. שהשבת אינה ניתרת אלא בעומד מרובה על הפריץ כדגרסינן בעירובין באחרית פרק ראשון כל שהיא ארבעה ומארבעה (ועד ד' אמות) ועד עשר אמות צריך שלא יהא פרצה בין זה לזה במלואו שלא יהא פרוץ כעומד ואם היה פרוץ כעומד כנגד עומד מותר. כנגד פרוץ אסיר. ואם היה עומד מרובה על הפרוץ אף כנגד הפרוץ נמי מותר. מה שאין כן בסוכה שטפח בדופן סוכה או פס [ר'] סתיר כמו הפרוץ מאי לאו יתירה שבת דסוכה אסוכה. ולא אמרינן מגו דהויא דופן לסוכה הויא נמי לשבת.(משא"כ בשבת) [לא יתירא שבת] דעלמא. ואקשינן עליה אי הכי ניתני נמי יתירה סוכה דעלמא דאילו סוכה דעלמא לא סגי לה בלחי כל שהוא עד שיהא כטפח ואלו (סוכה דעלמא)[סוכה דשבת] סגי לה בלחי כל שהוא כדתנן לחיים שאמרו גובהו עשרה טפחים רחבן ועביין כל שהוא ואת

הוא

[וי"ג גורסי' דרומית מערבית]

[ב] 

[ג] 

[ד] 

[ה] 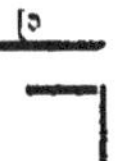

הגהות הב"ח

(א) גמ' אמר רבה וכן לשבת: (ב) שם גופא אמר רבה: (ג) רש"י ד"ה אמר רבא וכו' דה"ל כאילו כל הדופן: (ד) ד"ה וכן לשבת וכו' ומוציא הימנה לביתו. נ"ב וה"ה במטלטל בה יותר מכארבע כמו האי דבסמוך ד"ה מאי לאו: (ה) ד"ה מאי לאו אפילו וכו' אלא בארבע: (ו) תוס' ד"ה עושה וכו' בפחות מג' סמוך לדופן כצ"ל ותיבת ליה נמחק: (ז) ד"ה שלא יהא וכו' דבעי כמחיצות צלתו מרובה מחמתו כסכך הס"ד:

הגהות הגר"א

[א] נ"ב שוחק [כדמשמע מפוי. ולא נמצא בכ"י ולא נוסחא ... דמריש ... ע"ז]:

גליון הש"ס

גמ' כנגד ראש תור. מלשון המשנה כלאים פ"ב מ"ז: שם שתיק רב. כעין זה ביצה דף ו ע"א ודף ... ע"ב ב"ק דף ... ע"א ב"מ דף ... ע"ב:

כדי להשלים שיעור הכותל, **ועיין** בב"ח שכתב, דזה הוא מדרבנן, אבל הטפח מרווח שאמרנו מתחלה, הוא מדאורייתא, (פמ"ג, **וצ"ע** עליו מדברי התוספות ‹עמוד ב' ד"ב סיכך›, **דמוכח בהדיא, דהטפח שוחק** ג"כ הוא מדרבנן, ומדאורייתא די בטפח הסמוך לכותל, וצ"ע, **אח"כ** מצאתי שחזר בעצמו בא"א).

(עיין בר"ן, דבפחות מן שתי דפנות שלימות, ושלישית טפח וצוה"פ, לא מהני אם יעשה כל הדפנות ע"י צוה"פ, **דאע"ג** דצוה"פ היא מחיצה גמורה לענין שבת וכלאים, מ"מ לענין סוכה לא מהני אפילו בדופן שלישי, ומכ"ש בשארי דפנות, והעתיקו האחרונים את דבריו, **אכן** ברא"ש דעתו, דמן התורה מהני צורת הפתח ג"כ, אכן מדרבנן בעינן דוקא גם טפח שוחק).

וכשרה אף על פי שהקנה שעל גביהן אינו נוגע בהן - ואז מותר לטלטל בתוכו, ולהוציא מן הבית דרך חלון הפתוח לסוכה בשבת שבתוך החג, [גמרא ופוסקים], **דאע"ג** דבשאר שבתות אסור לטלטל אא"כ יש תיקון ברוח רביעית, מ"מ בשבת שבתוך החג אומרים: מגו דהוי דופן לענין סוכה, הוי נמי דופן לענין שבת, [ז]**ומ"מ** שלא בשעת הדחק ראוי להחמיר.

הגה: ואם הטפח והדופן - צ"ל "והקנה", **מגיע לסכך, אין צריך קנה על גביהן (מרדכי והג"מ)** - דהסכך גופא יחשב כקנה ע"ג, **ועיין** במ"א שהקשה על זה מירושלמי, ודעתו דראוי להחמיר, משום דאינו נעשה הסכך לכך, [ח]**אבל** האחרונים יישבו קושיתו, ועל כן הסומך על רמ"א לא הפסיד.

[ט]**ומה שנהגו בצורת הפתח עגולה, הוא נוי בעלמא (כ"כ המרדכי).**

[**ולהניח** צוה"פ ע"י עכו"ם בשבת ויו"ט, י"ל דמותר אם שכח לעשות קודם יו"ט, דהוי שבות דשבות במקום מצוה - פמ"ג].

סימן תרל ס"ג - [י]**וגם בזה** ‹כשיש ב' דפנות זו כנגד זו› **צריך לעשות צורת פתח, שיתן קנה מהפס על הדופן האחר** - עיין במ"א שמסתפק, אולי דוקא בסוכה קטנה כשר, אבל בסוכה גדולה שהשלישית רחוקה ממנה הרבה, ‹יותר מג', וצ"ע - מ"א›, לא מהני אפי' ע"י צורת הפתח, ‹**ודוחק** דנמצא דמיירי דוקא בג"ט מצומצמים, דבפחות מג"ט לא בעינן צוה"פ דנימא לבוד, וביותר מג"ט לא מהני צוה"פ.

והעיקר לא ידעתי סברא לחלק, למה בג"ט מצומצמים מהני צוה"פ, וביותר לא מהני צוה"פ, דהא כיון דאיכא ג"ט דליכא למימר לבוד, הוא שוה לרחב ד' או ה' או יותר, **לכן** נלענ"ד דט"ס הוא במ"א, וצ"ל ויותר מי' אמות פסול, ור"ל, עד י' וי' בכלל שם פתח עליו ולכן כשרה, אבל ביותר מיו"ד דאין שם פתח עליו פסולה, ואי מהני צוה"פ ביותר מיו"ד, תליא בפלוגתא שכ' שו"ע ס"ה - מחה"ש›, ‹**וקשה**, למה מעייל המ"א נפשיה בפלוגתא זו ללא צורך, וגם למה הניח בצ"ע, שהרי הדבר ברור דתליא מלתא בפלוגתא דלקמן ס"ה, ושם משמע דעיקר כדעה ראשונה דמהני צוה"פ - יד אפרים, ע"ש שמקיים הגירסא בהמ"א›. **אבל** הרבה אחרונים הסכימו דאין לחלק בזה, ‹**והיינו** בין ג' ליותר מג', וכדמבואר שם בהאחרונים›.

[יא]**וי"א שאין זה צריך צורת פתח** - דלא דמי לס"ב, ששם התיקון בפס רחב טפח, שהתיקון הוא גרוע, ע"כ צריך צוה"פ להשלים השיעור, **משא"כ** כאן שיש תיקון טוב בפס ד', ע"כ ס"ל דאין צריך צוה"פ, **וכתבו** האחרונים דיש להחמיר כסברא הראשונה.

הגה: אבל אם איכא דופן ז' בלא לבוד, א"צ כאן צורת הפתח עד סוף הכותל - ר"ל דבזה לכו"ע א"צ צוה"פ, אפילו לדעה הראשונה, **הואיל ואיכא דופן ז' שהוא שיעור הכשר סוכה** - אף שהכותל שלישי שהוא עומד נגדו הוא מרוחק ממנו, הואיל שעכ"פ איכא ג' דפנות בסוכה, **ומסתברא** דדוקא אם הריחוק הוא לא יותר מעשרה אמות, דנחשב זה כפתח, ועיין לקמן בס"ה.

וכ"ש שאין צריכים צורת הפתח - ר"ל בדופן רביעי, **כשהדופן שלימה, ומה שנהגו בצורת הפתח כשיש לה דפנות שלימות, אינו אלא נוי בעלמא (ר"ן והמגיד וכל בו וב"י בשם מרדכי).**

אות ד'

<u>**וכן לשבת, מגו דהויא דופן לענין סוכה, הויא דופן לענין שבת**</u>

טור סימן תרל - [יב]**ומותר לטלטל בה אפי' בשבת, דכמו שחשוב מחיצה לענין סוכה, חשוב מחיצה לענין שבת.**

באר הגולה

ז ‹והר"ן כתב וז"ל: הרי"ף לא כתבה להא דרבא בהלכות, ולפיכך דחקו לומר דהא דרבא ליתא אלא לשוויה רשות היחיד לחייב הזורק לתוכו, אבל לא שיהא מותר לטלטל בכולה, ואינו נראה, אלא שראוי להחמיר לענין מעשה, ע"כ - ב"י› ח ‹וי"ל דילמא הירושלמי פריך, אמאי אין הסכך חשיב כצורת הפתח ע"ג קנים באין נוגע הסכך להם, כמו הניח קנה על גביהם דא"צ ליגע להם, ומשני הואיל ולא נעשה לשם כך צריך ליגע דוקא - פמ"ג› ט ‹ר"ל דא"צ הקנה שע"ג, וכ"ש עגולה דא"צ, דהא לרב ששת עגולה לא מהני לצורת הפתח, אף דלא קי"ל כוותיה - גר"א› י **הרא"ש בשם יש אומרים ושכן דעת הרי"ף והרמב"ם וכ"כ הר"ן**, ‹מדקאמר תלמודא "מ"ש התם דסגי לה בטפח שוחק ומ"ש הכא" וכו', ומשני "התם דאיכא שתי דפנות דעריבן, סגי בטפח שוחק" וכו', אלמא יתרון התיקון במחיצות גרועות דלא עריבן, משוי אותן למחיצות טובות להתיר בתיקון גרוע, ושקולים הם לענין צורת הפתח - רא"ש› יא **שם בשם יש שפסקו כך**
יב ‹וכתב הרא"ש: הרי"ף השמיט מימרא זו, וטעמא, משום דפסק דבעי נמי צורת פתח, ומילתא דפשיטא היא, כיון דאיכא שלש מחיצות מעלייתא דאמרינן מגו, ע"כ, **ואפשר** שכתבה ללמד דאפי' איסור דרבנן ליכא, דאע"ג דבג' מחיצות אסור לטלטל מדרבנן עד שיהא בדופן רביעית פס ארבעה בחצר, או לחי או קורה במבוי, בשבת דסוכה לא גזרו בסוכה העשויה בשלש מחיצות, דמגו דהויא דופן לענין סוכה וכו', **וכתב** רבינו זה גבי סוכה שיש לה שתי דפנות זו אצל זו, שהיא בטפח וצורת פתח, ומינה נלמוד במכל שכן לסוכה העשויה כמבוי, שאינה ניתרת אלא בפס ד' וצורת פתח, דהו"ל שלש מחיצות גמורות. והר"ן כתב וכו' (עיין לעיל) - ב"י›

אות ה'

שהשבת אינה נתרת אלא בעומד מרובה על הפרוץ, מה שאין כן בסוכה

סימן תרל ס"ה - "[יג]כשהכשירו בשתי דפנות העשויות כמין ג"ס בטפח וצורת פתח, אפילו אם יש בשתי הדפנות פתחים הרבה שאין בהם צורת פתח, שכשתצרף כל הפרוץ יהיה מרובה על העומד, כשרה - ר"ל שע"י הפירצות שיש בשתי הדפנות, עם שתי הדפנות הפרוצות, יחד יהיה הפרוץ מרובה על העומד, **אבל** אם באותן שתי הדפנות השלימות, פרוץ שבהן מרובה על העומד שבהן, אסור, **ודוקא** אם הפרצות הם יותר משלשה טפחים, אבל אם הם פחות משלשה טפחים, כלבוד דמי, והוי כסתום ואין שם פירצה עליה, **ועיין** במ"א שדעתו, דדוקא אם עושה הסוכה מארבעה דפנות, אבל אם עושה משלשה דפנות, לא מהני מדרבנן ע"י לבוד.

ודוקא אם בעומד יהיה על כל פנים שיעור מקום חשוב, [מ"א], דהיינו פס של ד' טפחים, [כן פירשו הפמ"ג ומחה"ש את דברי המ"א, **וקשה** לפי פירושם, מנ"ל להמ"א דבר זה, אימא כיון דבשתי דפנות השלמות העומד מרובה בהן, אפי' אם העומד פחות מן ד' טפחים, כיון דהפרוץ פחות מזה, בטל המועט לגבייהו, **ולענ"ד** נכון יותר כמו שפי' הלבושי שרד את דברי המ"א, דבעינן בעומד שיעור מקום, דהיינו ז' טפחים כדי הכשר סוכה, שע"י צירוף כל העומד יהיה הכשר סוכה], ‹אבל קנים דקים לא מהני אא"כ יש ד' מחיצות, וכדברי המ"א בריש הסי' – שם›.

(רק שלא יהיו הפתחים בקרנות, כי המחיצות צריכין להיות מחוברים כמין ג"ס) - היינו אפילו אם עשויות בצורת הפתח, דאף דלענין שבת ע"י צורת הפתח הוי כסתום ממש, **לענין** סוכה חמור יותר, דבעינן שיהא שתי דפנותיה מחוברות ממש בזוית, ולא ע"י צוה"פ.

(**ואם הפרצה היה שם בפחות מג' טפחים, שרי, דמחוברים מקרי ע"י לבוד**).

"**בקרן**" הי"ל לומר, דהא מיירי המחבר בדליכא בסוכה אלא ב' דפנות שלמות, דליכא אלא קרן א', **אלא** דהרמ"א אתי לאשמועינן, אף היכי דעושה הסוכה של ד' דפנות שלמות, שאין לו לעשות פתחים בכל קרנותיה, דאז לא ישאר לו שתי דפנות מחוברות יחד, **אבל** אם ירצה לעשות פתחים בשאר קרנותיה, ולהשאיר שתי דפנות מחוברות יחד, אה"נ דשרי.

ובלבד שלא יהא בהם פירצה יתירה על י' אמות - דאז אפילו עומד מרובה על הפרוץ, אסור, דנחשבת לפרצה ולא לפתח.

(**מסופקני** אם עי"ז נתבטל כל הדופן, דאולי לא מהני רק דעי"ז פרצה חשיבה ולא פתח, ואסור לישב במקום הזה לצאת ידי מצוה, **אף** דמסוכך מלמעלה, **אבל** ביתר הדופן שנשאר שם שיעור סוכה ויותר, אפשר דשרי, דלא גריעא זה מחסר ממקום הפרצה והלאה לגמרי, דהיה בודאי כשר הסוכה, **ועיין** בב"ח דמשמע מלשונו, דעי"ז נפסד כל המחיצה, **והנה** סברתו בודאי אמת להלכה לענין שבת, דכן הוא לדינא, **אבל** בענינינו דקי"ל דשיעור סוכה הוא רק ז' טפחים, צ"ע).

ואם יש בה צורת פתח, אפילו ביותר מעשר - דעכשיו פתח מקרי, ואין שם פירצה עליה, [**אף** דלדעת הר"ן אין לעשות צוה"פ בדפנות הסוכה, י"ל דהיינו דוקא בשיעור הכשר סוכה, ולא ביותר מזה].

[**ודע** דלדעה זו, אפי' אם הפרוץ מרובה כ"כ, עד שאפי' אם נחשיב את מקום צוה"פ לעומד, יהיה הפרוץ ‹ביחד עם השתי הדפנות הפרוצות, וכנ"ל›, מרובה עליה, ג"כ כשר, דהרי כתבו הפוסקים, דאין חילוק בצוה"פ בין עשר ליותר מעשר].

"[יד]ולהרמב"ם, אפי' יש לה צורת פתח, אם יש לה פירצה יותר מעשר, פסולה, אלא א"כ עומד מרובה על הפרוץ.

הגה: ונהגו עכשיו לעשות מחיצות שלימות - ר"ל שלא ע"י עצות של לבוד וצוה"פ, **כי אין הכל בקיאין בדין המחיצות (כל בו); ומי שאין לו כדי צרכו למחיצות, עדיף אז לעשות ג' מחיצות שלימות, מד' שאינן שלימות (מהרי"ל)** - ובהלכות של ר' יצחק גיאות ראיתי שכתב ג"כ, דלמצוה מן המובחר בעינן שיהיה ג' דפנות הסוכה סתומות מכל רוחותיה, ולא יהא מקום פתוח אלא מקום הפתח בלבד.

באר הגולה

יג ברייתא שם | יד בפ"ד מהלכות סוכה

תורה אור

*סיכך על גבי מבוי שיש לו לחי כשרה ואמר (א) רבא ^ג^סיכך על גבי פסי ביראות כשרה וצריכא דאי אשמעינן מבוי משום דאיכא שתי דפנות מעלייתא אבל גבי פסי ביראות דליכא שתי דפנות מעלייתא אימא לא ואי אשמעינן פסי ביראות משום דאיכא שם ארבע דפנות אבל סיכך על גבי מבוי דליכא שם ארבע דפנות אימא לא ואי אשמעינן הני תרתי מחמירתא לקילתא אבל מקילתא לחמירתא אימא לא צריכא: ושחמתה מרובה מצלתה פסולה: ת"ר חמתה מחמת סיכוך ^ד^ולא מחמת דפנות רבי יאשיה אומר אף מחמת דפנות אמר רב יימר בר שלמיה משמיה דאביי מ"ט דרבי יאשיה דכתיב °וסכות על הארון את הפרוכת פרוכת מחיצה (שמות מ) וקא קרייה רחמנא סככה אלמא מחיצה כסכך בעינן ורבנן ההוא דניכוף ביה פורתא דמחזי כסכך אמר אביי רבי ור' יאשיה *ורבי יהודה ורבי שמעון ורבן גמליאל ובית שמאי ורבי אליעזר ואחרים כולהו סבירא להו סוכה דירת קבע בעינן רבי דתניא *רבי אומר כל סוכה שאין בה ארבע אמות על ד' אמות פסולה רבי יאשיה הא דאמרן *רבי יהודה דתנן *סוכה שהיא גבוהה למעלה מכ' אמה פסולה רבי יהודה מכשיר ור' שמעון דתניא *ב' כהלכתן וג' אפילו טפח רבי שמעון אומר ג' כהלכתן וד' אפילו טפח רבן גמליאל דתניא *העושה סוכתו בראש העגלה או בראש הספינה רבן גמליאל פוסל ור"ע מכשיר בית שמאי דתנן *מי שהיה ראשו ורובו בסוכה ושולחנו בתוך הבית בית שמאי פוסלין ובית הלל מכשירין רבי אליעזר דתנן ^ה^העושה סוכתו כמין צריף או שסמכה לכותל רבי אליעזר פוסל לפי שאין לה גג וחכמים מכשירין אחרים דתניא אחרים אומרים סוכה העשויה כשובך פסולה לפי שאין לה זויות אמר ר' יוחנן ^ו^סוכה העשויה

ככבשן אם יש בהקיפה כדי לישב בה כ"ד בני אדם כשרה ואם לאו פסולה כמאן כרבי דאמר כל סוכה שאין בה ארבע אמות על ארבע אמות פסולה מכדי *גברא באמתא יתיב ^ז^כל שיש בהקיפו שלשה טפחים יש בו רוחב טפח בתריסר סגי

הני

רש"י

פסי בירלות. בפרק שני דעירובין (דף יז:) תנן דהתירו חכמים משום עולי רגלים לעשות לבירלות שברשות הרבים פסין ארבעה כמו דיומדין ורואין כאלו יש מחיצה מזה לזה ונמלא הבור מוקף מחיצות וממלאין מתוכה לתוך

המחילה ואם סיכך על גבן כשרה בשבת דסוכות דמיגו דהוי דופן לשבת הוי דופן לסוכה ואע"ג דבעינן שתים כהלכתן: **ולריכא**. לרבא למימר הנך תלת שמעתתא לאשמועינן דאמרינן מיגו: **דאי אשמעינן מבוי**. הוה אמינא התם הוא דמכשרינן לסוכה ע"י מיגו דאיכא שתי מחילות מעלייתא: **פסי בירלות**. איכא שם ד' דיומדין טטין לארבע הרוחות שנים לכל מחילה אמה מכאן ואמה מכאן שהדיומדין רחבין אמה לכל לד: **ואי אשמועינן סנך פרסי**. ולא אשמעינן הך דאמרינן לעיל וכן לשבת הוה אמינא מחמירתא לקילתא הוא דאמר מיגו: **חמתה מחמת סכך**. פוסלת בה ולא חמתה מחמת דפנות: **פרוכת מחילה היא**. דכתיב (שמות כו) והבדילה הפרוכת לכם וגו': **ורבנן**. אמרי לך מאי וסכות דאמר רחמנא: **ליכוף בה**. למעלה פורתא כעין גג יעשה ממקלתה: **דירת קבע**. ראויה להשתמש קבוע ונראית כבית: **שלש כהלכתן**. ופרשינן טעמא לעיל (דף ו:) למחסה ולמסתור מזרם: **בראש הספינה**. שהיא גבוהה אחד כספינות הים שהן גדולות והרוח באה ועוקרתה ובראש העגלה נמי כיון דניידי מתחזי כעין עראי: **ב"ש פוסלין**. דראוי לתשמיש בעינן: **כמין לריף**. גגה ודפנותיה באין כאחד כעין כוורת שאין גג ניכר לבד והדפנות לבד: **או שסמוכה לכותל**. עשה קנים ארוכים וסמך ראשו אחד מוטה על הכותל וראשו אחר מוטה על הארץ דגגה ודופנה אחד שאין לה גג ואין נאה לדירה: **כשובך**. עגולה: **ככבשן**. עגולה דלית ליה כאחרים: **כדי לישב בה כו'**. כסיבות הקיפה מבפנים: **כמאן**. בעי ר' יוחנן סוכה גדולה כל כך כרבי דאמר ד' אמות בעינן בתמיה דעל כרחך לית לן תנא דמפיש בשיעורא דסוכה כוותיה וכי בעי רבי יוחנן כולי האי אליבא דמאן אמרה: **באמתא יתיב**. כל אחד מקומו אמה נמלא הקיפה כ"ד אמות וקיימא לן (עירובין דף יג:) כל עגול שיש בהקיפו ג' טפחים יש ברחבו טפח דכתיב (דה"ב ד) בים שעשה שלמה עשר באמה משפתו אל שפתו עגול סביב וקו שלשים באמה

תוספות

סיכך על גבי מבוי שיש לו לחי כשרה. בין למ"ד בפ"ק דעירובין (דף יב:) לחי משום היכרא בין למ"ד משום מחילה קשה מה ענין סוכה דבעי מחילות דאורייתא למבוי דרבנן דמדאורייתא בלא לחי שרי וי"ל דמיירי בלחי טפח כדאמרינן לעיל דמעמידו בפחות מג' סמוך לדופן דהייט מדרבנן ובשבת שרי על ידי מיגו ואפילו בסמוך לדופן אבל אין לתרץ דטפח סוכה מדרבנן ומדאורייתא בכל שהוא דהא בפרק המפלת (נדה דף כו.) קחשיב דופן סוכה בהדי חמשה ששיעורן טפח ואמרינן התם דלא חשיב קורה טפח משום דהוי מדרבנן ולא חשיב אלא הנך דכתיבן ולא מפרש שיעורייהו וא"ת ומבוי זה אם יש בו ג' מחילות גמורות תיפוק לי דבלא לחי הסוכה כשרה דקיימא לן כרבנן דאמרי שתים כהלכתן ושלישית אפילו טפח ובקונטרס פי' דמיירי במבוי מפולש ולא יתכן דא"כ לא מישתרי בלחי וקורה אלא לר' יהודה וכולהו אמוראי כרבנן בפ' קמא דעירובין (דף יב:) ואמרינן בסוף חלון (שם דף פא:) ובסוף כל גגות (שם דף לה.) דאין הלכה כרבי יהודה במחילות וי"ל דלעולם מיירי במבוי סתום מג' רוחות ומיירי כגון שסיכך לצד הלחי ולפנים לצד הבתים לא סיכך דהשתא אין לזו סוכה אלא שתי מחילות ולחי אחד: **סיכך** ע"ג פסי בירלות כשרה. מיגו דהוי מחילה לענין שבת ואע"ג דלא התירו אלא לעולי רגלים ולעולי רגלים(ב) לא התירו אלא לבהמתם אבל אדם מטפס ויורד מטפס ועולה כדאמרינן פרק עושין פסין (שם דף כא.) מ"מ כיון דמדאורייתא שרי בכל ענין אמרינן מגו ואפילו מדרבנן לא אסרי משום מלות סוכה וכי עביד לריכותא ממבוי שיש לו לחי ומפסין לא חייש למימר האי טעמא דפשיטא ליה טעמא דמלוה: **מחיצה** היא וקרייה רחמנא סככה. מהא דנפקא לן מחילות לעיל מבסוכות וקרייה רחמנא סככה לא מלי דריש דהתם לא דרשינן אלא מייתורא ותדע דכולהו מודו דלא בעינן למחילות פסולת גורן ויקב: **כולהו** סבירא להו סוכה דירת קבע בעינן. על כרחיך אין שוין דהא רבי בעי ד' אמות ולב"ש סגי בכדי ראשו ורובו ושולחנו ודכוותיה ביבמות פרק ר"ג (דף נא:) כולהו סבירא להו מאמר קונה קנין גמור והא דחשיב הכא ר' יהודה לאו משום דאסיקנא לעיל טעמא דרבנן דפסלי דבעו דירת עראי דהא אביי דהכא הוא מקשה לרבא* דאית ליה ההוא טעמא אבל מ"מ אמת הוא דלמעלה מכ' לא קיימא אלא אם כן עשאו קבע ואמרינן נמי בפרק הישן (לקמן דף כח:) רבי יהודה לטעמיה דאמר סוכה דירת קבע בעינן ודייק מהא דמכשיר למעלה מכ' **העושה** סוכתו בראש העגלה או בראש הספינה. לקמן (*מפרש) בפרק הישן (דף כב: ושם) ש"מ דרגיל לעשות סוכתו דירת קבע: במתני' דקתני כשרה גרסינן בראש העגלה אבל הכא בברייתא בפלוגתא דר"ג ור"ע אור"ת דלא גרסינן ליה וכן ר"ח לא גרס ליה שבראש העגלה לא פליגי דהא מסקינן בפרק הישן (לקמן דף כג.) דפליגי ביכולה לעמוד ברוח מלויה דיבשה ואינה יכולה לעמוד ברוח מלויה דים ומיהו יש לדחות דכי האי גוונא אמר יכולה לעמוד ברוח מלויה דארץ ואינה יכולה לעמוד ברוח מלויה שבראש העגלה כיון דניידא ולא מיסתבר כלל דהלא מעתה ליפלגו בסוכה שבראש העגלה כיון דניידא מתחזיא כעראי ועוד קשה דבראש הספינה נמי ניידי ולמה (ג) לי משום דאינה יכולה לעמוד ברוח מלויה דים ומיהו יש לייסב כמו שאפרש לקמן בריש הישן (דף כח:) [בד"ה שאין] גבי סוכה שסמכה בכרעי המטה: **אחרים** אומרים סוכה העשויה כשובך פסולה. דסוכה דירת קבע בעינן ואחרים הייט ר' מאיר והא דאמר ר"מ לקמן (דף ח:) שתי סוכות היוצרים זו לפנים מזו החיצונה סוכה ופטורה מן המזוזה בשאר ימות השנה קאמר דאילו בחג כיון דקסבר דירת קבע בעינן חייבת במזוזה כדמוכח פ"ק דיומא (דף י.) דמהאי טעמא מחייב רבי יהודה סוכת החג בחג במזוזה:

אמות רוחב שלשים אמה היקף אלמא יסוב אותו סביב לעשר אמות רוחב שלשים אמה היקף הכא נמי בתריסר אמות היקף סגי דנהוי פותיא ארבעה:

הני

כמה

עין משפט נר מצוה

נ א ב מיי' שם הלכה י טוש"ע שם סעיף ז:

נא ג שם סעיף א:

נב ד מיי' פ"ד מהלכות סוכה הלכה ז סמג עשין מג טוש"ע א"ח סי' תרלד סעיף ג:

רבינו חננאל

הא דאמרת סיכך ע"ג מבוי שיש לו לחי כשר והוי רבא הא לא אצטרי' למיתנא השתא דופן סוכ' דהיא מלתא [קילתא] הויא דופן לשבת החמורה מידי דאיתיה דופן לשבת החמורה לא כ"ש דתהוי דופן לסוכה קלה. וכן אמר רבא סיכך ע"ג [פסי ביראות] כשרה מנו דהוין הני פסין מחיצות לשבת הויא מחיצות לסוכה. נמצא ג' שמועות דרבא ב' בשבת וא' בסיכה. ופשוטות הן. ושחמתה מרובה מצילתה ת"ר חמתה מחמת סכך ולא מחמת דפנות וכן הלכתא. אמר אביי רבי ור' יאשיה ור' יהודה וב"ש ור' שמעון ור"ג ור' אליעזר ואחרים כולהו סבירא להו סוכה דירת קבע בעינן ודברים פשוטין הן. והא דתניא העושה סוכתו בראש הספינה או בראש העגלה ר"ג פוסל ור' (יהודה)[עקיבא] מכשיר שיטה הן ואין הלכה כמותן וקיי"ל דליתא הא דאחרי' דאמרו סוכה העשויה כשובך ולא כר' יוחנן דאמר סוכה העשויה ככבשן ושמעתיה כרבי סלקא דבעי סוכה שיש בה ד' אמות על ד' אמות ולית הלכת' כוותי'. אמר (רבא) [ר' יוחנן] סוכה העשויה עגולה ככבשן אם יש בהיקיפה כדי לישב כ"ד בני אדם כשרה ואם לאו פסולה. כמאן כרבי דבעי סוכה שיש בה ד' על ד' ואקשינן למה לי כולי האי מכדי גברא באמתא יתיב בי"ב סגי דהא שמעינן ליה לר' יוחנן דא' בעירובין קרא ויעש את הים מוצק עשר באמה משפתו אל שפתו עגול סביב וחמש באמה קומתו וקו שלשים באמה יסוב אותו סביב. ש"מ שכל מי שיש בהקיפו ג' טפחים יש בו רוחב טפח ב"ב סגי כיון דאית בהקיפו י"ב נמצא חללו

מסורת הש"ס

[לקמן כא:]
[לעיל ג. וש"נ]
[יומא י: לקמן כא:]
[לעיל ג.]
[לעיל ה: וש"נ]
לקמן כג.
[לעיל ג. וש"נ]
לקמן יט: ע"ש
[עי' תוס' ב"ב קא. ד"ה ורחבן]
עירובין יג: יד. [ב"ב יד: אהלות פי"ב מ"ו]
[לעיל נ.]
רש"ל מ"ז

הגהות הב"ח

(א) גמ' ואמר רבה סיכך: (ב) תוס' ד"ה סיכך ע"ג פסי וכו' ולעולי רגלים נמי לא התירו: (ג) ד"ה העושה וכו' ולמה ליה למימר משום דאינה:

§ מסכת סוכה דף ז: §

אות א׳ - ב׳

סיכך על גבי מבוי שיש לו לחי כשרה... סיכך על גבי פסי ביראות כשרה

סימן תרל ס״ז - סיכך על גבי [א]מבוי שיש לו לחי, (פירוש עץ כעין עמוד), "הרי זו סוכה כשרה לאותו שבת שבתוך החג בלבד, מתוך שלחי זה... מחיצות לענין שבת, נחשוב אותם כמחיצות לענין סוכה" - מדסתם המחבר, משמע דס״ל כהפוסקים, דאפילו במבוי המפולש ויש לו לחי מצד אחד, וסיכך כשיעור הכשר סוכה לצד הלחי, ג״כ כשר, **והטעם**, דע״י לחי נחשב לענין שבת, אפילו רחב משהו, כאלו היה מחיצה לאותו צד, וא״כ יש לו שלש מחיצות, והוי מן התורה רה״י, ואמרינן מיגו דהוי מחיצה לענין שבת, הוי נמי מחיצה לענין סוכה, בשבת שאיקלע בתוך החג, **ואע״ג** דמדרבנן אסור לטלטל בשלש מחיצות, בשבת דסוכה מותר משום מצות סוכה.

או על גבי [ב]באר שיש לו פסין, (פי׳ קרשי עץ סביבות הבאר לעשות רה״י) - היינו ד׳ קורות נעוצות בארבעה רוחות זו כנגד זו, שכל קורה נוטה אמה לכאן ואמה לכאן, והתירוה משום עולי רגלים, שיהיו יכולים לשאוב מים לבהמתן מן הבור שהוא רשות היחיד ועומד ברשות הרבים, ועל ידי הפסין נעשה סביבות הבאר רשות היחיד, **הרי זו סוכה כשרה לאותו שבת שבתוך החג בלבד, מתוך שלחי זה ופסין אלו מחיצות לענין שבת, נחשוב אותם כמחיצות לענין סוכה** - ואע״ג דלא התירו זה אלא לעולי רגלים, הכא משום מצות סוכה התירו ג״כ דבר זה בשבת שבתוך החג.

(**ומשמע** לכאורה דדוקא כשיש שם באר, ולא כדעת הראבי״ה, דס״ל אע״פ שאין שם בור, וצ״ע).

(ואין להתיר אלא במקום שלחי ופסין מתירין לענין שבת, דלא שייך מגו) (ר״ן) - היינו משום דהמחבר סתם, ומשמע דס״ל להתיר בכל גווני, לכן בא לומר דלמעשה יש להחמיר כדעת הפוסקים, דאין להתיר אלא במקום שלחי מתיר לענין שבת, **דהיינו** במקום סתום מג׳ רוחות, וברוח רביעית יש לו לחי, דשם מותר אף מדרבנן לטלטל בשבת, **בזה** מתירין לענין סוכה בשבת משום מיגו, אף דלענין סוכה לא נוכל לחשוב כי אם שתי דפנות, שהסכך הוא רק לצד הלחי לבד.

ובפסין אין להתיר אלא בזמן שיש עולי רגלים, **והאידנא** דליכא עולי רגלים, היכא דלא שכיחי מיא דמותר לדבר מצוה, **וגם** דוקא בר״ה ולא בחצר.

ולכתחלה נכון להחמיר כדעת רמ״א, **ובמקום** הדחק יש לסמוך אדעה ראשונה, דכתב הא״ר: דכן הוא עיקר.

אות ג׳

חמתה מחמת סיכוך ולא מחמת דפנות

סימן תרל ס״א - [ג]ואפילו חמתה מרובה מצלתה מחמת הדפנות, כשרה - היינו שהיו פרצות גדולות בדפנות, שע״ז חמתה מרובה מצילתה, מ״מ כשרה, דכ״ז לא קפדינן אלא בסכך.

אות ד׳

סוכה העשויה ככבשן, אם יש בהקיפה כדי לישב בה כ״ד בני אדם כשרה, ואם לאו פסולה

סימן תרל״ד ס״ב - [ד]אם היא עגולה, צריך שיהא בה כדי לרבע שבעה על שבעה - וחוט סובב כ״ט טפחים ושני חומשים, נוכל לרבע בתוכה ז׳ על ז׳, [**דהא** בעינן ז׳ על ז׳ במרובע, ובכל מרובע יש באלכסונו ב׳ חומשין יותר, וע״ב אלכסונו של ז׳ טפחים, הוא י׳ טפחים פחות חומש, וכל שיש ברוחבו טפח יש בהיקיפו ג׳ טפחים, נמצא כ״ט טפחים וב׳ חומשין].

וכל הסוכה כשרה לישב בה, וא״צ לצמצם לישב דוקא בתוך הריבוע.

וה״ה כשעושה בת חמש זוית או יותר, בעינן שיהא בה כדי לרבע ז׳ על ז׳.

[**ואף** דבאמת לפי מה שכתבו התוס׳, דמה שאמרו בגמרא: כל אמתא בריבוע אמתא ותרי חומשי באלכסונא, אין החשבון מצומצם כ״כ, אלא יש מעט יותר, ונמצא לפי״ז צריך העיגול להיות יותר, **ובפרט** לפי מה שכתב הרמב״ם, דמה שאמרו: כל שיש ברחבו טפח יש בהיקיפו ג״ט, הוא ג״כ שלא בדקדוק, אלא יש מעט יותר, ונמצא לפי״ז יתרבה עוד יותר, **אלא** האמת נלענ״ד דאין לדקדק בזה יותר, דסמכו חכמים על אלו השיעורים על הענינים שבתורה, מפני שקשה לצמצם העודף, ואולי היה מקובל להם מסיני שיש לסמוך על השיעורים האלו אף בשיעורי תורה, **ואיך** שיהיה, במלתא דרבנן בודאי יש לסמוך על השיעורים אלו, וכמעט כן משמע מן הרמב״ם - שעה״צ סי׳ שע״ב ס״ד].

באר הגולה

א מימרא דרבא שם | ב מימרא דרבא שם | ג ברייתא שם [ז:] וכת״ק | ד כרבי יוחנן שם ז׳

§ עניני הלכה שונים הקשורים להדף §

תשב"ץ – מה שכתבת כי מדעתך לא נעלם מהם האמת, אבל הם לא חששו בזה מפני שנותנין חומרא לדבריהם, כאמרם (סוכה ח' ע"א) ולחומרא לא דק, עכ"ל, **כדברך** כן הוא, שלא נעלם מהם האמת, כי הם אנשי אמת מקבלי האמת מאלהי אמת, **אבל** מה שאמרת כי הם לא חששו בזה מפני שנותנין חומרא לדבריהם, הוא מאמר צריך דקדוק בדבריהם ז"ל, לפי שאני רואה קורה בין עיני, שלא הצריכו בה כי אם היקף ג' טפחים, אף על פי שבמרובעת צריכה היקף ד' טפחים, הנה לא חששו לאותו שביע הנוסף לפי הדקדוק של המהנדסים, אף על פי שהוי נותן קולא, **וא"ת** שבזה הקלו לפי שהוא מדבריהם... א"א לך לומר כן לפי הדרכים בתלמודיים ז"ל, שלא הקלו חכמים ז"ל בדבר שהוא מדבריהם אלא בספיקות, דאזלינן בהו לקולא, שכיון שא"א לעמוד על בריו של דבר הלכו בו לקולא, שאפי' לא היה הדבר כן לא עברנו על ד"ת, **אבל** במה שאפשר לעמוד על בריו של דבר, לא הרשונו לכתבו לקולא, וכ"ש שבשעורין בדבר שאפשר למדוד ולעמוד על שיעורו, אפי' בדבר שהוא מד"ס לא הקלו, ובפירוש אמרו בפ' גיד הנשה (צ"ח ע"א) לא תזלזל בשיעורא דרבנן, כלומר בדבר שהוא בדרבנן לא תזלזל בשיעורו... **וא"כ** למה לא חששו בקורת מבוי לזה העודף, ואמרו שאם היא עגולה רואין אותה כאלו היא מרובעת, כל שיש בהקיפו שלשה יש בו רחב טפח, זה לשון המשנה, והיה להם להרגיש לאותו שביעי העודף להחמיר.

ומה שהבאת ראיה מלשונם בתלמוד שאמרו לחומרא לא דק, לא אמרו כן מפני הדקדוק הזה ההנדסי, אלא שאפי' לפי עיקריהם החמירו שלא לדקדק, כמ"ש בפ"ק דסכה (ז' ע"ב) גבי סוכה העשויה ככבשן, שאותה סוגיא הולכת על ב' עקרים אלו: כל שיש בהקיפו ג' טפחים יש ברחבו טפח, וכל אמתא ברבועא אמתא ותרי חומשי באלכסונא, שהצריך ר' יוחנן שיהיה בהיקפה כדי לישב כ"ד בני אדם, לפי סברתו שסובר דכל סוכה שאין בה ד' אמות על ד' אמות פסולה, וכשיש בהיקפה כדי לישב בה כ"ד בני אדם, וגברא באמתא יתיב, ומקום גובריה לא חשיב, הנה יהיה ברחבה ח' אמות שהרי בהיקפה כ"ד, כשתסלק ב' אמות מקום גברא מכאן ומקום גברא מכאן, ישארו ו' אמות, ואין אנו צריכין כי אם ה' אמות וג' חומשין, דכל אמתא ברבועא אמתא ותרי חומשי באלכסונא, והחמיר ר' יוחנן להצריך ו' אמות, זהו העולה מדבריהם שם אף על פי שלא אמרוהו בזה הלשון, **ואילו** היו חוששין חכמים ז"ל לאלו הדקדוקים ההנדסיים כדבריך, והם היו משתדלים לתקן דברי ר' יוחנן כדי שיהיו קרובים אל האמת, היה להם להזכיר זה בכאן ולומר, כי אף על פי שלפי העקרים שהנחנו יש בדברי ר' יוחנן שני חומשים עודפים, אבל לפי האמת אין בדבריו עודף מורגש, שהרי באמתא ברבועא יש יותר מאמתא ותרי חומשי באלכסונא, וברחב טפח יש היקף יותר מג' טפחים, ובזה יתקרבו דברי ר' יוחנן אל האמת קירוב נפלא, שהרי סוכה שיש בהיקפה כ"ד אמות, אין ברחבה כי אם ז' אמות ושני שלישים בקירוב, כשתחסר מזה ב' אמות מקום גברי, ישארו ה' אמות ושני שלישים, ואלכסון ד' אמות הוא חמשה אמות וג' חומשין בקירוב, ויבואו דברי ר' יוחנן מכוונים כדעת ההנדסים, כי ג' חומשין בקירוב לתוספת, הם יותר מתשעה <9/15>, ושני שלישים בקירוב למגרעת, הם פחות מט"ו <10/15>, והרי שני חשבונות שוים, ולא הזכירו כן בגמ' עם היותם משתדלים לתקן דבריו שיהיו קרובים אל האמת, **ונראה** מזה שלא חששו בשום מקום לזה הדקדוק ההנדסי... שהם סומכים על עקריהם בזה, ועושים אותם שורש מונח ויתד שלא תמוט, ולא חששו לאותו הדקדוק שמדקדקים בו חכמי יון, ולא יחושו אם מביא לידי חומרא או לידי קולא, כמו שהוכחתי מקורת מבוי...

אלא יש לנו לומר אחד משני דברים: או שקבלתן כך היתה ללכת ע"פ דרכים אלו, ואף על פי שיש בהם קירוב, דהא שיעורין הלכה למשה מסיני הם, כדאיתא בערובין (ד.), ובסוכה (ה:), ובדוכתי אחריתי, ואפשר לומר שכך נאמרה הלכה למשה מסיני, כמ"ש בקדושין (ל"ט.) על ענין אחר, **והטעם** בזה, לפי שלא ניתנה התורה למלאכי השרת, כמ"ש בברכות (כ"ה:) ובקדושין (נ"ד.) על ענינים אחרים, ושמא כך נמסרה להם הלכה שיתנהגו על עיקרים אלו, אף על פי שיש בהם קירוב, כאלו הם מדוקדקים, ויש סמך בזה מים שעשה שלמה, שהלך בו הכתוב על דרך קירוב כמו שביארתי, זהו אחד משני דברים שאפשר לומר בזה.

או שנאמר שהם כשנשאו ונתנו בזה על עיקרים אלו, עשו זה לקרב ההבנה אל התלמידים, לפי שלעולם ישנה אדם לתלמידו בדרך קצרה, כדאיתא בפ"ק דפסחים (ג' ע"ב) ובפרק אלו טרפות (ס"ג ע"ב), **אבל** לענין מעשה יש לנו לדקדק הענין ע"פ הדקדוק האמתי, ומסרוהו לחכמים יודעי השיעורים, נמצא כי ההלכה מסורה לתלמידים המתחילים, והמעשה מסור אל החכמים לדקדקו על פי האמת, וזה הדרך ישר בעיני לתקון דבריהם ז"ל...

ואף על פי שהקשו בסוכה (ח' ע"א) ובמקומות אחרים (ב"ב כ"ז ע"א), אימר דאמרינן לא דק לחומרא, לקולא לא אמרינן, זה הוא כשהוא הרבה, אבל דבר מועט לא יחושו בו, שלא לבלבל התלמידים, דומה למה שאמרו: אימר דאמרינן לא דק פורתא, כולי האי מי אמרינן, ואפשר דבפורתא אפי' להקל כשהוא בלתי מורגש לא יקשה להם אי לא דק ביה.

והרמב"ם ז"ל פירש בפי' המשנה פ"א מעירובין, כי לפי שדקדוק השביעי אינו ג"כ מדוקדק, לפי שא"א לידע יחס קוטר העגולה אל המקיף, לא שיהא זה מחסרון שכלנו, אלא שטבע הענין יחייב כן, והמהנדסים יודו בזה, שא"א לדעת זה אלא ע"י קירוב, וכיון שסוף סוף נצטרך לקירוב, לקחו החכמים זה השרש עיקר, והשתמשו בו בכל שיעוריהם, זה כתב הרב ז"ל, וי"ל עוד, כי מצאו סיוע לזה בים שעשה שלמה, **ובודאי** מאשר ראינו עומק שכלם בפי' המשניות ובכל דבריהם, יש לנו לומר שא"א שישיגו חכמי העכו"ם במחקריהם מה שלא השיגו הם, וכבר הפליג בעל ספר הכוזר ז"ל להראות לאות, שכל היונים מהשיג מאשר השיגו חכמי ישראל בענין הטריפות ובנגעי אדם ובגדים ובתים ובענינים אחרים, כמו שהרחיב המאמר בזה בספרו, וכ"ש בעניני השיעורים דבחושבנא ושיעורא תליא מילתא, שא"א לומר שתקצר יד שכלם מהשיג מה שהשיגו אוקלידס וארשמידש, להבדיל בין החול ובין הקדש.

וכבר הטיבו דבריהם רבותינו הצרפתים ז"ל, שתקנו מאמר רבנן דקסרין, שאמרו בפ' חלון (ע"ו ע"ב) דעיגול דנפיק מגו רבועא רבעא, ורבועא דנפיק מגו עגולא פלגא, ובגמ' פ"ק דסוכה (ח' ע"א) דחו אותו מאמר, שאע"פ שבעגולא דנפיק מגו ריבועא יצדק ע"פ הכלל המסור להם, במרובע יתר על העגול רביע, אבל שלא יהיה רבוע שבתוך העיגול אלא חציו של העיגול, דחו בגמ', **ובתוס'** תרצו כי התלמודיים טעו בדבריהם של רבנן דקסרי, שהבינו שחציו של העיגול אמרו, והם לא אמרו אלא פלגא, כלומר של המרובע החיצון, וזהו אמת, כי כשתעשה עגול בתוך מרובע ומרובע בתוך העיגול, יהיה המרובע הפנימי חצי של חיצון כמו שהוכחתי למעלה, זה כתבו בתוס', **ויש** לי להוסיף על דבריהם, כי רבנן דקסרי תפסו הדבר על דרך זו ללמדנו, כי כשיעור חסרון העיגול מהמרובע, כן יהיה שיעור המרובע מהעיגול כשיהיה העיגול בין שני המרובעים, **וכל** זה חיזוק וסמך שאין בכל דברי רז"ל דבר שיפול ממנו ארצה, כי הם אמת ודבריהם אמת.

ואחר שהתוס' פתחו לנו זה הפתח, אף אנו נאמר, כי מש"כ בסוכה העשויה ככבשן לחומרא לא דק, הם דברי התלמידים שלא הבינו דברי ר' יוחנן, אבל ר"י ע"פ הדקדוק ההנדסי אמר דבריו, כמו שפי' למעלה, וכן יתפרש בכל מקום שלא דקדקו ע"פ הכללים שמסרו לנו, לפי שסמכו על הדקדוק האמיתי, או קרוב לו הרבה – תשב"ץ ח"א סי' קס"ה.

גמרא

*הני מילי בעיגולא אבל בריבועא בעיא טפי מכדי כמה מרובע יותר על העיגול רביע בשיתסר סגי ה"מ בעיגול דנפיק מגו ריבועא אבל ריבועא דנפיק מגו עגולא בעיא טפי משום מורשא דקרנתא *מכדי כל אמתא בריבועא אמתא ותרי חומשא באלכסונא בשיבסר נכי חומשי סגיא לא דק אימור דאמרינן לא דק פורתא טובא מי אמרינן לא דק א"ל מר קשישא בריה דרב חסדא לרב אשי מי סברת גברא באמתא יתיב תלתא גברי בתרתי אמתא יתבי כמה הוו להו שיתסר אנן שיבסר נכי חומשא בעינן לא דק אימור דאמרינן לא דק לחומרא לקולא מי אמרינן לא דק אמר ליה רב אסי לרב אשי לעולם גברא באמתא יתיב ורבי יוחנן מקום גברי לא קחשיב כמה הוו להו תמני סרי בשיבסר נכי חומשא סגיא היינו דלא דק ולחומרא לא דק *רבנן דקיסרי ואמרי לה דייני דקיסרי אמרי עיגולא דנפיק מגו ריבועא רבעא ריבועא

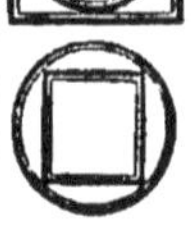

רש"י

הני מילי. דבהיקף ג' איכא רווחא טפח : בעיגולא. רוחב טפח יש בו והא עגול וכל עגול אין רחבו אלא באמצעו ואכן בעינן ד' אמות מרובעות שיהא ארבע בגידיה כמו באמצעה ובריבועא איכא הקיפא טפי : מכדי כמה מרובע יתר על העיגול רביע. מתני' היא *בארבעים ותשע מדות והדברים נראין לעינים דאילו אמה עגולה חוט שלש אמות מקיפה ואמה מרובעת צריכה חוט ד' לסובבה אמה לכל רוח : בשיתסר. היקף סגי : ה"מ. דסגי בשיתסר מהאי טעמא דמרובע יתר על עיגול רביע : בעיגולא דנפיק מיגו ריבוע. אם היקפת בחוט של ט"ז אמה בקרקע בריבועא תמצא בתוכו ארבע מרובעות ואם היית צריך לעגלו מבפנים ולהוציא קרנות ריבועו אתה עוגלו בחוט י"ב ונמצא חיצון יתר על הפנימי רביע אף כאן אם היתה מרובעת סוכה זו דיה להיות כדי שישבו בהיקפה ששה עשר בני אדם : אבל בריבועא מגו עיגולא בעינן טפי משום מורשא דקרנתא. אבל עכשיו כשעשה אותה עגולה אם לא היה הקיפה אלא ששה עשר נמצא האמצע רוחב הרבה מארבע וצידיה הולכים וכלים עד לכלה ואין אתה מוצא בצידיה ארבע שאין לה זויות ורבי ארבע מרובעות בעי וצריך אתה לעשות על כרחך היקף עיגולה גדול כדי שתוכל לרבע מתוכה ארבע מרובעות שיש להם זויות : מכדי כל אמתא בריבועא כו'. כשאתה מודד אלכסון שלהם אתה מוצא לכל אמה שבריבוע תוספת שני חומשים כך שיערו חכמים : בשיבסר נכי חומשא סגי. שהרי אינך צריך להרחיב עיגול זה אלא שתמצא בתוכו ד' מרובעות וכשאתה מושיב לתוכו טבלא מרובעת יהא חוט העיגול המקיפו נוגע בקרנות הריבוע נמצא עיגול זה רחב מתוכו כמזוית לזוית של ריבוע שהוא חמש אמות ושלשה חומשים ודבר עגול כל רחבו שוה כאלכסונו כן אמצעו שהרי אין לו זויות נמצא תוכו חמשה ושלשה חומשין על חמשה ושלשה חומשין וכל שיש ברחבו טפח בעיגול צריך היקפו שלשה נמצא לחמש אמות רחב חמש עשרה אמה היקף ולשלשה חומשין תשע היקף שהן שתי אמות פחות חומש הרי שיבסר נכי חומשא פחות חומש : לא דק. ר' יוחנן במילתיה לצמצם ואמר טפי דכל כמה דהויא גדולה טפי עדיפא : לחומרא. אם אמר להוסיף על השיעור דלא חש לצמצם לא הוה קשיא לן אבל השתא דבציר ליה שיעורא והכשיר את הפסולה קשיא לן מי לא דק במילתיה דלא ליקיל : באמתא יתיב. ואי הוה מצריך רבי יוחנן להושיבם לתוכה ודאי איכא לאקשויי : אלא ר' יוחנן מקום גברי לא קחשיב. בתוך הסוכה אלא סביבותיה מבחוץ הוא אומר להושיבם הרי פיחתנו מן החשבון מרוחב העיגול שתי אמות על שתי אמות שכשאתה סובבו בחוט סביבו מבחוץ היקפו עשרים וארבע אתה מוצא בתוכו שמונה על שמונה דכל שיש בהיקפו שלשה יש ברוחבו טפח ועכשיו שהדפנות נפנימה למושבן אינו רחב אלא ששה על ששה דהא גברא באמתא יתיב והא לך אמה מזה ואמה מזה לכל צד : כמה הוו להו תמני סרי. בהקיפה יש שמונה עשר דהא רחבה ששה על ששה : ולחומרא לא דק. שהוסיף מעט על השיעור ולא נמצמו ומיהו פורתא אוסיף דלא הרחיבו בתוכו יותר על שיעורו אלא שני חומשין דהיינו שליש מששה חומשין שהוסיף בהקיפו וליכא לאקשויי כדאקשית לעיל טובא מי לא דק : ורבנן דקיסרי אמרי. לעולם מקום גברי בעינן דלהוי לתוכה עשרים וארבע אמות : דעיגולא מגו ריבועא ריבעא. מפיק מן הריבוע כשאתה עוגל את המרובע מתוכו :

אבל

תוספות

כמה מרובע יתר על העגול רביע. אין להוכיח דבר זה מהא דטבלא מרובעת של שלש על שלש וחוט של שתים עשרה יסוב אותה וטבלא עגולה של שלש חוט של תשע אמות יסוב אותה דכל שיש בהקיפו שלשה טפחים יש בו רחב טפח כדאמר במתניתין דאין מביאין ראיה מחוט ההיקף הגדול רביע אלא רוחב המקום דאטו טבלא עגולה של ד' על ד' אמות סלקא דעתך שאינה מחזקת אלא כטבלא של ג' על ג' מרובעים לפי שהחוט המקיפו מדתו שוה והלא כשתחלוק טבלא של ג' על ג' מרובע על ג'

רצועות לאורך ושלש רצועות לרוחב לא תמצא בה כי אם ט' [של] אמה על אמה וטבלא עגולה של ד' על ד' ע"כ יש בה י"ב רצועות של אמה על אמה שהרי (אם) ריבוע של ד' על ד' כשנחלק לד' רצועות של רחב אמה לארכו וכן לרחבו תמצא בו י"ו רצועות של אמה על אמה ומרובע אינו יתר על העיגול אלא רביע נמצאת אתה אומר שהעגולה היא י"ב אמה על אמה אלא ודאי אין ראיה מחוט של היקף כלל ועוד תדע דרצועה של ה' אמות אורך על רוחב אמה חוט של י"ב אמה מקיפה כשתבא לחלקה לרצועות של אמה על אמה אין בה אלא חמש אמות והיינו טעמא לפי כשאתה מניח חוט בריבוע הולך ומיצר לזוית וכשאתה מניחו בעוגל מרחיב והולך ואם באת לכוין החשבון דמרובע יתר על העגול טכל להוכיח בענין זה שתעשה נקודה של משהו ותקיפנה בחוטין הרבה סביב זה סיבוב אחר סיבוב עד שירחיבו ויגדל רוחב בעוגל טפח על טפח ואחר כך תחתך החוטין מן הנקודה ולמטה דהיינו מחצי רוחב עיגול ולמטה ואחר שיחתכו יתפשטו כל החוטין מימין ומשמאל ונמצא כל חוט הולך ומאריך מחבירו משהו ומשהו מכאן עד שאתה מגיע לחוט העליון דארכו ג'

טפחים שהוא חוט החיצון שהוא מסבב טפח על טפח דכל שיש ברוחבו טפח יש בהיקפו שלשה טפחים נמצאו החוטין הללו סדורין כענין זה כמין רצועה רחבה באמצע חצי טפח והיינו כנגד הנקודה מכאן ומכאן כלה והולכת וצרה עד משהו ואם באת לחזור ולחלק אותה באמצע הייט כנגד הנקודה תמצא שתי רצועות שכל אחת ארכה טפח ומחצה ומצד אחת רחבה חצי טפח ומצד אחת כלה עד משהו ועתה תצטרף אלו שתי הרצועות ושים הקצר תמצא רצועה ארכה טפח ומחצה על רוחב חצי טפח תחלוק אותה לשלש רצועות תמצא בה שלש רצועות מחצי טפח ואילו רצועה מרובעת של טפח כשתחלקנה שתי וערב תמצא בה ארבע רצועות של חצי טפח על חצי טפח הרי לך מרובע יתר על העיגול רביע :

כל אמתא בריבוע אמתא ותרי חומשי באלכסונא. אין החשבון מכוון ולא דק דאיכא טפי פורתא שאם תקח ריבוע של עשר על עשר ותחלק אותו שתי וערב נמצא בו ארבעה ריבועים של חמשה על חמשה חזור וחלוק אותם ריבועים לאלכסונים ההולך נגד אמצע של ריבוע גדול תמצא בריבוע הפנימי חמשים אמה שהרי הוא חציו של חיצון שהרי חלקת הריבועים של ה' על ה' כל אחד לאלכסונו ואם לא היה בו אלא לפי חשבון אמתא ותרי חומשי

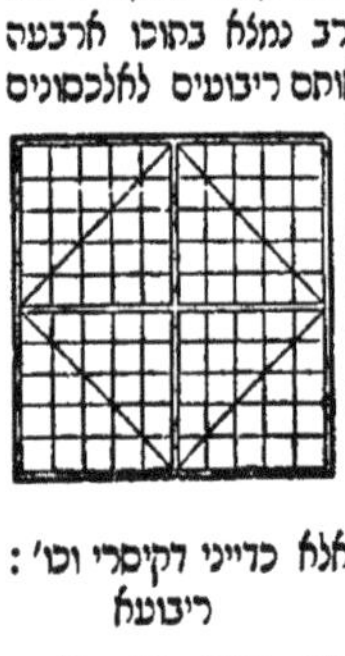

דהיינו ז' על ז' נמצא דאין בו חציו של חיצון דריבוע של שבעה על שבעה אין בו אלא ארבעים ותשע רצועות של אמה על אמה וראוי להיות חמשים דהא הוא חציו של עשרה על עשרה דעולה למאה רצועות של אמה על אמה :

רבי יוחנן מקום גברי לא קחשיב. על חנם דחק ליישב דברי ר' יוחנן דעל כרחך מקום גברי קחשיב דשמעינן ליה בהדיא בעירובין בריש חלון (דף עו.) דאמר הלון עגול צריך שיהא בהקיפו כ"ד טפחים ולא מיתרצא אלא כדייני דקיסרי וכו' :

ריבועא

רבינו חננאל

ד' על ד' ודחינן הני מילי בעיגולא כלומר לא תמצא חללו ד' אמות אלא באמצע בלבד בצדדין אינך מוצא ד' אמות.*)ותנן באהלות (פי"ב מ"ו) כמה יהא בהיקפה ויהיה בה טפח **) במרוב במרובעת ד' שהמרובע יתר על העיגול רביע. בי"ו נברי סגי דהא משכחת ד' על ד' אמות. ודחינן הני מילי דמרובע יתר על העיגול רביע בעיגולא דנפיק מגו ריבועא. אבל ריבועא דנפיק מגו עיגולא בעינן טפי משום מורשא דקרנתא. ראינו לרבינו הגאון פי' ואמר אינך מוצא ד' על ד' אמות אלא יש בעיגולו ט"ז אמה וה' שביעיים ושני שלישי שביע חסר מעט. ותוב אמרינן מכדי כל אמתא בריבועא אמתא ותרי חומשי באלכסונא כלומר אם תעשהו באלכסון במתיחת זויותיו תמשוך בהן מורשא דקרנתא לא יוסיף יתר על כל אמה שני חומשין לי"ב אמה כ"ד חומשין משום שתרבעהו ותוציא מורשאות בקרנותיו נמצאו כ"ד חומשין. הנה ה' אמות פחות חומש ושתים עשרה הנה י"ו אמה פחות חומש. וזהו שאמרו בשיבסר נכי חומשא סגי כלומר בזה השיעור בי"ז נכי חומש בעיגולא תמצא ד' על ד' אמות אחרי שתמשוך מהן מורשא דקרנתא ודחינן לא דק כלומר תוסיף על שיעור ולא דקדק. ומתמהינן אימור דאמרינן לא דק פורתא טובא[מי]אמרינן. וחזרנו לחשבון אחר. כלומר אין כל אדם ישיבתו אמה אלא מקום כ' אמות ישיבת ג' אנשים הן אי הכי בכמה אמות יושבין כ"ד בני אדם. בי"ו אמות ואנו בשבסר נכי חומש בעינן ושנינן לא דק. תוסיף אמה אחת פחות חומש. ואמרינן איסור דאמרינן לא דק לחומרא. וזה קולא היא כי בי"ו אמה הסוכה פסולה היא. ואתה הכשרת אותה. ושנינן לעולם גברא באמתא יתיב ור' יוחנן מקום גברי לא קחשיב פירוש בני אדם הללו חשבן ר' יוחנן במקום דופן וכשישב אדם נמצא ירכו עם שוקו אמה. והיושב כנגדו אמה כשיהיה האמות בעיגול נמצא מקום ישיבת זה אמה ומקום היושב כנגדו אמה אחרת כשתוציא מכלל השמונה אמות במקום ישיבתם נמצא פנוי ביניהם ו' אמות. וכל עיגול שיש בתוכו ו' אמות קו יסוב אותו י"ח אמה ודי לנו בי"ז נכי חומש נמצא שהוסיף אמה וחומש ושנינן לחומרא הוסיף והיינו לא דק ולחומרא לא דק וגרסינן בפרק חלון שבין ב' חצרות א"ר יוחנן חלון עגול צריך שיהא בהיקפו כ"ד טפחים ושנים ומשהו [מהן] בתוך י' שאם ירבענו נמצא משהו בתוך י'. למה לי כולי האי מכדי כל שיש בהיקפו ג' טפחים יש בו רחב טפח בי"ב טפחים סגי ושנינן הני מילי בעיגולא אבל בריבועא כו' ואסיקנא בי"ו נכי חומשא סגי. ושנינן ר' יוחנן דאמר כדייני דקיסרי דאמרי ריבועא דנפיק מגו עיגולא פלגא. ואקשינן והא ליתא לדייני דקיסרי. ושנינן לטעותא דדייני דקיסרי

מסורת הש"ס

נ"ל במס' מדות וכ"ה בתוספות ב"ב כז. וכיה משנה במס' אהלות פי"ב מ"ו

[עירובין מ. ב"ב קא:]

[עירובין עו:]

*) נראה דל"ל מכדי כמה מרובע יתר על העיגול רביע וכדתנן באהלות וכו'. **) נפנינו שם מיירי המשנה בקורה ולא במרזב ואולי דגי' אחרת היה לו לרבינו ז"ל שם.

ריבועא דנפיק מגו עיגולא פלגא ולא היא דהא קחזינן דלא הוי כולי האי: א"ר לוי משום ר"מ ‎[א]שתי סוכות של יוצרים זו לפנים מזו הפנימית אינה סוכה ‎[ב]וחייבת במזוזה והחיצונה סוכה ופטורה מן המזוזה ואמאי תהוי חיצונה כבית שער הפנימית ותתחייב במזוזה משום דלא קביע **תנו רבנן ‎[ג]גנב"ך סוכת גוים סוכת נשים סוכת בהמה סוכת כותים סוכה מכל מקום כשרה ובלבד שתהא מסוככת כהלכתה מאי כהלכתה אמר רב חסדא ‎[ד]והוא שעשאה לצל סוכה מכל מקום לאתויי מאי לאתויי סוכת רקב"ש דתנו רבנן ‎[ה]סוכת רקב"ש סוכת רועים סוכת קייצים סוכת בורגנין סוכת שומרי פירות סוכה מכל מקום כשרה ובלבד שתהא מסוככת כהלכתה מאי כהלכתה אמר רב חסדא והוא שעשאה לצל סוכה מכל מקום לאתויי מאי לאתויי סוכת גנב"ך האי תנא דגנב"ך אלימא ליה גנב"ך משום דקביעי וקא תנא מכל מקום לאתויי רקב"ש דלא קביעי והאי תנא דרקב"ש אלימא ליה רקב"ש דבני חיובא נינהו ותנא מ"מ לאתויי גנב"ך דלאו בני חיובא נינהו:

מתני'

אבל ריבועא מגו עיגולא פלגא. כשאתה מרבע בתוך העיגול אתה מוציא ממנו חצי השיעור הנשאר בו דהיינו תילתא דכוליה הלכך לשם עשרה ריבוע צריך העיגול המקיפו סביב להיות עשרים וארבע: **ולאו מילתא היא.** דהא רחיטו דלא הוי שיעורא כולי האי אלא שיהא רחב כשיעור אלכסונא של מרובע וכל אמתא ברבוע אמתא ותרי חומשי באלכסונא: **שתי סוכות של יוצרים.** כך היה דרך של יוצרי כלי חרס בימיהן עושין להם שתי סוכות זו לפנים מזו בפנימית הוא דר ומצניע קדרותיו ובחיצונה הוא עושה מלאכתו ומוציא קדרותיו למכור: **פנימית אינה סוכה.** אם בא לישב בתוכה בחג לשם סוכה ואע"ג דלא בעינן סוכה לשם חג דהא כבית הלל קיימא לן דמכשרי סוכה ישנה במתניתין (דף ט.) הכא אינה סוכה דלא מינכרא מלתא דלשם סוכה הוא דר בו דהא כל ימות השנה דייר התם ורוב תשמישו וסעודתו ושינתו שם: **וחייבת במזוזה.** לעולם משום דכל דירתו בה: **החיצונה סוכה.** ויוצא בה ידי חובתו ואין צריך לסותרה ולעשותה לשם חג כבית הלל ומשום היכירא דמטה ליכא למימר דכיון דכולה שתא לאו הכא דייר והשתא דייר בה איכא היכירא: **ופטורה מן המזוזה.** לעולם דלאו דירה היא שאינה עשויה אלא לצאת ולבא דרך שם ולהכניס שם תגרים: **ותיהוי כבית שער הפנימית.** דקי"ל במנחות בהקומץ רבה (דף לג:) דחייב במזוזה מדרבנן בית שער פירק"א בלע"ז שלפני הבית: **משום דלא קביע.** לא זו ולא זו דבר קבוע ואין הפנימית חשובה להיות לה בית שער: **סוכת גוים.** שעשויה לדור בה בימות החמה: **סוכה מ"מ.** אפילו פחותה מאלו ולקמיה מפרש מאי היא: **מאי כהלכתה.** מאי אתא לאשמועינן דאילו שתהא צלתה מרובה מחמתה ובדבר שכשר לסכך בו פשיטא אטו משום דריעא במילי אחרנייתא שלא נעשית לשם סוכה תתכשר אף בפסולות: **אמר רב חסדא.** האי כהלכתה דקאמר הוא שמסוככת יפה דמוכחא מלתא שעשייתה הראשונה לצל היתה ולא לצניעות בעלמא דאע"ג דסוכה לשם חג לא בעינן לשם סוכה בעינן ולצל הוא דמיקריא סוכה שסוככת מן החורב: **רקב"ש.** סימן רועים קייצים בורגנין שומרי פירות ולקמן פריך מאי גריעותייהו דהני מהנך דלעיל דקרי ליה סוכה מכל מקום: **רועים.** שעשו סוכה בשדה לישב בתוכה מפני השרב ושומרים לאכם: **קיילים.** שומרי קליעות השטוחין בשדה לייבש: **בורגנין.** שומרי העיר וכולן ישראלים הם אבל סוכה זו לא לשם חג נעשית: **סוכה מכל מקום.** דאפילו פחות מאלו והיינו הנך דלעיל כדמפרש לקמן דהאי תנא חשיבי ליה הני משום דישראלים נינהו וחייבין בסוכה ורלויה סוכתן להכשיר יותר מסוכת גנב"ך גוים נשים בהמה כותים שאין חייבין בסוכה: **אלימא.** חשובה להכשיר: **סוכת רקב"ש לא קביעי.** פעמים רועין כאן ופעמים רועין כאן כשאכלו את המרעה וכן קיילים כשיבשו הולכין להם וסותרין סוכתן:

מתני'

ריבועא דנפיק מגו עיגולא פלגא. פירש בקונטרס כשאתה מרבע בתוך העיגול אתה נוטל ממנו חצי השיעור הנשאר בו דהיינו תילתא דכולה הלכך לשם עשרה ריבוע צריך העיגול המקיפו סביב להיות כ"ד ודבר תימה הוא זה מה ענין זה אצל זה אלא יש לפרש ריבועא דנפיק מגו עיגולא פלגא מרותבו של עוגל מחזיק רוחב הריבוע כמלא זויות של ריבוע המגיעין עד העיגול כפליים על רוחב הריבוע דקא סבר כל אמתא בריבוע תרי אמות באלכסונא ותימה היאך טעו במדה רבי יוחנן ודייני דקיסרי דמאחר שלא מדדו הדבר היאך עשו כלל על דבר שאינו ויש לומר דקבלה בידם לשון זה של ריבוע מגו עיגולא פלגא והוא אמת לענין המקום ולא לענין אורך החוט המקיף והרוחב דמקום הריבוע שבתוך העיגול מתמעט חצי של ריבוע דהוא תילתא דכולי עיגול תדע שאם תעשה ריבוע של עשר על עשר ותחלקנו שתי וערב ותחזור ותעשה ריבוע בפנים לאלכסונה

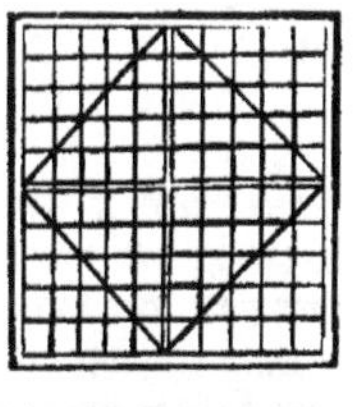

של ריבועים קטנים כענין שפירשתי לעיל נמצא ריבוע פנימי חציו של חיצון ואם תעשה עוגל של עשרה על עשרה בתוך ריבוע החיצון יהא העגול בין שני הריבועים וזה הוכחנו שמרובע יתר על העיגול רביע אם כן העיגול יתר על הריבוע הפנימי חציו של פנימי דהיינו (תילתא דעגולה דהייננו) רביע של ריבוע חיצון וקצת תימה דלא נקט ריבועא דנפיק מגו (א) עיגולא דהיינו תילתא מכל העגול כי היכי דנקט עיגולא דנפיק מגו ריבועא ריבעא דהיינו ריבעא מכל הריבוע לכך יש לפרש דהנך תרי מילי קיימי דאיירי כענין שפירשתי שעושה עיגול בתוך ריבוע וחוזר ועושה ריבוע

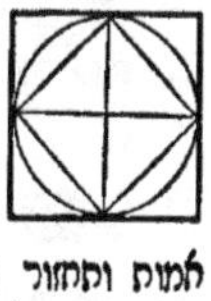

אחר בתוך אותו עיגול ואתא למימר שנתמעט העוגל רובע של ריבוע החיצון וריבוע פנימי נתמעט מריבוע חיצון פלגא ורובע ופלגא קיימי אריבוע חיצון ואם תאמר והלא ריבוע של שבעה על שבעה אם תעשה בו עוגל של שבע על שבע אמות ותחזור ותעשה בתוך העוגל ריבוע של אלכסונו שבעה כמדת העוגל הוה ליה ריבוע פנימי חמשה על חמשה לפי חשבון של אמתא ותרי חומשי באלכסונה ומשכחת לה בריבוע פנימי יתר מחציו של חיצון דיש בפנימי כ"ה רצועות של אמה על אמה ובחיצון לא משכחת אלא מ"ט ויש לומר שזה תלוי במה שהוכחנו דחשבון של אמתא ותרי חומשי אינו מכוון דאיכא טפי וא"כ אין בריבוע הפנימי ה' על ה' דאם היה בו ה' על ה' היה אלכסונו עולה טפי מז': **ותיהוי** חיצונה בית שער לפנימית ותתחייב במזוזה. ובית שער חייב במזוזה כדתניא בהקומץ רבה (מנחות דף לג:) בית שער אכסדרה ומרפסת חייבין במזוזה ותימה דבפרק קמא דיומא (דף יא: ושם) אמרינן דממעטינן להו ממזוזה מדכתיב בית מה בית מיוחד לדירה יצאו אלו שאין מיוחדין לדירה ויש מחלקין בין פתוחין לבית ולפתוחין לגינה וקשיא דאם כן הוה ליה לשנויי הכי התם במנחות (שם) דפריך אדרב חסדא דאמר אכסדרה פטורה מן המזוזה וצ"ל הא דאורייתא הא דרבנן והא דלא משני התם במנחות דמשמע ליה דרב חסדא פטורה לגמרי קאמר אפילו מדרבנן:

סוכת כותים. כל הנך דקחשיב הכא אמר בשמעתין דלאו בני חיובא נינהו דקסבר גרי אריות הן והא דאמר פרק שני דיבמות (דף כד:) דאחד גרי אריות ואחד גרי חלומות הלכה כולם גרים הני מילי כשנתגיירו לגמרי אבל גרי כותים כתיב בספר מלכים (ב יז) את ה' היו יראים ואת אלהיהם היו עובדים ומאן דאמר כותים גרי אמת קסבר דאחר כך ניתקטו:

סוכה

עין משפט נר מצוה

נג א טוש"ע א"ח סי' תרלו סעיף ב:

נד ב מיי' פ"ו מהלכות מזוזה הלכה ט סמג עשין כג טוש"ע י"ד סי' רפו סעיף יב:

נה ג ד ה מיי' פ"ה מהלכות סוכה הלכה ט סמג עשין מג טוש"ע א"ח סי' תרלה:

רבינו חננאל

דקיסרי קאמר נמצאת שמועה דר' יוחנן אליבא דדייני דקיסרי אמורה: א"ר מאיר משום ר' לוי ב' סוכות של יוצרים כו'. פשוטה היא. ת"ר סוכת גוים סוכת נשים סוכת בהמה סוכת כותים סוכה מ"מ כשרה. ובלבד שתהא עשויה לצל ומסוככת כהלכתא וכן סוכת רועים סכת קייצין סוכת בורגנין סוכת שומרי פירות סוכה מ"מ כשרה ואסיקנא סוכת גוים וסוכת נשים וכיוצא בהן דלאו בני חיובא נינהו אם היא עשויה לצל ומסוככת כהלכתא כשרה וכ"ש סוכת רועים וקייצים ובורגנין ושומרי פירות דבני חיובא נינהו שסוכתם

[מסכ"ם מותק וס]

מסורת הש"ס

מנחות מב.

הגהות הב"ח

(א) תוס' ד"ה ריבועא דנפיק וכו' וקצת תימה וכו' מגו עיגולא תילתא דהייט תילתא מכל העיגול:

גליון הש"ס

גמ' תנו רבנן גנב"ך. ע' ביצה דף מה ע"ב תוס' ד"ה כל:

§ מסכת סוכה דף ח: §

אות א'

שתי סוכות של יוצרים זו לפנים מזו, הפנימית אינה סוכה

סימן תרלו ס"ב - [ה]יוצר כלי חרש שיש לו ב' סוכות זו לפנים מזו, [ו]ועושה קדירותיו בפנימית ומוכרם בחיצונה, הפנימית אינו יוצא בה ידי סוכה, כיון שהיא דירתו כל השנה, אינו ניכר שדר בה לשם מצוה - וחידוש בעלמא לא מהני בזה כמו למעלה, כיון שהיה דירתו ממש שם כל השנה, שאכל ושתה וישן שם, **ואם** מגביה את הסכך וחוזר ומניחו לשם סוכה, כשרה, שהרי אפילו תקרת הבית מתכשר לסיכוך ע"י מעשה זו, **וה"ה** בסוכה שעשאה לשם החג, ואח"כ היה דר בה כל השנה, כשיגיע חג הסוכות צריך להגביה הסכך ולחזור ולהניחה לשם סוכה מטעם זה, ולא סגי בגילוי הגג לבד.

[**ומשמע** מר"ן דהוא מן התורה, כיון דהוא בית העשוי לדירה, מיעטו הכתוב, **ולרש"י**, אפי' אנו יודעים שעשאה לצל, אסור עכ"פ מדרבנן, פמ"ג, (וז"ל: לרש"י ד"ה פנימית, דלא מינכרא מילתא, שדר כל השנה. סובר דלצל עשויה ולא לדירה, ואפילו הכי כיון דממילא דר בה על פי הרוב בפנימית, לא מינכרא, ומדרבנן אינו יוצא ידי חובתו, **ולהר"ן** בפנימית מן התורה אינו יוצא ידי חובתו, דסיכך לשום דירה, וביתו מן התורה פסול אף בענפים ועלים).

והחיצונה יוצא בה, שהרי אינו דר בה כל השנה - ומכל מקום צריך לחדש בה דבר, דאף דעשאה לצל, הרי לא עשאה לשם סוכה.

אות ב'

וחייבת במזוזה

יו"ד סימן רפו סי"ב - [ז]שתי סוכות של יוצרים זו לפנים מזו, הפנימית חייבת והחיצונה פטורה.

אות ג' – ד' – ה'

גנב"ך, סוכת גוים סוכת נשים סוכת בהמה סוכת כותים

סוכה מכל מקום כשרה

והוא שעשאה לצל סוכה

סוכת רקב"ש, סוכת רועים סוכת קייצים סוכת בורגנין סוכת שומרי פירות, סוכה מכל מקום, כשרה

סימן תרלה ס"א - [ח]סוכה, אע"פ שלא נעשית לשם מצוה, כשרה; והוא שתהיה עשויה לצל - דאע"ג דסוכה לשם חג לא בעינן, לשם סוכה בעינן, [רש"י], כדכתיב: חג הסוכות תעשה, כלומר תעשה לשם סוכה, להגין תחת צילה, [לבוש], דבשביל צל הוא דמקריא סוכה, שסוככת מן החורב, [רש"י]. **ולאפוקי** אם עושה אותה לצניעות בעלמא, להשתמש שם לפעמים שלא יראו אותו, או לדור בה כל השנה, או לאוצר, דזה אינה בכלל סוכה, **ומנין** אנו יודעין בכל הני דקחשיב לקמן שעשיית הסכך לצל היתה, להגין משרב ושמש, ולא לצניעות בעלמא, **אם** אנו רואין שמסוככת יפה, שאין עושין כן בשביל צניעות, מוכחא מלתא שעשייתה הראשונה לצל היתה, [רש"י].

(**ודע**, דרש"י פירש על סוכת נכרים, שעשויים לדור בה בימות החמה, משמע מזה, דדוקא כשדר בה כל השנה, הוא דנקרא לשם דירה. **ודע עוד**, דבעשויה לדירה ולאוצר או לצניעותא, אין מועיל בה חידוש כל שהוא להכשיר ע"י כל הסוכה).

כגון סוכת א"י, נשים, בהמה, כותיים – (לאו אדסמיך ליה קאי, שתהא עשויה לצל כגון וכו', ולומר דזו ודאי נעשית לצל, דליתא, **אלא אעיקרא דדינא קאי**, שכתב דאע"פ שאין הסוכה עשויה לשם מצוה כשירה, בתנאי שתהא עשויה לצל, וקאמר ע"ז כגון סוכת גנב"ך ורקב"ש וכו', דאע"פ שלא נעשו לשם מצות סוכה, כשירות בתנאי הנזכר).

בגמרא אמרינן, דבארבעה ראשונים איכא ריעותא מחמת שאינם בני חיוב.

(**ואם** מוטל שם אשפה המסריח, וכ"ש אם עשוי לפעמים לפנות שם לאדם, אין להכשיר אותו המקום לסוכה).

רועים - שעשו סוכה בשדה לישב בתוכה מפני השרב, ושומרים צאנם, **קייצים** - שומרי קציעות השטוח בשדה לייבש, [ט]**בורגנין** - שומרי העיר, **שומרי שדות** - וכולן רקב"ש ישראלים הם, אכן סוכתן לא לשם חג נעשית, **וריעותא** הוא משום דלא קביעי, [דפעמים רועים כאן ופעמים כאן כשאכלו המרעה, וכן קייצים כשייבשו הולכין להן וסותרים סוכתן, (רש"י)], ואפ"ה סוכתן כשרה.

ואפילו אם היו שתי ריעותות, כגון שהיו רועים נכרים, ג"כ סוכתן כשרה.

באר הגולה

[ה] **מימרא דרבי לוי משום ר"מ [ח' ע"ב] וכפי' רש"י שם** [ו] (רש"י ד"ה שתי סוכות של יוצרים וכו', ובחיצונה הוא עושה מלאכתו וכו', בשו"ע איתא: ועושה קדירותיו בפנים ומוכרם בחיצונה, משמע דלא כרש"י שביאר שעושה מלאכתו בחיצונה, וצ"ב – הערות הגרי"ש אלישיב) [ז] **מימרא דרבי לוי וכו' סוכה דף ח' ע"ב דעיקר דירתו בפנימי והחיצונה לא קבעא** [ח] **ברייתא שם ח' ע"ב** [ט] **פי' שומרי העיר**

§ מסכת סוכה דף ט. §

אות א'

סוכה ישנה... ובית הלל מכשירין, ואיזו היא סוכה ישנה, כל שעשאה קודם לחג שלשים יום; אבל אם עשאה לשם חג, אפילו מתחילת השנה כשרה

סימן תרל"ו ס"א - [א]סוכה ישנה - פי' הסכך הישן, אבל בדפנות לית לן בה לכו"ע, [וגם א"צ לחדש בה דבר], **דהיינו שעשאה קודם שיכנסו שלשים יום שלפני החג** - דאלו בתוך ל', כיון דשואלין בהלכות החג קודם לחג ל' יום, סתמא לשם חג נעשית, [רש"י], **כשרה** - לאו דוקא קודם לל', דה"ה אפילו בתחלת השנה כשירה, דאפילו אם עשאה שלא לשם חג רק לשם צל בעלמא, ג"כ כשירה, **[ב]ובלבד שיחדש בה דבר עתה בגופה לשם החג** - ר"ל יחדש קודם יו"ט בגוף הסכך, דהיינו שיניח בה סכך מעט כטפח על טפח מרובע, וכדלקמיה.

והיינו לכתחלה ולמצוה בעלמא, כדי שלא יבואו להתיר אפילו עשאה מתחלה לשם דירה, דאז פסול מדאורייתא, **וכ"ש** בסוכות גנב"ך ורקב"ש האמורים בסי' תרל"ה, בודאי מצוה לחדש בה דבר לשם החג.

[**וכתב** הפמ"ג, ולא מהני מה שחידש בה דופן רביעי וכדומה, דבסכך בעינן חידוש, עכ"ד, **ונ"ל** דדוקא דופן רביעי נקט, אבל אם חסר לו גם דופן שלישי, בודאי מהני, דבלא זה לא היה יכול לקיים מצות סוכה, ועדיף מחידוש מעט בסכך].

[ג]ואפילו בטפח על טפח סגי - [ולאפוקי דאם יש באורך יותר על טפח, וברוחב חצי טפח, לא מהני, **והא"ר** מצדד דמהני], **אם הוא במקום אחד.**

[ד]ואם החידוש על פני כולה - ר"ל שהולך על פני כל אורך הסוכה, או על פני כל רחבו, **סגי אפילו כל דהו** - אפילו אין בארכן או ברחבן אלא משהו.

[ה]ואם עשאה לשם החג, אפילו מתחלת השנה, כשרה בלא חדוש.

וסוכה העומדת משנה לשנה, אף דמתחלה עשאה לשם החג, כיון שעבר החג הרי בטלה העשייה, וכמו שכתב המ"א, ואע"ג דכשרה היא שהרי נעשה מתחלה לשם צל, העשיה שהיתה לשם החג נבטלה, וע"כ צריך לחדש בה דבר, [**ולפי"ז** מה דכתב השו"ע "אפי' מתחילת השנה כשרה", היינו אחר סוכות העבר, דאילו שנה שלמה, והיינו קודם סוכות, הרי מכיון שעבר החג בטלה העשייה, וצריך עתה לחדש בה דבר לשם חג].

אות ב'

מנין לעצי סוכה שאסורין כל שבעה

סימן תרל"ח ס"א - [ו]עצי סוכה אסורים כל [ז]שמונת ימי החג - דכתיב: חג הסוכות שבעת ימים לד', כשם שחל שם שמים על החגיגה, כך חל שם שמים על הסוכה, **ואפילו** עשה סוכה אחרת בחוה"מ וא"צ לראשונה, אפ"ה עציה אסורים בהנאה.

בין עצי דפנות בין עצי סכך, (ואפי' קיסם לחצון בו שיניו אסור) - ואין נ"מ בין סוכה חדשה ובין ישנה, כל שסיככוה לשם חג, **אבל** היושב בסוכת רועים ובורגנין וקייצין, הרי היא כסוכה דעלמא, שבשביל שנכנס זה ואוכל שם פתו לא נתקדשה, [רשב"א, **אכן** דבריו קצת סותרין זה את זה, שמתחלת דבריו שכתב "בעשויה לשם חג", משמע, שבעשויה לשם צל, אפי' אם ישב בה כמה ימים לא נתקדשה עי"ז, **ומסוף** דבריו שכתב "שבשביל שנכנס זה" וכו', משמע, דאם יש לו סוכה שעשויה בקיץ לצל, והוא יושב בה בחג הסוכות ‹כל החג בקביעות - שונה הלכות›, נתקדשה, וצ"ע].

(**דע**, **דדעת הרא"ש והעתיקו הטור, דבעצי דפנות ליכא איסורא כלל, דהקרא קאי רק על הסכך, אכן המחבר סתם לדינא כדעת הרמב"ם, דעצי דפנות ג"כ אסורים, דדפנות צריכות לה, דאי לאו דפנות לא קיימא הסוכה, אכן נחלקו בפירושו, דדעת הב"י, דלהרמב"ם איסורו הוא רק מדרבנן, וכ"כ הט"ז, אכן הב"ח ועוד כמה אחרונים סוברים, דלהרמב"ם הוא איסור דאורייתא**).

‹המשך ההלכות בעמוד הבא›

באר הגולה

[א] **משנה סוכה ט' וכב"ה** [ב] **הרא"ש בשם הירושלמי** ‹ומובא גם בתוס'› [ג] **כדאמרי חבריא שם** [ד] **כרבי יוסי שם** [ה] **במשנה ואפי' לב"ה,** ‹ודלא כרש"י›, **ונ"מ שאין צריך לחדש בה דבר, תוספות** [ו] **ברייתא סוכה ט'** [ז] ‹וכתב רבינו שמנה ימים, (הגם דהמקור הכא הוא שבעת ימים) לפי שמבואר בפרק לולב וערבה (דף נ"ו) דשמיני נמי אסור מדין מגו דאתקצאי לבין השמשות איתקצאי לכולי יומא - מגיד משנה›

מתני' סוכה ישנה בית שמאי פוסלין ובית הלל מכשירין ואיזו היא סוכה ישנה כל שעשאה קודם לחג שלשים יום אבל אם עשאה לשם חג אפילו מתחילת השנה כשרה:

גמ' מ"ט דבית שמאי אמר קרא חג הסוכות שבעת ימים לה' סוכה העשויה לשם חג בעינן ובית הלל ההוא מיבעי ליה לכדרב ששת *דאמר רב ששת משום ר"ע מנין לעצי סוכה שאסורין כל שבעה ת"ל חג הסוכות שבעת ימים לה' ותניא רבי יהודה בן בתירה אומר כשם שחל שם שמים על החגיגה כך חל שם שמים על הסוכה שנאמר חג הסוכות שבעת ימים לה' מה חג לה' אף סוכה לה' ובית שמאי נמי מיבעי ליה להכי אין הכי נמי אלא מאי טעמייהו דבית שמאי כתיב קרא אחרינא חג הסוכות תעשה לך שבעת ימים סוכה העשויה לשם חג בעינן ובית הלל ההוא מיבעי ליה לעושין סוכה בחולו של מועד ובית שמאי סבירא להו כרבי אליעזר דאמר *אין עושין סוכה בחולו של מועד ובית הלל לית להו דרב יהודה אמר רב דאמר רב יהודה אמר רב עשאה מן *הקוצין ומן הנימין ומן הגרדין פסולה מן הסיסין כשרה כי אמריתה קמיה דשמואל אמר לי אף מן הסיסין נמי פסולה (אלמא) דבעינן טויה לשמה ה"נ נבעיא סוכה עשויה לשמה שאני התם דאמר קרא גדילים תעשה לך לך לשם חובך הכא נמי חג הסוכות תעשה לך לך לשם חובך ההוא מיבעי ליה *למעוטי גזולה התם נמי מיבעי ליה למעוטי גזולה התם כתיב קרא אחרינא ועשו להם משלהם:

מתני'

רש"י

מתני' **סוכה ישנה**. כדמפרש שעשאה קודם לחג שלשים יום ולא פירש שהיא לשם חג: **בית שמאי פוסלין**. דבעו סוכה לשמה וזו סתם נעשית ואילו תוך שלשים לחג הוה כיון דשואלין בהלכות החג קודם לחג שלשים יום סתם העושה לשם חג הוא עושה אבל קודם שלשים סתמא לאו לחג: **ובית הלל מכשירין** דלא בעינן סוכה לשם חג: **כשרה**. לבית שמאי איצטריך: גמ' **סוכה לשם חג**. דכתיב סוכות לה' לשם מצות המלך: **על החגיגה**. שלמי חגיגה שם שמים חל עליהם לאוסרן עד לאחר הקטרת אימורין דזכו בהו בתר הכי משלחן גבוה כעבד הנוטל פרס: **חג**. חגיגה: **חג הסוכות תעשה**. סוכות תעשה לחג סרס המקרא ודרשהו: **בחולו של מועד**. אם לא עשאה מתחילה: פלוגתא דרבי אליעזר בפרק הישן (לקמן כז:): ופרכינן לבית הלל דלא בעו לשמה נימא גבי ציצית נמי לית להו דרב יהודה אמר רב: **עשאה**. לציצית: **מן הגרדין**. פרנויי"ש שתולין בסוף הטלית מותר האריגה וגדל שם הציצית מינה וביה: **מן הקולין**. חוטין שנתקו בשתי וקושרים אותן ותלויין לראשיהן בבגד לאחר שנארג וקרי להו קולין על שם שבולטין כקולים: **מן הנימין**. כגון טלית שתפרוה או שעשו בה אימרא במחט וראשי חוטי התפירה תלויין בה ומהן גדלו הציצית: **פסולה**. הואיל ותלויין ועומדים כל אלה בבגד ולא נתלו בה לשם ציצית לאו עשיה לשמה היא: **מן הסיסין**. פקעיות כדוריות של חוט לומשיי"ש: **כשרה**. הואיל וכשנתלו בבגד לשם ציצית נתלו עשיה לשמה היא דטויה לשמה לא בעינן שאין טויה מן העשיה: **כי אמריתה קמיה דשמואל**. רב יהודה תלמידו של רב ושל שמואל היה לאחר פטירתו של רב היה אומר שמועות משמו כך אמר לי רב וכשהרצתי דברים לפני שמואל נחלק עליו מ"מ תרוייהו עשיה לשמה בעו: **אלמא** · לא גרסינן אלא ה"נ אף מן הסיסין פסולה דבעינן טויה לשמה דמאן דגרס אלמא משמע דהאי דמותיב קאמר לה ואם כן לא מותיב אלא מדשמואל ולאו מילתא היא דרב נמי עשיה לשמה בעי: **למעוטי גזולה**. דבעינן תעשה לך משלך:

תוספות

סוכה ישנה בית הלל מכשירין. בירושלמי תני צריך לחדש בה דבר חבריא אמרין טפח רבי יוסי אמר כל שהוא ומאן דאמר כל שהוא ובלבד שתהא על פני כולה ובתר הכי איתא התם מלה ישנה פלוגתא דבית שמאי וב"ה א"ר דברי הכל הוא מכיון שלא עשאה לשם פסח דבר ברי הוא שלא דקדק בה: **ואם** עשאה לשם חג וכו'. אפילו לבית הלל נפקא מינה שאין צריך לחדש בה דבר ואפילו לא נפקא מינה אלא לב"ש יש לו לתנא לפרש במה נחלקו ולא שייך לאקשויי טעמא דב"ש אתא לאשמועינן אלא היכא דפליגי תנאי אליבא דב"ש ולא נפקא מינה מידי בפלוגתא אליבא דבית הלל כי ההיא דרבי אליעזר דמילה (שבת דף קל.) ובפרק ארבעה אחין (יבמות דף כח. ושם)(א)קשיא ובפ' קמא דביצה (דף ו:) וכולן פירשנו במקומם: **מנין** לעצי סוכה שאסורים כל שבעה. משמע דאסירי מדאורייתא ודרשה גמורה היא מדפריך והא קרא להכי הוא דאתא ותימה דבפרק כירה (שבת דף מה.) משמע שהוא מדרבנן דמייתי התם ראיה דרבי שמעון אית ליה גבי נר מתוך שהוקצה למצותו הוקצה לאיסורו מהא דתניא דאין נוטלין עצים מן הסוכה בי"ט ור' שמעון מתיר ושוין בסוכת החג בחג שהיא אסורה ובפ' המביא כדי יין (ביצה דף ל: ושם) מייתי דרשה דהכא ואפילו הכי משמע התם בסוף שמעתין דלא אסירא אלא מטעם מוקצה דקאמרינן עצי סוכה דחיילא קדושה(ב)איתקצאי לשבעה וי"ל דהאי דאסור מדאורייתא היינו בעודה קיימת אסור ליטול ממנה עצים אבל משנפלה דבטלה מצותה לא אסירא אלא מדרבנן והא דפריך בביצה (שם) *וכי מהני ביה תנאה היינו משום דכיון דלא מהני ביה תנאי בעודה קיימת כשנפלה נמי לא יועיל דמיגו דאיתקצאי בין השמשות איתקצאי לשבעה ומשני דסיפא אתאי לסוכה דעלמא והדר פריך מנויי סוכה דמהני ביה תנאה ומשני באומר איני בודל מהם כל בין השמשות דלא הוקצו למצותו ולא דמו לעצים שהם עיקר המצוה ועל כרחך בודל מהם ויש בהם סתירת אהל ואע"ג דמעיקרא ידע האי טעמא אורחא דהש"ס לפרש דבריו דרך קושיא ותירוץ ור"ת מפרש דעצים של כדי הכשר סוכה חיילא קדושה עלייהו ואסירי מדאורייתא אבל היותר מכדי הכשר לא מיתסרי אלא מדרבנן והא דפריך נמי *וכי מהני ביה תנאה משום דמסתמא כי היכי דלא מהני תנאה במאי דאסירי מדאורייתא הוא הדין דלא מהני במאי דאסיר מדרבנן ולא מפליג נמי תנא בין צריך לסוכה בין לא צריך והאיך דביצה קשיא מפרק במה מדליקין (שבת דף כב. ושם) דמשמע דנויי סוכה אסורין משום בזוי מצוה ולא משום מוקצה ובמקומה פירשנוה: **מה** חגיגה לה' אף סוכה לה'. קסבר רבי יהודה בן בתירא דלאו לאו משום חגיגה מוקמינן לה לסוכה לשם חג: **ההוא** מיבעי ליה למעוטי גזולה. תימה תיפוק ליה משום דהוה ליה מצוה הבאה בעבירה דמהאי טעמא פסלינן *אתרוג הגזול ביום טוב שני לקמן בריש לולב הגזול (ד' כט:) וההיא שמעתא גופא קשיא דקאמר בשלמא בי"ט ראשון בעינן לכם משלכם אלא בי"ט שני אמאי ומשני משום דהוה ליה מצוה הבאה בעבירה והשתא אם כן ל"ל לכם משלכם ומיהו התם איכא לשנויי דאיצטריך למעוטי שאול אבל גבי סוכה ליכא לשנויי הכי לרבנן דאמרי לקמן פרק הישן (ד' כז:) דאדם יוצא ידי חובתו בסוכה של חבירו ונפקא להו מדכתיב כל האזרח בישראל ישבו בסוכות מלמד שכל ישראל ראוין לישב בסוכה אחת וי"ל דטעמא דמצוה הבאה בעבירה לאו דאורייתא אלא מדרבנן ומיהו קשה מפרק הניזקין (גיטין ד' נה: ושם) גבי חטאת גזולה שלא נודעה לרבים (ג) דאמר עולא בגמרא בין לא נודעה אינה מכפרת מאי טעמא דיאוש כדי לא קני ושמעינן ליה לעולא דיאוש כדי קני גבי עורות של בעל הבית וגנב וגזלן (ב"ק ד' קיד.) ואומר ר"ת דטעמא דעולא בגיטין משום מצוה הבאה בעבירה אלמא דאורייתא היא ומיהו בלאו הכי לא יתכן דהא בהדיא קאמר עולא משום דיאוש לא קני ועוד דבפרק מרובה (שם ד' סז:) דריש רבה בהדיא דיאוש לא קני מדכתיב קרבנו ולא הגזול אלא נראה דההוא דהגוזל בחרא לאו יאוש כדי הוא דהיכא יאוש ושינוי השם כדקאמר התם במרובה (שם סו:) דמעיקרא קרי ליה משכא והשתא קרי ליה אברזא ואע"ג דגבי קרבן נמי איכא שינוי השם כדאמר התם [דף סו:] דמעיקרא חולין והשתא הקדש מכל מקום ממעט מדכתיב קרבנו כיון דקודם הקדש לאו שלו הוא ואף על גב דחל עליו הקדש מחמת שינוי השם דאתי השתא לא חזי להקרבה דבעינן קרבנו בשעה שמקדיש:

האי

נו א מיי' פ"ה מהלכות סוכה הלכה ע טוש"ע א"ח סי' תרלו סעיף א:

נז ב מיי' פ"ז מהלכות סוכה הלכה טו סמג עשין מג טוש"ע א"ח סי' תרלח סעיף א:

נח ג מיי' פ"א מהלכות ציצית הלכה יא סמג עשין טו טוש"ע א"ח סי' יא סעיף ס:

רבינו חננאל

כשרה: **פיסקא** סוכה ישנה ב"ש פוסלין וב"ה מכשירין מתני' כשלא עשאוה לשם סוכה של מצוה לפיכך גרסינן בירושלמי תני צריך לחדש בה דבר חברייא אמרי טפח ר' יוסי אומר כל שהוא. מ"ט דב"ש דכתיב חג הסוכות תעשה לך שבעת ימים סוכה העשויה לשם חג בעינן וב"ה האי קרא איבעי להו לעושין סוכה כל שבעה ואפילו לחולו של מועד. ואסיקנא לב"ה עצי סוכה אסורין כל שבעה ושם שמים חל על הסוכה ואקשינן וב"ה לית להו הא דרב יהודה דאמר עשאה לציצית מן הצמר שנסבך בקוצים ונמרט או מן החוטים של נרדי או מן הנימין פסולה מן הסיסין פי' הן פקעיות כש'. כי אמריתיה קמיה דשמואל אמר לי אף מן הפקעיות נמי פסולה דבעינן טויה לשמה. ובסוכה אמאי לא בעו ב"ה לשמה ושנינן שאני התם לגבי ציצית דכתיב גדילים תעשה לך לשם חובה לכך בעינן עשיה שהיא הטויה לשם גדילים. למעוטי מי שלא נטוה לשם גדילים ועשו להם ציצית דייקינן האי דכתיב להם משלהם למעוטי גזל אבל גבי סוכה דליכא קרא אחרינא למעוטי גזולה ודרשינן חג הסוכות תעשה לך למעוטי גזולה אבל עשויה לשמה לא בעינן לדברי ב"ה וקי"ל כהא כשמואל דבעינן טוית

ויקרא כג

ביצה ל:

דברים טז

[לקמן כז:]

מנחות מב:

במדבר טו

במדבר טו

[צ"ל ומי]

[צ"ל לולב]

הגהות הב"ח

(א) תוס' ד"ה ואם עשאה וכו' ובפרק ארבעה אחין וכס"ק כצ"ל ותיבת קשיא נמחק: (ב) ד"ה מנין וכו' דחיילא קדושה עלייהו איתקצאי: (ג) ד"ה ההוא וכו' שלא נודעה לרבים מכפרת כו' דאמר עולא:

גליון הש"ס

גמ' מנין לעצי סוכה. עי' לקמן דף לז ע"ב רש"י ד"ה אסור לכרית:

ואין ניאותין מהן לדבר אחר - היינו דרך ביטול, שבזה תבטל קדושתה, **אבל** בעוד שהיא קיימת אין איסור הנאה ממנה, כגון לסמוך עליה או להניח עליה שום דבר, כיון שעדיין קדושתה עליה, [ט"ז].

[ח]**כל שמונת הימים, מפני שיום הז' כולו הסוכה מוקצה עד בין השמשות, והואיל והוקצה לבין השמשות של שביעי הוקצה לכל [ט]היום.**

ולדידן אסורים גם בט', שהרי בשמונה עדיין מחוייב לאכול בסוכה, וכיון דאיתקצאי בין השמשות איתקצאי לכולי יומא, **ואם** חל שבת אחר יו"ט, נוהגין שלא להסתפק ממנו גם בשבת, דהוי כמכין מיו"ט לשבת.

הגה: ואפילו נפלה הסוכה, אסורים - היינו דאפילו להפוסקים דסברי, דמן התורה אינה אסורה אלא בעודה קיימת, מדרבנן מיהא אסור להנות ממנה מטעם מוקצה, דאיתקצאי בבין השמשות של תחלת החג, [וכל ימי החג כיומא אריכתא דמי].

ולא מהני בה תנאי (טור) - אף אם אמר: איני בודל כל ביה"ש, כיון דא"א ליטול ביה"ש משום דקא סתר אהלא, ואיתקצי לכולי שבעה, **משא"כ** בנוי סוכה בס"ב דמהני שם תנאי, **ודע**, דהא דמשמע מסתימת רמ"א דלא מהני תנאי בשום גוונא, ואפי' נפלו, היינו דוקא בשבעת הימים, **אבל** בשמיני שלו דאיסורו הוא רק משום מוקצה, מהני תנאי לכשיפלו שיכול להשתמש בהן.

אבל עצים הסמוכים לסוכה, מותרים; ועיין לעיל סימן תקי"ח ס"ח - ר"ל דשם מבואר, דאם זרק חבילות על הסכך, דאינן בטילות לגבי הסכך, וה"ה הכא בסוכה דמצוה, **וע"ש** במ"ב דביארנו כל פרטי דין זה.

(**ואם** הוסיף בסכך עד שאין גשמים יורדים לתוכה, די"א דפסולה, נהי דאפ"ה כל הסכך אסור בהנאה לדבריהם כל שבעה עכ"פ מדרבנן, ועוד דאינו יכול לשער באומד יפה מה ששייך לסכך, מ"מ אם רוצה ליטול ביו"ט ע"י עכו"ם להכשיר הסוכה, שלא תהיה מעובה כ"כ, שרי, דהוא שבות דשבות במקום מצוה, דלא הוי סתירת אהל רק מדרבנן).

[י]**ואם אחר שעשה השיעור הצריך מן הדפנות ונשלם הכשר סוכה, הוסיף דופן, לא מיתסרא; אבל אם עשה ארבעתן סתם** – (נ"ל דר"ל, לאפוקי אם פירש דאלו עושה לשם סוכה, ואלו להוספה בעלמא), **כולן אסורות ומוקצות.**

(**עיין** בחידושי אנשי שם דמצדד לומר, דלענין ארבעתן, עד כדי שיעור הוא מן התורה, והֶיתֵר מזה הוא רק מדרבנן, **ולענ"ד** לא נהירא כלל, דבהוסיף דופן, ר"ל דלאחר שגמר שיעור הכשר סוכה נתיישב בדעתו שצריך לעשות עוד דופן רביעי, הוא מלתא באנפי נפשיה, **אבל** אם עשה ארבעתן, ר"ל שלא הפסיק בינתיים, נחשבו כל הארבעה בכלל סוכה, וכולן הן מן התורה).

הגה: וכל זה לא מיירי אלא בסוכה שישב בה פעם אחת, אבל אם הזמינה לסוכה ולא ישב בה – (ואפילו אם עשאה לשם סוכה, וכנ"ל בסימן מ"ב בדיני הזמנה), **לא נאסרה, דהזמנה לאו מילתא היא (הגהות אשר"י).**

(**וצ"ע**, אי הכי אפילו אי ישב בה אחר שקידש היום, לא ליתסרא כולא יומא משום קדושת החג, אלא לשעה שישב בה בלבד, דהא אכתי לא הוי איתקצאי לבין השמשות, ולא איתקצאי לכולא יומא, ולכי נפק תשתרי).

(נ"ל דלא אמרה אלא לענין קדושת החג שחל על הסכך, הוא דבעינן ישב בה בחג, **אבל** משום מוקצה דסתירת אוהל, דאסור בכל יו"ט, הרי לא תלי בישב בה לגמרי, **אלא** דאינה אסורה רק ביו"ט, ובחוה"מ שרי כהאי גוונא).

עיין במ"א, שאפילו לא נעשית לשם סוכה, דהיינו שהיתה עשויה לצל, כיון דמדינא סוכה כשרה היא, וישב בה פעם א', אסורה שוב כל ימי החג, **ונ"ל** דמיירי שהזמינה מתחלה לשם סוכת החג, או שבעת שישב בה היה דעתו לישב בה בכל ימי החג, [דזה נחשב כהזמנה], **הלא"ה** לא נתקדשה בפעם א' להיות שם סוכת החג עליה, וכמו שכתבנו למעלה, [דהלא מדמינן לדינא דהזמנה, וצר ביה ולא אזמניה לאו מילתא היא].

ומי שיש לו סוכה בנויה משנה לשנה, מ"מ אינה אסורה עד שישב בה בחג, **אע"ג** דכבר ישב בה בשנה שעברה, מ"מ כשעבר החג בטלה קדושתה, וצריך מעשה אחר שתחול קדושתה, כ"כ המ"א, **ויש** מאחרונים שמפקפקין בזה, וטוב להחמיר.

באר הגולה

ח ביצה ל' | ט פי' השמיני, ובחוצה לארץ גם בט' אסור משום ספק ח' | י הר"ן בפרק ד' דביצה

אות ג׳

<u>עשאה מן הקוצין ומן הנימין ומן הגרדין פסולה</u>

סימן יא ס״ה - [יא]אין עושין הציציות מהצמר הנאחז בקוצים כשהצאן רובצים ביניהם, ולא מהנימין הנתלשים מהבהמה, ולא משיורי שתי שהאורג משייר בסוף הבגד, והטעם משום ביזוי מצוה.

באר הגולה

יא ‹ופירש רש"י, פסולה, הואיל ותלויים ועומדים כל אלה בבגד, ולא נתלו בה לשם ציצית, לאו עשייה לשמה היא, {**ומשו"ה** לא גרס רש"י להלן "אלמא", דמשמע דתקשי רק לשמואל, ולדרכו קשיא נמי לרב דס"ל נמי דבעינן תליה לשמה}. **משמע** דלא מיפסלי אלא כשעשה מהם ציציות בעודם מחוברים, מפני שלא נתלו לשם ציצית, כלומר ואיכא משום תעשה ולא מן העשוי, אבל אם קצצן או תלשן משם ואח"כ עשה מהם ציציות, כשר, אם היו טוויין ושזורין לשם ציצית. **והרמב"ם** מפרש בענין אחר, שכתב: ואין עושין אותם לא מן הצמר הנאחז בקוצים כשהצאן רובצין ביניהם, ולא מן הנימין הנתלשין מן הבהמה, ולא משיורי שתי שהאורג משייר בסוף הבגד, אלא מן הגיזה של צמר או מן הפשתן. **ונראה** שהטעם משום בזוי מצוה - ב"י. {**והוא** גורס "אלמא", דקשיא רק לשמואל דס"ל דבעינן טויה לשמה, ולשיטתו צ"ל דמה שאמרה הגמ' וב"ה לית להו דרב יהודה אמר רב, לאו דוקא כרב, אלא הכוונה מימרא דרב יהודה שהוא הביא ההיא דשמואל - הערות הגרי"ש אלישיב}.

מתני' [א]העושה סוכתו תחת האילן כאילו עשאה בתוך הבית סוכה על גבי סוכה העליונה כשרה והתחתונה פסולה ר' יהודה אומר אם אין דיורין בעליונה התחתונה כשרה: גמ' אמר רבא [ב]לא שנו אלא באילן שצלתו מרובה מחמתו אבל חמתו מרובה מצלתו כשרה ממאי מדקתני כאילו עשאה בתוך הבית למה לי למיתני כאילו עשאה בתוך הבית ליתני פסולה אלא הא קמ"ל דאילן דומיא דבית מה בית צלתו מרובה מחמתו אף אילן צלתו מרובה מחמתו וכי חמתו מרובה מצלתו מאי הוי הא קא מצטרף סכך פסול בהדי סכך כשר אמר רב פפא [ג]בשחבטן אי בשחבטן מאי למימרא מהו דתימא ניגזור היכא דחבטן אטו היכא דלא חבטן קמ"ל דלא גזרינן הא נמי תנינא *הדלה עליה את הגפן ואת הדלעת ואת הקיסום וסיכך על גבן פסולה ואם היה סיכוך הרבה מהן או שקצצן כשרה היכי דמי אילימא בשלא חבטן הא קא מצטרף סכך פסול עם סכך כשר אלא לאו כשחבטן ושמע מינה דלא גזרינן מהו דתימא הני מילי בדיעבד אבל לכתחילה לא קמ"ל: סוכה ע"ג סוכה וכו': ת"ר °(*בסוכות) תשבו [ד]ולא בסוכה שתחת הסוכה ולא בסוכה שתחת האילן ולא בסוכה שבתוך הבית אדרבה בסוכות תרתי משמע אמר רב נחמן בר יצחק בסכת כתיב אמר ר' ירמיה [ה]פעמים ששתיהן כשירות פעמים ששתיהן פסולות פעמים שתחתונה כשרה והעליונה פסולה פעמים שתחתונה פסולה והעליונה כשרה פעמים ששתיהן כשירות היכי דמי כגון שתחתונה חמתה מרובה מצלתה והעליונה צלתה מרובה מחמתה וקיימא עליונה בתוך עשרים פעמים ששתיהן פסולות היכי דמי כגון דתרווייהו צלתן מרובה מחמתן וקיימא עליונה למעלה מעשרים אמה פעמים שתחתונה כשרה והעליונה פסולה היכי

רש"י

מתני' **כאילו עשאה בתוך הבית**. ופסולה כדתניא בברייתא בגמ': **התחתונה פסולה**. דשני סככין יש לה וקרא פסיל סוכה תחת סוכה כדלקמן: **אם אין דיורין**. בגמרא מפרש לה: גמ' **למה לי למתני כאילו עשאה בתוך הבית**. מההוא קרא דנפקא לן תוך הבית נפקא לן תחת האילן ולמה לי למיתלי האי בהאיך: **הא קא מצטרף סכך פסול**. מחובר סכך פסול הוא דכתיב (דברים טז) באספך מגרנך ומיקבך ממה שאתה מאסף מגרנך עשה סוכתך בפסולת גורן כגון קשין ובפסולת יקב כגון אשכולות ריקניות וזמורות אלמא תלוש בעינן ומהני צל האילן נצל הסכך להשלים צלתה של סוכה: **בשחבטן**. השפיל ענפיו למטה מעורבין עם סכך כשר ואין נראין בעין וסכך כשר רבה עליו ומבטלה דמדאורייתא כל מילי בטל ברובא כדתנן במתני' (לקמן דף יא.) אם היה סיכוך מרובה מהן כשרה: **מאי למימרא**. למה ליה לרבא למימר כשרה ולמתניתין למה ליה למימר כאילו עשאה בתוך הבית לאשמועינן דלא פסול אלא דומיא דבית האי לאו תחת שני סככים הוא דכיון דחמתו מרובה לענפיו מועטין וסכך כשר רבה עליו מהיכא תיתי למיפסל לאו משום שני סככים איכא דהא חד סככה הוא ולאו משום מחובר איכא דהא בטל ליה ברובא שמע מינה מהכא שמסככין על קני הגג שקורין לט"ש אע"פ שסמוכות זו לזו בפחות מג' כיון שחמתן מרובה מצלתן ואומר רבי דזהו השיעור כשהקנים והאויר שביניהן בשוה כדאמרינן (לקמן דף כב:) כזוזא מלעיל כאסתרא מלתחת ובעוד שהן הכסוי והקנים בשוה אין צריך לנענע אבל אם הקנים רבה נוטל אחת מבינתים וכל לשון חבטה שבהש"ס לשון השפלה והמפרש חבטה תלישה או שליפה טועה דאי מחובר הוא מאי איהני ואי תלוש הוא הא קתני או קצצן מכלל דרישא מחוברים ועוד אי תלוש הוא צלתה מרובה מחמתה אמאי לא הלא נפלו על הסכך וגבי הדלה עליה אמאי בעי סיכוך הרבה מהן: **אטו היכא דלא חבטן**. דאיכא משום מחובר דמצטרף סכך פסול לכשר דאינו מעורב ביניהם ולאודיה קאי ולא בטיל: **הדלה**. הריס ופשט עליה כעין דלית שקורין טרייל"א: **קיסום**. עשב המתפשט מאד ושרשיו כאילן ועיקרו כאילן וקורין לו אידר"א ומתפשט ועולה על החומות: **פסולה**. משום מחובר: **היכי דמי**. סיכוך הרבה מהן דמכשיר ליה בביטול אי דלא חבטן דלא בטיל אמאי כשירה: **הא קמצטרף**. וגמלא מסכך במחובר ואף על פי שהוא רחוק ומובדל מרבה הוא את הצל וצריך להיות צלתה מרובה מחמתה לבד מזה: **אלא דחבטן**. דבטיל אגב כשר והוה ליה כוליה כשר: **דיעבד**. דקתני הדלה: ה"ג שתיהן כשירות היכי דמי כגון שהתחתונה חמתה מרובה מצלתה ועליונה צלתה מרובה מחמתה וקיימא עליונה בתוך עשרים שתיהן פסולות ה"ד כגון דתרווייהו צלתן מרובה מחמתן וקיימא עליונה למעלה מכ' תחתונה כשרה ועליונה פסולה היכי

תוספות

הא קא מצטרף סכך פסול בהדי סכך כשר. לפי שהאילן מחובר ובעינן דבר תלוש דומיא דפסולת גורן ויקב ואם הסוכה שתחת האילן מסוככת כראוי שצלתה מרובה מחמתה לא מיסתבר שתיפסל משום צירוף סכך פסול כיון דכי שקלת ליה לפסול אכתי צלתה מרובה אלא כשאין צלתה מרובה אלא מחמת הפסול איירי והא דלא משני כגון דבלאו פסול צלתה מרובה משום דא"כ מאי למימרא דהשתא נמי דמשני בשחבטן קא פריך מאי למימרא ותדע דגבי מקרה סוכתו בשפודין או בארוכות המטה מכשירין לקמן (דף טו.) בשיש ריוח ביניהן כמותן ואע"ג דלא מהני בהו חבטה לבטל ברוב כיון דמינכרין ולא מיערבן דהאי לאודיה קאי(א) ולא אמרי' דתפסול משום מצטרף סכך פסול דכיון דכי שקלת ליה סגי בכשר ועוד אמרינן לעיל (דף ד:) היתה גבוהה מעשרים והוצין יורדין לתוך עשרים אם צלתם מרובה מחמתם כשרה והא דאמרינן בסמוך תחתונה כשרה ועליונה פסולה כגון שהתחתונה צלתה מרובה מחמתה והעליונה חמתה מרובה מצלתה וקיימי תרווייהו בתוך עשרים דמשמע הא קיימא עליונה למעלה מעשרים תחתונה נמי פסולה משום דמצטרף סכך פסול בהדי סכך כשר התם מיירי כשאין התחתונה צלתה מרובה אלא מחמת עליונה וכי האי גוונא הוה מצי לאשכוחי שתיהן פסולות אי קיימא עליונה למעלה מעשרים אלא דמשכח לה שפיר וא"ת כיון דאין תחתונה צלתה מרובה אלא מחמת עליונה אמאי כשרה הא לקמן בריש הישן (דף כב.) אמרינן סוכה המדובללת כשרה ומפרש שמואל בגמרא קנה עולה קנה יורד וקאמר אביי לא שנו אלא שאין בין זה לזה שלשה אבל יש בין זה לזה ג' פסולה וי"ל דהא אמר רבא התם דאפילו יש בין זה לזה שלשה אם יש בגגו טפח אמרינן חבוט רמי ורבינו תם מפרש דלמעלה מעשרים לא חשיב סכך פסול מאחר שאין הפסול אלא מחמת גובה שקשה לו הא דקאמרינן תחתונה כשרה ועליונה פסולה אילטריך ליה מהו דתימא נצטרף סכך פסול בהדי סכך כשר שדחק בקונטרס לפרש דאע"ג דקיימא עליונה בתוך כ' מהו דתימא ניגזר למיפסל התחתונה משום דזימנין דקיימא עליונה למעלה מעשרים דלא מסיק אדעתיה למיחש אתחתונה משום צירוף פסול עם כשר ומדחזי לעליון כי חמתו מרובה סבר כמאן דליתיה דמי ולא פסיל לתחתונה קא משמע לן דלא גזרינן הא אטו הא ודוחק הוא זה ועוד דמהאי טעמא הוה מצי למימר שתיהן כשרות אלטריך ליה וגרים ר"ת תחתונה כשרה והעליונה פסולה היכי דמי כגון דעליונה חמתה מרובה מצלתה ותחתונה צלתה מרובה מחמתה וקיימא תחתונה בתוך כ' כלומר אבל העליונה לא חיישינן בכל ענין דקיימא ואפילו למעלה מעשרים לא מיפסלא התחתונה בהכי והיינו דקאמר הש"ס מהו דתימא ליצטרף סכך פסול בהדי סכך כשר כלומר שיחשב סכך פסול מחמת דקיימא העליונה למעלה מעשרים קמ"ל דכי האי גוונא לא חשיב סכך פסול ובריש עירובין (דף ג. ושם) משמע קצת כפירוש ר"ת גבי מקלת סכך בתוך כ' ומקצת למעלה מעשרים אף על גב דאי שקלת לההיא יהא חמתה מרובה מצלתה משמע התם דכשרה משום דעכשיו הויא לה צלתה מרובה מחמתה ומיהו גבי הוצין יורדין פירשנו לעיל דאפילו חשיב סכך פסול כשרה דמיירי כשצלתה מרובה מחמתה מה שבתוך עשרים והא דקאמרינן (שם) אי קלשה לה ויהא חמתה מרובה מצלתה הייתי לפי שלא יכול להתקיים הסכך שבתוך עשרים דמחמת קלישותו יבא הרוח ויפזר או יפול: **בסכת**. ואפילו למאן דאמר יש אם למקרא מודה דלא לחנס נכתב המסורת כדפרישית לעיל (דף ו:): **תחתונה** כשרה. כבר פירשתי לעיל:

אמר

עין משפט נר מצוה

נט א ב ג מיי' פ"ה מהלכות סוכה הלכה יב סמג עשין מג טוש"ע א"ח סי' תרכו סעיף א:

ס ד ה מיי' שם הלכה כב סמג שם טוש"ע א"ח סי' תרכח סעיף א:

רבינו חננאל

לשנה: מתני' העושה סוכתו תחת האילן כאילו עשאה בתוך הבית ופסולה. אוקימנא באילן שצלתו מרובה מחמתו. מפני שהיא כסוכה תחת הסוכה. אבל אם היה שחמתו מרובה מצלתו שאינו חשוב כסוכה וחתך הנוף הנתון ע"ג הסכך כשרה. כיוצא בו הדלה עליה את הגפן ואת הדלעת ואת הקיסום וסיכך על גבו פסולה דמצטרף סכך פסול זה הגפן והדלעת והקיסום בהדי סכך כשר לפיכך פסולה. אם קצצן כשרה ואפילו לכתחלה ולא גזרינן היכא דקצצן אטו דלא קצצן. סוכה ע"ג סוכה כו'. ת"ר בסכות חשבו. בסכת חסר כתיב דמשמע סוכה אחת. ולא שתים מיכן אמרו ולא בסוכה (שע"ג) [שתחת] סוכה. ולא בסוכה שתחת האילן ולא בסוכה (שבתוך האילן) שבתוך הבית. א"ר ירמיה פעמים ששתיהן כשרות פעמים ששתיהן פסולות פעמים שהתחתונה כשרה והעליונה (כשרה) [פסולה] פעמים שהעליונה כשרה והתחתונה פסולה וכולן

מסורת הש"ס

ויקרא כג

לקמן יא.

[נ"ל בסכת]

הגהות הב"ח

(א) תוס' ד"ה קא מצטרף וכו' והאי לאודיה קאי. נ"ב והאי לאודיה קאי ולא אמרינן:

§ מסכת סוכה דף ט: §

אות א׳ - ב׳ - ג׳

העושה סוכתו תחת האילן, כאילו עשאה בתוך הבית

לא שנו אלא באילן שצלתו מרובה מחמתו, אבל חמתו מרובה מצלתו כשרה

בשחבטן

סימן תרכו ס"א - [א]אין לעשות סוכה תחת בית או אילן - דבעינן שתהא הסוכה תחת אויר השמים, דכתיב: בסכת תשבו חסר וי"ו, דהיינו באחת, שלא יסוכך עליה בשני קירוין, ולא בסוכה שתחת סוכה, או תחת הבית או אילן. [גמרא].

(והיינו כשענפי האילן הוא על הסוכה ממש, אבל אם הוא מצד הסוכה, אע"פ שע"י צל האילן ממילא אינו מגיע החמה להסוכה כלל, אפ"ה כשר).

וביתו גופא אף אם ירצה לישב בה בחג לשם סוכה, פסול, דסוכה אמר רחמנא ולא ביתו של כל ימות השנה. [רש"י דף י"ד. ד"ה ר' מאיר]. **ואילן** פסול שיהא הוא הסוכך על דפנות הסוכה, משום דמחובר הוא.

והעושה סוכתו תחת האילן, יש אומרים שאם [ב]האילן צלתו מרובה מחמתו, פסולה בכל ענין - ר"ל, אפילו אם השפיל הענפים למטה, ועירבן עם סכך הסוכה, וסכך הסוכה רבה עליהם ואינו ניכר, אפ"ה פסול. [וכן מוכח מן הגמרא, דמשני בשחבטן, ולכך מותר כשהאילן חמתו מרבה מצלתו, משמע מזה דאם צלתו מרבה מחמתו, אף בכה"ג פסול], **אף אם הסוכה צלתה מרובה מחמתה** - כיון שהאילן ג"כ צילתו מרובה מחמתו, א"כ אין סכך הסוכה מועיל כלום.

(**ודע, דכלל המחבר בזה (הלשון "בכל ענין") עוד ענין אחד, דענינינו לא דמי לסוכה תחת סוכה, דשם דוקא בשסוכה עליונה רחוקה מתחתונה עשרה טפחים, והכא אפילו הבית או האילן הוא למעלה מן הסוכה רק מעט, ג"כ אסור**).

אבל אם האילן חמתו מרובה מצלתו - דאז הצל כמו שאינו, ולא מקרי סוכה שתחת האילן, **אם הסוכה צלתה מרובה מחמתה בלא אילן, כשרה, [ג]אפילו לא השפיל הענפים למטה לערבם עם סכך הסוכה.**

אבל אם אין הסוכה צלתה מרובה מחמתה אלא ע"י האילן - ר"ל וסכך האילן הלא פסול הוא דהוא מחובר, ואין יכול לצרפו לסכך כשר להכשיר הסוכה, **צריך שישפיל הענפים ויערבם עם הסכך, בענין שלא יהיו ניכרים** - (מי הוא הסכך הכשר או הפסול, הא אם הניחן פסול ע"ג הכשר זה ע"ג זה ממש, ניכרים מקרי), **ויהא סכך רבה עליהם ומבטלן** - וזה אפי' לכתחלה מותר, [גמרא], ואפילו אם עשה הסוכה בחוה"מ, **ולא** שייך בזה לומר אין מבטלין איסור לכתחלה, [**דאין** כאן שם איסור, דהא אין איסור מצד עצמו של הסוכה לישב בה, אלא שהיושב בה אינו יוצא י"ח המצוה].

(ובודאי לכתחלה נכון לחוש לדעת הרמב"ם כדעת הב"ח, דבעינן שיקצוץ אותן, ובזה מותר אפי' בלא נענוע). (דבפי' המשנה פירש חבטן, שהוא מלשון קציצה ותלישה, גם רש"י ז"ל ד"ה מאי למימרא, הזכיר פירוש זה והקשה עליו - ב"ח).

[ד]וי"א שאפי' אם הסוכה צלתה מרובה מחמתה בלא האילן, והאילן חמתו מרובה מצלתו, אם ענפי האילן מכוונים כנגד סכך הכשר, פסולה, בין שהאילן קדם בין שהסוכה קדמה, כיון שענפי האילן מכוונים כנגד סכך הכשר - ס"ל שכל מה שהוא תחת האילן כמאן דליתא דמיא, שאינו משמש כלום, כיון שהעליון מיצל עליו, וא"כ מן הסכך הנשאר הוא רק חמתו מרובה מצילתו, **ועם** הסכך של האילן אינו יכול להצטרף, אף שיהיה עי"ז צילתה מרובה מחמתה, דהא סכך פסול הוא.

(ע"פ הכלל הידוע, דבשני י"א פסק השו"ע כהשני, גם הכא פסק לחומרא כדעת אבי העזרי, וכ"כ ג"כ בפמ"ג, ומ"מ בשעת הדחק שאין לו סוכה אחרת, וגם אי אפשר לו לתקן סוכה זו להכשירה, יש לסמוך על סברא הראשונה).

הגה: מיהו אם השפיל הענפים למטה ועירבן עם הסכך, שאינן ניכרין, בטלין והסוכה כשרה (הרא"ש והר"ן) - ובזה מהני אפילו אם אין הסוכה צילתה מרובה מחמתה בלא האילן, וכמו לדעה א', **ולכן** סיים הרמ"א: שאינן ניכרין, דאם היה סכך הסוכה בעצמה צילתה מרובה מחמתה, אפילו היו ניכרים, או היו מונחים זה ע"ג זה ממש, שרי, כיון שהם מרובים מסכך האילן, [**דאם** לא היה זה ע"ג זה ממש, אלא קצת חלל ביניהם, בודאי לדעה זו האחרונה אסור, אפי' צילתה מרובה מחמתה, דכל סכך שכנגד ענפי האילנות כמאן דליתא דמיא]. **ויש** חולקין ע"ז, (דאין להכשיר כשהסכך הפסול ניכר, אפי' כשסכך הסוכה בעצמה צילתה מרובה מחמתה).

וי"א דלדעה אחרונה זו, לא מהני אפילו בשהשפיל, אלא אם כן סכך הסוכה צילתה מרובה מחמתה בלא האילן, [מ"א], **ולמעשה** נכון להחמיר כוותייהו.

וכן אם הניח סכך הכשר על סכך הפסול, מקרי עירוב, וכשר (מרדכי) - והיינו כשהיה הסכך הכשר מרובה על הפסול, (**ולדעת המ"א**, בענין בזה שיהיה בסכך הכשר צילתה מרובה מחמתה, **דאל"ה אף**

באר הגולה

א משנה סוכה ט' | ב אוקימתא דרבא שם | ג טור בשם רש"י (וז"ל ד"ה הא קא מצטרף סכך פסול: ומהני צל האילן לצל הסוכה להשלים צלתה של סוכה), וכ"כ התוס' | ד טור בשם אבי העזרי והראב"ן, וכ"כ הר"ן

שהוא מרובה מן הסכך פסול, לא מהני, **ולדעת** ש"א שהסכימו, דכונת הרמ"א להקל בהשפלת הענפים למטה, שיהיה כשר ע"י צירוף עם הסכך פסול צילתה מרובה מחמתה, ורק בעינן שיהיה יותר מן הסכך הפסול, גם בענין זה כן הוא, **ולכל** הפירושים, אם ע"י הסכך פסול לבד יהיה ג"כ צילתה מרובה מחמתה, אז פסולה הסוכה אף אם הסכך כשר מרובה מהן, וכמש"כ במ"ב).

(**אמנם** בעיקר דינו דהרמ"א שהעתיק מהמרדכי, ‹דסכך כשר על סכך פסול› מקרי עירוב, **תמה** ע"ז בספר חמד משה, דא"כ יש חילוק, דאם הסכך כשר תחת הפסול, בעינן עירוב דוקא שלא יהיו ניכרין, וכמ"ש המחבר, ואם הכשר למעלה על הפסול, לא בעינן עירוב, אלא בהשפלה בעלמא סגי, **והאריך** בזה והוכיח, דאין לחלק בזה, ודעתו דהמרדכי לא ס"ל כפירש"י והתוספות, שפירשו חבטן היינו שעירבן, אלא שפירושו שהשפילן למטה, דס"ל כל שנוגעים זה בזה הוי חבטה בכל גווני, אבל לא נתכוין לחלק בין הכשר למעלה או הפסול, **ולפי"ז** לדידן דקי"ל דבעינן עירוב דוקא, אין לחלק כלל בין אם הכשר למעלה או למטה, לעולם בעינן דוקא שיתערבו דליהוי בטול מעליא, וכסתימת כל הפוסקים שלא חילקו בכך, עכ"ל, **היוצא** מדברינו, דלפי"ז לרש"י ותוס', דלא מקרי זה בשם עירוב, בעינן שיהיה בסכך הכשר צילתה מרובה מחמתה, דזה מהני לדידהו, **אפילו** הפסול מובדל ומרוחק למעלה הרבה, **ונמצא** דבזה ממ"נ כשר הסוכה, לרש"י ותוס' מפני שצילתה מרובה מחמתה, **ולאבי** העזרי דלא מהני צילתה מרובה מחמתה, אפילו כשיושב בצל סוכה, מפני שהאילן מוצל למעלה, וכ"ש כשיושב בצל אילן, הלא מקרי זה בשם עירוב, וכן מסיק במאמר מרדכי).

ואם היו מונחין על הסוכה כאו"א בפני עצמו, ואינן מעורבין כלל אלא זה בצד זה, א"צ שיהיה בכשר רוב כנגד הפסול, אלא אפילו אם הם מחצה על מחצה, גם כן הסוכה כשרה, דהוא הלכה למשה מסיני, **אלא** מפני שא"א לצמצם יש להעדיף מעט, כמו שיתבאר בסימן תרל"א ס"ח.

אבל אם הענפים כנגד האויר שבין הסכך הכשר - ומיירי שמן הענפים לא יהיה צל הרבה, וחמתה מרובה מצילתה, [דאל"ה הלא מבואר בריש הסימן דפסול].

(או שהסכך הרבה שאפי' ינטל נגד האילן נשאר כשיעור) (טור) - ומשמע מן הפוסקים, דחשבינן לסכך שכנגד האילן כסכך פסול, וע"כ אין להכשיר אא"כ הוא פחות מד' טפחים בסוכה גדולה, או פחות מג"ט בקטנה.

כשרה, הואיל וצל הכשר הוא מרובה מחמתה, שאפילו אם ינטל האילן יש שיעור בכשר להכשיר - ר"ל דלא תיקשי מאי הוי אם הענפים כנגד האויר, הלא עכ"פ מסככים האילן והסכך על הסוכה, ולזה אמר שאפילו אם ינטל וכו', היינו דלא הועיל האילן כלום, דבלאו צל דידיה יש צילתה מרובה מחמתה מן הסכך גופא, ולאפוקי מן ענפי האילן דלא הוי כי אם חמתה מרובה מצילתה.

ובכל זה לא שאני לן בין קדם האילן לקדם הסכך, דין אחד להם.

אות ג*[ה]

רש"י: שמע מינה מהכא שמסככין על קני הגג, שקורין לט"ש

סימן תרכו ס"ג - ו'העושה סוכה למטה בבית, תחת הגג שהסירו הרעפים, אע"פ שנשארו עדיין העצים הדקים שהרעפים מונחים עליהם, כשרה - ואפילו לישב תחת העצים עצמן, שקורין לאטי"ש, אע"פ שהם סכך פסול, שהרי לא נקבעו בגג לשם צל, אלא כדי לתת עליהם הרעפים, **מ"מ** כיון שעשה מעשה והסיר הרעפים לשם עשיית סוכה לצל, הרי זה כאלו עשה מעשה בגוף העצים, והתקינם לשם סוכה, ונתכשרו, מ"א.

[**ולפי"ז** פשוט, דאפי' אם הסוכה צילתה מרובה מחמתה הוא רק ע"י צירוף אלו העצים הדקים, מהני ג"כ להמ"א, **ועיין** בח"מ ובמאמ"ר שמפקפקים קצת].

[**ודע** דזהו כדברי המ"א, דסתם המחבר כדעת בעל העיטור, דע"י הסרת הרעפים נעשו הלאטיש סכך כשר, וע"כ דעתו דבזה לבו"ע א"צ שיהיה בסכך הרבה כ"ב אפי' אם ינטל נגד העצים, כי אף העצים עצמן הן כשרים, **ומן** הגר"א לא משמע כן, אלא דסתם כדעת הטור, ועדיין הוי סכך פסול, **ולפי"ז** לדעת אבי העזרי צריך שאפי' ינטל נגד הפסול ישאר בו כשיעור].

ויש מאחרונים שמחמירין בזה ז', וסוברין דבכל גווני בעינן, שאפילו אם ינטל נגד העצים ישאר צילתה מרובה מחמתה, [דלא ברירא לפסוק כדעת בעל העיטור, דע"י הסרת הרעפים נעשו הלאטיש סכך כשר], **אכן** באמת בסתם סוכות כמו שלנו, שרגילין לכסות כל הסוכה, בודאי בכל גווני ישאר צילתה מרובה מחמתה, וכשר, [**וגם** א"צ לצמצם שלא ישב תחת הלאטיש, כי מסתמא אין ברחבן ד"ט, **ואף** לאותן פוסקים המחמירין שלא לישב תחת סכך פסול אפי' פחות מד"ט, נ"ל דהכא אין להחמיר כ"כ, דהלא בלא"ה דעת העיטור, ולפי מה שהעתיקו המ"א לדינא, אין על העצים שם סכך פסול, ויש בזה כמה ספיקות להקל], **אכן** כדי לצאת ידי כל הספיקות, יראה שיהיה ריוח בין העצים הדקים, בין אחד לחבירו כשיעור ג' טפחים, [כן מסיק בזה בספר בכורי יעקב, לחוש בזה לדעת הב"ח, משום חשש לבוד], ‹אפילו נתן סכך כשר בין הלטי"ש - שם›.

אבל אם לא הסיר הרעפים כדי לעשות שם סוכה, אלא כך היתה מקודם בנויה בלא גג, כיון שלא עשה שום מעשה בגג לשם עשיית סוכה לצל, א"כ העצים או הקורות הן סכך פסול ממש, ודינו כמ"ש ס"א

באר הגולה

ה ‹ע"פ הגר"א› ו טור ז ‹משום דאיכא למיחש לפירוש אבי העזרי, דאילו לפירושא קמא מישרי שרי, וכמו שכתב רש"י על משנה זו, שמעינן מהכא שמסככין על קני הגג שקורין לט"ש, אף על פי שסמוכות זו לזו בפחות משלשה, כיון שחמתן מרובה מצלתן - ב"י›

גבי אילן, **והיינו** שכל שאין הסכך כשר רבה כ"כ, עד שאם ינטל ממנו כשיעור העצים הדקים המיצל עליהם יהיה עדיין צל הסוכה מרובה מחמתה, פסול ‹לשיטת ראבי"ה›. [**ועוד** יש נ"מ, דבזה צריך שלא יהיה בעצים שהרעפים מונחים עליהם ד' טפחים, דסכך פסול פוסל באמצע בד"ט, אלא דבאמת עצים דקים בודאי אין בעובין רוחב ד"ט].

וכל זה דוקא כשעושה סוכה למטה תחת הגג, אבל אם מסכך ע"ג הלאטע"ש, אע"פ שהן סמוכין זה לזה בפחות מג' טפחים, הרי זו כשרה, [**ואפי'** אם היו הלאטיש בנויות מקודם בלא גג, ג"כ שרי, וכמו שכתב בס"א בהג"ה בשם המרדכי, דכשהניח סכך כשר ע"ג סכך פסול מקרי עירוב, ומותר גם לישב תחתיהם, וע"ש בבה"ל]. **ואין** אומרים כאן לבוד, שיצטרפו כל העצים ויהיו נחשבין כעץ אחד רחב מסכך הפסול יותר מד"ט, שהוא פוסל הסוכה, כיון שסכך כשר מונח ביניהם אין מצטרפין.

אות ד' – ה'

בסכת תשבו, ולא בסוכה שתחת הסוכה

פעמים ששתיהן כשירות, פעמים ששתיהן פסולות, פעמים שתחתונה כשרה והעליונה פסולה, פעמים שתחתונה פסולה והעליונה כשרה

סימן תרכח ס"א - [ח]**סוכה שתחת סוכה, העליונה כשרה והתחתונה פסולה** - דכתיב: בסוכת, חסר וי"ו בין כ"ף לתי"ו, לשון יחיד, ובזה הוא יושב תחת שני סככין.

(**והעליונה כשרה מיירי כשהוא תוך עשרים, וראיתי מי שמסתפק, לרבא דס"ל טעם פסול סוכה שלמעלה מעשרים, הוא משום דדירת עראי בעינן דוקא, ולמעלה מעשרים אין יכול לעשותה עראי, בענינינו אי מותר לבנותה תוך כ' מגגה של תחתונה, אחרי שהיא גבוה יותר מעשרים מן הארץ, ולענ"ד פשוט דשרי, דהא איתא בגמרא ופוסקים, דיוכל לבנות הסוכה אפילו במחיצות של ברזל דהוא קבוע, אלא דצותה התורה שיבנה הסוכה בגובה באופן שתהיה יכולה להתקיים ע"י מחיצת עראי, ושיערו חכמים שהוא רק עד עשרים אמה, וה"נ בענינינו, הרי הסוכה העליונה שהיא פחותה מעשרים, ובה הוא רוצה לקיים מצות סוכה, יכולה להתקיים ע"י דפנות עראי, דהיינו מגגה של תחתונה ולמעלה עד סככה היה יכול לבנות עראי**).

[ט]**אבל אם אין ביניהם עשרה טפחים, או שיש ביניהם עשרה טפחים, אבל אינה יכולה לקבל כרים וכסתות של עליונה אפי' ע"י הדחק, [י]התחתונה כשרה אם היא מסוככת כהלכתה** - דהיינו שהיתה צילתה מרובה מחמתה, **ואפילו** אם העליונה היתה ג"כ צילתה מרובה מחמתה, לא מקרי סוכה תחת סוכה, כיון שהעליונה אין לה הכשר סוכה. **אבל** העליונה פסולה, דלא חזיא אפילו לדירת עראי.

[**ודע**, דה"ה אם סוכה העליונה אין לה רק סכך בלי דפנות, כגון שנעץ ד' קונדיסין על גג סוכה התחתונה, וסיכך על גבן, **או** שאין בדפנותיה ז' על ז', רוחב שיעור הכשר סוכה, **מתכשרה** התחתונה, דכל זמן שאין עליון ראוי לסוכה, לאו סוכה תחת סוכה הוא].

אפילו אם העליונה למעלה מעשרים - ולא אמרינן מה שכנגד סכך הפסול נחשב כאלו אינו, כיון שבעצם אין הסכך הזה סכך פסול, אלא שהוא למעלה מעשרים, לא מיקרי סכך פסול לפסול כנגדו, [**ומ"מ** אין ללמוד מכאן, אם העליונה אינה עשויה לצל, בענין דפסול משום תעשה ולא מן העשוי, דג"כ יוכשר התחתונה, מטעם דהסכך בעצמו אינו פסול, **דפסול** דתולמ"ה גרע טפי מפסול דלמעלה מעשרים].

ואם העליונה חמתה מרובה מצילתה, אז אפילו התחתונה יכולה לקבל כרים וכסתות של עליונה, התחתונה כשרה, דסכך של עליונה כמאן דליתא דמיא.

[יא]**ואם אינה מסוככת כהלכתה, ומתכשרת ע"י סכך העליונה** - והיינו שע"י שניהם היתה צילתה מרובה מחמתה, וכשרה התחתונה, **צריך שלא יהיה סכך העליונה גבוה מן הארץ למעלה מעשרים אמה** - [ודין זה של המחבר קאי בכל גווני, דהיינו בין שהסוכה עליונה היתה גבוה י"ט, והיתה ראוייה לקבל כרים וכסתות, ובין שלא היתה גבוה י"ט, ואינה יכול לקבל כרים וכסתות].

ואם היתה העליונה בעצמה צילתה מרובה מחמתה, אף העליונה כשרה, [גמרא].

(**והכלל: דלעולם אינו פוסל מטעם סוכה שתחת סוכה, אלא סכך שצילתו מרובה מחמתו, אבל חמתו מרובה מצילתו לא מקרי סכך לפסול מטעם סוכה שתחת סוכה, ולכן כשהתחתונה חמתה מרובה, ועליונה צילתה מרובה, וקיימא בתוך עשרים מהארץ, שניהם כשירים, וכששניהם צילתן מרובה, וקיימא עליונה למעלה מעשרים מסכך התחתונה, שניהם פסולין, וכשהתחתונה צילתה מרובה, ועליונה חמתה מרובה, וקיימא התחתונה בתוך עשרים, התחתונה כשרה והעליונה פסולה, וכשהתחתונה צילתה מרובה, וכן העליונה, וקיימא בתוך עשרים מהסכך של התחתונה, עליונה כשרה ותחתונה פסולה**).

באר הגולה

[ח] **משנה סוכה ט'** [ט] ‹מה שחסר כאן מהסעיף נמצא בדף י.› [י] **מימרא דרבי ירמיה וכגירסת** (רש"י) **ר"ת** ‹תוקן ע"פ המאמ"ר, היינו מש"כ "אפי' אם העליונה למעלה מכ'". **בפרק** קמא דסוכה: פעמים שתחתונה כשרה ועליונה פסולה, היכי דמי כגון שעליונה חמתה מרובה מצלתה, ותחתונה צלתה מרובה מחמתה, וקיימא תחתונה בתוך עשרים, **כך** כתבו בתוספות שגורס רבינו תם, כלומר אבל העליונה לא חיישינן בכל ענין דקיימא, ואפילו למעלה מעשרים לא מיפסלה התחתונה בהכי, משום דלמעלה מעשרים לא חשיב סכך פסול, מאחר שאין פיסולו מחמת עצמו, וכתב הר"ן שכן נראה שהיה גורס הרי"ף, **ומיהו** רש"י גורס: דקיימי תרווייהו בתוך עשרים, שהוא סובר דאי קיימא עליונה למעלה מעשרים, אמרינן בה מצטרף סכך פסול בהדי סכך כשר כדאמרינן במחובר – ב"י› [יא] **שם**

§ מסכת סוכה דף י. §

אות א'

<u>טפח על טפח ברום טפח מביא את הטומאה וחוצץ בפני הטומאה</u>

רמב"ם פי"ד מהל' טומאת מת ה"א - כל טפח על טפח ברום טפח קרוי אהל כמו שביארנו, וחוצץ בפני הטומאה ומביא את הטומאה.

אות ב' – ג'

<u>ושמואל אמר עשרה</u>

<u>אם אין התחתונה יכולה לקבל כרים וכסתות של עליונה, התחתונה כשרה</u>

סימן תרכח ס"א - [א]וה"מ שיכולה התחתונה לקבל כרים וכסתות של עליונה - ר"ל שחזקה לקבל הכרים וכסתות שאדם מניחן כדי לישן עליהן, [רש"י], ואדם יושב שם ואוכל סעודתו, **אז** היא נקראת בשם סוכה, וממילא מיפסלא התחתונה משום סוכה תחת סוכה, **ואפילו ע"י הדחק** - ר"ל שהגג של תחתונה שהיא קרקעיתה של העליונה, מתנענעה כשמשתמשין שם.

[ב]**ויש ביניהם עשרה טפחים** - היינו בין סככה של העליונה לקרקעיתה, דזהו שיעור הפחות בכל סוכה להכשירה, ועי"ז נוכל לקרוא הסוכה שתחתיה, בשם סוכה תחת סוכה, [**ואין** נ"מ בין אם היא בתוך כ' מקרקע שלה, או למעלה מעשרים מקרקע שלה, אף דהיא פסולה, מ"מ מקרי תחתונה סוכה תחת סוכה, דכיון שהיא למעלה מעשרים ומקרי סוכה קבוע, בודאי יש על התחתונה שם סוכה תחת סוכה].

אות ד' – ה'

<u>פירס עליה סדין מפני החמה או תחתיה מפני הנשר... פסולה</u>

<u>אמר רב חסדא לא שנו אלא מפני הנשר, אבל לנאותה כשרה</u>

סימן תרכט סי"ט - [ג]פירס עליה סדין מפני החמה, או תחתיה מפני הנשר - עד כאן לשון המשנה, ודעת המחבר בדעה א', דמפני החמה הוא כפשטיה, שהיתה הסוכה צילתה מרובה מחמתה, ופירס עליה הסדין להגן שלא תכנס החמה כלל, (אף אם כבר הגיע החמה לגוף של אדם), ומפני הנשר היינו שלא יהיו וכו',

[ד]**כלומר שלא יהיו עלין וקסמין נושרים על שלחנו, פסולה** - דהא קמסכך ומגין על עצמו בדבר המקבל טומאה, [רש"י, ובזה ניחא מה דמקשו עליה בתוס', דלמה יפסל מפני שמגין על האדם מפני החמה והעלין].

אבל אם לא פירס אלא לנאותה, כשרה - דכיון דהוי צורך סוכה, בטיל לגבה, [מרדכי, לסלק בזה קושיית התוס', ולפי מש"כ מעיקרא א"צ לזה], **ודוקא** כשהיתה הסוכה צילתה מרובה מחמתה וכנ"ל, דאל"ה פסולה. [ה]**והוא שיהא בתוך ד' לסכך** - דאם היה מרוחק יותר, לא בטיל לגבי הסכך בכל גווני, וכדלעיל בסימן תרכ"ז ס"ד.

[ו]**וי"א שסוכה שהיא מסוככת כהלכתה, וירא שמא ייבש הסכך או ישרו העלין ותהיה חמתה מרובה מצלתה, ופירס עליה סדין שלא תתייבש, או תחתיה שלא ישרו העלין** – (ר"ל שהיה סמוך ודבוק להסכך, ומונע בזה העלין שלא יוכלו ליפול), **כיון שהסדין גורם שעל ידו צלתה מרובה מחמתה, פסולה.**

אבל אם לא כיון בפריסת הסדין אלא להגין מפני החמה והעלין, או לנאותה - פי' אם היה מסוככת יפה, בענין שאין לחוש שע"י הנשר יהיה חמתה מרובה מצילתה, ולא הוצרך לפרוס עליה סדין אלא להגן מפני החמה או מן העלין הנושרין, **כשרה** - אפילו לישב תחתיו, דבטיל הוא לגבי סוכה, [אף שהסדין היה ג"כ ע"י צילתה מרובה מחמתה], (ואפי' אם החמה רק הגיע קרוב לסוכה), **ובלבד שיהא בתוך ארבע לסכך** - [וכל זה בחול, אבל בשבת ויו"ט, משמע מפמ"ג דדוקא בתוך ג' טפחים סמוך לסכך, דאל"ה יש לחוש משום חשש אוהל].

[ז]**ומיהו לכתחלה לא יעשה** - דלא יאמרו הרואים שכונתו כדי לסכך, [גמרא, דלא לימרו קמסככי בדבר המקבל טומאה], **ואפילו** שלא בשעת אכילה אסור, דיאמרו שמניחו שם גם בשעת אכילה, **אלא א"כ הוא ניכר לכל שמכוין כדי להגין, או שהוא שרוי במים, שאז ניכר לכל שאינו שוטחו שם אלא לייבש** – (מלשון זה משמע, דאפילו תחת הסכך יש להחמיר משום הרואים, דהא אלעיל קאי, שפירס הסדין תחתיה מפני הנשר, **ואולם** דעת הרוקח, דבתחת הסכך שהוא בסוכה גופא, אין לחוש מפני מראית העין, **מיהו** לדינא אין נ"מ כ"כ, דבלא"ה יש להחמיר בכל גווני, דמעיקר הדין הלכה כדעה ראשונה).

שמכוין כדי להגין - זהו רק לדעת הי"א שהזכיר מתחלה, אבל לדעה ראשונה, אף באופן זה אסור, **ועיין** בבה"ל דכן יש להחמיר למעשה, וכ"כ הב"ח וש"א, **ומ"מ** בשעת הדחק, שלא יכול לאכול בסוכה ע"י העלין הנושרין לתוך המאכל, או ע"י גשמים הנוטפין, או ע"י הרוח שמכבה הנרות, מוטב לפרוס סדין תחת הסכך בתוך ד' טפחים, משיאכל חוץ לסוכה, **אבל** לא יברך ע"ז "לישב בסוכה".

באר הגולה

[א] מהא דרב דימי דף י' [ב] שם [ג] משנה י' [ד] כפירוש רש"י וכ"כ הר"ן, וטעמא, כיון דלצורך אדם הוא, פסולה, משא"כ לנאותה, דצורך סוכה הוא, מרדכי [ה] י: בגמרא כרב חסדא ורבה בר רב הונא ‹עיין רש"י ד"ה אבל לנאותה› [ו] התוס' והרא"ש בשם תשו' הגאונים ושאר פוסקים [ז] טור מעובדא דמנימין עבדא דרב אשי, י':

היכי דמי כגון שהתחתונה צלתה מרובה מחמתה ועליונה חמתה מרובה מצלתה וקיימי תרוייהו בתוך עשרים ופעמים שהעליונה כשרה ותחתונה פסולה ה"ד כגון דתרווידו צלתן מרובה מחמתן וקיימא עליונה בתוך עשרים פשיטא תחתונה כשרה ועליונה פסולה איצטריכא ליה מ"ד ניגזר דילמא מצטרף סכך פסול בהדי סכך כשר קמ"ל כמה יהא בין סוכה לסוכה ותהא תחתונה פסולה אמר רב הונא טפח שכן מצינו באהלי טומאה טפח *(*דתניא) [א]טפח על טפח ברום טפח מביא את הטומאה וחוצץ בפני הטומאה אבל פחות מרום טפח לא מביא ולא חוצץ ורב חסדא ורבה בר רב הונא אמרי ארבעה שלא מצינו מקום [חשוב] פחות מארבעה ושמואל אמר [ב]עשרה מאי טעמא דשמואל כהכשרה כך פסולה מה הכשרה בעשרה אף פסולה בעשרה תנן רבי יהודה אומר אם אין דיורין בעליונה התחתונה כשרה מאי אין דיורין אילימא דיורין ממש אטו דיורין קא גרמי אלא לאו מאי אין דיורין כל שאינה ראויה לדירה והיכי דמי דלא גבוה עשרה מכלל דתנא קמא סבר אע"פ שאינה ראויה לדירה פסולה כי אתא רב דימי אמר אמרי במערבא [ג]אם אין התחתונה יכולה לקבל כרים וכסתות של עליונה התחתונה כשרה מכלל דתנא קמא סבר אע"פ שאינה ראויה לקבל פסולה איכא בינייהו דיכולה לקבל על ידי הדחק: **מתני'** [ד]פירס עליה סדין מפני החמה או תחתיה מפני הנשר או שפירס ע"ג הקינוף פסולה אבל פורס הוא על גבי נקליטי המטה: **גמ'** אמר רב חסדא [ה]לא שנו אלא מפני הנשר אבל לנאותה כשרה פשיטא מפני הנשר תנן מ"ד הוא הדין דאפילו לנאותה והאי דקתני מפני הנשר אורחא דמילתא קתני קמ"ל לימא מסייע ליה *[ו]סיככה כהלכתה ועיטרה בקרמין ובסדינין המצויירין ותלה בה אגוזין שקדים אפרסקין ורמונים *פרכילי ענבים ועטרות של שבולין יינות שמנים וסלתות אסור להסתפק מהן

עד

תוספות

אמר רב הונא טפח. אע"ג דלקמן פרק הישן (דף כב:) אמרינן חבוט רמי הכא לא שייך:

שלא מצינו מקום פחות מד'. הייט לענין רשות היחיד וכרמלית כדפירש בקונטרס ולענין גובה נמי אשכחן בריש חלון (עירובין דף עו.) ליחשב כפתח:

פירס עליה סדין מפני החמה. כתוב בתשובת הגאונים הא דקתני פירס עליה סדין מפני החמה או תחתיה מפני הנשר פסולה היכא דחמתה מרובה מצלתה בלא סדין אבל אם יש צלתה מרובה מחמתה כשרה ואין הסדין פוסלתה והייט כמו שפירשתי לעיל דאין מצטרף סכך פסול בהדי סכך כשר כיון דבלא פסול צלתה מרובה וכענין זה מפר"ת מפני החמה שמייבשת את הסכך ומתוך כך היה נעשה חמתה מרובה וכן תחתיה מפני הנשר ואם היו עלין נושרין היה חמתו מרובה והסדין מוגען מליפול וכיון שהסדין גורם שעל ידו צלתו מרובה מחמתו פסול אבל לפירוש הקונטרס קשה דלמה יפסל מפני שמגין על האדם מפני החמה ומן הקיסמין מאי שנא מלנאותה ועוד מצינו לקמן פרק הישן (דף כו:) בר' יוחנן ברבי אילעי כשהגיעה חמה למרגלותיו עמד ופרס עליו סדין:

עד

רש"י

(א) היכי דמי כגון שהתחתונה צלתה מרובה מחמתה והעליונה חמתה מרובה מצלתה וקיימי תרוייהו בתוך כ' עליונה כשרה ותחתונה פסולה היכי דמי כגון דתרוייהו צלתן מרובה מחמתן וקיימא עליונה בתוך כ' פשיטא תחתונה כשרה ועליונה פסולה איצטריכא ליה מ"ד ניגזר דילמא מצטרף סכך פסול כו' ול"ג בהא סיומא וכגון דקיימא עליונה כו'. ופירושו שתיהן כשרות ה"ד כגון שהתחתונה חמתה מרובה דסכך דידה כמאן דליתיה הוא דתרוייא מתכשרן בסכך העליון והוא דקיימא עליונה בתוך כ' לארץ דהוי סכך כשר אף להכשיר תחתונה: **שתיהן פסולות כו' וקיימא עליונה למעלה מכ'**. לגגה של תחתונה שהיא קרקעיתה של עליונה: **תחתונה כשרה ועליונה פסולה ה"ד כגון שהתחתונה צלתה מרובה כו'**. דסכך של עליונה לאו סכך הוא ולא מיפסלה תחתונה משום סוכה תחת סוכה ועליונה פסולה משום דחמתה מרובה מצלתה וכגון דקיימי תרוייהו בתוך כ' לארץ דאי עליונה למעלה מעשרים אף תחתונה פסולה משום דמצטרף סכך פסול בהדי כשר משום דסכך למעלה מעשרים פסולה אבל כי קאי בתוך כ' מצטרף ובלבד שלא יהא צלתה מרובה מחמתה דתפסיל תחתונה משום סוכה תחת סוכה: **ה"ד דתחתונה פסולה**. משום סוכה תחת סוכה: **וקיימא עליונה בתוך כ'**. לגגה של תחתונה דהוא קרקעיתה דעליונה: **פשיטא**. דכי חד מנייהו חמתה מרובה לאו סוכה תחת סוכה היא ומאי אשמעינן רבי ירמיה: **תחתונה כשרה ועליונה פסולה איצטריכא ליה**. כדקיימא עליונה בתוך כ': **מ"ד ניגזר**. למיפסל תחתונה משום זמנין דקיימא עליונה למעלה דלא מסיק אדעתיה למיחש התחתונה משום צירוף פסול עם כשר ומדחזי לעליון חמתה מרובה סבר כמאן דליתיה הוא ולא פסיל לתחתונה קמ"ל דלא גזרינן הא אטו הא: **וכמה יהא**. הפסק בין סכך לסכך ותפסול תחתונה משום סוכה תחת סוכה דלא נימא חד סוכה הוא: **טפח**. אבל בציר מטפח חד סככה הוא: **טפח על טפח ברום טפח מביא את הטומאה וחוצץ בפני הטומאה**. הלכה למשה מסיני הוא אבל פחות מטפח לא מביא ולא חוצץ לא מביא את הטומאה [אם] טומאה תחת ראשו אחד וכלים תחת ראשו שני והיא קורה ארוכה ורחבה טפח וראויה להביא טומאה לא מייתי משום דליכא רום הפסק טפח ממנו ולקרקע ולא חוצץ אם יש כלי על גבה כנגד הטומאה אפילו עד לרקיע טמא דטומאה רצוצה שאין לה אהל טפח בוקעת ועולה: **שלא מצינו מקום חשוב**. להיות רשות לעצמו לא כרמלית ולא רה"י פחות מארבעה כדאמר ביציאות השבת (דף ז:) והכא נמי לאו רשות לעצמו היא לאקרויי סוכה תחת סוכה: **כהכשרה כך פסולה**. משום שתי סוכות פסלה קרא וכי לית בה בעליונה הכשר סוכה לאו סוכה היא ולא פסלה: **אי נימא דיורין ממש**. שאין בה אדם: **אטו דיורין גרמי**. מכל מקום סוכה תחת סוכה היא: **אלא לאו שאינה ראויה לדירה והיכי דמי דלא גבוה י' מכלל דת"ק כו'**. וקשיא לשמואל מדרבנן: **כי אתא רב דימי אמר אמרי במערבא**. האי אין ראויה לדירה דקאמר ר' יהודה לאו בשאין גבוה קאמר דה"כ לת"ק נמי כשרה אלא כשאין בריאה וחזקה לקבל כסתות וכרים של עליונה וליגן תחתונה כשרה מהאי טעמא דשמואל דכהכשרה כך פסולה וכיון דעליונה לא חזיא למידר בה שהרי אין תחתונה מקבלתה לא פסלה: **ופרכינן מכלל דת"ק סבר כו'**. סוף סוף שמע מינה דרבנן לית להו דשמואל והוא הדין לשאינה גבוהה כו': **ומשני איכא בינייהו כו'**. דרבנן סברי כיון דיכולה לקבל בדוחק שם סוכה על העליונה ומיפסלא התחתונה ורבי יהודה סבר כיון דליכא תשמישא להדיא לאו שם סוכה עלה דעליונה: **מתני' הנשר**. שלא יהו עלין וקיסמין נושרין על שולחנו וסדין דבר המקבל טומאה הוא ופסול לסכך כדלקמן (דף יא.): **או שפירס על גבי קינוף**. כלומר או אפילו לא פירסו מפני הנשר אלא לנוי על מטתו: **על גבי קינוף**. הן ד' קונדיסין לד' רגלי המטה וגבוהין ומניח כלונסות מזה לזה על גביהן ופורס עליהן סדין ומרחיקן מן הסכך דהשתא לא משום מסכך בדבר המקבל טומאה מיפסלא דהא לאו לסכוכי שטחם התם: **פסולה**. משום דאינו יושב בסוכה דאהל מפסיק ביניהם: **אבל פורס הוא על גבי נקליטי המטה**. שאינן אלא שנים והן יוצאין באמצע מטה אחד למראשותיה ואחד לרגליה וטתנין כלונסא מזה לזה ופורסין עליו סדין והוא משפע לכאן ולכאן ומשום דאין לה גג טפח רחב למעלה לא מיקרי אהל: **גמ' ל"ש אלא מפני הנשר**. דשויה סכך להגין הלכך מפסיל משום מקבל טומאה: **אבל לנאותה**. אין שם סכך עליה וכשירה וי"מ טעמא דפסולה משום שני סככים ואי אפשר דה"כ לרב חסדא לא מפסיל אלא אם כן מופלג ד' דהא איהו אמר לעיל ארבעה וכיון דמיפלגי ד' תו לא מצי למימר אבל לנאותה כשרה דהא איהו פסיל לקמן בנויי סוכה המופלגין ד' מן הסכך משום שני סככין: **בקרמין המצויירין**. מעשה אורג כגון בגדי לבטונין שקורין אוברייי"ן: **ובסדינים המצויירין**. שצורתן בולטת כגון מעשה רוקם או מעשה אורג שקורין גלינסק"ש: **יינות שמנים**. נותנין בכוסות של זכוכית לנוי:

הכל

רבינו חננאל

פשוטות הן. כיון ששנינו העליונה כשרה והתחתונה פסולה אמרי' וכמה יהא בין סוכה לסוכה. כמה יהא חלל בין סכך לסכך ותהיה התחתונה פסולה. אמר רב הונא טפח שכן מצינו באהלי טומאה טפח. רב חסרא אמר ד' טפחים שלא מצינו מקום [חשוב] פחות מד' טפחים ושמואל אמר י' טפחים כהכשרה. כלומר אין התחתונה פסולה עד שיהיה בעליונה הכשר סוכה. ודייקינן מדברי ר' יהודה דתני [אם] אין דיורין בעליונה התחתונה כשרה. ואוקימנא כשאינה ראויה לדירה מכלל דת"ק סבר אע"פ שאין העליונה ראויה לדירה כשרה קשיא לשמואל ושנינן אין [ראויה] לדירה מרווחת. אבל ראויה לדירה ע"י הדחק היא. וכן אהא דאמרינן במערבא כל שאין העליונה יכולה לקבל כרים וכסתות של העליונה כולי שניא הכא והכא חדא התם לדירה והכא לקבל ע"י הדחק: **פיסקא** פירש עליה סדין מפני החמה או תחתיה מפני הנשר ... פרפין דסוכה נתרין על המסעמים בעידנא דאכיל. או שפרס סדין ע"ג הקינופות שהן ד' קינופות בד' קצות המטה פסולה. אבל פורס הוא על נקליטי המטה שהן שנים באמצע המטה כתרגומין ... רב ביבי בש"ר יוחנן שכן הוא עושה חלל באצילי ידיו. כלומר אם הוא מכוסה בסדין ומעמיד ב' זרועותיו וב' ידיו עומדות על גופו והסדין עליהן נמצאו זרועותיו בולטין ועולין מצדדין כנקליטי המטה ... עליהם. לפיכך ע"ג נקליטין כשרה כי כזרועותיו הן חשובין. פירש גאון קינופות עמודין עומדין במטה ועליהן מלמעלה ד' עמודים ברוחב ופורסין עליהן סדינין ונקראין בבבל פראמה. נקליטי ב' עמודין עשויין כפתח העשוי בפאת המטה שהיא מסגרתת מב' צדדין. אמר רב חסדא זו ששנינו פסולה דווקא מפני הנשר אבל לנאותה כשרה. ואתינן לסיועי מהא דתניא סככה כהלכתה ועיטרה בקרמין

עין משפט נר מצוה

סא א מיי' פ"ג מהלכו' טומאת מת הלכה א:

סב ב ג מיי' פ"ה מהל' סוכה הלכה כב סמג עשין מג טוש"ע א"ח סי' תרכח סעיף א:

סג ד ה מיי' שם הלכה יז סמג שם טוש"ע א"ח סי' תרכט סעיף יט וסימן תרכז סעיף ד:

סד ו מיי' פ"ו מהלכות סוכה הלכה טז סמג שם טוש"ע א"ח סימן תרלח סעיף ב:

[נ"ל דתנן]

[פי' אשכולות של ענבים שכן כרותין עם זמורה. ערוך]

מסורת הש"ס

אהלות פ"ג מ"ז [נדה כו.]

ביצה ל: שבת כב. מה. [תוספתא פ"א]

הגהות הב"ח

(א) רש"י ד"ה היכי דמי וד"ה שתיהן וד"ה תחתונה כשרה כו' סד"א:

עיין בבה"ל, דלפי מה שהסכימו אחרונים, דיש להחמיר כדעה ראשונה, יש ליזהר שלא לפרוס אפי' לייבש, אלא שלא בשעת אכילה, (**דהגם** די"ל דדוקא בפורס כדי להגן על עצמו מפני החמה והנשר, **שם סכך** ע"ז ומקרי מסכך בדבר המקבל טומאה, משא"כ כשטשטחו כדי לייבשו אין שם סכך עליו ושרי, מ"מ יש סברא להחמיר, דדוקא לנאותו שהוא צורך סוכה, משא"כ בזה שהוא צורך בגד, אינו בטל לגבי סוכה).

סימן תרכ"ז ס"ד - [ח]פירס סדין תחת הסכך לנוי - וה"ה אם עיטרה בשאר מינים שאין מסככין בהם, כגון שתלה תחת הסכך כולו מיני אוכלים וכלים נאים כדי לנאותה, [גמרא].

אם הוא בתוך ארבעה טפחים לגג, כשרה - דבטלים הם לגבי הסכך, ומותר אפי' לישב תחתיהן.

ואם הוא רחוק ד' טפחים מן הגג, פסולה - היינו כשיש בהן שיעור ד' טפחים, דהוא כשאר סכך פסול ששיעורו הוא בזה, **ואם** הוא באמצע, פוסל כל הסוכה מטעם זה.

דכיון שרחוקים ד' טפחים מן הסכך, חשיבי באפי נפשייהו ולא בטלי גבי סיכוך, ונמצא שאינו יושב בצל סוכה אלא בצל נויי סוכה, [ט]**ואפילו** אם אותן הנויין חמתן מרובה מצילתן, ג"כ אסור, **ויש שמקילין** בשהיה חמתן מרובה מצילתן.

[י]ואם אינו לנוי, אע"פ שהוא בתוך ארבעה טפחים, פסולה - וה"ה אפילו אינו מופלג מן הסכך טפח, אלא נקט ד' איידי דרישא.

(**ואם** אינו לנוי, ר"ל, דלאו דוקא מפני הנשר פסולה, דאפילו שלא מפני הנשר, כל שאינו לנוי פסול, דלא בטיל לגבי סוכה, **ועיין** בביאור הגר"א, דכלל בזה אם פירס הסדין כדי לנגבו, דהוא צורך הבגד, דפסול, **ואף** דהשו"ע העתיק בסוף סימן תרכ"ט לשון הטור להקל, **דבריו** שם לא קאי רק לדברי הי"א שהביא מתחלה, ולדידיה ודאי שרי לצורך הבגד, ולא לדעה ראשונה הנזכר שם בתחלה), ‹ועיין בבה"ל ס"ס תרכ"ט›.

ויש ליזהר שלא לתלות שום נוי סוכה רק בפחות מד' לסוכה (מהרי"ל) - ר"ל אף דמדינא אין לאסור רק ברוחב ד"ט וכנ"ל, מ"מ יש ליזהר לכתחלה אפילו אינו רחב ד' טפחים, שיש לחוש שמא יעשה נוי הרבה עד שיהא בהן שיעור זה, וישב תחתיו, **ולפי"ז** אין לתלות פירות או כלים וכדומה, דבר שפסול לסכך בהן, אפילו לנוי, אלא בתוך ד"ט לסכך.

ומ"מ לענין תליית מנורות בסוכה נגד השלחן, א"צ להחמיר שיהיו בתוך ד"ט, ואדרבה יותר טוב ונכון להרחיקן מן הסכך כל מה שיוכל, [ואין רשאי להחמיר בזה, עיין בחו"מ סי' תי"ח ס"ג וד', ‹שיש להרחיק אש ממקום שהיא עלולה להזיק בו›, **ולבר** מן דין, יש פוסקים שסוברין, דאין להחמיר בדינא דמהרי"ל רק באם צילתה מרובה מחמתה, וכמ"ש בפנים, ‹דיש שמקילין בשהיה חמתן מרובה מצילתן›, **והגם** דאם יש שיעור ד"ט בודאי נכון לתפוס כדעת המחמירים, עכ"פ בזה דהוא חומרא בעלמא יש להקל בזה, **וגם** דענין המנורות אין רגיל לתלותן רק נגד השלחן, ואין שייך בזה שמא ישב תחתן].

אות ו'

סיככה כהלכתה ועיטרה בקרמין ובסדינין המצויירין ותלה בה אגוזין שקדים אפרסקין ורמונים פרכילי ענבים ועטרות של שבולין יינות שמנים וסלתות, אסור להסתפק מהן עד מוצאי יום טוב האחרון של חג, ואם התנה עליהם הכל לפי תנאו

סימן תרל"ח ס"ב - [יא]וכן אוכלים ומשקים שתולין בסוכה כדי לנאותה - בין שתלויין בסכך ובין שתלויין בדפנות, [גמרא דף י':], **אסור להסתפק מהם כל שמנה** - דביזוי הוא להמצוה כשמסתפק מהם, **אפילו נפלו** - דכיון דאיתקצאי לביה"ש, איתקצאי לכל היו"ט, **ואפילו** נפלו בחוה"מ אסורין.

(זהו אם תלאן קודם ביה"ש ראשון, **ואם** תלאן ביום א' או בחוה"מ, מתחיל איסורו מן בין השמשות הראשון שאחר זה עד סוף יו"ט, **אבל** מן עת התליה עד הערב לא מיתסרא).

(עיין בשו"ת חתם סופר, באחד שהיה לו אתרוג מיותר, ותלאו בהסוכה לנוי, ואח"כ ביו"ט בא אחד מן הכפר שלא מצא אתרוג לקנות, **והורה** שמותר ליטול האתרוג התלוי בסוכה לנוי ולצאת בו, ונהי דביו"ט אסור בטלטול משום מוקצה, מ"מ בחוה"מ שמותר לטלטלו, ה"ה דמותר לצאת בו, דמצות לאו להנות ניתנו, **ועוד** דהא דאסור ליהנות הוא משום ביזוי מצוה, וכאן ליכא ביזוי, דמעיקרא הוי רק נוי מצוה, והשתא מצוה גופא ומברכים עליו, **ומסיק** דמותר נמי לבעל האתרוג ליקח מעות מחיר האתרוג, ע"ש טעמו).

(וביו"ט ושבת אסור לטלטלם דמוקצים הם) (טור) - (היינו בין כשתלויין על הכותל ובין כשנפלו), **והיינו** אפי' לדעת המתירין לעיל בסי' תצ"ה, מוקצה ביו"ט כמו בשבת, במוקצה כזה לכו"ע אסור, דהוקצו למצותן.

(**ואם** נפלו הנויין על השולחן וא"א לאכול, י"א דמשום אוכל נפש ביו"ט מותר לטלטל המוקצה ולהסירן, **והפמ"ג** מסיק, דאם אפשר ע"י טלטול מן הצד, לנער הטבלא וכדומה, יעשה ולא יטלטל בידים, ע"ש, **ולענ"ד** אם קסמי הסכך נושרין הרבה על השלחן, אפשר דמותר לטלטל אף בשבת להסירן אם נמאס מזה, מידי דהוי אגרף של רעי).

אבל בחוה"מ לא שייך איסור טלטול, וע"כ אם נפלו מותר לטלטלן ולהחזירן למקומן.

באר הגולה

ח כרב חסדא ורבה בר רב הונא ‹דף י'›, הרי"ף ורא"ש ורמב"ם ט ‹ומדקאמרי לה סתמא, משמע אפי' בשחמתן מרובה מצלתן, והרא"ה ז"ל לא כ"כ – ר"ן›

י רא"ש יא ברייתא ביצה ל'

ואם יודע שהילדים יאכלו מהם, מוטב שלא לתלותם, שינתקו החוטים ויבואו לידי חלול שבת, וגם שמא יבואו לאכלם, **אכן** אם יכול לתלותם בגובה, שלא יוכלו הילדים להגיע לשם, או שאין לו ילדים, מצוה לתלות נוי סוכה, **גם** בשל"ה כתב, דראוי ליפות הסוכה בקרמין וסדינין, ולתלות בה פירות חשובין.

ואם התנה עליהם בשעה שתלאם - בא לאפוקי דלא נימא דוקא סמוך לבין השמשות, [יב]**ואמר: איני בודל מהן כל בין השמשות** - דיש תחלת בין השמשות ויש סוף בין השמשות, ובעינן שלא יבדול מהן כל זמן בין השמשות, **(של ח' ימים) (ב"י בשם א"ח)** - פי', לאפוקי כשאמר: איני בודל מהן כל ביה"ש של עיו"ט הראשון, דאז חיילא קדושה עכ"פ בבין השמשות של שאר יומי, ואסור מיו"ט שני עד סוף יו"ט, **ואי** אמר סתם: איני בודל מהן כל בין השמשות, אפשר דכלול בזה כל שמונת הימים, **הרי זה מסתפק מהם בכל עת שירצה** - פי' אפילו כשהן תלוין, וכ"ש דהתנאי מהני להנות מהן כשיפלו, **שהרי לא הקצה אותם, ולא חלה עליהם קדושת הסוכה, ולא נחשבו כמותה.**

[יג]**ודוקא שמתנה בזה הלשון, אבל אם אמר: אני מתנה עליהם לאוכלם כשיפלו, אינו כלום.**

[יד]**ואם אמר: אני מתנה עליהם לאכלם אימתי שארצה, מהני, שגם בין השמשות בכלל** - מיירי ג"כ שאמר בשעה שתלאם, או עכ"פ קודם בין השמשות.

הגה: וצריך לעשות התנאי קודם בין השמשות הראשון (ד"ע כסברת א"ח שהביא הב"י ולא כמהרי"ל) - דכיון שנכנס ביה"ש איתקצאי, **ולפי** מאי דמסקינן, דביה"ש מתחיל תיכף אחר שקיעה, צריך לעשות התנאי קודם שקיעה.

ודוקא ביה"ש הראשון, דאל"כ כיון דחייל איסורא בביה"ש קמא, ממילא חייל בכולהו, דכיומא אריכתא דמי לענין זה, ולא מהני תו תנאי, [**ורק** לחומרא אמרינן זה ולא להקל, כגון אם אמר: איני בודל כל ביה"ש של עיו"ט הראשון, לא מהני זה לענין שאר יומי, **ואפשר** הטעם, כיון שייחד ואמר, משמע דמשאר ביה"ש רצונו לבדול מהן].

יש מן האחרונים שכתבו, דבזמן הזה אין נוהגים להתנות (מהרי"ל) - משום דלא בקיאי שפיר בתנאי, **ויש** מאחרונים שמפקפקין בטעם זה, דהלא לשון התנאי מפורש בגמרא, ואין שייך בקיאות.

והכי נהוג בנויין התלוים בסכך; אבל בנויין שנותנים בדפנות, כגון סדינים המצויירים, נוהגין לטלטלם מפני הגשמים אפילו בלא תנאי, משום דיש אומרים דאין איסור אפילו בדפנות עצמן, כ"ש בנויין; ומכל מקום טוב להתנות עליהם (ד"מ).

הרבה אחרונים השיגו ע"ז, ודעתם דנוי סוכה בודאי אסורים בלא תנאי מדינא, דנוי כסכך הן, **ועיין** בט"ז שהסכים להקל בסדינים המצויירים, שיש חשש מפני גנבים, אנן סהדי שלא תלאן לשם מתחלה להיותן שם תמיד, ע"כ לא איתקצו כלל, ואפילו לא התנו, [**ולפיכך** מותר להסירן מהם אימתי שירצה, ואפי' שלא בשעת הגשם, ואפי' אין שם חשש מן הגנבים, שהרי לא חלה עליהן קדושת הסוכה מעולם], **ומ"מ** לכתחלה טוב להתנות כמו שכתב הרמ"א, דהיינו שיאמר קודם ביה"ש: איני בודל מהן כל ביה"ש, וכנ"ל.

מי שדעתו להסיר נוי הסוכה ביו"ט מפני הגשמים והגנבים, יזהר מתחלה שלא יקשור הנויין בסוכה בקשר גמור, שהרי אסור להתירן ביו"ט, אלא יענבם.

אין לעשות דפנות הסוכה מיריעות שעטנז, וכן לא יתלה שעטנז לנוי, אא"כ גבוהין מתשמיש אדם.

אסור לחקוק פסוק "בסוכות תשבו" על דלעת וכיוצא בו ולתלותו בסוכה, דיבוא לידי בזיון, **וגם** שאסור לכתוב פסוקים מן התורה אא"כ יש בהן ספר שלם, כמו שנתבאר ביו"ד סימן רפ"ג, **ואע"ג** דנוהגין היתר, להתלמד בהן דוקא, אבל שלא לצורך אסור.

עוד כתבו, דאף אחר סוכות לא יפסע על עצי סוכה, דתשמישי מצוה הם כמו ציצית ולולב, **וע"כ** יש למחות באנשים שזורקין אחר סוכות עצי הסכך לחוץ, במקום שרבים רגילין לפסוע עליהן, ואפילו איננו מקום אשפה.

אם סכך בהדס, או תלה בסוכה אתרוג לנוי, מותר להריח בו, דלא הוקצה מריח; רק שלא יגע בו, דאסור בטלטול - דאף דסתם הדס עומד להריח, הכא דסיכך בו כמו בשאר עצים, אמרינן דממעשה עצים אקצייה, מלשמש ולהבעיר, ולא מריחו, **ואה"נ** דאם היה תולה אותו בסוכה לנוי, בודאי אקצייה מריחו, [**ולדעת** הט"ז שכתב, דהא דאין ניאותין היינו דוקא ליטול משם, משום דבזה תיבטל קדושתה, אבל בעוד שהיא קיימת, מותר לסמוך עליה, ולסמוך שום דבר עליה, א"כ ה"נ אפי' בתלה הדסים לנוי, מותר להריח בהן, **אכן** אם ירצה ליטול ההדסים מן הדפנות ולהריח בהן, בודאי גם להט"ז אסור], **ובאתרוג** אף דתלהו לנוי מותר להריח בו, דעיקרו עומד לאכילה ולא להריח, ע"כ אמרינן דמאכילה אקצייה ולא מריח.

ויש אוסרים בהדס (ר"ן ס"פ לולב הגזול) כדלקמן סימן תרנ"ג - אבל באתרוג לכו"ע מותר, דעיקרו עומד לאכילה, ומאכילה אקצייה, **ועיין** בט"ז שפסק להתיר כדעה הראשונה, וכן העתיק בדה"ח.

באר הגולה

יב אוקימתא דאביי ורבא ביצה ל' | יג טור ושאר פוסקים מהא דאביי ורבא לעיל | יד טור בשם בה"ג

עין משפט נר מצוה

סה א מיי' פ"ו מהל' סוכה הלכה יח סמג עשין מג טוש"ע א"ח סי' תרלח סעיף ג:

סו ב מיי' שם סמג שם טור ש"ע א"ח סי' תרכט סעיף יט:

סז ג מיי' שם הלכה כג סמג שם טוש"ע א"ח סי' תרכו סעיף ג:

רבינו חננאל

בקרמין ובסדינין המצויירין ותלה בה אגוזים ואפרסקין כו' אסור להסתפק מהן עד מוצאי יו"ט האחרון ואם התנה עליהן בשעה שעיטרה ע"מ שיסתפק מהן כל ימי המועד מותר להסתפק מהן אפילו ביום טוב קתני מיהא עיטרת בקרמין ובסדינין כרב חסדא ודחי רב אשי דלמא כי מכשר האי תנא בעיטרה מן הצד אבל תחת הסכך פסולה ודלא כרב חסדא. עבדיה דרב אשי איטמישא כתנתיה במיא ושטחת ע"ג סוכה כדי להתייבש. וא"ל הסר אותה שלא יאמרו הרואין אותה ע"ג סכך הסוכה דמסככין בבגד. ופשוטה היא. *) פירוש הסדינין שמעטרין הסוכה בהן שאינן דבוקות בדפנות אלא אמרו פסול' וקיי"ל יחיד ורבים הלכה כרבים. אמר רב יהודה אמר שמואל מותר לישן בכילה בסוכה אע"פ שיש לכילה זו גג טפח. ובלבד שלא תהא גבוהה (ששה) [עשרה] טפחים ואקשינן עליה ממתני' דקתני הישן (בטטה) [תחת המטה] בסוכה לא יצא י"ח. ומשני בטטה גבוהה י' טפחים. והרי קנופות דאינן גבוהות י' טפחים דתניא בהדיא נקליטין שנים וקנופות ד'. פירס ע"ג קנופות פסולה. ע"ג נקליטין כשרה. ובלבד שלא יהו נקליטין גבוהין מן המטה עשרה טפחים. מכלל דקנופות אע"פ שאין גבוהה עשרה טפחים פסולה. ודאי שאני קינופות דקביעי בטטה ואפילו פחות מי' כיון דקביעי אהל הן. והרי סוכה אע"ג דקביעת ואמר כהכשרת כך פסולה. כלומר אינה עליונה חשובה אהל עד שיהא בה חלל י' טפחים ודחינן התם לגבי סוכה ע"ג סוכה דלמפסלא לסוכת קא אתי בעי' שמואל י' טפחים ואמר כהכשרה כך פסולה אבל הכא **)בכילה דלשוויא אהלא קא בעי בבציר מי' טפחים לא הוי אהלא. הא דאמר שמואל הישן בכילה ערום מוציא ראשו חוץ לכילה וקורא ק"ש אוקימנא בשאינה גבוהה י' טפחים (וכי הכילה) [ולכן] אמרינן חזינא לה כמאן דהבישא רמיא על גופו היא וכלבוש עשוי אבל אם היא עשרה טפחים לא יוציא ראשו חוץ לחלון ויקרא. דייקינן מנה מדקתני למה זה דומה

גמרא

עד מוצאי יום טוב האחרון של חג ואם התנה עליהם הכל לפי תנאו דלמא מן הצד אתמר נויי סוכה אין ממעטין בסוכה אמר רב אשי *ומן הצד ממעטין מנימין עבדיה דרב אשי איטמישא ליה כתונתא במיא ואשתטחא אמטללתא אמר ליה רב אשי דלייה דלא לימרו קא מסככי בדבר המקבל טומאה והא קא חזו ליה דרטיבא לכי יבשה קאמינא לך אתמר נויי סוכה המופלגין ממנה ארבעה רב נחמן אמר כשרה רב חסדא ורבה בר רב הונא אמרי [ב]פסולה רב חסדא ורבה בר רב הונא איקלעו לבי ריש גלותא אגנינהו רב נחמן בסוכה שנוייה מופלגין ממנה ארבעה טפחים אשתיקו ולא אמרו ליה ולא מידי אמר להו הדור בהו רבנן משמעתיהו אמרו ליה *אנן שלוחי מצוה אנן ופטורין מן הסוכה אמר רב יהודה אמר שמואל [ג]מותר לישן בכילה בסוכה אע"פ שיש לה גג והוא שאינה גבוהה עשרה תא שמע הישן בכילה בסוכה לא יצא ידי חובתו הכא במאי עסקינן כשגבוהה עשרה מיתיבי *הישן תחת המטה בסוכה לא יצא ידי חובתו הא תרגמה שמואל במטה גבוהה עשרה ת"ש או שפירס על גבי קינופות פסולה התם נמי דגביהי עשרה והא לא קתני הכי דתניא נקליטין שנים וקינופות ארבעה פירס על גבי קינופות פסולה על גבי נקליטין כשרה ובלבד שלא יהיו נקליטין גבוהין מן המטה עשרה מכלל דקינופות אף על פי שאין גבוהין עשרה שאני קינופות דקביעי והרי סוכה על גבי סוכה דקביעא ואמר שמואל כהכשרה כך פסולה אמרי התם דלמפסל סוכה בעשרה הכא דלשויי אוהלא בציר מעשרה נמי הוי אוהלא אמר רב תחליפא בר אבימי אמר שמואל הישן בכילה ערום מוציא ראשו חוץ לכילה וקורא קריאת שמע מיתיבי הישן בכילה ערום לא יוציא ראשו חוץ לכילה ויקרא קריאת שמע הכא במאי עסקינן כשגבוהה עשרה ה"נ מסתברא מדקתני סיפא הא למה זה דומה לעומד בבית ערום שלא יוציא ראשו חוץ לחלון ויקרא קריאת שמע שמע מינה

ובית

רש"י

הכל לפי תנאו. וכגון דאמר איני בודל מהם כל בין השמשות של יום טוב הראשון דלא חל קדושה עלייהו והכי מוקים לה במסכת ביצה בהמביא (דף ל:) ותנאה אחרינא לא מהני בהו קתני מיהת סדינין והייט כייעתא: דילמא מן הצד. לדפנות קאמר אבל למעלה אימא לך אפילו לנאותה נמי מסכך במקבל טומאה קרי לה: אין ממעטין. קרמין הפרוסין למעלה לנוי אין ממעטין בגבוהה מעשרים להכשירה דלאו מין סככה נינהו דאי סכך הוו הוה מיפסלה משום מקבל טומאה ולא לפוסלה משום פחותה מי': ומן הצד ממעטין. לה משיעור ז' טפחים דהא אינה מחזקת ראשו ורובו ושולחנו: איטמישא. נישורה במים: והא קחזו לה דרטיבא. שהיא לחה ומוכחא מילתא דלנגבה שטחוה ולא לסכך: לכי יבשה קאמינא לך. דתשקלה: נויי סוכה. סדינין הפרוסין תחת סכך לנוי: פסולה. משום אהל מפסיק ואשתכח דלא גני בסוכה ולרב נחמן כיון דלנוי סוכה יהבינהו בטלה לגבה: רב נחמן. אב בית דין היה ונגיד ומטה בבית ראש גולה ועושין על פיו: שלוחי מצוה אנן. להקביל פני ראש גולה דחייב אדם להקביל פני רבו ברגל ופטריק כדתנן לקמן (דף כה.) שלוחי מצוה פטורין מן הסוכה: כילה. הפרוסה סביבות המטה ואע"פ שיש לה גג שאין גגה משופע כשל נקליטין אלא שוה כשל קינופות: והוא שאינה גבוהה עשרה. מן המטה דבליר מגובה עשרה לאו אוהלא הוא: הא לא קתני הכי. בברייתא דמפרש להו בגוה דהכי תנא נקליטין שנים כדפירשתי לעיל יוצאין באמצע המטה למראשותיה ולמרגלותיה: דקביעי. אבל כילה לא קביעה בחזקה כקינופות הלכך כי לא גבוהה עשרה לא חשיב: התם דלמפסל סוכה. קאתייה משום סוכה תחת סוכה: כהכשרה כך פסולה. כל כמה דלא מקרייא עליונה סוכה לא מיפסלא תחתונה: הכא דלשויים אוהלא. שלא ישן תחתיו אבל שאר הסוכה כשרה: בליר מעשרה נמי הוי אוהלא. היכא דקביעה: וקורא קריאת שמע. דכיון דלאו אהל הוא לא אמרינן למקום שרובו שם ראשו נזרק וליתסר משום לא יראה בך ערות דבר אלא הרי הוא כמוליא ראשו חוץ לחלוקו:

הכי

תוספות

עד מוצאי י"ט האחרון של חג. לקמן בפ' לולב וערבה (דף מו: ושם) מפרש מאי שנא מאתרוג דשרי ביום טוב האחרון ומסיק משום דסוכה אי אתרמי ליה סעודתא בין השמשות בעי למיכל בסוכה ומיגו דאיתקצאי לבין השמשות איתקצאי לכולי יומא אבל אתרוג לא חזי בין השמשות דמעיקרא קדים נפיק ביה ואף על גב דממ"נ מוקצה הוא בין השמשות דשמא יום הוא והוי שביעי של חג לא שייך כי האי גוונא לאוסרו בשמיני במיגו דאיתקצאי לבין השמשות מאחר דלא נאסרה אלא מחמת יום שעבר וכן משמע בפ"ד (שם) גבי הפריש ז' אתרוגים לז' ימים דאמרינן התם דכל אחת ואחת יוצא בה ואוכלה למחר ולא אסרינן למחר אף על גב דאיתקצאי בין השמשות משום ספיקא דיום שעבר ומהאי טעמא גבי שבת ויום טוב בפ"ק דביצה (דף ד.) דאמר רב נולדה בזה אסורה בזה מפרש טעמא משום הכנה ולא בעי למימר מיגו דאיתקצאי אע"ג דרב כרבי יהודה סבירא ליה דאית ליה מוקצה וכן שני ימים טובים של גליות דנולדה בזה מותרת בזה ובפרק בכל מערבין (עירובין דף לח:) גבי לגין של טבול יום שמלאוהו מן החבית של מעשר טבל ואמר הרי זה תרומת מעשר לכשתחשך דבריו קיימין ואם אמר ערבו לי בזה לא אמר כלום משום דסוף היום של ע"ש קונה עירובו או משום דבעינן סעודה הראויה מבעוד יום הא אם תחילת יום של שבת קונה עירוב ולא בעי סעודה הראויה מבעוד יום הוי עירוב ולא אמרינן לאו ראויה היא בשבת מיגו דאיתקצאי בין השמשות משום יום שעבר וכל הני לא דמו לסוכה דאסרינן משום דאי איתרמי ליה סעודתא בין השמשות אף על גב דלא מיחייב למיכל בה אלא משום ספיקא יום שעבר (א) שאני סוכה דמכל מקום חייב למיכל בה מחמת מה שיהיה ומאן דאסר התם אתרוג אפילו בשמיני ופירש שם בקונטרס מיגו דאסור בין השמשות בשמיני משום דספק יום דשביעי הוא איתקצאי לכולי יומא אלמא אהני מיגו דאיתקצאי משום יום שעבר לאסור בשמיני לא יתכן דאפילו רב אסי דאסר ביצה פ"ק דביצה (דף ד:) בשני ימים טובים של גליות לא אסר אלא משום דמספקא ליה אם קדושה אחת הן או לא אלא הייני טעמא משום דגזר אתרוג אטו סוכה ומיהו אין ראיה מרב אסי למאי דגרים לקמן פ' לולב וערבה (דף מו:) הפריש שבעה אתרוגים לשבעה ימים רב אסי אמר כל אחת ואחת יוצא בה ואוכלה למחר דקסבר לכולי יומא איתקצאי ותו לא ושרי ליה למחר ולא אסר ליה במיגו דאיתקצאי לפיכך דוחק התלמוד לפרש טעמא גבי ביצה משום דמספקא ליה והפריש שבעה אתרוגים לשבעה ימים דקאמר רב בפ' לולב וערבה כל אחת ואחת יוצא בה ואוכלה לאלתר אע"ג דרב כר' יהודה סבירא ליה לא אסר למיכלה ביומא במיגו דאיתקצאי דלמצותה לחודה איתקצאי ותו לא והיכא דמיקלע שבת במוצאי יום טוב של חג טוהגין איסור להסתפק מנויי סוכה עד מוצאי שבת ולכאורה שרי דמאיזה טעם נאסור [אי] משום דקדושה אחת היא שבת ויום טוב האמר רב פ"ק דביצה (דף ד.) הלכה כארבעה זקנים ואליבא דר' אליעזר דאמר שתי קדושות הן ואי משום הכנה מה הכנה יש כאן: נויי סוכה. קרמים הפרוסים למעלה לנוי אין ממעטין בסוכה גבוהה מכ' להכשירה דלאו מין סככה הוא דאי סככה הוי הוה מיפסל משום דמקבל טומאה ולאו לפוסלה משום פחותה מי' כך פירש בקונטרס ולא דמי להוצין יורדין לתוך י' דפסלינן לעיל (דף ד.) משום דירה סרוחה דשאני הכא דלנוי עשויין: שלוחי מצוה אנן. וכגון שהיו מתבטלים מן המצות אם היו מחזרין אחר סוכה אחרת: ובלבד שלא יהיו נקליטין גבוהין מן המטה עשרה. מן הדין אפילו גבוהין י' שרי דלא חשיבי אהל להפסיק כיון דאין בגגו טפח דהא בשילהי פירקין (דף יט:) מסקינן דכן הלכה סוכה העשויה כמין צריף פסולה לפי שאין לה גג דשפועי אהלים לאו כאהלים דמו ומינה דייק רב יוסף בגמרא דמותר לישן בכילת חתנים בסוכה והא דאסרינן הכא גבוהין עשרה היינו מדרבנן ודוקא בנקליטין דקביעי אבל כילת חתנים דלא קביעי אפילו גבוה י' שריא כי היכי דהחמירו בקינופות לאסור אפילו אין גבוהין י' משום דקביעי ובכילת חתנים דלא קביעי שרי אפילו בית לה גג וכדאמרינן לאידך לישנא דנקליטין לגבי כילה קביעי אי נמי בהכי פליגי הנך תרי לישני ועל כרחך בהא פליגי הנך תרי לישני דלא אפשר לומר דפליגי בית לה גג ואינה גבוהה י' דללישנא בתרא אסור דהא בהדיא בגמרא תרגמה שמואל למתניתין דהכא בגבוה י': מוציא ראשו חוץ לכילה וקורא ק"ש. לא חייש שמא לבו רואה את הערוה [כת"ק בברכות כד: כה:] אי

מסורת הש"ס

[לקמן כו. ע"ש]

לקמן כ:

הגהות הב"ח

(א) תוס' ד"ה עד מוצאי וכו' דשאני סוכה דמכל מקום וכו' בין השמשות דשמיני משום:

*) נראה פשוט דחסר כאן וצ"ל נויי סוכה המופלגין ממנה ארבעה. פירוש הסדינין כו' אלא פרודות מהדופן ד"ט ר"נ אמר כשרה ורב חסדא ורבה בר רב הונא אמרי פסולה וקיי"ל וכו'.

**) לפי סוגיית הגמרא אקינופות קאי דלשוויה אהלא היכא דקביעא כמו קינופות בבציר מי' נמי הוי אהלא · ודברי רבינו צ"ע.

§ מסכת סוכה דף י: §

אות א'* [א]

נויי סוכה אין ממעטין בסוכה

סימן תרל"ג ס"ג - [ב]**סוכה שחללה יותר מעשרים אמה, ותלה בה דברים נאים ועל ידי כן נתמעט חללה, לא הוי מיעוט** - ואפילו היה ע"י צילתן מרובה מחמתן, והטעם, דלאו מין סכך הוא, כגון שעיטרה בקרמים המצויירים, [מ"א בשם רש"י], **וי"א** דאפילו מיעטה בעשבים ופרחים שהם כשרים לסכך, ג"כ לא הוי מיעוט, כל שלא תלאן רק לנאות הסוכה בלבד ולא לשם צל, לאו שם סכך עליהן, וכדלקמן בסימן תרל"ה.

סימן תרל"ג ס"ט - [ג]**אבל אם הנויין יורדין לתוך עשרה, אינם פוסלים** - דכיון דהם לנוי הסוכה, בטילי אגבה דסוכה, ולא מקרי עי"ז דירה סרוחה, **ומבואר** בפוסקים, דה"ה אם תלה כלים וכדומה להם, [**וכתב** בפמ"ג, ואפשר דאף נוי ממין סוכה, כגון שושנים ועשבים נאים, אין ממעטין השיעור של י"ט, כיון שתלאן לנוי].

אות א'

ומן הצד ממעטין

סימן תרל"ד ס"ג - [ד]**יש בה ז' על ז', ונתן בה בגדים לנאותה, וממעטים אותה מז' על ז', פסולה** - דאף דלענין גובה איתא לעיל בסי' תרל"ג ס"ט, דאין ממעטין אותה מגובה עי"ז, **הכא** לענין מן הצד לא מהני, דהא עכ"פ אינה מחזקת עי"ז ראשו ורובו ושולחנו, [רש"י], (ועיין בפמ"ג דמסתפק, אולי מה דממעטין מן הצד הוא רק מדרבנן).

(עיין ב"ח דכתב הטעם דפסול, כיון דאסור ליטלו כל ז', ולפי"ז היכי דהתנה דאינו בודל כל ביה"ש, דמותר ליטלו כדלקמן, אינו ממעט, ועיין במשב"ז דהוא כתב דצ"ע בזה).

(ועיין בש"ג בשם ריא"ז, דכלי תשמישין אינו ממעט אפילו מן הצד, ומשמע דלא פסיקא ליה למ"א דבר זה, ולכן לא העתיקו, וצ"ע).

אות ב'* [ה]

דלייה, דלא לימרו קא מסככי בדבר המקבל טומאה

סימן תרכ"ט סי"ט - **אבל אם לא כיון בפריסת הסדין אלא להגין מפני החמה והעלין, או לנאותה, כשרה ובלבד שיהא בתוך ארבע לסכך;** [ו]**ומיהו לכתחלה לא יעשה** - דלא יאמרו הרואים שכונתו כדי לסכך, [גמ', דלא לימרו קמסככי בדבר המקבל טומאה], **ואפי'** שלא בשעת אכילה אסור, דיאמרו שמניחו שם גם בשעת אכילה, **אא"כ הוא ניכר לכל שמכוין כדי להגין, או שהוא שרוי במים, שאז ניכר לכל שאינו שוטחו שם אלא לייבש** – (מלשון זה משמע, דאפי' תחת הסכך יש להחמיר משום הרואים, דהא אלעיל קאי, שפירס הסדין תחתיה מפני הנשר, **ואולם** דעת הרוקח, דבתחת הסכך שהוא בסוכה גופא, אין לחוש מפני מראית העין, **מיהו** לדינא אין נ"מ כ"כ, דבלא"ה יש להחמיר בכל גווני, דמעיקר הדין הלכה כדעה ראשונה).

שמכוין כדי להגין - זהו רק לדעת הי"א שהזכיר מתחלה, אבל לדעה ראשונה, אף באופן זה אסור, **ועיין** בבה"ל דכן יש להחמיר למעשה, וכ"כ הב"ח וש"א, **ומ"מ** בשעת הדחק, שלא יכול לאכול בסוכה ע"י העלין הנושרין לתוך המאכל, או ע"י גשמים הנוטפין, או ע"י הרוח שמכבה הנרות, מוטב לפרוס סדין תחת הסכך בתוך ד' טפחים, משיאכל חוץ לסוכה, **אבל** לא יברך ע"ז "לישב בסוכה".

עיין בבה"ל, דלפי מה שהסכימו אחרונים, דיש להחמיר כדעה ראשונה, יש ליזהר שלא לפרוס אפי' לייבש, אלא שלא בשעת אכילה, (**דהגם** די"ל דדוקא בפורס כדי להגן על עצמו מפני החמה והנשר, שם סכך ע"ז ומקרי מסכך בדבר המקבל טומאה, משא"כ כששוטחו כדי לייבשו אין שם סכך עליו ושרי, מ"מ יש סברא להחמיר, דדוקא לנאותו שהוא צורך סוכה, משא"כ בזה שהוא צורך בגד, אינו בטל לגבי סוכה).

אות ב'

נויי סוכה המופלגין ממנה ארבעה... רב חסדא ורבה בר רב הונא אמרי פסולה

סימן תרכ"ט סי"ט - [ז]**והוא שיהא בתוך ד' לסכך** - דאם היה מרוחק יותר, לא בטיל לגבי הסכך בכל גווני, וכדלעיל בסימן תרכ"ז ס"ד.

אות ג'

מותר לישן בכילה בסוכה אע"פ שיש לה גג, והוא שאינה גבוהה עשרה

סימן תרכ"ז ס"ב - [ח]**הישן תחת הכילה בסוכה** - הם סדינים הפרוסים סביבות המטה על ארבעה קונדיסין והמטה באמצעה, **אם אינה גבוה עשרה טפחים** - אינו חשיב אוהל בפני עצמו, והעשרה טפחים מודדין מארעא, אע"פ שאין י"ט מן המטה ולמעלה, [הגר"ז ובכורי יעקב, וכן מסיק בפמ"ג ומחצה"ש לדינא], ‹**ועיין** רש"י ד"ה והוא שאינה גבוה עשרה, וז"ל: "מן המטה", וצ"ע›.

באר הגולה

[א] ‹ע"פ הב"י והבאר הגולה› [ב] **מימרא שם י'** [ג] **מימרא שם י'** [ד] **כרב אשי שם י'** [ה] ‹ע"פ הבאר הגולה› [ו] **טור מעובדא דמנימין עבדא דרב אשי, י:** ‹וכתב הר"ן, יש למידים מכאן דלצורך הבגד הוי כלנאותה דשרי, דהא לא אסר רב אשי כי אם מפני הרואים, ולכן כשהיתה לחה דליכא חשש רואים מותר. **ויש** אומרים דלצורך הבגד אסור, והתם הניחו שלא בשעת אכילה, ובשעת אכילה נטלו מהסכך, אלא דרב אשי חשש לרואים שיאמרו שמניחו שם גם בשעת אכילה, והא דפריך והא חזו דשרוי במים, ור"ל, ע"י זה ידעו שלא יניחו בשעת אכילה שלא יטיף על המאכל, וסיים ויש להחמיר, ר"ל, דלצורך הבגד אסור, כי אם שלא בשעת אכילה, כמו בסכך פסול – מחה"ש› [ז] **שם בגמ' כרב חסדא ורבה בר רב הונא** [ח] **כתרתי לישני דר' יהודה אמר שמואל דלא פליגי, שם י"א, טור בשם הרא"ש וכ"כ הרי"ף ורמב"ם**

§ מסכת סוכה דף יא. §

אות א'*[א]

מותר לישן בכילת חתנים בסוכה, לפי שאין לה גג אע"פ שגבוהה עשרה

סימן תרכז ס"ב - [ב]**או שאין לה גג רחב טפח, יצא** - עיין במ"א, דאפי' באופן זה, אם יש בפחות מג"ט סמוך לגג רוחב טפח, דהיינו לאחר שירדה מן הכלונס מכאן ומכאן ונתרחבו טפח, אין שם מן טפח זה עד הכלונס ג"ט, אסור לישן תחתיו, **לפי** שכל פחות מן ג"ט הוא כלבוד, וכאלו יש בגגה רוחב טפח, ועי"ז שוב נקרא בשם אוהל, ונמצא אוהל מפסיק בינו לסכך, [**ובספר** חמד משה מפקפק על עיקר דין זה בענינינו].

עוד כתבו בשם האגודה, דאפילו אם אין לה גג רוחב טפח, אינו מותר רק כשהסדינים מגיעים לארץ, דאם יש אויר הפסק בינם לארץ אפילו רק כשיעור טפח, אסור, [**הטעם**, דאז נעשה האויר שבין הסדינים לארץ לבוד, ונעשה מחיצה טפח, וממילא נעשה הכילה כגג, והוי אוהל, **אבל** כשמגיעין לארץ בשיפוע, אז חשבינן כל השיפוע כמחיצה, ואין כאן גג כלל].

אות א'

נקליטין שנים וקינופות ארבעה, פירס על גבי קינופות פסולה, על גבי נקליטין כשרה, ובלבד שלא יהו נקליטין גבוהין מן המטה עשרה טפחים

סימן תרכז ס"ג - [ג]**העצים היוצאים מארבע ראשי המטה, אסור לפרוס עליהן סדין ולישן תחתיו, אפילו אם אינם גבוהים עשרה** - זהו מקרי במשנה קינופות, והוא קבוע מאוד, ע"כ פוסל אף בפחות מעשרה טפחים, והיינו מן המטה ולמעלה, [גמרא, ‹ובלבד שלא יהיו נקליטין גבוהין מן המטה עשרה›, **ולא** דמי לכילה דמודדין העשרה טפחים מארעא, דהתם אין העצים קבועים במטה].

והטעם שהחמירו בזה, משום דקביעי בחוזק, כמש"כ, **ואע"ג** דמטה ג"כ קבוע, מ"מ אינה עשויה לישן תחתיה אלא על גבה, לכך לא חשיבה אהל להפסיק כי אם בשגבוה עשרה.

אבל אם אחד יוצא באמצע המטה בראשה, והשני במרגלותיה כנגדו, ונותנים כלונסות, (פירוש עֵצִים אֲרוּכִּים כְּעֵין קָנֶה שֶׁל רוֹמַח), מזה לזה, מותר לפרוס סדין עליו ולישן תחתיו, משום דאין לה גג רחב טפח למעלה; [ד]**והוא שלא יהיו גבוהים עשרה טפחים** - זהו נקרא נקליטין, אף דלא קביעא כ"כ כקינופות, מ"מ קביעי יותר מכילה, לכך מיתסרא ג"כ עכ"פ מדרבנן בחדא לריעותא, דהיינו כשגבוהים י', אע"פ שאין לה גג.

[ה]**ויש מכשירין אפילו בגבוהים עשרה טפחים** - ס"ל, דאפילו מדרבנן לא אסרו, כיון שאין לה גג, דאוהל משופע לא מקרי אוהל כלל.

(**ואין** לזוז מדברי המחבר שסתם כדעה ראשונה, והדעה השניה כתבה רק בשם י"א, וכ"כ הבכורי יעקב, דנקטינן בזה להחמיר).

ושלשה דינים יש כאן: כילה וקינופות ונקליטין, **כילה** דלא קביעא, לא מיתסרא אלא בתרתי לריעותא, שיש לה גג, וגבוה עשרה, **וקינופות** דקביעא, מיתסרא אף שאינה גבוה עשרה, כיון שעכ"פ יש לה גג, ועיין בפמ"ג שמצדד דהוא מן התורה, **ונקליטין** אף דלא קביעא כ"כ כקינופות, מ"מ קביעי יותר מכילה, לכך מיתסרא ג"כ עכ"פ מדרבנן בחדא לריעותא, דהיינו כשגבוהים עשרה אע"פ שאין לה גג, וזהו לדעה ראשונה, **ודעה** שניה ס"ל, דאפילו מדרבנן לא אסרו, כיון שאין לה גג, דאוהל משופע לא מקרי אוהל כלל

אות ב'

הדלה עליה את הגפן ואת הדלעת ואת הקיסוס וסיכך על גבה, פסולה

סימן תרכט סי"ג - [ו]**כל דבר המחובר** - פי' המחובר מעיקרו, כגון גפן ודלעת, **אין מסככין בו ודינו כדין האילן** - אבל תלוש ולבסוף חיברו, כתב הב"י בשם תרומת הדשן, דכשר.

אות ג'

ואם היה סיכוך הרבה מהן... כשרה

סימן תרכו ס"א - עיין לעיל דף ט:

אות ד'

או שקצצן כשרה

סימן תרכו ס"ב - [ז]**אם קצץ האילן להכשירו ולהיות הוא עצמו מהסיכוך, כשר, והוא שינענעו, שיגבה כל אחד לבדו ומניחו, וחוזר ומגביה חבירו ומניחו.**

באר הגולה

[א] ‹ע"פ מהדורת נהרדעא› [ב] כתרתי לישני דר' יהודה אמר שמואל דלא פליגי, שם י"א, טור בשם הרא"ש וכ"כ הרי"ף ורמב"ם [ג] משנה י' [ד] טור ור"ן מברייתא [ה] מדברי הרי"ף וכן פסק הרמב"ם וכמו שתירץ הרב המגיד ‹שרבינו והרב אלפסי ז"ל סוברין, שברייתא וסוגיא זו דלא כהלכתא, דאתיא אליבא דמאן דמכשיר סוכה העשויה כמין צריף, דשפועי אהלים דקביעי כאהלים דמו, ואנן קי"ל דסוכה העשויה כמין צריף פסולה, ולאו כאהלים דמו אע"ג דקביעי – מגיד משנה› [ו] משנה שם י"א [ז] משנה שם י"א

מסורת הש"ס

ובית נמי אע"פ שאין גבוה עשרה כיון דקביע אוהלא הוא דלא גרע מקינופות ל"א אמרי לה אמר רב יהודה אמר שמואל מותר לישן בכילת חתנים בסוכה לפי שאין לה גג אע"פ שגבוהה עשרה מיתיבי הישן בכילה בסוכה לא יצא ידי חובתו הכא במאי עסקינן בשיש לה גג ת"ש *נקליטין שנים וקינופות ארבעה פירס על גבי קינופות פסולה על גבי נקליטין כשרה ובלבד שלא יהו נקליטין גבוהין מן המטה עשרה טפחים הא גבוהין מן המטה עשרה פסולה אע"פ שאין לה גג שאני נקליטין דקביעי אי קביעי ליהוי כקינופות לגבי קינופות לא קביעי לגבי כילה קביעי דרש רבה בר רב הונא מותר לישן בכילה אע"פ שיש לה גג אע"פ שגבוהה עשרה כמאן כר' יהודה דאמר *לא אתי אהל עראי ומבטל אהל קבע דתנן *א"ר יהודה נוהגין היינו לישן תחת המטה בפני הזקנים ולימא הלכה כרבי יהודה אי אמר הלכה כרבי יהודה הוה אמינא הני מילי מטה דלגבה עשויה אבל כילה דלתוכה עשויה אימא לא קמ"ל טעמא דרבי יהודה דלא אתי אהל עראי ומבטל אהל קבע לא שנא מטה ולא שנא כילה:

מתני' *ב הדלה עליה את הגפן ואת הדלעת ואת הקיסוס וסיכך על גבה פסולה ג ואם היה סיכוך הרבה מהן ד או שקצצן כשרה זה הכלל ה כל (א) שהוא מקבל טומאה ואין גידולו מן הארץ אין מסככין בו וכל דבר שאינו מקבל טומאה וגידולו מן הארץ מסככין בו: **גמ'** יתיב רב יוסף קמיה דרב הונא ויתיב וקאמר או שקצצן כשרה ואמר רב ו צריך לנענע אמר ליה רב הונא הא שמואל אמרה *אהדרינהו רב יוסף לאפיה ואמר ליה אטו מי קאמינא לך דלא אמרה שמואל אמרה רב ואמרה שמואל אמר ליה רב הונא הכי קאמינא לך דשמואל אמרה ולא רב דרב אכשורי מכשר כי הא דרב עמרם חסידא *רמא תכלתא לפרזומא דאינשי ביתיה תלאן ולא פסק ראשי חוטין שלהן אתא לקמיה דרב חייא בר אשי אמר ליה הכי אמר רב מפסקן והן כשרין אלמא פסיקתן זו היא עשייתן הכא נמי קציצתן זו היא עשייתן וסבר שמואל לא אמרינן פסיקתן זו היא עשייתן והא תני שמואל משום ר' חייא הטיל לשני קרנות בבת אחת ואחר כך פסק ראשי חוטין שלהן כשרין מאי לאו שקושר ואח"כ פוסק ז לא שפוסק ואח"כ קושר פוסק ואחר כך קושר מאי למימרא מהו דתימא

בעינן

ס"ג וכיס נמי אע"ג דלא גבוה עשרה כיון דקביע הוי אוהלא דלא גרע מקינופות. והך מלתא שמעתא באפי נפשה הוא דלא תימא בית ככילה דאי לא גבוה ליסתרי להוציא ראשו חוץ לחלון: **כילת חתנים.** אינה כשאר כילה ואין עושין לה גג והיא סביבות המטה וגגה משופע כשל נקליטין: **ליהוי כקינופות.** וליפסלה אף בפחות מי': **לגבי קינופות לא קביעי.** לחשוב כמותה ליפסול אף בפחות מי': **לגבי כילה קביעי.** הלכך איכא פסלי בי' אפילו לית להו גג וכילה לא פסלה אפילו בי' כי לית לה גג: **כר' יהודה.** לקמן מפרש בפרק הישן: **נוהגים היינו ישנים תחת המטה.** דמטה לגבי סוכה אהל עראי הוא שמסלקין אותה ממקום למקום: **דלגבה עשויה.** לשכב על גבה ולא תחתיה להיות לו אהל הלכך לאו שם אהל עליה וטעמא לאו משום עראי הוא אלא לאו שמה אהל: **אבל כילה דלתוכה עשויה.** ולאהל הלכך שם אהל עליה ואע"ג דעראי הוא לא מיפקע שמיה קמ"ל רבה דטעמא דרבי יהודה התם ט': **מתני' הדלה.** טרלי"ד בלע"ז: **קיסוס.** איר"א בלע"ז והוא גדלה כגפן: **פסולה.** שאין מסככין במחובר דאמר מר (דף יב.) באספך מגרנך ומיקבך בפסולת גורן ויקב הכתוב מדבר: **סרבה מהן.** ומבטלן ברוב: **או שקללן.** אף לאחר שסככה בהן ולא אמרינן תחילת עשייתה בפסול ופסולה: **זה הכלל כו'.** בגמרא יליף לה: **ואין גידולו מן הארץ.** כגון עורות בהמה ואפילו לא מקבלי טומאה כגון שמחוסרין מלאכה: **גמ' ויתיב. רב** יוסף וקאמר הכי הא דתנן או שקללן כשרה אמר רב עלה נהי דאין צריך לחזור ולסותרה טולה אבל צריך הוא לנענע קלא אותם שהוסככו במחובר לאחר קלילתן דתאוי להו הך כעשייה דאי לא פסולה משום תעשה ולא מן העשוי דהכי משמע סוכות תעשה כשאתה עושה אותה תהא ראויה לסוכה ולא מן העשוי בפסול שאינו ראוי לסוכה ואתה מתקנו בתיקון מועט כי האי דמכשר לה בקלילה ולא הדר סתר לה ומיהו נענוע קרוב לסתירה הוא שמגביה כל אחד לבדו ומניחו וחוזר ומגביה את חבירו ומניחו: **אסדרינסו רב יוסף לאפיה.** בכעס: **אכשורי מכשר.** בלא נענוע דקסבר קלילתה זו היא גמר עשייתה והיכי דמי תעשה ולא מן העשוי כגון החוטט בגדיש לעשות לו סוכה שהסיכוך היה מאליו ואינו נוגע בו לעשות שום מעשה אלא פוחת אחת מדפנותיו ונכנס לעומקו ונוטל העומרים ומשליך והסוכה נעשית מאליה דופנותיה וסככה אבל זה שקללן זהו מעשה שלה שנגמר בהכשר: **רמא תכלתא.** הטיל ציצית: **לפרזומא דאינשי ביתיה.** לטלית אשתו דקסבר לילה זמן ציצית הוא וראיתם אותו (במדבר טו) פרט לכסות סומא *אבל כסות לילה חייב והויא מצות עשה שלא הזמן גרמא ונשים חייבות: **תלאן.** לציציות בכנפות הטלית חוט אחד כפול ד' ותוחבו בכנף ועודו חוט א' כופלו והרי הן שמונה כפלים ופוסק ראשין שלהן ונעשין שמונה חוטין ורב עמרם שכח ולא פסקן עד שעשה כל הגדילים וקשריהם ונמלאת עשוין בפסול דאין בה אלא חוט אחד ואתא לקמיה כו': **הטיל לב' קרנות בבת אחת.** שעשה ארבע כפלים ארוכין כשיעור שתי ציציות ותוחב ראשו אחד בכנף זה וראשו אחר בכנף זה וכפף הראשין עד שהגיעו זה לזה לאמצע ארכה: **מאי לאו קושר.** עשה הגדיל בזו ובזו ואחר כך פסק לאמצעה ונעשו שתים ואע"פ שנעשו בפסול דכולה קודם שנפסקה חוט אחד הוא:

אי קביעי להוי כקינופות. אע"פ שזה יש לה גג וזה אין לה גג מ"מ לא חשיב גג כיון דאין גבוהין עשרה ובשניהם אית ביה חדא לריעותא דנקליטין אין לה גג וגבוה עשרה וקינופות יש לה גג *ואין גבוהים י': **מותר** לישן בכילת חתנים בסוכה אע"פ שיש לה גג ואע"פ שגבוהה עשרה. אין הלכה כן דאמרינן בסוף פירקין (דף יט:) אביי אשכחיה לרב יוסף דגני בכילת חתנים בסוכה אמר כמאן כר"א משמע דלא שרי אלא בלא גג ואמר בפרק הישן (לקמן דף כו.) רב שרא ליה לרב אחא ברדלא למיגני בכילת חתנים בסוכה משום בקי כלומר דמלטער פטור מן הסוכה משמע דהא לאו הכי אסור בשיש לה גג או כאידך לישנא דשמואל בגבוה עשרה ואע"פ שאין לה גג:

דרב עמרם חסידא רמא תכלתא לפרזומא דאינשי ביתיה. וכן רב יהודה פרק התכלת (מנחות דף מג.) דקסברי לילה זמן ציצית ולא מצות עשה שהזמן גרמא הוא ונשים חייבות כרבנן דפרק התכלת (שם) דאמרי הכל חייבין בציצית נשים ועבדים ור"ש פוטר בנשים וכוותיה ק"ל מדדחיק גמרא בריש פרק שני דזבחים (דף יח:) לאוקמי תנאי התם כולהו כר' שמעון דממעט כסות לילה ומרבי כסות סומא ועובדא דר' יהודה בר אילעאי פ' במה מדליקין (שבת ד' כה: ושם) שהיו תלמידיו מחבין ממנו כנפי כסותן דאמרינן ואינהו סבור גזרה משום כסות לילה ואיכא טעמא אחרינא פ' התכלת (מנחות מ:) ומדנקט האי טעמא שמע מינה דהוא עיקר ועוד בפרק במה מדליקין (שבת כז:) גבי האי דפריך דכי היכי דמרבי שאר בגדים לענין טומאה נרבי נמי לענין ציצית מאשר תכסה בה ומשני דההוא מיבעי לרבות כסות סומא ומייתי ברייתא דר"ש שמע מינה דכן הלכה וסתם ברייתא דפ"ק דקדושין (דף לד: ושם) גבי מצות עשה שהזמן גרמא דקחשיב ציצית ועוד דרבנן דר"ש מוקי פרק התכלת (מנחות דף מג:) וראיתם אותו לכדתניא וראיתם וזכרתם ראה מצוה זו וזכור מצוה אחרת התלויה בה ואיזו זו קריאת שמע אלמא קסברי קריאת שמע דאורייתא וקיימא לן דקריאת שמע דרבנן בפ' מי שמתו (ברכות דף כא.) ומיהו מזה אין ראיה דהא רב יהודה דאמר ק"ש דרבנן ואשכחן דרמא תכלתא לפרזומא דאינשי ביתיה דפרק התכלת והוא דריש כאידך תנא דדריש וזכור מצוה אחרת ואיזו זו כלאים ועוד יש ראיה מפרק שני דברכות (דף יד:) דאמר רב יוסף [ברכות יד:] כמה מעליא הא שמעתא דבמערבא (אמרי) לא (*אמר) מצות ציצית בלילה ומסיק דאתחולי הוו מתחלי וכיון דמתחלין גמרינן משמע מהא דלילה לאו זמן ציצית: **פסיקתן** זו היא עשייתן. גרע עשאה מן הקוצים ומן הגרדין דלעיל (דף ט.) דאף על פי שעושין אחרי כן הציצית לגמרי לא חשבינן ליה עשייתן משום דבעינן תלייה לשם מצוה:

פסולין

עין משפט
נר מצוה

סח א מיי' פ"ה מהלכות סוכה הלכה כג סמג עשין מג טור ש"ע א"ח סי' תרכז סעיף ג: ואין גבוהים י' מ"מ לא חשיב גג כיון דאין גבוהים י'. כ"ה בס"א:

סט ב מיי' שם הלכה יב סמג שם טוש"ע א"ח סי' תרכט סעיף יג:

ע ג מיי' וסמג שם טור ש"ע א"ח סי' תרכו סעיף א:

עא ד מיי' שם טור ש"ע שם סעיף ב:

עב ה מיי' שם הלכה א ב סמג שם טוש"ע א"ח סי' תרכט סעיף א ב:

עג ו מיי' שם הלכה יב סמג שם טוש"ע א"ח סי' תרכו סעיף ב:

עד ז מיי' פ"א מהלכות ציצית הלכה יד סמג עשין כו:

רבינו חננאל

לעומד בבית רבית אע"פ שאינה גבוהה עשרה טפחים אסור להוציא ראשו חוץ לחלון ויקרא שם *) בית נמי כראית ביה י' טפחים לסה לי למימר אלא ש"מ אפילו פחות מי' טפחים כיון דקביעא אהלא הוא דלא גרע מקינופות. לישנא אחרינא אמר רב יהודה אמר שמואל מותר לישן בכילת חתנים בסוכה לפי שאין לה גג. ואע"פ שגבוהה י' טפחים. מיתיבי הישן בכילת חתנים כו' ואסיקנא נקליטין לגבי קנופות לא קביעי נקליטין לגבי כילה קביעא. דרש רבא בר רב הונא מותר לישן בכילה בסוכה ואע"פ שיש לה גג ואע"פ שגבוהה י' טפחים. כמאן כר' יהודה דאמר נוהגין היינו שהיינו ישנים תחת המטה בסוכה כו' קסבר לא אתו אהלי עראי ומבטלי אהלי קבע לא שנא כילה ולא שנא משה לא מבטלי סוכה: הדלה עליה את הגפן ואת הדלעת כו' יתיב רב יוסף וקאמר הא דתנן או שקצצן כשרה אמר רב עלה וצריך לנענע אחר שקצצן כלו' צריך מעשה לשם סוכה בסכך עצמה. א"ל רב הונא שמואל אומר צריך לנענע אף על פי שהתכם אבל רב מכשר אפילו בלא נענוע אלא כיון שקצצו והוציאו מתורת מחוברין דיו. כי הא דרב עמרם חסידא תלה ציצית בטלית בני ביתו. זה פי' בפרוזמא דאינשי ביתית ותלאם קודם שחתך ראשי החוטין ויפריד החוטין זה מזה. אתא לקמי' דרב חייא בר אשי. א"ל הכי אמר רב מפסיק ראשי חוטין וכשירה ש"מ מדקאמר רב גבי ציצית פסיקתן זו היא עשייתן. כך ש"מ דגבי סוכה קציצתן מן הקרקע של גפן ושל דלעת ושל קיסוס היא עשייתן. ואקשינן על שמואל מהא דתני ר' חייא הטיל ציצית לב' קרנות והחוטין מתוחין מזה וחקן לזה חקק כמתחיות חושן במסכת ואח"כ פיסק באמצע ונתפזרו הקרנות כשירין שנמצא בכל קרן ציצית כמצותן הנה בפסיקה בלבד [כשרין] דלא

בעינן

[לקמן כא.] [לקמן כ:] [לעיל ט:] [כ"ק קב. פ"ו ז.] [מנחות מג.]

הגהות הב"ח
(א) במשנה כל דבר שהוא מקבל טומאה:

גליון הש"ס
רש"י ד"ה לפרזומא כו' אבל כסות לילה חייב. עי' בספר המלך פ"ג מהלכות ציצית:

*) נראה דצ"ל דאי בית נמי בדאית ביה וכו'.

אות ה'

<u>זה הכלל: כל שהוא מקבל טומאה ואין גידולו מן הארץ, אין מסככין בו; וכל דבר שאינו מקבל טומאה וגידולו מן הארץ, מסככין בו</u>

סימן תרכט ס"א - [ח]דבר שמסככין בו, צריך שיהיה צומח מן הארץ, ותלוש, ואינו מקבל טומאה - פי' שאינו ראוי לקבל טומאה, **דכתיב**: חג הסוכות תעשה וגו' באספך מגרנך ומיקבך, ודרשינן שיעשה הסוכות ממה שמאסף מפסולת גורן ויקב, דהיינו קשין ואשכולות ריקנין, [לאפוקי כשיש בהם ענבים], **הלכך** אין מסככין אלא בדבר שצומח מן הארץ, והוא עכשיו תלוש, ואינו מקבל טומאה, דומיא דפסולת גורן ויקב שיש בהם כל הדברים הללו.

(**הלכך** דאורייתא נינהו ולעיכובא, דהיינו דבר שאינו צומח מארץ, או מחובר, או דבר שראוי לקבל טומאה מן התורה, פסול מדאורייתא, **אכן** דבר שראוי לקבל טומאה מדרבנן, פסול רק מדרבנן, וע"כ אם אין לו לסכך רק בדבר זה, יש לומר דיסכך בו ולא יברך).

[ט]אבל דבר שאינו צומח מן הארץ, אף על פי שגידולו מן הארץ - כלומר שמתגדל על הארץ, ולשון "מן" לאו דוקא, **ואינו מקבל טומאה, [י]כגון עורות של בהמה שלא נעבדו, שאינם מקבלים טומאה, או מיני מתכות** - כגון חתיכות מתכות שלא נעשו מהם שום כלים, שעדיין אינם מקבלין טומאה, ואף דיסודם ג"כ מן הארץ, **אין מסככין בהם.**

(וכן אין מסככין בעפר) (ר"ן) - דבעינן דוקא שיהיו צומחין מן הקרקע, ולא קרקע ממש.

סימן תרכט ס"ב - [יא]וכן דבר שמקבל טומאה.. - ע"ל דף טו:

אות ו'

<u>צריך לנענע</u>

סימן תרכו ס"ב - [יב]והוא שינענעו, שיגבה כל אחד לבדו ומניחו - לשם צל, וא"צ להניחו לשם סוכה, **וחוזר ומגביה חבירו ומניחו** - ר"ל אף שמתחלה הדלה האילן על הסוכה לסכך בו, והוי סכך פסול דמחובר הוא, לא מקרי זה תעשה ולא מן העשוי, כיון שלבסוף קצצו לשם סיכוך, הוי עשייה מחדש, וכשר אפילו אין שם שום סכך אחר, **ומ"מ** בקציצה לבד לא מקרי עשייה גמורה, כיון שלא קצצן קודם שהדלה, וע"כ צריך לנענע ג"כ אחר הקציצה, שנמצא כאלו אותה שעה מניחם במקומותיהם.

ואם לאו, פסולה משום: תעשה, ולא מן העשוי.

אם תחב יחור של אילן בארץ עם ענפים ועלים הרבה לשם צל על הסוכה, כשר, **ואם** שלא לשם צל, וכשהגיע זמן סוכה כיון שיהיה לשם צל, פסול משום תעשה ולא מן העשוי, **ואם** השריש, אפילו תחבו לשם צל, פסול משום מחובר.

הגה: אבל מותר לעשות סוכה תחת מחובר או בית, ולהסירו אחר כך, ולא מקרי תעשה ולא מן העשוי, הואיל ואין הפסול בסכך עצמו (כל בו והג"א) - ר"ל דבזה א"צ לנענע הסכך מחדש. **ודע**, דבדין זה מודים כו"ע, היינו אף המחמירים וחולקין על הא דס"ג בהג"ה, כמבואר שם, מודים בדין זה להקל, כמבואר בב"ח ובמ"א.

אות ו'* [יג]

סימן תרכו ס"ג - הגה: וכן מותר לעשות הסוכה תחת הגגות העשויות לפתוח ולסגור - ר"ל אפילו בעוד שהן סגורות, ולא מקרי תעשה ולא מן העשוי, כנ"ל בס"ב בהג"ה.

ודע, דדעת הב"ח להחמיר בזה, שצריך לפתוח דלתות הגג קודם שמסכך, וכן הסכים המ"א וא"ר וש"א, [**וטעמם**, דיש בזה חשש משום תעשה ולא מן העשוי, כיון שבעת שסיכך היה שלא כדין, דהיה תחת גג סגור, **ועיין** במ"א דמחלק דענינינו לא דמי להא דלעיל בהג"ה בס"ב, דבענינינו כיון שעשוי לפתוח ולסגור, הפתיחה לא מקרי מעשה חשוב, והוי הסכך תעשה ולא מן העשוי, **משא"כ** כשסיכך תחת הבית ואח"כ הסיר הרעפים, זה מקרי מעשה חשוב, ואף הגג נכשר בכך], **ואם** שכח והניח הסכך בעוד שהיו הגגות סגורים, צריך לפתוח הגגות ולנענע כל הסכך, דהיינו שיגביה כל עץ לבדו ויחזור ויניחנו לשם צל, ושוב יגביה עץ חבירו ויניחו, וכן כולם.

ואם סיכך על התקרה ואח"כ הסיר התקרה, פסול לכו"ע, [אפי' לדעת רמ"א דמיקל בענינינו], מפני שלא היה שם סוכה על הסכך שעל התקרה מתחלה, כיון שלא היו כאן דפנות, ולכן לא מהני הסרת התקרה להכשיר הסוכה, [**ומטעם** זה מכשיר הפמ"ג, כשסיכך על התקרה בגובה עשרה, ואח"כ הסיר התקרה, כיון שמתחילה היה שיעור סוכה על התקרה ג"כ, וחל שם סוכה על הסכך, **ובספר** ביכורי יעקב מצדד, דאפי' היה רק חלל טפח בין הסכך להתקרה, ואח"כ הסיר התקרה, כשר].

ומותר לסגרן מפני הגשמים ולחזור ולפתחן (מהרי"ל) - וזה מותר אפילו לדעת המחמירין הנ"ל, כיון שנעשה מתחלה בהכשר, דהיינו שפתח הגג קודם שסיכך, **דאף** שבעת שהיא סגורה מקרי הסוכה פסולה, וכמ"ש הרמ"א בסוף דבריו, מ"מ אין זה בכלל תעשה ולא מן העשוי, דהוי דומה כאלו פירס עליה סדין וחוזר ונוטלה.

ואפילו ביום טוב שרי לסגרן ולפתחן (אגודה ומהרי"ו) אם יש להם ציריס שסוגר ופותח בהן, ואין בזה לא משום סתירה

באר הגולה

ח משנה סוכה י"א | ט כדיליף רב ששת ‹אולי גורס כן תחת רב אשי› ורב חסדא מקראי ‹דף יב.› | י רש"י בפירוש המשנה ‹עיין בדף י"א: ד"ה כי חגיגה› והרא"ש אהא דרב ששת וכו' | יא משנה שם ט"ו | יב כרב יוסף משמיה דרב וברייתא וכפירוש רש"י | יג ‹מילואים›

ובנין אהל ביו"ט - דהוי כפתח, **ולא משום תעשה ולא מן העשוי; רק שיזהר שלא ישב תחתיהן כשהן סגורין, שאז הסוכה פסולה** - דהוי כיושב בסוכה שנבנית תוך הבית, **וצריך** ליזהר שיהיו הגגות נפתחים היטב, לעמוד בגובה בשוה עם הדפנות, ולא יהיו מוטין קצת על הסכך, שאם יהיו מוטין קצת, אף שלא יהיה שיעור גדול שתפסל הסוכה מחמת זה, מ"מ יהיה צריך ליזהר שלא ישב במקום הזה, שהגג משופע ומוטה על הסכך.

ובאין להם ציר, שרי ע"י עכו"ם, [משום דהוי שבות דשבות במקום מצוה],

ואם היה כל השנה קבועין במסמרים, שפתיחתן אסור מן התורה, ושכח לפתחן עד כניסת יו"ט, אם שרי לפתחן ע"י עכו"ם באין לו סוכה אחרת בליל יו"ט ראשון, משום שבות במקום מצוה, **וכן** אם מותר לומר לנכרי שיסכך לו סוכה ביו"ט באין לו אחרת, מסתפק הפמ"ג, [יד] **וסיים**: להורות היתר חלילה לי, וצ"ע בכל זה, עכ"ל, **ואם** הוא עדיין בין השמשות, נראה דבודאי יש להקל בזה ע"י עכו"ם.

כתב הפמ"ג, מזוזה בסוכה פטור, ומשמע חדר של כל השנה שדר בו תמיד, ובסוכה מסיר הגג, אפ"ה בסוכות פטורה, דבשבעה ימים לאו קבע מקרי. **ומי** שיש לו שני חדרים זה לפנים מזה, אם הולך מחדרו לסוכה, «שעשה הפנימי סוכה», פתח הסוכה צריך מזוזה משום חדרו, «היינו שב' פתחי החדר צריכים מזוזה», **ואם** הולך מסוכה לחדרו, בענין שהפתח הוא מחדר הסוכה, «שעשה החיצון סוכה», י"ל שחייב הוא במזוזה בפתח, «היינו שחייב אף בפתח הסוכה», בסוכה הפתוח לר"ה וכדומה, דהוי כבית שער, «ע"פ השונה הלכות».

אות ז'

הטיל לשני קרנות בבת אחת ואחר כך פסק ראשי חוטין שלהן, כשרין... לא שפוסק ואח"כ קושר

רמב"ם פ"א מהל' ציצית הי"ד - תלה החוטין בין שתי כנפים מזו לזו וקשר כנף זו כהלכתה וכנף זו כהלכתה, ואח"כ חתכן באמצע ונפרדו זה מזה, פסול; שהרי בעת שקשרן היו פסולין, לפי ששתי הכנפים מעורות זו בזו בחוטין שביניהן, ובשעה שפסקן נעשו שתי ציציות, נמצא עושה מן העשוי.

באר הגולה

[יד] «וז"ל: ואם השלע"ק כל ימות השנה קבוע במסמרים ושכח לפתוח, ע"י עכו"ם בליל א' דיש מצות עשה מן התורה לאכול בסוכה כזית פת, ואין לו סוכה כי אם זו, עיין סימן רע"ו ס"ב בהגה, יש מתיר במלאכה דין תורה שבות לעכו"ם, וסימן ש"ז בט"ז ס"ק ד' דלא קיימא לן כן. **וי"ל** מצות עשה מן התורה דוחה לאמירה לעכו"ם. **ועיין** סימן של"ח ס"ב לנגן בכלי שיר כו', ובמ"א שם ס"ק ד', משום צורך גדול שרי, ה"ה אפשר כאן על ידי אמירה לעכו"ם שרי מלאכה דין תורה. ואפשר בשופר להקל אמירה לעכו"ם באין שופר אחר, אלא דבסימן תקפ"ו סעיף כ"א לא התיר כי אם שבות דשבות. **והנה** יש לומר גדול כבוד הבריות דוחה אף עשה ולא תעשה דרבנן, ולכן בחתן וכלה מותר, ואפשר בסוכה י"ל דשרי, כההיא דסימן תקי"ד ס"א בהגה, דאם אין לו מקום לאכול שרי, דהוה כאוכל נפש וכרבי יהודה [ביצה כח, ב], **ומיהו** י"ל דבדליקה הוא א"א מערב יו"ט, משא"כ זה דפשע ע"י שכחה, שהיה אפשר לפתוח מערב יו"ט. **גם** לומר לעכו"ם להניח סכך על הסוכה אי הוה איסור תורה או דרבנן, אהל עראי, **צ"ע** כעת בכל זה. ומסתייה דלא גמירנא, אבל להורות היתר חלילה לי, וצ"ע בכל זה»

עין משפט נר מצוה

עה א מיי' שם טוש"ע א"ח סי' יא סעיף ג:

מסורת הש"ס

גמרא

בעינן כנף בשעת פתיל וליכא קמ"ל מיתיבי תלאן ולא פסק ראשי חוטין שלהן פסולין מאי לאו פסולין לעולם ותיובתא דרב אמר לך רב מאי פסולין פסולין עד שיפסקן ושמואל אמר פסולין לעולם וכן אמר לוי (א) פסולין לעולם וכן אמר רב מתנה אמר שמואל פסולין לעולם איכא דאמרי אמר רב מתנה בדידי הוה עובדא ואתאי לקמיה דמר שמואל ואמר לי פסולין לעולם מיתיבי תלאן ואחר כך פסק ראשי חוטין שלהן פסולין ועוד תניא גבי סוכה °תעשה *ולא מן העשוי (דברים טז) מכאן אמרו הדלה עליה את הגפן ואת הדלעת ואת הקיסוס וסיכך על גבן פסולה היכי דמי אילימא בשלא קצצן מאי איריא משום תעשה ולא מן העשוי תיפוק ליה דמחוברין נינהו אלא בשקצצן וקתני פסולה וש"מ דלא אמרינן קציצתן זו היא עשייתן ותיובתא דרב אמר לך רב הכא במאי עסקינן דשלפינהו שלופי דלא מינכרא עשיה דידהו מכל מקום תלאן ואח"כ פסק קשיא לרב קשיא לימא כתנאי *עבר וליקטן פסול דברי רבי שמעון בר יהוצדק וחכמים מכשירין סברוה דכ"ע *לולב צריך אגד וילפינן לולב מסוכה דכתיב גבי סוכה תעשה ולא מן העשוי מאי לאו בהא קא מיפלגי דמאן דמכשיר סבר אמרינן גבי סוכה קציצתן זו היא עשייתן וגבי לולב נמי אמרינן לקיטתן זו היא עשייתן ומאן דפסיל סבר לא אמרינן גבי סוכה קציצתן זו היא עשייתן וגבי לולב נמי לא אמרינן לקיטתן זו היא עשייתן לא דכ"ע לא אמרינן גבי סוכה קציצתן זו היא עשייתן *והכא במילף לולב מסוכה קמיפלגי מאן דמכשר סבר לא ילפינן לולב מסוכה ומאן דפסיל סבר ילפינן לולב מסוכה ואב"א אי סבירא לן דלולב צריך אגד כולי עלמא לא פליגי דילפינן לולב מסוכה והכא בהא קמיפלגי מר סבר צריך אגד ומר סבר אין צריך אגד ובפלוגתא דהני תנאי דתניא לולב בין *אגוד בין שאינו אגוד כשר ר' יהודה אומר אגוד כשר שאינו אגוד פסול מ"ט דרבי יהודה יליף לקיחה לקיחה מאגודת אזוב כתיב התם °ולקחתם אגודת אזוב (שמות יב) וכתיב הכא °ולקחתם לכם ביום הראשון (ויקרא כג) מה להלן באגודה אף כאן נמי באגודה ורבנן לקיחה מלקיחה לא ילפינן כמאן אזלא הא דתניא לולב מצוה לאוגדו ואם לא אגדו כשר אי ר' יהודה כי לא אגדו אמאי כשר אי רבנן אמאי מצוה לעולם רבנן היא ומשום שנאמר °זה אלי ואנוהו (שמות טו) *התנאה לפניו במצות: זה הכלל כל דבר שמקבל טומאה כו': מה"מ אמר ריש לקיש אמר קרא °ואד יעלה מן הארץ (בראשית ב) מה אד דבר שאינו מקבל טומאה וגידולו מן הארץ אף סוכה דבר שאין מקבל טומאה וגידולו מן הארץ הניחא למ"ד ענני כבוד היו אלא למ"ד סוכות ממש עשו להם מאי איכא למימר דתניא °כי בסוכות הושבתי את בני ישראל (ויקרא כג) ענני כבוד היו דברי ר' אליעזר *ר"ע אומר סוכות ממש עשו להם הניחא לר"א אלא לר"ע מאי איכא למימר כי אתא רב דימי א"ר יוחנן אמר קרא °חג הסוכות תעשה לך (דברים טז) מקיש סוכה לחגיגה מה חגיגה דבר שאינו מקבל טומאה וגידולו מן הארץ אף סוכה דבר שאינו מקבל טומאה וגידולו מן הארץ

אי

רש"י

בעינן כנף בשעת פתיל. בשעה שפותלו שתולה בו הפתילים בעינן כנף אחד ולא שנים: לעולם. ואפילו מפסקן לשנים לאחר קישור וקשיא לרב: וסיכך על גבן פסולה. ול"ג בברייתא אם היה סיכוך הרבה מהן או שקצצן: דשלפינהו שלופי. פשחן מן האילן עד שניתקן ומתוך שאין קציצתן ניכרת כל כך שסוכבין ראשי פשיחתן אצל האילן לא הוי עשיה מעלייתא: מ"מ תלאן ואח"כ פסק קשיא לרב. דמכשר כפנאי. אי אמרינן קציצתן זו היא עשייתן או לא: עבר וליקטן. ענבי ההדס דתנן לקמן (ד' לג:) אם היו ענביו מרובין מעליו פסול דהוה ליה מנומר ולא הדר הוא ואם מיעטו כשר ואין ממעטין בי"ט דמתקן מנא להכשיר את הפסול וקתני בברייתא עבר על דברי חכמים שאמרו אין ממעטין בי"ט וליקטן בי"ט פסול: סברוה. רבנן דבי מדרשא דבעו למישמע מינה דבלקיטתן זו היא גמר עשייתן פליגי: דכולי עלמא. תרוייהו הנך תנאי סבירא להו: לולב צריך אגד. לאגוד שלשה המינין כאחד ושייכא בה עשיה: וילפינן לולב מסוכה. בבנין אב מה מצינו בסוכה שיש בה מעשה והקפידה תורה על העשוי בפסול אף לולב כן: לא ילפינן לולב מסוכה. לפסול בה את העשוי: ואיבעית אימא. אם הוה סבירא להו לתרוייהו לולב צריך אגד ושייכא ביה עשיה דכולי עלמא (ב) דילפינן לולב מסוכה למיפסל ולקיטתן לאו זו היא עשייתן: ר"ש סבר לולב צריך אגד. לאגוד שלשה המינים ושייכא ביה עשיה ועל כרחך מבעוד יום אגדו עם ענביו וכי לוקטו בי"ט הוה ליה מן העשוי: לא ילפינן. לא למדוה ואין אדם דן גזירה שוה מעצמו אלא א"כ למדו מרבו ורבו מרבו עד משה רבינו ושמא מקראות הללו לא לדרוש גזירה שוה נכתבו: ואנוהו התנאה לפניו במצות. סוכה נאה לולב נאה ציצית נאה: ואד יעלה מן הארץ. שמע מינה עננים גידולי קרקע נינהו וסוכה מעננים ילפינן שהרי זכר לענני כבוד היא כדכתיב כי בסוכות הושבתי ומתרגמינן ארי במטלות ענניי: אין מקבל טומאה. דלא נאמרה טומאה אלא בכלים ואוכלין ומשקין ואדם וזה אינכו אחד מאלה: ענני כבוד היו. סוכות שאמר הכתוב שהושיבם במדבר: סוכות ממש. מפני החמה בשעת חנייתן היו עושים סכות: מאי איכא למימר. מי יאמר לנו שלא היו מסוככות בכלים ובגדים ועורות: כי חגיגה. כל בהמה לרבי יוחנן גדולי קרקע הן שמן הקרקע גדילים וניזונין אבל דגים ומלח וכמהין ופטריות לאו גידולי קרקע נינהו וגבי מעשר קרינן להו לבהמות גידולי קרקע דאמר קרא (דברים יד) ונתתה הכסף בכל אשר תאוה נפשך וגו' מה הפרט מפורש פרי מפרי וגידולי קרקע וכו' ומיהו כיון דלא קמה מילתייהו דרבי יוחנן דהא פרכינן עלה אי מה חגיגה בעלי חיים וכו' וילפינן טעמא מגרנך ומיקבך לא סמכינן עלה לאכשורי לסכך בעורות דהני דגידולי הארץ איקרי על שם שהארץ מגדלתן במרעה ופרנסה אבל גידולים מן הארץ לא איקרי אלא דבר הצומח מן הקרקע ולא בהמות דתניא בהשוכר את הפועלים (ב"מ ד' פט:) פועלים אוכלין בדבר שגידולו מן הארץ וגמר מלא תחסום שור בדישו מה דיש מיוחד דבר שגידולו מן הארץ כו' יצא החולב והמחבץ והמגבן אלמא לאו גידולין מן הארץ קרי להו תנא:

פסולת

תוספות

פסולין לעולם. כולהו אמוראי וכולה שיטתא כשמואל ולא אמר קציצתן זו עשייתן וגבי סוכה צריך נטע:

דשלפינהו שלופי. קצת קשה דהא מפרש טעמא בברייתא משום תעשה ולא מן העשוי וי"ל אסמכתא בעלמא הוא אי נמי הכא מיירי כשנפשח ומעורה בקליפה ואין יכול להחיות לה כי ההיא דפ' העור והרוטב (חולין דף קכז:) דאע"ג דחשיב כתלוש מ"מ כיון דלא נקצץ לגמרי לא אמרינן זו היא עשיה:

דברי ר"ש בן יהוצדק. תנא היה ואפשר שזה הוא הנזכר בכמה מקומות בש"ס א"ר יוחנן משום ר"ש בן יהוצדק ואין זה הוא דפרק זה בורר (סנהדרין דף כו.) דקרנהו ריש לקיש רועי בקר ואמר להו ר' יוחנן אי קרינכו רועי לאן מאי עבידנא לכו דלא הוה מהדר ליה הכי אלא מוחה היה על כבוד רבו:

והכא במילף לולב מסוכה קמיפלגי. והא דאיפלגו בעבר וליקטן ולא איפלגו בליקטן מערב י"ט דבעי לאשמועינן אין דיחוי אצל מצות כדאיתא בפרק לולב הגזול (לקמן דף לג:) א"נ משום דמעי"ט היה יכול לתקן לכתחילה להתיר אוגדו ולחזור ולאוגדו אי נמי כדפי' בקונטרס לקמן דנקט פלוגתייהו בי"ט למימר דבתר אוגדיה פליגי דהא בי"ט לא אגיד ליה:

לקיחה לקיחה לא ילפינן. בריש קדושין (דף ב.) ילפי' קיחה קיחה משדה עפרון אבל הכא לא ילפינן גזירה שוה דלקיחה:

מקיש סוכה לחגיגה. הכא מייתי קרא דחג הסוכות תעשה לך ולעיל (דף ט.) דאסרינן עצי סוכה משום דאיתקש לחגיגה מייתי קרא דחג הסוכות שבעת ימים לה':

וגידולו מן הארץ. בריש בכל מערבין (עירובין דף כז:) גבי מעשר שני דכתיב ונתתה הכסף בבקר ובצאן חשיב בהמה גידולו מן הארץ אבל בפ' השוכר את הפועלים (ב"מ דף פט.) גבי דיש ובפ"ק דקדושין (דף יז.) גבי הענקה לא חשיב בהמה גידולי קרקע דלגבי דבר היוצא מן הקרקע ממש כגון דיש וגידולין לאו יוצא מן הקרקע היא אלא שהיא גדילה מן הקרקע:

אי

[וכן כתבו תוס' נדה י: ד"ה אמר ועי' תוס' פ"ז שם. ד"ה דאמר וכו']

רבינו חננאל

בעינן מעשה אחר אלא אמרינן זה מעשה הוא חשוב. ודחינן להאי דתני ר' חייא כגון שקישר ועשה מעשה אחר שפסק ביניהן והא אתא לאשמעינן מהו דתימא בעינן ענף נוסף בשעת נתינת פתיל בכנף הבגד וליכא. דהוא מתוח הוא ואינה ענף נוסף קמ"ל דלא חיישי'. ת"ש תלאן ולא פיסק ראשי חוטין שלהן פסול מאי לאו פסול לעולם. ושני רב פסולה עד שיפסיקו ולוי תני פסולה לעולם אמר רב מתנה בדידי הוה עובדא ואמר שמואל פסולה לעולם. ואע"ג דמשני רב בהודלי' על הגפן וכו' דשלפינהו שלופי [דלא מנכרא] עשיה דידהו ולפיכך קתני פסולה כו' קיי"ל פסולה לעולם. חדא דהא לוי ושמואל פליגי עליה דרב והם רבים לגביה. ותוב דהא עלתה ליה בקושיא ואתינן לאוקמי שמעתא דרב כתנאי ר"ש בר' [יהוצדק] דא' עבר וליקט ביו"ט הענפים של הדס כגון שהיו ענביו מרובין מעליו אע"פ דמיעטו היום בפסילתו עומד דילפינן לולב מסוכה. ת"ק דפסיל כשמואל ולוי חכמים שמכשירין כרב דאמר קציצתן זו היא עשייתן. ודחינן לא כ"ע והן ת"ק וחכמים כולהו סבירא להו גבי סוכה בעינן מעשה לשם סוכה (דמוכא) דקיי"ל תעשה ולא מן העשוי ולא אמרינן קציצתן זו היא עשייתן. אלא בהא פליגי ת"ק סבר ילפינן לולב מסוכה כשם דלגבי סוכה לא אמרינן קציצתן זו היא עשייתן כך גבי לולב לא אמרינן לקיטתן זו היא עשייתן וחכמים סברי הני מילי סוכה אבל לולב אמרינן לקיטתן זו היא עשייתן. איבעית אימא בהא פליגי ת"ק סבר לולב צריך אגד. ואגודתו זו היא עשייתו*). ויליף לולב מסוכה. וחכ"א לולב אין צריך אגוד ולקיטתו זה הוא עשייתו ובפלוגתא דהני תנאי חכמים דמכשירי אם מיעטו כת"ק דתני לולב בין אגוד בין לא אגוד כשר ואוקימנא נמי דהא דתניא סתמה לולב מצוה לאוגדו לא אגדו כשר כרבנן דמכשרי כשאינו אגוד אבל מצוה לאוגדו משום זה אלי ואנוהו ות"ק דתני עבר וליקט פסול כר' יהודה דתני אגוד כשר שאינו אגוד פסול. וסוגיא כרבנן. זה הכלל [כל דבר] שאינו מקבל כו' פירוש אליבא דר' אליעזר דאמר הא דכתיב כי בסוכות הושבתי אותם סוכות ענני כבוד היו. בעינן סוכה כעין אותם הסוכות מה ענני כבוד שהן עולים מן הקרקע ואין מקבלים טומאה כדכתיב ואד יעלה מן הארץ הנה הענן שהוא גדולי קרקע ואינו (ככלי) המקבל טומאה אף סוכה כמו כן בעינן שפיר. אלא לר' עקיבא דאמר סוכות ממש היו מנא ליה דבר שגידולו מן הארץ ואינו מקבל טומאה ואתינן לפרושא מהאי קרא מדכתיב חג הסוכות (תמצות). ופשטינן חג דכתיב הכא

בהמה

*) אולי צ"ל ולכן לא אמרינן דלקיטתן זהו עשייתן.

הגהות הב"ח

(א) גמ' לוי ושמואל אמר פסולין לעולם וכן אמר: (ב) רש"י ד"ה ואיבעית אימא וכו' כר"ש ואלפי לולב:

[לקמן יב. מו.] [לקמן לג.] [לקמן לג: וש"נ] [לקמן לג.] [תוספ' פ"ב מנחות כז.] [מיר כ: שבת קלג.] [בת"כ איתא ר"א אומר סוכות ממש היו ור"ע אומר ענני כבוד היו]

§ מסכת סוכה דף יא: §

אות א'

תלאן ולא פסק ראשי חוטין שלהן, פסולין לעולם

סימן יא סי"ג - [א]יזהר לחתוך ראשי החוטין לעשותם ח', קודם שיכרוך - ר"ל שאם עבר ולא חתכן קודם התחיבה, עכ"פ יזהר עתה קודם הכריכה.

שאם כרך אפילו חוליא אחד (פי' החלק מהלולית שבין קשר לקשר) - אפילו של ג' כריכות, **וקשר אפילו קשר אחד** - ר"ל מהה' קשרים שרגילין לעשות, אבל הוא היה ב' פעמים זה על גב זה, דבלא"ה לא מיקרי קשר, שאינו מתקיים, **ואח"כ חתכן, פסול משום תעשה ולא מן העשוי, שהרי בפיסול עשאם** - ור"ל אם עשה חוליא וגם קשר אחר החוליא, אפילו רק קשר אחד, יצא ידי חובתו מדאורייתא, אפילו לא עשה כלל הקשר שסמוך לכנף, וא"כ הוי תעשה ולא מן העשוי.

אבל אם לא עשה הקשר שאחר החוליא, אף שעשה הקשר ראשון שקודם החוליא, לא נגמר עדיין עשיית הציצית, דבלא הקשר החוליא אינו מתקיים כלל, ואין כאן גדיל, וע"כ יכול לחתוך החוטין, **ויש** מחמירין, ולכתחלה נכון לחוש לדבריהם.

אות א'*[ב]

כי בסכות הושבתי את בני ישראל, ענני כבוד היו

סימן תרכה ס"א - [ג]בסוכות תשבו שבעת ימים וגו', כי בסוכות הושבתי את בני ישראל, הם ענני כבוד שהקיפם בהם לבל יכם שרב ושמש - ודוגמא לזה ציונו לעשות סוכות, כדי שנזכור נוראותיו ונפלאותיו, **ואע"פ** שיצאנו ממצרים בחודש ניסן, לא ציונו לעשות סוכות באותו זמן, לפי שהוא ימות הקיץ, ודרך כל אדם לעשות סוכות לצל, ולא היתה ניכרת עשייתינו שהם במצות הש"י, **ולכן** ציוה אותנו שנעשה בחודש השביעי שהוא זמן הגשמים, ודרך כל אדם לצאת מסוכתו לביתו, ואנחנו יוצאין מן הבית לישב בסוכה, בזה מראה שהוא עושה לשם מצות הש"י.

וכתבו האחרונים, שיכוין בישיבתה: שצונו הקב"ה לישב בסוכה זכר ליציאת מצרים, וגם זכר לענני כבוד שהקיפן אז עלינו, להגן עלינו מן השרב והשמש, **וכ"ז** לצאת ידי המצוה כתקונה, הא דיעבד יוצא כל שכיון לצאת לבד.

ומצוה לתקן הסוכה מיד לאחר יום כפור, דמצוה הבאה לידו אל יחמיצנה (מהרי"ל) - אף דכבר כתבו לעיל בסוף סימן תרכ"ד, התם בלילה התחלה בעלמא, ולמחרת מתקן כולה אם אפשר, **גם** שם איירי לענין מדקדק במעשיו יתחיל דבר מה בסוכה מיד בלילה, **ומי** שאין מדקדק, עכ"פ ביום המחרת אחר יציאה מביהכ"נ, יתחיל ויגמור כולה אם אפשר, **ואפילו** הוא ע"ש עד חצות, ואחר זה י"ל דאסור.

באר הגולה

א סוכה י"א | ב (ע"פ הגר"א) | ג טור

§ מסכת סוכה דף יב. §

אות א'

חבילי קש וחבילי עצים וחבילי זרדין, אין מסככין בהן

סימן תרכט סט"ו - [א]וכן אסור לסכך בחבילה, [ב]מפני שפעמים שאדם מניח חבילתו על גג הסוכה ליבשה ואח"כ נמלך עליה לשם סוכה, ואותה סוכה פסולה משום תעשה ולא מן העשוי בפיסול - כיון שלא הניחן לצל, **וגזרו על כל חבילה אטו זאת.**

אף דקאמר "וכן", היינו דכשם ההיא ענינא דסי"ד אסרו חכמים, גם זה אסרו חכמים, **אבל** מ"מ הכא חמירי יותר, דאפילו בדיעבד אסור, [תוס'], ולא דמי לסי"ד, דהנהו לא פסילי אלא משום דלמא שביק להו ונפיק, **אבל** חבילה פסולה דידה הוא משום דחיישינן דלמא עביד סוכה מן העשוי, בדיעבד נמי פסלינן ליה.

וכיון שמפני זה אסרוהו, לא הוצרכו לאסור אלא בחבילה שדרך ליבשה, [ג]ואין זה בפחות מכ"ה קנים, הילכך כל חבילה שהיא פחותה מכ"ה קנים מותר לסכך בה.

ובמדינותינו שמוכרין אגודות ענפי אילנות, שקורין יעלניק, וקוצצין אותו לפזר בבית, אפשר דאין דינם כחבילה, כיון דאין דרך להניחן לייבשן, דאדרבא כשיתייבשו אין שוין כלום.

אות ב'

וכולן שהתירן כשרות

סימן תרכט סי"ז - [ד]אם סיכך בחבילה והתירה, כשירה, כיון שאין איסורה אלא משום גזירה - ר"ל ואינו דומה להא דאיתא בסימן תרכ"ו ס"ב, דאם קצץ האילן העומד ע"ג הסוכה, להכשירו ולהיות הוא עצמו מהסכך, אינו מועיל עד שינענעו ג"כ ולהניחו לשם סכך, דהקציצה לא מקרי עדיין מעשה, וה"נ בענינינו ההתרה, **ע"ז** אמר דשאני הכא שאין איסורה בעצם, דהא הניח החבילה לשם סכך, אלא משום גזירה אסרוה, וכדלעיל בסט"ו, **משא"כ** התם דפסולו מדאורייתא משום מחובר, בעינן מעשה גמורה, דהיינו הנענוע אחר הקציצה.

[ה]אבל חבילה שהעלה ליבש ונמלך עליה לסיכוך, שפסולה מן התורה, אינה ניתרת בהתרה, אלא צריכה נענוע - דזה דמי ממש לסימן תרכ"ו ס"ב, וצריך נענוע אחר ההתרה, והנענוע הוא שיזיזם ממקומם.

אות ג'

וכולן כשרות לדפנות

סימן תרל ס"א - [ו]כל הדברים כשרים לדפנות - דמשמעות הכתוב, ד"הסוכות תעשה... באספך מגרנך ומיקבך", דלמידין מזה דיעשה הסוכה מפסולת גורן ויקב, דהוא דבר שאין מקבל טומאה וגידולו מן הארץ, קאי אסכך דוקא, דדפנות לא איקרי סוכה. [**והא** דדרשינן בסכות בסכות בסכות לדפנות, היינו מיתורא, והן פסוקים אחרים "בסכות תשבו שבעת ימים" "כל האזרח בישראל ישבו בסכות", "כי בסכות הושבתי" וכו, אבל קרא ד"באספך" אינו יתור, ופשוטה קאי על הסכך, שהוא פשוטו של לשון סוכה, דהיינו הסכך].

(**והמעיין בביאור הגר"א יראה, דיש לבעל נפש לחוש לכתחלה, שלא לעשות דפנות מדבר שפסול לסכך בהן מדאורייתא, ולסמוך עליהן הסכך, והיינו לפי מה שהסכימו כמה אחרונים לעיל בסימן תרכ"ט ס"ז, דלכתחלה יש לחוש לדעת הפוסקים, דאין מעמידין הסכך בדבר הפסול לסכך בהן, גזירה שמא יבוא לסכך בהן, אם לא באותן שאין שכיח לסכך בהן, או אותן דאין פסולין לסכך בהן רק מדרבנן, דבהן לא גזרו להעמיד בהן, אם לא דיעמיד קונדסין בקרנותיה של הסוכה תחת הסכך, שיהיו הם המעמידין הסכך, דזה לכו"ע שרי**).

(וא"ל להעמידם דרך גדילתן) (טור) - היינו דלא מדמינן ענינינו ללולב, דבעינן שיהיה לקיחתו דרך גדילתו דוקא, כדלקמן סי' תרנא ס"ב. (עיין לקמן דף מ"ה:)

[ז]ואפילו חמתה מרובה מצלתה מחמת הדפנות, כשרה - היינו שהיו פרצות גדולות בדפנות, שע"ז חמתה מרובה מצילתה, מ"מ כשרה, דכ"ז לא קפדינן אלא בסכך.

הגה: מ"מ לא יעשה הדפנות מדבר שריחו רע (ר"ן) - דחיישינן שמא מחמת זה יצא מן הסוכה, **ודיעבד** שפיר דמי אף בסכך, כמ"ש בסי' תרכ"ט סי"ד, (ע"ל דף י"ג.), **אם** לא שהוא ריח רע שאין אדם סובלתו, אפשר דפסול מן התורה, דבעינן "תשבו כעין תדורו" - פמ"ג.

עוד כתב, אותן שעושין סוכה אצל בה"כ ואשפה, מפני שהמקום צר להם, וריח רע מגיע אליהם, מן התורה יוצא ידי חובתו, אבל לא יברך בהמ"ז שם, **ואם** יש לו מקום אחר, בודאי לא יעשה שם, **ואם** אין מגיע לו הריח רע, רק רואה בית הכסא, ג"כ אסור.

או דבר שמתייבש תוך ז', ולא יהא בו שיעור מחיצה (ד"ע) - ר"ל דיינינן ליה כאלו כבר נתייבש, וע"ל בסי' תרכ"ט סי"ב בהג"ה ובמ"ב שם. (עיין לקמן דף י"ג.)

באר הגולה

א משנה שם י"ב | ב מימרא דרב יוחנן שם | ג בירושלמי כתבוהו התוס' והרא"ש והרמב"ם | ד משנה שם י"ב | ה טור בשם הר"י קרקישנא | ו משנה סוכה י"ב | ז ברייתא ז: וכת"ק

אי מה חגיגה בעלי חיים אף סוכה נמי בעלי חיים כי אתא רבין אמר ר' יוחנן אמר קרא °באספך מגרנך ומיקבך בפסולת גורן ויקב הכתוב מדבר ואימא גורן עצמו ויקב עצמו א"ר זירא יקב כתיב כאן ואי אפשר לסכך בו מתקיף לה רבי ירמיה °ואימא יין קרוש הבא משניר שהוא דומה לעיגולי דבילה אמר רבי זירא הא מלתא הוה בידן ואתא ר' ירמיה ושדא ביה נרגא רב אשי אמר מגרנך ולא גורן עצמו מיקבך ולא יקב עצמו רב חסדא אמר מהכא °צאו ההר והביאו עלי זית ועלי עץ שמן ועלי הדס ועלי תמרים ועלי עץ עבות היינו הדס היינו עץ עבות אמר רב חסדא הדס שוטה לסוכה ועץ עבות ללולב: **מתני'** °חבילי קש וחבילי עצים וחבילי זרדין אין מסככין בהן וכולן שהתירן כשרות וכולן כשרות לדפנות: **גמ'** א"ר יעקב שמעית מיניה דרבי יוחנן תרתי חדא הא ואידך *החוטט בגדיש לעשות לו סוכה אינה סוכה חדא משום גזרת אוצר וחדא משום תעשה ולא מן העשוי ולא ידענא הי מינייהו משום אוצר והי מינייהו משום *תעשה ולא מן העשוי א"ר ירמיה ניחזי אנן דאמר רבי חייא בר אבא אמר ר' יוחנן מפני מה אמרו חבילי קש וחבילי עצים וחבילי זרדין אין מסככין בהן פעמים שאדם בא מן השדה בערב וחבילתו על כתפו ומעלה ומניחה על גבי סוכתו כדי ליבשה [עס] ונמלך עליה לסיכוך והתורה אמרה *תעשה ולא מן העשוי מדהא משום גזרת אוצר הא משום תעשה ולא מן העשוי ורבי יעקב הך דרבי חייא בר אבא לא שמיע ליה אמר רב אשי אטו חבילי קש וחבילי עצים משום גזרת אוצר איכא משום תעשה ולא מן העשוי ליכא והחוטט בגדיש משום תעשה ולא מן העשוי איכא משום גזרת אוצר ליכא ור' יוחנן אמר לך הבא דקתני אין מסככין בהן לכתחלה הוא דאין

רש"י

פסולת גורן. קשין: **פסולת יקב.** זמורות: **גורן עצמו ויקב עצמו.** הקשין עם התבואה והאשכולות עם הענבים דהוה ליה דבר המקבל טומאה האוכל: **יקב כתיב.** דמשמע לאחר שנעשה יין: **קרוש.** קפוי: **הא מילתא הוה בידן.** עד השתא הייתי סבורין לידע טעם משנתנו מן המקרא הזה דבפסולת הכתוב מדבר דאי אפשר לסכך ביין: **ואתא רבי ירמיה.** שהזכיר לנו יין קרוש הבא משניר: **ושדא ביה נרגא.** קללה בגרזן כלומר השיב תשובה ניצחת: **רב אשי אמר.** שפיר משמע פסולת מקרא דכתיב באספך מגרנך משמע שאתה אוספו ונוטלו מן הגורן וגורן הוא האוכל ומה שאתה אוסף ונוטל מתוכו הוא הפסולת: **צאו ההר.** °פסוק הוא בספר עזרא לעשות סוכות ולא הזכיר כאן אלא דבר שאינו מקבל טומאה וגידולו מן הארץ: **היינו עלי הדס היינו עץ עבות.** מהו זה ומהו זה להזכיר שניהם במקרא הלא אחד הם דההדס הוא עץ עבות על שם שהעלין מורכבין זה על זה כמין עבותות ושרשרות: **הדס שוטה.** שאינו כשר ללולב לפי שאין עבותו עשויה של שלש שלש עלין: **מתני' וחבילי זרדין.** מין קנים הם שעושין זרדין טוייל"ש בלע"ז ואוגדין אותם ובעודן לחין בהמה אוכלתן ולכי יבשי עומדים להיסק: **אין מסככין בהן.** כשהן קשורין ובגמרא מפרש טעמא: **וכולן.** הפסולין שנינו בסכך: **כשרין לדפנות.** דכל סוכה הכתוב סכך משמע דדופן לא איקרי סוכה ודנפקא לן (לעיל ד' ו:) דפנות מבסכת בסכת בסכות מייתורא דקראי ילפינן ולא ממשמעותא הלכך סוכות תעשה באספך מגרנך אסככה הוא דקאי: **גמ' שמעית מר' יוחנן תרתי.** פי' טעם שני דברים האמורים במשנתנו שמעתי ממנו: **חדא הא.** דחבילין מ"ט לא מסככי בהו וחדא הא דתנן במתניתין החוטט בגדיש לעשות לו סוכה נוטל מן העומרים למטה סמוך לארץ ונכנס לתוכו ועושה חלל כשיעור סוכה וסכך עשוי ועומד מאליו אינו סוכה ופירש לי ר' יוחנן טעמיה בחדא מינייהו אמר טעמא משום גזרת אוצר דמדאורייתא כשרה הוא ורבנן הוא דגזור שאם אתה אומר כן אין אדם עושה סוכה אלא הולך ואוכל ויושן באוצרו במקום שלא נשתמש שם כל ימות השנה והוא עשוי ועומד ולא לשם סכך של צל דנהוי שם סוכה עליה ואפילו שם סוכה שאינה של חג אלא כבית בעלמא ובחדא מינייהו פירש טעמא דפסולה מדאורייתא משום תעשה ולא מן העשוי: **ולא ידענא הי מינייהו.** פירש לי ר' יוחנן משום גזירת אוצר והי מינייהו משום תעשה ולא מן העשוי: **נחזי אנן.** ונשמעה ממה דאמר ר' יוחנן בדוכתא אחריתי: **פעמים שאדם בא מן השדה.** כל ימות החמה: **ומניחה ע"ג סוכה.** שיש לו כל ימות השנה למקרהו ומניח החבילין שם לייבשן ולא לסכך וכשמגיע החג נמלך עליהם לסכך: **והתורה אמרה תעשה ולא מן העשוי.** בפסול וזה שנסכך שם שלא לשם סכך אפילו נצל אלא לייבש אין שם סוכה חל עליו והלכך גזור רבנן שלא יסככו בחבילין אפילו הוא מטילן עליה לשם סוכת החג גזירה משום חבילין דכל השנה דאיכא פסול דאורייתא אלמא טעמא דמתניתין דהכא משום גזירת אוצר היא ומדרבנן כל דבר שאדם מקלה ומכניס לקיום קרי אוצר וחבילין שאדם מכניס כל ימות הקיץ לימות חורף קרי אוצר: **ומדהא משום גזרת אוצר.** שמע מינה הך דחוטט בגדיש פסולה מדאורייתא משום תעשה ולא מן העשוי היא דהא שמעיה ר' יעקב לר' יוחנן בחדא מינייהו פסולה דאורייתא: **ורבי יעקב.** דלא ידע לפרושי הי מינייהו פסולה דאורייתא והי מדרבנן: **הך דרבי חייא.** דמפרש בהדיא לא הוה שמיע ליה: **אמר רב אשי.** מקשי אדרבי יעקב: **אטו.** תרוייהו טעמי מי ליכא למימרינהו בשתי המשניות: **חבילי קש משום גזירת אוצר איכא.** מדרבנן: **משום תעשה ולא מן העשוי.** דאורייתא ליכא בתמיהה מי לא משתמע נמי מתניתין דאותם שניתנו שם כל ימות החמה קאמר דלא נמלך עליהם לסיכוך דהויא לה היא גופה פסולה דאורייתא ומהיכא שמע ר' יוחנן דמתניתין דהכא לאו מדאורייתא קאמר: **והוטט בגדיש נמי משום תעשה ולא מן העשוי איכא משום גזירת אוצר ליכא.** מי לא מצינן למימר נמי דאפילו סתר הכל כלפי מעלה ונעשה עומרין שעל הסכך וחזר והניחן לשם סוכה קא פסיל ליה מתניתין מדרבנן משום גזירת אוצר דזימנין דלא מנענע ונעשין מאיליהן כדאמרת גבי חבילים דפסלת להו אפילו מניחן שם לשם סכך מדרבנן משום גזירה דכל ימות השנה לאוצר ומהיכא דייק רבי יוחנן הנך טעמי דמוקי להך מדאורייתא והך מדרבנן: **אמר לך.** ר' יוחנן מתניתין גופייהו דייקי כוותאי מתניתין דהכא קתני אין

תוספות

אי מה חגיגה בעלי חיים. לעיל (דף ס.) גבי הא דילפינן איסור הגזלה, לא שייך לאקשויי הכי:

בפסולת גורן ויקב הכתוב מדבר. רבי יוחנן לא יליף מענני כבוד מפרש בירושלמי דין כדעתיה ודין כדעתיה רבי יוחנן אמר עננים למעלה היו כלומר מן השמים הן באין ואין זה גידולו מן הארץ דקתני מתניתין ור"ל אמר למטה היו ר' יוחנן מדמי להו כאדם המשלח לחברו חבית וקנקנים ור"ל מדמי ליה כמאן דאמר לחבריה שלח קופתך וסב לך חיטין והכי נמי איתא בבראשית רבה (פרשה יג) ר' יוחנן אמר אין עננים אלא למעלה שנאמר וארו עם ענני שמיא ר"ל אמר אין עננים אלא מלמטה שנאמר מעלה נשיאים מקצה הארץ על דעתיה דרבי יוחנן לאחד שכיבד את חבירו בחבית של יין וקנקנים על דעתיה דר"ל לאחד שאמר לחבירו תן לי סאה חיטין אמר לו הבא לי קופתך ובא מדוד כך אמר הקב"ה לארץ אייתי ענני וקביל מיטרא:

אמר רבי זירא הא מלתא הוה וכו' ואתא רבי ירמיה שדא ביה נרגא. משמע דרבי זירא לא מוקי ליה לקרא בפסולת גורן ותימה דבפ"ק דר"ה (דף יג.) דריש חג האסיף מאי אסיף קציר ופריך רבי חנינא מי מלית אמרת מאי אסיף קציר והכתיב מגרנך ומיקבך בפסולת גורן ויקב הכתוב מדבר אמר רבי זירא הא מלתא הוה בידן ואתא רבי חנינא ושדא ביה נרגא אלמא מודה ר' זירא דבפסולת גורן ויקב הכתוב מדבר וי"ל דהכא נמי מודה בה רבי זירא ולא קאמר אלא דלא ידע לשנויי קושיא דר' ירמיה:

חבילי זרדין. מפרש בירושלמי דאין חבילה פחותה מעשרים וחמשה קנים:

רבינו חננאל

בהמה שותנג בה ואיתקש סוכה לחגיגה מה בהמה גידולי קרקע ואינה מקבלת טומאה אף סוכה כמותה. ונדחית [ואתי] למפשטה מדכתיב באספך מגרנך ומיקבך בפסולת גורן ויקב הכתוב מדבר ונדחית גם זו. ודקדק רב אשי מדכתיב מגרנך ש"מ מגורן ולא גורן עצמו. וכן מיקב ולא יקב עצמו למעוטי יין קרוש וכיוצא בו ונמצא קשיא דרבי ירמיה דחויה. ועמד לדברי ר' עקיבא בפסולת גורן ויקב. רב חסדא [אמר] מהכא צאו ההר והביאו עלי זית ועלי עץ [שמן] ועלי הדס ועלי תמרים ועלי עץ עבות לעשות [סוכות] ככתוב כדתני. מה הני גדולי קרקע ולא מקבלי טומאה אף כל כוותיה ואסיקנא הדס הוא עץ עבות מאי היא עבות ללולב. שאר מיני הדס לסוכה: [מתני'] חבילי קש וחבילי עצים כו'. א"ר יעקב שמעתי מר' יוחנן דאמר בהלין מתני' הא דקתני [אין] מסככין בחבילות והא דקתני החוטט בגדיש פי' חוטט כמו חופר. כדגרסינן (פסחים כה) כפא דחט נגרא בגויה נשרוף חרדלא. החוטט בגדיש לעשות לו סוכה אינה סוכה. חדא פסולה משום גזירת אוצר. וחדא פסולה מדאורייתא מדכתיב תעשה ולא מן העשוי. ולא ידענא לפרש הי מינייהו דאורייתא והי מינייהו מדרבנן ופשטנא הני חבילות דקתני אין מסככין לכתחלה הא דיעבד שפיר דמי משום גזירת אוצר הא מדאורייתא כשרה. כדמפרשה מפני מה אמרו חבילי קש וחבילי עצים וחבילי זרדים אין מסככין בהן פעמים שאדם בא מן השדה וחבילתו על כתפו כו'. עד ונמלך עליה לסיכוך *) גזרה שמא לסכך עתה בחבילות שהביאם היום אמר חבילות שמא אצלו מונחות ליבשם ונמלך עליהן להניחן עכשיו לסוכה ועל זה אמרה [תורה] תעשה ולא מן העשוי והאי בהחוטט אינה סוכה ש"מ דאפילו מדאורייתא פסולה משום תעשה ולא מן העשוי. אמרי משמיה דרב

*) נראה דצ"ל וגזרו שלא לסכך בחבילות בהביאם היום אטו חבילות שהי' אצלו מכבר ומונחות וכו'.

עין משפט נר מצוה

עו א מיי' פ"ה מהלכות סוכה הלכה י סמג עשין מג טוש"ע א"ח סי' תרכט סעיף טו:

עז ב מיי' שם טוש"ע שם סעיף יז:

עח ג מיי' שם פ"ד הלכה טז וסמג שם טוש"ע א"ח סי' תרל סעיף א:

מסורת הש"ס

[ר"ה יג.]

לקמן טו.

[לעיל יא: וש"נ]

גליון הש"ס

גמ' ואימא יין קרוש עי' יומא דף עו ע"ב תוס' ד"ה נמר שכר בסה"ד: שם חבילי קש. עי' מ"ע פרק י"ד הלכה ד מהל' טומאת צרעת: רש"י ד"ה צאו ההר פסוק הוא בספר עזרא. פסוק זה בנחמי' וכן ברש"י בחומש דברים לב כ"ה ודוגמתו מצינו בעזרא ותתן להם והוא בנחמיה ט וכן בגילה דף טו ע"ב ברש"י ד"ה אלו מסמנים וכן לשון הש"ס לקמן דף לו ע"א ובעזרא אומר צאו ההר והוא ע"ש דברי חז"ל סנהדרין דף צג ע"ב מכדי כל מילי דעזרא נחמיה בן חכליה אמרינהו:

עין משפט
נר מצוה

עט א מיי' פ"ה מהל' סוכה הלכה ה סמג עשין מג טוש"ע א"ח סי' תרכט סעיף ג:

פ ב מיי' שם הלכה ד טוש"ע שם סעיף ד:

דאין מסככין משום גזרת אוצר הא דאורייתא שפיר דמי התם דקתני אינה סוכה אפילו דיעבד מדאורייתא נמי אינה סוכה *אמר רב יהודה אמר רב °סככה בחיצין זכרים כשרה בנקבות פסולה זכרים כשרה פשיטא מהו דתימא ניגזור זכרים אטו נקבות קמ"ל (אמר מר) בנקבות פסולה פשיטא מהו דתימא בית קבול העשוי למלאות לא שמיה קיבול קמשמע לן אמר רבה בר בר חנה א"ר יוחנן °*סככה באניצי פשתן פסולה בהוצני פשתן כשרה והושני פשתן איני יודע מהו והושני עצמן איני יודע מה נפשך אי דייק ולא נפיץ הושני קרי ליה אבל תרי ולא דייק הוצני קרי ליה או דלמא תרי ולא דייק נמי הושני קרי ליה אמר רב יהודה הני שושי ושוצרי מסככין בהו אביי אמר בשושי מסככין בשווצרי לא מסככין מ"ט כיון דסרי

אין מסככין בהן ולא קתני אינה סוכה משמע מדאורייתא סוכה היא הלכך על כרחך במניחן עכשיו לשם סכך קאמר ומדרבנן ולא בנמלך על המונחין ועומדין דפסולה מדאורייתא וגבי אוטע בגדים קתני אינה סוכה משמע לגמרי אינה סוכה דפסולה מדאורייתא אלמא בשלא נענע הסכך לשם סוכה קאמר אבל נענע כשר דהא אסיק אדעתיה ותיקן וליכא למיגזר בה משום זימנא אחריתי שהרי המצוות תיקן וכל שכן שלא יעוות: **סככה בחיצים**. בית יד של חצים פלקיי"ש בלע"ז: **זכרים**. כעין שלנו שתוחבין אותה בבית קיבול של חץ: **כשרה**. דאע"ג דכלים נינהו פשוטי כלי עץ אין מקבלין טומאה: **נקבות**. שיש נקב בראשו והחץ עשוי כמרצע ונכנס לתוך הנקב הוו להו מקבלין שבכלי עץ וראויין לקבל טומאה ופסולה: **העשוי למלאות**. מילוי עולם שלא להתרוקן עוד: **אמר רבה בר בר חנה**. שמעתי ג' דברים מר' יוחנן השנים פירש והשלישי השיב איני יודע: **סככה באניצי פשתן פסולה**. שכן ראויה ליטמא בנגעים כדאמר בבמה מדליקין (שבת דף כז:) האונן של פשתן משיתלבנו (פי' אניצי) לאחר שתיקנו במסרק שקורין לרבי"ש ועשאן אונן שקורין ריסט"א: **בהוצני פשתן**. שמעתי מר' יוחנן כשרה דהיינו כשהוא בהוצין שלו כמו שגדל ולא נשרה במי המשרה ולא נופץ במכתשת: **והושני פשתן איני יודע**. אם כשרה או פסולה: **והושני עצמן איני יודע**. מאי קרי ר' יוחנן הושני: **מה נפשך**. לפרש בהם: **אי דייק**. במכתשת ולא נפיץ במסרק קרי הושני ואמר בהו איני יודע: **אבל תרי**. שרוי במי המשרה: **ולא דייק**. הוי בכלל הוצני כי ההוא דלא תרי ולא דייק וכשרה: **או דלמא תרי ולא דייק נמי הושני קרי להו**. ואף הן בכלל ספיקא ולא הוה פשיטא ליה להכשיר אלא בדלא תרי ולא דייק: **שושי**. פליי"א בלע"ז: **שוצרי**. ארניז"א בלע"ז שושי ושוצרי מיני ירקות ורבי מכיר פירש שוצרי ארב"א שקורין פלקיר"א והוא שעליו רחבין וגדל ביערים: **מסככין בהם**. שאינם מקבלין טומאה לפי שאינן מאכל אדם:
דסרי

אין מסככין בהן. בתחילה משום גזירת אוצר לא גרסינן לכתחלה דדיעבד נמי לא מהני מדרבנן מדקאמר הא מדאורייתא שפיר דמי משמע אבל מדרבנן לא וא"ת והא גבי דבר המקבל טומאה ואין גידולו מן הארץ קתני מתניתין (לעיל דף יא:) אין מסככין בו אף על גב דדיעבד נמי אינה סוכה אפילו מדאורייתא וי"ל דשאני התם דליכא למיטעי ומהא דקתני מתניתין ואם היו מותרות כשרות לא מצי למידק מידי דאפילו תחילתו הניחן לייבשן מהני התרתן כאלו הוא נענוע דלעיל: **בחיצים** זכרים כשרה. לא דמו לשאר פשוטי כלי עץ כמו דף של נחתומין דפרק המוכר את הבית (ב"ב דף סו.) דמקבל טומאה מדרבנן דהני אפילו מדרבנן טהורין כדפרישית לעיל (דף ה:) גבי מסגרתו למעלה היתה: **בנקבות** פסולה. קצת תימה כיון דעשוי למלאות הי"ע גולמי כלי עץ דטהורים כמו קתא דסכינא עד שלא שם הברזל: **מהו** דתימא בית קיבול העשוי למלאות לא שמיה בית קיבול קמ"ל. °משמע מהכא דשמיה קיבול וקשה לפירוש הקונטרס דסוף ארבע מיתות (סנהדרין דף סח.) גבי כדור ואימוס דפירש שם בקונטרס דנחלקו ר' אליעזר וחכמים בסדר טהרות דחכמים אומרים אין מקבלין טומאה לפי שכלי עור אין מקבל טומאה אלא אם כן יש לו בית קיבול דאיתקש לשק והאי הואיל וקיבולו נעשה למלאות ולהיות מילואו לתוכו עולמית לא שמיה בית קיבול ור' אליעזר אומר מקבלין טומאה דשמיה בית קיבול ולפירושו אתיא מסקנא דשמעתין כר' אליעזר ורבי אליעזר שמותי הוא ודוחק לומר דהכי קאמר קמשמע לן דכי האי דחילין שמיה בית קיבול לפי שפעמים שנוטלין הברזל מן העץ ועוד קשיא מהא דתניא במס' כלים פ' י"ח (מ"ח) התפילין ד' כלים ואין לך עשוי למלאות יותר מתפילין ובסנהדרין *הארכתי ובמסכת כלים פרק כ"ז (מ"ב) אמתניתין דכדור המעות ר' אליעזר מטמא וחכמים מטהרין: **באניצי** פשתן. פי' בקונטרס שכן ראוי ליטמא בנגעים כדאמר פ' במה מדליקין (שבת דף כז: ושם) האונן של פשתן משיתלבנו פירוש אניצי פשתן לאחר שתקנו במסרק שקורין לריצ"ש בלע"ז משמע שר"ל שהפשתן עצמו מטמא בנגעים קודם טוויה ולפירושו אתיא שמעתין כרבי יהודה דפלוגתא היא במסכת נגעים פרק י"א (מ"ח) ומייתי לה בפרק במה מדליקין (שם) דתנן שתי וערב מטמא בנגעים מיד דברי ר"מ רבי יהודה אומר השתי משישלק והערב מיד והאונן של פשתן משיתלבנו ותמיהה היאך פשתן מטמא בנגעים לשום תנא הא שתי וערב כתיב ועוד דנמצא רבי יהודה מיקל טפי מרבי מאיר בשתי ומחמיר באונן וכי תימא באונן לא פליגי ושמעתין ככולי עלמא אתי מאחר דנראה לטמא בנגעים כשהוא אונן היאך יוצא שתי מידי טומאה עד שישלק ועוד דאמרינן בפרק במה מדליקין (שם) סומכוס אומר סיככה בטווי פסולה מפני שמטמא בנגעים כמאן כי האי תנא דתנן ומייתי מתניתין דנגעים משמע בהדיא דאין מטמא בנגעים אלא טווי ומיהו בההיא שמעתא גופא פי' בקונטרס אונן של פשתן שלא נטוה ורוצה לומר דפליגי ועוד קשיא דקאמרינן התם אמר אביי ר' שמעון בן אלעזר וסומכוס אמרו דבר אחד רבי שמעון בן אלעזר הא דאמרן דקתני התם ר' שמעון בן אלעזר אומר כל היוצא מן העץ אין בו משום שלש על שלש ומסככין בו חוץ מפשתן והשתא היאך אמרו דבר אחד הא מיפלג פליגי דסומכוס טווי קאמר ור' שמעון בן אלעזר קאמר פשתן אפילו קודם טוויה וכי תימא דלאו דוקא פשתן כמו לענין שלש על שלש מכל מקום מנלן דאיירי בטווי טפי מבאונן מאחר דאשכחן רבי יהודה דמטמא אונן בנגעים לכך נראה כמו שפירש בערוך דאונן הוא מטוה של פשתן ושתי וערב דקאמר ר"מ היינו בגמר שניכר בו מהו ערב מהו שתי שזה טווי כלפי היד וזה טווי כלאחר יד אבל דפשתן הכל שוה ואין ניכר ורבי אליעזר בפ"ק דמסכת ע"ז (דף יז:) דאייתי ליה תרי קיבורי ואמרי ליה הי דשתיא הי דערבא יש לפרש בשל צמר שהדבר ניכר אי נמי בשל פשתן ולבקיאין כגון רבן של פרסיים ניכר איזה ראוי לשתי ואיזה ראוי לערב ואניצי פשתן נמי אומר ר"ת שהוא מטוה ור"ש בן אלעזר וסומכוס בטווי דווקא מיירי אבל קשה דבמס' נדרים פ' ר' אליעזר אומר פותחין (דף סו:) דאמרינן שמא שערה נאה דומה לאניצי פשתן (ואינה ראויה כלל) ועוד תניא בספרי (פרשת תצא) יכול לא יביא גיזי צמר ואניצי פשתן ויתחמם בהן ת"ל שעטנז משמע דאניצי פשתן דומיא דגיזי צמר שלא נטוה ועוד סוגיא דשמעתין מוכחא דהוא פשתן שלא נטוה ודייק ונפיץ מדקאמר בהוצני פשתן כשרה בהושני פשתן איני יודע ומשמע דמספקא ליה בתרי ולא דייק ודייק ולא נפיץ מכלל דדייק ונפיץ פשיטא ליה דפסולה והיינו אניצי לכן נראה דאניצי פשתן ודאי לאו טווי הוא ואע"ג דאינו מטמא בנגעים הואיל וקרוב הוא לטומאה גזור בהו רבנן לפוסלו לסכך כדאשכחן לקמן (טו.) דאיכא דפסיל נסרים משופין משום גזירת כלים ואפילו מאן דמכשר התם מצי למיפסל הכא והא דקאמר סומכוס סיככה בטווי פסולה מדאורייתא קאמר והוא הדין כשאין טווי מדרבנן כדקאמר ר' שמעון בן אלעזר חוץ מפשתן דמשמע פשתן כגון אניצי ואמרו דבר אחד דקאמר משום דלר' יהודה דאין מטמא בנגעים עד שיתלבנו לא מיפסלי אניצי לסוכה כיון דרחוקין מטומאה אבל סומכוס קאמר סיככה בטווי דמשמע מיד ואפילו תימא לומר דפסיל ר' יהודה מדרבנן קודם ליבון כמו ר"ש בן אלעזר קודם טוויה על כרחך סומכוס מדאורייתא קאמר מדקאמר מפני שמטמא בנגעים והא דלא קאמר ר' שמעון בן אלעזר וסומכוס ור' מאיר אמרו דבר אחד בסדר המשנה אין כתיב דברי ר' מאיר במס' נגעים וכ"ש דניחא טפי הא דקאמר כמאן כי האי תנא ולא קאמר כמאן כר"מ ועוד משום דר' מאיר לא איירי בסיכוך אע"ג דהא בהא תליא דכיון דמטמא מיד א"כ יפסול לסכך מדרבנן באניצי פשתן ולעולם אוניץ של פשתן דר' יהודה טווי כדפירש הערוך וצ"ע ועוד י"ל דרבנן דפליגי עליה דסומכוס סברי סיככה בטווי כשרה אע"ג דמטמא בנגעים דקסברי דלא שייך למילף מפסולת גורן ויקב לפסול בדבר המטמא בנגעים מאחר דאין מטמא בשאר טומאות והיינו אמרו דבר אחד במה שאין מסככין בדבר המטמא בנגעים דליכא למימר דחוץ מפשתן דקאמר ר"ש בן אלעזר בבגד פשתן איירי וכרבנן כמו אין בו משום שלש על שלש דהיינו בגד דהא לאו מלתא היא דבההוא נמי ה"ק כל היוצא מן העץ אין בו משום שלש על שלש חוץ מן היוצא מן הפשתן:
אפקותא

[לפנינו בסנהדרין לא נמצא בתוס' אריכות וקיצור ועי' בפי' הר"ש כלים פכ"ז מ"ב. ועי' תוס' שבת נג: ד"ה היא של אלמוג וכו' דאמרינן בית קיבול וכו' לא שמיה בית קיבול ומנ"ה ליישב דלפי שהולי"ו הוס' דהכא וגם הרי"ב נשאר קושיות התוס' בשבת וי"ל קצת]

רבינו חננאל

סיככה בחיצין זכרים כשרה. אלו עצים הן והן עשוין לעשות מהן חצים. ואם העצים הללו נכנסין בברזל כשרים לעשות בהן אבל אם חקוקים והן נכנסין בהן כיון שיש להם חלל כדי ליכנס בו החץ ולמלאותו עכשיו כיון שיש בו בית קבול חשובין ככלים ומקבלין טומאה ופסולין הן לסיכוך כשנתנו שאין מסככין אלא בדבר שאינו מקבל טומאה. אניצי פשתן פשתים דדייק ונפיץ העומד למטויה הוצנין פשתי העץ דליתיה לא דייק ולא נפיץ הושני לא איפרשא היכי נינהו. ששי ושואצרי שמות עצי השדה ושוצרי מפורש שריחם רע. *) הוזמי והיגי מיני קוצים הן כיון שנמשכת ומתייבשין נושרין עליהן על המסעכים ועליהן עצמם ולפיכך אמרו אין מסככין (עליהן) [בהם] חיישינן דלמא נקפה דעתיה מיניהו ונפיק ושביק לסוכה.

*) מד' רבינו נראה דגרים בדברי אביי דגם בהיזמי אין מסככין ודלא כגי' דילן וצ"ע.

מסורת הש"ס

[לקמן טו.] רש"ל מ"ז [תוספ' פ"א] רש"ל מ"ז ר"מ מ"ז

גליון הש"ס

תוס' ד"ה מהו דתימא כו' משמע מהכא דשמיה קיבול. עיין תשובת שבות יעקב ח"א סי' לג:

§ מסכת סוכה דף יב: §

אות א'

ססכה בחיצין זכרים כשרה, בנקבות פסולה

סי' תרכט ס"ג- [א]סיככה בחיצים שאין להם בית קבול, כשרה - דפשוטי כלי עץ אין מקבלין טומאה, **ואם** היו פעם אחת בברזל, פסולים, אע"פ שניטלו אח"כ, דכיון דפעם אחת היו ראויים לקבל טומאה, נשאר שם פסול עליהם, וכנ"ל בס"ב. **ושיש בהם בית קבול, פסולה.**

קנים הנבראים חלולים, אע"פ שיש להן בית קבול, אין מקבלין טומאה, לפי שלא נעשו לקבלה, לפיכך מותר לסכך בהם, **וכן** מותר לסכך בצנור, לפי שלא נעשה לקבלה, [**ועיין** ביו"ד, דאם חקק במרזב גומא לקבל צרורות, מקבל טומאה, **ולענין** שיעור גודל הגומא, יש חילוק בין עץ לחרס].

וכל כלי עץ הרחב קצת, וראוי להניח עליו דבר, מקבל טומאה מדרבנן, דדמי לבית קיבול, [כן מוכח בתוס'] ‹דף ה. ד"ה מסגרתו›, **ולפי"ז** אין להניח מרא ומגריפה על הסוכה אפילו נשברה - מ"א וש"א, ‹וכגון שגם עתה ראוי להניח עליו דבר מה, עיין לעיל ס"ב - מנח"י›, **ועיין** בבכורי יעקב, דדעתו נוטה דבשעת הדחק יש להקל לסכך כשנשברה, כיון דאפילו בעוד שהיא שלמה אין טומאתו אלא מדרבנן, אין לגזור בשבורה, וכנ"ל.

אות ב'

ססכה באניצי פשתן פסולה וכו'

סימן תרכט ס"ד - [ב]סיככה בפשתן שלא נידק ולא ניפץ, כשרה, דעץ בעלמא הוא - ר"ל אף דמתחלה נשרו הגבעולין במים, מ"מ כיון דעדיין לא נידק, בכלל עץ הוא, **אבל אם נידק וניפץ, פסולה** - מדרבנן, מפני שאין צורתו עומדת עליו, ומחזי כאילו אינו מגידולי קרקע, **ועוד** כיון דראוי לתתם לתוך כרים וכסתות, ואז יקבלו טומאה, **וע"כ** גם בנעורת, שברי גבעולין הננער מן הפשתן, אין מסככין בו, דגם ממנו ראוי למלא כרים וכסתות, **והנה** לפי הטעמים האלו, אפי' בצמר גפן וקנבוס שאין מטמאין בנגעים, אם נידק וניפץ אין מסככין בהם. **ועוד** כתבו טעם, מפני דכיון דכבר נידק וניפץ, קרוב הוא לטוותו ויקבל טומאה, ע"כ גזרו שלא לסכך בו, [תוס'], **ולפי"ז** בצמר גפן וקנבוס דאין מקבל טומאה כלל, לא שייך האי גזירה, **ויש** להחמיר.

[**ומש"כ** דהוי מדרבנן, זהו לדעת הרי"ף והרמב"ם והרא"ש, דפסקו הבעיא לקולא, ‹עיין בהערה למטה›, **משא"כ** לדעת רש"י ‹שכתב: שכן ראויה ליטמא בנגעים›, והעטור והר"י אבן גיאות ושבלי הלקט והריא"ז, שהחמירו בהבעיא, הוא מדאורייתא].

ומשמע מרישא, דאם היה נידק, אף שלא ניפץ, פסול, **ומסוף** דבריו משמע, דנידק וניפץ בעינן, אבל נידק לחוד לא, **ועיין** בפרישה וביאור הגר"א, ומשמע שמצדדים להקל.

ומ"מ אין להקל אף בנשרו לחוד, רק במקום הדחק, [דכמה פוסקים פסקו בהבעיא לחומרא וכנ"ל. **ובנידק** ולא ניפץ צ"ע אם יש להקל אף במקום הדחק, דמהרי"ף והרמב"ם אין לנו שום ראיה שמקילין בזה, וגם בא"ר נשאר בזה בצ"ע, **ויש** לנהוג בזה כדעת הפמ"ג, דלכתחילה אין לסכך בנידק ולא ניפץ, והיכא דלית ליה כי אם זה, י"ל דכשר].

אות ב'* [ג]

סימן תרכט ס"ה - [ד]בחבלים של פשתן, פסולה - אף שאין מקבלין טומאה שאינם כלי, מ"מ נשתנה צורתן, ואינו נראה כגידולי קרקע, ופשוט דה"ה בחבלים של קנבוס, [**ולדעת** רש"י במס' שבת ס"ד, דוקא כשלא נטוו מתחילה, אבל אם נטוו ואח"כ קולעין אותן, הוא בכלל אריג, ומה"ת אין מסככין בהן]. **של גמי ושל סיב, כשרה.**

סימן תרכט ס"ז - [ה]יש להסתפק אם מותר להניח סולם על הגג כדי לסכך על גביו - יש מאחרונים שמפרשי, דהספק הוא אם מותר לסכך בסולמות, **ומיירי** שהסולם הוא רחב ארבעה טפחים, דסכך פסול אינו פוסל באמצע פחות מד"ט, **ומקום** הספק הוא, מפני שהוא פשוטי כלי עץ שאינו מקבל טומאה אפילו מדרבנן, **ויש** צד לאיסור, כיון דיש נקבים בירכי הסולם שהשליבות תקועות בהם, דמי לבית קיבול, [**וסולם** שנקוב מעבר לעבר אינו בית קיבול].

ויש מאחרונים שמפרשי, דמיירי בסולם שאינו רחב, דאי הוה רחב בודאי יש לנו להחמיר, דדמי לבית קיבול ואין לסכך בו, **אלא** מקום הספק הוא, דהלא עכ"פ בכלל מעמיד הוא, ואפשר דיש לנו להחמיר שלא להעמיד בדבר המקבל טומאה, שמא יבוא לסכך בו, **ואע"ג** שמעמידין הסכך על כותל אבנים, משום דלא שכיח שיסכך בהם.

וכן העתיקו כמה אחרונים לדינא, דלכתחלה יש ליזהר שלא להעמיד הסכך בדבר המקבל טומאה, **אכן** בדיעבד או שאין לו שאר דברים, קי"ל דמותר להעמיד הסכך בדבר המקבל טומאה.

הגה: לכן אין לסכך עליו - עיין בד"מ, דמיפשט פשיטא ליה דאסור לסכך בו, דבית קיבול הוא ומקבל טומאה, וממילא בודאי יש להחמיר שלא לסכך על גביו, [**ואם** חרוץ על הירכות צ"ע, דאפשר דזה דמי לבית קבול], **ומכ"ש** בסולמות של עגלות, או סולם של אבוס הנתון על שתי יתידות, ומספוא שם למאכל בהמה, בודאי בית קבול גמור הוא, ומן התורה טמאין. **אכן** כשאין להסולם נקבים, והשליבות תקועין על הירכות במסמרים, הם בכלל פשוטי כלי עץ שאין מקבלין טומאה אף מדרבנן, **ויש** שמחמירין אף בזה משום לא פלוג.

ואפי' להניחו על הסכך להחזיקו, אסור - דגם זה בכלל מעמיד הוא, ומלבד זה עכ"פ סכך פסול הוא. **וה"ה בכל כלי המקבל**

באר הגולה

[א] **מימרא דרב י"ב** [ב] **מימרא דרבי יוחנן וכפי' הרי"ף והרא"ש והרמב"ם** ‹הוצני, כיתנא דלא דייק ולא נפיץ, דעדיין עץ הוא, ובגמ' אסתפק לן היכא דתייר אע"ג דלא דייק ולא נפיץ, אם מסככין בו, ונקטי לה הפוסקים לקולא, משום דמדרבנן בעלמא הוא - ב"י›, ‹**ועוד** דספק ספקא הוא, ספק אם הושני דר' יוחנן הוי תרי ולא דייק, ואפילו הוי תרי ולא דייק, מ"מ ר' יוחנן עצמו מסופק בדבר - לחם משנה› [ג] ‹מילואים› [ד] **הרמב"ם מהירושלמי** [ה] **הרמב"ן בתשו'**

טומאה, כגון ספסל וכסא שמקבלין טומאת מדרס (מהרי"ל) - ר"ל שראויין לקבל, ואפילו הן חדשים שבודאי לא נטמאו עדיין. **ודע**, דכל כלי עץ הרחב קצת וראוי להניח עליו דבר, י"א שמקבל טומאה מדרבנן, דדמי לבית קבול, **וע"כ** אין להניח מרא ומגריפה על הסכך להחזיקו, או תחת הסכך להעמיד הסכך, ואפי' נשברו. ועו"ל ס"ב וס"ג.

---

§ מסכת סוכה דף יג. §

אות א' - ב'

בשווצרי לא מסככין, מאי טעמא, כיון דסרי ריחייהו שביק לה ונפיק

בהיגי לא מסככין, מאי טעמא, כיון דנתרי טרפייהו שביק לה ונפיק

סימן תרכט סי"ד - [א]**יש דברים שאסרו חכמים לסכך בהם לכתחלה, והם מיני עשבים שאינם ראוים לאכילה ואינם מקבלין טומאה, ווריחם רע [ב]או שנושרים עליהן, דחיישינן שמא מתוך שריחן רע או שעליהן נושרים יצא מן הסוכה** - ודוקא כשנושרים תמיד, אבל אם אינם נושרים אלא בשעת הרוח, כשרה.

ואם עבר וסיכך בהם, כשרה לישב בה, והיינו אף שיש להם סכך אחר, אינו מחוייב לסכך מחדש.

ואם היה ריח רע כ"כ שאין דעת האדם סובלתו, יש לומר דפסול מן התורה, דבעינן "תשבו כעין תדורו".

אות ג'

האי אפקותא דדיקלא מסככין בהו, אע"ג דאגידי, אגד בידי שמים לא שמיה אגד; אע"ג דהדר אגיד להו, איגד בחד לא שמיה אגד

סימן תרכט סט"ו - [ג]**ואם כ"ה קנים או יותר הבאים מגזע אחד, וקשרם בראשם השני, אינה נקראת חבילה כיון שעיקרן אחד** - ר"ל ומותר לסכך בה לכתחלה, וא"צ להתיר אותה.

[ד]**ואם אגד עמהם קנה אחד ויש בין שניהם כ"ה, הויא חבילה.**

אות ד'

הני מרריתא דאגמא אדם יוצא בהן ידי חובתו בפסח

סימן תעג ס"ה - אלו ירקות שיוצאין בהם ידי חובתו: חזרת, עולשין, תמכא, חרחבינא (פירוש מיני עשבים מרים), מרור.

אות ה'

אזוב, ולא אזוב יון ולא אזוב כוחלי ולא אזוב מדברי ולא אזוב רומי, ולא אזוב שיש לו שם לווי

רמב"ם פי"א מהל' פרה אדומה ה"ה - והאזוב שקורין אותו אזוב ביחוד הוא הכשר, והוא האזוב שאוכלין אותו בעלי בתים; אבל זה שקורין אותו אזוב יון ואזוב כחלית ואזוב מדברי, פסול.

אות ו' - ז'

שלשה למצוה

אזוב תחילתו שנים ושיריו אחד כשר

רמב"ם פי"א מהל' פרה אדומה ה"ה - מצות אזוב שלשה קלחין, וכל קלח וקלח גבעול אחד, נמצאו ג' גבעולין; [ה]ושיריו שנים; או אם לקח ב' בתחילה ואגדן, כשר. נתפרדו הגבעולין ונשרו העלין, אפילו לא נשאר מכל גבעול מהם אלא כל שהוא, כשר, ששירי האזוב בכל שהוא.

באר הגולה

[א] שם י"ב בגמ' וכאביי [ב] שם י"ג וכאביי [ג] מימרא דרב ורב חסדא שם י"ג [ד] מימרא דרב חסדא אליבא דרבנן דמצות אזוב, משנה ספי"א דפרה [ה] ומ"ש רבינו "ושיריו שנים" קשה, דלת"ק שיריו אחד נמי כשר, **ואפשר** שסובר רבינו דבהא פליגא ברייתא אמתני', דמאי דקתני במתניתין "שיריו שנים", דברי ת"ק הם, אלא שמה שלא נתבאר במשנה לרבנן, דהיינו תחלתו, הוא דמוכחינן מברייתא דסגי בשנים, וג' למצוה ולא לעכב, אבל במאי דפריש במתניתין שיריו שנים, לא סמכינן אברייתא ונקטינן כמתניתין - כסף משנה

עין משפט
נר מצוה

פא א ב מיי׳ שם הלכה ג טוש״ע שם סעיף יד :

פב ג מיי׳ פ״ה מהלכות סוכה הלכה יא [טוש״ע א״ח שם סעיף טו] :

פג ד טוש״ע א״ח סימן תעג סעיף ה :

פד ה מיי׳ פי״א מהל׳ פרה הלכה ה :

פה ו ז שם הלכה ד :

מסורת הש״ס

דסרי ריחייהו שביק (א) להו ונפיק אמר רב חנן בר רבא הני היזמי והיגי מסככין בהו אביי אמר בהיזמי מסככינן בהיגי לא מסככינן מאי טעמא כיון דנתרי טרפייהו שביק לה ונפיק אמר רב גידל אמר רב האי אפקותא דדיקלא מסככין בהו אע״ג דאגידי אגד בידי שמים לא שמיה אגד אע״ג דהדר אגיד להו איגד בחד לא שמיה אגד אמר רב חסדא אמר רבינא בר שילא הני דוקרי דקני מסככין בהו אע״ג דאגידי נינהו אגד בידי שמים לא שמיה אגד אע״ג דהדר אגיד להו איגד בחד לא שמיה אגד תניא נמי הכי קנים ודוקרנין מסככין בהן קנים פשיטא אימא קנים של דוקרנין מסככין בהן ואמר רב חסדא אמר רבינא בר שילא הני מרריתא דאגמא אדם יוצא בהן ידי חובתו בפסח מיתיביה *אזוב ולא אזוב יון ולא אזוב *כוחלי ולא אזוב מדברי ולא אזוב רומי ולא אזוב שיש לו שם לווי אמר אביי כל שנשתנה שמו קודם מתן תורה ובאת׳ תורה והקפידה עליה בידוע שיש לו שם לווי והני לא נשתנה שמייהו קודם מתן תורה כלל רבא אמר הני מרריתא סתמא שמייהו והאי דקרי להו מרריתא דאגמא משום דמשתכח באגמא אמר רב חסדא איגד בחד לא שמיה אגד שלש שמיה אגד *שנים מחלוקת ר׳ יוסי ורבנן דתנן *מצות אזוב שלשה קלחים ובהן שלשה גבעולין רבי יוסי אומר מצות אזוב שלשה גבעולין ושיריו שנים וגרדומיו כל שהוא קא סלקא דעתין מדשיריו שנים תחילתו נמי שנים והאי דקתני שלשה למצוה ומדרבי יוסי שלשה למצוה לרבנן שלשה לעכב והתניא ר׳ יוסי אומר אזוב (ב) תחילתו שנים ושיריו אחד פסול ואינו כשר עד שיהא תחילתו שלשה ושיריו שנים איפוך לר׳ יוסי שלשה לעכב לרבנן שלשה למצוה והתניא אזוב (ג) תחילתו שנים ושיריו אחד כשר ואינו פסול עד שיהא תחלתו ושיריו אחד שיריו אחד פסול הא אמרת שיריו אחד כשר

אלא

רש״י

דסרי ריחייהו · מבאיש ריחם : סיזפי וסיני · מיני סנה : דנתרי טרפייהו · נושרין עלין שלהן : אפקותא דדיקלא · מולא הדקל כשהוא סמוך לקרקע יוצאים בו דוקרנין הרבה סביב סביב : ואע״ג דאגידי · שמחוברין ענפי האילן יחד ודמי לחבילין דאמרן אין מסככין בהן : ואע״ג דהדר אגיד להו איהו · הענפים של מעלה כדי להשכיבן מפני שמתפללין לכאן ולכאן ונוקפין למעלה ואין סותמים הנקב : אגד בחד לא שמיה אגד · כל דבר יחידי המחובר יחד ואוגדו בפני עצמו אינה אגודה עד שיתן דבר אחר עמו ויאגדם יחד: דוקרי דקני · כעין אפקותא דדיקלא אלא שזה של קנים וזה של דקלים : קנים ודוקרנים · משמע תרי מילי ודוקרנים כמו יחפור בדקר (בילה דף ג.) פל״א בלע״ז : קנים של דוקרנים · שיוצאים בגזעם כמין דוקרנים הרבה: מסככין בהן · ולא משווינן להו כחבילה : מרריתא דאגמא · חזרת של אגם : אזוב · כל היכא דכתיב אזוב דריש ליה הכי : ולא כל אזוב שיש לו שם לווי · הכא נמי מרור כתיב ולא מרריתא דאגמא דהוא שם לווי : כל שנשתנה שמו קודם מתן תורה · שיש בו כמה מינין וכל אחד שם לווי לו כמו אזוב כוחלית וקודם מתן תורה היה זה שמו ובאתה תורה והקפידה שכתוב בכמה מקומות אזוב ולא נכתב באחד מהן אחד משמות הללו ש״מ אסתם אזוב קפיד רחמנא: הני · מרריתא לא נשתנה שמם קודם מתן תורה וכשניתנה תורה לא היו קרויין אלא מרור סתם וכשהזכיר מרורים אף זה היה במשמע : לא שמיה אגד · לא לענין חבילה לסכך ולא לענין אגודת אזוב : שלשה קלחין · שרשין : ובהן שלשה גבעולין · גבעול לכל קלח גבעול הוא קנה האמצעי שהזרע בראשו כקנבוס ופשתן : רבי יוסי אומר · לקמן מפרש פלוגתייהו : שיריו · אם נפל האחד לאחר זמן שיריו כשרים בשנים : גרדומיו · כשמזין בו פעמים הרבה מתוך שנגבעוליו רכים משתברים וכל שהוא המשתייר באגודה כשר ובלבד שישתייר מכל אחד ואחד כל שהוא שתהא שם אגודתו קיימת : קא סלקא דעתיה · דהא דאמר רב חסדא שנים מחלוקת רבי יוסי ורבנן הכי מפרש פלוגתייהו והכי שמעינן לה דמדשיריו שנים לר׳ יוסי תחילתו נמי שנים דיעבד : למצוה · לכתחילה : ומדרבי יוסי · בעי שלש מיהא למצוה מכלל לרבנן דאמרי שלשה לעכב דאי הינאו כמי למצוה ולא לעכב מאי אתא רבי יוסי לאיפלוגי ומאי מחלוקת דקאמר רב חסדא דלרבי יוסי שמיה אגד ולרבנן לא שמיה אגד : אזוב שתחילתו שנים · פסול וכן אזוב שלשה ונפלו שנים מן האגודה ונשתייר אחד פסול : ואינו כשר כו׳ · כלומר אין תחילתו כשר אלא בשלשה דבליר מהכי לאו אגודה היא ואין שירים כשרים אלא בשנים : איפוך · סברא דידן דאמרן לעיל קא סלקא דעתיה דנפרשה לרב חסדא הכי דלר׳ יוסי שלשה לעכב כדמפרש הכא בהדיא ומכלל דשלשה (*לרבנן שמע רבי יוסי) דקאמרי למצוה ולא לעכב : והתניא · ובגיאותא : לרבנן לא גרסינן שאין זו לשון גמרא ומיהו על כרחך רבנן קאמרי לה דהא ר׳ יוסי שלשה לעכב שמעינן לה : אזוב שתחילתו שנים · כשר : ושיריו אחד · נמי כשר : ולא פסול · בתחילתו עד שיהא אחד וקס״ד דסיפא כמי הכי מיפרשא ואין שיריו פסולים עד שיהא אחד והכי פריך שיריו אחד סלקא דעתיך ליפסל והא קתני כשר :

אלא

תוספות

אפקותא דדיקלא · מולא הדקל כשהוא סמוך לקרקע יוצאין בו דוקרנין הרבה סביב ואע״ג דאגידי שהם מחוברים בענפי האילן יחד כך פירש בקונטרס ואין זה אצוותא דדיקלא דפרק כל שעה (פסחים דף לט. ושם) דההוא עשב הגדל סביב הדקל ויוצאים בו משום מרור ואי מן הדקל הוא הא אמר התם מה מרור מן הזרעים ואפשר דהייטו ערקבלין דסוף עושין פסין (עירובין דף כו:) דמפרש התם בגמרא אצוותא חריותא ופי׳ שם בקונטרס שהוא סיב הגדל סביב הדקל וצריך לומר דמין זרע הוא ומיהו מדתנן בפרק לולב הגזול (לקמן דף לו:) אין אוגדים את הלולב אלא במינו ואמר רבה בגמרא אפילו בסיב ואפילו בעיקרא דדיקלא שמע מינה דאין זה עשב אלא מן הדקל עצמו הוא ואין זה ערקבלין :

מרריתא דאגמא · פי׳ בקונטרס חזרת של אגם ואין משמע כן בפרק כל שעה (פסחים דף לט.) דאמרינן רבינא אשכחיה לרב אחא בריה דרבא דהוה מחזר אמרריתא אמר ליה מאי דעתיך אי משום דמרירי טפי והאנן תנן חזרת אלמא אין זה חזרת אלא מין אחר הוא ששמו מרריתא ויש ממנו שמגדל באגם ושורש שלו נקרא תיעה בפרק אלו טרפות (חולין דף נט: ושם) מאי תיעה עיקרא דמרריתא :

משום דשכיחן באגמא · כי האי גוונא משני רבא פרק אלו טרפות (חולין דף סג:) גבי תורין של רחב׳ ואביי נמי אף על גב דמשני הכא והתם שינויי אחריני מכל מקום מודה לרבא דהא בפרק אותו ואת בנו (שם דף פ.) מכשירין עזי דבאלא לגבי מזבח :

בשלש שמיה אגד · תימה דבמסכת אבות (פ״ג מ״ו) משמע דפחות מחמשה לא שמיה אגד דתנן עשרה שיושבין ועוסקין בתורה שכינה ביניהן שנאמר אלהים נצב בעדת אל ומנין אפילו חמשה שנאמר ואגודתו על ארץ יסדה ומנין שאפילו שלשה שנאמר בקרב אלהים ישפוט ואית ספרים דגרסי איפכא דחמשה נפקא לן מבקרב משום דאעדת דרישיה דקרא קאי ובלשון בקרב משמע אמצע כלומר בחצי עדה דהייטו חמשה ישפוט ושלשה נפקא לן מואגודתו על ארץ יסדה ובפ״ק דברכות (דף ו.) לא משמע כן דאמר התם מנין לעשרה שמתפללין ששכינה ביניהם שנאמר אלהים נצב בעדת אל ומנין לשלשה שיושבין בדין ששכינה ביניהם שנאמר בקרב אלהים ישפוט וגירסא קמייתא ניחא ושמא דאף על גב דבעלמא חשיבא אגודה בשלשה האי קרא דואגודתו על ארץ יסדה לא מיתוקם אלא בחמשה משום דכתיב אף ידי יסדה ארץ וביד יש בה חמש אצבעות :

מצות אזוב שלשה קלחים · גבי אזוב דפרה לא כתיב אגודה אלא גבי אזוב דפסח מצרים כתיב ובסיפרי (פרשת חקת) יליף בג״ש לקיחה לקיחה מה להלן שלשה דאין אגודה בפחות משלשה אף כאן שלשה ורבנן דלא ילפי לעיל גבי לולב לקיחה לקיחה דמכשרי בשאינו אגוד קסברי דמאזוב לאזוב נאמרה גזרה שוה ותימה דאי גזרה שוה היא הא קתני סיפא דהך משנה בסוף פרק אחד עשר דפרה לא אגדן כשר ומ״ש מלולב לרבי יהודה דתניא אגוד כשר שאינו אגוד פסול משום דיליף לקיחה לקיחה :

ובהן שלשה גבעולין · גבעול אחד לכל קלח וקלח דאי שלשה לכל קלח וקלח אם כן הייט ר׳ יהודה דקתני סיפא ר׳ יהודה אומר שלש על שלש ומשנה זו שטיה בארוך במסכת פרה (פי״א מ״ט) אלא שהגמרא קצרה : וגרדומין כל שהוא · בפרק התכלת (מנחות דף לה:) דאמרי בני רבי חייא גרדומי תכלת כשרין וגרדומי אזוב כשרין אגב תכלה נקט אזוב דגרדומי אזוב תניא דמשנה היא במסכת פרה (שם) אי נמי משום אזוב דמצורע איצטריך :

ירקוה

רבינו חננאל

אפקותא דדיקלא פירוש הצואר של דקל שנתחך מן הדקל והחריות עמו דבוקים מסככין ולא גזרינן משום חבילות דהני אגידתן אינוד בידי שמים הוא כלומר ברייתן כך היא ואע״פ שחוזר ואוגדן אינן דומין לחבילות הנאגדין מפני שכל החריות הללו שעיקרן מאפקותא כאחד מהן חשבינן · וקיי״ל אגד בחד לא שמיה אגד · דוקרי דקני · עיקר הקנים שנתלשו ויש להן קנים הרבה דבוקים בעיקרן מסככין בהן · דינם כדין האפקותא׳ כיון שהזכיר שמועות של רב חסדא משמיה דרב אבינא בר רב שילא הזכיר נמי מרריאתא והאזוב שיש לו שם לווי ופשוטה היא אמר רב חסדא אגד בחד לא שמיה אגד כדאמרן ג׳ הוי אינוד ב׳ מחלוקת רבנן סברי הוי אינוד ור׳ יוסי סבר לא הוי אינוד דכתיב ולקחתם אגודת אזוב וכתיב ולקח אזוב וטבל במים וילפינן *) לקיחת אזוב כלומר דבעינן אינוד ותנן במסכת פרה פרק י״א מצות אזוב ג׳ קלחים ובהן ג׳ גבעולין · רבי יהודה אומר של ג׳ ג׳ אזוב שיש בו ג׳ קלחים משפסנו ואגדו פסנו ולא אגדו אגדו ולא פסנו לא אגדו ולא פסגו[כשר]·ר׳ יוסי אומר ג׳ גבעולים ושיריו שנים וגרדומיו כל שהוא · ואוקימנא לר׳ יוסי ג׳ גבעולים לעכב כלומר השוים **) אינן נאגדין לפיכך פסולין ולרבנן למצוה שלשה ואם עשה שנים כשר · כדתניא אזוב לרבנן תחלתו שנים ושיריו אחד כשר ואינו פסול אלא עד שיהא[בתחלתו] אחד כשיריו:ירושלמי אין חבילה פחות מכ״ה.

[פי׳ אזוב שיש בו לבע כמו כחל · ערוך ערך כחל ג]

*) נראה דצ״ל וילפינן לקיחה לקיחה מכתם כלומר וכו׳. **) נראה דצ״ל דשנים אינן נקראים אגודה לפיכך פסולין :

תולין סג: פרה פי״א מ״ז בספרי פ׳ חקת [נגעים פי״ד מ״ו]

שבת קט: פרה פי״א [מ״ט ע״ש]

הגהות הב״ח
(א) גמ׳ שביק לה ונפיק : (ב) שם רבי יוסי אומר אזוב שתחילתו: (ג) שם והתניא אזוב שתחילתו:

[צ״ל דלר׳ יוסי שמע לרבנן]

גליון הש״ס
גמרא שנים מחלוקת ר״י ורבנן כו׳ · לא זכיתי להבין מה ראיה מחכמים שמכשירין בדיעבד דמיקרי אגד הא בלא אגדו כלל ג״כ כשר בדיעבד כדקתני במתני׳ לא פסקן ולא אגדן כשר · ובתוס׳ סקנו דאמאי כשר וכו׳ ובכ״מ סוכה בפי״ט דהגו״ש סוי רק אסמכתא א״נ רק למצוה יהיה אין שיהיה כיון דלא אגדו כשר דיעבד מסיכן כשמע דאגד שנים שמיה אגד וצ״ע :

עין משפט נר מצוה

פו א מיי' פ"ה מהלכות סוכה הלכה יא טוש"ע א"ח סימן תרכט סעיף טו :
פז ב שם סעיף יב :
פח ג מיי' פ"ה מהלכות טומאת אוכלין הל' ו :
פט ד שם הלכה ז :
צ ה ו מיי' פ"ה מהל' סוכה הלכה ג סמג עשין מג טוש"ע א"ח סי' תרכט סעיף י :
צא ז מיי' פ"ח מהלכות כלים הלכה י :

אלא אימא עד שתהא תחלתו כשיריו אחד דרש מרימר הני איסורייתא דסורא מסככין בהו אע"ג דאגדן למנינא בעלמא הוא דאגדן א"ר אבא הני צריפי דאורבני כיון שהותרה ראשי מעדנים שלהן כשרין והא אגידי מתתאי אמר רב פפא דשרי להו (ואמר) רב הונא בריה דרב יהושע *אפילו תימא דלא שרי להו כל אגד שאינו עשוי לטלטלו לא שמיה אגד א"ר אבא אמר שמואל ירקות שאמרו חכמים אדם יוצא בהן ידי חובתו בפסח מביאין את הטומאה ואין חוצצין בפני הטומאה ופוסלין בסוכה משום אויר מ"ט כיון דלכי יבשי פרכי ונפלי כמאן דליתנהו דמי ואמר רבי אבא אמר רב הונא הבוצר לגת אין לו ידות ורב מנשיא בר גדא אמר רב הונא הקוצר לסכך אין לו ידות מאן דאמר קוצר כל שכן בוצר דלא ניחא ליה דלא נימצייה לחמריה מאן דאמר בוצר שאין לו ידות אבל קוצר יש לו ידות דניחא ליה דליסכך בהו כי היכי דלא ליבדרן נימא דרב מנשיא בר גדא תנאי היא דתניא סוכי תאנים ובהן תאנים פרכילין ובהן ענבים קשין ובהן שבלים מכבדות ובהן תמרים כולן אם פסולת מרובה על האוכלין כשרה ואם לאו פסולה אחרים אומרים עד שיהו קשין מרובין על הידות ועל האוכלין מאי לאו בהא קא מיפלגי דמר סבר יש להן ידות ומר סבר אין להן ידות לרבי אבא ודאי תנאי היא לרב מנשיא בר גדא מי לימא תנאי היא אמר לך רב מנשיא דכולי עלמא סברי הקוצר לסכך אין לו ידות והכא במאי עסקינן כגון שקוצצן לאכילה ונמלך עליהן לסיכוך אי קוצצן לאכילה מאי טעמייהו דרבנן וכי תימא קסברי רבנן כיון דנמלך עליהן לסיכוך בטלה ליה מחשבתו ומי בטלה ליה מחשבה בהכי והתנן *כל הכלים

יורדין

אלא · אתחלתו קאי והכי קאמר אין תחילתו פסול עד שיהא הוא כשיעור שיריו דהייט אחד אלמא לרבנן שלשה דקאמרינן לעיל למצוה דאי לעכב הא מני לא רבי יוסי ולא רבנן : איסורייתא דסורא · חבילי קנים שהיו עושין למכור בשוק ומוכרין אותם במנין : מסככין בהן · ואין בהם משום גזרת אוצר דכל ימות השנה לפי שאין דרך להכניסם באגדם : אלא למנינא בעלמא · אגדינהו עד שימכרו והלוקחן לייבשן מתיר אגדן הלכך המסכך בהן לשם סוכה אינו צריך להתיר אגדן : צריפי · כמין טוך עגול כשובע ונחבאים בתוכו ציידי עופות : דאורבני · עשוי מענפי ערבות וגודלין אותו מתחתיו פיו רחב ולמעלה קושרין ראשי הגלרים בחבל קשר אחד כעין כלי מצודות שצדין דגים קטנים שעושין בגומא שקורין יונק"ש אבל אין בצריף שלשה וארבעה בתי אריגה כמו שיש למצודה : ראשי מעדנים · קשר העליון מעדנים כמו התקשר מעדנות כימה (איוב לח) : מתתאי · לצד פיו הוא קלוע : דשרי להו · מתיר ראשי החוט שהוא קלוע בו ואינו צריך להפקיע הקליעה : שאינו עשוי לטלטלו · כגון זה שמשהתיר קשר העליון אם אתה מטלטלו הוא ניתק מאליו שאין לו אלא פיו קלוע כמין גדיל לאחוז את הגלרים : ירקות שאמרו חכמים · בפסח שאדם יוצא בהן ידי מרור חזרת ועולשין ושאר חברותיהן דקות הם טינב"ש בלע"ז הלכך אין חוצצין בפני הטומאה אם סיכך בהן גג ומדרבנן הוא דגזור עלייהו שלא יסמכו עליהן לחוץ בפני הטומאה דלמא סמכי עלייהו לכי יבשי נמי מיהא בעודן לחין חוצצין מדאורייתא משום דלא מקבלי טומאה דלאו מאכל אדם נינהו (דאי מקבלי טומאה לא חיילי בפני הטומאה) ולכי יבשי אין מאילתן חלילה כדמפרש דמפרכי ונפלי : ומביאין את הטומאה · בעודן לחין וכל כמה דלא יבשי אהל הוא מדאורייתא : ופוסלין בסוכה משום אויר · כשיעור שאויר פוסל בה דהייט בשלשה טפחים כדאמרינן לקמן בפירקין (דף יז.) אויר בשלשה ולא משערינן להו לפסול כשיעור שאר סכך פסול דאוכל הראוי לקבל טומאה הוא וסכך פסול אינו פוסל אלא בארבעה טפחים באמצע וארבע אמות מן הצד אלא כי אויר דיינינן להו לחומרא ובשלשה : הבוצר לגת · הבוצר ענבים לדרוך אותם אין להם ידות להביא הענץ טומאה על האוכל לפי שאינו צריך לבית אחיזה ולא ניחא ליה בהן וכי אתרבו ידות לטומאה בהעור והרוטב (חולין דף קיז.) הני מילי ביד הצריכה או בכלי או באוכל : הקוצר לסכך · אין הקשין מביאין טומאה על האוכל דלא ניחא ליה בחיבורין דאוכל בסכך לא מיבעי ואי לאו דפסולת מרובה עליו הוה פסיל לה לסוכה : מאן דאמר · דקוצר לסכך אין לו ידות : כל שכן בוצר · לגת דלא ניחא ליה בהנך ידות : דנמצייה לחמריה · מושלות את היין ומפסידות : דלא ליבדרן · ניחא ליה באוכל המחובר בהן שאם יבדיל ראשי שבלים מן הקשים שמא יתפזרו וילכו לאיבוד : נימא דרב מנשיא · דאמר קוצר אין לו ידות תנאי היא : סוכי תאנים · ענפי תאנים : פרכילין · זמורות : מכבדות · ענפי דקל : כשירין · לסכך : על הידות · כדי בית יד סמוך לאוכל אף הוא צריך ביטול שגם הוא מקבל טומאה : לרבי אבא · דאמר בוצר אין לו ידות אבל קוצר יש לו ודאי תנאי היא על כרחיה מבעי למימר תנא דאמרי כאחרים דאמרי יש לו דאילו תנא קמא לא מיתוקם כוותיה דהא אמר אין לו ואי בקוצר לאכילה ונמלך לסיכוך כל שכן דהוה ליה למימר יש לו וקאמר אין לו הלכך לא מיתוקמא כרבי אבא : אלא לרב מנשיא · דאמר קוצר לסכך אין לו מי מדחיק לאוקמי מילתיה כתנאי ולמימר תנא אמרי כתנא קמא ואחרים פליגי או מוקמינן למתניתין בקוצר לאכילה ונמלך לסכך ומשום הכי אמרי אחרים דיש לו ידות אבל בקוצר לסכך אחרים מודו נמי דאין לו : ומי בטלה מחשבה · קבלת טומאה בהכי ואפילו לא נטמאו קודם שנמלך מיהו ירדה להן תורת קבלת טומאה על ידי מחשבה ראשונה ומי בטלה קמייתא במחשבה בתרייתא :

ירקות שאמרו חכמים · בפסח שאדם יוצא בהן ידי מרור חזרת ועולשין ותמכא וחרחבינא דקות הן מאד טינב"ש בלע"ז הלכך אין חוצצין בהן בפני הטומאה אם סיכך בהן גג ומדרבנן הוא דגזור רבנן עלייהו שלא יסמכו עליהן לחוץ מפני הטומאה דלמא סמכו עלייהו כמי לכי יבשי ומיהו מדאורייתא חיילי דלא מקבלי טומאה דלאו מאכל אדם נינהו ולכי יבשי אין מאילתן חלילה כדמפרש דמפרכי ונפלי ומביאין את הטומאה בעודן לחין דכל כמה דלא יבשו אהל הוא מדאורייתא כדפירש בקונטרס ומה שהוזקק לפרש מדרבנן דאי חשיבי אהל מדאורייתא הוא לענין הבאה אם כן לענין חלילה נמי ואי לא חשיבי אהל לענין חלילה אם כן לענין הבאה נמי לא דלא דמי להנהו דחשיב בפרק שמיני דאהלות (מ"א) גבי מביאין ולא חוצצין דהתם היינו טעמא משום דדבר המקבל טומאה אינו חוצץ מפני הטומאה אבל לא שייך למיתלי טעמא בהכי דהא מפרש טעמא משום דכי יבשי מפרכי ונפלי ולא מסתבר למימר דאסוכה לחודה קאי דלכאורה אכולה מלתא קאי ועוד דאי בהכי תלי טעמא ממתניתין דאהלות שמעינן ליה דקחשיב אוכלין טמאין אלא ודאי מדרבנן הוא דאין חוצצין הכא והא דלא חשיב להו גבי הנהו דאהלות משום דהתם מדאורייי' והכא מדרבנן אבל קשה דהיכי מצי למימר דלאו מאכל אדם נינהו הא אמרינן בפרק כל שעה (פסחים דף לט:) מה מצה שנקחת בכסף מעשר אף מרור כו' ומהאי טעמא ממעט הרדפני דאין יוצאים בו ידי מרור כדפירש שם בקונטרס דהרדפני אינו נקח בכסף מעשר דאינו מאכל ואנן בעינן אוכלין דומיא דיין ושכר ובקר ולאן והגהה היתה שהגיה הר' יהודה בפירוש רש"י דלא מקבלי טומאה משום דלאו מאכל אדם נינהו ואינו כן אלא מאכל אדם הן ואפ"ה חיילי מדאורייתא כל זמן שלא הוכשרו כדתנן במסכת אהלות פ"ח (מ"א) גבי מביאין וחוצצין קחשיב אוכלין טהורין דהיינו שלא הוכשרו וגבי מביאין ולא חוצצין קא חשיב אוכלין טמאין דהיינו שהוכשרו וכן מוכח בהדיא פרק לא יחפור (ב"ב דף יט: ושם) בשמעתין דרקיק ודווקא בתלושין עסקינן דאלו מחוברין לא מביאין ולא חוצצין כדתנן בפ"ח דאהלות (מ"ה) אלו לא מביאין ולא חוצצין הזרעים והירקות המחוברים לקרקע חוץ מן הירקות שמנו חכמים כלומר גבי מביאין וחוצצין דקחשיב התם בריש פרק ח' האירוס והקיסוס וירקות חמור ולעת יוונית דהנהו אפילו מחוברין חיילי דקביעי וקיימי ואין הרוח מנענען אבל שאר ירקות המחוברין מתנענעין ברוח והוו להו כטלית וספינה שהיא שטה על פני המים ואפילו בעידנא דלא ניידי אין מביאין ואין חוצצין מדקתני בסיפא קשר את הספינה בדבר שהוא יכול להעמיד כבש את האבן על גבי טלית מביאה את הטומאה הא לאו הכי לא אבל כשהן תלושין ומונחין בחלון או כנגד ארובה חיילי ושאר ירקות כדאמרינן בפרק לא יחפור (ב"ב דף כ. ושם) עשבים שתלשן והניחן בחלון או שעלו מאליהן בחלון ממעטין :

דלא ליבדרן · פ"ה שאם יבדיל ראשי שיבולים מן הקשין יתפרדו וילכו לאיבוד וי"מ שיכבידו ראשי שבלין על הקשים ולא יתפרדו הקשים מעל הסוכה ברוח :

אם פסולת מרובה על האוכלין כשרה · אבל אוכל מרובה פסולה אע"ג דאמר בפרק העור והרוטב (חולין דף קכט. ושם) בית שסיככו בזרעים טיהרו משום דבטלינהו יש לחלק בין בית לסוכה דבסוכה לא בטילי דעביד דסתר לה אחר החג אי נמי בעינן דלא מקבלי טומאה בשעת סיכוך משום תעשה ולא מן העשוי אי נמי התם כשעשה בהן שינוי מעשה דבמחשבה לא סלקי מטומאה והכא בשלא עשה בהן שינוי מעשה כדמוכח בתר הכי דפריך אי הכי מ"ט דרבנן דמה שמניחן ע"ג הסוכה לא חשיב שינוי מעשה וכן בפרק לא יחפור (ב"ב דף יט: ושם) דאמר רקיק אינו ממעט בחלון כדקאמרינן התם משום דלא מבטל ליה ופריך ותיפוק ליה דהוי דבר המקבל טומאה דלא מהני ביטול בלא שינוי מעשה :

כל

רבינו חננאל

איסורייתא דסורא · פירוש אגודות של עצים שקושרין אותן למוכרן במספר כך וכך אגודות · צריפי דאורבני · פי' צריפין שמסככין אותן במוריביות של ערבה וקושרין את ראשיהן *) מתנה ומהנה בנת וקושרין עוד קצותן למטה שלא יפרדו · פי' ראשי [מעדני]כרכתי' התקשר מעדנות כימה · ואלו הקשרין אין עשויין לטלטל בהן · ותנן נמי בכלים(פ' כ' מ"ז) בענין המחצלות וכן המתיר ראשי המעדנים טהורה נחלקה לארכה ונשתיירו בה ג' מעדנים של ששה טפחים טמאה : ירקות פוסלין הסוכה מ"ט כיון דלכי יבשי פרשי ונתרי כמאן דליתנהו דמי · ואותו מקום המסוכך בירקות כאויר הוא · ואע"פ שעכשיו מסוכך הוא ואם יש בו ג' טפחים פסולה · א"ר אבא אמר רב הונא הבוצר ענבים לדורכן לגת אין לו ידות כלומר אין רצון הבוצר בגת להיות בענבים ידות ולדורכן הוא בעי והידות שואבין היין ורב מנשיא בר גמרא אמר רב הונא הקוצר לסיכוך אין לו ידות ואסיקנא מאן דאמר קוצר לסיכוך אין לו ידות כ"ש בוצר שודאי אין לו אבל דר' אבא דאמר בוצר אין לו ידות הני מילי בוצר דניחא ליה דלא להוי להן ידות דלא נמציה לחמריה אבל קוצר לסיכוך יש לו ידות דניחא ליה לסכוכי בהן לימא כתנאי סוכי פי' אמירי תאנים ובהן תאנים · פרכילין ובהן ענבים קשין ובהן שבולים מכבדות ובהן תמרים כולן אם פסולת מרובה על האוכלין כשרה ואם לאו פסולין אחרים אומרים עד שיהו קשין מרובין על הידות ועל האוכלין מאי לאו בהא קמפלגי ת"ק סבר הקוצר לסיכוך אין לו ידות לפיכך תני עד שיהא פסולת מרובה על האוכלין בלבד ואחרים סברי יש לו ידות וידות כמו אוכל הן ופסולין הן לסיכוך לפיכך עד שיהא פסולת מרובה על האוכל ועל הידות · ור' אבא דאמר בוצר אין לו ידות אבל קוצר יש לו ידות כתנאי הוא דהא ת"ק א' אין לו ידות · לרב מנשיא מי לימא תנאי הוא דהא אחרים אומרים יש לו ידות ודחה לא לעולם אפילו אחרים מודו דהקוצר לסיכוך אין לו ידות והכא כגון שקצרן לאכילה שצריך להיד כדי להיות תופס בהן אוכל לפיכך כמו האוכל הן חשובין להכנים הטומאה וכבר פרשנוהו דין הידות בפרק העור והרוטב וכיון שקצרן לאכילה אע"פ שנמלך עליהן לסיכוך תורת הידות לא זזה מעליהן ואקשינן אי הכי אפילו לרבנן לא בטלה טומאה מינייהו דהא קי"ל דלא בטלה טומאה במחשבה ואמאי (מטהר) דתנן בפרק כ"ה בכלים כל הכלים

*) נ"ל ומשלשלין אותן מסגה ומהגה בגג וקושרין עוד קנותן שלא יפרדו מלמטה וכ"ה בערוך ערך צרף א' ע"ש :

מסורת הש"ס

[נ"ל אמר אפילו]

רש"ל מ"ז

שבת נב: ודף נח: כלים פכ"ה מ"ט קדושין נט. [מנחות סט.]

§ מסכת סוכה דף יג: §

אות א'

הני איסורייתא דסורא מסככין בהו אע"ג דאגדן, למנינא בעלמא הוא דאגדן

סימן תרכט סט"ז - [א]**חבילה שאין קושרים אותה אלא למכרם במנין, ומיד כשיקננה הקונה יתירנה, אינה חבילה.**

אות א*[ב]

כל אגד שאינו עשוי לטלטלו, לא שמיה אגד

סימן תרכט סט"ו - **הגה: וכל חבילה שאינה קשורה משני ראשיה שיכולין לטלטלה כך, אינה חבילה, ומותר לסכך בה (ב"י בשם הפוסקים)** - ואם קשרן באמצע, הוי אגד דיכולין לטלטלה.

אות ב'

ופוסלין בסוכה משום אויר, מ"ט, כיון דלכי יבשי פרכי ונפלי, כמאן דליתנהו דמי

סימן תרכט סי"ב - [ג]**סיכך בירקות שממהרין לייבש** - ר"ל באיזה מקומות שממהרין לייבש בתוך שבעת ימי החג, ולנפול העלין והגבעולין וישאר אויר, **אף על פי שפסולים לסכך מפני שמקבלים טומאה** - דאיירי בירקות שראויים לאכילה, ופסולים לסכך בהם, **והו"א** דבשביל זה אין חל עליהם שם פסול אחר, קמ"ל דלא אמרינן הכי, **אין דינם כסכך פסול לפסול בארבעה טפחים, אלא כאויר חשיבי לפסול בשלשה** - היינו אפילו קודם שנתייבשו, משום דכיון דכאשר נתייבשו מתפוררות ונופלות, ואין הסוכה ראויה להתקיים לשבעה ימים, גזור רבנן מהשתא, [רש"י, **אכן** מרמב"ם משמע קצת דמדאורייתא הוא, דכליתנהו חשיב].

ואם אין דרכם לייבש, דינם כסכך פסול ופוסלים בד' טפחים - כמבואר בסי' תרל"ב, דסכך פסול פוסל באמצע בד' טפחים, ואויר פוסל בין באמצע בין מן הצד בשלשה טפחים.

הגה: וכל מה שדרכו לייבש תוך שבעה, מיד דיינינן ליה כאילו הוא יבש (ר"ן), והוי אויר, ופוסל בג' אפי' מן הצד (הגהות מיימוני) – (ועיין בלבוש שכתב, שדרכו לייבש עד שתהא חמתו מרובה מצילתו, אף מעכשיו הוא פסול, דגזרו בו חכמים שלא יבוא לידי בטול מצות סוכה, שמא לא יוכל לעשות אחרת תוך זיי"ן, [ד]ועיין פמ"ג שמפקפק על דבריו, **ובאמת** מקורו הוא מדברי הר"ן, **אכן** יש לעיין, דהרמ"א שהעתיק דברי הר"ן בהגהתו, והשמיט מן הר"ן מה שכתב עד שתהא חמתו מרובה מצילתו, משמע לכאורה דלא ס"ל להלכה כן, וצ"ע).

וכתבו הפוסקים, דה"ה כשסיכך בירקות שאין ראויין לאכילת אדם, דהן מצד עצמן אין מקבלין טומאה וראויין לסכך בהן, אך שממהרין לייבש תוך שבעה, ג"כ פסולין, [**ובאמת** נכלל כל זה בדברי הרמ"א, שכתב: וכל מה וכו', ואף הירקות בכלל]. ‹**וזהו** כוונת הרמ"א, דאל"כ מאי קמ"ל, הא גם המחבר כוונתו כן, אלא כמ"ש ודו"ק – ערוה"ש›.

אות ג'

הבוצר לגת אין לו ידות

רמב"ם פ"ה מהל' טומאת אוכלין ה"ו - **הבוצר לגת אין לו ידות, שהרי אין לו צורך ביד מפני שמוצץ את המשקה.**

אות ד'

הקוצר לסכך אין לו ידות

רמב"ם פ"ה מהל' טומאת אוכלין ה"ו - **הקוצר לסיכוך אין לו ידות, שהרי אינו צריך ליד.**

‹המשך ההלכות בעמוד הבא›

באר הגולה

[א] **מימרא דמרימר סוכה י"ג** [ב] ‹ע"פ הגר"א וב"י› [ג] **מימרא דשמואל כפי' רש"י ושאר פוסקים** [ד] ‹ולכאורה משמע בר"מ [סוכה ה, ג] וטור, דהנך דרכן לייבש מן התורה פסול, לא מדרבנן, **ויראה** מדאמרינן סוכה כ"ג א', סוכה הראויה לשבעה, וא"כ כל שדרכו לייבש תוך שבעה ולנפול, אין ראוי במין זה לשבעה, **אבל** דרכו לייבש ויהיה חמתו מרובה, בזה י"ל מדרבנן, **וי"ל** דכשר לכתחלה בזה, וכמשמעות הב"ח ומ"א, וצ"ע בכל זה – פמ"ג›

אות ד'* [ה]

סוכי תאנים ובהן תאנים וכו'

סימן תרכ"ט ס"ט - [ו]כל מיני אוכלין מקבלים טומאה - היינו מאכל אדם, דאלו מאכל בהמה אין מקבל טומאה, **ואין מסככין בהם** - ואפילו אם לא הוכשרו עדיין, פסולין.

וכל בושם שאין נאכלין להנאת גופן, כי אם לריח ומראה וכדומה, מסככין בהן.

ולענין קנמון, אף דהפמ"ג מיקל, בבכורי יעקב הוכיח דכמין אוכל חשיב, דהרי מברכין עליו בפה"א.

אות ד'** [ז]

סימן תרכ"ט סי"א - [ח]מסככין בפינוג"ו הנקרא בערבי שומר, (והוא מאכל בהמה, ואין בני אדם אוכלים אותו אלא לרפואה) (רבינו ירוחם וכל בו).

אות ה' – ו'

סוכי תאנים ובהן תאנים, פרכילין ובהן ענבים, קשין ובהן שבלים, מכבדות ובהן תמרים, כולן אם פסולת מרובה על האוכלין, כשרה; ואם לאו, פסולה

כגון שקוצצן לאכילה ונמלך עליהן לסיכוך

סימן תרכ"ט ס"י - [ט]ענפי תאנה ובהם תאנים, וזמורות ובהם ענבים, אם פסולת מרובה על האוכל, מסככין בהם;

ואם לאו אין מסככין בהם - דין זה הוא כלל, והדר פרט, דהיינו אם קצרם לאוכל וכו', [י]**ואם קצרם לאוכל, יש לידים תורת אוכל לקבל טומאה** - והידים מצטרפים להאוכל, **וצריך שיהא בפסולת כדי לבטל האוכל והיד.**

ואם קצרם לסיכוך, אז אין לידים תורת אוכל, ואדרבה הם מצטרפים עם הפסולת לבטל האוכל.

[יא]**ואם קצרם לאוכל ונמלך עליהם לסיכוך, אין המחשבה מוציאה הידות מתורת אוכל, עד שיעשה בהם מעשה שניכר שרוצה אותם לסיכוך, כגון שידוש אותם.**

מן הדין אין הידים נקרא אוכל רק עד ג"ט, אבל מפני שיש ידות שמצטרפות לאוכל אע"פ שגדולות הרבה, כתב המ"א שיש להחמיר, ולאסור בכל ידות אפילו גדולות הרבה.

ולפי"ז יש ליזהר שלא לכסות בקשין של תבואה קודם שנחבטו מן התבואה, **והנה** הפמ"ג מפקפק קצת אפילו אחר שנחבטו, ‹כבלאי כלים – שם›, [יב]**ובבכורי** יעקב משיג עליו, ומסכים להט"ז דשרי, **ומ"מ** צריך ליזהר, דשכיח הוא שעדיין נשאר מעט תבואה בשיבולים אפילו אחר שדש אותם, [יג]ובזה עדיין נשאר על הקש תורת ידות, ולכן אם רוצה לסכך בתבן וקש של תבואה, טוב שיסיר השבולים מהם, ‹ומ"מ אפשר דדישה שהוא מעשה להפריש מהן האוכל, הוא ממילא מעשה לבטלן מתורת יד – חזו"א›, **ונראה** דקשין של מין שבלין הנקצרין במגל, דמדינא היד אינו כאוכל רק עד ג' טפחים, אם יש בהשאר יותר מג' טפחים, אין להחמיר אחר שנחבטו.

באר הגולה

[ה] ‹ע"פ הבאר הגולה› [ו] **ברייתא שם י"ג** [ז] ‹מילואים› [ח] **הרא"ש בתשובה וספר א"ח בשם רבי יחיאל והרא"ש מאוירא** [ט] **ברייתא וכת"ק** [י] **בגמרא** [יא] **אוקימתא דברייתא שם בגמרא י"ד וכת"ק** [יב] ‹דאין לדמות גזירות חכמים זו לזו, אלא במקום שהש"ס מדמה אותן, ועוד, אי ס"ד דגזרינן בקשים כמו בבלאי כלים, א"כ איך מתירין כאן הידות של אוכלים כשדש אותן, אף שמחוברין עדיין לאוכלים, הא זה דומה יותר לבלאי כלים, אע"כ דרק גבי בלאי כלים גזרינן מהטעם שכתב הרמב"ם, שמא לא ישברו בכדי טהרתן, דבזה ודאי אין כו"ע בקיאים לידע שיעור שבירה בכדי טהרתן, שהם דינים חלוקים, אבל דש הידות לזה א"צ בקיאות, ולכן לא גזרינן, וא"כ כ"ש שלא שייך גזירה זו בדש התבואה וביטל הקשים מתורת ידות ע"י שנטל האוכלים מהם, דבזה ודאי כו"ע בקיאים – שם› [יג] ‹זה דוקא לגבי קשין, שלא דשן לשם סיכוך אלא רק להוציא מהן התבואה, אבל לגבי סתם ענפים שקצרם לאכילה ונמלך לסיכוך, שעשה בהם מעשה כדי להוציא ממחשבתו הראשונה, בזה אין הידות מקבלין טומאה אפי' אם נשאר על הענפים אוכל – מ"ב המבואר›

אות ז'

כל הכלים יורדין לידי טומאה במחשבה, ואין עולין מטומאתן אלא בשינוי מעשה; מעשה מוציא מיד מעשה ומיד מחשבה; מחשבה אינה מוציאה לא מיד מעשה ולא מיד מחשבה

רמב"ם פ"ח מהל' כלים ה"י - כל הכלים יורדים לטומאה במחשבה, ואין עולין מידי טומאה אלא בשינוי מעשה. והמעשה מבטל מיד המעשה ומיד המחשבה; והמחשבה אינה מבטלת לא מיד המעשה ולא מיד המחשבה; כיצד, טבעת בהמה או כלים שחשב עליה להחזירה טבעת אדם, הרי זו מקבלת טומאה במחשבה זו וכאילו נעשית לאדם מתחלת עשייתה; חזר וחישב עליה להניחה טבעת בהמה כשהיה, אע"פ שלא נתקשט בה האדם, הרי זו מקבלת טומאה, שאין המחשבה מבטלת מיד המחשבה עד שיעשה מעשה בגוף, כגון שישוף אותה או יתקעה במעשה של בהמה; היתה הטבעת לאדם, וחישב עליה לבהמה, עדיין היא מקבלת טומאה כשהיתה, שאין הכלים עולין מידי טומאתן במחשבה; עשה בה מעשה ושינה לבהמה, אינה מקבלת טומאה, שהמעשה מבטל מיד המעשה.

§ מסכת סוכה דף יד. §

אות א׳

כל ידות האוכלין שבססן בגורן טהורות

רמב"ם פ"ה מהל׳ טומאת אוכלין ה"ח - כל ידות האוכלין שבססן בגורן, טהורין.

אות ב׳ - ג׳

מסככין בנסרים דברי רבי יהודה, ורבי מאיר אוסר

מחלוקת בנסרין שיש בהן ארבעה, דרבי מאיר אית ליה גזרת תקרה, ורבי יהודה לית ליה גזרת תקרה; אבל בנסרין שאין בהן ארבעה, דברי הכל כשרה. ושמואל אמר בשאין בהן ארבעה מחלוקת; אבל יש בהן ארבעה, דברי הכל פסולה

סימן תרכט סי"ח - [א]וכן אסרו לסכך בנסרים שרחבן ארבעה - טפחים, שדומין לתקרת הבית, וחיישינן שמא ישב תחת תקרת הבית שדר בו כל השנה, וההוא ודאי פסול, דסוכה אמר רחמנא ולא בית של כל ימות השנה, [רש"י].

[ב]**אפילו הפכן על צדן** - היינו שלא הטיל רחבן על הסוכה, אלא השכיבן על צידן, **שאין בהם ארבעה** - לאו דוקא, ה"ה אפילו הן פחותין מג׳, [רש"י].

והטעם, דכיון דיש שם פסול עליהן, נעשו כשפודין של מתכות, הפסולין לסכך בכל ענין שהופכן, [גמרא].

ואם אין ברחבן ארבעה, כשרים, [ג]אפילו הם משופים שדומים לכלים - ואע"פ שראויין לישיבה, וגם ראויין להשתמש עליהן, דהיינו להניח איזה דבר על גבן, **אעפ"כ** אינן מקבלין טומאה, כיון שלא יחדן לישיבה, ולא לשום תשמיש, אלא עומדין לבנין או לסחורה, **וגם** משום גזירת תקרה אין בהן, שאין רגילות לסכך הבית בנסרים קצרים שאין רחבן ד"ט.

[ד]**ונהגו שלא לסכך בהם כלל** - דילמא אתי לסכך בענין שלא יהא מטר יכול לירד שם.

ויש מהראשונים שכתבו, דכהיום מדינא אסור, הואיל דבזמן הזה מסככין בתיהם בנסרים שאין בהן ד׳ טפחים, איכא גזירת תקרה, **ומ"מ** יש לחוש גם לטעם הראשון, וע"כ הלטי"ש, אע"פ שאין בהם גזירת תקרה, שאין מסככין בהם בתיהם, מ"מ יש לחוש שיסכך כ"כ שלא יהיו הגשמים יורדים בתוכה, **וכ"ש** בשינדלין.

[**ודע** דהט"ז העתיק עוד, דבקש לא נהגו לסכך כהיום, אף דמפורשת בתורה: תעשה לך באספך מגרנך ומיקבך, מ"מ מפני החשש שמא יבא לסכך כ"כ עד שלא יכול מטר לירד לתוכו, נמנעו מלסכך בו, **אכן** כשאין מצויין לו ענפי אילן לסכך בם, פשוט דיש להתיר, אכן יזהרו שלא יהיה הכסוי עב כ"כ עד שאין המטר יכול לירד לתוכו, **והנה** הגר"ז והח"א לא העתיקו דברי הט"ז לענין קש, משמע דסבירא להו דאין להחמיר במה שגילתה התורה בפירוש להיתר, **וצ"ע**].

כתבו הפוסקים, [ה]דבשעת הדחק שאין להם במה לסכך, מסככין בנסרים אפילו כשיש בהן ד׳ טפחים, וה"ה בכל דבר שאסרו חכמים משום גזירה, **אכן** לענין ברכה יש דיעות בפוסקים, ובחידושי הרשב"א דעתו נוטה דיכול לברך.

באר הגולה

[א] **משנה וכאוקימתא דשמואל אליבא דרבי יהודה, הסכמת הפוסקים** ‹כתב הרא"ש: והראב"ד פסק כרבי מאיר וכרב, והכל הולך לסגנון אחד - ב"י, **ונראה** שכן פסק העין משפט. ועיין לקמן דף ט"ו. בהערות› [ב] **בגמרא וכרב הונא** ‹בעמוד ב׳› [ג] **שם ט"ו** [ד] **טור בשם הסמ"ק** [ה] ‹דף י"ד: אמרו לו משם ראיה אין שעת הסכנה ראיה. הרי דבשעת הסכנה מודה ר׳ מאיר דלא חיישינן לגזרת תקרה, וה"ה בשעת הדחק דשוה בזה לשעת הסכנה - מחה"ש›

סוכה פרק ראשון סוכה יד

יורדין לידי טומאה במחשבה ואין עולין מטומאתן אלא בשינוי מעשה (א) מעשה מוציא מיד מעשה ומיד מחשבה מחשבה אינה מוציאה לא מיד מעשה ולא מיד מחשבה וכי תימא הני מילי כלים דחשיבי אבל ידות דלצורך אכילה נינהו במחשבה נעשה ובמחשבה סלקא והתנן *כל ידות האוכלין שבססן בגורן טהורות (ור' יוסי מטמא) בשלמא למאן דאמר בססן התיר אגודן שפיר אלא למאן דאמר מאי בססן בססן ממש מאי איכא למימר הכא נמי שבססן ממש אי הכי מאי טעמייהו דאחרים דאמור כרבי יוסי דתנן *רבי יוסי מטמא האי מאי בשלמא התם טעמא דרבי יוסי חזיא לכדרבי שמעון בן לקיש דאמר רבי שמעון בן לקיש הואיל וראויות להופכן בעתר אלא הכא למאי חזיא לבי סתר דמנקט להו בגילייהו גנפא כל ידות האוכלין שבססן בגורן טהורות ורבי יוסי מטמא מאי בססן רבי יוחנן אמר בססן ממש ר' (*אליעזר) אומר התיר אגדן בשלמא לרבי (*אליעזר) דאמר בססן התיר אגדן היינו דמטמא רבי יוסי אלא לרבי יוחנן דאמר בססן ממש אמאי מטמא רבי יוסי א"ר שמעון בן לקיש הואיל וראויות להופכן בעתר *א"ר (*אליעזר) למה נמשלה תפלתן של צדיקים כעתר לומר לך מה עתר זה מהפך את התבואה בגורן ממקום למקום אף תפלתן של צדיקים מהפכת דעתו של הקב"ה ממדת אכזריות למדת רחמנות:

מתני' *מסככין בנסרים דברי רבי יהודה ורבי מאיר אוסר *)נתן עליה נסר שהוא רחב ארבעה טפחים כשרה ובלבד שלא יישן תחתיו: **גמ'** אמר רב מחלוקת בנסרין שיש בהן ארבעה דרבי מאיר אית ליה גזרת תקרה ורבי יהודה לית ליה גזרת תקרה אבל בנסרין שאין בהן ארבעה דברי הכל כשרה ושמואל אמר בשאין בהן ארבעה מחלוקת אבל יש בהן ארבעה דברי הכל פסולה אין בהן ארבעה ואפי' פחות משלשה הא קנים בעלמא נינהו א"ר פפא הכי קאמר יש בהן ארבעה דברי הכל פסולה פחות משלשה דברי הכל כשרה מ"ט קנים בעלמא נינהו כי פליגי משלשה עד ארבעה מר סבר כיון דליתנהו שיעור מקום לא גזרינן ומר סבר כיון דנפקי להו מתורת לבוד גזרינן תנן נתן עליה נסר שהוא רחב ארבעה טפחים כשרה ובלבד שלא יישן תחתיו בשלמא לשמואל דאמר בשאין בהן ארבעה מחלוקת אבל יש בהן ארבעה דברי הכל פסולה משום הכי לא יישן תחתיו אלא לרב דאמר בשיש בהן ארבעה מחלוקת אבל אין בהן ארבעה דברי הכל כשרה לר' יהודה אמאי לא יישן תחתיו מי סברת דברי הכל היא סיפא אתאן לרבי מאיר תא שמע *שני סדינין מצטרפין שני

רש"י

יורדין לידי טומאה במחשבה · *מי שחשב עליו שזה יהא גמר מלאכתן כגון שעיבדו לדרגש או לדולבקי כיון שעיבדו מקבל טומאה ואלמלי עיבדו לרצועות וסנדלין אין מקבלים טומאה עד שיגמרו למלאכת הסנדלין: **ואין עולין מטומאתן** · ממחשבת תורת קבלת טומאה אין עולין במחשבה כגון עיבדו לשלחן ולדרגש וחישב עליו לרצועות וסנדלין אין מחשבתו מבטלתן מתורת קבלת טומאה: **אלא בשינוי מעשה** · עד שיתן בו איזמל: (ג) **מעשה מבטל מידי מעשה** · אפילו עשה בו מעשה מוכיח מתחילה לשלחן כגון שקיצצו סביבותיו ליפותו כיון שנתן איזמל בו לחתכו לסנדלין מבטל מעשה ראשון וכל שכן שמוציא מידי מחשבה שלא היה בה מעשה: **וכי תימא הני מילי** · דלא מבטלין בתרייתא לקמייתא בכלים דחשיבי ומשילא עליו שם כלי במחשבה איננה נוחה להפקיע שמה: **שבססן** · לקמיה מפרש מאי היא: **טהורות** · דגלי דעתיה דלא ניחא ליה בהו וטהרו מלקבל טומאה הידות האלה עוד ולא הביאה טומאה על האוכל עד שיגיע טומאה באוכל עצמו: **ור' יוסי מטמא** · טעמא מפרש לקמן: **בשלמא למאן דאמר** · האי בססן היינו שהתיר אגדן של עומרין לשון מתבוססת בדמיך (יחזקאל טז) מתגוללת כלומר כיון שהתיר אגדן השבלין מתגוללין בגורן לפי שנוחין להתפזר או לשון כנה דמתרגמינן ואת כנו וית בסיסיה (שמות ל) כלומר הכנו לדשן: **שפיר** · לא קשיא לך דאליביה מלית למימר דקיימי רבנן כוותיה כיון שהתיר אגדן דלא הוי אלא כמחשבה בעלמא דגלי דעתיה דלא ניחא ליה בידות שלהן שאין הידות ראויות לשבלין אלא כדי לאוגדן בהם והאי מוכח דלא בעי לאוגדן: **אלא למאן דאמר בססן ממש** · שדשן לידות ברגלי בהמה או במקבת כמו בשמך נבוס קמינו (תהלים מד) בוססו את חלקתי (ירמיה יב) והכא דאיכא מעשה רבה הוא דאמר דקא מטהרי רבנן אבל במחשבה לא אמר: **מאי איכא למימר** · אי בקוצר לאכילה מוקמת לה להאיך דלעיל מאי טעמא דרבנן: **הכא נמי** · פלוגתא דאחרים ורבנן כשבססן ממש כשנמלך לסיכוך: **האי מאי** · בשלמא גבי פלוגתא דר' יוסי דקא מיירי בגורן איכא למימר טעמא דרבי יוסי דאע"ג דבססן חזו למיאי ידות וניחא ליה שיהו מחוברות באוכל כמו שהן בוססות מרליא"ה בלע"ז: **הואיל וראויות להפך** · ראשי השבלים: **בעתר**. על ידי הידות עתר פורק"א ואלמלא הידות אין נוחין להפכן בה דמתוך שהם קצרים יוצאין מבין ב' עוקציה של עתר ונשמטין ממנה והוא כשבססן תחלתן לא לבטלן נתכוון אלא לרככן: **אלא הכא** · דבעי להו לסכך: **למאי חזו** · ידות אוכלים משבססן ואין אגודות בהן: **בגילייהו** · בקשין שלהם יאחזום וינטלו ראשי השבלים עמהם: **משום הכי מטמא רבי יוסי** · דקסבר מעשה זוטא לא בטלה תורת ידות מינייהו שאלתי את מורי מגופה דמשנה דמייתי אגב גררא בשמעתין מי שייך למיתני גופא כדגר' במימרות האמוראים ואמר לי רבי משום דהך משנה מן הטהרות שאין מהם שום גמרא בעולם ולא מפורשת כשאר המשניות לפיכך נהג הש"ס לומר גופא כדי לפרש: **למה נמשלה כו'** · אגב דאמר הואיל וראויות להפך בעתר נקט נמי הא מלתא למה נמשלה כו' דכתיב ויעתר (*אל ה') (בראשית כה) ויעתר לו (שם): **מתני' מסככין בנסרים** · בגמרא מפרש פלוגתייהו: **נתן עליה נסר שהוא רחב ארבעה** · בגמרא מפרש מאן קתני לה: **ובלבד שלא יישן תחתיו** · דנסר רחב ד' סכך פסול הוא כדאמר בגמרא לרב אליבא דר' מאיר ולשמואל לדברי הכל וסוכה כשרה וכגון דיהביה אצל הדופן דסכך פסול אינו פוסל מן הצד אלא בד' אמות דאמרינן דופן עקומה: **גמ' מחלוקת בנסרים שיש בהן ארבעה** · שרוב תקרות הבית עשויות מהן: **ר' מאיר** · דפסיל אית ליה גזרת תקרה אי מכשרת בהו אתי למימר מה לי לסכך באלו מה לי לישב תחת קורות ביתי אף היא בנסרים מקורה וההוא ודאי פסול דסוכה אמר רחמנא ולא ביתו של כל ימות השנה: **אבל בנסרים שאין בהם ד'** · שאין רוב תקרות עשויות מהן: **דברי הכל כשרה** · דלא דמי לתקרה דלגזור בהו: **בשאין בהן ד' מחלוקת** · בההיא מכשר ר' יהודה משום דאין רוב תקרות עשויות מהן לא גזרינן בהו ור' מאיר חייש למיעוט שיש מיעוט העושין תקרה מהן: **אין בהן ארבעה** · קפסיל ר' מאיר: **אפילו בפחותים משלש** · בתמיה: **הא קנים בעלמא נינהו** · וא"כ במאי מכשר: **א"ר פפא הכי קאמר** · שמואל יש בהן ארבעה דברי הכל פסולה כו': **שיעור מקום** · דאין רשות בפחות מארבעה: **לא גזרינן** · משום תקרה דלא חשיבי לעשות תקרה מהן: **כיון דנפקי מתורת לבוד** · שאם היה אויר במקום אחד מהם לא מצי למימר לבוד חשיבי להיות דומות לתקרה וגזרי': **תנן נתן עליה נסר כו'** · קא סלקא דעתיה דברי הכל היא וכשרה וכגון שנתנו מן הצד דאמרינן דופן עקומה ולא חשיב סכך למיפסלה: **שני סדינין מצטרפין** · לארבעה טפחים לפסול בסוכה משום סכך פסול שסיכך בדבר המקבל טומאה וסכך פסול באמצע פוסל בארבעה: שני

תוספות

כל ידות האוכלין שבססן בגורן טהורות · משנה היא פ"ק דעוקצין (מ"ה): **בעתר** · בפרק הבא על יבמתו (יבמות דף סד.) פי' בקונטרס עתר פל"א בלע"ז ולא יתכן דבלא ידות נמי יכול להפך בה את התבואה והיא נקראת רחת שמטהרין בה את התבואה מן המוץ שלה כדכתיב (ישעיה ל) אשר זורה ברחת ובמזרה וכאן פירש פורק"א וכן עיקר*: אי

מסורת הש"ס

[נ"ל מחשבה] · עוקצין פ"א מ"ה · [שם] · [נ"ל אלעזר] · [נ"ל אלעזר] · יבמות סד. [ושם אי' אמר ר' יצחק] · [ולקמן טו. לו.] · *) [לקמן יז:] · לקמן יז: · [נ"ל ויעתר לה']

עין משפט נר מצוה

צב א מיי' פ"ב מהל' טומאת אוכלין הלכה ח:

צג ב ג מיי' פ"ה מהל' סוכה הלכה ז סמג עשין מג טוש"ע א"ח סימן תרכט סעיף יח:

רבינו חננאל

הכלים יורדין לידי טומאתן במחשבה ואין עולין מידי טומאתן אלא בשינוי מעשה מעשה מבטל מיד מעשה ומיד מחשבה · מחשבה אינה מבטלת לא מיד מעשה ולא מיד מחשבה פי' עור היה וחישב עליו להיות קטבליא במחשבתו נעשה כלי ואם נגעה בו טומאה נטמא · אבל אם היתה קטבליא וחישב לעשות עור אינה יוצאה מתורת כלי במחשבה עד שיעשה בה מעשה · כדתנן שלחן שנטלה אחת מרגליו טהורה כו' והו"*)פירושו כל היורדין לידי טומאה במחשבה אין עולין מידי טומאה אלא בשינוי מעשה · וכי תימא ידות האוכלין במחשבה סגיא להו · והתנן בפרק א' בעוקצין (מ"ה) כל ידות האוכלין שבססן בגורן טהורין · כלומר הכניסן לאוכלין ונמלך עליהן בגורן טהורין · ור' יוסי מטמא פסיגא של אשכול שריקנה טהורה שייר בה גרגיר אחד טמאה פי' בססן פססן כדגרסי' בע"ז כיצד מבטלה קטע ראש אזנה והוא כמו חתיכה ואמר בשלמא לר' אלעזר דאמר התיר אגודן הנה במחשבה נתנן טהורות אליבא דרבנן שפיר · אלא לר' יוחנן דאמר בססן ממש כלומר אין מסתלקת תורת טומאה מהן אלא בשינוי מעשה מאי טעמייהו דרבנן דמטהרי הבא במחשבה בלבד ושנינן הכא נמי רבנן דאמרינן אם פסולת מרובה על האוכלין טהורה שפססן ממש דהוא מעשה · ואקשינן אי הכי מאי טעמייהו דאחרים דפסלי הא עבד בהו מעשה ובטלינהו ושנינן אחרים כר' יוסי סבירא להו דאף על גב דעבד בהו מעשה סבר הואיל וראוי להפכן בעתר לא בטלה ידות מינייהו · אחרים נמי סברי כיון דלכי סתר לה לסכך חזו למנקט להו בגילייהו לא בטלי תרגום לקשש קש לגבבא גילי . למה נמשלה תפלת צדיקים בעתר שנאמר ויעתר יצחק לה': מתני' מסככין בנסרים דברי ר' יהודה ר' מאיר אוסר: אמר רב בנסרין שיש בהן ד' טפחים מחלוקת רבי מאיר גזר הני משום תקרה סבר מאן דחזי דמכשרה בנסרים שיש בהן ד' טפחים אתי לאכשורי תקרה · ורבי יהודה לא גזר ושמואל אמר כשיש בהן ג' טפחים מחלוקת ר' יהודה סבר כיון דלית בהן ד' טפחים דאינון [שיעור] מקום לא גזרי ור"מ סבר כיון דנפקי מנ' דהוא לבוד גזרינן ואקשינן עליה דרב ממתני' דתנן נתן עליה נסר שרחב ד' טפחים כשרה ובלבד שלא ישן תחתיו קס"ד מתני' דברי הכל היא קשיא לרב דאמר כשיש בהן ד' טפחים ר' יהודה מכשיר אי הכי לר' יהודה אמאי לא יישן תחתיו לאו מכלל דסבר ר' יהודה דנסר פסול הוא ומשני

הגהות הב"ח

(א) גמרא בשינוי מעשה מעשה מבטל מיד מעשה ומיד מחשבה ומחשבה אינה מבטלת לא מיד מעשה: (ג) רש"י ד"ה מעשה מבטל:

*) נראה דזהו כתב לפירוש על סיפא דמתני' דמחשבה אינה מוציאה אפי' מידי מחשבה דסיינו כל היורדין וכו'.

עין משפט
נר מצוה

צד א מיי' פ"ה מהל' סוכה הל' ז טוש"ע א"ח סי' תרכא סעיף יח:

אי דאית בהו ארבעה למה להו לאצטרופי · דההוא לישנא דאמר רב לקמן דבאמצע פוסל בארבעה פריך דלאידך לישנא דאמר דאפילו באמצע אינו פוסל אלא בארבע אמות לא קשיא מידי: **מצטרפין** לארבע אמות · ולרבי יהודה אין מצטרפין דאפילו מכוסה כולה בהן כשרה: **ומודה** רבי מאיר שאם יש בין נסר לנסר כמלא נסר · אנסר שיש בו ארבעה נמי קאי כדמוכח לקמן דפריך מינה לשמואל דאמר סכך פסול באמצע פוסל בארבעה והכי נמי הוה מצי למיתני ומודה רבי יהודה והא דנקט רבי מאיר רבותא היא כדפירש בקונטרס דאפילו רבי מאיר דמחמיר מודה בהא ועוד משום דעיקר ומודה דאין בהן ארבעה דאיפליגו בהו קאי ודוקא נקט בין נסר לנסר כמלא נסר דאי איכא פחות אע"פ שסכך פסול בפחות מד' ישנים תחתיו היכא דמקום הפסול מרובה גרע ומיהו בנסר ארבעה למאי דמוקי לה לשמואל לקמן בסוכה בת ח' אמות מצומצמות דכי יהיב נסר ופסל עד אמצעה מהאי גיסא וחוזר ומתחיל מלדה השני ונותן תחלה נסר ואחר כך פסל דהוו להו שני פסלים באמצע דאיכא בהו הכשר סוכה בשאר הפסלים לא נפקא מינה מידי בין כמלא נסר לפחות ממלא נסר דאי משום הכשר סוכה שבאמצע אפילו כל השאר מכוסה בנסרים עד הדופן אמרינן דופן עקומה ואי משום להכשיר שאר הפסלין שבין נסר לנסר הוו להו כבאמצעה דאמר שמואל באמצע בארבעה א"כ אינו מועיל וזהו כללו של דבר דנסר ופסל כמלא נסר בנסרים פחותים מארבעה אפילו כל הסוכה עשויה כן כשרה אפילו תחת הנסרים ואפילו לרבי מאיר דהא ליכא ארבעה במקום אחד וכי פסיל להו ר' מאיר היכא דאיכא תרתי נסרים בהדי דמצטרפין שני הנסרים לארבעה אי נמי היכא דליכא בין נסר לנסר כמלא נסר דלא הוי מחלה על מחלה והיכא דנסרים רחבים ארבעה ויש בין נסר לנסר כמלא נסר לרב דאמר לקמן בין מן האמצע בין מן הצד אינו פוסל אלא בד' אמות מיתוקמא הך ברייתא דעבידא טולה הכי וכשרה תחת הפסל ולא תחת הנסר ולשמואל מיתוקמא כששני הפסלים באמצע וליכא ארבע אמות עד הדופן וכולה פסולה אף תחת הפסלים חוץ מתחת שני הפסלים שבאמצע דכשרה: **הפכן** על צידיהן · אליבא דרב לא מיתוקמא הך פלוגתא דאמוראי אלא כרבי מאיר וברחבים ארבעה וקיימא לן בפרק מי שהוציאוהו (עירובין דף מו:) ר' מאיר ורבי יהודה הלכה כרבי יהודה אבל לשמואל מיתוקמא שפיר כמולי עלמא ומתוך כך נראה דהלכה כשמואל אף על גב דבעלמא הלכה כרב באיסורי ועוד לקמן פ' לולב הגזול (דף לו:) דקאמר רבי יהודה סוכה אינה נוהגת אלא בארבעה מינין שבלולב ופריך מההיא ברייתא דתניא כוותיה דשמואל דקתני סיככה בנסרים של ארז ולא מייתי מההיא דתניא כוותיה דרב שמע מינה הא דשמואל עיקר: רבי

שני נסרין אין מצטרפין ר' מאיר אומר אף נסרין כסרינין בשלמא לשמואל דאמר בשאין בהן ארבעה מחלוקת אבל יש בהן ארבעה דברי הכל פסולה מאי מצטרפין מצטרפין לארבעה אלא לרב דאמר בשיש בהן ארבעה מחלוקת אבל אין בהן ארבעה דברי הכל כשרה ה"ד אי דאית בהו ארבעה למה להו לאיצטרופי אי דלית בהו ארבעה אמאי והא קנים בעלמא נינהו לעולם דאית בהו ארבעה ומאי מצטרפין מצטרפין לארבע אמות מן הצד לישנא אחרינא בשלמא לשמואל דאמר בשאין בהן ארבעה מחלוקת אבל יש בהן ארבעה דברי הכל פסולה מאי מצטרפין מצטרפין לארבע אמות מן הצד אלא לרב בשלמא לר' מאיר מאי מצטרפין מצטרפין לארבע אמות מן הצד אלא לר' יהודה דאמר אפי' יש בהן ארבעה כשרה מאי אין מצטרפין קנים בעלמא נינהו איידי דקאמר ר' מאיר מצטרפין אמר רבי יהודה אין מצטרפין תניא כוותיה דרב תניא כוותיה דשמואל תניא כוותיה דרב *סככה בנסרים של ארז שאין בהן ארבעה דברי הכל כשרה יש בהן ארבעה רבי מאיר פוסל ורבי יהודה מכשיר א"ר יהודה מעשה בשעת הסכנה שהביאנו נסרים שהיו בהן ארבעה וסיככנו על גבי מרפסת וישבנו תחתיהן אמרו לו *משם ראיה אין שעת הסכנה ראיה תניא כוותיה דשמואל *)סככה בנסרים של ארז שיש בהן ארבעה דברי הכל פסולה אין בהן ארבעה ר' מאיר פוסל ורבי יהודה מכשיר ומודה רבי מאיר שאם יש בין נסר לנסר כמלא נסר שמניח *פסל ביניהם וכשרה ומודה רבי יהודה שאם נתן עליה נסר שהוא רחב ארבעה טפחים כשרה ואין ישנים תחתיו והישן תחתיו לא יצא ידי חובתו אתמר הפכן על צידיהן רב הונא ״אמר פסולה ורב חסדא ורבה בר רב הונא אמרי כשרה איקלע רב נחמן לסורא עול לגביה רב חסדא ורבה בר רב הונא אמרי ליה הפכן על צידיהן מהו אמר להו פסולה נעשו כשפודין של מתכת אמר להו רב הונא לא אמרי לכו אמרי כוותי אמרו ליה ומי אמר לן מר טעמא ולא קבלינן מיניה אמר להו ומי *בעיתו מינאי טעמא ולא אמרי לכו לימא מסייע ליה אינה מחזקת כדי ראשו ורובו ושולחנו או שנפרצה בה פרצה כדי שיזדקר בה גדי בבת ראש או שנתן עליה נסר שהוא רחב ארבעה טפחים אע"פ שלא הבנים לתוכה אלא שלשה טפחים פסולה היכי דמי (*מאי) לאו כגון שהפכן על צידיהם לא הכא במאי עסקינן כגון דאנחה אפומא דמטללתא דעייל תלתא לגיו ואפיק חד לבר דהוה ליה פסל היוצא מן הסוכה וכל פסל היוצא מן הסוכה נידון כסוכה:
מתני'

שני נסרים אין מצטרפין · לפוסלה דאפילו כולה מסוככת בהן כשרה ור' יהודה היא: **בשלמא לשמואל כו'** · טוקמא להך פלוגתא נמי בשאין בהן ד' וקאמר רבי יהודה שני נסרים של שלשה טפחים ואע"ג דנפיק מתורת לבוד אין מצטרפין לפוסלה שאף כולה מסככין בהן ורבי מאיר אומר נסרים מצטרפין לארבעה אם באמצע סוכה הן לפוסלה: **למה לי לאצטרופי**. דקא אמר ר"מ נסרים כסדינין ומצטרפין חדא מינייהו פסלה לה: **קנים בעלמא נינהו** דהא אמר רב אין בהן ארבעה דברי הכל כשרה: **לד' אמות מן הצד** · דמן הצד אין סכך פסול פוסל אלא בד"א דבבליר מהכי גמירי דופן עקומה וקאמר רבי יהודה שני נסרים של ארבעה ארבעה וכן סידר והולך עד ד"א אין מצטרפין שאף כולה ראוי לסכך בהן דלית ליה גזרת תקרה: **בשעת הסכנה** · שגזרו העובדי כוכבים גזרה על המצות: **וסיכאנו נסרים** · שאין הנכרים מכירין שתהא לשם סוכה: **ומודה ר' מאיר** · בין שיש בהן ארבעה בין שאין בהן ארבעה: **שאם יש בין נסר לנסר כו'** · ולקמן (דף יח.) מוקי לה בסוכה בת שמונה אמות מצומצמות דכי יהיב נסר ופסל עד אמצעה מהאי גיסא וחוזר ומתחיל מלדה השני ונותן נסר תחלה ואח"כ פסל כמו כן עד אמצעה הוו להו שני פסלים באמצע והן של שמונה טפחים ואיכא הכשר סוכה ונסרים שבה לא פסלי לה דאמרינן דופן עקומה עד הפסלים האמצעיים: **פסל** · פסולת גורן ויקב דהוא סכך כשר והכי נמי מצי למיתני ומודה רבי יהודה בהנך דאית בהו ארבעה דפוסלין שאם יש בין נסר לנסר כו' והאי דנקט רבי מאיר רבותא היא דאפי' רבי מאיר דמחמיר מודה בהא: **ומודה רבי יהודה** · דאף על גב דאיהו מיקל בשאין בהם ארבעה מודה הוא בנסר אחד וכו ארבעה שאם נתנו בסוכה מן הצד שאע"פ שהיא כשרה מן הצד על ידי דופן עקומה לא יישן תחתיו: **הפכן על צידיהן** · נסרים שיש בהם ארבעה שסיכך בהן ולא הטיל רחבן על הסוכה אלא השכיבן על צידן שהוא פחות מג': **פסולה** · כדמפרש לקמן דכיון דיש שם פסול עליהן נעשו כשפודין של מתכת הפסולין לסכך בכל ענין שהופכן: **כשרה** · דטעמא משום גזירת תקרה וכי האי גוונא לא עבדי אינשי תקרה: **עול לגביה רב חסדא ורבה** · לשאול אולי יאמר כדבריהם: ושאינה מחזקת כדי ראשו ורובו ושולחנו גרסינן ול"ג אלא: **או שנפרצה בה פרצה** · באחת הדפנות סמוך לקרקע: **שיזדקר גדי** · דהיינו שלשה טפחים: **בבת ראש** · בהדיא ובריוח: **היכי דמי** · דרחב ארבעה ולא הכנים בו אלא שלשה: **לאו שהפכן** · כולן על צידיהן וסיככה כולה בהן: **דאנחה** · ונסר אחד דווקא קאמר: **אפומא דמטללתא** · אצל רוח רביעי שאין שם דופן דלפקיה מיניה ע"י דופן עקומה דהא אין כאן דופן אלא פתח ואע"ג דלא עיילי' כולי' לתוך חלל דפנות האדדים פסול דההוא טפח דאבראי מיחשב נמי כי סוכה דאלו סכך כשר הוה מותר לישן שם ויוצא ידי סוכה דאמרינן לקמן (דף יט.) פסל היוצא מן הסוכה כי האי גוונא נידון כסוכה:
מתני'

מסורת הש"ס

לקמן יז: לג

[שבת כט: ושם נסמן] *) [לקמן יז: לז.]

[עי' תוספות לקמן לו: ד"ה ר' יהודה]

[מגילה כב. נזיר יס. סנהדרין יז:]

[ברש"י ליתא]

רבינו חננאל

ומשני רב הא מתני' לאו דברי יהודה היא אלא ר' מאיר היא דאית ליה גזרת תקרה · ורבי יהודה פליג ואמר כשרה וישן תחתיו · ת"ש ב' סדינין מצטרפין וב' נסרים אין מצטרפין ר' מאיר אמר נסרין כסדינין ואקשינן אליבי' דרב אם אלו הנסרין בכל אחד יש בו ד' טפחים למה צריכין צירוף ד' טפחים ויותר מד' דינם א' צירוף למה לי אע"ג דלא מצטרפי פסלין הן · ומשני רב לעולם דאית בהו בכל אחד [ד' ומצטרפין] מן הצד לד' אמות כדתנן בית שנפחתת וסיכך על גביו כו' תניא כרב סיככה בנסרין של ארז שאין בהן ד' כשרה · יש בהן ד' טפחים ר' מאיר פוסל ור' יהודה מכשיר תניא כשמואל סיככה בנסרין שיש בהן ד' טפחים פסולה · ושאין בהן ד' טפחים רבי מאיר פוסל ור' יהודה מכשיר · והלכה כרבי יהודה. ומודה ר' מאיר שאם יש בין נסר לנסר כמלא נסר שמניח פסל ביניהם כו' ואע"ג דקיי"ל רב ושמואל הלכתא כרב באיסורי והא איסורי היא אלא כיון דחזינן רבנן בתראי דשקלי וטרי בהני נסרין דאית בהו ארבעה טפחים אם הפכן בצדיהן וסיכך בהן פסולה או כשרה ופשט רב נחמן פסולה. ואוקימנא נעשו כשפודין של (שלמים) [מתכות] מדפליגי בהפכן על צדיהן מכלל שאם סיכך בהן (כרבנן) [ברחבן] דברי הכל פסולה ופשיטא דשמעתא לפסילותא ריהטא והא נמי דתניא ושאינה מחזקת ראשו ורובו ושולחנו או שנפרץ בו כדי שיזדקר הגדי בבת [ראש] או שנתן עליה נסר שרחב ד' טפחים אף על פי שלא הכנים לתוכה אלא ג' פסולה ואוקימנא כגון דאית בה נפי *) תפיבה והכניס מן הנסר שלשה בסוכה וטפח חוץ לסוכה דהויא ליה האי טפח פסל היוצא מן הסוכה וסבר האי תנא פסל היוצא מן הסוכה נידון כסוכה:

§ מסכת סוכה דף יד: §

אות א'

הפכן על צידיהן, רב הונא אמר פסולה

סימן תרכט סי"ח - [א]**אפילו הפכן על צדן** - היינו שלא הטיל רחבן על הסוכה, אלא השכיבן על צידן, **שאין בהם ארבעה** - לאו דוקא, ה"ה אפילו הן פחותין מג', [רש"י]. **והטעם**, דכיון דיש שם פסול עליהן, נעשו כשפודין של מתכות, הפסולין לסכך בכל ענין שהופכן, [גמרא].

באר הגולה

א בגמרא וכרב הונא

§ מסכת סוכה דף טו. §

אות א׳

תקרה שאין עליה מעזיבה... מפקפק או נוטל אחת מבינתים

סימן תרל״א ס״ט - [א]בית המקרה בנסרים שאין עליהם מעזיבה, (פי׳ טיט ולרורות שמשימין עליהם), ובא להכשירו לשם סוכה, די בזה שיסיר כל המסמרים לשם עשיית סוכה - ומהני בזה כאלו סיכך בתחלה בכל הנסרים לשם סוכה.

די בזה שיסיר כל המסמרים וכו׳ - הוא לשון הרא״ש והטור, **וברש״י** איתא, סותר את כולן ומנענע לשם סוכה, ובפי׳ המשנה להרמב״ם איתא ג״כ בזה הלשון, מפקפק פי׳ שיעקור אותן ממקומן מן מסמרים התקועין בהן, וכן הרע״ב ובאור זרוע העתיק ג״כ כרש״י, **מכל** הלין משמע דצריך לנענע את כל הנסרים.

שאין עליהם מעזיבה - וכ״ש אם היה מעזיבה על הנסרים, והסיר המעזיבה ואח״כ פקפק הנסרים, דבודאי מהני, דהא עביד מעשה רבה לשם סוכה.

או שיטול מבין שני נסרים אחד, ויתן סכך כשר במקומו.

וכולה כשרה, [ב]אפילו הנסרים רחבים ארבעה - דאע״פ דאילו לא היתה כאן תקרה מתחלה, ועכשיו הוא בא לסכך בנסרים של ד״ט לשם סוכה, היה פסול מדרבנן, וכנ״ל בסימן תרכ״ט סי״ח, משום גזרת תקרה, שלא ישב תחת קורת ביתו, ויאמר מה לי זה מה לי חדשה, [ג]**אבל** השתא דזו תקרה היתה, וזה בא לעשות מעשה להסיר מסמרים שלה ולנענעה לשם סוכה, זה מוכיח שיודע שאמרה תורה "תעשה ולא מן העשוי", ותו ליכא למגזר משום תקרת ביתו.

והנה זה מהני רק לענין פקפוק, אבל לענין ליטול אחת מבנתיים יש דיעות בפוסקים, דהלא פסקינן לקמן בסימן תרל״ב, דסכך פסול פוסל באמצע בד״ט, והלא נשאר אצל סכך כשר נסר בתקרה שהוא רוחב ד״ט, **אם** לא שיזדמן ליתן סכך כשר במקום שני נסרים, שהוא שיעור סוכה ויותר, (**ואין מן הדופן עד הפסל ד׳ אמות, כגון דהוי ח׳ אמות מצומצמות, וכשעושה נסר ופסל מצד אחד ד׳ פעמים, וכן מצד השני, איתרמי שני פסלים באמצע, הלכך מתכשר מתורת דופן עקומה**), [זהו דעת רש״י ור״ן, והובא דעתם בהגר״א].

ויש שסוברין דכיון שעשה מעשה שנטל נסר מבנתיים ונתן סכך כשר, מהני מעשה זו להכשיר אף מקום הנסר שבצדו, (**ותו אין על הנסרים הנשארים שם סכך פסול, וכולם מתכשרי כשנותן נסר ופסל נסר ופסל בכל הסוכה, ופה א״צ להעדיף סכך הכשר על הפסול כמו בסעיף הקודם, דגם הסכך הפסול נתכשר ע״י המעשה שנטל אחת מבינתיים**), [דעת הב״ח לשיטת הרא״ש והטור].

[ד]ויש מי שאומר שצריך שלא יהיו הנסרים רחבים ארבעה - דעה זו חולקת אדעה קמייתא לענין פקפוק, וס״ל דלא מהני כשהיו הנסרים רחבים ד״ט.

‹המשך ההלכות בעמוד הבא›

באר הגולה

א **משנה וכרבי יהודה אליבא דבית הלל** **ב** **הרי״ף לדעת הרא״ש וכמש״כ הרמב״ן דהרי״ף כתב כשמואל** **ג** ‹מש״כ שם הניחא לרב כו׳ אלא לשמואל כו׳, ועיין רש״י שם ד״ה סיפא כו׳, וד״ה בבטולי כו׳, וכן תוס׳ שם ד״ה ר״מ כו׳, ואנן קי״ל כשמואל, {**אך** דלכאורה י״ל דהלא רב ושמואל, הלכה כרב, וא״כ י״ל דר׳ יהודה ור׳ מאיר דמתני׳ לשיטתייהו, ור׳ יהודה לית ליה גזירת תקרה, ואין הכרח לומר דס״ל הסברא דבטולי תקרה, וא״כ לפי מאי דקימ״ל כר״מ גבי נסרים דרחבין ד׳ פסול משום גזירת תקרה, שפיר אסור אף אם מפקפק, **ע״ז** כתב רבינו, ואנן קימ״ל כשמואל - דמשק אליעזר}, **כמ״ש** שם הרי״ף י״ד, מדמפרש רב פפא מילתיה, ועוד דר״מ ור״י הלכה כר״י כמ״ש בפ״ד דעירובין, ולרב בכל נסרים כשר לר״י, ושם פליגי רב הונא עם רב חסדא ורבה ברב הונא, אלמא דהלכתא כשמואל, ועיין תוספות שם דיבור המתחיל הפכן כו׳ - גר״א› **ד** **רמב״ם והר״ן בפירוש דברי הרי״ף, וכתב הב״י שבשיטה זו עולים יפה דברי רמב״ם** ‹שהוא סובר והיה מפרש שמועתינו בנסרים שהם צרים כל כך שהיה מותר לסכך בהם בתחלה, מיהו מתוך שהתקרה היתה עשויה כבר, שייכא בהו גזירת תקרה, בר מפיסולא דאורייתא דאית בהו משום תעשה ולא מן העשוי, ובית הלל סברי דמפקפק או נוטל אחת מבנתיים, כל חד מהני סגי, דכי היכי דמפיק לה מן תעשה ולא מן העשוי, הכי נמי מפיק לה מגזירת תקרה - ב״י›. ‹**אמנם** ק״ל, לפי פי׳ הרמב״ם דמתני׳ מיירי אליבא דשמואל בתקרה שאין בנסרים ארבעה, א״כ מה מקשה הש״ס: אלא לשמואל דאמר ביש בהן ארבעה כו״ע לא פליגי דפסולה, ובאין בהם ארבעה מחלוקת, סיפא במאי פליגי, דהא איכא לשנויי כמו לרב, ואין כאן חילוק, אלא דלרב מוקי למתני׳ בנסרים שיש בהן ארבעה, ולשמואל בנסרים שאין בהן ארבעה. **ונלפענ״ד** לתרץ לדעת הרמב״ם, דהש״ס הכי קא קשיא ליה, דהנה לשמואל דאמר בנסרים שיש בהן ארבעה לכו״ע פסולין, ע״כ ס״ל דגזירת תקרה כו״ע ס״ל, אלא דר״י ס״ל בשאין בהן ארבעה, כיון דאין רוב תקרת הבית עשויות מהן, לא גזרינן, **א״כ** מתני׳ היכא דעשאן מתחילה לבית, והשתא הוא דבעי למעבד לשם סוכה, א״כ ע״כ נמי בכה״ג אפי׳ היכא דלית בהו ארבעה לכו״ע יהיה פסול, דהשתא לא שייך למימר דאין רוב תקרת הבית עשויות מהן, דהא חזינן דאיכא, **וא״כ** הכי קא תקשי ליה, ולשמואל דאמר ביש בהן ארבעה לכו״ע פסולה, סיפא במאי פליגי, אפי׳ אי מוקי ליה בשאין בהן ארבעה, ע״כ נמי לכו״ע פסולין כיון דחזינן דהבית מקורה מהן, ולא גרע למיגזר בהו כעל שיש בהן ארבעה לסכך בהן לכתחילה, **וע״ז** משני שפיר, הכא בביטל תקרה קא מיפלגי, מר סבר כיון שהוא מפקפק והניד המסמרים בטל תקרה של בית בהכי, והו״ל כאילו מסכך בהן לכתחילה, ומר סבר בהכי לא בטלו כיון דמתחילה נמי פסולין - פני שלמה›

עין משפט נר מצוה

צה א מיי׳ פ"ה מהל׳ סוכה הלכה ח סמג עשין מג טוש"ע א"ח סימן תרלא סעיף ט:

צו ב ג מיי׳ פ"ה מהל׳ סוכה הלכה טו טוש"ע א"ח סימן תרכט סעיף ג וסימן תרלא סעיף ח:

מסורת הש"ס

מתני׳ תקרה שאין עליה מעזיבה ר׳ יהודה אומר בית שמאי אומרים מפקפק ונוטל אחת מבינתים ובית הלל אומרים ״מפקפק או נוטל אחת מבינתים רבי מאיר אומר נוטל אחת מבינתים ואינו מפקפק: גמ׳ בשלמא ב"ה טעמייהו משום *תעשה ולא מן העשוי אי מפקפק עביד ליה מעשה אי נוטל אחת מבינתים עבד בה מעשה אלא בית שמאי מאי טעמייהו אי משום תעשה ולא מן העשוי בחדא סגי אי משום גזרת תקרה בנוטל אחת מבינתים סגי לעולם משום גזרת תקרה והכי קאמרי אף על פי שמפקפק אי נוטל אחת מבינתים אין אי לא לא אי הכי אימא סיפא ר׳ מאיר אומר נוטל אחת מבינתים אבל לא יפקפק רבי מאיר היינו בית שמאי הכי קאמר *לא נחלקו ב"ש וב"ה בדבר זה מאי קמ"ל דר"מ אית ליה גזרת תקרה ור"י לית ליה גזרת תקרה והא אפליגו בה חדא זימנא דתנן *מסככין בנסרים דברי ר׳ יהודה ורבי מאיר אוסר א"ר חייא בר אבא א"ר יוחנן רישא בנסרים משופין עסקינן ומשום גזרת כלים נגעו בה ולר"י אמר רב דאמר *סככה בחיצין זכרים כשרה בנקבות פסולה ולא גזר זכרים אטו נקבות הכא נמי לא נגזר נסרים משופין אטו כלים אלא על כרחך רישא פליגי בגזרת תקרה וסיפא פליגי בגזרת תקרה ואפליגי בתרתי זימני ל"ל סיפא ר׳ יהודה (היא) דקא אמר ליה לרבי מאיר אמאי קא אסרת בנסרים משום גזרת תקרה האי סברא לבית שמאי הוא דאית להו ובית הלל לא גזרי ואמר רבי מאיר לא נחלקו ב"ש וב"ה בדבר זה הניחא לרב דאמר מחלוקת בשיש בהן ארבעה דר׳ מאיר אית ליה גזרת תקרה ורבי יהודה לית ליה גזרת תקרה אלא לשמואל דאמר בשאין בהן ארבעה מחלוקת אבל יש בהן ארבעה דברי הכל פסולה סיפא במאי פליגי בביטולי תקרה קא מיפלגי *מר סבר בטלה בהכי ומר סבר בהכי לא בטלה: מתני׳ *המקרה סוכתו בשפודין או בארוכו׳ המטה אם יש ריוח ביניהן כמותן כשרה *החוטט בגדיש לעשות לו סוכה אינה סוכה: גמ׳ לימא תיהוי תיובת׳ דרב הונא בריה דרב יהושע דאתמר *פרוץ כעומד רב פפא אמר מותר ורב הונא בריה דרב יהושע אמר ״אסור אמר לך רב הונא בריה דרב יהושע מאי כמותן בנכנס ויוצא והא

רש"י

מתני׳ תקרה שאין עליה מעזיבה · סתם תקרה בנסרים שיש בהן ארבעה: מעזיבה · רצפת טיט ודומה לו במקרא בספר עזרא (נחמיה ג) ויעזבו את ירושלים עד החומה מלאוה מתוכה עפר להחזיק החומה: ר׳ יהודה אומר · ב"ש וב"ה נחלקו בדבר: ב"ש אומרים · אם בא לישב תחתיה לשם סוכה:

מפקפק · סותר ומנענע את כולן ואח"כ נוטל אחת מבינתים ונותן פסל במקומה ולקמן מפרש למה לי תרתי: וב"ה אומרים מפקפק · משום תעשה ולא מן העשוי ואין צריך לתת פסל ורבי יהודה לטעמיה דמכשיר בנסרים שיש בהן ד׳ לסכך את כולה והיינו כרב ושמואל מתרץ לה לקמן בגמרא: או נוטל אחת מבינתים · ואינו צריך לפקפק דבהכי סגי דאיכא עשיה מעליא: רבי מאיר אומר נוטל אחת מבינתים · אבל לא יפקפק שאין פקפוק מועיל לו ור׳ מאיר לטעמיה דאמר אין מסככין בנסרים ועל ידי פסל שבינתיים מתכשרא ולשמואל דאמר לקמן (דף יז:) סכך פסול בד׳ באמצע מיתוקמא כדפרישית לעיל דניהוו שני פסלים באמצע ואין בו אלא ח׳ אמות דדופן עקומה אמרינן עד הפסלים ומפקינן להו לנסרים מן הסוכה אי נמי סבירא ליה כרב דאמר לקמן (שם) סכך פסול בין מן הצד בין מן האמצע בארבע אמות הלכך לא פסלי נסרים שבינתים דליכא שיעור פסול ביחד: גמ׳ בשלמא ב"ה טעמיה משום תעשה ולא מן העשוי · בפסול וכן מן העשוי לבית ולא לסוכה שאין שם סוכה עליו גזרת תקרה לית להו במסכך בנסרים ואפילו בני ארבעה: אלא ב"ש · דבעו תרתי: אי משום גזרת תקרה · אית להו דאין מסככין בנסרים משום הכי לא מהני פקפוק: והכי קאמרי כו׳ · כלומר לא מהני פקפוק אלא נטילה אחת מבינתים דאיכא מעשה מעליא וגזרת תקרה נמי בטלה לה והאי דאמרי מפקפק הכי קאמרי המפקפק לא הועיל ונוטל אחת מבינתים: ה"ק · ליה רבי מאיר לר׳ יהודה לא נחלקו בדבר זה דב"ה כוותי סבירא להו דאין מסככין בנסרים ולא מהני פקפוק: ומאי קמ"ל · דסתמא למתני׳ מאי אשמעינן בהך פלוגתא למיתנייה במתני׳: אמר ר׳ חייא בר אבא כו׳ · רישא לאו משום גזרת תקרה איפלוג אלא בנסרים שאינן בני ארבעה אבל משופין הן וחלקים וראוין לתשמיש ומשום גזרת כלים נגעו בה לפסול אליבא דרבי מאיר אע"ג דפשוטי כלי עץ נינהו ולא מקבלים טומאה גזר בהו אטו כלים המקבלים טומאה:

סיפא רבי יהודה (היא) דקאמר ליה לרבי מאיר אמאי קאסרת בנסרים · לעיל (דף יד.) משום גזרת תקרה הך סברא לבית שמאי היא ושבקת בית הלל: לשמואל דאמר · אבל יש בהן ארבעה דברי הכל פסולה: סיפא במאי פליגי · הא ודאי סתם תקרה בני ארבעה הוא וקמכשר רבי יהודה אליבא דבית הלל: בביטולי תקרה · כלומר אמר לך שמואל לעולם בשיש בהן ארבעה ולא היתה כאן תקרה מתחלה ועכשיו הוא בא לסכך בהו לשם סוכה אפילו רבי יהודה פסיל דגזרינן משום תקרה שלא יבא וישב תחת קורות ביתו ויאמר מה לי זה מה לי חדשה אבל השתא דזו תקרה היתה ובא לידי מעשה לעשות לשם סוכה וזה מוכיח שיודע שאמרה תורה תעשה ולא מן העשוי פליגי רבי יהודה ורבי מאיר אי איכא תו למגזר משום תקרה או לא רבי יהודה סבר בטולי תקרה לבית שמאי צריך ליטול מבינתים דאע"ג דמוכיח שבקי בתעשה ולא מן העשוי גזרי בה וב"ה סברי כיון דבטלה והוכיח שהתקרה פסולה תו ליכא למגזר ור"מ סבר לא נחלקו ב"ש וב"ה ואף בה גזרינן: מתני׳ המקרה סוכתו · כמו שאנו עושין שמסדרין כלונסות תחלה בסכך ונותנין פסל עליהן: ארוכות · אשפונדי"ש בלע"ז ובגמרא מפרש דמקבלי טומאה: אם יש ריוח ביניהן כמותן · בין שפוד לשפוד על פני כולה ויתן שם הפסל וכן על פני כולה ובגמרא פריך הא אין הכשר מרובה על הפסול: גמ׳ פרוץ כעומד · לענין מחיצות שבת אמר מחילה שנעשית בפסין רחבין ג׳ והניח בין פס לפס כמלא פס דנפקא ליה מתורת לבוד וכן על פני כולה דהוה ליה פרוץ כעומד ודכוותה הכא במתניתין דהוה ליה פסול ככשר: בנכנס ויוצא · שיהא פסל הרוחב כמותן יכול ליכנס ולילך בריוח שבינתים דהשתא הוה ליה פסל שנותן שם מרובה על השפודים והאיר יותר על השפודים:

והא

תוספות

רבי מאיר אומר נוטל אחת מבינתים אבל לא יפקפק · שאין פקפוק מועיל לו ורבי מאיר לטעמיה דאמר אין מסככין בנסרים וע"י פסל שבינתים מיתכשרא ולשמואל דאמר לקמן (דף יז:) סכך פסול פוסל באמצע בארבעה מיתוקמא כדפרישית לעיל דניהוו שני פסלים באמצע ואין בו אלא שמנה אמות דדופן עקומה אמרינן עד הכתלים ומפקינן להנך נסרים מן הסוכה אי נמי ס"ל כרב דאמר לקמן סכך פסול בין מן הצד בין באמצע בארבע אמות הלכך לא פסלי נסרים שבינתים דליכא שיעור פסול ביחד כך פירש בקונטרס והדין עמו שפירש כן דבתקרה שנסרים שלה רחבים ארבעה איירי דסתם תקרה כך היא ומדפסלי נסר ד׳ משום גזרת תקרה אלמא סתם תקרה כך היה וכן מוכח בגמרא דפריך לשמואל במאי פליגי ומסיק דבבטולי תקרה פליגי דלרבי מאיר אין מועיל פקפוק לבטולי תקרה שהנסרים ארבעה ולכך בעי שיטול אחד מבינתים ותימה אדפריך לקמן מברייתא לשמואל דאמר באמצע פסול בארבעה הוה ליה לאקשויי ממתני׳ ולשנויי וי"ל משום דמתניתין לא קתני בהדיא נסרים של ארבעה אלא מכח סתם תקרה:

פרוץ כעומד · נראה דהלכה כר׳ יוסי דאמר פרק שני דבכורות (דף יז: ושם) אפשר לצמצם לכל הפחות בידי אדם מדאפליגי אמוראי הכא בפרוץ כעומד ובפרק שני דחולין (דף כח: ושם) במחצה על מחצה כרוב והא דקאמרינן התם גבי חלקו לשנים והן שוין דמאין שניהן לפי שאי אפשר לצמצם בכלי חרס כולהו מודו כדקאמרינן בבכורות (דף יז: ושם) משום דאית ביה גומות ואין לומר דשמעתין אפילו כמאן דאמר אי אפשר וקרי פרוץ כעומד מחצה על מחצה כשדומה לנו שהן שוין אע"ג דשמא אינן שוין דהא מפרש טעמא פ"ק דעירובין (דף טו: ושם) ובפ׳ שני דחולין (דף כח:) דלא הוי כעומד וכרוב משום דהכי אגמריה רחמנא למשה גדור רובא ושבוק רובא ותיפוק ליה משום דבלאו הכי אסור מספק משום דשמא שייר רובא והא דפריך בגיטין בפרק הזורק (דף עח. ושם:) גבי דאתו תרווייהו בהדי הדדי בארבע אמות והא אי אפשר לצמצם אפילו תהא הלכה כר"י הגלילי מכל מקום דוחק הוא להעמיד המשנה בכך שאין רגילות להיות ומסתמא לא כותב לבא בבת אחת ובפרק שבועת העדות (שבועות דף לג. ושם) גבי

[מר סבר בטל תקרה לב"ש כשנוטל אחת מבינתים ולבית הלל או מפקפק או נוטל אחת מבינתיים וא"ל ר"מ בין ב"ש בין ב"ה אי נוטל אחת מבינתיים אין אי לא לא · מהרש"ל]

רבינו חננאל

מתני׳ תקרה שאין עליה מעזיבת נסרים שהבית מקירה בהן ואין עליהם טיט מפקפק פותח ומרחיב ודייקינן בשלמא ב"ה טעמא מאי משום תעשה ולא מן העשוי וכל דהו מעשה מכשיר ואפילו פקפוק אלא ב"ש מ"ט ופשטנא טעמא דב"ש משום גזרת תקרה ולעולם נטילת אחת מבינתים בעי ואפילו פקפוק לא סגי עד דשקיל אחת מבינתים ואקשינן אי הכי רבי מאיר דאמר נוטל אחת מבינתים ואין צריך לפקפק כב"ש היא ושנינן ר׳ מאיר סבר כב"ש וב"ה שרין דמשום גזרת תקרה[גזרינן]ובנטילת אחת מבינתים[מתכשר] ואע"ג דפקפק פקפוק אינו מועיל ואמרי׳ מאי קמ"ל והא איפלגו רבי מאיר ורבי יהודה בהא סברא חדא זימנא דתנן מסככין בנסרים דברי רבי יהודה ורבי מאיר אוסר׳ ואוקימנא בגזרת [תקרה] פליגי ואתינן לאוקימנא פלוגתייהו בהא דתנן מסככין בנסרין דברי ר׳ יהודה [בנסרים] משופין לשידות ולתיבות וכיוצא בהן ומשום גזרת כלים פליגי ונדחת אלא מתני׳ תרווייהו בגזרת תקרה פליגי וסיפא רבי יהודה היא דא"ל לר׳ מאיר הא דנוהג[לסכך]בנסרים משום גזרת תקרה טעמא דב"ש[היא]דאמרו נוטל אחת מבינתים אע"פ שפקפק אבל ב"ה אפילו בפקפוק סגי ואמר ליה רבי מאיר *) בדבר זה שניהן לא נחלקו בדבר זה שניהן בגזרת תקרה׳ושמואל דאמר נסרין כשאין בהן ד׳ מפחים מחלוקת אבל בנסרין שיש בהן [ד׳] דברי הכל פסולה׳אלמא ר׳ יהודה נמי אית ליה גזרת תקרה׳ אמר לך סיפא בבטולי תקרה פליגי רבי יהודה סבר אפילו בפקפוק בטלה וכ"ש בנטילת נסר מבינתים׳ורבי מאיר סבר לעולם לא בטלה אלא בנטילה׳מתני׳ המקרה סוכתו בשפודין כו׳׳ואקשינן מינה לרב הונא (בר חושיא)[בריה דרב יהושע] (עד) דאמר בעירובין פרוץ כעומד אסור לשלמי׳ שאינה מחיצה והכא תנן אם יש ריוח כמותן לעשות בהן (כשרה) [סכך כשר] שנמצא הריוח סכך כשר והשפודין כפרוץ וקתני כשרה

*) נראה דצ"ל ואמר ליה ר"מ דלא נחלקו שניהן בדבר זה דשניהן לית להו גזרת תקרה:

[לעיל יא: וש"נ]

[שבת מג. קלה. יבמות מח. ב"ק לד.]

[לעיל יד. וש"נ]

[לעיל יב:]

עירובין טו:

לעיל יב.

עירובין טו:

ולענין ליטול אחת מבנתיים, יש דיעות בין האחרונים, [**דעת** המ"א והגר"א שוין, דדעה קמייתא והי"א לא פליגי בזה, אלא שהמ"א מצדד להקל, דלכו"ע שרי אף כשהנסרין רחבין ד"ט. (**דדוקא במפקפק ס"ל שיהו פחותים מד"ט, דאם יהיו רחבים ארבעה, הרואה שישב תחתיהן יסבור שמותר לסכך בהן, וישב ג"כ תחת הבית, אבל כשנוטל אחת מבינתיים, אפי' כשיש בהן ד"ט שרי לכו"ע, דהרואה יראה שהוצרך לתת פסל בינתיים, ולא יבוא לישב תחת תקרת הבית, ומשמע ממ"א דהוא סובר כמו שמפרש הב"ח, דלדעה קמייתא מתכשרא כל הנסרים**).

[**ודעת** הגר"א כשיטת רש"י ור"ן להחמיר, דאף לדעה קמייתא לא שרי בנוטל אחת מבינתיים כשנסרין רחבין ד"ט, כי אם כשמתרמי שני פסלים באמצע].

[**אכן** הב"ח וא"ר סוברין, דדעה קמייתא והי"א פליגי גם בענין נטילת אחת מבנתיים, דלדעה קמייתא מהני מה שנטל נסר ונתן סכך במקומו, אף להנסר הרחב ד"ט שבצידו, (**כמו שמפרש הב"ח לדעה קמייתא**), **ולדעה** אחרונה לא מהני דבר זה].

ודע, דבזה שלא היו הנסרים שבתקרה רחבין ד"ט, ונטל מבין כל שני נסרים נסר אחד ונתן סכך כשר במקומו, לכו"ע מותר לישב אפילו תחת הנסרים, דכיון שעשה מעשה מיתכשר גם שם, ואפילו הסוכה גדולה כמה אמות, מיתכשר גם שם, **אכן** לפי המבואר בסימן תרכ"ט סי"ח, דכהיום נהגו שלא לסכך כלל בנסרים, אפילו פחותים מארבעה, יש ליזהר מפקפוק, וגם מזה, אם לא בשעת הדחק.

אות ב' – ג'

המקרה סוכתו בשפודין או בארוכות המטה, אם יש ריוח ביניהן כמותן כשרה

פרוץ כעומד... אסור

רמב"ם פ"ה מהל' סוכה הט"ז - סיכך בדבר פסול ודבר כשר זה בצד זה, ואין במקום אחד מסכך הפסול רוחב [ה]שלשה טפחים אלא פחות, אם היה כל הסכך הכשר יותר על כל הסכך הפסול, כשר; ואם היה זה כמו זה בצמצום, אע"פ שאין במקום אחד שלשה, הרי זו פסולה, מפני שסכך פסול כפרוץ הוא נחשב - ‹כתב ה"ה, וזה תימה אצלי, שהרי בפירוש נפסקה הלכה פ"ק דעירובין כרב פפא, דאמר פרוץ כעומד מותר וכו'. **ואני** אומר שאין כאן תימה כלל, שרבינו גורס כגירסת ר"ת כו' - כסף משנה›. ‹**גירסת** ר"ת הובא למטה בבאר הגולה›.

סימן תרכט ס"ב - [ו]וכן דבר שמקבל טומאה, [ז]כגון שפודין - של מתכות, **אבל** של עץ אין מקבלין טומאה אפילו מדרבנן, כמו חיצים זכרים דס"ג, דפשוטי כלי עץ נינהו, ומותר לסכך בהן, **וא"כ** דמיירי בשל מתכות, הוא משנה שאינה צריכה, דהא בלא"ה אין מסככין, דהא אינו צומח מן הארץ - מ"א.

והאחרונים יישבו קושיתו, דמיירי בשל עץ, ובראשי השפודין יש קצת ברזל, וכה"ג גם העץ מקבל טומאה ע"י הברזל, **אכן** כיון דעיקר הסכך הוא מן השפוד שהוא של עץ שהוא צומח מן הארץ, וא"צ לברזל לצורך הסכך, הו"א דמותר לסכך בו, קמ"ל דפסול הואיל ומקבל טומאה ע"י הברזל, [**אבל** בעצם דינו של מ"א מודים, ‹דשל עץ אינו מקבל טומאה אפי' מדרבנן›, וכן מוכח מב"ח והגר"א, **אכן** בא"ר ופמ"ג מצדדים, דאפשר דטמא מדרבנן, מטעם דהוא תשמיש אדם ותשמיש משמשיו, באולי שמניח עליו אוכל לצלות, וגם תוחב לפעמים בראשו כלי שיש בו שומן].

וארוכות המטה - אפילו הם של עץ, [ח]ואף שאינן מטה שלמה, פסולין לסכוך, הואיל דממטה שלמה קאתו, [**ופסולים** רק מדרבנן].

וכל הכלים, אין מסככין בהם - אפילו מידי דמקבל טומאה רק מדרבנן.

סימן תרלא ס"ח - [ט]סככה בשפודין שהם פסולין לסכך בהם - כגון שהם של ברזל דפסולים לכו"ע, **ואין בהם ארבעה** - דאי יש בהם ד' טפחים, הלא קי"ל דסכך פסול פוסל באמצע בד"ט, **ואין מהם ארבעה במקום אחד** - ר"ל אפילו ע"י צירוף משנים או משלשה, **והניח בין שפוד לשפוד כמלא שפוד ונתן שם סכך כשר, פסול, [י]שאי אפשר לצמצם שימלא כל האויר מסכך כשר, ונמצא הפסול מרובה** - דאם היה אפשר היה מותר, דקי"ל פרוץ כעומד מותר.

באר הגולה

[ה] ‹איירי בסוכה קטנה – שבט הלוי› [ו] **משנה שם ט"ו** [ז] **בשפודין של עץ מיירי**, ‹לכאורה ר"ל כא"ר ופמ"ג› **ודין מיני מתכת כבר נזכר לעיל אף שאינו כלי** [ח] ‹ואע"ג דבגמ' מוקי לה בארוכה ושתי כרעים שהם עצמן מקבלין טומאה, זהו לפי מה שרצה לדחות הך דינא דסיככה בבלאי כלים פסולה, ע"ש, אבל לפי האמת א"צ לכך, ולכן לא הזכירם הרמב"ם ז"ל – ערוה"ש› [ט] **משנה שם ט"ו** [י] **שם בגמרא כגירסת רבינו חננאל ור"ת כמ"ש הרא"ש שם** ‹דגרסי "והא אי אפשר לצמצם", ופריך לתרוייהו, דכשנותן ביניהם סכך כשר כמותן, אי אפשר לאדם לצמצם שיהא לגמרי כמותן, לפי שאין דרך אדם לצמצם בכך למלא את כל החלל, ונשאר מעט אויר, נמצא לרב פפא דמפרש מתני' כמותן בצמצום, הפסול מרובה, ולרב הונא דמפרש מתני' ביוצא ונכנס, הרי הוא עתה מצומצם, ומשני הני אמוראי אליבא דתרוייהו – ב"י›

אות ג'* [יא]

פרוץ כעומד רב פפא אמר מותר

סימן שסב ס"ט - פרוץ כעומד, מותר - דלא צריך שיהא העומד מרובה על הפרוץ, אפילו אם שוין הם ג"כ מותר, כיון שאין הפרוץ מרובה, **ואפילו** כנגד הפרוץ מותר לטלטל, דיש ע"ז דין מחיצה שלמה. (**ודע, דהא דקי"ל פרוץ כעומד מותר, הוא אפילו כל הארבע מחיצות עשויות כן**).

באר הגולה

יא (ע"פ מהדורת נהרדעא)

והא אפשר לצמצם א"ד אמי *במעדיף רבא אמר אפילו תימא בשאין מעדיף *אם היו נתונים שתי נותנן ערב נותנן שתי: או בארוכות המטה: לימא מסייע ליה לר' אמי בר טביומי דאמר רבי אמי בר טביומי *סככה בבלאי כלים פסולה כדאמר ר' חנן אמר רבי בארוכה ושתי כרעים בקצרה ושתי כרעים ה"נ בארוכה ושתי כרעים בקצרה ושתי כרעי' היכא איתמר דר' חנן אמר רבי אהא דתנן

ממה

(א) והא אפשר לצמצם·קס"ד דהאי דקמתרץ בנכנס ויוצא הכי מתרץ כל כמותו בנכנס ויוצא הוא סתמא הוא בנכנס ויוצא דאין דרך לצמצם ולכוין כמותן ממש לא פחות ולא יותר ופרכינן והא אם יתן דעתו לכך אפשר לצמצם וקתני מתניתין כמותן כשרה והוה ליה פרוץ כעומד: ומשני אמר רבי אמי במעדיף·מתניתין לא אכשר במצומצם אלא במעדיף ריוח שבינתים על רחב השפודין וכמותן דקתני בנכנס ויוצא: רבא אמר · אפילו במצומצם ואם היו נתונין השפודין שתי נותנן לקנים של סכך ערב דע"כ אם איט נותן ראשי הקנים על שפודין הרי הן נופלין לארץ והלכך הוה ליה כשר מרובה על הפסול ומבטלן: בבלאי כלים · לקמן מפרש במטלניות שאין בהן שלש על שלש דלף על גב דהשתא לא מקבלי טומאה כיון דמכלי אתו גזור בה רבנן ארוכות נמי השתא לא מקבלי טומאה דלא חזו למידי אלא מכלי קאתו: בארוכה ושתי כרעים עמה · ולקמן מפרש למאי חזו: קצרה · אותה אשר ברוחב המטה נגד מראשותיה ומרגלותיה:

חבילה

גבי כפרו שניהם כאחת פריך והא אי אפשר לצמצם ומשני רבי יוסי הגלילי היא ורבי יוחנן משני אפילו תימא רבנן משמע דאין הלכה כרבי יוסי הגלילי וכן פרק ד' אחין (יבמות דף כח.) גבי אחיות אימי יודע מי שנשא אמר אליבא דרבי יוחנן לא סתם לן תנא כר"י הגלילי לכך נראה דבידי שמים אין הלכה כמותו והני הוו כבידי שמים אבל בידי אדם הלכה כמותו כדמוכח הך דשמעתין ובפרק שני דחולין (דף כח.) ויש תימה הא דאמרי' פ"ק דעירובין (דף ה:) לחי המשוך מדופני של מבוי (ב) לחוץ המבוי פחות מארבע אמות אין צריך לחי אחר להתירו ארבע אמות צריך לחי אחר להתירו וקאמר רב הונא בריה דרב יהושע לא אמרו אלא במבוי שמונה אבל במבוי שבעה ניתר בעומד מרובה על הפרוץ רב אשי אומר אפילו במבוי ח' לא צריך לחי ממה נפשך אי עומד נפיש ניתר בעומד מרובה על הפרוץ אי פרוץ נפיש נדון משום לחי כלומר א"כ אין בלחי ד' אמות מאי אמרת שוו תרווייהו הוה ליה ספק דדבריהם וכל ספק דבריהם להקל משמע דאי אפשר לברר הדבר וי"ל לעולם אפשר למדוד ולברר אלא לא הטריחוהו חכמים למדוד שם מספק כיון דבין עומד נפיש בין פרוץ נפיש ליכא חשש איסור אלא אם כן הן שוין ומילתא דלא שכיחא היא מכל מקום אם היתה איסורא דאורייתא היה אסור כיון דאפשר למדוד ומזה אין להקשות על רב אשי כי שוו כי הדדי לישתרו דקיימא לן פרוץ כעומד מותר דהתם קאי על רב הונא בריה דרב יהושע דסבירא ליה פרוץ כעומד אסור ויש לפרש דהני אמוראי דפרוץ כעומד ומחלה על מחלה כרוב מני סברי כרבנן דאי אפשר לצמצם אפילו בידי אדם ומאן דשרי כשדומה לנו שהפרוץ כעומד משום דאימא עומד מרובה ואת"ל שהן שוין רחמנא אמר לא תפרוץ רובא ומאן דאסר משום (ג) דאמר פרוץ מרובה ואת"ל שהן שוין רחמנא אמר גדור רובא וכן לענין מחלה על מחלה דשחיטה והשתא ניחא טפי ההיא דספק דבריהם להקל כיון דאי אפשר למדוד ומיהו קשה דמשמע דספיקא דאורייתא היה אסור משום חששא בעלמא שמא הן שוין אף על גב דאי עומד נפיש מותר ואי פרוץ נפיש מותר ואם כן היכי דייק (נמי) פרק שני דבכורות (דף יז: ושם) מההיא דנמצא הרוג מכוון בין שתי עיירות דבידי אדם אפשר לצמצם ההם נמי אף על גב דאי אפשר לצמצם ולכוון מודו רבנן דמביאין שתי עגלות משום חשש דאורייתא משום דשמא הן שוין ועוד למאן דאסר פרוץ כעומד לא אסר אלא מטעם דאמר ליה רחמנא למשה גדור רובא ולא מטעם דשמא הפרוץ מרובה ואם כן בההיא דלחי אפילו הוי ספיקא דאורייתא תשתרי כיון דבין פרוץ בין עומד נפיש מותר ומהאי דפריך בשמעתין והא אפשר לצמצם אין לדקדק שום דבר דרבינו חננאל גרים והא אי אפשר לצמצם וכן ר"ת וגירסתם נמי אין ראיה שיהא הלכה כן דלא הוי כמו אי אפשר לצמצם דעלמא אלא כלומר אי אפשר בשום ענין שלא יהא אויר משהו בין הסכך לשפוד כשממלא בהכשר אותו מלא נכנס ויוצא דאיט דוחק כל כך הכשר לקרבו אצל הפסול שלא יהא אויר משהו בין הכשר לפסול ונמצא שאין הכשר מרובה על האויר ועל הפסול ומשני במעדיף כלומר עד שבא מן הכשר על השפודים שמכאן ומכאן שנתכסה כל האויר ורבא משני דאפילו תימא אינן מעדיפים אם היו נתונים שתי נותנן ערב אי אפשר שלא יתכסה כל האויר שהכשר נסמך בפסול אי נמי דווקא שתי וערב מהני לרבא אבל בענין אחר לא דגזרינן שמא לא יעדיף אבל שתי וערב אי אפשר בלא העדפה שלא יפול הכשר ולפי זה לא גרסינן כמו שכתוב ברוב הספרים אמר רבא אפילו תימא בשאינו מעדיף ובפרק קמא דעירובין (דף טו:) איט בשום ספר ובההיא דסוף בכורות (דף ס:) דילאו שנים בעשירי וקראן עשירי משמע דסבר לה כרבי יוסי הגלילי דאמר אפילו בידי שמים אפשר לצמצם דאי כרבנן דאמרי אי אפשר לצמצם אותו שקדם הוי עשירי ואפילו שתק בו והוה ליה כאילו קרא לעשירי עשירי ולאחד עשר עשירי שאין אחד עשר קדוש שלא נעקר שם עשירי ממנו וכן בההיא דסוף פרק שני דחולין (דף לח:) דהתם אמו פרש ליתום דאוקמינן בזה פירש למיתה וזה פירש לחיים וכן בפרק בהמה המקשה (חולין דף ע.) גבי הא דבעי רבא הלכו באברים אחר הרוב ויש לדחות ההיא דסוף בכורות דאפילו סבר אי אפשר לצמצם כיון דאין יכול להכיר איזה קדם משהו לחבירו ונתכוון לקרות שניהם עשירי ובבת אחת קראם לא דמי לקרא לעשירי עשירי ואחר כך לאחד עשר עשירי והא דקאמרינן התם אבל בבת אחת בגמלום [אלא] כדפירשתי ומיהו קשיא דפרק מי שהוליאוהו (עירובין דף נ.) ופרק שני דקדושין (דף נא.) פריך מהך ויצאו שנים בעשירי לרבה דאמר כל שאיט בזה אחר זה אפילו בבת אחת איט ומשמע דקשיא ליה וכיון דבזה אחר זה אין אחרון קדוש בבת אחת לא יהא קדוש לא לזה ולא לזה כמו מקדש אשה ואחותה והיאך יכול להיות זה דבל קריאתו שם דידה מהכא כיון דאי אפשר ליה לצמצם ממה נפשך עשירי מאליו קדוש ויש לומר דמבתרא פריך היאך הוא קדוש כיון דאי אפשר לצמצם איט קדוש אלא מחמת דיבורו:

והא אפשר לצמצם · קא סלקא דעתך דהא דקמתרץ בנכנס ויוצא הכי קמתרץ כל כמותו בנכנס ויוצא הוא דאין דרך לצמצם והא ס' וקתני מתני' כמותן כשרה והוה ליה פרוץ כעומד ומשני אמר ר' אמי במעדיף ומתני' לא אכשר במצומצמין כך פי' בקונט' וקשה דאין ז סוגיא דהש"ס שאינו אלא כמשיב דאיט חושש בקושיא שלו דלעולם איירי בנכנס ויוצא וי"ל במעדיף שמרבה בפסל עד שמכסה השפודים ונמצא סכך כשר רבה על סכך פסול ומבטלו ובענין זה פי' בקונטרס בדרבא אם היו נתונין שתי נותנן ערב ולהאי פירושא קא משמע לן רבא דבמעדיף לא מהני משום דזימנין דלאו אדעתיה לא ירבה בכשר אבל כשמסכך להניח כעין שתי וערב אי אפשר שלא ירבה ומיהו קשה להאי *פירושא דאין דומה שיתבטל סכך פסול בכשר אע"פ שהכשר רוב כיון דאין מעורבין זה בזה וניכר כל אחד בפני עצמו כמו שפי' בקונטרס דכשחבטן לעיל (דף ט:) שעירבן ואיט ניכר הי ניהו פסול והי ניהו כשר וגירסת ר"ת עיקר דגרס והא אי אפשר לצמצם כדפרישית וניחא לפי גירסתו דלא קיימא השתא רבי אמי ורבא לשטיי כמאן דאמר פרוץ כעומד אסור דלטולא קאמרינן הכא הך פירכא דאי אפשר לצמצם אבל לגירסת הקונטרס קיימי השתא לשטיי כמאן דאמר פרוץ כעומד אסור והייט דלא כהלכתא דפרק קמא דעירובין (דף טז:) פסקינן הלכה כמאן דאמר מותר:

בארוכה ושתי כרעים בקצרה ושתי כרעים · סוגיא דשמעתין כרבי נחמיה דרבנן לא מטמאי בארוכה ושתי כרעים דתנן במסכת כלים פרק י"ח (מ"ה) מטה שהיתה טמאה מדרס ניטלה קצרה ושתי כרעים טמאה ארוכה ושתי כרעים טהורה ורבי נחמיה מטמא ודוקא כשכל המטה קיימת וכולה של אדם אחד שסופו לחזור ולחברה אבל אם נאבד מקצתה או של שני בני אדם האיל ואין סופן לחזור ולחברה טפי אפילו איכא ארוכה ושתי כרעים קצרה ושתי כרעים טהורה כדתנן במסכת כלים פרק י"ח (מ"ט) ובפרק שלשה שאכלו (ברכות דף נ:) מייתינן לה מטה שנגנבה חציה או שאבדה חציה חלקוה אחין או שותפין טהורה החזירוה מקבלת טומאה מכאן ולהבא והא דתנן התם כרע שהיתה טמאה מדרס וחברה למטה שלה טמאה פירשה היא טמאה מדרס והמטה מגע מדרס אלמא דכרע להודיה טמא היינו לאחר שחברו למטה חוזר לטומאה ישנה אפילו במטה טהורה אבל כל זמן שלא חברו טהורה אע"פ שפירש ממטה טמאה:

מטה

עין משפט
נר מצוה

צז א ב מיי' פ"ה מהל' סוכה הל' טו וסמג עשין מג טוש"ע א"ח סימן תרלא סעיף ח:

צח ג מיי' וסמג שם טוש"ע א"ח סימן תרכט סעיף כ:

רבינו חננאל

כשרה ומשני מאי ריוח ביניהן כמותן דקתני במתני' כשיש ריוח להכנים סכך כשר ביניהן להכנים ולהוציא כלומר אם יש לו יתרון כמעט מן השפודין ודחינן והא *) אפשר לצמצם כלומר אם תבא להכנים ביניהן ולהוציא סכך כשר כמותם אי אפשר שלא תדחק השפוד כמעט מהנה או מהנה שנמצא מצד אחד יתר ומצד אחת פחות · ושנינן במעדיף בריוח יתר ממקום השפוד שנביא שם סכך כשר כמותן ולא יזוז ממקומו ולא ידחק השפוד ובא רבא בטעם אחר ואמר לעולם אין שם ריוח אלא כמותם בנכנס ויוצא מאי אמרת חיישינן דילמא בעידנא דסכיך בינייהו דחיק ליה לסכך פסול כדאמרת אם היה סכך פסול נתון שתי נותן הסכך כשר עליהן ערב ולא נמצא מכניס ביניהם כלום ולא דוחק וכך השמועה: או בארוכות המטה · ואוקימנא בארוכה וב' כרעים דכלי הוא וכי

*) נ"ל והא אי אפשר לצמצם וכן גריס רבינו גם בעירובין ט"ו וכ"ה בתוס' שם וכאן בשם רבינו דגרים והא אי אפשר לצמצם.

נ"ל להאי גירס' מהרש"א

הגהות
הב"ח

(א) רש"י ד"ה והא אפשר וכו' סד"א עם ד"ה ומשני וכו' דקתני סכה בנכנס ויוצא:
(ב) תוס' ד"ה פרוץ כעומד וכו' המשוך מדופנו של מבוי פחות מד' אמות נידון משום לחי ואין צריך לחי אחר להתירו ארבע אמות נידון משום מבוי וצריך לחי אחר להתירו:
(ג) בא"ד ומאן דאסר משום דאימור פרוץ מרובה:

§ מסכת סוכה דף טו: §

אות א' - ב'

<u>והא אפשר לצמצם, א"ר אמי במעדיף; רבא אמר אפילו תימא בשאין מעדיף, אם היו נתונים שתי נותנן ערב, ערב נותנן שתי</u>

סימן תרל"א ס"ח - [א]אבל אם העדיף סכך הכשר מעט על הפסול, [ב]או אם היה הפסול נתון שתי ונתן הכשר ערב - בין כל שפוד ושפוד נתן הכשר שם לרחבו, [ג]ודחקו ביניהן שלא יפול משם לארץ, **או איפכא, כשר, שאז מתמלא כל האויר מסכך כשר.**

(ודוקא בסוכה גדולה, אבל בסוכה קטנה צריך להיות מן השפודים פחות מג' במקום אחד) - דקי"ל לקמן בסימן תרל"ב ס"א, דבסוכה קטנה פוסל סכך פסול בג"ט.

אות ג'

<u>סככה בבלאי כלים פסולה</u>

סימן תרכ"ט ס"ב - [ד]ואפי' אם נשברו, שלא נשאר בהם שיעור קבלת טומאה - כיון שפעם א' היו ראוין לקבלת טומאה, גזרו בהן חכמים שלא לסכך בהן לעולם, **אכן** אותן הכלים שאפי' בשלמותן לא היו מקבלין טומאה אלא מדרבנן, אם נשברו ‹ואינו ראוי עתה להניח עליו כלל - מנח"י›, מותר לסכך בהן, ‹ועיין לקמן ס"ג›.

באר הגולה

[א] **כדמפרש ר' אמי שם** [ב] **כרבא שם** [ג] ‹הנה המ"א העתיק דברי רש"י, ואם אינו נותן ראשי הכשר על הפסול נופל לארץ, והלכך הו"ל הכשר מרובה, **ולא** העתקתיו, כי תמהו האחרונים [הפמ"ג וכן הבגדי ישע] זהו שייך רק לשיטת רש"י, דהסוגיא אזלא למ"ד פרוץ כעומד אסור, והלכך בעינן שיהא הכשר מרובה, אבל השו"ע הלא אזיל לשיטת ר"ח ור"ת, דהסוגיא אזלא למ"ד פרוץ כעומד מותר, רק משום דא"א לצמצם שימלא כל האויר, ונמצא הפסול מרובה, אבל כי משנינן שנותן הכשר ערב, דהיינו שדוחק כל חתיכת קנה לרחבו בין שפוד לשפוד, אז אפשר שיתמלא כל האויר, ונמצא פרוץ כעומד ומותר - ביאור הלכה. **אלא** מ"א האמת נקט, דעל כרחך הכשר הרוב, דאם לא כן יפול, כן נראה לי - מחה"ש› [ד] **מימרא דר' אמי שם ט"ז**

§ מסכת סוכה דף טז. §

אות א׳

מטה מטמאת אברים

רמב״ם פכ״ו מהל׳ כלים הי״ג - מטה שנפרקו איבריה, אם נשארה ארוכה ושתי כרעיים, או קצרה ושתי כרעיים, הרי אלו מתטמאין, מפני שראויין לסומכן בכותל ולישן עליהן.

אות ב׳ – ג׳

החוטט בגדיש: אמר רב הונא לא שנו אלא שאין שם חלל טפח במשך שבעה, אבל יש שם חלל טפח במשך שבעה, הרי זה סוכה

סימן תרל״ה ס״א - אבל סוכה שנעשית מאליה, פסולה, לפי שלא נעשית לצל; [א]לפיכך החוטט בגדיש ועשהו סוכה, אינה סוכה, שהרי לא עימר גדיש זה לצל, (ומה שעושה אח״כ הוי "תעשה ולא מן העשוי") (טור) - שהסיכוך הוא מאליו, ואינו נוגע בו לעשות שום מעשה, אלא פוחת אחת מדפנותיו, ונכנס לעומקו ונוטל העומרים ומשליך, והסוכה נעשית מאליה, [רש״י בדף י״א. ‹ד"ה אכשורי›, **ור״ל** ואפי׳ יכוין בנטילת העומרים שישאר הסכך לשם צל, ג״כ לא מהני, אחרי דבעצם הסכך לא נעשה שום מעשה].

שהרי לא עימר גדיש זה לצל – (לכאורה לשון זה דחוק מאוד, דאפי׳ אם כונתו בעת עשיית הגדיש לחטוט אח״כ, ושישאר הסכך שלמעלה לצל, ג״כ פסול, שהרי מ״מ לא נגע בסכך, אלא חקיקה בדפנות, והסכך נעשית מאליו, ו**לכאורה** היה אפשר לומר, דסבר כדעת בעל המאור, שכתב דבאופן זה כשרה, **אבל** מכל הפוסקים לא משמע כן, וכן מוכח נמי קצת ממה שסיים: לפיכך וכו׳ חלל טפח במשך ז׳ לשם סוכה, וע״כ נלענ״ד ליישב קצת, דכונתו רק לאפוקי דאם עשה בתחלה חלל טפח במשך ז׳ לשם סוכה, דזה הרי נעשית סכך שלה לצל, וכמו שמסיים אח״כ).

[ב]לפיכך אם עשה בתחלה כשנתן שם הגדיש חלל טפח במשך שבעה לשם סוכה, וחטט בה אח״כ והשלימה לעשרה, כשרה, שהרי נעשית סכך שלה לצל - הטעם, דכיון שהניח חלל טפח במשך ז׳ על ז׳, שהוא שיעור סוכה, שם סכך עליו, דכל טפח מקרי אהל, **וכשחטט** אח״כ אין זה עשיית הסכך, אלא תיקון הדפנות, ובדפנות לא אמרינן תעשה ולא מן העשוי, והוי כסוכה שאינה גבוה עשרה וחקק בה להשלימה לעשרה, דכשר, ‹ב"י בשם רש"י›.

[ג]בין שהיתה מתחלה החלל טפח בגובה, ומאותו טפח עד הארץ היה מלא עומרים, וחטט בה מלמעלה למטה עד שעשה חלל י״ט, **ובין** שהיתה חללה טפח למטה סמוך לארץ, וממנה עד למעלה בגובה היה מלא עומרים, וחטט מלמטה למעלה עד שנעשה החלל גבוה י״ט, בכל גווני כשרה, [**אף** דבזה ליתא לסכך החלל הראשון עתה כלל, וסכך שנעשה השתא הו״א דיש בזה משום "תעשה ולא מן העשוי", **קמ״ל** דאפ״ה כשר, דאמרינן מתחילה היה כל מה שלמעלה שם סכך, אלא דהשתא קליש ליה ועושיהו דק].

(**לכאורה** פשוט דהחטיטה אינו צריך לעשות לשם סוכה, וכמו שכתבו הפוסקים, דשם אהל חל על טפח, וכן ברמב״ם וכל הפוסקים לא הזכירו שצריך לעשות לשם צל, אלא בטפח הראשון דעי״ז חייל עלה שם סוכה, וכן מוכח ברא״ש בהדיא, **אבל** מה נעשה, דברי״ף איתא: וחטט לשם סוכה, וצע״ג).

כשרה - (ואפילו לדעת המחמירין באין המטר יכול לירד, מותר בזה, דלא אסרו מדרבנן באין המטר יכול לירד, אלא כשיש לו דמיון לבית, משא״כ בגדיש דאין לו דמיון לבית כלל – ט״ז, **ודעת** הא״ר, דמיירי בזה שנטל מקצתו, בענין שיהא הגשמים יכולין לירד).

[ד]ואם הגדיש גדול ולא הניח אלא חלל טפח במשך ז׳, ושוב חקק בה הרבה ועשה בה סוכה גדולה, אינה כשרה כולה ע״י משך שבעה שהניח תחלה.

‹המשך ההלכות בעמוד הבא›

באר הגולה

א משנה שם ט״ו **ב** מימרא דרב הונא שם **ג** ‹לאפוקי מגרסת הר"ן ברש"י, {שהיה גורס ברש"י ד"ה אבל אם: וכשחוקק בו מלמעלה למטה וכו'} שנראה מדבריו דדוקא אם חוטט למטה כשרה, דנשאר הסכך, ואינו עושה עכשיו כי אם הדפנות, ובדפנות לא איכפת לן משום תעשה ולא מן העשוי, אלא דבעינן חלל טפח כי היכי דתהוי על הסכך שם סכך. **אבל** בחטט למעלה, דנוטל הסכך שנעשה תחלה, מה שנשאר למעלה יש בו משום תעשה ולא מן העשוי, דהא העליון לא הונח לשם סכך. **והר"ן** כתב דאחרים חולקים על זה, וסבירא להו דגם למעלה רשאי למעט, וליכא בזה משום תעשה ולא מן העשוי, דכל עובי הסכך מיד שם סכך על הכל, דהכל הונח לשם סכך, אלא עתה בא למעט עוביו ולהקלישו, וא"כ ליכא בזה משום תעשה ולא מן העשוי – מחה"ש. ‹**ועיין** ברש"י לפנינו, דהגירסא: מלמטה למעלה, היינו כהיש מכשירין – פמ"ג› **ד** טור בשם אבי העזרי

*מטה מטמאת חבילה ומטהרת חבילה דברי ר' אליעזר וחכמים אומרים ^יmטמאת אברים ומטהרת אברים מאי ניהו א"ר חנן אמר רבי ארוכה ושתי כרעים קצרה ושתי כרעים למאי חזיא למסמכינהו אגודא *ולמיתב עלייהו ומשדא אשלי גופא אמר ר' אמי בר טביומי סככה בבלאי כלים פסולה מאי בלאי כלים *אמר אביי *מטלניות שאין בהם שלש על שלש דלא חזיין לא לעניים ולא לעשירים תניא כוותיה דרבי אמי בר טביומי מחצלת של שיפא ושל גמי שיריה אע"פ שנפחתו מכשיעורה אין מסככין בהן *מחצלת הקנים גדולה מסככין בה קטנה אין מסככין בה ר' אליעזר אומר *אף היא מקבלת טומאה ואין מסככין בה: ^כהחוטט בגדיש: אמר רב הונא ^לא שנו אלא שאין שם חלל טפח במשך שבעה אבל יש שם חלל טפח במשך שבעה הרי זה סוכה °תניא נמי הכי החוטט בגדיש לעשות לו סוכה הרי זה סוכה והאנן תנן אינה סוכה אלא לאו שמע מינה כדרב הונא שמע מינה איכא דרמי ליה מירמא תנן החוטט בגדיש לעשות לו סוכה אינה סוכה והא תניא הרי זו סוכה אמר רב הונא לא קשיא כאן בשיש שם חלל טפח במשך שבעה כאן בשאין שם חלל טפח במשך שבעה: **מתני'** *^מהמשלשל דפנות מלמעלה למטה אם גבוה מן הארץ שלשה טפחים פסולה מלמטה למעלה אם גבוה עשרה טפחים כשרה רבי יוסי אומר כשם שמלמטה למעלה עשרה טפחים כך מלמעלה למטה עשרה טפחים: **גמ'** במאי קמיפלגי מר סבר מחיצה תלויה מתרת ומר סבר מחיצה תלויה אינה מתרת תנן התם *^נבור שבין שתי חצירות אין ממלאין ממנה בשבת אלא אם כן עשה לה מחיצה עשרה טפחים בין מלמעלה בין מלמטה בין בתוך אוגנו רבן שמעון בן גמליאל אומר

בית

רש"י

חבילה · ביחד : **ומטהרת חבילה** · אם טמאה היא אין טבילה עולה לה אברים אלא מתקנה ומטבילה : **למסמכינהו אגודא** · לקרבן אלא הכותל הרחב כמלא רוחב מטה ונותן עליה מן הכרעים ולכותל למראשותיה ולמרגלותיה : **ומשדא אשלי** · ונותן חבלים ומסרג וראויה למשכב ומטמא מדרס:
שיפא · לישק"א : **ושל גמי** · יונ"ק : **שיריה** · כגון נפחתה ונשתייר בה : **אע"פ** · שפחותה עכשיו מכשיעור לטומאה דתנן (כלים פ' כ"ז מ"ב) מפץ ששה על ששה : **אין מסככין** · הואיל ומכלי קאתו ותחלתה היתה מקבלת טומאת משכב הזב והנדה : **גדולה מסככין בה** · דלאו כלי הוא דסתמא לסיכוך : **אף היא מקבלת טומאה** · קסבר סתמא לשכיבה וכלי היא : **אלא שאין שם חלל טפח** · גובה במשך אורך ורחב שבעה טפחים כשיעור סוכה ואח"כ הגדיש כל הגדיש על אותו חלל דעכשיו נעשה שם סכך מאליו ולא היה עליו שם סכך מתחילה: **אבל אם יש שם כו'** · חלל טפח אהל הוא נמצא שם סכך על אותו גדיש וכשחוטט בו מלמטה למעלה עד שמגביה את החלל לשיעור גובה עשרה אין זו עשייתו שהרי אינו מתקן אלא הדפנות ובדפנות לא אמרינן תעשה ולא מן העשוי והרי היא כסוכה שפחותה מעשרה וחקק בה והשלימה לעשרה : **איכא דרמי לה מירמא** · לא מתני להא דרב הונא בלשון לא שנו ולפרושי מתני' אלא רמי מתני' מירמ' אברייתא ודרב הונא אשנויא אתמר :
מתני' המשלשל · כל מלמעלה למטה קרי שלשול : **מלמעלה למטה** · שהתחיל לארוג המחיצה אצל הסכך ואורג ובא כלפי מטה : **שלשה טפחים פסולה** · דהייט כדי שיזדקר הגדי בבת ראש דאמרן פסולה : **מלמטה למעלה** · שהתחיל לארוג מלמטה סמוך לקרקע ומגביה ועולה כיון שהגביה עשרה כשרה ואף על פי שלא הגיע לסכך : **רבי יוסי אומר כשם שמלמטה למעלה** · דיו בארוגת י' : **כך מלמעלה למטה** · דיו בארוגת עשרה ואפילו גבוהה הרבה מן הארץ כשרה וקסבר מחיצה תלויה עשרה מתרת : **גמ' בור שבין שתי חצירות** · חליו בחצר זו וחליו בחצר זו ומחיצה בין החצירות ומהלכת ותלויה על פי הבור ואין פתח ביניהם לערב זו עם זו : **אין ממלאין ממנה** · לא זו ולא זו לפי שמימי חצר זו מביא לזו : **בין מלמטה** · סמוך למים : **בין מתוך אוגנו** · כלומר בין מלמעלה רחוק מן המים ובלבד שתהא בתוך אוגן של בור דמוכחא מילתא דבשביל אוגן המים נעשית ומפרשינן טעמא בעירובין שמחיצה תלויה מתרת במים דקל הוא שהקילו חכמים במים אבל מחיצה החוללת את החצירות ומהלכת ע"פ הבור שלא נעשה בשביל המים אינה מתרת דאין מחיצה תלויה מתרת במים אלא הנעשית בשביל להתיר מלוי המים כגון גזוזטרא שלמעלה מן הים דתנן בעירובין (דף פז:) דעושין לה מחיצה תלוי' וכגון זו שבתוך אוגן הבור:

בית

תוספות

מטה מטמאת חבילה · משנה היא פרק י"ח דכלים ומטמאה חבילה כשהיא מחוברת יחד אבל נתפרקה אבר אבר אינה מקבלת טומאה אפילו בקצרה ושתי כרעים ומכל מקום מודה רבי אליעזר שאם נתפרקה וחזר וחיברה חוזרת לטומאתה כדקאמר ומטהרת חבילה אם טמאה היא אין טבילה עולה לה אברים אלא מתקנה ומטבילה וחכמים אומרים מטמאת אברים כדמסיק בארוכה ושתי כרעים כן ריהטא דמתני' דכלים לכאורה אבל בתוספתא דכלים לא משמע הכי דתניא כיצד כרע שפירשה מן הארוכה עם הקצרה רבי אליעזר אומר הרי זה חיבור ואם הטבילה אינה עולה וחכמים אומרים אינו חיבור ואם הטבילה עולה ולפי שיטת התוספ' הכי פירושא דמתני' ומטמאת חבילה דכשם כשהיא שלימה אם נטמא אחד מאבריה נטמאת כולה כך נמי כשפירש הכרע מן הארוכה ועומדת עם הקצרה חיבור הוא ואם נטמאת הכרע נטמאת הקצרה והיינו דקתני בתוספתא רבי אליעזר אומר הרי זה חיבור ומטהרת חבילה אם הטביל הכרע והקצרה ביחד אין הקצרה עולה עליה כי היכא דלא חיילא במטביל את השלימה וחכמים אומרים מיטמאת אברים ולא חבילה ואם נטמאת הכרע היא טמאה ולא קצרה ואינה חיבור כשלימה והיינו זה דקתני בתוספתא וחכ"א אינה חיבור ומטהרת אברים מטביל הכרע בפני עצמה ולא חבילה הכרע עם הקצרה שהקצרה עולה עליה ואינה כשלימה דהמטביל מטה שלימה אע"פ שלא פירקה טהורה :
ומטהרת חבילה · משמע דפשוטי כלי עץ טמאין כגון מטה דחזיא למדרסות (א)אית להו טהרה במקוה והא דמשמע פרק רבי עקיבא (שבת דף פד. ושם) דמפץ אין לה טהרה במקוה אומר ר"ת דהתם בשל שיפא ושל גמי והא דאמרינן פ' כיצד הרגל (ב"ק דף כה: ושם) גבי מפץ וקמייתי לה בין לטומאת ערב בין לטומאת שבעה דמשמע שיש לו טהרה לאחר שבעה דאפילו באנו לפרש דלדין טומאת שבעה קאמר כלומר להיות אב הטומאה משום דאין לך דבר הטמא טומאת שבעה אלא אם כן הוא אב הטומאה מכל מקום אי לית ליה טהרה במקוה אין יכול ליעשות אב הטומאה כדמוכח בשלהי עירובין (דף קד:) אלא צריך לומר דההיא ברייתא דמפץ במת מכין משמע דמיירי ליה בכל מפץ בין בשל עץ כגון מחללת של קנים בין בשל שיפא וגמי ודייקינן פרק אמר רבי עקיבא (שבת דף פד.) ממפץ של שיפא וגמי ובפרק כיצד הרגל (ב"ק דף כה:) דייקינן ממפץ של עץ והא דאית להו לפשוטי כלי עץ טהרה במקוה אף על גב דקרא דבמים יובא דבסוף פרשת שמיני כתיב גבי מקבלי כלי עץ דכתיב מכל כלי עץ או בגד או עור או שק מכל מקום נפקא לן מאידך קרא דכתיב בפרשת מדין כל מעשה עזים וכל כלי עץ תתחטאו דליכא למימר מה מעשה עזים מטלטל מלא וריקן דלא שייך למדרש הכי אלא גבי שק שאין דרך לעשותו אלא מלא וריקן שעשוי לשאת בו משאות כדכתיב (בראשית מג) ולהשיב כספיהם איש אל שקו : **דלא** חזי' לא לעניים ולא לעשירים · °ואפילו חישב עליהן בטלה דעתו והא דמשמע בזבחים פרק דם חטאת (דף צד.) דמטלית פחותה משלש על שלש מהניא ביה מחשבה דלא דמי דהתם מחשבתו ניכרת מתוך מעשיו כדפרישית פרק כ"ח דכלים : **אבל** אם יש שם חלל טפח · מלינן למימר רב הונא לטעמיה דאמר לעיל (דף י.) גבי בין סוכה לסוכה טפח ושמא מאן דאמר התם ארבעה הכא מודה דהא לשמואל דאמר התם עשרה הכא לא שייך :
בין מלמטה בין מתוך אוגנו · ויש ספרים שכתוב בהן בין מלמטה מתוך אוגנו ולא יתכן דאם כן מלמעלה היינו חוץ לבור דאי בתוך הבור סמוך לשפתו היינו מתוך אוגנו ואם כן היינו כותל שביניהן דקאמר ר"י שמפסיקין בין שתי החצרות ומהלכת על פי הבור ועוד דאם כן לא הוי למעלה דת"ק כגון למעלה דרבן שמעון בן גמליאל דפליגי אמוראי פרק כיצד משתתפין (עירובין דף פו.) דרב הונא אמר למטה למטה ממש למעלה למעלה ממש וזה וזה בבור ורב יהודה אומר למטה למטה מן המים [למעלה למעלה מן המים]:

בית

עין משפט נר מצוה

צט א מיי' פכ"ו מהל' כלים הלכה יג :

ק ב ג מיי' פ"ה מהל' סוכה הל' ט טוש"ע א"ח סימן תרלה :

קא ד מיי' שם פ"ד הלכה ד סמג עשין מג טוש"ע א"ח סימן תרל סעיף ט :

קב ה מיי' פט"ו מהל' שבת הלכה יא ופ"ג מהל' עירובין הל' כא סמג עשין א טוש"ע א"ח סי' שעו סעיף א :

[עי' תוספות שבת כו. ד"ה אין כו]

רבינו חננאל

הא דתנן מטה מיטמאה אברים ומיטהרת אברים ר' חנין אמר בארוכה וב' כרעים בקצרה וב' כרעים דעדיין תורת כלי עליה דחזיא לסמכינהו אגודא ולמיתב עלה ולמישד אשלא עליה ומשום הכי דאוקימנא למתני' בראית תורת כלי עליה ונדחת היות סיוע לרמי בר טביומי דאמר סככה בבלאי כלים פסולה · ופיר' אביי מטלאות שאין בהן ג' על ג' דלא חזו לא לעניים ולא לעשירים ואע"ג דתניא כוותיה דתניא מחצלת של שיפא ושל גמי אע"פ שנפחתו שיריה מכשיעור אין מסככין בהן ושל קנים גדולה מסככין בהן ר' אליעזר אומר אם אינה מקבלת טומאה [מסככין בה]*) לא דייקא מתניתין כוותיה**) : **מתני'** החוטט בגדיש לעשות לו סוכה אינה סוכה · אמר רב הונא לא שנו אלא שאין חלל טפח במשך שבעה כו' · יש מי שאומר לא שנו כי אינה סוכה אלא בזמן [שאין] שם חלל טפח במשך שבעה כו' מחודש עשוי עכשיו כהגג טפח גובה במשך שבעה · אבל אם יש טפח שם הא קיי"ל דטפח אהל הוא ומשך ז' טפחים הוא משך סוכה קטנה וכאילו עכשיו הוא עשוי לשם החג · ויש מי שאומר לא שנו אלא שאין שם חלל אפילו טפח בתחלת גדישתו הגדיש עשוי לשם צל בעלמא אבל יש שם חלל טפח במשך (עשה) [שבעה] טפחים שיעור משך סוכה קטנה ונמצאת הסכך ההיא עשויה לשם צל סוכה בעלמא וקיי"ל סוכת רקב"ש סוכת גנב"ך סוכה מ"מ כשרה וזה שחוטט בגדיש למטה ומסיר האלומות להשלים ז' טפחים כדי הכשר סוכה שפיר דמי מאחר שהסכך לשום סוכה בעלמא נעשית ואינה עשויה לשם אוצר שאין דרך בנ"א להגדיש תלוי וכיון שתלה וזה נתברר לשם סוכה הגיתו לפיכך כשר · ושאר השמועה פשוטה היא (א) פיר"ש גאון למיתב עליה ולמיש' אשלא ראויה היא לישב עליה ולמשות נעורת או פשתן או קנבוס · אלא שכל הנטווה גם צריך לישב המטוה ע"ג מקום גבוה כדי להפשיל ויורד למטה וכשזוקפין ארוכה וקצרה ע"ג ב' כרעים וסומכין אותה ויושבים עליה וככלי חשובה · ואע"פ שאינה מטה על מתכונתה לפיכך מיטמאת אברים ומיטהרת אברים הללו : **המשלשל** דפנות מלמעלה למטה אם גבוהות מן הארץ כו' · תנן התם בעירובין פרק ח' בור שבין ב' חצירות כו' עד

מסורת הש"ס

כלים פי"ח מ"ט

[עי' פי' הערוך בערך שר א']

[שבת קכה.]

[לקמן כ.]

[שם ע"ב]

[שבת נז. עירובין פו:]

שם.

הגהות הב"ח

(א) תוס' ד"ה ומטהרת וכו' דחזיא למדרסות אית כצ"ל ואות ו' נמחק :

גליון הש"ס

גמ' תנ"ה וכו' איכא דרמי ליה מירמא · כעין זה לקמן דף לג ע"א · ר"ה דף כז ע"ב · ב"ב דף יט ע"א ודף כו ע"א : תוס' ד"ה דלא חזי' וכו' ואפי' חישב · עיין נדה דף ס ע"ב תוס' ד"ה במטלניות:

*) כ"ה הגי' בברייתא לקמן כ וכן גרס רבינו גם בכאן . **) ר"ל דמ"מ אין לדייק ממתני' כוותיה. (א) מכאן עד סה"ד שייך למעלה סוף עמוד א' :

ואם חקק משני צדדים ד' אמות יותר על השבעה, אף השבעה פסולה, דסכך פסול פוסל מן הצד בד' אמות – (לענין סכך פסול לא בעינן שיהיו ד"א משני צדדין, ואפילו מצד אחד פוסל, כדלעיל בסימן תרל"ב ס"א, **אכן** באמת יש לתרץ בפשיטות, דמ"ט סגי בד"א מצד אחד לפוסלו, משום דעי"ז לא נשאר לסוכה שהיה לה מתחלה ג' דפנות, כי אם ב' דפנות, ועכ"ב בענינינו יש לאשכוחי לפעמים דצריך חקיקה משני צדדים לפוסלו, כגון שבעת שחטט בגדיש מן הצד ד"א ונעשה חלל, עמד בצד זה ופינה העומרים מן הגדיש במקום שהיה חלל טפח, ועשהו גובה עשרה טפחים בשטח ג' דפנות סביבותיו, **ובאופן** זה בודאי לא יוכל הד"א לפוסלו, דהא לו יהי דבד"א לא נוכל לומר דופן עקומה, וחסרה דופן אחד, עכ"פ ישאר עוד ג' דפנות, ועכ"ב צייר המחבר כגון שעשה חקיקת ד"א משני הצדדין, וא"כ לא ישאר להסוכה כי אם שתי דפנות).

הגה: ואין לעשות הסכך קודם שיעשה הדפנות - דבעינן בשעה שהוא עושה הסכך יהיה נעשה לשם צל, דהיינו אוהל, וכל שאין מחיצות אלא גג לחוד אין קרוי אהל, **ואם** יעשה אח"כ המחיצות, הוי "ולא מן העשוי".

[ה] **ובדיעבד** אם עשה קודם, הב"ח מכשיר, **והרבה** אחרונים חולקין עליו, ודעתם דאף בדיעבד פסול.

ואם עשה טפח - רוחב באורך כל הסוכה, **סמוך לסכך, מותר לסכך קודם שיעשה שאר הדפנות, כמו בחוטט בגדיש (הגהות מיימוני)** - דמוסיף על האהל שהיה מעיקרא, דכל שיש מחיצה טפח מקרי אהל, ושם סוכה על הסכך.

אות ד'

המשלשל דפנות מלמעלה למטה, אם גבוה מן הארץ שלשה טפחים, פסולה

סימן תרל' ס"ט - [ו]**היו הדפנות גבוהות מן הארץ שלשה טפחים, פסולה** - אפילו היו הדפנות גבוהות י"ט ויותר, דכל מחיצה שהגדיים יכולות לבקוע תחתיו, אינה חשובה מחיצה כלל.

באר הגולה

[ה] <לשון הב"ח: ותימה גדולה {על הגהות מיימוני מקור של הרמ"א} מה ענין זה לחוטט בגדיש, דלא נתן שם הגדיש לשם סוכה אלא לשם אוצר, אבל כאן הרי עשה הסכך לשם סוכה לצל, ואי משום כיון דליכא דפנות אין עליו שם אהל, הא ודאי לא בעינן אלא שיהא הסכך עשוי לצל לשם סוכה, דכתיב חג הסוכות תעשה ולא מן העשוי, ואין לנו ראיה שלא יעשה הסכך תחלה, **לכן** נראה ודאי דהגהה זו לא קאמרה אלא דלכתחלה אין לעשות הסכך כיון דליכא דפנות, ואינו מביא ראיה מחוטט בגדיש אלא להיכא שעשה טפח סמוך לסכך, דאז מותר לסכך אפילו לכתחלה כמו בגדיש, **וראיתי** למחבר בעל הלבוש בזמנינו שכתב דאפילו בדיעבד פסולה אם עשה הסכך קודם שעשה הדפנות, ונראה בעיני דטעה - ב"ח>

[ו] **שם במשנה**

אות ה'

בור שבין שתי חצירות, אין ממלאין ממנה בשבת אלא אם כן עשה לה מחיצה עשרה טפחים, בין מלמעלה בין מלמטה בין בתוך אוגנו

סימן שעו ס"א - בור שבין שתי חצרות, ואין ביניהם פתח או חלון שיוכלו לערב - ר"ל שבכותל המפסיק בין החצרות העומד ע"ג הבור אין פתח וחלון, **או שיש ביניהם ולא עירבו, אין ממלאים ממנו בשבת** - (ואפילו אין מימיו עמוקין י' טפחים), שהרי כל אחד ממלא מרשות חבירו.

אלא אם כן עשו מחיצה עשרה למעלה מן המים - כדי להפסיק בין הרשויות, ויהא כל אחד דולה מרשותו, **ומחיצת** הכותל אין מועיל לזה כלל, דבעינן דוקא שתהא עשויה לשם כך, ובתוך אוגן הבור.

וצריך שיהיה טפח מן המחיצה יורד בתוך המים - כדי שיהיה ניכר הפסק המחיצה המחלקת בתוך המים, וכ"ש אם מַחְצִיתָהּ למטה ומַחְצִיתָהּ למעלה, **ואע"פ** שאינה מגעת המחיצה עד קרקע הבור, קל הוא שהקילו במים להתיר במחיצה כזו, דבעינן רק שלא יכנס הדלי בהדיא לחלק חבירו.

ואם היתה המחיצה כולה - היינו של העשרה טפחים, **בתוך המים** - וה"ה אפילו אם היתה ארוכה יותר ומגעת עד קרקע הבור, **צריך שיהיה טפח יוצא ממנה למעלה מן המים, כדי שתהיה ניכרת רשות זה מרשות זה** - ובזה הטפח לבד סגי, שלא ילך הדלי לרשות חבירו.

בית שמאי אומרים מלמעלה ובית הלל אומרים מלמטה אמר ר' יהודה לא תהא מחיצה גדולה מן הכותל שביניהן *אמר רבה בר בר חנה אמר רבי יוחנן ר' יהודה בשיטת רבי יוסי אמרה דאמר מחיצה תלויה מתרת ולא היא לא ר' יהודה סבר לה כר' יוסי ולא ר' יוסי סבר לה כר' יהודה לא ר' יהודה סבר לה כר' יוסי עד כאן לא קאמר ר' יהודה התם אלא בעירובי חצירות דרבנן אבל הכא סוכה דאורייתא לא ולא רבי יוסי סבר לה כר' יהודה עד כאן לא קאמר ר' יוסי הכא אלא בסוכה דמצות עשה אבל שבת דאיסור סקילה לא ואם תאמר מעשה שנעשה בציפורי על פי מי נעשה לא על פי רבי יוסי אלא על פי רבי ישמעאל ברבי יוסי ומאי מעשה *דכי אתא רב דימי אמר פעם אחת שכחו ולא הביאו ס"ת מערב שבת למחר פירסו סדינין על גבי העמודים והביאו ספר תורה וקראו בו פירסו ס"לקא דעתך מהיכן הביאום בשבת אלא מצאו סדינין פרוסין על גבי העמודים והביאו ספר תורה וקראו בו אמר רב חסדא אמר אבימי [א]מחצלת ארבעה ומשהו מתרת בסוכה משום דופן היכי עביד תלי ליה באמצע פחות משלשה למטה ופחות משלשה למעלה וכל פחות משלשה כלבוד דמי פשיטא *מהו דתימא חד לבוד אמרינן תרי לבוד לא אמרינן קמ"ל מיתיבי מחצלת שבעה ומשהו מתרת בסוכה משום דופן כי תניא ההיא [ב]בסוכה גדולה ומאי קא משמע לן דמשלשלין דפנות מלמעלה למטה כרבי יוסי אמר רבי אמי פס ארבעה ומשהו מתיר בסוכה משום דופן ומוקים ליה בפחות משלשה טפחים סמוך לדופן וכל פחות משלשה סמוך לדופן כלבוד דמי מאי קמ"ל הא קמ"ל שיעור משך סוכה קטנה שבעה:

מתני'

רש"י

בית שמאי אומרים מלמעלה · דיו אם עשאה מלמעלה מתוך אוגנו : **מן הכותל שביניהן** · אותה הנעשית לחוץ בין החצרות והלויה על פי הבור ואע"פ שלא נעשית בשביל המים דקא סבר מחילה תלויה מתרת בחצרות אפילו כל טלטול : **בשיטת רבי יוסי** · דמתניתין : **לא רבי יהודה סבר לה כרבי יוסי** · שתהא מחילה תלויה מתרת בסוכה ולא רבי יוסי סבר לה כרבי יהודה בבור שתהא מתרת בשבת : **דרבנן** · הא דאסרינן להביא מימי חלר זו לזו בלא עירוב מדרבנן הוא דמדאורייתא לא מיתסר אלא מרשות היחיד לרשות הרבים : **אבל שבת דאיסור סקילה הוא** · במלאכות דאורייתא מחמירין אפילו במידי דרבנן דאית בה : **ואם תאמר** · כיון דרבי יוסי לא סבר לה כרבי יהודה בשבת : **מעשה שנעשה בציפורי** · שהתירו בשבת על ידי מחילה תלויה כדאמר רב דימי לקמיה: **על פי מי נעשה** · והלא רבי יוסי ראש של ישיבת ציפורי הוה כדאמרינן בסנהדרין (דף לב:) צדק צדק תרדוף הלך אחר בית דין יפה אחר רבי יוסי לציפורי : **לא על פי רבי יוסי נעשה** · שכבר נפטר : **אלא על פי רבי ישמעאל בנו** · ומאי מעשה דכי אתא רב דימי אמר פעם אחת שכחו בציפורי ולא הביאו ספר תורה בערב שבת · [שהיה דרכן להצניע ספר תורה בבתים מפני הנכרים ואותו הבית שהניחו לתוכו] היה בבית אחד שבחלר בית הכנסת ובתים הרבה היו פתוחין לחלר ולא עירבו או שהיו חלרות הרבה פתוחות לאותו מבוי ובית הכנסת פתוח לו והיה ספר התורה בחלר שכנגד בית הכנסת ולא נשתתפו במבוי ואסור להוציא מן החלרות למבוי ופרסו סדינין על גבי עמודים שהיו לרוחב המבוי וחלקו את המבוי ולא היו פתוחים מן המחילה ולפנים אלא בית הכנסת וחלר שכנגדו והביאו ספר התורה שהרי שאר החלרות נסתלקו ואין איסור כאן : **מהיכן הביאום** · והלא היה אסור להכניס ולהוציא והלא הכל מודים כו' לא גרסינן דמחילה בלא גג לאו אהל הוא ומחילה כזו מותר לעשות כדאמרינן בפרק כל גגות (עירובין דף לד.) אמר להם שמואל נגידו לי גלימא : **סדינין פרוסין** · והיו גבוהין מן הארץ דהוה ליה מחילה תלויה : **מחצלת שרחבה ארבעה ומשהו** · וארכה כאורך הדופן : **מתרת בסוכה** · אם תולה אותה באויר בפחות משלשה סמוך לסכך ופחות משלשה לקרקע וכגון שאין הסוכה גבוהה אלא עשרה מצומצמין : **מחצלת שבעה ומשהו** · אלמא חד לבוד אמרינן ותו לא : **בסוכה גדולה** · הגבוהה הרבה שאין יכול לומר בה שני לבודין הלכך בעי מחצלת שבעה ומשהו ומעמידה בפחות משלשה סמוך לסכך דהויא לה מחילה עשרה ותו לא איכפת לן אם תלויה היא וקמ"ל דמשלשלין מלמעלה למטה כר' יוסי : **פס ד' ומשהו מתיר בסוכה** · אם גבוה י' ורחבה ד' ומשהו : **ומוקי לה בפחות מג' סמוך לדופן** · השני במקלוע וכי אמרינן לבוד איכא דופן שבעה וזה משך סוכה קטנה כדי ראשו ורובו :

מתני'

תוספות

בית שמאי אומרים מלמעלה ובית הלל אומרים מלמטה · בכל הספרים גרסינן איפכא בפ' כילד משתתפין (עירובין דף פו.) :

פירסו סלקא דעתך מהיכן הביאום · והלא היה אסור להכניס ולהוציא והא הכל מודים לא גרסינן דמחילה בלא גג לאו אהל הוא ומחילה כזו מותר לעשות בשבת כדאמרינן בפרק כל גגות (שם דף לד.) אמר להו שמואל נגידו לי גלימא כך פי' בקונטרס וכמו כן בפרק כל הכלים (שבת דף קכה:) גבי פקק החלון דהאי חלון למעלה בגג אבל מן הלד לא שייך איסור אהל והביא ראיה כמו כן מההיא דכל הגגות דאמר להו שמואל נגידו לי גלימא ואהדרינהו רב לאפיה ופריך לשמואל למה לי למעבד הכי הא אמר זה מטלטל עד עיקר המחילה ומשני שמואל דעבד לצניעותא בעלמא משמע דאם היה שמואל אוסר כרב ניחא ליה במאי דעבד שמואל הכי ולא הוה קשיא ליה מידי היכי שרי למיעבד הכי אלמא לא חשיב אהל בדפנות מן הלד דהא לא קפיד רב על עשיית המחילה אלא משום דקסבר אסור לטלטל הסדין לתוכה וקשיא לפירוש הקונטרס מאי הקשה היאך הביאו הסדינים דלמא דרך מלבוש הביאום ועוד קשה דלשון חלון שייך בכותל ובגג ארובה כדתנן (ביצה דף לה:) משילין פירות דרך ארובה וכמו ארובות שבללת דפרק בתרא דיומא (דף עו.) היינו בארובות שבגג כמו ארובות השמים (בראשית ז) ועוד מוכח פרק מי שהוליאוהו (עירובין דף מד. ושם) דשייך מן הלד עשיית אהל גבי עשיית דופן פריך והא אתמר עלה הכל מודים שאין עושין אהל עראי בתחלה ביו"ט ובפרק כילד משתתפין (שם דף פו:) גרים בקונטרס כמו שכתוב בספרים פירסו לכתחלה מי שרי והאמר מר הכל מודים שאין עושין אהל עראי לכתחלה בשבת ונראה לר"ת דמן הלד נמי שייך עשיית אהל וכל היכא דאמרינן דמחילה זו מועלת להתיר חשיב עשיית אהל בתחלה כי הך דפרסו סדינין והוי כדופן שלישי של סוכה דחשבינן אהל בפרק מי שהוליאוהו (שם מד.) אבל דופן רביעי אינה אלא תוספת אהל דבלאו הכי משתריא ורב שהקפיד בפרק כל גגות (שם דף לד.) אעשיית מחילה הקפיד דלדידיה כיון דאסור לטלטל לא היה לפרוש שם סדין בשבת משום עשיית אהל והא דפריך שמואל למה לי למיעבד הכי הא אמר זה מטלטל עד עיקר המחילה כל שכן דאם היה אסור לטלטל דפשי הוי קשיא לן היכי שרי למיעבד הכי אלא האמת מקשה ומאן דשרי תוספת אהל אפילו באהל שלמעלה מן הגג נמי שרי כדמוכח פרק המולא תפילין (שם דף קב. ושם) גבי הנהו דיכרי דהוו בי רב הונא ביממא בעו טולא בליליא בעו אוירא ולקמן פ' הישן (דף כז:) גבי עובדא דרבי אליעזר ששבת בסוכתו של (*רבי יהודה) ברבי אילעאי בקיסרי :

מהו דתימא חד לבוד אמרינן תרי לבוד לא אמרינן · ותימה דהא נמי מלתא דפשיטא היא דמכשירין לעיל (דף ז.) קנה קנה פחות משלשה דדופן סוכה כדופן שבת ושמא סלקא דעתך לחלק בין שתי לערב ואין להקשות דתיסגי בשני חבלים שעוביין יתר מטפח ואמרינן לבוד כדאשכחן פרק קמא דעירובין (דף טז:) דמקיפין בשלשה חבלים והכא בשנים סגי הא אמרינן התם דלא התירו אלא בשיירא :

כי תניא ההיא בסוכה גדולה · בגבוה הרבה שאין יכול לומר שני לבודין הלכך בעי מחצלת שבעה ומשהו ומעמידה בפחות משלשה סמוך לקרקע כך פירש בקונטרס אבל בכל הספרים גרסינן מאי קמ"ל דמשלשל דפנות מלמעלה למטה כר' יוסי לפיכך צריך לפרש דמעמידה למעלה בפחות משלשה סמוך לסכך ואפילו גבוה הרבה מן הארץ כשרה כרבי יוסי דמתניתין דאמר מחילה תלויה מתרת :

בפחות משלשה סמוך לדופן · מלות **פס** ארבעה · בהאי דמעומד שייך לשון פס ולעיל דרחבה לגובה הדופן שייך לשון מחללת : סוכה בשתי דפנות כשיטה דכולהו אמוראי דלעיל בפירקין (דף ו:) כרבנן דאמרי שתים כהלכתן היינו כמין גאם ואם האחת מן הדפנות שלימות וכתובה מזרחית מוקי לה להאי פס ארבעה ומשהו לגד דרום או לגד לפון בפחות משלשה לדופן מזרחית ונחשב כסתום ויש כאן שתי דפנות שלימות ותימה למה לי פס ארבעה יעשה פס שני טפחים וירחיק שלשה טפחים פחות משהו ויעמידו סמוך לדופן ויעמיד פס אחד של שני טפחים ומשהו

עין משפט נר מצוה

קג א ב מיי' פ"ד מהל' סוכה הלכה ד סמג עשין מג טוש"ע א"ח סימן תרל סעיף ט :

רבינו חננאל

עד א"ר יהודה לא תהא מחיצה גדולה מן הכותל שביניהם פי' ת"ק דמתני' סבר המשלשל דפנות מלמעלה למטה משלשלם מן הסכך עד קרקעיתה של סוכה אם הגיע הדופן המשולשל קרוב לקרקעית הסוכה פחות מג"ט *) (אמר ר') כל פחות מג' כלבוד דמי וכאלו בקרקעית הסוכה הגיע לפיכך הוא דופן כשר אבל אם למעלה מג' טפחים פסול' שאינו דופן כשר אבל אם הדופן עולה מקרקעית הסוכה ולמעלה אם יש בזה הדופן י' טפחים אפילו נשאר בין הדופן ובין הסכך יותר מי' טפחים אחריו אויר דופן כשר הוא והסוכה כשרה · ר' יוסי אומר גם הדופן היורד מן הסכך אם יש בו י' טפחים אפילו נשאר בין קרקעית הסוכה ובין הדופן יתר מי' טפחים כשר דין דופן העולה מטמה למעלה ודין הדופן היורד שוין · ורואין הדופן היורד התלוי כאלו יורד וסותם · וקא"ר יהודה בענין בור שבין ב' חצירות והבור חפור בעוביו של כותל וכותל המחיצה שבין ב' חצירות יורד וסותם על פי הבור ונשאר מקצת פי הבור פתוח בחצר זה ומקצת בור מצד האחד בחצר האחרת שבהן ממלאים מים מן הבור · וא"ר יהודה רואין זה הכותל שעל פי הבור יורד וסותם עד התהום ומחלק המים נמצאת משנת ר' יהודה שׁנה כי הכותל שהוא תלוי בחללו של בור המחלק בין ב' חצירות יורד וסותם ומתיר הבור לזה ולזה על דעת ר' יוסי דמתני' ששנה כי הדופן מן הסכך ותלוי אם יש בו י' טפחים אע"פ שבין הדופן ובין קרקעית הסוכה אויר הרבה הדופן התלוי מתיר הסוכה. ואמרינן דרבי [יוסי] דמתיר מחיצה תלויה בסוכה בשבת חולק על רבי יהודה ואוסר וכן ר"י חולק ואוסר בסוכה ופשוטה היא והמעשה שנעשה בציפורי בעת ששכחו להביא ס"ת מע"ש ומצאו סדינין וסמכו עליהן משום מחיצה והביאו תורה בשבת ע"פ ר' ישמעאל ב"ר יוסי נעשה ולא ע"פ ר' יוסי · אמר אבימי מחצלת ד' טפחים ומשהו מעמידה באמצע בפחות מג' סמוך לסכך ופחות מג' סמוך לקרקעית הסוכה ועולה לו משום דופן וקיי"ל כל פחות מג' כלבוד דמי ואמרינן תרי לבוד [לבוד] בסכך ולבוד בקרקעית הסוכה

*) אולי צ"ל אמרי רבנן כל פחות וכו'.

מסורת הש"ס

עירובין פו:

[הכל גם ע"ש]

רש"ל

[עירובין ע.]

§ מסכת סוכה דף טז: §

אות א׳ - ב׳

מחצלת ארבעה ומשהו מתרת בסוכה משום דופן, היכי עביד, תלי ליה באמצע פחות משלשה למטה ופחות משלשה למעלה, וכל פחות משלשה כלבוד דמי

מחצלת שבעה ומשהו מתרת בסוכה משום דופן... בסוכה גדולה

סימן תרל׳ ס״ט - [א]**היו דפנותיה גבוהים שבעה ומשהו, והעמידם בפחות משלשה סמוך לארץ, כשרה** - דאמרינן לבוד, והוי כסתום, ונמצא שיש כאן י׳ טפחים. **אפילו הגג גבוה הרבה, ובלבד שיהא מכוון כנגדן** - דאמרינן גוד אסיק מחיצתא, והוי כאלו המחיצות מגיעות לסכך.

ואפילו אינו מכוון ממש, [ב]**רק שהוא בתוך שלשה כנגדו, כשרה** - דאמרינן לבוד מן הצד, ‹והקשו האחרונים, והא לעיל בס"ו כתב דלא אמרינן גוד ולבוד, **ותירץ** הגר"נ קרליץ, דהכא שיש מחיצות ניכרות ורק שצריך להעלותן, אמרינן גוד ולבוד, משא"כ לעיל, דלולי גוד אסיק אין לסוכה דפנות, לא אמרינן גוד ולבוד›, **אבל** אם היה ג"ט, פסולה, דאפילו אם היו מחיצות מגיעות ממש לסכך, קי"ל דאם הם מרוחקים מן הסכך ג"ט פסול, וכ"ש בזה.

ואם אינה גבוהה אלא עשרה טפחים, [ג]**אפילו אין בדופן אלא ארבע** [ד]**ושני משהויין, כשרה, שמעמידה באמצע, ואמרינן לבוד למעלה ולמטה, וחשוב כסתום.**

באר הגולה

[א] **ברייתא שם** ‹מחצלת שבעה ומשהו מתרת בסוכה משום דופן, ופירש הרא"ש בשם רש"י, שמעמידה בפחות משלשה סמוך לקרקע - ב"י, וכן הביא תוס' בשם רש"י, ודלא כמו שכתוב ברש"י שלפנינו, ודלא כגירסא בגמ' שלפנינו, "ומאי קמ"ל דמשלשלין דפנות מלמעלה למטה כרבי יוסי"› [ב] **משנה י"ז** [ג] **מימרא דאבימי שם** [ד] ‹ומשהו דקאמר אבימי, היינו לכאורה שראוי להתחלק לשני משהויים›

§ מסכת סוכה דף יז. §

אות א'

הרחיק את הסיכוך מן הדפנות שלשה טפחים, פסולה

סימן תרל"ב ס"ב - [א]אויר, בין בגדולה בין בקטנה שוים, דבין באמצע בין מן הצד בג"ט פסולה.

(מן הצד – שהרי אין כאן דופן לסוכה, דבזה לא שייך לומר דופן עקומה, כיון שאין כאן אלא אויר). (עיין רש"י ד"ה פסולה).

בפחות מג' כשרה, ומצטרף להשלים הסוכה – (דאמרינן לבוד והוי כסתום), [ב]**ואין ישנים תחתיו** – (ה"ה אכילה, ונקט שינה בכל מקום משום דבזה אסור אפילו עראי, משא"כ באכילה, ודין זה הוא ג"כ בין אם הוא באמצע או מן הצד, ומשמע בגמרא, דהא דאמרינן אין ישנים תחתיו, הוא מדאורייתא).

והא דחמיר אויר מסכך פסול [ג]בסוכה קטנה לענין ישנים תחתיו, וכן לענין סוכה גדולה פוסל אויר בג"ט, וסכך פסול בד"ט, **כתב** הט"ז הטעם, שבאויר נראה לעין טפי ההפסק בסכך, ממה שנראה בסכך פסול.

הגה: ודוקא - קאי אפחות מג"ט, ולענין ג"ט מבאר לקמיה, **שהולך על פני כל הסוכה (ר' ירוחם), או שיש בו כדי לעמוד בו ראשו ורובו** - בר"ן איתא "ראשו או רובו", וכן משמע בריטב"א, **אבל בלא"ה מותר, דהא אין סוכה שאין בה נקבים נקבים (ר"ן).**

והא דסכך פסול פוסל בד', ואויר בג', היינו דוקא שהפסיק הסוכה לשתים, ולא נשאר שיעור הכשר סוכה עם דפנות במקום אחד - ר"ל שהסוכה היה לה ג' דפנות, וסכך הפסול או האויר הולך על פני ארכה, ולכן פוסלת כל הסוכה, דליכא בכל צד אלא דופן ומחצה.

אבל אם נשאר שיעור סוכה במקום אחד - ר"ל שהפסול או האויר לרחבה, ונשאר שיעור סוכה במקום אחד, לצד דופן האמצעי של הסוכה, **המקום ההוא כשר** - דהא יש לו ג' דפנות, אבל חלק החצון שמעבר השני פסול, דהא אין לה כי אם שתי דפנות, **ואם** יש פחות מד"א מדופן האמצעי עד סופו של הסכך פסול, אף חלק החצון כשר, דאמרינן דופן עקומה עד שם, [**ומ"מ** החלק הפנימי ג"כ כשר, דלגבי דיליה לא אמרינן דופן עקומה], **אבל** אם אויר מפסיק, פסול חלק החיצון, דהא באויר ליכא למימר דופן עקומה.

ואף שמבחוץ אם מחובר לו מן הצדדים (טור) - ר"ל פעמים אף חלק החצון שמבחוץ ג"כ כשר, בין בסכך פסול ובין באויר, כגון שמחובר מן הצדדין, אז מצטרף הפנימי והחצון להכשר סוכה, דהיינו אפילו אין בפנימי לבד שיעור הכשר סוכה, **ומ"מ** אותו חלק של אויר או סכך פסול אין לישב תחתיו לכו"ע, **ובספר** בכורי יעקב מפקפק על זה שכתבנו, דמצטרף הפנימי והחיצון להכשר סוכה, עי"ש.

אות ב'

בית שנפחת וסיכך על גביו, אם יש מן הכותל לסיכוך ארבע אמות, פסולה

סימן תרל"ב ס"א - [ד]הילכך בית שנפחת באמצע, וסיכך במקום הפחת, ונשאר מן התקרה סביב בין סכך כשר לכותלים פחות מארבע אמות, כשרה; ומיהו אין ישנים תחתיו כל זמן שיש בו ארבעה טפחים - ר"ל דאף דהסוכה כולה כשרה היא, מ"מ אותו המקום כיון שהוא ד"ט, הוא מקום חשוב לעצמו, ואין מתבטל לגבי הסוכה.

ואפשר אפילו אם בפנים הסוכה אין בו כי אם ג"ט, וטפח אחד בולט לצד חוץ, אפ"ה אסור לישב תחתיו.

[ה]בד"א, בסוכה גדולה שיש בה יותר על הסכך פסול ז' טפחים על ז"ט; אבל בסוכה קטנה, שאין בה אלא ז' על ז', בין באמצע בין מן הצד, בג"ט פסולה - אינו מדוקדק, דאפי' הסוכה מחזקת ט' ומחצה, ויש בה סכך פסול ג"ט, פוסלת כל הסוכה, כיון דכי שקלת ליה לפסול ליכא הכשר סוכה.

בפחות מג' כשרה, [ו]וישנים תחתיו - דכיון שהוא דבר מועט, חשיב כמאן דליתא, [**ולא** פי' מטעם לבוד, דכה"ג בממשות לא שייך לבוד, דדוקא באויר שייך לבוד], **ומצטרף להשלים הסוכה לכשיעור.**

‹המשך ההלכות בעמוד הבא›

באר הגולה

[א] **מימרא דרבה משמיה דתלמידי בי רב, ובגמרא** י"ט [ב] **מימרא דרבא** ‹רבי אבא› י"ט. ‹ואף בסוכה גדולה, וז"ל הטור: ואויר בין בגדולה בין בקטנה שוין, דבין באמצע בין מן הצד בג"ט פסולה, ובפחות מג' כשירה ומצטרף להשלים הסוכה לכשעור, אבל אין ישנים תחתיו› [ג] ‹והיינו דבסוכה קטנה כל החילוק הוי, דבסכך פסול בפחות מג' ישנים תחתיו, משא"כ באויר, אבל ודאי בנוגע אויר, גם בסוכה גדולה בפחות מג' אין ישנים תחתיו, ורק דבזה הוי החילוק יותר בולט, דבסכך פסול אפי' ג' אינו פוסל› [ד] **משנה שם** י"ז [ה] **הרי"ף והרמב"ם ושאר פוסקים** [ו] **מימרא (דרבא)** ‹דרבי אבא› **שם** י"ט

מסורת הש"ס

מתני' הרחיק את הסיכוך מן הדפנות שלשה טפחים פסולה *בית שנפחת וסיכך על גביו אם יש מן הכותל לסיכוך ארבע אמות פסולה *וכן חצר שהיא מוקפת אכסדרה סוכה גדולה שהקיפוה בדבר שאין מסככין בו אם יש תחתיו ארבע אמות פסולה: גמ' כל הני למה לי צריכא דאי אשמעינן בית שנפחת משום דהני מחיצות לבית עבידן אבל חצר המוקפת אכסדרה דמחיצות לאו לאכסדרה עבידי אימא לא צריכא ואי אשמעינן הני תרתי משום דסככן סכך כשר הוא אבל סוכה גדולה שהקיפוה בדבר שאין מסככין בו דסככה סכך פסול הוא אימא לא צריכא אמר רבה אשכחתינהו לרבנן דבי רב דיתבי וקאמרי אויר פוסל בשלשה סכך פסול פוסל בארבעה ואמינא להו אנא אויר דפוסל בשלשה מנא לכו דתנן הרחיק את הסיכוך מן הדפנות שלשה טפחים פסולה סכך פסול נמי לא ליפסיל אלא בארבע אמות דתנן בית שנפחת וסיכך על גביו אם יש בין הסיכוך לכותל ד' אמות פסולה ואמרו לי בר מינה דההיא דרב ושמואל אמרי תרוייהו משום דופן עקומה נגעו בה ואמינא להו אנא מה אילו איכא סכך פסול פחות מארבעה ואויר פחות משלשה מאי כשרה מלייה בשפודין מאי פסולה ולא יהא אויר הפוסל בשלשה כסכך פסול הפוסל בארבעה ואמרו לי אי הכי לדידך נמי דאמרת סכך פסול פוסל בארבע אמות מה אילו איכא סכך פסול פחות מד' אמות ואויר פחות משלשה מאי כשרה מלייה בשפודין מאי פסולה לא יהא אויר הפוסל בשלשה כסכך פסול הפוסל בארבע אמות ואמינא להו אנא האי מאי בשלמא לדידי דאמינא ארבע אמות

משום

מתני' הרחיק הסיכוך מן הדפנות · לאו בגבהה קאמר אלא במשכה: פסולה · דאויר פוסל בשלשה אפילו מן הצד ומכאן אני אומר ומפרש הא דאמרינן שבסכך פסול מן הצד אמרינן דופן עקומה להכשיר עד ארבע אמות היינו דחשבינן לסכך כאילו מן הדופן ונעקם ונכפף למעלה ובאוירה ליכא למימר הכי ואיני מפרש רואין את הדופן כאילו הוא עקום והולך תחת הסכך פסול ומגיע לסכך כשר ומוציא את הפסול מן הסוכה דאם כן גם גבי אויר נמי נימא הכי: בית שנפחת וסיכך כו' · כגון נפחת באמצעו רחוק מן הדפנות לכל צד וסיכך על הפחת באמצעו ונמצא תקרת הבית שהיא פסולה משום תעשה ולא מן העשוי מפסקת בין דפנות לסכך כשר: אם יש מן הסיכוך · הכשר ולכותל ד' אמות פסול דבארבע אמות לא נאמר למשה מסיני דופן עקומה אבל בפחות כשרה הלכה למשה מסיני רואין תקרת הבית כאילו היא הדופן שנעקם למעלה ואין כאן סכך פסול לפסול הסוכה ולא ייסן תחת זה: וכן חצר המוקפת אכסדרה · כל חצר שבהש"ס לפני הבתים והבתים פתוחין לו חצר זו מוקפת בתים מתוכה ופתוחין לה סביב מג' רוחותיה ולפני הבתים עשו אכסדראות סביב לשלשה רוחותיה והאכסדרה פתוחה היא ואין לה דופן לצד החצר ויש עליה תקרה וזה סיכך על גבה כל אוירה של כל חצר שבאמצע היקף אכסדראות ואין דופן לסוכה זו אלא מחיצות הבתים המפסיקות בין בתים לאכסדרה ונמצאת תקרת האכסדרה מפסקת סביב בין סכך לדפנות אם יש ברוחב האכסדרה ד' אמות פסולה פחות מארבע אמות כשרה דאמרינן דופן עקומה דוגמא לדבר קלויסטר"א בלשון אשכנז של איזה אומות הם הגלחים שיש לה אויר שיש בה עשבים והיקף אכסדרה סביב לו: שהקיפוה · סיככו סביב לה סמוך לדפנות בדבר המקבל טומאה ובאמצע נתן הסכך כשר: אם יש · תחת הסכך פסול ד' אמות פסולה אף הסכך כשר לפי שאין לה מחיצות פחות מכאן כשרה דאמרי' דופן עקומה: גמ' כל הני למה לי · לאשמועינן דופן עקומה בתלת בבי במתניתין ליתני חדא ולשמעינן לכולהו: משום דהני מחיצות לבית עבידן · להיות דופן לבית זה והרי הבית נעשה סוכה הלכך שדינן מחיצות בתר סוכה ע"י עיקום: אבל חצר המוקפת אכסדרה דמחיצות לאו לאכסדרה נעשו · אלא לבית הלכך ליכא למימרא תקרה אכסדרה עקימת דפנות הללו היא ולא שדינהו לדפנות הכא לצד סוכה: סכך כשר הוא · כלומר ממין סכך כשר הוא ופסולו משום תעשה ולא מן העשוי אבל דבר שאין מסככין בו שהוא מין פסול אימא לא ליכשריה על ידי עיקום: דיתבי וקאמרי · משמיה דרב: אויר פוסל · כל הסוכה בשלשה: וסכך פסול פוסל · את כל הסוכה בד': בר מינה דהיא · כלומר הראיה אינה עיקר: דרב ושמואל אמרי תרוייהו משום דופן עקומה נגעו בה · להכשיר דאמרינן דופן הוא ולא סכך ואין כאן פסול וכי אמרינן בארבעה כגון באמצע רחוק מן הכותל ד' אמות דאינו יכול לבטלן על ידי עקימת דופן ונמצא חולק בסוכה בין כשר לכשר וארבעה הוי מקום חשוב להיות חלוקה: ואמינא להו אנא · תשובה לדבריהם: ומה אילו איכא סכך פסול פחות מארבעה · ואויר בלידו פחות משלשה מאי אמריתו ביה: כשרה · דליכא שיעור סכך פסול: מלייה . להאיך שיעורא בשפודין דאסור לסכך בהן משום מקבלי טומאה והויא בה ארבעה טפחים מסכך פסול: מאי · אמריתו ביה: פסולה · דאיכא חלוקה ארבעה ומתחילה כשהיה אויר שהוא חמור היתה כשרה ועכשו שנהפך להיות קל נפסלה: לא יהא אויר · חמור שפוסל בג' פוסלה לסוכה זו כסכך פסול שהוא קל שאינו נפסל אלא בארבעה: אמרו לי אי הכי לדידך נמי · דאמרת שיעור סכך פסול ד' אמות דלית לך דטעמא דמתניתין משום דופן עקומה אלא זהו שיעורא לפסול אפילו באמצע אף זו תשובתך ומה אילו כו' ואויר פחות מג' בצדו: בשלמא לדידי דאמרי ארבע אמות · דקתני מתניתין פסולה הא פחות כשרה:

משום

ומשהו דכוותיה פריך פ"ק דעירובין (דף י:) דאמר רב יהודה מבוי שהוא רחב ט"ו אמה מרחיק שתי אמות ועושה פס ג' אמות ופריך ולמאי יעשה פס אמה ומחלה וירחיק שתי אמות ויעשה פס אמה ומחלה וליכא לשנויי הכא כדמשני התם דאתי אוירא דהאי גיסא ודהאי גיסא ומבטל ליה דהכא כל הפחות מג' כלבוד דמי והוה ליה כסתום דאפילו עשה כל דפנות הסוכה קנה קנה בפחות מג' כשרה כדתניא לעיל (דף ז.) דופן סוכה כדופן שבת ובלבד שלא יהא בין קנה לחבירו ג' טפחים ואין שייך לחלק כלל בין סוכה של ג' דפנות לסוכה של ארבעה ועוד קשיא טפי דבשני פסין שיש בכל אחד חצי טפח ומשהו סגי דמוקי חד בפחות מג' סמוך לדופן ואידך מוקי בפחות מג' סמוך לראשון וי"ל משום דאמרינן בסוף פ"ק דעירובין (דף טז:) דכל מחילה שאינה של שתי וערב אינה מחילה ואם היו שני פסין שאין בכל אחד ארבעה הויא לה כמחילה של שתי: אויר פוסל · כל הסוכה בשלשה בין באמצע בין מן הצד סכך פסול פוסל כל הסוכה בארבעה באמצע כגון שהוא רחוק מן הכותל ארבע אמות דאינו יכול לבטלו משום עקימת דופן ונמצא חולק בין כשר לכשר ודוקא כשמתחיל מדופן האמצעי ומהלך על פני כל הסוכה עד הפתח דהשתא חולק האויר או הפסול בין כשר לכשר וליכא ג' דפנות לא לזה ולא לזה אבל אם מתחיל מן הדופן שבצד ומהלך עד הדופן שבנגדו אם נשאר נגד הכשר לצד הדופן האמצעי כשיעור הכשר סוכה כשרה דהא אית לה ג' דפנות ושל צד הפתח פסולה והיכא דהאויר או הפסול אין מהלכין על פני כל הסוכה כגון דאיכא באמצע סוכה ג' על ג' אויר או ארבעה על ארבעה סכך פסול אם ממנו ועד הדופן האמצעי כדי הכשר סוכה הכל כשר בין מה שבצדדין בין מה שבצד הפתח ואפילו מה שיוצא לחוץ לגמרי דהואיל והכל מחובר לשיעור הכשר סוכה הרי זה כפסל היוצא מן הסוכה דניתר בלא דפנות כדאמרינן [לקמן] (דף יט.) דנידונין כסוכה ואפשר אפי' אין כדי הכשר סוכה ממנו עד דופן האמצעי מצטרפין זה עם זה לכדי הכשר סוכה ואין האויר והפסול חולקין מאחר שהכשר מתחבר יחד דרך הצדדים: אילן איכא סכך פסול פחות מארבע ואויר פחות מג' מאי כשרה · ואין באויר שיעור לפסול ואין בסכך פסול שיעור לפסול אין מצטרפין זה עם זה לפסול כיון דלא שוו שיעורייהו להדדי כדאמרינן ומיהו היכא דאיכא שני טפחים סכך פסול ושנים של סכך פסול ואויר מפסיק ביניהם פחות מג' איכא לספוקי אם שני הפסולין מצטרפין לארבעה לפסול את הסוכה דשמא כיון דאויר מפסיק בינתים לא מצטרפי או שמא כיון דאין באויר ג' מצטרפין ומיהו היכא דליכא בפסולים ד' ואויר פחות מג' מפסיק ביניהם אין האויר משלימו לארבעה במה שחושבו כסתום מחמת לבוד דלא אמרינן לבוד להחמיר:

הבגד

עין משפט נר מצוה

קד א מיי' פ"ה מהל' סוכה הלכה כ טוש"ע א"ח סימן תרלג סעיף כ:

קה ב מיי' שם הלכה יד סמג עשין מג טוש"ע א"ח שם סעיף א:

קו ג מיי' שם הלכה כ טוש"ע שם סעיף כ:

קז ד מיי' שם טוש"ע שם סעיף ג:

רבינו חננאל

ומסקנא דשמעתא כר' יוסי דהא אותבינן מחצלת ז' ומשהו מתרת בסוכה משום דופן ואוקימנא בסוכה גדולה ומשלשלין דפנות מלמעלה למטה ולא עוד שרבי יוסי נמוקו עמו · והא דר' אמי אסיקנא שיעור משך סוכה קטנה ז' טפחים. הא דאמור רבנן דבי רב האויר בסוכה פוסל [בג' טפחים] וסכך פסול פוסל בד' טפחים ואקשי רבה עליה ומה אילו איכא סכך פסול פחות מד' טפחים ואויר משלימו לד' כשרה [מליא בשפודין מאי פסולה] ולא יהא האויר החמור דפוסל בג' טפחים כסכך פסול הקל ממנו [דאינו] פוסל עד שיהיה בו ד' טפחים ואמרו לי לדידך נמי דאמרת אויר פוסל בג' טפחים כדתנן הרחיק את הסיכוך ג' טפחים פסול · סכך פסול בד' אמות כדתנן בית שנפחת וסיכך על גביו אם יש בין סיכוך לכותל ד' אמות פסול · ואילו איכא פחות סכך פסול פחות מד' אמות ואויר פחות משלשה משלימו לד' אמות כשרה · [מליא בשפודין מאי פסולה] ולא יהא האויר חמור דפוסל בשלשה טפחים כסכך פסול דפוסל בד'

לעיל ד.

לקמן יט.

אות ג'

<u>אויר פוסל בשלשה, סכך פסול פוסל בארבעה</u>

סימן תרל"ב ס"ב - עיין אות א'.

אות ד'

<u>סכך פסול פחות מארבעה ואויר פחות משלשה... כשרה</u>

סימן תרל"ב ס"ג - [י]**סכך פסול פחות מארבעה, ואויר אצלו פחות משלשה, אין מצטרפים לפסול** - ר"ל אפילו היה הסכך באמצע על פני כל ארכו, אפ"ה אין מצטרף אצלו האויר לפסול הסוכה, [ח]משום דלא שוי שיעורייהו להדדי, **ודינם** כנ"ל בסעיפין הקודמין, במקום סכך פסול כיון דאין בו ד' טפחים מותר לישן תחתיו, **ובמקום** האויר אף דאין בו ג"ט אין ישנים תחתיו.

הילכך אם אויר שלשה במקום אחד, אפילו מיעטו בסכך פסול, כשר – (וה"ה לסכך פסול בד"ט בסוכה גדולה, ומיעטו בין בקנים ובין באויר).

והני מילי בסוכה גדולה, [ט]**אבל בקטנה שאין בה אלא ז' על ז', אם יש בין שניהם שלשה טפחים, מצטרפים לפסול** - דשם שוו שיעורייהו להדדי, דגם סכך פסול דינו שם בשלשה טפחים לפסלו, הלכך מצטרפים תרווייהו לפסלו כשיש בין שניהם ג"ט.

באר הגולה

ז **תוס' והרא"ש בפסקיו** ח ‹הרמב"ם והשו"ע פוסקים כרבנן דבי רב, שסכך פסול פוסל באמצע בד' טפחים, ואין חוששים לקושיתו דרבה, טעמם הוא, שלדידן גם לרבנן השעור של ד' טפחים בסכך פסול הוא מדין פסלות ומפקיע של סכך פסול בעצמו, ואין לצרף לשעור זה את האויר הפוסל מטעם הפלגה וחלוק מחיצות – רשימות שיעורים רי"ד סולובייצ'יק› ט ‹י"ח א' – גר"א, "אויר ג' בסוכה קטנה ומיעטו בשפודין לא הוי מיעוט", ‹**וכן** לכאורה מבואר מגמ' י"ז עמוד ב', עכ"פ לענין מה דשיעורייהו שוו, "נהי דלא שוו שיעורייהו בסוכה גדולה, בסוכה קטנה מי לא שוו שיעורייהו", אבל אינו מקור להדיא על מה דמצטרפי›

אות ד'*[י]

תוס' ד"ה אילו איכא: ומיהו היכא דאיכא שני טפחים סכך פסול ושנים של סכך פסול ואויר מפסיק ביניהם

סימן תרל"ב ס"ד - [יא]**אם יש סכך פסול ב' טפחים, ועוד סכך פסול ב' טפחים, ואויר פחות משלשה מפסיק ביניהם,**

יש להסתפק אם שני הפסולים מצטרפין לפסול הסוכה - ולכן אם אפשר לתקן יתקן, **ואם** א"א לתקן ואין לו סוכה אחרת, ישב בה ולא יברך, דספק ברכות להקל.

מיהו אם אין בפסולים ד', לא אמרינן שיהא חשוב כסתום מחמת לבוד, דלא אמרינן לבוד להחמיר, (תוס'). [**ופי'** נהי דאמרינן שיהא חשוב כאלו שניהם סמוכים זה לזה, מ"מ לא אמרינן שיהא כמפורד וסתום בסכך פסול].

באר הגולה

[י] (ע"פ הגר"א והב"י) [יא] טור בשם אביו הרא"ש

משום שיעורא ולאו שיעורא הוא האי לאו שיעורא הוא כיון דלא שוו שיעורייהו להדדי לא מצטרפי אלא לדידכו דאמריתו שיעור משום הפלגה מה לי איתפלג בסכך פסול מה לי איתפלג באויר פסול ואויר אמר ליה אביי ולמר נמי נהי דלא שוו שיעורייהו בסוכה גדולה בסוכה קטנה מי לא שוו שיעורייהו א"ל התם לאו משום דשוו שיעורייהו להדדי הוא אלא משום דליתיה לשיעורא דסוכה הוא וכל היכא דלא שוו שיעורייהו להדדי לא מצטרפי והתנן **הבגד שלשה על שלשה השק ארבעה על ארבעה העור חמשה על חמשה מפץ ששה על ששה *ותני עלה הבגד והשק השק והעור העור והמפץ מצטרפין זה עם זה התם כדקתני טעמא אמר רבי שמעון מה טעם הואיל וראוי לטמא מושב כדתנן המקצע *מכולן טפח על טפח טמא טפח על טפח למאי חזי ואמר רבי שמעון בן לקיש משום רבי ינאי הואיל וראוי (*ליטלו) על גבי החמור בסורא אמרי להא שמעתא בהאי לישנא בנהרדעא מתנו אמר רב יהודה אמר שמואל סכך פסול באמצע פוסל בארבעה מן הצד פוסל בארבע אמות ורב אמר בין באמצע בין מן הצד בארבע אמות תנן *נתן עליה נסר שהוא רחב ארבעה טפחים כשרה בשלמא לרב דאמר בין באמצע בין מן הצד בארבע אמות משום הכי כשרה אלא לשמואל דאמר באמצע בארבעה אמאי כשרה הכא במאי עסקינן מן הצד תא שמע *שני סדינין מצטרפין שני נסרים אין מצטרפין רבי מאיר אומר נסרים כסדינין בשלמא להך לישנא דאמר רב בין באמצע בין מן הצד בארבע אמות מאי מצטרפין מצטרפין לד' אמות אלא להך לישנא דאמר רב באמצע בארבעה היכי דמי אי דאית בהו ד' למה להו אצטרופי אי דלית בהו ד' קניא בעלמא נינהו לעולם דאית בהו ארבעה ומאי מצטרפין מצטרפין לארבע אמות מן הצד ת"ש *סככה בנסרין של ארז שיש בהן ד' דברי הכל פסולה אין בהן ד' רבי מאיר פוסל ורבי יהודה מכשיר ומודה

רש"י

משום שיעורא ולאו שיעורא הוא · דארבע אמות הוו שיעור לפסול ובפחות מכאן אינו שיעור לפסול ואין הטעם משום דופן עקומה אלא כך שיעורו לפסול הלכה למשה מסיני כשאר כל השיעורין : האי לאו שיעורא הוא כיון דלא שוו גרסינן ולא גרסינן וכיון : **אלא לדידכו דאמריתו שיעורא דידהו משום הפלגה** · דהא ארבעה דקאמריתו לא תנן להו במתניתין לענין סכך פסול והא סברא מנא לכו אתון היינו טעמייכו משום דבכל מקום חשובין ד' טפחים להיות מקום חשוב לעצמו אתם אומרים שאף זה מקום הוא לעצמו וחולק בסוכה זו לעשותה כשתים ואין דפנות להם מה לי איתפלג כו' : **בסוכה קטנה** · ששיעורה מצומצם : **מי לא שוו שיעורייהו** · על כרחך אחד זה ואחד זה פסולה בג' טפחים דכיון דנפק מתורת לבוד תשיב לבטוריה לשיעוריה דסוכה וכיון דשוו שיעורייהו לענין שום סוכה ליצטרפי : **א"ל התם** · דשניהם פוסלין בה בג' לא משום דשוה שיעורן לפסול אלא משום דליתיה לשיעורא דסוכה : **הבגד ג' על ג'** · טפחים אם ייחדו למשכב הזב מטמא ליעשות אב הטומאה במשכב הזב או במדרסו : **הבגד והשק** · הואיל וממשן קרוב להיות שוה : **מצטרפין** · להשלים את הקל שאם אין בשק ד' הבגד שהוא חמור משלימו אבל השק אינו משלים הבגד החמור : **שק** · מטלה של עזים עשוי והוא עב יותר מן הבגד ואינו מגיע לעוביו של עור : **וכן השק והעור מצטרפין** · להשלים שק את שיעור העור : **מה טעם** · מצטרפין הואיל וראויין בשיעור אחד לטמא מושב הזב : **כדתנן המקצע מכולן** · מאחד מכל אלו קיצע טפח על טפח מקצע שמשויא סביב סביב באיזמל ומתקנו יפה אפילו אין בו אלא טפח על טפח טמא כדמפרש : **הואיל וראוי ליטלו** · לעשותו טלאי ע"ג מרדעת החמור כנגד בית מושב האדם וכיון דשוו שיעורייהו באחד מטומאות הזב ליעשות אב הטומאה מצטרפין אף למדרס ויש מפרשים המקצע מכולן יחד שחיבר קיצועיהן שקיצן כל המינין ועשה מהן טפח על טפח ותפרן יחד והראשון נראה לי : **בסורא מתנו להא שמעתא** · דרב דאמר סכך פסול פוסל בד' באמצע : **בהאי לישנא** · דאמר לעיל דאשכחינהו רבה לרבנן דבי רב דיתבי וקאמרי לה : **בנהרדעא מתנו** · דלא אמרה רב אלא שמואל ורב פליג עלה : **באמצע בארבעה** · דמקום חשוב הוא להפליג ולחוץ שאין הדפנות מועילות שוב זו לזו ונראות כשתי סוכות : **מן הצד בארבע אמות** · אבל פחות מכאן כשרה דמסלקינן להו בפחות מכאן בעקימת דופן ובלבד שישתייר הכשר סוכה בכשר אבל ארבע אמות לא אתמר בהו דופן עקומה : **ורב אמר בין באמצע כו'** · שזהו שיעורו לפסול : **תנן נתן עליה נסר כו'** · קא סלקא דעתך באמצע : **שני סדינין מצטרפין** · לשיעור סכך פסול לפסול הסוכה משום דבר המקבל טומאה : **שני נסרים אין מצטרפין** · לפוסלה משום גזרת תקרה שאפילו כולה מסוככת בנסרים כשרה רבי יהודה קאמר לה דאית ליה מסככין בנסרים : **רבי מאיר אומר אף נסרים** · מצטרפין לשיעור סכך פסול לפוסלה : **ה"ג בשלמא להך לישנא דאמר רב בין באמצע בין מן הצד בארבע אמות מאי מצטרפין כו'** · דקא סלקא דעתך באמצע קאמר ולרב איבעי לן לאוקמה בנסרים שיש בהן ד' כדאוקי רב לעיל פלוגתייהו דרבי יהודה ורבי מאיר לטעמיה דאמר אין מסככין בנסרים ומאי מצטרפין דקאמר רבי מאיר מצטרפין לארבע אמות לשיעור סכך פסול : **אלא להך לישנא דאמר רב באמצע בארבעה טפחים** · כדאשכחינהו רבה לרבנן דבי רב דאמרי הכי האי מצטרפין דרבי מאיר היכי דמי דבעי צירוף אי דאית בהו ארבעה למה להו צירוף ואי דלית בהו ארבעה קנין בעלמא נינהו דהא רב הוא דאמר בשמעתא דלעיל בנסרים שאין בהן ארבעה דברי הכל כשרה ולשמואל ליכא לאותובי מינה דשמואל לטעמיה דאמר בנסרים שאין בהן ד' מחלוקת ומוקי להא בנסרין שאין בהן ארבעה ומאי מצטרפין לארבעה טפחים דלדידיה ליכא למיפרך קנין בעלמא נינהו : ***ומודה רבי מאיר** · בכל אלו שהוא פוסל בהן

תוספות

הבגד ג' על ג' · משנה היא במסכת כלים פרק כ"ז [מ"ב] והכי מיתניא הבגד מטמא משום ג' על ג' למדרס ומשום ג' על ג' לטמא מת השק ארבעה על ארבעה והעור חמשה על חמשה ומפץ ששה על ששה שוין למדרס ולטמא מת והשתא הבגד ג' אצבעות על ג' אצבעות לטמא מת דמרבינן לה פרק במה מדליקין (שבת דף כו:) מדכתיב והבגד דחזי לעניים אבל מדרס תלוי במידי דחזי לישיבה ובפחות מג' טפחים על ג' טפחים לא חזי אבל שק ועור ומפץ שוין למדרס ולטמא מת : **ותני** עלה הבגד והשק והעור והמפץ מצטרפין זה עם זה · משנה היא פרק קדשי מזבח במסכת מעילה (דף יח.) וקתני סיפא א"ר שמעון מ"ט מפני שהן ראויין ליטמא במושב והכי תנן במעילה הבגד והשק השק והעור העור והמפץ מצטרפין דווקא כסדר הזה לפי ששיעורן קרובין זה לזה אבל בגד ועור או שק ומפץ דשיעורן רחוקים זה מזה אין מצטרפין ודוקא חמור מצטרף לקל ולא קל לחמור כדתנן התם במסכת כלים (פכ"ז מ"ג) היה עושה ב' מן הבגד ואחד מן השק שלשה מן השק ואחד מן העור ארבעה מן העור ואחד מן המפץ טהור חמשה מן המפץ ואחד מן העור ארבעה מן העור ואחד מן השק ג' מן השק ואחד מן הבגד טמא זה הכלל כל שחיבר לו מן החמור ממנו טמא מן הקל ממנו טהור ומתוך הכלל דאתא לרבויי משמע דלאו דוקא קתני מתניתין דמצטרפין כסדר הזה : **כדתנן** המקצע מכולן טפח · משנה היא התם במסכת כלים (נ"ז שם מ"ד) דמאיזה מהם שיקצע טפח ויעשנו טלאי למרדעת של חמור טמא וה"ה דהוה מצי למימר הואיל ושוין לכי האי דתניא במסכת מעילה בסוף פ' קדשי מזבח (דף יח.) קיצע מכולן ועשה מהן בגד למשכב שלש למושב טפח לאחיזה כל שהוא כלומר לעשות טלאי למשכב כגון לכר או לכסת או לשאר דברים המיוחדים למשכב שיעור הטלאי ג' טפחים דומיא דלמושב טפח דהיינו לעשות טלאי למושב כגון למרדעת של חמור כדמוכח הכא וכן ההיא דתניא בתוספתא המקצע למשכב אין פחות משלשה ולמושב טפח ולמעמד כל שהוא ואותו מעמד היינו אחיזה דמעילה והתם מפרש מאי לאחיזה אמר ריש לקיש שכן *)שומד ונוולה במתניתא תנא האיל וראוי לקוללי תאנים ופירש בערוך ראוי אותו משהו לאורגים כשהן מחליקין את המטות של אריגה בסובין או בשום דבר כדי לחזק כורך משהו בגד על אצבע ומחליק את השתי ואותו סמרטוט של אצבעו משמר אצבעו שאין החוט מחתכו ואותו שכורך באצבעו קרוי טולא וראוי נמי לקוללי תאנים אותן שמבקעין את התאנים ומולחין אותן כורכין משהו על אצבען שלא ידבק בשומן התאנים :

אין

*)[בגמרא ורש"י ותוס' שם במעילה איתא שכן עמד לנוולה וע"ש שפירושו נוולה היא אריגה]

עין משפט נר מצוה

קח א מיי' פכ"ב מהל' כלים הלכה א ופכ"ג הלכה ג :

קט ב שם פכ"ג הל' ב :

קי ג שם הלכה ד :

קיא ד שם הלכה ג :

קיב ה מיי' פ"ה מהל' סוכה הלכה יד סמג עשין מג טוש"ע א"ח סי' תרלב סעיף א :

רבינו חננאל

אמות ומשני רבה לדידי משום דלא שוו בשיעורייהו דאויר שיעורו בטפחים והסכך באמות לפיכך לא מצטרפו אלא לדידכו אידי ואידי טפחים נינהו · ולרבה נהי דלא שוו בסוכה גדולה אבל בסוכה קטנה דאין בה אלא ז' טפחים הלא נפסלת בד' טפחים סכך פסול ומשני רבה התם לגבי סוכה קטנה כיון דהוי בה ד' טפחים סכך פסול הויא ליה רובה דסוכה סכך פסול ובטל המיעוט ונמצאת כאילו כולה סכך פסול וליכא לסוכה כלל · ואקשינן לרבה וכל היכא דלא שוו בשיעורייהו לא מצטרפי · והתנן במס' כלים בפרק כ"ז הבגד מטמא משום ג' על ג' למדרס משום ג' על ג' לטמא מת . השק ד' על ד' טפחים והעור ה' על ה' מפץ ו' על ו' הבגד מטמא בג' טפחים למדרס ובשיעור שלש אצבעות לטמא מת והשק שיעור טומאתו בד' טפחים ותנן במעילה פרק ד' בסופו הבגד והשק השק והעור העור והמפץ מצטרפין זה עם זה והנה אע"ג דשיעור האי באצבעות ושיעור האי בטפחים דלא שוו בשיעורייהו ומצטרפי ומשני רבה שאני התם דקא מפרש טעמא בסיפא · א"ר שמעון מה טעם הואיל וטמא מושב ותנן כזה הענין בכלים פרק כ"ז זה הכלל כל שחיבר לו מן החמור ממנו טמא מן הקל ממנו טהור · המקצע מכולם טפח על טפח טמא · ומתמהינן טפח על טפח למאי חזי ושנינן הואיל וראוי ליטלו ע"ג חמור דלא חייש לחכי · בסורא מתני כדאמרן · אויר פוסל בג' סכך פסול פוסל בד' טפחים וכן הלכתא . בפומבדיתא מתנו אמר רב יהודה אמר שמואל סכך פסול באמצע הסוכה בארבעה טפחים מן הצד בארבע אמות·(ורבה)(ורב)אמר בין באמצע בין מן הצד בד' אמות · ומקשינן אדשמואל תנן נתן עליה נסר שהוא ארבעה טפחים כשרה · ומשני נסר מן הצד הוא לפיכך הסוכה כשרה שאין נפסלת הסוכה מן הצד אלא בד' אמות · ת"ש ב' סדינין מצטרפין ב' נסרין אין מצטרפין ר' מאיר אומר נסרים מצטרפין כסדינין בשלמא לרב מאי מצטרפין מצטרפין לד' אמות בין באמצע בין מן הצד אלא לשמואל באמצע למה לי מצטרפין אי אית בהו ד' בלא צירוף פסול הוא · אי דלית בהו ד' קנים בעלמא נינהו · ומשני מאי מצטרפין דקתני לעולם דאית בהו ד' טפחים ומצטרפין לד' אמות מן הצד . ורב אכרע לה לשמעתא קמי הא [לעיל דף יד.] דכל היכא דהוו הנסרים ד' טפחים בין לר' מאיר ובין לר' יהודה אין מסככין בהן משום גזרת תקרה·דכל היכא דלית בהו ג' על ג' בקנים בעלמא נינהו ולדברי הכל כשרה אבל היכא דאית בהו [מג'] ועד ד' פלוגתא דרבי מאיר ור' יהודה ר"מ פוסל ור' יהודה מכשיר והלכה כר' יהודה · ת"ש סיככה בנסרים שיש בה ד' טפחים *) מודה ר"מ שאם יש בין נסר לנסר כמלוא שמניח

*) חסר כאן וצ"ל ד' פסולה אין בהם ד' טפחים ר"מ פוסל ור"י מכשיר ומודה ר"מ כו' .

מסורת הש"ס

שבת טז. ע"ש עט: כלים פכ"ז מ"ב

מעילה יח.

כלים שם מ"ו

[נ"ל לשלאי כ"א בערוך]

[לעיל יד.]

שם

שם: ולקמן לו.

[עיין לקמן פ"א]

§ מסכת סוכה דף יז: §

אות א'

הבגד שלשה על שלשה

רמב"ם פכ"ב מהל' כלים ה"א - כמה שיעור הבגד להתטמא, ג' טפחים על ג' טפחים למדרס.

רמב"ם פכ"ג מהל' כלים ה"ב - כבר ביארנו שהבגד מתטמא בשלש על שלש כמו שביארנו בשאר טומאות, ובשלשה טפחים על שלשה טפחים למדרס.

אות ב'

השק ארבעה על ארבעה, העור חמשה על חמשה, מפץ ששה על ששה

רמב"ם פכ"ג מהל' כלים ה"ג - השק שיעורו ארבעה טפחים על ארבעה טפחים, העור חמשה על חמשה, המפץ ששה על ששה, בין למדרס בין לשאר הטומאות; ופחות מן השיעורין האלו טהורין מכלום.

אות ג'

הבגד והשק, השק והעור, העור והמפץ, מצטרפין זה עם זה

רמב"ם פכ"ג מהל' כלים ה"ד - המחבר שני טפחים מן הבגד ומן השק טפח, שלשה מן השק ואחד מן העור, ארבעה מן העור ואחד מן המפץ, ה"ז טהור מן המדרס; אבל אם חיבר חמשה טפחים מן המפץ ואחד מן העור, ארבעה מן העור ואחד מן השק, שלשה מן השק ואחד מן הבגד, ה"ז טמא מדרס; זה הכלל, כל שהשלים שיעורו בחמור ממנו טמא, מן הקל טהור.

אות ד'

המקצע מכולן טפח על טפח, טמא, טפח על טפח למאי חזי, ואמר רבי שמעון בן לקיש משום רבי ינאי, הואיל וראוי (ליטלו) על גבי החמור

רמב"ם פכ"ג מהל' כלים ה"ג - בד"א בקרע אחד מהן שנקרע בלא כוונה, אבל הקוצץ בכוונה וקצץ אפילו טפח על טפח למושב, או שלשה טפחים על שלשה טפחים למשכב, ה"ז מתטמא במדרס; בין שהיה הטפח על טפח שקיצץ או השלשה, בגד או שק או עור או מפץ; וכן המקצע מאחד מהן לאחיזה כדי שיאחז בו בידו כדרך שעושין קוצצי תאנים שלא יזוקו אצבעותיהן, ה"ז טמא בכל שהוא; והוא שלא יהיה פחות משלש על שלש, שכל פחות משלש אצבעות טהור מכלום.

אות ה'

סכך פסול באמצע פוסל בארבעה, מן הצד פוסל בארבע אמות

סימן תרלב ס"א - [א]סכך פסול, פוסל באמצע בד' טפחים - היינו שהולך שיעור ד"ט על פני כל הסוכה בארכה, ושיעור ד' טפחים הוא מקום חשוב להפליג ולחוץ בין הדפנות, עד שאין הדפנות מועילות זו לזו, ונראות כשתי סוכות, ולכל אחת רק שתי דפנות, [רש"י].

[**ואפי'** הוא סכך פסול מדרבנן, וראיה מדף י"ד: כגון דאנחא {לנסר רחב ד"ט} אפומא דמטללתא וכו'].

אבל פחות מד', כשרה, [ב]ומותר לישן תחתיו - ויש פוסקים שסוברין, דאף דפחות מד' טפחים הסוכה כשרה, מ"מ תחת אותו המקום אסור לישן ולאכול, אא"כ אותו המקום הוא פחות מג"ט, **לכן** יש להחמיר לכתחלה.

מן הצד [ג]אינו פוסל אלא בד' אמות; אבל פחות מד"א כשרה, דאמרינן דופן עקומה, [ד]דהיינו לומר שאנו רואים כאלו הכותל נעקם, ויחשב זה הסכך הפסול מגוף הכותל, ודבר זה הלכה למשה מסיני - משמע לכאורה מלשון זה, דדוקא כשהדפנות מגיעות לסכך, אבל אם אין הדפנות מגיעות לסכך, אף דבעלמא לא קפדינן בזה כדלעיל בסי' תר"ל ס"ט, דחשבינן כאלו מגיעות למעלה עד הסכך, אפ"ה בענינינו דיש סכך פסול על הסוכה, ואנו רוצין להכשירה משום דופן עקומה, לא אמרינן דופן עקומה בזה.

(**ועפ"ז** פסק בתשו' פמ"א, בעושין סכך תחת הגג, ע"י שמגלין קצת מהגג המכוסה ברעפים או שינדלי"ן, והדפנות אינן נוגעין למעלה עד הסכך, שצריך שיגלה מן הגג כ"כ עד שלא ישאר מכוסה ד"ט תוך חלל הדפנות, דדופן עקומה לא שייך, כיון דאין הדפנות מגיעות לשם, ובהפסק אויר לא שייך דופן עקומה, וצריך ליזהר בזה כי מצוי הוא, וכן פוסל שם מי שעושה סוכתו בחוץ, ומצרף כותלים הבנויין תחת הגג של

באר הגולה

[א] כדמתני נהרדעי משמיה דשמואל סוכה י"ז, הרי"ף והרא"ש ורמב"ם ושאר פוסקים [ב] **טור ושארי פוסקים** ‹שם {דף י"ט.} אמרו דסכך פסול פחות מג' מצטרף לשיעור סוכה בסוכה קטנה וישנים תחתיו, ואויר פחות מג' מצטרף ואין ישנים תחתיו, **וס"ל** לרבינו דה"ה נמי בשיש בו ג' אלא שאין בו ד' נמי ישנים תחתיו בסוכה גדולה, והא דנקט בגמרא פחות מג', משום דהתם איירי בסוכה קטנה, **וכבר** כתב הר"ן, שהראב"ד חולק עליו, דכי איתמר דישנים תחתיו, בפחות מג' איתמר, אבל בג' אין ישנים אף בסוכה גדולה – ב"ח› [ג] **שם בגמ' ד' ובכמה דוכתי** [ד] **כפירוש רש"י** ‹דף י"ז. ד"ה פסולה› **והר"ן וכן פסק הרמב"ם**

שינדלי"ן, ואין הכותלים מגיעים להגג אפילו פחות מג"ט, והגג בולט ד"ט, אין לסוכה זו מחיצות, וצריך ליזהר בזה).

וי"א דאפילו אינם מגיעים הדפנות לסכך, נמי אמרינן רואין כאלו הדופן מגיע עד למעלה ונכפף, **ואפשר** היכי דמן הדפנות עד הסכך הוא פחות מג"ט, לכו"ע יש להקל דאמרינן לבוד ודופן עקומה.

ואם הסכך למעלה אינו מונח בשוה, אלא עקום כגגין שלנו, אע"פ שיש בשיפוע ד"א, אינו פוסל אא"כ יש במשכו ד"א, [**וה"ה** לענין פסול ד"ט באמצע הסוכה הדין כן, שאם עומד בשפוע ויש במשכו ד"ט, ואין תופס בסוכה ד"ט, שאינו פסול].

ואם הוא עקום למעלה, ולמטה בסמוך לו יש קורה, ועם הקורה יהיה ד' אמות, אע"פ שאינו נמשך הקורה ממנו ג' טפחים, כיון דבגובה רחוק ממנו ג' טפחים, אין מצטרפין, [ולא אמרינן חבוט רמי ולבוד להחמיר], ‹**וא"כ** הוי דופן עקומה עד סוף הגג, ונשאר אויר פחות מג', וסכך פסול פחות מד', ואין מצטרפין - לבושי שרד›.

---

§ מסכת סוכה דף יח. §

אות א'*[א]

אויר שלשה בסוכה גדולה, ומיעטו בין בקנים בין בשפודין, הוי מעוט; בסוכה קטנה, בקנים הוי מיעוט, בשפודים לא הוי מיעוט

סימן תרל"ב ס"ג - הילכך אם אויר שלשה במקום אחד, אפילו מיעטו בסכך פסול, כשר – (וה"ה לסכך פסול בד"ט בסוכה גדולה, ומיעטו בין בקנים ובין באויר).

והני מילי בסוכה גדולה, [ב]אבל בקטנה שאין בה אלא ז' על ז', אם יש בין שניהם שלשה טפחים, מצטרפים לפסול - [ג]דשם שוו שיעורייהו להדדי, דגם סכך פסול דינו שם בשלשה טפחים לפסלו, הלכך מצטרפים תרוייהו לפסלו כשיש בין שניהם ג"ט.

אות א'

יש לבוד באמצע

סימן תרל"ב ס"ב - [ד]אויר, בין בגדולה בין בקטנה שוים, דבין באמצע בין מן הצד בג"ט פסולה – (מן הצד, שהרי אין כאן דופן לסוכה, דבזה לא שייך לומר דופן עקומה, כיון שאין כאן אלא אויר).

בפחות מג' כשרה, ומצטרף להשלים הסוכה – (דאמרינן לבוד והוי כסתום).

אות ב'

קורה היוצאה מכותל זה ואינה נוגעת בכותל אחר, וכן שתי קורות אחת יוצאה מכותל זה ואחת יוצאה מכותל אחר, ואינן נוגעות זו בזו, פחות משלשה אינו צריך להביא קורה אחרת, שלשה צריך להביא קורה אחרת

סימן שסג סכ"א - היתה יוצאה מכותל זה ואינה נוגעת בכותל זה, כגון שסמכה על עמודים, ‹אם אין ביניהם ג' כשרה› - ואפילו מרוחקת משני הכתלים כה"ג, כגון שנעץ עץ באמצע המבוי, והניח קורה עליה, אמרינן לבוד משני רוחות, [**אבל** אם העלה את הקורה ע"ג עמודים משני הצדדים, הו"ל צוה"פ, ודעת הרבה פוסקים דמהני אפי' הרחיק מכותל יותר מג"ט].

וכן שתי קורות א' יוצאה מכותל זה וא' יוצאה מכותל זה, ופגעו זו בזו באמצע המבוי, אם אין ביניהם שלשה, כשרה; יש ביניהם שלשה, פסולה - אלא יביא קורה אחרת, או יראה למלא הריוח ההוא בחתיכת קורה.

אות ג'

ארובה שבבית ובה פותח טפח, טומאה בבית, כולו טמא, מה שכנגד ארובה טהור; טומאה כנגד ארובה, כל הבית כולו טהור. אין בארובה פותח טפח, טומאה בבית, כנגד ארובה טהור; טומאה כנגד ארובה, כל הבית כולו טהור

רמב"ם פט"ז מהל' טומאת מת ה"א – ארובה שהיא באמצע תקרת הבית, בין שיש בה פותח טפח בין שאין בה פותח טפח, והיתה טומאה תחת תקרת הבית, כנגד ארובה טהור, שהרי הוא גלוי לאויר, ושאר הבית טמא; היתה טומאה כנגד ארובה בלבד, כל הבית טהור.

‹המשך ההלכות בעמוד הבא›

באר הגולה

[א] ע"פ הגר"א› [ב] ‹שם י"ח א' - גר"א› [ג] ‹ודבריו תמוהין, דהא דחו להאי טעמא בגמ', דלאו משום דשוו שיעורייהו להדדי הוא, אלא משום דליתיה לשיעורא דסוכה הוא, והו"ל לומר כדפרש"י, כיון דאיכא ג"ט בהדדי דנפקי מהכשר סוכה וכו', **ואף** נפק"מ לדינא איכא, דהנה לדבריו יפסל אף בט' טפחים ומחצה, דמאחר דמצטרפין,, ה"ז כדינא דג"ט סכך פסול דפוסל בהכי, וכדלעיל ס"א, **אכן** לפרש"י זה אינו, ולא יפסל אלא בסוכה קטנה דז' טפחים בלבד, דאז הוא דאיכא ג' טפחים בהדדי דנפקי מהכשר סוכה, ולא מצטרפין בהדדי לאשלומה לשיעורה - זבחי צדק› [ד] **מימרא דרבה משמיה דתלמידי בי רב י"ז, ובגמרא י"ט**

סוכה פרק ראשון סוכה יח

ומודה רבי מאיר שאם יש בין נסר לנסר כמלא נסר שמניח פסל בינידם וכשרה בשלמא למ"ד בין באמצע בין מן הצד בד' אמות משום הכי כשרה אלא למאן דאמר באמצע בארבעה אמאי כשרה אמר רב הונא בריה דרב יהושע הכא בסוכה דלא הויא אלא שמנה (א) מצומצמות עסקינן ויהיב נסר ופסל ונסר ופסל ונסר ופסל מהאי גיסא ונסר ופסל ונסר ופסל ונסר ופסל מהאי גיסא דהוו לדו ישני פסלין באמצע ואיכא הכשר סוכה באמצע אמר אביי אויר שלשה בסוכה גדולה ומיעטו בין בקנים בין בשפודין הוי מיעוט בסוכה קטנה בקנים הוי מיעוט בשפודין לא הוי מיעוט והני מילי מן הצד אבל באמצע פליגי בה רב אחא ורבינא חד אמר ייש לבוד באמצע וחד אמר אין לבוד באמצע מ"ט דמ"ד יש לבוד באמצע דתניא *יקורה היוצאה מכותל זה ואינה נוגעת בכותל אחר וכן שתי קורות אחת יוצאה מכותל זה ואחת יוצאה מכותל אחר ואינן נוגעות זו בזו פחות משלשה אינו צריך להביא קורה אחרת שלשה צריך להביא קורה אחרת ואידך שאני קורות דרבנן מאי טעמא דמאן דאמר אין לבוד באמצע דתנן *יארובה שבבית ובה פותח טפח טומאה בבית כולו טמא מה שכנגד ארובה טהור טומאה כנגד ארובה כל הבית כולו טהור אין בארובה פותח טפח טומאה בבית כנגד ארובה טהור טומאה כנגד ארובה כל הבית כולו טהור ואידך שאני הלכות טומאה דהכי גמירי להו דרש רבי יהודה בר אלעאי בית שנפחת וסיכך על גביו כשרה אמר לפניו ר' ישמעאל ברבי יוסי רבי פריש כך פירש אבא ארבע אמות פסולה פחות מארבע אמות כשרה דרש רבי יהודה בר אלעאי אברומא שריא אמר לפניו רבי ישמעאל ברבי יוסי רבי פריש כך אמר אבא של מקום פלוני אסורה של מקום פלוני מותרת כי הא דאמר אביי האי *צחנתא דבב נהרא שריא מאי טעמא אילימא משום דרדיפי מיא והאי דג טמא כיון דלית ליה חוט השדרה לא מצי קאים והא קא חזינן דקאי אלא משום דמליחי מיא והאי דג טמא כיון דלית ליה קילפי לא מצי קאי והא קא חזינן דקאי אלא משום דלא מרבה מינייהו דג טמא אמר רבינא והאידנא דשפכי נהר איתן ונהר גמרא להתם אסירא *אתמר יסיכך על גבי אכסדרה שיש לה פצימין כשרה שאין לה פצימין אביי אמר כשרה ורבא אמר יפסולה אביי אמר כשרה אמרינן

רש"י

בהן ולא יש בהן ד' נמי קאי: **אפלו כשרה** · בכל אחת מהנסרים שיש שיעור לפסל היכא דליכא למישרייה בדופן עקומה הו כולה מבולבלת בהן ואם גדולה היא אותם שחוץ לארבע אמות פוסלות בה: **שאין בה אלא שמונה אמות מצומצמות** · לא פחות ולא יותר שהן ארבעים ושמונה טפחים וכגון שהתחיל בה מג' לדיס דיהב נסר ברישא והדר פסל ונסר ופסל ונסר ופסל מהאי גיסא הרי כ"ד טפחים הרי סיכך עד אמצעה וחוזר ומתחיל מלדה השני ועושה כמו כן והוו להו שני פסלים באמצע דאיכא הכשר סוכה והרי ח' טפחים הן הלכך כשרה על ידי אותן שני פסלים ותחת הנסרים לא יישן והסוכה אינה נפסלת בהן דאמרי' דופן עקומה עד הפסלים האמצעים דהא פחות מארבע אמות הוא וא"ת בנסרים ופסלים הפחותים מד' לא מתכשרא בשנים האמצעים דימנין דליכא הכשר סוכה ולרבי מאיר דאמר אף בשאין בהן ארבע אין מסככין בהן היכי מתכשר בשיש בין נסר לנסר כמלא נסר הרי היא כולה כשרה ואף תחת הנסרים דהא ליכא ד' במקום אחד והיכא פסיל ר' מאיר היכא דאיכא תרתי בהדדי דקסבר שני נסרים מצטרפים לארבע: **הוי מיעוט** · וכשרה דלאו שיעור אויר יש ולא שיעור סכך פסול יש: **בסוכה קטנה** · שיעור מצומצם: **בקנים הוי מיעוט** · דאמרינן לבוד ואין כאן אויר: **בשפודין לא הוי מיעוט** · ואף על גב דלא מזה ולא מזה יש שיעור לפסול מיהו כיון דאיכא ג' טפחים בהדדי דנפקי מהכשר סוכה חשיבי באפי נפשייהו ולא מצטרפין בהדה לאשלומה לשיעורא וליתיה לשיעורא דסוכה: **והני מילי** · דאויר פחות מג' לבוד ואינו פוסל בסוכה:(ג) **מן הצד** · דאמרינן הרי הוא כלבוד מן הדופן: **באמצע** · אויר בפחות מג' שלא בסמוך לדופן: **קורה היוצאה** · להתיר המבוי ונתונה על רוחב פתח המבוי מכותל לכותל וזו אינה מגעת לשני הכתלים: **וכן ב' קורות כו'** · ועל כרחך באמצע אויר פחות מג' שלא בסמוך לדופן: **שאני קורה** · דכל איסור טלטול מבוי והלכות עירוב דרבנן הוא דמדאורייתא לא בעי תיקון הלכך הקילו בה הכי דהם אסרו והם התירו אבל סוכה דאורייתא אי לא קים לן לבוד באמצע הלכה למשה מסיני לא מלינן לאכשורה: **ארובה** · בגג הבית: **כנגד ארובה טהור** · כלים שתחתיה טהורים שאינו אהל המת אלמא אין לבוד באמצע למהוי כוליה כסתום: **כל הבית כולו טהור** · שאין מאהיל על הטומאה כלום: **אין בארובה פותח טפח טומאה בבית כנגד ארובה טהור טומאה כנגד ארובה כל הבית כולו טהור** · סיפא גרסינן כי רישא ובדברים אחרים יש ביניהם חילוק במשנה דאהלות והכא לא מייתינן לה כולה וזהו ראש הפרק ארובה שבתוך הבית: **הכי גמירי להו** · מסיני דאין לבוד באמצע ומהלכה לא גמרינן מידי אחריתי אלא ההוא דאתמר ביה: **רבי פריש** · את דבריך: **אברומא** · מין דגים קטנים ואין שרצין ניכרין בהן: **של מקום פלוני אסורים** · ששרצין גדילין באותו נהר ומרוב קוטנם אין יכול להפריש שאינן ניכרים: **של מקום פלוני מותרת** · שאין אותו נהר מגדל שרצים כדמפרש: **צחנתא** · מין דגים קטנים: **דבב נהרא** · הנהר בב שמו: **רדיפי מיא** · קלוש וממהרות לרוץ: **חוט השדרה** · נותן כח באדם ובהמה ודגים להיות שדרתו עומדת בבריאות: **והא קחזינן דקאי** · בכמה נהרות הרדופין במימיהן: **קילפי** · קשקשים: **דלא מרבי טינייהו דג טמא** · אין טיט של אותו נהר מגדיל ומשקיץ שקצים ורמשים: **והאידנא כו'** · שהוסבו לתוכן עכשיו והם מגדלין שקצים ומהן יורדין לאותו נהר: **סיכך על גבי אכסדרה שיש לה פצימין** · כגון חצר המוקפת אכסדרה כדפרישי' במתניתין וסיכך באוירה של חצר וסמך הסכך על שפת קירוי של אכסדרה ואין מחילות פנימיות מועילות לסוכה דיש בתקרת האכסדרה יותר מארבע אמות אבל לגד הסוכה יש לאכסדרה פלימין עמודין כמין חלוטות וביניהם פחות פיזה משלשה כשרה דאמרינן בהו לבוד: אמרינן

תוספות

אין לבוד באמצע · הייט למעלה דדפנות מכשירין לעיל (דף ז.) קנה קנה פחות מג' ומקורת מבוי פריך שפיר דהייט נמי למעלה ופריך בין למאן דאמר פ"ק דעירובין (דף יב:) קורה משום היכרא בין למאן דאמר משום מחילה וא"ת אם אין לבוד באמצע א"כ ללתה מרובה מחמתה תיפסל עד שתהא מכוסה יפה ומעובה כמין בית שלא יהא בה נקב לאו פרכא היא דהכא מיירי כשהאויר מהלך על פני כולה וכסיכוך נחלקין לשנים והא דאין סכך פסול פוסל בפחות מארבעה ואע"ג דאין לבוד באמצע לא דמי לאויר דהא מה נפשך יתר משלשה הרי יצא מתורת לבוד ואפילו הכי אינו פוסל לפי שאינו חשוב להיות חולק ומפסיק בינתים:

אין בארובה פותח טפח טומאה בבית כנגד ארובה טהור טומאה כנגד ארובה כל הבית כולו טהור · בסיפא גרסינן כי רישא ובדברים אחרים יש ביניהם חילוק במסכת אהלות פרק י' והכא לא מייתי לה כולה שדרך הגמרא לקצר משניות של סדר טהרות:

סיכך על גבי אכסדרה שיש לה פלימין · במשנתנו פירש בקונטרס (לעיל דף יז.) חצר המוקפת אכסדרה חצר זו מוקפת בתים ופתוחים לה סביב משלש רוחות ולפני הבתים עשוין אכסדראות סביב לג' רוחות והאכסדרה פתוחה היא ואין לה דופן לצד החצר וזה סיכך על גבי אוירה של חצר ואין דופן לסוכה זו אלא מחיצות הבתים המפסיקות בין הבתים לאכסדרה וגמלא תקרת האכסדרה מפסקת סביב בין סכך לדפנות ואם יש ברוחב האכסדרה ד' אמות פסולה פחות מד' אמות כשרה דאמרינן דופן עקומה דוגמא לדבר קלויסטר"א של האומות שיש לה אויר שיש בה עשבים והקיף האכסדרה סביב לה וכשיש בתקרת האכסדרה ארבע אמות ויש לצד הסוכה פלימין לאכסדרה עמודים כמין חלוטות וביניהן פחות משלשה כשרה דאמרינן בה לבוד וכשאין בה פלימין פליגי דאביי אמר כשרה דאמרינן פי תקרה יורד וסותם דהוא עוביין של נסרים שבתקרה עובי ראשיהם הכלה לצד הסוכה יורד וסותם מכל צד ורבא אמר פסולה לא אמרינן פי תקרה יורד וסותם כדמפרש טעמא לקמן כך פירש בקונטרס והא דאיצטריך ליה לאשמועינן שיש לה פלימין דכשרה על ידי לבוד משום דלאידך לישנא קפסיל רבא וקסבר דלא אמרינן הכא לבוד לפי שהפלימין לחלל האכסדרה נעשה ולא לאויר החילון ולמאי

עין משפט נר מצוה

קיג א מיי' פ"ה מהלכות סוכה הלכה כ טוש"ע א"ח סימן תרלב סעיף ב:

קיד ב מיי' פי"ז מהל' שבת הלכה כד טוש"ע א"ח סימן שסג סעיף כח:

קטו ג מיי' פט"ז מהל' טומאת מת הלכה א סמג עשין רלא:

קטז ד ה מיי' פ"ד מהלכות סוכה הל' ח ט סמג עשין מג טוש"ע א"ח סימן תרל סעיף ח:

רבינו חננאל

שמניח פסל ביניהן וכשרה ומודה רבי יהודה שאם נתן עליה נסר שרחב ד' טפחים כשרה [ואין ישנים תחתיו] בשלמא לרב דאמר לעולם בד' אמות משום הכי כשרה · אלא לשמואל דאמר באמצע בארבעה טפחים פסולה קשיא · ומשני רב הונא בריה דרב יהושע אליבא דשמואל הכא ברא סתני' בסוכה שאין בה אלא ח' אמות על ח' אמות מצומצמות שהן מ"ח טפחים היא · וכגון דמסכך בה נסר ופסל ונסר ופסל [ונסר ופסל] מהאי גיסא ונסר ופסל ונסר ופסל [ונסר ופסל] מהאי גיסא דהוו להו ב' פסלין באמצע שיעור ב' פסלין ח' טפחים וכל פסל הוא סכך כשר · והנסר הוא סכך פסול נמצא*) שני שהן קנים כראמרן מאי פסל קנים היוצאים מן הסוכה הוא פסל היוצא מן הסוכה נידון כסוכה סכך כשר באמצע ח' טפחים שהן אמה ושליש ושליש אמות [ושליש] מזה הצד שיעור שלשה נסרים וב' פסלין וכן מן הצד האחר ותנן בית שנפחת וסיכך על גביו אם יש בין כותל לסיכוך ד' אמות פסולה ש"מ ד' אמות פסולה הא פחות מד' כשרה · ווהו אחד מן המחיצות והיא דופן עקומה דקיימא לן הל"מ אליבא דר"מ וכיון שהיא ג' אמות ושליש מהאי גיסא וג' אמות ושליש מהאי גיסא וסכך כשר באמצע ח' טפחים שהן שיעור סוכה רואין כאילו הן ב' פסלין (הן) שהן באמצע היא הסוכה ואלו הנסרים והפסלין מזה הצד ומזה הצד חשובין כדפנות ודנין אותן כאילו[הן] כדופן עקומה לסיכך היא הסוכה כשרה · ומצאנו אותו מפורש בירושלמי ר' לוי בש"ר חמא ב"ר חנינא דכתיב וסכות על הארון את הכפורת מיכן שהדופן קרוי סכך ומיכן שעושין דפנות בדבר שמקבל טומאה כגון הפרוכת שהיא דופן ואפילו דופן מקצתו עומד ומקצתו עקום נקרא דופן · וראיה לזה הפרוכת וכשר הוא ומפני מה אמרו ח' אמות מצומצמות כדי שיבאו פסלין באמצע שאם יוסיף יפסד החשבון ואם יהיה הסכך ד' אמות פסול וקיימא לן בשמואל בהא דהא סוגיא רשמעתא כוותיה וכן המקרה סוכתו בשפודין או בארוכות המטה כענין הזה (בהא)

מסורת הש"ס

עירובין ד. לקמן כג. [תוספתא עירובין פ"א]

אהלות פ"י מ"א [ע"ש]

ע"ז לט.

עירובין עג. לה.

הגהות הב"ח

(א) גמ' אמר רב הונא וכו' אלא שמנה אמות מצומצמות: (ב) רש"י ד"ה מן הצד · כ"ב ס"א ס"מ מן הצד הוא דאמרינן כשמיעטו לאויר הוי מיעוט דאויר סבאלר אמרינן ביה לבוד מן הצד אבל אם יש אויר ג' באמצע ומיעטו עד פחות פליגי ביה אי הוי מיעוט:

מוקמי להו בדופן עקומה כבית שנפחת וכחצר המוקפת אכסדרה כן סוכה המוקפת אכסדרה בדברים שאין מסככין בהן כגון השפודין וארוכות המטה וכיוצא בהן · אויר פחות מג' טפחים בצדדין אמרינן כלבוד דמי כדתנן הרחיק את הסיכוך ג' טפחים מן הדפנות פסולה הא פחות אמרינן כלבוד דמי וכשרה · אויר פחות מג' באמצע פליגי בה רב אחא ורבינא · חד אמר יש לבוד באמצע גמר לה מקורה · דתניא קורה היוצאה מן הכותל זה ואין נוגעת בכותל וזה שכנגדו וכן ב' קורות אחת יוצאה מכותל זה ואחת יוצאה מכותל זה ואינן נוגעות זו אצל זו אם יש ביניהן פחות מג' טפחים אין צריך להביא קורה אחרת דפחות מג' כלבוד דמי ג' צריך להביא קורה אחרת עליהם לסתום הפתוח שביניהן והחולק דוחה שאני קורה דמדרבנן היא · אבל סוכה שהיא מן התורה לא אמרינן בה לבוד באמצע דתנן ארובה בתוך הבית ובה פותח טפח טומאה בבית כנגד ארובה טהור טומאה כנגד כו' · ואם אמרינן לבוד באמצע למה הבית טהור הלא מאהיל על הטומאה אלא ש"מ אין דין לבוד באמצע · ודחי שאני הלכות טומאה דהכי גמירי · אתמר

*) אולי צ"ל נמצאו שני פסלין שהן קנים כדאמרן (לקמן י"ס) מאי פסל היוצא מן הסוכה קנים היוצאין מן הסוכה סכך כשר כו':

אות ד' - ה'

סיכך על גבי אכסדרה שיש לה פצימין, כשרה

שאין לה פצימין... פסולה

סימן תר"ל ס"ח - **[ה]סיכך ע"ג אכסדרה [ו]שיש לה פצימין, (פלים פירוש לחי ומזוזה)** - פי' אכסדרה זו היא שני כתלים זה כנגד זה, ומקצתה מקורה, וסמוך לקירוי עד הקצה האחר סיכך הסכך, נמצא שהסוכה הזו אין לה אלא ב' כותלים, ופצימין הוא שני עמודים בולטים ברוח השלישי, ‹היינו תחת הקירוי, אחד מכאן ואחד מכאן - לבושי שרד›, [כן איתא בר"ן, ואע"פ דשני עמודים הם רחוקים זה מזה, **ולא** כמו שפי' רש"י וסיעתו, דבעינן שיהא כל הצד של האכסדרה {שהוא לפי ציורו רוח השלישי של הסוכה} מלא פצימין, ובין כל אחד לחבירו פחות מג' טפחים, ומטעם לבוד].

בין שהיו נראים מבפנים ואין נראין מבחוץ - היינו שהעומד בסוכה רואה אותן, שבולטין מן הכותל לצד פנים, **בין שהיו נראים מבחוץ ואין נראים מבפנים** - היינו שמבחוץ ניכר שבולט כמו עמוד, ומבפנים נמשך עם הכותל בשוה, **כשרה** - אע"פ שבסוכה אחרת שאין לה אלא שני כותלים, ועשויים כמבוי זה כנגד זה, אמרינן בס"ג דצריך פס ד' ומשהו, **כאן** די בפצימין, דכיון שיש פצימין אמרינן פי תקרה יורד וסותם, כלומר פי תקרה של האכסדרה שהוא הקירוי של אכסדרה, יורד וסותם, נמצא שיש לסוכה דופן ג', **אבל** בלא פצימין לא אמרינן דיורד וסותם.

ופצימין אלו אע"פ שאינם נראים בפנים לעומד בסוכה, אלא לעומד חוצה לה, **וגם** לא נעשו לכתחלה בשביל מחיצת הסוכה, מ"מ מועילים.

לא היו לה פצימין, פסולה, [ז]מפני שהיא סוכה העשויה כמבוי, שהרי אין לה אלא ב' צידי האכסדרה, ואמצע האכסדרה אין בו כותל, ושכנגדו אין לו פצימין.

(כל זה הוא לשון הרמב"ם, [ח]אבל אחרים חולקין) - ס"ל דאפילו ע"י פצימין לא מהני, **ואפילו** אם היו הפצימין רוחבן טפח, כיון ששני הדפנות אין מחוברין כמין ג"ם, כמו שכתוב סוף סימן שס"א, **(ולכן אין לעשות סוכה בכה"ג)** - כתב הלבוש, דהיינו רק לכתחלה, אבל בדיעבד יש לסמוך על דעה ראשונה.

אבל אם היו דפנות כמין ג"ם, ובשלישי בולטין הפצימין טפח, מהני אם היה סמוך ברוח השלישית לתקרת האכסדרה, דאמרינן פי תקרה של האכסדרה יורד וסותם, [**דאע"ג** דתקרת האכסדרה לצורך עצמה עבידי ולא לצורך הסוכה, מ"מ בצירוף הסברא דפצימין מהני, **ועיין** במ"א דמצדד, דבעינן שיהא תקרת האכסדרה עכ"פ רחב ד"ט, דאל"ה לא אמרינן פי' תקרה יורד, **ודלא** כב"ח].

ומיהו בראי"ש משמע, [ט]דבעי נמי צוה"פ, [**וכפי** שהטעים הרא"ש הטעם, דמדאורייתא סגי בצוה"פ לבד, ולכן ‹אף שמדרבנן בעי נמי תיקון דטפח שוחק›, הקילו בנראה בחוץ ושוה בפנים, וכמו בשבת משום לחי, ‹דמיגו דמהני לענין שבת מהני הכא כל ז' ימי הסוכה - שם›, **תו** לא צריכינן כלל לסברא דפי תקרה, ולפי"ז א"צ שיהא רוחב התקרה ד"ט], ‹**והא** דצריך טפח שוחק וצוה"פ בס"ב, היינו לכתחילה, אבל בדיעבד סמכו אהאי נראה מבחוץ - דרישה›, **וכתב** הב"ח דהיינו דוקא בנראה הפצימין בחוץ ושוה מבפנים, [י]אבל נראה בפנים ושוה בחוץ, לא בעי צורת הפתח, **ואע"ג** דבס"ב מבואר, דבעינן טפח מרווח וגם צוה"פ, הכא כיון דברוח השלישי סמוך לתקרת האכסדרה, אמרינן פי תקרה של האכסדרה יורד וסותם, **והמ"א** מפקפק ע"ז, ומשמע דדעתו דלהרא"ש צריך בכל גווני צוה"פ, ולא אמרינן בזה פי תקרה יורד וסותם, דתקרת האכסדרה לצורך עצמו עבידי, ולא לצורך סוכה.

באר הגולה

ה **גם זה שם** ‹דף י"ח.› ו **שם י"ט מעובדא דרב כהנא** ז **לשון הרמב"ם כפי פירושו שם בגמרא כמ"ש הרב המגיד שם** ‹שכך היה מפרש הרמב"ם הא דאיתמר: סיכך על גבי אכסדרה שיש לה פצימין וכו', אכסדרה זו היא שני כתלים זה כנגד זה וכו' - ב"י› ח ‹כפי' תוס' שם, דאכסדרה ב' מחיצות דבוקות, אבל זו נגד זו לא אמרינן פי תקרה, כמש"ש: א"ל מודינא לך כו' - גר"א› ט ‹שם יט. רב אשי אשכחיה לרב כהנא דקא מסכך על גבי אכסדרה שאין לה פצימין, אמר ליה לא סבר לה מר הא דאמר רבא, יש לה פצימין כשרה אין לה פצימין פסולה, אחוי ליה נראה מבפנים ושוה מבחוץ אי נמי נראה מבחוץ ושוה מבפנים. **וכתב** הרא"ש: קשה, מה ענין מבוי לסוכה, במבוי איכא שלש מחיצות, ולא בעינן לחי אלא להיכרא בעלמא, הילכך סגי בנראה מבחוץ ושוה מבפנים, דבהיכרא כל דהו סגי, אבל בסוכה דופן שלישי צריך להיות ליושבים בסוכה כמו שתי הדפנות, **וי"ל** דמיירי בשעשה צורת הפתח לדופן השלישית, ורב כהנא דהכא לטעמיה דאמר לעיל ז. "צריכה נמי צורת פתח", וכיון דהוה ליה צורת פתח מדאורייתא סגי לה בהכי, דבכל מקום צורת פתח חשיב כמחיצה, ולא בעי טפח שוחק אלא מדרבנן, הילכך מהני ליה נראה מבחוץ, מגו דמהני לענין שבת מהני הכא כל שבעת ימי הסוכה - ב"י› י ‹מבואר מדברי הרא"ש, דמשום דהוי קשיא ליה אנראה מבחוץ למה יועיל בסוכה, דדופן שלישית צריך להיות ליושבים בסוכה כמו שתי דפנות, הוצרך לתרץ דמיירי כשעשה צורת הפתח וכו', **אבל** אנראה מבפנים, מאחר שהטפח נראה ליושבים בסוכה, לא קשה ולא מידי, ואף על גב דבעינן נמי צורת הפתח, כאן דאיכא פי תקרת האכסדרה, לא גרע מצורת הפתח, ותו לא צריך צורת הפתח - ב"ח›

כתב הט"ז, מי שרוצה לעשות סוכתו בבית שלו ולפרוץ הגג למעלה כמו שנוהגים, וכותלי הבית יהיו כותלי הסוכה, דהיינו שרוצה לעשות הסוכה בזוית של כותל מזרח וכותל דרום, ונמצא שאין כאן אלא שני מחיצות, ולמעלה מונח קורת הבית, **בזה** לכו"ע יש לומר פי תקרה יורד וסותם, דקורה זו לצורך הבית נעשה, והסוכה ג"כ בבית, וא"כ הו"ל כאלו יש לה שלש מחיצות, **ומ"מ** כיון דלא הוי מחיצה ממש רק ע"י פי תקרה, צריך לעשות לה גם צוה"פ, דהיינו שישים תחת הקורה שני קנים, אחד אצל כותל הבית, ואחד במקום סיום המחיצה, דהיינו במקום שכלה הסכך של הסוכה, **ואף** דבעלמא צוה"פ לבד לא מהני במקום מחיצה ג', כנ"ל בס"ב, הכא בצרוף פי תקרה מהני, והעתיקו דבריו כמה אחרונים, [**ובמחה"ש** מצדד עוד יותר, דלדעת הב"ח ומ"א, גם צוה"פ לא בעינן בזה, ‹כיון דלצורך הבית נעשה, והסוכה ג"כ בבית›.

אמנם בפמ"ג וכן בבכורי יעקב מפקפקין בזה, לפי מה דמסיק המ"א, דלא אמרינן פי תקרה יורד וסותם כי אם בשרחב הקירוי ד"ט, וסתם קורת הבית אינו רחב כ"כ, **וע"כ** מסיק בבכורי יעקב, דטוב יותר שישים פס אחד שרחב טפח מרווח תחת הקורה, פחות מג"ט מן הכותל של הבית, וקנה אחר במקום שכלה הסכך של הסוכה, דזה כשר בלא פי תקרה יורד וסותם, כמו בשאר סוכה שלשת דפנות, ובזה לא בעינן רוחב הקורה ד"ט כמבואר בס"ב.

אמרינן פי תקרה יורד וסותם רבא אמר פסולה לא אמרינן פי תקרה יורד וסותם אמר ליה רבא לאביי לדידך דאמרת פי תקרה יורד וסותם אפילו הפחית דופן אמצעי אמר ליה מודינא לך בההיא דהויא ליה כמבוי המפולש לימא אביי ורבא בפלוגתא דרב ושמואל קמיפלגי דאתמר *אכסדרה בבקעה רב אמר *מותר לטלטל בכולו דאמרינן פי תקרה יורד וסותם ושמואל אמר אין מטלטלין בה אלא בד' אמות דלא אמרינן פי תקרה יורד וסותם אליבא דשמואל כ"ע לא פליגי כי

אמרינן פי תקרה יורד וסותם · מכל לד: **רבא אמר פסולה לא אמרינן פי תקרה יורד וסותם** · כדמפרש טעמא לקמן פי תקרה עוביין של נסרים בחודן וכן עובי ראשיהן הכלה לצד סוכה: **לדידך דאמרת פי תקרה אכסדרה יורד וסותם** · תימא הכי נמי בסוכה העשויה באמצע חצר ומסוכך בנסרים עבים שאין רחבים ד' ונפחת דופן האמצעי ושנים מכאן ומכאן קיימין מכשרת לה נמי על ידי פי תקרה שלה ותימא בה פי תקרה יורד וסותם: **מודינא לך בהסיא** · דכיון דאויר פתוח לנגדו דומיא דמבוי מפולש ועשוי לקפנדריא לבקיעת רבים: **לימא אביי ורבא** · קא סלקא דעתיה טעמא דרבא משום דקסבר בחד דופן או בשנים אמרינן יורד וסותם אבל בכל לד לא אמרינן: **בבקעה** · להכי נקט בבקעה דמתוך שאינה סמוכה לבית אין לה דפנות שאין עושין דפנות לשם אכסדרה אבל פעמים שעושין אותה לפני הבית ודופן הבית סותמה מאחריה: **לא אמרינן פי תקרה יורד וסותם** · וטעמא מפרש בעירובין (דף לד:) בארבע דפנות לית ליה אבל אם היתה שם דופן שלימה אית ליה יורד וסותם באחרייתא לימא כו' אביי כרב ורבא כשמואל: **אליבא דשמואל כולי עלמא לא פליגי** · כך פירש סוגיא זו בכל מקום שיכול להעמיד דברי אחד מהן שלא במחלוקתן של אחרים ודברי השני אינו יכול להעמיד אלא במחלוקת אומר כן אליבא דשמואל ודאי כדקאמרת הוא דרבא לחודיה הוא דאמר כשמואל ואביי אינו יכול להעמיד דבריו כשמואל ואליבא דשמואל לא פליג אביי למימר כשרה דמה לענין שבת דמחיצות פי תקרה לחלל אכסדרה עבידי שהתקרה לצורך האכסדרה נעשית לא שרי להו שמואל בסתימת פי תקרה כל שכן לענין סוכה שלא לשם סוכה נעשה שהרי תוך לחללה של אכסדרה היא נעשית ומחיצות לצורך תוכן עשויות ולא לצורך חוצה להן:

ולמאי דפי' בקונטרס דלאביי פי תקרה יורד וסותם מכל לד קשה דהא לבתר הכי מסיק דכי אפחית דופן אמצעית ונשתייר בסוכה שתי דפנות זו כנגד זו כמין מבוי מפולש דבהא מודי אביי דלא אמרינן פי תקרה יורד וסותם כ"ש כאן דאין לה דפנות כלל ומיהו בקונטרס חילק משום דהתם מיירי בחצר בלא אכסדרה דפירש לדידך דאמרת פי תקרת אכסדרה יורד וסותם תימא נמי בסוכה העשויה בחצר מסוככת בנסרים עבים שאין רחבים ד' ונפחת דופן האמצעי ושנים מכאן ומכאן קיימין מכשרת לה נמי על ידי פי תקרה שלה ותימא בה פי תקרת נסרים יורד וסותם אמר ליה בההיא מודינא לך כיון דאויר פתוח לנגדה דמיא למבוי מפולש ועשוי לקפנדריא ולבקעת רבים משמע מתוך פירושו שרוצה לפסול יותר לפי שאויר החצר מקיף סביב לסכך מהיכא דתקרת האכסדרה מקפת לו משום דהאי דמי טפי למבוי מפולש מהאי וסברא משונה היא לפיכך נראה כי (א) מעיקרא פליגי בסיכך על אכסדרה שאין לה פצימין ביש לה שתי דפנות כהלכתן כמין גאם מזרח ודרום או מזרח וצפון דאורייתא דמלתא למיעבד גיעות קנא ואע"ג דאין כאן שלישית כלל שרי אביי על ידי פי תקרה ורבא מקשה לאביי דאילו היו שתים זו כנגד זו וליתא לאמצעית אי הוה שרי לה על ידי פי תקרה והאי דנקט הפחית לאו דוקא דהוא הדין אם נעשית כך מתחלה ושמא כשנעשית כך מתחלה שייך ביה נמי לשון פחיתה ואמר ליה אביי בהא מודינא לך דלא אמרינן פי תקרה משום דהוה כמבוי מפולש דלית להו לרבנן פי תקרה כדתנן בסוף כל גגות (עירובין דף צה.) דפליגי בבונה עלייה על גבי שני בתים ואפילו רבי יהודה דשרי התם הני מילי גבי שבת דאית ליה שתי מחיצות דאורייתא אבל גבי סוכה דשלש מחיצות דאורייתא מודה דמפולשות לא אמרינן בה פי תקרה יורד וסותם ורבא דהוה מקשה סלקא דעתיה דאפילו לרבנן דלית להו פי תקרה התם אמר אביי כאן פי תקרה יורד וסותם מינו דשייך לגבי אכסדרה שאינה מפולשת דהוה אמרינן פי תקרה אם היתה צריכה מהני נמי לגבי סוכה המפולשת ומיהו לפי מה שפירשתי קשיא דמשמע פרק כל גגות (שם דף צג.) דמפולשת מכשר נמי אביי דאמר ליה רבא לאביי ולא מצינן מחיצה לאיסור והא סיכך ע"ג אכסדרה שיש לה פצימין כשרה ואלו השוה את פצימיה פסולה אמר ליה לדידי כשרה לדידך בילוק מחיצות היא והשתא יש לה פצימין דהכא לא הוי כיש לה פצימין דהתם דעל כרחך בההיא דהתם פליגי ווא פי' דשמעתין דהתם לפי מה שפירש בקונטרס שם דסיכך על גבי אכסדרה שיש לה פצימין יש לה שתי דפנות כהלכתן לארכה ועשויה כמבוי ובדופן שלישית קבועים עמודים בזויות ויש להן טפח כשרה דתנן שתים כהלכתן ושלישית אפילו טפח ואפילו השוה את הפצימין שבנה שתי מחיצות בתוכה אצל מחיצות הראשונות ונמצאו פצימין עומדין בין ב' המחיצות מכאן ובין ב' המחיצות מכאן ובתוך האכסדרה אין נראין פסולה דאין לה אלא שתי מחיצות לדידי כשרה (ב) דפליגא עלך בהא מילתא דאפילו אין לה שום מחיצה דאית לי פי תקרה יורד וסותם דסתם אכסדרה תחובין לו קורות מלמעלה מעמוד לעמוד שעליהן נותנין את התקרה והנך קורות יש להן פה דהיינו תקרה שאינה עגולה אלא מרובעת ולדידך נמי דאמרת פסולה אין כאן מחיצה לאיסור דהכא היינו טעמא שסילק מכאן את הפצימין ואת המחיצות הראשונות על ידי מחיצות הללו ומעמידה על אלו לבדן והשתא לפי מה שחילק בקונטרס בין מפולשת לאויר החצר למפולשת לאכסדרה ניחא אבל לפי מה שפירשתי קשיא וצריך לומר דשתי דפנות דהתם לאו במפולשות זו כנגד זו אלא כמין גאם כדפרישי' והפצימין במקום שלישית של טפח וארבע פצימין לארבע זויות של אכסדרה שכן דרך להושיב קורות מעמוד לעמוד לבנות עליהם תקרת האכסדרה ואותן העמודים בולטין בראשי הדפנות במקום טפח וכשהשוה פצימיה שעשה מחיצות אחרות כנגד אותן שתים כמין גאם מבפנים לפצימין ואינן נראין בתוך הסוכה ומ"מ לאביי כשרה מכח פי התקרה אפילו ליכא מחיצות כלל ומיהו פצימין דשמעתין דפליגי בהו באידך לישנא מכח לבוד צריך לאוקומי במוקפת פצימין הרבה ואין שם מחיצות כלל אלא הנך פצימין נעשין מחיצות לסוכה מכח לבוד ואם באנו להשוותה להאי דעירובין וביש לה שתי מחיצות והפצימין לזווית צריכין אנו לומר שיש לכל זוית שני פצימין סמוכין זה לזה בתוך שלש ואין בעוביין טפח אלא מכח לבוד וכ"ש דניחא ליה טפי טעמא דרבא דמצינן למימר דקסבר דגמירי טפח בלא לבוד דלא אמרינן לבוד אלא למחיצות שלימות ולא למחיצה של טפח:

אכסדרה בבקעה · בפרק כל גגות (עירובין דף צד:) פירש בקונטרס דנקט בבקעה משום דבבקעה הויא אכסדרה פרוצה מארבע רוחותיה ועומדת קירויה על ד' יתידות אבל בעיר כתם אכסדראות סמוכות לבית או לחצר ודופן הבית סותמה מאחריה ומודה שמואל התם דיורד וסותם וזהו כפי גרסתו דגרים בשילהי כל גגות (שם דף צד:) ומי אית ליה לשמואל פי תקרה יורד וסותם ומשני כי לית ליה בד' אבל בג' אית ליה ופירש שם בקונטרס כי לית ליה בד' במקום שצריך לעשות ארבע מחיצות בסתימת פי תקרה כגון אכסדרה אבל בג' אם היתה בה מחיצה אחת כהלכתה ופי תקרה לשלש מחיצות מכשר וקשיא דהא מוקמינן הכא אביי כרב ולעיל קאמר אביי בההיא מודינא לך משום דהוה כמבוי מפולש אלמא דאפילו בשתי מחיצות לית ליה פי תקרה כ"ש היכא דליכא כלל ואם באנו לחלק משום דאיסור בקעה דהתם כרמלית דרבנן אם כן לרבא נמי נימא הכי ועוד פליגי ר' יהודה ורבנן בסוף כל גגות (שם דף צה.) גבי שתי מחיצות בה"ר אי אמרינן פי תקרה או לא וגבי בקעה אמר רב פי תקרה אפילו בלא מחיצות אם לא משום דזה מדאורייתא וזה מדרבנן ור"ת גרים איפכא וכן ר"ח כי לית ליה בשלש כלומר כשאין בו כי אם שלש מחיצות והרביעית פרוצה במלואה דסתם אכסדרה כך היא כדאמרינן בשלהי לא יחפור (ב"ב דף כה:) עולם לאכסדרה הוא דומה ורוח צפונית אינה מסובבת ואמר בהקומץ רבה (מנחות דף כט:) מפני מה נברא העולם בה"א מפני שדומה לאכסדרה שכל הרוצה לצאת יצא אבל בארבע כשיש שם ארבע מחיצות כגון שיש ברביעית שני לחיים ומשהו דאיכא שם מחיצה אע"פ שפרוצה ביותר מעשר אית ליה פי תקרה ורב אפילו פרוצה במלואה ואפי' בשתי מחיצות אית ליה פי תקרה ובלבד שלא יהא מפולש מדקפריך בשלהי כל גגות (עירובין דף צד:) גבי וכן בית שנפרץ משתי רוחות מאי שנא מרוח אחת דאמרינן פי תקרה יורד וסותם משתי רוחות נמי אמרינן פי תקרה יורד וסותם ומשני רב כגון שנפרץ בקרן זוית (ג) דקירויו באלכסון והדתניא התם לעיל בההוא פירקא (דף צג.) בית שחליו מקורה וחליו אינו מקורה גפנים כאן מותר לזרוע כאן דאמרי' פי תקרה יורד וסותם אע"ג דליכא התם שם ד' מחיצות אין לדמות כלאים לשבת דאפילו פחות מותר לכלאים כדאמרינן פ"ק דעירובין (דף יא.) והאי דנקט הכא בבקעה לפי' ר"ת יש לפרש דנקט בקעה שהוא מקום איסור טלטול דבקעה שהיא כרמלית א"נ משום דאיירי נמי באכסדרה שיש לה שתי מחיצות דהתם נמי אית ליה לרב פי תקרה ובלבד שלא תהא מפולשת כדפרישית ואי הוה נקיט אכסדרה שבחצר הוה משמע דווקא כשיש לה שלש מחיצות דסתם אכסדרה שבחצר מוסכת בכל אורך שבחצר או ברוחב אלא שהיא עד אמצע החצר ופרוצה במלואה לפנים:

אחוי

עין משפט
נר מצוה

קיז א מיי' פי"ז מהל' שבת הלכה לב סמג עשין א טוש"ע א"ח סי' שסא סעיף ב בהגה"ה:

רבינו חננאל

אתמר סיכך ע"ג אכסדרה שיש לה פצימין כשרה פי' לחיים ושאין לה פצימין אלא סיכך ע"ג כותלי אחרים אביי אמר כשרה · פי תקרה יורד וסותם כלו' רואין בדעת כאלו קצה הסכך יורד וסותם · כרקיי"ל גוד אחית מחיצתא (ולא) סמכינן אכותלי בתים העשוים לבתים ואחרי הבתים נעשים כותלי הסוכה · רבא אמר פסולה לא אמרינן פי תקרה יורד וסותם אלא בעינן שלשה טפחים דפנות הנראות לעין כי הן לסוכה · לימא בפלוגתא דרב ושמואל פליגי דאתמר אכסדרה בבקעה כגון שהעמיד ד' עמודים בבקעה וסיכך עליהן · רב אמר מותר לטלטל בכולה ושמואל אמר אין מטלטלין בה אלא בד' אמות · ודחינן לה אליבא דשמואל כ"ע לא פליגי כי פליגי אליבא דרב אביי כרב ורבא אמר לך עד כאן לא אמר רב מותר לטלטל בכולה אלא משום דהני מחיצות לאכסדרה עמדו ומגואי איכא המחיצות · אבל הכא דמאבראי ולא עבידו לסוכה לא. חלוקת רב ושמואל בסוף פרק כל גגות העיר' ואקשינן ממתני' תנן סיכך ע"ג אכסדרה כו' אי אמרת פי תקרה יורד וסותם מאי היא פסולה תרגמה רבא אליבא דרב דאביי

מסורת
הש"ס

עירובין [כה. נ:] לד.

הגהות
הב"ח

(א) תוס' ד"ה סיכך על גבי וכו' וסברא משונה היא לפיכך נראה כי פליגי מעיקרא בסיכך על גבי אכסדרה: (ב) בא"ד לדידי כשרה דפליגנא עלך: (ג) ד"ה אכסדרה וכו' שנפרץ בקרן זוית וקירויו באלכסון:

§ מסכת סוכה דף יח: §

אות א'

אכסדרה בבקעה... מותר לטלטל בכולו, דאמרינן פי תקרה יורד וסותם

סימן שסא ס"ב - אבל פרצה שאינה בקרן זוית, אמרינן בה: פי תקרה יורד וסותם אפילו ביותר מי' - ואפילו אם היה זה ג"כ במלוא כל הכותל, שלא נשארו גיפופין כלל, **והנה** בדברי המחבר לא נתבאר, אם דוקא בדופן אחד כשהוא פרוץ אמרינן פי תקרה יורד וסותם, או אפילו בשתי דפנות, משום דלא פסיקא ליה דבר זה כדמשמע בב"י, **אכן** הרמ"א בהגהתו העתיק לדינא דברי הטור, דסתם כשיטת הפוסקים דס"ל, דאפילו פרוץ שתי מחיצות אמרינן פי תקרה יורד וסותם וכדלקמיה.

והוא שלא יהא פי תקרה משופע דליכא פה - ר"ל דלא אמרינן דיורד וסותם רק כשהתקרה חלק, אבל לא כשהוא משופע כעין גגין שלנו שעומדים בשיפוע, אם לא היה תקרה תחתיה.

הגה: וי"א דבעינן ג"כ ברוחב הקירוי ארבעה טפחים - ר"ל דאז אמרינן פי תקרה יורד וסותם, **ולא** דמי לקורת מבוי בעלמא דסגי בטפח, דקורת מבוי אינו אלא להכירא בעלמא, **אבל** כל היכי דבעינן מחיצה, אז צריך שיהא בה דוקא ד' טפחים, ואז אמרינן פי תקרה יורד וסותם, **וכן** הלכה (ואין לזוז מדברי הרמ"א).

(ולדעת בעלי שיטה זו, אפי' היה בשלשה רוחות מחיצות גמורות, ג"כ אין אומרים על מחיצה רביעית פי תקרה יורד וסותם, אא"כ היה רוחב הקירוי ד' טפחים).

(ודע עוד, דעת הרמב"ם דפי תקרה לא מהני רק שיהא מותר לטלטל בתוכו, אבל לא נעשה רה"י גמור עי"ז, והזורק מר"ה לתוכה פטור, והראב"ד פליג ע"ז, וכן הוא ג"כ דעת התוספות והרא"ש, דפי תקרה יורד וסותם הוא מדאורייתא).

ואמרינן פי תקרה יורד וסותם אפי' בב' מחיצות, אם יש כאן ב' מחיצות שלימות דבוקות זו בזו - פי' והמחיצות הנסתרים נשאר עליהם הקירוי שלא נסתר עמהם, **אבל זו כנגד זו לא (טור)** - דאז הלא נראה מפולש, ואין פי תקרה מועיל לזה.

(**גם** זה לאו דעת כו"ע הוא, דדעת הרי"ף והר"ח והרמב"ם, דפלוגתייהו דרב ושמואל לענין פי תקרה, הוא דוקא בשיש ג' מחיצות שלימות, ואנו דנין על ענין רוח רביעית, **אך** הרמ"א העתיק דעת הר"ת, משום שהרא"ש עומד בשיטתו והביא ראיה לדבריו, וגם הטור העתיק בסתמא את דעתו, **וכולם** חולקים על רש"י דס"ל, דאפילו אין שם שום מחיצה כלל, אמרינן פי תקרה יורד וסותם מד' רוחות, עיין בתוס'א, **ואולי דדעת הרמ"א** רק להכניס דעה זו בתוך הי"א, אבל לא להחליט כדבריו).

§ מסכת סוכה דף יט. §

אות א'

נראה מבחוץ ושוה מבפנים נידון משום לחי

סימן שסג סי"ג - לחי המושך עם דפנו של מבוי - לאורך המבוי, **שהעמיד חודו כנגד עובי הכותל, דשוה מבפנים ונראה מבחוץ, שאין חודו של לחי מכסה כל עובי הדופן** - אלא קצר ממנו, ונמשך להלאה לצד אחורי המבוי, וכמו לעיל בס"ט, **פחות מד' אמות, נידון משום לחי.**

אות א'*[א]

קנים היוצאים לאחורי סוכה

סימן תרלא ס"ו - [ב]קנים היוצאים לאחורי הסוכה, כגון שאחורי דופן אמצעי בולטים קנים מן הסכך, ויש בהם הכשר סוכה - של שבעה על שבעה טפחים, **וצלתה מרובה מחמתה, וג' דפנות** - כגון שהרחיק דופן אמצעי משפתו, והכניסו יותר מאמה לתוך המחיצות אחר שראה שהיתה דיה בכך, **כשרה, אע"פ שהדופן האמצעי לא נעשה בשבילם, אלא בשביל עיקר הסוכה שהוא לפנים ממנו** - ומינכר מילתא שהיא נעשה בשביל סוכה פנימית, [דבאמת גם הדפנות שבצדדין נעשו רק בשביל סוכה הפנימית, כפי' רש"י, אלא דבה מינכר טפי], מ"מ מועלת המחיצה זו גם לבראי, [**ואינו** דומה לפי תקרה יורד וסותם, דהתם אמרינן לגוואי עבידן לבראי לא עבידן, אבל הכא הוי מחיצה שלימה]. **והסכימו** אחרונים, דאפילו אם המחיצה זו נעשית רק ע"י לבוד, ג"כ מהניא אף לבראי.

אות ב' – ג'

פסל היוצא מן הסוכה, נידון כסוכה

בקנים היוצאים לפנים מן הסוכה

סימן תרלא ס"ז - [ג]וכן הקנים הבולטים מן הסכך לצד הפרוץ, ודופן אחד נמשך עמהם, כשר, [ד]אע"פ שעשה דופן על הצדדין יתר על ז', והוה לן למימר הרי גלה דעתו לעשות כל הסוכה בדפנות ארוכות, ודופן אחד שנמשך עם הקנים של סכך אינו מן הסוכה אלא בפני עצמו עומד, ונמצא שאין לו אלא דופן אחד שהוא הדופן הנמשך, אפילו הכי כשרה - כלומר פשיטא אם אינו אלא ז', כונתו להשתמש בכל הסוכה, ולא עשה אלא כתיקון חכמים, שכך דינו לכתחלה, שיכול לעשות הדופן השלישי של ז"ט, או ע"י טפח מרווח וצורת הפתח, וכנ"ל בסי' תר"ל ס"ב, ועי"ז יכול להשתמש עד סוף הדופן הארוך, **משא"כ** כשעשה יתר על ז"ט, אפשר דגילה דעתו לעשות כל הסוכה בדפנות ארוכות וכו'.

אות ג'*[ה]

לא נצרכה אלא לסוכה שרובה צלתה מרובה מחמתה, ומעוטה חמתה מרובה מצלתה

סימן תרלא ס"ב - [ו]אם ברוב ממנה צלתה מרובה שני משהויין, ובמיעוט ממנה חמתה מרובה משהו, בענין שכשנצרף יחד החמה והצל של כל הסוכה יהיה צלתה מרובה מחמתה משהו, כשרה - אפילו לישב תחת אותו חלק שחמתו מרובה, לפי שהוא בטל לגבי רוב הסכך שצילתה מרובה.

ודוקא באופן זה, אבל בהיפוך, דהיינו שמיעוט הסוכה היה צל הרבה, וברוב הסוכה היה חמתה יותר מצילתה, באופן שכשתצטרף כל הסכך ביחד יהיה הצל מרובה, פסול.

הגה: ויש מחמירין אם הסוכה גדולה ויש מקום ז' על ז' שחמתו מרובה, אע"פ שבצירוף כל הסוכה הוי הצל מרובה (ר"ן) - דעתו, דאפשר דהגמרא לא איירי רק בסוכה קטנה שהיא ז' על ז', דאז אמרינן דהמיעוט שבה בטל לגבי הרוב, **אבל** בסוכה גדולה שיש בה ז' על ז' שחמתו מרובה, הוא מקום חשוב, ואינו בטל לגבי שאר הסכך שצילתו מרובה, וע"כ אין לישב באותו חלק, **אבל** לשאר החלק אין זה פוסל אותו לכו"ע, כיון שיש שם הכשר סוכה, **ואפשר** עוד, דאם מפסיק כל אורך הדופן בזה, באופן שבמקום שצל מרובה לא ישאר רק שני דפנות, צ"ע על כל הסוכה.

אות ג'**[ז]

וזה מצטרף ואין ישנים תחתיו

סימן תרלב ס"ב - בפחות מג' כשרה, ומצטרף להשלים הסוכה - (דאמרינן לבוד והוי כסתום), **[ח]ואין ישנים תחתיו** - (ה"ה אכילה, ונקט שינה בכל מקום משום דבזה אסור אפילו עראי, משא"כ באכילה, ודין זה הוא ג"כ בין אם הוא באמצע או מן הצד, ומשמע בגמרא, דהא דאמרינן אין ישנים תחתיו, הוא מדאורייתא).

והא דחמיר אויר מסכך פסול בסוכה קטנה לענין ישנים תחתיו, וכן לענין סוכה גדולה פוסל אויר בג"ט, וסכך פסול בד"ט, **כתב** הט"ז הטעם, שבאויר נראה לעין טפי ההפסק בסכך, ממה שנראה בסכך פסול.

הגה: ודוקא - קאי אפחות מג"ט, ולענין ג"ט מבאר לקמיה, **שהולך על פני כל הסוכה (ר' ירוחם), או שיש בו כדי לעמוד בו ראשו ורובו** - בר"ן איתא "ראשו או רובו", וכן משמע בריטב"א, **אבל בלא"ה מותר, דהא אין סוכה שאין בה נקבים נקבים (ר"ן).**

באר הגולה

[א] ‹ע"פ הבאר הגולה› [ב] **ברייתא שם י"ט וכדמפרש לה עולא** [ג] **שם כדמפרש לה רבה ורב יוסף** [ד] **הרא"ש שם** ‹וז"ל: ומיירי בשעשה שתי מחיצות של הצדדין ארוכות, אע"פ שהיה די לנו בז' טפחים באחת מהן, זה מוכיח שרוצה לעשות כל הסוכה בדפנות ארוכות, ודופן האחת הנמשכת עם הפסל לאו מן הסוכה הוא אלא בפני עצמו קאי, ונמצא שאין לו אלא דופן אחת, ואפילו הכי נדון כסוכה – ב"י› [ה] ‹ע"פ הבאר הגולה› [ו] **מימרא דר' יוחנן י"ט וכפי' הרא"ש שם** [ז] ‹ע"פ הבאר הגולה› [ח] **מימרא דרבא** ‹רבי אבא› **י"ט.**

כי פליגי אליבא דרב אביי כרב ורבא אמר לך עד כאן לא אמר רב התם אלא דמחיצות לאכסדרה הוא דעבידי אבל הכא דלאו להכי עבידי לא תנן *וכן חצר המוקפת אכסדרה ואמאי נימא פי תקרה יורד וסותם *תרגמה רבא אליבא דאביי כשהשוה את קירויו בסורא מתני להא שמעתא בהאי לישנא בפומבדיתא מתני סיכך על גבי אכסדרה שאין לה פצימין דברי הכל פסולה יש לה פצימין אביי אמר כשרה רבא אמר פסולה אביי אמר כשרה אמרינן לבוד רבא אמר פסולה לא אמרינן לבוד והלכתא כלישנא קמא רב אשי אשכחיה לרב כהנא דקא מסכך על גבי אכסדרה שאין לה פצימין אמר ליה לא סבר מר הא דאמר רבא יש לה פצימין כשרה אין לה פצימין פסולה אחוי ליה נראה מבפנים ושוה מבחוץ אי נמי נראה מבחוץ ושוה מבפנים דאתמר *אנראה מבחוץ ושוה מבפנים נידון משום לחי ולחי היינו פצימין: תנא *בפסל היוצא מן הסוכה נידון כסוכה מאי פסל היוצא מן הסוכה אמר עולא קנים היוצאים לאחורי סוכה והא בעינן שלש דפנות בדאיכא והא בעינן הכשר סוכה בדאיכא והא בעינן צלתה מרובה מחמתה בדאיכא אי הכי מאי למימרא מהו דתימא הואיל ולגוואי עבידי ולבראי לא עבידי אימא לא קמ"ל רבה ורב יוסף אמרי תרוייהו הכא גבקנים היוצאים לפנים מן הסוכה ומשכא ואזלא הדא דופן בהדייהו מהו דתימא הא לית בה הכשר סוכה קמ"ל רבה בר בר חנה אמר רבי יוחנן לא נצרכה אלא לסוכה שרובה צלתה מרובה מחמתה ומעוטה המתה מרובה מצלתה מהו דתימא תפסל בהך פורתא קא משמע לן ומאי יוצא יוצא מהכשר סוכה רבי אושעיא אמר לא נצרכה אלא לסכך פסול פחות משלשה בסוכה קטנה ומאי יוצא יוצא מתורת סוכה מתקיף לה רב הושעיא לא יהא אלא אויר ואויר פחות משלשה טפחים בסוכה קטנה מי פסיל אמר ליה רבי אבא זה מצטרף וישנים תחתיו וזה מצטרף ואין ישנים תחתיו ומי איכא מידי דאצטרופי מצטרף והוא עצמו אינו כשר אמר רבי יצחק בן אלישב אין

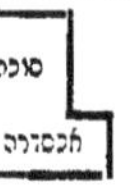

טיט

כי פליגי · אביי ורבא: **אליבא דרב** · ומילתיה דרבא לא דחיק לאוקמא בפלוגתא דאפילו אליבא דרב פליג למיפסלה: **דמחיצות** · פי תקרה זה לשם אכסדרה נעשה להיות לו מחיצה לחלל זה אבל לא להיות מחיצה לאויר שחוצה להן ואילו מחיצה מעלייתא היא הוה סמכינן עלה אבל לאכשורה ע"י גוד אחית לא דכי אגמריה רחמנא למשה לגוד אחית במחיצה העשויה לחלל שלה אגמריה ולא לחוצה לה ומיהו היכא דיש לה פצימין אע"ג דלגוואי עבידן לבוד בפחות משלשה כמחיצה סתומה היא: **תנן וכן חצר המוקפת אכסדרה** · וגג אכסדרה מפסיק בין מחיצות הבתים לאויר שסיכך עליו אם יש ברוחב הגג ד' אמות פסולה דתו לא מהני לה מחיצות הבתים: **אליבא דאביי** · במקום אביי ובשבילו שתהא משנה זו מתורגמת לפי דבריו: **כשהשוה את קירויו** · שעשה קירויו נמוך ולא נתן ראשי קנים על גבי תקרה שיהא פי תקרה נראה בה אלא תלאן בשוה לפי הנסרים שאין חודן נראה בסוכה כל תקרת גגותיהן הלקה ושוה היתה ולא שיפוע כעין שלנו אלא כתקרת עליות: **לסא שמעתא** · דאביי ורבא: **דברי הכל פסולה** · דכיון דתקרה לחלל אכסדרה עשויה ולא לאויר שחוצה לה אין פיה נעשה מחיצות לאויר: **יש לה פצימין** · בפחות משלשה: **אביי אמר כשרה אמרינן לבוד** · ואע"פ שהפצימין לחלל אכסדרה נעשו ולא לאויר החיצון הויא לה מחיצה דכל פחות משלשה סתימא מעלייתא היא ושדייה להכא ולהכא: **ורבא אמר פסולה** · דלבוד לאו מחיצה היא אלא מהלכה למשה מסיני גמירי לה וכי גמירי לה להיות מחיצה לחלל הנעשה בשבילו אבל למשדייה להכא ולהכא לא: **והלכתא כלישנא קמא** · דרבא ולא כלישנא בתרא דלבוד אמרינן אפילו לאויר אבל סתימת פי תקרה לא אמרינן אלא לחלל: **רב אשי אשכחיה לרב כהנא כו'** · סוכה זו שתים כהלכתן היו לה דרום ומזרח והשלישית סמוכה לאכסדרה ולא היה עושה בה טפח שאמרו חכמים: **אחוי ליה** · שהיה פלים שבו טפח ויותר עומד אצל היוצא אבל משוך רחבו לאחורי סוכה באורך שהאכסדרה עודף על הסוכה ואינו נראה לתוכה אלא עומד בשוה לדופן בסופו: **ושוה מבפנים** · לאותם העומדים בפנים אינו נראה אבל לאותם העומדים באכסדרה להלן מכנגד הסוכה ואין רואין את חללה נראה רוחב פלים זה בהתחלת דופן שלישית לסוכה: **דאמר מר** · לענין מבוי שהכשירו בלחי אם נתנו להלן מן הפתח ששוה וכלה עובי הלחי עם אורך הדופן שבפנים ונראה שהוא סוף הדופן שאינו בולט כלום לתוך חלל הפתח אבל בולט הוא לצד רשות הרבים כנגדו או מן הצד וניכר לעומדים מבחוץ שאינו מן הדופן: **נידון משום לחי** · והכא נמי נידון משום דופן: **והיינו פלימה** · זהו פלים שלה: **לאחורי סוכה** · חוץ לדופן אמצעי שהוא אחורי' של הסוכה: **קנים** · מן הסכך: **והא בעינן הכשר סוכה** · שהיא שבעה טפחים דעל כרחך סוכה בפני עצמה היא ומובדלת מזו: **לבראי לא עבידי** · דופן אמצעי זה לא לכך נעשה וגם שבצדדין תחלתן לשם סוכה (א) נעשו אלא שהכניס דופן אמצעי לתוכן [אחר] שראה שהיתה דייה בכך: **לפנים מן הסוכה** · לצד דופן רביעי הפתוח

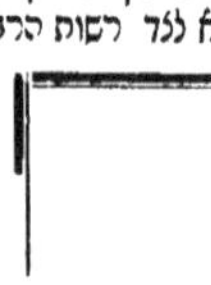

מסוכין ויוצאין להלן מאורך דפנות הצדדין: **וממשכא ואזלא חד דופן** · מדופני הצדדין בהדייהו: **מהו דתימא** · כיון דלא ממשיך דופן שני בהדה מוכח מילתא דבאפיה נפשה היא והא לית בה שבעה טפחים בהכשר סוכה: **קמ"ל** · דמן סוכה הוא והוי כשתים כהלכתן ושלישית אפילו טפח דלא ממשכא עד הרביעית וכשרה: **ה"ג לא נצרכה אלא לסוכה שרובה צלתה מרובה מחמתה ומיעוטה חמתה מרובה מצלתה**: ה"ג מהו דתימא תיפסל בהך פורתא: **יוצא מהכשר** · שאינו מסוכך כהלכות סוכה: **מתורת סוכה** · שאפילו מין כשר אינו: **לא יהא אלא אויר** · ופשיטא דכשר דאפילו אויר החמור ממנו אינו פוסל בשיעור זה: **אמר ליה רבי אבא** · להכי אהני נידון כסוכה דאשמעינן הכא לומר שישנים תחתיו דאילו אויר פחות משלשה מצטרף להשלים שיעור הסוכה אבל אין ישנים תחתיו:

אחוי ליה נראה מבחוץ ושוה מבפנים · תימה היאך הוא מועיל בסוכה כיון דלא מינכר מבפנים שלישית של טפח דלחי משום מיגו חדא דאטו מי לא עבד רב כהנא סוכה אלא בשבת ועוד דלשלישית דאורייתא לא מהני מיגו כדפי' לעיל:

לבראי לא עבידי · פי' בקונטרס דופן אמצעי זה לא נעשה לכך וקשה דממתניתין שמעינן ליה דכשר דקתני וכן חצר המוקפת אכסדרה דאם אין מן הכותל לסיכוך ד' אמות כשרה אע"ג דמחיצות בית לאו לבראי עבידי כדאמרינן לעיל (דף יז.) ונראה דאקנים היוצאים לאחורי סוכה קאי ואית ספרים דגרסי בהדיא מהו דתימא הני קנים לגוואי עבידי לבראי לא עבידי ס"ד לפוסלה לפי שאינה עשויה לצל קמ"ל דכשרה:

לא יהא אלא אויר · ופשיטא דכשר דאפילו האויר החמור ממנו אינו נפסל בשיעור זה אמר ליה רבי אבא להכי אהני נידון כסוכה דאשמעינן לומר שישנים תחתיו דאילו אויר פחות משלשה מצטרף להשלים שיעור הסוכה אבל אין ישנים תחתיו כך פירש בקונטרס וקשיא אמאי נקט ר' אושעיא סוכה קטנה הא בסוכה גדולה נמי איצטריך לאשמועינן דישנים תחתיו ודוחק הוא לומר דנקט סוכה קטנה משום דאשמעינן בה תרתי דמצטרף וישנים תחתיו ועוד קשה דכל מקום חשבינן אויר פחות משלשה כסתום על ידי לבוד ולא דמי לסכך פסול פחות מג' דאין שייך לעשותו כסתום בסכך כשר מאחר דיש בו סכך פסול ועוד מי יוכל להזהר בסוכה מלהיות נקבים שאין ללתה מרובה מחמתה אלא משהו שלא ישן כנגד הנקבים *ונרא' כספרים דגרסי' התם אויר מצטרף וישנים תחתיו וזה מצטרף ואין ישנים תחתיו כלומר הא דפשיטא דכשר אפילו אויר החמור ממנו אינו נפסל כשיעור זה אדרבה סכך פסול חמור ממנו דאין ישנים תחתיו והוה אמינא מטעם זה דאין מצטרף כדמתמה בתר הכי מי איכא מידי ומיהו קשיא מסיככה בשפודין דמכשירין בשיש ריוח ביניהן כמותן ואי אפשר שלא (*יתן) כנגד השפודין לכך צריך לפרש בשיש הכשר סוכה בלא האויר ובלא הפסול ישנים תחתיו בין בזה בין בזה ולהכי נקט סוכה קטנה ובירושלמי דברכות פרק שלשה שאכלו משמע דאויר מצטרף ואין ישנים תחתיו כפירוש הקונטרס וז"ל אנן קיימין בסוכה וילפינן מטיט הגרוק דתנינן תמן הרחיק הסיכוך מן הדפנות ג' טפחים פסולה פחות מכאן כשרה מהו לישן תחתיו התיב ר' יצחק בן אלישב הרי טיט הגרוק שמשלים במקוה ואין מטבילין בו אף הכא משלים בסוכה ואין ישנים תחתיו:

טיט

טיט

רבינו חננאל

כשהשווה פי' קירוי הסוכה לאכסדרה ודיבקם שאין נראית תקרת הסוכה הלוקח מן האכסדרה להיודע שהיא פי תקרה והלכתא כרבא בהאי לישנא כי אכסדרה שאין לה פצימין פסולה ואם יש לה פצימין כשרה · וצורת פצימין מיפרשא לקמן נראה מבחוץ ושוה מבפנים נידון משום [לחי] והיינו פצימא ונרסינן בעירובין פרק מבוי אמר רבה אמר רב הונא נראה מבחוץ שהוא לחי ושוה מבפנים נידון משום לחי להתיר הפנימי ששוה לו · ומותבינן עליה הא דתנן חצר גדולה שנפרצה לקטנה גדולה מותרת וקטנה אסורה · מפני שהיא כפתחא של גדולה אמאי תשרי קטנה בכותל הגדולה כנראה מבחוץ ושוה מבפנים · ומשני התם במופלגות כו' ואסיקנא והלכתא נראה מבחוץ ושוה מבפנים נידון משום לחי ונרסינן בירושלמי פרק א' [דעירובין] אבני הבנין היוצאות מן הבנין אם אין בין אחת לחברתה ג' טפחים *) דינן כלבוד והיינו לחי קרן זוית יוצא [סיכן] וקרן זוית יוצא סיכן נידון כלחיים · כותל הנכנס ונראה כפס מבפנים ושוה מבחוץ או נראה כפס מבחוץ ושוה מבפנים נידון כלחיים היה משוך רואין אותו כאילו הוא כנוס התיב רב חסדא והתנן חצר גדולה שנפרצה לקטנה כו' · ויעשו כותלי גדולה כלחיים אצל כותלי קטנה והותרה קטנה ופריק תפתר במשכין יתר מעשר וכו' · והאי דאמרינן בשמעתין לגבי פצימין אמרינן לבוד כי האי גוונא הוא כגון דאיכא אבנים ויש ביניהן פחות משלשה טפחים אמרינן לבוד · ובנין [כן] הוא נידון משום לחי · רב אשי אשכח לרב כהנא מסכך ע"ג אכסדרה שלא היו פצימיה נראין מבחוץ ואמר ליה לרבא כי האי גוונא פסולה · עייליה ואחוי ליה נראה מבפנים ושוה מבחוץ וא"ל היינו פצימא וקיי"ל כלישנא קמא דרבא וכן הלכה תנא פסל היוצא מן הסוכה נידון כסוכה · ואוקימנא קנים היוצאין מן הסוכה לאחורי הסוכה ויש בהן ז' טפחים שיעור סוכה קטנה מהו דתימא הני דפנות הואיל ולגואי עבידי לבראי לא עבידי פסולה קמ"ל כיון דלשם צל בעלמא עבידו כשרה · רבה ורב יוסף היוצאים לפנים מן הסוכה ומשכה ואולה דופן אחת בהדייהו מהו דתימא הואיל ושלמה להו סככא אפלגא דדופן האי סוכה אחריתי היא קמ"ל. דברי ר' יוחנן פשוטין הן · ר' אושעיא אמר לא נצרכא אלא לסכך פסול פחות מג' בסוכה קטנה (עסקינן) ואמאי פסל יוצא קרי ליה מפני שהיא מהכשר סוכה · ומותבינן עלה לא יהא אלא אויר · דלא אשכחן בפוסלי סוכה פחות תימנו · וכי אויר פחות מג' פוסל בסוכה רבא אמר פחות מג' מצטרף וישנין תחתיו כדקיי"ל כלבוד דמי · אבל סכך פסיל מצטרף לד' אמות מן הצד ואין ישנין תחתיו כדתנן נתן עליה נסר שרחב ד' טפחים כשרה ובלבד שלא ישן תחתיו ויש שמפליף

*) נראה דצ"ל נידון כלחיים והיינו דאמרינן לבוד קרן זוית וכו'.

עין משפט נר מצוה

קיח א מיי' פי"ז מהל' שבת הלכה כב סמג עשין א טוש"ע א"ח סי' שסג סעיף יג:

קיט ב ג מיי' פ"ד מהלכות סוכה הל' ג סמג עשין מג טוש"ע א"ח סי' תרלא סעיף ז:

מסורת הש"ס

לעיל יז.

[שבת כב: וש"נ]

עירובין ט:

[תוספתא פ"ב]

הגהות הב"ח

(א) רש"י ד"ה לבראי וכו' לשם סוכה הפנימית נעשו אלא:

גליון הש"ס

תוס' ד"ה לא יהא וכו' ונראה כספרים דגרסי כהס אויר · עיין עירובין דף י' ע"ב תוס' ד"ה עוד הפסלא:

*טיט הנרוק יוכיח שמצטרף לארבעים סאה והטובל בו לא עלתה לו טבילה: **מתני'** *העושה סוכתו כמין צריף או שסמכה לכותל ר' אליעזר פוסל מפני שאין לה גג וחכמים מכשירין: **גמ'** תנא *מודה ר' אליעזר שאם הגביהה מן הקרקע טפח או שהפליגה מן הכותל טפח שהיא כשרה מאי טעמייהו דרבנן *שיפועי אהלים כאהלים דמו אביי אשכחיה לרב יוסף דקא גני בכילת חתנים בסוכה אמר ליה כמאן *כר' אליעזר שבקת רבנן ועבדת כר' אליעזר אמר ליה ברייתא איפכא תני ר' אליעזר מכשיר וחכמים פוסלין שבקת מתניתין ועבדת כברייתא אמר ליה מתניתין יחידאה היא דתניא העושה סוכתו כמין צריף או שסמכה לכותל רבי נתן אומר רבי אליעזר פוסל מפני שאין לה גג וחכמים מכשירין: **מתני'** מחצלת קנים גדולה עשאה לשכיבה מקבלת טומאה ואין מסככין בה לסיכוך מסככין בה ואינה מקבלת טומאה רבי אליעזר אומר אחת קטנה ואחת גדולה עשאה לשכיבה מקבלת טומאה ואין מסככין בה לסיכוך מסככין בה ואינה מקבלת טומאה: **גמ'** הא גופה קשיא אמרת עשאה לשכיבה מקבלת טומאה ואין מסככין בה טעמא דעשאה לשכיבה הא סתמא לסיכוך והדר תני לסיכוך מסככין בה ואינה מקבלת טומאה טעמא דעשאה לסיכוך הא סתמא לשכיבה הא לא קשיא כאן בגדולה כאן בקטנה (בשלמא לרבנן לא קשיא אלא לרבי אליעזר קשיא דתנן) רבי אליעזר אומר אחת קטנה ואחת גדולה עשאה לשכיבה מקבלת טומאה ואין מסככין בה טעמא דעשאה לשכיבה הא סתמא לסיכוך אימא סיפא עשאה לסיכוך מסככין בה ואינה מקבלת טומאה טעמא דעשאה לסיכוך הא סתמא לשכיבה אלא אמר רבא בגדולה כ"ע לא פליגי דסתמא לסיכוך כי פליגי בקטנה תנא קמא סבר סתם קטנה לשביבה ורבי אליעזר סבר סתם קטנה נמי לסיכוך והכי

רש"י

טיט הנרוק יוכיח · שראוי להריקו מכלי אל כלי כגון שהוא רך: **שמצטרף** · להשלים שיעור מ' סאה: **והטובל בו** · במ' סאה שמלאו טיט נרוק: **לא עלתה לו טבילה** · דהכי תנן במסכת מקואות (פ"ז מ"א) אלו מעלין ולא פוסלין השלג והברד והכפור והגליד והמלח וטיט הנרוק ומעלין הייט משלימין אשלומי אין בפני עצמו לא: **מתני' כמין צריף** · כוך של ציידין שאורבין בה את העופות ועשוי ככוורת שמשפעת והולכת שגגו וקירותיו אחד: **או שסמכה לכותל** · הטה ראשי קנים על הכותל וראשו אחד על הארץ: **לפי שאין לה גג** · שאינו ניכר מהו גג ומהו כותל דאהל משופע לאו אהל הוא אלא אם כן יש בו טפח זקוף כדקתני בברייתא: **גמ' שאם הגביהה מן הקרקע טפח** · אתרוייהו קאי דאמרינן לבוד בזקיפה ויש שם טפח זקוף וניכר הצריף שהוא גג וכיון שיש בו שיעור אהל בזקיפה הוי אהל: **או אם הרחיקה כו'** · אסמכה על הכותל קאי אם הרחיק ראש הסמוך לכותל מכותל טפח והיתה סמוכה על יתידות אמרינן לבוד ממנה ולכותל בשוה ולא בשיפוע והוא הגג: **שיפועי אהלים כאהלים** · אע"פ שלא הגביה ולא הרחיקה כשרה: **בכילת חתנים** · לפי שאין לה גג טפח שוה לא חשיב אהל להפסיק: **כר' אליעזר** · דאמר אהל משופע לאו אהל הוא: **ברייתא איפכא תניא** · מצאתי ברייתא ששטיה איפוך בשיטתן רבי אליעזר מכשיר וחכמים פוסלין לפי שאין לה גג: **יחידאה היא** · מתניתין דתני הכי ר' נתן קתני לה דהוא יחידאה אבל חכמים שבדורו היו חולקין עליו ואומרים רבי אליעזר מכשיר וחכמים פוסלין: **מתני' מחצלת קנים** · קשה ואין נוחה למשכב: **עשאה לשכיבה** · הואיל ויחדה לכך עשאה כלי ומקבלת טומאה ואין מסככין בה כו': **לסיכוך כו' ואינה מקבלת טומאה** · דלאו כלי הוא ובגמרא פריך סתמא מאי: **רבי אליעזר אומר כו'** · בגמרא מפרש מאי קאמרי ומאי פלוגתייהו דהיכא דפריש בהדיא לשכיבה או לסיכוך ודאי אין חילוק בין גדולה לקטנה דהא פירש אלא קטנה נראית סתמא לשכיבה גדולה נראית סתמא לסיכוך: **גמ' כאן בגדולה כאן בקטנה** · וסיפא לא דמי לרישא דסיפא הכי קאמר ואם קטנה היא ועשאה לסיכוך מסככין בה כו' הא סתמא לשכיבה: **אימא סיפא כו'** · ודר' אליעזר ליכא לתרוצי כדתנא קמא דהא אחת גדולה ואחת קטנה קתני: **אלא אמר רבא בגדולה כ"ע לא פליגי דסתמא לסיכוך** · כלומר לא תשני רישא בגדולה וסיפא בקטנה ותרוייהו כדפריש דאם כן דרבי אליעזר לא מיתרצא אלא כל לסיכוך דקתני מתניתין בין בסיפא דמילתיה דתנא קמא בין בדרבי אליעזר אסתמא קאי: והכי

תוספות

טיט הנרוק יוכיח · פירש בקונטרס כדתנן במסכת מקואות (פ"ז מ"א) ואלו מעלין ולא פוסלין השלג והברד והכפור והגליד והמלח וטיט הנרוק ומעלין היינו משלימין אבל בפני עצמו לא וקשה דמה יוכיח הוא זה דאויר נמי בפני עצמו לא ואין זה יוכיח דטיט הנרוק בשעה שהוא משלים חזי לטבילה ולא דמי לאויר דאין ישנים תחתיו אפילו בשעה שהוא מצטרף ונראה דטיט הנרוק נמי אפילו בשעה שמצטרף אין מטבילין בו והכי תנן במסכת מקואות פרק שני (מ"י) מקוה שיש בו ארבעים סאה מים וטיט ר' אליעזר אומר מטבילין במים ואין מטבילין בטיט ר' יהושע אומר במים ובטיט באיזה טיט אמרו בטיט שהמים צפין על גביו ואם היו המים מצד אחד מודה רבי יהושע שמטבילין במים ואין מטבילין בטיט ואיזה טיט אמרו בטיט שהקנה יורד מאליו דברי ר' מאיר ר' יהודה אומר מקום שאין קנה המדה עומד אבא אליעזר בן דלעאי אומר מקום שהמשקולות יורדות ר"א אומר היורד בפי האביות ר' שמעון אומר הנכנס בשפופרת הנוד רבי אלעזר בר צדוק אומר הנמדד בלוג ומיהו קשה דאמר ר"ל פרק ב' דזבחים (דף כב.) כל המשלים למי מקוה משלים למי כיור ולרביעית אינו משלים ופריך למעוטי מאי אילימא למעוטי טיט הנרוק היכי דמי אי דאין פרה שוחה ושותה ממנו אפילו למקוה נמי אינו משלים והשתא אי איתא דטיט דפליגי ר' אליעזר ור' יהושע הוא טיט הנרוק היכי שביק כל הני שיעורי דר' מאיר ור' יהודה ואבא אליעזר וכולהו תנאי דמקואות ונקט שיעורא דפרה שוחה ושותה ממנו דלא תנן ושמא כל הנך שיעורי דהני תנאי בהכי תלי טעמייהו דמר סבר דבהאי שותה ובהאי אינה שותה ואין שייך לומר כיחזי אנן דאין כל הפרות שוות והא דמשמע בפרק כל הבשר (חולין דף קו. ושם) דמים שנפסלו משתיית בהמה טובל בהן כל גופו לא נפסלו מחמת טיט איירי אלא ממאיס ומסריח ולא חזו לשתיית בהמה אבל אין טיט מעורב בהן ולכך כשרים לטבילה:

העושה סוכתו כמין צריף · בכי האי גוונא איירי דלאחר שמסך השיפוע בגובה עשרה איכא עדיין במסך סוכה רוחב ז' דבעינן אחר לא מכשרי רבנן דהא בעינן גובה עשרה במשך ז' בגובה י' ואפשר כשיש שם משך ז' בגובה י' שאף תחת השיפוע שאין גבוה י' כשרה כיון שיש בה (א) ד' ברוחב מידי דהוה אפסל שיוצא מן הסוכה לרבה ורב יוסף דלעיל דמכשרי בקנים היוצאים מלפני הסוכה:

שאם הגביה מן הקרקע טפח · ועשה בנין זקוף טפח והושיב עליו ראשו של שיפוע למטה וכן הרחיק מן הכותל טפח שעשה בסמוך לכותל סכך רחב טפח וסמך עליו ראש השיפוע העליון ומתוך לשון הקונטרס משמע דאותו טפח שהגביה *הרחיק אפילו הוא אויר כשרה דנחשבו כסתום מטעם לבוד דפירש הקונטרס אם הרחיק ראש הסמוך לכותל מן הכותל טפח והיתה סמוכה על יתידות וקצת משמע כן בירושלמי דגרסינן מודה רבי אליעזר לחכמים שאם היתה נתונה על ארבעה אבנים [א] או שאם היתה גבוהה מן הארץ פותח טפח כשרה:

לסיכוך מסככין בה ואינה מקבלת טומאה · דכל היוצא מן העץ אינו מטמא טומאת אהלים אלא פשתן *דילפינן ממשכן פרק במה מדליקין (שבת דף כח. ושם): **כאן** בגדולה כאן בקטנה · לא משום דתהוי רישא בחדא וסיפא בחדא אלא נקט ברישא עשאה לשכיבה בכל מחצלות משום דאיכא מחצלת דסתמא לסיכוך ובסיפא נקט עשאה לסיכוך בכל מחצלות משום דאיכא מחצלת דסתמא לשכיבה: **אמר** רבא בגדולה כולי עלמא לא פליגי דסתמא לסיכוך · ולסיכוך דקתני מתני' בין בסוף מילתיה דתנא קמא בין בר"א אסתמא קאי והכי קאמר עשאה לשכיבה בהדיא מקבלת טומאה ואין מסככין בה ואם אנו יכולין לומר בה שהוא לסיכוך והיכי דמי כגון דלא פריש מסככין בה ואינה מקבלת טומאה כך פירש בקונטרס ודוחק לפרש דלהכי שיירה תנא קמא לקטנה ולא תנייה משום דסבר גדולה דווקא הוא דאמרינן בה סתמא לסיכוך הא קטנה סתמא לשכיבה ואתא ר"א למימר קטנה כגדולה וקשיא דהשתא לא פליג ר"א העיקר מילתיה דתנא קמא אלא אדיוקא ונראה לפרש דלא אתא רבא לשטויי אלא מילתיה דר"א אבל מילתיה דתנא קמא לעולם כדשנינן ולסיכוך דקאמר ר"א היינו כדפירש בקונטרס אם יכול לומר שהיא לסיכוך כגון בסתם טהורה ומסככין בה:

אחת

עין משפט נר מצוה

קכ א ב מיי' פ"ד מהל' סוכה הלכה ז סמג עשין מג טוש"ע א"ח סימן תרלא סעיף י:

קכא ג מיי' פכ"ה מהל' כלים הלכה יג:

קכב ד ה מיי' פ"ה מהל' סוכה הל' ו סמג עשין מג טוש"ע א"ח סי' תרכט סעיף ו:

רבינו חננאל

שמהליף וספרש ומתמיה ומי איכא מידי דמצטרף להכשיר והוא עצמו פסול · ואמרינן טיט הנרוק יוכיח כו' טיט דק כמים עבים · כדתנן מקוה שיש בו [מ'] סאה מים וטיט רא"א מטבילין במים ולא בטיט ר' יהושע אומר במים ובטיט · באיזה טיט מטבילין בטיט שהמים צפין ע"ג · אם היו [המים] מצד אחד מודה ר"י שמטבילין במים ואין מטבילין בטיט. באיזה טיט בטיט שהקנה יורד מאליו. דברי ר"מ רי"א שאין קנה מדה עומד כו':

[מתני'] העושה סוכתו כמין צריף · פי' צריף כגון הבונה רחב מלמטה ומיצר ועולה עד באמצע נמצא הבנין צר מלמעלה ומשפע ויורד · פירוש שסמכה לכותל שעשה סכך הסוכה צדו אחד למעלה בכותל והצד א' בארץ · ובשתיהן בעשויה כמין צריף · ובסמוכה לגג אין לה גג אע"ג דמתני' ר' אליעזר [פסל] בהני תרתי אבל רבנן פליגי עליה · ואמרינן מ"ט דרבנן · ואמרינן שיפועי אהלים כאהלים דמי הא פירשה רב יוסף דמתני' רבי נתן היא קתני לה ויחידאה היא ולא משגחינן ביה וקיי"ל כוותייהו דחכמים בסוכה העשויה כמין צריף ובסוכה שצירה א' למעלה ואחרת בקרקע פסולה · וכ"ן הלכ"ה · ולפיכך היה ישן רב יוסף בכילת חתנים שאין לה גג [מפני] שאינה אהל לפיכך אינה חשובה כסוכה בתוך סוכה לפסול הסוכה:

[מתני'] מחצלת גדולה עשאה לשכיבה מקבלת [טומאה] ואין מסככין בה כו' ואמרינן הא גופא קשיא כו' ושנינן לא קשיא גדולה סתמא לסיכוך ואינה מקבלת טומאה · ואם פירש שעשייתה לשכיבה [מקבלת טומאה] ואין מסככין בה אבל קטנה לשכיבה סתמא ואם פירש שעשייתה לסיכוך מסככין בהן · ואקשינן אי הכי אימא סיפא דר' אליעזר דתנן ר' אליעזר אומר אחת גדולה ואחת קטנה עשאה לשכיבה מקבלת טומאה בשלמא גדולה פי' כי לשכיבה עשאה מקבלת טומאה ש"מ הא סתמא לסיכוך כדאמרן אלא קטנה קשיא דהא קתני קטנה עשאה לשכיבה מקבלת טומאה ש"מ הא סתמא לסיכוך ואת אמרת סתם קטנה לשכיבה ומשני רבא בגדולה דברי הכל דסתמא [לסיכוך] כי פליגי בקטנה ת"ק סבר קטנה לשכיבה ורבי אליעזר סבר קטנה [נמי] לסיכוך

מסורת הש"ס

[זבחים כב.]

לעיל ג.

[תוספתא פ"א]

[שבת קלח:]

[ועי' תוס' שבת קמג: ד"ה ור' יוחנן]

[עי' תוי"ט]

הגהות הב"ח

(א) תוס' ד"ה שעושה סוכתו וכו' שיש בה שבעה ברוחב מידי דהוה:

הגהות הגר"א

[א] תוספות סד"ה שאם כו' אבנים והיתה גבוהה כו' כצ"ל:

רש"ל מ"ז וגורס אימא סיפא

או הרחיק כצ"ל

גליון הש"ס

גמרא א"ל כמאן כר"א שבקת רבנן · עיין שבת דף קמג ע"ב תוס' ד"ה ור' יוחנן הגירסא שלהם כאן א"ל שבקת רבנן · וס"ל דהא דאמרינן כר"א היינו דר"י השיב כר"א:

§ מסכת סוכה דף יט: §

אות א' - ב'

העושה סוכתו כמין צריף או שסמכה לכותל, ר' אליעזר פוסל מפני שאין לה גג

מודה ר' אליעזר שאם הגביהה מן הקרקע טפח או שהפליגה מן הכותל טפח, שהיא כשרה

סימן תרלא ס"י - [א]סוכה שאין לה גג, כגון שהיו ראשי הדפנות דבוקות זו בזו כמין צריף - פי' עשוי ככורת שמשפע והולך, שגגו וקירותיו אחד, **או שסמך ראש הדופן של סוכה לכותל** – (היינו אפילו עשה עוד דופן שלישית, דבשני דפנות בלא"ה פסולה), **פסולה** - אפילו אם עשה הדפנות המשופעים מסכך כשר, דאין כאן לא דופן ולא גג.

[ב]ואם היה לה גג, אפילו טפח - בין בשעשאה כמין צריף לא היה משופע עד חודה ממש, אלא שעשאה פתוח טפח, **או** כשסמך ראש הדופן לכותל, הרחיקה כשיעור טפח מן הכותל, בכל זה חשבינן אותו אויר כסתום, דכל פחות מן ג' טפחים כלבוד דמיא, והרי יש לה גג, **ועיין** במ"א, דאפילו למעלה אין רוחב טפח, רק דבפחות מג' סמוך לגגה יש רוחב טפח, שרי.

או שהגביה הדופן הסמוך לכותל מן הקרקע טפח - היינו בזקיפה, ואפילו הוא אויר, כגון שהעמיד זויותיה ע"ג אבנים, **הרי זו כשרה** - דכל פחות מג"ט כלבוד דמיא, ונחשב כסתום, וההוא טפח חשבינן ליה ככותליו של סוכה, ושפוע שלו חשיב ליה גג, **ומ"מ** בעינן שיהיה בגובהה י"ט וכדלקמיה. (וה"ה בשעשאה כמין צריף, וטפח הראשון לא היה משופע אלא בשוה, כגון בבנין או באויר).

הגה: [ג]וי"א שהטפח לא תהיה אויר - דאע"ג דל"ל לבוד, אין שם גג על מקום שהוא אויר, וכן למטה ע"י אויר לא חשיב מחיצה בגובהה, **רק מן הדופן** - ר"ל, כשעושה סמוך לארץ יהיה הטפח בבנין, ולא ע"י אויר, **או הסכך** - וכן למעלה כשעושה גג, יהיה ע"י סכך ולא ע"י אויר, **(רא"ש בשם ר"י ורמב"ס)** – (וראוי לחוש לדבריהם).

ולריך שיהיה בה ז' טפחים על ז' בגובה י' טפחים (טור) - לאפוקי אם הוא ז' על ז' למטה מי"ט, וכשמגיע השיפוע לגובה י"ט, אינה רחבה ז' על ז', פסול, **ומודדין** העשרה טפחים של הגובה ביושר ולא באלכסון.

גם לריך שיהיו הדפנות לאחר שהם גבוהים י' עשויות מדבר שמסככין בהם, דהא הם הסכך (ר"ן) - מסתברא דקאי דבר זה על שני הענינים הנ"ל, דהיינו בין אם עשה למטה בדופן טפח, או שהרחיק ראש הדופן למעלה מן הכותל, ועשה הגג טפח, בכ"ז אמרינן דמן י' טפחים ולמעלה חשבינן השיפוע לסכך. **ואם כל הדפנות מדבר שמסככין בהם, מותר לישן אפילו תחת הדפנות. (רבינו ירוחם).**

כ' הפמ"ג: כל מקום שיש פלוגתא דרבוותא בסוכה, אם הוא בדאורייתא אזלינן לחומרא, **ואי** לית ליה סוכה אחריתא, אוכל שם בלי ברכה, **ואי** בדרבנן, ביש לו סוכה אחריתא ראוי להחמיר ולילך שם, **ובאין** לו סוכה אחריתא, יוצא בה י"ח וברוכי נמי מברך, **ועדיין** צ"ע קצת, עכ"ל.

אות ג'

מחצלת קנים גדולה, עשאה לשכיבה מקבלת טומאה

רמב"ם פכ"ה מהל' כלים הי"ג - מחצלת הקש מתטמאה במדרס, ושל קנים ושל חלף [ד]טהורין, מפני שאינה ראויה למדרס. ושאר המחצלאות, אם עשאה לשכיבה מקבלת טומאה, עשאה לסיכוך טהורה; עשאה סתם, גדולה סתמה לסיכוך, קטנה סתמה לשכיבה.

אות ד' - ה'

מחצלת קנים גדולה, עשאה לשכיבה... ואין מסככין בה

אמר רבא בגדולה כ"ע לא פליגי דסתמא לסיכוך

סימן תרכט ס"ו - [ה]במחצלת של קנים וקש ושיפה וגמי, בין שהיא חלקה שהיא ראויה לשכיבה, בין שאינה חלקה שאינה ראויה לשכיבה - אין הלשון מדוקדק, דאי אינה ראויה כלל, אמאי אמרינן דסתמא לשכיבה, אלא ר"ל שאינה ראויה כ"כ, וכן הוא בהדיא בטור, **אם היא קטנה** - היינו כדי שכיבה, [והיינו שהיא בקומת איש ומעט יותר, אבל יותר מזה מקרי גדולה], **סתמא עומדת לשכיבה, ומקבלת טומאה ואין מסככין בה** - פי' דכיון דסתמא לשכיבה היא, ראויה לקבל טומאה לכשישכב בה הזב, וכיון שכן, אף מעתה אינה ראויה לסיכוך, שכל הראוי לקבל טומאה, אין מסככין בו וכנ"ל.

אא"כ עשאה לסכוך. הגה: דהיינו שרוב בני אותה העיר עושין אותה לסיכוך - הנה אם עשאה בפירוש לסיכוך, מהני אפילו במקום שאין מנהג מבורר בעיר בזה, **ולא** אתי הרמ"א לאפוקי רק

באר הגולה

[א] **משנה שם י"ט וכר"א** [ב] **ברייתא שם** ‹כפירש"י – גר"א› [ג] ‹כפי' תוס' שם – גר"א› [ד] ‹ביאר הרמב"ם "מפני שאינה ראויה למדרס", הרי פי' דמיירי בקנים של טבריא ‹דף כ:›, ובזה לא מקבל טומאת מדרס שהרי אינה ראויה למדרס, אכן בשאר מחצלאות תלוי הדבר בין גדולה לקטנה, וכמו שפסק בסוכה – קובץ תשובות הרב אלישיב› [ה] **משנה וכאוקימיתא דרב פפא כ' וכת"ק**, ‹מהעין משפט משמע דפוסק כאוקימתא דרבא, ואין נ"מ, דלשניהם אליבא דת"ק בגדולה מסככין בקטנה אין מסככין›, **וכר' ישמעאל ברבי יוסי בברייתא**, ‹דסתם מתני' כותיה דלא חילק, הרא"ש. וס"ל דברייתא בגדולה איירי, דאל"כ מתני' דלא כמאן, דלא כפירש"י שם – גר"א›. **ואכתי** טעמא דמילתא לא ידענא, דמה סברא יש להחמיר {לת"ק} בארוגה של קנים גדולה, יותר מבשל שיפה ושל גמי דראויין יותר לשכיבה, ואפ"ה מסככין בגדולה. **ואפשר** דכיון דשל קנים עבין אינן ראוין לאריגה אלא ע"י טורח גדול, משו"ה כיון דטרח בהו לאורגן, מסתמא לשכיבה קא בעי להו אע"פ שהיא גדולה – פני יהושע› **הרי"ף והרמב"ם**

ההיפוך, דאם המנהג בעיר לשכיבה, לא מהני במה שהוא עושה לסיכוך, או שקנאה בפירוש לסיכוך, דמי יודע דבר זה, ואתו כו"ע לסכוכי בהו.

ופעמים שדבר זה מהני גם להקל, דהיינו אם עשאה סתמא, או שאינו ידוע לן אם עשאה לסיכוך או לשכיבה, ורוב בני העיר עושין אותה לסיכוך, תלינן שגם הוא עשה לסיכוך.

ואם היא גדולה, סתמא עומדת לסיכוך ומסככין בה, אא"כ עשאה לשכיבה, (דהיינו שמנהג המקום לשכב עליה) - אין ר"ל לאפוקי אם היה המנהג לסיכוך, אז גם מחשבה דידיה שחשב לשכיבה לא מהני מידי, ומותר לסכך, **דזה** אינו, דכיון שחשב לשכיבה, הרי ירדה לה תורת טומאה, ואסור לסכך, **אלא** אתי לאשמועינן, דלאו דוקא אם עשאה לשכיבה, אלא דה"ה אם מנהג המקום לשכיבה, הוי כאלו עשאה בעצמו לשכיבה, [**ויותר** מזה, דאפי' אם עשאה בהדיא לסיכוך, ג"כ לא מהני, דמי יודע שעשאה לסיכוך].

ואם אינו ידוע מנהג המקום, לכו"ע מותר לסכך בה, כל זמן שלא ידעינן שעשאה לשכיבה, [**וזה** דוקא בקנה מן האומן שעשה סתם, אבל בקנה מחצלת דכבר נשתמשו בהן, פסולין לסכך, אפי' במקום דאין מנהג ידוע, דספק דאורייתא הוא, דשמא נשתמשו בהן לשכיבה].

ודע דבמקומות הללו, כל מחצלת עשויות לשכיבה, [אפי' גדולות], **וא"כ** אפילו הוא עשאה לסיכוך, ג"כ אין מסככין בם, [**והיינו** מדרבנן, מהטעם שפסק הרא"ש, דמי יודע אם נעשו לשם סכך, ואתי כו"ע לסכוכי בהו, ואסורין מפני מראית העין].

'וה"מ שאין לה שפה, אבל אם יש לה שפה בענין שראויה לקבל - ר"ל כיון שראויה לקבל, הרי יש עליה שם כלי, ומקבלת טומאה, ואין מסככין בה, **'אפי' אם ניטל שפתה אין מסככין בה** - דומיא דכל שברי כלים שאין מסככין בהם מדרבנן, וכנ"ל בס"ב.

וה"מ בסתמא, אז אמרינן דכיון שיש לה שפה מוכח דנעשית לקבלה, וממילא מקבלת טומאה, **אבל** אם דעתו בהדיא לסיכוך, אע"פ שיש לה שפה אינה מקבלת טומאה, וקיבול זה אינו חשיב כלום, כיון שאינה עשויה לקבלה, **ויש** מאחרונים שסוברין, דכיון שיש לה שפה, בכל גווני מקבלת טומאה ואין מסככין בה.

הגה: במקום שנהגו לקבוע מחצלאות בגגין כעין תקרה, אין מסככין בהם (כל בו) - ר"ל אפילו נעשו לסיכוך שאין מקבלין טומאה, גזירה שמא ישב תחת תקרת הבית שעשוי ממחצלאות, ומחצלאות של תקרת הבית פסולין מן התורה, שלא הוקבעו שם לשם צל, אלא לשם דירה.

(וחדשים מקרוב באו, שהתחילו במדינותינו לסכך במחצלות של ערבה, אשר לא שיערו אבותינו, ואותם מחצלות מסתמא הם עומדים לשכב ולישב עליהם בעגלות, וא"כ יש בהם פסול מפני מראית העין אפילו עשאן לשם סכך, ולכן כל שומר נפשו ירחק מזה, ובפרט אם אותן מחצלאות כבר נשתמשו בהם בעגלה, אפילו לא לשכיבה וישיבה, רק לקבל, פסולים מדאורייתא וכו', עכ"ל הבכורי יעקב).

(**אמנם** בספר בית מאיר כתב, שבעירו ג"כ מצא ענין הנהוג, שמסככים בענפי ערבות גידולים, קורין אותן בלעז קעריב, ואותן הקעריב באמת רוב תיקונם וגדילותם היינו להניח תוך העגלות, ואלו, אף אותן שמסככין בהם, היו ג"כ בתוארם, באופן שהיה שייך לומר עלייהו סתמייהו להניחם תוך בעגלות וכו', **וא"כ** לדעת הרא"ש לא יועיל, אפילו אם העשיה היה בפירוש לשם סיכוך, **אמנם** רואה אני אלו הקעריב שאין להם שום בית קיבול, אלא פשוטים, ואינם נעשים כלל באופן זה להניחם תוך העגלות, דהנעשים לעגלות יש להם תוך, ועשויים עם שוליים ואחוריים, **ואלו** שאינם אלא צד אחד, פשוט אף אילו היו נעשים להציגם מן הצד תוך עגלות, אינם אלא למחיצה להפסיק, שלא יפול דבר מן צד העגלה, שאינם מקבלים שום טומאה וכו', ובפרט שהם גדולים, מה שאין דרכם כלל להניחם תוך עגלות, ומכ"ש שניתקנו בפירוש אצל האומן לסכך בהם, דכשרים בלי שום גמגום, עכ"ל. **והרוצה** לסמוך על דעת הגאון ב"מ, בודאי אין למחות בידו, בפרט דהוא רק מלתא דרבנן בעלמא לכו"ע, היכא דנעשו לסיכוך, כמש"כ בבכורי יעקב, **אכן** במקום שנהגו לסכך בהן כל השנה הגגות, בודאי יש ליזהר בהן משום גזירת תקרה).

---

§ מסכת סוכה דף כ. §

אות א'*[ו]

מחצלת של שיפה ושל גמי, גדולה מסככין בה, וכו'

סימן תרכט ס"ו - עיין לעיל דף י"ט:

אות א' - ב'

כל המטמא מדרס מטמא טמא מת

כל החוצלות מטמאין... אף מדרס

רמב"ם פכ"ג מהל' כלים ה"א - המפץ הוא המחצלת שאורגין אותה מן החבלים ומן הסוף ומן הגומא וכיוצא בהן; [ט]ואין המפץ בכלל כלים האמורין בתורה, ואעפ"כ מתטמא הוא במדרס דין תורה, שהרי ריבה הכתוב כל המשכב, וזה ראוי למשכב ועשוי לו;וכן מתטמא במת ובשאר טומאות [י]מדבריהן, ככל פשוטי כלי עץ כמו שביארנו; וזה כלל גדול, שכל המתטמא במדרס מתטמא בשאר טומאות.

באר הגולה

ו כ: בגמרא   ז מימרא דרב אמי ט"ו: ח ‹ע"פ מהדורת נהרדעא›   ט ‹וקשיא לי, לפי מ"ש רבינו ספ"א מה"כ, שכל היוצא מן הארץ בכלל כלי עץ, וא"כ הרי המפץ בכלל כלי עץ האמור בתורה, {ועוד קשה דמגמ' מבואר אליבא דר' דוסא, דהגם דאין בה טומאת מדרס יש בה טומאת מת}, **וצ"ל** דכלי עץ שבתורה במקבלין איירי דומיא דשק, ומפץ פשוט הוא - משנה אחרונה›, ‹ובגמ' איירי בדאית לה גדנפא›   י ‹משמע "מדבריהן" דכל המטמא מדרס טמא טומאת מת מדרבנן, ולא נהירא לומר כן, **אך** כוונתו דודאי יש שמטמאים טומאת מת גם מן התורה, אך זהו כשהם כלי קיבול, וכגון שאינן מכלים שחשבן תורה, כגון העשויים מחבלים ומן הסוף והגומא, והכא מיירי על הפשוטים, דלא עדיפי מפשוטי כלי עץ דאינן אלא מדרבנן - ערוה"ש›

והכי קאמר מחצלת הקנים גדולה עשאה לשכיבה מקבלת טומאה ואין מסככין בה טעמא דעשאה לשכיבה הא סתמא נעשה כמי שעשאה לסיכוך מסככין בה (קטנה עשאה לסיכוך מסככין בה טעמא דעשאה לסיכוך הא סתמא נעשה כמי שעשאה לשכיבה ואין מסככין בה) ואתא ר' אליעזר למימר אחת קטנה ואחת גדולה סתמא כשרה לסיכוך אמר ליה אביי אי הכי ר' אליעזר אומר אחת קטנה ואחת גדולה אחת גדולה ואחת קטנה מיבעי ליה ועוד כי פליגי בגדולה הוא דפליגי ורבי אליעזר לחומרא דתניא *מחצלת הקנים בגדולה מסככין בה ר' אליעזר אומר *אם אינה מקבלת טומאה מסככין בה אלא אמר רב פפא בקטנה כולי עלמא לא פליגי דסתמא לשכיבה כי פליגי בגדולה ת"ק סבר סתם גדולה לסיכוך ורבי אליעזר סבר סתם גדולה נמי לשכיבה ומאי עשאה לשכיבה דקאמר הכי קאמר סתם עשייתה נמי לשכיבה עד דעביד לסיכוך ת"ר *מחצלת של שיפה ושל גמי גדולה מסככין בה קטנה אין מסככין בה של קנים ושל חילת גדולה מסככין בה ארוגה אין מסככין בה רבי ישמעאל בר' יוסי אומר משום אביו אחת זו ואחת זו מסככין בה וכן היה רבי דוסא אומר כדבריו תנן התם *כל החוצלות מטמאין טמא מת דברי ר' דוסא וחכמים אומרים מדרס מדרס אין טמא מת לא והא אנן תנן *כל המטמא מדרס מטמא טמא מת אימא אף מדרס מאי חוצלות אמר רב אבדימי בר המדורי מרזובלי מאי מרזובלי אמר ר' אבא מזבלי ר' שמעון בן לקיש אומר מחצלות ממש ואזדא ריש לקיש לטעמיה דאמר ריש לקיש הריני כפרת רבי חייא ובניו שבתחלה כשנשתכחה תורה מישראל עלה עזרא מבבל ויסדה חזרה ונשתכחה עלה הלל הבבלי ויסדה חזרה ונשתכחה עלו רבי חייא ובניו ויסדוה וכן אמר רבי חייא ובניו לא נחלקו רבי דוסא וחכמים על מחצלות של אושא

שהן

רש"י

והכי קאמר. עשאה לשכיבה בהדיא מקבלת טומאה ואין מסככין בה ואם אנו יכולין לומר בה שהיא לסיכוך והיכי דמי כגון דלא פריש מסככין בה ואינה מקבלת טומאה ובגדולה כולי עלמא לא פליגי דסתמא לסיכוך דבין תנא קמא ובין ר' אליעזר תנא גדולה ואמרינן דסתמא לסיכוך כי פליגי בקטנה תנא קמא איירה לקטנה ולא תנייה משום דסבר גדולה הוא דאמרת בה סתמא לסיכוך הא קטנה סתמא לשכיבה: **ואתא ר' אליעזר למימר**. קטנה כגדולה דאם עשאה לשכיבה בהדיא מקבלת טומאה ואין מסככין בה ואם יש לומר בה שהיא לסיכוך והיכי דמי כגון שעשאה סתם מסככין בה ואין מקבלת טומאה: **אי הכי**. דרבי אליעזר קטנה כגדולה אתא לאשמועינן אחת גדולה ואחת קטנה בתמיה דכי תנא הכי משמע דגדולה כקטנה אתא לאשמועינן כך כתובה הגירסא ולי נראה איפכא דגרס במתני' אחת קטנה ואחת גדולה והכי פריך אחת גדולה ואחת קטנה מיבעי ליה דאי כדגרסינן לה לא ידענא פירכא מאי היא דאחת גדולה ואחת קטנה משמע קטנה כגדולה דהכי משמע אחת היא הגדולה ואחת היא הקטנה כלומר כמוה היא ואינה חלוקה לדין שני וכן דרכי התנאים בכל מקום דההיא דפשיטא ליה תנא ברישא ואותו השני כשבא להשמיענו שהוא שוה לו הוא שונה אחריו כדתנן בר"ה (דף כט:) אחד יבנה ואחד כל מקום כו' ובבבא קמא (דף נ:) אחד החופר בור ואחד החופר שיח ומערה כו' ובמסכת סוטה (דף מג׳) אחד הבונה ואחד הלוקח ואחד היורש וטובא תנן התם גבי מערכי המלחמה הכי: **אם אינה מקבלת טומאה**. כלומר אם בפירוש עשאה לסיכוך אין אי לא לא אלמא לתנא קמא סתם גדולה לסיכוך ולר' אליעזר סתמא לשכיבה: **אלא אמר רב פפא כו'**. ומאי עשאה לשכיבה דקתני במילתיה דרבי אליעזר הכי קאמר עיקר עשייתה לשכיבה עד דעביד ליה לסיכוך כו' ומילתיה דתנא קמא הכי מיפרשא כדאוקימנא מעיקרא רישא בגדולה כדקתני בהדיא וסיפא בקטנה והכי קאמר ואם קטנה היא ועשאה בפירוש לסיכוך מסככין בה הא סתמא לשכיבה ואתא ר' אליעזר למימר אף גדולה שוה היא לקטנה דכי עביד לה סתם הוי עשאה לשכיבה ומקבלת טומאה ואין מסככין בה אבל עשאה בפירוש לסיכוך מסככין בה ואינה מקבלת טומאה: **שיפה**. פוי"ל: **גמי**. יונ"ק דהן רכין הלכך סתם קטנה יש בהן לשכיבה לא שנא גדולה מעשה שרשרות שהיא עבה ואינה חלקה לא שנא ארוגה שהיא חלקה והיינו דקתני גדולה מסככין בה קטנה אין מסככין בה ואין חילוק בין גדולה לארוגה אבל של קנים הן קשים וכן של חילת לשק"א והקלא שלה עב: **גדולה**. מעשה עבות וקליעה מסככין בה אפי' קטנה דאינה לשכיבה לפי שהיא עבה ואינה חלקה ועץ שלהן קשה: **ארוגה אין מסככין בה**. דסתמא לשכיבה דלא היו רגילין לאורגה אלא לשכיבה שתהא חלקה ונוחה: **כל החוצלות**. לקמן מפרש מאי היא: **מטמאות טמא מת**. כלומר כלי הם מן הסתם ומקבלות טומאה והאי דנקט טמא מת משום דבעי אפלוגי במדרס שהוא אב הטומאה נקט נמי טמא מת שהוא אב הטומאה והכי קאמר החוצלות כלי הם לטומאה אבל אינם מיוחדות לשכיבה *שהן נעשות אב הטומאה במדרס הזב ואין אתה מוצא שיהו אב הטומאה אלא ע"י המת עצמו שיהיו הן טמאות מת דברי ר' דוסא: **וחכמים אומרים טמאות מדרס**. על ידי מדרס נעשות אב הטומאה לפי שעשויות לשכיבה: **מדרס אין טמא מת לא**. בתמיה: **והתנן כל המטמא מדרס מטמא טמא מת**. והוא הדין לכל הטומאות כגון נוגע בשרץ ובנבילה והאי דנקט טמא מת משום דבאב הטומאה מיירי והכי קאמר כל הנעשה אב הטומאה על ידי מדרס נעשה אב הטומאה כשהוא טמא מת דאין לך מיטמא מדרס אלא המיוחד לשכיבה וכיון דשוי לתשמיש כלי הוא וכל שהוא כלי למדרס מיטמא בכל טומאה ואפילו הוא פשוטי כלי עץ דילפינן ליה בק"ו במסכת שבת (דף פד׳) מפך במת מנין ודין הוא כו' וסיפא דההיא משנה ויש שהוא מטמא טמא מת ואינו מטמא מדרס והיינו מה שהוא כלי אבל אינו מיוחד לשכיבה דמטמא בכל טומאות חוץ מטומאת מדרס שאם שכב עליו הזב ולא נגע בו טהור דלגבי מדרס מיוחד לכך בעינן כדאמרי'* יצא שאומרים לו עמוד ונעשה מלאכתנו: **אימא אף במדרס**. שכלי הן ועשויין לשכיבה: **מזבלי**. בולו"ס ועשוי לרועה להניחן תחת ראשו ולשכב: **הריני כפרת**. יסורין הבאין עלי לכפרתו של ר' חייא ובניו יהיו ולשון כבוד הוא זה כשהוא מזכיר אביו או רבו לאחר מיתתו צ"ל כן*: **כשנשתכחה תורה מישראל**. לא נשתכחה כולה קאמר אלא הלכות שכוחות מבני בתירא שהיו ראשי ארץ ישראל כדאמרי' בפסחים באלו דברים (דף סו׳): **עלה הלל הבבלי**. שמיום שגלה יכניה החרש והמסגר עמו היתה ישיבה מצויה בבבל:

שהן

תוספות

אחת קטנה ואחת גדולה מיבעי ליה. פירש בקונטרס דאיפכא גרסינן ובמתניתין גרסינן אחת קטנה ואחת גדולה ופריך דאחת גדולה ואחת קטנה מיבעי ליה דדרך התנאים בכל מקום דההוא דפשיטא ליה תני ברישא כדתנן בר"ה (דף כט:) אחד יבנה ואחד כל מקום שיש בו בית דין ובבבא קמא (דף נ:) אחד החופר בור ואחד החופר שיח ומערה ובמסכת סוטה (דף מג׳) אחד הבונה ואחד הלוקח ואחד היורש וטובא תנן התם גבי מערכי מלחמה ונראה דאין ראיה מבור ובונה לכאן דהכי נמי תנן בסנהדרין (דף לג׳) אחד דיני ממונות ואחד דיני נפשות בדרישה וחקירה ותנן נמי בפ' החולץ (יבמות מא׳) גבי הכהנה אחד בתולות (*ואחד קטנות) ואחד בעולות ובפרק הבא על יבמתו (שם דף נג:) אחד המערה ואחד הגומר ובפרק המפקיד (ב"מ דף מג:) תניא אחד הלוקח ואחד המפקיד לפקטים ומפרש התם כי היכי דמפקיד מקבל פקטים לוקח נמי מקבל פקטים בכל הני מזכיר הפשוט באחרונה אבל ההיא דיבנה ראיה היא דלפי תנא קמא שאמר אין תוקעין אלא ביבנה קא מהדרי ליה אחד יבנה ואחד כל מקום שיש בו בית דין וכן ביבמות פרק האשה (דף קטז׳) דקאמרי בית הלל לא שמענו אלא בבאה מן הקציר בלבד אמרו להו ב"ש אחת באה מן הקציר ואחת באה מן הזיתים וה"נ הזכיר ת"ק מחצלת גדולה ועל זה שייך לאהדורי אחת היא גדולה ואחת היא קטנה כלומר כמוה היא הקטנה ואינה חלוקה לדין שני*:

של שיפה ושל גמי. בסיפא פליגי ר' דוסא ורבנן בשל קנים ושל חילת משמע בשל שיפה ושל גמי לא פליגי *ולא אשכחן בהדיא דפליגי בשל גמי לענין מדרס והא דלא תני ליה הכא למאן דאמר מאי חוצלות מזבלי ניחא דאין זה מחצלת ואפילו לריש לקיש דאמר מחצלת ממש לא תני לה הכא משום דלא איתשיל הכא אלא לאשמועינן במה מכסין ובמה אין מכסין: **ושל** חילת. בקטנה מיירי: **תנן** התם כל החוצלות. משנה במסכת עדיות פרק שלישי מיטמא טומאת מת בדאית ליה גדנפא מוקמי לה דחשיב בית קיבול ואע"ג דפשוטי כלי עץ הרחבים העשוים להניח עליהם דבר כדף של נחתומין מטמאין מדרבנן כדאמר פרק המוכר את הבית (ב"ב דף סו׳ ושם) הכא היכא דלית להו גדנפא עשוין לסיכוך: **עלה** הלל מבבל ויסדה. שלמד נשמעיה ואבטליון כדאיתא בפסחים פרק אלו דברים (דף סו:):

חזיון

רבינו חננאל

ומקשינן אי הכי ר' אליעזר אחת קטנה ואחת גדולה היה לו לומר. כלומר דין הקטנה כדין הגדולה סתם לסיכוך. ועוד הא אשכחן בהדיא דרבי אליעזר לחומרא הוא דתניא מחצלת קנים גדולה מסככין בה. ר' אליעזר אומר אם אינה מקבלת טומאה [מסככין בה]. אלא אמר רב פפא בקטנה כ"ע לא פליגי דסתמא לשכיב'. כי פליגי בגדולה. ת"ק סבר סתם גדולה לסיכוך. ור' אליעזר סבר סתם גדולה נמי לשכיבה. והכי קתני ר' אליעזר אומר אחת גדולה ואחת קטנה סתם עשייתן לשכיבה עד שיפרש לשם סיכוך: תנו רבנן מחצלת של שיפה ושל גמי גדולה מסככין בה. קטנה אין מסככין בה. ושל קנים ושל חילף גדולה מסככין בה. ארוגה אין מסככין בה. ר' יוסי אומר משום אביו אחת זו ואחת זו מסככין בהן. וכן היה ר' דוסא אומר כדבריו. תנן התם כל החוצלות טמאות טמא מת דברי ר' דוסא וחכ"א אף מדרס. כדתנן במס' נדה כל המטמא מדרס מטמא טמא מת מאי חוצלות א"ר אבא מזבלי. פי' עושין כמין יריעות קצרות ואח"כ תופרין אותן ועושין מהן כפיפות וכפויין. ר"ל אמר מאי חוצלות מחצלות ממש דאמר הריני כפרת ר' חייא ובניו שבתחלה נשתכחה תורה מישראל. עלה עזרא מבבל ויסדה. חזרה ונשתכחה עלה ר' חייא ובניו ויסדוה.

יכד

עין משפט נר מצוה

קכג א ב מיי' פכ"ג מהלכות כלים הלכה א:

[ליתא שם]

[ועי' תוס' שבת כ: ד"ה אחד ותוס' פסחים פז.קח: ד"ה אחד ותוס' כתובות כ: ותוס' זבחים לב: ד"ה אי הכי ותוס' מנחות סג. ד"ה ר"י ותוס' קידושין יג. ד"ה כסם]

מסורת הש"ס

רש"ל מ"ז

[לעיל טו.]

[שם ע"ש]

[תוספתא פ"א]

עדיות פ"ג מ"ד

נדה מט.

י"ג שיהו נעשות

[שבת נט.]

[קדושין לא:]

[ע' בש"ע י"ד סי' רמב סעיף כח]

עין משפט
נר מצוה

א א ב מיי' פ"ה מהל' סוכה הלכה כג סמג עשין מג טוש"ע א"ח סי' תרכז סעיף א :

ב ג מיי' פי"ג מהלכות טומאת מת הלכה א סמג עשין רלא :

מסורת הש"ס

שהן טמאות ושל טבריא שהן טהורות על מה נחלקו על שאר מקומות מר סבר כיון דליכא דיתיב עלייהו כדטבריא דמיין ומר סבר כיון דמקרי ויתבי עלייהו כדאושא דמיין אמר מר כל החוצלות מטמאין טמא מת דברי ר' דוסא והתניא וכן היה רבי דוסא אומר כדבריו לא קשיא הא דאית ליה גדנפא הא דלית ליה גדנפא מיתיבי חוצלות של שעם ושל גמי ושל שק ושל ספירא מטמא טמא מת דברי ר' דוסא וחכ"א אף מדרס בשלמא למאן דאמר מרזובלי של שעם ושל גמי חזו לכינתא דפירי של שק ושל ספירא חזו לגולקי וצני אלא למ"ד מחצלות ממש בשלמא של שק ושל ספירא חזו לפרסי *ונפוותא אלא של שעם ושל גמי למאי חזו חזו לנזיאתא איכא דאמרי בשלמא למ"ד מחצלות ממש של שעם ושל גמי חזו לנזיאתא של שק ושל ספירא חזו לפרסי ונפוותא אלא למ"ד מרזובלי בשלמא של שק ושל ספירא חזו לגולקי וצני אלא של שעם ושל גמי למאי חזו חזו לכינתא דפירי תניא א"ר חנניה כשירדתי לגולה מצאתי זקן אחד ואמר לי מסככין בבודיא וכשבאתי אצל ר' יהושע אחי אבא הודה לדבריו אמר רב חסדא והוא דלית ליה גדנפא אמר עולא הני בודיתא דבני מחוזא אלמלא קיר שלהן מסככין בהו תניא נמי הכי מסככין בבודיא ואם יש להן קיר אין מסככין בהן :

הדרן עלך סוכה

הישן [א]תחת *המטה בסוכה לא יצא ידי חובתו אמר ר' יהודה נוהגין היינו שהיינו *ישנים תחת המטה בפני הזקנים ולא אמרו לנו דבר אמר רבי שמעון מעשה בטבי עבדו של רבן גמליאל שהיה ישן תחת המטה ואמר להן רבן גמליאל לזקנים ראיתם טבי עבדי שהוא תלמיד חכם ויודע שעבדים פטורין מן הסוכה לפיכך ישן הוא תחת המטה ולפי דרכינו למדנו שהישן תחת המטה לא יצא ידי חובתו : **גמ'** והא ליכא עשרה *תרגמא שמואל [ב]במטה עשרה תנן התם *[ג]אחד חור שחררוהו מים או שרצים או שאכלתו מלחת וכן מדבך אבנים וכן סואר של קורות מאהיל על הטומאה רבי יהודה אומר כל אהל שאינו עשוי בידי אדם אינו אהל מאי טעמא דרבי יהודה יליף

שהן טמאות · אף מדרס דמיוחדות לשכיבה הן ולא לתשמיש אחר : ועל של טבריא · קשות הן ואין דרך אדם שוכב עליהן : כיון דליכא דיתיב עלייהו · אין רוב בני אדם רגילין לייחדן לכך : דמקרי ויתיב · ומייחדן לכך : והתניא · לעיל : וכן היה ר' דוסא אומר כדבריו · של ר' יוסי דזו וזו מסככין בה אלמא לאו כלי הוא לקבל טומאה : גדנפא · כעין שפה סביב גבוה מעט לקבל מה שנותנין בהו ועשויה לתשמיש לתת פירות על גבה : דלית ליה גדנפא · אפילו כלי לא הויא דלסכך על גבי אהלים עשויה : שעם . פוויי"ל מין שיפה : של שק · מנולה של עזים : של ספירא · ממה שמספר מנוצר הסוס ומזנבו : מטמאין טמא מת · ולא מדרס דכלי הן ולא לישיבה : בשלמא למאן דאמר · חוצלות הייני מזבלי איכא למימר בכל הני דכי לא עבידן לשכיבה כלי הם לתשמיש אחר : של שעם ושל גמי · אף על פי שאין נארגים היטב ויש הפרש בין בית ניר לבית ניר : ראויין הן לכנתא דפירי · פירות גסין שאין יוצאין דרך נקב קטן : של שק ושל ספירא · שנארגים יפה : חזו לגולקי וצני · כלים כעין שקין שנותנין בהן קטנית ופירות דקין : אלא למאן דאמר מחצלות ממש · שהן פשוטין ואין להן בית קיבול : בשלמא של שק ושל ספירא · לר' דוסא אע"ג דלאו לשכיבה עבידי : חזו לפרסי ונפוותא · וילון כנגד הפתח כדמתרגם מסך הפתח (שמות לה) פרסא דתרעא : נפוותא · לנפות בהן הקמח כמות שהן נותנין עליו קמח וכופלין אותן וקושרין בראש הכפל כעין בויטי"ל שלנו : למאי חזיין · אליבא דרבי דוסא דאמר לאו לשכיבה עבידן אמאי טמאות שום טומאה : לנזייתא · לכסות בהן גיגית שעושין בהן שכר : חנניה · בן אחי רבי יהושע : כשירדתי לגולה · כשירד לגולה לעבר שנה כדאמרינן בברכות בהרואה (דף סג·): בודיא · מחצלת : מסככים · דסתמא לסיכוך והיכא כלי לתשמיש : קיר · הוא גדנפא :

הדרן עלך סוכה

הישן · לא יצא · דאהל מפסיק בינו לסוכה ועיקר ישיבת הסוכה אכילה שתיה ושינה : נוהגין היינו כו' · טעמא מפרש בגמרא דלא אתי אהל עראי ומבטל אהל קבע : מעשה בטבי עבדו · ועבדים פטורין מן הסוכה דמצות עשה שהזמן גרמא נשים פטורות וכל שהאשה חייבת עבד נמי חייב כדאמרי' בחגיגה (דף ד·) : ולפי דרכינו למדנו · כלומר אע"פ שלא אמר לנו לשם לימוד אלא לשיחת חולין בעלמא שהיה משתבח בעבדו לבדיחותא בעלמא למדנו ע"פ דרך בדיחותו שהישן תחת המטה לא יצא ידי חובתו : **גמ'** תנן התם · באהלות קא חשיב את המביאין טומאה : שחררוהו המים · כגון בשפה גבוהה על הנהר והמים חוטטין מתחתיה ונכנסין ועושין נקב ארוך : או שרצים . כגון חולדות (א) ואישות : או שאכלתו מלחת · שהארץ מליחה ומתבקעת מאליה : וכן מדבך · אבנים גדולות הערוכות זו על זו ופעמים שהאחת סדורה על גבי השנים והתחתונות שוכבות זו אצל זו ומפרידות זו מזו ויש שם אהל טפח : וכן סואר של קורות · אף הן קורות הערוכות על גבי קרקע זו על גב זו ועומדות לבנין ויש שם הרבה נקבים ביניהם ויש בהן אהל כל אלו אם כזית מת בתוך האהל בראשו אחד וכלים בראשו שני נטמאו באהל המת : בידי אדם · מתכוין לעשותו אהל : אינו אהל · לטומאה : אהל

חזיין לפרסי · מסך לפני הפתח ומקבל טומאה הוא כדאמרי' סוף פרק קמא דבילה (דף יד: ושם) מפני מה אמרו וילון טמא : **חזיין** לנזייתא . פי' בקונטרס לכסות בהן גיגית שעושין בה שכר ולאי אפשר לומר כן דשעם וגמי לא מקבלי טומאה אלא מתורת כלי עץ דאיתקש לשק ובמסכת כלים פי"ו [מ"ח] תנן גבי כלי עור וכלי עץ זה הכלל העשוי לתיק טמא ולחיפוי טהור ותנן נמי פכ"ו [מ"ו] במס' כלים עור שעשאו חיפוי לכלים טהור דהא דפליגי התם למשקולת טמא ורבי יוסי מטהר משום דהעשוי לכסות משקולת פעמים שמקבלין בו דבר ור' יוסי מטהר משום דעיקרו לכסוי וצריך לומר הכא שעושין לקבל בהן דבר : **מסככין** בבודיא · עשויה היא לקבל תמרים כדאשכחן בכתובות פרק נערה (דף נ:) זיל הב ליה מתמרי דעל בודיא וא"ת אם כן מקבלת טומאה מדרבנן כדף של נחתומין פרק המוכר את הבית (ב"ב דף סו·) והיאך מסככין בה ויש לומר דההיא דאית ליה גדנפא היא העשויה לקבל תמרים והך מוקמינן בדלית ליה גדנפא דההיא ודאי עשויה לסיכוך וטהורה :

הדרן עלך סוכה

הישן תחת המטה בסוכה לא יצא ידי חובתו · בגמרא מוקי לה שמואל בגבוהה עשרה דפחות מכאן לא חשיב אהל להפסיק ומלינן למימר דשמואל לטעמיה דמכשר בפרק קמא (דף י·) תחתונה כשאין בעליונה עשרה אבל לאידך אמוראי דפסלי משום דעליונה חשיבא אהל אע"פ שאינה גבוהה י' הוא הדין דחשיב אהל להפסיק ושאני מטה שאני כדאמר בגמרא דהויא לה מטה אהל עראי הלכך כולהו מודו דבפחות מעשרה לאו כלום היא : **ראיתם** טבי עבדי שהוא תלמיד חכם · עבד כשר היה כדאיתא בפרק שני דברכות (דף טז:) ובירושלמי תני שהיה מניח תפילין ולא מיחו בידו חכמים ופריך מחלפא שיטתי' דרבן גמליאל דהא הכא גבי סוכה מיחו בידו חכמים מלישב בסוכה שהרי היה ישן תחת המטה ומשני שהיה עושה כן שלא לדחוק את חכמים שהיו ישנים בסוכה ופריך אי שלא לדחוק את חכמים ישב לו חוץ לסוכה ומשני דרולה היה לשמוע דברי חכמים: **תנן** התם · באהלות פ"ג [מ"ז] אחד חור שחררוהו מים אריפא קאי דאיירי בביב שהוא קמור תחת הבית וקמ"ל אע"פ שנעשה ע"י מים או שרצים :

רבינו חננאל

וכך אמרו לא נחלק ר' דוסא וחכמים על המחצלות של אושא שהן טמאות ועל של טבריא שהן טהורות . ועל מה נחלקו על שאר מקומות . ר' דוסא סבר כיון דליכא דיתיב עליהן אע"ג דמיטמו טמא מת לא מיטמו מדרס . דגרסינן (בפרה) [בנדה] בפרק בא סימן התחתון יש שמטמא טמא מת ואינו מטמא מדרס לאתויי סאה ותרקב דתניא והיושב על הכלי אשר ישב עליו הזב יכול כפה סאה או תרקב וישב עליו יכול יהא טמא ת"ל אשר ישב עליו הזב יטמא מי שמיוחד לישיבה יצא סאה ותרקב שאם ישב עליהן אומרים לו עמוד ונעשה מלאכתנו . וחכ"א כיון דאיכא דמיקרי ויתבי עלייהו כדאושא דמיין שהן עשויות לישיבה . ואקשינן עלה וכי סבר ר' דוסא שהחוצלות מקבל טומאה והתניא וכן היה ר' דוסא אומר כדברי ר' ישמעאל כי המחצלות מסככין בהן בין (ארוכה) [ארוגה] בין גדולה וכל שמסככין בה אינה מקבלת טומאה . ושנינן הא דתניא מיטמאין טמא מת בדאית להו גדפא . ומותבינן על ר"ש בן לקיש חוצלות של שעם ושל גמי *) חזו לתופרן ולעשות מהן בנאתא. פי' כלכלה דפידי . של שק ושל תפירה חזו לעשות בו כסוי לגואלקי וצני שקים שלשער שפרופות . אלא לר' שמעון בן לקיש דאמר מחצלות ממש . בשלמא של שק ושל ספירא חזו לפרסי ונפוואתא . פי' כמו נפה וכברה . כלומר הנה כלים הן לפיכך מקבלי טומאה אלא של שעם ושל גמי למאי חזו. ושני חזו לנזיאתא פירוש בלשון טייעות (סדנאת) [סורנאתא] כסוי קנקנים של יין . כדגרסינן לכי נזייתא ריחטא . איכא דאמרי בשלמא למ"ד מחצלת כו' . תניא א"ר חנינא כשירדתי לגולה מצאני זקן אחד ואמר לי מסככין בבודיא וכשבאתי כו'. רב חסדא אמר והוא דלית לה [גדנפא] וכן הלכתא : ירושלמי מודה רבי אליעזר לחכמים שאם היתה נתונה על ד' אבנים או שהיתה גבוהה מן הארץ טפח כשירה. תנא העושה סוכתו בבית יער הלבנון שבירושלים כשירה . למי נצרכה לר' אליעזר:

רבה בר בר חנה בשם ר' יוחנן במחצלות אושא [שנו] . א"ר אליעזר פתם מחצלות אושא טמאים עד שיעשום אהלים . פתם מחצלות טבריא טהורות עד שיעשום לשכיבה. רבנן הורו באלו שעל פתח התנויות שטהורות . הורי ר' אבא ארוגה טמאה פהו לסכך בה מחלוקת ר' אליעזר וחכמים. ר' יצחק ברבי אליעזר הורי מדוחק להתיר ראשי מעדנים ולסכך בהן . תנינן וכן התיר ראשי מעדנים [פהורות] ותמר הכן : הדרן עלך סוכה שהיא גבוהה

פ"ב הישן תחת המטה לא יצא ידי חובתו.תרגמה שמואל במטה עשרה נעשה אהל והיושב בה אינו ישן בסוכה: תנן התם באהלות פ"ג[ם"ו] טפח על טפח על רום טפח מרובע מביא את הטומאה כו' ... [חור] שחררוהו מים או שניקבוהו מים או שרצים או אכלתו מלחת ארץ מליחה וכן מדבך של אבנים.וכן צבר של קורות צבורות זו על ז.ר' יהודה אומר כל שאינו בידי אדם אינו .אהל ומודה בשקיפין ובסלעין

*) כך לא דחסר וצ"ל מטמא טמא מת וכו' בשלמא למ"ד מזבלי הוגלות של שעם ושל גמי חזו וכו' .

[פי' כמו נפה וכברה ערוך]

לעיל י:

לעיל יח.

הגהות הב"ח
(א) רש"י ד"ה או שרצים כגון תולדות ואישות סיא תנשמת בלא עינים הס"ד :

[לעיל י:]

אהלות פ"ג מ"ו

§ מסכת סוכה דף כ: §

אות א׳ - ב׳

הישן תחת המטה בסוכה לא יצא ידי חובתו במטה עשרה

סימן תרכז ס"א - צריך לישב באויר הסוכה - הקדים בזה, כדי לידע הטעם בישן תחת המטה דלא יצא, שאינו ישן בצל הסוכה, אלא בצל אוהל, [רש"י (ד"ה הישן) ור"ן בשם הרז"ה, **ועיין** בב"ח שכתב, דלהרי"ף והרא"ש דהטעם הוא משום דדומה לסוכה תחת סוכה, הוא מן התורה, ולטעם הרז"ה הוא מדרבנן, **והפמ"ג** מפקפק, דאפשר דגם לרי"ף ורא"ש הוא מדרבנן].

[א] הישן תחת המטה בסוכה, אם היא גבוה י׳ טפחים, לא יצא - כשמן הארץ עד תחתית המטה גבוה י"ט, [הא לא"ה, אע"ג דהמטה בכללה גבוה י"ט, כשר לצאת שם י"ח], **דע"י** שיש תחת המטה אויר י"ט, חשיב כאוהל, ומפסיק בין הסוכה, **ואפילו** דפנות המטה קצרים מאוד, שאין להם אפילו רוחב טפח, מ"מ שם אוהל עליה.

ונקט הישן, דעיקר ישיבת הסוכה הוא אכילה שתיה ושינה, [רש"י].

אות ג׳

אחד חור שחררוהו מים או שרצים או שאכלתו מלחת, וכן מדבך אבנים וכן סואר של קורות, מאהיל על הטומאה

רמב"ם פי"ג מהל׳ טומאת מת ה"א - כל טפח על טפח ברום טפח קרוי אהל כמו שביארנו, וחוצץ בפני הטומאה ומביא את הטומאה; בין שעשאהו להאהיל בין שנעשה מאיליו, אפילו היה שלא בידי אדם, הרי זה מביא וחוצץ; כיצד, אחד חור שחררוהו מים או שרצים או שאכלתו מלחת, או שצבר אבנים או קורות ונעשה בהן חלל טפח, הרי זה אהל ומביא וחוצץ.

באר הגולה

[א] משנה סוכה כ׳ וכדמפרש לה שמואל

§ מסכת סוכה דף כא. §

אות א'

חצירות היו בנויות בירושלים ע"ג הסלע, ותחתיהם חלל מפני קבר התהום, ומביאין נשים עוברות ויולדות שם, ומגדלות בניהם שם לפרה, ומביאין שוורים ועל גביהן דלתות, ותינוקות יושבין על גביהן וכוסות של אבן בידיהם, הגיעו לשילוח ירדו לתוך המים ומילאום ועלו וישבו להם

רמב"ם פ"ב מהל' פרה ה"ז - כשמזין עליו בימי ההפרשה, אין מזה עליו אלא אדם שלא נטמא במת מעולם, שהמזה צריך שיהיה טהור; וא"ת יזה עליו איש שנטמא והוזה עליו, שמא זה שהזה עליו לא היה טהור מטומאת מת; וכן הכלים שממלאין בהן ומקדשין להזות על הכהן השורף, כולם כלי אבנים היו שאין מקבלין טומאה; וכל אלו הדברים מעלות יתירות הן שעשו בה. וכיצד ימצא איש שלא נטמא במת מעולם, חצירות היו בירושלים בנויות על גבי הסלע, ותחתיהן חלול מפני קבר התהום, ומביאין היו נשים עוברות ויולדות שם, ומגדלות שם את בניהם; וכשירצו להזות על הכהן השורף, מביאין שוורים מפני שכרסיהן נפוחות, ומניחים על גביהן דלתות, ויושבין התינוקות על גבי הדלתות, כדי שיהיה האהל מבדיל בינם לבין הארץ מפני קבר התהום, וכוסות של אבן בידם, והולכין לשילוח, הגיעו לשילוח יורדין שם וממלאין, שאין לחוש שם מפני קבר התהום, שאין דרך בני אדם לקבור בנהרות, ועולין ויושבין על גבי הדלתות, והולכין עד שמגיעין להר הבית, הגיעו להר הבית, יורדין ומהלכין על רגליהן, מפני שכל הר הבית והעזרות תחתיהן היה חלול מפני קבר התהום, ומהלכין עד פתח העזרה, ובפתח העזרה היה קלל של אפר, נוטלין האפר ונותנין במים שבכוסות, ומזין על הכהן השורף. ומטבילין היו התינוקות שממלאין ומקדשין ומזין על השורף, אע"פ שהן טהורין מטומאת המת, שמא נטמאו בטומאה אחרת.

עין משפט נר מצוה

ג א מיי' פ"ב מהלכות פרה הלכה ז סמג עשין רלב :

מסורת הש"ס

[שבת כז:]
[זבחים קיג.] פרה פ"ג מ"ב
[עי' תוס' עירובין עט. ד"ה הרי]
[עירובין ל:]

גמרא

יליף אהל אהל ממשכן כתיב הכא (במדבר יט) זאת התורה אדם כי ימות באהל וכתיב התם (שמות מ) ויפרש את האהל על המשכן מה להלן בידי אדם אף כאן בידי אדם ורבנן אהל אהל ריבה וסבר ר' יהודה כל אהל שאינו עשוי בידי אדם אינו אהל ורמינהו *חצירות היו בנויות בירושלים ע"ג הסלע ותחתיהם חלל מפני קבר התהום ומביאין נשים עוברות ויולדות שם ומגדלות בניהם שם לפרה ומביאין שוורים ועל גביהן דלתות ותינוקות יושבין על גביהן וכוסות של אבן בידיהם הגיעו לשילוח ירדו לתוך המים ומילאום ועלו וישבו להם *רבי יוסי אומר ממקומו היה משלשל וממלא מפני קבר התהום ותניא *ר' יהודה אומר לא היו מביאין דלתות אלא שוורים והא שוורים דאהל שאינו עשוי בידי אדם הוא וקתני ר' יהודה אומר לא היו מביאין דלתות אלא שוורים כי אתא רב דימי א"ר אלעזר מודה ר' יהודה כמלא אגרוף תנ"ה ומודה ר' יהודה בשקיפין ובנקיקי הסלעים והרי דלת דיש בה כמה אגרופין וקתני רבי יהודה אומר לא היו מביאין דלתות אלא שוורים אמר אביי לא הוצרכו להביא דלתות רבא אמר לא היו מביאין דלתות כל עיקר שמפני שדעתו של תינוק גסה עליו שמא יוציא ראשו או אחד מאבריו ויטמא

בקבר

רש"י

אהל אהל ריבה · אהלים טובא כתיבי בפרשת פרה לרבות אף העשוי מאליו : מפני קבר התהום · כל שם קבר התהום וטומאת התהום שבש"ס לשון ספק הוא כתהום שאינו גלוי מפני קבר התהום שכל העיר היו מסופקין שמא יש שם קבר ואין לו למת חלל טפח וטומאה שהיא רצוצה בוקעת ועולה לרקיע לכך היו בונין אותה ע"ג כיפין שאפי' יש שם קבר מתחת הרי חלל מפסיק : ומביאין נשים עוברות כו' · משום ההיא דתנן (פרה פ"ג מ"ז) מטמאין היו את הכהן השורף את הפרה ומטבילין אותו מיד להוציא מלבן של צדוקין שהיו אומרים במעורבי השמש היתה נעשית וכיון דטבול יום כשר בפרה עשו בה מעלות הרבה כדי שלא יזלזלו בה תקנו כל מעשה פרה בכלי גללים וכלי אבנים וכלי אדמה שאין מקבלין טומאה והכהן השורפה הזקיקוהו לפרישת שבעת ימים ואין אחיו הכהנים נוגעין בו כדאמרינן בפ' קמא דיומא (דף ב:) ואמר מר מזין עליו כל שבעה ותקנו שיהו תינוקות הללו ממלאין לו מים לקדש בהן מי חטאת ומשום מעלה תקנו שיהו טהורים מכל טומאה ובתוספתא שנינו עד שיהו בני שבעה ובני שמנה שנים מגדלין אותן ולא יותר שלא ראו קרי : ומביאין שוורים · כשהיו רוצים לילך ולמלאות מים חיים מן השילוח : וכוסות של אבן בידיהם . שכל מעשיה היו בכלי אבנים כדפרישית: ירדו לתוך המים ומלאום · קסבר האי תנא מילוי בעינן ולא שישלשל בחבל : מפני קבר התהום · שמא יש כאן טומאה : אלא שוורים · שכריסם רחבות ותינוקות יושבין עליהם וכריסן מפסיק שאין התינוקות מאהילין על הארץ ולקמן מפרש טעמא אמאי לא היו מביאין דלתות אלמא אשמעינן רבי יהודה דשדרתן של שוורים שהיא כעין גג וחלל של בהמה הוא האהל המפסיק ואע"ג דאינו עשוי בידי אדם : כמלא אגרוף · אהל שרחב כמלא אגרוף שהוא יותר מטפח מודה רבי יהודה שאע"פ שאינו עשוי בידי אדם חשוב להיות אהל דבמלא אגרוף מצינו חשוב למאור שאינו עשוי בידי אדם כדתנן באהלות (פי"ג מ"א וכלים פי"ז מ"ב) ובמס' בכורות מייתינן לה בפרק על אלו מומין (דף לז:) מאור שלא נעשה בידי אדם שיעורו להוציא את הטומאה לאויר כמלא אגרוף וזהו אגרופו של בן אבטיח וישנו גדול כראש כל אדם וכי אר"י דאינו אהל היכא דאין עשוי בידי אדם בטפח קאמר : בשקיפין · סלעים הנופלים ומתפרקין ברוח ויש חור גדול במקום עקירתן : נקיקי · ביקועין : והרי דלת דיש בה כמה אגרופים · מן הקרקע עד הדלת וקא א"ר יהודה לא היו מביאים דלתות קא סלקא דעתיה משום דאין דרך אהל בכך וכל שכן שוורים: כל עיקר.(א) לא משום דאינו אהל אלא שלא תהא דעתו של תינוק גסה עליו פריוו"ר בלע"ז שמתוך שאינו ירא ליפול והרי הוא בטוח כאילו הוא בעלייה רחבה ויוציא ראשו חוץ לדלת ומאהיל לפיכך מביאין שוורים בלי דלתות ומתוך שהוא ירא ליפול אינו מוציא ראשו להלן מן רחב השור :

בקבר

תוספות

יליף אהל אהל ממשכן · וא"ת אי ממשכן יליף אפילו עשוי בידי אדם נמי לא יביא את הטומאה אלא פשתן כדאשכחן פרק במה מדליקין (שבת דף כז: ושם) דתנן כל היוצא מן העץ אינו מטמא טומאת אהלים אלא פשתן ויליף בגמרא אהל אהל ממשכן וי"ל דכל המאהילים דמטמאים ילפינן בספרי בפרשה פרה בקל וחומר ממצורע דתניא מנין לעשות שאר המאהילים כאהל המת אמרת מה מצורע הקל עשה בו כל המאהילים כאהל מת החמור לא כל שכן דלגבי מצורע כתיב מושבו ודרשינן בתורת כהנים מושבו טמא מכאן אמרו הטמא יושב תחת האילן וטהור עובר טמא וא"ת אם כן כי לא עביד נמי בידי אדם נילף בקל וחומר ממצורע וכי תימא אם כן ג"ש מאי אהניא הא איצטריכא ליה לדרשה דפרק במה מדליקין דכל היוצא מן העץ אינו מטמא טומאת אהלים ויש לומר דמושבו לא משמע לא ריבוי ולא מיעוט לענין שאינו עשוי בידי אדם ולרבי יהודה דממעטיה רחמנא גבי מת ילפינן מצורע הקל בקל וחומר ממת דלא מטמא ולרבנן לא מחלק לא הכא ולא הכא ואף על גב דסתם סיפרא רבי יהודה אתיא שפיר ההיא דאילן כרבי יהודה דאמר בשמעתין מודה היה רבי יהודה כמלא אגרוף וא"ת וכיון דשאר המאהילים ילפינן ממת ק"ו ממצורע אם כן נימא דיו ולא מטמא עוברים כמו קוברי המת שהיו עוברים באכסדרה ויש שם כלים דמצורע עובר אינו מטמא באהל כדתניא בתורת כהנים וכדתנן במסכת נגעים פ' י"ג (מ"ז) ומייתי לה פ"ק דקדושין (לג:) ויש לומר דק"ו זה אינו אלא גלויי מילתא בעלמא הוא דלא ילפינן ממשכן למעוטי שאר המאהילים :

ומביאין נשים עוברות ויולדות · אע"פ שהיו התינוקות טמאים בנדה ויולדות לא היו חוששין אלא לשומרן מטומאת מת דבעיא הזאה ומטומאה היוצא מגופו כגון בעל קרי כדתניא בתוספתא* שהיו מגדלין אותן עד שיהו בני שבע שנים או שמנה ולא יותר שלא יראו קרי וקצת תימה מה מועיל מילוי זה שהיו ממלאין בתינוקות סוף סוף בעינן איש בשעת קידוש שנותנין האפר במים או בשעת הזאה לרבי יהודה או לרבנן כדמוכח פרק טרף בקלפי (יומא דף מג:) ויש לומר דמה שהיה יכול לתקן מתקנין משום מעלה דכולה מילתא מעלה בעלמא כדאיתא בריש (*יומא) (דף ג:) :

ועל גביהן דלתות · מאן דאמר בגיטין (דף ח:) ובנזיר פרק כהן גדול (דף נה·) ובפ' בכל מערבין (עירובין דף ל:) ובפרק בתרא דחגיגה (דף כה·) דאהל זרוק לא שמיה אהל לחוץ בפני הטומאה מצי למימר דסבר לה כרבי יהודה דאמר בשמעתין לא היו מביאין דלתות אלא שוורים שכריסותיהן רחבות ואע"פ שגם הם אהל זרוק מ"מ בדידהו גלי רחמנא דחשיבי אהל כדדרשינן מדכתיב (איוב י) ובעצמות וגידים תסוככני ומיהו לר' אליעזר דלקמן ודאי קשה דמפרש טעמא דשוורים משום דמגינים על הרועה שלהם וקושיא דמטה משני משום דהויא אהל עראי ולהאי טעמא קשה היכי עבדינן למ"ד אהל זרוק לא שמיה אהל דאפי' שידה תיבה ומגדל לא חייצי :

והתינוקות יושבין · בתוספתא דפרה [פ"ב] קתני דהכל שוין שהתינוקות צריכין טבילה כלומר הכל שוין בין ר' עקיבא בין ר' יוסי הגלילי שנחלקו לענין הזאה כדתנן במסכת פרה פ"ג [מ"ד] צריכין היו התינוקות להזות דברי ר' יוסי הגלילי ר"ע אומר לא היו צריכין להזות:

ירדו לתוך המים ומלאום · קסבר האי תנא מילוי ידים בעינן ולא שישלשל בחבל כך פירש בקונטרס ותימה גדולה פירש דבכולהו סתמי מוכחי במסכת פרה (פ"ז משנה ו ז) שהיו מוליכין חבל כדי למלאות ואפילו נתמלא הכלי מאליו משמע דכשר במילוי דתנן במס' פרה פ"ה (מ"ז) השוקת שבסלע אין ממלאין בה היתה כלי וחברה בסיד ממלאין עוד תניא בתוספתא דפרה אמר לפני רבי עקיבא משום רבי ישמעאל כוסות של אבן היו תלויין בקרני שוורים כיון ששחו שוורים לשתות נתמלאו הכוסות אמר להם אל תתנו מקום לצדוקים לרדות (*אחריו) ונראה לפרש דבהכי פליגי רבי יוסי ורבנן דרבנן סברי משום ההוא פורתא לא חיישינן לקבר התהום ורבי יוסי חייש :

תניא נמי הכי · משמע לכאורה שהיא ברייתא והיא משנה שלימה במסכת אהלות (פ"ג מ"ז) סיפא דההיא דלעיל דהכי תנן התם רבי יהודה אומר כל אהל שאינו עשוי בידי אדם אינו אהל ומודה בשקיפים וסלעים* :

והרי דלת דיש לה כמה אגרופין · תימה היכי סלקא דעתא דמקשה שלא יועילו דלתות והלא בידי אדם הוא דמדעת הונחו לשם אהל ועוד מאיזה טעם יש לשוורים להועיל יותר מן הדלתות ובקונטרס פירש קא סלקא דעתיה משום דאין דרך אהל בכך וכל שכן שוורים ולפי זה תיקשי ליה היא גופא ונ"ל דקא סלקא דעתיה דבעלי חיים חשיבי להציל טפי מדלתות ליחשב אהל אף על פי שאין דרך אהל בכך ולא שייך טעם זה אלא בדבר התלוי בסברא ולא למאי דילפינן ממשכן :

שדעתו של תינוק גסה עליו · קסבר *רבי יהודה אהל זרוק שמיה אהל דמשמע הא לאו מפני שדעתו גסה היו מביאין דלתות :

ובעצמות

רבינו חננאל

ובסלעין . מ"ש דרבי יהודה יליף אהל אהל, כתיב הכא אדם כי ימות באהל . וכתיב התם ויפרוש את האהל על המשכן מה להלן בידי אדם הכא נמי בעינן אהל העשוי בידי אדם . איני והתנן במס' פרה פ"ג חצירות היו בירושלים בנויות ע"ג סלע ותחתיהן חלול מפני קבר התהום כו' פי' שאם יש שם קבר תחתיו נעשה חלל זה אהל ואין טומאה בוקעת ועולה למעלה מן האהל לפיכך [היו] התינוקות מתגדלים באותן חצירות . וכן כשהיו פוליכין אלו התינוקות מן החצירות ההן להר הבית היו מרכיבין אותן ע"ג שורים וע"ג השוורים דלתות והתינוקות יושבין מלמעלה שאם יש שם קבר הדלתות נעשית אהל והן מפסיקין בין הטומא' לתינוקות ותניא ר' יהודה אומר לא היו מביאין דלתו' אלא שוורי' והא שוורים שאינו עשוי בידי אדם [והוי אהל] ומשני ר' אלעזר כי בעי ר' יהודה *) אהל בידי אדם ב' טפחים . ומודה ר' יהודה במלוא אגרוף שהוא יותר מטפח כדכתיב באבן או באגרוף שאע"פ שאינו בידי אדם אהל הוא . מדקתני [ומודה] ר' יהודה בשקיפין ובנקיקי הסלעים . והאי דקתני לא היו מביאין דלתות אלא שוורים . אביי אמר הכי קתני לא הוצרכו להביא דלתות דיי להם בשוורים . רבא אמר חייש ר' יהודה הואיל ודעת התינוקות גסה שמא יוציא כו' לפיכך אמר

*) נ"ל אהל בידי אדם בטפח ומודה ר"י .

[צ"ל פרק בתרא דזבחים דף קיג.]

[צ"ל אחריכם]

[גם הר"ש הניח דבר זה בתימה ועי' ישוב ע"ז בתי"ט ספ"ג דאהלות בשם מהר"ם]

הגהות הב"ח

(א) רש"י ד"ה כל עיקר ולא:

עין משפט נר מצוה

מסורת הש"ס

תורה אור

בקבר התהום תניא כוותיה דרבא ר' יהודה אומר לא היו מביאין דלתות כל עיקר מפני שדעתו של תינוק גסה עליו שמא יוציא ראשו או אחד מאבריו ויטמא בקבר התהום אלא מביאין שוורים המצרים שכריסותיהן רחבות והתינוקות יושבין על גביהן וכוסות של אבן בידיהן הגיעו לשילוח ירדו ומלאום ועלו וישבו להן על גביהן והרי מטה דיש בה כמה אגרופים ותנן ר' יהודה אומר נוהגים היינו שהיינו ישנים תחת המטה בפני הזקנים שאני מטה הואיל ולגבה עשויה שוורים נמי לגבן עשוים כי אתא רבין א"ר אלעזר שאני שוורים הואיל ומגינים על הרועים בחמה מפני החמה ובגשמים מפני הגשמים אי הכי מטה נמי הואיל ומגינה על מנעלים וסנדלים שתחתיה אלא אמר רבא שאני שוורים הואיל ועשוים להגין על בני מעים שלהן שנאמר °עור ובשר תלבישני ובעצמות וגידים תסוככני ואי בעית אימא *ר' יהודה לטעמיה דאמר *סוכה דירת קבע בעינן והוה ליה מטה דירת עראי וסוכה אהל קבע *ולא אתי אהל עראי ומבטל אהל קבע והא *ר"ש דאמר נמי סוכה דירת קבע בעינן (הא) ואתי אהל עראי ומבטל אהל קבע (אין) בהא פליגי מר סבר אתי אהל עראי ומבטל אהל קבע ומר סבר לא אתי אהל עראי ומבטל אהל קבע: א"ר שמעון מעשה בטבי עבדו: תניא א"ר שמעון משיחתו של רבן גמליאל למדנו שני דברים למדנו שעבדים פטורים מן הסוכה ולמדנו שהישן תחת המטה לא יצא ידי חובתו ולימא מדבריו של רבן גמליאל מילתא אגב אורחיה קמ"ל כי הא *דאמר רב אחא בר אדא ואמרי לה אמר רב אחא בר אדא אמר רב המנונא אמר רב מנין שאפי' שיחת *תלמידי חכמים צריכה *לימוד שנאמר °ועלהו לא יבול: מתני' *הסומך סוכתו בכרעי המטה כשרה ר' יהודה אומר *אם אינה יכולה לעמוד בפני עצמה פסולה: גמ' מ"ט דר' יהודה פליגי בה רבי זירא ורבי אבא בר ממל חד אמר מפני שאין לה קבע וחד אמר מפני שמעמידה בדבר המקבל טומאה מאי בינייהו כגון שנעץ שפודין של ברזל וסיכך עליהם למאן דאמר לפי שאין לה קבע הרי יש לה קבע ומאן דאמר מפני שמעמידה בדבר המקבל טומאה הרי מעמידה בדבר המקבל טומאה אמר אביי *לא שנו אלא סמך אבל סיכך על גב המטה כשרה מאי טעמא למאן דאמר לפי שאין לה קבע הרי יש לה קבע למאן דאמר מפני שמעמידה בדבר המקבל טומאה הרי אין מעמידה בדבר המקבל טומאה:

מתני'

בקבר התהום · כלומר בספק קבר: **דיש כמה אגרופים** · מן החבלים לקרקע: **נסגין היינו** · אלמא אהל עראי לאו אהל הוא: **הואיל ולגבה עשויה** · לישן על גבה ולא תחתיה לפיכך אין לה שם אהל: **על כרועים** · שמכניסין ראשיהן תחת כריסם: להכי נקט גבי מטה מנעלים וסנדלים דאמרי' בבבא בתרא (דף נח:) איזהו מטה של תלמידי חכמים כל שאין תחתיה אלא מנעלים של בעל הבית בימות החמה וסנדלים בימות הגשמים שטתנים שם כשהוא בא לשכב ולישן חולץ מנעליו ונותנן תחת מטתו אבל לתת תחתיה דברים אחרים גנאי הוא לו שמרגיל בני הבית לשם*: **על בני מעיין** · גג שסדרה שלהן מגין עליהן: **תסוככני** · אלמא סכך קרי ליה: **ואיבעית אימא** . לר' יהודה מטה אהל היא אלא הייני טעמא דשרי משום דסוכה אהל קבוע הוא: **ולא אתי עראי ומבטל קבע** · להסיר שם הסוכה מכאן: **והא ר' שמעון דאמר נמי סוכה קבע**(א) · דבעי ארבע' דפנות ואמרי' בפרק קמא (דף ז:) ר' יהודה ור' שמעון ורבן גמליאל ור' אליעזר ואחרים כולהו סבירא להו סוכה דירת קבע בעינן וקאמר במתניתין לפי דרכינו למדנו שהישן תחת המטה לא יצא ידי חובתו: **משיחתו** · לשון שיחת חולין ושמחה: **מלתא** · חדתא אגב אורחיה דאזיל לאשמועינן שני דברים שלמדנו הולך בלשונו בדבר שתוכל להבין בו דבר חידוש דאי אמרת מדבריו לא שמעינן מינה שתהא שיחת תולין צריכה ליתן לב ללומדה אבל השתא אשמעינן דצריך להטות אוזן אף לשיחתן שאף היא סופה להבין בה דבר תורה מדבריו משמע דברי תורה שהוא מתכוין ללמדן לתלמידים: **צריכה לימוד** · צריך לשומעם שיתנו להן לב: **ועלהו** · דבר קל שבו: **מתני' בכרעי המטה** · מטה שלמה: **ר' יהודה אומר כו'** · טעמא מפרש בגמרא: **גמ' שאין לה קבע** · שמטלטלת על ידי מטה ור' יהודה לטעמי' דאמר סוכה דירת קבע בעינן: **שמעמידה כו'** · ואע"פ שלא למדנו פסול אלא לסכך הואיל ועיקרו של סכך אלו מעמידין הוי כאילו סיכך בדבר המקבל טומאה: **אבל סיכך על המטה** · ולא סמך הסיכוך בכרעים אלא על גבי יתידות אבל כל דופני הסוכה אינן אלא מטות משלשה צדדין לא פסיל ר' יהודה דהא לא גמרי' פסול מיניה לסוכה אלא לסיכוך וזה לא הוא ולא מעמידו בפסולי' ולענין קבע נמי יש קבע לסיכוך:

ובעצמות וגידים תסוככני · אף על גב דהאי קרא באדם כתיב כל שכן בהמה שכריסה למטה כעין אהל: **למדנו** שעבדים פטורים מן הסוכה · ואע"ג דהאי מצות עשה שהזמן גרמא אצטריך לאשמועינן דלא תימא דחייבין משום דכתיב תשבו כעין תדורו כדלקמן בשילהי פירקין (דף כח:): **שאין** לה קבע · (ב) שמטלטלת על ידי המטה ורבי יהודה לטעמיה דאמר סוכה דירת קבע כך פירש בקונטרס לפי סברא זו מצינו למימר דפליגי נמי בסוכה שבראש העגלה וגרים שפיר לעיל בפרק קמא (דף ז:) ולקמן בפירקין (דף כג:) בראש העגלה גבי פלוגתא דרבן גמליאל ור' עקיבא בראש הספינה דבראש העגלה נמי פליגי והא דמודה רבן גמליאל בראש הספינה דכשרה היכא דיכולה לעמוד ברוח שאינה מצויה דיבשה כדאמרי' לקמן (שם) אע"ג דמטלטלת ע"י הספינה שאני ספינה דאורחא בהכי וחשיבא קבע אע"ג דמטלטלת ואפילו למאן דמפרש הכא טעמא דמתניתין משום דבר המקבל טומאה מכל מקום מודה הוא דפליגי נמי בטעמא דדירת קבע תדע מדלא קאמר איכא בינייהו כגון שסמכ' בשידה תיבה ומגדל המחזיקים ארבעים סאה בלח שהם כוריים ביבש דלמאן דאמר לפי שאין לה קבע הכא נמי אין לה קבע דמטלטלת ולמאן דאמר לפי שמעמידה בדבר המקבל טומאה הני כיון דבאין במדה טהורים כדתנן פרק ט"ו דכלים (מ"א) ומיהו קשה דלקמן (דף כג:) דפסיל ר' יהודה סוכה על גבי בהמה מאי טעמא משום דכתיב חג הסכות תעשה לך שבעת ימים סוכה הראויה לשבעה וזו אינה ראויה לפי שאין עולין לה בי"ט והשתא תיפוק ליה משום דמטלטלת ע"י בהמה ואינה קבע מידי דהוה אסומך בכרעי המטה ובירושלמי משמע דטעמא לפי שאין לה קבע שאין לה י' טפחים מן המטה עד לגג דהך פלוגתא דר' זירא ור' אבא דהכא מתני לה בירושלמי בר' אמי ור' אבא וזה לשונו אמר רבי אמי על שם שאין מכרעי המטה לסכך עשרה טפחים אמר ר' אבא משום שאין מעמידין בדבר טמא הא תני מעשה בירושלים שהיו משלשלין מטותיהן לפני חלונותיהן והיו מסככין על גביהן אין תימא משום שאין מעמידין על דבר טמא הא לית ליה טעמא אלא משום שאין מכרעי המטה לסכך י' טפחים עד כאן ירושלמי ואותן של אנשי ירושלים היה עשרה מכרעי המטה לסכך והא דקתני מתניתין רבי יהודה אומר אם אינה יכולה לעמוד מעצמה אסורה דמשמע הא יכולה לעמוד כמו שסמכה על יתידות כשרה אע"פ שאין מכרעי המטה לסכך עשרה לא חשיב ערא' כיון דלאי שקיל לה למטה איכא אויר עשרה והסוכה מתקיימת כדאמר אביי בשמעתין למאן דאמר אין לה קבע הרי יש לה קבע כלומר אי שקיל לה למטה דמטה לאודה קיימא ואין הסוכה נפסלת בשביל שהכניס בה מטה ומיעט אוירה מידי דהוה אכרים וכסתות דפרק קמא (דף ג:) לא הוי מיעוט לא לענין עשרה ולא לענין עשרים:

ד א ב ג טוש"ע א"ח סי' תרל סעיף יג:

רבינו חננאל

אין מביאין דלתות אלא שוורים ותניא כוותיה דרבא. ואקשינן והרי מטה דיש בה כמה אגרופין ולא השיב ליה ר' יהודה אהל ומכשיר לישן תחתיה בסוכה ודחינן שאני מטה דלגבה עשויה. כלומר הנסרין הנתונות עליה לישן עליהן על גביהן נתונות ולא תחתיהן. ואקשינן אי הכי שוורין נמי לגבן עשוין ושנינן שאני שוורים פעמים שהרועים נכנסים תחתיהם בצל מפני החמה ובגשמים מפני הגשמים שנמצאו להם כמו אהל אי הכי מטה נמי מגינה על מנעלים וסנדלים ונדחת זו. ומשני רבא אלא שאני שוורים הואיל ומגינים על בני מעים כסוכה. שנאמר עור ובשר תלבישני ובעצמות וגידים תסוככני. איבעית אימא דרבי יהודה לטעמי' דאמר [סוכ'] דיר' קבע בעינן והויא לה סוכ' [קבע] ומטה דירת עראי ולא אתו אהלי עראי ומבטלי אהלי קבע. והא ר' שמעון נמי דבעי סוכה דירת קבע וקתני מעשה בטבי עבדו של רבן גמליאל כו' ופליג על ר' יהודה. ואסיקנא בהא פליגי ר' שמעון [סבר] אתו אהלי עראי ומבטלי אהלי קבע ורבי יהודה סבר לא. ר' יהודה ור' שמעון מפורשין בפרק הראשון. אמר אביי. רבי ור' יאשיה ור' יהודה וב"ש ור' שמעון ורבן גמליאל ור' אליעזר ואחרים כולהו סבירא להו סוכה דירת קבע בעינן. מצאנו כי עלי האילן נקראו שיחים דכתיב תחת אחד השיחים. וכתיב וכל שיח השדה וכתיב בין שיחים ינהקו כמו שנקראו דברי תורה שיחה כדכתיב והקיצות היא תשיחך:

(פיס') [מתני'] הסומך סוכתו בכרעי המטה כשרה. אמר אביי לא שנו אלא מעמיד שנמצא מחזיק*) הסכך אלא דר' יהודה בדבר שאין לו קבע. וי"א בדבר המקבל טומאה. אבל סיכך ע"ג חמט' וכותלי המטה הן דפנות דברי הכל כשרה:

*) גרסא דהלשון משורש כאן וכן צ"ל אמר אביי לא שנו דברי ר"י אלא מעמיד שנמצא מחזיק הסכך בדבר שאין לו קבע וכו'.

הגהות הב"ח

(א) רש"י ד"ה והא ר' שמעון וכו' קבע בעי"א דבעי ד': (ב) תוס' ד"ה שאין לה קבע שמיטלטלת וכו' דירת קבע בעי"א כך פירש:

[ורשב"ם מפ' ע"א ע"ש]

[לעיל ז:]

[לעיל יח.]

[לעיל ז:]

ע"ז יט: ע"ש

[סיאחולין של]

[בע"ז יט: איתא תלמוד ועי' בפרש"י דהתם ודסכא]

[יומא יח:]

[ב"ב נח:]

[לקמן כג:]

קנה

§ מסכת סוכה דף כא: §

אות א' - ב' - ג'

הסומך סוכתו בכרעי המטה, כשרה

ר' יהודה אומר אם אינה יכולה לעמוד בפני עצמה, פסולה

לא שנו אלא סמך, אבל סיכך על גב המטה, כשרה

סימן תרל' סי"ג - [ב]**הסומך סוכתו על כרעי המטה** - הנה ממה שכתב ‹לקמן בסמוך›, והכרעיים הם מחיצות וכו', והכרעיים הם דפנות וכו', מוכח דמטה זו מוקפת קרשים, שראשן האחד קבוע בארץ, וראשן השני עולין למעלה מן המטה י"ט, והמטה היא קרשים קבועים במחיצות אלו, והוא קרקעית המטה, ומפני שהקרשים קבועים באותן מחיצות, נקראין אותן מחיצות כרעי המטה.

והכרעים הם מחיצות - כלומר שנתן הסכך ע"ג קרשים שעולים למעלה מהמטה, והם נקראים כרעיים, והכרעיים דהיינו הקרשים הנזכרים, הם הם מחיצות הסוכה, **אם יש בה גובה י' טפחים מן המטה לסכך** - דהיינו מן הקרשים שקבועים בתחתיתה ולמעלה, **כשרה.**

ואף דמעמיד ע"ג מטה שהיא מקבלת טומאה, לא איכפת לן בזה, דקבלת טומאה על הסכך נאמר ולא על הדפנות, **ומ"מ** לכתחלה נכון להזהר בזה, כי יש מן הפוסקים שמחמירין בזה בסי' תרכ"ט ס"ז. ‹ע"ל בסמוך›.

ואם לאו, פסולה - דכיון שהסכך סמוך על הקרשים הללו שהם כרעי המטה, חשיבה המטה עצמה קרקעית הסוכה, וצריך להיות ממנה עד הסכך י"ט.

ואם סמך הסכך על עמודים - פי' והעמודים תקועים בארץ, **והכרעים הם דפנות, אפילו אין גבוה עשרה מהמטה עד הסכך, כשרה, כיון שיש י' טפחים מהארץ עד הסכך** - מאחר שהסכך אינו נסמך על המטה ולא על הכרעיים, לא חשובה היא קרקעית הסוכה, אלא הארץ שבה קבועים העמודים, שעליהם נסמך הסכך, **ואע"פ** שהמטה עד לסכך פחות מי"ט, לית לן בה, כיון דאי שקיל לה למטה איכא אויר עשרה, והסוכה מתקיימת ע"י העמודים, דמטה לחודא קיימא, ואין הסוכה נפסלת בשביל שהכניס בה מטה ומיעט אוירה, [**ואע"ג** דאי שקיל לה למטה נפסלת הסוכה משום שאין לה דפנות, שכרעי המטה הלא הם דפנותיה כנ"ל, **לית** לן בה, דאנן בתר סכך אזלינן למדוד ממנו ולקרקעיתה עשרה, וכל היכא דשקיל לה המטה ואכתי קאי סכך, לא חשיבה מטה קרקעית דידה].

אות ב'*

מפני שמעמידה בדבר המקבל טומאה

סימן תרכט ס"ז - [ד]**יש להסתפק אם מותר להניח סולם על הגג כדי לסכך על גביו** - ‹לפי הראשון של המחבר עיין לעיל דף י"ב: דשם מקומו›, **ויש** מאחרונים שמפרשי, דמיירי בסולם שאינו רחב, דאי הוה רחב בודאי יש לנו להחמיר, דדמי לבית קיבול ואין לסכך בו, **אלא** מקום הספק הוא, דהלא עכ"פ בכלל מעמיד הוא, [ה]ואפשר דיש לנו להחמיר שלא להעמיד בדבר המקבל טומאה, [ו]שמא יבוא לסכך בו, **ואע"ג** שמעמידין הסכך על כותל אבנים, משום דלא שכיח שיסכך בהם. **וכן** העתיקו כמה אחרונים לדינא, דלכתחלה יש ליזהר שלא להעמיד הסכך בדבר המקבל טומאה, **אכן** בדיעבד או שאין לו שאר דברים, קי"ל דמותר להעמיד הסכך בדבר המקבל טומאה.

הגה: לכן אין לסכך עליו - עיין בד"מ, דמיפשט פשיטא ליה דאסור לסכך בו, דבית קיבול הוא ומקבל טומאה, וממילא בודאי יש להחמיר שלא לסכך על גביו, [**ואם** חרוץ על הירכות צ"ע, דאפשר דזה דמי לבית קבול], **ומכ"ש** בסולמות של עגלות, או סולם של אבוס הנתון על שתי יתידות, ומספוא שם למאכל בהמה, בודאי בית קבול גמור הוא, ומן התורה טמאין. **אכן** כשאין להסולם נקבים, והשליבות תקועין על היריכות במסמרים, הם בכלל פשוטי כלי עץ שאין מקבלין טומאה אף מדרבנן, **ויש** שמחמירין אף בזה משום לא פלוג.

ואפי' להניחו על הסכך להחזיקו, אסור - דגם זה בכלל מעמיד הוא, ומלבד זה עכ"פ סכך פסול הוא. **וה"ה בכל כלי המקבל טומאה, כגון ספסל וכסא שמקבלין טומאת מדרס (מהרי"ל)** - ר"ל שראויין לקבל, ואפילו הן חדשים שבודאי לא נטמאו עדיין.

ודע דכל כלי עץ הרחב קצת וראוי להניח עליו דבר, י"א שמקבל טומאה מדרבנן, דדמי לבית קבול, **וע"כ** אין להניח מרא ומגריפה על הסכך להחזיקו, או תחת הסכך להעמיד הסכך, ואפי' נשברו. ‹וע"ל ס"ב וס"ג›.

סימן תרכט ס"ח - [ז]**לחבר כלונסאות הסוכה במסמרות של ברזל או לקשרם בבלאות, (פי' חתיכות של בגדים בלוים), שהם מקבלים טומאה, אין קפידא** - זה מותר לכו"ע, אפי' למאן דאוסר להעמיד הסכך בדבר המקבל טומאה, כיון שאין סומך הסכך על המסמורים, אלא שמחזיק בהם הכלונסות המעמידים להסכך, ומטעם זה ג"כ מותר לקשרם להכלונסאות בבלאות, או בחבלים של פשתן.

ואה"נ דלקשור הסכך עצמו בכלונסאות בחבלים, ראוי ליזהר לכתחילה, כיון שקושר הסכך עצמו בדבר המקבל טומאה.

באר הגולה

ב **משנה וכר"י וכאוקימתא דאביי וכדמפרש בירושלמי** ‹דטעמא דאין לה קבע, לפי שאין י"ט מן המטה ועד הגג, והא דמשמע דביכולה לעמוד, כגון שסמכה על יתידות, כשרה, אע"פ שאין מכרעי המטה לסכך י"ט, לא חשיב עראי כיון דאי שקיל לה למטה איכא אויר י' והסוכה מתקיימת, כדאמר אביי בשמעתין, למ"ד אין לה קבע הרי יש לה קבע - ב"י, וכן הוא בתוס'›, **הרי"ף והרא"ש, וכתב עוד הרא"ש שנראה דרבי יהודה לפרושי דברי ת"ק אתא וליכא הכא פלוגתא** ג ‹ע"פ המחה"ש וכדלקמן› ד **הרמב"ן בתשובה** ה ‹דנחלקו הפוסקים אי קי"ל כהאי תירוצא מפני שמעמידה כו' - מחה"ש› ו ‹ט"ז ומ"א בשם הר"ן. **אבל** מלשון רש"י במשנה דהסומך סוכתו יראה, דלאו משום "גזירה שמא יאמרו"ג הוא פסול, אלא הואיל ועקרו של סכך אלו המעמידים, והוי כאלו סכך בדבר המקבל טומאה, כדקיימ"ל בעלמא הכל הולך אחר המעמיד, והסכים הב"ח עם פירוש רש"י ע"ש - בגדי ישע› ז **תרומת הדשן**

§ מסכת סוכה דף כב. §

אות א׳

סוכה המדובללת... כשרה... אמר רב סוכה ענייה

סימן תרל״א ס״ד - [א]היה כיסוי דק מאד שיש בה אויר הרבה, אלא שאין ג״ט במקום אחד, ובין הכל צלתה מרובה מחמתה, כשרה.

אות ב׳ - ג׳ - ד

ושמואל אמר קנה עולה וקנה יורד

לא שנו אלא שאין בין זה לזה שלשה טפחים

אפי׳ יש בין זה לזה שלשה טפחים נמי לא אמרן, אלא שאין בגגו טפח, אבל יש בגגו טפח, כשרה, דאמרינן חבוט רמי

סימן תרל״א ס״ה - [ב]היה הסיכוך מדובלל (פי׳ מבולבל), והוא הסיכוך שיהיה מקצתו למעלה ומקצתו למטה, כשר, [ג]ובלבד שלא יהיה בין העולה והיורד ג׳ טפחים - דכל פחות משלשה כחדא חשיב.

[ד]**ואם היה ברוחב זה העולה טפח או יותר** - ר״ל בכל קנה וקנה מן הסכך היה רחבו טפח, דאז חשיבי לומר בהן רואין וכו׳, **אע״פ שהוא גבוה מג׳ טפחים, רואין אותו כאילו ירד למטה ונגע בשפת זה היורד** - ר״ל שבסכך התחתון יש ג״כ חלל בין קנה לקנה, ורואין כאלו חלל של סכך התחתון נגע בשפת זה היורד, ונסתם חללו והוו כחדא. [ה]**והוא שיהיה מכוון כנגד שפת היורד** - ר״ל החלל שבתחתון יהיה מכוון נגד רוחב הקנה העליון, שיהיה ראוי להוריד העליון בנתיים, כמו שביאר הרמ״א, **ולאפוקי** אם היה קצר בשיעורו מן הקנה העליון.

הגה: דהיינו שיש באויר שבין התחתון טפח, שראוי להוריד העליון - (המחבר העתיק דבריו מלשון הרמב״ם, משמע דס״ל, דאם היה רוחב הקנה העליון יותר מטפח, בעינן נמי באויר שבין התחתונות יותר מטפח, שיהיה ראוי להוריד העליון בנתיים, **אבל הרמ״א** דקדק וכתב: דהיינו שיש באויר שבין התחתון טפח, הורה לנו בזה, דדעתו כמסקנת הריטב״א, דכל שיש בין התחתונות טפח, סגי).

ואז כשרה אפילו חמתה מרובה, שיהא - (צ״ל: ״רק שיהא״) **הכל מרובה [ו]כשהחמה באמצע הרקיע (ר״ן וב״י בשם הרמב״ם)**

- ר״ל אע״פ שחמתה מרובה מצילתה כשהחמה בשאר מקומות, ומאיר אורה דרך אלכסון בין קנה לקנה, **מ״מ** כיון שצילתה מרובה מחמתה כשהחמה באמצע הרקיע ועומדת בראש כל אדם, שפיר דמי.

וכ״ש אם אין בין קנה עולה לקנה יורד ג׳ טפחים, בודאי מהני אפילו חמתה מרובה מצילתה.

אות ה׳ - ו׳

קורות הבית והעלייה שאין עליהם מעזיבה והן מכוונות, טומאה תחת אחת מהן וכו׳

בד״א בזמן שיש בהן טפח וביניהן פותח טפח, אבל אין ביניהן פותח טפח, טומאה תחת אחת מהן, תחתיה טמא, ביניהן ועל גביהן טהור

רמב״ם פט״ז מהל׳ טומאת מת ה״ו - קורות הבית והעלייה שאין עליהם מעזיבה, והן מכוונות קורה כנגד קורה ואויר כנגד אויר, ובכל קורה מהן פותח טפח וביניהן אויר פותח טפח, [השגת הראב״ד: א״א ׳אף על פי שאין ביניהן אויר טפח, לפי שאין הטומאה עוברת לקורה הואיל ויש שם אויר, דוק ותשכח], וטומאה תחת אחת מהן, תחתיה בלבד

‹המשך ההלכות מול עמוד ב׳›

באר הגולה

[א] משנה וכמפרש לה רב ושמואל [ב] שם וכדמפרש לה שמואל וכפי׳ רש״י והתוס׳ והביאה הטור [ג] כאוקימתא דאביי שם [ד] כאוקימתא דרבא שם [ה] ‹עיין רש״י שם ד״ה ותני עלה, ה״ג לה כו׳ ול״ג אין כו׳, **אבל** הרשב״א ור״ן כתב דאין למחוק הספרים, ומש״כ אין בהם פותח טפח, אעליונות קאי, ואין ביניהן אתחתונות קאי, טומאה תחת אחת מהן, ר״ל תחת התחתונות, ומש״כ אלמא כי כו׳, דוקא שיש פותח חלל טפח למטה להכנס שם, {**דהיינו** דיש ב׳ קפידות, דצריך שיעור לעליונות, וגם להחלל בין התחתונות, ודלא כגירסת רש״י דיש רק קפידא אחד, שיהיה שיעור טפח לעליונות}, **וכתב** וי״א דה״ה דאם יש בגג העליונות יותר מטפח, שצריך שיהיה ג״כ באויר שבין התחתונות באותו שיעור שיהיה ראוי לכנס שם, **ולי** נראה {היינו הגר״א עצמו} דכל שיש בין התחתונות טפח סגי, וכן משמע בגמ׳, דקאמר אין ביניהן טפח, ולא קאמר שיעור עליונות, אלמא דלעולם בטפח סגי, וזהו שאמרו {הרמ״א} דהיינו כו׳, **אבל** הרמב״ם ושו״ע סבירא להו כסברא ראשונה, וזה שאמרו והוא שיהיה כו׳ - גר״א› [ו] ‹ויש לדקדק על הרב הגה ממ״נ, אי תופס פי׳ רש״י לעיקר, א״כ מאי איצטרך למיכתב טעם ההיתר משום כשהחמה באמצע הרקיע צילתה מרובה מחמתה, הלא לרש״י אף אם היה בענין שהיתה חמתה מרובה מצילתה אף כשהיה החמה באמצע הרקיע, נמי היה כשרה, מטעם חבוט רמי, כיון דלפירושו במה שבא החמה מן הצד מקרי חמתה מרובה מצילתה, הואיל דהוצרך לטעמא דחבוט רמי וק״ל, **ואי** תופס כפי׳ התוס׳, אף אם היה ביניהם ג׳ טפחים ואין בגגו טפח, נמי אינו פוסל מטעם חמתה מרובה מצילתה, הואיל כשהחמה באמצע הרקיע הוי צילתה מרובה מחמתה, אלא פסול הוא מטעם שאינו מצטרף לסכך והוי כשני סככים, **ולמה** כתב הרב הגה: ״ואז כשר״, דמשמע דאינו כשר אלא דוקא באיכא בגגו טפח, הלא לטעמא שכתב, כשהחמה באמצע הרקיע הוי צילתה מרובה מחמתה, יש להתיר אפילו אין בגגו טפח. **לכן** נראה שמפרש, שגם לדעת התוס׳ אם היה בענין שהיתה חמתה מרובה מצילתה אף כשהיה החמה באמצע הרקיע, היה פסולה, אף אם לא היה ביניהם ג׳ טפחים והוה לגגו טפח, דלא מתירין מחמת חבוט רמי בהיכא דהשתא חמתה מרובה מצילתה, וכמו בסוכה עניה, אף שאין אויר ביניהם ג׳ טפחים והוי כסתום, אפ״ה בעינן שיהא צילתה מרובה מחמתה, לכן כתב הר״ב הגה האי טעמא, כדי שלא תבין דמטעם חבוט רמי מתירין אפילו בחמתה מרובה מצילתה, וזה אינו - נחלת צבי› [ז] ‹נראה מדבריו שהבין בדברי רבינו, באויר שבין קורה לקורה שבצדה מיירי, ומפני כך הקשה עלה שמה צורך שיהיה באויר פותח טפח, **ולי** נראה שזה דבר פשוט ולא דיבר רבינו, אלא באויר שבין קורה לקורה שעליה מיירי - כסף משנה›

הישן תחת המטה פרק שני סוכה כב

מתני' סוכה המדובללת ושצילתה מרובה מחמתה כשרה המעובה כמין בית אע"פ שאין הכוכבים נראין מתוכה כשרה: גמ' מאי מדובללת אמר רב סוכה ענייה ושמואל אמר קנה עולה וקנה יורד רב תני חדא ושמואל תני תרתי רב תני חדא סוכה מדובללת מאי מדובללת מדולדלת שצילתה מרובה מחמתה כשרה ושמואל תני תרתי מאי מדובללת מבולבלת ותרתי קתני סוכה מבולבלת כשרה וצילתה מרובה מחמתה כשרה אמר אביי לא שנו אלא שאין בין זה לזה שלשה טפחים אבל יש בין זה לזה ג' טפחים פסולה *אמר רבא אפילו יש בין זה לזה שלשה טפחים נמי לא אמרן אלא שאין בגגו טפח אבל יש בגגו טפח כשרה דאמרינן חבוט רמי אמר רבא מנא אמינא לה דכי אית (א) ביה טפח אמרינן חבוט רמי וכי לית ביה לא אמרינן חבוט רמי דתנן *קורות הבית והעלייה שאין עליהם מעזיבה והן מכוונות טומאה תחת אחת מהן תחתיה טמא בין התחתונה לעליונה ביניהן טמא על גבי העליונה כנגדה עד לרקיע טמא היו העליונות כבין התחתונות טומאה תחתיהן תחת כולן טמא על גביהן כנגדן עד לרקיע טמא ותני עלה *בד"א בזמן שיש בהן טפח וביניהן פותח טפח אבל אין ביניהן פותח טפח טומאה תחת אחת מהן תחתיה טמא ביניהן ועל גביהן טהור אלמא כי אית ביה טפח אמרינן חבוט רמי וכי לית ביה טפח לא אמרינן חבוט רמי שמע מינה יתיב רב כהנא וקאמר להא שמעתא אמר ליה רב אשי לרב כהנא וכל היכא דלית ביה טפח לא אמרינן חבוט רמי והא תניא *קורה היוצאה מכותל זה ואינה נוגעת בכותל זה וכן שתי קורות אחת יוצאה מכותל זה ואחת יוצאה מכותל זה ואינן נוגעות זו בזו פחות משלשה אינו צריך להביא קורה אחרת שלשה צריך להביא קורה אחרת *רבן שמעון בן גמליאל אומר פחות

רש"י

מתני' סוכה המדובללת · לקמן מפרש לה בגמרא: ושצילתה מרובה מחמתה כשרה · ליכא לאקשויי תנינא חדא זימנא (לעיל דף ב·) שחמתה מרובה מצילתה פסולה אינן דומות זו לזו דמיקשיא קשיין אהדדי כדרמינן להו בגמרא ומשנינן: המעובה כמין בית · שהסכך שלה עב מאד: גמ' ענייה · שיש בסככה קנים מעט ויש בה אויר הרבה אלא שאין בו שלשה ביחד: קנה עולה וקנה יורד · שלא השוה הסכך להשכיב הקנים זה אצל זה אלא אחד למעלה ואחד למטה ומתוך כך חמתה מרובה מצילתה ואשמעינן מתניתין דאמרינן (ב) כל שאילו היו מסוככין בשוה היתה צילתה מרובה מחמתה כשרה: (ג) רב תני חדא · מדובללת ושצילתה מרובה מחמתה אחדא סוכה קיימי: ושמואל תני · מתני' בתרי סוכות: רב תני חדא · סוכה שהיא ענייה שהיא מדובללת מדולדלת אם צילתה מרובה מחמתה כשרה: ושמואל תני תרתי · סוכה מבולבלת כשרה דאמרינן רואין וצילתה מרובה מחמתה מילתא אחריתי היא דאשמעינן נמי בסוכה ענייה שיש בה חמה אם צילתה מרובה כשרה: לא שנו · דשמואל דקנה עולה וקנה יורד כשרה דאמרינן רואין: אלא דאין בין זה לזה שלשה · דכל פחות משלשה חדא היא: שאין בגגו · בקנה העולה רחב טפח דלאו שם אהל עליה לאחשובי ולמימר ביה חבוט רמי השפל והשלך אותו על האויר שתחתיו דהייתו כמי ענין גוד אחית אלא לענין מחילה דהאי חודה של מחילה שייך למימר גוד אחית משוך אותה והורד ולענין המוטל לרוחב ובא לסתום אויר שייך למימר חבטא: אמרינן חבוט רמי · כשגבוה שלשה ויותר דאילו בפחות מג' לאו חבוט הוא שהרי הוא כמוסכך עליו: ה"ג לכך מהניתין באהלות קורות הבית והעלייה שאין עליהם מעזיבה והן מכוונות טומאה תחת אחת מהן תחתיה טמא בין התחתונה לעליונה ביניהם טמא על גבי העליונה כנגדה עד לרקיע טמא היו העליונות כבין התחתונות וטומאה תחתיהן תחת כולן טמא על גביהם כנגדן עד לרקיע טמא · וה"פ קורות הבית אותן שהעלייה עשויה בהן שקורין שוליב"א קורות העלייה הן שהגג עשוי בהן שקורין פרי"ב וגגין שלהן חלקין היו ושוין ומניחין הנסרין מקורה לקורה כמין תקרת עלייה: שאין עליהם מעזיבה · ולא נסרים ומעזיבה לאו דוקא נקט אלא דסתם היכא דליכא מעזיבה ליכא נסרים: והן מכוונות · העליונות מכוונות כנגד התחתונות ומאהילות עליהן: טומאה תחת אחת מהן · תחת אחת מהתחתונות: תחתיה טמא · על פני כל אורכה דיש ברוחבה טפח כדמפרש לקמן ומביאה את הטומאה וכל שאר הבית מטה ומעלה טהור ואף כנגד אותה הקורה למעלה דהיינו בינה לבין העליונה (ד) ואין טומאה אלא תחתיה לבד: בין התחתונה לעליונה ביניהן טמא · כל כלים שבין אותם השתים טמא שהעליונה מאהלת על הטומאה ומביאה את הטומאה על פני כל אורכה תחתיה: על (ה) העליונה · ואם טומאה על העליונה: כנגד הטומאה עד לרקיע טמא · שהרי אין דבר חוצץ הימנה ומעלה: (ו) היו העליונות כבין התחתונות · שלא היו מכוונות זו כנגד זו אלא העליונות מכוונות כנגד האויר שבין התחתונות: טומאה תחת אחת מהן תחת כולן טמא · דאמרינן בכל העליונות חבוט רמי והשליכם בין התחתונות והוי כל הבית מקורה והוי אהל אחד וכדמוקי בברייתא שהיה רוחב העליונות כשיעור אויר שבין התחתונות: ותני עלה · הכי גרסינן לה בד"א בזמן שיש בהן טפח ויש ביניהן פותח טפח אבל אין ביניהן פותח טפח טומאה תחת אחת מהן תחתיה טמא ביניהן ועל גביהן טהור · ולא גרסינן אין בהן טפח והכי פירושא בד"א דטלה מתניתין בשיש בהן טפח כשיש בתחתונות הללו טפח וביניהן פותח טפח מתוקמא מתניתין שפיר דאמרינן חבוט רמי כשהן מכוונות טומאה תחת אחת מהן תחתיה טמא ותו לא דכיון דיש בה טפח מביא את הטומאה וחוצץ בפני הטומאה הלכך תחתיה טמא ועל גבה טהור טומאה על גבה תחתיה טהור אפי' כנגד הטומאה דחוללת וכשאינן מכוונות כיון דיש ביניהן פותח טפח והעליונות רחבן כשיעור אויר שבין התחתונות כדקתני העליונות כבין התחתונות שהן כנגד האויר וכשיעורן טומאה תחת אחת מהן תחת כולן טמא דאמרינן חבוט רמי אבל אין ביניהן פותח טפח נמצא שאין ברוחב העליונות טפח טומאה תחת אחת מהן מן התחתונות תחתיה טמא ותו לא דלא אמרינן חבוט רמי: ביניהן · בין התחתונות לעליונות *כשהן מכוונות טהור והוא הדין בשאין מכוונות שעל גבה טהור ותחתיה טמא דכיון דיש בה טפח מביאה טומאה לכל אורך שתחתיה וחוללת בפני הטומאה לטהר על גבה ומתן דגריס אין בהן טפח טועה דאם כן טומאה תחת אחת מהן אין כל תחתיה טמא דאין בה שיעור להביא טומאה ואין על גבה כנגד הטומאה טהור שאין בה שיעור לחוץ וטומאה על גבה כנגד הטומאה טמא ומתחתיה נמי טמא דטומאה בוקעת ויורדת שאין בה שיעור לחוץ ובתוספתא [דאהלות פי"ג] גרסינן בהדיא במסקנא במה דברים אמורים פעם שניה וגרסינן הכי במה דברים אמורים כשיש (ז) פותח טפח אבל אין ביניהן כו': נסא ממפסא · דרבא: פחות מארבעה כו' · רבן שמעון סבירא ליה פחות מארבעה לבוד בכל דוכתא:

תוספות

קנה עולה וקנה יורד · שלא השוה את הסכך להשכיב את הקנים זה אצל זה אלא אחד למעלה ואחד למטה ומתוך כך חמתה מרובה מצילתה ואשמעינן מתני' דאמרינן רואין כל שאילו היו מוסככין בשוה היתה צילתה מרובה מחמתה כשרה כך פירש הקונטרס · משמע לפירושו דכשיש בין זה לזה שלשה דפסולה לאביי הייט מטעם חמתה מרובה מצילתה ולא יתכן דכיון דאי קיימא חמה בראש כל אדם היתה צילתה מרובה אין לפסול בשביל חמה הבא מן הצד באלכסון ועשה אותה חמתה מרובה אלא הייט טעמא משום דלא חשיב סכך להצטרף כי האי גונא כשיש בין זה לזה שלשה אבל כי ליכא שלשה כלבוד דמי והכל אחד:

קורות הבית והעלייה · משנה היא במסכת אהלות פרק י"ב ותני עלה ברייתא היא כך היא שנויה בתוספתא דאהלות במה דברים אמורים בזמן שיש *ביניהן פותח טפח אבל אין *ביניהן פותח טפח וטומאה תחתיהן תחתיה טמא על גביהן וביניהן טהור ביניהן או על גביהן כנגדן עד לרקיע טמא ותחתיהן טהור בד"א בזמן שיש בהן פותח טפח אין בהן פותח טפח טומאה בוקעת ועולה בוקעת ויורדת והשתא הך ברייתא אכיפא דמתניתין קאי שהעליונות כבין התחתונות דכשהתחתונות אין בין זו לזו פותח טפח נמצא דעליונות אין בהן פותח טפח שהן כבין התחתונות הלכך כשיש טומאה בתחתונות תחתיהן טמא שכל אחת ואחת מביאה טומאה על כולה הואיל ויש ברחבה טפח וביניהן טהורות כיון דאין בעליונה רוחב טפח לא אמרינן חבוט רמי ליחשב האויר שבין התחתונות כסתום ועל גגו נמי טהור דחוללת בפני הטומאה דכיון דיש בו ברוחבו טפח והדר קאמר בד"א דמביאות טומאה וחוללין כשיש ברחבן של תחתונה טפח אבל אין ברחבן טפח בין שהטומאה תחתיהן בין שהטומאה על גביהן כנגד הטומאה טמא ומן הצד טהור:

עין משפט נר מצוה

ה א מיי' פ"ה מהלכות סוכה הלכה יט כ סמג עשין מג טוש"ע א"ח סי' תרלא סעיף ד:

ו ב ג ד מיי' שם הלכה כא טוש"ע שם סעיף ה:

ז ה ו מיי' פי"ז מהל' טומאת מת הל' ו:

רבינו חננאל

מתני' סוכה מדובללת ושצילתה מרובה מחמתה כשרה. רב אמר מאי מדובללת ענייה מדלדלת וחדא קתני במתני' הענייה שצילתה מרובה מחמתה כשרה שמואל אמר מאי מדובללת מבולבלת קנה עולה וקנה יורד. ותרתי קתני במתני' קנה עולה וקנה יורד ושצילתה מרובה מחמתה כשרה אמר אביי לשמואל דאמר קנה עולה וקנה יורד לא שנו אלא שאין ביניהן ג' טפחים. דאמרינן כל פחות מג' כלבוד דמי. אבל יש ביניהן ג' טפחים פסולה. רבא אמר אפי' אם יש בין זה לזה ג' טפחים אם יש בגגו של קנה העולה והיורד טפח כשרה. מ"ט אמרינן חבוט רמי. כלומר ראה העליונה כאילו הן למטה ולבוד היא הכל כדתנן באהלות פרק י"ב קורות הבית והעלייה שאין עליה מעזיבה והן מכוונות פי' זו על זו אינה יוצאה התחתונה מכנגד העליונה וביניהן בין התחתונות ובין בעליונות פתוח תחתיהן טומאה תחת אחת מהן תחתיה טמא. כלומר היא מפסקת ומאהלת על הטומאה מלעלות למעלה והצדדין אויר הן ואינן מאהילין. ואם הטומאה נתונה ע"ג אחת מן הקורות התחתונות דהיינו ביניהן כל דבר המאהיל באותה הקורה עד הקורה של עלייה המכוונת כנגדה טמא. ואם הטומאה בקורה העליונה כל דבר המאהיל על אותה קורה עד לרקיע הכל טמא. אם היו הקורות העליונות רחבות כשיעור האויר. שבין התחתונות ותנות אותן הקורות של עלייה כנגד האויר שבין קורות הבית טומאה תחת אחת מהן תחת הקורות התחתונות*) הבית כאן טמא. אין הקורות של בית מפסיקות שהרי עליונות נתונות באויר שבין קורות הבית וכשמאהיל על מקצת מאהיל על הכל. ותני עלה בתוספתא כלומר מפרשא בברייתא בד"א בזמן שיש בהן בקורות טפח וביניהן פותח טפח והקורות העליונות כנגד הפותח טפח. טומאה תחת אחת מהן הכל טמא. אבל אין

*) נראה דצ"ל כל הבית טמא דכאן אין הקורות של בית וכו'.

הגהות הב"ח

(א) גמ' דכי איכא בה טפח וכו' וכי ליכא בה טפח לא אמרינן: (ב) רש"י ד"ה קנה עולה וכו' אמרינן רואין כל שאילו וכו' וכשרה: (ג) ד"ה רב וד"ה ושמואל וד"ה רב תני הד"א: (ד) ד"ה תחתיה טמא וכו' לבין העליונה טהור ואין טומאה: (ה) ד"ה על גב העליונה: (ו) ד"ה היו העליונות וד"ה טומאה הד"א: (ז) ד"ה ביניהן וכו' בד"א כשיש בהן פותח טפח אבל אין בהן פותח טפח טומאה בוקעת ועולה בוקעת ויורדת הס"ד:

מסורת הש"ס

צ"ל רבא אמר וכ"ה בר"ן

אהלות פי"ב מ"ב

[תוספתא דאהלות פי"ג]

עירובין יד. [נעיל ה. וש"נ]

עירובין ט. וש"נ

[פי' רש"ל ורש"א]

פחות מארבעה אין צריך להביא קורה אחרת ארבעה צריך להביא קורה אחרת וכן שתי קורות המתאימות לא בזו כדי לקבל אריח ולא בזו כדי לקבל אריח אם מקבלות אריח לרחבו טפח אין צריך להביא קורה אחרת ואם לאו צריך להביא קורה אחרת רשב"ג אומר אם מקבלות אריח לארכו שלשה טפחים אין צריך להביא קורה אחרת ואם לאו צריך להביא קורה אחרת היו אחת למעלה ואחת למטה רבי יוסי בר' יהודה אומר רואין העליונה כאילו היא למטה ואת התחתונה כאילו היא למעלה ובלבד שלא תהא עליונה למעלה מעשרים אמה והתחתונה למטה מעשרה הא זה וזה בתוך עשרים אמרינן חבוט רמי אע"ג דלית ביה טפח א"ל תריץ ואימא הכי ובלבד שלא תהא עליונה למעלה מעשרים אלא בתוך עשרים והתחתונה סמוכה לה בפחות משלשה אי נמי בלבד שלא תהא תחתונה למטה מעשרה אלא למעלה מעשרה ועליונה סמוכה לה בפחות משלשה אבל שלשה כיון דלית ביה טפח לא אמרינן חבוט רמי: ושצילתה מרובה מחמתה כשרה: הא כי הדדי פסולה והא תנן באידך פירקין *ושחמתה מרובה מצילתה פסולה הא כי הדדי כשרה לא קשיא כאן מלמעלה כאן מלמטה אמר רב פפא היינו דאמרי אינשי כזוזא מלעיל כאיסתרא מלתחת: מעובה כמין בית: ת"ר המעובה כמין בית אע"פ שאין הכוכבים נראין מתוכה כשרה אין כוכבי חמה נראין מתוכה בית שמאי פוסלין ובית הלל מכשירין:

מתני' העושה סוכתו בראש העגלה או בראש הספינה כשרה ועולין לה ביום טוב בראש האילן או על גבי גמל כשרה ואין עולין לה בי"ט *שתים באילן ואחת בידי אדם או שתים בידי אדם ואחת באילן כשרה ואין עולין לה ביום טוב שלש בידי אדם ואחת באילן כשרה ועולין לה בי"ט

זה

רש"י

שתי קורות המתאימות כו' · דתנן בעירובין (דף יג:) הקורה שאמרו רחבה כדי לקבל אריח והאריח חצי לבינה של שלשה טפחים דיה לקורה שתהא רחבה טפח כדי לקבל אריח לרחבו והתם פריך טפח ומחצה בעי ומשני שבולטת לשני צידי הקורה אצבע לכל רוח ומלבנן בטינא ואם לא היתה לו קורה רחבה טפח ונתן שתים זו בצד זו דהיינו מתאימות כעין תאומים: **אם מקבלות אריח לרחבו טפח** · כשהן סמוכות זו לזו אין צריך להביא קורה אחרת ואם לאו שאין שתיהן רחבות טפח צריך להביא קורה אחרת: **רבן שמעון בן גמליאל אומר אם מקבלות לאורכו שלשה אין צריך להביא קורה אחרת** · רבן שמעון בן גמליאל להקל בא כלומר אפילו אין בהן טפח ואם מושיב על שתיהן אריח לרחבו אינו עומד מרחיקן זו מזו ומושיב עליהן לאורכו ובלבד שיהו בריאות לקבל כובדו ואורכו של אריח שלשה: **ואם לאו** · שאינן בריאות לקבלו צריך להביא קורה אחרת: **היתה אחת למעלה ואחת למטה** · כשהושיבן זו אצל זו לא נתנם בשוה אלא זו נמוכה וזו גבוהה: **רואין את העליונה כאילו היא למטה** · בשוה לזו או את התחתונה כאילו היא למעלה אצל חברתה: (א) **ובלבד שלא תהא עליונה למעלה מעשרים** · לארץ דאינו מקום להכשר קורה: **ולא תחתונה למטה מעשרה** · לארץ שאין מחילה בפחות מעשרה: **הא זו וזו בתוך עשרים** · אפילו העליונה סמוכה לשפת עשרים והתחתונה לשפת עשרה קא סלקא דעתך דמכשר אלמא אמרינן חבוט רמי בפחות מרוחב טפח: **תריץ הכי** · כלומר רואין דקאמר פחות מג' הוא ובלבד דקתני הכי קאמר ובלבד שלא תהא עליונה כו': **כאן מלמעלה כאן מלמטה** · הא דדייקינן כי הדדי פסולה למעלה קאי · כשיש בין קנה לקנה כמלא קנה אפילו מלומלם פסולה לפי שחמת האויר נראית בארץ רחבה הרבה מן הצל של סכך והא דדייקי' כי הדדי כשרה נקט שיעוריה מלמטה שחמה וצל שוין בידוע שהקנים רחבים מן האויר: **כזוזא מלעיל כאסתירא מלתחת** · כשהנקב רחב כשיעור זוז חמתו מרובה למטה כשיעור סלע: **כוכבי חמה** · כשהחמה זורחת עליה ואין זהרורי חמה נראין מתוכה אין זו דומה לסוכה אליבא דבית שמאי: **מתני' העושה סוכתו בראש העגלה** · אף על גב דמטלטלא ולא קביעא ובראש הספינה שהוא מקום גבוה של ספינה והים גבוה מאד ואין הרים מקיפין והרוח שולטת שם ועוקרתה: **כשרה** · דדירת עראי סגי בה: **ועולין לה ביום טוב** · ומשום דבעיא למיתנא סיפא ואין עולין תנא רישא ועולין: **בראש האילן** · תיקן מושבו בראשו ועשה שם מחיצות וסכך: **כשרה** · לחולו של מועד ואף ביום טוב אם עבר ועלה לה יצא ידי חובתו: **ואין עולין לה ביום טוב** · דגזור בה רבנן *דאין עולין באילן ואין משתמשין בו שמא יתלוש: **שתים באילן ואחת בידי אדם** · סמך קרקעית הסוכה רובו באילן ועשה סביבה בראש האילן שתי מחיצות ואחת עשה בידי אדם בארץ וסמך קצת קרקעית הסוכה באמצע הדופן והגביה הדופן ממנו למעלה עשרה או שתים בידי אדם ואחת באילן

הואיל

תוספות

הא זה וזה בתוך עשרים אמרינן חבוט רמי · וא"ת מאי קושיא לדפריך מרבי יוסי ברבי יהודה ליסייעיה מרבנן דלית להו רואין דהא רבנן פליגי עליה כדמוכח פ"ק דעירובין (דף יד · ושם) דאמר אביי רבי יוסי סבר לה כאבוה בחדא ופליג עליה בחדא סבר לה כאבוה בחדא דאית ליה רואין ויש לומר דטעמא דרבנן לאו משום דלית להו חבוט רמי בפחות מטפח אלא משום דפסלי קורה המונחת באויר ענין שאינה ראויה לקבל אריח דבעו רחבה ובריאה ולא אמרינן רואין לפסול קורה הניטלת ברוח ושתי קורות המתאימות אפילו בפחות משלשה משום דראויה לקבל אריח בעו אבל אי הוה להו הכא (ב) רואין אפילו בפחות משלשה יש לנו ללמוד מדברי רבי יוסי ברבי יהודה שאפילו במופלג שלשה היו אומרים רואין דהא לא פליגי (אלא) במאי דלית להו רואין אלא מטעמא דפרישית:

אבל בשלשה כיון דלית ביה טפח לא אמרינן חבוט רמי · השתא אסיקנא דבטפח אמרינן חבוט רמי אפילו בשלשה וקימה דבפרק קמא דעירובין (דף ט· ושם) אמרינן גבי היתה קורתו משוכה או תלויה כגון שנעץ שתי יתידות עקומות על שני כותלי מבוי שאין בגובהן שלשה ואין בעקמימותן שלשה וקא משמע לן דאמרינן לבוד וחבוט ולמה לי שאין בגובהן שלשה כיון דקורה רחבה טפח אפילו בגובה שלשה נמי אמרינן חבוט רמי ויש לומר דלא דמי דבלאו הכי תיקשי לן התם בלאו טעמא דחבוט רמי ליתכשר האי מבוי כיון דאין הקורה למעלה מעשרים אלא היינו טעמא כדאמרינן התם דבעינן קורה על גבי מבוי ואפילו הוי קורה משום מחילה בעינן היכר קצת ולא חשיב היכר כלל אלא אם כן הוי בתוך שלשה כי ההיא דהתם דהניח מבחוץ ואפילו סמוך לכותל:

כאן מלמעלה כאן מלמטה · הא דדייקינן כי הדדי פסולה למעלה קאי כשיש בין קנה לחבירו כמלא קנה אפילו מלומלם פסולה לפי שחמת האויר נראית בארץ רחבה מן הצל של סכך והא דדייקינן כי הדדי כשרה נקט שיעוריה מלמטה שהחמה והצל שוין בידוע שהקנים רחבים מן האויר: *)**כזוזא** מלעיל כאיסתרא מלתחת · כשנקב רוחב מלמעלה כשיעור זוז חמתה מרובה מלמטה כשיעור סלע כך פירש בקונטרס והקשה ר"ת דרב פפא גופיה דהכא אית ליה פ' קמא דעירובין (דף טו:) פרוץ כעומד מותר והתם נמי פסקינן הלכתא הכי ועוד קשה דאמר פרק קמא דקידושין (דף יא:) דעבדי אינשי דקרו לפלגתא דזוזא איסתרא אלמא דאיסתרא פחות מזוזא ומפרש רבינו תם כאן מלמעלה מי שמודד האויר מלמעלה כי הדדי כשרה לפי שהוא עומד כפרוץ אבל העומד מלמטה בארץ ומעיין כלפי מעלה ודומה כי הדדי פסולה לפי שהאויר שהוא רחב כי זוזא דומה בעיניו קטן כאיסתרא מחמת שהוא רחוק ממנו וראיה לדבר ונהי בעינינו כחגבים (במדבר יג) וכוכב גדול בשמים דומה בעינינו כקטן כדמוכח בפרק המוכר את הספינה (ב"ב דף עג· **) : **שתים** באילן ואחת בידי אדם · סמך קרקעית הסוכה רובה באילן ועשה סביבה בראש האילן שתי מחיצות ואחת עשה בידי אדם בארץ וסמך קרקעית הסוכה באמצע הדופן והגביה הדופן ממנו ולמעלה עשרה או שתים בידי אדם ואחת באילן הואיל ואם ינטל האילן נופל קרקעית הסוכה שאינה יכולה לעמוד בסמיכת שתים שבארץ אין עולין לה ביום טוב דמשתמש באילן כך פירש בקונטרס ולא משמע הכי פרק מי שהחשיך (שבת דף קנד: ושם) דדייק מהכא דלצדדים אסורין דאמרינן מאי לאו דחק ביה באילן ואגח ביה קנים באילן דהוי להו לצדדין ומשמע דמיירי שהאילן דפנות לסוכה וקנים של סוכה נסמכין על האילן ואם יכנס בה ביום טוב גזרה שמא יניח חפצו על הסכך וכן פירש שם בקונטרס:

דקניא

*) לפ"ד מהרש"א סכל ד"א וק"ל. **) [וע"ע תוס' ב"ב קסו. ד"ה ומצו]

עין משפט נר מצוה

ח א מיי' פי"ז מהלכות שבת הלכה לח טוש"ע א"ח סי' שסג סעיף כב:

ט ב מיי' שם טוש"ע שם סעיף כג:

י ג מיי' פ"ה מהלכות סוכה הלכה יט סמג עשין מג טוש"ע א"ח סי' תרלא סעיף א:

יא ד מיי' שם הל' כא טוש"ע שם סעיף ג:

יב ה מיי' פ"ד מהלכות סוכה הל' ו טוש"ע א"ח סי' תרכח סעיף ג:

יג ו מיי' שם טוש"ע שם סעיף ג:

רבינו חננאל

בהן טפח ולא ביניהן פותח טפח טומאה תחתיהן [תחתיהן] טמא ביניהן ועל גביהן טהור. אלמא כי יש בקורה טפח אמרינן חבוט רמי. אין בקורה טפח לא אמרינן. וכן בסוכה אם יש בגגה טפח אע"פ שקנה יורד מחבירו יותר מג' טפחים אמרינן חבוט רמי. ומקשי רב אשי לרב כהנא אימי דבטילי אחרנייתא זולתי הטומאה כל היכא דליכא טפח לא אמרינן חבוט רמי. והתניא בעירובין פרק מבוי קורה היוצאה מכותל זה ואינה נוגעת בכותל כו' עד וכן בב' קורות המתאימות ולא בזו לקבל אריח ולא בזו לקבל אריח אם מקבלות אריח לרוחבו טפח אין צריך להביא קורה אחרת כו'. פי' הקורה המתרת במבוי צריכה להיות רוחבה כדי לקבל אריח כדתנן הקורה שאמרו רחבה לקבל אריח כו'. אם אינה יכולה לקבל אריח אינה מתרת. ושנינן בזו הברייתא ב' קורות המתאימות. כלומר נתונות זו בצד זו על פי המבוי. אם יש בשתיהן רוחב טפח כדי לקבל אריח לרחבן דיי לן ומתירות המבוי וקתני על אלו ב' קורות שאין באחת מהן טפח, היו נתונות אחת למעלה ואחת למטה. ר' יוסי בר' יהודה אומר רואין העליונה כאילו היא למטה והתחתונה כאילו היא למעלה כו'. הנה אע"פ שאין באחת מהן טפח אמרינן חבוט רמי. ושנינן תריץ ואימא הכי ובלבד שלא תהא העליונה למעלה מכ' אמה אלא בתוך כ' והקורה התחתונה סמוכה לה בפחות מג' אי נמי כו' כענין הראשון ופשוטה היא. ומדמתרץ אביי ורבא אליבא דשמואל דאינן בתראי ש"מ דכוותיה סבירא להו דמדובללת קתני במתני' מבולבלת היא ותרתי קתני: *)פי' החמה והצל בזמן דאינון כהדדי פסולה דסכך שנקוב כי זוזא מלעיל נראה בקרקע הנכנסת מאותן נקב כאיסתרא שהוא יתר. אבל בקרקע אם שוין שיעור החמה והצל כשרה היא. שלמעלה החמה מעוטא בין הצל. והמעובה כמין בית אע"פ שאין הכוכבים נראין מתוכה כשרה. ואסיקנא **) כוכבי חמה בעינן: מתני' העושה סוכתו בראש העגלה או בראש הספינה כשרה ועולין כו'. ביטולה

מסורת הש"ס

לעיל ג.

שבת קנד:

[ביצה לו:]

הגהות הב"ח

(א) רש"י ד"ה ובלבד ד"ה ולא תחתונה הד"א: (ב) תוס' ד"ה הא זה וכו' אי הוה להו הכא רואין אפילו:

*) נראה דחסר כאן ודברי רבינו סובבים והולכים על הא דמשני הגמ' כאן מלמעלה וכאן מלמטה ועי"ז כתב פי' וכו':

**) נראה דר"ל דלכתחלה בעינן שיהו כוכבי חמה נראין דב"ה לא מכשרי רק בדיעבד וכ"ה בירושלמי להדיא ועי' ברא"ש ור"ן:

טמא; היתה הטומאה בין התחתונה לעליונה, בין שתיהן בלבד טמא; היתה הטומאה על גבי העליונה, כנגדו עד לרקיע טמא. היו הקורות העליונות מכוונות כנגד האויר שבין הקורות התחתונות, וטומאה תחת אחת מהן, תחת כולם טמאה; היתה הטומאה ע"ג קורה העליונה, [השגת הראב"ד: א"א [ח]וכן על גבי קורה התחתונה], כנגד הטומאה עד לרקיע טמא. אין בקורות פותח טפח, בין שהיו מכוונות זה ע"ג זו ובין שהיו העליונות כנגד אויר התחתונות, והיתה הטומאה תחתיהן או ביניהן או על גביהן, טומאה בוקעת ועולה בוקעת ויורדת, ואינה מטמאה אלא כנגדה בלבד, לפי שכל טומאה שאינה תחת פותח טפח ברום טפח, הרי היא כרצוצה. [השגת הראב"ד: א"א [ט]כמה זה לשון מקולקל, אלא שאין חוצץ לפני הטומאה, ואינו נעשה אהל להביא את הטומאה, אלא בטפח מרובע, ולא אמרינן חבוט רמי אלא כשיש בקורה רוחב טפח].

---

§ מסכת סוכה דף כב: §

אות א'

וכן שתי קורות המתאימות, לא בזו כדי לקבל אריח ולא בזו כדי לקבל אריח, אם מקבלות אריח לרחבו טפח, אין צריך להביא קורה אחרת; ואם לאו, צריך להביא קורה אחרת

סימן שסג סכ"ב - הניח שתי קורות זו בצד זו, ולא בזו לקבל אריח ולא בזו לקבל אריח, אם יש בשתיהן כדי לקבל אריח לרחבו, דהיינו טפח - ר"ל שיהיו שניהן רחבין ביחד טפח, **ואין בין זו לזו שלשה טפחים** - חשבינן להו כאלו סמוכות זו לזו מטעם לבוד, **אינו צריך להביא קורה אחרת; ואם לאו, צריך להביא קורה אחרת.**

ויש אומרים שצריך שיהיו קרובות זו לזו בתוך טפח - ס"ל דלא שייך כאן להתיר משום לבוד, דהא בעינן שיהיה הקורה ראויה לקבל אריח לרחבה, וכשהן פרודות הרבה, אין יכולת לקבל אריח עליהן, **דהא** האריח לרחבו היא מחזקת טפח ומחצה, וצריך שיהיה עכ"פ נסמך ממנו כרבע טפח על קורה זו וכרבע על השניה, וא"כ לא ישאר פירוד ביניהן אלא כשיעור טפח ולא יותר, [**וא"כ** הא דכתב בשו"ע "תוך טפח", לאו דוקא, א"נ משום דא"א לצמצם].

(**ואפילו** אם הם ביחד ד' טפחים, כגון שכל קורה מחזיק ג' רבעי טפח, ובינתים האויר שביניהם יש שני טפחים וחצי, ג"כ לא מהני לדעת הי"א, ואף דשם בסי"ז פסק דברחבה ד' אין צריכה להיות חזקה כדי לקבל אריח, דוקא חזקה לא בעינן, אבל ראוי להניח עליהן בעינן, וגם בלא"ה י"ל, דעד כאן לא שרינן רחבה ד' טפחים אעפ"י שאינה בריאה, אלא ברחבה ממש, דאז הוי היכר מעליא אע"פ שאינה בריאה, אבל לא בזה דרק ע"י צירוף האויר נעשה ד"ט).

(מפשטות דברי השו"ע משמע, דאפילו לדעה זו בעינן ג"כ ששתי הקורות ביחד יהיה בין שניהן שיעור טפח, כמו לדעה ראשונה, ובעבוה"ק איתא, דאין צריכין שיהא בשתי הקורות בעצמן שיעור טפח, משום דאויר שביניהן מצטרף לזה).

(ודע, דאף שהמחבר כתב על דעה שניה בשם י"א, לאו דעת יחידאה היא, שכן הוא דעת התוספות ורבינו יהונתן והרשב"א והריטב"א, ורש"י והגה"מ מחמירין יותר, דאפילו בתוך טפח לא מהני, ודוקא כשנוגעות).

אות ב'

היו אחת למעלה ואחת למטה, רבי יוסי בר' יהודה אומר רואין העליונה כאילו היא למטה ואת התחתונה כאילו היא למעלה, ובלבד שלא תהא עליונה למעלה מעשרים אמה והתחתונה למטה מעשרה

סימן שסג סכ"ג - היתה אחת למעלה ואחת למטה, [א]רואים את העליונה כאלו היא למטה, ואת התחתונה כאלו היא למעלה - ר"ל או את התחתונה כו', **כאן** בא להוסיף רבותא על סעיף הקודם, דאפילו אם לא היו שתי הקורות שאין בכל אחת לקבל אריח עומדות בשוה, אלא אחת גבוהה מחברתה עד ג' טפחים, ג"כ כשירה, דאמרינן רואין וכו'.

ובלבד שלא תהא העליונה למעלה מעשרים ולא תחתונה למטה מעשרה - דאם היא למעלה מעשרים, אז אפילו התחתונה סמוכה לה בתוך ג' טפחים, לא אמרינן כאלו היא למטה מעשרים, כיון דעתה עומדת במקום פסול, **וכן** אם התחתונה למטה מיו"ד, והעליונה סמוכה לה בתוך ג' טפחים, לא אמרינן רואין את התחתונה כאלו היתה עומדת בשוה עם העליונה, כיון דעכשיו אין בה הכשר קורה.

ולא יהיה ביניהם ג' טפחים, לא בגובה, ולא במשך, כשרואין אותם שירדה זו ועלתה זו בכוונה - ר"ל מכוונת, **עד שיעשו זו בצד זו** - והיינו דאפילו אם נחשוב שכבר ירדה זו למטה קצת, והתחתונה עלתה למעלה קצת, עד שנעשו זו כנגד זו בשוה, לא יהיו אז מרוחקין רק פחות מג' טפחים, דאז שייך לומר לבוד וכנ"ל בסעיף הקודם בדעה ראשונה.

באר הגולה

[ח] ‹והדין עמו, ורבינו דנקט ע"ג קורה העליונה, צ"ל דלאו דוקא, אלא איידי דנקט בבבא קמייתא ע"ג העליונה, נקטה נמי הכא - כסף משנה› [ט] ‹וי"ל דרבינו לישנא קלילא נקט, וקיצר במקום שהיה לו להאריך ולומר, דלא אמרינן חבוט רמי אלא כשיש בקורה רוחב טפח, אלא שסמך על מש"כ בפ"ה מהלכות סוכה גבי היה הסיכוך מדובלל - כסף משנה› [א] **ברייתא דר' יוסי ברבי יהודה, טור בשם הרמב"ם**

[ב]**ויש פוסלים** - משום דס"ל דלא אמרינן רואין את העליונה וכו', **ואע"ג** דלקמן בהל' סוכה בסימן תרל"א, פסק המחבר בפשיטות בס"ה, דאם הסיכוך הוא מבולבל ואחד למעלה ואחד למטה, דאם אין ביניהם ג"ט דאמרינן לבוד, **שאני** הכא דבעינן שיהו ראוין לקבל אריח, ובאחד למעלה ואחד למטה אין ראוין לקבל אריח, והיינו דאפילו אם גבוהות טפח אחד מחבירו, ג"כ לא מהני, **ואפילו** אם עומדות בשוה ממש, ס"ל להדעה זו כדעה שניה הנ"ל, דבעינן דוקא שיהא סמוכות א' לחבירו לא יותר מטפח, **וכתב** בא"ר דיש להחמיר כדעה זו.

אות ג'

כאן מלמעלה כאן מלמטה

סימן תרל"א ס"א - [ג]סוכה שחמתה וצלתה שוים מלמעלה, פסולה, לפי שהחמה מתפשטת בריחוקה, ויהיה למטה חמתה מרובה מצלתה - ואז יתבטל המיעוט נגד הרוב, והוי כאלו לא סיכך כלל.

אבל אם חמתה וצלתה שוים מלמטה, כשרה - [ד]דידוע דאז למעלה מקום הקנים רחבים מן האויר, [רש"י].

אות ד'

המעובה כמין בית, אע"פ שאין הכוכבים נראין מתוכה, כשרה; אין כוכבי חמה נראין מתוכה.. ובית הלל מכשירין

סימן תרל"א ס"ג - [ה]דרך הסיכוך להיות קל, כדי שיראו ממנו הכוכבים [ו]הגדולים - היינו הנראים ביום בעוד שלא שקעה חמה.

והאחרונים כתבו, [ז]דלכתחלה בעינן דאפילו בלילה יראו כוכבי לילה בתוכה, [ח]**ובד"מ** הביא בשם מהרי"ל, דמותר לסכך הסוכה עב הרבה, דא"א שלא יראו בה כוכבים ‹גדולים›, אע"ג דבלילה אינו רואה הכוכבים, ‹היינו לכאורה כוכבי לילה›, מ"מ ביום איכא חורים וסדקים בכמה מקומות, עכ"ל, ‹וכוכבים גדולים ונצוצי חמה שיעורן שוה›, **ועיין בס'** בכורי יעקב, דהמקיל כוותיה לא הפסיד, ובפרט היכי שיש לחוש דאם יעשה הסכך דק יותר, ינשב הרוח יותר תוך הסכך ויצטער ברוח ובצינה.

ועיין בפמ"ג שכתב, דאפשר לענין ראיית הכוכבים, די בכל הסוכה אם הוא רואה רק במקום אחד, **משא"כ** באם היה מעובה הרבה מאוד, עד שאין הגשם יכול לירד בתוכו, למ"ד דפסולה, כל שיש ד"ט ביחד סכך פסול מקרי, [**ומ"מ** אם נטל אח"כ מקצת עובי הסכך מעליו, א"צ לנענע הנשאר, אפי' הניחו בבת אחת, כי אין שם סכך פסול ממש עליו].

[ט]**היתה מעובה כמין בית, אע"פ שאין הכוכבים נראים מתוכה** - ר"ל לא נראים בתוכה לא גדולים ולא קטנים, [ואפי' אין ניצוצי השמש נראין בתוכה], **כשרה.**

וכתבו האחרונים, דמ"מ אם היא מעובה כ"כ, עד שאין הגשמים יכולים לירד בתוכה, אפילו כשיורדין גשמים מרובים, וא"כ הוי כעין בית, יש להחמיר ולפסול משום גזירת בית, **ומ"מ** בדיעבד כאשר א"א ליטול קצת מהסכך מפני איזה סיבה, יש לסמוך על המכשירין.

אות ה'

העושה סוכתו בראש העגלה או בראש הספינה, כשרה

סימן תרכ"ח ס"ב - עיין לקמן כ"ג.

באר הגולה

ב **טור בשם ר"מ מרוטנבורג ואביו הרא"ש, וכן הוא בנוסח הרי"ף, דאין הלכה כר' יוסי ברבי יהודה** ג **הכי דייקינן בגמ' דסוכה כ"ב מהמשנה שם** ד ‹לפום ריהטא דברי רש"י סותרים את עצמם, בתחילה הוא אומר שכשהסכך מלמעלה פרוץ כעומד, הסוכה פסולה מפני שרבה החמה על הצל בארץ מלמטה, משמע מכך, שאילו היה הפרוץ כעומד בסכך מלמעלה, וגם בארץ מלמטה, היתה הסוכה כשרה. **מסוף** דבריו נראה להיפך, שהרי הוא אומר, שכשיש פרוץ כעומד בחמה ובצל מלמטה בארץ, הסוכה כשרה, מפני שיש רוב סכך בגגה מלמעלה, יוצא שכשיש סוכה עם פרוץ כעומד מלמעלה ומלמטה, הסוכה פסולה, וצ"ע, **ועוד**, הרי בעל הסוגיא כאן בסוכה הוא רב פפא, הסובר פרוץ כעומד כשר, והלא ניתן להבין מפרש"י, שבפרוץ כעומד מלמעלה בסכך ומלמטה בצל, הסוכה פסולה. **ודומה** ששיטת רש"י היא, שהדין של פרוץ כעומד שונה מדין הרוב, דין הרוב נוהג בכל התורה כולה, אבל הדין של פרוץ כעומד נוהג כהכשר מיוחד אך ורק בחלות שם חפצא של סכך ובמחיצות, **יוצא**, שדין הרוב כאן אינו ניתן להפקעה, וכשיש רוב בסכך מלמעלה, כשרה הסוכה בכל אופן, גם בלי צל מלמטה, שהרי יש בסכך ההכשר של רוב מדין כל התורה כולה. **לעומת** זאת, כשהסכך רק פרוץ כעומד, יש דין הכשר מיוחד בסכך הסוכה, חלות ההכשר הזה תלוי' בצל מלמטה, שאם אין רוב צל מלמטה הסוכה פסולה. **מסקנת** הדברים: שיטת רש"י היא שבהכשר של סכך הסוכה קיימים שני דינים, ברוב סכך למעלה, הגג בעצמו קובע את הכשרה של הסוכה, ואין לנו ענין במציאות של צל למטה. **מאידך** כשהסכך פרוץ כעומד למעלה, תלוי הכשרה של הסוכה גם במציאות הצל למטה, ההלכה של פרוץ כעומד חלה רק על הסכך עצמו אבל לא על הצל בארץ, לפיכך, דוקא כשיש רוב צל למטה הסוכה כשרה, אבל בפרוץ כעומד מלמעלה ומלמטה, הסוכה פסולה - רשימות שיעורים רי"ד סולובייצ'יק, ע"ש› ה **ירושלמי הביאו הרא"ש** ‹הדא אמרה צריכין הכוכבים להיות נראין מתוכה, רבי לוי אמר בכוכבי חמה שנו. פי' צריכין לכתחלה, כדקתני בברייתא בית הלל מכשירין, בדיעבד, אבל לכתחלה צריך שיהו נראין מתוכה - שם› ו **רמב"ם** ‹ומפרש רבינו כוכבי חמה, כוכבים הגדולים, וקרי להו כוכבי חמה, לפי שמתוך גודלם נראים ביום - כסף משנה. ‹**ורש"י** פי', זהרורי חמה, וכ"כ הטור› ז ‹כתב הטור: וצריך שלא יעשה כסוייה עב מאוד כדי שיהו הכוכבים וניצוצי השמש נראין מתוכה, ע"כ. **נראה** שהוא מפרש, דהא דתנן אע"פ שאין הכוכבים נראין מתוכה, דמשמע דצריך שיראו, מיירי בכוכבי לילה - ב"י. **ואף** דודאי ניצוצי שמש נראים ביותר, נקט תרוייהו, דלכתחלה צריך שיראו אפי' כוכבי לילה, ובדיעבד שרי אפי' אם לא יראו ניצוצי שמש, מדתנן מעובה כמין בית כשרה - ט"ז› ח ‹והב"י כתב דכוכבים גדולים ונצוצי חמה שיעורן שוה. ולדבריו א"צ להשגיח רק שיראו מתוכו ניצוצי חמה ביום, וכן נראה ג"כ מדברי מהרי"ל הביאו בד"מ, וז"ל: מותר לסכך הסוכה עב הרבה, דא"א שלא יראו הכוכבים, אע"ג דבלילה אינו רואה הכוכבים {היינו לכאורה כוכבי לילה}, מ"מ ביום איכא חורים וסדקים בכמה מקומות, עכ"ל - ביכורי יעקב› ט **משנה שם כ"ב**

אות ה'

בראש האילן או על גבי גמל, כשרה ואין עולין לה ביו"ט; שתים באילן ואחת בידי אדם, או שתים בידי אדם ואחת באילן, כשרה ואין עולין לה ביו"ט; שלש בידי אדם ואחת באילן, כשרה ועולין לה ביו"ט; זה זה הכלל, כל שינטל האילן ויכולה לעמוד בפני עצמה, כשרה ועולין לה ביו"ט

סימן תרכח ס"ג - 'עשאה בראש הגמל - היינו שעשה שם הדפנות בין חטוטרותיה, וסיכך על גבן, [**לאפוקי** אם ראשי הקנים של הסכך נסמכים על ראש הגמל, דפסול אף בדיעבד, לפי שאין לה קבע, שהרי הגמל ילך מכאן ויפול, מ"א, ‹שהביא תוס', **והיינו** דלא כרש"י דף כ"ג. ד"ה על גבי בהמה, "כגון שנתן דלתות על שני סוסים", דהא אין לה קבע, אלא כהתוס' שם, שעשה קרקעית הסוכה על בהמה אחת ועליה הסכך, ואם תלך הבהמה מכאן, מוליכה הסוכה עמה במקום שהיא הולכת, ונקרא יש לה קבע›.

או בראש האילן - תיקן מושבו בראשו, ועשה שם מחיצות וסכך, [רש"י], **כשרה, [יא] ואין עולין לה ביו"ט** - מפני שאסור להשתמש ביו"ט בבעלי חיים ובמחובר, **ואפילו** אם הסוכה היא על הארץ, [יב] אלא שהקנים של הסכך מסומכין על האילן, אסור לעלות לה בשבת ויו"ט, גזירה שמא ישתמש בהסכך, שיניח שם חפציו, או יתלה בו שום דבר, ונמצא משתמש על ידי האילן.

ואפשר דדוקא בימים הראשונים שהיו רגילין להשתמש בסכך, להניח ולתלות שם חפציהם, אבל עכשיו שאין רגילין בכך, אין חוששין לכך, ומותר לעלות לתוכה אף בשבת ויו"ט, **ומ"מ** לכתחלה אין לסמוך את הסכך על האילן, שאין מעמידין את הסכך לכתחלה אלא בדבר הראוי לסיכוך, כמ"ש בסימן תרכ"ט, ע"ש הטעם, **ואם** נעץ קונדסין באילן, וסמך הסכך עליהן, שרי אף לכתחלה.

ואם עבר ועלה ביו"ט, יצא ידי חובתו, [רש"י], **ועיין** בפמ"ג שמסופק, אם אין לו ביו"ט רק סוכה ע"ג בהמה או אילן, אם מותר לו לכתחלה לעלות, **ובבכורי** יעקב מסיק דאסור, דחכמים פטרוהו, [דדבר שהוא בשב ואל תעשה יש כח ביד חכמים לעקור].

מקצתה על האילן ומקצתה בדבר אחר - שעשה מקצת קרקעית סוכתו ומקצת דפנותיה על ראש האילן, ומקצת קרקעיתה ומקצת דפנותיה על דבר אחר, וסיכך על הדפנות, **אם הוא בענין שאם ינטל האילן תשאר היא עומדת ולא תפול, עולין לה ביו"ט** - היינו בסולם שלא על דרך האילן.

ואם לאו, אין עולין לה ביו"ט - דכיון שסמיכתה על האילן, נמצא כשנכנס לתוכה משתמש באילן.

[**ועיין** בשבת דף קנ"ד, דמשמע לכאורה במסקנא, דאפי' אם סמך על האילן רק דופן רביעי, דפסול, ואין תלוי כלל באם ינטל ויכולה לעמוד, וצ"ע].

באר הגולה

י משנה שם | יא דאסור להשתמש ביו"ט בבעלי חיים ובמחובר | יב ‹עיין תוס' ד"ה שתים›

§ מסכת סוכה דף כג, §

אות א' - ב'

היכא דאינה יכולה לעמוד ברוח מצויה דיבשה, לא כלום היא

סוכה דירת עראי בעינן, וכיון דיכולה לעמוד ברוח מצויה דיבשה, כשרה

סימן תרכח ס"ב - [א]**העושה סוכתו בראש העגלה** - אף דמטלטלה ולא קביעא, **או בראש הספינה** - הוא מקום גבהו של ספינה, והוא גבוה מאוד, והרוח שולטת שם ועוקרתה, [רש"י], **אם אינה יכולה לעמוד ברוח מצויה דיבשה** - ר"ל שלא קשרה בחוזק כלל, שאיזה רוח שיבוא יעקרנה, **פסולה** - דאפילו דירת עראי לא הויא, [רש"י].

אבל אם יכולה לעמוד ברוח מצויה דיבשה, [ב]**אפילו אם אינה יכולה לעמוד ברוח מצויה דים** - דרוח מצויה דים, הוא כרוח שאינה מצויה דיבשה, **כשרה** - דעכ"פ מכלל דירת עראי לא נפקא, [גמרא], ואפילו בשעה שהולכת על הים.

וע"כ הסוחרים יכולים לעשות סוכה בעגלות שלהם, שקורין ביידי"ל, [ואפי' בשעה שהולכת עם הסוסים], ובלבד שיהא בתוכה גבוה י"ט ורוחב ז"ט בלא הגלגלים, **אכן** צריך שיקשרנה שם בחוזק, שתהיה יכולה לעמוד ברוח המצויה בארץ.

אות ג'

עשאה לבהמה דופן לסוכה... ור' יהודה מכשיר

סימן תרל סי"א - [ג]**עושים מחיצה מבעלי חיים, שיקשור שם בהמה לדופן** - כדי שלא תוכל לברוח, [**מסתפקנא** אם הוא בתורת עצה בעלמא, ובדיעבד כל זמן שלא ברחה קיים מצות סוכה, **או** דהוא תקנת חכמים, כדי שלא יבוא לידי בטול מצות סוכה, **והגר"א** משמע דתקנת חכמים הוא].

גם זה צריך שתהיה מתוחה למעלה בחבלים, או שתהיה גבוה כ"כ, שאף אם תרבץ או תמות ותפול, יהיה גבוה י"ט, [דאל"ה חיישינן דלמא רבעא, ע"ש בגמ', ואף לר' יהודה חיישינן לזה לפי המסקנא, [ד]כמ"ש הגר"א לעיל בסימן שס"ב ס"ה. **ואף** דקאמר הגמ' שם זימנין דמוקים וכו', זהו רק לר"מ ולפי הס"ד], **ואם** יש חלל בין רגליה גבוה מג"ט, צריך לגודרה - גמ'.

אות ג*[ה]

סימן תרל סי"ב - [ו]**יכול לעשות מחבירו דופן לסוכה להכשירה; ואפילו ביו"ט** - כגון שנפל דופן סוכתו, והוא רוצה לקיים מצות סוכה לאכול ולשתות שם, יכול לבקש אדם שיעמוד שם עד אחר עת אכילתו.

ובלבד שלא ידע אותו שהועמד שם שבשביל מחיצה הועמד שם – (דהויא ליה מחיצה העשויה בשוגג, שמותר לטלטל על ידה – מ"א, והוא מפי' רבינו יהונתן, ורש"י פי', מפני שאין דרך בנין בכך).

ודוקא מחבירו, אבל בהמה אסור להעמידה ביו"ט לדופן שלישי להכשיר הסוכה, ואפילו אם לא יקשרנה רק ע"י עניבה, [**דבשלמא** גבי אדם, כיון שהעומד שם לא ידע שלשם מחיצה הועמד שם, הוי כמחיצה העשויה בשוגג דמותר לטלטל ע"י, ואין כאן איסור מחיצה למעמיד, דבתר כוונת העומד אזלינן, **משא"כ** בבהמה שאין לה דעת, אזלינן בתר המעמידה דהוא לדעת, והיא חשיבה כעץ בעלמא, **אבל** לדופן רביעית, גם ע"י בהמה מותר ביו"ט, דאפי' ע"י כלים מותר].

ומסתימת הפוסקים משמע לכאורה, דבנתרצה לעמוד שם, אף שאינו יודע על מה ולמה, מ"מ אין לחוש שמא ילך בתוך כך, **אך** על עכו"ם בודאי לא יכול לסמוך בזה.

אבל בחול, אפי' אם הוא יודע, שפיר דמי - שהרי מותר לעשות מחיצה בחוה"מ.

הגה: ואפי' ביו"ט אינו אסור אלא באותן ג' דפנות המתירים הסוכה; אבל בדופן רביעית, שרי (הגהת הרא"ד) - דכיון דיש הכשר סוכה מכבר, לא מקרי תו בנין, רק תוספות על אוהל עראי, ושרי, וה"ה דמותר לעשות בכלים דופן רביעית ביו"ט מטעם זה, **אבל** דופן שלישית אסור, שהוא מכשיר הסוכה בזה, והוא בכלל עשיית אוהל עראי דאסור ביו"ט. **וע"ל סי' שס"ב ס"ה.**

באר הגולה

א **משנה וגמרא כ"ב וכ"ג** ב **משמעות הגמרא שם** ‹אמאי הוי רק משמעות, ולא בפירוש אליבא דר"ע› ג **רמב"ם וטור ממשנה עירובין ט"ו. וכחכמים** ד ‹ואע"ג דשם לר"מ, אבל לר"י אליבא דרבי זירא ע"כ לא חייש להכי, היינו לס"ד, {וכנראה שהבין הגר"א דקושיית הגמ' "ודלמא רבעה" לא היה על ר"י, עיין במהרש"א ושפת אמת}, אבל למסקנא דטעמא דר"מ כדראב"י, ואף ר"י חייש לשמא יברח, ופליגי בפיל קשור, דע"כ ר"י חייש לשמא תמות, כמ"ש בגיטין כ"ח ב', וכן מסיק רבא שם, שמא ימות תנאי היא, ואע"ג דדחי גמ' בסוכה, היינו לפי הס"ד שם, אבל לפי המסקנא שם קיימא פלוגתייהו בלוקח יין לשמא ימות, כמ"ש בגיטין שם, וחייש ר"י לשמא ימות {וא"כ כ"ש דחוששין לשמא יברח, וכמ"ש בתוס'} – ביאור הגר"א שם› ה ‹מילואים› ו **גם זה שם**

זה הכלל כל שינטל האילן ויכולה לעמוד בפני עצמה כשרה ועולין לה ביום טוב:

גמ׳ מני מתניתין רבי עקיבא היא דתניא* העושה סוכתו בראש הספינה רבן גמליאל פוסל ור״ע מכשיר מעשה ברבן גמליאל ור״ע שהיו באין בספינה עמד ר״ע ועשה סוכה בראש הספינה למחר נשבה רוח ועקרתה אמר לו רבן גמליאל עקיבא היכן סוכתך אמר אביי דכולי עלמא *היכא דאינה יכולה לעמוד ברוח מצויה דיבשה לא כלום היא יכולה לעמוד בשאינה מצויה דיבשה כ״ע לא פליגי דכשרה כי פליגי בדיכולה לעמוד ברוח מצויה דיבשה ואינה יכולה לעמוד (*ברוח שאינה מצויה דיבשה) רבן גמליאל סבר סוכה דירת קבע בעינן וכיון דאינה יכולה לעמוד ברוח מצויה דים לא כלום היא ר״ע סבר ׳סוכה דירת עראי בעינן וכיון דיכולה לעמוד ברוח מצויה דיבשה כשרה: או על גבי גמל כו׳: מתני׳ מני רבי מאיר היא דתניא העושה סוכתו על גבי בהמה ר״מ מכשיר ורבי יהודה פוסל מ״ט דרבי יהודה אמר קרא °חג הסוכות תעשה לך שבעת ימים *סוכה הראויה לשבעה שמה סוכה סוכה שאינה ראויה לשבעה לא שמה סוכה ורבי מאיר הא נמי מדאורייתא מחזא חזיא ורבנן הוא דגזרו בה *עשאה לבהמה דופן לסוכה ר״מ פוסל ור׳ יהודה ׳מכשיר שהיה *רבי מאיר אומר כל דבר שיש בו רוח חיים אין עושין אותו לא דופן לסוכה ולא לחי למבוי ולא פסין לביראות ולא גולל לקבר *משום רבי יוסי הגלילי אמרו אף אין כותבין עליו גיטי נשים מ״ט דר׳ מאיר אביי אמר שמא תמות רבי זירא אמר שמא תברח בפיל קשור כולי עלמא לא פליגי דאי נמי מייתא יש בנבלתו י׳ כי פליגי בפיל שאינו קשור למאן דאמר שמא תמות לא חיישינן למאן דאמר גזרה שמא תברח חיישינן למאן דאמר גזרה שמא תמות ניחוש שמא תברח אלא בפיל שאינו קשור כולי עלמא לא פליגי כי פליגי בבהמה קשורה למ״ד גזרה שמא תמות חיישינן למ״ד גזרה שמא תברח לא חיישינן ולמאן דאמר גזרה שמא תברח ניחוש שמא תמות *מיתה לא שכיחא והאיכא רווחא דביני ביני דעביד ליה בהוצא ודפנא ודלמא רבעה דמתיחה באשלי מלעיל ולמאן דאמר גזרה שמא תמות נמי הא מתיחה באשלי מלעיל זמנין דמוקים בפחות משלשה סמוך לסכך וכיון

רש״י

הואיל ואם ינטל האילן טפל קרקעית הסוכה שאינו יכול לעמוד בסמיכת שתים שבארץ אין עולין לה ביום טוב דמשתמש באילן: **גמ׳ לא כלום היא** · דאפי׳ דירת עראי לא הויא: **שאינה מצויה דיבשה** · האי כרוח מצויה דים: **יכולה לעמוד ברוח שאינה מצויה דיבשה** · דהיינו רוח מצויה דים דכולי עלמא כו׳ אף ע״ג דאינה עומדת ברוח שאינה מצויה דים דאפי׳ למאן דבעי סוכה דירת קבע איכא: **על גבי בהמה** · כגון נתן דלתות על שני סוסים והם קרקעית הסוכה ועשה למעלה מחיצות וסכך: **הראוי׳ לשבעה** · והשתא דגזור רבנן אין עולין לה נמצאת שאינה ראויה ליום ראשון: **ולא פסין לבירות** · דתנן בעירובין (דף יז:) עושין פסין לבירות ארבע׳ דיומדין לבור שברשות הרבים והבור עמוק עשרה דהוא רה״י ואין יכול למלאות ממנה אלא אם כן מוקף מחיצות ומפני בהמות עולי רגלים התירו המחיצות בארבעה דיומדין לארבע פיאות ואמר ר׳ מאיר דלא עבדין חדא מהנך בבעלי חיים וטעמא מפרש לקמן: **ולא גולל לקבר** · כלומר אם עשאוהו כיסוי לארון של מת אין שם גולל עליו לטמא דאמרי׳ בבהמה המקשה דגולל מטמא במגע ובמשא ובאהל דתניא (חולין דף עב·) על פני השדה לרבות גולל ודופק: **ור׳ יוסי הגלילי** · מפרש לקמיה טעמא: **גזרה שמא תמות** · הבהמה ביום טוב ותפול ואין כאן דופן ונמצא בטל ממצות סוכה ולקמיה פריך ובגולל דקולא היא מאי טעמיה: **קשור** · דליכא למיחש שמא תברח: **דכולי עלמא** · בין לאביי בין לרבי זירא מכשיר רבי מאיר: **דאי נמי מיית** · ויפול יש בנבלתו עשרה: **מיתה לא שכיחא** · ואפילו רבי מאיר לא פסיל: **והאיכא רווחא** · דביני כרעי שהיא פירצה ואפי׳ כשהיא חיה: **דעביד ליה** · גדר בין רגליה: **בהוצא ודפנא** · הוצא לולבי דקל דפנא ענפי עץ שקורין לורי״ר וגדל בו פרי שקורין באיי״ש: **רבעה** · רובצת: **אשלי** · חבלים: **הא מתיחה באשלי מלעיל** · ואם תמות אינה נופלת: **זימנא דמוקי לה פחות מג׳ כו׳** · פעמים שאין בגובהה של בהמה אלא שבעה ומשהו וסוכה עשרה דקאי לה בפחות משלשה סמוך לסכך ואמרינן לבוד: וכיון

תוספות

דתניא העושה סוכתו בראש הספינה · שפיר גרים בברייתא בראש העגלה דפליגי נמי בראש העגלה כדפרישי׳ לעיל (דף כא: בד״ה שאין) ולא כמו שפי׳ ר״ת בפ״ק (דף ז: ושם בד״ה העושה): **על** גבי בהמה · פ״ה נתן דלתות על ב׳ סוסים להיותם קרקעית הסוכה ועשה למעלה מחיצות וסיכך רבי יהודה פוסל ומכאן קשה לפ״ה דמתניתין דלעיל (דף כא:) גבי סמך סוכתו בכרעי המטה כדפי׳ לעיל וי״מ דהכא לאו במיטלטל הסכך על גבי הבהמה דא״כ למה לי קרא לר׳ יהודה תיפוק ליה משום דאין לה קבע כדפרישית לעיל אלא העמיד סוכה על ד׳ קונדסים וסמך עליהן הסכך והכניס שם הבהמה ועשה עליה קרקעיתה ומחיצותיה עד לסכך דלא חזיא לשבעה דאין עולין על גבי בהמה ביום טוב:

סוכה הראויה לשבעה · מהאי טעמא נמי היה פוסל בסוכה על גבי אילן: **ורבי** יהודה מכשיר · בשלא סמך הסוכה על גבה איירי דא״כ הויא לה כסמכה בכרעי המטה: **ולא** גולל לקבר · כשהאבן מונח בקבר מניחין על הקבר אבן גדולה לסתום את חללה והוא נקרא גולל כדמוכח במסכת אהלות פרק ט״ו [מ״ח] דתנן קורה שעשאה גולל לקבר בין מוטה על צידה בין עומדת אין טמא אלא כנגד הפתח ועוד תניא בתוספתא דאהלות [פט״ו ע״ש] גל של צרורות גולל לקבר הנוגע בתוכו עד ארבעה טפחים טמא דברי רבי יהודה וחכמים אומרים אינו טמא אלא סדר הפנימי גורכו של קבר משמע דנקרא גולל מה שסותם החלל ועוד תניא בתוספתא דאהלות סוף פרק (*שני) שתי אבנים גדולות של ארבעה טפחים שעשאן גולל לקבר המאהיל על גבי שתיהן טמא ניטלה אחת מהן המאהיל על גבי שניה טהור מפני שיש לטומאה דרך שאלא מכל הני משמע שתחת הגולל כולו חלל ואע״ג דבפ׳ בהמה המקשה (חולין דף עב·) נפקא טומאת הגולל מדכתיב על פני השדה דמשמע דאין דבר על גבי הגולל ועומד מגולה על פני השדה זימנין דאינו מגולה כי ההיא דגל של צרורות דאינו טמא אלא סדר הפנימי ודופק הנזכר בכל מקום עם הגולל הם אבנים שהגולל נשען עליהם כדתנן פרק ב׳ דאהלות [מ״ד] ואיזהו דופק את שהגולל נשען עליו אבל דופק דפקין טהור דפעמים מניחין אבן לסמוך אותה שהגולל נשען עליה והיא נקראת דופק דפקין וצריך לדקדק הא דאמר פ׳ העור והרוטב (חולין דף קכו:) דגולל מטמא במגע ובאהל היכי דמי בשלמא מגע אפשר מן הצד אלא באהל מאי איריא משום גולל תיפוק ליה משום שהקבר סתום ותניא בנזיר פ׳ כהן גדול (דף נג:) או בקבר זו קבר סתום דאמרי׳ טומאה בוקעת ועולה בוקעת ויורדת ואין לומר דאיצטריך היכא דאין המת בקבר דאי ליתיה אם כן לא מטמא משום גולל דאפי׳ כי איתיה ויש מקום לטומאה לצאת לא מטמא ואין לומר נמי כגון דבולט חוץ לקבר דהא מה שחוץ לקבר טהור כדקאמרינן אין טמא אלא כנגד הפתח דהא דקתני כיפה עשה ראשה גולל לקבר אין טמא אלא עד ארבעה טפחים ההיא כשנתנה על הקבר מעומד איירי דכולה כנגד הפתח ועד ארבעה דקתני היינו בגובהה דומיא דההיא דגל של צרורות לרבי יהודה ומיהו מצינן למימר דאיצטריך למאהיל על הגולל כנגד מחיצות הקבר שהגולל מונח עליהם דאע״פ שאין מאהיל כנגד חלל הקבר טמא משום דמאהיל על הגולל דאם אין שם גולל טהור: **בפיל** קשור כולי עלמא לא פליגי · לשון הש״ס משונה כאן משאר מקומות דרבי זירא ואביי תרוייהו מפרשי טעמא דרבי מאיר והוה ליה למימר מאי בינייהו והוא מפרש והולך בלשון פליגי: **ולמאן** דאמר שמא תמות ניחוש שמא תברח. דאע״ג דלמאן דאמר שמא תברח נמי על כרחך ר״יה:דה דמכשר לא חייש מ״מ אביי אליבא דר״מ דחייש למיתה דלא שכיחא כ״ש דיש לו לחוש לשמא תברח דשכיחא:

לתניא

מסורת הש״ס

לעיל ז:

[ת״ל ברוח מצויה דים כן גירסת תוספות לעיל ז: ד״ה העושה וכ״ג ברא״ש ורא״ן]

[לקמן כו:]

עירובין מד.

[שם טו:]

[שם]

[יומא יג.]

[וע״ע תוס׳ ברכות יט: ד״ה מדלגין וכו׳]

עין משפט נר מצוה

יד א ב מיי׳ פ״ד מהל׳ סוכה הל׳ ה טוש״ע א״ח סי׳ תרכח סעיף ב:

טו ג מיי׳ שם הלכה טז טוש״ע א״ח סי׳ תרל סעיף יא:

רבינו חננאל

ביכולה לעמוד ברוח מצויה דיבשה ואינה יכולה לעמוד ברוח מצויה דים. ור׳ עקיבא היא דאמר סוכת דירת עראי בעינן וקי״ל כוותיה: **פיסקא** בראש האילן או ע״ג הגמל כשירה ואין עולין לה ביו״ט. ואוקימנא לר״מ דתניא העושה סוכתו ע״ג בהמה ר״מ מכשיר ור׳ יהודה פוסל משום דבעי סוכה דחזיא ליה לשבעת ימי החג כדכתיב בסכות תשבו שבעת ימים והא אינו יכול לעלות לה ביו״ט דתנן אלו הן משום שבות לא עולין לאילן ולא רוכבין ע״ג בהמה ור׳ מאיר אמר לך הא נמי מדאורייתא חזיא ורבנן גזרו בה: **ת״ר** עשאה לבהמה דופן ר׳ מאיר פוסל ור׳ יהודה מכשיר שהיה ר׳ מאיר אומר כל דבר שיש בו רוח חיים אין עושין אותן לא דופן לסוכה ולא לחי למבוי כו׳. מ״ט דר׳ מאיר אמר אביי גזירה שמא תמות כו׳. משום גזירה פוסל מכלל דדופן מעליא הוא. והא איכא רווחא דמכריסה ועד ארעא. ושנינן דעבד לה בהוצא ודפנא ומשום שלא תרבע תחתיה

וכיון דמיתא כווצא ולאו אדעתיה ומי אמר אביי ר"מ חייש למיתה ור' יהודה לא חייש והתנן *בת ישראל שנשאת לכהן והלך בעלה למדינת הים אוכלת בתרומה בחזקת שהוא קיים ורמינן עלה *הרי זה גיטיך שעה אחת קודם מיתתי אסורה לאכול בתרומה מיד ואמר אביי לא קשיא הא ר"מ דלא חייש למיתה הא רבי יהודה דחייש למיתה דתניא *הלוקח יין מבין הכותים אומר שני לוגין שאני עתיד להפריש הרי הן תרומה עשרה מעשר ראשון תשעה מעשר שני ומיחל ושותה מיד דברי רבי מאיר רבי

וכיון דמייתא כווצא · מתמעט רטרייט והוה ליה שלשה ובטיל ליה לגוד ואין כאן דופן: **ולאו אדעתיה** · אינו נותן לב לתקנה דאינו ניכר: **הרי זה גיטיך** · ירא שלא ימות פתאום או בעיר אחרת ותיזקק אשתו לחליצה ונותן לה גט כשהוא בריא ואומר לה גט זה יהא לגרשיך שעה אחת קודם מיתתי: **אסורה לאכול בתרומה מיד** · אם הוא כהן והיא ישראלית דשמא זו היא השעה שקודם למיתתו והרי היא מגורשת ממנו אלמא מיתה שכיחא וחיישינן לה: ואמר אביי גרס: **הלוקח יין מבין הכותים** · קודם שגזרו עליהם כדאמרינן בהכל שוחטין (חולין דף ו·): **אומר שני לוגין שאני עתיד להפריש** · מן המאה לתרומה הרי שם תרומה קרוי עליהם בתוכו וכגון שהגיע לילי שבת [או] אין עמו כלים טהורים להפריש לתוכן תרומה ומעשר והאי דנקט כותים אשמעי' דגרועין הן מעמי הארץ והלוקח מהן צריך לעשר ודאי ולא דמאי ואף על התרומה נחשדו: **ומיחל** · מעשר שני שהוא יכול לחללו ומחללו בתוכו על מעות שיש לו בתוך ביתו: **ושותה מיד** · וסמכינן אברירה וכשיבא לביתו יפריש ואמרינן יש ברירה שאלו הן מעשרן ותרומתן: אוסרין

דתניא הלוקח יין מבין הכותים · ברייתא היא דמתני בה פלוגתא דתנאי ומשנה אחרת היא במסכת דמאי פרק שביעי [מ"ד] וסתמא כר"מ ובמטהר יינו של כותי איירי או קודם שגזרו על יינן כדאיתא פ"ק דחולין (דף ו·) ואע"ג דר' יוסי ורבי שמעון דהכא שמעינן להו במנחות פרק רבי ישמעאל (דף סו:) דכותים גרי אריות הן מ"מ אפשר דכשגזרו על יינן של נכרים לא גזרו על של כותים כיון דפרושים מע"ז יותר מאשר נכרים ומחזיקים בתורה שבכתב אע"פ שגזרו על פתן כמו כן למ"ד גרי אמת גזרו על פתן ולא גזרו על יינן עד שגזר רבי מאיר בפרק קמא דחולין: **שני** לוגין שאני עתיד להפריש · בע"ש בין השמשות איירי כדקתני בתוספתא* הלוקח יין מבין הכותים בע"ש ושכח להפריש ולא [דמאי פ"ח] שכח עד שקדש היום דאם כן אפילו לקרות לו שם אסור כדמוכח בכמה דוכתי דאין תקנה לטבל בשבת אלא באיסור דאמרינן פרק כירה (שבת דף מג·) טבל מוכן הוא אצל שבת שאם עבר ותיקנו מתוקן ובפ' מי שהחשיך (שם דף קמד:) היתה בהמתו טעונה טבל ועששית אסור לפורקה ולא מסתבר למימר דכל הני ר' יהודה ורבי יוסי ור' שמעון דאסרי ועוד דאמרינן פרק שני דבילה (דף יז:) המעשר בשבת בשוגג יאכל במזיד לא יאכל ומשמע נמי בפרק הניזקין (גיטין דף נד·) דאתיא נמי כר"מ ואי הוה שרי למיכל בהנאי שאני עתיד להפריש לא היה ראוי לקונסו אפילו עבר ותיקן ולא מיירי נמי בעוד יום אלא שאין שהות ביום כדי להפריש דאם כן נימא מעשר שני בצפונו או בדרומו ויחללנו ושתה כמו גבי דמאי אלא ששכח עד בין השמשות איירי דאסור להפריש כדתנן פרק במה מדליקין (שבת דף לד·) ספק חשיכה אין מעשרין את הודאי ופירות כותי ודאי דאף על גב דאמרינן פרק שלשה שאכלו (ברכות דף מז·) הני כותאי עשורי מעשרי כראוי דכיון דכתיב באורייתא מיזהר זהירי ה"מ בשרוצין לאכול אבל למכור לא חיישי אלפני עור דדרשי ליה כפשטיה ומשום גזל את הכהן ואת הלוי נמי לא חיישי דהוה ליה ממון שאין לו תובעין ועוד משום דלא הוברר חלקם ועוד כדדרשינן פרק השוכר את הפועלים (ב"מ דף פח:) עשר תעשר ואכלת ולא מוכר ולקרות שם כי האי גוונא דאומר שאני עתיד להפריש מותר דכולי האי לא גזור בין השמשות אפי' בודאי וכי האי גוונא דתני הכא קתני במסכת דמאי פרק ז' [מ"ה] גבי תאנים של טבל אבל בהא דדמאי לא תני הני דהכא ובטבל ודאי תני תרומה גדולה מה שאין כן בדמאי דלא נחשדו עמי הארץ על תרומה גדולה והא דלא תני הכא למחר ולא גבי *דמאי פרק ז' וגבי מזמן חברו (שם מ"א) דקתני התם שאני עתיד להפריש למחר משום דבמזמן אין מפריש אלא מה שאוכל והוא הדין נמי גבי מי שיש לו תאנים של טבל שיכול להפריש מה שאוכל בשבת אלא לפי שירצה לתקן את המותר הכל בבת אחת לא קתני למחר דלצורך חול אסור להפריש ובהדיא אמרינן בירושלמי פ"ז דדמאי רבי ינאי הוה ליה תנאי ודאי שאל רבי חייא רבו מהו מתקנא בשבתא א"ל למען תלמד ליראה את ה' אלהיך כל הימים אפילו בשבת פירוש תנאי ודאי שהיה לו טבל ודאי שהתנה עליו מערב שבת מה שאני עתיד להפריש יהא מעשר אלמא בהדיא דשרי וקצת תימה בעובדא דהאשה רבה (יבמות דף צג·) דרבי ינאי גופיה מעשר מפירא דביתיה שלא מן המוקף וקרא שם והפריש בשבת מן המוקף כעובדא דירושלמי ושמא ההוא הוה ברישא ואכתי לא ידע אי שרי אי נמי היה צריך לטולה כנתא דפירי ועוד דאין מתנה על ודאי שביד חבירו כדאיתא בירושלמי דדמאי דאמר מה בין דמאי לודאי דמאי אדם מתנה על דבר שאינו ברשותו ודאי אינו מתנה אלא על דבר שברשותו והא דאין קורא שם הכא לתרומת מעשר ולא גבי תאנים טבל ואלו גבי מזמן ובההיא דדמאי אשכחן שהוא קורא שם לתרומת מעשר משום דגבי דמאי למעשרן והן שלו מתקן המעשר כדי לאכול אבל כאן שהוא ודאי צריך ליתן *ללוי (א) ולהכי לא קתני הכא מעשר בצפונו או בדרומו כדקתני גבי דמאי משום דקביעות מקום כהפרשה ותנן פרק במה מדליקין (שבת דף לד· ושם) ספק חשיכה אין מעשרין את הודאי אבל מעשרין את הדמאי ומתניתין בה"ש ולהכי נמי לא קתני הכא ומחלל על המעות כדקתני גבי דמאי אלא קתני ומיחל ושותה והיינו מחיל ושותה דאי מחלל על המעות ושותה ליתני מחלל על המעות כדקתני בכולהו ועוד כאן דאמר שאני עתיד להפריש סתם ולא קבע לו מקום בצפונו או בדרומו אין יכול לחללו כדתניא בתוספתא דמעשר שני מעשר שני שבחפץ זה מחולל על איסר זה ולא קבע לו מקום בצפונו או בדרומו רבי שמעון אומר קרא שם וחכמים אומרים עד שיאמר לצפונו או לדרומו ומייתי התם עובדא דרשב"ג ור' יוסי ור' יהודה שנכנסו אצל בעל הבית לכזיב והיה מעשר בזה הענין אמרו לו השכרת המעות ואיבדת הנפשות ורבי שמעון נמי דאמר קרא שם לא אמר אלא דוקא כשאומר בתוכן דהייתו נמי פלוגתייהו דר"ש ורבנן במסכת תרומות (פ"ג מ"ה) האומר תרומת כרי זה בתוכו ותרומת מעשר בתוכו ר"ש אומר קרא שם ומפרש פרק בכל מערבין (עירובין דף לז:) דדוקא כשאומר בתוכן דמשמע באמצעיתו דקבע לו מקום אלא בירושלמי עלה דההיא דתרומות פרק ששי משמע דבתוכו לאו דוקא ושם פירשתיה ועוד על כרחיך צריך להפריש דהא קאמר שאני עתיד להפריש ואם היה שותה בלא הפרשה נמצא שותה טבלים למפרע כמו באם יבקע הנוד דשאני עתיד להפריש אטולהו קאי כדמוכח בתוספתא דקתני עשרה הבאים אחריהם תשעה הבאים אחריהם ובשבת אין מפרישין כדפרישית: **עשרה** מעשר ראשון תשעה מעשר שני · לאו דוקא דכבר הפריש מן המאה שני לוגין לתרומה גדולה ונמצא חסר מהגך עשרה ותשעה מעשר של שני לוגין דהייתו חומש הלוג וכן גבי תאנים דמסכת דמאי (פ"ז מ"ה) ומיהו יתכן שהפריש שנים ממאה ושנים דהא זמנין דמפריש נמי אחד מחמשים כדתנן במסכת תרומות פרק רביעי [מ"ד] תורם כדעת בעל הבית (ב) אחד מחמשים פיחת עשרה או הוסיף עשרה תרומתו תרומה כדאמרינן בכתובות פרק אלמנה (דף ק·) דאיכא תורם בעין רעה ויש מפרישים משום דטותים שמא הפרישו תרומה גדולה והשאר לא הפרישו ולכך אין מתמעט שיעור המעשר ולא יתכן לומר כן בתאנים של טבל דמסכת דמאי פרק שביעי ועוד יש מפרשים משום דחטה אחת פוטרת את הכרי אינה ממעטת את המעשר אפי' כשמרבה בתרומה וגם זה לא יתכן כלל: **דברי** ר"מ · משמע הכא דר"מ אית ליה ברירה דלמאן דלית ליה ברירה אסור כדמוכח שמעתין בכמה דוכתי ותימה דבפרק יש בכור (בכורות דף מח·) משמע דמספקא ליה לרבי מאיר אם יש ברירה אם לא גבי פלוגתא דר"מ ורבי יהודה דאם לא נתנו עד שחלקו ומפרש בגמרא דסבירא ליה כרב אסי דאמר האחין שחלקו מחצה יורשין ומחצה לקוחות וטעמא משום דמספקא ליה כדמוכח פ"ק דבבא קמא (דף ט·) וי"ל דשאני הכא שמברר בדבריו כשאומר שאני עתיד להפריש וכן צריך לומר משום רבי יהודה דמוקי ליה התם רבא כרב אסי וברים כל הגט (גיטין דף כה·) קאמר רבא גופיה דבין רבי יהודה ורבי שמעון אית להו ברירה וטעמייהו הכא משום בקיעת הנוד וכן צריך לומר נמי דלא תיקשה לדשמואל אדשמואל בסוף בילה (דף לז·) גבי שנים שלקחו חבית ובהמה בשותפות דקאמר שמואל אף חבית אסור משום דאין ברירה ובפ' מי שאחזו (גיטין דף עה·) אמרינן אתקין שמואל בגיטא דשכיב מרע אם ימות יהא גט ואם לא ימות לא יהא גט ולכי מיית הוי גיטא אלמא יש בריר' דכי האי גוונא דייקינן פרק כל הגט (שם דף כה: ושם) ברישא אמילתיה דר' יהודה דמה היא באותן הימים והטעם פי' שם בקונט' משום דאין זה תנאי כשאר תנאים דעלמא שאדם מתנה בגט שבידו לקיימם ודעתו לקיימם כשמתנה עליהם ולכשנתקיים התנאי הוי גט למפרע בלא טעמא דברירה אבל הכא דאין בידו ובשעת התנאי הוא ספק והתנאי מתקיים מאליו אי לאו משום ברירה לא הוי גט והא דמשמע פרק בכל מערבין (עירובין דף לז:) גבי שני רמונים כשאמר אם ירדו גשמים היום יהא זה תרומה על זה ואם לאו יהא זה תרומה על זה דהוי תרומה הייתו למאן דאית ליה ברירה אי נמי התם חשיב טפי משום דמתנה

עין משפט
נר מצוה

טז א מיי' פ"ט מהלכות תרומה הלכה ב:

יז ב שם הלכה א:

רבינו חננאל

תולה אותה בהבלים כו'. ואקשינן ומי אמר אביי כי רבי מאיר חייש למיתה ור' יהודה לא חייש והתנן בגיטין פרק ז' בת ישראל שניסת לכהן והלך בעלה למדינת הים הרי זו אוכלת בתרומה בחזקת שהוא קיים ורמינן עלה הרי זה גיטך שעה אחת קודם מיתתי אסורה לאכול בתרומה מיד ומשני אביי הא דקתני אוכלת ר' מאיר דלא חייש למיתה והא דקתני אסורה לאכול ר' יהודה דחייש למיתה דתנן הלוקח יין מבין הכותים פי' בע"ש ולא הספיק להפריש אומר ב' לוגין שאני עתיד להפריש הרי הן תרומה וכו'.

הגהות הב"ח

(א) תוס' ד"ה שני לוגין וכו' אבל כאן שהוא ודאי צריך ליתן ללוי והא דלא קתני: (ב) ד"ה עשרה וכו' תורם כדעת בעל הבית ואם אינו יודע דעתו של בעל הבית תורם בבינונית אחד מחמשים פיחת עשרה:

מסורת השים

גיטין כח.

ג"ז שם ונדרים ג: יבמות סט:

ב"ק שם: דמאי פ"ז מ"ד יומא נה: עירובין לז: מעילה כב. חולין יד. גיטין כה.כח.[תוספ' דמאי פ"ז]

גי' רש"א טבל ודמאי

עיין מהרש"א

§ מסכת סוכה דף כג: §

אות א'

בת ישראל שנשאת לכהן והלך בעלה למדינת הים, אוכלת בתרומה בחזקת שהוא קיים

רמב"ם פ"ט מהל' תרומה ה"ב - עיר שהקיפוה כרקום וספינה המטרפת בים והיוצא לידון, הרי אלו בחזקת קיימין, ואין צריך לומר מפרש ויוצא בשיירא.

אות ב'

הרי זה גיטיך שעה אחת קודם מיתתי, אסורה לאכול בתרומה מיד

רמב"ם פ"ט מהל' תרומה ה"א - האומר לאשתו הרי זה גיטיך שעה אחת קודם למיתתי, ז'אסורה לאכול בתרומה מיד.

באר הגולה

ז ‹ואע"ג דאשת ישראל הנשואה לכהן והלך בעלה למדינת הים, אוכלת בתרומה בחזקת שהוא קיים, ואפי' היה בן מאה שנה, כמבואר לקמן ה"ג, {ולפי הסוגיא דילן הוי מחלוקת תנאים, והרמב"ם קא פסק כשתי ההלכות, **עיין** בגמ' גיטין דמתרץ דאינו סתירה}, דשמא מת לא חיישינן, דמעמידין אותו על חזקת חי, אבל שמא ימות חיישינן, דלא מרע לה לחזקה בהכי, ולכן כאן שנתן לה גט ע"מ שיחול שעה א' קודם למיתתו, חוששין שמא ימות מיד - דרך אמונה מגמ' גיטין דף כ"ח.›

§ מסכת סוכה דף כד. §

אות א'

רבי יהודה מטמא משום גולל

רמב"ם פ"ו מהל' טומאת מת ה"ד - וכן בהמה שכפתה ועשה אותה גולל, הנוגע בה טמא טומאת שבעה כל זמן שהיא גולל.

רבי יהודה ורבי יוסי ור' שמעון אוסרין איפוך ר"מ חייש למיתה ור' יהודה לא חייש למיתה דתניא עשאה לבהמה דופן לסוכה ר"מ פוסל ורבי יהודה מכשיר קשיא דרבי מאיר אדרבי מאיר אמר לך ר' מאיר מיתה שכיחא בקיעת הנוד לא שכיחא אפשר דמסר ליה לשומר קשיא דרבי יהודה אדרבי יהודה טעמא דר' יהודה לאו משום דחייש לבקיעת נוד אלא משום *דלית ליה ברירה ולא חייש ר' יהודה לבקיעת נוד והא מדקתני *סיפא אמרו לו לר' מאיר אי אתה מודה שמא יבקע הנוד ונמצא זה שותה טבלים למפרע ואמר להו לכשיבקע מכלל דחייש רבי יהודה לבקיעת הנוד התם ר' יהודה הוא דקאמר לרבי מאיר לדידי לית לי ברירה אלא לדידך דיש ברירה אי אתה מודה דשמא יבקע הנוד אמר ליה לכשיבקע ולא חייש רבי יהודה למיתה והא תנן ר' יהודה אומר אף *אשה אחרת מתקינין לו שמא תמות אשתו הא איתמר עלה אמר רב הונא בריה דרב יהושע מעלה עשו בכפרה בין למאן דאמר שמא תמות בין למאן דאמר שמא תברח מדאורייתא מחיצה מעליא היא ורבנן הוא דגזרו בה אלא מעתה לרבי מאיר תטמא משום גולל אלמה תנן *רבי יהודה *מטמא משום גולל ורבי מאיר מטהר אלא אמר רב אחא בר יעקב קסבר ר"מ כל מחיצה שעומדת ברוח אינה מחיצה איכא דאמרי אמר רב אחא בר יעקב קסבר רבי מאיר כל מחיצה שאינה עשויה בידי אדם אינה מחיצה מאי בינייהו איכא בינייהו דאוקמה בנוד תפוח למ"ד מחיצה עומדת ברוח אינה מחיצה הרי עומדת ברוח למ"ד אינה עשויה בידי אדם הרי

רש"י

אוסרין · ואמרינן גזרה שמא יבקע הנוד ולא יבא לידי ברירה ונמלא שותה טבלים אלמא ר' יהודה חייש לבקיעת הנוד וכל שכן למיתת אדם ור' מאיר לא חייש: **איפוך** · לא שניהו אביי כדקאמרת אלא איפכא שניהו אביי הא דלא חייש ר' יהודה והא דחייש ר"מ ולאו מהלוקח יין שניהו אביי אלא מהך דסוכה דר' יהודה לא חייש ור' מאיר חייש: **קשיא דרבי מאיר** · דבקיעת נוד ארבי מאיר דסוכה: **דלית ליה ברירה** · ואפי' אינו נבקע אסור: **לכשיבקע** · נבין בדבר כלומר דלא חיישינן לה: **מתקינין לו** · מזמנין לכהן גדול לערב יוה"כ: **שמא תמות אשתו** · וכתיב (ויקרא טז) וכפר בעדו ובעד ביתו ביתו זו היא אשתו: **בכפרה** · בכפרת יום הכפורים עשה בו מעלה זו שחשש בה במידי דלא חייש בעלמא: ופרכינן בין למ"ד טעמא דר' מאיר משום שמא תברח בין למ"ד משום שמא תמות תרוייהו מפרשי לרבי מאיר דמדאורייתא מחילה היא ורבנן גזור שמא תברח או תמות תינח גבי סוכה מבוי ועירבות דר' מאיר להומרא אבל גבי גולל ר' מאיר מקיל וכיון דמדאורייתא בטיל היאך יכול לטהרו מידי טומאת גולל אלמה תנן בעירובין דבר שיש בו רוח חיים מטמא משום גולל ור' מאיר מטהר וה"ה דמצי למיפרך ממתנית' דלעיל דקתני ולא גולל לקבר אלא ממתני' אלימא ליה לאקשויי ועוד משום דקתני מטהר בהדיא לשון קולא: רוח חיים לאו בידי אדם הוא שהרי אין רוח בידו לנפתו: **שעומדת ברוח** · על ידי רוח: **לאו מחילה היא** · דעיקר עמידתה דבר שאין בו ממש הוא: **דאוקמה בנוד תפוח** · סמך הדופן על הנוד תפוח ברוח:

תוספות

בין ירדו ללא ירדו ומיהו טעם זה לא יתכן גבי אם בא חכם נמי מתני התם בכל ענין וחשיב ליה ברירה והא דפריך במרובה (ב"ק דף סט:) דר' יוחנן אדר' יוחנן בההיא דכל המתלקט ובההיא דאחין שחלקו לקוחות הן ולא מחלק בין זו לזו משום דכל המתלקט מברר דבריו בפירוש [וסומך להתברר ע"י תנאו] ניחא ליה למימר לעולם דכל הנלקט כדקתני ועוד ניחא ליה למימר לעולם לא תיפוך ועוד דאפי' הוה מחלק אכתי קשה ליה מההיא דאמר ר' יוחנן בריש כל הגט (גיטין דף כה:) אף אחרון אינו פוסל משום דאין ברירה אע"פ שמברר בדבריו כשאומר איזו שארצה אגרש בו ומיהו כי מצריך בריש כל הגט תרי מילי דר' יוחנן הוה ליה למימר גריכותא דמההיא דלקוחות הן לא הוה שמעינן דאף אחרון אינו פוסל מטעם דפרישית ועוד יש לומר דהא דדייק ליה לרבי יהודה ברירה מיהא דלכי מיית הוי גיטא הייט משום דמוקי פרק מי שאחזו (שם דף עג:) באומר מעת שאני בעולם דהייט שעה אחת קודם מיתתו שלא היתה השעה מבוררת ולבסוף כשמת אמרי' הוברר הדבר שאותה שעה אחת היתה ולפי טעם זה אין לדקדק מדשמואל ומכל מקום פי' הקונט' אמת דהא בריש כל הגט (שם דף כה:) בההיא דהריני בועלך ע"מ שירלה אבא ובההיא דבכל מערבין (עירובין דף לו:) בההוא דאם בא חכם למזרח אע"ג דהוי תנאי משמע דלא מהני למאן דלית ליה ברירה ואם תאמר דהכא לא חייש ר"מ למיתה ובפרק ארבעה אחין (יבמות דף טו.) תנן ד' אחין שנים מהן נשואין שתי אחיות ומתו הנשואים אחיות הרי אלו חולצות ולא מתייבמות ומפרש התם בגמרא משום דקסבר אסור לבטל מצות יבמין דדילמא אדמייבם חד מיית אידך וקבטלת מצות יבמין וההיא משנה רבי מאיר כדמוכח בפ"ב דיבמות (דף יח.) משום דכתם מתני' ר"מ ויש לומר דלגבי עלמא חיישי' התם למיתה דלאחר שייבם לאחת פעמים שממתין השני זמן גדול מלחלוץ ומלייבם וחיישינן שמא ימות בינתיים אבל שמא ימות בזמן מועט לא חיישינן כבקיעת הנוד דהכא וא"ת והא לא חייש ר"מ לשמא מת דזמן מרובה בפרק כל הגט (גיטין דף כח.) דקתני בת ישראל הנשואה לכהן והלך בעלה למדינת הים אוכלת בתרומה בחזקת שהוא קיים ואביי לא מפליג התם בין שמא מת לשמא ימות וסוגיא דשמעתין דפרק שני דיבמות כאביי דמשמע דקיבלה אביי מרבה וי"ל דאביי מדמה פרק כל הגט תשאת דשמא מת דזמן מרובה לשמא ימות לאלתר דמאן דחייש להאי חייש להאי אבל פשיטא דלא לגמרי מדמי שמא מת לשנה ימות לאלתר דהא רבי יהודה דחייש לשמא ימות לאלתר גבי בקיעת הנוד ואם תימצי לומר דחייש נמי לשמא מת לאלתר א"כ אשת כהן שילא בעלה מפתח ביתה לא תאכל בתרומה מכיון שנתעלם בעלה מעיניה ולריך שיהא בעלה תמיד לפניה בשעה שהיא אוכלת: **רבי** יהודה ורבי יוסי ור"ש אוסרין · הא דבעי למימר בשמעתין ובעירובין (דף לו:) ובגיטין (דף כה.) ובמרובה (ב"ק דף סט.) טעמא דר' יהודה משום דלית ליה ברירה אע"ג דקתני בהדיא משום בקיעת הנוד דכוותי' אשכחן טובא שאין הגמרא חושב עיקר טעם אותו טעם המפורש במשנה פרק התערובות (זבחים דף עז:) גבי אברי תמימה שנתערבו באברי בעל מום ובפרק שלישי דשבועות (דף כח:) גבי שבועה שלא אוכל ואכל כל שהוא חייב דברי ר"ע ובפרק שני דמכות (דף יז.) גבי כמה יאכל מן הטבל ויהא חייב ר' שמעון אומר כל שהוא וא"ת אי רבי יהודה לית ליה ברירה אלמא סבירא ליה כר' יוחנן דבריש כל הגט (גיטין דף כה.) ובפרק מעשר בהמה (בכורות דף מז.) דאמרינן האחין שחלקו לקוחות הן ומחזירין זה לזה ביובל אם כן היאך מגא ידיו ורגליו בבית המדרש דלא משכחת דמייתי בכורים אלא חד בר חד עד יהושע בן נון דבפרק החובל (ב"ק דף צ.) אית ליה לר' יהודה קנין פירות לאו כקנין הגוף דמי גבי דין יום או יומים וכן נמי לר' יוסי דמספקא ליה התם אי כקנין הגוף דמי או לאו והכא לית ליה ברירה וכי האי גוונא דייק בסוף השולח בגיטין (דף מח.) וי"ל דמדין יום או יומים אין ללמוד בעלמא אלא גבי מילי דעבד לחוד דהתם כתיבי קראי דכספו ותחת ידו ומהאי טעמא לא מייתי לה בהשולח כי מייתי ההיא דשדה אחוזה ועוד יש לומר דדוקא ר' יוחנן הוא דאית ליה הך סברא דמשום דלקוחות הן מחזירין זה לזה אבל איך אמוראי הוו אמרי דאע"ג דאין ברירה אין מחזירין כדקאמרי' בריש כל הגט (שם דף כה.) ובפרק מעשר בהמה (בכורות דף מ.) דמכר הוא דאמר רחמנא דליהדרי' ביובל ירושה ומתנה לא ור' יוחנן לא קשיא מרבי יהודה דהוה מפרש טעמא משום בקיעת הנוד מיהו לא יתכן טעם זה לר' יוסי דע"כ לית ליה כמו שאפרש וא"ת דהכא לית ליה לר' יוסי ברירה ובפרק מי שאחזו (גיטין דף עג.) אית ליה ברירה דתנן ר' יוסי אומר מגורשת ואינה מגורשת ולכי מיית הוי גיטא ולמאן דמחלק בריש כל הגט (שם דף כה.) בין תולה בדעת עלמו לתולה בדעת אחרים ניחא ורבא דלא מפליג התם מפרש טעמא [משום בקיעת הנוד ורבה מפרש טעמא] פרק בכל מערבין (עירובין דף לז:) משום דבעינן ראשית ששיריה ניכרין ומיהו אכתי קשה דבפרק בכל מערבין (שם) משמע דלית ליה ברירה לר' יוסי גבי מעשר שני שיש לי בבית מחולל על סלע שתעלה בידי מן הכיס ר' יוסי אומר לא חילל ויש לחלק משום דבההיא דמי שאחזו הדבר עומד להתברר בודאי שהרי או יחיה או ימות ויש ליה ברירה טפי מההיא דסלע שתעלה בידי מן הכיס שמא לא יתברר הדבר לעולם דכי האי גוונא טכל לתרץ דשמואל אדשמואל:

תלמוד

רבינו חננאל

הנה ר' מאיר מתיר דלא חייש לבקיעת הנוד ור' יהודה דחייש לפיכך אוסר. ושנינן איפוך ואימא הכי הא מתני' דקתני אוכלת בתרומה ר' יהודה היא דלא חייש למיתה והאי דקתני אסור לאכול ר' מאיר דחייש למיתה. דתניא עשאה לבהמה דופן לסוכה ר' מאיר פוסל ור' יהודה מכשיר ואסיקנא ר' מאיר למיתה חייש לבקיעת הנוד לא חייש. ואסיקנא לר' יהודה לעולה לא חייש למיתה ואמאי אסר ביין משום דלית ליה ברירה פי' מי יברר לנו כי ודאי היין הנשאר הוא התרומה והמעשר שמא אותו ששתה הוא היה התרומה והמעשר. וכבר פירשנוהו בשחיטת חולין ובכמה מקומות לפיכך לא הארכנו בה עכשיו וזה שאמר לכשיבקע הנוד אם ישאב וישתה הוא שותה טבלין שכבר נקרע הנוד. אבל כל זמן שהנוד קיים אינן טבלין. דאמרינן הנה התרומה והמעשר בנוד * הא דתנן ביוה"כ רבי יהודה אומר אף אשה אחרת מתקינין לו שמא תמות אשתו מעלה עשו בכפרה: **) פי' הבהמה מחיצה בידי שמים היא. ועמידתה ברוח היא:

*) נראה דל"ל לדבריו דר"מ קאמר והא דתנן וכו'. **) נראה דחסר כאן ול"ל רב אחא בר יעקב אמר כל מחילה וכו' פי' הבהמה וכו'.

יח א מיי' פ"ו מהל' טומאת מת הל' ד:

[עירובין לו: וש"נ]
[שם לו: וש"נ]
יומא ב. יג.
עירובין טו. ע"ב

רש"א
רש"א

הרי עשויה בידי אדם: *אמר מר משום רבי יוסי הגלילי אמרו אף אין כותבין עליו גיטי נשים מ"ט דר' יוסי הגלילי דתניא *°ספר (דברים כד) אין לי אלא ספר מנין לרבות כל דבר תלמוד לומר וכתב לה מכל מקום אם כן מה ת"ל ספר לומר לך מה ספר דבר שאין בו רוח חיים ואינו אוכל אף כל דבר שאין בו רוח חיים ואינו אוכל ורבנן "אי כתב בספר כדקאמרת השתא דכתיב ספר לספירת דברים בעלמא הוא דאתא ורבנן האי וכתב מאי דרשי ביה ההוא מיבעי להו *בכתיבה מתגרשת ואינה מתגרשת בכסף ס"ד אמינא הואיל ואיתקש יציאה להויה מה הויה בכסף אף יציאה בכסף קמ"ל ורבי יוסי הגלילי האי סברא מנא ליה מספר כריתות נפקא ליה *ספר כורתה ואין דבר אחר כורתה ואידך ההוא מיבעי ליה לדבר הכורת בינו לבינה כדתניא *בהרי זה גיטיך על מנת שלא תשתי יין יעל מנת שלא תלכי לבית אביך לעולם אין זה כריתות כל שלשים יום הרי זה כריתות ואידך מכרת כריתות נפקא ואידך כרת כריתות לא דרשי:

מתני' *העושה סוכתו בין האילנות והאילנות דפנות לה כשרה: גמ' אמר רב אחא בר יעקב יכל מחיצה שאינה יכולה לעמוד ברוח מצויה אינה מחיצה תנן "העושה סוכתו בין האילנות והאילנות דפנות לה כשרה והא קאזיל ואתי הכא במאי עסקינן בקשין והאיכא נופו דעביד ליה בהוצא ודפנא אי הכי מאי למימרא מהו דתימא ניגזר דלמא אתי לאשתמושי באילן קמ"ל ת"ש היה שם אילן או גדר *או מחיצת הקנים נידון משום דיומד התם נמי משום דעביד ליה בהוצא ודפנא ת"ש *אילן המיסך על הארץ אם אין נופו גבוה מן הארץ שלשה טפחים מטלטלין תחתיו אמאי הא קא אזיל ואתי התם נמי דעביד ליה בהוצא ודפנא אי הכי ניטלטל בכוליה אלמה אמר רב הונא בריה דרב יהושע *אין מטלטלין בו אלא

תורה אור

רש"י

הרי עשויה בידי אדם · דרוח זה בידי אדם בא: ספר · וכתב לה ספר כריתות: אין לי אלא ספר · קלף: מניין לרבות כל דבר · לכותבו עליו כגון לוח עץ ועלה זית: וכתב מכל מקום · דמצי למיכתב ונתן בידה ספר כריתות: אי הוה כתב וכתב לה כריתות בספר כדקאמרת · דהאי ספר קלף הוא: השתא דכתב ספר · אין זה קלף ואין הכתוב מדבר שיהא נכתב עליו אלא דברי הגט קרוי ספר ספירת דברים כריתות דברים שיהו כורתין ומפרידין ביניהן: ורבנן · כיון דספר לאו קלף הוא האי וכתב לה לא איצטריך לרבות כל דבר דמהיכא תיתי לך לייחד דבר לכתיבתו דאיצטריך לאשמועינן שכל דבר כשר לך: ואינה מתגרשת בכסף · ליתן לה כסף לשם גירושין ולומר הרי את מגורשת בו כדרך שנתן בקידושין ואמר הרי את מקודשת בו: ואיתקש יציאה להוייה · ויצאה מביתו והלכה והיתה לאיש אחר (דברים כד): מה הוייה · כשמהווה עצמה לאיש אפשר בכסף כדנפקא לן בקידושין (דף ב·) קיחה קיחה משדה עפרון: מספר כריתות · מדסמך כריתות לספר: לדבר הכורת · שתהא ספירת דברים כורתת ביניהם ולא יהא תנאי האוגדם יחד: אין זה כריתות · דכל ימיה קשורה בו שמחמתו צריכה לעמוד שלא לילך: הרי זה כריתות · דיכול לבא לידי הפרדה לסוף שלשים הלכך מעכשיו מותרת לינשא מן התורה: מכרת כריתות · דמצי למיכתב ספר כרת: מתני' בין אילנות · בארץ ולא סמכה עליהן אבל הן דופנותיה: גמ' שאינה יכולה לעמוד ברוח מצויה · שהרוח מוליכה ומביאה: בקשין · אילנות זקנים ועבים: הא איכא נופו · שהולך ובא ופעמים שאף הנוף מן הדופן: דעביד ליה · אורג הנוף כמין מחיצה שלא יניענו הרוח: לאשתמושי באילן · להניח עליו כליו: היה שם · בפסי ביראות קאי היה באחת הפיאות אילן שעוביו אמה לכל צד: או גדר · מרובע אמה על אמה כל גדר סתם של אבנים הוא וצריך שיהא אמה על אמה כדי לחלקו לשתי מחיצות אמה למזרח ואמה לצפון או לדרום: דיומד · ב' עמודים שהיו מחיצה לכאן ולכאן שבכך הקילו חכמים עליהם: המיסך על הארץ · נופו גדול מאד וראשי הענף כפופין סביב על הארץ: מטלטלין תחתיו · דאמרינן לבוד ומחיצה זו גבוהה עשרה מבפנים שהנוף ארוך הוא ובגובה האילן הוא: אי הכי · דעשויה בידים היא וראוי לדור תחתיה ולשמור שדה עשאה וכיון דמוקף לדירה הוא: ניטלטל בכוליה · כלומר יטלטל בו כל כמה שהוא גדול אלמה אמר רב הונא אין מטלטלין בו כלל אלא

תוספות

תלמוד לומר וכתב לה מכל מקום · וא"ת אימא וכתב כלל ספר פרט כלל ופרט אין בכלל אלא מה שבפרט ועוד האמר בסוטה בפרק היה מביא (ד' יז·) אין כותבין לא על הלוח ולא על הנייר ולא על הדיפתרא אלא על המגילה שנאמר בספר והכא נמי כתיב ספר והכא נמי הוה ליה למיפסל כל דבר חוץ ממגילה ואין לחלק בין ספר לבספר ועוד דהכא נמי אמרינן ורבנן נמי אי כתב בספר כדקאמרת משמע שאז היה לו לרבות כל דבר שאין בו רוח חיים וי"ל דגבי סוטה דכתיב (במדבר ה) וכתב את האלות בספר הוה כלל ופרט אבל הכא ונתן בידה חזר וכלל אע"ג דבברייתא לא מייתי כללא בתרא דכוותה אשכחן בפ"ק דקדושין (ד' כא:) דקתני בברייתא אין לי אלא מרצע מניין לרבות הסול והסירה והמקדח והמכתב ת"ל ולקחת לרבות כל דבר הניקח ביד ומוכחא הסוגיא דמכלל ופרט וכלל דריש דוכתא באזנו ובדלת חזר וכלל: מה ספר שאין בו רוח חיים · בפ' בכל מערבין (עירובין דף כז:) גבי מעשר שני דכתיב בבקר ובצאן נקט צד של פרי מפרי וגדולי קרקע ולעיל בפ"ק (ד' יא:) נקט מה חגיגה דבר שאין מקבל טומאה וגידולו מן הארץ בכל אחד כפי מה שדומה לחכמים ענין הראוי לו: ורבנן האי וכתב מאי עביד ליה · אף ע"ג דאיצטריך לשמה תרי קראי כתיבי וא"ת ולרבי יוסי הגלילי אמאי צריכי תרוייהו דמההיא דלשמה דרשינן שפיר כלל ופרט ויש לומר דבפ' המגרש (גיטין ד' פו·) דרשי' וכתב לה ולא לה ולחברתה: בכתיבה מתגרשת ואינה מתגרשת בכסף · הך דרשה לרבא אבל לאביי נפקא ליה מסברא בריש קדושין (ד' ה·) יאמרו כסף מכניס כסף מוציא יאמרו סניגור יעשה קטיגור ומ"מ לאביי נמי איצטריך וכתב לה שבכתיבה מתגרשת ולא בחליצה דבריש מסכת קדושין (ד' ג:) דריש לה מספר (א) כורתה ואין דבר אחר כורתה והאי דרשה כרבי יוסי הגלילי היא כדמשמע הכא וקצת תימה דלא נקיט התם לענין חליצה הך דרשא דכתב דהויא כרבנן וי"ל דאורחא דהש"ס הכי בכל דוכתא להביא דרשה הפשוטה לאוריה כדאשכחן פרק החובל (ב"ק דף פז·) דמייתי שבח נעורים לאביה גבי חבלה ובריש קדושין (דף ג:) משמע דבנעוריה בית אביה בהפרת נדרים כתיב וכן בפרק אחד דיני ממונות (סנהדרין דף לד:) ובפרק בא סימן (נדה דף כ· ושם) דדריש נגעים אין רואין אותן אלא ביום מביום הראות בו בשר חי יטמא כדאביי דפרק קמא דמועד קטן (דף ח· ושם) ושביק דרשה דרבא דדריש דכתיב לי ולא לאורי וכן פרק הקורא את המגילה למפרע (מגילה דף כ·) דדריש ולא מוהלין אלא ביום מדכתיב וביום השמיני ימול ובפרק ר"א אם לא הביא (שבת דף קלב· ושם) מפיק ליה מבן שמונת ימים ולא לילות וביום מוקי לה ביום אפילו בשבת: על מנת שלא תלכי לבית אביך לעולם אין זה כריתות · תימה והא אם מת (*אביו) לא תשיבה תו בית (*אביו) כדתנן בנדרים פרק השותפין (ד' מו·) קונם לביתך שאיני נכנס שדך שאיני לוקח מת או שמכרו לאחר מותר וי"ל דבית אביו קרויין כל יוצאי חלציו של אביו ואע"פ שמת כדאשכחן גבי תמר שהיתה בתו של שם וכתיב (בראשית לח) שבי אלמנה בית אביך וכבר מת אביה כדמוכחי קראי*: ואידך מכרת כריתות נפקא · קשיא לרבינו תם דבפ' המגרש (גיטין דף פג:) קאמר על רבנן דרבי אליעזר כרת כריתות לא דרשי ור' יוסי הגלילי בכלל דרבנן ויש לומר דלא קאמר לא משמע ליה אלא לא דריש לההיא דרשה: והא איכא נופו דעביד לה בהוצא ודפנא · תימה דבפרק קמא דעירובין (דף טו·) דאמר רבא מחיצה העומדת מאליה לא שמה מחיצה ופריך מהכא ומשני בשנטעו מתחלה לכך הא על כרחך מוקמי לה הכא דעביד ליה בהוצא ודפנא ותו לא צריכין לנוטעו מתחלה לכך וי"ל דבין התם בין הכא דייק משום דמשמע ליה דאיירי בכל ענין בין היכא דהוי רוב הדופן מענף האילן הקשה שאין הולך ובא ברוח בין הוי רוב הדופן מן הנוף ופריך התם מן הקשה והכא פריך מן הנוף והא דפריך הכא אי הכי מאי למימרא ולא משני דאשמעינן מחיצה העומדת מאליה שמה מחיצה ולא נטעו מתחלה לכך דכך הוא מסקנא דהתם דכולהו מודו במחיצה לא חשיב זה חידוש משום דקיימא לן כאביי בלחי העומד מאליו דשמיה לחי וכל שכן מחיצה:

[צ"ל אביה]

[צ"ל אביה]

[עי' תוספות עירובין טו: ד"ה ע"ש]

עין משפט נר מצוה

יט א מיי' פ"א מהל' גירושין הלכה ו ופ"ד הל' ג סמג עשין נ טוש"ע אה"ע סי' קכד סעיף ג:

כ ב מיי' פ"ח מהלכות גירושין הלכה יא סמג שם טוש"ע אה"ע סי' קמג סעיף ב:

כא ג מיי' שם טוש"ע שם סעיף ג:

כב ד מיי' פכ"ו מהל' שבת הלכה טו סמג עשין לא טוש"ע א"ח סי' שמב סעיף ג:

כג ה מיי' פ"ד מהל' סוכה הלכה ה טוש"ע א"ח סי' תרל סעיף י:

רבינו חננאל

הא דקתני אין כותבין גיטי נשים על כו' שיש בו רוח חיים או על כו' שהוא אוכל דריש לספר ורבנן דורשין הכי אי הוה כתיב וכתב לה בספר. הוה שמעינן מינה האי סברא השתא דכתיב ספר לספירת דברים בעלמא הוא דאתא כו' ואידך מכרת כריתות כו'. פי' היה לו לכתוב וכתב לה ספר כרת מ"ט כריתות כו'. ואידך כרת כריתות לא משמע ליה כלומר טעם אחר הוא: אמר רב אחא בר יעקב כל מחיצה שאינה יכולה לעמוד ברוח מצויה אינה מחיצה. ואקשי' עלה ממתני' דתנן העושה סוכתו בין האילנות והאילנות דפנות לה כשרה והני ניידי ואזלי ואתו. ושני' האילנות חזקים וקשים לא ניידי שנינו ונופו עביד ליה בהוצא ודפנא. כלומר נועץ הוצא ודפנא וקושר הענף בהן כדי שלא יהא מתנודד ותולך ובא. והא קמ"ל דלא חייש דילמא אתי לאשתמושי באילן המחובר לקרקע. ת"ש מהא דתניא גבי פסי ביראות היה שם גדר או אילן או מחיצת קנים נידון משום דיומד ושני התם דעביד בהוצא ודפנא. ת"ש מהא דתנן בס"פ (עוקצין) [עירובין] אילן המיסך על הארץ אם [אין] נופו גבוה מן הארץ ג' טפחים מטלטלין תחתיו. ושני התם נמי דעביד בהוצא ודפנא. אי הכי מחיצה מעליא היא אמאי אמר רב הונא בריה דרב יהושע אין מטלטלין בתוכו

מסורת הש"ס

עירובין טו:

ג"ז שם וגיטין כא.

קדושין ה.

עירובין טו. [גיטין כא: קידושין ג: ה. יד.]

[עירובין טו. יומא יג. קידושין ה.] גיטין פג:

עירובין טו.

שם ודף יט:

עירובין טו. נט:

ג"ז שם: ע"ש

הגהות הב"ח

(א) תום' ד"ה בכתיבה וכו' דריש לה מספר כריתות ספר כורתה ואין דבר אחר:

§ מסכת סוכה דף כד: §

אות א'

<u>ורבנן אי כתב בספר כדקאמרת, השתא דכתיב ספר, לספירת דברים בעלמא הוא דאתא</u>

אה"ע סימן קכד ס"ב - כותבין גט על כל דבר שיכול להזדייף, והוא שיתננה לה בעדי מסירה; כיצד, כותב על הנייר המחוק ועל הדפתרא ועל החרס ועל העלין ועל יד העבד ועל קרן הפרה, ומוסר לה העבד והפרה או שאר דברים בפני עדים.

אות ב'

<u>הרי זה גיטיך על מנת שלא תשתי יין... לעולם אין זה כריתות, כל שלשים יום הרי זה כריתות</u>

אה"ע סימן קמג ס"כ - צריך שלא יתנה עליה תנאי שעומדת בו כל ימיה, כגון על מנת שלא תאכלי בשר או שלא תשתי יין לעולם, או כל ימי חייכי, שאם התנה כך אין זה כריתות; אבל אם אמר לה כל ימי חיי, או כל ימי חיי פלוני, או עד חמשים שנה, ה"ז גט; ויש מי שכתב שאפילו הרחיב הזמן יותר מכדי חיי האדם, כיון שהוא דבר פסוק, ה"ז גט.

אות ג'

<u>ועל מנת שלא תלכי לבית אביך לעולם, אין זה כריתות, כל שלשים יום, הרי זה כריתות</u>

אה"ע סימן קמג סכ"א - אמר לה על מנת שלא תלכי לבית אביך עד זמן פלוני, אע"פ שהגט כשר, והתנאי קיים, אין לשום אדם להשתדל בגט שינתן בתנאי זה, כי א"א לעמוד על נפשה מללכת לבית אביה, ונמצא גט בטל ובניה ממזרים; ואם המגרש הוא מאותם שכופין להוציא, ולא רצה לגרש אלא בתנאי זה, כופין אותו לגרש בלא תנאי זה.

אות ד'

<u>כל מחיצה שאינה יכולה לעמוד ברוח מצויה, אינה מחיצה</u>

סימן שסב ס"א - [א]והוא שימלא האויר שבין הענפים בעצים או בקש, ויקשור הענפים שלא ינידם הרוח - [ב]היינו דע"י המילוי מתחזק המחיצה שלא תתנדנד ע"י הרוח, ואפ"ה בעינן ג"כ קשירת הענפים בארץ בשביל זה, **שכל מחיצה שאינה יכולה לעמוד ברוח מצויה, אינה מחיצה** – (אפילו עושה אותה בביתו שאין שם רוח).

אות ה'

<u>העושה סוכתו בין האילנות והאילנות דפנות לה, כשרה</u>

סימן תרל ס"י - [ג]העושה סוכתו בין האילנות, והאילנות דפנות לה - ולא סמכה ע"ג האילן, [רש"י], דאל"כ אין עולין לה ביו"ט, כמ"ש סי' תרכ"ח ס"ג, **[ד]אם היו חזקים, או שקשר אותם וחיזק אותם עד שלא תהא הרוח מצויה מנידה אותם תמיד** - ר"ל דאם מנידה אותם, אפילו אין בכח הרוח להפיל אותם לגמרי, רק שע"י הרוח הולך המחיצה ובא, קי"ל דשוב לא חשיבא מחיצה, [כן מוכח מרש"י ד"ה שאינה יכולה, **ודחקו** לרש"י לפרש כן, דאל"ה יפול קושיית הגמרא, דקמקשה: והא איכא נופו, שבודאי לא יפול ע"י הרוח, אחרי שלמטה מן הנוף האילן הוא קשה ועב], **ואפילו** עומדת בבית שאין שם רוח כלל, לא חשיבה מחיצה. **ואם** רוב הדופן מן החזק, משמע קצת בתוס' דכשרה, דעי"ז שוב אין הולך ובא ברוח.

ומילא בין האוירים בתבן ובקש כדי שלא תניד אותם הרוח, וקשר אותם - היינו אם שיעור הסוכה שהוא עשרה טפחים בגובה הוא גם מן הענפים, דאל"ה לא בעינן לזה, [כן מוכח מרש"י (ד"ה הא איכא נופו) ופשוט]. **הרי זו כשרה.**

[ה]על כן אין נכון לעשות כל המחיצות מיריעות של פשתן בלא קנים, אע"פ שקשרן בטוב, זמנין דמינתקי ולאו אדעתיה, והו"ל מחיצה שאינה יכולה לעמוד בפני רוח מצויה.

"כל המחיצות" וכו' - [ו]דעת הט"ז, דמחיצה אחת מן שלש מחיצות שצריך לעשות בסוכה, יכול לעשות מיריעות, **אבל** מכמה אחרונים משמע, דאף מחיצה אחת אין לעשות מסדינים, **אבל** מחיצה רביעית לכו"ע יכול לעשות מיריעות, כיון דמדינא סגי בג'.

והרוצה לעשות בסדינים, טוב שיארוג במחיצות קנים בפחות משלשה - ר"ל דאז אף שהרוח מנענע היריעות, מ"מ נשארו מחיצות בקנים, [**וזה** מהני אף אם עשו רק ג' דפנות].

אות ה'*[ז]

<u>אילן המיסך על הארץ, אם אין נופו גבוה מן הארץ ג' וכו'</u>

רמב"ם פט"ז מהל' שבת הכ"ד - אילן שהוא מיסך על הארץ, אם אין נופו גבוה מן הארץ שלשה טפחים, ממלא בין בדיו ועליו תבן וקש וכיוצא בהן, וקושרן בארץ

באר הגולה

[א] הכי מוקי לה בסוכה כ"ד [ב] [סוכה כ"ד: אכן בגמרא לא נזכר קשירה (בארץ, וכדלקמן במ"ב, וכלשון הרמב"ם), ובשו"ע גופא היה אפשר לפרש דטעם המלוי משום שלפעמים הוי בין נוף לנוף יותר מג"ט, אכן בגמ' לא משמע הכי, וצ"ע קצת על לשון הרמב"ם, שממנו בודאי העתיקו הטור והמחבר, מנין לו זה] [ג] משנה [ד] אוקימתא דגמרא [ה] טור בשם הר"ר פרץ [ו] (דבדופן שלישית שהקלה תורה דסגי בטפח, איכא קולא גם באיכות המחיצה לענין זה, דסגי כשהמחיצה בנויה עתה באופן שהיא עומדת ברוח מצויה – אג"מ ח"ה סי' ל"ט) [ז] (ע"פ מהדורת נהרדעא)

עד שיעמוד ברוח מצויה ולא יתנדנד, ומטלטל תחת כולו. והוא שיהיו תחתיו עד בית סאתים; אבל אם היה יתר מבית סאתים, אין מטלטלין תחתיו אלא בארבע אמות, [ח]מפני שתחתיו מקום שלא הוקף לדירה הוא.

---

§ מסכת סוכה דף כה. §

אות א'

שבת בתל שהוא גבוה עשרה, והוא מארבע אמות עד בית סאתים וכו'

סימן שצו ס"ב - בכל מקום שקדש עליו היום, אם הוא מוקף לדירה - כגון ששבת בעיר או שאר מקום שהוקף לדירה, **אפילו אין בו עתה דיורין** - כגון שנחרבה מדיוריה אבל חומתה קיימת, **חשוב כולו כד' אמות** - אפילו אותו מקום גדול כאנטוכיא, ומונה אלפים אמה מחוץ אותו המקום.

ואם אינו מוקף לדירה, עד סאתים חשוב כולו כד' אמות - ואם היה ההיקף יותר מסאתים, אין לו אלא אלפים אמה לכל רוח ממקום ד"א שהוא עומד בה בעת שקידש היום.

ואפי' שבת בתל גבוה - י' טפחים, **ובקמה קצורה ושבלים מקיפות אותה** - שהניח גבוליה סביב מלקצור גבוה י"ט, **והוא** שקשר השבלים יחד, בענין שאין רוח מצויה מנידה אותן, שכל מחיצה שרוח מניד אותה אינה מחיצה, סוכה כ"ה, **חשיבי כד' אמות עד סאתים** - דאע"ג דהיא עשויה מאליה, שמה מחיצה, **ותל** אע"ג דאין לה למעלה היקף סביבה, מ"מ נחשב בכלל מחיצה, כיון שהיא גבוה י"ט.

[**בגמ'** איתא דה"ה בנקע {גומא} דהוא עמוק י"ט, ורחב מד"א עד סאתים].

אות א*[א]

שלוחי מצוה פטורין מן הסוכה

סימן תרמ ס"ז - [ב]שלוחי מצוה פטורים מן הסוכה - כגון [ג]שהולך להקביל פני רבו, או ללמוד תורה, או לפדיון שבויים וכיו"ב, [רש"י ושארי פוסקים], **ואפילו** בשעת חנייתן, ויש לפניהם סוכה בנויה, [פוסקים] {וכ"כ רש"י}.

(עיין בתשובת כתב סופר, דדוקא כשהיא כולה לד' ואין בה הנאה לעצמה, **אבל** בהולך בשכר ועיקרו של השליח להנאתו מתכוין, לא נפטר עי"ז ממצות סוכה, **וע"ל סימן ל"ח בבה"ל ד"ה הם ותגריהם כו'**).

[ד]בין ביום ובין בלילה - ואפילו הולכין רק ביום, פטורים גם בלילה, מפני שטרודים במחשבת המצוה ותיקונה, [רש"י] {דף כ"ו.}, והוי הכל בכלל עוסק במצוה ופטור ממצוה אחרת.

(וע"ל סי' ל"ח) - ר"ל בס"ח בהג"ה, דמוכח שם דדוקא כשצריך לטרוח אחר הסוכה, **אבל** אם א"צ לטרוח אחריה, כגון שיש סוכה מזומנת לפניו, צריך לכנוס בסוכה ולאכול ולישן שם, **ואם** אין יכולים לישן כ"כ בטוב בסוכה, ויהיו יגעים למחר ולא יוכלו לקיים המצוה כראוי, פטורין.

אות ב'

הכונס את הבתולה פטור, ואת האלמנה חייב

סימן ע ס"ג - [ה]הכונס את הבתולה פטור מק"ש - וברכותיה, וה"ה מתפלה, **ג' ימים אם לא עשה מעשה** - וד' לילות, כגון אם נשא ביום הרביעי בצהרים, פטור עד מוצאי שבת ועד בכלל, **ולפעמים** יצוייר ד' ימים, כגון אם נכנס לחופה ביום ד' עד שלא קרא ק"ש של שחרית, פטור ד' ימים.

מפני שהוא טרוד טרדת מצוה - שמחשב על עסק בתולים, משא"כ באלמנה לא טריד.

אבל לאחר מעשה שאינו טרוד עוד, חייב, **וכן** מזה הזמן ואילך חייב אף אם לא בעל, דכיון שכבר עבר ג' ימים ולא עשה מעשה, מתייאש אח"כ מן הדבר, ואינו טרוד כלל.

[ו]והני מילי בזמן הראשונים, אבל עכשיו שגם שאר בני אדם אינם מכוונים כראוי, גם הכונס את הבתולה קורא - ר"ל חייב לקרות, ועם ברכותיה כדין, וגם מתפלל, דכיון שחייב בק"ש חייב בתפלה, **ואם** אינו קורא מיחזי כיוהרא, שמראה שמכוין בכל שעה, ולענין תפילין, עיין לעיל בסי' ל"ח ס"ז במ"ב.

הגה: וע"ל סי' ל"ט אם שכור יקרא ק"ש - שם נתבאר דבשכרות מעט קורא ומתפלל, דבזמנינו בלא"ה אין אנו מכוונין כ"כ, **הא** אם אין יכול לדבר לפני המלך, אין לקרות ולהתפלל עד שיסיר יינו מעליו.

אות ג'

אבל חייב בכל המצות האמורות בתורה, חוץ מן התפילין שהרי נאמר בהן פאר

סימן לח ס"ה - עיין לקמן עמוד ב'.

יו"ד סי' שפ ס"א - עיין לקמן עמוד ב'.

יו"ד סי' שפח ס"א - עיין לקמן עמוד ב'.

באר הגולה

[ח] {ובגמרא אמר רב הונא בריה דרב יהושע אין מטלטלין בו יתר מבית סאתים משום דהויא דירה שתשמישה לאויר - מגיד משנה} [א] {ע"פ מהדורת נהרדעא}
[ב] משנה שם כ"ה [ג] {שינה סדר של רש"י} [ד] ברייתא שם כ"ו [ה] ברכות במשנה ט"ז [ו] תוס' שם בסוף הפרק והר"ם מרוטנבורק

אלא בית סאתים משום דהוי דירה שתשמישיה לאויר וכל דירה שתשמישיה לאויר אין מטלטלין בו אלא סאתים ת"ש *"שבת בתל שהוא גבוה עשרה והוא מארבע אמות עד בית סאתים וכן בנקע שהוא עמוק עשרה והוא מארבע אמות עד בית סאתים וכן קמה קצורה ושבולות מקיפות אותה מהלך את כולה והוצה לה אלפים אמה אע"ג דקאזיל ואתי התם נמי דעביד ליה בהוצא ודפנא: **מתני'** שלוחי מצוה פטורין מן הסוכה חולין ומשמשיהן פטורין מן הסוכה אוכלין ושותין עראי חוץ לסוכה: **גמ'** מה"מ דת"ר °בשבתך בביתך פרט לעוסק במצוה ובלכתך בדרך פרט לחתן מכאן אמרו [ג]הכונס את הבתולה פטור ואת האלמנה חייב מאי משמע אמר רב הונא כדרך מה דרך רשות אף כל רשות לאפוקי האי דבמצוה עסוק מי לא עסקינן דקאזיל לדבר מצוה וקא אמר רחמנא ליקרי אם כן לימא קרא בשבת ובלכת מאי בשבתך ובלכתך בלכת דידך הוא דמיחייבת הא בלכת דמצוה פטירת אי הכי אפילו כונס את האלמנה נמי כונס את הבתולה טריד כונס אלמנה לא טריד וכל היכא דטריד ה"נ דפטור אלא מעתה טבעה ספינתו בים דטריד הכי נמי דפטור וכי תימא ה"נ *והאמר ר' אבא בר זבדא אמר רב אבל חייב בכל המצות האמורות בתורה [ד]חוץ מן התפילין שהרי נאמר בהן פאר הכא טריד טירדא דמצוה התם טריד טירדא דרשות *והעוסק במצוה פטור מן המצוה מהכא נפקא מהתם נפקא דתניא °ויהי אנשים אשר היו טמאים לנפש אדם וגו' אותם אנשים מי היו נושאי ארונו של יוסף היו דברי ר' יוסי הגלילי

ר"ע

רש"י

אלא אם כן אינו הוה אלא כשיעור בית סאתים כחצר המשכן שיעור זה נתנו חכמים לכל היקף שאינו לדירה ואם גדול הוא מכאן הוי כרמלית ואין מטלטלין בו אלא בתוך ארבע אמותיו של אדם והאי כיון דבידים הוקף ולדירה אפילו הוא יותר מבית סאתים ליטלטל ביה: **שתשמישה לאויר** · תורה איר אינה עשויה דירה זו אלא לצורך אויר שחוצה לה לשמור השדות ואינה חשובה דירה להתיר היקף גדול: **שבת בתל** · קדש היום על האדם והוא בתל גבוה עשרה וקנה שם שביתתו: **והוא מארבע אמות עד בית סאתים** · גדול הוא מארבע אמות אבל אינו יותר על בית סאתים: **וכן בנקע** · גומא העשויה מששת ימי בראשית וליא"ה: **וקמה קצורה** · באמצעה: **ושבולות** · גבוהות עשרה מקיפות אותה סביב כל הני מחיצות ניהו להיקף בית סאתים ולא ליותר מכאן דלא נעשית לדירה הלכך מהלך את כולה למחר וחוצה לה אלפים דכל חללה הויא ושבת זה באוירה מבעוד יום הוה כארבע אמות של מקום שביתה ולהכי נקט והוא מארבע אמות דאי לא הוה יותר מארבע אמות מאי מהלך את כולה איכא בלא מחיצות נמי ארבע אמות מקום שביתה אית ליה דהייט שבו איש תחתיו וחוצה להן אלפים אמה דכתיב אל יצא איש ממקומו ואסמוך רבנן למילף מקוםממקום ומקום מניסה כו' כדאמרינן בעירובין (דף נא·) ותל מוקף מחיצות הוא דכל שגבוה עשרה אמרי' גוד אסיק מחיצות שלו והקף בהן את ראשו: **ושבולות מקיפות** · ואע"ג דאין עומדות ברוח: **דעביד ליה** · למחיצות השבלים בהוצא ודפנא מסבולת לשבולת עד שאגדן וגדלן יחד סביב ומחזיקות זו את זו: **מתני' שלוחי מצוה** · הולכי בדרך מצוה כגון ללמוד תורה ולהקביל פני רבו ולפדות שבויים: **פטורין מן הסוכה**. ואפי' בשעת חנייתן: **גמ' בשבתך בביתך פרט לעוסק במצוה**. שאינו חייב בקריאת שמע ולקמן מפרש מאי משמע: **ובלכתך בדרך פרט לחתן** · ואע"ג דהוא נמי במצוה טריד איצטריכי להו תרי קראי דאי הוה כתיב חד כיון דחתן לאו בהדיא כתיב בקרא הוה אמינא לא פטר הכתוב אלא טורח ועושה מלאכת מצוה בידים או מהלך למצוה אבל חתן שהוא יושב ובטל ואינו עוסק אלא טריד במחשבת בעילה לא פטר הכתוב הלכך מקרא יתירא אשמעינן דפטור מק"ש דטריד במחשבת בעילה: **מאי משמע**. מהגי קראי פרט למצוה: **כי דרך** · הולך בדרך סחורה: **מי לא עסקינן כו'** · וכי איך יכול לכלול במקרא דרך מצוה עם הרשות והא דרך סתמא כתיב ומשמע נמי דרך מצוה וקאמר רחמנא ליחייב לקרות: **אם כן** · דבדרך מצוה נמי קאי לכתוב בלכת בדרך: **טריד** · לבו טרוד במחשבת בעילה ומסתברא כי פטריה קרא משום טירדא פטריה (א) ואינו יכול לעסוק בשניהם כאחד: **כונס אלמנה לא טריד** · ויכול לקיים את שתיהן: **אי משום טירדא כו'** · האי דפריך משמע ליה דטרדתו פוטרתו לפי שאינו יכול לכוון את לבו והלכך אפי' טבעה ספינתו דטרוד בצערו ליפטר: **שנאמר בהן פאר** · כדלקמן ואבל לאו בר פאר הוא וכשמתפאר מראה בעצמו שאינו אבל: **חתן טריד טירדא דמצוה** · ואשמעינן קרא דלא מיחייב להסיר דעתו ממחשבת מצוה ראשונה בשביל זו הבאה עליו אלא יעסוק בראשונה ויתן לבו להיות בקי בדבר: **טירדא דרשות** · שאף על פי שהוא חייב לנהוג אבילות של נעילה רחיצה וסיכה להראות כבוד מתו אינו חייב להצטער:

והעוסק במצוה דפטור ממצוה מהכא נפקא · משבתך בביתך: **ויהי אנשים וגו'** · בפסח מדבר קרא בשנה השנית ליציאת מצרים:

תוספות

קמה קצורה ושבולות מקיפות אותה · אע"ג דמוקי לה במסקנא דעביד לה בהוצא ודפנא לא שייך כאן לאקשויי אי הכי ניטלטל בכולה כדאקשי לעיל דהתם באילן המסכך על הארץ שיש בו סכך וחשיב כמוקף לדירה אבל הכא ליכא סכך אלא אויר ואפי' הקיף ולבסוף פתח לא חשיב מוקף לדירה כדאיתא פרק עושין פסין (עירובין דף כד·): **שלוחי** מצוה · הולכי בדבר מצוה כגון ללמוד תורה או להקביל פני רבו ולפדות שבויין פטורין מן הסוכה ואפילו בשעת [ה]חנייתן כך פי' בקונטרס וכן משמע [ו]בגמרא* דקאמר הולכי לדבר מצוה פטורין מן הסוכה בין ביום ובין בלילה ומשמע אע"פ שאין הולכין אלא ביום דאי דאזלי ביממא ובלילה אפי' לדבר הרשות נמי פטירי כדקתני בברייתא* ועוד עובדא דרב חסדא ורבה בר רב הונא דגנו ארקתא דסורא ותימה אם יכולין לקיים שניהם אמאי פטורין דאטו אדם שיש לו ציצית בבגדו ותפילין בראשו מי מיפטר בכך משאר מצות וכפ' אין בין המודר (נדרים ד' לג:) גבי המודר הנאה דמחזיר לו אבידתו אע"פ דמהני ליה פרוטה דרב יוסף משום דלא שכיחא ואי כל זמן שאבידה בביתו מיפטר מלמיתב ריפתא לעני אם כן שכיחא היא אלא ודאי לא מפטר אלא בשעה שהוא עוסק בה כגון טלית של אבידה ושוטחה לצורכה או בהמה שנותן לה מזונות דלא שכיחא שבאותה שעה יבא עני לשאול ממנו וצריך לומר דהכא נמי איירי בכי האי גוונא דאי מיטרדי בקיום מצות סוכה הוו מבטלי ממצות: **ובלכתך** בדרך פרט לחתן · ואף על גב דהוא נמי במצוה טריד איצטריך תרי קראי דאי הוה כתיב חד כיון דחתן לאו בהדיא כתיב בקרא הוה אמינא לא פטר הכתוב אלא טורח ועושה מצוה בידים או מהלך במצוה אבל חתן שהוא יושב ובטל ואינו עוסק אלא מחשב בבעילה לא פטר הכתוב הלכך מקרא יתירא אשמעינן דפטור מק"ש דטריד במחשבת בעילה כך פי' בקונטרס וסוגיא דשמעתין משמע דמובלכתך בדרך ממעט האי דבמצוה קא עסיק ובשילהי פ"ק דברכות (דף יא·) [ז]הגרסא להפך דגרס התם* בשבתך פרט לחתן ובלכתך בדרך פרט לעוסק במצוה וגירסא זו נראה דהכי משמע קרא בשבת דידך הוא דמיחייבת בק"ש ולא בשבת דמצוה שאתה יושב ומחשב בבעילת מצוה ובלכתך ממעט עוסק במצוה דמשמע בלכת דידך ולא בלכת מצוה ומחתן לא הוה ידעינן שאר עוסק במצוה דדלמא שאני חתן שאין נקל לו כל כך להסיר הטירדא מלבו אע"פ שבטירדא דרשות מיבעי ליה ליתוביה דעתיה ולהסיר מחשבת טרדתו: **שהרי** נאמר בהן פאר · לקמן בשמעתין מפרש מדקא אמר ליה רחמנא ליחזקאל פארך חבוש עליך את הוא דמיחייבת אבל כולי עלמא פטירי והא דמשמע לישנא שהטעם תלוי משום דאיקרו פאר ואבל לאו בר פאר הוא וכשמתפאר מראה בעצמו שאינו אבל לא אתא למימר אלא דלא ילפינן מהכא לפוטרו משאר מצות דשאני תפילין דאיקרו פאר וא"ת ומאי שנא גבי תפילין דאמרינן דדוקא ליחזקאל קאמר ליה ולא לשאר אבלים וגבי תלמוד תורה אמרינן פ"ק דמועד קטן (דף טו·) אבל אסור בת"ת מדאמר ליה רחמנא ליחזקאל האנק דום דעבדי שאר אבלים כיחזקאל ויש לומר דבדברי תורה שאני בו הכתוב מכ"ע אית לן למימר משום דאבל אסור בדברי תורה אבל בתפילין אמאי הולכך לומר לו שיניח תפילין אם לא בשביל שהייתי סבור לאוסרו:

מישאל

הכי

כד א מיי' פט"ז הל' ד ופכ"ז הלכה ד מהלכות שבת ופ"ז מהל' עירובין הלכה ד סמג לאוין סה ועשין דרבנן א טוש"ע א"ח סי' שצ סעיף ב:

כה ב מיי' פ"ד מהל' ק"ש הלכה ח סמג עשין יח טוש"ע א"ח סי' ע סעיף ג:

כו ג מיי' פ"ד מהלכות אבל הלכה ט סמג עשין דרבנן ב טוש"ע א"ח סי' לח סעיף ה ובטוש"ע י"ד סי' שפ סעיף א וסי' שפח סעיף א:

[שם]

רבינו חננאל

יותר מבית סאתים. ושנינן התם כדקתני טעמא משום דהויא תשמישתיה לאויר כלומר אין שם בית. וכל דירת שתשמישה לאויר אין מטלטלין בה יותר מבית סאתים. ת"ש שבת בתל שגבוה כו' פשוטה היא: מתני' שלוחי מצוה פטורין מן המצוה מנא לן דת"ר בשבתך בביתך פרט לעוסק במצוה. ובלכתך בדרך פרט לחתן ודייקי' מדתנה ליה לקרא למיכתב ובלכת בדרך דמשמע אע"ג דאזיל לדבר מצוה חייב וכתב בלכתך במשמע בלכת דידך דהוא רשות מיחייבת למקרי ק"ש אבל בלכת דמצוה פטירת ש"מ העוסק במצוה פטור מן המצוה אחרת. הא דתניא פרט לחתן והוא דכנס בתולה דטריד טירדא של מצוה. ולפיכך פטור אבל מאן דטריד טירדא דרשות כגון שטבעה ספינתו וכיוצא בו חייב בכל מצות. ואפי' אבל חייב דאמר מר אבל חייב בכל המצות האמורות בתורה חוץ מן התפילין מפני שנא' בהן פאר והני מילי ביום ראשון בלבד וכן הכונס את האלמנה חייב לקריא ק"ש. הא מהתם נפקא ויהי אנשים אשר היו טמאים וגו' נושאין ארונו של יוסף היו. דברי ר' יוסי הגלילי:

הגהות הב"ח

(א) רש"י ד"ה טריד וכו' דאינו יכול:

מסורת הש"ס

עירובין טו.

ברכות יא. ע"ש טז. ע"ש

כתובות ו: זו"ק טז. ע"ש שמחות פי"ו:

[סוטה מד:]

תורה אור

ר"ע אומר מישאל ואלצפן היו שהיו עוסקין בנדב ואביהוא ר' יצחק אומר אם נושאי ארונו של יוסף היו כבר היו יכולין ליטהר אם מישאל ואלצפן היו יכולין היו ליטהר *אלא עוסקין במת מצוה היו ישחל שביעי שלהן להיות בערב פסח שנאמר °ולא יכלו (במדבר ט) לעשות הפסח ביום ההוא ביום ההוא אין יכולין לעשות הא למחר יכולין לעשות צריכא דאי אשמעינן התם משום דלא מטא זמן חיובא דפסח אבל הכא דמטא זמן ק"ש אימא לא צריכא ואי אשמעי' הכא משום דליכא כרת אבל התם דאיכא כרת אימא לא צריכא גופא א"ר אבא בר זבדא אמר רב *אבל חייב בכל מצות האמורות בתורה בחוץ מתפילין שהרי נאמר בהן פאר מדאמר ליה רחמנא ליחזקאל °פארך חבוש (יחזקאל כד) עליך וגו' את הוא דמיחייבת אבל כ"ע פטירי יוה"מ ביום ראשון דכתיב °ואחריתה כיום (עמוס ח) מר ואמר רבי אבא בר זבדא אמר רב יאבל חייב בסוכה פשיטא מהו דתימא הואיל (א)וא"ר אבא בר זבדא אמר רב מצטער פטור מן הסוכה האי נמי מצטער הוא קמשמע לן ה"מ צערא דממילא אבל הכא איהו הוא דקא מצטער נפשיה איבעי ליה ליתובי דעתיה וא"ר אבא בר זבדא אמר רב יחתן והשושבינין וכל בני החופה פטורין מן הסוכה כל שבעה מ"ט משום דבעו למיחדי וליכלו בסוכה וליחדו בסוכה אין שמחה אלא בחופה וליכלו בסוכה וליחדו בחופה אין שמחה אלא במקום סעודה וליעבדו חופה בסוכה אביי אמר משום ייחוד ורבא אמר משום צער חתן מאי בינייהו איכא בינייהו דשכיחי אינשי דנפקי ועיילי להתם למאן דאמר משום ייחוד ליכא למאן דאמר משום צער חתן איכא א"ר זירא יאנא אכלי בסוכה וחדי בחופה וכ"ש דחדי ליבאי דקא עבידנא תרתי ת"ר חתן והשושבינין וכל בני חופה יפטורין מן התפלה יומן התפילין וחייבין בק"ש

משום

רש"י

הכי גרסינן בברייתא בספרי ר"ע אומר מישאל ואלצפן היו שנטמאו בנדב ואביהוא ר' יצחק אומר אם נושאי ארונו של יוסף היו יכולין היו ליטהר ואם מישאל ואלצפן היו יכולין היו ליטהר אלא מי היו טמאי מת מצוה היו שחל שביעי שלהן להיות בערב פסח שנאמר ולא יכלו וגו': **ואם נושאי ארונו של יוסף או מישאל ואלצפן היו יכולין היו ליטהר** · שהרי באחד בניסן הוקם המשכן ושני לו שרף אלעזר את הפרה שיזו על טמאי מת שבהן לעשות פסחיהן בטהרה כדאמר במסכת גיטין (דף ס·) שמנה פרשיות נאמרו ביום שהוקם המשכן ופרה אדומה אחת מהן ובאחד בניסן הוקם המשכן והוא ח' למלואים כדקיימא לן (שבת דף פז:) אותו היום נטל עשר עטרות ובו מתו נדב ואביהוא הלכך מראש חדש ועד הפסח היו יכולין ליטהר וקרא אמר ולא יכלו ונושאי ארונו של יוסף נמי כבר עברו עליהם עשרה חדשים ויותר שלא נשאוהו משחנו בהר חורב בראש חדש סיון כדכתיב (שמות יט) ביום הזה באו מדבר סיני ולא נסעו משם עד עשרים באייר של שנה הבאה דכתיב ויהי בשנה השנית בחדש השני בעשרים בחדש נעלה הענן מעל וגו' ויסעו מהר ה': **טמאי מת מצוה** · לאו מת מצוה דווקא קאמר דאפי' מתיהן נמי מת מצוה קרי להו דמצוה להתעסק בהן כגון האמורים בפרשת כהנים (ויקרא כא) שהכהן מטמא בו: **שחל שביעי שלהן** · ואע"ג דחזו לאורתא לא איש‍תרו דקסבר אין שוחטין וזורקין על טמא שרץ מכל מקום שמעינן מיניה דעוסק במצוה פטור מן המצוה שהרי נטמאו במתיהן שבעה ימים לפני הפסח ואף על פי שטומאה זו תעכב על ידם אכילת פסחיהן אלמא מצוה קלה הבאה לידך אינך צריך לדחותה מפני חמורה העתידה לבא: **דלא מטא זמן חיובא** · כשנטמאו עדיין לא הגיע זמן אכילת פסח: **אבל** · קרית שמע דמטא זמן חיוב' בתוך החופה והוא ראוי לכך אימא ליחייב: **אבל פסח דבכרת הוא אימא לא** · יטמאו במת כל שבעה לפני הפסח: **צריכא** · למיכתב ביום ההוא לאשמועינן דנטמאו תוך שבעה דעוסק במצוה פטור מן המצוה: **מדאמר ליה רחמנא ליחזקאל כו'** · דקאמר ליה רחמנא הנני לוקח ממך את מחמד עיניך במגפה וגו' האנק דום מתים אבל לא תעשה לא תתאבל עליה פארך חבוש על ראשך שלא כדרך שאר אבלים לפי שאני עושה אותך אות ומופת לישראל שכך עתידין למות מתיהן ואין איש מתאבל עליהם אלמא אבל אסור בתפילין: **והני מילי ביום ראשון** · דעיקר מררא חד יומא כדכתיב ואחריתה כיום מר: **פשיטא** · מאי שנא הא משאר מצות דאשמעינן רב לעיל דאבל חייב בכל המצות: **צערא דממילא** · שהסוכה מצערתו כגון חמה או זבוב או סירחה בדברים שסיכך בהן: **מיבעי ליה ליתובי דעתיה** · חובה עליו ליישב דעתו למצוה: **למיחדי** · לשמוח: **משום ייחוד** · דסתם סוכה היו עושין בגגותיהן ואין דרך ביאה וי‍ציאה שם לרבים תמיד מפני הטורח ושמא ירד החתן לעשות לצרכיו ויתייחד אחר עם הכלה: **לצער חתן** · שהמקום צר ופתוח שאין לה אלא שלש דפנות ובוש לשחק עם כלתו: **תרתי** · שתי מצות סוכה ומצות נישואין וכגון שנשא ערב הרגל אבל בתוך הרגל קיימא לן במועד קטן (דף ח:) דאין נושאין נשים במועד: **פטורין מן התפלה** · דבעיא כוונה: **ומן התפילין** · משום דשכיחא שכרות וקלות ראש: **וחייבין בקריאת שמע** · דמצות כוונתה אינו אלא פסוק ראשון ויכולים ליישב דעתן שעה קטנה כדי לקרות פסוק ראשון:

משום

תוספות

מישאל ואלצפן היו · וא"ת ולמאן דאמר פרק ד' מיתות (סנהדרין דף נב·) דשריפה ממש הואי שנשרפו גופיהן וכן נמי דריש בתורת כהנים אקרא דותאכל את אותם אמאי נטמאו וי"ל דשמא שלדן היתה קיימת כאילו נשרפו על גבי קטבלא כדאמר פרק המפלת (נדה דף כז:) מת שנשרף ושלדו קיימת טמא: **שחל** שביעי שלהן בערב הפסח · מכאן קשה להא דא"ר לוי בשילהי הניזקין (גיטין דף ס· ושם) ח' פרשיות נאמרו באותו יום שהוקם המשכן וקא חשיב פרשת טמאים ופירש שם בקונט' ויהי אנשים אשר היו טמאים לנפש וגו' ולא יתכן כדמוכח הכא שהיה בערב הפסח והמשכן הוקם באחד בניסן ואפילו לר"ע לא יתכן לפי הספרים דגרסינן בפסחים בפ' האשה (דף צ:) רב סבר לה כר"ע דאמר מישאל ואלצפן היו שחל שביעי שלהן להיות בערב הפסח ומיהו אותה גירסא ליתא אלא ר' יצחק גרס התם ונראה לפרש פרשת טמאים דשרץ ונבלה וזב וזבה ונדה לפי שהוצרכו ליזהר על טומאת מקדש וקדשיו: **משום** דלא מטא זמן חיובא · ואין להקשות מהא דדרשינן בריש טבול יום (בזבחים דף ק· ושם) דהולך לשחוט את פסחו מטמא למת מצוה מולאחותו אפי' לאחר חצות דמת מצוה שאני והא דדייק הכא מברייתא דקתני למת מצוה נטמאו לא מת מצוה ממש אלא כלומר לקרובים כדפירש בקונטרס ולאחר חצות הוא דאינו מטמא כדקתני התם אמרת לא יטמא אבל קודם חצות יטמא כדקאמרינן התם ביוסף הכהן שמתה אשתו בערב הפסח וגמו אחיו הכהנים וטמאוהו בעל כרחו אבל קשה (*לרבה) [ל"א לרבא] דאמרינן התם אידי ואידי לאחר חצות כאן קודם ששחטו וזרקו עליו כאן לאחר ששחטו וזרקו עליו אלמא מטמא לקרובים אפי' היכא דמטא זמן חיובא(ב)זמן הפסח מאחר שלא שחטו וזרקו עליו ואין לומר דהיא גופא ילפינן מחתן דפטור מק"ש דדלמא שאני ק"ש דלית ביה כרת כדקאמר הכא ולא אתי מיניה פסח דאיכא כרת ומטיא זמן חיובא: **אין** שמחה אלא בחופה · משמע מכאן דאם יצא חתן מחופתו אפי' כלתו עמו והולכים לאכול בבית אחר דאין מברכין שהשמחה במעונו ולא ברכת חתנים כיון דאין שמחה אלא בחופה ובפ"ק דכתובות (דף ז: ושם) אמרינן נמי מברכין ברכת חתנים בבית חתנים משמע דוקא במקום חופה דהוא בית חתנים ומיהו אין ראיה משם דדלמא לאפוקי מדרבי יהודה קא אתי דאמר אף בבית האירוסין מברכין אותה וצריך לדקדק מה היא חופה דאי במקום שברכו תחלה ברכת נישואין קרי ליה חופה פעמים שאפי' ברחוב העיר מברכין אותה כשהעם מרובין ואין יכולין ליכנס בבית אלא מקום עיקר ישיבת חתן וכלה קרי ליה חופה ולא מקום העשוי לאקראי בעלמא ושם מברכין ברכת חתנים כל שבעה: **וחייבין** בק"ש כדפירש בקונט' דמצות כוונתה אינו אלא פסוק ראשון ויכולין ליישב דעתן שעה קטנה כדי לקרות פסוק ראשון:

חתן

עין משפט נר מצוה

כז א מיי' פ"ו מהל' קרבן פסח הלכה ג סמג עשין רכד:

כח ב ג מיי' פרק ד מהל' אבל הלכה ט סמג עשין דרבנן ג טוש"ע א"ח סי' לח סעיף ה וטוש"ע י"ד סי' שפ סעיף א וסי' שפח סעיף א:

כט ד מיי' פ"ו מהלכות סוכה הלכה ג סמג עשין מג טוש"ע א"ח סי' תרמ סעיף ה:

ל ה מיי' שם טוש"ע שם סעיף ו:

לא ו טור וב"י שם:

לב ז (מיי' פ"ו מהל' תפלה סמג עשין יט טוש"ע א"ח סי' קו סעיף א) טור א"ח סי' לח:

לג ח מיי' פ"ד מהלכות תפלין הלכה יג סמג עשין כב טוש"ע א"ח סימן לח סעיף ו:

רבינו חננאל

ר' יהודה אומר מישאל ואלצפן היו שנשאו נדב ואביהוא. ר' יצחק אומר אם נושאי ארונו של יוסף היו יכולין היו ליטהר ואם מישאל ואלצפן היו יכולין היו ליטהר אלא קוברי מת מצוה היו וחל שביעי שלהן להיות ערב פסח שנא' ולא יכלו לעשות הפסח ביום ההוא. מכלל המתעסק במצוה פטור מן המצוה האחרת. ושנינן צריכא זו וזו. דאי אשמעינן גבי פסח כו'. אמר רב זבדא משמיה דרב אבל חייב בסוכה ולא דמי למצטער דהוא פטור מן הסוכה. ת"ר חתן וכל השושבינין וכל בני חופה פטור מן התפלין ומכל מצות האמורות בתורה וחייבין בקריאת שמע

הגהות הב"ח

(א) גמ' מהו דתימא הואיל ואמר רבא מצטער: (ב) תוס' ד"ה משום וכו' אפילו היכא דמטא זמן חיובא דפסח כצ"ל ותיבת זמן הפ' נמחק:

מסורת הש"ס

פסחים צ:

ברכות יא. טז: כתובות ו: מ"ק טו.

גליון הש"ס

רש"י ד"ה טמאי מת מצוה וכו' שהכהן מטמא בו. עיין סוכה א:ן ר"ס דף טו ע"ב ד"ה חייב אדם:

§ מסכת סוכה דף כה: §

אות א'

עוסקין במת מצוה היו שחל שביעי שלהן להיות בע"פ

רמב"ם פ"ו מהל' קרבן פסח ה"ב - טמא מת שחל שביעי שלו להיות בארבעה עשר, אע"פ שטבל והוזה עליו והרי הוא ראוי לאכול קדשים לערב, אין שוחטין עליו, אלא נדחה לפסח שני, שנאמר: ויהי אנשים אשר היו טמאים לנפש אדם ולא יכלו לעשות הפסח ביום ההוא, מפי השמועה למדו, ששביעי שלהן היה, ועל זה שאלו אם ישחט עליהן והם יאכלו לערב, ופירש להן שאין שוחטין עליהן.

השגת הראב"ד: א"א אין דרך הלכה הולכת כן, שהרי רב שאמר אין שוחטין וזורקין על טמא שרץ, מכאן למד, ואיהו ס"ל שוחטין וזורקין על טבול יום, וא"כ זה טבול יום ורחמנא דחייה; אלא האי קרא בשלא טבל ולא הזה, דהיינו טמא שרץ, ומעשה כי הוה הכי הוה, שמחטו וזרקו עליהם קודם טבילה והזייה, סברו שיעלה להן ולא שאלו אלא אחר זמן שחיטה, ונדחו; והכתוב מעיד כן, שאמרו אנחנו טמאים לנפש אדם, ואם לאחר טבילה והזייה, מאי טומאה הויא בהו.

במה דברים אמורים בשנטמא בטומאות מן המת שהנזיר מגלח עליהן, אבל אם היה טמא בשאר טומאות מן המת שאין הנזיר מגלח עליהן, שוחטין עליו בשביעי שלו אחר שיטבול ויזה עליו, וכשיעריב שמשו אוכל פסחו.

השגת הראב"ד: א"א לא מצאתי לזה שורש, אבל אם סברת עצמו הוא, כיון שאילו אכל קדש בטומאה זו, אין חייבין עליה כרת ולא קרבן, אם הזה וטבל דין הוא שלא ידחה מפסחו.

אות ב' - ג'

אבל חייב בכל מצות האמורות בתורה, חוץ מתפילין

וה"מ ביום ראשון, דכתיב: ואחריתה כיום מר

סימן לח ס"ה - [א]אבל ביום ראשון אסור להניח תפילין - דתפילין נקראין פאר בפסוק, ואבל מעולל באפר, [ב]ואין נאה לתת פאר תחת אפר.

ואפילו ביום שנקבר שאינו יום המיתה, כיון שהוא יום ראשון לאבילות ולמנחמים, **וע"כ** אפילו אם נקבר בלילה, לא יניח תפילין ביום.

אבל אם מת או נקבר בחוה"מ, מניח תפילין, בין בחוה"מ, ובין לאחר המועד, אף שהוא יום ראשון לאבילות, מ"מ כבר נחמוהו מנחמים במועד, **והפמ"ג** מפקפק בהנחה בחוה"מ, דמ"מ יום מר הוא לו היום הראשון, **ועכ"פ** צריך ליזהר שלא לברך עליהן, ובלא"ה המנהג שלא לברך על תפילין בחוה"מ.

וכן כשנקבר ביו"ט שני, יניח תפילין באסרו חג, דיו"ט שני עולה למנין שבעה, ויום שאחר המועד יחשב לשני.

וכן אם שמע שמועה קרובה, דהיינו בתוך שלשים, אפילו ביום ל' עצמו, ג"כ דינו כיום הקבורה, **ולכן** אפילו אם שמע בלילה, לא יניח תפילין ביום, **ואפילו** בא לו שמועה קרובה כשכבר הניח תפילין והתחיל להתפלל, חולצן.

ואם שמע שמועה רחוקה, דהיינו לאחר שלשים, שאין האבילות רק שעה אחת, מותר להניח תפילין, וכ"ש שא"צ לחלצן, **וע"כ** אם בא לו השמועה באמצע פסוקי דזמרה וכה"ג, לא יחלוץ התפילין, רק יחלוץ מנעליו משום אבילות, **ואם** ע"י השמועה בא לידי בכי, צריך לחלצן.

מכאן ואילך חייב - דכתיב: ואחריתה כיום מר, ש"מ דעיקר מרירות הוא יום ראשון.

משמע דחייב מיד, ויש פוסקים דביום ב' אין להניח קודם הנץ, ע"כ מהנכון להמתין מלהניח עד אחר הנץ.

אפי' באו פנים חדשות - לנחם אותו, ומשמע דמניח לכתחלה, **אבל** האחרונים מסקי, דאין להניח בפניהם תפילין עד שילכו להם, **אלא** דאין חולץ אם הניח קודם שבאו פנים חדשות.

יו"ד סימן שפ ס"א - אלו דברים שהאבל אסור בהם: במלאכה ברחיצה וסיכה ונעילת הסנדל ותשמיש המטה, ואסור לקרות בתורה, ואסור בשאלת שלום ובכביסה; וחייב בעטיפת הראש ובכפיית המטה כל שבעה; ואסור להניח תפילין ביום הראשון; ואסור בגיהוץ ובתספורת ושמחה ואיחוי קרע כל ל' יום. (וכל דברי אבלות נוהגין בין ביום בין בלילה).

יו"ד סי' שפח ס"א - אבל אסור להניח תפילין ביום ראשון - ‹דהיינו ביום קבורה אף שמת אתמול, כ"כ הא"ר - רעק"א›. (**עבה"ט** באו"ח סי' ל"ח שכתב בשם מהריט"ץ, דדוקא יום המיתה שהוא יום הקבורה פטור מתפילין יום ראשון, אבל כשהמיתה יום אחד והקבורה יום אחר, חייב בתפילין אפילו ביום ראשון, עי"ש, **ועיין** בדגמ"ר שהביאו ג"כ והשיג עליו, והעלה דאפילו אם הוא יום קבורה לחוד אסור בתפילין, עי"ש. **ועיין** בשו"ת זכרון יצחק, שכתב שגם אביו הגאון בעל משנת חכמים השיג על דעת מהריט"ץ הנ"ל, ע"ש - פת"ש). **ואחר שהנץ החמה ביום שני מותר להניחם** - ויש פוסקים דאינו אסור אלא ביום ראשון, וביום ב' מותר מיד אפי' קודם הנץ החמה, וכן פסק הב"ח - ש"ך.

באר הגולה

[א] מועד קטן כ"ה וכדעת הרי"ף שם [ב] ‹כ"כ רש"י בברכות דף י"א. ועיין מה שכתב כאן עמוד א'›

אות ד'

אבל חייב בסוכה

סימן תרמ ס"ה - ג'אבל חייב בסוכה - דאע"ג דמצטער פטור מן הסוכה, ה"מ צערא דממילא הבא לו מחמת הסוכה, [כגון מפני החמה או צינה או סרחון, רש"י], **אבל** הכא איהו דקמצער נפשיה, איבעי ליה ליתובי דעתיה כדי לקיים את המצוה, [גמרא].

כתב בספר תניא, אם המת היה חביב כ"כ שאין יכול להסירו מלבו, פטור, ומיירי שמצטער בישיבתו בסוכה - מ"א, **ועיין** בספר ישועות יעקב שחולק בזה על התניא.

בפמ"ג מסתפק לענין אונן בחוה"מ, או אפילו ביו"ט כשרוצה לקבור ע"י נכרי ביו"ט ראשון, או ע"י ישראל ביו"ט שני, דאז חל דיני אנינות, אם חייב בסוכה, [**דאפשר** דאונן לא פטור רק ממצות עשה בשב ואל תעשה, ובסוכה יעבור בקום ועשה כשיאכל חוץ לסוכה], **ובספר** בכורי יעקב מצדד שהוא פטור, [**דהא** הטעם דאונן פטור מכל המצות, הוא מטעם עוסק במצוה פטור מכל המצות, וע"י שעסוק במצות טרדת קבורה, א"צ לעסוק במצוה אחרת, וא"כ כל מצוה שצריך לעסוק בה, בין שהוא בשב ואל תעשה בין שהוא בקום ועשה, פטור ממנה, **ולכן** מנט"י פטור, שצריך מעשה ליטול ידיו, **אכן** בת"צ חייב להתענות, דזה א"צ מעשה, **ולכן** גם מסוכה פטור, דהא צריך מעשה לילך ולישב בסוכה, **ובספר** ברכי יוסף מצדד, דכשרוצה לאכול פת, אף דא"צ לברך "המוציא", מ"מ צריך ליטול ידיו, ולא יברך ענט"י].

אות ה'

חתן והשושבינין וכל בני החופה פטורין מן הסוכה כל שבעה

סימן תרמ ס"ו - ד'חתן ושושביניו וכל בני החופה פטורים מן הסוכה כל ז' ימי המשתה - דאין שמחה אלא בחופה, [גמרא], וחופה נקרא מקום המוכן לישיבת חתן וכלה, **ואין** יכולין לאכול בסוכה ולשמוח בחופה, דאין שמחה אלא במקום סעודה, [גמ', **ובסוכה** גופא א"א לעשות החופה, משום צער חתן, לפי שהמקום פרוץ, שאין לו אלא ג' דפנות, והוא בוש לשמוח שם עם כלתו, גמרא, **וא"כ** בזה"ז שמנהגינו לעשות ד' דפנות לסוכה, צריך לישב בסוכה - מ"א, **אבל** בא"ר הביא בשם ריא"ז שכתב סתם, שצער לחתן לעשות חופתו במקום צר ודחוק, (**וז"ל**: דאין טעם זה בגמ', רק רש"י פירש כן, ופירש עוד טעם אחר שהמקום צר, וכן פירש ריא"ז, **ובריו"ו** כתב ג"כ, שאין יכול לשמוח עם כלתו, שאין הסוכה מקום סגור, וגם באו"ז מצאתי וז"ל, משום צער חתן, דסוכה אינה מרווח דליכנסו שם כל בני החופה, עכ"ל, **וכל** אלו טעמים שייך גם בסוכה של ד' דפנות].

ומיירי שנשא ערב הרגל או קודם, דאין נושאין נשים במועד. (וכ"כ רש"י.

ויש מחייבין אותו, [רא"ש ושארי פוסקים], (עיין לקמן באות הסמוך), דס"ל דאפשר לאכול בסוכה ולשמוח בחופה, **וע"כ** הסכימו אחרונים, דראוי לחתן להחמיר על עצמו, ולישב בסוכה ולא לברך, וכן השושבינים כשאוכלין אצל החתן ומשמחין אותו בתוך ז' ימי המשתה, ויושבין שם בסוכה, א"צ לברך, **אבל** כשאוכלין בביתם, חייבין בסוכה וצריכין לברך.

(וסעודת ברית מילה, וכן הסעודה שאוכלין אצל היולדת, חייבין בסוכה) (מהרי"ק) - היינו אפילו אם צר להם המקום לשבת שם, וא"א להם לשמוח שם כ"כ, מ"מ חייבין בסוכה, **דאע"ג** דסעודת מצוה היא, מ"מ לא דמי לסעודת חתן, שהיא מצוה גדולה לשמח חתן וכלה, ונקראת סעודת מצוה בכל מקום, **אבל** זה אינה מצוה כ"כ, וא"כ די להם בעשרה אנשים - מ"א, (**ומשמע מזה, דאם הסוכה קטנה מהכיל אף עשרה אנשים, מותר חוץ לסוכה, ולפי** מה שהעתיק הגר"א הטעם, דלאו מצוה מדאורייתא היא שידחה הסוכה כמו נישואין, אפילו באופן זה אסור חוץ לסוכה, וכן בפמ"ג מצדד דאין להקל בזה בכל גווני, וכן בסעודת אירוסין ופדיון הבן ובר מצוה וסיום וכדומה, פשיטא דבעי סוכה – בכורי יעקב).

ומ"מ בשמיני עצרת, אם רוצים יכולים לאכול בבית בסעודת ברית מילה.

(**עוד** כתב ביכורי יעקב, שמי שיש לו סוכה קטנה, מותר לבנות לו סוכה גדולה בחוה"מ לצורך סעודת ברית מילה, דהוי לצורך המועד, **ואף** דלצורך המועד ג"כ לא מותר רק בצינעא, מ"מ הכא ניכר דלצורך המועד הוא, ובניכר מותר לעשות בפרהסיא).

אות ו'

אנא אכלי בסוכה וחדי בחופה, וכ"ש דחדי ליבאי דקא עבידנא תרתי

טור סימן תרמ - וחתן, כתב הרמב"ם ז"ל שהוא פטור כל הז', הוא ושושביניו וכל בני החופה. וא"א הרא"ש ז"ל כתב, ה'דשושבינין לא מיקרי עוסקים במצוה, וחייבין בכל המצות חוץ מן התפלה ותפילין; וחתן אע"פ שפטור מכל המצות, חייב בסוכה, שאפשר לו לשמוח בסוכה - (וזה לשונו, יש פוסקים כרבי זירא וכו' – ב"י.

אות ז'

חתן והשושבינין וכל בני חופה פטורין מן התפלה

(סימן קו ס"א - ו'כל הפטורים מק"ש - כגון מפני שהם עוסקים במצוה, או שטרודים טרדת מצוה, וכמבואר בסימן ע' ס"ג, **פטורים מתפלה.)**

באר הגולה

ג מימרא דרב שם כ"ה | ד גם זו שם | ה (עיין לקמן בהערות ללשון הרא"ש. **לא** הוה ליה לרבינו להביא מה שכתב הרא"ש דשושבינין לא מיקרו עוסקין במצוה, דהא כיון דפסק הרא"ש דחתן גופיה חייב בסוכה, אע"ג דודאי עוסק במצוה הוא, כי הוו שושבינין נמי עוסקין במצוה הוו מיחייבי – ב"י) | ו ברכות י"ז

טור סימן לח - חתן ושושביניו וכל בני חופה, פטורים מתפלה ותפילין, 'וחייבין בקריאת שמע.

אות ח'

ומן התפילין

סימן לח ס"ז - חתן ושושביניו (פי' ריעיו השמחים עמו), וכל בני חופה, פטורים, משום דשכיח שכרות וקלות ראש

- ודוקא במקום החופה, דשם שכיח שכרות וקלות ראש.

בתשובת רמ"א כתב, דהאידנא שאף החתן חייב בק"ש ותפלה, כמו שכתב בסימן ע', ממילא חייבין החתן וכל בני החופה גם בתפילין, **ועיין** במ"א שמפקפק בדינו, ומצדד לפסוק כהשו"ע דפטורין מתפילין בעת המשתה, **וגם** לענין תפלה המיקל כדעת רש"י ‹כ"ו. ד"ה משום› לפטור בעת המשתה לא הפסיד, אם החתן מיסב אצלם, דאז הוי מצוה לדעת רש"י, **אבל** מדברי הגר"א בביאורו משמע, שאין להקל לענין תפלה, **ועיין** בעולת תמיד ובברכי יוסף שכתבו, דנתפשט המנהג כהרמ"א, שהחתן וכל סייעתו קורין ומניחין תפילין ומתפללין מיום הראשון עד יום השביעי.

באר הגולה

ז ‹ופסק הרא"ש הלכה כרבי שילא, (**פירש** רש"י, ולית להו להני תנאי העוסק במצוה פטור מן המצוה, **וז"ל** הרא"ש, הני תנאי אית להו העוסק במצוה פטור מן המצוה, אלא דתנא קמא מחייב להו בקריאת שמע, משום דעיקר כוונתה בפסוק ראשון, ובקל יוכל לכוין ולייׁשב דעתו בפסוק א', ורבי שילא סבר דחתן אי אפשר לו לכוין דעתו כלל. **רבי** שילא לא קאמר דשושבינין ובני חופה חייבין אלא בקריאת שמע, אבל בתפלה ותפילין מודה דפטורין, ולא משום דעסיקי במצוה נינהו, דאם כן אפילו בקריאת שמע נמי ליפטרו, אלא ודאי לא מיקרו עוסקים במצות, והא דפטירי מתפלה, לפי שמתוך שמחתן אי אפשר להם לכוין להתפלל, משום דשכיח בחופה שמחה וקלות ראש, והא דפטירי מסוכה, משום דאי לא חדו בהדי חתן מצטערין היו, והלכה כרבי שילא, דחתן פטור מקריאת שמע, עכ"ל. **אבל** שאר בני חופה יכולין לכוין, ואקריאת שמע לחודיה קאי, ובכולהו אחריני מודי לת"ק – תוס'), **ולפי** זה נראה שמה שכתב רבינו בק"ש, לא קאי אלא אשושבינין ובני חופה, ולא אחתן, **ויותר** נראה לומר דגם אחתן קאי, והטעם, משום דרבי שילא דפטר לחתן היינו מפני שאי אפשר לו לכוין דעתו, וא"כ היינו לדידהו שהיו מכוונים, אבל בזמן הזה שאפילו שאר כל אדם אינו יכול לכוין, גם החתן חייב, וכמו שכתב בסימן ע' - ב"י›

§ מסכת סוכה דף כו. §

אות א'

חתן פטור

סימן ע ס"ג - [א]הכונס את הבתולה פטור מק"ש - וברכותיה, וה"ה מתפלה, **ג' ימים אם לא עשה מעשה** - וד' לילות, כגון אם נשא ביום הרביעי בצהרים, פטור עד מוצאי שבת ועד בכלל, **ולפעמים** יצוייר ד' ימים, כגון אם נכנס לחופה ביום ד' עד שלא קרא ק"ש של שחרית, פטור ד' ימים.

מפני שהוא טרוד טרדת מצוה - שמחשב על עסק בתולים, משא"כ באלמנה לא טריד.

אבל לאחר מעשה שאינו טרוד עוד, חייב, **וכן** מזה הזמן ואילך חייב אף אם לא בעל, דכיון שכבר עבר ג' ימים ולא עשה מעשה, מתייאש אח"כ מן הדבר, ואינו טרוד כלל.

[ב]והני מילי בזמן הראשונים, אבל עכשיו שגם שאר בני אדם אינם מכוונים כראוי, גם הכונס את הבתולה קורא - ר"ל חייב לקרות, ועם ברכותיה כדין, וגם מתפלל, דכיון שחייב בק"ש חייב בתפלה, **ואם** אינו קורא מיחזי כיוהרא, שמראה שמכוין בכל שעה, ולענין תפילין, עיין לעיל בסי' ל"ח ס"ז במ"ב.

הגה: וע"ל סי' ל"ט אם שכור יקרא ק"ש - שם נתבאר דבשכרות מעט קורא ומתפלל, דבזמנינו בלא"ה אין אנו מכוונין כ"כ, **הא** אם אין יכול לדבר לפני המלך, אין לקרות ולהתפלל עד שיסיר יינו מעליו.

אות ב'

כותבי ספרים תפילין ומזוזות, הן ותגריהן ותגרי תגריהן וכל העוסקין במלאכת שמים, לאתויי מוכרי תכלת, פטורין מק"ש ומן התפלה ומן התפילין ומכל מצות האמורות בתורה

סימן לח ס"ח - [ג]כותבי תפילין ומזוזות - (צ"ל "כותבי ספרים תפילין ומזוזות" וכו'), **הם ותגריהם, ותגרי תגריהם** - הם הקונים מן הקונים למכור על יד על יד, **וכל העוסקים במלאכת שמים, פטורים [ד]מהנחת תפילין כל היום, זולת בשעת ק"ש ותפלה.**

אף שמרויחין מזה, ודוקא אם עיקר כוונתם כדי להמציאן למכור למי שצריך להם, אבל אם עיקר כוונתם רק להשתכר, לא מיקרי עוסק במצוה, (ומ"מ נ"ל, דאם כונתו לשניהם בשוה, מיקרי עוסק במצוה).

(ודע עוד, דלענין כתיבת סת"ם גופא, כמו שמצוי שהכותב כונתו להשתכר, מסתפיקנא לומר דאפ"ה מיקרי בכלל עוסק במצוה, דהוא תמיד בכלל עוסק במצוה, ואפילו אם אנו יודעין שעיקר התחלתו לכתוב היה רק בשביל שכר, ולולי זה לא היה מתחיל, מ"מ אמרינן דהשתא שכותב אין מכוין כלל רק שכותב סתם לשם מצות תפילין כדין, **משא"כ** בתגר, דאפילו אם נאמר דמה שהוא מוכר לאיזה אדם הצריך תפילין הוא בכלל עוסק במצוה, עכ"פ בשעה שהוא קונה התפילין מהסופר כדי לסחור בהם, אין שם לעת עתה עצם פעולת המצוה כלל בהמעשה גופא, לכן פירש"י הלוקחין כדי להמציאן למכור למי שצריך להם, ור"ל דאז ע"י מחשבתו שהוא לשם מצוה, מחשיב פעולתו לעוסק במצוה).

הגה: ואם היו צריכים לעשות מלאכתן בשעת ק"ש ותפלה, אז פטורין מק"ש ותפלה ותפילין - כגון שנזדמן לו קונה שרוצה לקנות סת"ם, והקונה רוצה לפרוש בים או בשיירא עכשיו, ואי אפשר לו להמתין עד שהסופר או התגר יקיים מצוה אחת שבאה לידו, כגון הנחת תפילין או ק"ש, וה"ה שאר כל המצות, ע"כ מותר לכתוב ולמכור לזה, אע"פ שעי"ז יעבור זמן המצוה - לבוש, **ומיירי** שכבר התחיל לכתוב קודם שהגיע זמן ק"ש, אבל משהגיע הזמן אסור להתחיל לכתוב, **אכן** לפי מה שציירנו מתחלה דא"א לו להמתין עד שהסופר יקיים ק"ש ותפלה, פשוט דאם הוא משער שישאר לו זמן לקרות, לכו"ע מותר הסופר לעשות לו מלאכתו, **ואם** יוכל לקרוא פרשה אחת מקודם יקרא.

(**ובדיעבד אפילו אם התחיל באיסור, אעפ"כ אין צריך להפסיק**, דמ"מ הרי עוסק במצוה).

(ולולי דברי הלבוש, היה אפשר לומר דכונת הרמ"א במה שכתב "שהיו צריכין", ר"ל דהסופר משער שיבוא היום לידו קונים הרבה, ע"כ הוא מקדים ומזרז עצמו לזה, **דאל"ה** מסתמא לא יעשה הסופר כן לכתוב תמיד יום ולילה, שלא ישאר לו מעט פנאי לשום מצוה, ואף לקבלת מלכות שמים ולתפילין).

(**ודעת הרמ"א** לפסוק כתלמודא דידן ולא כהירושלמי, ע"כ פטרו אף מק"ש ותפילה גופא, **ולא** כהמחבר, דלדידיה בכל גווני חייב בק"ש ותפילה, **ומשמע** מע"ת ומ"א דהלכה כהרמ"א).

דכל העוסק במצוה פטור ממצוה אחרת, אם צריך לטרוח אחר האחרת - ואפילו אם עי"ז לא יתבטל המצוה הראשונה, ואפילו אם המצוה השניה יותר גדולה, כיון שכבר התחיל לעסוק בראשונה, (דפטור אפילו ביכול לקיים שתיהן, **וטעם** הדבר כתב הר"ן, לפי שכל שעוסק במלאכתו של מקום, לא חייבתו תורה לטרוח ולקיים מצות אחרות, אע"פ שיכול אז לקיים כמה מצות, **וכן** החופר קבר למת פטור מכולם, אע"פ שנח מעט, שגם בשעת נוחו נקרא עדיין עוסק במצוה, שעי"ז יתחזק כחו לחזור ולחפור, ולכן הוא פטור אז, **אע"פ** שיכול אז לתת פרוטה לעני העומד אצלו).

באר הגולה

[א] ברכות במשנה ט"ז [ב] תוס' שם בסוף הפרק והר"ם מרוטנבורק [ג] שם כ"ו [ד] רבינו ירוחם בשם רבינו נסים, והג' אשר"י בשם א"ז, ורבינו יונה (וכבר הקשה בד"מ, דהא בגמ' פטרה אף מק"ש ותפילין, אלא שבשו"ע סמך על הירושלמי, והרב פסק כגמ' שלנו וזהו שכתב ואם כו' - גר"א)

משום רבי שילא אמרו חתן פטור והשושבינין וכל בני החופה חייבין תניא א"ר חנניא בן עקביא כותבי ספרים תפילין ומזוזות הן ותגריהן ותגרי תגריהן וכל העוסקין במלאכת שמים לאתויי מוכרי תכלת פטורין מק"ש ומן התפלה ומן התפילין ומכל מצות האמורות בתורה לקיים דברי ר' יוסי הגלילי שהיה רבי יוסי הגלילי אומר העוסק במצוה פטור מן המצוה ת"ר *הולכי דרכים ביום פטורין מן הסוכה ביום וחייבין בלילה הולכי דרכים בלילה פטורין מן הסוכה בלילה וחייבין ביום הולכי דרכים ביום ובלילה פטורין מן הסוכה בין ביום ובין בלילה הולכין לדבר מצוה פטורין בין ביום ובין בלילה כי הא דרב חסדא ורבה בר רב הונא כי הוו עיילי בשבתא דרגלא לבי ריש גלותא הוו גנו' ארקתא דסורא אמרי *אנן שלוחי מצוה אנן ופטורין ת"ר *שומרי העיר ביום פטורין מן הסוכה ביום וחייבין בלילה שומרי העיר בלילה פטורין מן הסוכה בלילה וחייבין ביום שומרי העיר בין ביום ובין בלילה פטורים מן הסוכה בין ביום ובין בלילה שומרי גנות ופרדסים פטורין בין ביום ובין בלילה וליעבדי סוכה התם וליתבו אביי אמר *תשבו *כעין תדורו רבא אמר פרצה קוראה לגנב מאי בינייהו איכא בינייהו דקא מנטר כריא דפירי: חולים ומשמשיהם: תנו רבנן *חולה שאמרו לא חולה שיש בו סכנה אלא אפילו חולה שאין בו סכנה אפי' חש בעיניו ואפילו חש בראשו ארשב"ג פעם אחת חשתי בעיני בקיסרי והתיר ר' יוסי בריבי לישן אני ומשמשי חוץ לסוכה רב שרא לרב אחא ברדלא למגנא בכילתא בסוכה משום *בקי רבא שרא ליה לרבי אחא בר אדא למגנא בר ממטללתא משום סירחא דגרגישתא רבא לטעמיה דאמר רבא מצטער *פטור מן הסוכה והא אנן תנן חולין ומשמשיהם פטורים מן הסוכה חולה אין מצטער לא אמרי חולה הוא ומשמשיו פטורים מצטער הוא פטור משמשיו לא: אוכלים אכילת עראי חוץ לסוכה: וכמה אכילת עראי אמר רב יוסף *תרתי או תלת ביעי א"ל אביי והא זימנין סגיאין סגי ליה לאיניש בהכי והוה ליה סעודת קבע אלא אמר אביי *כדטעים בר בי רב ועייל לכלה ת"ר אוכלין אכילת עראי חוץ לסוכה ואין ישנים שינת עראי חוץ לסוכה מ"ט אמר רב *) אשי גזרה שמא ירדם א"ל אביי אלא הא דתניא ישן אדם שינת עראי בתפילין אבל לא שינת קבע ליחוש שמא ירדם אמר רב יוסף בריה דרב עילאי במוסר שינתו לאחרים מתקיף ליה רב משרשיא *ערביך ערבא צריך אלא אמר רבה בר בר חנה א"ר יוחנן במניח ראשו בין ברכיו עסקינן רבא אמר אין קבע לשינה תני חדא ישן אדם בתפילין שינת עראי אבל לא שינת קבע ותניא אידך *לא קבע ולא עראי לא קשיא *הא דנקיט להו בידיה הא דמנחי ברישיה הא דפרים סודרא עלויה וכמה שינת עראי תני רמי בר יחזקאל כדי הילוך מאה אמה תניא נמי הכי הישן בתפילין ורואה קרי אוחז ברצועה ואינו

*)[נראה דהיינו רב אשי הקדמון דאל"כ איך יאמר שאביי השיב לו הא אביי שכיב קודם רבה כדאיתא כתובות סה. וביום שמת רבה נולד רב אשי כדאי' קידושין עב:]

רש"י

משום ר' שילא אמרו חתן פטור · מקריאת שמע דטריד ושאר בני חופה חייבין וליתא להו להני תנאי העוסק במצוה פטור מן המצוה: **תגריהן** · הלוקחין מהן כדי למכור ולהמציאן לצריך להם: **מוכרי תכלת** · לציצית: **הולכי דרכים ביום פטורין מן הסוכה ביום** · דכתיב בסוכות תשבו כעין ישיבת ביתו כשם שכל השנה אינו נמנע מלכת בדרך בסחורה כך כל ימות החג שאינו יום טוב לא הצריכו הכתוב למנוע: **הולכים לדבר מצוה פטורין ביום ובלילה** · אף על פי שאין הולכין אלא ביום ומשום דטרידים ודואגים במחשבת המצוה ובתיקוניה פטורין מן המצוה: **שלוחי מצוה אנן** · שבאנו לשמוע הדרשה ולהקביל פני ריש גלותא: **ארקתא** . על שפת הנהר: **שומרי גנות ופרדסין** · אין זזין משם: **כעין תדורו** · כדרך שהוא דר כל השנה בביתו הזקיקתו תורה להניח דירתו ולדור כאן בסוכה עם מטותיו וכלי תשמישו ומלבושיו וזה אינו יכול להביאן שם מפני הטורח: **פרצה קוראה לגנב** · משל הדיוט הוא ואף כאן הגנב רואה אותו יושב בסוכה בלילה והוא נכנס וגונב הפירות לרוח אחרת: **כריא דפירי** · כרי של פירות שהוא תמיד לפניו ויכול לשומרן ואין כאן פרצה קוראה לגנב: **רבי יוסי בריבי** · יוסי החכם חריף שבדורו והוא ר' יוסי בן חלפתא: **למגנא בכילתא** · ואע"פ שיש לה גג וגבוהה עשרה והוי כאילו תוך לסוכה: **משום בקי** · ציגצלי"ש: **סרחא דגרגישתא** · קרקע לבנה שהיו טחין בה קרקעית הסוכה: **מצטער** · שהסוכה מצערתו: **תרתי או תלת** · שתים או שלש פעמים יתן לתוך פיו מורשיי"ל: **כדטעים בר בי רב ועייל לכלה** · בבוקר כשהולכין לבית המדרש ודואג שמא ימשכו השמועות וטועם מלא פיו ושותה: **ירדם** · שמא תחטפנו שינה ויישן קבע: **אבל לא שינת קבע** . שמא יפיח בהן: **מוסר שינתו לאחר** . אומר לחברו אם ארדם העירני: **ערביך ערבא צריך** · שמא אף הוא ישכב ויישן: **בין ברכיו** · דודאי לא ירדם: **רבא אמר** · לשמא ירדם לא חיישינן הלכך בתפילין שרי וסוכה היינו טעמא דאסור שינת עראי לפי שאין קבע לשינה ואין בה חילוק בין קבע לעראי לענין סוכה שאין אדם קובע עצמו לשינה שפעמים שאינו אלא מתנמנם מעט ודיו בכך הלכך זו היא שינתו וגבי תפילין דטעמא שמא יפיח בהם ולאו משום איסור שינה בגיים פורתא לא אתי לידי הפחה: **דנקיט להו בידיה** · לא קבע ולא עראי שמא יפלו מידו: **דמנחי ברישיה** · עראי מותר וקבע אסור שמא יפיח: **דפרים סודרא עלייהו** · הניחם אצל מראשותיו בין קבע בין עראי דלא נתנה תורה למלאכי השרת: **ורואה קרי** · צריך לסלקן מראשו בעוד הקרי עליו: ולא

תוספות

חתן פטור מקריאת שמע · דטריד ושאר בני חופה חייבין לית להו להני תנאי העוסק במצוה פטור מן המצוה כדפירש בקונט' וקשיא דאי לית להו א"כ יתחייב חתן בסוכה ומשמע דבחתן פוטר יותר מת"ק לכך נראה דקסבר חתן אין יכול לכוין דעתו כלל אפי' בפסוק ראשון אבל שאר בני חופה יכולין לכוין ולקריאת שמע לחודיה קאי וכולהו אחריני מודי לת"ק:

ומכל מצות האמורות בתורה · מאי דאיצטריך למיחשב הני אגב דחשבינהו בברייתא קמייתא:

הולכי דרכים ביום · כל זה נפקא מתשבו כעין תדורו שכשם שאדם בביתו אינו נמנע מללכת לדרך וכן מצטער דפטרו לעיל מן הסוכה היינו מתשבו כעין תדורו דאין אדם דר במקום שמצטער:

וחייבין בלילה · כשאדם לן בלילה ביישוב:

פרצה קוראה לגנב · לאו משום דלית ליה לרבא דרשה דתשבו כעין תדורו דברייתא היא לקמן בפירקין (דף כח:):

ואפילו חש בעיניו · אע"פ שאין בו סכנה עין דסכנת אבר כסכנת נפשות אפילו לחלל עליו את השבת כדמוכח פרק אין מעמידין (ע"ז דף כח.) גבי עין שמרדה:

משום בקי · ואע"פ שבפ"ק (דף יא.) דרש רבה בר רב הונא מותר לישן בכילת חתנים אע"פ שיש לה גג ואע"פ שגבוהה עשרה אין הלכה (א) (כרבה) כדפירשתי שם:

תרתי (או) תלת · פירש בקונט' שתים או שלש פעמים יתן לתוך פיו מורסי"ל בלע"ז ויש ספרים שכתוב בהן תרתי תלת ביעי והכל אחד כדמוכח לקמן* גבי לימא סיוי תיובתיה דרב יוסף ואביי דשיעור בית הבליעה כביצה ולבסוף מסיק כדטעים טרבא מדרבנן ואזיל לכלה שזה מלא פיו דהיינו כביצה ושיעור זה דוקא בפת דפירי לאו בעו סוכה כדמסיק פרק בתרא דיומא (דף עט: ושם) דקבע דידהו כאכילת עראי דפת:

אבל שינת קבע לא · והא דאמרי' פרק במה טומנין (שבת דף מט. ושם) תפילין צריכין גוף נקי כאלישע בעל כנפים ואמר אביי שלא יפיח בהן ורבא אמר שלא יישן בהן לאו דשרי אביי לישן דהא אסר אביי גופיה הכא אלא קסבר אע"פ שאינו זהיר בשינה כאלישע מניחן כיון דזהיר שלא יפיח דשינה גופה אינה אלא גזרה שמא יפיח:

הישן בתפילין · מתוך הלשון משמע דרבי יעקב שרי אפי' שינת קבע דאי לאו הכי במאי פליגי וי"ל דכולהו מודו בשינת קבע דאסיר ופליגי במילתיה דרבי נתן דבסמוך דשרי לישן בתפילין ביום שאין דרכו לישן שינת קבע ובלילה אוסר אפילו בשינת עראי דלמא ממליך ויישן שינת קבע ור' יעקב לא חייש דלמא ממליך:

נטלו

עין משפט נר מצוה

לד א מיי' פ"ד מהל' ק"ש הלכה א סמג עשין יח טוש"ע א"ח סי' ע סעיף ג:

לה ב טוש"ע א"ח סי' לח סעיף ח:

לו ג מיי' פ"ו מהלכות סוכה הלכה ד סמג עשין מג טוש"ע א"ח סי' תרמ סעיף ח:

לז ד מיי' שם טוש"ע שם סעיף ט:

לח ה ו מיי' שם טוש"ע שם סעיף י:

לט ז ח מיי' שם הלכה ב טוש"ע שם סעי' ג:

מ ט מיי' שם טוש"ע שם סעיף ד:

מא י כ ל מיי' שם הלכה ו סמג שם טוש"ע א"ח סי' תרלט סעיף ג:

מב מ נ מיי' פ"ד מהל' תפילין הלכה טו סמג עשין כב טוש"ע א"ח סי' מד:

מג ס טוש"ע א"ח סי' מ סעיף ז:

[דס"ל לכתוב בסוכות הסיו אלא תשבו סיינו ישיבה דרך עיכוב וסייט כעין תדורו תוי"ט סוף מ"ד]

רבינו חננאל

משום ר' שילא אמרו חתן פטור וכל השושבינין וכל בני החופה חייבין. תניא ר' חנניא בן עקביא אומר מוכרי ספרים ותפילין ומזוזות הן ותגריהן ותגרי תגריהן וכל העוסקים במלאכת שמים לאתויי מוכרי תכלת *)שחייבין בק"ש ופטורין מן התפלה ומן התפילין ומכל מצות האמורות בתורה לקיים דברי ר' יוסי הגלילי דאמר העוסק במצוה פטור מן המצוה: ת"ר הולכי דרכים ביום פטורים מן הסוכה ביום וחייבים בלילה. הולכי דרכים בלילה פטורים בלילה וחייבים ביום הולכי לדבר מצוה פטורים ביום ובלילה. כדרב חסדא ורבה בר רב הונא הוו אתו לשבתא דרגלא הוו גנו ארקתא דנהרא אמרי אנן שלוחי מצוה אנן ופטרינן: ת"ר שומרי העיר ביום פטורים מן הסוכה ביום וחייבין בלילה שומרי העיר בלילה פטורים מן הסוכה בלילה וחייבים ביום שומרי גנות ופרדסים פטורים ביום ובלילה: חולין ומשמשיהן פטורין מן הסוכה: ת"ר לא חולה שיש בו סכנה אלא אפי' חולה שאין בו סכנה ואפי' חש בעיניו או בראשו וכן הלכה. ואסיקנא חולה הוא ומשמשיו פטורים מן הסוכה אבל המצטער הוא לבדו פטור. ואפי' אינו מצטער אלא משום בקי או משום סירחא וכיוצא בה פטור. וכ"ש אם מצטער בדבר של מעלה מאלו: כמה היא אכילת עראי ששנינו שאוכלין חוץ לסוכה. רב יוסף אמר ב' וג' לגימות. אביי אמר כדטעים בר בי רב מידי ועייל לכלה. תני חדא ישן אדם בתפילין שינת עראי אבל לא שינת קבע כדמניחי ברישיה ישן בין קבע בין עראי כדמפריש סודרא עליהו לא קבע ולא עראי כדנקיט להו בידים. תניא הישן בתפילין וראה קרי אוחז ברצועה ולא

*) לפנינו בש"ס ובכי"ף הגי' פטורין מק"ש· ואולי דט"ס נפל בדברי רבינו וקצת י"ל ע"פ דברי התוס' ד"ה חתן והז"ק.

מסורת הש"ס

[ערכין ג:] [לעיל י:] [תוספ' פ"ב] [לקמן כז. כח:] [ערכין ג:] [תוספתא שם] ערוך פי' שכן קורין לספסל בערבי וי"א כובים קטנים · ע"ז ג: [לקמן כז.] [שם] [גיטין כח:] [לקמן מה:] ברכות כג: [פי' תוספות קידושין מה: סד"ה כמיא]

הגהות הב"ח

(א) תוס' ד"ה משום בקי וכו' הלכה כן כדפירשתי:

ודוקא עוסק במצוה, כגון בשעה שהוא לובש התפילין, או עוסק בתיקוני האבידה, כגון לשוטחה לצורכה או להשיבה לבעליה, וכל כה"ג, **אבל** בשעה שהוא מקיים מצוה, כגון שהוא כבר לבוש תפילין, או שומר אבידה שהיא מונחת כבר בתיבתו, וכל כה"ג, אע"פ שהוא מקיים מצוה, איננו עוסק במצוה, ולא מיפטר ממצוה אחרת עי"ז.

(ההולך להקביל פני רבו, או לפדות שבויים, הוא ג"כ בכלל עוסק במצוה, ופטור מכל המצות).

אבל אם יכול לעשות שתיהן כאחת בלא טורח, יעשה שתיהן (הג' אשר"י בשם א"ז ור"ן) – (ר"ל שאינו מוסיף טרחה כלל בשביל מצוה השניה, אלא טורח אחד לשתיהן, וכדרכו במצוה הראשונה יכול לצאת ידי שתיהן, אז בודאי יראה לצאת ידי שתיהן, דמהיות טוב אל יקרא רע).

אות ג'

הולכי דרכים ביום, פטורין מן הסוכה ביום וחייבין בלילה; הולכי דרכים בלילה, פטורין מן הסוכה בלילה וחייבין ביום; הולכי דרכים ביום ובלילה, פטורין מן הסוכה בין ביום ובין בלילה

סימן תרמ ס"ח - [ה]**הולכי דרכים ביום, פטורים מן הסוכה ביום** - היינו שא"צ להמתין מלאכול עד שיגיע לסוכה, אם לא שיזדמן לפניו סוכה בעת האוכל בלי טורח, **ד"תשבו** כעין תדורו" אמר רחמנא, וידוע כשאדם דר בביתו בשאר ימות השנה, אינו נמנע מלנסוע לאיזה ענין, ומניח את ביתו, וכן ה"ה בסוכה.

וחייבים בלילה - היינו כשלן בלילה במקום ישוב, אפילו אין באושפיזא שלו סוכה, כגון שהוא נכרי, חייב להשתדל אולי ימצא סביבות משכנו איזה יהודי שיש לו סוכה.

הולכי דרכים בלילה, פטורים בלילה, וחייבים ביום.

הגה: ודוקא כשיוכלו למצוא סוכה; אבל אם אינם מוצאים סוכה - ר"ל שהשתדל ולא מצא סוכה סביבותיו, ואינו מחוייב לעשות סוכה, **יוכלו לילך לדרכם** - ר"ל אפילו אם הוא יודע בביתו שבדרך שהולך לא ימצא שם סוכה, אפ"ה מותר לצאת מביתו, **אף שלא ישבו בה לא יום ולא לילה, כשאר ימות השנה שאינו מניח דרכו משום ביתו (ר"ן)** - דכלל בידינו: תשבו כעין תדורו.

ואע"פ שאינו הולך רק ביום, פטור אף בלילה, דאין לעשות לו שם דירה - ר"ל היכא דאין מוצא סוכה, אין מחוייב לעשות מחדש, [**וקראה** בשם "דירה", ע"ש מאמר הגמרא: צא מדירת קבע ושב בדירת עראי].

וההולכים לכפרים לתבוע חובותיהם, ואין להם סוכה באותן הכפרים, יחמירו על עצמן לשוב לבתיהם בכל לילה לאכול בסוכה, ואע"ג דיש להקל - ר"ל דמה שאמרו: ההולכין ביום חייבין בלילה, היינו היכי דמוצא סוכה באותו מקום, משא"כ בזה, **מ"מ המחמיר תבא עליו ברכה (ב"י בשם א"ח).**

וכ"ז בהולך מכפר לכפר, מדינא א"צ להמתין מלאכול, רק המחמיר, **אבל** בשוהא בכפר אחד ג' או ד' ימים, חייב מדינא לעשות שם סוכה.

אות ג'*

הולכין לדבר מצוה, פטורין בין ביום ובין בלילה

סימן תרמ ס"ז - [ו]**שלוחי מצוה פטורים מן הסוכה** - כגון שהולך להקביל פני רבו, או ללמוד תורה, או לפדיון שבויים וכיו"ב, [רש"י ‹כ"ה› ושארי פוסקים], **ואפילו** בשעת חנייתן, ויש לפניהם סוכה בנוייה.

(עיין בתשובת כתב סופר, דדוקא כשהיא כולה לד' ואין בה הנאה לעצמה, **אבל** בהולך בשכר ועיקרו של השליח להנאתו מתכוין, לא נפטר עי"ז ממצות סוכה, וע"ל סימן ל"ח בבה"ל ד"ה הם ותגריהם כו').

[ח]**בין ביום ובין בלילה** - ואפילו הולכין רק ביום, פטורים גם בלילה, מפני שטרודים במחשבת המצוה ותיקונה, [רש"י], והוי הכל בכלל עוסק במצוה ופטור ממצוה אחרת.

(וע"ל סי' ל"ח) - ר"ל בס"ח בהג"ה, דמוכח שם דדוקא כשצריך לטרוח אחר הסוכה, **אבל** אם א"צ לטרוח אחריה, כגון שיש סוכה מזומנת לפניו, צריך לכנוס בסוכה ולאכול ולישן שם, **ואם** אין יכולים לישן כ"כ בטוב בסוכה, ויהיו יגעים למחר ולא יוכלו לקיים המצוה כראוי, פטורין.

באר הגולה

ה שם בברייתא | ו ‹ע"פ הבאר הגולה› | ז משנה שם כ"ה | ח ברייתא שם כ"ו

אות ד'

שומרי העיר ביום, פטורין מן הסוכה ביום וחייבין בלילה; שומרי העיר בלילה, פטורין מן הסוכה בלילה וחייבין ביום; שומרי העיר בין ביום ובין בלילה, פטורים מן הסוכה בין ביום ובין בלילה

סימן תרמ ס"ט - [ט]שומרי העיר ביום, פטורים ביום וחייבים בלילה; שומרי העיר בלילה, פטורים בלילה וחייבים ביום - היינו ששומרים מגייסות שלא יבואו עליהן, וצריכין לילך סביב העיר לשמרן, ולפיכך אין יכולין לעשות סוכה במקום אחד, [**ואפשר** אם היא מוקפת חומה, וא"צ לשמור רק דרך השער, הוי דינו ככרי של תבואה המבואר לקמיה, דצריך לעשות סוכה במקום ההוא].

ודוקא בשומרי גייסות, אבל בשומרי ממון שלא יבואו לגניבה, שדרכן לשמור תמיד, הוי כשומרי גנות ופרדסין, המבואר לקמיה דפטורין בין ביום ובין בלילה, **ובאמת** דבר זה תלוי לפי ענין השימור, כגון שומרי החנויות שלנו, שדרכן לשמור בלילה, פטורין רק בלילה.

והיושבים בחנות, אע"פ שרגילין כל השנה ברוב פעמים לאכול בחנות ביום, מ"מ בסוכות חייבים לאכול בסוכה, אפילו אם דרים חוץ לעיר וחנויותיהם בתוך העיר, חייבים לעשות להם סוכה כדי לאכול בעת שיצטרכו, אם אינם יכולים לילך לביתם ולאכול.

אות ה' – ו'

שומרי גנות ופרדסים פטורין בין ביום ובין בלילה

פרצה קוראה לגנב

סימן תרמ ס"י - [י]שומרי גנות ופרדסים, פטורים בין ביום ובין בלילה, [יא]שאם יעשה השומר סוכה, ידע הגנב שיש לשומר מקום קבוע ויבא ויגנוב ממקום אחר; לפיכך אם היה שומר כרי של תבואה, שיכול לשמור כולה ממקום אחד, חייב לעשות סוכה במקום ששומרו.

הגה: והעושין יין אצל העובד כוכבים בסוכות, פטורים בין ביום בין בלילה, דצריכים לשמור שלא יגעו העובדי כוכבים (הג"מ); ואם הוא בענין שאין צריכין שימור, חייבין - ואם היין מונח בחצר, צריך לעשות סוכה בחצר, דיכול לשומרו מתוך הסוכה ע"פ האופנים המבוארים ביו"ד סימן קל"א.

אות ז' – ח'

חולים ומשמשיהם פטורים מן הסוכה

חולה שאמרו, לא חולה שיש בו סכנה, אלא אפילו חולה שאין בו סכנה, אפי' חש בעיניו ואפילו חש בראשו

סימן תרמ ס"ג - [יב]חולים ומשמשיהן פטורים מן הסוכה - חולים, משום דכתיב: תשבו כעין תדורו, ואם היה לו זה החולי כל השנה, לא היה יושב בביתו דוקא, אלא היה הולך למקום שנקל לו לחליו, **ומשמשיהן**, לפי שהן עוסקין במצוה, וכל העוסק במצוה פטור מן המצוה.

ולא [יג]חולה שיש בו סכנה, אלא אפילו חש בראשו - קיצר בלשונו, ובגמרא איתא "אלא אפילו חולה שאין בו סכנה, ואפילו חש בראשו וכו'", **(או) חש בעיניו** - ור"ל וישיבת הסוכה קשה לו.

[יד]ויש מי שאומר שאין המשמשים פטורים אלא בשעה שהחולה צריך להם - ואם הוא חולה שיש בו סכנה, נראה דיש להקל גם בשעה שא"צ לו.

ואם יש שני משמשים וא"צ לשניהם בבת אחת, צריך לאכול אחד בסוכה בעת שימושו של השני.

(ומי שמקיז דם חייב בסוכה) (א"ז והג"א) - היינו במקיז דם רק כדי לשמור הבריאות, ואינו מרגיש שום חולי בעצמו, שאז אינו מצטער כלל, ואדרבה הוא שמח ומרבה באכילה ושתיה, **אבל** אי מרגיש בחולי, ומה"ט מקיז, פטור. **והשותה** משקה לשלשל, אם מתיירא שיזיק לו הצינה, פטור.

אות ט'

מצטער, הוא פטור משמשיו לא

סימן תרמ ס"ד - [טו]מצטער פטור מן הסוכה - ד"כעין תדורו" בעינן, ואף בכל השנה אין אדם דר במקום שהוא מצטער, **הוא ולא משמשיו** - דהיינו שאם הם רוצים לאכול או לישן, חייבים לכנוס לתוך הסוכה, **ולכאורה** נראה דאם הוא שכיר אצלו לשמשו, וגם בכל השנה אינו אוכל וישן בביתו כי אם אצלו, רשאי גם היום לעשות כן, והוא דומיא דשומרי גנות ופרדסים, המבואר לקמן בסימן זה.

באר הגולה

[ט] ברייתא שם [י] שם [יא] כרבא שם [יב] משנה סוכה כ"ה [יג] ברייתא שם כ"ו [יד] ארחות חיים [טו] מימרא דרבא שם

(אבל בלילה ראשונה, אפי' מצטער חייב לאכול שם כזית) (כל בו) - אזיל לשיטתו בסימן תרל"ט ס"ה בהג"ה, דסתם שם להחמיר בירדו גשמים לענין לילה ראשונה, וה"ה כאן, **אבל** לדעת שארי פוסקים דפטרי שם, ה"ה כאן, **וע"כ** יש להתנהג למעשה במצטער כמו לענין ירדו גשמים, וכמו שכתבנו שם במ"ב עיי"ש.

איזהו מצטער, זה שאינו יכול לישן בסוכה מפני הרוח, או מפני [טז]הזבובים והפרעושים וכיוצא בהם, [יז]או מפני הריח - וה"ה דמצטער פטור בכולן אף מאכילה - אחרונים, **ור"ל** דאם הרוח וריח וכה"ג מצערים ליה באכילה, פטור אף מאכילה, **אבל** אם הצער רק בשינה, חייב באכילה.

(וה"ה דמקרי מצטער מפני הצינה במקומות הקרים, **ועיין** בלבוש, דאפילו יש לו כרים וכסתות להנצל מן הצינה, ג"כ יש להקל, דאין כל אדם יכול לטרוח בכל לילה להביאם שם, ולמחר לפנותם, **אם לא** דיש לו מקום בסוכה להניחם שם לכל ימי החג, **וע"כ** נראה דיש ליזהר בזמן הקור, שיהא לבוש בבגדים חמים כשסועד בסוכה, כדי שלא יהיה מצטער מחמת הקור, ויהיה חשש ברכה לבטלה).

[יח]ודוקא שבא לו הצער במקרה אחר שעשה שם הסוכה, אבל אין לו לעשות סוכתו לכתחלה במקום הריח או הרוח ולומר: מצטער אני. הגה: ואם עשאה מתחלה במקום שמצטער באכילה או בשתייה או בשינה, או שא"א לו לעשות אחד מהם בסוכה מחמת דמתירא מלסטים או גנבים כשהוא בסוכה - ר"ל שיוכלו להזיקו בגופו, **ואפילו** במקום שביום אינו מתיירא, רק בלילה מתיירא לישן שם מפניהם, **אינו יוצא באותה סוכה כלל, אפי' בדברים שלא מצטער בהם** - ר"ל אפילו י"ח אכילה אינו יוצא, **דלא הויא כעין דירה שיוכל לעשות שם כל צרכיו (מרדכי)** - אכן אם אינו מתיירא מחמת גנבים מפני היזק הגוף, רק מגניבת כליו, יוצא, שיכול להכניסם בביתו.

או בשינה - פי' במקום דליכא צינה, והצער הוא מחמת הרוח וכיו"ב וכנ"ל, דאילו במקומות הקרים, [או אם אין יכול לישן שם איש וביתו], יוצא י"ח באכילה, אע"ג דלא יוכל לישן שם, דא"א בענין אחר, וממילא מקרי שם "כעין תדורו", [**ולפי"ז** בשעת הצינה, כיון דבלא"ה אינו יכול לישן, לא נפסלה סוכתו מחמת שעשה אותה במקום הרוח וכיו"ב], **וגם** מקרי ראוי לשינה, אם היה לו כרים וכסתות כראוי.

ויש מאחרונים שחולקין ע"ז, ודעתם, דאף דלכתחלה בודאי אין לעשות סוכה כזו, שאין יכול לקיים בה כל הדברים כדין, מ"מ בדיעבד יוצא בה ידי חובת אכילה, כיון שלאכילה אין מצטער, [ח"צ, **ומ"מ** יש ליזהר מאוד בזה, כי כמה אחרונים העתיקו את דברי הרמ"א להלכה].

(**עיין במ"א בשם הלבוש, שיש למחות באותן שעושין סוכות ברחובות, שא"א לישן שם מחמת מורא הגנבים שיזיקו לגופו, והנה לפי מה** שמפרש היד אפרים את דברי המ"א, **משמע דדעת המ"א בעצמו להקל** בענין זה דלא כלבוש, [דהא בלא"ה אין חיוב לישן ולהצטער בצינה - שם], ונוכל לצרף בזה דעת הח"צ, **שמיקל בעיקר הדין של הרמ"א, וע"כ** נראה דהמיקל בענין זה יש לו על מי לסמוך, **ומ"מ** אם יוכל לעשות הסוכה במקום אחר בודאי טוב יותר).

מי שכבו לו הנרות בסוכה בשבת, ויש לו נר בביתו, מותר לצאת מן הסוכה כדי לאכול במקום נר - דדרך בני אדם להצטער מזה.

ואין צריך לילך לסוכת חבירו שיש שם נר, אם יש טורח גדול בדבר (ת"ה) - דהא לילך לסוכת חבירו נמי חשוב צער, דאין ערב לו לאדם אכילתו אלא בשלו, **ומפני** שסברא זו, דלילך לסוכת חבירו יש צער בדבר, לא פסיקא ליה כ"כ, לכן תלה הדבר באם יש טורח גדול בזה, דאם אין לו טורח גדול, צריך לילך לסוכת חבירו שיש שם נר, **וכן** אם ירדו גשמים ופסקו, ומ"מ עדיין נוטף מן האילנות, וא"א לאכול בסוכתו, ויש לחבירו סוכה עם גג העשוי לכך לסגור ולפתוח, צריך לילך לסוכת חבירו אם אין לו טורח גדול בדבר.

ובלילה הראשונה צריך לטרוח ולילך לסוכת חבירו, [והיינו אם כבו הנרות קודם שאכל כזית, דאם אח"כ, כבר קיים המצוה, והרי הוא כשאר ימים דמצטער פטור], **אך** לא יברך שם, אם לא שאינו מצטער בזה - א"ר, **והח"א** כתב, דבמצטער כזה יכול האדם לחייב את עצמו, ולעשות בשמחה ולברך, [**ואינו** דומה לירדו גשמים, או מצטער מחמת חולי, דזה אינו תלוי בו, וגם כולם מצטערים בזה, ולכן אסור לברך ונקרא הדיוט, כיון דמן השמים עכבוהו, **אבל** בצער דתלוי בגופו, אם זה אינו מקפיד בכך למה יפטר, שהרי כמה בני אדם הולכים לבית חביריהם לאכול שם, עכ"ל].

והיתר זה דטרחא, היינו דוקא בשעת אכילה, אבל פשיטא אפילו מי שאין לו מקום בחצירו לבנות לו סוכה, שצריך להמציא לו מקום לבנות לו סוכה, ואז שם ביתו, כדרך שגם כל השנה רגילים לפנות מבית לבית, ואז שם ביתו, [**ולא** כהמשתבשים שאינם מחויבים לבנות להם סוכה במקום אחר שאין שם דירתו].

ואם בא רוח לכבות הנרות בסוכה, מותר לפרוס סדין או בגד מן הצד, אבל לא תחת הסכך (א"ז) - דאז יבטל הסדין את הסכך ויפסול הסוכה, כדלעיל בסימן תרכ"ט סי"ט, לדעה ראשונה דסתם שם המחבר כוותה, [**והיינו** בהיות הסדין תחתיה, אבל כשמסלקה חוזרת להכשר].

אמנם לפי מה שביארנו שם, דבמקום הדחק כשאינו מועיל פריסה מן הצד, ויצטרך לאכול חוץ לסוכה, יש לסמוך אדעה שניה, דמותרת לתלות סדין כדי להגן, אין לאסור זה כי אם כשירחיק הסדין מן הסכך ד' טפחים, דאז אין בטל הסדין לגבי הסכך, **ובשבת** ויו"ט נכון ליזהר שלא ירחיק ג' טפחים חלל מן הסכך, משום חשש אוהל.

באר הגולה

טז שם כרב | יז שם כרבא | יח הרא"ש שם

וה"ה דמותר במקום הדחק לפרוס סדין למעלה על הסכך כדי להגן, בין בחול ובין בשבת ויו"ט, **אכן** מפני חשש הרואים שיאמרו שמסכך סוכתו בסדין, אין להקל כשמסכך למעלה, אא"כ ניכר לכל שמכוין בזה רק להגן מפני הרוח, [**כן** הוא דעת הרוקח, דכשמסכך תחת הסכך אין לחוש בזה מפני הרואים, **אבל** דעת הטושו"ע לעיל בסי' תרכ"ט אין משמע כן, דלדידהו גם תחת הסכך יש ליזהר בזה, **ומ"מ** כיון שהוא רק לענין לכתחילה, נראה דיש להקל כמותו במקום הדחק, כדי שלא יצטרך לאכול חוץ לסוכה].

ועיין במ"א, דמ"מ לא יברך בכל זה ברכת "לישב בסוכה".

מי שלא יוכל לישן בסוכה מחמת שצר לו בפישוט ידיו ורגליו, לא מקרי מצטער, וחייב לישן שם אע"ג דצריך לכפוף ידיו ורגליו (ת"ה) - דדרך האדם לפעמים לישן כך כפוף, וראיה מהא דקי"ל ששיעור סוכה שבעה על שבעה טפחים, שבודאי אין אדם יכול לישן שם אם לא בכפיפת גופו ואיבריו.

והיינו אף אם אין לו עצה האיך לפשוט רגליו חוץ לסוכה, דבפושט רגליו חוץ לסוכה לכו"ע לא מקרי מצטער בכך, וחייב לישן שם, **ואף** שצריך ליזהר שיהיה [יט]השולחן ג"כ בתוך הסוכה, דאל"ה חיישינן שמא ימשך אחר שולחנו, וכדלעיל בסימן תרל"ד.

ולפי"ז אפילו אם עשה אותה לכתחלה באופן שראויה לישן שם בפישוט, ואח"כ בא איזה ענין שנעשה דחוק וצר לישכב, ג"כ מחוייב לישן שם, **וכתב** בספר נהר שלום, דמ"מ מי שהוא מעונג, וקים ליה בגויה דלדידיה הוי מצטער לישן שם בכפיפה, אה"נ שפטור מלישן שם, [וכעובדא דרב יוסף בדף כ"ט], **ואעפ"כ** יוצא י"ח באכילה, כיון שבעת עשייה היה ראוי לדידיה לאכול ולישן שם.

[**והנהר** שלום וכן הפמ"ג כתבו דבר חדש, דבאיש כזה שהוא מעונג, אם עשה סוכה לכתחילה שאינו יכול לפשוט רגליו, אינו יוצא אף באכילה, כיון שהוא מצטער בשינה, **ולענ"ד** מדברי הר"ן לא משמע כן, דס"ל דכיון דכו"ע אינן מצטערים לישן שם, גם הוא יוצא עכ"פ באכילה, וצ"ע].

ולא יוכל אדם לומר: מצטער אני, אלא בדבר שדרך בני אדם להצטער בו (טור) - דאל"ה, אף שהוא מצטער, אמרינן בטלה דעתו אצל כל אדם, **אם** לא שהוא מאניני הדעת, וכל אניני הדעת מצטערין בזה.

(**ולענ"ד דעת הר"ן אינו כרמ"א**).

ואין המצטער פטור אלא אם יציל עצמו מן הצער, אבל בלא"ה חייב לישב בסוכה אע"ג דמצטער (מרדכי) - דהטעם דמצטער פטור, משום דכעין דירה בעינן, ואין אדם דר במקום צער כל שיוכל להנצל מזה בביתו, וה"נ בסוכה.

אות י' - כ' - ל'

אוכלים אכילת עראי חוץ לסוכה

כדטעים בר בי רב ועייל לכלה

ואין ישנים שינת עראי חוץ לסוכה

סימן תרל"ט ס"ב - [כ]**אוכלים ושותים וישנים בסוכה כל שבעה, בין ביום בין בלילה,** [כא]**ואין ישנים חוץ לסוכה אפי' שינת עראי** - דפעמים דסגי ליה לאיניש בהכי, והו"ל קבע, (ואפילו מניח ראשו בין ברכיו, דודאי לא אתי להשתקע בשינה, ג"כ אסור), **ועיין** סימן מ"ד, שהוא שיעור הילוך ק' אמה, הא בציר מהכי אף עראי לא הוי, **ואפשר** דה"ה לענין סוכה כה"ג.

ומי שנאנס וישן חוץ לסוכה, מיד כשיקיץ צריך לילך לסוכה, דהא אפילו בירדו גשמים ופסקו, צריך לילך לסוכה אם עדיין לא שכב.

אבל מותר לאכול אכילת עראי חוץ לסוכה - דזה לא חשיב לחייבו בסוכה, דאף בביתו מצוי שאוכל עראי חוץ לביתו, (**ואפילו** ת"ח, אם רוצה שלא להחמיר על עצמו בכך, [כב]רשאי, ולא הוי כמי שאינו מדקדק במצות - ר"ן והובא באחרונים), **וה"ה** שמותר לטעום את התבשיל, [גמרא ‹דף כ"ו: מעשה והביאו לו לרבן יוחנן בן זכאי לטעום את התבשיל, ורק שהחמיר על עצמו›, כמה פעמים, ואפילו לבלוע חוץ לסוכה, [דזה לא חשיב קבע].

וכמה [כג]**אכילת עראי, כביצה מפת** - (אבל יותר מעט חשיב קבע, אפי' אכלן דרך עראי).

[כד]**ומותר לשתות מים ויין ולאכול פירות (ואפי' קבע עלייהו) חוץ לסוכה** - הטעם, דאכילת פירות אפילו הרבה בקביעות, חשיב רק כאכילת עראי דפת, **וה"ה** אכילת בשר ודגים וגבינה ושאר מיני מאכל, חשובים כפירא לדעת השו"ע, **ולא** החמיר בסוף רק בתבשיל העשוי מחמשת המינים.

והסכימו כמה אחרונים, [כה]דנכון להחמיר מלאכול בשר ודגים וגבינה חוץ לסוכה, ודוקא בקביעות, [ואפי' באופן זה לא יברך], **אבל** שלא בקביעות אין להחמיר כלל, [ובפירות יש להקל אפי' בקביעות].

באר הגולה

יט ‹ודעת הגרש"ז אויערבאך שטעות סופר הוא, דלשינה אינו צריך ששלחנו יהיה שם, ואפי' לאכילה כתב השעה"צ לעיל סי' תרל"ד ס"ד, דהנוהג כמו עני בפתו בידו ואוכל, ואינו לוקח מן השלחן כלל, אז לא גזרו חכמים כלל שמא ימשך› כ **לשון הרמב"ם** כא **משנה דף כ"ה** ‹תחילת הסעיף› **ובריייתא שם** [כ"ו] כב ‹ומעשה ברבי צדוק שלא החמיר על עצמו, לומר שאם רצה ת"ח שלא להחמיר על עצמו בכך, רשאי, ולא הוי כמי שאינו מדקדק במצות - ר"ן› כג **כדטעים בר בי רב ועייל לכלה, ופירשו תוס' ורא"ש בכביצה** ‹וכן הוא ברש"י דף כ"ז. ד"ה ואביי› כד **מהא דרבא** ‹שם ביומא› **ומסקנת הגמרא יומא** ע"ט כה ‹כדאמרינן בשמעתין (כז.) אם השלים במיני תרגימא יצא. ומיני תרגימא היינו בשר וכיוצא בו, ומדמהניא בהו השלמה שמע מינה בעי סוכה, ודלא כפירוש רש"י שפי' דמיני תרגימא היינו פירי, דפירי לא בעי סוכה ולא מהניא בהו השלמה - ב"י›

והנה מה שהגיה רמ"א ואפילו קבע עלייהו, קאי גם על יין, כמו שמוכח בדרכי משה, וטעמו, דיין אין נחשב רק כאכילת פירי, וכ"ש שאר משקין, וע"כ לא חשיב קביעות דידהו, [**והא** דאיתא בגמ׳: אוכלים ושותים בסוכה, והועתק לשון זה בריש הסעיף, היינו אחר אכילתו בסעודה, שדרך לשתות אז, צריך לשתות ג"כ בסוכה, דניכלל הוא בסעודה, **אבל** שתיה בלי אכילה לא חשיבה לחייבו בסוכה, ד"תשבו כעין תדורו" אמר רחמנא, ואין שתיה בלי אכילה, **ואפשר** דלפי"ז אף מים בתוך הסעודה, אין כדאי לשתות חוץ לסוכה, וצ"ע].

ודע, דכמה אחרונים מפקפקין בדין זה, **ודעתם** דאם שותה יין בקביעות חייב בסוכה, ובפרט בני חבורה שקבעו לשתות יין, בודאי הוי קבע גמור, **ומ"מ** לענין ברכה הסכימו כמה אחרונים, דאין לברך "לישב בסוכה" כי אם על פת העשוי מחמשת מיני דגן, או תבשיל העשוי מה' מינים אם קובע סעודה עליו, וכדלקמן בסוף הסעיף.

ומיהו ראוי ונכון לכתחלה שלא לשתות בקבע אפילו שאר משקין, כמו מי דבש ושכר, אלא תוך הסעודה, **או** עכ"פ יאכל מתחלה פת יותר מכביצה, או שאר תבשיל העשוי מה' מינים אם קובע סעודתו ע"ז, ויברך "לישב בסוכה", ויוצא לכל הדיעות, [**דבמדינות** שדרך לקבוע השתיה בשאר משקין, חשיבי כמו יין, **וכתב** המחה"ש, דלפי"ז ה"ה קאפי"א במדינותינו, **ובתשו׳** עולת שמואל כתב, דשתיית קאפי"א ושקאלא"ד פטור, אפי׳ להפוסקים דשתיית קבע חייב, היינו באותן שקובעין לשתיה אחר האבילה דרך שמחה וריעות, אבל לא בשתיית קאפי"א ושקאלאד"י].

[כו] ותבשיל העשוי מחמשת מינים, אם קובע עליו חשיב קבע וצריך סוכה - פי׳ מדינא, וע"כ צריך לברך "לישב בסוכה".

אם קובע עליו - ר"ל שאוכלם בחבורה, [ושע"ת משמע, כל שקובע עצמו לזה מקרי קבע], **או** שאוכל שיעור חשוב שקובע סעודתו בזה, (**עיין במאמר מרדכי שמסיק, דבדידיה תליא מילתא, דכל שהוא קבע עליו, אע"פ שלא היה שיעור שדרך בני אדם לקבוע עליו, חשיב קבע, אף דלענין פת הבאה בכיסנין מבואר לעיל בסימן קס"ח, דבעינן דוקא שיעור שדרך בני אדם לקבוע עליו, הכא דבעינן "תשבו כעין תדורו", כל שקובע עליו הויא קביעות להצריכו סוכה, ובדידיה תליא מלתא**).

ולא די שיאכל מעט יותר מכביצה כמו בפת, **ועיין** במ"א שהקשה ע"ז, ודעתו דדינו ממש כמו בפת, דיותר מכביצה מעט חייב בסוכה, **אכן** לענין לברך "לישב בסוכה", דעת האחרונים דאין לברך רק כשיקבע עליו סעודה, כמו שכתוב בשו"ע.

וכתב המאמר מרדכי, שמי שאכל פת הבאה בכיסנין בשחרית בתוך הקאפי"א וכיוצא, כמו שאנו נוהגים בכל ימות השנה, **אע"פ** שאינו מברך "המוציא", כיון שאינו אוכל שיעור שדרך בני אדם לקבוע עליו, מ"מ בעי סוכה, שהרי הוא קובע סעודתו עליו וכו׳, וכך נהגנו לברך עליה "לישב בסוכה", ע"ש, **ונקט** מילתא דשכיחא, דה"ה אפילו בלא שתית קאפי"א, כיון דקבע סעודה על הפת כיסנין.

ואם לא קבע סעודתיה עליו, רק שאכל יותר מכביצה, יש דיעות בין האחרונים אם צריך לברך "לישב בסוכה", **ועיין** בשע"ת שכתב, דלענין שבת ויו"ט בבקר, כשמקדש ואוכל פת כיסנין במקום סעודה, אף שאח"כ הולך לחוץ לקבל פני רבו וכדומה, ונמשך כמה שעות עד זמן סעודה, לכו"ע יכול לברך "לישב בסוכה", דכיון שאוכל אותה בתורת סעודה הצריכה לקידוש, שפיר דמי שיברך ברכת סוכה, דמחשבתו משוי ליה קבע, **ובחול** אין כדאי לברך, דספק ברכות להקל, אכן מנהג העולם לברך אף בחול, **וכדי** להנצל מחשש ברכה לבטלה, יראה שלא לצאת מיד אחר אכילתו, רק לשבת שם זמן מה, ויכוין בשעת ברכתו "לישב בסוכה", על האכילה ועל הישיבה שאחר זה.

הגה: ומה שנוהגין להקל עכשיו בשינה, שאין ישנים בסוכה רק המדקדקין במלות, י"א משום לנה, דיש לער ליישן במקומות הקרים (מרדכי) - וא"כ מי שאין לו כרים וכסתות כראוי, ויש צינה, אין לו להחמיר לישן שם, דנקרא הדיוט, כמ"ש בס"ז בהג"ה.

ולי נראה משום דמלות סוכה איש וביתו, איש ואשתו כדרך שהוא דר כל השנה, ובמקום שלא יוכל לישן עם אשתו, שאין לו סוכה מיוחדת, פטור.

והגר"א חולק ע"ז, דלא מיפטר משום זה, וגם במ"א מסיק דמשום זה לא מיפטר, **ולימד** זכות אחר על העולם, משום דהו"ל מצטער כשאין יכול לישן שם עם אשתו, **והנה** לפי טעם זה אם אין מצטער, כגון שאין אצלו זמן עונה עכשיו, אין לו לפטור עצמו מן השינה.

וטוב להחמיר ולהיות שם עם אשתו כמו שהוא דר כל השנה, אם אפשר להיות לו סוכה מיוחדת.

ומשמע מכמה אחרונים, דמאן דא"א לו לישן עם אשתו בסוכה, דאין לו סוכה מיוחדת, לא יבטל זמן עונה וליל טבילה, **ואין** לחייבו לאחר שנזדווג עם אשתו שיחזור לסוכתו, אלא ישן בביתו עד עמוד השחר.

אות מ׳ - נ׳

במניח ראשו בין ברכיו

הא דנקיט להו בידיה, הא דמנחי ברישיה, הא דפריס סודרא עלויה

סימן מד ס"א - [כז] כל זמן שהתפילין בראשו או בזרועו, אסור לישן בהם אפילו שינת עראי - דגזרינן שמא יבוא להפיח בהם, (**דלא** כהרא"ש ור"י שמתירין שינת עראי, והגר"א משמע שדעתו לפסוק כמותם להקל, **אך** לדעתו לא מיקרי שינת עראי כי אם כדי הילוך ק׳ אמה, **ואף** בזה דוקא אם הניח ראשו בין ברכיו).

באר הגולה

כו הרא"ש (מה שחסר כאן מהסעיף נמצא בדף כ"ו:) | כז ברכות כ"ג וסוכה כ"ו.

[כח]**ואין** שיעור לשינת עראי, מ"א, **וי"א** כדי הילוך ק' אמה, והוא חלק ס"ז משעה בקירוב, וכן פסק הגר"א.

[כט]**אלא אם הניח עליהם סודר** - דעי"ז יזכור שיש תפילין עליו, ולא יבוא להפיח. [ל]**ולא היתה עמו אשה, ישן בהם שינת עראי** - אבל אם אשתו עמו אסור, גזירה שמא ישמש בהן. [גמרא].

וכיצד הוא עושה, מניח ראשו בין ברכיו, והוא יושב וישן - דאל"ה חיישינן שמא יבוא להשתקע בשינת קבע.

ולא חשיב היסח הדעת אלא כשהוא עומד בשחוק וקלות ראש, אבל כשהוא עוסק במלאכתו ואומנתו, ואין דעתו עליהן ממש, אין זה נקרא היסח הדעת, {**אם** לא שמטריד דעתו כ"כ לצרכי הגוף, עד שלבבו פונה מיראת שמים מחמת טרדתו}, **וכן** כשהוא ישן שוכח הבלי העולם.

ומ"מ מצוה מן המובחר שיהא דעתו תמיד על התפילין, ושלא יסיח דעתו מהן למשוך ולהרהר במחשבות רעות, שמטעם זה חייב למשמש כל שעה שלא יסיח דעתו מהן, **זולת** בשעת התפלה והלימוד א"צ ליתן דעתו בהן.

[לא]**היו תפילין כרוכין בידו, מותר לישן בהם אפי' שינת קבע** - דלא חיישינן להפחה כיון שאינם עליו.

[לב]**ואם אוחזן בידו ואינם כרוכים בידו, אסור לישן בהם אפילו שינת עראי** - דחיישינן שמא יפלו מידו. **הגה: ודוקא כשאוחזן בלא נרתקן, אבל בנרתקן בכל ענין שרי (ב"י בשם העיטור)** - דאפי' אם יפלו על הקרקע אין חשש כ"כ, **ועיין** בביאור הגר"א שכתב, דדוקא אם הנרתק מחזיק טפח, אז חשיב חציצה להפסיק בינו לקרקע.

אות ס'

אוחז ברצועה ואינו אוחז בקציצה

סימן מ ס"ז - [לג]**ישן בהם וראה קרי, לא יאחוז בבתים, אלא יאחוז ברצועה ומסיר אותם** - דבזה לא חיישינן כ"כ שמא נגעו במקום הטינופת, ולכך הקילו לאחוז ברצועה ולהסירה, כדי שלא להשהות התפילין על עצמו בעוד שהוא מטונף בהקרי.

הגה: עד שיקנח הקרי מעליו ויטול ידיו (ב"י) - אבל אח"כ מותר להניחן אע"פ שהוא טמא.

באר הגולה

[כח] ‹ותלוי בב' תירוצים בכסף משנה, או דרבי יוחנן חולק עם רמי בר יחזקאל, ואין שיעור מאה אמה, רק מסתמא ראשו בברכיו לא אתי לידי קבע, והתירוץ השני, דא ודא אחת הוא - פמ"ג› [כט] **שם בגמ'** [ל] **לשון רמב"ם פ"ד מהל' תפילין** [לא] **שם לפי פירושו שם בגמרא** ‹ומתוך דבריו נראה, שהוא מפרש הא דאוקימנא הנך תלת ברייתות, חדא בדנקיט להו בידיה, וחדא בדפריס סודרא עלייהו, וחדא בדמנחי ברישיה, **דהיינו** הא דקתני ישן בהן בין קבע בין עראי, בדנקיט להו בידיה, כלומר שהם כרוכין יפה בידו, דליכא למיחש שמא יפלו כשישן, **ולא** דמי להא דת"ר לא יאחז אדם תפילין בידי וכו' ולא יישן בהם כו', דההיא אחיזה בעלמא בלא כריכה. **והא** דקתני לא קבע ולא עראי, בדמנחי ברישיה. **והא** דקתני ישן בהם שינת עראי אבל לא שינת קבע, בדמנחי ברישיה ופריס סודרא עלייהו - ב"י. **ודלא** כפי' רש"י› [לב] **לפירוש רש"י שם בגמרא** [לג] **סוכה כ"ו**

עין משפט נר מצוה

כד א טוש"ע א"ח סי' רלא סעיף א:

מה ב טוש"ע א"ח סי' ד סעיף טו:

מו ג טוא"ח סי' רלא:

מז ד מיי' פ"ד מהלכות תפילין הלכה כא סמג עשין כב טוש"ע א"ח סי' מ סעיף ו:

מח ה ו מיי' פ"ו מהל' סוכה הלכה ו סמג עשין מג טוש"ע א"ח סי' תרלט סעיף ב:

גמרא

ואינו אוחז בקציצה דברי רבי יעקב וחכמים אומרים ישן אדם בתפילין שינת עראי אבל לא שינת קבע וכמה שינת עראי כדי הילוך מאה אמה אמר רב אסור לאדם לישן ביום יותר משינת הסוס וכמה שינת הסוס שיתין נשמי אמר אביי שנתיה דמר כדרב ודרב כדרבי ודרבי כדדוד ודדוד כדסוסיא ודסוסיא שיתין נשמי אביי הוה ניים כדמעייל מפומבדיתא לבי כובי קרי עליה רב יוסף עד מתי עצל תשכב מתי תקום משנתך (משלי ו) ת"ר הנכנס לישן ביום רצה חולץ רצה מניח בלילה חולץ ואינו מניח דברי רבי נתן רבי יוסי אומר הילדים לעולם חולצין ואינן מניחין מפני שרגילין בטומאה לימא קסבר רבי יוסי בעל קרי אסור להניח תפילין אמר אביי בילדים ונשותיהן עמהן עסקינן שמא יבואו לידי הרגל דבר ת"ר שכח ושמש מטתו בתפילין אינו אוחז לא ברצועה ולא בקציצה עד שיטול ידיו ויטלם מפני שהידים עסקניות הן:

מתני' *מעשה והביאו לו לרבן יוחנן בן זכאי לטעום את התבשיל ולר"ג שני כותבות ודלי של מים ואמרו *)העלום לסוכה וכשנתנו לו לר' צדוק אוכל פחות מכביצה נטלו במפה ואכלו חוץ לסוכה ולא בירך אחריו:

גמ' מעשה לסתור חסורי מחסרא והכי קתני אם בא להחמיר על עצמו מחמיר ולית ביה משום יוהרא ומעשה נמי והביאו לו לרבן יוחנן בן זכאי לטעום את התבשיל ולר"ג שני כותבות ודלי של מים ואמרו

*) [עפרש"י שבת קנד: ד"ה שתים בידי אדם]

רש"י

ולא יאחז בקציצה · הן תפילין עצמן דפוס מושבן ורצוען ודומה לו במס' גיטין בהניזקין (דף נח·) ארבעים סאה קצוצי תפילין: **לישן ביום** · מפני ביטול תורה: **דמר** · רבה בר נחמני: **כרב** · דממנו למד מדת שינתו שהיה ישן רב ביום כשיעור זה: **דרב כרבי** · ורב תורה אור למדה מרבינו הקדוש שגדל אצלו: **ורבי כדוד** כך קבל מאבותיו שזו היתה שינת דוד מלך ישראל: **שיתין נשמי** · אנל"ש: **סוס נייס** · ביום: **כמיעל מפומבדיתא לבי כובי** · *דמפ' *במקום אחר דהוו שיתא פרסי: **הנכנס לישן** · שאין כוונתו אלא לישן ואינו מהרהר לדבר אחר: **רצה חולץ** · תפילין: **רצה מניח** · לפי שביום אין דרכו לשמש עם אשתו ולא לישן קבע: **בלילה חולץ** · אפי' לשינת עראי דלמא מימלך וישן קבע: **הילדים** · בחורים: **לעולם חולצין** · ואפי' ביום: **שרגילין בטומאה** · קס"ד שמא יראו קרי שהרהור מצוי בהן: **לימא קא סבר רבי יוסי כו'** · ומיבעי לן למיעבד כוותיה שהלכה כמותו ברוב מקומות דקיימא לן נימוקו עמו (גיטין דף סז:): **שמא יבאו וכו'** · והא ודאי אסור לבזותן לנהוג בהו קלות ראש: **עסקניות הן** · ושמא נגעו במקום הטינופת: **מתני' אוכל פחות מכביצה** · מאכל פחות מכביצה: **נטלו במפה** · לא נטל ידיו אלא כרך במפה ידיו משום נקיות דקסבר פחות מכביצה לא בעי נט"י ולא בעי סוכה ולא בעי ברכת המזון לאחריו דדריש כרבי יהודה (ברכות דף מט·) ואכלת ושבעת וברכת אכילה שיש בה שביעה והיינו כביצה אבל לפניו בכל דהו בעי ברכה שהרי נהנה ואסור ליהנות מן העוה"ז בלא ברכה: **גמ' מעשה לסתור** · וכי דרך המדברים להביא אחר דבריהם מעשה הסותר דבריהם דקתני רישא *אוכלין ושותין עראי חוץ לסוכה ומביא מעש' דלטעימ' תבשיל צריך סוכ':

ה"ג

תוספות

נטלו במפה · פירש בקונט' משום נקיות ובחנם פירש כן דרבי צדוק כהן הוה כדמוכח פ' מי שמתו (ברכות דף יט:) ובסוף פרק כל פסולי המוקדשין (בכורות דף לו·) והיה אוכל על טהרת תרומה וידים שניות הן ופוסלות את התרומה שזו היא אחת מי"ח דבר דבפ"ק דשבת (דף יד·) דאפי' פחות מכביצה מקבל טומאה כדמוכח פרק שני דמס' טהרות (מ"א) דתנן אין בו כביצה הוא טמא והכל טהור:

ולא בירך אחריו · סבר לה כרבי יהודה דפרק שלשה שאכלו (ברכות דף מט:) דדריש ואכלת ושבעת וברכת אכילה שיש בה שביעה דהיינו כביצה ור"מ פליג ואמר דמברכין בכזית ונראה הלכה כוותיה מדאמרי' פרק כיצד מברכין (שם דף לח: ושם) א"ר חייא בר אבא אני ראיתי את ר' יוחנן שאכל זית מליח ובירך עליו תחלה וסוף ועוד אמרי' פרק שלשה שאכלו (שם דף מח· ושם) א"ר חייא בר אבא א"ר יוחנן לעולם אינו מוציא רבים ידי חובתן עד שיאכל כזית דגן וכן אמר רב הונא בר יהודה משמיה דרב ומתוך הירושלמי משמע דבבריה לא בעינן כזית דאפילו פרידה אחת של ענב או פרידה אחת של רימון טעונה ברכה לפניה ולאחריה והכי איתא בירושל' בריש כילד מברכין ר' יוחנן נסב זיתא ובריך לפניו ולאחריו והוה ר' חייא בר אבא מסתכל ביה ואמר ליה ר' יוחנן בבלאה מה את מסתכל בי לית לך כל שהוא ממין שבעה טעון ברכה לפניו ולאחריו אית ליה ומה צריכא ליה מפני שגרעינתו ממעטתו ולית ליה לרבי יוחנן שגרעינתו ממעטתו מה עבד ליה ר"י משום בריה מילתיה דרבי יוחנן אמרה שכן אפילו פרידה אחת של ענב או פרידה אחת של רימון שהיא טעונה ברכה לפניו ולאחריו ובהש"ס שלנו יש כעין מעשה זה פרק כילד מברכין (שם דף לח:) דא"ר חייא בר אבא אני ראיתי את ר' יוחנן שאכל זית מליח ובירך עליו תחילה וסוף א"ל ר' ירמיה לר' זירא היכי בריך ר' יוחנן אזית מליח כיון דשקליה לגרעינתיה בצר ליה שיעורא אמר ליה מי סברת כזית גדול בעינן ביטני בעינן וההיא זית דאתא לקמיה דר' יוחנן זית גדול הוה דאע"ג דשקליה לגרעינתיה פש ליה שיעורא והשתא אי הוה עובדא דהש"ס שלנו היינו ההיא דירושל' א"כ חולק על שלנו ולא כמכוין עליה מדלא שני ליה משום דבריה הוא אבל שמא שני מעשים היו וההיא דירושל' היה זית שלם ואכלו עם הגרעין דהוי בריה אבל ההוא דהש"ס שלנו לא היה בו גרעין שכן סתם זית מליח בלא גרעין הוא ולא הוה בריה ולהכי הוצרך לתרץ דגדול היה וזית דירושלמי קטן מזית ביטני היה והרוצה להוציא עצמו מספיקא צריך שיאכל כזית אפילו בדבר שהוא בריה ודוקא לענין ברכה שלאחריה אבל לפניו מברך אפי' פחות מכזית בכל דבר דלפניו לא בעינן שיעור דאסור ליהנות בעוה"ז בלא ברכה כדמשמע מעובדא דר' צדוק דקאמר ולא בירך אחריו כדפרי' משום דסבר לה כר' יהודה משמע הא לפניו בירך וכן פירש בקונט' ואמרינן בירושלמי בתחלת פרק כילד מברכין כל שאומר עליו שלש ברכות אומר לפניו המוציא להם מן הארץ וכל שאין אומר עליו ג' ברכות אין אומר עליו המוציא לחם מן הארץ התיבון הרי פחות מכזית דאין אומר עליו שלש ברכות מעתה לא יאמרו לפניו המוציא לחם מן הארץ הא א"ר יעקב בר אחא לשאר מינים נצרכא פי' לא אתא לחלק בין דבר שיש בו כשיעור לדבר שאין בו כשיעור אלא אתא לחלק בין פת לשאר מאכל של חמשת המינים כגון מעשה קדירה שאין מברכין אחריו ג' ברכות וכן כובא דארעא ופת הבאה בכיסנין כי לא קבע סעודתיה עילויה ופת אורז ודוחן שאין מברכין אחריהם שלש ברכות אין אומרים עליהם המוציא לחם מן הארץ ואע"ג דבריש כילד מברכין (שם דף לה· ושם) נפקא לן ברכה בתחלה בק"ו מבסוף כשהוא שבע מברך כשהוא רעב לא כ"ש מ"מ לא שייך למימר דיו ובמשהו מברך בתחלה אע"ג דלא מברך בסוף דאותו ק"ו אינו אלא גלוי מלתא בעלמא דברכה לפניו לאו דאורייתא כדתנן פרק מי שמתו (שם דף כ:) בעל קרי על המזון מברך לאחריו ואינו מברך לפניו וכן בפ' היה קורא (שם דף טז· ושם) תניא הפועלים שהיו עושין מלאכה אצל בעל הבית אוכלין פתן ואין מברכין לפניה אבל מברכין לאחריה שתי ברכות ולענין שתיה נראה שמברכין אכזית יין על הגפן ועל פרי הגפן אע"ג דלגבי יוה"כ לא הוי שיעור חשוב בפחות ממלא לוגמא כדאמר פ' בתרא דיומא (דף עג: ושם) לא ילפינן מיניה ברכת היין לאחריו הדע דלענין אכילה הוי שיעורא ביום הכפורים ככותבת ולענין ברכה מחייב לאחריו בכזית דהלכה כרבי מאיר כדפרישית ואית למ"ד לענין קידוש דה"ע מלא לוגמא הלכך לברך אחריו נמי יכול להיות דלא בעי מלא לוגמא ומיהו קצת היה נראה לדקדק דמודי ר' מאיר בשתיה דבעי כביצה דבפרק שלשה שאכלו (ברכות דף מט· ושם) דריש ר"מ ואכלת זו אכילה ושבעת זו שתיה ואכילה בכזית ור' יהודה דריש ואכלת ושבעת זו אכילה שיש בה שביעה ואי זו זו כביצה וכיון דנפקא לן לר"מ שתיה מושבעת א"כ בעי כביצה דלא הוי שביעה בפחות ושמא יש לחלק בין שתיה לאכילה דדלמא שביעה בשתיה הוי בפחות מכביצה וכל הני שיעורין דרבנן ניהו כדמוכח פרק מי שמתו (שם דף כ: ושם) דאמרי' הכא במאי עסקינן דאכל שיעורא דרבנן ולענין ברכה דלאחריו לא מצינו שום שיעורא אלא כזית לר"מ וכביצה לר' יהודה וקרא אסמכתא בעלמא דמדאורייתא בעינן שביעה גמורה והא דאמרי' פרק שלשה שאכלו (שם דף מח·) שמעון בן שטח לגרמיה הוא דעבד משמע דאינו מוציא אחרים ידי חובתן עד שיאכל כזית הא בכזית דגן מוציא אע"פ שהמלך והמלכה מסתמא אכלו כדי שובען לא דמי גדול דרבנן לקטן דרבנן דלא מפיק דאורייתא והא גדול אפילו לא אכל כלל היה ראוי (להו) להוציא אחרים וכן פירש שם בקונטרס:

ואמרו

רבינו חננאל

ולא אוחז בקציצה · פי' היא השבלא דברי ר' יעקב וחכמים אומרים ישן אדם שינת עראי והוא כדי הילוך מאה אמה · אבל שינת קבע יותר מזה [אסור] · אמר רב אסור לאדם לישן ביום יותר משינת הסוס והוא שתין נשמי תניא ר' יוסי אומר הילדים בזמן שנשותיהן עמהם חולצין בין ביום ובין בלילה ואח"כ ישנים · ואקשי' ש"מ בעל קרי אסור בתפילין ושנינן מפני שרגילין בטומאה · *) ת"ש בעל קרי אינו אסור בתפילין · ת"ר שכח ושימש מטתו בתפילין אינו אוחז לא ברצועה ולא בקציצה עד שיטול ידיו ויסירם מראשו מפני שהידים עסקניות הן: מעשה שהביאו לריב"ז לטעום התבשיל כו' · תניא לא שהלכה כן אלא שרצו להחמיר על עצמן אבל הלכה אוכל אדם אכילת עראי חוץ לסוכה · והרוצה להחמיר על עצמו מהדיר · ואקשי' מדר' (יצחק) [צדוק] (דרש)

*) אין מובן ואולי עס"ב וצ"ל וש"מ דבעל קרי וכו'.

גליון הש"ס

רש"י ד"ה כמיעל וכו' דמפרש במקום אחר · עיין בתשובת נודע ביהודה מהדורא תניינא חא"ח סי' כ:

מסורת הש"ס

[לא ידע מקומו דבקידושין ע: ברש"י ד"ה בי כובי ובכתובות קיא· אסור לצאת כו' לא פירש ועי' בגיטין ד·]

יומא עט·

[לעיל כה·]

§ מסכת סוכה דף כו: §

אות א'

אסור לאדם לישן ביום יותר משינת הסוס

סימן רלא ס"א - [א]אם אי אפשר לו ללמוד בלא שינת צהרים, יישן. הגה: וכשניעור משנתו א"ל לברך "אלהי נשמה" - אפשר הטעם, דנתקנה ברכה זו על מנהגו של עולם, שהקב"ה מחזיר הנשמות לבני האדם בבוקר, **וי"א שיקרא קודם שיישן "ויהי נועם"** - משום סכנת מזיקין, **וכתב** הלבוש שאין נוהגין כן.

[ב]ובלבד שלא יאריך בה, שאסור לישן ביום יותר משינת הסוס, שהוא שתין נשמי - עיין לעיל בסימן ד' סט"ז מש"כ במ"ב בשם המחה"ש.

אות ב'

ודדוד כדסוסיא ודסוסיא שיתין נשמי

סימן ד סט"ז - [ג]דוד היה נזהר [ד]שלא לישן שיתין נשמין, (פי' ששים נשימות), כדי שלא יטעום טעם מיתה - ר"ל שיתין נשמין רצופין, אלא היה מתנמנם כמה פעמים פחות משיתין נשמי עד חצות לילה, ומחצות ואילך היה מתגבר כארי.

(רבו בו הדעות בשיעור זה, **י"א** דהוא ג' שעות, וראיה מהא דהאר"ז"ל היה ישן בשבת ב' וג' שעות, **ויש** דוחין, דשאני ת"ח בשבת דמצוה לענג השבת, **ועוד** אינו מוכרח כלל, דשמא היה ניעור כמה פעמים בתוך שינתו, ולא היה ישן ס' נשמין בפעם אחת, **וי"א** דהוא יותר מחצי שעה, **וי"א** דהוא שיעור מעט יותר משלשה מינוט, **ע"כ** בעל נפש יחמיר לפי כחו).

הגה: ובגמרא פרק הישן משמע, דדוקא ביום היה נזהר (ד"ע ועיין בב"י) - השיגו עליו האחרונים, דלא נמצא שם כן בגמרא רק על האמוראים, אבל דוד בעצמו גם בלילה היה נזהר, **ונ"מ** כ"ז לדידן, שבעל נפש יחמיר עכ"פ ביום, **ואין** שבת בכלל זה, **ואם** א"א לו ללמוד בלא שינת הצהרים, מותר לישן מעט אבל לא יאריך בה, **וגם** זה לא תהיה כונתו להנאת עצמו רק לעבודתו יתברך, **וענין** השינה ביום תלוי לפי מה שהוא אדם, וכפי הצורך לעבודתו ית'.

אות ג'

אביי הוה נייס כדמעייל מפומבדיתא לבי כובי

טור סימן רלא - אחר שגמר סעודתו יחזור ללמוד, ואם אי אפשר לו ללמוד בלא שינת הצהרים, יישן, ובלבד שלא יאריך בה הרבה. גרסי' בסוכה פרק הישן: א"ר אסור לישן ביום יותר משינת הסוס, וכמה היא שינת הסוס, שתין נשמי; אביי הוה נאים מכי עייל מבי כובי לפמבדיתא, קרי עליה רב יוסף: עד מתי עצל תשכב.

אות ד'

שכח ושמש מטתו בתפילין, אינו אוחז לא ברצועה ולא בקציצה, עד שיטול ידיו, ויטלם, מפני שהידים עסקניות הן

סימן מ ס"ו - [ה]שכח ושמש מטתו בתפילין, לא יאחוז לא בבתים ולא ברצועות, [ו]עד שיטול ידיו, מפני שהידים עסקניות הן ושמא נגעו במקום הטנופת - ואח"כ יחלצם עד שיקנח הקרי, וכמש"כ ס"ז.

אות ה'

אוכל פחות מכביצה, נטלו במפה ואכלו חוץ לסוכה, ולא בירך אחריו

סימן תרלט ס"ב - עיין דף כ"ו. אות י'-כ'-ל'.

אות ו'

אם בא להחמיר על עצמו מחמיר ולית ביה משום יוהרא

סימן תרלט ס"ב - [ז]ומי שיחמיר על עצמו ולא ישתה חוץ לסוכה אפי' מים - וכ"ש פת דרך עראי, [ח]**הרי זה משובח.**

באר הגולה

[א] לשון הטור **[ב] סוכה כ"ו ע"ב** **[ג] סוכה כ"ו ע"ב וזוהר ריש פרשת ויגש** **[ד]** ‹ובגמרא פרק הישן [סוכה כו ע"ב] משמע דווקא יותר משיתין, אבל שיתין לא, והרב המחבר נמשך אחר דברי הזוהר. **ולי** נראה דש"ס דילן איסורא קאמר משום ביטול תורה, והזוהר מטעם אחר, ואינו דומה להדדי. **ועל** זה אני תמה מפני מה השמיט המחבר דברי הש"ס דקאמרינן בשם רב דאסור לישן ביום יותר משינת סוס, והמחבר נקט דוד היה נזהר, משמע דליכא בו אלא משום מדת חסידות – עולת תמיד› **[ה] סוכה כ"ו** **[ו]** ‹כאן אינו חייב להסיר התפילין מעליו, אלא שאם רוצה ליטלם קאמר, שאינו יכול לאחוז בהם עד שיטול ידיו ומ"ש בטור עד שיטול ידיו ויטלם {כלשון הברייתא}, ר"ל אם ירצה, **משא"כ** לקמן בס"ז דצריך ליטלם, מפני שראה קרי והוא ישן והקרי עליו, וכן מצאתי להרב פרישה שפי' כן דברי הטור ז"ל, וכתב דמש"ה השו"ע השמיט האי "ויטלם", **וא"ת** הרי גבי שמש מטתו נמי הרי הקרי עליו, **י"ל** דמיירי כשכבר קנח אותו מעליו, וכ"כ הרב פרישה, **ויותר** נכון אצלי לומר, דוקא בישן וראה קרי שהקרי ממש עליו בעין, לאו אורח ארעא להיות תפילין עליו, **משא"כ** בשמש מטתו, דנהי דקצת הקרי מדובק בו, מ"מ אין עיקר הקרי עליו, ומש"ה אין איסור להיות התפילין עליו, אלא שאסור ליגע בהם בידים מטונפות, **אבל** הרב מ"א ז"ל נראה ברור שמדמה דין זה לס"ז, והכא נמי צריך ליטלם אחר שיטול ידיו כדי שיקנח הקרי – מאמר מרדכי› **[ז] משנה סוכה כ"ו** **[ח]** ‹ואע"ג דבגמ' איתא רק דיכול להחמיר ואין בזה משום יוהרא, כבר כתב הרמב"ם הרי זה משובח, ונמשך אחריו השו"ע›

§ מסכת סוכה דף כז. §

אות א' - ב'

וחכ"א אין לדבר קצבה, חוץ מלילי יו"ט ראשון של חג בלבד ורבנן כדירה, מה דירה אי בעי אכיל אי בעי לא אכיל, אף סוכה נמי אי בעי אכיל אי בעי לא אכיל

סימן תרלט ס"ג - [א]אכילה בסוכה בליל יו"ט הראשון, חובה - ר"ל דבליל יו"ט הראשון מחוייב לאכול בסוכה, ואפילו אם אינו אוכל אלא כזית, **משא"כ** מליל זה והלאה, אפילו בשבת ויו"ט דמחוייב לאכול פת, אינו מחויב לאכול בסוכה אלא אם אוכל יותר מכביצה, דהוי אכילת קבע, (**והוא** מהר"ן, וכדי ליישב מה שתמהו כל הפוסקים, דהלא גם בשבת ויו"ט חובה לאכול פת, וממילא מצוה מן התורה לאכול בסוכה, ומאי רבותא דליל זה, **ולענ"ד** לא אבין קושיא זו, דנ"מ להא דאיתא לעיל בסימן רפ"ח, דאדם הרגיל להתענות בכל יום, ואכילה בשבת הוא צער לו, פטור מלאכול, דלעונג ניתן השבת ולא לצער, **משא"כ** בליל א' של סוכות, דאכילה גופא הוא מ"ע כשאר מ"ע, ולא משום עונג ניתן).

והטעם דלילה זה חמיר, דגמרינן "ט"ו ט"ו" מחג המצות, מה התם רק לילה הראשונה חובה מכאן ואילך רשות, אף ה"נ לענין סוכה.

אפי' אכל [ב]כזית פת יצא י"ח - דכיון דגמרינן מחג המצות, לגמרי גמרינן מניה, מה התם בכזית דגן, אף הכי בכזית דגן.

פת - ולא מיני תרגימא, [והגם דירושלמי מבעי לה בזה], דספיקא דאורייתא הוא, וגם לא פת כיסנין, אלא פת גמור.

דאע"ג דבשאר הימים, שיעור אכילה חוץ לסוכה בכביצה, אבל ליל ראשון שהוא חובה טפי, אפילו לא בעי למיכל אלא כזית, אסור לאכול חוצה לה, [**והיינו** קודם שקיים מצות אכילה בסוכה, אבל לאחר שקיים, דינו כשאר ימי סוכה, שיכול לאכול כביצה חוץ לסוכה], **הלכך** יוצא בה נמי ידי סוכה, וצריך לברך "לישב בסוכה" ע"ז, (**משמע** שאיסור אכילת כזית חוץ לסוכה פועל את חשיבות קביעות ישיבת סוכה בפנים, וכמו שתמה בב"י שם על הטור, וע"ש בב"ח שיישבו), **והיינו** כשאין לו יותר, אבל אם יש לו, בודאי מן הנכון שיאכל יותר מכביצה, לצאת גם דעת הסוברים, דלצאת ידי מ"ע בעינן שיאכל שיעור המחייב לאכול בסוכה כל שבעה, דהיינו יותר מכביצה.

כתבו האחרונים, דבעינן שלא ישהא באכילתו הכזית יותר מכדי אכילת פרס.

מכאן ואילך רשות; רצה לאכול סעודה, סועד בסוכה; רצה אינו אוכל כל ז' אלא פירות וקליות חוץ לסוכה אוכל,

[ג]כדין אכילת מצה בפסח - היינו בחוה"מ, אבל בשבת ויו"ט צריך לאכול כזית פת, אך לא בעי סוכה, **ואף** דבסימן רצ"א כתב המ"א, דלסעודת שבת צריך ג"כ כביצה ויותר, כדי דליהוי סעודת קבע, **התם** למצוה בעלמא לכתחלה, ובדיעבד די בכזית.

נסתפקתי, לפי מה שידוע דעת הגר"א, דמצוה לאכול מצה כל שבעת ימי פסח, כפשטיה דקרא: שבעת ימים תאכלו מצות, אלא דמ"ע הוא רק בערב, משא"כ אח"כ הוא רק מצוה בעלמא, **אפשר** דה"ה הכא, מצוה לכתחלה לאכול פת כל ז' ימים, ולברך "לישב בסוכה".

הגה: ולא יאכל בלילה הראשונה עד שיהא ודאי לילה (ב"י בשם א"ח) - דאכילת סוכה בלילה ראשונה הוא דומיא דאכילת מצה בליל פסח, דכתיב בה: בערב תאכלו מצות, והיינו משתחשך, **ואם** בירך בין השמשות ואכל כזית, צריך לחזור ולאכול כזית בלילה ודאי, **אבל** ברכת "לישב בסוכה" לא יברך שנית, דספק ברכות להקל.

(**והנה** קידוש היה יכול לעשות מבע"י קצת על היין, ור"ל דישתה כל הכוס במקום סעודה {והוא רק לדעת השו"ע, דיכול לשתות אפילו רביעית יין חוץ לסוכה, ולא צריך לברך אפילו כשיושב בסוכה} ו"המוציא" וברכת "לישב בסוכה" יאמר בלילה, **אכן** כיון דאומר סוכה ואח"כ זמן, ממילא צריך לעשות גם הקידוש בלילה – מ"א, **ולפי"ז** בליל שני, לדעת הסוברים דיוכל לומר זמן ואח"כ סוכה, יכול לעשות קידוש מבע"י קצת, ויאמר ג"כ זמן, וברכת "המוציא" ו"לישב בסוכה" יאמר בלילה – פמ"ג, **אכן** מלשון הרמ"א דכתב "בלילה הראשונה", משמע דבלילה שניה מותר לאכול בין השמשות, משום שהוא מדרבנן, דאנן בקיאין בקביעא דירחא, ודומיא דספירה בין השמשות מקילין כמה פוסקים מטעם זה, **ונראה** דסבר הפמ"ג, דמה שכתב "בלילה הראשונה", היינו בא"י, וה"ה לדידן בחו"ל בלילה שניה, **ומספירה** יש לחלק, דהתם עיקר ספירה בזמנינו הוא מדרבנן, משא"כ יו"ט שני).

ויאכל קודם חצות לילה (מהרי"ו ומהרי"ל) - דומיא דמצה דבעינן שיאכלנו קודם חצות, **ובדיעבד** אם לא אכל קודם חצות, חייב לאכול אחר חצות, דגם במצה דינא הכי, ויוכל לברך "לישב בסוכה", [**ולא** הוי כמו לענין מצה, דאינו יכול לברך "על אכילת מצה" לאחר חצות, דהכא לא גריעא משאר יומי], **ורק** שאז דינו כשאר ימי סוכה, שאין לברך "לישב בסוכה" עד שיאכל יותר מכביצה, [דשמא עבר זמן חובתו של לילה ראשונה].

ולא יאכל ביום מחצות ואילך, כדי שיאכל בסוכה לתאבון, (מהרי"ל) דומיא דאכילת מצה - האחרונים הסכימו לדינא, דאינו אסור כי אם מתחלת שעה רביעית אחר חצות היום, וכמו שפסק המחבר בסימן תע"א ע"ש, **וכל** פרטי הדינים המבואר שם, דברים המונעים לאכול בלילה לתיאבון, שייך גם כאן.

באר הגולה

א משנה שם כ"ז כחכמים | ב טור והר"ן שם | ג דגמרינן ט"ו הנאמר בסוכה מט"ו הנאמר בחג המצות

ואמרו העלום לסוכה וכשנתנו לו לרבי צדוק אוכל פחות מכביצה נטלו במפה ואכלו חוץ לסוכה ולא בירך אחריו הא כביצה בעי סוכה לימא תיהוי תיובתיה *דרב יוסף ואביי דילמא פחות מכביצה נטילה וברכה לא בעי הא כביצה בעי נטילה וברכה:

מתני' רבי אליעזר אומר ארבע עשרה סעודות חייב אדם לאכול בסוכה אחת ביום ואחת בלילה *וחכ"א אין לדבר קצבה חוץ מלילי יו"ט ראשון של חג בלבד *ועוד אמר ר' אליעזר מי שלא אכל [לילי] יום טוב הראשון ישלים לילי יו"ט האחרון של חג וחכמים אומרים אין לדבר תשלומין ועל זה נאמר °מעות לא יוכל לתקן וחסרון לא יוכל להמנות:

גמ' מ"ט דר' אליעזר תשבו *כעין תדורו מה דירה אחת ביום ואחת בלילה אף סוכה אחת ביום ואחת בלילה ורבנן כדירה מה דירה אי בעי אכיל אי בעי לא אכיל אף סוכה נמי אי בעי אכיל אי בעי לא אכיל אי הכי אפי' לילי יום טוב ראשון נמי א"ר יוחנן משום ר' שמעון בן יהוצדק נאמר כאן חמשה עשר ונאמ' חמשה עשר בחג המצות מה להלן *לילה הראשון חובה מכאן ואילך רשות אף כאן לילה הראשון חובה מכאן ואילך רשות והתם מנלן אמר קרא °בערב תאכלו מצות הכתוב קבעו חובה: ועוד א"ר אליעזר: והא א"ר אליעזר ארבע עשרה סעודות חייב אדם לאכול בסוכה אחת ביום ואחת בלילה אמר בירא א"ר אמי חזר בו ר' אליעזר משלים במאי אילימא בריפתא סעודה דיומיה קא אכיל אלא מאי ישלים ישלים במיני תרגימא תניא נמי הכי אם השלים *במיני תרגימא יצא שאל אפוטרופוס של אגריפס המלך את רבי אליעזר כגון אני שאיני רגיל לאכול אלא סעודה אחת ביום מהו שאוכל סעודה אחת ואפטר אמר לו בכל יום ויום אתה ממשיך כמה פרפראות לכבוד עצמך ועכשיו אי אתה ממשיך פרפרת אחת לכבוד קונך ועוד שאלו כגון אני שיש לי שתי נשים אחת בטבריא ואחת בציפורי ויש לי שתי סוכות אחת בטבריא ואחת בציפורי מהו שאצא מסוכה לסוכה ואפטר אמר לו לא שאני אומר כל היוצא מסוכה לסוכה בטל מצותה של ראשונה תניא ר' אליעזר אומר אין

קהלת א | שמות יב

רש"י

הכי גרסינן נימא תיהוי תיובתיה דרב יוסף · דאמר לעיל* תרתי תלת: ואביי · דאמר כדטעים בר בי רב דהיינו כביצה דכביצה אוכל הנאכל בבליעה אחת הוא כדאמרי' בפ' בתרא דיומא (דף פ:) מכל האוכל אשר יאכל: הא כביצה בעי נטילת ידים וברכה · אבל סוכה אפי' כביצה נמי לא:

מתני' י"ד סעודות · ובגמרא מפרש טעמא: אין לדבר קצבה · אם רצה להתענות אין אנו זקוקין לו אלא אם יאכל לא יאכל חוץ לסוכה: חוץ מלילי י"ט הראשון · שאינו רשאי להתענות כדיליף בגמרא: ישלים · סעודתו זאת בי"ט האחרון בשמיני עצרת ואע"פ שאינו בסוכה ובגמרא פריך עלה: גמ' מכאן ואילך רשות · דהכי ילפינן לה בפ' בתרא דפסחים (דף קכ.) ששת ימים תאכל מצות וביום השביעי עצרת מה שביעי רשות אף ששה רשות לפי שהשביעי בכלל שבעת ימים תאכל מצות (א) ויצא מן הכלל ללמד שאכילת מצות האמור בו אינו חובה אלא אם באת לאכול תהא אכילתך מצה ולא חמץ ולא ללמד על עצמו יצא אלא ללמד על הכלל כולו יצא: והתם גופיה מנלן · דלילה הראשון מיהא חובה: והאמר ר' אליעזר י"ד סעודות חייב אדם לאכול בסוכה · וכיון דביום אחרון לא בסוכה יתיב ואם ישב בה לשם מצוה עובר על בל תוסיף מאי השלמה דסוכה איכא הכא: אמר בירא · שם חכם: חזר בו ר' אליעזר · אצל חכמים לומר שאין לדבר קצבה ואם רצה להתענות יתענה חוץ מלילי יום טוב הראשון ובהא מיהא פליג עלייהו דקסבר יש לה תשלומין כמו שיש תשלומין לקרבנות יום ראשון אף בי"ט האחרון: אילימא בריפתא · כלומר תאמר שסעודת י"ט האחרון שהוא סועד בלחם ולפתן וצורכי הסעודה תהא תשלומין לראשון: סעודתא דיומיה קאכיל · ומאי היכר יש כאן שתהא לשם סעודה ראשונה הלא דרכו לסעוד היום: במיני תרגימא · לאחר שסילקו יביאו פרפראות ומעדנים לפניו כגון פירות וכסנין וקפלוטות מבושלות: תרגימא · פרונגו"ש: תניא נמי הכי · דהכי הויא סעודה לתשלומי ואע"פ שאינו חוזר וקובע עצמו לאכול שתי סעודות של לחם ובשר: אם השלים כו' · וכ"ש אם קבע סעודה שניה בלחם ובשר: אפוטרופוס של אגריפס · ממונה על שלו ורב ביתו שקורין סקל"ק: מהו שאוכל סעודה אחת ביום · בסוכה ואפטר: פרפראות · מיני מעדנים הפותחים את בני מעיים להיות לבו מתאוה אחר הפת ויאכל: מהו שאצא מסוכה לסוכה · לאכול ולישן היום בזו ולמחר בזו: בטל מצותה של ראשונה · אפי' ימים שעברו עליו כבר איבדן למפרע ואינו מצוה כדיליף לקמן שצריך לישב כל ז' בסוכה אחת:

תוספות

ואמרו העלום לסוכה · בפ' בתרא דיומא (דף עט:) מייתי מתני' דהכא בהאי לישנא לא מפני שהלכה כן אלא שרצו להחמיר על עצמן וכשנתנו לר' צדוק כו' היינו משום דמתרצינן מתניתין הכי מייתי לה הש"ס כאילו משנתנו שנויה כך:

הא כביצה בעי נט"י לאכילה · ולא משתרי במפה דחיישינן דלמא נגע כדמסיק פ' כל הבשר (חולין דף קז:) ומיהו תימה דהא ר' צדוק כהן היה כדפרישי' וא"כ אפי' כביצה שרי במפה בלא נט"י כדאמר שמואל התם התירו מפה לאוכלי תרומה ולא התירו מפה לאוכלי טהרות*:

תשבו כעין תדורו · בירושלמי יליף בגזרה שוה נאמר כאן תשבו ונאמר להלן ופתח אהל מועד תשבו יומם ולילה שבעת ימים מה ישיבה שנאמרה להלן עשה בה את הלילות כבימים אף ישיבה האמורה כאן עשה בה לילות כבימים וטעמא דרבנן מפרש ר' יוחנן בשם רבי ישמעאל נאמר חמשה עשר בפסח ונאמר ט"ו בחג מה ט"ו הנאמר בפסח לילה הראשון חובה ושאר כל הימים רשות אף ט"ו הנאמר בחג לילה הראשון חובה ושאר כל הימים רשות חברייא בעו אי מה להלן עד שיכנס למצה כשהוא תאוה אף כאן עד שיכנס לסוכה בתאוה ר' זירא בעי אי מה להלן עד שיאכל כזית דגן מצה אף כאן עד שיאכל כזית דגן בסוכה:

אי בעי אכיל ואי בעי לא אכיל · כלל דאי אכיל חייב לאכול בסוכה כדאמרינן לעיל ומשמע הכא דבי"ט לא הוי חובה ואי בעי לא אכיל כלל חוץ מליל י"ט הראשון ולפי זה אם טעה ולא הזכיר של י"ט בברכת המזון אינו צריך לחזור והא דאמרי' פ' שלשה שאכלו (ברכות דף מט:) שבתות וי"ט דלא סגי ליה דלא אכיל אם טעה חוזר לא מיתוקמא אלא בלילי י"ט הראשון של פסח ובלילי י"ט הראשון של חג והא דאשכחן בפ' ב' דביצה (דף טו:) ובפ' אלו דברים בפסחים (דף סח:) גבי י"ט חלקהו חציו לה' וחציו לכם חציו לאכילה וחציו לבית המדרש דברי ר' יהושע אפשר בבישרא ופירי דאין בהן ברכת המזון ולא בעי הזכרת י"ט אבל לילי י"ט הראשון של חג לא סגי בלא פת כיון דילפינן מחג המצות אע"ג דלר' אליעזר אמרינן בשאר ימים אם השלים במיני תרגימא יצא*:

והא א"ר אליעזר י"ד סעודות חייב אדם לאכול בסוכה · הא דמשלים בי"ט האחרון פריך דליכא סוכה:

חזר בו ר' אליעזר · אצל חכמים לומר שאין לדבר קצבה ואם רצה להתענות יתענה חוץ מלילי י"ט הראשון ובהא מיהא פליג עלייהו דקסבר יש לה תשלומין כמו שיש תשלומין לקרבן י"ט ראשון אף בי"ט אחרון כך פי' בקונטרס וליכא דישלים ואם השלים לא משמע כלל לשון תשלומין אלא לשון השלמה חשבון של י"ד סעודות ועוד כיון דממצה ילפינן לא מצינן שיהא תשלומין למצה של לילה הראשון של פסח ועוד דמשמע קצת בירושלמי דבעי כזית דגן לסעודת י"ט הראשון של חג כמו גבי מצה והכא אמרי' דישלים במיני תרגימא ועוד מעובדא דאפוטרופוס של אגריפס משמע דלא פטר ר' אליעזר בסעודה אחת לכך נראה לפרש חזר בו ר' אליעזר ממה שהיה מצריך סוכה ולעולם י"ד סעודות בעי ובירושלמי מסני' אמר ר' אחא למצוה תשובה כלומר לכתחילה צריך לאכול בסוכה ואם לא אכל משלים בשמיני בלא סוכה:

במיני תרגימא · פי' בקונטרס כגון פירות וכיסנין וקפלוטות מבושלין ואי אפשר לומר כן דהא רבא מסיק פ' ח' דיומא (דף עט: ושם) דפירי לא בעי סוכה ודייק מהכא ואי ס"ד פירות בעי סוכה לישלים בפירות ודחי בתרא דלא שכיחי פירות ואיבעי' אימא מיני תרגימא נמי מיני פירי ניכהו מ"מ משמע דהי פירי לא בעי סוכה אין השלמה מועלת בפירות ומיני תרגימא הוו כגון בשר ודגים ושאר דברים שמלפתין בהן את הפת ואין ללמוד מכאן שיועילו מיני תרגימא להשלים שלש סעודות של שבת דשאני התם דילפי' (שבת דף קיז:) מדכתיב אכלוהו היום גבי מן שהוא במקום פת ואפי' באו להשוותם לא נפיק בפירות כדפרישי' דלא מהני גבי סוכה:

מהו

מסורת הש"ס

[דף כו.] [לעיל כו.] [עירובין כג.] [לעיל כו. וש"נ] [לקמן מז. פסחים קכ.] יומא עט:

[עי' תוס' יומא עט. ד"ה הא כתנו יסוד נכון על זה ותוס' חולין קז. ד"ה מאי לאו]

[ועי' תוס' פסחים קז. ד"ה מיני]

הגהות הב"ח

(א) רש"י ד"ה מכאן וכו' תאכל מצות היה ויצא:

עין משפט נר מצוה

מט א ב מיי' פ"ו מהל' סוכה הלכה ז סמג עשין מג טוש"ע א"ח סי' תרלט סעיף ג:

רבינו חננאל

נתנו לו אוכל פחות מכביצה ואכלו חוץ לסוכה במפה בלא נטילת ידים ובלא ברכה דייקינן מינה הא כביצה בעיא סוכה וקשיא לרב יוסף דאמר ב' וג' לגימות היא אכילת עראי שאוכלין חוץ לסוכה ולאביי דאמר כדאכיל בר בי רב ועייל לכלה ושנינן לעולם אפי' כביצה לא בעיא סוכה אלא דייקינן מתני' דקתני פחות מכביצה הא כביצה בעי נטילת ידים ובעי ברכה. וקי"ל ה.

מתני' ר' אליעזר אומר י"ד סעודות חייב אדם לאכול בסוכה אחת ביום ואחת בלילה. וחכ"א אין לדבר קצבה אינו חייב אלא [ליל] י"ט הראשון בלבד כו'. ר' שמעון בן יהוצדק דאמר נאמר חמשה עשר בחג המצות אכילת מצה ונאמר בחמשה עשר בחג הסוכות ישיבה כעין דירה מה חג המצות אכילת [מצה] בלילה הראשון חובה שנא' בערב תאכלו מצות הכתוב קבעו חובה. אף בחג הסוכות ישיבה כעין דירה *)באכילה בסוכה. מכאן ואילך רשות דמצות. ועוד א"ר אליעזר מי שלא אכל בלילי י"ט הראשון. והא חיובי מחייב ליה לאכול בכל יום ב' סעודות והנה חייב בשאר הימים וכ"ש בליל יו"ט הראשון. א"ר אסי חזר בו ר' אליעזר ואסיקנא כי זו השלמה במיני תרגימא. תניא ר' אליעזר אומר

*) נ"ל דצ"ל דהיינו אכילה בסוכה. בלילה הראשון חובה מכאן וכו'.

עין משפט נר מצוה

נ א מיי' פ"ז מהלכות סוכה הלכה טו סמג עשין מג טוש"ע א"ח סי' תרלז סעיף א:

נא ב מיי' פ"ו מהלכות סוכה הלכה כה סמג עשין שם טוש"ע א"ח סי' תרלז סעיף ב:

נב ג מיי' פ"ו מהלכות ת"ת הלכה ז:

נג ד מיי' פכ"ב מהל' שבת הלכה ל סמג לאוין סה טוש"ע א"ח סי' שיג סעיף א:

אין יוצאין מסוכה לסוכה *ואין עושין סוכה בחולו של מועד וחכמים אומרים יוצאין מסוכה לסוכה ועושין סוכה בחולו של מועד ושוין שאם נפלה שחוזר ובונה בחולו של מועד מ"ט דר' אליעזר אמר קרא חג הסוכות תעשה לך שבעת ימים עשה *סוכה הראויה לשבעה ורבנן הכי קאמר רחמנא עשה סוכה בחג ושוין שאם נפלה שחוזר ובונה אותה בחולו של מועד פשיטא מהו דתימא האי אחריתי היא ואינה לשבעה קמ"ל תניא ר' אליעזר אומר כשם שאין אדם יוצא ידי חובתו ביום טוב הראשון של חג בלולבו של חבירו דכתיב ולקחתם לכם ביום הראשון פרי עץ הדר כפות תמרים *משלכם כך אין *אדם יוצא ידי חובתו בסוכתו של חבירו דכתיב חג הסוכות תעשה לך שבעת ימים משלך וחכמים אומרים אע"פ שאמרו אין אדם יוצא ידי חובתו ביום טוב הראשון בלולבו של חבירו אבל יוצא ידי חובתו בסוכתו של חבירו דכתיב כל האזרח בישראל ישבו בסוכות מלמד שכל ישראל ראוים לישב בסוכה אחת ורבנן האי לך מאי דרשי ביה מיבעי ליה למעוטי גזולה *אבל שאולה כתיב כל האזרח ור' אליעזר האי כל האזרח מאי עביד ליה מיבעי ליה לגר שנתגייר בינתים וקטן שנתגדל בינתים ורבנן כיון שאמרו עושין סוכה בחולו של מועד לא אצטריך קרא ת"ר מעשה בר' אלעאי שהלך להקביל פני ר' אליעזר רבו בלוד ברגל אמר לו אלעאי אינך משובתי הרגל שהיה ר' אליעזר אומר משבח אני את העצלנין שאין יוצאין מבתיהן ברגל דכתיב ושמחת אתה *וביתך איני והאמר ר' יצחק מניין *שחייב אדם להקביל פני רבו ברגל שנא' מדוע את הולכת אליו היום לא חדש ולא שבת מכלל דבחדש ושבת מיחייב איניש לאקבולי אפי רביה לא קשיא הא דאזיל ואתי ביומיה הא דאזיל ולא אתי ביומיה ת"ר *מעשה בר' אליעזר ששבת בגליל העליון בסוכתו של יוחנן ברבי אלעאי בקיסרי ואמרי לה בקיסריון והגיע חמה לסוכה אמר לו מהו שאפרוש עליה סדין אמר לו אין לך כל שבט ושבט מישראל שלא העמיד ממנו שופט הגיע חמה לחצי הסוכה אמר לו מהו שאפרוש עליה סדין אמר לו אין לך כל שבט ושבט מישראל שלא יצאו ממנו נביאים שבט יהודה ובנימין העמידו מלכים על פי נביאים הגיע חמה למרגלותיו של ר' אליעזר נטל יוחנן סדין ופירש עליה הפשיל ר' אליעזר טליתו לאחוריו ויצא *לא מפני שהפליגו בדברים אלא מפני *שלא אמר דבר שלא *שמע מפי רבו לעולם היכי עביד הכי והאמר ר' אליעזר אין יוצאין מסוכה לסוכה רגל אחר הוא והאמר ר' אליעזר משבח אני את העצלנין שאין יוצאין מבתיהן ברגל שבת הואי ותיפשוט ליה מדידיה דתנן *פקק החלון ר' אליעזר אומר בזמן שקשור ותלוי פוקקין בו ואם לאו אין פוקקין בו וחכמים אומרים בין כך ובין כך פוקקין
התם

תוספות

מהו דתימא כיון דנפלה אחריתי היא · יש ספרים שכתוב בהן קמ"ל כיון (*דבדידי') קעביד איהי היא משמע לפי שבונה אותה באותן עצים: **כל** האזרח בישראל ישבו בסוכות · משמע סוכה אחת לכל ישראל שישבו בה זה אחר זה ואי אפשר שתהא של כולם דלא מטי שוה פרוטה לכל אחד אלא על ידי שאלה כך פירש בקונט' ועל תגם דחק דכיון דכתב לך למעוטי דשותפין משמע כדמוכח בראשית הגז (חולין דף קלו·) גבי תרומה וחלה ופאה וטובא דקא חשיב התם ואפי' אתרוג נמי דכתיב ביה לכם לשון רבים אמרינן בים טחלין (ב"ב דף קלז:) האחין שקנו אתרוג בתפיסת הבית ונטלו אחד מהם ויוצא בו אם יכול לאכלו כגון דאיכא אתרוג כיוצא בו לכל חד וחד יצא ואם לאו לא יצא דלכם משמע שיהא טלו שלו ולא מקלתו ולא דמי לבגדיכם ועריסותיכם ותרומותיכם דפרק ראשית הגז (חולין דף קלו·) דשל שותפין בכלל והא דכתיב לכם לשון רבים משום דאיבעי ליה למיכתב ולקחתם לשון רבים דדרשינן פרק לולב וערבה (לקמן דף מג.) שתהא לקיחה לכל אחד ואחד (*ומרבינן) סוכה אחת לכל ישראל שמע מינה דלא דרשי לך למעוטי שאולה ומוקמי ליה למעוטי גזולה ומיהו קשה הא גבי ציצית מרבינן דשותפין מדכתיב כסותך בפ' ראשית הגז (חולין דף קלו·) וא"כ הכא נמי נידרוש הכי ולפירוש הקונטרס ניחא דעל כרחך יוצאין בשאולה מדמרבינן סוכה אחת לכל ישראל ותימה דלר' אליעזר דבעי סוכה שלכם אין שנים יוצאין בסוכה א' לעולם ויהא צריך לכל בני הבית סוכה לכל אחד וא' ושמא הוה מרבי מדכתיב תשבו כעין תדורו (שותפין) שיכולים לישב יחד בסוכה אחת ומה שנהגו כל הקהל לקנות אתרוג בשותפות לצאת בו דעתן להקנות כל א' חלקו לחבירו בשעה שהוא מברך על מנת להחזיר דבשביל שנשתתף בו לא גרע ממתנה על מנת להחזיר דשמה מתנה: **פקק** החלון · פירשנו לעיל בפרק קמא (דף טו:) גבי שכחו ולא הביאו ספר תורה:
כל

רש"י

אין יוצאין מסוכה לסוכה · לאכול בזו ולישן בזו או היום בזו ומחר בזו: **ואין עושין סוכה בחולו של מועד** · מי שלא ישב בסוכה י"ט הראשון: **עשה סוכה לשם חג של שבעת הימים** · שמעת מינה דאין עושין סוכה בחולו של מועד דליכא לשבעה ושמעינן מינה דאין יוצאין מסוכה לסוכה דאם כן לאו סוכה לשבעה היא: **פשיטא** · דהא סוכת שבעה היא: **מהו דתימא הא אחריתי היא ואינה לשבעה קמ"ל** · הואיל וישב בה בי"ט וזו להשלים היא סוכת שבעה קרינא ביה שתשלומין לראשונה היא: **לכם משלכם** · להוציא את הגזול ואת השאול: **כל האזרח ישבו בסוכות כתיב** · דמשמע סוכה אחת לכל ישראל שישבו בה זה אחר זה ואי אפשר שיהא לכולן דלא מטי שוה פרוטה לכל חד אלא ע"י שאלה: **בינתיים** · בחולו של מועד: **וקטן שנתגדל** · שמלאו לו ב' שערות במועד ואתא האי כל לרבויי שעושה סוכה בחולו של מועד מה שאין כן במחויב קודם לכן כדאמר ר' אליעזר לעיל: **ורבנן כיון דאמרי עושין סוכה בחולו של מועד** · ואפי' מי שמחויב קודם לכן ולא עשה תו לא איצטריך האי לרבויי דכ"ש הוא: **ברגל** · י"ט ראשון והלך אצלו מערב י"ט: **אינך משובתי הרגל** · הואיל ולא עמדת בביתך אצל אשתך: **משבח אני את העצלנין** · אע"פ שלא בשביל הרגל מתעכבים שהרי כל ימות השנה אינן יוצאין מחמת עצלות אעפ"כ משבחן אני: **מדוע את הולכת וגו'** · בעלה של שונמית אמר לה כשאמרה לו אלכה וארוצה עד איש האלהים ואשובה: **הא דאזיל ואתי ביומיה** · ומשמח שמחת החג עם אשתו חייב להקביל פני רבו כגון עיר שבתוך התחום או על ידי עירוב: **ששבת בסוכתו של יוחנן כו'** · לקמיה פריך הא אמר ר' אליעזר משבח אני את העצלנין: **מהו שאפרוש עליה סדין** · כגד שלא תשזפך השמש מי אסור משום מוסיף על אהל עראי בשבת או לא: **אין לך כל שבט כו'** · השיאו לדבר אחר כדאמרי' לקמן (דף כח·) שלא אמר דבר אחד שלא שמע מפי רבו: **שלא העמיד שופט** · מושיע את ישראל אותן שהיו משמת יהושע ועד שמואל שמשח שאול למלך יהושע מאפרים אהוד מבנימין גדעון ממנשה הרי מבני רחל שמשון מדן ברק מקדש מנפתלי הרי מבני בלהה אבצן זה בועז מיהודה עלי מלוי תולע מיששכר אלון הזבולני מזבולן אלו מפורשים אבל עתניאל ויפתח ושמגר ויאיר ועבדון לא ידעתי שמות שבטיהן ומראובן ושמעון גד ואשר לא מצאתי מפורש: **הגיע חמה** · מתפשטת ומתקרבת אצלם: **מלכים על פי נביאים** · שאול ודוד ע"פ שמואל: **ויצא** · שלא *רצה להתיר את הדבר: **לא מפני שהפליגו בדברים** · מה שהשיאו לדבר אחר לא הפליגו הימנו ולדחותו שלא ללמדו תורה נתכוון אלא שלא אמר דבר כו': **אין יוצאין מסוכה לסוכה כו'** · והיאך הניח שבת שבתוך הרגל את סוכתו שהיתה בלוד שהיה דר בלוד כדתניא (סנהדרין ד' לב:) אחר ר' אליעזר ללוד: **רגל אחר היה** · כגון עצרת והיו יושבין בסוכה משום חויר: **ותפשוט ליה מדידיה** · שלא תפרוש עליה סדין דאסור להוסיף על אהל עראי: **שקשור ותלוי** · שם כל שעה: **פוקקין בו** · כיון דמתוקן ועומד לכך אין זה לא בונה ולא מוסיף: **ואם לאו אין פוקקין בו** · דמוסיף הוא על סתימת אהל:
התם

רבינו חננאל

אין יוצאין מסוכה לסוכה כו'. וחכ"א יוצאין מסוכה לסוכה [ועושין סוכה] בחולו של מועד. ועוד אמרו חכמים אע"פ שאמרו אין אדם יוצא בלולבו של חבירו אבל יוצא הוא בסוכתו של חבירו שנאמר כל האזרח בישראל וגו'. מלמד שכל ישראל ראויין לישב בסוכה אחת. והאי דכתיב תעשה לך למעוטי גזולה אבל שאולה כשרה היא: ת"ר מעשה בר' אליעזר ששבת בסוכת יוחנן בן אלעאי הגיעה המה בשפת הסוכה א"ל מהו לפרוש עליה סדין א"ל אין שבט מישראל שלא העמיד שופטים כו'. הגיעה חמה במרגלותיו של ר"א עמד ר' יוחנן ופרס עליה סדין. הפשיל ר' אליעזר טליתו ויצא. ואסיקנא שבת היתה שלא היה ר' אליעזר יוצא מביתו ברגל. ולמה לא השיבו מפני שלא אמר דבר שלא שמע מרבו מעולם ואמאי לא פשיט ליה מדידיה דתנן פקק החלון ר' אליעזר אומר בזמן שתלוי וקשור פוקקין בו דילמא

מסורת הש"ס

[לעיל ט.] [לעיל כג.] [לקמן לה.] [לעיל ט.] [עיין תוס' פסחים קח. ד"ה שנאמר ושמחת] [תוספ' פ"ב] ברכות כז: וסוף מס' כלה ועי' מג"א סי' קנו. שלא יאמרו שהתיר את הדבר כ"ה בס"א. [לקמן כח: ל. לה. מח: פסחים לח.] [צ"ל ומדמרבינן פי' מהר"ם ורש"ל] [יומא סו:] [לקמן כח.]

§ מסכת סוכה דף כז: §

אות א'

יוצאין מסוכה לסוכה, ועושין סוכה בחולו של מועד

סימן תרל"ז ס"א - [א]מי שלא עשה סוכה, בין בשוג בין במזיד, עושה סוכה בחולו של מועד - אשמועינן שלא קנסוהו עבור זה, [ב][עיין בביאור הגר"א בשם הירושלמי]. **וכ"ש** אם נפלה סוכתו ביו"ט, דעושה אותה בחוה"מ, [גמרא].

וביו"ט אסור להקימה, ואפילו אם הרוח הפיל ממנה רק מקצת מן הסכך לבד, אין להוסיף ביו"ט בעצמו, **וע"י** עכו"ם, אפילו נפל הסכך כולו ג"כ יש להתיר.

אפי' בסוף יום שביעי - דכתיב: חג הסוכות תעשה לך שבעת ימים, ה"ק רחמנא: עשה סוכה בחג, [גמ'], פי' באיזה ימים משבעת הימים שתרצה, ואפילו ביום השביעי, אם לא עשית קודם לכן, **וביה"ש** אסור לעשותה ע"י עצמו, דהוי ספיקא דאורייתא, **וע"י** עכו"ם שרי לעשותה, [דהא צריך לישב גם בשמיני, והוי שבות דשבות במקום מצוה דשרי, פמ"ג], ‹ע"ש שכתב: שבות דביה"ש, ודלמא יש כאן טעות סופר›.

גר שנתגייר בתוך ימי החג, עושה סוכה בימי החג הנותרים, [גמרא].

(**פשטיות הסוגיא משמע דמותר לבנותה מחדש בחוה"מ, וכן מוכח לשון הרמב"ם, והנה לא מיבעי אם איסור מלאכה בחוה"מ הוא מדרבנן, בודאי מותר לבנותה מחדש, ואפילו אם האיסור הוא בעלמא דאורייתא, ג"כ הכא מותר לבנותה מחדש, דהא המצוה הוא כל ז', כנלענ"ד ברור**).

[ג]**וכן יכול לצאת מסוכה זו ולישב באחרת** - אשמועינן דלא בעינן שיהיה סוכה לשבעת ימים דוקא, [עיין בגמרא]. **וכן** יכול לאכול בזו ולישן בזו [רש"י].

אות ב'

אע"פ שאמרו אין אדם יוצא ידי חובתו ביום טוב הראשון בלולבו של חבירו, אבל יוצא ידי חובתו בסוכתו של חבירו

סימן תרל"ז ס"ב - [ד]יוצאין בסוכה שאולה - דכתיב: כל האזרח בישראל ישבו בסוכות, מלמד שכל ישראל ראויין לישב בסוכה אחת, [גמרא], והיינו זה אחר זה, וזה א"א שיהא לכולם, דלא מטי לכל חד שוה פרוטה, אלא ע"י שאלה, [רש"י].

[ה]**וכן יוצאין בשל שותפות** - ק"ו משאולה, וכ"ש כאן דיש לו חלק בה והנשאר הוא שאול לו, דעל דעת כן נשתתפו.

אות ג'

מניין שחייב אדם להקביל פני רבו ברגל

רמב"ם פ"ה מהל' תלמוד תורה ה"ז - וחייב אדם להקביל פני רבו ברגל.

(עיין במ"א שמחלק בין רגל לשבת, דבשבת רק מצוה, וברגל חיובא, [ו]והוא דוחק גדול להמעיין בהש"ס, **אכן** מבואר בריטב"א שכתב, ובאמת הקבלה הוא כפי קירובו לרבו, כי אם הוא בעיר, חייב לראותו בכל יום, ולא סגי בלא"ה, ואם הוא חוץ לעיר במקום קרוב, פעם אחת בשבוע או בחודש, וזהו הענין בשונמית, ואם הוא במקום רחוק, יש לו לראותו פעם אחת ברגל עכ"פ – בה"ל סימן ש"א ס"ד).

אות ד'

וחכמים אומרים: בין כך ובין כך פוקקין

סימן שי"ג ס"א - פקק החלון, כגון: לוח, או שאר כל דבר שסותמין בו החלון, יכולים לסתמו אפילו אם אינו קשור - ואפילו על ארובה שבגג שרי, ואינו נחשב לאהל, ‹ליאסר מטעם דעושה אהל עראי לכתחלה›, דהאהל כבר עשוי, וכשפוקקו אינו אלא מוסיף על האהל, דהיינו שמכסה החלל שהיה באהל, וגם הוא עראי, **ולא אמרינן דהוי כמוסיף על הבנין** - ‹ליאסר מטעם דמוסיף על אהל קבוע›, כיון שדרכו בכך לפתוח ולסגור תמיד, ‹ותוספת עראי על אהל קבוע מותר – הר צבי, וכן משמעות הפמ"ג, ודלא כחז"א›. (**ואם אינו עומד לפתוח אלא לעתים רחוקות, אסור כמוסיף על אהל קבוע, כ"כ המ"א והפמ"ג, וע"כ בעינן שיהא הפקק קשור ותלוי מבעוד יום**).

הר"י הלוי כתב, דהא דאיתא בש"ס, שפקקו את החלון בשבת מפני המת, שלא יכנס הטומאה לבית ויטמאו הכלים, **היינו** דוקא קודם שימות המת, דלא הוי אלא תוספת אהל עראי, וגם לא מיקרי מתקן עדיין, **אבל** לאחר מיתתו מיקרי תיקון גמור, **והמג"א** חולק עליו, וסובר דזה לא מיקרי מתקן, דהכלים שהיו בתוכו כבר נטמאו, ואינו מועיל אלא להבא, שלא יטמאו כל אשר יהיה אח"כ בהבית, **ובשע"ת** מצדד כהמ"א.

והוא שיחשוב עליו מע"ש לסתמו בו - וזה מהני אפילו אם לא נשתמש בו עדיין מעולם לזה, **וכ"ש** אם נשתמש בו מכבר אפילו רק פעם אחת, דכבר ירדה עליהם תורת כלי, ולא צריך תו אפילו מחשבה. (**ובקשור א"צ אפילו מחשבה, ב"ח וא"ר**).

(**היינו דכיון דהכינו לכך, לית ביה איסור טלטול, ובלא"ה אסור משום טלטול, אבל משום בנין לא שייך בפקק החלון כלל, כ"כ הב"ח וכן הפמ"ג, ולפי"ז מה שכתב השו"ע "לסתמו בו", הוא לאו דוקא, דה"ה אם הכין במחשבה לאיזה דבר שיהיה, סגי, וכן ביאר הפמ"ג, וכתב עוד, דאם הוא כלי, אף אם הוא כלי שמלאכתו לאיסור, כגון דף שעורכין עליו, דהוא מותר לצורך גופו, תו א"צ אפילו מחשבה, וכן משמע בהרא"ש דהטעם הוא משום איסור טלטול, ובביאור** הגר"א כתב, דטעם השו"ע הוא כרש"י, דאל"ה נראה כמוסיף על הבנין).

באר הגולה

א **ברייתא כ"ז וכחכמים** ב ‹ירושלמי שם תני בשם ר"א, מי שלא עשה סוכתו בערב הרגל אל יעשנה ברגל, והתני בר קפרא נפלה סוכתו ברגל יקימנו ברגל, קנס קנסו ר"א שלא עשה סוכתו מערב הרגל, אלמא דפליגי במזיד, ואע"ג דבגמ' [כ"ז] לא משמע כן, מ"מ לדינא לא פליג אירושלמי, דרבנן בכל ענין מתירין – גר"א› ג **שם וכחכמים** ד **ברייתא שם וכחכמים** ה **מכל שכן דהא עדיפא משאולה, ריב"ש** ו ‹ונראה ברור בכוונתו, דבסוכה שם א"ר יצחק מנין שחייב אדם להקביל פני רבו ברגל, שנאמר מדוע את הולכת אליו היום לא חדש ולא שבת, מכלל דבחדש ושבת מיחייב איניש לאקבולי אפי רביה. והרי דהמקור לחיוב הקבלת פני רבו ברגל, הוא מהשונמית שהיתה הולכת לרבה אלישע בר"ח ובשבת, וא"כ לא יתכן דרגל שנלמד משם יהא יותר חמור – היכל העין›

ודע, דהא דבעינן דעתו מע"ש, היינו דוקא בדבר שדרך לבטלו שם, אבל דבר שאין דרך לבטלו לעולם, אלא לפי שעה, כגון בגד וכיו"ב, מותר לסתום בו אפי' לא היה דעתו עליו מע"ש. ‹**לכאורה** זהו דוקא להגר"א, דהטעם משום דנראה כמוסיף על הבנין, דאי משום טלטול, מאי נ"מ›.

והוא שיחשוב וכו' - (עיין בב"י דכן הוא מסקנת הרא"ש, ודלא כהר"ן דבעי שיהיה תורת כלי, כמו בקנה לקמיה, **אמנם** מצאתי דהרבה ראשונים ס"ל כוותיה, הלא המה הרמב"ן והרשב"א והרא"ם, וע"כ צ"ע למעשה).

---

§ מסכת סוכה דף כח. §

אות א'

ולא ישנתי בבית המדרש לא שינת קבע ולא שינת עראי

יו"ד סימן רמו סט"ז - [א]אין ישנים בבית המדרש; [ב]וכל המתנמנם בבית המדרש, חכמתו נעשית קרעים, שנאמר: וקרעים תלביש נומה.

אות ב'

ולא שחתי שיחת חולין

יו"ד סימן רמו סי"ז - [ג]אין משיחין בבית המדרש אלא בדברי תורה; אפילו מי שנתעטש, אין אומרים לו: רפואה, בבית המדרש - מפני ביטול בהמ"ד, **וכתב** הפרישה, אפשר דזהו דוקא בימיהם, שלא ראו מספריהם לחוץ, כל שכן שלא היו משיחים, אבל עכשיו דבלא"ה אין נזהרים, אומרים "רפואה", ע"כ - ש"ך. [**ולא היה לו לכתוב דבר זה לבדות קולא מלבו, דאף שמצינו באו"ח סי' ע' סברא כזו, לענין חתן שקורא ק"ש עכשיו, כיון שגם שאר בני אדם אינם מכונים, היינו משום שנמשך מזה דבר טוב, שיקרא ק"ש, משא"כ כאן שימשך מזה דבר מגונה, שהשומע סבר מדהותרה עכשיו לומר "רפואה", הותרה הרצועה וישיח ג"כ שיחה בטלה, וכבר אנו מוזהרים בזה בעונש גחלי רתמים ח"ו, ע"כ אין להשגיח בזה להקל, ואדרבה יהיה הרב מזהיר ע"ז, וילמדו ק"ו לאיסור שיחה בטלה, והמרבה בכבוד התורה ה"ז מכובד ומשובח – ט"ז**].

[ד]וקדושת בית המדרש חמורה מקדושת בית הכנסת - היינו בית המדרש של רבים דומיא דבית הכנסת, אבל יחיד הקובע מדרש בביתו לצרכו, י"א שאין לו קדושה כל כך, כמו שנתבאר באו"ח סימן קנ"א ס"ב, **ועיין** עוד שם מדיני קדושת ביה"כ ובית המדרש - ש"ך.

יו"ד סימן רמו סכ"ה - [ה]כל שאפשר לו לעסוק בתורה ואינו עוסק, או שקרא [ו]ושנה ופירש להבלי העולם והניח תלמודו וזנחו, הרי זה בכלל: כי דבר ה' בזה. (ואסור לדבר בשיחת חולין). (הגהות מיימוני בשם הז"ל) (ועיין באו"ח סימן ס"ז סעיף י"ז).

אות ג'

ולא הלך ארבע אמות בלא תורה ובלא תפילין

רמב"ם פ"ד מהל' תפילין הכ"ה - קדושת תפילין קדושתן גדולה היא, שכל זמן שהתפילין בראשו של אדם ועל זרועו, הוא עניו וירא שמים, ואינו נמשך בשחוק ובשיחה בטילה, ואינו מהרהר מחשבות רעות, אלא מפנה לבו בדברי האמת והצדק; לפיכך צריך אדם להשתדל להיותן עליו כל היום, שמצותן כך היא; אמרו עליו על רב תלמידו של רבינו הקדוש, שכל ימיו לא ראוהו שהלך ארבע אמות בלא תורה או בלא ציצית או בלא תפילין - ‹מגילה כ"ח. איתא רבי זירא – כסף משנה›.

אות ד'

ולא הרהר במבואות המטונפות

סימן פה ס"ב - [ז]אפי' להרהר בד"ת, אסור בבית הכסא ובבית המרחץ [ח]ובמקום הטנופת, והוא המקום שיש בו צואה ומי רגלים - ואפילו בתוך הד"א של הבה"כ ממקום שכלה הריח, ג"כ אסור להרהר. **וטעם** איסור ההרהור בכל אלו המקומות, משום דבעינן "והיה מחניך קדוש" וליכא.

ובית המרחץ נפיש זוהמא בתוכו ומאוס, והו"ל כצואה ובה"כ, ואפילו בזמן שאין שם אדם.

וכן אסור לעיין בבה"כ במשקלי השמות והפעלים של לשון הקודש, שאין דרך להגיע לידיעה רק ע"פ הכתובים, ויבוא להרהר במקרא, **ויחשוב** שם חשבונות ביתו והוצאותיו, כדי שלא יבא לידי הרהור, ובשבת יחשוב בבנינים וציורים נאים, **ופשוט** דמותר אדם להתבונן בבה"כ בגודל שפלותו, ושבסופו יחזור כולו להיות עפר רימה ותולעה, ואין נאה לו הגאוה.

באר הגולה

[א] רמב"ם מתשובתו דרבי זירא על ששאלו אותו במה הארכת ימים מגילה דף כ"ח ע"א [ב] מימרא דרבי זירא סנהדרין דף ע"א, ופי' רש"י קרעים, משכח תלמודו ואינו נזכר אלא בסירוגין [ג] שם מברייתא ברכות דף נ"ג. ‹**מציון** זה משמע, דהעין משפט לומד "דלא שחתי שיחת חולין" היינו בבהכ"נ, ומציון הבא סעיף כ"ה מבואר, דלא שח שיחת חולין אפי' בעלמא› [ד] כרב פפי ומימרא דריב"ל מגילה דף כ"ו כ"ז [ה] סנהדרין דף צ"ט. וכרבי נהוראי [ו] שם כר"י בן קרחה וחגיגה דף ט' ע"א וע"ב [ז] שבת מ' [ח] רמב"ם

רש״י

ההם מבטל ליה· להאי פקק לגבי חלון וחשיב ליה מסתלק עצמו הלכך האי מוסיף אבל הדין אף שהדי דלא מבטיל ליה לגבי סוכה וסופו ליטלו הלכך לא פשיטא לרבי אליעזר דליהוי מוסיף: **אינן אלא מפי השמועה**· בתמיה: **הזקקתוני**· כלומר הזקיקוני לומר דבר ס׳ אגיד לכם את מודותי וזו אחת מהן: **שיחת חולין**· דברי הבאי ושחוק כלומר מה שספק בידי לא מפני (*שסרחתי) בכל אלה ולא אפשר שאמרו רבותי דבר בבית המדרש ולא שמעתיו ומה שלא שמעתי לא אומר שכך היה מדמי: **בלא תורה**· בלא גירסא שהיה הולך ושונה תמיד: **חוץ מערבי פסחים**· מפני עשיית פסחיהם ומפני התינוקות שלא ישנו כך מפורש בפסחים (דף קט׳): **וערב יום הכפורים**· שצריך לאכול מבעוד יום: **משנה**· (ג) כגון משנה וברייתא של ששה סדרים: **גמרא**· זו היא סברא שהיו התנאים אחרונים מדקדקים בדברי הראשונים הסתומים לפרשם וליתן בהן טעם כמו שעשו האמוראים אחר התנאים שפירשו דברי התנאים שלפניהן וקבעו בהן גמרא ואותו דיוק שבימי התנאי׳ נקרא הש״ס: **הלכות**· הלכה למשה מסיני כגון גוד ולבוד ודופן עקומה שיעורין *חלילין מחיצין עשר נטיעות ערבה וניסוך המים: **דקדוקי תורה**· ריבויי אותיות שבאין לדרוש בהן ריבוים ומעוטים כגון האזרח להוציא הנשים שדקדקה התורה בלשונה לכתוב אות יתירה ללמד: **דקדוקי סופרים**· שהוסיפו לדקדק אחר מעשה הבריות ולהחמיר ולעשות סייג ואזנים לתורה וגזרו גזרות להרחיק את האדם מן העבירה ודומה בבכורות (ד׳ ל:) גר הבא לקבל תורה עליו חוץ מדבר אחד אין מקבלין אותו ר׳ יוסי אומר אפילו דקדוק אחד מדקדוקי סופרים: **קלים וחמורים**· דברים הלמדין בק״ו שניתנו לדון מעצמן לכל אדם ולא פירשו כלום בסיני: **וגזרות שוות**· דברים הלמדין בג״ש: **תקופות**· חשבון הילוך חמה ולבנה: **וגימטריאות**· דברים הלמדין בלשון גימטריא כגון (ירמיה כה) ששך בבל בא״ת ב״ש כשדים (שם נא) לב קמי בא״ת ב״ש סהדה מנין (לקמן ד׳ נב:) בא״ם ב״ח וכן לפי מנין האותיות כגון סתם נזירות שלשים יום (נזיר ד׳ ה׳) מקדוש יהיה יהי״ה בגימטריא שלשים הוו: **שיחת מלאכי השרת שיחת שדים שיחת דקלים**· לא ידענא מאי היא*): **משלות כובסין ומשלות שועלים**· שיסדו קדמונים לתת אמתלא לתוכחתם ותולין אותן בכובסים ובשועלים כגון (סנהדרין לט׳) מאוכי לדק אבות אכלו בוסר: **הויות דאביי ורבא**· כל איבעי׳ להו לאביי ורבא הוה מספקא להו ובכולן נתן את לבו ונתן בהן טעם ובימי אמוראים נשתכחו: **נשרף**· שהיו מלאכי השרת מתקבלין סביביו לשמוע דברי תורה מפיו: **מתני׳ מהם ראיה**· בתמיה: **נשים ועבדים**· מפרש בגמרא: **גמ׳ האזרח**· בבני ישראל ישבו בסוכות: **אזרח זה אזרח**· אי הוה כתיב אזרח הוי משמע כל תולדות ישראל אנשים ונשים: **כתיב האזרח**· מיומן שבאזרחים להוציא את הנשים: **לרבות את הקטנים**· לקמן רמינן מתניתא עלה: **בעינוי**· יום הכפורים דכתיב תענו את נפשותיכם וכל מלאכה לא תעשו האזרח והגר אלמא ה׳ לרבויי אתא: **אמר רבה הלכתא נינהו ואסמכינהו רבנן אקראי**· הנך תרי מילי ליכא למידרשינהו לתרווייהו מקראי דאם זו ה׳ לרבות אף זו ה׳ לרבות ואם זו למעט אף זו למעט אלא על פי הלכה שנאמרה למשה מסיני באחד מהן לחילוף נאמרו שני דברים הללו זו לחיוב וזו לפטור וחדא מינייהו לאו ממשמעותא אלא רבנן אסמכינהו אקראי חדא ממשמעותא וחדא אסמכתא בעלמא דהאי קרא חילופא משמע ומילתא אחריתי אתא: **ה״ג הי קרא והי הלכתא והי למה לי הלכתא**· הי קרא הי מינייהו ממשמעותא והי לאו ממשמעותא דקרא דהאי קרא חילופא משמע אלא מהלכתא הוא דאתמר והי למה לי קרא למה לי הלכתא לא בסוכה לפטור ולא בעינוי לחיוב: **נשים פטורות**· בפ״ק דקדושין (ד׳ לד׳) מפרש: **ויום הכפורים**· לא תעשה הוא וכרת הוא וכל מצות לא תעשה בין זמן גרמא בין לא זמן גרמא נפקא לן בקדושין (ד׳ לה׳) מדרב יהודה דחייבות: אמר

*) עי׳ בערוך ערך סח פירוש ע״ז.

גמרא

התם הוא דמבטל אבל הכא דלא מבטל לא ת״ר מעשה ברבי אליעזר ששבת בגליל העליון ושאלוהו שלשים הלכות בהלכות סוכה שתים עשרה אמר להם שמעתי שמונה עשר אמר להם לא שמעתי ר׳ יוסי בר׳ יהודה אומר חילוף הדברים שמונה עשר אמר להם שמעתי שתים עשרה אמר להם לא שמעתי אמרו לו כל דבריך אינן אלא מפי השמועה אמר להם הזקקתוני לומר דבר שלא שמעתי מפי רבותי *מימי לא קדמני אדם בבית המדרש ולא ישנתי בבית המדרש לא שינת קבע ולא שינת עראי ולא הנחתי אדם בבית המדרש ויצאתי ולא שחתי שיחת *חולין ולא אמרתי דבר *שלא שמעתי מפי רבי מעולם אמרו עליו על רבן יוחנן בן זכאי מימיו לא שח שיחת חולין ולא הלך ד׳ אמות בלא תורה ובלא תפילין ולא קדמו אדם בבית המדרש ולא ישן בבית המדרש לא שינת קבע ולא שינת עראי ולא הרהר במבואות המטונפות ולא הניח אדם בבית המדרש ויצא ולא מצאו אדם יושב ודומם אלא יושב ושונה ולא פתח אדם דלת לתלמידיו אלא הוא בעצמו ולא אמר דבר שלא שמע מפי רבו מעולם *ולא אמר הגיע עת לעמוד מבית המדרש חוץ מערבי פסחים וערבי יום הכפורים וכן היה ר׳ אליעזר תלמידו נוהג אחריו תנו רבנן *שמונים תלמידים היו לו להלל הזקן שלשים מהן ראוים שתשרה עליהן שכינה *כמשה רבינו ושלשים מהן ראוים שתעמוד להם חמה כיהושע בן נון עשרים בינונים גדול שבכולן יונתן בן עוזיאל קטן שבכולן רבן יוחנן בן זכאי אמרו עליו על רבן יוחנן בן זכאי שלא הניח מקרא ומשנה גמרא הלכות ואגדות דקדוקי תורה ודקדוקי סופרים קלים וחמורים וגזרות שוות תקופות וגימטריאות שיחת מלאכי השרת ושיחת שדים *ושיחת דקלים משלות כובסין משלות שועלים דבר גדול ודבר קטן דבר גדול מעשה מרכבה דבר קטן הויות דאביי ורבא לקיים מה שנאמר (משלי ח) °להנחיל אוהבי יש ואוצרותיהם אמלא וכי מאחר שקטן שבכולן כך גדול שבכולן על אחת כמה וכמה אמרו עליו על יונתן בן עוזיאל בשעה שיושב ועוסק בתורה כל עוף שפורח עליו מיד נשרף: **מתני׳** *מי שהיה ראשו ורובו בסוכה ושולחנו בתוך הבית ב״ש פוסלין וב״ה מכשירין אמרו להם ב״ה לב״ש לא כך היה מעשה שהלכו זקני ב״ש וזקני ב״ה לבקר את רבי יוחנן בן החורנית ומצאוהו שהיה יושב ראשו ורובו בסוכה ושולחנו בתוך הבית ולא אמרו לו דבר אמרו להם ב״ש *משם ראיה אף הם אמרו לו אם כן היית נוהג לא קיימת מצות סוכה מימיך נשים ועבדים וקטנים פטורין מן הסוכה **קטן שאינו צריך לאמו חייב בסוכה מעשה *וילדה כלתו של שמאי הזקן ופיחת את המעזיבה וסיכך על גבי המטה בשביל קטן: **גמ׳** מה״מ דת״ר אזרח זה אזרח *(ויקרא כג) °האזרח להוציא את הנשים *כל לרבות את הקטנים אמר מר האזרח להוציא את הנשים למימרא דאזרח בין נשים בין גברי משמע והתניא האזרח לרבות את הנשים האזרחיות שחייבות בעינוי אלמא אזרח גברי משמע אמר רבה הלכתא נינהו ואסמכינהו רבנן אקראי הי קרא והי הלכתא ותו קרא למה לי הלכתא למה לי הא סוכה מצות עשה שהזמן גרמא וכל מצות עשה שהזמן גרמא נשים פטורות (א) יום הכפורים מדרב יהודה אמר רב נפקא דאמר רב יהודה אמר רב וכן תנא דבי רבי ישמעאל אמר קרא (במדבר ה) °איש או אשה

השוה

תוספות

כל עוף שפורח עליו מיד נשרף. שהדברים שמחים כנתינתם בסיני שנתנה תורה באש וכענין זה מליט במדרש בעובדא דרבי אליעזר ורבי יהושע שהיו מסובין בסעודה וליהטה האש סביבם*:

הלכתא נינהו· הלכתא היא גרסינן לשון יחיד דחדא מינייהו הלכתא ותו לא וכרים בעת טוסים (נדה דף לג׳) גבי אין לי אלא אשה נקט לשון רבים לפי שמסופק על שניהם הי מינייהו הלכתא:

רבינו חננאל

התם משום דמבטל ליה לפקק וחלון קא אמר את שאינו תלוי. אבל הכא דלא מבטל ליה לסרין אימא לא תיבטל נמצא הדבר ספק. וכן שאלו שלשים הלכות את ר׳ אליעזר בענין סוכה. י״ב השיב להן. י״ח אמר להן לא שמעתי. אמרו לו כל דבריך אינן אלא מפי השמועה. אמר להן הזקקתני לומר דבר שלא שמעתי מפי רבותי ובא להודיע שלא נתרשל בשימוש בבהמ״ד אמר לעולם לא קדמני אדם לבהמ״ד ולא ישנתי בו שינת קבע ולא עראי ולא הנחתי אדם בבהמ״ד ויצאתי ולא שחתי שיחת חולין ולא אמרתי דבר שלא שמעתי מרבותי שהיה נוהג ר׳ אליעזר כמנהג ריב״ז בכל אלו והיה שר ריב״ז נוהג לא הלך ד׳ אמות בלא תורה ובלא תפילין. ולא מצאו אדם יושב דומם אלא שונה ולא פתח אדם דלת לתלמידים אלא הוא. מכלל שהיה משכים ומקדים. ולא אמר הגיע זמן לצאת מבהמ״ד חוץ מערבי פסחים שבתות וימים טובים: **ת״ר פ׳** תלמידים היו לו להלל הזקן. ל׳ מהן ראוין שתשרה שכינה עליהן כמשה רבינו ול׳ מהן [ראוין] שתעמוד להן חמה כיהושע בן נון ועשרים בינתיים. הגדול שבכולם יונתן בן עוזיאל אמרו עליו כל עוף שפורח עליו באויר בשעה שהיה עוסק בתורה מיד נשרף כלומר זיו השכינה היה במושבו. קטן שבכולן ריב״ז אמרו עליו על ריב״ז שלא הניח מקרא משנה תלמוד הלכות ואגדות דקדוקי תורה ודקדוקי סופרים קלין וחמורין וגז״ש תקופות וגימטריא[ות] מלאכים ושיחת שדים ושיחת דקלים משלות שועלין משלות כובסין דבר גדול מעשה מרכבה דבר קטן הויות דאביי ורבא פי׳ הקושיות שהיו נושאין ונותנין בה עכשיו אביי ורבא פשוטות וסדורות [...] ומבוונות ביד ריב״ז *)וכך היו מתעסקין בהן: **ירושלמי** ר׳ אבדמא מלחא תוה דמוך אחנותיה עבר ר׳ חייא בר אבא וחזייא א״ל ויל דמוך גו סטלתך וכן א״ר יוסי. ר׳ זעירא סליק לגוורה.פי׳ לשבועה בורר׳ [...]א ולא קיבל עליו מטעים מידי **)עד דמיפני מוסף או משום שאין שבת לת״ח להניח ביתו (בערב) [בתלל].תני כל שאוסרים עליו ג׳ ברכות לאחריו אומר לפניו ברכת המוציא כל שאין אומרים עליו ג׳ ברכות לאחריו [...] אומרים עליו המוציא התיכון פרות מכביצה אין אומרים (לפניו) [אחריו] ג׳ ברכות מעתה אין אומרים לפניו המוציא ושני ר׳ אחא לשאר המינין נצרכה כלומר כל מין שחייב אחריו ג׳ ברכות אומרים לפניו המוציא: [מת]ני׳ מי שהיה ראשו ורובו בסוכה כו׳. נשים ועבדים וקטנים פטורים כו׳ מנא לן שהנשים פטורות דת״ר אזרח הייתי אומר אזרח [בין איש] בין אשה. האזרח להוציא את הנשים. ואקשינן למימרא דאזרח [בין] איש ובין אשה משמע. והתניא בענין הכפורים האזרח לרבות הנשים האזרחיות לעינוי אלמא אי לאו דרבי להו לנשים מהאזרח מתוספת ה״א אזרח גברי משמע נשי לא משמע. ומשני רבה הלכתא היא [ואסמ]כוה אקרא. כלומר הדא קרא והדא הלכתא. ואמרינן איזו היא קרא ואיזו היא הלכתא. ותוב הא תרתי בסוכה שהנשים פטורות וביוה״כ שהנשים חייבות אין צריכות לא קרא ולא הלכתא. ישיבת סוכה

*) אינו מובן ואולי דצ״ל ואח״כ נשתכחו מהן וכן פרש״י ובימי אמוראים נשתכחו. **) נ״ל או משום דלא הוי עסקיה טעם כלום עד דמפני מוסף וכו׳. וכ״ה שם בירושלמי.

כתב בספר תוספות ירושלים בשם הירושלמי, דבבורסקי אסור להתפלל וכן להזכיר כל דבר שבקדושה, והוא שהותחל העיבוד שיש ריח רע, אבל אם עדיין לא התחיל מותר, **ופשוט** דבזמן שאסור, הוא אפילו להאומן עצמו שמורגל בהריח רע ואינו מרגיש, כל שבני אדם מצטערים מזה הר"ר.

כתב ב"י: מי שתלמודו שגור בפיו, והרהר בבה"כ ובבית המרחץ לאונסו, מותר. **יש** אומרים דכיון דאנוס הוא בהרהורו, יכול אפילו לבטא בשפתיו, וכן משמע מזבחים ק"ב ע"ב, **אבל** בספר ברכי יוסף מסיק, דהדבור אסור בכל גווני, והראיה מהגמרא יש לדחות, כמש"כ שם הרב ברכת הזבח וצאן קדשים, **ומה** שכתב: דאם הרהר לאונסו מותר, היינו ר"ל דאם הרהר לא עבד איסורא מאחר שהיה לאונסו, **ברם** לכתחילה חובת גברא לדחות ההרהור, וכ"ש דהדבור אסור, **וכ"כ** בספר ישועות יעקב דהדבור אסור.

הגה: ואפי' הלכות המרחץ אסור ללמוד במרחץ (ר"ן וב"י בשם א"ח).

יו"ד סי' רמו סכ"ו - ואסור לעסוק בדברי תורה במקומות המטונפים, ולכן אמרו שאסור לתלמיד חכם לעמוד במקומות המטונפים, מפני שלא יהרהר בדברי תורה; ומ"מ מותר ליכנס למרחץ אף מתוך הלכה שאינה פסוקה (ת"ה), ולא חיישינן שיהרהר, דבמרחץ שומר עצמו מהרהור תורה. (סברת הרב דלא כמסקנת ת"ה שמגמגם בזה).

אות ה'

ולא אמר הגיע עת לעמוד מבית המדרש, חוץ מערבי פסחים וערבי יום הכפורים

סימן תעב ס"א - [ט]**יהיה שלחנו ערוך מבעוד יום, כדי לאכול מיד כשתחשך** - לאו דוקא, והכונה כדי שיהיה אפשר לו להתחיל הסדר תיכף משתחשך, ולא ישתהה.

[י]**ואף אם הוא בבית המדרש** - ר"ל שעוסק בלמודו, **יקום** - וה"ה לענין תפלה, צריך לזרז עצמו לקרות ק"ש ולהתפלל, ולילך תיכף לביתו.

מפני שמצוה למהר ולאכול בשביל התינוקות שלא ישנו - ר"ל לזרז לעשות הסדר, כדי שלא יישנו התינוקות כשידעו שלא ישתהה הרבה עד האכילה, וממילא ישאלו "מה נשתנה", וישיב להם ויקיים מה שכתוב: והגדת לבנך ביום ההוא.

[יא]**אבל לא יאמר קידוש עד שתחשך** - ר"ל לאחר צאת הכוכבים, ולא בין השמשות, **דלא** תימא, כיון שמצוה למהר, יתחיל הקידוש וההגדה מבעוד יום, כמו שמצינו בשבת ויו"ט, שיכול להוסיף מחול על הקודש, ולקדש ולאכול מבעו"י, **קמ"ל** דלגבי פסח אינו כן, לפי שאכילת מצה הוקשה לפסח, שנאמר: על מצות ומרורים יאכלוהו, ופסח אינו נאכל אלא בלילה, והקידוש צריך להיות בשעה הראויה למצה, **ועוד** דכוס של קידוש הוא אחד מד' כוסות, וכולהו בתר הגדה ומצה ומרור גרירי.

אות ו'

מי שהיה ראשו ורובו בסוכה ושולחנו בתוך הבית, בית שמאי פוסלין

סימן תרלד ס"ד - עיין דף ג.

אות ז'

נשים ועבדים וקטנים פטורין מן הסוכה

סימן תרמ ס"א - [יב]**נשים ועבדים וקטנים פטורים מן הסוכה** - [יג]משום דהו"ל מ"ע שהזמן גרמא, ונשים פטורות, ועבד דינו כאשה, **ולענין** ברכה כשרוצין לישב בסוכה, עיין לעיל סי"ז, דנוהגין הנשים לברך, **אכן** אחרים לא יברכו להן, אפילו אין יודעין בעצמן, **אם** לא כשמברכין לעצמן.

[יד]**טומטום, ואנדרוגינוס** - שיש לו סימני זכרות ונקבות, **חייבים מספק** - ומ"מ לא יברכו, דברכה דרבנן, וספיקא לקולא, וכדלעיל סי"ז ס"ב, **ומ"מ** אם רוצים לברך הרשות בידן, דלא גריעי מאשה.

וכן מי שחציו עבד וחציו בן חורין, חייב.

באר הגולה

[ט] **ברייתא פסחים ק"ט וכפי' רש"י** [י] **ברייתא שם** [יא] **משנה שם צ"ט** [יב] **משנה סוכה כ"ח** [יג] ‹ט"ז. **לכאורה** צ"ע, דלמסקנת הגמרא סוכה דף כ"ח: אין זה טעם הפטור, אלא דהלכתא גמירא לה, וכבר העיר על זה בפמ"ג. **ומה** שתירץ דנקט כן משום עבדים, דאין דנין ק"ו מהלכה, וא"כ ה"ה ג"כ דגז"ש דלה לה לא גמרינן מהלכתא, צ"ע. דאף דמדברי רש"י בשבת דף קל"ב. משמע כן, דכל י"ג מדות אין למדין מהלכה, מ"מ מדברי התוס' במגילה דף ד', ובפסחים דף מ"ג, נראה בפי' דס"ל דלמדין גז"ש מהלכה. **אכן** באמת דברי הט"ז בלא"ה אתין שפיר, כיון דלרבא לא צריך הלכתא בסוכה אלא שלא לגמור ט"ו מחג המצות, א"כ ע"כ לא נמסרה ההלכה רק על לילה הראשונה, אבל בשאר הימים באמת הטעם דפטור הוא משום מ"ע שהזמן גרמא, וידוע דהלכה כרבא לגבי אביי, לכן נקט הט"ז טעם המסקנא – ביכורי יעקב› [יד] **רמב"ם, ונלמד מדין שופר, וציינתיו בסי' תקפ"ט**

אות ח׳

קטן שאינו צריך לאמו חייב בסוכה

סימן תרמ ס״ב - [טו]**קטן שאינו צריך לאמו, שהוא כבן** [טז]**חמש, כבן שש** - כל חד כפום חורפיה, [והיינו דאם הקטן הוא חריף, שיעורו מבן ה׳ ולמעלה, ואם איננו חריף, מבן ששה ולמעלה, **ולדעה** זו אין נ״מ בין איתיה לאבוה במתא לליתא במתא. **ובביאור** הגר״א כתב, דט״ס הוא בשו״ע מה שכתב: בן ה׳].

חייב בסוכה מדברי סופרים, כדי לחנכו במצות - ואם אין לו אב, י״א דאמו וב״ד חייבים לחנכו, **ולכו״ע** אסור להאכיל לקטן בידים חוץ לסוכה, אפילו לאדם אחר, דהיינו ליתן לתוך פיו, או לצוות לו לאכול, [**ולאפוקי** כשמניח לפניו לאכול והוא אוכל מעצמו, **אבל** אביו מחוייב מחמת מצות חינוך למנוע אותו שלא לאכול חוץ לסוכה].

ודעת כמה אחרונים, דמבן חמש ולמעלה, אם אביו הוא בעיר, שאינו צריך אז כ״כ לאמו, מחוייב אביו לחנכו בסוכה אפילו אם איננו חריף, [**ובליתיה** לאבוה במתא כל השנה, אפי׳ אם בא על חג הסוכות לביתו, דבזה הוא מורגל עם אמו, שיעורו מבן ששה ומעלה].

באר הגולה

טו שם במשנה | טז רמב״ם מברייתא בעירובין דף פ״ב, ופירוש כבן חמש וכו׳, שלמות, וכל חד וחד לפום חורפיה

סב א מיי' פ"ו מהל' סוכה הל' א סמג עשין מג טוש"ע א"ח סי' תרמ סעיף כ:
סג ב מיי' שם הל' ה סמג עשין מג טוש"ע א"ח סי' תרלט סעיף א:
סד ג מיי' שם הל' ט טוש"ע שם סעיף ד:

*השוה הכתוב אשה לאיש לכל עונשין שבתורה אמר אביי לעולם סוכה הלכתא ואיצטריך ס"ד אמינא תשבו כעין תדורו מה דירה איש ואשתו אף סוכה איש ואשתו קמ"ל רבא אמר איצטריך ס"ד אמינא יליף חמשה עשר חמשה עשר מחג המצות מה להלן נשים חייבות אף כאן נשים חייבות קמ"ל והשתא דאמרת סוכה הלכתא קרא למה לי לרבות את הגרים סד"א °האזרח בישראל אמר רחמנא ולא את הגרים קמ"ל יום הכפורים מדרב יהודה אמר רב נפקא לא נצרכא אלא לתוספת עינוי סד"א הואיל ומיעט רחמנא לתוספת עינוי מעונש ומאזהרה לא נתחייבו נשים כלל קמ"ל: אמר מר כל לרבות את הקטנים והתנן נשים ועבדים וקטנים פטורין מן הסוכה ל"ק כאן [ב]בקטן שהגיע לחינוך כאן בקטן שלא הגיע לחינוך *קטן שהגיע לחינוך מדרבנן הוא מדרבנן וקרא אסמכתא בעלמא הוא: קטן שאינו צריך לאמו כו': *היכי דמי קטן שאינו צריך לאמו אמרי דבי ר' ינאי כל שנפנה ואין אמו מקנחתו רבי (*שמעון) אומר כל שנעור משנתו ואינו קורא אמא [אמא] גדולים נמי קרו אלא (אימא) כל שנעור ואינו קורא אמא אמא: מעשה וילדה כלתו כו': מעשה לסתור חסורי מחסר' והכי קתני ושמאי מחמיר ומעשה נמי וילדה כלתו של שמאי הזקן ופחת את המעזיבה וסיכך על המטה בשביל הקטן: **מתני'** כל שבעת הימים אדם עושה סוכתו קבע וביתו עראי ירדו גשמים מאימתי מותר לפנות משתסרח המקפה משלו משל למה הדבר דומה לעבד שבא למזוג כוס לרבו ושפך לו קיתון על פניו: **גמ'** ת"ר [ג]כל שבעת הימים אדם עושה סוכתו קבע וביתו עראי כיצד היו לו כלים נאים מעלן לסוכה מצעות נאות* מעלן לסוכה אוכל ושותה ומטייל בסוכה מה"מ *דת"ר °תשבו כעין תדורו מכאן אמרו כל שבעת הימים עושה אדם סוכתו קבע וביתו עראי כיצד היו לו כלים נאים מעלן לסוכה מצעות נאות מעלן לסוכה אוכל ושות' ומטייל בסוכה ומשנן בסוכה איני והאמר רבא מקרא ומתנא במטללתא ותנוי בר ממטללתא ל"ק [ד]הא במגרס הא בעיוני

כי

רש"י

אמר אביי לעולם סוכה · לפטור' הלכתא היא דאלו קרא חיובא קמרבי דאזרח גברי הוא דמשמע וה' לרבות את הנשים הוה לן למדרשיה כדדרשינן ביום הכפורים אלא שהלכה למשה מסיני פוטרתן ודקתני האזרח להוציא את הנשים אסמכתא בעלמא היא ועיקר קרא לרבויי אתא כדלקמן ודקשיא לך למה לי הלכתא לפוטרן הא מצות עשה שהזמן גרמא הוא איצטריך ס"ד כו': **רבא אמר איצטריך**· מה התם נשים חייבות באכילת מצה ואף ע"ג דמצה מצות עשה שהזמן גרמא דנפקא כדר"א בפסחים (דף מג:) שנאמר לא תאכל עליו חמץ שבעת ימים תאכל מצות כל שישנו בבל תאכל חמץ ישנו בקום אכול מצה ונשים ישנן במצות לא תעשה דהיינו אכילת חמץ: **והשתא דאמר סוכה לפטורה הלכתא היא** · ולאו ממשמעותא דאיגו ה' דקרא רבויא היא קרא למה לי כלומר אמאי אתא ה' דסוכה: **לרבות את הגרים** · שחייבים בסוכה: **מדרב יהודה נפקא** · ולמה לי קרא ה' דהאזרח לרבויי נשים לעינוי: **לתוספת עינוי** · שהצריך הכתוב להתחיל ולהתענות מבעוד יום: **הואיל וממעטיה קרא** · מלאו וכרת דכתיב בעינוי (ויקרא כג) בעצם היום הזה על עצמו של יום ענוש כרת ואינו ענוש כרת על תוספת עינוי ומאזהרה נמי אימעוט בפרק בתרא דיומא (דף פא·) נשים נמי נמעטי דלא ליחייבו ביה אפילו למצות עשה בעלמא: **קטן שהגיע לחינוך** · משאינו צריך לאמו: **אסמכתא בעלמא ניהו.** וקרא לרבי אליעזר כדאית ליה לרבות גר שנתגייר בינתים וקטן שגדל דעושים סוכה בחולו של מועד מה שאין שאר ישראל עושין או לרבנן כדאית להו שכל ישראל ראויין ליסב בסוכה אחת ולהכשיר סוכה שאולה: הכי גרסינן כל שניעור משנתו ואינו קורא אמא שאינו כרוך אחריה לקרותה בכל שעה שניעור: **ופרכי' [אמא] גדולים נמי קרו** · כלומר שאינו קורא לאמו הוא דקרית ליה אין צריך לאמו הא אם קורא אמא צריך לאמו קרית ליה אפילו גדול שאינו צריך לאמו רגיל לקרותה כשניעור: **אלא כל שניעור ואינו קורא אמא אמא** · שאינו כרוך אחריה לקרות ולשנות עד שתבא אליו אבל קורא ושותק לאו צריך לאמו הוא: **מעשה לסתור** · דהא קטן הצריך לאמו הוא ואמאי פיחת וסיכך: **מתני' סוכתו קבע** · להיות כל עיקר דירתו בה: **מאימתי מותר לפנות** · הימנה ולירד: **משתסרח המקפה** · משתתקלקל המקפה כל תבשיל קפוי לא רך ולא עב קרוי מקפה: **משל לעבד כו'** · כלומר גשמים היורדים בחג סימן קללה הם משל לעבד כו': **ושפך לו קיתון** · של מים על פניו ובגמרא מפרש מי שפך למי: **גמ' ומשנן בסוכה** · סובר למודו ומחתכו על בוריו לעמוד (א) דהיינו שמעתא דאמוראי וסברא של טעמי משנה וברייתא מה טעם זה חייב וזה פטור זה אסור וזה מותר: **מקרי ומתני** · לקרות שבכתב ולשנות משניות הערוכות ושגורות בפה: **במטללתא** · בסוכה: **ותנוי** · הש"ס דהוא סברא למרוח ולשנן וכן שמעתא דאמוראי שאינן באות אלא מכלל דקדוקי שהן למדין מתוך דברי משנה דמדמו מלתא למלתא: **בר ממטללתא** · אם ירצה דמצטער הוא ומצטער פטור מן הסוכה והאויר יפה לו להרחיב דעתו קא סלקא דעתיה תנוי הייגו משנן: **הא למיגרס כו'** · כלומר תרי גווני שינון הוו למיגרס גמרא הברורה לו כבר והיינו שמעתא צריך סוכה והייגו משנן: **לעיוני** · בר ממטללתא:

כי

תוספות

השוה הכתוב אשה לאיש · וא"ת פ"ק דערכין (ד' ד:) דאמר אין לי אלא איש שהעריך אשה שהעריכה מנין ובפ' ד' מיתות (סנהדרין דף סו·) גבי מקלל אביו ואמו דאיצטריך לן איש לרבות אשה דדריש לה מדכתיב איש תרי זימני דאין מיעוט אחר מיעוט אלא לרבות תיפוק ליה מדהשוה אשה לאיש וכן בפ' עמד הדין (שם ד' מו:) אין האשה נתלית מדכתיב איש ולא אמרי' השוה אשה לאיש וי"ל דלענין פרשה שנאמרה •בלשון זכר הוא דאמרינן השוה הכתוב אשה לאיש דהכא מייתי לה בריש תמורה (ד' ב:) והכא גבי אזרח אבל היכא דכתיב איש ממעטינן אשה ומיהו קשה דבפ' שור שנגח הרבעה וחמשה (ב"ק ד' מד:) אמר שור שור שבעה להביא שור האשה גבי שור שהמית והתם לא כתיב ביה שור איש אלא דכתיב ביה וגם בעליו יומת וזה אינו אלא לשון זכר ושמא יש בו שום יתור שהייתי ממעט ממנו אשה אי לאו דרביי' רחמנא אי נמי משום דדרשינן בפרק ד' וה' (שם דף מד·) ניחה למיתה ניחה לנזקין הוה ילפי' מיתה מנזקין דכתיב בהו כי יגח שור איש*: **לרבות** הגרים · דס"ד ישראל ולא גרים כי האי גוונא אשכחן פרק כל המנחות באות (מנחות דף סא: ושם) גבי תנופה דאמרי' אין לי אלא בני ישראל גרים ועבדים משוחררים מניין ת"ל המקריב וכן בפרק הערל (יבמות דף עד: ושם) ובספ"ק דכריתות (דף ז:) דבר אל בני ישראל אשה כי תזריע אין לי אלא בני ישראל גיורת ושפחה משוחררת מניין ת"ל אשה ותימה דבפרק אלו הן הנחנקין (סנהדרין דף פו· ושם) גבי גונב נפש אמרינן בני ישראל למעוטי למי שחציו עבד וחציו בן חורין אבל כולו משוחרר לא ממעט מבני ישראל וכן בפרק בנות כותים (נדה דף לד·) בני ישראל מטמאין בזיבה ואין הנכרים מטמאין בזיבה אבל גרים ומשוחררים לא ממעטי וכן במנחות בפ' שתי מדות (דף נג· ושם) בני ישראל סומכין ואין הנכרים סומכין אבל גרים ומשוחררים סומכין ובפ"ק דערכין (דף ה:) בני ישראל מעריכין ואין הנכרים מעריכין ושמא בכל הני יש שום רבוי דמרבינן גרים ומשוחררים*): **כאן** בקטן שהגיע לחינוך · כגון קטן שאינו צריך לאמו אע"פ דמתניתין קתני לה בהדיא דרך הש"ס להקשות ולתרץ כן ודכוותי' פ"ק דחגיג' (דף ד. ושם) דדריש כל זכורך לרבות הקטנים ופריך והתנן חוץ מחרש שוטה וקטן ומשני כאן בקטן שהגיע לחינוך דהייני כדתנן התם כל שאינו יכול לאחוז בידו של אביו ולעלות מירושלים להר הבית ואם יכול לעלות הייני הגיע לחינוך וקס"ד דמקשה דכל קטן מרבי משום דקרא סתמא כתיב מרבינא להו ודכוותה בריש בנות כותים (נדה דף לב· ושם) דאי לאו משום דבת שלש שנים ויום אחד לענין ביאה הלכתא הוה מרבי אפי' בת יום אחד מדכתיב ואשה משום דקרא סתמא כתיב והשתא הגיע לחינוך דאמרי' בכל דוכתא אין כולן שוים אלא כל אחד לפי ענייני דהכא אמרי' באין צריך לאמו וגבי חגיגה שיכול לעלות ובסוף לולב הגזול (לקמן דף מב.) גבי לולב ביודע לנענע וגבי ציצית ביודע להתעטף וגבי תורה ביודע לדבר: **תשבו** כעין תדורו · רבא נמי דמפרש טעמא אחרינא גבי שומרי גנות לעיל (דף כו·) לא פליג אהא ברייתא כדפרישית שם: **ומשנן** בסוכה · לבאר טעם המשניות והייני הש"ס ופריך והא תני לבר ממטללתא לפי שצריך נתחבה ורוחב אויר ומשני דבגמרא נמי יש עיון כגון דבר פלוני אסור ומותר אבל לעיוני בטעמים בר מסוכה:

מנה

*) [וע"ע תוס' סנהדרין פו. ד"ה כני ובמנחות סא: ד"ה אין לי]

רבינו חננאל

סוכה מצות עשה שהזמן גרמא הוא וקי"ל כל מצות עשה שהזמן גרמא נשים פטורות אי יוה"כ נפקא לן מהא דכתיב איש או אשה כי יעשו מכל חטאת השוה הכתוב אשה לאיש לכל עונשין שבתורה ופשני אביי סוכה הלכתא ואצטריך סד"א תשבו כתיב ודרשינן תשבו כעין תדורו מה דירה איש ואשתו אף סוכה איש ואשתו חייבין קמ"ל אשה פטורה רבא אמר סד"א נילף ט"ו ט"ו מחג המצות מה ט"ו דחג המצות נשים חייבות אף ט"ו דחג הסוכות נשים חייבות קמ"ל דלא וקרא דכתיב בסוכה האזרח לרבות הגרים. ומדסוכה הלכתא יוה"כ שהנשים חייבות בעינוי קרא. ל"ל בהא קרא הא אמרן השוה הכתוב אשה לאיש לכל עונשין שבתורה. ושנינן כי אתא קרא לחיובינהו לנשים בתוספת עינוי והוא בין השמשות של יוה"כ סד"א הואיל ומיעטה קרא להאי תוספת מכרת דכתיב כי כל הנפש אשר לא תעונה וגו' על עצמו של יוה"כ חייב כרת ולא על תוספת מעוטי נמי מיעטנהו לנשים קמ"ל האזרח לרבות הנשים האזרחיות (לעינוי) [לתוספת עינוי]: **פיסקא** כל קטן שאינו צריך לאמו חייב בסוכה. ותניא נמי כל האזרח כל לרבות הקטנים והתנן נשים ועבדים וקטנים פטורים ושנינן הא דתני קטנים פטורים בקטן שצריך לאמו והא דתני קטנים חייבין בקטן שאינו צריך לאמו. ואסיקנא קטן שאינו [צריך] לאמו כגון שנפנה ואין אמו מקנחתו או ניעור ואינו קורא אימא אימא ב' פעמים ואפי' קטן שהגיע לחינוך מדרבנן הוא דמחייב ליה אי הכי כל האזרח למאי אתא ואמרי' לר' אליעזר מיבעי ליה לגר שנתגייר בחולו של מועד שחייב לעשות סוכה ולישב בה וכן קטן שהגדיל ולרבנן מבעי להו כל האזרח מלמד שכל ישראל ראויין לישב בסוכה אחת ומפורשין דברי ר' אליעזר ורבנן למעלה כך: מתני' כל שבעת הימים עושה אדם סוכתו קבע יש לו כלים נאים ומצעות נאות מעלן בסוכה אוכל ושותה בסוכה ומשנן בסוכה ואוקימנא למגרס *)ולעיוני בסברא דצריך קבע בסוכה וכן

*) אולי הל"ל למגרס דלא בעי קביעות א"צ סוכה ולעיוני בסברא וכו' ועי' בר"ן דהביא פירוש זה בשם י"מ.

[וע"ע תוס' ב"ק טו. ד"ה השוה וכדף מד: ד"ה שור]

יבמות פד: תמורה ב: ב"ק טו. פסחים מג. קדושין לה: נדה מח:
ויקרא כג
[חגיגה ד.]
עירובין סג.
[נ"ל שמעון בן לקיש]
רש"ל
רש"ל מ"ו
[פי' מרש"י שבת קמב: ד"ה שתים]
[לעיל כו. וע"ש ערכין ג:]

הגהות הב"ח
(א) רש"י ד"ה ומשנן בסוכה וכו' למעמוד עליו דהיינו:

גליון הש"ס
תוס' ד"ה השוה וכו' בלשון זכר הוא דאמרי' השוה. עיין תוס' יומא דף מג ע"א ד"ה ורבנן:

§ מסכת סוכה דף כח: §

אות א'

בקטן שהגיע לחינוך, כאן בקטן שלא הגיע לחינוך

סימן תרמ ס"ב - עיין לעיל דף כח.

אות ב'

כל שבעת הימים אדם עושה סוכתו קבע וביתו עראי; כיצד, היו לו כלים נאים, מעלן לסוכה, מצעות נאות, מעלן לסוכה, אוכל ושותה ומטייל בסוכה

סימן תרלט ס"א - [א]**כיצד מצות ישיבה בסוכה: שיהיה אוכל ושותה (ויִשן ומטייל) ודר בסוכה כל שבעת הימים, בין ביום בין בלילה, כדרך שהוא דר בביתו בשאר ימות השנה** - וכן אם ירצה לספר עם חבירו, יספר בסוכה, דסוכתו צריך להיות כביתו בכל השנה, **ולפי** שקדושת הסוכה גדולה מאוד, ראוי למעט בה בדברי חול, ולדבר בה כי אם קדושה ותורה, **וכ"ש** שיהיה זהיר מלדבר שם לשה"ר ורכילות ושאר דיבורים האסורים, [**ומ"מ** כשהוא צריך לדבר מעניני עסק, אין לו לצאת מן הסוכה בשביל זה, דבישיבתו שם אף בעת דיבורו הוא מקיים מצות ישיבת סוכה].

ומי שא"א לו לעשות סוכה אלא מעבר הנהר, וצריך לעבור לשם בספינה קטנה, או ע"י מעבר שקורא פרא"ם, יש מקילין לעבור בה ע"י שגוי יעבירנה, משום שהוא לדבר מצוה, **אבל** הרבה מחמירין בזה, [**ועיין** בשע"ת שמתיר לדבר מצוה ע"י קנין שביתה מבע"י].

וכל שבעת ימים עושה אדם את ביתו עראי ואת סוכתו קבע; [ב]**כיצד, כלים הנאים ומצעות הנאות, בסוכה.**

אות ג'

הא במגרס, הא בעיוני

סימן תרלט ס"ד - [ג]**כל שבעת הימים קורא (ולומד) בתוך הסוכה; וכשמבין ומדקדק במה שיקרא (וילמוד, יכול ללמוד) חוץ לסוכה, כדי שתהא דעתו מיושבת עליו** - ר"ל דאז טוב לו יותר ללמוד בבית, שהאויר יפה לו להרחיב דעתו, [רש"י], **והכל** לפי הענין, דאם דעתו מיושבת בסוכה, שיש לו מנוחה שם, לומד בסוכה, [דעכשיו בזמנינו שרוב בני בית אינם בסוכה כל היום, כי אם בשעת אכילה, צריך ללמוד אפי' דבר עיון בסוכה], **ולפעמים** מצוי שיש קור, ומצטער אם ישב שם הרבה לקרות ולעיין בלימודו, הוא פטור.

ואם יש לו טורח רב להביא ספרים הרבה ללימודו בסוכה, אפשר דפטור, **אכן** אם יש לו מקום להניחם שם כל החג, חייב, דאין זה טורח.

המתפלל, רצה מתפלל בסוכה או חוץ לסוכה - ר"ל דבאיזה מקום שיש לו מנוחה יותר להתפלל בכונה, שם יתפלל, **ואם** היה לו בהכ"נ בעירו, מניח סוכתו והולך לו לבהכ"נ, שכן בשאר ימות השנה ג"כ מניח דירתו והולך לו לבהכ"נ, **והבדלה** מבדיל בסוכה, שכן כל השנה מבדיל בביתו, [ט"ז, **ומזה** נלמוד, דאותן אנשים שרגילין לשמוע כל השנה בביהכ"נ, יכולין לשמוע בסוכות ג"כ בביהכ"נ].

באר הגולה

א משנה סוכה כ"ח | ב ברייתא שם | ג מימרא דרבא כפי' רש"י וכן פירשו שאר פוסקים

§ מסכת סוכה דף כט. §

אות א׳ – ב׳

מאני משתיא במטללתא, מאני מיכלא בר ממטללתא; חצבא ושחיל בר ממטללתא; ושרגא במטללתא, ואמרי לה בר ממטללתא

הא בסוכה גדולה, הא בסוכה קטנה

סימן תרל״ט ס״א - [א]וכלי שתיה, כגון אשישות וכוסות, בסוכה - ואפילו הן של חרס, [ב][כן משמע מהגמרא להמעיין, וכן מצאתי בהדיא ברבנו מנוח], **ואפילו** לאחר שתיה, שאין נמאסין כמו כלי אכילה, [פוסקים] ‹וכ״כ רש״י›, **ועוד** דאין קבע לשתיה, ומצוי הוא ששותה כמה פעמים ביום, [עיטור].

אבל כלי אכילה (לאחר האכילה), כגון קדירות וקערות, חוץ לסוכה - מלשון "לאחר האכילה" משמע לכאורה, דבשעת אכילה גם קדירות מותר להכניסן לסוכה, ולערות לתוך הקערה, **והעולם** נזהרין מהקדירה להכניסן לתוך הסוכה אף קודם אכילה, ונראה דחששו לדעת המחמירין בקדרה בכל גווני, [וגם דעת רש״י שמפרש בקערות, אפשר גם כן דמודה בקדרות דאף בשעת אכילה אסור, דהא אפשר לערות לקערה חוץ לסוכה]. **ואפשר** דגם דעת השו״ע כן הוא, [ומה שמפרש לאחר אכילה, משום דאז גם קערות אסורין], **ובפרט** מי שאין דרכו גם בביתו להביא הקדרה לשולחנו, אלא מערה לתוך הקערה בבית החצון, בודאי יש ליזהר בזה, **ומ״מ** מי שאין לו כלי וצריך לאכול מן הקדרה, מותר להכניסו.

וכלים שמשהין בהן קמח, והעריבות שלשין בהם, וכלים של בשמים, שאין דרך להחזיקן בדירתו רק בבית החצון, הכל בכלל כלי אכילה הן, ***וכן** כד או דלי ששואבין בו מים מן הנהר, הכל חוץ לסוכה, **וכלל** הדבר: כל שאין דרכו להיות בדירתו שדר בה, אין לו להחזיק בסוכה.

*(כ״כ מ״א, והוא מהגמרא דאמר חצבא ושחיל בר ממטללתא, ופירש״י שחיל הוא דלי של עץ, **ולא תקשה** ע״ז מהא דאיתא במשנה כ״ז ע״ב, שהביאו לר״ג ב׳ כותבות ודלי של מים ואמר העלום לסוכה, **דהכא** מיירי לאחר שנשתמש בהם דהוי שלא לצורך, ודומיא דאמר התם מאני מיכלא בר ממטללתא, ופירש״י לאחר שאכלו צריך להוציאן לחוץ, ואח״כ מצאתי כדברי בספר ערוך לנר עי״ש).

ומ״מ בדיעבד אם הכניס בתוכה כלי מאכל, או עשה בה תשמיש בזוי, אין נפסלת הסוכה בכך, [**ועיין** בח״א שהביא בשם רבינו מנוח, דמ״מ בשעה שהם בסוכה אין לברך אז "לישב", דפסולה היא מדרבנן, **וע״כ** מן הנכון לכתחילה להחמיר בה].

המנורה, בסוכה - [ג]והמנהג שלא להכניס נר של חרס לסוכה, וכן מקדה של חרס, ואפי׳ חדשה אין כדאי כ״כ, **ומצופה** בקוניא דין כלי זכוכית יש לו, ומותר.

ואם היתה סוכה קטנה, מניחה חוץ לסוכה - [ד]אפילו אינה מצומצמת בשיעורה, אלא שהיא קטנה כ״כ בענין שיש לחוש שמא יתקרב הנר לדופני הסוכה, ותאחז בהן האור ותשרף סוכתו, צריך להניחה חוץ לסוכה, אפילו היא של זהב, [כן משמע ממג״א ומסקנת הט״ז ושאר אחרונים. **הב״ח** כתב, שעי״ז שיש חשש שריפה, מבעית ונפיק מן הסוכה, וע״כ גזרו רבנן שלא להכניסה לסוכה, **והמ״א** כתב, שחששו שתשרף ותתבטל מצות סוכה].

[**ואין** הכונה שיעמידנה לחוץ ממש, שפעמים שהרוח שולט וא״א, אלא שיעמידנה דרך חלון הבית שיאור להסוכה וכה״ג, **ובפרט** במדינות הקרות, שא״א לרוב העולם שסוכותיהן עשויות רק כהכשר סוכה, לישן בסוכה, וכשמגיע ליל שבת, א״א לו להניח נר דולק בסוכה, ואז מוכרח להעמיד הנר שיאור לו דרך חלון הבית].

ואם מטבעו הוא מצטער כשאוכל שלא במקום הנר, יש להקל כשיעמיד הנר בעששית שקורין לנטערנע, או במנורה שקורין לאנפין, **אם** לא שהיא נמוכה מאוד, ויש לחוש שיתקרב האור להסכך.

הגה: ואל יעשה שום תשמיש בזוי בסוכה - כגון שטיפת קערות, **ובכוסות** ליכא קפידא, **כדי שלא יהיו מצות בזויות עליו** - ואסור להשתין בסוכה, אפילו בכלי, אע״פ שעושה כן בביתו. (**ותשמיש המטה לא מקרי תשמיש בזוי, דהוא בכלל "תשבו כעין תדורו", וגם בעצם לא מקרי תשמיש בזוי, במה שהוא מקיים מ״ע של פו״ר ועונה**).

אות ג׳

משתסרח המקפה של גריסין

סימן תרל״ט ס״ה - [ה]ירדו גשמים, הרי זה נכנס לתוך הבית; מאימתי מותר לפנות, משירדו לתוך הסוכה טפות שאם יפלו לתוך התבשיל יפסל, אפי׳ תבשיל של פול - שזה המין מתקלקל במהרה על ידי מיעוט מים, [רש״י], **הגה: ואפילו אין תבשיל לפניו (סמ״ג והג״מ).**

באר הגולה

[א] **מימרא דרבא שם כ״ט** [ב] ‹דחצבא הוא של חרס, ואעפ״כ כל חסרונה מה דנעשה לשאוב בה מים› [ג] ‹פי׳ רש״י ד״ה שרגא: נר של חרס, דבסוכה קטנה אין מביאין נר חרס, הא בסוכה גדולה מביאין. **וב״י** בשם רוקח כתב: אבל מנהג שאין מביאין נר חרס בתוכה, כי אם מנורות ברזל ונחושת ונר שעוה, ע״כ – פמ״ג, **והטעם** לדבריו משום מיאוס – ד״מ› [ד] ‹פי׳ רש״י של שיעור מצומצם ז׳ טפחים, משמע דטעם האיסור משום דבזה ממעטה משיעורא, וכעין ההיא דסכך פסול פחות מד׳ ואויר אצלו דסי׳ תרל״ב ס״ג, דפוסל בסוכה קטנה, **וק״ל** מאי שנא מהאי דסי׳ תר״ל סי״ג, דאם סמך הסכך על העמודים כו׳ דכשר כיון שיש י״ט מהארץ עד הסכך, והמטה אינה ממעטת השיעור כיון שיש שיעור אם תנטל המטה, כ״ש כאן אם תנטל המנורה, ותו דא״כ מאי גריעותא דמנורה משאר כלים שמותר להכניסם לסוכה ואפי׳ קטנה, **אבל** התוס׳ כתבו בדף כ״ט הטעם דסוכה קטנה, דחיישינן שמא תשרף סוכתו, לפי״ז אין חילוק במצומצם ז״ט, אלא שראוי לשער שלא תשרף סוכתו, כנלע״ד בזה – ט״ז› [ה] **משנה שם**

תורה אור

כי הא (*דרבה) בר חמא כי הוו קיימי מקמיה דרב חסדא מרהטי בגמרא בהדי הדדי והדר מעייני בסברא אמר רבא **מאני משתיא במטללתא מאני מיכלא בר ממטללתא חצבא ושחיל בר ממטללתא ושרגא במטללתא ואמרי לה בר ממטללתא ולא פליגי הא בסוכה גדולה הא בסוכה קטנה: ירדו גשמים: תנא משתסרח המקפה של גריסין אביי הוה קא יתיב קמיה דרב יוסף במטללתא נשב זיקא וקא מייתי ציבותא אמר להו רב יוסף פנו לי מאני מהכא אמר ליה אביי והא תנן משתסרח המקפה אמר ליה לדידי כיון דאנינא דעתאי כמי שתסרח המקפה דמי לי ת"ר *היה אוכל בסוכה וירדו גשמים וירד אין מטריחין אותו לעלות עד שיגמור סעודתו היה ישן תחת הסוכה וירדו גשמים *וירד אין מטריחין אותו לעלות עד שיאור איבעיא להו עד שיעור או עד שיאור ת"ש עד שיאור ויעלה עמוד השחר תרתי אלא אימא עד שיעור ויעלה עמוד השחר: משל למה הדבר דומה: איבעיא להו מי שפך למי ת"ש דתניא שפך לו רבו קיתון על פניו ואמר לו אי אפשי בשמושך

הדרן עלך הישן

ת"ר בזמן שהחמה לוקה סימן רע לכל העולם כולו משל למה הדבר דומה למלך בשר ודם שעשה סעודה לעבדיו והניח פנס לפניהם כעס עליהם ואמר לעבדו טול פנס מפניהם והושיבם בחושך תניא רבי מאיר אומר כל זמן שמאורות לוקין סימן רע לשונאיהם של ישראל מפני שמלומדין במכותיהן משל לסופר שבא לבית הספר ורצועה בידו מי דואג מי שרגיל ללקות בכל יום ויום הוא דואג *תנו רבנן בזמן שהחמה לוקה סימן רע לעובדי כוכבים לבנה לוקה סימן רע לשונאיהם של ישראל מפני שישראל מונין ללבנה ועובדי כוכבים לחמה לוקה במזרח סימן רע ליושבי מזרח במערב סימן רע ליושבי מערב באמצע הרקיע סימן רע לכל העולם כולו פניו דומין לדם חרב בא לעולם לשק חיצי רעב באין לעולם לזו ולזו חרב וחיצי רעב באין לעולם לקה בכניסתו פורענות שוהה לבא ביציאתו ממהרת לבא וי"א חילוף הדברים ואין לך כל אומה ואומה שלוקה שאין אלהיה לוקה עמה שנאמר (שמות יב) °ובכל אלהי מצרים אעשה שפטים ובזמן שישראל עושין *רצונו של מקום אין מתיראין מכל אלו שנאמר (ירמיה י) °כה אמר ה' אל דרך הגוים אל תלמדו ומאותות השמים אל תחתו כי יחתו הגוים מהמה עובדי כוכבים יחתו ואין ישראל יחתו *ת"ר בשביל ארבעה דברים חמה לוקה על אב בית דין שמת ואינו נספד כהלכה ועל נערה המאורסה שצעקה בעיר ואין מושיע לה ועל משכב זכור ועל שני אחין שנשפך דמן כאחד ובשביל ארבעה דברים מאורות לוקין על כותבי (*פלסתר) ועל מעידי עדות שקר ועל מגדלי בהמה דקה בא"י ועל קוצצי אילנות טובות ובשביל ד' דברים נכסי בעלי בתים נמסרין למלכות על משהי שטרות פרועים ועל מלוי ברבית ועל

רש"י

כי הא כו'. דבשמעתא איכא נמי ריהטא בלא טרחא ואיכא עיון בטרחא: **כי הוו קיימי מקמיה דרב חסדא.** בתר דאגמריהו שמעתתא: **מרהטי בגמרא.** מה ששמעו מפיו דבר פלוני אסור דבר פלוני מותר: **והדר מעייני בסברא.** מה טעמו של דבר ואם יש להשיב כלום: **מאני משתיא.** כוסות: **במטללתא.** לפי שאינן מאוסים: **מאני מיכלא.** קערות לאחר שאכלו בהן צריך להוציאן: **לבר ממטללתא.** חוץ לסוכה: **חצבא.** כד של חרס ששואבין בו המים: **ושחיל.** דלי של עץ: **שרגא.** נר של חרס שקורין קרוסיי"ל: **סוכה קטנה.** של שיעור מצומצם ז' טפחים אסור להניחן בתוכה: **מקפה של גריסין.** ממהרת לקלקל בגשמים מעט: **ציבותא.** קסמין של סכך היה מסיר על המאכל: רב יוסף אניני דעת הוה דתניא בפ' ערבי פסחים (פסחים קיג:) שלשה חייהן אינן חיים הרחמנין והרתחנין ואניני הדעת שאינם יכולין לסבול שום דבר מיאוס ואמר רב יוסף כולהו איתנהו בי: **וירדו גשמים.** וירד מן הסוכה לגמור סעודתו בבית וכשישב לו פסקו גשמים אין מטריחין אותו להפסיק ולעלות עד שיגמור: **איבעיא להו עד שיאור.** עד שיעלה עמוד השחר: **או עד שיעור.** משינתו הא אם הקיץ אפילו היה בחצי הלילה יקום משינתו ויעלה ויישן בסוכה: **הא שמע עד שיאור ויעלה עמוד השחר.** ועל כרחיך עד שיעור הוא דתניא בה דאל"כ מאי ויעלה עמוד השחר: **תרתי.** בתמיה שני דברים אלו הן סותרים זה את זה שיאור משמע שהאיר לו המזרח ועלה עמוד השחר משמע קודם לכן: **אלא.** על כרחך שיעור קתני וה"ק עד שיעור משיעלה עמוד השחר לאפוקי אם הקיץ משינתו בלילה דאין מטריחין ואם עלה השחר ולא ניער אין מקילין אותו: **מי שפך למי.** עבד לרבו והכי קאמר משל לעבד שהיה עושה לרבו עבודות שאינו עובדו כהוגן כך בידוע שאין ישראל עובדין כשורה או דלמא הכי קאמר ושפך לו רבו קיתון על פניו לומר לא מלפני דאי אפשי בשמושך וירידת גשמים היא שפיכת קיתון ומכל מקום סימן קללה הוא ומיהו פירושא דמתניתין מיבעיא לן שפיכת הקיתון מאי היא ישיבת הסוכה או ירידת גשמים: **בזמן שהחמה לוקה כו'.** משום דאיירי הכא בסימני קללה נקט לה: **והניח פנס.** לנטירנ"א: **והושיבם בחשך.** כך כשהחמה לוקה אינה מאירה כל כך: **מפני שמלומדים במכותיהם.** כל מיני פורעניות הבאין בעולם יש להם לישראל לדאוג ולומר לא באת סימן זה אלא בשבילנו יותר משאר אומות מפני שהן רגילין ללקות יותר מכולם: **משל לסופר.** מלמד תינוקות: **ורצועה בידו.** להכות: **מי דואג.** אי זה מהן ירא שרגיל ללקות: **לוקה במזרח.** בבקר כשהחמה במזרח: **באמצע הרקיע.** בחצות היום כשעומדת בראש כל אדם: **לשק.** עשוי מנוצה של עזים והוא דומה לשחור: **חיצי רעב.** משחירין פנים: **לקה בכניסתו.** בשקיעתו: **פורענות שוהה לבא.** כדרך ששהה הסימן להראות עד כלות היום: **ביציאתו פורענות ממהרת לבא.** כדרך שמיהר הסימן לבא: **ויש אומרים חילוף הדברים.** לקה בכניסתו ערבית פורענות ממהרת לבא שהסימן כשם שאין לו שהות לשמש ביום שסמוך לשקיעתו הוא כך אין שהות לפורענות לבא ביציאתו שחרית פורענות שוהה לבא כשם שיש לחמה עוד שהות ביום: **אלהים.** שרה המליץ בעדה כגון סמאל שהיה שר של עשו: **אל דרך הגוים אל תלמדו.** לעשות כמעשיהם ומשתעשו רלוע מאותות השמים אל תחתו: **בשביל ד' דברים.** לא שמעתי טעם בדבר: **מאורות.** ירח וכוכבים: **כותבי פלסתר.** שטרות מזויפים ומכתבי עמל לשום דופי על אדם לכתוב בשמו מה שלא לוה: **מגדלי בהמה דקה.** מחריבין את הארץ שאין יכולין לשמרם מלרעות בשדה חביריהם: **ועל קוצצי אילנות טובות.** ואפילו הן שלהן שמשחיתין הן ונראין כבועטין בהקב"ה ובברכתו שמשפיע טובו: **על משהי שטרות פרועים.** אלא כדי לחזור ולגבות פעם אחרת: **ועל מלוי ברבית.** שמלוין בעלי בתים לישראל ברבית וכתיב (משלי כח) מרבה הונו בנשך ותרבית לחונן דלים יקבצנו ואמרינן בב"מ (ד' ע:) כגון שבור מלכא שחונן בהן עניי נכרים:

תוספות

מנא דמיכלא. קערות לאחר שאכלו בהן צריך להוציאם מן הסוכה משום מיאוס כך פירש בקונטרס וי"מ כגון קדירות ואגני דלישא וטעמא דכעין תדורו בעינן והני אין רגילין להיות בבית דירה אלא בית יש להם לבדם וכן פירש בה"ג כגון קדרי ושפודי וכי טווי וכי תפי: **ואמרי** לה בר ממטללתא. אין שרגא מעניינא דאחרים דמנא דמיכלא בר ממטללתא היינו בשעה שאין משתמש בהן דבשעת סעודה אוכל בקערה בסוכה אבל שרגא בעודו דולק ומשתמש לו לאורו אסור כדמוכח לקמן פרק לולב וערבה (ד' מח: ושם) דתנן גבי שביעי של חג גמר מלאכול לא יתיר סוכתו משום דאי מתרמי ליה סעודתא אכיל בגווה אבל מוריד את הכלים מן המנחה ולמעלה מפני כבוד יום שמראה כמכין עצמו לקראתו למקום שיסעוד שם הלילה ואמרינן בגמרא אין לו מקום להוריד כלי וצריך לאכול (א) בה ביום טוב האחרון מה יעשה ויוכיח שאינו כמוסיף על המצוה לעשות סוכה שמונה ימים מדליק בה את הנר ומדחשיב לה היכרא בשעת הדלקה שמע מינה דאסור בחג ושמא היינו טעמא דמשום דמוקמינן בסוכה קטנה וחיישינן שמא תשרף סוכתו וקדע דהדלקה דוקא מדלא נקט מעייל את הנר כדנקיט התם מעייל בה מאני מיכלא:

מסורת הש"ס

[צ"ל דרבא ורמי וכן העתיק בע"י] וכעל סה"ד הגיה דרמי בר חמא כי הוי קיימא וכו'

[תוספתא פ"ב]

[עי' פרש"י שבת קכד: ד"ה שתיסכי ידאדם]

מכילתא פ' בא

שבת קנו.

[מס' ד"א פ"ג]

[בערוך איתא פלסטר]

[לקמן מה.]

הגהות הב"ח

(א) תוס' ד"ה ואמרי וכו' וצריך לאכול שם ביו"ט:

עין משפט נר מצוה

סה א ב מיי' פ"ו מהל' סוכה הלכה ה טור ש"ע או"ח סי' תרל"ט ס"א:

סו ג מיי' שם הלכה ו טוש"ע שם סעיף ה:

סז ד מיי' שם טוש"ע שם סעיף ו:

סח ה ו מיי' שם טוש"ע שם סעיף ז וכהג"ה:

רבינו חננאל

וכן מקרא ומשנה אבל תנויי לארהוטי לישנא דגמרא בר ממטללתא ולא חיישינן כי הא דרבא בהדי רמי כי הוו קיימי מקמי רב חסדא הוו מרהטי לישנא דגמ' והדר יתבי ומעייני בסברא. אמר רבא מאני משתיא במטללתא מאני מיכלא בר ממטללתא. שרגא שרי בסוכה גדולה בסוכה קטנה חוץ לסוכה. ירדו גשמים כאימתי מותר לפנות כו' תנא משתסרח המקפה של גריסין. וכן אי הוה נשיב זיקא וקא מייתי ציבי באפיה מותר לפנות: ת"ר היה אוכל בסוכה וירדו גשמים וירד ופסקו גשמים אין מטריחין אותו לעלות *)עד שיאור ויעלה עמוד השחר: ירושלמי לא סוף דבר שתסרח מקפת גריסין אלא אפי' מקפת כל דבר. תני כשם שמפנין מפני הגשמים כך מפנים מפני השרב ומפני היתושין. רבן גמליאל ור' אליעזר היו נכנסין ויוצאין כל הלילה חד מתלמידיהון דר' מנא הורי לחד מן קרובוהי דנשיא יצא אין מטריחין אותו לחזור ולא שמע הא דרבן גמליאל ור' אליעזר: פיסקא לעבד שבא למזוג כוס ושפך הקיתון לפניו. תנא אמר לו אי אפשי בשמושך. תני מפני ד' דברים בעלי בתים לוקין ונמסרין למלכות. על שמשהין בידם שטרות פרועין. ושמלוין ברבית. ושפוסקין צדקה ואינן נותנין. ושספק בידו למחות ואינו מוחה. בזמן שמאורות לוקין סימן רע לעובדי כוכבים מלה"ד למלך שעשה סעודה. בזמן שהחמה לוקה סימן רע לעובדי כוכבים [וכו'] שהאומות מונין לחמה. לבנה לוקה סימן רע לשונאי ישראל. שישראל מונין ללבנה. לקי במזרח סימן רע לבני מזרח. במערב לבני מערב. באמצע לכל העולם. לקה כמין דם חרב בא לעולם. כמין שק רעב בא לעולם. לקה בכניסתו פורענות שוהה לבוא. ביציאתו פורענות ממהרת לבוא. וי"א חילוף. ובזמן שעושין רצון מקום אין מתיראין מכל אלו שנאמר ומאותות השמים אל תחתו וגו' עובדי כוכבים יחתו ולא ישראל יחתו: ת"ר בשביל ד' דברים חמה לוקה על אב ב"ד שמת ולא נספד כהלכה. ועל נערה המאורסה שצעקה בעיר ואין מושיע לה. ועל משכב זכור. ועל ב' אחים שנשפך דמן כאחת. ועל ד' דברים מאורות לוקין על כותבי פלסטר. ועל מעידי שקר. ועל

*) נראה דחסר כאן וצ"ל עד שיגמור סעודתו היה ישן תחת הסוכה וירדו גשמים וירד אין מטריחין אותו לעלות עד שיאור כו'.

ומ"מ אם אינם יורדין למקום שיושב שם, צריך לאכול בסוכה בעוד שעדיין אינם יורדים עליו ועל שולחנו, **ואפשר** דאפילו ברכת "לישב בסוכה" יכול לברך - בכורי יעקב, **ונראה** דאם הוא איסטניס ומצטער בזה, יכול לצאת, ועכ"פ לא יברך.

ומי שאינו בקי בזה השיעור, ישער אם ירדו כ"כ גשמים לבית אם היה יוצא, יצא מסוכתו ג"כ (א"ז והג"א ומרדכי מיימוני ומהרי"ל).

וכשם שמפנין מפני הגשמים, כך מפנין מפני השרב ויתושים, ואפילו אין האדם מצטער בכך, אלא שהמאכל מתקלקל בכך.

וה"ה אם העת קר שהמאכלים השמנים נקרשים לפניו, יכול לאכלו בבית, וא"צ לחזור עד שיגמור סעודתו, אפילו אוכל אח"כ מאכלים אחרים שאינם נקרשים, וכמו בס"ו בפינה מפני הגשמים, שא"צ לחזור עד שיגמור סעודתו, אפי' פסקו הגשמים, [**ומ"מ** בעוד שלא התחיל לאכול מאכלים הנקרשים, כגון שאוכל פת להמוציא יותר מכביצה, צריך לאכול בסוכה דוקא, ולא יצא מן הסוכה על סמך המאכלים הנקרשים שיאכל אח"כ], **וכתב** בבכורי יעקב, דאם אפשר לתקן בלא טורח גדול שלא יקרשו המאכלים, כגון שיניחם על קערה שמים חמים בתוכה, צריך לתקן, ואינו פטור ע"י כך מסוכה.

[**וכ"ש** בעת הקור, אם האדם בעצמו מצטער מפני הצינה, דמותר לצאת מסוכה].

ואם מנשב הרוח לתוך הסוכה, ועי"ז נושרים קיסמים מן הסכך לתוך המאכל, אם הוא אסטניס שאנינא דעתיה, יכול לצאת חוץ לסוכה, [גמרא, **ומשמע** דאם לא הוי אנינא דעתיה אסור, ולא מקרי מצטער בזה במה שיצטרך להסיר מן המאכל, ולא אבין הטעם, **ואולי** תלוי הדבר לפי נשירת הקיסמין, דאם נושרים הרבה, ועי"ז נופלים על ראשו או לתוך המאכל, ונתקלקל המאכל, הוא דמי למשתסרח המקפה, **ושם** בעובדא דרב יוסף לא הוי כ"כ באופן זה, וע"כ לא הותר אלא משום דאנינא דעתיה].

וכל זה דווקא בשאר ימים או לילות של סוכות, אבל לילה הראשונה צריך לאכול כזית בסוכה אף אם גשמים יורדין (טור והר"ן והרא"ש) - דאף שהוא מצטער מחמת הגשם, וכל מצטער פטור מסוכה, סבירא ליה להרמ"א כדעת הפוסקים, דסוברין דבלילה ראשונה אף מצטער חייב, **וטעמם**, דכיון דגמרינן "ט"ו ט"ו" מחג המצות, לגמרי גמרינן, מה התם בכל גווני חייב, אף בסוכות כן.

ודע, דיש עוד מגדולי הראשונים דסבירא להו, דגזרה שוה זו לאו להכי אתיא, ואין לחלק בין לילה הראשונה לשאר ימים, **וע"כ** הכריעו כמה אחרונים, דאף דמחוייב לאכול בסוכה מחמת ספק, ברכת "לישב בסוכה" לא יברך, דספק ברכות להקל.

עוד כתבו, דראוי להמתין עד חצות הלילה, פן יעבור הגשם, [ויותר מחצות לא ימתין, דזמן אכילת סעודה ראשונה הוא לכתחילה ג"כ רק עד חצות וכנ"ל], דאם יעבור יכנס לסוכה ויברך ברכת "לישב בסוכה", ויאכל ויוצא בזה המ"ע לכו"ע, **ויש** מאחרונים שכתבו, דאין כדאי להמתין כל כך, דאם ימתין עם אכילת בני ביתו הגדולים והקטנים, אין לך מניעת שמחת יו"ט יותר מזה, **וכן** בא"ר ופרי מגדים לא הזכירו שיעור חצות, רק כשעה או שתים, ואם לא פסקו יעשה אז קידוש בסוכה, כמו שכתב הרמ"א, [**ואם** מצטער ברעב או בשינה ע"י המתנתו, ובפרט כשהזמין אצלו אורחים עניים, ומסתמא לא אכלו כל היום, והם תאבים לאכול ומצטערים, אין לו להמתין, **דממ"נ**, אם מצטער חייב, בודאי יכול לאכול ויוצא בה המ"ע, ואם מצטער פטור, ג"כ יכול לאכול, **ואפשר** עוד, דלענין עניים דקיימי, אם יעכבם מלאכול איסורא נמי איכא, דהם אינם מחוייבים לצאת כל הדיעות, ואיכא חשש ד"בל תאחר"].

ויקדש בסוכה כדי שיאמר זמן על הסוכה (ת"ה) - ר"ל דלכאורה היה לו לעשות בהיפוך, שיקדש בבית ויאמר ג"כ שם ברכת "שהחיינו" לזמן הזה, ויאכל כל סעודתו שם, ורק בסיום הסעודה יכנס לסוכה ויאכל כזית שם, **אלא** דבזה היה צריך לברך עוד ברכת זמן משום סוכה, ואין נכון להרבות בברכות, לכך טוב יותר שיקדש מתחלה בסוכה, ויהיה קאי ברכת זמן על הסוכה ג"כ, **דאפילו** אם נימא דפטור אז מסוכה, מ"מ יוצא בזה, דלא גריע דבר זה מאלו בירך "שהחיינו" בחול בשעת עשייה בסוכה דיוצא בזה, ויאכל בסוכה כזית, ושאר סעודתו יאכל בביתו.

ואם פסקו הגשמים, אפילו כבר בירך בהמ"ז על אכילה הקודמת, צריך לאכול עוד הפעם כשיעור ביצה ומעט יותר בסוכה, ולברך "לישב בסוכה", [**דאם** אוכל רק כשיעור כזית או כביצה, אינו יכול לברך "לישב בסוכה", דלדעת הפוסקים דס"ל דמצטער חייב בלילה הראשונה, הרי קיים מתחילה המ"ע באכילה ראשונה, ושוב עתה הדין כמו בשאר ימי סוכות, דאין לברך "לישב בסוכה" רק על יותר מכביצה], **כדי** לצאת דעת הפוסקים דס"ל, דאינו יוצא במה שאכל בעת הגשם, [**ואפי'** הוא אחר חצות, דכמה פוסקים ס"ל דאף אחר חצות עדיין זמן אכילה בסוכה], **והוא** כשעדיין לא שכב, אבל אם כבר שכב א"צ לקום מן המטה, דאם מצטער חייב, הרי כבר יצא באכילתו, ואם מצטער פטור, א"צ לקום מן המטה כמבואר בס"ז.

[**ובח"א** ראיתי שכתב, דראוי להמתין כל הלילה, שאם יפסקו הגשמים יאכל בסוכה, ואע"ג דאם מצטער ורוצה לישן פטור ממ"נ, דאם מצטער חייב, הרי כבר קיים המ"ע, ואם מצטער פטור, הרי גם עתה פטור, **מ"מ** אם מתחזק על עצמו שלא לישן, ופסקו הגשמים ואוכל בסוכה, מברך ומקיים מצות עשה].

ומש"כ הרמ"א "לילה הראשונה", דבלילה השניה מקדש בביתו, ויברך זמן על יו"ט, ויאכל סעודתו, ובסוף הסעודה יאכל כזית בסוכה, ולא יברך "לישב בסוכה", וגם לא יברך "שהחיינו" על הסוכה, ויסמוך בזה על "שהחיינו" שבירך בליל ראשון, **ולכתחלה** טוב להמתין גם בלילה שניה מעט עד שיפסקו הגשמים, [**ומי** שאינו רוצה להחמיר בזה, אין לדקדק עליו].

ואם אכל בביתו, ורק כזית בסוף הסעודה בסוכה כאשר כתבנו, ואח"כ פסקו הגשמים, צריך לכנוס לסוכה ולאכול כשיעור, דהיינו יותר מכביצה, ולברך "לישב בסוכה".

אות ד'

היה אוכל בסוכה וירדו גשמים וירד, אין מטריחין אותו לעלות עד שיגמור סעודתו

סימן תרל"ט ס"ו - [ו]**היה אוכל בסוכה וירדו גשמים, והלך לביתו, ופסקו הגשמים, אין מחייבין אותו לחזור לסוכה עד שיגמור סעודתו** - ה"ה כשהיו יורדין גשמים כשהיה בביתו, ואכל בביתו, א"צ לפסוק סעודתו בביתו, אלא גומר בביתו.

[ז]**אבל** אם לא ישב עדיין לאכול בביתו, אף שפסק מלאכול בסוכה והלך לבית, צריך לחזור לסוכה אם פסקו הגשמים.

אות ה' - ו' - ז'

היה ישן תחת הסוכה וירדו גשמים וירד, אין מטריחין אותו לעלות עד שיאור

אלא אימא: עד שיעור ויעלה עמוד השחר

שפך לו רבו קיתון על פניו, ואמר לו: אי אפשי בשמושך

סימן תרל"ט ס"ז - [ח]**היה ישן וירדו גשמים בלילה, ונכנס לתוך הבית, ופסקו הגשמים** - וה"ה כשהיה ישן בתחלת הלילה בביתו מחמת גשמים ופסקו, **אין מטריחין אותו לחזור לסוכה כל אותה הלילה** - ודוקא כששכב כבר, [**ואפי'** אם שכב בבגדיו, ג"כ י"ל דא"צ לעמוד ולילך לסוכה, **אכן** במחה"ש מסתפק בזה, דאפשר דהקימה לחוד לא חשיבה טרחא, וכן בכורי יעקב מסתפק בזה], **אבל** אם עדיין לא שכב, יחזור לסוכה, **ובספר** בגדי ישע, וכן במאמר מרדכי, מסתפקים בזה, אחרי שכבר היה לו טרחא להכניס הכרים וכסתות לתוך הבית, אפשר שלא הטריחו לחזור ולהעלותם, [**וכתב** בפמ"ג, כשפשט בגדיו, י"ל דאף שלא שכב עדיין, טורח ללבוש ולילך לסוכה, **ובבכורי** יעקב מסתפק גם בזה].

וה"ה מי ששוכב בסוכה שיש לה לעטי"ן, ובשעת הגשמים סגרו אותן, ואח"כ פסק הגשם, נראה שא"צ לעלות על הסכך לפתוח הלעטי"ן שסתם בשעת הגשמים, [**אבל** באמצע סעודתו, אפשר שגם אם צריך לעלות על הסכך צריך לפתחן, שאין בזה הפסק סעודה וטרחא כ"כ, כמו לעלות לסוכה בס"ו], **אבל** אם יכול לפתחם בסוכה ע"י חבלים, צריך לעמוד ולפתחם, שאין זה רק מעט טרחא, ולא מקרי מצטער.

אלא ישן בביתו עד שיעלה עמה"ש - ואפי' אם הקיץ א"צ לעלות לסוכה בלילה, **הגה: ויעור משנתו** - פי' מעצמו, וא"צ להקיצו, גם אין מחוייב למסור שנתו לאחרים שיקיצוהו כשיאור היום.

מי שהוא ישן בסוכה וירדו גשמים, אין צריך לשער בכדי שיתקלקל התבשיל, דבגשמים מועטים הוי צער לישן שם, ויוכל לצאת (מהרי"ו). וכל הפטור מן הסוכה - כגון במצטער, **ואינו יוצא משם, אינו מקבל עליו שכר, ואינו אלא הדיוטות (הג"מ)** - וק"ו בזה למי שרוצה להחמיר כשיורדים גשמים, ולילך לסוכה ולברך שם "המוציא" וברכת "לישב בסוכה", ואח"כ לאכול בבית, והוי ברכה לבטלה, אפילו יאכל שם בסוכה אכילת קבע.

(זה הכלל הוא דוקא במקום שיש בו צד איסור, כמו במצטער דהוי חילול יו"ט, ואפילו בחוה"מ חייב לכבודו, **אבל** אם אינו מצטער, רשאי להחמיר, כמו ר"ג שהחמיר על עצמו בדלי של מים ואמר: העלום לסוכה).

(וכתב בספר בכורי יעקב: נ"ל דמה דאמרינן שאינו אלא מעשה הדיוטות ואינו מקבל שכר, זה דוקא כשפטור בעת הישיבה, כגון שמצטער וכדומה, ובפרט בגשמים כיון שהם כשפיכת כוס על פניו, שרבו הראה לו שאינו רוצה בעבודתו, והוא רוצה לכוף רבו לעבדו, שאין זה דרך ארץ, **אבל** מי שפטור משום טרחה לחזור לסוכה, כגון בפסקו גשמים בלילה או באמצע סעודתו, או בהולך לסוכת חבירו, לזה יש קבול שכר עליו, **דלא** גרע משותה מים בסוכה דאמרינן: הרי זה משובח, אף שפטור מן הדין, וכ"ש זה שבשעת ישיבה מקיים מצות סוכה כראוי, רק שלכתחלה לא היה מחוייב לילך לשם).

וכשיוצא מן הסוכה מכח הגשמים, אל יבעט ויצא, אלא יצא בכניעה, כעבד שמוזג כוס לרבו ושפכו על פניו (מהרי"ל).

באר הגולה

ו **ברייתא שם דף כ"ט** ז ‹א"ר ודה"ח, ומדוייק בלשון רש"י: "וירד מן הסוכה לגמור סעודתו בבית, וכשישב לו פסקו גשמים, אין מטריחין אותו להפסיק ולעלות עד שיגמור"› ח **שם בברייתא**

גמרא

ועל שהיה ספק בידם למחות ולא מיחו ועל שפוסקים צדקה ברבים ואינן נותנין אמר רב בשביל *ארבעה דברים נכסי בעלי בתים יוצאין לטמיון על כובשי שכר שכיר ועל עושקי שכר שכיר ועל שפורקין עול מעל צואריהן ונותנין על חבריהן ועל גסות הרוח וגסות הרוח כנגד כולן אבל בענוים כתיב °וענוים יירשו ארץ והתענגו על רוב שלום: ^תהלים לז^

הדרן עלך הישן

לולב ^א^הגזול ^ב^והיבש פסול *^ג^של אשירה ושל עיר הנדחת פסול ^ד^נקטם ראשו נפרצו עליו פסול נפרדו עליו כשר *רבי יהודה אומר יאגדנו מלמעלה ציני הר הברזל כשירות *לולב שיש בו שלשה טפחים כדי לנענע בו כשר: **גמ'** ^ה^קא פסיק ותני לא שנא ביו"ט ראשון ולא שנא ביום טוב שני בשלמא יבש הדר בעינן וליכא אלא גזול בשלמא יום טוב ראשון דכתיב °לכם *משלכם אלא ביום טוב שני אמאי ^ויקרא כג^ לא א"ר יוחנן משום רבי שמעון בן יוחי משום

רש"י

ועל שהיה ספק בידם. של בעלי בתים הללו למחות ביד עוברי עבירות שבדורם שדבריהם נשמעים מחמת עושרם והבריות יראים מהם ולא מיחו: ועל שפוסקין. בעלי בתים הללו לדקה ברבים שיתגוהו לעניים (והם) ולא נותנים: לטמיון. שנטממין וכלים מאליהם: ^רס"ע מ"ו^ תורה אור כובש. שמדחהו בלך ושוב: עושק. לגמרי גוזל שכרו: ועל גסות הרוח. שמתגאים ומשתררין על אחיהם בשביל עושרן: ^(גיטין לג.) [לח:]^

הדרן עלך הישן

לולב הגזול. לולב כף של תמרים והדר תני הדס וערבה באפי נפשייהו: גזול. פסול ולקחתם לכם כתיב משלכם: יבש. דבעינן מצוה מהודרת דכתיב (שמות טו) ואנוהו: של אשירה. אילן שעובדין אותו ע"ז ובגמרא מפרש טעמא: ושל עיר הנדחת. משום דלשרפה קאי דכתיב (דברים יג) ואת כל שללה תקבוץ ולולב בעי שיעור ד' טפחים כדלקמן (דף לב:) וכיון דהאי לשרפה קאי אין שיעורו קיים דכשרוף דמי: נקטם ראשו. פסול דלא הוי הדר: נפרצו עליו. משדרה ואינם מחוברין אלא על ידי אגודה כי חופיא שקורין אשקוב"א לאו הדר הוא: נפרדו עליו. מחוברין הן בשדרה אלא שלמעלה הן נפרדין לכאן ולכאן כענפי אילן: יאגדנו מלמעלה. אם נפרדו עליו יאגדם שיהו עולין עם השדרה כשאר לולבין: ציני הר הברזל. מפרש בגמרא ציני דקלים: כשרות. לולבין שלהן ואע"פ שעלין שלהן קטנים מאד ואין עולין עם ארכה של שדרה: כדי לנענע בו. מפרש בגמרא שלשה טפחים תהא השדרה כנגד אורכו של הדס וטפח יותר כדי לנענע דבעינן נענוע כדלקמן (דף לז:) מעלה ומוריד מוליך ומביא לעצור רוחות רעות וטללים רעים: **גמ'** קפסיק ותני. פסול: לא שנא בי"ט ראשון. דחיוביה מדאורייתא: לא שנא בי"ט שני. דליתיה בנטילת לולב אלא מדרבנן דביום הראשון כתיב: בשלמא יבש. פסול בדרבנן נמי כיון דמצוה הוא משום זכר למקדש בעינן הדור מצוה: אמאי לא. מהיכא תיתי למיפסליה: שנאמר

^[עי' תוס' לקמן לא: ד"ה של]^ ^[לקמן לא.]^ ^[לקמן לב: לז:] מנחות מב.^ ^[לעיל כו: וש"נ]^

תוספות

לולב יבש פסול. ומפרש בגמרא משום דאיתקש לולב לאתרוג דכתיב ביה הדר ולא כמו שפירש הקונטרס משום דכתיב (שמות טו) זה אלי ואנוהו דאין ואנוהו אלא לכתחלה ולא מיפסל בהכי כדמוכח פ"ק (לעיל דף יא:) דאמרי רבנן לולב מצוה לאוגדו משום שנא' זה אלי ואנוהו לא אגדו כשר והאי יבש דהכא אין לפרש כמו יבש דפרק אין מעמידין (ע"ז דף כט:) דתנן האחרנים של נכרים יבשים מותרים ומפרש בגמ' יבשים לאחר שנים עשר חדש דהא אמרינן לקמן (דף לג.) גבי הדס יבש יבשו רוב עליו ונשתייר שם שלשה בדי עלין לחין כשירין אלמא אין היבשות תלוי בשנים עשר חדש אלא יש לומר יבשות דהכא כמו יבשות אזן בכור דתנן בפרק על אלו מומין (בכורות דף לז.) רבי יוסי בן המשולם אומר יבשה עד שתהא נפרכת בצפורן:

נקטם ראשו. לכאורה מיירי בשני עלין האמצעיים היוצאין מראש השדרה אבל קשיא דבגמרא (דף לב.) קאמר רבי יהושע בן לוי ניטלה התיומת פסול והן אותן העלין האמצעיים והא אפילו בנקטם ראשו פסול כל שכן נטלו לגמרי וצריך לומר דנקטם ראשו מיירי ברוב העלין העליונים אי נמי אצטריך ליה לרבי יהושע בן לוי לאשמועינן ניטלה דסלקא דעתיה דחשיב הדר טפי מנקטם אי נמי ניטלה אחת מן התיומת דבנקטם לא מיפסלה אא"כ נקטמו שתיהן:

נפרצו עליו. ברוב עלין איירי כדתניא בתוספתא (פ"ב) ופי' בקונטרס שנפרצו מן השדרה שלו ואינן מחוברין אלא על ידי אגודה משמע שרוצה לומר שנתלשו לגמרי מן השדרה ולא משמע כן בגמ' דאמרינן נפרצו דעביד כי חופיא והעלין שנתלשו מן השדרה הוצי מיקרו כדאמרינן בגמרא (דף לז:) אמר רבה לא (*לינוד) אינים לוליבא בהושענא דמשתיירי הוצי והוי חציצה כלומר אם ארוך הוא יותר מדאי מן הערבה ובא לקצץ מתחת לא יקצץ בעודו באגודו דמשתיירי עלי הלולב כשנתלש מן השדרה על ידי הקצילה ומן ההוצין עושין חופיא כדאמריק בהגוזל קמא (ב"ק דף צו.) האי מאן דגזל לוליבא מחבריה ועבדיהו הוצי קני מעיקרא לוליבא והשתא הוצי ועבדינהו חופיא קני מעיקרא הוצי והשתא חופיא והיינו שחלק כל עלה ועלה לשנים לפי שכל עלי הלולב כפולים ועמד וחלק אותם שכן דרך לעשות חופיא: ^[נ"ל ליגוז]^

קפסיק ותני לא שנא בי"ט ראשון ול"ש בי"ט שני. משמע דדייק מדקתני סתם ולא מפליג ותימה הא אמרינן לקמן (דף לג:) ניקב וחסר כל שהוא פסול אע"ג דבי"ט שני כשר כדאמרינן לקמן (דף לו:) בגמ' דר' חנינא מטביל ביה ונפיק ביה ומוקי מתני' בי"ט ראשון ואי דייק מדקתני גזול ולא קתני שאול הא לקמן בסוף הסוגיא דייק רב נחמן בר יצחק הכי אבל הכא (א) לא אסיק אדעתיה ואי משום דקתני גזול דומיא דיבש הכי נמי גבי נקב קתני עלתה חזזית על רובו דמפסיל אף בי"ט שני משום הדר ומיהו בירושלמי משמע קצת דמשום חזזית לא מיפסיל אלא בי"ט ראשון דמסיק עלה רבי יצחק בר נחמן בשם ר' שמואל כל הפסולין אינן פסולין אלא בי"ט ראשון בלבד תמן אמרין רובו מגד אחד חוטמו כרובו והיינו במקום אחד דאמרינן לקמן (דף לה:) גבי חזזית ומיהו אי יום ראשון דווקא על כרחך הדר הוא ולא מיפסיל אלא משום דחשיב כחסר ולא מסתבר כלל וי"ל דר' חנינא לית ליה האי קפסיק ותני כמו שמואל דשמעתין דמוקי מתניתין דגזול בי"ט ראשון ומכשיר בי"ט שני אי נמי ברישא דמשנה שייך לדקדק מדתני סתם ולא מפליג אבל כולהו אחריני איידי דלא מפליג ברישא לא מפליג בסיפא ושונה דבריו סתם אף על פי שיש לחלק:

בעינן הדר וליכא. משמע דפשיטא ליה דבעינן הדר לכולהו יומי ולכם משלכם לא מיתוקם אלא בי"ט ראשון וכן ולקחתם דממעטינן מיניה חסר דבעינן לקיחה תמה לא מיפסיל אלא בי"ט ראשון כדקאמרינן לקמן בפירקא (דף לו:) ר' חנינא מטביל ביה בי"ט שני ונפיק ביה ותימה מאי שנא זה מזה הא כולהו בהדי הדדי כתיבי בחד קרא ולקחתם לכם ביום הראשון פרי עץ הדר ואי משום דמשמע ליה דהני דכתיבי מקמי ביום ראשון עליה קיימי אבל הדר בתריה כתיב אכתי קשיא מדכתיב ולקחתם דרשינן בהקומץ רבה (מנחות דף כז.) ולקמן בפירקין (דף לד:) דארבעה מינין שבלולב מעכבין זה את זה דבעינן לקיחה תמה ובשילהי פירקין (דף מא:) ובריש לולב וערבה (לקמן ד' מג.) דרשינן נמי מדכתיב ולקחתם לשון רבים שתהא לקיחה לכל אחד ואחד מדלא כתיב ולקחת לשון יחיד כי היכי דדרשינן פרק רבי ישמעאל (מנחות דף סה:) ספירה לכל אחד ואחד מדכתיב וספרתם ואם כן בשאר הימים תיסגי במין אחד ובלקיחה של אחד בשביל כולם לכך נראה דהיינו טעמא משום דיום ראשון דאורייתא בגבולין ושאר יומי דרבנן זכר למקדש כדאיתא בריש לולב וערבה (לקמן דף מד.) הלכך בעיקר הלקיחה כגון ד' מינין ולקיחה לכל אחד ואחד תקון בשאר יומי כעין דאורייתא וכן בהדר משום הדור מצוה אבל בחסר ובשאול לא תקון ובגזול פלוגתא דשמעתין דרבי יוחנן סבר דתקון משום מצוה הבאה בעבירה ושמואל סבר דלא תקון דמתוך שיוצא בשאול יוצא נמי בגזול:

משום

עין משפט נר מצוה

א א מיי' פ"ח מהלכות לולב הלכה א סמג עשין מד טוש"ע א"ח סי' תרמט סעיף א:

ב ב מיי' וסמג שם טוש"ע א"ח סי' תרמט סעיף ה:

ג ג מיי' וסמג שם טוש"ע א"ח סי' תרמט סעיף ג:

ד ד מיי' שם הלכה ג סמג שם טוש"ע א"ח סי' תרמה סעיף ו:

ה ה מיי' שם הלכה ט סמג שם טוש"ע א"ח סי' תרמט סעיף א ג:

רבינו חננאל

ועל מגדלי בהמה גסה. ועל קוצצי אילנות טובות. ועל ד' דברים ממון בעלי בתים יורד לטמיון על עושקי שכר שכיר. ועל כובש שכר שכיר. ועל פורק עול מצוארו ונותנו בצואר חבירו ותסות הרוח כנגד כולן. ופשוטין הן:

הדרן עלך הישן

לולב הגזול והיבש כו'. ואוקימנא היבש משום דבעינן הדר וליכא. גזול נמי ביו"ט ראשון כתיב לכם והאי לאו שלכם. ובשאר הימים נמי לפני יאוש *) דהא אינו שלכם.

*) סדבר תמוה דהא ביו"ט שני לא בעי לכם רק מטעם משום מצוה הבאה בעבירה ואולי דאיזה ט"ס נפל בכאן וצ"ע.

מסורת הש"ס

רס"ע מ"ו

(גיטין לג.) [לח:]

[עי' תוס' לקמן לא: ד"ה של]

[לקמן לא.]

[לקמן לב: לז:] מנחות מב.

[לעיל כו: וש"נ]

הגהות הב"ח

(א) תוס' ד"ה קפסיק ותני וכו' אבל הכא עדיין לא אסיק אדעתיה:

§ מסכת סוכה דף כט: §

אות א'

לולב הגזול

סימן תרמט ס"א - [א]כל ארבעה המינים פסולים בגזול ובגנוב – (בין מישראל ובין מנכרי, ולכן מי שגנב אחד מהמינים מהנכרי, פסול ואינו יוצא בו, עד שישלם הדמים לבעליו), **דכתיב**: ולקחתם לכם ביום הראשון וגו', והאי "לכם" משלכם הוא.

אות ב'

והיבש פסול

סימן תרמה ס"ה - [ב]לולב שיבשו [ג]רוב עליו, (או שדרתו) (טור), פסול - שאין זה הדר, [גמרא].

מיהו הרב ב"י כתב, דאין מצוי שיהא שדרתו יבש והעלין לחים, וליכא לספוקי בזה, [**ולפעמים** נ"מ מזה, כגון שנתייבש מהשדרה מעט עד שנחסר השיעור, והעלים לחים, פסול].

ואם יבש העלה העליונה התיומה, פוסל הראב"ד.

[ד]ושיעור היבשות, משיכלה מראה ירקות שבו וילבינו פניו - שזהו סימן שכלה הלחלוחית שבו.

הגה: וי"א דלא מקרי יבש אלא כשנפרך בצפורן מחמת יבשותו (טור בשם התוס'), וכן נוהגין במדינות אלו שאין לולבין מצויין (הגהות מיימוני) - ורוב הפוסקים לא הסכימו לפירוש זה, **אלא** שרמ"א כתב דעה זו כדי ליישב מנהגם, שנהגו כך במקומותיו לסמוך ע"ז, לפי שאין לולבין מצויין, **ע"כ** אין להקל בזה כל זמן שיש בעיר לח.

אות ג'

של אשירה ושל עיר הנדחת פסול

סימן תרמט ס"ג - [ה]וכן של עיר הנדחת (פסול) - משום דלשריפה קאי, דכתיב: ואת כל שללה תקבוץ וכו', ולולב בעי שיעור ד"ט, וכיון דהאי לשריפה קאי, אין שיעורו קיים, דכשרוף דמי, [רש"י], ולכן פסול אפילו ליום שני.

ושל אשירה - הוא אילן שעובדין אותו, **של ישראל, פסול** - כיון שאין ביטול העכו"ם מועיל לה להתירה בהנאה, הרי היא עומדת לשריפה, וכל העומד לשריפה כשרוף דמי, ואין שיעוריה קיים וכנ"ל.

ואם נטעו ולבסוף עבדו, אז הפירות שגדלו קודם העבודה, מותרים להדיוט, ואסורים לכתחלה לגבוה, דמאיס, **ואותן** הפירות שגדלו אחר שנעבד, אסור אף להדיוט בהנאה, ופסול אף ביום שני, [**והשו"ע** ע"כ מיירי בהגידולים שגדלו אח"כ, ולכך אסור אף בדיעבד, או דמיירי באילן שנטעו לשם עכו"ם].

אות ג'*

סימן תרמט ס"ד - [ו]גנות הצעירים של עובדי כוכבים - הוא ענין ממשרתי העכו"ם, **וכיוצא בהם מבתי שמשיהם, מותר ליטול משם לולב או שאר מינים למצוה** - הנה לפי המבואר ביו"ד סימן קמ"ג ס"ג, ובש"ך ועט"ז שם, אין מותר ליטול מהם כי אם כשהוא בחנם, ולא בשכר, אפילו אם המעות נוטלין הכהנים לעצמן ולא לעבודת כוכבים, [**ולהט"ז** אפי' בהחזקת טובה בעלמא אסור], **ואפשר** דשם מיירי שמתחלה נדבו הגינה לשם ע"ז, והפירות יהיו שייכים למשמשיה, להכי אסור להנות למשמשיה, והכא מיירי שהגינה לא נדבו מעולם לשם ע"ג, **ולדעת** רמ"א שם בהג"ה, בכל גווני יש להקל, אם הגינה אינה עומדת בחצר הע"ז, והמעות מגיע רק להכהנים, ולא לצרכי ע"ג.

(ואפי' האילן נטוע לפני עבודת כוכבים, כל זמן שאין עובדין האילן) – (ומיירי כאן דנטעו שמשיהם או הנכרים לצורך שמשיהם לאכול פירותיהן, ולא מיירי דנטעו אותן לשם הע"ג הסמוך להן, **דאי** היו נוטעין אותן לשם הע"ג, והפירות יהיו שייך למשמשיהן, אפילו להרמ"א שם בסימן קמ"ג היה אסור לישראל לקנותו, אפילו בכל השנה, להיות מהנה לכהניהם).

(**ויש מקילין אפי' אם אין ידוע אם נדבוהו לע"ז, אם אינה עומדת בחצר** הע"ז, והמעות אין מגיע לצרכי ע"ז, רק להמשמשים, **ואפשר דאפי'** עומדת בחצר הע"ז, **אם אין ידוע אם נדבוהו לע"ז יש להקל, אם אפשר** לתלות דלצורך עצמן נטעוהו, **די"ל ג"כ דכשקצצו הגוי הוי כמבטלו**).

אבל משהתחילו לעבדו, אותן הלולבין והפירות שנמצאו אז על האילן, אסורין לכתחלה לגבוה דמאיס, והגידולין שיצאו אח"כ אסורין אף להדיוט, **וי"א** שאם קצץ העכו"ם אח"כ ונתן לישראל, שרי מטעם בטול, ואף לגבוה שרי ולא מקרי מאיס, משום שנשתנה שינוי גדול, דבשעת עבודה לא היה האתרוג ולולבין, וגדלו אחרי כן, [**וזה** דבר חדש שאין מובא בפוסקים אחרים].

ומ"מ אם יש אחרים, אע"פ שאינן יפין כזו, יקח אחרים, (**והיכא** דלא נדבו הגינה לשם ע"ג, וגם עומדין מחוץ לחצר העכו"ם, אין להקפיד ע"ז).

באר הגולה

א משנה סוכה כ"ט ל"ב ל"ג ל"ד | ב שם במשנה | ג טור וכן כתב הרא"ש | ד שם בשם הראב"ד | ה משנה כ"ט ל"ב ל"ג ל"ד | ו ‹מילואים› | ז ארחות חיים

אות ד'

נקטם ראשו

סימן תרמה ס"ו - [ח]**נקטם ראשו, דהיינו שנקטמו** [ט]**רוב העלין העליונים, פסול** - דאין זה הדר, [רש"י ושארי פוסקים], **ועליונים** נקרא אותן שגבוהין מן השדרה ולמעלה, **והנה** המחבר לא זכר לחלק בין עלה אמצעי ליתר העלין.

ושיעור הקיטום לא נזכר בהשו"ע, אם דוקא כשנקטם הרוב של כל עלה, או אפילו במקצתה, **ועיין** בלבוש שמחמיר דאפילו במקצתן, **ויש** מאחרונים שמפקפקין בזה.

הגה: ואם נקטם העלה העליון האמצעי שעל השדרה, פסול (המגיד ור"ן) - דעת הט"ז והגר"א, דהרמ"א הוסיף בזה להחמיר כדעת הרה"מ והר"ן, דהעלה העליון האמצעי שעל השדרה, היינו כשיש ג' עלין שכלה בהם השדרה, העלה האמצעי לבדה נקרא ראש הלולב, אם נקטמה פסול, **ועיין** בביאור הגר"א דמשמע מניה, שמצדד להורות כן להלכה.

ואפילו נקטמה העלה הזאת בכל שהוא, פסול, [**ועיין** באחרונים דלא ברירא פרט זה, ולכן במקום הדחק מקילין בזה].

ואם כלה הלולב בשני תיומות, ונקטמה רק אחת מהן, אפשר דיש להקל, וכן מצדד בספר בכורי יעקב.

ודוקא דאיכא אחר, אבל ליכא אחר, מברכים עליו (מרדכי) - עיין בא"ר, דכונת הרמ"א להקל בנקטם עלה העליונה, משום דכמה פוסקים מקילין בעיקר הדין, ויש לסמוך עלייהו בדליכא אחר, **אבל** לא בנקטמו רוב עלין, **ואפילו** בעלה אמצעי, יש אומרים דאין להקל לברוכי עלייהו, כי אם בנקטם רק מקצתה, אבל לא בנקטם רובה, אפילו בשעת הדחק, [**אא"כ** במקום שנוהגין לברך על כל הפסולין גמורין בשעת הדחק, **ובמאמ"ר** משמע, דאפי' בנקטמה העלה זו לגמרי, אפשר דיש להקל בדליכא אחר].

(**ודוקא** לענין לולב הסכימו לדינא, **דנקטם ראשו הוא אפילו מן העלין לבד, אבל לענין הדס וערבה, לא מקרי נקטם ראשה עד שיהיה נקטם מעצו שלהם, ושיעור הקטימה לא מצאתי מפורש, ומסתברא דשיעורו בכל שהוא, וכמו שכתב הר"ן לענין נקטם ראש הלולב**).

אות ד*

נפרדו עליו, כשר

סימן תרמה ס"א - כתיב בתורה: ולקחתם לכם ביום הראשון פרי עץ הדר כפות תמרים וענף עץ עבות וערבי נחל, **וקבלו** חז"ל, ד"פרי עץ הדר" זהו אתרוג, שטעם עצו ופריו שוה, וכתיב "הדר", שיהיה נאה והדר בתארו וגידולו, ועל דרך שיתבאר בסימן תרמ"ח, **ולפי** שכל אלו הד' מינים כתובין בפסוק אחד, למדין זה מזה, וע"כ כל הארבעה מינים צריכים להיות נאים ומהודרים, ועל דרך שיתבאר לקמן, "**כפות** תמרים" הן ענפי האילן שגדלין בו תמרים, כשיצמחו, קודם שיתקשו העלין שלהן ויתרחקו לכאן ולכאן רחוק מן השדרה, אלא כשיהיה כמו שרביט, והוא הנקרא לולב, "**וענף** עץ עבות" הוא ההדס, שעליו חופין את עצו, ופרטיו יתבאר בסימן תרמ"ו, "**וערבי** נחל" יתבאר בסימן תרמ"ז.

[יא]**לולב שנפרדו עליו זה מעל זה** - היינו כמו ענפי השבט, שעומדין פרודות ויכולין לאגדן, **ולא נדלדלו כעלי החריות** - דטבע החריות, שנפרדו העלין ונתרחקו הרבה, ובמקום חבורן נתקשו כעץ, ואין יכולין לאגדן יחד, **כשר, אפי' לא אגדו.**

הגה: [יב]**ומ"מ מלוה מן המובחר בלולב שאין עליו פרודות לגמרי, (המגיד ור"ן פרק לולב הגזול)** - הט"ז העלה, שמה שהחמיר הרב המגיד למצוה מן המובחר, הוא דוקא היכי שכל עליו תלויות למטה, רק שעולין עם הלולב, [לא ידעתי פירושו, דנראה שהם תרתי דסתרי], ונפרצו עליו שפסול, הוא כשאין עולין עם הלולב, **אבל** כל שאין עליו תלויות, אלא שקצת נוטה לצדדין, אפילו מצוה מן המובחר אין כאן, **אמנם** במאמ"ר וכן בבכורי יעקב מפקפקין על דברי הט"ז, ודעתם כסתימת הרמ"א, דלמצוה מן המובחר יש ליזהר שלא ליטול לכתחלה לולב, אא"כ שוכבין עליו זה על זה ולא לצדדין.

אות ה'

קא פסיק ותני, לא שנא ביום טוב ראשון ולא שנא ביום טוב שני

סימן תרמט ס"א - [יג]**ויש מי שאומר דלא נפסל גזול וגנוב אלא לגנב ולגזלן עצמן; אבל לאחרים כשר בשאר הימים, חוץ מיום ראשון** - מוכח מזה דדעת המחבר, דהגזלן אינו יוצא אפילו בשאר הימים דלא בעינן בהו "לכם", [**ואף** דלא נזכר זה כי אם בדברי הי"א, מ"מ מלשון המחבר משמע, דהיש מי שאומר רק לאקולי אתי, דלאחרים כשר בשאר הימים, אבל לגנב ולגזלן עצמו דפסול, גם הוא מודה לזה], **והטעם**, דהו"ל מצוה הבאה בעבירה, ואין נ"מ בזה בין לפני יאוש ובין לאחר יאוש.

הנה מאי דמחמרינן לגבי אחרים (ביום ראשון), ע"כ איירי לפני יאוש, ו"לכם" אמר רחמנא והאי לאו דידהו הוא, **דאי** היה יאוש מקודם, א"כ אצלם הו"ל יאוש ושינוי רשות, וקנין גמור הוא אצלם, ו"לכם" קרינא בהו, **ואפ"ה** בשאר הימים לאחרים שרי, דס"ל להי"א, דלא שייך מצוה הבאה בעבירה לגבי אחרים, שהם לא גזלוהו, **ועיין** במ"א שהביא בשם המלחמות שחולק ע"ז, ודעתו דאף לגבי אחרים שהם לא גזלוהו, אפ"ה כיון דהחפץ לא נקנה אצלם שהוא לפני יאוש, והגזל תחת ידם הוא, שייך גבייהו ג"כ מצוה הבאה בעבירה, ואינם יוצאין בו, וע"כ דעת

באר הגולה

ח שם במשנה | ט טור בשם אביו הרא"ש | י (ע"פ הב"י והבאר הגולה) | יא משנה סוכה כ"ט וכתנא קמא | יב ד"נפרדו עליו כשר" בדיעבד דוקא משמע - גר"א | יג ארחות חיים

המ"א שלא להקל בזה, **אבל** בא"ר כתב שיש לסמוך להקל כהי"א, דאף לגנב ולגזלן עצמו, דעת כמה פוסקים שסוברין דבשאר ימים יוצא בהן, עכ"פ יש לסמוך עלייהו לגבי אחריני, וגם הגר"א בביאורו משמע שמצדד להלכה כהיש מי שאומר.

מיהו כ"ז הוא רק לענין לצאת בו, אבל לברך עליו, גם להגר"א אסור לברך עליו, דהא אפילו היכא דהוי יאוש ושינוי רשות, אסור לברך כמ"ש מקודם, וכ"ש בזה.

סימן תרמט ס"ג - [יד]וכן של עיר הנדחת, ושל אשרה של ישראל, פסול; [טו]אבל של עבודת כוכבים, לכתחילה לא יטול, ואם נטל יצא מיום ראשון ואילך, דלא בעינן לכם - אבל ביום ראשון דבעינן "לכם", אינו יוצא בה אפילו בדיעבד כל זמן שלא ביטלה העכו"ם, דאסורה בהנאה ולא מקרי "לכם".

[טז]סימן תרמט ס"ה - כל אלו שאמרנו שהם פסולין [יז]מפני מומין שביארנו, או [יח]מפני גזל וגניבה, ביום טוב הראשון בלבד; [יט]אבל בשאר ימים, הכל כשר - הוא לשון הרמב"ם, וסתם המחבר לדינא כמותו, ודעת הרמ"א בזה יבואר לקמיה, **ודע** דיש בהן שהם פסולים משום שאינו הדר, ויש משום שהם בכלל חסר, ודעת הרמב"ם בכולם להכשיר מיום ראשון ואילך.

ומש"כ: מפני גזל וגניבה ביו"ט הראשון וכו', טעמו, כיון דיו"ט שני הוא דרבנן, מותר הגזול, אע"ג דהוי מצוה הבאה בעבירה, **וקשה,** דבס"א קאמר דלא נפסל גנוב וגזול אלא לגנב ולגזלן עצמו, ומוכח שם דאפילו ביו"ט שני, **ותירץ** המ"א, דהתם רק לענין לכתחלה, והכא מיירי לענין עצם הדין, דבדיעבד יוצא ביו"ט שני אף בגזול, אבל יו"ט ראשון לכו"ע לא, דבעינן "לכם", **ומ"מ** לענין ברכה בגנוב וגזול, גם לדעת הרמב"ם אין לברך, ד"בוצע ברך ניאץ ד'", [**ולפי"ז** לדעת הי"א המובא בהג"ה, אינו יוצא בו מעצם הדין, משום דהו"ל מצוה הבאה בעבירה, וע"כ אפי' בדיעבד אם נטל לולב הגזול, מחויב ליטול אחר שאינו גזול, וגם לברך עליו, **אבל** לדעה ראשונה, כשנוטל אחר אסור לו לברך, דכבר יצא מדינא בפעם ראשון, **ולדינא** צ"ע, וספק ברכות להקל].

(**ובמטה יהודא כתב:** וליתא לתירוץ המ"א לענ"ד, דהא בס"א הזכיר לשון פסול, ומשמעות פסול הוא אפי' דיעבד, **ויותר נ"ל, דהך ד"גזל וגנבה"** באשגרת לישנא נקט הב"י, וכדי נסבה, ותפס לשון הרמב"ם ז"ל כצורתו, ועיקרו הוא משום החילוק דמחלק בין פסולי המומין, ובין פסולי שארי ענינים שהם משום ע"ז או מפני שאינם מינם, **ולפי"ז** מה דהוסיף הרמ"א: ויש פוסלין בגזול וכו', הוא רק אדעת הרמב"ם, ולא על ב"י, דהוא סובר ג"כ הכי לדינא, וכמו שפסק בס"א, וכן משמע מהגר"א).

ודברים שטעמם משום שאינו הדר, יש דיעות בפוסקים, דעת הרמב"ם וסייעתו להכשיר, כמו בחסר, **ודעת** הרא"ש וסייעתו להחמיר בזה, דבעינן הדר בכל ז' ימים, משום הידור מצוה, **וסתם** הרמ"א לקמיה בזה כוותייהו.

וחזזית פוסלת כל שבעת הימים (רבינו ירוחם) - זהו רק לדעת המחמירים בהדר כל ז', **אבל** לדעת המחבר שהעתיק לשון הרמב"ם, גם בהדר אינו פוסל אלא ביום א' בלבד, **והו"ל** לכתוב בלשון ויש אומרים, אלא שכן דרכו בכמה מקומות, **וכן** מה שכתב בהג"ה למעלה, אבל יבש או מנומר שפסול כל ז', הוא ג"כ אזיל לשיטתו שמחמיר בהדר כל ז', **אבל** לדעת המחבר שהעתיק לשון הרמב"ם, גם ביבש ומנומר אינו פסול אלא ביום א' בלבד.

ובשעת הדחק יש לסמוך להקל בחזזית בשאר ימים, כיון דבשאר ימים אין חיוב נטילה אלא מדרבנן, [**ועיין** בפמ"ג שכתב, דיוכל לברך ג"כ, **ועיין** שם עוד שמצדד, דאין להקל רק בחזזית, משום דיש דעות בחזזית, אי פסולו משום חסר או משום הדר, והוי ס"ס, דשמא משום חסר, ואת"ל משום הדר שמא הלכה כהרמב"ם, אבל בשארי דברים שהם בודאי משום הדר, אין להקל בשאר יומי, **ומלשון** הגר"ז וח"א מוכח, דסמכו בשעת הדחק להקל אף בהדר, **לבד** ביבש יש מחמירין, משום "לא המתים יהללו יה", וצ"ע].

באר הגולה

יד משנה כ"ט ל"ב ל"ג ל"ד | טו מימרא דרבא שם דף ל"א | טז ‹הבאנו קטעים מסעיף זה ע"פ דברי הכסף משנה› | יז **רמב"ם מהא דרבי חנינא מטבל בה ‹ל"ו:›** | יח **משנה מ"א: ובריית‏א שם** | יט ‹יש להקשות על דין זה, ממה שהקשה הגמרא בראש לולב הגזול: קא פסיק ותני ל"ש ביום טוב ראשון ול"ש ביום טוב שני, דמשמע דבסתמא כל הפסולין בראשון פסולין בכל הימים. **וי"ל** דודאי הכי ס"ד, אבל כיון דאמר ר' יצחק בר נחמני לא שנו אלא ביום טוב ראשון, ופריק רב אשי אליביה {בגירסתינו הוא רבא, עיין בצד הגמ'}, ממילא אשמעינן דדוקא בראשון פסולים ולא בשאר ימים – כסף משנה›

§ מסכת סוכה דף ל. §

אות א'

לא שנא לפני יאוש ולא שנא לאחר יאוש

סימן תרמט ס"א - [א]בין לפני יאוש בין לאחר יאוש - [ב]דיאוש כדי לא קני, **והנה** ביום הראשון בודאי לכו"ע לא יצא מן התורה, ולענין שאר הימים יבואר לקמיה.

(**כתב הפמ"ג**, אותם הלוקחים מן האריס שלא בידיעת בעל הגן, י"ל דידע ומחיל, ולית בהו משום גזל, עכ"ל, **ובבכורי יעקב** מפקפק בזה מאוד, דהדבר ידוע שבסתמא אינו מוחל, דלולבים והדסים הם דברים חשובים במדינותינו, ואינם נמצאים אלא בגנות השרים, וכיון שכן, אף שלא ידע שגזל ממנו, מ"מ הוי יאוש שלא מדעת, דהלכתא כאביי, ושינוי רשות לבד הלא לא קנה, **לכן** צריך להזהר שלא לקנות מהאריסים שלא מדעת בעלי הגנות, דלא מקרי "לכם" ביום ראשון, וגם בשאר הימים הוי מצוה הבאה בעבירה, דגזל נכרי אסור).

ומי שגזל ע"י כיבוש מלחמה, קנייה, כדאיתא בגיטין ל"ח.

[ג]**אבל גזול וקנאו בלא סיוע המצוה** - פי' שהקנין שקנה אותו הוא נעשה קודם קיום המצוה, **לאפוקי** אם הוא ע"י המצוה של נטילת הלולב, כגון שמכרו לו באופן שקנאו במשיכה, והגביהו למיפק ביה, א"כ ע"י המצוה נעשה הקנין, ולא יצא, דהו"ל מצוה הבאה בעבירה, **אלא** צריך להגביהו אח"כ פעם שני לצאת בו.

כגון גזל לולב ושיפהו, כשר, דקנייה בשינוי מעשה - ר"ל דבעת שגזלו לא היה עדיין מתוקן כראוי, שנוכל לקרוא עליו שם לולב, והוא תקנו בשיפוי שלו, דעל ידו נקרא שמו לולב, [**דדוקא** אם ע"י השפוי נשתנה שמו, אבל בשפוי בעלמא לא קנה], **וזה** מהני אפי' בלא יאוש, ואפילו ביום ראשון כשר לצאת בו, ד"לכם" קרינא ביה, כיון שקנאה, ודמים בעלמא הוא חייב לו.

(ודין זה הוא לכו"ע, דהיינו אפילו לדעת המחבר דסותם בסוף הסעיף, דלגנב וגזלן עצמו פסול הלולב אפילו בשאר הימים דלא בעינן "לכם", ופסולו הוא משום מצוה הבאה בעבירה, **הכא** שאני, דשם כיון שהחפץ עתה בשעה שיוצא בו אינו שלו, רק של הנגזל, מקרי מצוה הבאה בעבירה, היינו שבעת קיום המצוה חפץ של גזל בידו, דהא אלו היו תובעים אותו בדין, היה מחוייב להחזיר אותו החפץ עצמו, **משא"כ** הכא דקנייה בשינוי מעשה, ואינו מחוייב להחזיר החפץ אלא דמים בעלמא, נמצא שבעת אין החפץ של הנגזל אלא שלו, ואין העולה עליו רק על זמן הקודם שגזלו, לא מקרי מצוה הבאה בעבירה).

וה"ה היכא דהוי יאוש ושינוי רשות, [מההוא מעשה דאוונכרי], כגון שהגזלן מכרו או נתנו לאחר, אותו אחר כשר לצאת בו אפילו ביום ראשון, דקנהו ע"י שינוי רשות, כיון שכבר היה יאוש מקודם, ו"שלכם" קרינא ביה, (**ודוקא** לאחר, אבל יורש לא מקרי שינוי רשות, כמבואר בחו"מ).

[ד]**ומיהו לא יברך עליו** - כיון שמתחלה בגזל בא לידו, מחמרינן לענין ברכה דאית בה הזכרת שם שמים, ‹ואמרינן דהוי מצוה הבאה בעבירה - מאמ"ר›, [ה]**ועיין** במ"א שדעתו, דדוקא בלא יאוש, אבל אם היה יאוש עם השינוי מעשה, או עם שינוי השם, או עם שינוי רשות, מותר לברך ג"כ, **אכן** דעת הט"ז והגר"א, דבכל גווני לא יוכל לברך.

(**ואם** עבר ונטלו, א"צ ליטול שוב לולב אחר, וכ"ש שלא יברך עליו, דכיון דמדינא יצא בנטילה ראשונה, שוב הוי ברכה לבטלה).

אות ב'

שונא גזל בעולה

רמב"ם פ"ה מהל' איסורי מזבח ה"ז - הגונב או הגוזל והקריב הקרבן, פסול, והקב"ה שונאו, שנאמר: שונא גזל בעולה, ואין צ"ל שאינו מתקבל; [ו]ואם נתייאשו הבעלים, הקרבן כשר.

אות ג'

כי זבניתו אסא מנכרי, לא תגזזו אתון, אלא לגזזוה אינהו ויהבו לכו

סימן תרמט ס"א - הגה: ומשום זה יש ליזהר שלא יקוץ הישראל בעצמו אחד מארבעה מינים שבלולב לצורך לולבו, דקרקע אינה נגזלת, והסתם כותים גוזלי קרקע הם, ויבא בגזילה לידו, אלא יקצצנו כותי ויקנה מהם (תשו' הרשב"א הג"א) - ביאור הענין, שלא יקצץ מקרקע של נכרי בעצמו, ואפילו כשיתן לו

באר הגולה

[א] שם בגמרא וכרבי שמעון בן יוחאי [ב] ‹עיין בהערה הבאה בדברי הר"ן› [ג] **הר"ן שם מהירושלמי, וכ"כ התוס' דמשמע שם כן שם בגמרא ל'** ‹וז"ל הר"ן: ומיהו כי אמרינן לולב הגזול פסול משום מצוה הבאה בעבירה, ה"מ בשלא קנהו עדיין, א"נ שקנהו אלא שהמצוה מסייעתו בקנין, דמש"ה אמרינן גבי קרבן דגזול פסול משום מצוה הבאה בעבירה, דס"ל לרבי יוחנן דיאוש בכדי לא קני, כדמוכח במרובה, ונמצא שלא קנה גבוה אלא בשנוי רשות ההקדש וכו', אבל כל שנקנה בתחלה בלא סיוע המצוה, שוב אין בו משום מצוה הבאה בעבירה וכו', **וכ"כ** התוספות (ל. ד"ה הא) דמשמע כן שם בגמרא, וז"ל: וי"ל דאם איתא דיאוש כדי קני הוי שלו קודם הקדש, ותו לא חשיב מצוה הבאה בעבירה, **וכן** מוכח לקמן בשמעתין גבי אוונכרי וליקנינהו בשינוי השם, משמע דאי קנו ליה מצו נפקי ביה ולא חשיב מצוה הבאה בעבירה וכו'› [ד] **שם** [ה] ‹וז"ל: וצ"ע דא"כ מאי פריך גבי אוונכרי וליקניוה בשינוי השם, עכ"פ לא יהא רשאי לברך עליו, אבל כשהעכו"ם קוצצו רשאי לברך כיון שהוא לא גזל, **ואפשר** דהתם בשינוי השם ויאוש עדיף טפי, וצ"ע - מ"א›, ‹**ועיין** מה שהביא המ"ב לקמן תירוץ ע"ז מהגר"א, דכיון דחששא בעלמא הוא, דשמא גזל העכו"ם הקרקע, לא חיישינן בזה היכא דכבר קנה מדינא› [ו] ‹ויש לתמוה שמאחר שרבינו פוסק דיאוש כדי לא קני, כמבואר פ"ה מהלכות גניבה, היאך פסק כרב יהודה (גיטין דף נ"ה) דאמר יאוש כדי קני, שזה סותר מה שפסק בהלכות גניבה, **וי"ל** דאע"ג דבעלמא יאוש כדי לא קני, הכא קני, משום דאמרינן בגמרא (שם עמוד ב') אוקמוה רבנן ברשותיה כי היכי דליחייב עלה, ומשמע דהכי הלכתא מדחזינן דבתר הכי שקיל וטרי רבא אליבא דהאי אוקימתא - כסף משנה›

מסורת הש"ס

[ברכות מז: וש"נ] ב"ק סז.

הגהות הב"ח

(א) תוס' ד"ה הא קנייה ביאוש וקריגא ביה מכם משלכם וכו': (ב) בא"ד והא דשמעינן ליה לעולה כצ"ל ותיבת לעיל נמחק:

גמרא

תורה אור

משום דהוה ליה *מצוה הבאה בעבירה *שנאמר °והבאתם גזול ואת הפסח ואת החולה גזול דומיא דפסח מה פסח לית ליה תקנתא אף גזול לית ליה תקנתא *לא שנא לפני יאוש ולא שנא לאחר יאוש בשלמא לפני יאוש °אדם כי יקריב מכם אמר רחמנא ולאו דידיה הוא אלא לאחר יאוש הא קנייה ביאוש אלא לאו משום דהוה ליה מצוה הבאה בעבירה וא"ר יוחנן משום ר' שמעון בן יוחי מאי דכתיב °כי אני ה' אוהב משפט [ב]שונא גזל בעולה משל למלך בשר ודם שהיה עובר על בית המכס אמר לעבדיו תנו מכס למוכסים אמרו לו והלא כל המכס כולו שלך הוא אמר להם ממני ילמדו כל עוברי דרכים ולא יבריחו עצמן מן המכס אף הקב"ה אמר אני ה' שונא גזל בעולה ממני ילמדו בני ויבריחו עצמן מן *הגזל אתמר נמי אמר רבי אמי יבש פסול מפני שאין הדר גזול פסול משום דהוה ליה מצוה הבאה בעבירה ופליגא דר' יצחק דא"ר יצחק בר נחמני אמר שמואל לא שנו אלא ביום טוב ראשון אבל ביום טוב שני מתוך שיוצא בשאול יוצא נמי בגזול מתיב רב נחמן בר יצחק לולב הגזול והיבש פסול הא שאול כשר אימת אילימא בי"ט ראשון הא כתיב לכם *משלכם והאי לאו דידיה הוא אלא לאו ביום טוב שני וקתני גזול פסול (*רבא אמר) לעולם ביום טוב ראשון ולא מיבעיא קאמר לא מיבעיא שאול דלאו דידיה הוא אבל גזול אימא סתם גזילה יאוש בעלים הוא וכדידיה דמי קא משמע לן אמר להו רב הונא להגהו *אוונכרי [ג]כי זבניתו אסא מעכו"ם לא תגזזו אתון אלא לגזזוה אינהו ויהבו לכו מאי טעמא סתם עובדי כוכבים גזלני ארעתא נינהו וקרקע

מלאכי א / ויקרא א / ישעיה סא

[לעיל כט: וש"נ]

[נ"ל אמר רבא וכהרא"ש ב"ק פ"י סי' טו גרים רב אשי]

[נ"ל אנכרי פי' לשון פרסי שוטי מלכות בגשיא. ערוך]

רש"י

שנאמר והבאתם גזול וגו'. דאשכחן קרא דאוסר להביא מצוה בעבירה: מה פסח אין לו תקנה. לאחר זמן להקריבו שהרי הוא קטע עולמית הוא: אף גזול. ילפינן מינה דאין לו תקנה לאחר זמן ואפילו ביאוש דשמעינן ליה למריה דמייאש ואמר ווי ליה לחסרון כיס ואע"ג דלענין מקני אמרינן בבבא קמא (סח.) דקני ליה ביאוש והוי דידיה ואפ"ה אקרובי למזבח לא: שונא גזל בעולה. בעולות שאתם מביאין לי אני שונא את הגזל שאתם גוזלים אותם ואע"פ שהכל שלי ואף מתחלה שלי היתה: אתמר נמי. דטעמא דמתני' בגזול בי"ט שני משום מצוה הבאה בעבירה: לא שנו. דגזול פסול: מתוך שיוצא בשאול. דהא בי"ט שני לא כתיב לכם למעוטי: לעולם בי"ט ראשון. ולא תידוק כדדייק' הא שאול כשר דכ"ש דשאול פסול ומתני' לא מיבעיא שאול קאמר: אימא סתם גזילה. מיד ואע"ג דלא שמעינן דאייאש: יאוש בעלים הוא. שהרי בפניו הוא גוזלו מידו ואין כח להציל: קמ"ל. דעד דשמעינן דאייאש לא קני ליה דמימר אמר השתא הוא דתקיף מינאי למחר תפסינא ליה בדינא: אוונכרי. תגרי כל דבר להשתכר בו כגון כלים קטנים מחטין ומסריקות ולולבין וקורין מרני"ש: כי זבניתו אסא מנכרים. כשתקנו הדס מן הנכרים לאגוד בהן להושענא: ליגזזו אינהו. הם יחתכוהו מן המחובר ויתנוהו לכם: מאי טעמא סתם עכו"ם גזלי ארעתא מישראל נינהו. ושמא אותו קרקע מישראל הוא: וקרקע

הג"ה רש"ל

תוספות

משום דהוה ליה מצוה הבאה בעבירה. והדתניא לקמן פ' לולב וערבה (ד' מג.) לכם משלכם להוציא את השאול ואת הגזול משום שאול איצטריכא דבלאו לכם נפקא לן גזול משום מצוה הבאה בעבירה דאע"ג דקרא גבי קרבן כתיב הוא הדין בכל מצות דהוי דאורייתא' כדמוכח בריש הגוזל קמא (ב"ק ד' צד.) גבי הרי שגזל סאה של חיטין וטחנה ואפאה והפריש ממנה חלה דאין זה מברך אלא מנאץ *וא"ת לקמן (ד' לא:) דפסלינן לולב של אשרה ושל עיר הנדחת משום דמיכתת שיעוריה תיפוק ליה משום מצוה הבאה בעבירה ונו אמאי שרינן דלאו אשרה דמשה וי"ל דלא דמי לגזל דמחמת עבירת הגזל באה המצוה שיוצא בו אבל הכי אטו מחמת עבירה שנעשית בו מי נפיק ביה ומיהו יש ספרים דגרסי' לקמן (ד' לא.) אמתני' דאתרוג של אשרה מ"ט משום דהוה ליה מצוה הבאה בעבירה וגירסא משובשת היא אלא טעמא משום דמיכתת שיעוריה דאתרוג נמי בעי שיעור כאגוז או כביצה דאף על גב דאמרינן לקמן (ד' לא:) טעמא משום דלא גמר פירא מכל מקום בעינן דמינכר לקיחתה דמהאי טעמא פסלינן לקמן (ד' לה.) פלפלין ומיהו תימה בפרק כל שעה (פסחים ד' לה:) דתניא אין יוצא ידי מצה בטבל ודריש ליה מקרא תיפוק ליה משום מצוה הבאה בעבירה דקא אכיל איסורא ונפיק ידי מצה*:

כי יקריב מכם אמר רחמנא ולאו דידיה הוא. תימה דבמרובה (ב"ק ד' סו:) ממעט גזול מדכתיב קרבנו והכא ממעט ליה מדכתיב מכם ואע"ג דאיכא דמוקי לה התם בגזל קרבן דחבריה מ"מ קשה למאן דלא מוקי ליה הכי ועוד קשה דהתם משמע דלפני יאוש לא צריך קרא דדריש קרבנו ולא הגזול וקאמר ה"ד אילימא לפני יאוש למה לי קרא ועוד קשה דהא מכם דרשינן בפ"ק דחולין (ד' ה. ושם) מכם ולא כולכם להוציא את המומר מכם בכם חלקתי ולא באומות ואע"פ שיש לומר דרישא דקרא מייתי הכא ומקרבנכם דסיפא דקרא קא דריש כמו שמפר"ת גבי לא תתחתן דסוף האומר בקדושין (ד' סח: ושם) לא משמע כן כלל וי"ל דהא דקאמר במרובה לפני יאוש למה לי קרא משום דלפני יאוש אין יכול להקדיש והרי הוא חולין כדאמרינן גזל ולא נתיאשו הבעלים שניהם אינם יכולים להקדיש דאיש כי יקדיש את ביתו אמר רחמנא מה ביתו *ברשותו כדאי' במרובה (ב"ק דף סח:) ואפילו מאן דפליג לא פליג אלא בבעלים אבל בגזלן גופיה מודה דאין יכול להקדיש והא דמייתי הכא קרא דמכם אע"ג דמביתו נפקא אורחא דגמרא בהכי דמייתי מכם משום דאי לא כתיב ביתו הוה מוקמינן מכם להך דרשה אבל השתא דכתיבי הני קראי אייתר ליה מכם להוציא את המומר ולבכם חלקתי ודכוותה אשכחן פרק אחד דיני ממונות (סנהדרין ד' לד: ושם) דדרשי' נגעים ביום מדכתיב וביום הראות בו ובפ"ק דמועד קטן (ד' ח.) מוקי לה לאתן דיש יום שאתה רואה ויש יום שאין אתה רואה וביום נפקא לן מדכתיב כנגע נראה לי ולא לאורי וכן בשילהי פרק שני דמגילה (ד' כ. ושם) דלא מוהלין אלא ביום דכתיב ביום השמיני ובפרק ר"א דמילה (שבת ד' קלג.) מוקי ליה ביום אפילו בשבת ולילה ממעט מדכתיב בן שמונת ימים ועוד איכא דטוטייהו בדוכתי טובא*:

הא קנייה ביאוש. וקריגא ביה (א) לכם משלכם משמע דקסבר ר' יוחנן יאוש כדי קנה וקשה דבמרובה (ב"ק ד' סח:) קאמר ר' יוחנן דתשלומי ארבעה וחמשה חיוביה בין לפני יאוש בין לאחר יאוש ואי יאוש קני אמאי חייב שלו הוא טובח שלו הוא מוכר דכי האי גוונא דייק התם לעיל (דף סז:) רב ששת אמילתיה דרב דקאמר כי נייס ושכיב רב אמר להא שמעתא ועוד דבהגוזל בתרא (שם דף קטו.) שמעינן בהדיא לר' יוחנן משמיה דר' ינאי דשינוי רשות ואח"כ יאוש לא קני ויש ספרים דגרסינן הכא הא קנייה ותו לא ואפילו גרסינן ביאוש יש לפרש דהכי קאמר הא קנייה ביאוש ושינוי השם כדאמרינן במרובה (שם דף סו.) הגנב והגזלן הקדשן הקדש ואפילו למאן דאמר יאוש לא קני משום דהא איכא יאוש ושינוי השם מעיקרא חולין והשתא הקדש וא"ת א"כ מאי פריך התם אביי לרבא דאמר יאוש לא קני מדכתיב קרבנו ולא הגזול ואמאי דחיק לשנויי דגזל קרבן דחבריה הא ממה נפשך התם קני דאיכא יאוש ושינוי השם ומ"מ מיפסיל להקרבה משום מצוה הבאה בעבירה כדאמרינן הכא וכמו כן קשה בסוף ההיא שמעתא דדייק רבא דיאוש כדי לא קני מדכתיב קרבנו ולא הגזול ועולה נפקא ליה התם מגזול דומיא דפסח דלית ליה תקנתא וי"ל דאם איתא דיאוש כדי קני הוי שלו קודם הקדש ותו לא חשיב מצוה הבאה בעבירה וכן מוכח לקמן בשמעתין גבי (*נכרי) וליקניגהו בשינוי השם משמע דאי קנו ליה מצו נפקי ביה ולא חשיב מצוה הבאה בעבירה אבל אי יאוש כדי לא קני ועל ידי הקדשן קא קני ליה דאיכא יאוש ושינוי השם השתא אז חשיב מצוה הבאה בעבירה וכולה שמעתין דלא חשיב מצוה הבאה בעבירה היכא דקני ליה מלינן למימר דקני קודם באגודה אפילו למאן דלא בעי אגד הא קני ליה קודם י"ט דהכתי לא חל חיוב מצוה ואי נמי אפילו בי"ט דלא דמי למקדיש דחל קנין והקדש ביחד והא דשמעינן ליה (ב) לעיל לעולה בהגוזל בתרא (שם דף קיד.) גבי פלוגתא דר"ש ורבנן בעורות של גנב ושל גזלן אי סתם גניבה יאוש בעלים או סתם גזלה קאמר דקאמר עולה מחלוקת בסתם אבל בידוע דברי הכל קני התם איכא יאוש ושינוי השם כדאמרינן בההיא שמעתא דמרובה (שם דף סו:) דמעיקרא קרו ליה משכא והשתא קרו ליה אברזא והא דמשמע בריש הגוזל קמא (שם דף צד.) בההיא דגזל סאה דאף על גב דשינוי קונה חשיב מצוה הבאה בעבירה אף על פי שקנאו בשינוי מעשה קודם שבא לידי חיוב חלה התם דיחויא בעלמא הוא אי נמי שאני ברכה דאיכא נמי הזכרה לשם שמים ולפי שיטה זו צריך ליישב סוגיא דהאיזקין (גיטין דף נה.) דאמר עולה דבר תורה בין לא נודעה אינה מכפרת וסוגיא דהגוזל בתרא וסוגיא דמרובה ור"ת מפרש בענין אחר משום קושיא דעולה אדעולה והרבה הארכתי במרובה ובפרק האיזקין (שם דף נה.): מתוך שיוצא בשאול יוצא בגזול. הכא דווקא שהוא מדרבנן לא חיש אמצוה הבאה בעבירה: וקרקע

שם. רש"א

[וע"ש תוס' שבת קכח. ד"ה ונתן וכו']

[נ"ל אוונכרי]

עין משפט נר מצוה

ו א מיי' פ"ח מהל' לולב הלכה א טוש"ע א"ח סי' תרמ"ט סעיף א:

ז ב מיי' פ"ה מהלכות איסורי מזבח הלכה ז סמג לאוין שיט:

ח ג טוש"ע א"ח סימן תרמט סעיף א בהג"ה:

רבינו חננאל

לאחר יאוש משום דהוה ליה מצוה הבאה בעבירה שנאמר כי אני ה' אוהב וגו'. אתמר נמי א"ר אמי יבש פסול לפי שאינו הדר. גזול פסול משום דהוה ליה מצוה הבאה בעבירה. ור' יצחק פליג ואמר הני מילי ביו"ט ראשון. אבל משני ואילך מתוך שיוצא בלולב שאול יוצא נמי בגזול אחר יאוש. מיתיבי על ר' יצחק ממתני' דקתני לולב הגזול והיבש פסול ודייקינן מינה גזול פסול הא שאול כשר. ושאיל כשר לא משכחת ביו"ט ראשון דהא בהדיא כתיב לכם למעוטי אפי' השאול אלא משני ואילך השאול כשר. ואפי' הכי גזול פסול. ומשני רב אשי. מתני' לעולם ביום ראשון ואיצטריך סד"א שאול ודאי לאו דידיה. אלא גם גזול אימא סתם גזילה יאוש בעלים היא וקנה ביאוש ודידיה הוא קמ"ל דלא כדא"ר חייא לאונכרי פי' כגון *) בית של נשיא הממונה בצרכיו וכיוצא בנשיא אנשים חשובין הממונין בצרכיהן נקראין כן אמר להו כי זבניתו אסא ליגזו אינהו אסא כי היכי דליהוי יאוש בידיהו דנכרים ושינוי רשות בידייכו. דעכו"ם גזלי נינהו.

*) נראה דצ"ל פי' כגון הממונה בבית הנשיא בצרכיו וכיוצא בנשיא וכו'.

גליון הש"ס

תוס' ד"ה משום כו' וא"ת לקמן דפסלינן לולב של אשירה. זהו אינו קושיא כ"כ די"ל דצריך ליתן טעם לשמואל דלא ס"ל למצוה הבאה בעבירה ועכ"פ ביו"ט ב' דרבנן דמ"מ אשירה פסול משום כתותי וכו' ועדיפא יש להקשות דלמה לי קרא מן הבקר להוציא הנעבד תפוק ליה משום מצוה הבאה בעבירה:

הנכרי רשות, דשמא גזל הקרקע ז'מישראל, דסתם עכו"ם גוזלי קרקע הם, וקי"ל דקרקע אינה נגזלת, היינו שאינה קניה לגזלן בשום יאוש, דלעולם בחזקת בעליה הראשונים עומדת, [רש"י], ופירות המחוברים לקרקע הרי הוא כקרקע, **אבל** משנתלש הפרי הוי גזל, והתולשו הוא גוזלו, לפיכך לא יקצץ הישראל בעצמו, דיהיה הוא הגוזל, אלא יקצצנו העכו"ם, ויהיה אז חל היאוש מן הבעלים הראשונים על דבר הנתלש, והוא ימסור ליד ישראל, וקנה הישראל אותם ע"י יאוש שביד העכו"ם, ושינוי רשות שבידן.

וה"ה כשהנכרי יתן לו במתנה, שרי, דהו"ל יאוש ושינוי רשות, **וה"ה** כשקוצץ ישראל ונותן לחבירו, שרי, כיון דהוי לאחר יאוש, [מ"א, וכן הוא בגמרא].

ויוכל ג"כ לברך לכו"ע, דאף דכתבנו לעיל דעת הט"ז והגר"א, דע"י יאוש ושינוי רשות אסור לברך, היינו דוקא בגזל ודאי, **אבל** הכא דחשש בעלמא הוא, דשמא גזל העכו"ם הקרקע, לא חיישינן בזה היכא דכבר קנה מדינא, [**והא** דחשש רב הונא לזה, היינו, לענין לצאת ידי המצוה חיישינן אף מספיקא, משא"כ לענין ברכה בגזולה דאסמכתא בעלמא, ובמכל שכן שכבר קנה אף לצאת י"ח המצוה, הגר"א].

וכ"ז לכתחלה, אבל בדיעבד כשר אם הוא ברשות העכו"ם, ומברך עלייהו, דמספיקא לא חיישינן לגזולה.

(**לפי"ז** לא יקוץ הישראל בעצמו אפילו משדה של עצמו, כשנקנה שדה זו מעכו"ם, אלא יניח לנכרי לקוץ, ויקבל ממנו, **אכן** כבר הביא הברכי יוסף בשם סה"ת והסמ"ג והרדב"ז, דבזמנינו לא אמרינן נכרים גוזלי ארעא הם, וכן העלה גם הט"ז, **ולכן** אצלנו שאין מוחזקים הנכרים לגזול קרקעות מישראל, וגם כל הקרקעות מוחזקים לבעליהם ע"פ דינא דמלכותא, אפשר להקל בזה, שיקוץ הישראל אפילו משדה עכו"ם ברשותו – בכורי יעקב, **והנה** כ"ז כתב הבכורי יעקב בזמנו, אבל בזמנינו לפי מה שמצוי הפרעות, יש להתבונן מאוד בזה, ותלוי לפי המקום).

ואין חילוק בזה בין ארץ ישראל או חוצה לארץ (מ"ז) - ר"ל אע"פ ששם הקרקעות רובן של עכו"ם הם מעולם, ח'ואם גזלו מעכו"ם גזלו, אפ"ה אסור, דגזל עכו"ם ג"כ אסור.

(**עיין** במ"א בשם תשו' רבי בצלאל, דבאתרוג בא"י אם קצצו בעצמו, לבד האיסור האמור פה, יש עוד איסור אחר, דהו"ל נתמרח ביד ישראל והוי טבל, ובטבל יש מחלוקת בפוסקים אם יוצא בו, **ועיין** בפמ"ג, דלענין גזול, אפילו עדיין לא קנה ישראל מעכו"ם, מ"מ לא יקצוץ ישראל לצאת בו, שהוא הגוזל, **אבל** לענין מרוח ביד ישראל, לא שייך איסור אלא אם כבר קנה הישראל מנכרי בדמים בשעה שקוצצו).

(**והנה** בערבות נוהגין בכל המקומות, שהשמשים הולכין בעצמן לפני חג הסוכות, וקוצצין ערבות הרבה לצורך הקהילה, ומצוי הוא שאפילו רשות אין נוטלין לזה מן בעל השדה, **ואיני** מדיין לענין השמשים גופא כי אם לענין הקהל, איך יוצאין בזה ביום הראשון דבעינן "לכם", **ואין** להקל משום דהוי יאוש ביד השמשים, ושינוי רשות ביד הקונה, דזה אין שייך רק לענין אוונכרי דמייתי בגמרא, דשם היתה הקרקע גזולה מכבר, ובודאי כבר נתייאשו הבעלים, אלא משום דקרקע אינה נגזלת, לא חל היאוש עד עתה שקצצו ונעשה תלוש, **משא"כ** בענינינו, שלא ידע בעל השדה כלל בעת הקציצה, לא שייך יאוש, ואף דיתייאש לבסוף כשיודע לו, הוי יאוש שלא מדעת ולא הוי יאוש, ולא נשאר כי אם שינוי רשות לבד, ולא קנה, **וע"כ** לענ"ד אין להקל, כי אם כשנוטל רשות מבעל השדה, או מן השומר שם, או שידוע שהמקום הזה הוא מקום הפקר לכל).

לולב שאגדו כותי ועשאו, כשר כמו סוכת כותי (מרדכי הלכות קטנות) - ר"ל אע"ג דלכתחלה מצוה לאוגדו משום נוי מצוה, מ"מ כשר ע"י עכו"ם, **ועיין** במ"א שדעתו, דלכתחלה לא יאגדנו, והטעם, דכל שאינו מחוייב בדבר אינו רשאי לתקנו, **ומטעם** זה גם אשה לא תאגוד הלולב לכתחלה - מ"א בסי' י"ד, [**וה"ה** קטן פחות מי"ג שנים, ואם אגדו, אם אפשר יתירנו ויאגדנו שנית]. **ועיין** שם בביה"ל שבררנו, דמדינא אין חשש בדבר, ומ"מ טוב ליזהר בזה, **ודוקא** באגד התחתון, ששם אוגד כל המינים ביחד, דשם עיקר מצות אגד, אבל במה שאוגדים למעלה, בזה אין קפידא.

אות ג'* ט'

סימן תרנה ס"א - י'עובד כוכבים שהביא לולב לישראל מחוץ לתחום, מותר ליטלו אפי' מי שהובא בשבילו - בין ביו"ט א' ובין ביו"ט ב', ואפילו בא בציוויו, **והטעם**, דכיון דבטלטול מותר לכל, ממילא מותר גם לצאת בו, דלא אסור אלא ליהנות ממנו, ומצוה לא מקרי הנאה.

ובזה מותר אפילו הביא מחוץ לתחום של י"ב מיל, דלכמה פוסקים הוא איסור דאורייתא לישראל, וא"כ אסור לכתחלה לומר לעכו"ם להביא אפילו במקום מצוה, **מ"מ** כיון שכבר הביא מותר ליטלו ולצאת בו, והיינו אפילו למי שהובא בשבילו.

ומ"מ אסור לטלטלו חוץ לד"א אם העיר אין בה עירוב, וצריך לילך למקום שהניח שם העכו"ם וליטלו שם, ובית אפילו גדול נחשב כד"א, **ובשביל** זקן או חולה שאינן יכולין לילך, יאמר לעכו"ם להוליך

באר הגולה

ז ‹היינו ע"פ רש"י, עיין בהערה הבאה› ח ‹רש"י גרס: "סתם עכו"ם גזלי ארעתא נינהו מישראל", ומבואר בדבריו, שרק משום החשש שהשדה גזולה מישראל ציוה עליהם שלא יגזזום בעצמם, אבל אילו היה החשש שגזולה היא מעכו"ם, לא היה מצווה להם כן. **וכן** כתב ריא"ז [הובא בבה"ל סימן תרל"ז ס"ג, עיין בדף ל"א. אות א'-ב']: ונראה בעיני, שלא נאמר כן אלא במקומות שיש שם רוב ישראל, כגון בארץ ישראל ובבבל וכיוצא בהן, אבל במקומות שלא היה בהן רוב ישראל מעולם, אין חוששים שמא נגזלה אותה קרקע מישראל, ואפילו אם נגזלה מן הנכרי, הואיל ונתיאש אותו נכרי הנגזל, הרי הוא הפקר ביד ישראל זה התולשו משם, ויוצא ידי חובתו אע"פ שהוא עצמו תלשו. **והקשו** האחרונים: הרי קיימ"ל שגזל עכו"ם אסור, וכיון דיאוש לבד אינו קונה, אם ילקטום הם נמצאו הם הגוזלים ואין הדסים אלו נחשבים כשלהם, ועוד כיון שגזל עכו"ם אסור, אף אם היתה הקרקע של עכו"ם, מצוה הבאה בעבירה היא. **אמנם** הרמב"ן במלחמות פירש, שרב הונא חשש שמא גזלוה מן העכו"ם – חברותא› ט ‹מילואים› י **טור בשם הרשב"א והגהות אשר"י והמרדכי**

אצלם, **אבל** אם יש שם עירוב, יכול לטלטלו בכל העיר, רק חוץ למקום העירוב אינו רשאי לטלטלו.

הגה: ועיין לעיל סימן תקפ"ו סעיף כ"א וכ"ב, וסימן ש"ז ס"ג, אם מותר לומר לעובד כוכבים לילך אחריו או לחלל יו"ט בשבילו - היינו דבסימן ש"ז מביא המחבר גם דעת האוסר שבות דשבות במקום מצוה, **אכן** בסימן תקפ"ו סכ"א, סתם להקל בזה, ולא הביא כלל דעת האוסר, **ולפי"ז** מותר אף לכתחלה לומר לנכרי ביו"ט להביא לולב מחוץ לתחום, ומש"כ מתחילה: נכרי שהביא וכו', היינו דבזה מותר אפי' הביא מחוץ לתחום של י"ב מיל.

[**ואם** הוא ספק אם ישיגו שם, עיין בח"א דאסור לשלוח, כיון דעושה בודאי איסור דרבנן, אע"ג דאפשר שיקיים מצוה דאורייתא, אין ספק מוציא מידי ודאי, עכ"ל, **אמנם** המעיין בא"ר יראה דבשביל יו"ט ראשון מותר, אך בשביל יו"ט שני אסור, וכן משמע בב"מ].

[**ואם** חל יו"ט ראשון בשבת, אם מותר לומר לנכרי בשבת לילך מחוץ לתחום להביא לולב בשביל מחר שהוא יו"ט שני, יש דעות בין אחרונים, יש מקילין, ויש מחמירין, **ודע** דלפי מה שביארנו בסי' שמ"ה, דיש כמה גדולי ראשונים דסברי, דאף בזה"ז יש רה"ר דאורייתא, נראה דאפי' לדעת המקילין, יותר טוב לומר לעכו"ם שלא יוציא הלולב מאותו מקום בשבת].

וחוץ לתחום של י"ב מיל, דלכמה פוסקים הוא איסור דאורייתא לישראל, אסור לכתחלה לומר לעכו"ם להביא אפילו במקום מצוה, **ומ"מ** בשעת הדחק שאין מצוי בעיר לולב אחר לצאת בו, הסכימו אחרונים, דיש להקל לומר לעכו"ם להביא אפילו חוץ לי"ב מיל, כדי לקיים המ"ע דלולב, **והנה** כ"ז דוקא אם יוכל לחזור בו ביום ויקיים מצוה תיכף, אבל לשלחו ביום ראשון שיבוא ביו"ט ב', אסור לשלחו חוץ לי"ב מיל, [**כיון** דביו"ט שני הוא רק מצוה דרבנן, וחוץ לי"ב מיל לכמה ראשונים הוא איסור דאורייתא לישראל, ושייך בזה אמירה לעכו"ם שבות, ויותר טוב לדחות המצוה דרבנן בשב ואל תעשה, מלעבור בידים על איסור שבות].

[**ודע** דאם חל יו"ט ראשון ביום א', אם מותר לשלוח בשבת חוץ לי"ב מיל להביאו למחר, משמע ממ"א ודה"ח ובית מאיר דיש להקל, ובודאי יש לסמוך על זה בשעת הדחק].

ודע עוד, דדוקא במחוץ לתחום שאין עליו איסור טלטול וכנ"ל, אבל ערבה שנתלשה ביו"ט אפילו שלא בשביל ישראל, בין ביו"ט ראשון ובין ביו"ט שני אסור לטלטלה, אפילו אין לו אחרת לצאת בה, דמוקצה היא, דשבות אפילו במקום מצוה אסרו, **אכן** אם נתלשה ביו"ט ראשון מותרת בשני, אם לא כשחל יו"ט ראשון בשבת, דאז אסור לצאת בה גם ביום א', כדקי"ל בסימן תקי"ג לענין ביצה, דשבת ויו"ט הסמוכין, נולדה בזה אסורה בזה.

ואם אין לחבירו לולב והוא חוץ לתחום, אם אין לו מעות לקנות לעצמו, מותר לזה לשלחו, **אבל** אם יש ביכולתו לקנות ופשע ולא קנה, אין אומרים לאדם: חטא בשביל שיזכה חבירך, [מ"א וח"א. **ואיני** יודע מה שייך בזה "חטא", דהא אנו מצווין מטעם ערבות לראות שגם חבירו בן ישראל יעשה מצות התורה, ואם יחסר לו כאלו חסר לי, ומטעם זה אנו יכולים להוציא אחד לחבירו בקידוש וכדומה, **ונהי** דחטא חבירו מתחילה בזה שלא קנה הד' מינים מעיו"ט, כדי שלא יצטרך ביו"ט לעבור על שבות של דבריהם, **מ"מ** בדיעבד שלא קנה, הלא הוא מחוייב בעצמו לשלוח סביביו ע"י עכו"ם להשיגו, וממילא כשם שהוא מחוייב להשיגו, כן אני מחוייב להמציא לו, אך שהוא ישלם עבור השליח, ואיך שייך בזה "חטא", ויש ליישב קצת, מ"מ צ"ע בדבר]. **וכתב** הביכורי יעקב בשם הריטב"א, דהא דא"א חטא בשביל שיזכה חבירך, לא שייך רק לענין הא דרדיית פת, שהוא לפטרו מחטאת לבד, **אבל** לענין לזכהו בעשיית מצוה לא אמרינן כן].

עין משפט
נר מצוה

ט א מיי׳ פ״ב מהלכות גזילה הלכה י סמג עשין עג טוש״ע ח״מ סי׳ ש״מ סעיף ס:

מסורת
הש״ס

*וקרקע אינה נגזלת הלכך לגזווה אינהו כי היכי דליהוו יאוש בעלים בידייהו דידהו ושינוי הרשות בידייכו סוף סוף כי גזזו אוונכרי ליהוי יאוש בעלים בידייהו ושינוי הרשות בידן לא צריכא בהושענא דאוונכרי גופייהו וליקניוה בשינוי מעשה קא סבר *לולב אין צריך אגד ואם תמצי לומר *לולב צריך אגד שינוי החוזר לברייתו הוא *ושינוי החוזר לברייתו לא שמיה שינוי וליקניוה בשינוי השם דמעיקרא הוה ליה אסא והשתא הושענא

וקרקע אינה נגזלת. כלומר אינה קניה לגזלן בשום יאוש דלעולם בחזקת בעליה היא דמקראי נפקא לן בהגוזל בתרא (ב״ק קיז:) בניזקין אבל משנתלש הפרי הוי גזל והתולשו הוא גוזלו הלכך לגזווה הן מן המחובר ויתנוה לכם שיהיו הן הגזלנין ואתם לוקחין אותה מהם והבעלים נתייאשו כבר מכל הפירות והוי יאוש אצלם ואחר כך הוא משתנה מרשותן לרשותכם וקסבר יאוש גרידא לא קני אבל יאוש ושינוי רשות קני ואי נמי קני מצוה הבאה בעבירה הוי אם אתם תתתכוה מן המחובר תהיו אתם גוזלים: **בידייהו דידהו.** אוונכרי: **בידן.** דידן הלוקחין אותן מהן ולדידן לאו מצוה הבאה בעבירה היא: **דאוונכרי גופייהו.** באותם שהם קונין לצורכם לצאת בו: **ליקניוה בשינוי מעשה.** שאגד שלשת המינין יחד דשינוי מעשה הוא: **כחוזר לברייתו.** מתיר אגדן והרי הן כבראשונה: הושענא

[לקמן לג. ב״ק לב.]

[לעיל יא: לקמן לג. כנה׳ פה:]

[סנהדרין שם] לעיל יא: לקמן לג. לג. לו:

וקרקע אינה נגזלת. כלומר אינה קניה לגזלן בשום יאוש דלעולם היא בחזקת בעלים דמקראי נפקא לן בהגוזל בתרא (ב״ק דף קיז: ושם) כדפירש בקונטרס והדין עמו *דאי יאוש מועיל בקרקע מאי נפקא ליה מינה במאי דאינה נגזלת אי קודם יאוש אפילו היתה נגזלת לא קני ואי לאחר יאוש הרי קונה ביאוש וכן מוכיח בשמעתין* גבי פלוגתא דר׳ אליעזר ורבנן דפליגי בסוכה גזולה דמכשרי רבנן משום דקרקע אינה נגזלת והויא ליה סוכה שאולה ואדם יוצא ידי חובתו בסוכתו של חבירו והשתא אי לפני יאוש הא אפילו מטלטלין אין נגזלין אלא ודאי לאחר יאוש ומיהו אין משם ראיה דאם היתה סוכה מטלטלין כגון שהוליאו מסוכתו שבראש העגלה ובראש הספינה לא היה יוצא בה בין קודם יאוש בין לאחר יאוש משום דממעטי׳ בפרק (*קמא) (דף ט׳) מדכתיב לך גבי סוכה לך להוציא את הגזולה ולפני יאוש נמי לא חשיבא כשאולה דמטלטלין הנגזלין לאו ברשות בעלים קיימי אבל קרקע בחזקת בעליה עומדת ויש לדקדק מהא דתניא בחזקת הבתים (ב״ב דף מג:) מכר לו את הבית מכר לו שדה אין מעיד לו עליה מכר לו פרה מכר לו טלית מעיד לו עליה ומוקי לה בראובן שגזל שדה משמעון ומכרה ללוי ואתא יהודה וקמערער דלא ליזיל שמעון לאסהודי ללוי דניחא ליה דהדרא אבל פרה וטלית לא הדרי דהוי יאוש ושינוי רשות משמע בהדיא דבקרקע לא מהני יאוש וכי תימא משום דקא סבר יאוש כדי לא קני ושינוי רשות לא שייך בקרקע הא טעמא דיאוש לא קני משום דבאיסורא אתא לידיה כדמפרש במרובה (ב״ק דף סו׳) והכא גבי קרקע נמי כבר נתיאש קודם שהחזיק בה הלוקח כמו גבי פרה וטלית ובירושלמי דכלאים סוף פרק שביעי משמע דיש יאוש לקרקע דפריך ויש קרקע נגזלת א״ר לוי אעפ״כ יש יאוש לקרקע ומיהו יש ליישב דלעולם אין יאוש ולאיסור דרבנן משום כלאים איירי דתנן התם (פ״ז מ״ו) האנס שורע את הכרם ויצא מלפניו קוצרו ואפילו במועד עד כמה יהא נותן לפועלים עד שליש יתר מכאן קוצרו כדרכו והולך אפילו לאחר המועד מאימתי נקרא אנס משישקע והמרינן עלה בגמרא דירושלמי אבא בר יעקב בשם ר׳ יוחנן כיני מתני׳ מותר לקוצרו אפילו במועד עד כמה יהא נותן לפועלים עד שליש רב הונא ורב ששת חד אמר עד שליש לשכר וחד אמר עד שליש לדמים מאימתי נקרא אנס משישקע א״ר אחא כשתקעו הבעלים ולא נתיאשו אסורין דבר תורה נתיאשו ולא נשתקעו אסורין מדברי סופרים ויש קרקע נגזלת א״ר לוי אעפ״כ יש יאוש לקרקע עד כאן ירושלמי והכי פירושו מותר לקוצרו אפילו במועד דמלאכה אסורה חוץ מדבר האבד שוכר פועלים אפילו דרך פרסום וקוצר ובזריעת האנס לא נאסר הכרם דאין אדם אוסר דבר שאינו שלו ונותן לפועלים עד שליש לשכר היינו שמרבה להם בשכירות שליש יותר ממה שהיה ראוי ליתן להם כדאמר רב הונא בפ״ק דב״ק (דף ט׳ ושם) במצוה עד שליש ומאן דאמר לדמים היינו שנותן להם שליש שוויים של כל הפירות אבל יותר מכאן לא יוסיף וקוצר כדרכו ולא ישכור אפילו לאחר המועד (א) מאימתי נקרא שם אנס על הכרם ליחשב כשלו שיאסר בזריעתו משישקע שם בעלים ממנו ונקרא על שם האנס ואע״פ שלא נתיאשו הבעלים דלא אמרו ווי ליה לחסרון כיס דאנן סברי דמיאשי ואפילו אמרי דלא מיאשי נעשה כלווח על ספינתו שטבעה בים ומיתסרא דאורייתא בזריעת האנס אבל נתיאשו ולא נשתקעו לא מיתסר מדאורייתא דקרקע אינה נגזלת אבל מדרבנן אסור ופריך ויש קרקע נגזלת כלומר לאסור אפילו מדרבנן ומשני דיש יאוש לאסור מדרבנן משום כלאים אבל מדאורייתא אין יאוש מדלא אסור מדאורייתא ומיהו היכא דנשתקע שם בעלים אפילו מדאורייתא יש יאוש מדהוי איסורו דבר תורה ועוד יש לפרש בענין אחר שנשתקעו הבעלים ולא נתיאשו איסורו דבר תורה לא מחמת זריעת האנס קאמר אלא שהלך לו האנס ונשאר הכרם לפני הבעלים ולא עקרו ממנו הכלאים והוסיף מאתים איסורו דבר תורה מחמת הבעלים שמקיימים כלאים דדידהו הוי כיון דלא נתיאשו אבל נתיאשו ולא נשתקעו מדרבנן ואיכא פירכי טובא ללשון זה ולשון ראשון עיקר ובמסכת ערלה פ״ק תניא בירושלמי בשם ר׳ שמעון בן אלעזר נוטע לרבים חייב בנוטע בתוך שלו ברשות הרבים פטור (ב) בגזל קרקע ויש קרקע נגזלת א״ר אילעי אע״פ שאין קרקע נגזלת יש יאוש לקרקע וכולה מלתא תמוה דהא מתמיהין דהתם קתני הגזלן שנטע חייב והו מאי קא פריך אברייתא ויש קרקע נגזלת דמשמע משום דנגזלת ויש יאוש פטור מן הערלה אדרבה מכח זה יש לי לחייב בנוטע להוך שלו ועוד מדמי נוטע ברשות הרבים לגזל קרקע ונטעה והייט בלא יאוש דומיא דרשות הרבים דאין שייך בו יאוש ואם [מתקנה] היא דיש יאוש לריך לאוקמה כשנשתקעו שם הבעלים: **כי** גזזו אוונכרי נמי ניהוי יאוש בעלים בידייהו דידהו. וא״ת ההוא יאוש שלא מדעת הוא דלא ידע ביה נגזל בלוקח וקיימא לן בריש אלו מציאות (ב״מ דף כב:) דיאוש שלא מדעת לא הוי יאוש וי״ל דלא מיקרי יאוש שלא מדעת אלא היכא דבא לידו קודם שידעו הבעלים שנאבד מהם אבל הכא ידעי בה ונתיאשו מקודם אלא דאין יאוש לקרקע:

שינוי החוזר לברייתו לא שמיה שינוי. ואע״ג דקני מדרבנן כדאיתא בריש הגוזל קמא (ב״ק דף צג:) בגוזל עלים ועשאן כלים כיון דמדאורייתא לא קני לא נפיק הכא ומיהו מההיא סבתא (לקמן דף לא׳) משמע גבי סוכה דנפיק אע״ג דלא קני אלא מטעם מריש אלא יש לתרץ התם משום תקנת השבים והכא באגודת לולב בעלמא לא שייך תקנת השבים דנקיל להתיר אגודו ומה שנקלץ מן המחובר לא חשיב שינוי מעשה כיון דלא נשתנה שמו בכך דמעיקרא אסא והשתא אסא כדאשכחן בריש הגוזל קמא (ב״ק דף צו׳) האי דגזל דיקלא מחבריה וקטליה אע״ג דשדיה לארעא דידיה לא קני מאי טעמא דמעיקרא דיקלא מיקרי והשתא נמי דיקלא מיקרי ואע״ג דפסק לחיותא גרע מכחשא דלא הדר או מבהמה והזקינה דחשיב שינוי אע״ג דלא נשתנה שמה ומשלם כשעת הגזלה וכן עלים ושיפן אבנים וסיתתן למר וליבנן בריש הגוזל קמא (שם דף צג:):

וליקניוה בשינוי השם. תימה הא אמרינן דשינוי מעשה החוזר לברייתו לא שמיה שינוי והוא הדין בשינוי השם כדאמרינן במרובה (ב״ק דף סו׳) גבי מריש דשינוי החוזר לברייתו בשינוי השם לא שמיה שינוי וי״ל דפריך הכא אליבא דרב יוסף דמסיק התם שינויא אחרינא ועוד י״ל בשינוי השם דליכא שינוי מעשה בהדיה לא קני בחוזר לברייתו כמו מריש דכמו שהוא בנאו בבירה לא חשיב שינוי מעשה אבל הכא דאגדו הרי חשיב שינוי מעשה בהדי שינוי השם וקני אע״ג דהדר למלתיה וא״ת ועולבא דהתם (דף סו:) כיון דלית בה קילוע ואין בה אלא מחשבה א״כ שינוי השם דידיה חוזר לברייתו הוא ואמאי קני וי״ל דהתם איכא יאוש בהדי שינוי השם דהיכא דליכא יאוש אין מחשבה מטמאתו כדקתני לפי שלא נתייאשו הבעלים ועדיף שינוי השם החוזר דקני עם יאוש כדאשכחן גבי עולבא משינוי מעשה החוזר לברייתו דאפילו עם יאוש לא קני כדמסיקנא הכא והשתא ניחא הא דקאמרינן התם שינוי השם כשינוי מעשה דמי דהיכי דמי להדדי והלא שינוי מעשה לחודיה בלא יאוש קני כדמוכח בכמה דוכתי במרובה (שם דף סו׳) ובהגוזל קמא (שם דף צג:) ואילו שינוי השם לא קני אלא בהדי יאוש כדמוכח ההיא דעולבא אלא היינו טעמא משום דעולבא חוזר לברייתו אבל היכא דלא הדר קני לחודיה דההיא דגנב טלה ונעשה איל עגל ונעשה שור פריך התם לעיל (דף סה׳) וליקנינהו בשינוי השם ולא יתחייב ארבעה וחמשה ומשני שור בן יומו קרוי שור איל בן יומו קרוי איל משמע דאי לאו הכי קני בשינוי השם לחודיה והשתא יש כמה דינים בדבר דשינוי מעשה שאינו חוזר וכן שינוי השם שאינו חוזר קני מדאורייתא אע״ג דלא נתייאש ושינוי מעשה החוזר קונה בלא יאוש מדרבנן כדמשמע בריש הגוזל קמא (שם דף צד:) וטעמא משום תקנת השבים ושינוי השם דהדר למלתיה בלא יאוש לא קני כלל חוץ מלטנין מריש משום תקנת השבים וכל בנין קרקע וכיוצא בו כדמוכח שמעתא דההיא סבתא (דף לא׳) דטוחא אלמא לא נתיאשה ואמר רב נחמן אין לה אלא דמי עלים וא״ת הא דפריך הכא לקניוהו בשינוי השם תקשי ליה אמתני׳ דלולב הגזול (לעיל דף כט:) וי״ל דמתני׳ איכא לאוקמא בשגזלו אגודה דלית ביה לא שינוי השם ולא שינוי מעשה:
א׳

[עי׳ תוס׳ ב״מ כא. ד״ה אלא לאו דגזל וכו׳]

[לקמן לא.]

[צ״ל סיגן דף כז:]

רבינו חננאל

וקרקע אינה נגזלת. ואוקימנא בהושענא דאונכרי גופייהו. אבל בהושענא דבעלי בתים אפי׳ היא גזולה אפי׳ גזוזת אונכרי גופייהו כשירה כו׳. ואסיקנא לולב אין צריך אגד. ואפי׳ מאן דסבר דצריך אגד. [כיון] דאי שרי ליה חוזר לכמות שהיה. אינו שינוי דקי״ל שינוי החוזר לברייתו אינו שינוי ושינוי השם אינו

הגהות הב״ח

(א) תוס׳ ד״ה וקרקע אימה וכו׳ וקוצר כדרכו ולא ישכור אפילו לאחר המועד. נ״ב פירוש קוצר כדרכו לאט לאט ולא ישכור פועלים אפילו נמשך הקצירה עד לאחר המועד וגם לאחר המועד לא ישכור אלא אם כן ביקש ומלא פועלים בשכר הידוע שיקצרו כדרכם שאז ודאי אם לא ישכור פועלים חיישינן משום משהה כלאים בכרם הא לאו הכי לא חיישינן משום משהה כלאים וק״ל: (ב) בא״ד נרס״ל פטור בגזל קרקע וכו׳ מכח זה יש לי לחייב בנוטע לתוך:

רש״ל

§ מסכת סוכה דף ל: §

אות א'

ושינוי החוזר לברייתו לא שמיה שינוי

חו"מ סימן שס ס"ה - נשתנית הגזילה, אף על פי שלא נתיאשו הבעלים, אין צריך להחזיר אלא דמיה כמו שהיתה שוה בשעת הגזילה; והוא שלא יהא שינוי החוזר לברייתו; כיצד, הגוזל עצים ודבקם במסמרים ועשה מהם תיבה, אינו שינוי, שהרי אפשר לפורקן וחוזרים לוחות כשהיו; גזל עפר ועשאו לבינה, לא קנה, שאם ידוק הלבינה תחזור עפר כשהיתה; גזל לשון של מתכת ועשאו מטבע, לא קנה, שאם יתיך המטבע יחזור לשון כשהיה; וכן כל כיוצא בזה.

§ מסכת סוכה דף לא. §

אות א׳ - ב׳

סוכה גזולה, והמסכך ברשות הרבים.. וחכמים מכשירין גזל עצים וסיכך בהן, דברי הכל אין לו אלא דמי עצים

סימן תרל״ז ס״ג - [א]סוכה גזולה, כשרה - אין הלשון מדוקדק כ״כ, דהא דרשינן מדכתיב: חג הסוכות תעשה לך, למעוטי גזולה, **אלא** ר״ל דגזולה כהאי, שתקף על חבירו והוציאו וכו׳, כשרה, **כיצד, אם תקף על חבירו והוציאו מסוכתו וגזלה וישב בה, יצא, שאין הקרקע נגזלת** - דכל המחובר לקרקע הרי הוא כקרקע, והרי היא בחזקת בעליה הראשונים, וכשאולה דמיא לדידיה.

הגה: מיהו לכתחלה לא ישב אדם בסוכת חבירו שלא מדעתו - שמא בעל הסוכה הוא מקפיד ע״ז, שלא יראה חבירו את עסקיו ואת אכילתו בלי ידיעתו, וממילא אין נכון לברך עליה, **אבל** מותר ליכנס ולישב בסוכת חבירו בשעה שאין בעל הסוכה שם בסוכתו, שבודאי לא יקפיד ע״ז, דניחא ליה לאינש דליעבד מצוה בממוניה, **ומ״מ** אם אפשר שיבוא בעל הסוכה בעוד שהוא שם, אף דבעת הכניסה אינו שם, לא יכנס שלא מדעתו, כי אפשר שבעה״ב יתבייש ליכנס ולאכול, או לעשות עסק אחר בפניו.

כתב בבכורי יעקב, דאם נטל רשות מאשתו של חבירו כשאינו בביתו, נראה דמהני, דכיון דהרשתיה אשתו, מסתמא לא יקפיד ע״ז.

כ״ש אם דעתו לגזלה; וכן לא יעשה סוכה לכתחלה בקרקע של חבירו שלא מדעתו, וכן בקרקע שהיא של רבים (הג״א וא״ז); מיהו בדיעבד יצא.

כתב המ״א וצ״ע, שנהגו קצת לעשות סוכה בר״ה, ואת״ל דכל ישראל מוחלין, מ״מ יש לעכו״ם חלק בהם, והעלה דאסור מטעם זה לעשות סוכה בר״ה, דעכו״ם בודאי לא מחלי, ואף דבדיעבד כשרה, מ״מ לא יברך עליה, דהוי ברכה לבטלה, **ובא״ר** כתב דברכה לבטלה לא הוי, ע״ש שהאריך בזה, וע״כ אם אין לו אחרת מותר לברך עליה, וכן מצדד בספר מאמר מרדכי להקל, **ובתשובת** שואל ומשיב, דרחוב שלפני הבית הם שלו, ולא מקרי ר״ה, ובפרט היכי שיש להם דקאמאנעט משר העיר, שיש להם רשות לעשות עירובין וסוכות, אין לפקפק בזה.

(וז״ל הבית מאיר: והכא ברור דיברך, דבנידון דידן הא אינה אלא שאולה ממש, שהרי אינו מכוין כלל אלא לישאל המקום עד אחר החג, ולהחזירה בעינה בלי שום חסרון, ואפילו שואל שלא מדעת אינו, שהרי הרבים ואפילו עכו״ם רואין ואינם מוחין, והוי שואל מדעת ממש ופשיטא דיברך, עכ״ל, **אח״כ** מצאתי בבכורי יעקב שמיקל בזה לגמרי, ומטעם אחר, דהא כתב רמ״א בחו״מ, דאם נתן המלך רשות להעמיד דלתות במבוי שלהן, דינא דמלכותא דינא, כי השוקים והרחובות שלהן, ויכולים לעשות בהן מה שירצו, ומעתה כיון שהכל תחת רשות המלך, בין הרחובות שבתוך העיר בין אותן שחוץ לעיר, וכיון שהמלכות יש לה רשות למחות ואינה מוחה, מסתמא מוחלת ע״ז לעשות סוכה בר״ה, ואין כאן איסור גזילה כלל, וע״ש שדעתו דא״צ ליטול רשות בפירוש ע״ז משר העיר, דמסתמא נתון לו מדלא מוחין בידו, ולכן שפיר יכול לברך, ע״ש).

(סוף דבר, הנוהגים להקל בזה אין למחות בידן כי רבו המתירין, **עוד נ״ל** דאם באנו להחמיר שלא לעשות אפילו סמוך לפתח ביתו, יצא קלקול גדול, וכזה ראיתי בעיני שעושין הסוכה אחורי הבתים, ובעיירות הקטנות שם אינו מצוי כ״כ שיהיה לכל אחד בה״כ מיוחד, והוא מקום מיוחד לקטנים לפנות שם, ופעמים אף לגדולים, ומצוי שאותו המקום אינו נקי שם, ואפי׳ אם ירצו לנקות כעת איני יודע אם יועיל מדינא, שהוא בכלל בה״כ ישן, ועכ״פ צריך מדינא לבדוק הכתלים של הבית שם, **וטוב** יותר לעשות סוכה בר״ה ממש, מלעשות סוכה במקומות כאלו).

וכן לא יקללו ישראל הסכך בעצמם - מיער של עכו״ם, אפילו מדעת העכו״ם, דשמא גזל העכו״ם הקרקע, **וטעם** דין זה ופרטיו יתבאר לקמן בסימן תרמ״ט ס״א בהג״ה.

אלא יקנו אותם מעובדי כוכבים - והיינו שעכו״ם בעצמו יקצץ אותם מתחלה, **וכתבו** האחרונים, דה״ה אם קצץ הישראל ונותן לחבירו, ג״כ שרי, דהוי יאוש ביד הראשון הקוצץ, ושינוי רשות ביד השני.

דכל גזל אין עושין ממנו סוכה [ב]לכתחלה (מהרי״ל) - ר״ל דשמא גזל העכו״ם הקרקע, ואין לברך "לישב בסוכה".

(ואם העכו״ם גנב מן היער, אם היער הוא שייך לאדון אחד, לכאורה הא כל ההיתר הוא משום דהוי יאוש בידו של עכו״ם, ושינוי רשות בידו של ישראל, וזה שייך רק באוונכרי המובא שם בגמרא, דהוי היאוש מכבר, אלא דלא חל היאוש על הקרקע, וחל עתה על הפירות שנקצצו, **משא״כ** הכא האדון לא ידע מזה שגנב אצלו העצים, והוי יאוש שלא מדעת אפילו כשיתיאש בסוף, וא״כ לא נשאר כי אם שינוי רשות ביד ישראל, **אמנם** באמת זה אינו, דאמרינן דהאדון זה מסתמא גזל אותה מכבר מאדם אחר, ויאוש של אותו אדם חל עתה בשעת קציצת העצים, **אבל** כ״ז ניחא אם היער שייך לאדון, אבל אם היער הוא שייך להממשלה, וגנב העכו״ם ממנה העצים, יש לעיין איך שייך יאוש, **ואולי** נאמר דהממשלה ידעה מקודם שבודאי ימצאו גנבים, וחל היאוש).

ומ״מ אם א״א, מותר לקצוץ בעצמו, ובלבד שיטול רשות מבעל הקרקע, ואפילו הוא עכו״ם, **ואפשר** שבאופן זה מותר לברך במדינותינו, שרוב הקרקעות שיש להעכו״ם ניתן להם מדין המלכות, ודינא דמלכותא דינא.

ובמקום שיש רשות לאנשי המקום ליקח עצים מן היער בדינא דמלכותא, אין איסור אם לוקח משם לסכך, (והוא מהט״ז, **עוד**

באר הגולה

[א] ברייתא ל״א. וכחכמים וכאוקימתא דרב נחמן [ב] ‹לשון הרמ״א צע״ק, כי אם היה ברור דקרקע זו גזולה ביד העכו״ם, בודאי היה פסול גם בדיעבד, והטעם דכשר בדיעבד, כמ״ש בסי׳ תרמ״ט, כיון דהוי רק חשש שמא גזול הוא ביד העכו״ם, משר״ה יצא בדיעבד – פירות האילן›

הושענא מעיקרא נמי לאסא הושענא קרו ליה ת"ר סוכה גזולה והמסכך ברשות הרבים ר' אליעזר פוסל וחכמים מכשירין אמר רב נחמן מחלוקת בשתוקף את חבירו והוציאו מסוכתו ורבי אליעזר לטעמיה דאמר *אין אדם יוצא ידי חובתו בסוכתו של חבירו אי קרקע נגזלת סוכה גזולה היא ואי נמי *קרקע אינה נגזלת סוכה שאולה היא ורבנן לטעמייהו דאמרי אדם יוצא ידי חובתו בסוכתו של חבירו וקרקע אינה נגזלת וסוכה שאולה היא אבל גזל עצים וסיכך בהן דברי הכל אין לו אלא דמי עצים ממאי מדקתני דומיא דרשות הרבים מה רשות הרבים קרקע לאו דידיה הוא סוכה נמי לאו קרקע דידיה הוא ההיא סבתא דאתאי לקמיה דרב נחמן אמרה ליה ריש גלותא וכולהו רבנן דבי ריש גלותא בסוכה גזולה הוו יתבי צווחה ולא אשגח בה רב נחמן אמרה ליה איתתא דהוה ליה לאבוהא תלת מאה ותמני סרי עבדי צווחא קמייכו ולא אשגחיתו בה אמר להו רב נחמן פעיתא היא דא ואין לה אלא דמי עצים בלבד אמר רבינא האי כשורא דמטללתא דגזולה עבדי ליה רבנן תקנתא משום תקנת מריש פשיטא מאי שנא מעצים מהו דתימא עצים שכיחי אבל האי לא שכיחא אימא לא קמ"ל הני מילי בגו שבעה אבל לבתר שבעה הדר בעיניה ואי חברו בטינא ואפילו לאחר שבעה נמי יהיב ליה דמי תנא יבש פסול רבי יהודה מכשיר אמר רבא מחלוקת בלולב דרבנן סברי מקשינן לולב לאתרוג מה אתרוג בעי הדר אף לולב בעי הדר ור' יהודה סבר לא מקשינן לולב לאתרוג אבל באתרוג דברי הכל הדר בעינן ובלולב לא בעי ר' יהודה הדר והתנן *רבי יהודה אומר יאגדנו מלמעלה מ"ט לאו משום דבעי הדר לא כדקתני טעמא *רבי יהודה אומר משום ר' טרפון כפות תמרים כפות ואם היה פרוד יכפתנו ולא בעי הדר והתנן *אין אוגדין את הלולב אלא במינו דברי רבי יהודה מאי טעמא לאו משום דבעי הדר לא דהא אמר רבא *אפילו בסיב ואפילו בעיקרא דדיקלא [ואלא] מאי טעמא דרבי יהודה התם דקא סבר *לולב צריך אגד ואי מייתי מינא אחרינא הוה להו חמשה מינין ובאתרוג מי בעי רבי יהודה הדר והתניא *ארבעת מינין שבלולב כשם שאין פוחתין מהן כך אין מוסיפין עליהן לא מצא אתרוג °לא יביא לא פריש ולא רמון ולא דבר אחר כמושין כשרין יבשין פסולין ר' יהודה אומר אף יבשין וא"ר יהודה מעשה

בבני

רש"י

הושענא קרו לה. על שם שרגילין לאוגדן להושענא בחג : **והמסכך ברשות הרבים**. הא נמי גזל הרבים : **מחלוקת**. הא דפסיל ר' אליעזר כגון שתקף את חבירו בחזקה והוציאו מסוכתו הבנויה בקרקעו של נגזל °וכל המחובר לקרקע הרי הוא כקרקע : **ור' אליעזר לטעמיה**. דאמר סוכה שאולה אין יוצאין בה בפ' הישן (לעיל כז:) הלכך ממה נפשך זו פסולה : **אי קרקע נגזלת**. כלומר אם יש על הקרקע תורת גזל כשאר מטלטלין לעמוד בחזקת הגזלן : **סוכה גזולה היא**. ור' אליעזר דריש תעשה לך משלך ולא גזולה ולא שאולה : **ואי אינה נגזלת**. וכל הימים ברשות בעליה היא הויא לה שאולה ופלוגתא היא בהגוזל (ב"ק דף קיז:) איכא למ"ד קרקע נגזלת דדריש ריבוי ומיעוט ואיכא למ"ד קרקע אינה נגזלת דדריש כללי ופרטי : **ורבנן לטעמייהו**. דאמרי יוצא אדם בסוכה שאינה שלו בשאולה וס"ל דקרקע אינה נגזלת דרבנן היא דאמרי בפ' הגוזל (שם) דקרקע אינה נגזלת ופליגי עליה דר"א נמי בהא דגזילת קרקע הלכך שאולה היא וה"ה נמי דה"ל לר"נ למימר דר"א לטעמיה דאמר בהגוזל (שם) קרקע נגזלת וסוכה גזולה היא דמייאשי בעלים מינה כשאר מטלטלין דה"ל קרקע בחזקת גזלן ורבנן לטעמייהו דאמרי קרקע אינה נגזלת ושאולה היא אלא אי אמר הכי הוי משמע דמודי ר' אליעזר בשאולה והכן קים לן בהישן (לעיל דף כז:) דאף בשאולה פסיל הלכך אמר לה רב נחמן ממה נפשך כלומר אע"ג הוה סבירא ליה לר' אליעזר קרקע אינה נגזלת כרבנן אפ"ה פסיל לה משום שאולה : **אבל גזל עצים וסיכך בהן**. אין זו לא גזולה ולא שאולה דקננהו בשינוי מעשה ושינוי השם ועוד משום תקנת השבים אינו צריך לסתור בנינו אלא יחזור דמים ודאמרינן בפ' הישן (שם) דמודו רבנן בגזולה לאו בגוזל סוכה המחוברת לקרקע ולא בגוזל עצים ומסכך בהן אלא בגוזל סוכה העשויה בראש העגלה ובראש הספינה דהיא עצמה נגזלת שאינה מחוברת לקרקע ואין עליו להחזיר דמים אלא כמו שהיא בנויה דאין כאן משום תקנת השבים שהרי לא טרח עליה לבנותה ולא הוציא עליה יציאות הלכך גזולה היא : **ממאי**. דבגזילת קרקע פליגי ובטעמא דשאולה : **ההיא סבתא**. דגזלו ממנה עבדי ריש גלותא עצים וסככו בהן : **צווחה**. צווחה להחזיר לה עצים עצמן : **לאבוהא**. לאברהם אבינו ילידי ביתו שמנה עשר ושלש מאות : **פעיתא**. קולנית היא זו : **אלא דמי עצים**. דתקנת חכמים היא זו על המריש הגזול שבנאו בבירה שיטול הנגזל את דמיו ולא חייבוהו לקעקע את בנינו מפני תקנת השבים במס' גיטין (ד' נה.) : **עבדו רבנן תקנתא**. לטול דמיו : **מפני תקנת מריש**. ולא אמרינן אין כאן הפסד מרובה ויסתיר סוכתו דמצוה משוי ליה כל שבעה כבנין קבע : **פשיטא מאי שנא מעצים**. דאמרן לעיל גזל עצים וסיכך בהן אין לו אלא דמים : **עצים שכיחי**. לקנות בדמים שיתן לו זה הלכך משום תקנת השבים לא אטרחוהו לגוזל דהא נגזל מצי מיטרח ומזבן : **ואי חברה בטינא**. הוה ליה כשאר בנין קבוע : **מה אתרוג בעי הדר**. כדכתיב ביה : **לא מקשינן**. לא הוקשו ללמוד זה מזה ולא ניתן לדרוש מעצמו מכל י"ג מדות שהתורה נדרשת בהן אלא ק"ו : **אבל אתרוג דברי הכל בעי הדר**. דהדר כתיב ביה ולא דרשינן ליה לרבי יהודה אידור לשון יווני כדדריש ליה בן עזאי לקמן (ד' לה.): **כפות**. לשון אסירה כדתנן (מכות ד' כב:) טופח שתי ידיו על העמוד : **אין אוגדין את הלולב**. האי לולב היינו הושענא כולהו שלשה המינים יחד : **אפילו בסיב**. הגדל סביבות הדקל וכרוך סביביו כעין לולבי גפנים : **ואפילו בעיקרא דדיקלא**. מן הקליפה ואע"פ שאין מראיהן דומה למראה הלולב ובלבד שיהא מאותו המין דטעמא דר' יהודה התם לאו משום הדר הוא : **אלא משום דקסבר לולב צריך אגד**. הלכך כל הנאגד עמו הוי מן המצוה ונמצא עובר בבל תוסף אם יאגד מין חמישי : **פריש**. קורוני"א : **כמושים**. פלניד"ש :

בבני

תוספות

אי קרקע נגזלת. אמת הוא דר' אליעזר סבר כן דשמעינן ליה הכי בהגוזל בתרא (ב"ק דף קיז:) אלא רוצה ליישב דבריו בכל ענין : **אבל גזל עצים וסיכך בהן**. אין זה לא גזולה ולא שאולה דקנינהו בשינוי מעשה ושינוי השם ועוד משום תקנת השבים אין לו עליו לסתור את בנינו אלא יחזיר דמים והא דאמרינן בפרק הישן (לעיל דף כז:) דמודו רבנן בגזולה לאו בגוזל סוכה המחוברת לקרקע ולא בגוזל עצים וסיכך בהן אלא בגוזל סוכה העשויה בראש העגלה או בראש הספינה (א) והיא עצמה נגזלת שאינה מחוברת לקרקע ואין עליו להחזיר דמים אלא כמו שהיא בנויה דאין בה משום תקנת השבים שהרי לא טרח לבנותו ולא הוציא עליו יציאות הלכך גזולה היא כך פי' בקונטרס ועל אנס דחק דמדכתיב לך דממעטינן גזולה בפרק הישן (לעיל דף כז:) וגזל עצים וסיכך בהן שינוי החוזר לברייתו הוא ומדאורייתא לא קני ומשום תקנת מריש הייט מדרבנן וקרא מיתוקם מדאורייתא ואפילו [מדרבנן] בלא עגלה וספינה איכא לאוקומיה קרא כגון בראובן שבנה סוכה בחצרו של שמעון (ב) מדעתו ובא שמעון ותקף את ראובן והוציאו מסוכתו דאין עליה תורת שאולה °כיון דלא קיימא ברשותו של ראובן ולא דמיא לקרקע דבחזקת הבעלים עומדת ולכך אין קרקע נגזלת : **ור"י סבר לא מקשינן לולב לאתרוג**. פי' בקונטרס לא הוקשו ללמוד זה מזה ולא ניתן לידרוש מעצמו מכל י"ג מדות שהתורה נדרשת בהן אלא קל וחומר ותימה גדולה פי' דאפילו סמוכין דהייט שני מקראות הסמוכין זה לזה ניתנו לידרש מן התורה כדאמרן בריש יבמות (דף ד.) סמוכין מן התורה מנין שנאמר סמוכים לעד לעולם עשוים באמת וישר °כל שכן היקשא דהייט שני דברים המוקשים בפסוק אחד ואפילו לר' יהודה דלא דריש סמוכין אלא היכא דמוכח ומופנה כדאמרינן התם מ"מ בהיקשא מודה אלא כל המדות אדם דן מעצמו חוץ מגזרה שוה דאין דן אלא אם כן למדה מרבו והכא בסברא פליגי דיש דברים שאין להקישם לאותו דבר ושמא קסבר לא שייך לשון הדר אלא בפירות : **אין אוגדין את הלולב אלא במינו**. תימה היכי בעי למימר משום דבעי הדר והא פסל במתניתין (ד' לו:) בגימוניות של זהב שהיו עושין משום נוי ושמא הוי מצי למימר וליטעמיך : **לא מצא אתרוג לא יביא לא רמון ולא פריש**. יש לדקדק מכאן דאם לא מצא כשר מברך בפסול מדנקט פריש או רמון ויש לדחות אבל יש לדקדק דשרי כמו לולב פסול לרבנן בשעת הדחק :

הואיל

עין משפט נר מצוה

י א ב מיי' פ"ה מהלכות סוכה הלכה כה סמג עשין מג טוש"ע א"ח סימן תרלז סעיף ג :

יא ג ד מיי' פ"א מהל' גזילה הלכה ה סמג עשין עג טוש"ע ח"מ סימן שם סעיף א :

יב ה מיי' פ"ז מהל' לולב הלכה ה סמג עשין מד טוש"ע א"ח סימן תרמא סעיף יג יד :

יג ו מיי' פ"ח מהלכות לולב הלכה א סמג שם [טוש"ע א"ח סי' תרמו סעיף ו וסי' תרמו ס"ב] :

רבינו חננאל

שינוי דמעיקרא נמי אסא דהושענא קרו ליה: אסיקנא מחלוקת ר' אליעזר וחכמים בסוכה גזולה בתוקף חבירו והוציאו מסוכתו ר' אליעזר פוסל וחכמים מכשירין . אבל גזל עצים וסיכך בהן אין לו אלא דמי עצים בלבד . פי' פעיתא צעקנית . אמר רבינא גזל כשורא וסיכך בה עבדו רבנן תקנתא בה כדתנן בפס' גיטין מריש הגזול שבנאו בבנין שנוטל דמיו מפני תקנת השבים ואי חבריה בטינא כלומר קבעה בטיט להיותה שם אין מחייבין אותו להסירה ולהחזירה*) אלא נותן את דמיו ודיו . תנא אין אדם יוצא י"ח בלולבו של חבירו ביו"ט ראשון אא"כ נתנו לו במתנה גמורה . ומעשה בר"ג וזקנים שהיו באים בספינה ולא היה להם לולב . לקח רבן גמליאל לולב באלף זוז זהב . וכיון שיצא בו נתנו במתנה גמורה לחבירו וחבירו לחבירו כו' . תנא יבש פסול ור' יהודה מכשיר . אוקמה רבא מחלוקת ר' יהודה ורבנן בלולב . דר' יהודה מכשיר ביבש ולא בעי הדר בלולב . והא דקתני אין אוגדין את הלולב אלא במינו לאו משום דבעי הדר בלולב אלא משום דר' יהודה סבר לולב צריך אגד ואי אגיד ליה במין אחר זולתי מין הלולב הוו להו ה' מינין לפיכך תני אין אוגדין את הלולב אלא במינו ואפי' סיב וכיוצא בו שהוא ממיני דקל כשר לאגד בו. והא דתניא(וכמן)**) כמישין כשירין יבישין פסולין . ר' יהודה אומר אף יבישין כשירין

*) נראה דצ"ל להסירה ולהחזירה אפילו לאחר ז':
**) נראה דצ"ל ארבעת מינין וכו' כמושין כשרין וכו':

גליון הש"ס

גמ' לא יביא לא פריש. עי' בכורי אבן האזל מלואים ברי"ש דף כח ד"ה הרי : **רש"י ד"ה** מחלוקת כו'. וכל המחובר. עי' תשו' פנים מאירות ח"ב סימן קלא וכדבריו כ' המ"א סס"י תרלו : **תוס' ד"ה אבל גזל**. כיון דלא קיימא ברשותו של ראובן וכו' ולכך אין קרקע נגזלת . תמוה לי הא אמרינן יצאו עבדים שהוקשו לקרקעות א"כ אם גזל עבדים והכניסן לביתו אין נגזלים ושטפם נהר אין חייב באחריותן ... ברש"י ד"ה סיקלא . ומנחות דף

מסורת הש"ס

לעיל כז: · [לעיל ל: ב"ק צה.] · [לעיל כט:] · [לקמן לג.] · לקמן לו. · שם · [לעיל ל: וש"נ] · [תוספ' פ"ב]

הגהות הב"ח

(א) תוס' ד"ה אבל וכו' בראש הספינה והיא עצמה : (ב) בא"ד בחצרו של שמעון שלא מדעתו :

אף דאין קיימין ברשות בעלים וגם ברשות הגזלן ואפ"ה אין נגזלות ועע"ג : שם ד"ה ור"י סבר וכו' כ"ש היקשא . עי' ר"ה דף לד ע"א ברש"י ד"ה ה"ק אי לאו ג"ש . וסנהדרין דף עג ע"א ברש"י ד"ה ... סב ע"א רש"י ד"ה זאת אומרת .

כתב, דה"ה במקום שהעצי היער הם משר העיר, והוא נותן רשות לקצוץ שם כל מי שירצה בחנם או בדמים, ג"כ אין איסור אם קוצץ הישראל בעצמו, וכן אם נכרי יש לו שדות ויערים מדין המלכות, ג"כ שרי כשנותן רשות לישראל לקצוץ, דמעתה אין חשש במה שסתם עכו"ם גזלי ארעתא מישראל הם, כיון שעתה הם שלו מדין המלכות, **אבל** בלא רשות הנכרי ודאי אין לקצוץ, כיון דעתה גוזל מנכרי, וגזל נכרי אסור, **ואף** שהא"ר כתב על פסק הט"ז: וצ"ע, מ"מ לענ"ד יש לסמוך ע"ז, דהא בלא"ה ריא"ז בש"ג ור"י מתירין במקומות שלא היו רוב ישראל מעולם, (עיין לעיל דף ל. אות ג' בהערה, דזהו ג"כ שיטת רש"י התם), ולכן עכ"פ יש לסמוך בצירוף ב' התירים ביחד).

ואם גזל עצים ועשה מהם סוכה, [ג]אף על פי שלא חיברן ולא שינה בהם כלום – (ר"ל שסיכך אותה בהעצים, ולא חיבר העצים להבנין כלל, והו"א דלא שייך בזה תקנת השבים כלל, קמ"ל), **יצא; תקנת חכמים** - צ"ל: שתקנת חכמים, **שאין לבעל העצים אלא דמי עצים בלבד** - ור"ל אף דמדאורייתא פסולה היא, אפילו אם ירצה לשלם עבור העצים, דצריך לסתור הבנין ולהשיב הגזילה לבעליו, **מכל** מקום כבר תקנו חכמים, כדי שירצו בני אדם לעשות תשובה, שאינו משלם לו אלא דמי עצים ודיו, ויש כח בידם לעשות זה, שהפקר ב"ד הפקר, **א"כ** ממילא אם ישלם לו דמי עצים, הוי אח"כ שלו ממש, ומותר לישב בה, [מ"א, מעובדא דריש גלותא], וגם לברך עליה, [דבודאי ריש גלותא ורבנן היו מברכין עליה ג"ב].

ואם אינו רוצה לתת דמי עצים, לא יצא, [**ואם** אומר שיתן הדמים, רק שמדחהו מיום אל יום, יצא, דעכ"פ הרי הוא מן השבים, ואיכא גביה תקנתא דרבנן]. (**ואם** משיב לו שימתין עד אחר סוכות וישיב לו הגזילה בעין, מסתברא דלא יצא, שהרי הוא עכשיו משמש בם בגזילה, ובשלמא אם אמר שמתרצה לשלם לו עבור עציו בדמי, אמרינן שרבנן הפקיעו איסור גזילה ממנו, אבל לא בכה"ג).

(**אם** אחד שאל לחבירו לטי"ש וכדומה להעמיד עליהם הסכך, והוא שאלן לחבירו, י"ל דהוי גזל ואין יוצא ידי חובתו, **ואפילו** להפוסקים דס"ל דאין אנו מקפידין על מעמיד בסכך פסול, אפשר דבגזל חמיר טפי – פמ"ג, וכוונתו אם השואל השני לא ישלם לו עבור הלטי"ש, וישאר תשמישו בתורת גזילה, **אבל** אם ישלם לו, לא גרע מאלו הוא עצמו גזלו, דאין משלם לו אלא דמי עצים, ויוצא י"ח בהסוכה).

(ודע, דהא דאסרינן סוכה גזולה, לאו דוקא אם הסכך היה גזול, דה"ה לענין הדפנות, ובעוה"ר הרבה אנשים אין נזהרין בזה, שלוקחין קרשים שלא מדעת בעליהן להעמיד מהן הדפנות, וכונתן להחזיר תיכף אחר סוכות, אבל באמת אין יוצאין בזה, שעכ"פ משתמש עכשיו בהן בגזילה, ואסור לברך על סוכה כזו).

[ד]אבל אם גזל סוכה העשויה בראש הספינה או בראש העגלה, וישב בה, לא יצא - דאז היא עצמה נגזלת, שאיננה מחובר לקרקע, וכתיב: חג הסוכות תעשה לך שבעת ימים, למעוטי גזולה, דלא הוי "לך", (וה"ה סוכה הבנויה ע"ג קרקע, ואינה מחוברת כלל לקרקע, וכ"ש על גלגלים שיכול לטלטלה ממקום למקום, דשייך בה גזילה).

ואין עליו להחזיר דמים, אלא כמות שהיא בנויה, דאין כאן תקנת השבים, שהרי לא טרח עליה לבנותה, ולא הוציא עליה הוצאות, הלכך גזולה היא, [רש"י, **ואף** אם ירצה להחזיר דמים, אין מועיל שלא מדעתו של נגזל, דצריך להחזיר הגזלה בעין].

ומשמע מדברי המ"א, דאף אחרים שישבו בה ג"כ לא יצאו י"ח, דלא הוי "לך", (והוא מדברי מחה"ש, שמדייק זה מהמ"א במש"כ "עיין ריש סי' תרמ"ט"), **ולענ"ד** צ"ע בזה, (דהתם בלולב דכתבה התורה "לכם", בעינן לכם ממש שיהא שלו בעצם, דפסול אפילו שאול, לכך אם אחד גזל לולב ונתן לחבירו לצאת בו, אף דאותו חבירו לא גזלו, מ"מ אינו יוצא, דעכ"פ לא שלו הוא, ולא עדיף משאול דאינו יוצא ביום ראשון, **משא"כ** בסוכה, דלא אסרה התורה רק גזול ולא שאול, אפשר דזה ג"כ יוצא, דהלא אינו מתכוין לגוזלו, וגם אפשר דדעת בעה"ב להרשות לזה האחר שישב בסוכתו, דניחא ליה לאינש דליעבד מצוה בממוניה, ומה שרמז המ"א אפשר לתרץ).

הגה: וה"ה אם ראובן בנה סוכה בקרקע שמעון, ושמעון תקף את ראובן וגזל סוכתו הבנויה בקרקע שלו, לא יצא בה, ואין כאן תקנת השבים, הואיל ולא טרח בה ולא הוציא עליה הוצאות (הג"א) - ולא דמיא להנ"ל בס"ג, דהתם הקרקע בחזקת בעליה עומדת, ואינה נגזלת, וכל המחובר לקרקע הרי היא כקרקע, **משא"כ** הכא לא קיימא הסוכה בקרקע דראובן, א"כ לא גזל אלא העצים ולא הקרקע, והוי גזולה, [**ואפי'** אם שמעון השאילו הקרקע לראובן להעמיד שם סוכתו, מ"מ אין הקרקע עומדת ברשות ראובן, דהרי אינה רק לז' ימים].

אות ג' – ד'

האי כשורא דמטללתא דגזולה, עבדי ליה רבנן תקנתא משום תקנת מריש

הני מילי בגו שבעה, אבל לבתר שבעה הדר בעיניה; ואי חברו בטינא, ואפילו לאחר שבעה נמי יהיב ליה דמי

חו"מ סי' שס ס"א - כל הגוזל, חייב להחזיר הגזילה עצמה, שנאמר: והשיב את הגזילה אשר גזל; ואם אבדה או נשתנית, משלם דמיה, בין שהודה מפי עצמו, בין שבאו עליו עדים שגזל. אפילו גזל קורה ובנאה בבירה גדולה, הואיל ולא נשתנית, דין תורה הוא שיהרוס כל הבנין ויחזור הקורה לבעלים; אבל תקנו חכמים, מפני תקנת השבים,

---

באר הגולה

ג שם בגמרא | ד רש"י אהא דאמרו דמודו רבנן בגזולה

שיהיה נותן את דמיה ולא יפסיד הבנין; [ה]אפילו גזל קורה ועשאה בסוכות החג, ובא בעל הקורה ותובעה בתוך החג, נותן לו את דמיה; אבל אחר החג, הואיל ולא נשתנית [ו]ולא בנאה בטיט, מחזיר את הקורה עצמה. הגה: גזל קרקע ובנה עליה בניינים גדולים, צריך לסתור הכל ולהשיב קרקע לבעלים, דלא עשו תקנת השבים בקרקע (ר' ירוחם).

אות ה'

ארבעת מינין שבלולב, כשם שאין פוחתין מהן כך אין מוסיפין עליהן; לא מצא אתרוג לא יביא לא פריש ולא רמון ולא דבר אחר

סימן תרנא סי"ג - [ז]אם חסר לו אחד מהמינים, לא יקח מין אחר במקומו - דאתי למיטעי ליקח ג"כ בשאר שנים, [גמרא ‹עמוד ב'›, **משא"כ** כשחסר מין אחד, לא יבואו לטעות להסתפק בשנה הבאה בשלשה מינים, דהכל יודעים שצריך ד' מינים.

סימן תרנא סי"ד - [ח]לא יוסיף מין אחר על ארבעת המינים, משום בל תוסיף - עיין בב"י, דדעתו דאפילו אם אינו מכוין בהדיא לשם מצות לולב, ג"כ אסור.

(הנה יש דיעות בין הראשונים, אית דאמרי דאע"ג דאמרינן בגמרא {סנהדרין דף פ"ח.}, דלפי מה דקי"ל לולב א"צ אגד, אפילו אם אגדו למין החמישי ביחד עם הארבעה מינים, כמאן דלא אגדו דמי, וכל אחד לחודיה קאי, היינו רק לענין שאין מגרע בזה את הארבעה מינין ויוצא בהן, אבל עכ"פ עובר בזה על הלאו דבל תוסיף, **אכן** בזה ג"כ יש דיעות, דמטור משמע דאינו עובר עד שיכוין לשם מצות לולב, ובא"ר מוכיח מהרא"ש דס"ל כהב"י, דכיון שהוא בזמנו, אפילו בסתמא ג"כ עובר, אם לא דהוא מתכוין לשם נוי בעלמא, **ואית** דאמרי, דכיון דכל אחד לחודיה קאי, ממילא אינו עובר ג"כ על בל תוסיף, **אבל** מ"מ לכתחלה אסור מדרבנן לכו"ע, דנראה כמוסיף, ושיטה זו הזכיר הגר"א בביאורו, **ואף** דלענין אגד מקילינן לעיל בס"א, לאוגדו במין אחר אף לכתחלה, ולא חיישינן להוספה, **שאני** אגד דאינו נוטלו דרך גדילתו, א"נ התם מוכח דאינו עושה למצוה אלא לנוי בעלמא, משא"כ בענינינו).

(**הצובע** את הלולב בצבע ירוק, כדי שיהיה נראה לח, אין בו משום בל תוסיף, **ובספר** א"ר מפקפק בזה).

אות ו'

כמושין כשרין, יבשין פסולין

סימן תרמו ס"ו - [ט]יבשו עליו, פסול; [י]כמשו, כשר.

סימן תרמז ס"ב - [יא]ערבה שיבשה - היינו ברוב עליה, ‹פסולה›, [**ואפי'** לא נעשה זה אלא בערבה אחת, ג"כ פסולה, **ויבש** נקרא משכלה הירקות לגמרי]. **או שנשרו רוב עליה או שנקטם ראשה, פסולה; אבל כמושה או שנשרו מקצת עליה, כשרה. והרמב"ם מכשיר בנקטם ראשה.**

באר הגולה

[ה] מימרא דרבינא פ"ג דסוכה דף ל"א ע"א [ו] כתב ה"ה, לפי שאם בנאה בטיט אינו מחזיר אלא דמים, שהרי [הוא] כגזל קורה ובנאה, וכן מפורש שם [ז] ברייתא שם ל"א [ח] שם בברייתא [ט] ל"ב במשנה [י] ברייתא ל"א [יא] משנה ל"ג

ע֯ין משפט נר מצוה

יד א מיי' פ"ח מהלכות לולב הלכה א סמג עשין מד טור ש"ע א"ח סי' תרמט סעיף ג:

טו ב מיי' שם הלכה ג וסמג שם טוש"ע א"ח סימן תרמה סעיף ז:

טז ג מיי' שם טוש"ע שם סעיף ט:

[וע"ע תוס' סנהדרין פח: ד"ה אי שכתבו גירסת ר"ת בסוגיא דהכא]

ב֯בני כרכין שהיו מורישין את לולביהן לבני בניהן אמרו (*להם) משם ראיה אין שעת הדחק ראיה קתני מידת רבי יהודה אומר אף יבשין כשרין מאי לאו אאתרוג לא אלולב אמר מר כשם שאין פוחתין מהן כך אין מוסיפין עליהן פשיטא מהו דתימא הואיל ואמר רבי יהודה *לולב צריך אגד ואי מייתי מינא אחרינא האי לחודיה קאי והאי לחודיה קאי קמ"ל אמר מר לא מצא אתרוג לא יביא לא רמון ולא פריש ולא דבר אחר פשיטא מהו דתימא לייתי כי היכי שלא תשכח תורת אתרוג קמ"ל זימנין דנפיק חורבא מיניה דאתי למסרך ת"ש אתרוג הישן פסול ורבי יהודה מכשיר תיובתא דרבא תיובתא ולא בעי הדר והא אנן תנן *הירוק ככרתי רבי מאיר מכשיר ורבי יהודה פוסל לאו משום דבעי הדר לא משום דלא גמר פירא תא שמע *שיעור אתרוג קטן רבי מאיר אומר כאגוז ר' יהודה אומר כביצה לאו משום דבעי הדר לא משום דלא גמר פירא ת"ש *ובגדול כדי שיאחוז שנים בידו אחת דברי ר' יהודה רבי יוסי אומר אפילו אחד בשתי ידיו מאי טעמא לאו משום דבעי הדר לא כיון *דאמר (א) רבה לולב בימין ואתרוג בשמאל זימנין דמחלפי ליה ואתי לאפוכינהו ואתי לאיפסולי ואלא לרבי יהודה הא כתיב הדר ההוא *הדר באילנו משנה לשנה: **של אשרה ושל עיר הנדחת:** ושל אשרה פסול והאמר רבא **לולב של ע"ז לא יטול ואם נטל כשר הכא באשרה דמשה עסקינן *דכתותי מיכתת שיעוריה דיקא נמי דקתני דומיא דעיר הנדחת שמע מינה: **נקטם ראשו:** אמר רב הונא לא שנו אלא נקטם ג)אבל נסדק כשר ונסדק כשר והתניא ילולב כפוף קוץ

רש"י

בבני כרכין. שאין דרין על מקום פרדסין ואין דקלים מצויים שם: **אי מייתי מינא אחרינא.** ולא אגיד ליה בהדיה: **כיון דאמר רבה אתרוג בשמאל ולולב בימין.** משום דהכא תלת מצות ואתרוג חד מצוה ואימנין דמחלפין ליה שנותנין לו אתרוג בימין ולולב בשמאל וצריך להפכן מיד ליד ולאחוז האתרוג והלולב באחת מידיו עד שיחליף ואי הוי גדול יותר מדאי שמא יפול מידיו ויפסול שיארע בו נקב: **שנים בידו אחת.** גרסינן ב' אתרוגים בידו אחת שבמקום הא' יאחז הלולב כשיהפכן: **הדר באילנו משנה לשנה.** מהלכא שמעינן דאתרוג אמר קרא שאין פרי אחר עושה כן: **לולב של ע"ז.** שעשאוהו לע"ז לכבד לפניה קרקע אי נמי שעבודתה בלולב להעבירו לפניה או לזרקה בו: **לא יטול.** דמאיס לגבוה: **ואם נטל כשר.** ואע"ג דאיסורי הנאה הוא דמצות לאו ליהנות ניתנו כלומר אין קיום מצות הנאת הגוף אלא עבודת עבד לרבו: **באשרה דמשה.** אותם שהיו בשעת כיבוש א"י שהצריכן הכתוב שרפה כדכתיב (דברים יב) ואשריהם תשרפון באש ולולב צריך שיעור והאי כמאן דמיכתת שיעוריה כיון דלשרפה קאי: **נסדק.** נסדקו ראשי העלין: **כפוף.** ראשו כפוף כאגמון דומות לאיש גבן והזקן שראשיהן שחין וכפופין למטה: קוץ

תוספות

הואיל ואמר ר' יהודה לולב צריך אגד אי מייתי מינא אחרינא האי לחודיה קאי והאי לחודיה קאי. תימה כ"ש לרבנן דמשמע לעיל דלר' יהודה משום דצריך אגד אי אגיד ליה ממין אחר הוה ליה חמשת המינין אבל לרבנן דאין צריך אגד לא דהאי לחודיה קאי והאי לחודיה קאי והכי נמי אמרינן בהדיא בפ' אלו הן הנחנקין (סנהדרין דף פח:) גבי כל המוסיף גורע דאי סבירא לן לולב אין צריך אגד האי לחודיה קאי והאי לחודיה קאי וי"ל דהכא מיירי בשטתן אותו חוץ לאגד לר' יהודה* וא"ת א"כ לא יחשב תוספת האי מינא אחרינא דקמייתי כמו לרבנן דלעיל דאין צריך אגד וי"ל דלא דמי דכשיאגדו שלא במינו אין לו ליחשב כמוסיף משום דאין זה כדרך גדילתן ומינים שבלולב בעינן כעין גדילתן כדלקמן (דף מה:) אבל לרבי יהודה דבעי אגד יש לו ליחשב כמוסיף באגודתו דכל אגוד' שלא כדרך גדילתו והכא אפילו לרבי יהודה קאמר (ב) דמייתי מינא אחרינא ונקט ליה כדרך גדילתו דאפילו חוץ לאגד חשיב כמוסיף וכ"ש לרבנן והא דקאמר בסנהדרין (דף פח:) למ"ד אין צריך אגד האי לחודיה קאי והאי לחודיה קאי הייט לענין דאין זה כל המוסיף גורע דלעולם ידי מצוה יצא אלא דעובר על בל תוסיף והשתא ניחא דת"ק דר' יהודה דקתני ד' מינים שבלולב אין מוסיף עליהן ומסתמא היינו רבנן בר פלוגתייהו דלא בעו אגד ואפ"ה איכא בל תוסיף והייט כגון דנקיט ליה דרך גדילתן:

הירוק ככרתי. משמע שמראהו כלבנא שקורין *ויר"ד בלע"ז והההיא דברכות משמע קצת שדומה לאירנד"א בלע"ז דתנן התם פ"ק (דף ט:) משיכיר בין תכלת לכרתי משמע דמעט משונין זה מזה ובמנחות פ' התכלת (דף מג:) אמרינן דתכלת דומה לים וים דומה לרקיע וזהו כעין צבע שקורין *אירנד"א בלע"ז אבל בירושלמי משמע שהוא צבע ויר"ד כעין עשבים דההיא דבין תכלת לכרתי מסיים ליה תכלת דומה לים וים דומה לעשבים ועשבים לרקיע ובפרק אלו טריפות (חולין דף מז:) משמע דירוק דמי לחלמון של ביצה שהוא כעין צבע *יאל"ה בלע"ז דאמרינן כגון ביעתא טרפה ופריך אלא ירוקה דכשרה היכי דמי ככרתי וכן משמע בתוספתא דנגעים* שדומה לשעוה דתניא ירוק שבירוקים ר' אלעזר אומר כשעוה וכתורמל סומכוס אומר ככנף טווס *וכתרוג של דקל וכן משמע בפ' ב' דנדה (דף יט.) גבי ה' דמים טמאים באשה דתנן הירוק עקביא בן מהללאל מטמא ואמרינן התם מנין לדם נדה שהוא אדום משמע דאין לטמאות באשה אא"כ נוטה למראה אדמומית ובכל הצבעים שזכרתי אין בהן נוטה למראה אדמומית אלא צבע יאל"ה בלע"ז וקרא נמי מוכיח שהוא הנקרא ירוק כדכתיב (תהלים סח) ואברותיה בירקרק חרוץ ובספר המחברת פי' מנחם שהוא זהב הבא מן החוילה ודונש פי' חרוץ זה אבן טובה ופלוגתא דאמוראי היא דאמרינן בבראשית רבה (פ' מ"ג) אקרא דוירק את חניכיו ריש לקיש אמר שהוריקן באבנים טובות ומרגליות כמה דאת אמרת ואברותיה בירקרק חרוץ פי' שלא יאו להוטין אחר הממון ויתעסקו בהצלת נפשות ר' לוי אומר בפרשת שוטרים הוריקן כמה דאת אמרת מי האיש הירא ורך הלבב כלומר מעבירות שבידן ונתביישו במה שהוזקקו לחזור ואמרינן בשילהי ד' נדרים (ד' לב.) וירק את חניכיו רב ושמואל חד אמר שהוריקן בתורה בפרשת שוטרים וחד אמר שהוריקן בזהב פי' קרא דבירקרק חרוץ קדריש וזהב דומה לצבע יאל"ה* ומיהו אתרוג עיקרו דומה לשעוה ואותם אתרוגים הבאים לפנינו ירוקים ככרתי כשרים אפילו לר' יהודה כשחוזרים למראה של אתרוגים אפילו בתלוש לאחר ששהו בכלי זמן מרובה דודאי גמר פרייס:

שיעור אתרוג קטן. אין זו פלוגתא דאתרוג הבוסר דפליגי בה ר"ע ורבנן לקמן בפירקין (ד' לו:) דהא אפילו גדול כאגוז וכבילה פסיל ליה ר"ע *משום דלאו בר זריעה לטעם אחד ולפי טעם שני משום דבעי הדר והאי דהכא אפילו לא בעי הדר פסיל ליה משום דלא גמר פירא ולא כמו שפי' בקונטרס לקמן אתרוג הבוסר כפול הלבן דההוא שיעורא אתמר גבי ענבים דבגמר בישולם נמי קטנים הם אבל אתרוג שהוא פרי גדול אפילו יותר מכבילה בוסר הוא כשסופו ליגדל יותר הרבה והכא בשאין סופו ליגדל יותר דאפילו ר"ע דפסיל התם הכא מכשיר בכאגוז למר וכבילה למר דחשיב גמר פרי אבל פחות מכאן לא חשיב גמר פרי אע"פ שאין סופו ליגדל יותר דיש דברים הרבה שלעולם לא יבואו לידי בישול פרי ומצוי הוא בענבים שיש מהם שלעולם בוסר עוד יתכן דאפילו רבנן דמכשירי התם פסלי הכא בפחות מכאן דאתרוג הבוסר חשיב פירא ספי ובפ"ק דמעשרות בירושלמי תני אתרוג הבוסר ר"ע אומר פרי וחכמים אומרים אינו פרי:

דבר הדר באילנו משנה לשנה. *) בן עזאי הוא דדריש הכי לקמן בפירקין (ד' לה.) ויש שם דרשות אחרות: **של** אשרה ושל עיר הנדחת פסול. בסוף כיסוי הדם (חולין ד' פט. ושם) דאמר רבא מצות לאו ליהנות ניתנו ומכסין בעפר עיר הנדחת ופריך מהא דתניא שופר של ע"ז אם תקע לא יצא ולולב של ע"ז אם נטל לא יצא הוה מצי לאקשויי ממתניתין דקתני של אשרה פסול אלא ניחא ליה לאתויי מברייתא משום דאסיק מעיקרא גבי לולב ושופר תקע יצא נטל יצא: **באשרה** דמשה דכתותי מיכתת שיעוריה. וכן ברייתא דסוף כיסוי הדם (חולין ד' פט. ושם) דאם נטל לא יצא וכן צריך לתרץ אשופר דקתני התם תקע לא יצא ובפ' ראוהו ב"ד (ר"ה ד' כח. ושם) בשופר של ע"ז לא יתקע ואם תקע יצא וכן בפ' מצות חליצה (יבמות ד' קג: ושם) אמר רבא בסנדל של ע"ז חליצתה כשרה ולא אמרינן דמכתת שיעוריה דהגהו בע"ז דנכרי דיש לה ביטול וההוא דקתני לא יצא בע"ז דישראל שאינה בטילה עולמית וא"ת ע"ז דנכרי נמי מדאגבהה קנייה ונעשה של ישראל כדאמרינן בפ' כל הצלמים (ע"ז ד' מג.) גזירין דלמא מגבה לה והדר מבטל לה וי"ל כגון שהגביה על מנת שלא לקנות דהא

רבינו חננאל

בשאר מיני לולב בלבד אבל באתרוג אפי' ר' יהודה מודי דבעינן הדר והיבש פסול. אמר מר ארבעת מינין שבלולב כשם שאין פוחתין מהן כך אין מוסיפין עליהן פשיטא מהו דתימא הואיל ואמרו לולב [בין] אגוד ובין שאינו אגוד *)כשר הלכך לא צריך אגד והאי יתירא דמוסיף על אילן הארבעה לחודית קאי. ולא מיפסיל ביה קמ"ל דפסיל. אין מוסיפין עליהן ואין פוחתין מהן. לא מצא אתרוג לא יביא פריש ולא רמון ולא דבר אחר פשיטא דאתרוג בעינן כדקי"ל דאתרוג הוא פרי עץ הדר שכתוב איצטריך מהו דתימא לא מצא אתרוג מייתי דבר אחר כי היכי דלא לישתכח תורת אתרוג קמ"ל דלא. מ"ט חיישינן דלמא אתי למיסרך. ואע"ג דאיתיה לאתרוג מייתי דבר אחר אמרי האי כי האי זה פוטר וזה פוטר ונפיק מיניה חורבא הלכך אסור דבר אחר זולתי אתרוג. איני דר' יהודה בעי הדר באתרוג. והתניא בהדיא אתרוג יבש פסול ור"י מכשיר תיובתא דרבא תיובתא. ואסיקנא האי דפסיל ר' יהודה בהירוק כברתי ובקטן שהוא כאגוז לאו משום דבעי הדר אלא משום דלא גמר פירא. והאי דבעי ר' יהודה באתרוג גדול כדי שיאחוז שניהן האתרוג והלולב בידו אחת לאו משום דבעי הדר אלא משום דאית ליה הא דרבא דאמר לולב בימין ואתרוג בשמאל וזמנין דשקיל לולב בשמאל ובעי לאהדורי לימין ואם האתרוג גדול מזה השיעור דלמא בעידנא דמחליף ליה משמאלית לימינית נפיל מידיה ומפגם ואתי לאיפסולי. לפיכך מצריך להיות שיעור נטילת שניהם בידו אחת. והאי דכתי' באורייתא הדר דריש ביה ר' יהודה פירי הדר באילנו משנה לשנה ומאי ניהו אתרוג. ירושלמי היבש פסול דכתיב לא המתים וגו' תני בשם ר' יהודה היבש כשר שהרי בבריכי הים מורישין לולב לבניהן. אמרו לו אין למדין מן הדחק. בעון קמי' ר'

*) גי' רבינו הלוי הוכא גם בתוס' סנהדרין פח ע"ב ד"ה אי בכס רבינו ע"ש.

הגהות הב"ח

(א) גמ' כיון דאמר רבה לולב בימין ואתרוג בשמאל ולולב בימין: (ב) תוס' ד"ה הואיל וכו' לר' יהודה קאמר דאי מייתי מינא

*) גי' רש"ל ר' אבהו

§ מסכת סוכה דף לא: §

אות א*[א]

אין שעת הדחק ראיה

סימן תרמט ס"ו - [ב]**בשעת הדחק, שאין נמצא כשר, כל הפסולים נוטלין** - אפילו ביום א', כדי שלא תשתכח תורת לולב מישראל, **ואין מברכין** - כיון דהוא לזכר בעלמא.

והיינו הפסולים מחמת מום, אבל הפסולין מחמת שאינן מינן, כגון הדס שוטה וצפצפה, או מורכב, ‹עיין לעיל סימן תרמח סוף סעיף כ"א›, פסול אפילו בשעת הדחק, דאתי למטעי לצאת בהן תמיד.

וה"ה גזול, פסול אפילו בשעת הדחק, [**וכתב** בבכורי יעקב, דדוקא בראשון לא יטול, דהוא לכו"ע מדינא, אבל בשני, דע"פ פסק הרמב"ם וסייעתו כשר, רק שהרמ"א החמיר בזה {בס"ה}, וא"כ כשאין לו אחר הוי חומרא דאתי לידי קולא, **לכן** בשעת הדחק מוקמינן אדינא, ומכשרינן משני ואילך בלא ברכה].

ולא מקרי שעת הדחק, אא"כ אין בכל העיר ד' מינים כשרים, **אבל** אם יש לחבירו, אף שהוא לא יכול למצוא, לא מקרי זה שעת הדחק, אלא צריך לטרוח ולברך על של חבירו אם יתן לו, **ויעשה** הנענועים בשלו אם א"א בשל חבירו.

אם אין בכל העיר ד' מינין כשרים, יטול מה שנמצא, ב' או ג' מינין, ויעשה כל הנענועים, וכן הש"ץ, ובלבד שלא יברך, **אבל** אסור ליקח מין אחר, דיבואו לטעות בשאר שנים, **משא"כ** בג' מינין, לא יבואו לטעות, דהכל יודעין שצריך ד' מינין.

הגה: [ג]ויש מכשירין לולב יבש, אפי' לברך עליו (רמב"ם והמגיד) - דעת הרמב"ם, דאפילו בשעת הדחק אין להקל [ד]רק בלולב, ולא בשאר מינים כשהם יבשים, וכדלקמיה, [**דבלולב** מתקיים ביה הדר קצת מפני צורתו, אף כשהוא יבש, משא"כ בשאר מינים], **וגם** דאין להקל רק ביבשות, ולא בשאר פסולין, אפילו בשעת הדחק, ‹ט"ז›.

[**ועיין** במ"א בשם המ"ב, וכן העתיק הא"ר בשם כמה פוסקים, דלדינא ה"ה בשאר פסולים, בשעת הדחק נוכל לברך עליהם, ודלא כט"ז, **והטעם** איתא ברא"ש, דכל הני פסולין מסרן הכתוב לחכמים, והם אמרו דשלא בשעת הדחק אפי' בדיעבד לא יצא, כדי שיזהרו ישראל במצוה, אבל במקום הדחק הכשירו, כיון שא"א בענין אחר, ומברכין עליהם, **אכן** אפשר דבמדינותינו אין נוהגין כהרא"ש וסייעתו, רק ביבשות משום דאין מצוי לחין כ"כ, ולא בשאר פסולין, וא"כ קם דברי הט"ז על מקומו, וצ"ע].

וכן נוהגין לברך על לולבין יבשים, אפי' דאיכא אחרים לחים (אגור) - הטעם, משום דאיירי בארצות שאין נמצאים לולבים לחים גמורים, וגם היבשים אינן יבשים גמורים, דהיינו להיות הלולב נפרך בצפורן, וא"כ הלחים והיבשים כמעט דומין זה לזה, ולכך המנהג לברך על שלו, **אבל בשאר מינים אין לנהוג הכי.**

ויש מקילין אפילו בהדס יבש (הגהות מיימוני ומרדכי) - דג"כ אינו מצוי לחין, וגם לא הגיעו לשיעור שילבינו פניהם, **משא"כ** בערבות דמצויות לחין, **ובאתרוג** לא רצו להקל לדעה זו, משום דכתיב בהדיא בתורה "פרי עץ הדר".

ויש לסמוך עלייהו בשעת הדחק - והאחרונים הסכימו לדינא, דבשעת הדחק נוכל לסמוך על הפוסקים הסוברין, דבכל ד' מינים כשהם יבשים נוכל לברך עליהן, **ויש** בזה ד' חלוקים: אם לא נמצאו בעיר לחים רק יבשים, אזי כל הארבעה מינים נוטלין ומברכין, **ואם** יש לו יבשים גמורים ויש לאחרים לחים גמורים, מברכין על הלחים דוקא, ואפילו בדיעבד לא יצא כשבירך על היבשים, **ובארצות** שאין נמצאין לולבים והדסים לחים גמורין, וגם היבשין אינן יבשים גמורים וכנ"ל, מברכין על היבשים שיש לו אפילו לכתחלה, וכמ"ש למעלה, **ובמקום** שנמצאו אצל אחרים לחים גמורים, לכתחלה י"ל שלא לברך על היבשים שלו, אפילו אינן יבשים גמורים, **ובדיעבד** כשבירך, יטול עוד הפעם הלחים שאצל אחרים בלא ברכה.

ואע"ג דחסר כשר בשאר ימים, אין לחתוך אתרוג לב' או ג' חלקים ולחלקו ולצאת בו, אפילו בשעת הדחק; דדוקא חסר ונשאר העיקר קיים כשר, אבל כי האי גוונא מקרי חתיכת אתרוג ולא אתרוג (ר"ן ופסקי מהרא"י) - ‹ועיין לעיל ס"ה {דף ל"ו}› מה שהביא המ"ב בשם הר"ן ופסקי מהרא"י.

וכל זה לענין לברך עליו, אבל בלא ברכה יכול ליטול כל הפסולין ולא יברך עליהם (טור) - עיין במ"א שנתקשה, מה הוסיף רמ"א על דברי המחבר, **ועיין** בבכורי יעקב שכתב, דמה שהוסיף הרמ"א הוא, דהב"י כתב בשעת הדחק שאין נמצא כשר יטול בלא ברכה, **אבל** אכתי לא שמענו אם ימצא אח"כ כשר, רק שעתה אין בידו, כגון שאחר מברך הלל בלולבו הכשר, והבטיחו שאחר הלל יתן לו, אם יכול לברך לעת עתה הלל בלולבו הפסול, שלא נאמר שיכנס עי"ז לספק ברכה אם יטול הכשר, **קמ"ל** הרמ"א, דבלא ברכה יכול ליטול לכתחלה, כיון שזה ודאי פסול הוא, יכול לברך אח"כ על הכשר.

[**וכתב** עוד, ודוקא פסול ודאי, אבל ספק פסול לא יטול בלא ברכה קודם שיטול של חבירו הכשר, דאם כשר הוא כבר יצא, ולא יכול שוב לברך על נטילה של הכשר, **ואם** עבר ונטל הספק תחילה בלא ברכה, מ"מ לא יברך כשנוטל הכשר אח"כ, דספק ברכות להקל].

באר הגולה

א ‹ע"פ הב"י והגר"א› ב **טור בשם הראב"ד וכן הכריע הב"י** ג ‹ומשמע שהיו מברכין, דאל"כ היאך מייתי ר"י ראיה מהם, הא אדרבה מהם ראיה להיפך, ומדקאמרי רבנן אין שעת כו', משמע דבשעת הדחק מודים לר"י דכשר - גר"א› ד ‹וטעמו ממש"כ שהיו מורישין את לולביהן, משמע דוקא לולב - גר"א›

אות א'

לולב של עבודה זרה לא יטול, ואם נטל כשר

סימן תרמט ס"ג - [ה]אבל של עכו"ם, לכתחילה לא יטול - אפילו אם ביטלה העכו"ם, דשרי להדיוט, לגבוה אסור דמאיס.

ואם נטל, [ו]יצא מיום ראשון ואילך, דלא בעינן "לכם" - וא"צ לחזור וליטול, ואפילו אם לא ביטלן העכו"ם, והרי היא אסורה עדיין באכילה ובהנאה, **מ"מ** כיון שמועיל לה ביטול להתירה בהנאה, הרי אינה עומדת לשרפה, שאפשר שיבטלנה העכו"ם, **ומה** שנוטלה לצאת בה אינה חשובה הנאה, דמצות לאו להנות ניתנו וכנ"ל.

אבל ביום ראשון דבעינן "לכם", אינו יוצא בה אפילו בדיעבד כל זמן שלא ביטלה העכו"ם, דאסורה בהנאה, ולא מקרי "לכם".

הגה: ודוקא שלא נתכוון לזכות בו, אבל אם נתכוון לזכות בו, הוי"ל של ישראל, דאינו יוצא בו; ודוקא קודם שנתבטל, אבל אם נתבטל ביד כותי, אפי' מכוון לזכות בו אח"כ, יצא בדיעבד (רבינו ירוחם). ועיין לעיל סי' תקפ"ו - ר"ל דשם הביא רמ"א, דיש מחמירין אפילו בשל עכו"ם, שלא לצאת אפילו בדיעבד קודם שנתבטל, ולענין דינא עיין שם במ"ב.

אות ב'

אבל נסדק כשר

סימן תרמה ס"ז - עיין דף לב.

אות ג'

לולב כפוף... פסול

סימן תרמה ס"ט - [ז]אם כפוף בראשו, פסול - שאין זה הדר, והיינו שהיה כפוף כאגמון, [רש"י], בין לפניו ובין לאחריו, **[ח]ודוקא כששדרתו כפופה, אבל עליו כפופים בראשו כמו שדרך להיות הרבה לולבים, כשר** - והרא"ש כתב: אוהב אני יותר לצאת בו, שאין העלין נחלקין, ותיומתו קיימת. **ויש** מן הפוסקים שמחמירין בזה, **אכן** המנהג להקל כהשו"ע, ועיין בשע"ת.

וכ' הלבוש, ודוקא כשהעלה העליונה לבד כפופה, אבל אם כולן או רובן כפופים כל שהוא, פסול, דודאי זהו שינוי מברייתו, ואינו הדר כלל, עכ"ל, והעתיקו המ"א, **ודעת** הט"ז שאין לחלק בזה, **ועכ"פ** בדאיכא אחר, בודאי יש ליזהר שלא לצאת בזה שראשי העלין כולם או רובם כפופים.

ודוקא בזה שלא נכפף אלא בראשו, ונשאר חלק גדול בלי כפיפה, **אבל** אם גוף העלין נכפף הרבה מאוד לאמצעיתן, ונראה כמו שנכפף העלין לשנים, פסול, שאין זה הדר כלל, **וה"ה** אם העלה העליונה האמצעית שהיא התיומה, נכפפה לבדה הרבה לאמצעיתה, ג"כ פסול.

---

§ מסכת סוכה דף לב. §

אות א'

קווץ... פסול

סימן תרמה ס"ח - [ט]יש לו כמין קוצים בשדרתו, [י]או שנצמת ונכווץ, ‹פסול›.

אות ב'

דעביד כהימנק

סימן תרמה ס"ז - [יא]נסדק, אם נתרחקו שני סדקיו זה מזה עד שיראו כשנים, פסול - היינו אפילו לא היו כן בתולדה, רק אח"כ. ‹**דע**, דלדעת המחבר בס"ג בענין נחלקה התיומת, דדוקא ברוב עלין, יהיה קאי הדין זה על רוב העלין, **והרמ"א** דצייר על העלה האמצעי, קאי לשיטתו שהעתיק שם דעת הי"א, **אמנם** לדעת המחבר בס"ג, אף אם נחלק העלה האמצעית בכולו או ברובו עד דעביד כהימנק, אפשר דכשר, דאין לו שום יתרון כלל משאר עלין, **אמנם** מדברי הר"ן משמע קצת שיש להחמיר בזה, וצ"ע›.

הגה: ואפילו לא נחלקה התיומה העליונה בענין שיפסל הלולב מכח נחלקה התיומת - פי' שלא נסדק העלה האמצעי עד

באר הגולה

[ה] **מימרא דרבא שם דף ל"א** [ו] ‹והקשה הרב ט"ז ז"ל, דא"כ מאי פריך תלמודא עליה דרבא ממתניתין דשל אשירה לא יצא, ומוקי לה באשירה דמשה דלית לה ביטול וכתותי מיכתת שיעוריה, לימא דמתניתין בי"ט ראשון דומיא דלולב הגזול, דמוקי ליה רבא התם בי"ט ראשון, וממילא של אשירה נמי מיירי בי"ט ראשון דבהדי הדדי מיתנו, **וכתב** דלפי מאי דגריס הר"ן ז"ל לעיל רב אשי במקום רבא ניחא, **ולפי** דבריו לגירסת כל הפוסקים דגרסינן שם רבא קשיא. **ולעד"נ** דקושיא מעיקרא ליכא, דבמתניתין הכי איתא, לולב הגזול והיבש פסול, של אשרה ושל עיר הנידחת פסול וכו', הנה מבואר דתרי בבי נינהו, ושפיר מצינן למימר דלא ראי זה כראי זה, וע"כ פיסול דאשירה הוא לכל ז', דומיא דשל עיר הנדחת דע"כ פסול לכל הימים משום דכתותי מיכתת שיעוריה – מאמר מרדכי› [ז] **שם בברייתא** [ח] **הרא"ש בתשובה** [ט] **שם בברייתא** [י] ‹כפי' תוס' ורא"ש שם בשם הערוך – גר"א› [יא] **ברייתא שם ל"ב וכדמפרש רב פפא וכפי' רמב"ם בפ"ח,** ‹פירש"י שתחלת ברייתו היתה כך שיש לו ב' שדראות מחצית עליו לכאן ומחציתם לכאן, **ולשון** נסדק אינו משמע כך, דא"כ היה לו לומר לולב שגדל סדוק, כי היכי דאמר לולב דסליק בחד הוצא, אלא מיירי שנסדק באמצעיתו עד שנפתח – טור. ‹**אינה** קושיא כלל, דרש"י לאו אנסדק קאי, אלא אסדוק, שהרי לפרש דברי רב פפא אתא, ורב פפא כי אמרה למילתיה אברייתא דקתני סדוק פסול אמרה, ולישנא דסדוק מתחלת ברייתו משמע, כמו כפוף וכווץ ועקום דמיתנו בהדיה – ב"י›. ‹**וצ"ע**, דלכאורה דברי המחבר שמקורם מהרמב"ם, ג"כ לא מיירי שהיה כן מתחילת ברייתו, וכמו פי' הטור, **ודלמא** ס"ל דרק קושיית הטור על רש"י אינו קושיא, אבל אעפ"כ פסק כהרמב"ם. **וע"ש** שלא הביא הב"י דברי הרמב"ם כלל, וגם בכסף משנה לא אמר כלום בנוגע רמב"ם זה›

תורה אור

אקוץ סדוק עקום דומה למגל פסול חרות פסול דומה לחרות כשר אמר. רב פפא בדעביד *כהימנק עקום דומה למגל אמר רבא גלא אמרן אלא לפניו אבל לאחריו ברייתיה הוא אמר רב נחמן דלצדדין כלפניו דמי ואמרי לה כלאחריו דמי ואמר רבא ההאי לולבא דסליק בחד הוצא בעל מום הוא ופסול: ונפרצו עליו כו': אמר רב פפא נפרצו דעביד כי חופיא נפרדו דאיפרוד אפרודי בעי רב פפא *נחלקה התיומת מהו תא שמע דאמר (*ר' יוחנן) אמר ר' יהושע בן לוי ניטלה התיומת פסול מאי לאו הוא הדין נחלקה לא ניטלה שאני דהא חסר ליה איכא דאמרי אמר (*ר' יוחנן) אמר ריב"ל *זנחלקה התיומת נעשה כמי שניטלה התיומת ופסול: ר' יהודה אומר: תניא *ר' יהודה אומר משום ר' טרפון °כפות תמרים (ויקרא כג) כפות אם היה פרוד יכפתנו אמר ליה רבינא לרב אשי ממאי דהאי כפות תמרים דלולבא הוא אימא חרותא בעינא כפות וליכא ואימא אופתא כפות מכלל דאיכא פרוד והאי כפות ועומד לעולם ואימא כופרא אמר אביי °דרכיה (משלי ג) דרכי נועם וכל נתיבותיה שלום כתיב אמר ליה רבא תוספאה לרבינא ואימא תרתי כפי דתמרי כפת כתיב ואימא חדא לההוא כף קרי ליה: ציני הר הברזל כשרה: חאמר אביי לא שנו אלא שראשו של זה מגיע לצד עיקרו של זה אבל אין ראשו של זה מגיע לצד עיקרו של זה פסול תניא נמי הכי ציני הר הברזל פסולה והא אנן תנן כשרה אלא ש"מ כאביי שמע מינה

ואיכא

רש"י

קוץ. שיולאין בשדרה שלו עוקלין כמין קולין: **עקום דומה למגל.** חדא מלתא היא: **חרות.** קשה שנעשה חריות שכן דרך הלולב עליו נושרים בימות הגשמים והשדרה מתקשה ונעשה עץ: **דומה לחרות.** התחיל להתקשות ועדיין לא נעשה עץ: **אמר רב פפא.** הא דקתני סדוק פסול לאו שנסדקו ראשי עלין או שדרה: **אלא דעביד כי הימנק.** יפוילפו"ר של ברזל של סופרים שיש לו שני ראשים וראשו א' מפולל כך גדל הלולב כמין שתי שדראות מאלית עלין לכאן ומאלית עלין לכאן: **לאחריו.** שנעקם לגד שדרה: **מלפניו.** לגד שכנגד השדרה שדרה זהו לד העשוי כשדרה של בהמה שהללעות והחוליות מחוברין בה מכאן ומכאן ואמלעה חלק ועולה כמקל: **דסליק בחד הולא.** שכל עליו מלד אחד: **כי חופיא.** אשקוב"א שבו מכבדין את הבית ועושין אותה מעלין של לולב התלושין מהשדרה ואוגדין מהן הרבה ביחד: **דאיפרוד איפרודי.** ראשיהן נפרדין כענפי דקל ואין *מלומלמין עם השדרה אבל מלמטה הן מחוברין בה: **נחלקה התיומת.** שני עלין עליונים אמלעיים שבס השדרה כלה נחלקו זה מזה ונסדקה השדרה עד העלין שלמטה מהם: **תיומת.** לפי שמדובקין כתאומים: **חרותא.** ענף הדקל משנתקשה שתי שנים ושלש ויולאין בו לולבין הרבה שנשרו עליהן ונתקשו גם הם ונעשו עץ זה פונה לכאן וזה פונה לכאן כענפי שאר אילנות: **בעינן כפות.** שאם היה פרוד יכפתנו והרי זה פרוד ואין אתה יכול לכופתו שיהו ענפיו הפרודים כאן וכאן נכפתים ומתמעכים אלל אביהם שהן מחוברין בו לפי שקשין הן: **ואימא אופתא.** אשטיל"א מעיקר הדקל שהוא חלק ואין ענף יולא ממנו לכאן ולכאן שאין לך כפות הימנו: **כפות.** משמע שפרוד מתחלה ואתה כופתו: **ואימא כופרא.** הייט נמי עץ כעין חרותא אלא עדיין בן שנה או שתי שנים ולא נתעבה עלו ואתה יכול לכפות ענפיו על ידי אגוד ולזקפן למעלה לאוגדן עם אביהן: **דרכיה דרכי נועם.** ואלו עשוין כקוצים ויולאין בהן עוקלין הרבה ומסרטין את הידים: **פרסי כפי דתמרי.** תמרים עלמן דרכן להיות הרבה תלוין ביחד במכבדות שלהם וקורין להם כף טרוק"א: **כפת כתיב.** חדא: **כף קרי ליה.** וכי כתיב כפת על שם כפות אם פרודה ואין לשון זה נופל אלא על [עלי] הלולב: **ציני הר הברזל.** לולבין שלהן העלין מועטין בשדרה מרוחקין זה למעלה מזה הרבה ועוד שקטנים הן לארכן ופעמים שאין מגיע ראשו של עלה זה לעיקרו של זה:

ואיכא

תוספות

דהא במנעל שאינו שלו תנן °חליצתה כשרה ולולב בי"ט שני ובשמעתין הוה מלי לשטויי דמתני' בי"ט ראשון ולא הוה לריך לאוקמי באשרה דמשה אלא משום דקתני דומיא דעיר הנדחת ואפילו בי"ט שני ור"ת מפרש דכולהו בע"ז דנכרי וכאן קודם ביטול וכאן לאחר ביטול ולאחר ביטול נמי לכתחלה לא יטול ולא יתקע דמאיס לענין מלוה לפי שהיה עליו שם ע"ז וכן לא תחלוץ בו לכתחלה ואפילו אם תימלי לומר דשרי לכסות לכתחלה בעפר ע"ז כמו בשל עיר הנדחת לא דמי כיסוי לחלילה והא דמשני הכא באשרה דמשה ולא משני בדנכרי וקודם ביטול משום דמשנקלן הלולב מן הדקל נתבטל ובפרק מלות חליצה (יבמות ד' קג:) מפליג בין סנדל של ע"ז לסנדל של תקרובת ע"ז דאין לו ביטול ולא מפליג בשל ע"ז גופיה בין קודם ביטול בין לאחר ביטול אגב אורחיה קא משמע לן דתקרובת ע"ז איכה בטילה עולמית ובההיא דראוהו בית דין קשה טפי דמפליג רבא התם בין שופר של ע"ז לשופר של עיר הנדחת דבשל ע"ז גופיה היה יכול לחלק בין קודם ביטול בין לאחר ביטול *ועל כרחך לריך לאוקומה לאחר ביטול כפירוש ר"ת לפמ"ש שם ברוב ספרים רב יהודה דאי קודם ביטול הא רב יהודה דאמר התם לעיל בשופר שלמים לא יצא דמלות ליהנות ניתנו ומיהו לריך לומר דמ"מ רבא גרס ולא רב יהודה דהא מפרש התם טעמא דשופר של עיר הנדחת לא יצא משום דכתותי מיכתת שיעוריה ולרב יהודה הוה ליה למימר משום דמלות ליהנות ניתנו ומיהו קשה דבפרק כל הצלמים (ע"ז ד' מז:) בעי ר"ל המשתחוה לדקל לולבו מהו למלוה ומסיק רב דימי באשרה שבטלה קמיבעיא ליה יש דחוי אצל מלות או אין דחוי אצל מלות ומוכחא מלתא דשום אמורא לא פשיטא ליה הא מלתא דבעי למיפשטא מדרבי יוחנן ומדרב פפא ומשני דרב פפא גופיה קמיבעיא ליה וקיימא בתיקו והשתא לפי' ר"ת הא אשכחן רבא דאמר הכא אם נטל יצא אלמא אין דחוי אפילו לקולא ומיהו י"ל דהא [דאמר רבא] דיצא כשבטלה מערב י"ט והא דמיבעי לן אי יש דחוי כשביטל בי"ט דאז שייך דחוי כדמוכח לקמן בפירקין (דף לג:) דבעי ר' ירמיה נקטם ראשו מערב י"ט ועלתה בו תמרה בי"ט אבל עלתה בו תמרה בערב י"ט לא חשיב דחוי והוא הדין בבטלה מערב יו"ט ולישנא קמא דפריסית דע"ז דנכרי אפילו בלא ביטול יצא כגון בי"ט שני דלא בעי לכס קשיא דהתם באשרה דנכרי מיירי דיש לה ביטול ואפילו הכי משמע דלא יצא מדחשיב לה דחוי וכי תימא דבי"ט ראשון הוא דחשיב ליה דחוי לפי שלא היה שלו קודם ביטול א"כ מי שנתנו לו לולב בי"ט לא יצא ואע"ג דלא דמי כולי האי דשל ע"ז אין תקנה בשום ענין מ"מ כיון דמשום איסור ע"ז דאיכא השתא לא מיפסיל אין לנו לחושבו דחוי מחמת שאינו שלו ונראה לפרש דרבא שרי אפילו בע"ז של ישראל ובאילן שנטעו ולבסוף עבדו ורבנן דפליגי עליה דרבי יוסי בר' יהודה בפרק כל הצלמים (ע"ז דף מח:) דשרו להדיוט אלא אם כן נטעו מתחלה לכך דדרשינן תחת כל עץ רענן אלהיהם ולא עץ רענן אלהיהם ואפילו בי"ט ראשון אם נטל יצא דשרי להדיוט ולכם קרינא ביה ומתניתי' דשל אשרה פסול כשנטעה מתחילה לכך והייט אשרה דמשה דבההיא מוקי רבנן קרא דואשריהם תשרפון באש (דברים יב) דאסור אפילו להדיוט ובעיא דכל הצלמים באשרה דנכרי דנטעה מתחלה לכך ואח"כ בטלה אם יש דחוי או לא מיהו ללישנא קמא דהתם דקאמר כי תיבעי לן באילן שנטעו ולבסוף עבדו ואליבא דרבנן דשרו להדיוט מהו לענין מלוה מאים כלגבוה או לא הוה מלי למיפשטא מדרבא מדקאמר אם נטל יצא אלא רבא סבירא ליה כרב דימי דמסיק דיש דחוי קמיבעיא ליה אבל בהא פשיטא ליה דיצא וא"ת תיפשוט דאין דחוי ממתניתין דענביו מרובין מעליו ואם מיעטן כשר ואין ממעטין בי"ט ואמר בגמרא הא עבר ולקטן כשר היכא דאשחור מאתמול דלא פסלינן ענביו מרובות אלא בשחורות אבל ירוקות לא וכי אשחור מאתמול דחוי מעיקרא בתחלת י"ט לא הוי דחוי אלמא אין דחוי אצל מלות וי"ל דשאני התם דבידו לתקן דנהי דאסור למעט מ"מ בידו למעט אבל גבי ע"ז אין בידו לבטל דאין ישראל מבטל ע"ז של נכרי*: **נקטם** ראשו. פירושו בריש פירקין: **קוץ.** פי' בקונטרס שיולאין בשדרה שלו עוקלים כמין קולים ובערוך פירש ענין למיתה: **דעביד** כי חופיא. פירושו במתני': **נחלקה** התיומת. לא מיירי שנסדקו בראשו עלין שבראש השדרה דכולהו הכי איתנהו אלא כדפירש בקונטרס שני עליו עליונים אמלעיים שבס השדרה כלה נחלקו זה מזה ונסדקה השדרה עד העלים שלמטה ובה"ג פי' נחלקה התיומת ההוא גבא דכולא היכא דדביקו אהדדי ההוא דמתיים בהו ומשוי להו חד אי כנפרלו עליו דמי פסול אי כנפרדו עליו דמי כשר: **דרכיה** דרכי נועם. רבא לא היה שם משום הכי לא מייתי הכא קרא דהאמת והשלום כדלקמן: **כפת** כתיב. בהאי כולי עלמא מודו דיש אם למסורת ולריך טעמא: [עי' מה שתירצו בפסחים לו: ד"ה עוני קרינן ביה וס' וע"ע תוס' לעיל ו: ד"ה ור' שמעון]

סדרו

רבינו חננאל

בון מה בין קטום *)ליבש הצוציתו. אמר להן זה הדר וזה אינו הדר. של אשירה אוקימנא באשירה דמשה דלשריפה קאי אבל שאר אשירות לא יטול ואם נטל כשר. נקטם ראשו פסול. אבל אם נסדק ולא נפרד כשר. והאי דתניא סדוק פסול דעביד כי המנק. המנק בלשון ערבי לבד אשיין וזה צורתו  עקום בין מלפניו בין מצדדיו פסול ואינו כשר אלא אם עקמומיתו מאחריו דהיינו(בלבד)[ברייתו]. וכן הלכה: **תניא** לולב כפוף כוץ חרות פסול. אבל דומה לחרות כגון שנפרדו עליו כשר הוא. אמר רבא לולב העולה בחד הוצא. כלומר אין הוצין עולין מזה הצד ומזה הצד. בעל מום הוא ופסול. נפרצו עליו פסול שנתרו מן השדרה ואין הן תלויין בה. דעביד כי חופיא. פי' ההוצין שבשדרה כשנחתכין מן השדרה נקראין חופיא כדגרסי' בהגוזל קמא. הוצין ועבדינהו חופיא והוא כעין שבירה מעין פרצה. נפרדו שנפרדו ההוצין כעין פתיחת החריות דלא ניתק אחד מחבירו כשר. הלא תראה ששנינו אם היה פרוד יכפתנו מכלל שהפרוד אין בו אלא כעין פתיחת הוצין בלבד: אריב"ל נחלקת התיומת. פי' שבראש הלולב נעשה כמי שניטלה ופסול. פי' תיומת גבא דהוצא דמתיים להו לשני צידי ומשוי להו חד כי כל אחת כפולה לשנים ותאומה מגבה אם נפרדו הוציץ זה מזה ועמד כל אחד כשהוא כפול לשנים והתיומת שלהן קיימת כשר. ואם נחלקה התיומת שלהן הרי הן כאילו נפרצו עליו ופסול

עין משפט נר מצוה

יז א מיי' פ"ח מהל' לולב הל' ג טור ש"ע א"ח סימן תרמ"ה סעיף ח:

יח ב מיי' שם טוש"ע שם סעיף ז:

יט ג ד מיי' שם טור ש"ע שם סעיף ח:

כ ה מיי' שם הלכה ד טוש"ע שם סעיף ג:

כא ו מיי' שם הלכה ג טוש"ע שם סעיף ג:

כב ז מיי' שם הלכה ד טוש"ע שם סעיף ג:

כג ח מיי' שם טוש"ע שם סעיף ד:

גי' מהר"ם ומיהו על כרחך

מסורת הש"ס

[הוא כלי שיש בו שני ראשים וכן לולב שבני הוצין העליונים שכן תיומת אם נפרדו זה מזה. ערוך בערך המנק]

[ב"ק נו.]

[בב"ק איתא ר' מתון]

[בב"ק אי' ר' מתון]

[לעיל לא.]

[ועי' תוס' לקמן לג. ע"א ד"ה נקטם ותוספות ע"ז מז. ד"ה אשרה]

גליון הש"ס

תוס' ד"ה באשרה דמשה וכו' חליצתה כשרה ולולב ביו"ט שני. עי' עירובין ס ע"ב תד"ה אבל קורה:

*) בירושלמי איתא סתמא מהו ביני ליבש ומפרש רבינו דקאי על האיבעיא דיבש לצינא מהו וכן פי' הס"מ שם ודלא כהק"ע.

השדרה, ואפילו נסדק רק מקצתו, שמחמת נחלקה התיומת דעת הרבה אחרונים שאין לפסלו, **מ"מ** כיון שנתרחב הסדק עד שנראה כשנים פסול, ויש ליזהר הרבה בזה.

[**והמ"א** תירץ עוד אופן אחר, דהתיומת לא נחלקו כלל, רק העלין שאצל התיומה העליונה נחלקו, עד שנראו כשנים, אפ"ה פסול, **ולדברי** המ"א יש ליזהר מאוד, בשעה שרוצה לבדוק העלה האמצעי אם נחלקה, ואוחזה בידו לראותה היטב, שלא לחלוק העלין העליונים שאצלה עי"ז].

אות ג' – ד'

לא אמרן אלא לפניו, אבל לאחריו ברייתיה הוא לצדדין כלפניו דמי

סימן תרמה ס"ח - או שהוא עקום - כמגל, [יב]**לפניו** - דהיינו הצד שכנגד השדרה, **שהרי שדרו** [יג]**כגב בעל חטוטרת, פסול** - נקרא בשם שדרה, יען שהוא כשדרו של בהמה, שהחוליות והצלעות מחוברות בה מכאן ומכאן, ואף זה עליו מכאן ומכאן, ואמצעה חלק ועולה כמקל, רש"י.

וכן אם נעקם לאחד [יד]**מצדדיו, פסול** - שאין זה הדר, **אבל אם נעקם לאחוריו** - היינו שנעקם ונכפף לצד השדרה, **כשר, שזו היא ברייתו.**

אות ה'

האי לולבא דסליק בחד הוצא, בעל מום הוא ופסול

סימן תרמה ס"ג - [טו]**היו עליו אחת אחת מתחלת ברייתו ולא היה תיומת, או שכל עליו כפולים מצדו האחד וצד השני ערום בלא עלין, פסול** - עיין בחי' הריטב"א, דבזה ודאי פסול כל שבעה ימים, **אבל** באחת אחת מתחלת ברייתו, מסתפק שם.

אות ו'

נפרצו עליו כו', אמר רב פפא: נפרצו דעביד כי חופיא, נפרדו דאיפרוד אפרודי

סימן תרמה ס"ב - [טז]**נפרצו עליו, והוא שידלדלו משדרו של לולב כעלי החריות, (דהיינו שאינן עולים עם השדרה אלא תלויין למטה) (המגיד)** - [יז]ר"ל דגם זה הוא בכלל נדלדלו מאורך השדרה, אף שעדיין לא נעקרו מחבורן, **פסול** - אפילו אגדן.

הגה: וכ"ש אם נפרצו [יח]**ונעקרו למטה מן השדרה** - ר"ל למטה במקום חבור העלין לשדרה, נעקרו שם מן השדרה, ואינם מחוברים אלא ע"י אגודה, **דפסול אפילו אגדן (טור ור"ן).**

וה"ה אם נעקרו ממקום חבורן בשדרה ועדיין מעורין במקצת, אף שאין תלויות למטה.

ואם השדרה בעצמה נשברה ותלויה למטה, והיינו שמעורה במקצת, נ"ל דכשר, דדוקא ברוב עלין פסול, דדמי לבהמה שנשברו רוב צלעותיה טריפה, ונשברה השדרה כשרה, **אכן** יש לאוגדו שם שלא יפול למטה, כ"כ המ"א, **אבל** הרבה אחרונים חולקים ע"ז, דשאני התם דחוט השדרה קיים, ובו תלוי הכשרו שם, דאם נפסק החוט אף שהשדרה קיים, טריפה כמבואר שם, משא"כ בענינינו, **ובספר** בגדי ישע כתב, דאין כונת המ"א נשברה ממש, דא"כ לא עדיף מנקטם ראשו דפסול, [**וי"ל** קצת דכונת המ"א, שנשברה רוב השדרה ועדיין מיעוטו קיים, ואולי סבר הבגדי ישע, בנקטם ראשו אף באופן זה פסול], **אלא** שר"ל מתמוטט למטה, וא"כ שפיר מדמה לנשברה השדרה ולא נפסק החוט, וצ"ע.

[יט]**וכן אם נתקשו העלין כעץ, ואין יכולין לחברן אל השדרה, פסול (טור וב"י)** - ואם התחיל להתקשות ועדיין לא נעשה כעץ, זהו נקרא בגמרא "דומה לחרות", וכשר אפילו לא אגדו, **אכן** טבע האילן, שבשעה שהעלין התחילו להתקשות, נעשו עליהן מפורדות, וכבר נתבאר לעיל דמצוה מן המובחר שלא יהיו מפורדות.

וכל זה ברוב עלין - ורוב כל עלה ועלה, ורובו ככולו, והוי כאלו הוי הלולב בלא עלין, [וא"כ הוי פסול בגופו, ופסול כל ז', כ"כ בח"א בשם ריטב"א, **אכן** לפי מה שפירש"י במתני', דנפרצו עליו הוא מטעם שאינו הדר, וא"כ לדעת הרמב"ם וסייעתו, יהיה כשר בשאר ימים].

ודוקא אם הוא בתוך שיעור הלולב, שהוא ד' טפחים, אכן אם נשברו רוב העלין של לולב היותר מכשיעור, ונשאר רוב שיעור של לולב שלם, יש להסתפק אם אזלינן בתר רוב הלולב ופסול, או בתר רוב השיעור וכשר, [**ואם** רוב השיעור הוא למעלה, נראה דכשר, דהא אם ירצה יחתוך אותו היותר שלמטה, ויעמידנה על שיעורו, ואז רובו שלם וכשר, **אבל** אם רוב השיעור הוא למטה, ולמעלה נשברו, צ"ע].

אבל אם מיעוט עליו נעשו כך, ושאר עלין נשארו, ועדיין הלולב נשאר מכוסה בעלין, כשר (ר"ן) - דבלא נשאר מכוסה בעלין, אפילו במיעוטן של העלין שנחסר, פסול, (**ומש"כ הרמ"א:** ועדיין הלולב נשאר מכוסה בעלין, ר"ל רוב השדרה, **אח"כ** מצאתי בשו"ע הגר"ז, שכתב ג"כ דכיסוי לרוב השדרה בעינן, **ומביאור** הגר"א משמע, דבעינן שיהא כולו מכוסה, וצ"ע). ‹**עיין** לקמן אות ח' בדברי החזו"א›.

באר הגולה

[יב] **כאוקימתא דרבא שם** [יג] ‹ומשמע לי דנקט דומה למגל, ללמד שאע"פ שהוא עקום קצת, לא מיפסל עד שיהא עקום לגמרי דומה למגל, וכן נראה מדברי הרמב"ם (פ"ח ה"ג) שכתב, שהוא כגב בעל חטוטרת – ב"י› [יד] **כלישנא קמא דרב נחמן שם ולחומרא** [טו] ‹פירש רש"י דסליק בחד הוצא, שכל עליו מצד אחד, והרמב"ם פירש.... היו עליו אחת אחת מתחלת ברייתו ולא היה להם תיומת, פסול – ב"י› ‹**עיין** לקמן אות ח', לעוד פשט במימרא זו, מובא בהשו"ע להלכה› [טז] **דף כ"ט במשנה** ‹רי"ף ורמב"ם – גר"א. **וכ"ש** דפסול הא דרש"י וכדלקמן – דמשק אליעזר› [יז] ‹חוץ מציור של נתקשו העלין, מדהזכיר כעלי החריות, וכמש"כ לקמן – אור החמה› [יח] ‹הוא פירש"י במתני' – גר"א› [יט] ‹היינו מדתניא התם ל"ב. חרות פסול, דומה לחרות כשר – ב"י›

אות ז׳

<u>נחלקה התיומת, נעשה כמי שניטלה התיומת, ופסול</u>

סימן תרמה ס״ג - [כ]בריית עלין של לולב כך היא: כשהם גדלים, גדלים שנים שנים ודבוקים מגבן, וגב של שני עלין הוא הנקרא תיומת; [כא]נחלקה התיומת (ברוב העלין) (טור וב"י) - ורוב כל עלה ועלה, **פסולה** - דהוי כאלו ניטלו לגמרי, [גמרא], **והנה** לדעה זו הראשונה, אין שום נ"מ בין שאר העלין לעלה האמצעית, ואם נחלקה אפילו כולה, כשירה.

[כב]היו עליו אחת אחת מתחלת ברייתו ולא היה תיומת, או שכל עליו כפולים מצדו האחד וצד השני ערום בלא עלין, פסול - עיין בחי׳ הריטב"א, דבזה ודאי פסול כל שבעה ימים, **אבל** באחת אחת מתחלת ברייתו, מסתפק שם.

הגה: [כג]ויש מפרשים לומר, דאם נחלק העלה העליון האמצעי שעל השדרה - שדרכה להיות כפול כשאר עלי הלולב, **עד השדרה** - עיין בביאור הגר"א שהסכים, דלדינא יש להחמיר ברובו, דבכל פסול רובו ככולו, **ועל** מקצתו אין להחמיר כלל, **מקרי נחלקה התיומת ופסול; והכי נוהגין (ת"ה)** - היינו ביום הראשון, אבל בשאר הימים כשר.

ואם כלה השדרה בשני עלין, יש על שניהם שם תיומת, ואם נחלקה אחת מהם פסול, [**ולדעת** המחמירין במקצת כשנחלקה התיומת, ה"ה בזה כשנחלקה אפי׳ אחת במקצת].

מיהו לכתחלה מצוה מן המובחר, נוהגין ליטול לולב שלא נחלק העלה העליון כלל - היינו אם יש לו לולב אחר, **אבל** א"צ לברך על לולב של חבירו משום זה.

[כד]כי יש מחמירין אפילו בנחלק קצת - וטעמם, דע"י הנענועים רגיל להיות בסופו סדוק כולו, **ועיין** בט"ז, דלדעתו אין להחמיר בזה, רק אם נחלק כשיעור טפח, **ובח"א** כתב, דלדעה זו יש להחמיר אפילו במשהו, **ועיין** במה שכתבנו לעיל בשם הגר"א, וע"כ אם יש לו לולב אחר, יותר טוב לברך עליו, משום "מהיות טוב" וגו׳, אבל מדינא אין לחוש לזה כלל כל זמן שלא נחלק רובו.

ואם אותו העלה אינו כפול מתחלת ברייתו, פסול (כל בו).

אות ח׳

<u>אמר אביי: לא שנו אלא שראשו של זה מגיע לצד עיקרו של זה, אבל אין ראשו של זה מגיע לצד עיקרו של זה, פסול</u>

סימן תרמה ס״ד - [כה]לא היו עליו זה על גב זה כדרך כל הלולבין, אלא זה תחת זה, אם ראש זה מגיע לעיקר שלמעלה ממנו, עד שנמצא [כו]כל שדרו של לולב מכוסה בעלין, כשר.

ואם אין ראשו של זה מגיע לצד עיקרו של זה, [כז]או שאין לו הרבה עלין זה על זה, אלא מכל צד יוצא אחד למטה סמוך לעיקרו ועולה עד ראשו, פסול - הטעם בכ"ז, שאינו הדר.

באר הגולה

[כ] **לשון הרמב"ם** [כא] **כלישנא בתרא משמיה דריב"ל** [כב] **מימרא דרבא** ‹עיין לעיל אות ה׳› [כג] ‹הוא דעת רש"י שהביאו הגהת סמ"ק, {היינו עוד פי׳ הקונ׳ דלקמן}, ואינו ברש"י שלפנינו, וז"ל סמ"ק שם: נחלקה התיומת כו׳, פירש"י שתי עלין העליונים ששם השדרה כלה, {היינו "תיומית כפולה". והוא פירש"י שלפנינו}. **וכתב** בהג"ה שם האמצעיות: אע"פ שכל עלה ועלה שלם בעצמו כמו שאר עלי הלולב שכאו"א כפולה לשתים, אעפ"כ הוא פסול, כיון ששתי עלין האמצעיות חלוקות, לפיכך לולבין המצויין בינינו רובן פסולים, שרובם אין שתי עלין האמצעיות מחוברין יחד. **וכתב**: ועוד פי׳ הקונ׳ פי׳ אחר, נחלקה התיומת דהיינו עלה האמצעית שדרכו להיות כפול כשאר עלין, נחלק לשתים. **לפי"ז** לולבין המצויין בינינו רובן כשרים כיון שעלה האמצעי שלם, **ומיהו** יש מקצתן שעלה האמצעי נחלק בראשו, ומ"מ יש להכשירן לפי פי׳ הקונ׳ דפי׳ דוקא כשנחלקה עד למטה מן העלין, כדפי׳ בתוס׳ ר׳ יהודה, עכ"ל, והוא כמ"ש ברש"י שלפנינו על פי׳ הראשון נחלקו זה מזה כו׳ שלמטה מהם, וע"ש ד"ה נחלקה כו׳. **וכתב** בת"ה שאלה, נחלקה התיומת רבו בו פתרונים האיך אנו נוהגים בו. תשובה דיש לנהוג כפי׳ אחר שברש"י כמ"ש בהגהת סמ"ק, דעלה האמצעית כו׳ עד למטה מן העלין, ובאו"ז הוסיף להקל דבעי נחלק גם השדרה עד העלין שלמטה הימנה, {ולא ידעתי למה תלה זה באו"ז, הלא ברש"י בסוכה מפורש כן - ערוה"ש}, וכתב באו"ז דעל פרש"י אני סומך הלכה למעשה. וכן הוא ברש"י שלנו כפי׳ הראשון ונסדקה השדרה עד כו׳, ובהג"ה כאן לא העתיק אלא כמ"ש בהגהת סמ"ק - ביאור הגר"א› **ורבינו** הרמ"א תפס בכוונתו דאפילו עד השדרה פסול, ולא ידעתי מנ"ל לומר כן, והרי הוא הולך בדרך האור זרוע, והאו"ז מפורש קאמר דדווקא כשהשדרה נחלקה, {ולא רק עד השדרה}, ורבינו הרמ"א לא תפס כן, וצ"ע - ערוה"ש› [כד] ‹הוא הרשב"א ור"ן ומ"מ, שפי׳ ג"כ כלשון הב׳ שברש"י, והקשה הרשב"א והא אמרינן דוקא דעביד כי המניק, וי"ל דהתם שנסדק מיעוטו דהיינו בראשו, וכאן דנחלק רובה, **ועוד** י"ל דאפי׳ מיעוטה פסול דומיא דנקטם, וכי אמרינן שם בשנסדק לרחבו, דשם כשר במיעוטו עד דעביד כי המניק, ולפי"ז ראוי לחוש לארכו אפי׳ במיעוטו, וטעם לפי שמתרבה הסדק בניענועו, וכן חוששין בעלי הנפש - גר"א› [כה] **משנה כ"ט וכאוקימתא דאביי** [כו] ‹י"ל דלא סגי הכא ברוב, אלא כל ד"ט יהא מכוסה, דשדרו של לולב בעינן ולא של אופתא, ואף אם במשך רוב הד"ט העלין מגיעין, כיון שבמיעוטן אין מגיע, פסול, וכ"ש אם מיעוטן ערום בלא עלין, ולפי"ז הא דאיתא בס"ב ועדיין כו׳ נשאר מכוסה, היינו כולו, וכמש"כ בבה"ל מדברי הגר"א - חזו"א סימן קמ"א ס"ק כ"א. ‹**עיין** לעיל אות ו׳› [כז] ‹והרא"ש אחר שכתב פירוש רש"י ופירוש הרמב"ם {על מימרא דרבא: האי לולבא דסליק בחד הוצא, עיין אות ה׳}, כתב שרב שר שלום פי׳, דהיינו שהוצא אחד בעיקרו, ועולה אותו חד הוצא מעיקרו ועד ראש שדרה, ע"כ - ב"י›

ואיכא דרמי ליה מירמא תנן ציני הר הברזל כשר והתניא פסולה אמר אביי לא קשיא כאן שראשו של זה מגיע לצד עיקרו של זה כאן שאין ראשו של זה מגיע לצד עיקרו של זה *אמר רבי מריון אמר ר' יהושע בן לוי ואמרי לה תני רבה בר מרי משום רבן יוחנן בן זכאי שתי תמרות יש בגיא בן הנם ועולה עשן מבינידם וזהו ששנינו ציני הר הברזל כשרות וזו היא פתחה של גיהנם: לולב שיש בו שלשה טפחים: אמר רב יהודה אמר שמואל [א]שיעור הדס וערבה שלשה ולולב ארבעה כדי שיהא לולב יוצא מן ההדס טפח ורבי פרנך אמר רבי יוחנן *[ב]שדרו של לולב צריך שיצא מן ההדס טפח תנן *לולב שיש בו ג' טפחים כדי לנענע בו כשר אימא וכדי לנענע בו כשר מר כדאית ליה ומר כדאית ליה תא שמע שיעור הדס וערבה שלשה ולולב ארבעה מאי לאו בהדי עלין לא לבר מעלין גופא *שיעור הדס וערבה שלשה ולולב ארבעה ר' טרפון אומר באמה בת חמשה טפחים אמר רבא שרא ליה מריה לר' טרפון השתא עבות שלשה לא משכחינן בת חמשה מבעיא כי אתא רב דימי אמר אמה בת ששה טפחים עשה אותה בת חמשה צא מהן שלשה להדס והשאר ללולב כמה הוו להו תלתא ותלתא חומשי קשיא דשמואל אדשמואל הכא אמר רב יהודה אמר שמואל שיעור הדס וערבה שלשה והתם אמר רב הונא אמר שמואל הלכה כרבי טרפון לא דק אימר דאמרינן לא דק לחומרא לקולא מי אמרינן לא דק כי אתא רבין אמר [ג]אמה בת חמשה טפחים עשה אותה ששה צא מהן שלשה להדס והשאר ללולב כמה הוי להו תרי ופלגא סוף סוף קשיא דשמואל אדשמואל לא דק והיינו לחומרא לא דק דאמר רב הונא אמר שמואל הלכה כרבי טרפון:

מתני' [ד]הדס הגזול [ה]והיבש פסול של אשרה ושל עיר הנדחת פסול נקטם ראשו נפרצו עליו [ו]או שהיו ענביו מרובות מעליו פסול ואם מיעטן כשר ואין ממעטין בי"ט:

גמ' תנו רבנן °ענף עץ עבות שענפיו חופין את עצו ואי זה הוא הוי אומר זה הדס ואימא זיתא בעינן עבות וליכא ואימא דולבא בעינן ענפיו חופין את עצו וליכא ואימא הירדוף אמר אביי °דרכיה דרכי נועם וליכא רבא אמר מהכא °האמת והשלום אהבו תנו רבנן קלוע כמין קליעה ודומה לשלשלת זהו הדס רבי אליעזר בן יעקב אומר ענף עץ עבות עץ שטעם עצו ופריו שוה הוי אומר זה הדס תנא עץ עבות כשר ושאינו עבות פסול היכי דמי עבות אמר רב יהודה [ז]והוא דקיימי תלתא תלתא טרפי בקינא רב כהנא אמר אפילו תרי וחד רב אחא בריה דרבא מהדר אתרי וחד הואיל ונפיק מפומיה דרב כהנא אמר ליה מר בר אמימר לרב אשי אבא [ח]להאי הדס שוטה קרי ליה ת"ר נשרו רוב עליו ונשתיירו בו מיעוט כשר ובלבד שתהא עבותו קיימת הא גופא קשיא אמרת נשרו רוב עליו כשר והדר תני ובלבד שתהא עבותו קיימת כיון דנתרי להו תרי עבות היכי משכחת לה אמר אביי באסא

רש"י

ואיכא דרמי לפו מירמא. למתני' וברייתא ואגב רמיא דידהו אתמר דאביי לשנוייהו: **שתי תמרות.** שני דקלים: **גיא בן הנם.** סמוך לירושלים: **שיהא לולב יוצא למעלה מן ההדס.** כשם שהוא גבוה במינו מכולן: **שדרו.** לבד (א) שהעלים ארוכים למעלה לאחר שכלתה השדרה שאין עוד עלין דבוקין ועולין בו: **אימא וכדי לנענע.** ומה שיוצא למעלה מן האגד הוא המנענע: **למר כדאית ליה כו'.** לשמואל טפח עם עליו ולר' יוחנן טפח שדרה: **מאי לאו בהדי עלין.** ותיובתא דר' יוחנן: **באמה בת חמשה.** קא סלקא דעתיה דהכי קאמר צריך להיות הדס וערבה אמה בת חמשה טפחים: **שרא ליה מריה.** ימחול לו רבונו כלומר צריך הוא לבקש מחילה על דבריו: **עבות שלשה לא משכחינן.** שלשה טפחים אין אנו יכולין למצוא שיהא עבות כראוי קלוע כמין קליעה ודומה לשרשרת כדלקמן ורוב הארוכין הדס שוטה הם והוא אומר לנו באמה בת חמשה ומטריח על ישראל: **כי אתא רב דימי.** פרשה לדר' טרפון ואמר דהא דר' טרפון חומרא זוטא היא דהיא נמי שלשה קאמר אלא שמשער בטפחים גדולים וה"ק ליה לתנא קמא הטפחים האלו יהו גדולים שיהו חמשה מהן ממלאין אמה בינונית שהן ו' טפחים בינוניים: **אמה בת ששה.** חתוך בטפחים גדולים ועשה הימנה חמשה חלקים ובהן תשער שלשה להדס וטפח יותר ללולב: **והשאר ללולב.** רביע שהוספת ללולב יהא בטפח גדול כאלו: **כמה הוו להו.** להדס וערבה תלתא טפחים בינוניים ותלתא חומשי: **לא דק.** שמואל בשיעוריה ונקט שלשה: **אמה בת חמשה טפחים.** בינוניים חלוק אותה לששה חלקים בטפחים קטנים ובהן שיעור שלשה להדס וארבעה ללולב ורבי טרפון לקולא והכי משמע מלתיה בברייתא דקאמר ליה לתנא קמא אותן שלשה טפחים שאנו משערין בהן וסתם שלשה טפחים חצי אמה הן טפחים הללו קטנים יהיו ולא יהו אלא חצי אמה באמה בת חמשה: **לא דק.** שמואל בשיעור (ב) שלשה דסגי בתרי ופלגא כר' טרפון: **מתני' נפרצו עליו.** נשרו: **ענביו.** פרי שבו שדומה לענב: **גמ' ענף עץ עבות.** שכולו ענף שהעץ מחופה בעלין ע"י שהן עשויין בקליעה ושוכבין על אפיהן: **ואימא זיתא.** כולו עלין ארוכים ורצופים ומתוך שהן ארוכין מכסין את העץ: **בעינן עבות.** מעשה שרשרת שיהו מורכבין זה על זה: **דולבא.** עץ ערמון קשטניי"ר קלוע הוא אבל אין עליו רצופין לכסות כל עצו: **הירדוף.** כמין קליעה עשוין עליו: **דרכי נועם.** והאי מברז בריז את הידים כקוצים שראשי עליו עשויין חדין כמחט: **האמת והשלום אהבו.** וזה אינו לא אמת ולא שלום שהוא עשוי לסם המות: **תלתא תלתא בחד קינא.** שלשה עלין בקן אחד יוצאין מתוך עוקץ אחד: **תרי וחד.** שני עלין בעוקץ אחד ועולה אחד מלמטה ועולה ורוכב על השנים: **מסדר אתרי וחד.** אף על גב דתלתא בחד קינא כל שכן דכשר הואיל ונפק מפומיה דרב כהנא: **אבא לסבא.** דתרי וחד הדס שוטה קרי ליה: **רוב עליו.** תרי מכל עבות: אסא

תוספות

שדרו של לולב. ברייתא דפ' המפלת (נדה דף כו' ושם) מסייעא ליה לר' פרנך דתני אושעיא זעירא דמן חברייא חמשה שיעורן טפח וקא חשיב שדרו של לולב ושמואל לא חייש דלא מיתניא בי ר' חייא ורבי אושעיא*: **צא** מהן שלשה להדס והשאר ללולב. פירש הקונטרס והרביע שהוספ' בלולב יהא בטפח (ג) כאלו ויש ספרים שכתוב בהדיא וטפח ללולב ובכל ענין שנפרש לא מיתוקמא ההיא [דתניא] (נדה דף כו') חמשה שיעורן טפח כר' טרפון דטפח דלולב אינו שוה לאחרים*: **דולבא.** עץ ערמון קסטניי"ר קלוע הוא כך פי' בקונטרס ובפרק אם אינן מכירין (ר"ה דף כג' ושם) חשיב ליה גבי עשרה מיני ארזים הן ואומר רבינו תם דאין זה קסטניי"ר שאינו קלוע: **דרכיה** דרכי נועם. והאי מברז את הידים כקוצים שראשי עלין עשוין חדין כמחט: **האמת** והשלום אהבו. וזה אינו לא אמת ולא שלום שהוא עשוי לסם המות כך פירש הקונטרס ועל חנם הוזקק לומר טעם בפני עצמו אבל קרא דכל חד שייך אתרוייהו ומתוך פירושו משמע דהירדוף היינו הרדופני בפרק אלו טרפות (חולין דף נח:) אחוזת דם והמטושטשת שאכלה הרדופני שהוא סם המות לבהמה ואי אפשר לומר כן כדמוכח בפ' כל שעה (פסחים דף לט' ושם) גבי מרור דקא חשיב הרדופני גבי ירקות שאדם יוצא בהן ידי חובתו בפסח והירדוף פסל התם משום דמה מצה מין זרעים אף מרור מין זרעים אלא היינו דלא חשיב לא נועם ולא שלום לפי שראשי עליו חדין ועוקצין את הידים והאי טעמא לא הוי מצי למימר גבי מרור שיכול לכותשו או להסיר עוקציו ולאכול אבל הכא גבי נטילת לולב צריך כל המינים כדרך גדילתן: **תלתא** טרפי בחד קינא. שלשה עלין בקן אחד ויוצאין מתוך עוקץ אחד כדפירש בקונטרס וכן פירש תרי וחד שני עלין בעוקץ אחד ועלה אחד מלמטה ועולה ורוכב על השנים וחומרא גדולה הוא דאינו מצוי ושמא בחד קינא מיקרי כשהם סמוכים ודבוקים זה בזה אע"פ שכל אחד בעוקצו (*ומיהו) תלתא בקינא חד הוו יתבי כדאמר פרק הכונס (ב"ק דף נב') שלשה דקלים (ד) בשורה אחת וכמו כן שלשה עלין [אינן] מעוקץ אחד*:

עין משפט נר מצוה

כד א מיי' פ"ז מהלכות סוכה הלכה ח סמג עשין מד טוש"ע א"ח סי' תרנ סעיף א:
[וע"ע תוס' נדה כו. ד"ה שדרו]
כה ב מיי' שם טוש"ע שם סעיף ב:
כו ג טוש"ע שם סעיף א:
ר"מ
[פי' תוס' שם]
כז ד מיי' פ"ח מהלכות לולב הלכה א סמג עשין מד טוש"ע א"ח סי' תרמו סעיף א:
כח ה מיי' וסמג שם טוש"ע א"ח סי' תרמו סעיף ו:
כט ו מיי' שם הלכה ה טוש"ע שם סעיף ב:
ל ז ח מיי' שם פ"ז הלכה ב טוש"ע שם סעיף ג:
גי' ר"מ וכן או כמו
ר"מ
[וע"ע תוספות ב"ק נב: ד"ה גבי]

מסורת הש"ס

עירובין יט. ע"ש
נדה ט.
[לעיל כט:]
[תוספ' פ"ב]
ויקרא כג
זכריה ח
משלי ג

הגהות הב"ח

(א) רש"י ד"ה שדרו לבד מעלין שהעלים: (ב) ד"ה לא דק וכו' בשיעורא ונקט שלשה דסגי: (ג) תוס' ד"ה צא מהן וכו' בטפח גדול כאלו: (ד) ד"ה תלתא וכו' שלשה דקלים בשורה אחד וכמו כן:

גליון הש"ס

גמ' ואיכא דרמי ליה מירמא. כעין זה לעיל דף טז ע"א ר"ס דף כו ע"ב ב"ב דף יט ע"א ודף כו ע"א:

רבינו חננאל

ופסול: כל לולב שיש בו ג' טפחים כדי לנענע בו כשר. אמר רב יהודה אמר שמואל שיעור הדס וערבה ג' ולולב ד' כדי שיהא לולב יוצא מן ההדס טפח. ואקשינן ממתני' כל לולב שיש בו ג' טפחים כו'. ומתרצינן אימא וכדי לנענע בו כשר מר כדאית ליה ומר כדאית ליה: גופא שיעור הדס וערבה ג' טפחים. ולולב ד'. ר"ט אומר באמה בת ה' טפחים. אמר רב הונא שרי ליה מריה לר"ט השתא עבות ג"ט שהן חצי אמה לא משכחינן. באמה בת ה' טפחים מאלו הטפחים הגדולים שהן הג' טפחים חצי אמה וג' חומשי טפח. מי משכחינן באמה בת ה'. *) הא דרב דימי דאמר באמה בת ו' טפחים עשה אותה. כלומר חלוק הטפח הששי **) של ה' טפחים אחד חומש. ואמר שמואל הלכה כר' טרפון דאמר באמה בת ה'. ושנינן לא דק. אמר ג' ושיעורו יתר. ומתמהינן אימור דאמרינן דלא דק לחומרא. אבל זה לקולא הוא. כי התובה ג' טפחים וג' חומשי טפח כר' טרפון והוא אמר שיעור הדס וערבה ג' טפחים כחכמים. ומתרצינן לה כדרבא דאמר אמה בת ה' עשה אותה ו'. פי' אמה. כשאמר ת"ק שיעור הדס וערבה ג' השיב ר' טרפון באמה בת ה' טפחים אתה אומר. אינם אלא ג' באמה של ו' טפחים כמה הוו להו לר"ט ג' טפחים באמה בת ו' שהן חצי אמה ולחכמים באלו הטפחים ***) שיעור חצי אמה ג' טפחים וג' חומשין הבא אמר שמואל הלכה כר' טרפון דאמר ג' שהן חצי אמה. והתם אמר שיעור הדס וערבה ג' כרבנן דאמרי ג' באמה בת ה' טפחים שהן חצי אמה וג' חומשין. ושנינן היינו דלא דק שאמר ג' וג' חומשין. והא הלכה היא ג' בלבד והוו לחומרא לא דק: ת"ר ענף עץ. עץ שענפיו חופין את עצו הוי אומר זה הדס כו': ת"ר קלוע כמין קליעה ודומה לשלשלת זהו הדס. ר' אליעזר בן יעקב אומר עץ עבות. עץ שטעם עצו ופריו שוין. ואיזה. זה הדס. תנא עבות כשר ושאינו עבות פסול. היכי דמי עבות. אמר רב יהודה כגון דקאי תלתא תלתא טרפי בחד קינא. ורב הונא אמר אפי' תרתי וחד. רב אחא בריה דרבא מהדר אתרי וחד. הואיל ונפק מפומיה דרב כהנא א"ל מר בר אמי לרב אשי אבא האי דקאי תרי וחד הדס שוטה קרי ליה ולא הוה מכשריה ללולב כראשונים בעזרא דכתיב הדס וכתיב עבות. ואמר רב חסדא הדס [שוטה] לסוכה ועץ עבות ללולב: ת"ר נשרו רוב עליו נשתיירו בו מיעוט כשר ובלבד שתהא עבותו קיימת. פירשה אביי באסא

*) נראה דצ"ל כי אתא רב דימי אמר באמה וכו'. **) נראה דצ"ל לכל טפח מחמשה טפחים חומש אחד. ***) אולי צ"ל ולחכמים באלו ג' טפחים שהן שיעור חצי אמה של ג"ט

§ מסכת סוכה דף לב: §

אות א'

שיעור הדס וערבה שלשה, ולולב ארבעה, כדי שיהא לולב יוצא מן ההדס טפח

סימן תרן ס"א - [א]שיעור הדס וערבה, ג' טפחים - ואם העלין שלהם יוצאין למעלה מן העץ, צריך שיהיה בעצם העץ שיעור זה.

[ב]ושדרו של לולב ד' טפחים, כדי שיהא שדרו של לולב יוצא מן ההדס טפח - היינו לבד מהעלין היוצאין למעלה לאחר שכלתה השדרה, [גמרא], ולאורך העלין לא ניתן שיעור.

אות ב'

שדרו של לולב צריך שיצא מן ההדס טפח

סימן תרן ס"ב - [ג]אין להם שיעור למעלה. [ד]ויש מי שאומר שאפילו הוסיף באורך ההדס והערבה כמה, צריך שיצא שדרו של לולב למעלה מהם טפח.

אות ב'* [ה]

השתא עבות שלשה לא משכחינן

סימן תרמו ס"ה - [ו]למצוה בעינן כל שיעור אורך ההדס שיהא עבות, ולעיכובא ברובו - היינו שההדס ששיעורו הוא לא יותר מי"ב גודלין, אין צריך עבות בכולו, רק ז' גודלין יהא עבות, דהיינו ג' עלים בכל קן, **והחמשה** גודלין אפילו נחסר לגמרי, שנשרו עליו, או שלא היו עבות, דהיינו שהיו עליו שנים ע"ג שנים, או תרי וחד, דכיון שרובו היה עבות, כשר.

(ואפילו אינו בראשו) (טור) - כגון שמלמטה עד רובו יוצא בכל קן וקן ג' עלין, ולמעלה נשרו עליו, או שהוא איננו עבות, ג"כ כשר, **ואע"ג** דביבשו עליו פסק בס"ח, דאינו כשר כי אם כשנשתיירו בכל בד ג' עלין לחין בראשו דוקא, **שם** הטעם משום הדר, והדר ניכר כשהוא בראשו, אבל כאן משום עבות, ודי בכל מקום.

ובהדס שהיו בכל שיעור ארכו ג' עלים בכל קן, ונשר עלה אחת מכל קן ברוב שיעור אורך ההדס, יש בזה פלוגתא בין הראשונים, **יש** מכשירין, דכיון דנשאר שנים בכל קן, רובו ככולו, כי היכי דמכשירין בנשרו מקצת עליו מארכו של ההדס, [הרא"ה], **ויש** פוסלין, דס"ל דעי"ז לא נשאר עליו שם עבות כלל, דאין עבות אלא בשלשה, [**וכ"ש** לדעת הגאונים, דסברי דבעינן כולו לעיכובא, אפי' נשר עלה אחת מכל שיעור אורך ההדס נמי פסול], **ולענין** הלכה נקטינן להקל במקום הדחק, שכן הסכימו כמה אחרונים, **ודוקא** כשנשארו עכ"פ שני עלין בכל קן, דהוי רובא עכ"פ, **אבל** אם נשרו שני עלין ברוב שיעור אורך ההדס, פסול לכו"ע, **וא"כ** במקום שנוהגין לצאת בהדסים של שנים ע"ג שנים, כדלעיל בהג"ה, אם נשר עלה אחת מכל קן ברוב שיעור אורך ההדס, [ואפי' אם במיעוט ההדס בארכו יש בכל קן וקן ב' עלים], פסול לכו"ע, דלא נשאר רובא.

(**עיין במ"ב שכתבנו דהסכימו כמה אחרונים להקל כהרא"ה, דאפי' נשרו מכל קן בכל ארכו עלה אחד, ג"כ כשר, ונסתפקתי, אם נשרו מאורך ההדס מקצת עליו, דפסק המחבר דכשר כהראב"ד, דלא בעינן עבות רק ברובו, אם מן הרוב ההוא נשר ג"כ מכל קן עלה אחד, אם אמרינן בזה תרי רובא להכשיר, והנה ראיתי לאחד מן האחרונים דמשמע מדבריו, דיש להכשיר גם באופן זה, וכן משמע מח"א, אכן לענ"ד צ"ע, דמנין לנו לומר דנחשיב בכל אחד בתר רובא, בין לענין רחבו בין לענין ארכו, ודי לנו אם נקיל כהרא"ה להכשיר אם חסר עלה אחד מכל קן לכל ארכו, או כהראב"ד אם חסר המיעוט בכל רחבו מרובו ולמטה, אבל לא שנחבר שניהם יחד, הלא עכ"פ יקרא עי"ז נשרו רוב עליה, דהיינו אם יש בהבד של הדס ז' שורות של קנים, תלתא בכל קן, ונשר מהם ג' שורות לגמרי, ומן ארבעה שורות הנשארים חסר עלה אחת בכל שורה, הרי שחסר י"ג עלים בסך הכל, ובהדס לא נשאר אלא ח' עלים, שהוא המיעוט, ומן הב"ח שכתב, אפילו בקן אחד שהוא מהרוב אם נשרו ממנו שני עלין פסול, מאחר שלא נשאר רוב שיעור ההדס עבות, אין ראיה, דאפשר דמה דמכשיר בנשר ממנו עלה אחת, היינו בחסר רק מקן אחת, דבזה עכ"פ ישאר רוב עלין בהדס, כגון בציור הנ"ל, ישאר י"א עלין בהדס, והחסר הוא רק עשרה עלין, אבל לא ביותר מזה, וצ"ע, ועכ"פ אין להקל כי אם במקום שלא ימצא הדס אחר בעיר, כנלענ"ד**).

(**ודע עוד דכתב הב"ח, דאם היה רוב שיעור ההדס עבות, אף שהוא גדול מאוד, לא בעינן שיהא רוב גדלו בעבות, אלא רוב שיעורו, דהיינו קרוב לשני טפחים, ועיין בפמ"ג שמסתפק, אם מהני אפילו אם הם מפוזרים באורך ההדס, או דדוקא אם הם עכ"פ במקום אחד, והבכורי יעקב מיקל גם בזה**).

באר הגולה

[א] **ברייתא סוכה ל"ב וכרבי טרפון שם בגמ', רא"ש והר"ן** ‹לכאורה ר' טרפון הוי נוגע להמשך הסעיף המובא באות ג'› [ב] ‹כר' יוחנן דקי"ל כוותיה - גר"א› [ג] **הרי"ף ורמב"ם ורא"ש** [ד] **הר"ן** ‹וז"ל: ומשו"ה נקטי ליה ר' יוחנן ושמואל בהאי לישנא, ולא אמרו סתם לשמואל לולב ארבעה בהדי עלין, ולרבי יוחנן לבר מעלין› [ה] ‹ע"פ הב"י והגר"א› [ו] **טור בשם הרא"ש שהכריע כדברי הראב"ד** ‹כתבו הגאונים שצריך שיהא בכל שיעור אורך ההדס עבות, ואם לאו פסול, כן דעת הרב המגיד, דכוליה שיעורא בעינן עבות, דהא כל מה שאינו עבות הוי ליה כמין אחר ונחסר השיעור. **ומש"כ** ואדוני אבי ז"ל הכריע כדברי הראב"ד, דלמצוה בעינן כל השיעור עבות וכו'. ז"ל הרא"ש בפרק לולב הגזול: כתב הראב"ד, דבעינן כוליה שיעורא דהדס שיהא עבות למצוה, או רוביה לעיכובא, מדמקשה לרב הונא על רבי טרפון דבעי הדס אמה בת חמשה: השתא תלתא לא משכחינן חמשה מיבעיא, אלמא בעי כוליה שיעורא דהדס עבות, דבלא עבות משכחת טובא בת תלתא ובת חמשה, וא"כ אין הכשרו של הדס אלא בעבות, הילכך למצוה בעינן כל שיעור הדס עבות, ואם אין אלא הרוב עבות, כשר, מדנשרו מקצת עלין כשר ברובו, הכי נמי אי הוה מיעוט שאינו עבות כשר, דלא גרע מנשרו - ב"י›

אות ג'

<u>אמה בת חמשה טפחים עשה אותה ששה, צא מהן שלשה להדס והשאר ללולב</u>

סימן תרן ס"א - באמה בת ה' טפחים, [ז]עשה אותה ו', צא מהם ג' להדס, נמצא שיעור הדס וערבה טפחיים ומחצה - המחבר מבאר דבריו, שאין צריך ג' טפחים בינונים, שהם ששה באמה, אלא אנו לוקחין אמה קטנה שהיא בת ה' טפחים בינונים, ומחלקין אותה לששה טפחים קטנים, ומחצה מהן הוא שיעור הדס וערבה, ונמצא ששלשה טפחים האלו הוא רק טפחיים ומחצה בינונים.

שהם י' גודלים - פי' רוחב גודל של אדם בינוני, שיש בכל טפח ד' מהם.

[ח]**ושיעור שדרו של לולב י"ג גודלים ושליש גודל** - דטפח של לולב הנוסף הנ"ל, הוא ג"כ טפח קטן לדעה זו, שהוא פחות מטפח בינוני שמחזיק בעלמא ד' גודלים, כשיעור שתות, שהוא שני שלישי גודלין, די"ב שלישי גודל הוא ארבעה גודלין, ונמצא שטפח זה מחזיק רק ג' גודלין ושליש, ועם עשרה גודלין הנ"ל, הוא בסך הכל י"ג גודלין ושליש.

[ט]**ויש מי שאומר ששיעור שדרו של לולב י"ד גודלים** - ס"ל דטפח הנוסף בלולב הוא טפח בינוני שמחזיק ד' גודלין, ונמצא שבסך הכל הוא י"ד גודלין.

[י]**וי"א ששיעור הדס וערבה י"ב גודלים, ושדרו של לולב ט"ז גודלים** - ס"ל דג' טפחים הנ"ל, וכן הטפח של לולב הנ"ל, הוא טפחים בינונים, שכל אחד מחזיק ד' גודלין.

וכן נוהגין לכתחילה - ובדיעבד די הלולב בי"ג גודלין ושליש, והדס וערבה בעשרה גודלין, [**וכל** הפסולים שכתב למעלה אודותיהם, הוא דוקא בתוך שיעור זה]. **ופחות** מזה פסול אפי' בדיעבד כל שבעת הימים.

כתב בתולעת יעקב, ע"פ הסוד יש ליטול שדרתו של לולב כלפי פניו, ופני הלולב כלפי חוץ, והכי נוהגין.

אות ד'

<u>הדס הגזול... פסול</u>

סימן תרמט ס"א - עיין לעיל דף כט:

אות ה'

<u>והיבש פסול</u>[יא]

סימן תרמו ס"ו - [יב]יבשו עליו, פסול; [יג]כמשו, כשר.

אות ה'*[יד]

סימן תרמו ס"ז - שיעור היבשות, [טו]אפילו אם נפרך בצפורן, אם עדיין ירוקים הם, כשר; ואינם נקראים יבשים, אלא כשילבינו פניהם - לאחר שנפרך בצפורן, **ובאמת** אינו מצוי במציאות שילבינו פניו ולא יהיה נפרך בצפורן, וא"כ כשנתלבן פניהם ודאי יבש הוא, **ומי** שאינו בקי בזה השיעור, משמע בתמים דעים שיכול לשער ע"י שישרה אותם יום או יומים במים, דאם יחזרו לכמות שהיו במשמושן ובמראיהן, עדיין לחים הם, ואם לאו הם יבשים.

כתב הפמ"ג, דביבש עץ ההדס, אפי' העלים הם עדיין ירוקים, פסול, **ובבכורי** יעקב משיג ע"ז, ודעתו דביבשות העץ לא שייך פסול כלל.

אות ו'

<u>או שהיו ענביו מרובות מעליו פסול</u>

סימן תרמו ס"ב - עיין לקמן דף לג:

אות ז' – ח'

<u>והוא דקיימי תלתא תלתא טרפי בקינא</u>

<u>לההוא הדס שוטה קרי ליה</u>

סימן תרמו ס"ג - ענף עץ עבות האמור בתורה, הוא ההדס שעליו חופין את עצו; [טז]כגון שלשה עלין או יותר, בגבעול אחד - ר"ל בכל קן וקן, ויהיו סמוכים זה לזה בעיגול אחד, שאין אחד נמוך מחבירו, [יז]אע"פ שכל אחד בעוקצו.

אבל אם היו שני העלים בשוה, זה כנגד זה, והעלה השלישי למעלה מהם - [יח]או למטה מהם, [לבוש, וכן כתב הריטב"א]. [יט]**אין זה עבות, אבל נקרא: הדס שוטה** - מפני שאין עליו הולכין כסדר, אלא משובשין כשוטה.

וכן אם היו שנים זה ע"ג זה, ג"כ אין זה בכלל עבות האמור בתורה.

באר הגולה

[ז] פי' לששה חלקים בטפחים קטנים [ח] **טור, וכן כתב הר"ן בשם התוס' והה"ר יונה** ‹וכמ"ש רש"י› [ט] **הרמב"ן שס"ל דטפח העודף של לולב מודה רבי טרפון שצריך שיהא טפח שלם** ‹ויש ראיה לדבריו, מדאמרינן במסכת נדה פרק המפלת (כ"ו א') חמשה שיעורן טפח, וחשיב חד מינייהו שדרו של לולב, ואותם טפחים שלמים הם, ואליבא דר"ט דהלכתא כוותיה, דאיהו לא פליג בטפח זה, אלא דנקט והשאר ללולב כדברי חכמים - ריטב"א› [י] **הרי"ף ורמב"ם ובעל העיטור וכת"ק** [יא] ‹ובנוגע לנקטם ראשו, עיין לקמן דף ל"ד:› [יב] **ל"ב במשנה** [יג] **ברייתא ל"א** [יד] ‹מילואים› [טו] **טור בשם הראב"ד, וכ"כ הר"ן והרב המגיד** [טז] **ברייתא שם ל"ב וכדמפרש רב יהודה** [יז] ‹עיין ברש"י ותוס'› [יח] ‹פרש"י ז"ל: תרי וחד. שני עלין בעוקץ אחד, ועלה אחד דמלמטה ארוך ועולה ורוכב על שנים, עכ"ל. **ולפי** דבריו נוכל לומר, דדוקא אותו שהעלה השלישי למטה מן השנים עולה ורוכב כו', הוא דמיקרי הדס שוטה, אבל אם הוא למעלה מן השנים, כמו שהוא באותו שאנו רגילין לקרוא לו הדס שוטה, אפשר שהוא כשר לרש"י - מהרי"ק שורש מ"א. **ועיין** לקמן מה שהביא הרמ"א משמו› [יט] **שם משמיה דאמימר**

הגה: ופסול אפי' בשעת הדחק - שאינו בכלל הדס כלל, ופסול אפילו בשאר ימים.

ואיכא מאן דאמר בגמרא דכשר; וע"כ נוהגין באלו המדינות לכתחלה לצאת באלו ההדסים המובאים ואין ג' עלין בגבעול אחד - ר"ל דסומכין על אותו מ"ד דמכשיר בתרי וחד, וה"ה בתרי ע"ג תרי, (שנראה מדברי רמ"א שהכשיר ג"כ בזה - ביכורי יעקב). (**וע"ש** שהוכיח דאף אלו המקילים בשעת הדחק, הוא דוקא בתרי וחד, אבל על תרי ותרי אין לנו שום סמך). **ויש מי שכתב דהדסים שלנו אין נקראים הדס שוטה, הואיל והם שנים על גב שנים, ואינן כהדס שוטה המוזכר בגמרא** – (עיין בבכורי יעקב שתמה ע"ז, הא מ"מ אינו בכלל עבות האמור בתורה, דהוא דוקא בת ג' טרפי).

ולכן נהגו להקל כמו שכתב מהר"י קלון ומהר"י איסרלן ז"ל בתשובותיהם.

עיין בביאור הגר"א ובשארי אחרונים, שכולם פקפקו מאוד על המנהג ההוא, שאין להם שום יסוד, לא בתרי וחד, ולא בתרי ע"ג תרי, והרמ"א דחק רק לקיים המנהג. (**אם** לא דנסמוך על דעת בעל השלמה, שמתיר בשעת הדחק לברך על ג' מינים. והנה בלא"ה שכל הפוסקים חולקים עליו, מ"מ בלא"ה לא שייך אצלנו טעם זה, כיון שגדלים אצלנו הדסים נאים של ג' על ג', **ואף** שבתשו' שבות יעקב רצה לפוסלם מטעם מורכבים, כבר חלקו עליו בתשו' ח"צ ופמ"א, והדין עמהם, וכבר פשט המנהג עתה בכל מקום להכשירם, שידוע הוא שאינם מורכבים, וכיון שיכול לקיים המצות באלו, אפילו אין בעיר מהם רק אחד, לא מקרי תו שעת הדחק, לברך על ג' מינים בלא הדס כשר, ולכן אשרי הקונה לו אפילו רק הדס א' של ג' על ג', וישלים בשנים בדים של הדס אחרים שהם של ב' על ב', אם אין ידו משגת ליקח שלשה בדים של הדס שהם ג' על ג', **או** הקהל יקחו להם לולב עם הדסים ג' על ג', ויצאו בו כל הקהל, עכ"ל הבכורי יעקב).

ולכן הירא לדבר ד', יטרח למצוא עבות כדין, דהיינו ג' עלין בשוה בכל קן וקן, ועיין לקמיה בס"ה.

כתב הח"א, דבתוך אלו היבשים שמביאים עם האתרוגים, בדוחק נמצא אחד למאה שיש בו ג' בקן אחד, ולכן אין להם חזקת כשרות עד שישרם בחמין וירכך אותם, **ואם** לא ימצא, יטול בלא ברכה.

[**עוד** כתב שם, הרבה מן פוסקים ראשונים ס"ל, דאסור להוסיף מה שאינו עבות, ועבר על בל תוסיף, **אכן** מהני תנאי באיזה דבר שחושש שאינו בכלל הדס, שיאמר: אם הוא הדס אצא בו, ואם לאו יהיה כאבן, ואז אינו בבל תוסיף, כמו בשני זוגות תפילין]. (**וע"ל** סי' תרנ"א סט"ו, דף ל"ה.)

אות ח'* [כ]

<u>נשרו רוב עליו ונשתיירו בו מיעוט, כשר</u>

סימן תרמו ס"א - [כא] נשרו רוב עליו - היינו שהיה בכל קן וקן היוצא ממנו ז' עלין, ונשרו מהן ארבעה, **אם נשתיירו שלשה עלין בקן אחד** - היינו בכל קן וקן ממנו, **כשר** - דכיון שנשתייר שלשה עלין, עדיין נקרא עץ עבות וכשר, וכדלקמן בס"ד.

ב' סעיפים הראשונים אלו הם לשון הרמב"ם, ומס"ג הוא לשון הטור.

סימן תרמו ס"ד - [כב] יצאו הרבה בקן אחד, ונשרו מהם עד שלא נשארו אלא שלשה בקן אחד, כשר - היינו אפילו היה בכל אורך ההדס כן.

אפילו נשרו רובם, כגון שהיו שבעה ונשרו מהם ארבעה, ונשארו שלשה - דכיון דנשאר ג', עדיין עבות קרינא ביה, **אבל** אם נשארו רק שנים, פסול, דאף דבהדס שיש בו ג' בקן אחד, ונשר אחד מכל קן, ונשאר רק שנים, הסכימו כמה אחרונים להכשיר, **שם** שאני, שנשתייר עכ"פ רוב הקן, ורובו ככולו, **משא"כ** הכא שנשרו רובם, בעינן עכ"פ שישתייר שיעור עבות, דעי"ז נוכל להכשירו ונאמר דאף עתה עבות קרינא ביה.

באר הגולה

כ (ע"פ הב"י והבאר הגולה) | כא ברייתא שם ל"ב | כב ברייתא שם

§ מסכת סוכה דף לג. §

אות א'

<u>**יבשו רוב עליו ונשארו בו שלשה בדי עלין לחין כשר. ואמר רב חסדא, ובראש כל אחד ואחד**</u>

סימן תרמו ס"ח - [א]יבשו רוב עליו, ונשתייר בראש כל בד מהג' בדין, קן אחד ובו ג' עלין לחין, כשר - דע"י הג' עלין לחין שבראש הבד, חל שם הדר על כל ההדס.

ולפי המבואר לקמן בסי' תרנ"א, דבשעת הדחק סגי בבד הדס אחד, גם בענינינו די כשיהיה בראשו, קן אחד של ג' עלין לחין.

[ב]ויש מפרשים שאפילו אם מהג' שבחד קינא יבשו שנים, ולא נשאר כי אם אחד לח, כשר - הוא דעת הרא"ש, **ולדידיה** לא בעינן שיהיה הקן בראשו דוקא, **ועי"ש** דס"ל דצריך שישתייר שלשה קנין, ובכל קן עלה אחד לח בראשו, **ותמהו** האחרונים על המחבר שלא הזכיר דבר זה.

והוא שיהיה העלה שהוא מורכב על שניהם - ר"ל מה דמכשרינן בעלה אחד לח בראשו, דוקא באופן זה שהוא מורכב על שניהם, דאז נראה ההידור יותר, **אבל** אם היה כל שלשה עלין לחין, אפילו כולן בשוה כשר.

ואף דבש"ג פסק המחבר, דזהו בכלל הדס שוטה, **אפשר** דשם מיירי שהיה כל אורך שיעור ההדס באופן זה, ואינו בכלל הדס האמור בתורה אלא הדס שוטה, **אבל** הכא הלא מיירי שהיה כל שיעור ההדס בקנין של ג' עלין בשוה כדין, אלא שמחמת שהיו יבשין לא נקרא הדר, ולכן אמרינן דאם נמצא ג' קנין, ובכל א' עלה אחד שהוא מורכב על שניהן והוא לח, נראה וניכר בו ההידור, וכשר.

והלכה כדעה הראשונה.

אות א*[ג]

סימן תרמו ס"ט - אם אותם עלים שלא יבשו הם כמושין, [ד]יש פוסלין - טעמם, שאין מציל מידי יבש אלא לח ההדור, **[ה]ויש מכשירין** - כיון דכמוש כשר, יכול להציל כמו לח ממש.

ועיין בפמ"ג שפסק, דביום הראשון שהוא דאורייתא, ראוי להחמיר דהוא ספק תורה, **ובשאר** הימים שהוא דרבנן, ספק דרבנן להקל.

אות ב' - ג'

<u>**כסהו ונתגלה פטור מלכסות, כסהו הרוח חייב לכסות**</u>

<u>**לא שנו אלא שחזר ונתגלה, אבל לא חזר ונתגלה פטור מלכסות**</u>

יו"ד סימן כח סי"א - כיסהו הרוח, פטור מלכסות; ואם חזר ונתגלה, חייב לכסות - (הפר"ח כתב, וכן הסכים ע"י הפרי תואר, דמכסה בלא ברכה, משום דהא דאין דיחוי אצל מצות, הוא איבעיא דלא איפשטא, **ועיין** במג"א סי' תקפ"ו סק"ו, נראה דעתו דהכא מכסה בברכה, ע"ש, **ועיין** בספר באר יעקב מש"כ בזה, והעלה כדעת הפר"ח, אך כתב דנכון שישחוט קודם לכסות עוף אחר, ויברך על הכיסוי, ואח"כ יכסה האי דנתגלה, **אבל** אי לית ליה עוף אחר, ודאי מכסה בלא ברכה - פתחי תשובה).

אבל אם הוא עצמו כיסהו ונתגלה, אינו חייב לכסותו פעם אחרת.

אות ד'

<u>**לולב מצוה לאוגדו, ואם לא אגדו כשר**</u>

סימן תרנא ס"א - [ו]ומצוה לאגדם בקשר גמור, דהיינו ב' קשרים זה על זה, משום נוי - דאף דקי"ל דאין מחוייב לאגדם, עכ"פ מצוה יש בזה משום "זה אלי ואנוהו", [גמרא].

[ז]ולא בעניבה, דאין זה קשר הנאסר בשבת ויו"ט, ולא מקרי אגד, **ועיין** בתשובת אגורה באהלך שמצדד, דמה שנוהגין העולם שלא לעשות קשר, אלא עושין מן עלי לולב כמין בית יד, ותוחבין הלולב בו, גם זה בכלל קשר, ע"ש.

באר הגולה

[א] ברייתא שם ל"ג וכדמפרש רב חסדא [ב] טור בשם אביו הרא"ש [ג] ‹מילואים› [ד] שם בשם הראב"ד [ה] שם בשם אביו הרא"ש [ו] ברייתא ל"ג וכרבנן ושם בגמ' [ז] ‹דתניא (לג:) הותר אגדו ביו"ט אוגדו כאגודה של ירק וכו', הא בחול יש לאגדו אגד הנאסר בשבת ויו"ט, ואין אסור אלא שני קשרים זה על זה – ב"י. **ועיין** ברש"י עמוד ב' ד"ה ופליג עליה›

גמרא

תורה אור

באסא מצראה דקימי שבעה בחד קינא דכי נתרי ארבעה פשו להו תלתא אמר אביי ש"מ האי אסא מצראה כשר להושענא פשיטא מהו דתימא *הואיל ואית ליה שם לווי לא מתכשר קא משמע לן ואימא הכי נמי עץ עבות אמר רחמנא מכל מקום ת"ר *יבשו רוב עליו ונשארו בו שלשה בדי עלין לחין כשר ואמר רב חסדא ובראש כל אחד ואחד: נקטם ראשו: תני עולא בר חיננא נקטם ראשו ועלתה בו תמרה כשר בעי רבי ירמיה נקטם ראשו מערב יום טוב ועלתה בו תמרה ביו"ט מהו °יש דחוי אצל מצות או לא ותפשוט ליה מהא דתנן *כסהו ונתגלה פטור מלכסות כסהו הרוח חייב לכסות ואמר רבה בר בר חנה א"ר יוחנן לא שנו אלא שחזר ונתגלה אבל לא חזר ונתגלה פטור מלכסות והוינן בה כי חזר ונתגלה אמאי חייב לכסות הואיל ואידחי אידחי ואמר רב פפא זאת אומרת אין דחוי אצל מצות דרב פפא גופא מיבעיא ליה מיפשט פשיט ליה דאין דחוי אצל מצות לא שנא לקולא ולא שנא לחומרא או דלמא ספוקי מספקא ליה לחומרא אמרינן לקולא לא אמרינן תיקו *לימא כתנאי עבר ולקטן פסול דברי רבי אלעזר (*בן) צדוק וחכמים מכשירין סברוה דכ"ע *לולב אין צריך אגד ואת"ל צריך אגד לא ילפינן לולב מסוכה דכתיב בה תעשה *ולא מן העשוי מאי לאו בהא קמיפלגי דמאן דפסיל סבר אמרינן יש דחוי אצל מצות ומאן דמכשיר סבר לא אמרינן יש דחוי אצל מצות לא דכ"ע לא אמרינן יש דחוי אצל מצות *והכא במילף לולב מסוכה קא מיפלגי מר סבר ילפינן לולב מסוכה ומר סבר לא ילפינן לולב מסוכה ואיבעית אימא אי סבירא לן לולב צריך אגד דכ"ע ילפינן לולב מסוכה והכא בלולב צריך אגד קא מיפלגי ובפלוגתא דהני תנאי דתניא *לולב בין אגוד בין שאינו אגוד כשר ר' יהודה אומר אגוד כשר שאינו אגוד פסול מאי טעמא דר' יהודה יליף לקיחה לקיחה מאגודת אזוב כתיב הכא °ולקחתם לכם ביום הראשון וכתיב התם °ולקחתם אגודת אזוב מה להלן אגודה אף כאן אגודה ורבנן לית להו לקיחה לקיחה מאן תנא להא דת"ר לולב *מצוה לאוגדו ואם לא אגדו כשר מני אי רבי יהודה כי לא אגדו אמאי כשר אי רבנן מאי מצוה קא עביד לעולם רבנן ומצוה משום °זה אלי ואנוהו: או שהיו ענביו מרובין: °אמר רב חסדא דבר זה *רבינו הגדול אמרו והמקום יהיה בעזרו לא שנו אלא במקום אחד אבל בשנים או שלשה מקומות כשר (א) א"ל רבא

שנים

(ויקרא כג; שמות יב; שם טו — מראי מקומות בגליון)

רש"י

אסא מצראה. גדל על המיצר של שדה ומתוך שיש לו מקום פנוי הוא משבח ומצליח ליסנא אחרינא אסא מצראה הדס מצרי: שלשה בדי עלין לחין. שלשה בדין ובכל בד ובד שלשה עלין לחין דבציר משלשה עלין לא הוי עבות: ובראש כל אחד. שיהו עלין הלחין בראשי הבדים אבל באמצעם לא הדר הוא: ועלתה בו תמרה. כמין תמרה כעין הגמלא בעלי ערבה פעמים בעלין דבוק כמין פרי ירוק וטובעין בו הגשים לעיפיהם: ועלתה בו תמרה ביום טוב. משנתגד דבתלוש נמי סלקא ביה: יש דחוי אצל מצות. כלומר טוהגת תורת דחוי אלא מצות כשם שטהגת אלא קרבנות דאם נראה ונדחה משנשחט' אמרת ידחה דתו לא הדר חזי הכא נמי הואיל ונדחה כשנקטם תו לא הדר מיחזי בעליית תמרה והשתא לא דייק בין דחוי מעיקרא לנראה ונדחה דהאי דנקטם מעיו"ט לא נראה מעולם: כסהו. אדם לדם חיה או עוף: לא שנו. דכסהו הרוח חייב לכסות אלא שחזר ונתגלה: הואיל ואידחי. על ידי הרוח מכיסוי של מצוה פדקאמר דכי לא נתגלה פטור מלכסות: אידחי. לעולם ואפילו נתגלה: ואמר רב פפא גר': דרב פפא גופיה. האי דיוקא דרב פפא מיבעיא לי' לר' ירמיה: מיפשט פשיט ליה. לתנא דתנא כסהו הרוח חייב לכסות דאין דחוי: לא שנא לחומרא. כי הכא דמחייב ליה בכיסוי משום טעמא דאין דחוי: ולא שנא לקולא. כי ההיא דר' ירמיה דאי אמרי' אין דחוי הוי כשר ואם יש דחוי הוי פסול ואמרי' אין דחוי ומכשרינן: או דלמא מספקא ליה. לתנא ומספיקא לחומרא הוא דמחייב ליה בכיסוי שמא אין דחוי: אבל לקולא. כגון לענין תמרה: לא אמרינן. אלא פסלינן שמא יש דחוי או אין דחוי: עבר ולקטן. לעינבי הדס שהיו מרובין מעלין ותנן אם מיעטן כשר ואין ממעטין ביו"ט משום שבות שדומה למתקן כלי ומכשירו ואם עבר ומיעטן פסול כדמפרש טעמא ואזיל: סברוה. רבנן דבי מדרשא דבעו למימר דהך פלוגתא ביש דחוי ואין דחוי היא: דכ"ע. רבנן ור' אלעזר בר' צדוק: לולב אין צריך אגד. ולא שייך ביה עשיה דלוקי טעמא דר' אלעזר דפסל משום תעשה ולא מן העשוי בפסולות וא"נ צריך אגד אפ"ה משום תעשה ולא מן העשוי לא מיפסיל דהא בדידיה לא כתיב תעשה: ולולב מסוכה לא יליף. הלכך מהשתא ליכא למיפסליה אלא משום דחוי דכיון שאגדו בפסול וקרא עליו שם לולב של מטה בשעת דחוי נדחה לעולם ואע"ג דלא נראה ונדחה הוא אלא דחוי מעיקרא והאי דנקיט פלוגתייהו במיעטן ביום טוב משום דסתמא בתר דאגדיה הוא דהא ביום טוב לא אגיד ליה ואי לא צריך אגד אילטריך למינקט ביום טוב משום דאי לאו דקדש היום אכתי לא חל עליה זמן מצוה ולא שם מצוה למקרייה דחוי: ומאן דמכשר סבר. אין דחוי לענין מצוה אלא לענין קדושה כגון קרבנות: לא דכ"ע לא אמרי' יש דחוי במצות. וטעמא דמאן דפסל משום תעשה ולא מן העשוי הוא דקסבר לולב צריך למיגד ושייך ביה עשיה והכא במילף לולב מסוכה פליגי: ילפינן. בבנין אב הואיל וזה בעשיה וזה בעשיה מה זה ולא מן העשוי אף זה ולא מן העשוי: ואנוהו. התנאה לפניו: רבינו. (ב) רב: במקום א'. שהענבים כולן ביחד ומיהא מרובין הן על העלין שבכל ההדס: הכי גרסינן לא שנו אלא במקום אחד אבל בשנים ושלשה מקומות כשר אמר ליה רבא שנים ושלשה מקומות הוה ליה מנומר ופסול הכי גרסינן לה לקמן לענין עלתה חזזית באתרוג:

מנומר

תוספות

ואימא הכי נמי. תימה מאי ס"ד למיפסליה משום שם לווי מידי הדס כתיב בקרא הא אפי' הירדוף מכשרינן אי לאו משום דכתיב דרכיה דרכי נועם:

נקטם מערב יו"ט ועלתה בו תמרה ביו"ט מהו. אף על פי שבקונטרס הזכיר נראה ונדחה הא דהכא דחוי מעיקרא הוא כיון דבתחלת יו"ט לא חזי כדמוכח לקמן גבי אשחור מעיו"ט והאי דגבי קדשים פשיטא לן דדחוי מעיקרא הוי דחוי גבי מפריש נקבה לפסחו בפ' מי שהיה טמא (פסחים ד' עח. ושם) וגבי בהמה של שני שותפים בפ"ק דזבחים (ד' יב. ושם) ובפ"ק דקדושין (ד' ז. ושם) גבי מצוה מיבעיא לן וכי תימא הא דאסקינן גבי אשחור תפשוט דדחוי מעיקרא לא הוי דחוי לא דמיין להכא כדפרישנא לעיל דשאני התם דבידו ללקט ואפי' בקדשים מכשירין מה"ט במסכת זבחים פ' כל הפסולין (דף לד: ושם) דתנן גבי קבל הכשר ונתן לפסול יחזיר לכשר ופריך בגמ' וליהוי דחוי ומשני רב אשי כל שבידו לא הוי דחוי ומיהו לא לגמרי דמי להאי דינא דהאי נראה ונדחה הוא ולקמן מסקינן דלא תפשוט מיני' נראה ונדחה חזר ונראה אע"ג דבידו ללקטן וכן בההיא דהפריש קרבן והמיר דם דבידו לחזור ואפילו הכי אמרינן פ"ק דזבחים (ד' יב: ושם) הואיל ונדחה ידחה עד אמר בזבחים פרק קדשי קדשים (ד' נט. ושם) כל הקדשים שנשחטו עד שלא נפגם המזבח ואח"כ נפגם המזבח פסולין דהואיל ונדחה ידחה אע"פ שבידו לתקן וצריך לחלק בדברים והא דמדמי הכא הסיא דכיסוי הדם דבידו לגלות מכל מקום היה לו לחשב דחוי הואיל ונפטר מלכסות לא נתחייב להוציאו מן הדחוי כדי לחזור ולכסות והא דמייתי לימא כתנאי מעבר ולקמן הוה מצי לדחויי דמ"ד התם אין דחוי משום דבידו לתקן אבל הכא דאין בידו לתקן יש דחוי: והכא במילף לולב מסוכה קמיפלגי. והוה מצי לאשמועינן פלוגתייהו בליקטן בהיתר כגון מערב יום טוב לאחר שאגדן והא דנקט פלוגתייהו בליקטן באיסור כגון ביו"ט לאשמועי' דאפילו הכי חכמים מכשירין דאין דחוי:

שנים

[לקמן לד.] | חולין פז. פ"ז מז. | [עי' לעיל יא: [פ"ש ובתוס' שם ד"ה דברי ר"ש בן יהוצדק] | [לעיל יא: ושם נסמן] | [שם] | מנחות כז. לעיל יא: [לעיל לא: תוספתא פ"ב] | מנחות כז. לעיל יא: | [לקמן לה:] | [ת"ל ברבי] | [לעיל לו: ושם נסמן] | [וע"ע תוס' זבחים לד: ד"ה כל שבידו ושוד בש נט. ד"ה עד שלא ותוס' מנחות נט: ד"ה כלן]

עין משפט נר מצוה

לא א טוש"ע או"ח סי' תרמו סעיף ח:

לב ב ג מיי' פ"ד מהל' שחיטה הל' ז סמג עשין סג טוש"ע י"ד סי' כח סעיף יא:

לג ד מיי' פ"ז מהלכות לולב הלכה ו סמג עשין מד טוש"ע או"ח סי' תרנא סעיף א:

רבינו חננאל

באסא מצראה שעליו צרין וקיימי ו' בקינה ונתרי ד' מינייהו דאינון רובא ואשתיירו תלתא כיון דקרינן ביה עבות כשרה. ואע"ג דאינון מיעוטא. *) פשיטא סד"א כיון דקרו ליה אסא מצראה שם לוי הוית קמ"ל עץ עבות אמר רחמנא מ"מ: ירושלמי תני הדס והערבה ג' ולולב ד' **) כרב דימי ראמר באמה בת ה' דברי ר' טרפון והכ"א באמה בת ו'. על דעתיה דר' טרפון פרשכין דרבנן על דעתיה דרבנן פרשכין דקיקין לולב טפח שדרו של לולב צריך להיות היוצא מן ההדס טפח שילייא טפח. (זה מצאתי בגד סוף. כמעתיק) (חשיב אביי במרירתא דאגמא. ואמר [לעיל יג.] כל שנשתנה שמו קודם מתן תורה ובאתה תורה והקפידה עליו זהו שם לווי. סבר אביי שאין עליך לדוק בדוקיא הזו אלא בדברים שנשתנו שמותן קודם מתן תורה ובאתה תורה והקפידה עליו תקרא בפי' בתורה כשם השני שנשתנה אליו ולא נקרא בשם הראשון כגון זה הושענא לשם לווי ואין כשר אלא שנקרא סתם. ודברים שנשתנה שמן אין אנו יודעים אותן אלא זה רבותינו הודיענו שלא נשתנו שמן. ובשמועה באלו טריפות [ד' סג.] בתורין של רחבה): ת"ר יבשו רוב עליו ונשתיירו בו לחים כשר. אמר רב חסדא ובראש כל אחד ואחד נקטם ראשו של הדס פסול. עלתה בו תמרה כשר. עלתה ביו"ט מאי. ואמרינן מאי קמיבעיא ליה יש דיחוי אצל מצות או לא. דאם נראה ונדחה כיון שנדחה נדחה. או דילמא כיון שחזר ונראה כשר והא חזר לכשירותו. ואמרינן תפשוט ליה מהא דרב פפא דאמר זאת אומרת אין דיחוי אצל מצות. ואמרינן היא גופא מיבעיא ליה הא דרב פפא פשיטא ליה דאין דיחוי אצל מצות ל"ש לקולא ול"ש לחומרא. או דילמא לחומרא פשיטא ליה לקולא מספקא ליה. ואתינן למיפשטה מהא דתניא עבר וליקט הענבים מן ההדס פסול. דברי ר' שמעון בן צדוק וחכמים מכשירין. ואסיקנא לא דכ"ע אין דיחוי אצל מצות ולולב צריך אגד ובמילף לולב מסוכה פליגי כו'. עד והכא בלולב צריך אגד. ובפלוגתא דהני תנאי דתניא לולב בין אגוד בין שאינו אגוד כשר. ר' יהודה אומר אגוד כשר שאינו אגוד פסול. ואסיקנא כמאן אזלא הא דתניא לולב צריך לאגדו לא אגדו כשר. אי כר' יהודה כי לא אגדו אמאי

כשר

*) נראה דחסר בד' רבינו אמר אביי ש"מ האי אסא מצראה כשר לאושענא. **) לכאורה הוא נראה דנתחלף התיבות כאן וצ"ל ולולב ד' באמה בת ה' דברי ר"ט והכ"א באמה בת ו' על דעתיה וכו' פשכין דרבנן [כרב דימי לעיל ל"ב ב'] על דעתיה דרבנן וכו' כצ"ל.

הגהות הב"ח

(א) גמ' או שלשה מקומות כשר אמר רבא שנים: (ב) רש"י ד"ה רבינו רב. נ"ב בבכורות פ' מומין אלו דף מה וכן בפרק בא סימן דף מט איכא נמי כהאי סוגיא אמר רב חסדא דבר זה רבינו הגדול אמרו במקום יהיה בעזרו כו' ופרש"י רבינו רב ואע"ג דבפ' שהולין דף מה קאמר כי אתא רב דימי א"ר יצחק בר אבדימי משום רבינו אמרו נכרי ועבד הבא על בת ישראל הולד ממזר ופרש"י רבינו רבי חייא משום דההם אי אפשר לפרש רבינו רב דרב הולד כשר אית ליה ובפ"ק דר"ה סוף דף יט פרש"י נמי רבינו רב:

גליון הש"ס

גמ' יש דחוי אצל מצות. עיין סוטה דף טו ע"ב תוס' ד"ה נתאכלו: שם א"ר דבר זה רבינו הגדול אמרו. כעין זה לקמן דף לה ע"ב:

עין משפט נר מצוה

לד א ב ג ד מיי' פ"ח מהלכות לולב הל' ה סמג עשין מד טור ש"ע א"ח סי' תרמו סעי' ב:

לה ה טוש"ע א"ח סי' תרנא סעיף א:

לו ו מיי' פ"ח מהל' לולב הל' א סמג עשין מד טוש"ע א"ח סי' תרמט סעיף א:

לז ז מיי' שם סמג שם טוש"ע א"ח סי' תרמו סעיף ב:

לח ח מיי' שם סמג שם טוש"ע א"ח סי' תרמט סעיף ג:

לט ט מיי' שם הלכה ו סמג שם טור ש"ע א"ח סי' תרמז סעי' ב:

גמרא

שנים ושלשה מקומות הוי מנומר ופסול אלא אי אתמר הכי אתמר או שהיו ענביו מרובין מעליו פסול אמר רב חסדא דבר זה *רבינו הגדול אמרו והמקום יהיה בעזרו אל"ש אלא ענביו שחורות אבל ענביו ירוקות מיני דהדס הוא וכשר אמר רב פפא ב'אדומות כשחורות דמיין דא"ר חנינא האי דם *שחור אדום הוא אלא שלקה: אם מיעטן כשר: דמעטינהו אימת אילימא מקמיה דלאגדיה פשיטא אלא לבתר דלאגדיה דחוי מעיקרא הוא תפשוט מינה דחוי מעיקרא לא הוי דחוי לעולם בתר דאגדיה וקסבר אגד הזמנה בעלמא הוא והזמנה בעלמא לאו כלום הוא: ואין ממעטין ביו"ט: ג'הא עבר ולקטן מאי כשר דאשחור אימת אילימא דאשחור מאתמול דחוי מעיקרא הוא תפשוט מינה דחוי מעיקרא דלא הוי דחוי אלא לאו דאשחור ביום טוב נראה ונדחה הוא שמעת מינה נראה ונדחה חוזר ונראה לא לעולם דאשחור מעיקרא דחוי מעיקרא דלא הוי דחוי תפשוט מינה אבל נראה ונדחה חוזר ונראה לא תפשוט ת"ר אין ממעטין ביום טוב משום ר' אליעזר בר' שמעון אמרו ממעטין והא קא מתקן מנא ביו"ט אמר רב אשי ד'כגון שלקטן לאכילה ור' אליעזר בר' שמעון סבר לה כאבוה דאמר דבר שאין מתכוין מותר והא אביי ורבא דאמרי תרווייהו מודה *ר"ש בפסיק רישיה ולא ימות הכ"ע דאית ליה הושענא אחריתי ת"ר הותר אגדו ביו"ט אוגדו כאגודה של ירק ואמאי ה'ליעניביה מיענב הא מני ר' יהודה היא דאמר *עניבה קשירה מעלייתא היא אי ר' יהודה אגד מעלייתא בעי האי תנא סבר לה כוותיה בחדא ופליג עליה בחדא: **מתני'** ו'ערבה גזולה ז'ויבשה פסולה ח'של אשרה ושל עיר הנדחת פסולה ט'נקטם ראשה נפרצו עליה והצפצפה פסולה כמושה ושנשרו מקצת עליה ושל בעל כשרה: **גמ'** ת"ר °ערבי נחל הגדילין על הנחל דבר אחר ערבי נחל שעלה משוך כנחל תניא אידך ערבי נחל אין לי אלא ערבי נחל של בעל ושל הרים מניין ת"ל ערבי נחל מכל מקום

אבא

רש"י

מנומר ופסול. דלאו הדר הוא שהרי הענבים שחורות והעלין ירוקין מטומר טל"ש בלע"ז: אלא שהענבים שחורות. שכבר התחילו לייבש ומשחירין ומתחלתן ירוקין הם: מיני דהדס נינהו. שמראיהן שוה לו ואינו נראה מנומר: ואדומות כשחורות דמיין. דלאו מין ירוק הוא והאי שחרירותן ולכשייבשו מעט יותר יהיו שחורים: דא"ר חנינא. לענין דם נדה: דם שחור. באשה אדום הוא: אלא שלקה. לפיכך טמאוהו כדתנן (נדה דף יט.) חמשה דמים טמאין באשה האדום והשחור כו': פשיטא. אמאי נפסלי' לא מן הנעשוי יש כאן שהרי נאגד בהכשר ולא משום דחוי יש כאן שהרי לא קרא שם מצוה עליה בדחוי: אלא בתר דאגדיה. ואשמעי' האי תנא דלולב מסוכה לא ילפינן למיפסליה משום מן העשוי בפסול מיהו משום דחוי הוה לן למיפסליה שהרי נקרא עליו שם הושענא פסולה בשעת אגידתו ומדמכשר ליה ש"מ דחוי מעיקרא לאו דחוי הוא ונפשוט מינה פלגא דאיבעיא לן יש דחוי אצל מצות או אין דחוי נפשוט מהכא דדחוי מעיקרא לא אמרי' בה דהוי דחוי ולא הוי דחוי אא"כ נראה ביו"ט ואח"כ נדחה כל שנדחה קודם יו"ט קרי דחוי מעיקרא: הכי גרסינן לעולם בתר דאגדי' וקא סבר אגד הזמנה בעלמא הוא. אין אגודתו קריאת שם להיות חל עליו שם לולב פסול לדחות והלכך אפי' דחוי מעיקר' אין כאן עד שיקדש עליו היום ועודנו בפסולו דכיון דמטא זמן מצוה ולא חזי ליה מיקרי דחוי אבל מקמי הכי לאו דחוי הוא: הא ממעטינהו בי"ט כשר. ואע"ג דנאגד כבר דהא ביו"ט לא אגיד ליה ודאשחור ענבים אימת דאילו ירוקות לא פסלי: דחוי מעיקרא הוא. דהא מטא זמן מצוה ולא חזי והוה ליה דחוי מעיקרא: אלא דאשחור ביו"ט. והרי נראה ביו"ט ונדחה כשהשחירו: ש"מ כו'. בתמי': תפשוט מינה כו'. דודאי דחוי מעיקרא עדיף מנראה ונדחה דמה שלא נראה למצוה מעולם עד עכשיו השתא הוא דמיתחזי והוי כקרבן שהוקדש עכשיו ומתחלתו מחוסר זמן היה אבל נראה למצוה ונדחה ממנה הוה ליה דחוי: מתקן מנא. שהיה פסול ומכשירו: שלקטן. לענבים הללו מן ההדס על מנת לאוכלן ואינו מתכוין להכשירו: והא מודי ר"ש בפסיק רישיה ולא ימות. באומר אחתוך ראש בהמה זו בשבת ואיני רוצה שתמות דכיון דא"א שלא תמות כמתכוין חשיב ליה וכי אמרינן דבר שאין מתכוין מותר כגון היכא דאפשר ליה בלא איסור כגון גורר אדם מטה כסא וספסל ובלבד שלא יתכוין לעשות חריץ ואע"ג דאיכא למיחש דלמא עביד חריץ כיון דלא מתכוין להכי ואפשר לגרירה בלא חריץ כי עביד נמי חריץ דאי מלאכה גמורה לא מחייב אבל היכא דודאי עביד מודי: לא צריכא דאית ליה הושענא אחריתי. ולא צריך להאי הלכך אין כאן תיקון כלי דלא צריכא ליה לאכשורה ולא דמי השתא לפסיק רישיה דהתם איכא נטילת נשמה ממה נפשך והכא ליכא תיקון כלי אבל אי לא הוי אחריתי משוי ליה מנא דהא צריך להכי ואע"ג דלא מתכוין להכי אסור דהוי פסיק רישיה ולא ימות: הותר אגדו. של לולב ביו"ט אוגדו בכריכה בעלמא יכרוך האגד סביב ויתחוב ראשו בתוך הכרך כמו שאוגדין אגודת ירק ולא יקשור שני הראשים כאחד כשאר קשרים דקשר של קיימא מאבות מלאכות הוא וזה של קיימא הוא שאינו חושש להתירו עולמית: ואמאי. דחקת ליה בכי האי גוונא: ליעניביה מיענב. והכי מקיים טפי ואיסור מלאכה ליכא דעניבה לאו קשירה: ר' יהודה היא כו'. במסכת שבת (ד' קיג.) דתניא חבל דלי שנפסק אין קושרו אלא עונבו ר' יהודה אומר כורך עליו פונדא או פסקיא ובלבד שלא יעניבנו: אי ר' יהודה אגד מעליא בעי. כדתניא לעיל שאינו אגוד פסול דגמר מאגודת אזוב והאי לאו אגוד הוא: האי תנא סבר לה כוותיה בחדא. דעניבה קשירה היא לענין שבת: ופליג עליה. בלולב דאין צריך אגד שמעינן מהכא דבעינן בלולב קשר גמור שיקשור שני ראשי האגד והאוגדו כאגודה של ירק לאו אגד הוא ואפילו רבנן דפליגי עליה דר' יהודה ואמרי לולב שאינו אגוד כשר מודו דמצוה לאוגדו כדתניא לעיל משום זה אלי ואנוהו ואוקימנא כרבנן: **מתני'** ערבה גזולה ויבשה פסולה. ללולב דלכם אכולהו קאי: של אשרה ושל עיר הנדחת פסולה. דכיון דלשריפה קאי כתותי מיכתת שיעוריה: נקטם. נפלפה. מין ערבה ועלה שלה עגול כדאמרינן לקמן ופסיל לה מקרא: כמושה. פלרי"א: ושל בעל. דילה בשדה שלא על הנהר ובגמ' יליף דכשרה: בעל. קרקע שאינה צריכה להשקות דסגי ליה במטר השמים כדאמרי' במשקין בית השלחין (מ"ק ד' ב.) בעל לישנא דמייתבותא כמו כי יבעל בחור בתולה (ישעיה סב) ומתרגמינן ארי כמה דמתייתב עולם עם בתולתא והאי דפליג להו במתני' כד' בבי ותני לולב באפי נפשיה והדס באפי נפשיה וכן ערבה וכן אתרוג ולא עירב ותני להו משום דיש בכל אחד מה שאין בחבירו דאילו ליני הר הברזל לא שייך אלא בלולב וענביו מרובין מעליו לא שייך אלא בהדס וצפצפה לא שייכא אלא בערבה וערלה ותרומה לא שייכא אלא באתרוג הלכך איצטריכו ארבע בבי: **גמ'** ערבי נחל הגדילים על הנחל. כלומר מים מצוה בזו ומיהו של בעל כשרה כדלקמן כדכתיב ערבי לשון רבים: משוך. ולא עגול פרע ללפלפה: ושל הרים. ערבה של הרים ולא לפלפה: ערבי מ"מ. לשון רבים:

אבא

תוספות

שנים ושלשה מקומות נמי מתחזי כמנומר ופסול. אית ספרים דגרסי אדרבה כדאשכחן לקמן גבי עלתה חזזית ולפי אותה גירסא קשה דכי מסיק אלא אי איתמר הכי איתמר הוה מצי לאסוקי איפכא אם מעטו כשר לא שנו אלא במקום אחד דאותו מיעוט ענבים הנשארים הוו במקום אחד דכי האי גוונא מסיק לקמן גבי חזזית אבל אי לא גרסינן אדרבה ניחא דמשמע ליה הסברא שהכל שוה לענין ענבים אע"פ שחלוקין לענין חזזית:

לעולם בתר דאגדן וקסבר אגד הזמנה בעלמא הוא. זו גירסת הקונטרס ואית ספרים דגרסי וקסבר לולב אין צריך אגד ואת"ל צריך אגד הזמנה בעלמא הוא ולא יתכן כלל דאי צריך אגד א"כ מיפסיל משום תעשה ולא מן העשוי אי ילפינן לולב מסוכה כדאמרינן לעיל (דף יא:):

תפשוט מינה דחוי מעיקרא לא הוי דחוי. לענין מצות דוקא כדפירש' לעיל ובעיא דנקטם נמי לא איפשיטא כדפיר' נמי לעיל:

מודה ר"ש בפסיק רישיה ולא ימות. עיקר מילתייהו פ' ר' אליעזר דמילה (שבת קלג.) גבי בשר(א) אע"ג שיש שם בהרת יקוץ וא"ת בסוף פרק ספק אכל (כריתות דף כ: ושם) גבי חותה גחלים בשבת והובערו מאליהן אמר דמאן דמחייב סבר לה כרבי יהודה בדבר שאין מתכוין ומאן דפטר כר"ש ועל כרחך פסיק רישיה הוא מדמחייב לרבי יהודה דבמילתא דלאו פסיק רישיה ליכא אלא איסורא בעלמא וא"כ לר"ש אמאי פטור וי"ל דאין מתכוין דהתם היינו דאין חושש בהבערתם לכך פטור לר"ש משום דהוי מלאכה שאינה צריכה לגופה כמו חופר גומא ואין צריך אלא לעפרה דפטור לר' שמעון אע"פ דפסיק רישיה הוא וכן הצד חלזון והפוצעו בשילהי כלל גדול (שבת דף עה.) וכן הא דמשני הכא דאית ליה הושענא יתירא היינו משום דלא הוי מלאכה שאינה צריכה לגופה ואע"ג דאפילו לר"ש פטור אבל אסור הכא שרי משום מצוה ובפ"ק דכתובות (דף ו. ושם) גבי מסוכריא דכזייתא הארכנו ובקונטרס פירש כאן דכי אית ליה הושענא אחריתי אין כאן תיקון כלי:

ואתא

רבינו חננאל

כשר. ואי כרבנן מאי מצוה לעולם כרבנן. ומצות משום זה אלי ואנוהו: פיסקא או שהיו ענביו. פי' פירותיו מרובות מעליו פסול. ואוקימנא בענביו שחורות או אדומות. אבל אם היו ירוקות מינא דהדס אינון וכשר. אם מיעטן לאלו הענבים כשר. דמעטינהו אימת אי מיקמי דלוגדיה פשיטא. אלא מבתר דאגדיה. ש"מ דיחוי מעיקרא אינו דיחוי. לעולם בתר דאגדיה ולולב אין צריך אגד. ואגד מערב יו"ט הזמנת היא והזמנת לאו מילתא היא: פיס' אין ממעטין [ביו"ט] הא עבר ומיעטן כשר. ואוקימנ' בדאשחור אלו הענבים מעיו"ט. וש"מ דיחוי מעיקרו לא הוי דיחוי ולא מוקמינן לה בדאשחור ביו"ט ונראה ונדחה חוזר ונראה לא *) מיבעיא לן: ת"ר אין ממעטין ביו"ט משום ר' אליעזר ב"ר שמעון אמרו ממעטין כגון שמלקטן לאכילה. ומשום הכי לא אמרינן מתקן מנא הוא וסבר ליה כאבוה דאמר דבר שאין מתכוין מותר. והוא דאית ליה הושענא אחריתי. ואי לא אמרינן איערומי קא מערים: תנא הותר אגדו ביו"ט אוגד כמין אגודה של ירק. פי' שור ב' קצות של הוצא ונועצן בהושענא עצמה כדי שלא יתפרדו וכן דרך אוגדי ירק ואמאי לא עניב ליה עניבה שהיא חצי קשר משום דהאי תנא סבר ליה כוותיה דר' יהודה בחדא דעניבה קשירה היא. ובלולב צריך אגד פליג עליה: מתני' ערבה גזולה ויבישה פסולה כו'. ת"ר ערבי נחל אין לי אלא ערבי נחל של בעל ושל הרים מנין ת"ל ערבי מכל מקום:

אבא

*) נראה דל"ל לא תפשוט ומבעיא לן.

תורה אור

ויקרא כג

מסורת הש"ס

לקמן לד.

חולין מו. נדה כ.

שבת קה. קיא: קיז. קלג. קנא. [כריתות כ:] כתובות ו. כריתות כ.

[שבת קיג. עירובין מ.]

[וע"ע תוס' שבת מא: ד"ה מיחם]

הגהות הב"ח

(א) תוס' ד"ה מודה וכו' גבי בשר ערלה אף על גב:

§ מסכת סוכה דף לג: §

אות א' - ב' - ג' - ד'

לא שנו אלא ענביו שחורות, אבל ענביו ירוקות מיני דהדס הוא, וכשר

אמר רב פפא: אדומות כשחורות דמיין

הא עבר ולקטן מאי כשר

כגון שלקטן לאכילה

סימן תרמו ס"ב - [א]היו ענביו מרובות מעליו - דלפעמים גדל על ההדס פרי כמין ענבה, **אם ירוקות, כשר** - דגם ההדס ירוק הוא, ואין שינוי מראה מחמת הענבים.

ואם אדומות או שחורות - דגם אדומות הוו שחורות, דאמרינן האי שחור אדום הוא אלא שלקה, **פסול** - [בין נעשה כן בתלוש או במחובר], ‹עיין רש"י לג. ד"ה ועלתה בו תמרה ביו"ט›, דלאו הדר הוא, [רש"י בדף י"א:], ‹וכן רש"י הכא בנוגע ב' וג' מקומות›.

[**ומן** הירושלמי משמע לכאורה, דעיקר הטעם, דבשחורות או אדומות נגמר פריין, והתורה אמרה "ולקחתם ענף" ולא פרי, **משא"כ** בירוקות עדיין לא נגמר הפרי, דדרכן מתחילה להיות ירוק, ואח"כ מתייבשין ונעשה שחור, **ואם** דרך ההדס הזה לגדל פירות ירוקין אף בגמרן, לפי"ז פסול אף בירוקות, **אכן** בבבלי דמסיק, משום דירוקות מינא דהדס הוא, משמע הטעם כמו שאמר הירושלמי מתחילה, משום שהתורה אמרה "ולקחתם ענף עץ", ובעינן שיקח דבר שהוא דומה לעץ של מין הזה, **ולאפוקי** כשלוקח בידו דבר שאינו דומה לעצו, **וע"כ** בירוקין לעולם כשר, ולפיכך סתם השו"ע ולא חילק, **ואפשר** דסברת רש"י שפי' משום הדר, הוא, כיון דבבלי לא הזכיר כלל טעם להפסול, מסתמא הטעם דלאו הדר הוא].

ואם היו שאר גוונים, כגון 'גרי"ן', ‹צ"ל געה"ל - שונה הלכות›, או 'בלא"ה', בכפות תמרים מצדד להחמיר, **ובפמ"ג** מסתפק בזה.

[ב]ואם מיעטן, כשר - היינו שמיעטן מעיו"ט, **ומותר** למעט אותן לכתחלה, כדי שיהיו עליו מרובות מענביו, **ואפילו** למעטן בתר דאגד הלולב, [ג][כן משמע בגמרא].

ואין ממעטים אותם ביו"ט, לפי שהוא כמתקן; [ד]עבר וליקטן, [ה]או שליקטן אחד אחד לאכילה, הרי זה כשר - עיין בט"ז והגר"א שהסכימו, דצ"ל "או שליקטן אחר לאכילה", וכן הסכים המ"א לדינא, דדוקא איש אחר שליקטן לאכילה, ואינו מתכוין להכשירו, מותר, **אע"ג** דפסיק רישא הוא, דממילא מוכשר, [ו]הרי לא ניחא ליה בההכשר ההוא, וכיון דלבסוף יהיה תועלת בזה לאדם אחר, שיהיה יכול לצאת בהן ידי מצוה, לא מחמרינן בזה, **משא"כ** אותו האיש גופא, אף אם הוא מכוין לאכילה ולא להכשירו, מ"מ אסור, דפסיק רישא הוא, **אם** לא דאית ליה הדסים אחרים לצאת בהן, וא"צ להן, [גמרא].

(הנה המחבר סתם בזה, משמע דס"ל אפילו אם השחירו ביו"ט, דהו"ל נראה ונדחה, אפ"ה חוזר ונראה כשתקנן, ובאמת בעיא היא זו בגמרא, **ועיין** בב"י דמתרץ זה, וכן הט"ז והגר"א חתרו ליישב אמאי אזלינן להקל בזה, והנה טעם המחבר שסתם בזה, משום דהרי"ף והרא"ש והרמב"ם סתמו בזה ולא חילקו, **אכן** לענ"ד לאו ראיה היא, דסתם שחורות לא משמע כלל שנשחרו היום, אלא דשחורות מאתמול, **ובין** כך ובין כך, כיון דהם לא הקילו בפירוש, ומצינו לכמה ראשונים קמאי דקמאי, שיש להחמיר בזה, אין להקל בזה כי אם בדאשחור מעיו"ט, דהו"ל רק דיחוי מעיקרא ולא שמיה דיחוי, ולא באשחור ביו"ט).

(**עיין** מ"ב מה שכתבנו, דאם לא נתבטל בשעה שקידש היום וכו', מקור דברי הוא מלשון רש"י בסוכה דף ל"ג. ד"ה ולולב, מסוכה לא יליף, **וכ"כ** שם בעמוד ב' בד"ה ג עי"ש, **אלא** דבאמת קשה, שהרי זמן מצות לולב מתחיל מעמוד השחר ואילך, וא"כ אפילו נתבטל בלילה הוי כמו קודם הזמן, ומצאתי לבעל ערוך לנר שעמד שם בזה, **ועי"ש** שהאריך בזה, **איברא** דגם מלשון הש"ס שם דקאמר אילימא דאשחור מאתמול וכו', משמע ג"כ כרש"י, וצ"ע - בה"ל סימן תקפו ס"ג).

(ומיום ראשון ואילך, כשר בכל ענין) (ב"י בשם א"ח) - ר"ל אפילו לא מיעטן כלל, וטעמו, דס"ל דכל הפסולין, אפילו אותם שפסולין משום הדר, ג"כ פסולן הוא רק ביום הראשון, **ולפי"ז** לדידן דפסקינן לקמן בסימן תרמ"ט, דפסולין מחמת הדר פסולן כל ז"ין, גם בזה פסולן כל ז"ין, [**והגר"א** וגם הט"ז וא"ר מחמירין בזה, ומטעם אחר, דהלא בידו למעטן בחוה"מ]. ‹**ועיין** לקמן סעיף י"א›.

אות ד'*[ז]

סימן תרמו סי"א - [ח]אם אין לו אלא הדס שענביו מרובים מעליו ביו"ט, נוטלו ואינו מברך עליו - (ועיין בב"י שהביא בשם או"ח שהביא בשם בעל ההשלמה, שכשר בשאר הימים, ‹ואינו מברך עליו - שם›, [ט]**וכתב ע"ז** בבדק הבית: ולא נראה לי), ופסול אפילו בשאר הימים, **ולפי** דבריו, אם נזדמן לו אח"כ הדסים אחרים, צריך לברך בשאר הימים ג"כ, והא דנוטלו, כדי שלא תשתכח תורת לולב, (**ולענ"ד בעל ההשלמה איננו יחיד בדבר הזה, דגם דעת הרה"מ כן הוא בדעת הרמב"ם**).

‹המשך ההלכות בעמוד הבא›

באר הגולה

[א] **משנה ל"ב וכאוקימתא דרב ל"ג** [ב] **שם במשנה** [ג] ‹לכאורה מה דדחה הגמ' אגד הזמנה בעלמא הוא, זה רק לצד דדחוי מעיקרא הוי דחוי, אבל למסקנא דלא הוי דחוי, א"צ לזה› [ד] **שם בגמרא** [ה] ‹אמאי לא הביא מסקנת הגמ' בדאית ליה הושענא אחריתא, ונראה כמ"ש בבכורי יעקב סי' תרמ"ו, דדוקא נקט אחר, דזה ודאי לא מכוון לתקן רק לאכילה, משא"כ בדידיה, נהי אם שניהם שוין ממש, יראה דשרי, {וכמ"ש המ"ב}, אבל לפעמים יהיה אחד מהודר יותר ומתקנו לצאת בו, וזה לא שייך באחר כיון דאינו שלו - שבה"ל› [ו] ‹לכאורה מרש"י משמע דאינו תיקון בכלל, ולא דהוי פסיק רישא דלא ניחא› [ז] ‹מילואים› [ח] **ארחות חיים בשם בעל ההשלמה** [ט] ‹והא דעתו מבוארת בסי' תרמ"ט ס"ה, שפסולי הדר כשרים לשאר ימים, והמ"ב בס"ב ביאר דטעם הפסול משום הדר, ואפשר לומר שהב"י ס"ל שהפסול הוא משום טעם הירושלמי וכנ"ל, ולכן פסול בשאר הימים - מ"ב המבואר›

אות ה'

ליענביה מיענב

סימן תרנא ס"א - [י]**ומצוה לאגדם בקשר גמור, דהיינו ב' קשרים זה על זה, משום נוי** - דאף דקי"ל דאין מחוייב לאגדם, עכ"פ מצוה יש בזה משום "זה אלי ואנוהו", [גמרא].

[יא]**ולא** בעניבה, דאין זה קשר הנאסר בשבת ויו"ט, ולא מקרי אגד, **ועיין** בתשובת אגורה באהלך שמצדד, דמה שנוהגין העולם שלא לעשות קשר, אלא עושין מן עלי לולב כמין בית יד, ותוחבין הלולב בו, גם זה בכלל קשר, ע"ש.

[יב]**ואם לא אגדו מבעוד יום, או שהותר אגודו, אי אפשר לאגדו ביו"ט בקשר גמור, אלא אוגדו בעניבה. הגה:** [יג]**יש מי שכתבו לעשות הקשר בדרך אחר, שכורכין סביבות ג' מינים אלו ותוחבין ראש הכרך תוך העגול הכרוך** - איו"ט קאי, דהשו"ע הביא ההיתר של עניבה, והרמ"א בשם הטור מביא ההיתר דכריכה, **וכן נוהגין** - פי' המ"א אף בחול, **וצ"ע**, דאף דבמרדכי נזכר ההיתר דכריכה אף בחול, אבל לא באופן זה, אלא שמתחלה קושר פעם אחת, ואח"כ כורך וכו', ומתוך כך הוא כאלו קושר ב' קשרים זה ע"ג זה, אבל בלא קשירה לא עדיף מעניבה, אח"כ מצאתי שגם הגר"א מתמה ע"ז, **וע"כ** נראה לפי מה שמבואר לקמיה, דהמנהג לעשות ג' קשרים, הקשר התחתון מה שמאגד הג' מינים ביחד, יעשה בקשירה מקודם.

ויש לקשור ההדס גבוה יותר מן הערבה (מהרי"ו) - והטעם ע"פ הקבלה, עיין בלבוש, **ההדס** צריך לקשרו בימין הלולב, והערבה משמאלו, וכן נוהגין, **ואיטר** יד, דימין דידיה הוא שמאל דעלמא, מצדד הפמ"ג דלא אזלינן בתר דידיה, כי אם בתר דעלמא, ועיין בבכורי יעקב.

ויש[ל]פיל ההדס והערבה תוך אגוד הלולב, כדי שיטול כל ג' מינים בידו בשעת ברכה (מהרי"ל) - דאע"ג דלקיחה ע"י דבר אחר שמה לקיחה, כדלקמיה בס"ז, מ"מ לכתחלה במקום דאפשר לא עבדינן.

ויש שכתבו לעשות בלולב ג' קשרים, וכן נוהגים (מרדכי) - כנגד ג' אבות, **ונראה** דהקשרים של מטה, דהיינו מה שקושר כל הג' מינים ביחד משום נוי, הוא נחשב לאחד, ויעשה למעלה עוד שנים אם אפשר לו - ט"ז, **ובבא"ר** משמע, ג' קשרים בלולב עצמו, לבד הקשר הד' שאוגד הג' מינים יחד, **ואם** לא נאגד אלא אגד אחת, כשר.

כתבו האחרונים, דצריך לעשות בענין שיכול לכסכס היטב בהעלין, וע"כ צריך להיות טפח למעלה פתוח ולא מקושר.

אות ו'

ערבה גזולה

סימן תרמט ס"א - [יד]**כל ארבעה המינים פסולים בגזול ובגנוב** – ‹בין מישראל ובין מנכרי, ולכן מי שגנב אחד מהמינים מהנכרי, פסול ואינו יוצא בו, עד שישלם הדמים לבעליו›, **דכתיב**: ולקחתם לכם ביום הראשון וגו', והאי "לכם" משלכם הוא.

אות ז'

ויבשה פסולה

סימן תרמז ס"ב - [טו]**ערבה שיבשה** - היינו ברוב עליה, ‹פסולה›, [**ואפי'** לא נעשה זה אלא בערבה אחת, ג"כ פסולה, **ויבש** נקרא משכלה הירקות לגמרי].

אות ח'

של אשרה ושל עיר הנדחת פסולה

סימן תרמט ס"ג - עיין דף כ"ט:

באר הגולה

[י] **ברייתא ל"ג וכרבנן ושם בגמ'** [יא] ‹דתניא הותר אגדו ביו"ט אוגדו כאגודה של ירק וכו', הא בחול יש לאגדו אגד הנאסר בשבת ויו"ט, ואין אסור אלא שני קשרים זה על זה – ב"י. **ועיין** ברש"י ד"ה ופליג עליה› [יב] **ברייתא שם דעניבה אסור ומוקי לה כרבי יהודה, ולדידן דקיימא לן דעניבה לאו קשירה היא, מותר לאגדו** ‹קטע שחסר כאן מהסעיף נמצא בדף ל"ג.› [יג] ‹הלשון יש מי שאומר קצת קשה, כיון שהוא גמ' מפורשת› [יד] **משנה סוכה כ"ט ל"ב ל"ג ל"ד** [טו] **משנה שם ל"ג**

אות ט'

נקטם ראשה, נפרצו עליה, והצפצפה פסולה. כמושה, ושנשרו מקצת עליה, ושל בעל, כשרה

סימן תרמז ס"ב - [טז]**או שנשרו רוב עליה** - היינו בשיעור ג"ט של ערבה, ‹פסולה›, **ויש** לדקדק בזה, שלפעמים נושרין ע"י תחיבתן לתוך הלולב, וגם ע"י נענוע, **ובפרט** באתרוג ולולב של הקהל, שיד הכל ממשמשין בהן, מצוי מאוד שנושרין רוב העלין ע"י נענוע של איזה אנשים, וממילא שאר אנשים שמברכין אח"כ, לבד שאין יוצאין במצוה, גם מברכין ברכה לבטלה, **ומן** הנכון שעכ"פ ביום הראשון שהוא מ"ע דאורייתא, יעמידו איש עתי שיפקח ע"ז.

או שנקטם ראשה - והיינו שנקטם עצה, **פסולה** - אבל בנקטם עליה, אף שהוא מראשה, אין נ"מ בזה, ונחשבת כשאר עלין.

ודע, דיבש ונקטם ראשה הוא מטעם הדר, [**ועי"כ** לדעת הרמב"ם דמכשיר בפסולין בשאר ימים, גם זה יהיה כשר בשאר ימים], **ונשרו** רוב עליה, דעת הריטב"א, הוא משום שעי"ז אין שמו עליו, ועי"כ דעתו דבזה פסול כל שבעת הימים, [והעתיקו הגר"ז לדינא וכן הח"א, ולענ"ד צ"ע], **ומדברי** רבינו מנוח משמע, דגם זה משום הדר הוא, [ולפי"ז יהיה כשר בשאר ימים, בשעת הדחק כשאין לו ערבות אחרים].

אבל כמושה, או שנשרו מקצת עליה, כשרה - משמע דלכתחלה אין כדאי ליקח אותה - מ"א, **והא"ר** מכשיר אף לכתחלה, **אכן** כיון דערבות מצויות, טוב להדר לכתחלה גם בזה.

[יז]**והרמב"ם מכשיר בנקטם ראשה** - ונקטינן כסברא הראשונה.

באר הגולה

[טז] ‹וכתב הרא"ש, האי נפרצו עליה, פירוש שנפרצו ממקום חיבורן... ושנה בסיפא נשרו מקצת עליה כשרה, לאשמועינן שנפרצו עליה היינו ברוב, וגבי פסולה נקט נפרצו משום דהוי ברוב, וגבי מיעוטא שייך לשון נשרו, **והרב** המגיד כתב, נפרצו עליה לפי דעת רבינו וההלכות, נראה שפירושה שנדלדלו מהקנה שהן מחוברות בו, דומה לפירושם בנפרצו עליו של לולב – ב"י› [יז] ‹וכתב הרב המגיד, אע"פ ששנינו במשנה נקטם ראשה פסולה, רבינו סובר שכשם שנדחה פסול קטימת ההדס (לב:), מהיא דרבי טרפון (לד:), ה"הן לפסול קטימת הערבה שהוא נדחה, שדרך אחד להדס וערבה, **אבל** אין נראה כן מההלכות, שהרי כתבו משנה זו דערבה כפשוטה בלא דחייה, וזה דעת הרמב"ן לחלק ביניהם, ונתן טעם לדבר, מפני שההדס כל הידורו בעבותו, שעליו חופין את ראשו, ואין קטימת הראש ניכרת בו, אבל בשאר מינים קטימת הראש ניכרת בהם ופוגמת בהדרם, ע"כ – ב"י›

§ מסכת סוכה דף לד. §

אות א'

עשר נטיעות

רמב"ם פ"ג מהל' שמיטה ויובל ה"ה - [א]**היו עשרה אילנות לתוך בית סאה או יתר, בין עושין בין אינם עושין, חורשין כל בית סאה בשבילן** - ‹עד העצרת - דרך אמונה›. **עשר נטיעות מפוזרות לתוך בית סאה, חורשין כל בית סאה בשבילן עד ראש השנה, ודבר זה הלכה למשה מסיני.**

אות ב'

ערבה

רמב"ם פ"ז מהל' לולב ה"כ - הלכה למשה מסיני שמביאין במקדש ערבה אחרת חוץ מערבה שבלולב, ואין אדם יוצא ידי חובתו בערבה שבלולב, ושיעורה אפילו עלה אחד בבד אחד.

אות ג'

וניסוך המים, הלכה למשה מסיני

רמב"ם פ"י מהל' תמידין ומוספין ה"ו - כל שבעת ימי החג מנסכין את המים על גבי המזבח, ודבר זה הלכה למשה מסיני, ועם ניסוך היין של תמיד של שחר היה מנסך המים לבדו.

אות ד' – ה'

אי זהו ערבה ואיזהו צפצפה: ערבה קנה שלה אדום, ועלה שלה משוך, ופיה חלק; צפצפה, קנה שלה לבן, ועלה שלה עגול, ופיה דומה למגל

והא תניא: דומה למגל כשר, דומה למסר פסול, אמר אביי: כי תניא ההיא בחילפא גילא

סימן תרמז ס"א - [ב]**ערבי נחל האמור בתורה, הוא מין ידוע הנקרא כן; עלה שלו משוך כנחל, ופיו** - ר"ל חודו, **חלק, וקנה שלו אדום, (ואפי' בעודו ירוק כשר) (ב"י)** - דכל שאינו לבן ממש, אדום מקרי, שאע"פ שהוא ירוק, מאחר כשהשמש מכה בו הוא נעשה אדום, בכלל אדום הוא, **ועיין** בפמ"ג שכתב, דכל ג' סימנים בעינן, ואם חסר אחד מהם פסול, **ובבכורי** יעקב כתב, דאין מצוי זה בלא זה.

[ג]**ורוב מין זה גדל על הנחלים, לכך נקראו ערבי נחל, ואפילו היה גדל במדבר או בהרים, כשר** - [ד]יש אומרים דיותר טוב לכתחלה ליקח מאותן הגדילים על הנחל, **אכן** מדברי הט"ז משמע, דאין צריך לדקדק בזה.

ויש מין אחד דומה לערבה, אלא שעלה שלו עגול, ופיו [ה]**דומה למסר, (פירוש מגרה, סיג"ה בלע"ז), וקנה שלו אינו אדום, וזהו הנקרא צפצפה, והיא פסולה** - מן התורה, שאינה בכלל ערבה כלל, [כן מוכח בגמרא, מדכתיב: ערבי נחל, למעוטי צפצפה שגדלה תמיד בין ההרים].

ויש מין ערבה שאין פי העלה שלה חלק, ואינו כמסר, אלא יש בו [ו]**תלמים קטנים עד מאד כמו פי מגל קטן** - וכל שאר סימנים של ערבה כשרה יש לה, **וזה כשר** - דדרכה ג"כ ליגדל על הנחל כמו שאר ערבות, והיא בכלל ערבי נחל, [ולהכי מקשה שם הגמרא "פשיטא", ובדברינו מיישב קושית איזה מפרשים שמקשים שם על הגמרא, עיין שם].

והנה כמה פעמים מלקטין ערבות נערים קטנים שאינם יודעים בין ימינם לשמאלם, וצריך הקונה להשגיח ע"ז.

באר הגולה

[א] ‹נמצאת למד שלשה חילוקים הם: ג', בענין שכל אחד יעשה שליש הככר, מג' ועד ט', בענין שיעשו בין כולם ככר דבלה, מעשרה ומעלה, אפי' אינן עושין בין כולם ככר, חורשין כל בית סאה בשבילן - רדב"ז› [ב] **ברייתא סוכה ל"ג ל"ד** [ג] **רמב"ם והביאו הטור ושכן כתב הרא"ש** [ד] ‹וכתבו התוס' (לד. ד"ה ורבנן): אם כן צריך ליזהר שלא להביא ערבה אלא שגדלה על נחל מים ולא של הרים ולא של בעל, עד כאן. **וכתב** הרא"ש: וכן משמע מדברי האלפסי שלא הביא הברייתא דשל בעל ושל הרים, וקשה לפירושם שלא ראיתי העולם נזהרין בזה, **וגם** רש"י (לג: ד"ה ערבי נחל) פירש, ערבי נחל הגדלים על הנחל, דמצוה להביא הגדלים על הנחל, אבל בדיעבד כשרים של בעל ושל הרים, דמרבינן להו מערבי נחל מכל מקום, **ולא** ראיתי לרבותי שהיו מצוים להביא ערבה הגדלה על הנחל, **ונראה** לי לפרש דערבי נחל הגדלים על הנחל, כלומר ממין הגדל על הנחל, והיינו ערבה שרובה גדלה על הנחל, למעוטי צפצפה הגדלה על ההרים, ע"כ - ב"י. ‹**ולא** די לנו בזה, דעכ"פ היה להם לצאת ידי רוב הפוסקים ולא לסמוך על פי' זה, **ונ"ל** דהוא כענין שמצינו בפרק כיצד מברכים לענין ברכת המוציא, דאע"פ שאם אמר "מוציא" הוא עדיף, מ"מ י"ל "המוציא" ולהראות חידוש, כמ"ש הרא"ש בפרק קמא דפסחים לענין ברכת על ביעור חמץ, שיש לאדם להראות חידוש בברכותיו, וה"נ טפי ניחא להראות חידוש וליקח אפי' שלא מן הנחל - ט"ז› [ה] ‹כ"כ הרמב"ם, והקשו האחרונים, דצפצפה אפילו דומה למגל פסולה. **ותירץ** מהר"ם ן' חביב, דצפצפה לא משכחת פיה דומה למגל, וברייתא קתני דומה למגל אגב פיה חלק, {דכלפי שאמר תחלה דערבה פיה חלק, קתני בסיפא פיה דומה למגל, אע"פ שאינה כמגל אלא כמסר, קתני כמגל, דהך תנא לא דק בין מסר למגל, ופגימות הצפצפה שהם כמסר קרי ליה כמגל, אמנם הברייתא האחרת דקדקה בדבר, דפיה דומה למסר – שם}, עש"ב. **ומסתייעא** מילתיה ממאי דתנא בתוספתא (פ"ב ה"ט), איזהו צפצף העשוי כמין מסר, משמע דבצפצפה ליכא דומה למגל אלא דומה למסר – ברכי יוסף, וכ"כ השערי תשובה› [ו] ‹והרמב"ם כתב: ויש שם מין ערבה שאין פי העלה שלה חלק, ואינו כמסר, אלא יש בו תלמים קטנים עד מאד כמו פי מגל קטן, וזה כשר. **נראה** מדבריו שהוא מפרש שהחילוק שבין דומה למגל לדומה למסר אינו בתמונת הפגימות וצורתן כפירוש רש"י, אלא בדקותן ועביין - ב"י›

תורה אור

אבא שאול אומר *ערבי שתים אחת ללולב ואחת למקדש ורבנן למקדש מנא להו הלכתא גמירי להו דא"ר אסי א"ר יוחנן **עשר נטיעות ערבה וניסוך המים הלכה למשה מסיני ת"ר ערבי נחל הגדילות על הנחל פרט לצפצפה הגדילה בין ההרים א"ר זירא מאי קראה °קח על מים רבים צפצפה שמו (יחזקאל יז) א"ל אביי ודילמא פרושי קא מפרש קח על מים רבים ומאי ניהו צפצפה א"כ מאי שמו א"ר אבהו אמר הקב"ה אני אמרתי שיהו ישראל לפני כקח על מים רבים ומאי ניהו ערבה והן שמו עצמן כצפצפה שבהרים איכא דמתני לה להאי קרא אמתניתא קח על מים רבים צפצפה שמו מתקיף לה ר' זירא ודילמא פרושי קא מפרש קח על מים רבים ומאי ניהו צפצפה אם כן מאי שמו א"ר אבהו אמר הקב"ה אני אמרתי שיהו ישראל לפני כקח על מים רבים ומאי ניהו ערבה והן שמו עצמן כצפצפה שבהרים ת"ר *אי זהו ערבה ואיזהו צפצפה ערבה קנה שלה אדום ועלה שלה משוך ופיה חלק צפצפה קנה שלה לבן ועלה שלה עגול ופיה דומה למגל והא תניא דומה למגל כשר דומה למסר פסול אמר אביי כי תניא ההיא בחילפא גילא אמר אביי שמע מינה האי חילפא גילא כשר להושענא פשיטא מהו דתימא *הואיל ואית ליה שם לווי לא נתכשר קמ"ל ואימא הכי נמי ערבי נחל אמר רחמנא מכל מקום אמר רב חסדא *הני תלת מילי אשתני שמייהו מכי חרב בית המקדש חלפת' ערבתא ערבתא חלפתא מאי נ"מ ללולב שיפורא חצוצרתא חצוצרתא שיפורא מאי נפקא מינה לשופר של ראש השנה פתורתא פתורא פתורא פתורתא למאי נפקא מינה למקח וממכר אמר אביי אף אני אומר בי כסי הובלילא הובלילא בי כסי למאי נפקא מינה *למחט הנמצא בעובי בית הכוסות אמר רבא בר יוסף *אף אני אומר בבל בורסיף בורסיף בבל למאי נפקא

אבא שאול אומר. ערבי דאמר קרא לא לגופיה לו אלא ללמדך שצריך שתי מצות של ערבה אחת לאגדה בלולב ואחת למקדש להקיף את המזבח כדאמרינן לקמן בפרק לולב וערבה (דף מה.): **ורבנן.** דדרשי ערבי להכשיר של בעל ושל הרים למקדש מנא להו: **עשר נטיעות ערבה וניסוך המים הלכה למשה מסיני.** אלו שלשה כשאלו בבית המדרש מנין להם מן התורה והשיבו שהלכה למשה מסיני הם ושמע השומע וגרסם כסדר ששמעם וכן שיעורים חציצין ומחיצין (לעיל דף ה:) שמען השומע וסדרן כסדר ששמען וכן בכל מקום עשר נטיעות משנה היא בסדר זרעים (שביעית פ"א מ"ו) עשר נטיעות המפוזרות בתוך בית סאה שאין בין זו לזו אלא כמה שיש בין זו לחברתה ותפסו בית סאה שהוא נ' אמה על נ' אמה מפוזרות לאורך ורוחב בשוה חורשין כל בית סאה בשבילן ערב שביעית עד ר"ה אע"פ שמצוה מן התורה להוסיף מחול על הקדש כדנפקא לן מבחריש ובקציר תשבות חריש של ערב שביעית הנכנס לשביעית ואסור לחרוש שלשים יום לפני ר"ה כדאמרי' בשמעתא קמייתא דמועד קטן (ד' ג.) מקראי בנטיעות נאמר למשה מסיני שמותר לחרוש תחתיהם עד ר"ה כדי שלא יבשו ואם עשר הן ומפוזרות כהלכתן בתוך בית סאה נאמר למשה שיונקות בבית סאה כולה ומותר לחרוש את כולן בשבילן אבל אם אינם עשר או שאינן מפוזרות כהלכתן חורש תחת כל אחת ואחת כשיעור יניקתה לפי חשבון עשר לבית סאה ובאילנות זקנים נאסר ל' יום לפני ר"ה כדאמרינן במועד קטן (שם) לר' ישמעאל מהלכתא ולר"ע מקראי וחכמים עשו סייג לתורה ואסרו בשדה הלבן מפסח ואילך ובשדה האילן בזקנים מעצרת ואילך ואמרו בזקנים מפני שיונקים הרבה שלש אילנות (*ממטע עשרה) לבית סאה הרי אלו מצטרפים וחורשים כל בית סאה בשבילן עד עצרת לפי שכולו צריך להן וילתה מתורת שדה לבן ונעשית שדה אילן ואם אינם שלש חורש לכל אחד תחתיו לפי חשבון עד עצרת והשאר אסור מפסח ואילך: **ערבה.** למקדש דאילו ערבה ללולב מקרא נפקא: **וניסוך המים.** לתמידין של שחר שבעת ימי החג כדאמרינן לקמן בפרק לולב וערבה (דף מח.) והתם מפרש כילד מנסכין בין מים בין יין וכל קרבנות כל ימות השנה אין נסכיהם אלא יין חוץ מן החג בתמיד של שחר שצריך שני ניסוכין: **מאי קראה.** דלפלפה לגריעותא ולא מינא דערבה היא דגרביה מערבי מכל מקום: **קח על מים רבים לפלפה שמו.** כדמפרש ליה ר' אבהו אותו שנשרש ואחוז על מים רבים נעשה לפלפה אלמא גריעותא היא דבתוכחה נאמר ביחזקאל: א"ר אבהו גרסינן ולא גרסינן אלא ולאו לפרושי טעמא דמתני' אלא מלתא באפי נפשה היא הואיל ואיירי בקרא פרשיה: **ואיכא דמתני לפלי קרא אמתני'.** דתנא דמתני' גופיה אייתיה במתני' ולאו ר' זירא והך אתקפתא דאביי מתני לה בר' זירא ותירוצא דא"כ מאי שמו מתנו לה בלא גברא: **קנה שלה.** עץ שלה: **ופיה חלק.** חודן של עלין חלק ואינו עשוי פגימות: **ופיה דומה למגל כשר.** מגל קציר פגימותיה כולן נוטות לצד אחד עקומות כלפי בית יד שלה. מסר היא מגירה שקורין שיג"ה ופגימותיה הולכות נוכחו ולהם שני עוקצין אחד מכאן ואחד מכאן כפגימות סכין: **ה"ג מכשרא לה בחילפא גילא.** ולא גרס ומכשרת לה חילפא גילא מין ערבה כשרה היא ופיה דומה למגל אבל שאר ערבה פיה חלק: **חילפא ערבתא.** לאו היינו חילפא גילא אלא לפלפה ועכשיו נשתנים משמה וקורין לה ערבה: **שיפורא.** כפוף: **חצוצרתא.** פשוטה ואינה של איל: **פתורתא פתורא.** האחת גדולה והאחת קטנה ושם היו רגילין לקרות לגדולה חלף קטנה ושל קטנה לגדולה: **אף אני אומר.** אף אני יש בידי עוד אחד שנתחלף שמה: **הובלילא.** לגפיי"ל: **בית הכוסות.** סוף הכרס שקורין פנל"ה והוא עשוי כטובע וכוס ודופנו סביב (שפה) לו עבה כשתי דפנות ותניא חולין (דף נ:) מחט שנמצאת בעובי בית הכוסות מצד אחד תחובה בעוביו ולא ניקב נקב מפולש כשר שהעובי סותמו ומגין משני לדדין שהנקב מפולש טריפה ובאותו שקורין עכשיו בית הכוסות אין חילוק להכשיר מפני שדופנו דק והוא היה רגיל לקרות האבלילא:

לגיטי

ואחת למקדש. תימה דכיון דלית ליה הלכתא אימא אף בגבולין דמידי מקדש כתיב בקרא: **ורבנן** למקדש מנא להו. הכי נמי מצי למיבעי לאבא שאול של בעל ושל הרים מנא ליה ושמא לית ליה ולית ליה כמי הא דדרשי רבנן לקמן ערבי נחל שתים אלא סבר ליה כרבי עקיבא דאמר הדס אחד וערבה אחת ואין הלכה כר"ע כדמוכח לקמן ולפי זה צריך ליזהר שלא ליטול ערבה ללולב אא"כ גדילה על הנחל דשתי דרשות לא דרשינן מערבי כדדרשינן לקמן וכדדרשינן הכא וכל הני תנאי דהכא ודלקמן מתניא גבי הדדי בתורת כהגים משמע דמר דריש ליה הכי ומר דריש ליה הכי:

קנה שלה ט'. כיון דפירש סימני ערבה הוי סגי אלא להכשיר אף שאין בו ג' סימנים אלו כגון חילפא גילא לפיכך קתני סימני לפלפה למימר דוקא הגי:

בית הכוסות. סוף הכרס שקורין פנלא והוא עשוי כטובע וכוס ותניא מחט שנמלאת בעובי בית הכוסות מצד אחד *ולא ניקב נקב מפולש כשרה שהעור סותמו ומגין משני לדדין שהנקב מפולש טרפה ובאותו שקורין עכשיו בית הכוסות אין חילוק להכשיר מפני שדופנו דק והוא היה רגיל לקרות הובלילא כך פי' בקונט' ואם תמלא לומר דאין סברא שיהא טרפה הואיל ולא ניקב אלא חצי העור מלינן למימר דכוש ניקב וחיישינן שמא הבריא כי היכי דחיים בריש אלו טרפות (חולין דף מג:) גבי ישב לו קוץ בושט למאן דחייש לספק דרוסה והא דתנא התם המסס ובית הכוסות שניקבו לחוץ דמשמע דבעינן נקב מפולש לאו דוקא לחוץ מפולש אלא כלומר כלפי חוץ לאפוקי נקבו זה לתוך זה והא דקא אמרי' בעובי בית הכוסות מצד אחד כשרה צריך לפרש אותו לצד מכניסים כלפי הרעי דאי לצד חיצון שכלפי חלל הגוף אפי' לא ניקב כלל אלא שנמלאת מחט בחלל הגוף טרפה דאמרינן נקובי נקב ואתאי ואין נראה לר"ת לומר שתהא טרפה בלא נקב אלא חצי העובי של המסס נמי מלד אחד כשרה והא דנקט עובי בית הכוסות רבותא קמ"ל אע"פ שניקב עור אחד שלם אפ"ה כשרה עד שיקבו שניהם ואיידי דנקט מלד אחד כשרה נקט נמי משני לדדין טריפה אף על פי דמילתא דפשיטא היא אי נמי ס"ד משני לדדין דניקבו שתי העורות כשרה לפי שסוכב ע"ג המסס ומדובק שם בשומן ומגין שלא ילא הרעי מידי דהוה אחלחולת שניקבה וירכים מעמידות אותה והא דנפקא מינה הכא במאי דאישתני שמייהו הייטו נפקותא דלא תטעה מה שאמר מלד אחד כשרה הייטו בהובלילא דהייטו המסס שקורין עכשיו בית הכוסות אבל מה שקורין הובלילא דהייטו מה שהיו רגילין לקרות בית הכוסות אפי' מלד אחד טרפה הואיל וניקב עור שלם וכן שלא נטעה נמי במשני לדדין טרפה דהוי במה שקורין עכשיו בית הכוסות דהוא המסס אבל מה שקורין עכשיו הובלילא דהוא מה שהיו קוראין תחלה בית הכוסות אפי' משני לדדין כשרה כחלחולת שניקבה וירכים מעמידות אותה:

נפקא

עין משפט נר מצוה

מ א מיי' פ"ג מהלכות תמידים ומוספים הלכה ס סמג לאוין רסו:

מא ב מיי' פ"ז מהלכות לולב הלכה כ סמג שם וכ"י טור או"ח סימן תרמד:

מב ג מיי' פ"י מהלכות תמידין ומוספין הל' ו סמג עשין רה:

מג ד ה מיי' פ"ז הלכות לולב הל' ג ד סמג עשין מד טוש"ע או"ח סי' תרמז סעיף א:

רבינו חננאל

אבא שאול אומר ערבי שתים אחת ללולב ואחת למקדש. ולרבנן הלכתא גמירי לה עשר נטיעות ערבה וניסוך המים הלמ"מ. תניא אידך ערבי[נחל]פרט לצפצפה שגדילה בין ההרים: ת"ר איזהו ערבת קנה שלה אדום ועלה שלה משוך ופיה חלק זו היא ערבה. איזוהי צפצפה קנה שלה לבן ועלה שלה עגול ופיה דומה למגל זו היא צפצפה. ואם היא מין ערבה שקוראין אותה חילפאגילא דומה למגל כשר. דומה למסר פסול. ואסיקנא חילפי [גילא] היא ערבת שתיהן מין ערבות הן. מיהו חילפא היא הדס רע. כדגרסינן בגמר הדין [דף מ"ד ע"א] אסא קאי בחילפא אסא שמיה ואסא קרו לה מכלל שהחילפא הדס רע הוא *) וכן שופר (והצוצרות) [הוא חצוצרות] ופתורא היא פתורתא. אמר אביי אף אני אומר בי הובלילא היא בי כסי ובי כסי היא בי הובלילא למאי נפקא מינה למחט שנמצאת בעובי בית הכוסות בין אם יאמר לך בי הובלילא נמצא [בין אם בבי כסי בעובי בית הכוסות הוא].

*) נראה דחסר בדברי רבינו וצ"ל א"ר חסדא הני תלת מילי אשתנו שמייהו חלפתא היא ערבתא וכן שופר חצוצרות וכו'.

מסורת הש"ס

[לקמן מד. תוספתא פ"ג]

לקמן מד. תענית ג. מו"ק ג: ע"ש זבחים קי:

[תוספתא פ"ב]

[לעיל לג.]

שבת לו. ע"ש

ר"מ מ"ו

כתובות עו: חולין מח: [שם ע"ש]

גליון הש"ס

גמרא ערבי שתים אחת ללולב. עי' לקמן דף מג ע"ב תוס' ד"ה וסכילו ודף מה ע"ב תוס' ד"ה אי ללולב:

עין משפט
נר מצוה

מד א מיי' פ"ז מהלכות לולב הלכה ז סמג עשין מד טוש"ע או"ח סי' תרנא סעיף א:

מה ב מיי' פ"ח שם הל' ה סמג שם טוש"ע או"ח סי' תרמו סעי' א וסעיף י וסי' תרמז סעיף ב:

מו ג מיי' פ"ז שם הל' ה סמג שם טוש"ע או"ח סי' תרנא סעי' יב:

מז ד מיי' פ"ח מהלכות לולב הלכה א סמג עשין מד טוש"ע או"ח סי' תרמט סעיף א:

מח ה מיי' וסמג שם טוש"ע או"ח סי' תרמח סעיף א:

מט ו מיי' וסמג שם טוש"ע או"ח סי' תרמט סעיף ג:

נ ז מיי' שם הלכה ב:

נא ח מיי' שם וסמג שם טוש"ע או"ח סי' תרמח סעיף ה:

נב ט מיי' שם הלכה ז טוש"ע שם סעי' ב:

נג י מיי' שם הלכה ח טוש"ע שם סעי' כא:

נד כ ל מיי' פ"ז שם הל"ח טור שו"ע שם סעיף כב:

רבינו חננאל

וכן שטר שכתוב בו בורסיף היא בבל: מתני' ערבה כמושה ונשרו מקצת עליה ושל בעל כשרה. חלוקת ר' ישמעאל ור' טרפון במשנתנו. ר' ישמעאל אומר ג' הדסין ואפי' ב' קטומין ואחד שאינו קטים. ר' טרפון אומר אפי' שלשתן קטומין. אמר רב יהודה אמר שמואל הלכה כר' טרפון ואזדא שמואל לטעמיה דאמר להנהו דמזבני אסא אשוו זבינייכו כלומר החישו ומכרו בזול לא תדקדקו על הקונים הרבה דאי לא דרישנא לכו הלכה כר' טרפון דקי"ל כוותיה. אלא משום מצוה בעינא שלימין: ד' מינין שבלולב מעכבין זה את זה שנא' ולקחתם לכם שתהא לקיחה תמה: *) ירושלמי רב הונא בשם רב יוסף טעמא דרב הונא דמאי מדבריהם ושאר הימים מדבריהם מה דמאי אין מברכין אף שאר הימים אין מברכין: [מתני'] אתרוג הגזול כו':

*) דברי ירושלמי אלו שייכים להסוגיא דלקמן מ"ב ע"ב ע"ש.

תוספות

נפקא מינה לגיטי נשים. כדפירש בקונט' דקיימא לן בפ"ק דגיטין (דף ו.) דבבל כארץ ישראל לגיטין דאין צריך לומר בפני נכתב ובפני נחתם דשכיחי מתיבתא ובקיאין לשמה וגם עדים מצויין לקיימו והיינו מה שקורין בורסיף דמשהגי שמה ובסוף במה מדליקין (שבת דף לו: ושם) פי' עוד לשון אחר (א) ונפקא מינה לענין שמו ושמה ושם עירו ושם עירה ולא יתכן דבבל הוא שם המדינה כדאמר (קדושין דף עא.) א"י עיסה לבבל ואמרי' פרק עשרה יוחסין (שם) עד היכן הוא בבל ואין כותבין שם המדינה בגט אלא שם העיר:

ענף עץ עבות שלשה. פי' בקונט' ענף חד עץ חד עבות חד ותימה דלעיל (דף לב:) אוקימנא ענף עץ שענפיו חופין את עציו ודרשינן נמי עץ עבות קלוע כמין קליעה וא"ת ונימא פרי עץ הדר שלשה וי"ל דמדרשא דעץ דרשינן שטעם עצו ופריו שוים:

ערבי נחל שתים. אפילו טפי כמה הדסים וכמה ערבות בלולב אין זה בל תוסיף אפילו למ"ד צריך אגד אא"כ מוסיף מין אחר כדפרישית בסוף ראוהו בית דין (ר"ה דף כח: ד"ה ומנא):

שתהא לקיחה תמה. מהאי טעמא נמי פסלינן אתרוג חסר משום דאין זה לקיחה תמה וביום שני לא חיישינן אף על גב דקפדינן אארבעה מינין וטעמא פירשתי בריש פירקין (דף כט: ושם ב:"ה בעינן) ובהקומץ רבה (מנחות דף כז.) מסיק דהא דמעכבי אהדדי לא שנו אלא שאין לו אבל יש לו אין מעכבין ופירש בהלכות גדולות אין מעכבין דלא תימא עד דמגבה להו בהדי הדדי אלא אי מגבה כל חד וחד לחודיה שפיר דמי דקיימא לן לולב אין צריך אגד ודבר תימה הוא לומר כן דכיון דכולו מצוה אחת היאך יועילו בזה אחר זה ור"ת הגיה בספרו לא שנו דמעכבין משום תמה אלא שאין לו אבל יש לו תמה הוא אע"פ שלא חברו באגדו כדאמרי' (לעיל דף לג.) דלא דרשי רבנן לקיחה לקיחה ולר' יהודה דדריש לקיחה משמע ליה דלא הוי תמה אא"כ אגדו:

ולדרוש להו כר"ע דמיקל טפי. תימה הא לא סבירא ליה כר"ע אלא כרבי טרפון וי"ל דכל זה מן הדיוק שבא להוכיח דשמואל לטעמי' דכרבי טרפון סבירא ליה דאי מפחיד להו במידי דלא סבר כדי שימכרו בזול היה לו להפחידם מר"ע דמיקל טפי ודחי אדרב' מפחדי טפי מרבי טרפון דתלתא קטומין שכיחי מחד דלא קטים ומעולם לא תשמע דסבר כרבי טרפון ומיהו קשה מפרק כל שעה (פסחים דף ל.) מקדירות בפסח דאמר שמואל משהי להו עד אחר הפסח ועביד בהו בין במינו בין שלא במינו ואמרינן ואזדא שמואל לטעמיה דאמר להו שמואל להנהו דמזבני כנדי אשוו זבינייכו ואי לא דרישנא לכו כרבי שמעון כלומר דשרי חמץ לאחר הפסח כי ליתיה בעיניה ומשמע בהדיא דלא מפחד במידי דלא סבר ליה וי"ל דהתם למה לו להפחידם במידי דלא סבר ליה דבשלמא הכא מצי למימר דהיה מפחידם כדי שימכרו בזול ותהא המצוה מצויה ולא ימנעו בשביל יוקר וא"ת ואי סבר לה כר' טרפון לידרוש להו כוותיה דכי האי גוונא פריך בפרק כל שעה (שם) ומשני אחרי' דרב הוה וי"ל דהכא הגיח משום הידור מצוה ובריש בבא בתרא (דף ה. ושם) גבי רוניא דאקפיה רבינא מארבע רוחותיו ואתא לקמיה דרבא ואמר זיל פייסיה במאי דאיפיים ואי לא דייניא לך כרב הונא אליבא דרבי יוסי דאמר הכל לפי מה שגדר מה שלא דן לו לפי שנתפיים רבינא ומחל לו בפתות:

גמרא

נפקא מינה לגיטי נשים: **מתני'** ר' ישמעאל אומר שלשה הדסים ושתי ערבות לולב אחד ואתרוג אחד אפילו שנים קטומים ואחד אינו קטום ר' טרפון אומר אפי' שלשתן קטומים ר"ע אומר כשם שלולב אחד ואתרוג אחד כך הדס אחד וערבה אחת: **גמ'** תניא רבי ישמעאל אומר °פרי עץ הדר אחד כפת תמרים אחד ענף עץ עבות שלשה ערבי נחל שתים ואפילו שנים קטומים ואחד שאינו קטום ר' טרפון אומר שלשה ואפי' שלשתן קטומים ר"ע אומר כשם שלולב אחד ואתרוג אחד כך הדס אחד וערבה אחת אמר לו ר' אליעזר יכול יהא אתרוג עמהן באגודה אחת אמרת וכי נאמר פרי עץ הדר וכפת תמרים והלא לא נאמר אלא כפת ומנין *שמעכבין זה את זה ת"ל ולקחתם שתהא לקיחה תמה ורבי ישמעאל מה נפשך אי שלימין בעי ליבעי נמי כולהו אי לא בעי שלימין אפי' חד נמי לא אמר ביראה א"ר אמי חזר בו רבי ישמעאל אמר רב יהודה אמר שמואל הלכה כרבי טרפון ואזדא שמואל לטעמיה דאמר להו שמואל להנהו דמזבני אסא אשוו וזבינו ואי לא דרישנא לכו כרבי טרפון מ"ט אילימא משום דמיקל ולידרוש להו כרבי עקיבא דמיקל טפי תלתא קטומי שכיחי חד ולא קטום לא שכיח:

ויקרא כג

מתני' אתרוג הגזול והיבש פסול של אשרה ושל עיר הנדחת פסול של ערלה פסול של תרומה טמאה פסול של תרומה טהורה לא יטול ואם נטל כשר של דמאי ב"ש פוסלין וב"ה מכשירין של מעשר שני בירושלים לא יטול ואם נטל כשר *עלתה חזזית על רובו נטלה פטמתו נקלף נסדק ניקב *וחסר כל שהוא פסול עלתה חזזית על מיעוטו נטל עוקצו ניקב ולא חסר כל שהוא כשר אתרוג הכושי פסול *והירוק ככרתי ר' מאיר מכשיר ור' יהודה פוסל *שיעור אתרוג הקטן ר"מ אומר כאגוז רבי יהודה אומר כביצה *ובגדול כדי שיאחז שנים *בידו דברי ר' יהודה ורבי יוסי אומר אפי' אחד בשתי ידיו:

ג"א חסר

גמ'

רש"י

לגיטי נשים. דקיימא לן (גיטין דף ב.) המביא גט מחוצה לארץ צריך שיאמר בפני נכתב ובפני נחתם אי משום דאין מצויין לקיימו ואי משום דאין בקיאין לשמה והמביא מארץ ישראל אינו צריך לפי שבקיאין לשמה ושלי רגלים מצויין להכיר חתימת עדים לקיימו ואמרי' התם (דף ו.) בבל כארץ ישראל לגיטין לפי שהן בני תורה ובקיאין לשמה ובני ישיבה מצויין לילך וללמוד משם תורה מכל מקומות ובורסיף סמוך לבבל ואינן בני תורה כדאמרינן (סנהדרין דף קט.) מאי בורסיף בור ששפו את מימיו ולא נשתייר בו כלום והמביא משם צריך שיאמר אבל עכשיו נתחלף שמם הלכך המביא מבבל צריך שיאמר ומבורסיף אין צריך:

תורה אור

מתני' שלשה הדסים. בגמרא יליף לה: **ואפילו שנים קטומין.** אהדסים קאי ובגמרא פריך מה נפשך אי קטום פסול והוא צריך שלשה ליבעי כולהו שלימים ואי קטום כשר לכשיר שלשתן קטומים ומשני חזר בו ר' ישמעאל מתחלת דבריו שהיה מצריך שלשה ואמר אפי' שנים קטומין והוא הדין אי לא מייתי להו לגמרי דהא קטומים כמאן דליתנהו דמי: **ר' טרפון אומר אפי' שלשתן קטומים.** דלא בעי הדר בהדס: **גמ' כפת תמרים אחד.** משמע דכפת כתיב: **ענף.** חד עץ חד עבות חד: **ואפילו שנים קטומים.** אהדס קאי: **יכול יאגדם כולן.** ואף האתרוג עמהם אמרת וכי נאמר וכפת תמרים דניהוי משמע וי"ו מוסיף על ענין ראשון לצרפו עם פרי עץ הדר והלא לא נאמר אלא כפת משמע בפני עצמן הן ולא עם האתרוג וענף עץ מוסיף עליהם וערבי נחל מוסיף עליהם שנאמר בהן וי"ו לפיכך נאגדין עם הלולב: **שמעכבין זה את זה.** אם חסר אחת מארבעתן אין השלשה מצוה: **תמה.** שלמה דדריש ולקחת תם: **ור' ישמעאל.** דמכשיר שנים קטומים וחד מצריך שלם היכן חלקן הכתוב אי בעי הדר ניבעי בכולהו ואי לא בעי הדר אפילו בחד לא נצריך: **אמר בירא.** שם חכם: **חזר בו ר' ישמעאל.** מתחלת דבריו ומכשר בחד ומיהא הדר בעי: **הלכה כר' טרפון.** להקל דקטום כשר: **אשוו זבינו.** מכרו בשוה ואל תעלו על דמיהם מפני שמבקשים מכם שלשה הדסין ושלימים: **ואי לא.** משויתו: **דרשינא כר' טרפון.** דמכשר בקטומין: **כר"ע.** דלא בעי אלא חד: **מתני' של ערלה ושל תרומה טמאה פסול.** בגמרא מפרש טעמא: **לא יטול.** בגמרא מפרש טעמא: **בירושלים.** שהיא כשרה לאכילת מעשר שני: **לא יטול.** כדמפרש בגמרא: **ואם נטל כשר.** שהרי יש בה היתר אכילה אבל חוץ לירושלים לא דלכם כתיב הראוי לכם: **חזזית.** כמין אבעבועות דקות: **נטלה פטמתו.** ראש אתרוג מפי רבי' יעקב ודוגמתו הפטמ' של רמון (עוקצין פ"ב מ"ג): **הכי גרסי' נקלף נסדק ניקב וחסר כל שהוא פסול.** ניקב וחסר כל שהוא חדא מילתא דאילו ניקב ולא חסר שחתב בו מחט והוליכה כשר כדקתני סיפא: **ניטל עוקצו.** זנבו כמו בעוקצי תאנים (סנהדרין דף מ.): **הכושי.** שבא מארץ כוש ושחור הוא: **כרתי.** כרישים פור"י: **ובגדול.** שלא יהא גדול יותר מדאי:

גמ'

מסורת הש"ס

מנחות כז.

[עי' תוס' לקמן לה: ד"ה עלתה]

[לעיל לג. ועי' תוס' שם ד"ה הירוק ותוס' חולין מז: ד"ה אלא] כד"י בידו אחת

הגהות הב"ח

(א) תוס' ד"ה נפקא מינה וכו' עוד לשון אחר דנפקא:

ללמדך

§ מסכת סוכה דף לד: §

אות א'

רבי ישמעאל אומר: שלשה הדסים ושתי ערבות לולב אחד ואתרוג אחד, אפילו שנים קטומים ואחד אינו קטום

סימן תרנא ס"א - מצות ד' מינים שיטול כל אחד - ולא שאחד יטול בשביל כולם, דכתיב "ולקחתם" לשון רבים, ולא "לקחת", להורות שהחיוב על הרבים, [גמרא] ‹מ"א: מ"ג.›, **ולא** מיבעי ביו"ט ראשון, ואפילו בשאר ימים בעינן לקיחה לכל אחד, **ולא** כמו שצוה אחד במעשה שלא היה בבהכ"נ אלא אתרוג אחד, שיקח הש"ץ עבור כולם, והם ישמעו הברכה ויענו אמן.

[א]**לולב אחד, וב' ערבות** - ואם נטל בד אחד של ערבה, צריך לחזור וליטול ולברך, [ב]**וג' הדסים** - ואפילו שלשתן קטומים שנקטמו ראשן, **ופחות** משלשה לא מהני אפילו לא היה קטומים. [**עיין** בבית יוסף בשם המגיד משנה, דמקור דינו של הרמב"ם דמצריך שלשה, משום דפסק כר' טרפון, ולהכי מכשיר בנקטם ראשו, ור' טרפון מכשיר בשלשתן קטומים, וכן סתם לעיל בסימן תרמ"ו סעיף א' בדעה ראשונה הסתמית, עיין שם, **ובפרט** בשאר ימים בודאי יש להקל ולברך גם כן, דידוע דנקטם ראשו פסולו משום הדר, וידוע דדעת הרמב"ם והוא דעת רוב הפוסקים, דכל היכא דפסולו משום הדר כשר ביום טוב שני].

[ג]**ובמקום הדחק דליכא הדס כשר, סגי ליה בחד דלא קטום (ב"י בשם א"ח)** - ולכאורה היינו כשאין משיג אצל אחרים, אבל אם משיג אצל אחרים יקח משל אחרים, **ובבכורי** יעקב מצדד קצת להקל בזה, **ונ"ל** דאין להקל בזה כי אם בשאר ימים, ולא ביום ראשון.

ועיין בשע"ת בשם תשובת דבר שמואל, שמצדד דצריך ליטלו בלא ברכה, **אכן** מפמ"ג ומישועת יעקב משמע, דיוכל לברך.

והנה המ"א הביא בשם הרמב"ן, [ד]דדעתו דאפילו בחד וקטום יוצא, וכתב המ"א דכדאי הוא לסמוך עליו בשעת הדחק, **והנה** בזה בודאי יטלו בלא ברכה, דבזה גם דעת ישועת יעקב שלא לברך.

ביו"ט ראשון יותר טוב לילך למקום שיש בו לולב, מלילך למקום שמתפללין, דלולב ביום א' היא דאורייתא ותפלה דרבנן, **ואפילו** לולב ספק אם ישיג שם, ולתפלה ודאי, ילך ביום א' למקום שיש בו לולב, **וביו"ט** ב' ילך למקום שודאי מתפללין, פמ"ג. ‹**עיין** סי' תקצ"ה, וצ"ע›.

אות ב'

רבי טרפון אומר: אפילו שלשתן קטומים

סימן תרמו ס"א - [ה]**הדס שנקטם ראשו, כשר** - היינו העץ, אבל בעלה לחוד לא שייך כלל נקטם ראשו.

ועיין לקמן בס"י שמביא מחלוקת בזה, לפי ששני סעיפים הראשונים אלו הוא לשון הרמב"ם, ומן ס"ג ואילך הוא לשון הטור, ונמשך כאן אחר לשון הרמב"ם אגב שאר הדינים.

סימן תרמו ס"י - [ו]**נקטם ראשו, כשר** - היינו אפילו היו כל שלשה הבדין נקטמו ראשן, [דהלא מקור שיטה זו הוא מדפסיק שמואל כר' טרפון, דשלשה קטומין כשר], [ז]**ואין** דומה ללולב וערבה דנקטם ראשו פסול בהן, דבהדס ענפיו {היינו העלין} חופין ראשו, ואין קטימתו ניכרת בהן, [**ולפי"ז** אם נקטם הראש של ההדס, דהיינו ראש העץ, ואין שם עלים לחופף על ראשו, פסול אפי' בדליכא אחר, **ואפי'** לא נקטם רק עלה א' עם ראש העץ, ונשאר שנים, ג"כ י"ל דפסול, דניכר הקטימה - פמ"ג, **ועיין** בבכורי יעקב דכתב, דמ"מ יש תקנה, שיקטום גם העץ עם שני העלים עד סמוך לקן שתחתיו, והוי פסול שחוזר להכשירו, **והפמ"ג** איירי היכי שלא ישאר בהדס שיעורו אם יחתוך, **ופשוט** דכל מקום שנכשיר ע"י חיתוך, אסור לחתוך כן ביו"ט, דהוי מתקן, כמו בענבים בס"ב].

אפי' לא עלתה בו תמרה - הוא כמין תמרה היוצאת בעלי הערבה, דבזה בודאי כשר לכו"ע, שהתמרה מכסה על הקטימה, ואין הקטימה ניכרת.

[ח]**וה"ה ליבש ראשו** - ‹מש"כ בבכורי יעקב, דהיינו רק ביבש עצו ולא בעלין, דוחק הוא, דיבש סתמא קאמר, משמע בין בעץ ובין בעלין›.

[ט]**ויש פוסלין בנקטם ראשו** - משום דלא הוי הדר. **יש** לעיין לדעה זו, אם דוקא כשהיו כל שלשה בדין קטומי ראשן, או אפילו אם

באר הגולה

א **משנה סוכה ל"ד וכרבי ישמעאל** ב ‹כרבי ישמאל ורבי טרפון, ורבי עקיבא הו"ל יחידאה לגבייהו, ושמואל פסק כר"ט - גר"א› ג ‹דאע"ג דפסק שמואל הלכה כרבי טרפון בקטומין שהקטום הדר {עיין לקמן בהערה} ואינו מעכב, קים לן דבמניינא הלכתא כרבי עקיבא, דסגי ליה בהדס אחד, דהא רבי טרפון לא משמע דפליג במנינא, וכי פליג נמי, כבר חזר בו רבי ישמעאל והודה לרבי עקיבא ומכשר בחד, והוה ליה רבי טרפון יחידאה... מעתה אנן נקטינן אליבא דהלכתא כקולא דתרווייהו, ומכשרינן מדינא אפילו בחד ולא קטום, אלא דלהדור מצוה בעינן שלשה ואפילו השנים קטומין, אי לא אפשר בשלשה שלמים, ובאתרא דלא שכיח מוקמינן אדינא, ומכשרינן בחד וקטום, וכן הלכה למעשה - ריטב"א, שהוא המקור להא"ח› **וקשה** על רמ"א ז"ל, שלא הכשיר אלא בחד דלא קטים, והרי בא"ח מקור דבריו, מבואר דמכשיר אפי' בחד וקטים, וכדברי הרמב"ן, **אכן** יש לישב פסק רמ"א ז"ל ולומר שנמשך אחר דברי ראבי"ה וראב"ן ז"ל שהביאם המרדכי, דלא עבדינן כקולי דתרוויהו, אלא או כר"ט, או כר"ע, בחד ולא קטים - מאמ"ר› ד ‹אבל הרמב"ן כתב, דאפי' שלשתן קטומים, או כר"ע, דהלכה כרבי עקיבא במנין, שאפי' בהדס אחד יוצא ידי חובתו, ורבי טרפון נחלק על רבי ישמעאל בדין הקטימה, ולא הכניס עצמו במחלוקת המנין, אלא בקטימה, וקיימא לן כרבי טרפון בקטימה, לפי שנפסקה הלכה כמותו, וקיימא לן דהלכה כרבי עקיבא במנין, ושתיהן להקל, דאפילו אחד וקטום יוצא בדיעבד, אלא שלא קיים מצוה מן המובחר, עד כאן דבריו - ב"י› ה **משנה ל"ד וכרבי טרפון הרי"ף ורא"ש ורמב"ם ורמב"ן** ו **הרי"ף ורא"ש ורמב"ם ורמב"ן** ז ‹ברש"י ד"ה ר' טרפון: דלא בעי הדר בהדס. **בכפות** תמרים מפרש דדעת רש"י כמש"כ הרמב"ן והרא"ש, דדוקא בהדס כשר קטום, דלא מינכר כיון דעליו חופין את עצו, **ולענ"ד** אין זה במשמעות דברי רש"י, דא"כ איך כתב דלא בעי הדר בהדס, דהא ודאי הדר בעי, רק דס"ל דקטום חשיב הדר בהדס כיון דלא מינכר, **ולכן** נ"ל דדעת רש"י כדעת הרמב"ם, דמכשיר קטום בערבה ג"כ, דלא בעי הדר לא בהדס ולא בערבה, ומה דנקט רש"י דלא בעי הדר בהדס, היינו לאפוקי מאתרוג ולולב דבעי הדר, והא דלא קאמר בהדס וערבה, היינו משום דהכא איירי מהדס ולא מערבה - ערוך לנר› ח ‹דלא גרע מנקטם - טור› ט **הראב"ד בהשגתו וז"ל: וכבר הופיע רוח הקודש בבית מדרשינו מכמה שנים, והעלינו שהוא פסול כסתם מתני', וכתב הרב המגיד, ויש קצת מחמירין כדברי הרב ר' אברהם ז"ל, וכן ראוי להורות, עכ"ל, וכמ"ש הרמ"א** ‹ודעת הר"ן לפסוק כסתם מתניתין ‹לב:›, דנקטם ראשו פסול, ואע"ג דאיפסיקא הלכתא בגמרא כרבי טרפון, כתב שנכון בעיניו מה שפירש בה הרז"ה, דנקטם לחוד וקטומים לחוד,

בד אחד נקטם ראשו ג"כ פסול, [ואין אנו יכולין להביא שום ראיה מסוגיא דדף ל"ד ע"ב, דלשיטה זו דמחמירין בנקטם ראשו, מפרשין דברי ר' טרפון המיקל בשלשה קטומין, בבדין הקטנים היוצאים בין העלים, דבזה קיל טפי דאפי' שלשתן קטומים כשר, משא"כ בנקטם ראשו, **ואין** לנו שום ראיה להקל לדעה זו רק אם הם יסברו דהלכה כר' עקיבא, דאפי' בד אחד של הדס די, ממילא בודאי נוכל להקל במכל שכן אם היו שנים קטומי ראשן ואחד אינו קטום ראשו, וצ"ע], **ועיין** לקמן סימן תרנ"א ס"א בהג"ה.

וה"ה ליבש ראשו לדעה זו, [דהלא כל ראיתו של הטור להכשיר ביבש, משום דלא גרע מנקטם, וכיון דנקטם פסול, הוא הדין ביבש], **ופשוט** דלא מקרי יבש ראשו, רק בהלבינו פניו, מה שאינו מצוי כלל בהדסים שגדלו בשנה זו, **אבל** אם כמוש קצת בלבד, ואפילו עד שנפרך בצפורן, לא מקרי יבש, דהא אפי' בשאר עלין לא מקרי יבש כה"ג, וכדלעיל בס"ז.

הגה: וטוב להחמיר במקום שאפשר באחר (המגיד) - וב"ח כתב, דביבש ראשו, והיינו ביבשו העלין העליונים, אפי' א"א באחר, אין לברך עליו, [ואפי' לא נתייבש העץ], (דבנקטם אין קטימתו נראית כיון דענפיו חופין את עצו, אבל יבש ראשו ניטל הדרו - ב"ח), **אבל** יש תקנה, שיסיר העלין העליונים, ואז כשר לכתחלה לכו"ע, (**והנה הנחלת צבי והא"ר דחו דבריו, ודעתם דאם א"א באחר אין להחמיר ומותר לברך,** (דנקטם ראשו דהדס הוא ראש עצו דוקא, ואם נקטם ראש העלין כשר, הו"ל להכשיר גם ביבש ראש העלין - שם), **גם בבגדי ישע מסכים כן להלכה, וע"כ נראה דמאן דמיקל בזה במקום דלית ליה אחר, אין למחות בידו**).

ולא מקרי נקטם אלא אם נקטמו העלים (ר"ן) - אבל נקטמו העלים העליונים לבד, לא מקרי נקטם.

ומה שרגיל שיוצאים בין הקנים ענפים קטנים, וצריך לקטום אותם כדי שלא יפסיקו בין הקנים, **נקטם** זה כשר לכו"ע, אפילו אם נמצא כן בכל השלשה בדים, כיון שאינו בראשו, [דהמחמירין בנקטם ראשו, מפרשין דברי ר' טרפון המיקל בשלשה קטומין, בענפים הללו. **עיין** בחיי אדם, ומשמע מיניה דלכולי עלמא צריך לקטום אותם, וכ"כ במחצה"ש, ודוקא כשהוא מפסיק ברוב קנים של שיעור הדס, **אבל** בקרבן נתנאל כתב, דזהו רק לדעת המחמירים בנקטם ראשו, ומפרשין הסוגיא דקטימה בענפים הללו, **אבל** לדעת המכשירין בנקטם ראשו, ומפרשין הסוגיא בקטימת הראש, לדידיהו א"צ כלל לקטום הענפים האלו, ולכן המנהג שאין מקפידין ע"ז, ע"ש, **וקצת** ראיה מדלא העתיק הב"י הדין בשו"ע. **ומכל** מקום לכתחלה נכון לקטום אותו בערב יום טוב, כן נראה לענ"ד].

סימן תרמז ס"ב - [יא] ערבה שיבשה או שנשרו רוב עליה או [יב] שנקטם ראשה - והיינו שנקטם עצה, **פסולה** - אבל בנקטם עליה, אף שהוא מראשה, אין נ"מ בזה, ונחשבת כשאר עלין.

אבל כמושה, או שנשרו מקצת עליה, כשרה. [יג] והרמב"ם מכשיר בנקטם ראשה - ונקטינן כסברא הראשונה.

אות ג'

ומנין שמעכבין זה את זה, תלמוד לומר: ולקחתם, שתהא לקיחה תמה

סימן תרנא סי"ב - [יד] ד' מינים הללו מעכבין זה את זה - דבעינן לקיחה תמה, וכולן מצוה אחת הן, **שאם חסר לו אחד מהם לא יברך על השאר** - אפי' אם יודע בבירור שלבסוף יבואו לידו כולן, כיון שאין מצוים לפניו בשעת ברכה, **[טו] אבל נוטלן לזכר בעלמא, (בין ביום א' בין בשאר ימים) (רא"ש ורבינו ירוחם מהרי"ק).**

הנה רש"ל בתשו' כתב, דהורה לש"ץ ליטול ולנענע קודם הלל ובשעת הלל, בלא ברכה, אבל אחרים לא יטלו כלל, דחיישינן שיבואו ליטול ג"כ בשנה אחרת ולברך, **אבל** בא"ר חולק ע"ז, ודעתו דאחרים יוכלו ג"כ ליטלו ולנענע בו כמו הש"ץ, **ואדרבה** אם לא יטלו כלל רק הש"ץ, יוכל לצאת מכשול לשנה הבאה, דיסמכו על הש"ץ ולא יקחו כלל, **וכן** מסתימת המחבר והרב משמע ג"כ, דכל יחיד ויחיד יכול ליטלו לזכר בעלמא.

(**וצריך ליזהר שלא יכוין לשם מצוה, דיש בזה משום בל תגרע, כמו** שכתב הט"ז, **אכן מה שכתב הט"ז דבר חדש, דאפילו בעת שהוא נוטלו להלולב אחר שכבר קיים המצוה, ורק משום חבוב מצוה בעלמא, גם אז יזהר ליקח דוקא כל הד' מינים, שלא לגרוע ממנו ולא להוסיף עליו, כדי שלא יעבור על בל תוסיף ובל תגרע, השיגו עליו כל האחרונים, ודעתם, כיון שכבר קיים המצוה, אין שייך בזה בל תוסיף ובל תגרע**).

[טו] ואם היו ארבעתן מצויים אצלו, ונטלם אחד אחד, יצא - דאגד שאנו עושין בלולב הוא רק למצוה בעלמא ולא לעיכובא, וזה אשמועינן בס"א, **והכא** אשמועינן יותר רבותא, דאפילו אם הלקיחה לא היה בבת אחת רק בזה אחר זה, ג"כ יצא.

הגה: ובלבד שיהיו כולם לפניו (רמב"ס) - כלומר סמוכים לו, דהלא מברך ברכה אחת לכולם כדלקמיה, ולא יצטרך להפסיק ביניהם,

באר הגולה

דקטומים דמתניתין דאיפליגו בה רבי ישמעאל ורבי טרפון, היינו שדרך ענפי ההדס שיוצאין מצידיהן בדין ופארות, והן מפסיקין בקני ההדס, דלא הוו תלתא בחד קינא, וצריך לקטום אותם משם, ולאחר שקוטם אותם מהם נקראים הבדים קטומים, ומאן דפסיל סבר דהפסק הוי ולא הוי הדר, ורבי טרפון סבר דלא הוי הפסק והדר הוא, **והשתא** אתי שפיר, דקיימא לן כסתם מתניתין דלעיל (לב:) דנקטם ראשו פסול, דומיא דשאר מינים, ואתיא כהלכתא כולה שמעתין דשקלינן וטרינן בעלתה בו תמרה, ואתי שפיר מאי דאמרינן (לד:) דחד ולא קטים לא שכיח, שרחוק הוא שיהא ענף של הדס שלא יצאו בו פארות ובדין מצדדין, והיינו דמקרו קטומים סתם, עכ"ל, וכן נראה שהוא דעת הראב"ד - ב"י› **[י]** ‹ואף שאינו פוסל בקטימת העלין בהדס, מ"מ פוסל משום יבש, אבל לא ידעתי למה באמת מחמיר יותר ביבש מבנקטם - נחלת צבי› **[יא] משנה ל"ג** **[יב] ציינתי לעיל בסעיף י'** **[יג]** ‹וכתב הרב המגיד, אע"פ ששנינו במשנה נקטם ראשה פסולה, רבינו סובר שכשם שנדחה פסול קטימת ההדס (לב:), מההיא דרבי טרפון (לד:), ה"ה לפסול קטימת הערבה שהוא נדחה, שדרך אחד להדס וערבה, **אבל** אין נראה כן מההלכות, שהרי כתבו משנה זו דערבה כפשוטה בלא דחייה, וזה דעת הרמב"ן לחלק ביניהם, ונתן טעם לדבר, מפני שההדס כל הידורו בעבותו, שעליו חופין את ראשו, ואין קטימת הראש ניכרת בו, אבל בשאר מינים קטימת הראש ניכרת בהם ופוגמת בהדרם, ע"כ - ב"י› **[יד] משנה וגמרא מנחות דף כ"ז, וכתבוהו הרי"ף והרא"ש בפרק ג' דסוכה** **[טו] הרא"ש שם בשם הראב"ד** **[טז] רמב"ם וכדעת הרי"ף**

[מ"א]. ‹דלשון רמב"ם "מצוים אצלו", ולשון הרא"ש והטור שמביא הרמ"א, "לפניו", ולפי המ"א לא פליגי בעיקר הדין›, [**וטעם** המ"א, דא"כ היה לו לרמ"א לכתוב "וי"א", ומדכתב סתמא, משמע דגם הרא"ש מודה בעיקר הדין להרמב"ם, דמה"ת יצא].

[**ומדברי** הגר"א משמע, דהרמ"א שהעתיק דעת הרא"ש וטור, חולק על הרמב"ם והמחבר בעיקר הדין, דלא יצא כל זמן שאינם לפניו].

ויטול הלולב תחלה ויברך על הלולב - דכיון שמזכירין אותו בברכה, צריך שיהא סמוך לברכה, **ודעתו גם על האחרים (הרא"ש ור"ן ותשו' הרשב"א)** - ובזה פוטר את כולן אע"פ שנוטל כל א' לבד.

ואם סח בינתים, צריך לברך על כל אחד בפני עצמו (הג' מיימוני) - דהיינו על הדס "על נטילת עץ עבות", ועל ערבה "על נטילת ערבה", וכן על אתרוג, **ומ"מ** טוב שאח"כ ג"כ יחזור ויקחם כולם ביחד, [א"ר, **ולפי"ז** יצטרך לברך "על נטילת הדס וערבה ואתרוג" בברכה אחת, ו"על נטילת לולב" לא יוכל לברך כיון שבירך פעם אחת, **ולפלא** שלא העירו אחרונים בזה, **אכן** לפי מה שהערתי בבה"ל לקמן בסמוך, דדעת הגה"מ דכיון שכבר הפסיק צריך מדינא לחזור וליקח הלולב, א"כ יברך ברכה אחת "על נטילת לולב", וצ"ע למעשה].

(**עיין במ"א שתמה, דלפי מה דקי"ל, דאם שח בין התקיעות א"צ לחזור ולברך, דכולה חדא מצוה היא, א"כ ה"נ בענינינו חדא מצוה היא, ונדחק לישבו, ולענ"ד נראה בפשיטות, דטעם הגה"מ, דאף דאין אנו סוברין כשיטת ר"ת, דבעינן שיקחם כולם בידו בבת אחת, דאל"ה לא מיקרי לקיחה תמה, עכ"פ בעינן שיהיו בזה אחר זה בלא הפסק בינתיים, דאל"ה ס"ל דזה בודאי לא מקרי לקיחה תמה, אלא הא קשיא לי, דא"כ גם על הלולב לא יצא, ויצטרך לחזור וליקחנו ג"כ, ולברך על כולם "על נטילת לולב", ומלשון הרמ"א לא משמע הכי, ועיינתי בהגהת מיימוני, דאפשר נמי דכונתו שיחזור ויברך על כולם "על נטילת לולב"**).

אם בירך על הלולב, ואחר הברכה ראה שלא היה בו הדס או ערבה, או שהיו פסולים, או מהופכים, **אם** היה לו ההדס או הערבה בביתו, באופן שא"צ להפסיק בינתיים כדי ליקח אותם, יקח ארבעתן ביחד, ויברך על אותו מין שהיה נחסר, דהיינו על ערבה יברך "על נטילת ערבה", על הדס "על נטילת עץ עבות", [**דכיון** דבעת הברכה לא היה בדעתו כלל על הדס וערבה אחרת, א"כ הוא עתה נטילה חדשה]. **ואם** היה זה ביום ראשון, צריך לברך עוד פעם שני "שהחיינו" בשביל הנחסר, **אבל** על הלולב יצא כיון שהיה אצלו בביתו ארבעתם, **אבל** אם לא היה לו בביתו ערבה אחרת או הדס אחר בשעה שבירך, ואח"כ הביאו לו, צריך לברך על ארבעתם יחד פעם שני "על נטילת לולב", כיון שלא היו מצויין אז אצלו בבית, לא יצא גם על הלולב, כמו שפסק המחבר, וצריך לברך עליו פעם שניה, **ואם** היה זה ביום א', צריך לברך גם "שהחיינו" פעם שנית.

אות ד'

אתרוג הגזול

סימן תרמט ס"א - "כל ארבעה המינים פסולים בגזול ובגנוב – (בין מישראל ובין מנכרי, ולכן מי שגנב אחד מהמינים מהנכרי, פסול ואינו יוצא בו, עד שישלם הדמים לבעליו), **דכתיב**: ולקחתם לכם ביום הראשון וגו', והאי "לכם" משלכם הוא.

אות ה'

והיבש פסול

סימן תרמח ס"א - [יח]"אתרוג היבש, פסול - דאינו הדר, [גמרא ‹דף כ"ט›, **ואם** הוא כמוש, שאינו לח ולא יבש, אפילו כמוש בכולו, כשר, דעדיין יש בו מקצת ליחה, [כן הוא מסקנת המג"א, ומקורו ממה דאיתא בברייתא דף ל"א, ארבעת מינין שבלולב וכו' כמושין כשרין, יבשין פסולין], **ומ"מ** כיון שאנו רואין שהוא כמוש, דעת המ"א דצריך לבדקו כמ"ש בשו"ע, [**אפשר** לומר דהוא אזיל לשיטתו, דס"ל דאפי' יבש מקצתו פסול, וע"כ צריך לבדקו, דאולי ע"י הכמישה נעשה קצת יבש מבפנים, **משא"כ** להפוסקים דס"ל דוקא יבש בכולו או ברובו, אפשר דבכמוש א"צ בדיקה, וצ"ע].

[יט]ושיעור היבשות, כשאינו מוצא שום ליחה, ויבדק ע"י שיעבור בו מחט ובו חוט, ואם יש בו ליחה יראה בחוט - הקשו האחרונים, דא"כ יהיה נקב מפולש, ופסול לדעה ראשונה שבסעיף ב' אפילו בלא חסרון, **ותירץ** המ"א, שתוחב המחט קצת במקום עובי שלה, דהיינו במקום חור הנקב, ועי"ז יכנס קצת מן החוט עמה, וכשמוציאה יראה בהחוט, ואין כאן נקב מפולש, **ויש** שתירצו, דמפולש לא נקרא אלא כשניקב ברוחב האתרוג מעבר לעבר, אפילו שלא כנגד חדרי הזרע, **אבל** כשניקב בעובי שלו מצד א', דהיינו לאורך האתרוג מעוקצו כלפי חוטמו, ואינו מגיע לחדרי הזרע, בזה י"ל דלכו"ע לא מקרי מפולש, [**ואם** האתרוג עשוי דפא דפא, וניקב אחד מן הבליטות מעבר לעבר, י"ל דלכו"ע לא מקרי מפולש, וכשר כשאין בו חסרון].

(ואתרוג שהוא משנה שעברה, ודאי יבש הוא ופסול) (תה"ד תשו' מהרי"ל) - ר"ל דא"א שימצא בו ליחה, ולא יצא תועלת ע"י בדיקתו, [ב"ח וא"ר, וכן משמע מביאור הגר"א, **אח"כ** מצאתי בספר בכורי יעקב, שמביא בשם ספר תמים דעים, וז"ל, וכל דבר שאין בו השגחה להעמידו בלחותו, אינו מתקיים בלחותו אחר י"ב חדש, **אבל** בודאי אם ישגיח האדם עליהם לקיים אותם בלחותם, כגון שטומנים אותם בדברים לחים, נוכל להעמיד אותם כמה זמנים, וע"ז לא נתנו חכמים זמן, אלא הכל לפי מה שהוא, עכ"ל, **הרי** בפירוש דזמן לחוד אינו פוסל, אם אין בו שיעור יבשות של מחט, רק שמסתמא אם לא ישגיח להעמיד לחותו, לא ימצא לחות ע"י בדיקה, **ובעיני** ראיתי אתרוג שכבר עברו עליו שנה

באר הגולה

יז משנה סוכה כ"ט ל"ב ל"ג ל"ד | יח משנה דף ל"ד | יט טור בשם הראב"ד

תמימה מעט שנתלש מן האילן, שנשמר משליטת אויר ע"י הסגר בכלי של מתכות, והיה מונח במקום קר ולח קצת, ועי"ז נשאר לו נויו ולחותו, ובדקתי ומצאתי בו לחות הרבה, וכה"ג נ"ל להתיר של אשתקד ע"י בדיקת חוט, אם לא נתכויץ ונפסד הדרו, עכ"ל הבכורי יעקב, **ואפשר** דגם הגר"א מודה באופן זה, והוא מיירי רק בסתמא].

אות ו'

של אשרה ושל עיר הנדחת פסול

סימן תרמט ס"ג - [כ] וכן של עיר הנדחת, (פסול) - משום דלשריפה קאי, דכתיב: ואת כל שללה תקבוץ וכו', ולולב בעי שיעור ד"ט, וכיון דהאי לשריפה קאי, אין שיעורו קיים, דכשרוף דמי, [רש"י (דף כ"ט:), ולכן פסול אפילו ליום שני.

ושל אשירה - הוא אילן שעובדין אותו, **של ישראל, פסול** - כיון שאין ביטול העכו"ם מועיל לה להתירה בהנאה, הרי היא עומדת לשריפה, וכל העומד לשריפה כשרוף דמי, ואין שיעוריה קיים וכנ"ל.

ואם נטעו ולבסוף עבדו, אז הפירות שגדלו קודם העבודה, מותרים להדיוט, ואסורים לכתחלה לגבוה, דמאיס, **ואותן** הפירות שגדלו אחר שנעבד, אסור אף להדיוט בהנאה, ופסול אף ביום שני, [**והשו"ע** ע"כ מיירי בהגידולים שגדלו אח"כ, ולכך אסור אף בדיעבד, או דמיירי באילן שנטעו לשם עכו"ם].

אות ז'

של ערלה פסול

רמב"ם פ"ח מהל' לולב ה"ב - [כא] אתרוג של ערלה ושל תרומה טמאה ושל טבל, פסול; של דמאי כשר, שאפשר שיפקיר נכסיו ויהיה עני שמותר לו לאכול דמאי. אתרוג של תרומה טהורה ושל מעשר שני בירושלם לא יטול, שמא יכשירו לטומאה; ואם נטל כשר.

אות ז'* [כב]

עלתה חזזית על רובו

סימן תרמח סי"ג - [כג] חזזית הוא כמו אבעבועות - יש אומרים דוקא שתי אבעבועות, דבלא"ה אינו בכלל חזזית, [מבי"ט], **אבל** רבים מהאחרונים חולקין ע"ז, ודעתם דאף אבעבוע אחת, כל שנראה לכל אדם לעין בלא הסתכלות, מקרי חזזית, [**ומ"מ** נראה דבשאר ימים יש לסמוך על המבי"ט להקל, אחרי שכמה אחרונים העתיקוהו להלכה].

כתבו הפוסקים, דדוקא כשנולד החזזית מעצמות האתרוג, אבל מה שנעשה מקומו עקום ואדום, מחמת שעוקצים אותה קוצים, כשר, (**כיון שחזזית הוא מה שנולד ע"י עיפוש הפרי, הן בתלוש הן במחובר, א"כ דרך הוא דבמקום ששוכב על הקוצים, מדלא שולט שום אויר, שמתעפש שם ונולד שם חזזית, אבל מה שנעשה עקום ואדום ע"י עיקוץ וקוצים, אין בזה עיפוש וריקבון, ולכן אין זה חזזית וכשר**).

ויש בו ממש, שמקומו ניכר במישוש שהוא גבוה מאתרוג.

הגה: ולכן יש להכשיר אותן חזזית שקורין בל"א מו"ל, לפי שאינן גבוהים משאר האתרוג (מהרי"ל) - [משמע מדגמ"ר, דלפי טעם זה, דרק משום שאינם גבוהים, ולא משום דהוא מראה אתרוג, ממילא פסול בחוטמו משום שנוי מראה, **וצ"ע**, דלדבריו גם בשאר מקומות האתרוג יפסל ברובו, ומאי אהני לן מה שאינו גבוה משאר האתרוג, **וע"כ** אנו צריכין לדברי פמ"ג, שכתב דאף שחזזית היא מראה פסולה, מ"מ ברואה מראה פסולה על האבעבוע אין פוסל, שדרכה בכך, ורק כשגבוה מהאתרוג ששם חזזית עליה, אז פוסל, **וא"כ** כשאין שם חזזית עליה, משום שאינה גבוה מאתרוג, אפי' על חוטמו נמי כשר].

ויש מי שכתב דיש להכשירם מטעם דנחשבים מראה אתרוג, מאחר דרגילים להיות הרבה כך (ת"ה) - (עיין בביאור הגר"א, דהיינו אע"פ שאין מראה זה שוה לשאר מקומות האתרוג, מ"מ הואיל והוא נחשב למראה האתרוג, כשר).

ולפי טעם זה, אפילו גבוהים משאר אתרוג כשר, **ואין** נ"מ בין אם החזזית הוא בחוטמו או בשאר מקומות, **ועיין** באחרונים שהסכימו, דאין להקל בגבוהים משאר אתרוג, כי אם בשעת הדחק.

סימן תרמח סי"ד - [כד] אם עלתה בו חזזית בענין שפסול - בין שהיה ברובו או במיעוטו בכמה מקומות, **או שהוא מנומר, אם כשקולפו חוזר למראה האתרוג** - שקלף כל מקומות הפסולין, **כשר** - ואפילו לכתחלה יש להכשירו ע"י כן, ועיין לקמן סי' תרמ"ט ס"ה ובמש"כ שם במ"ב. (**וכתב הפמ"ג, דמ"מ ביו"ט אסור לקלפו ולהכשירו, דהוי מתקן, כמו שאסור ללקוט ענבי הדס ביו"ט**).

(לאחר שנקלף ולא חסר כלום) - דהיינו שלא קלף ממנו רק קליפה החיצונה הדקה, **דאם** חיסר ממנו משהו אפילו רק במקום אחד, פסול לדעה הראשונה לעיל בס"ב, [היינו רק ביום ראשון לבד].

באר הגולה

כ משנה כ"ט ל"ב ל"ג ל"ד | כא ולא ידעתי למה השמיטו המחבר – באר הגולה סימן תרמט ס"ג | כב (סי"ג – ע"פ הב"י. סי"ד – מילואים)

כג הרא"ש שם ושאר פוסקים | כד הרא"ש שם

אות ח'

נסדק

סימן תרמח ס"ה - [כה]נסדק כולו מראשו לסופו, אפי' אינו חסר כלום, פסול - מדסתם המחבר משמע דס"ל, דיש להחמיר אפילו בנסדק מצד אחד.

אבל נשאר בו שיור למעלה ולמטה, אפי' כל שהוא, כשר - כמו בנסדק הגרגרת בבהמה ביו"ד סימן ל"ד, ואפילו נסדק משני צדדיו על פני כל ארכו, ונשתייר מכל צד משהו למעלה ומשהו למטה.

[כו]ויש מי שאומר דדוקא מלמטה, אבל בחוטמו אפי' כל שהוא פסול.

(עיין בהגר"א שכתב, דסברא ראשונה ס"ל, דכי פסלינן בחוטמו בכל שהוא, דוקא אותן הפסולין שפוסלין ברובו, כמו חזזית, משא"כ בזה דלא בעינן רק שישתייר משהו למעלה ומשהו למטה, **ולפי"ז** להיש מחמירין ‹לקמן בסמוך› דס"ל, **דגם בענינינו מחמירין לפסול ברובו, צריך להחמיר גם לענין חוטמו ממילא בכל שהוא).**

הגה: ויש מחמירים לפסול בנסדק רובו - הט"ז ומ"א השיגו על פסק הרמ"א, ודעתם דלא נמצא מי שיחמיר בזה ברובו, **אבל** הגר"א בביאורו הוכיח כהרמ"א, דיש מחמירין ברובו, והיינו אפילו מצד אחד, [משום דרובו ככולו, **ומה** שהקשה המ"א, דהא גם בגרגרת בעינן שנסדק כולו, יש לדחות, דבגרגרת הטעם משום דכשהבהמה מושכת צווארה הדר סתים לה, משא"כ באתרוג].

(**אף** דלדעת המחבר דמדמה לנפסק הגרגרת, ג"כ פסול בנסדק רובו במקום אחד, ומצד זה של מקום הסדיקה לא נשאר משהו, דגם בגרגרת טרפה באופן זה, **אכן** יש נ"מ במה דזכר המחבר, בנסדק מראשו לסופו כולו ולא נשתייר רק משהו למעלה ומשהו למטה, דלדעת המחבר הוא כשר, ולהיש מחמירין פסול, דהרי עכ"פ נסדק רובו של אתרוג).

וכל שלא נסדק רוב קליפתו העבה - בעומקו, והיינו מראש האתרוג לסופו, או לדעת ההג"ה בשיעור רובו, **לא מקרי נסדק (רבינו נסים)** - ואפילו בחוטמו ג"כ, דוקא כשנסדק שם רוב קליפתו, דאל"ה אינו בכלל נסדק כלל.

ואלו נסדק כל קליפתו העבה, והגיע לחדרי הזרע, אפילו במקום אחד פסול, דהוי בכלל נקב מפולש, [היינו לדעה האחרונה בס"ג].

(**הרמ"א תפס לשון שלילה, דבאופן זה בודאי שרי, ומ"מ אפילו נסדק רוב** קליפתו, ג"כ יש דיעות, די"א דוקא כשהגיע הסדק עד חללו, **ואף** דא"כ לא גרע מניקב, מ"מ נ"מ לאותן פוסקים דס"ל, דלא מקרי נקב מפולש עד שיגיע מעבר לעבר, דמצד נקב אין לפסלו, אבל כשנסדק כל אורכו, או רובו לדעת ההג"ה, יש לפוסלו משום נסדק).

אות ט'

ניקב וחסר כל שהוא, פסול

סימן תרמח ס"ב - עיין לקמן דף לו.

אות י'

והירוק ככרתי... ורבי יהודה פוסל

סימן תרמח סכ"א - [כז]הירוק שדומה לעשבי השדה, פסול - משום שבזה ניכר שלא נגמר הפרי עדיין, **ומשמע** דאם לא היה ירוק כ"כ כשר, דמסתמא נגמר פריו.

אא"כ חוזר למראה אתרוג כשר כשמשהין אותו - ר"ל היכא דידעינן טבע האתרוגים שבאותו מקום, שדרכן לחזור אח"כ למראה אתרוג, לאחר ששהו בכלי זמן מרובה, אז אפילו בעודו ירוק כשר, דכיון שחוזר למראהו, ע"כ נגמר פריו, **ומ"מ** הסכימו האחרונים, דאין לסמוך ע"ז למעשה, ואין לקנות אתרוגים אא"כ התחיל במקצת לשוב למראה אתרוג, [דאז תלינן בודאי שלבסוף ישוב כולו למראה אתרוג], דשמא יהיה נשאר ירוק.

אות כ' - ל'

שיעור אתרוג הקטן... רבי יהודה אומר: כביצה ובגדול... ורבי יוסי אומר: אפילו אחד בשתי ידיו

סימן תרמח סכ"ב - [כח]שיעור אתרוג קטן, פחות מכביצה פסול - ואפילו אם אנו משערים שאיננו בוסר, שאין סופו להתגדל יותר, אפ"ה פחות משיעור זה לא חשיב גמר פירא, (**ופסול** כל ז', שלא נגמר פריו ולא נקרא פרי, **ואפילו** אם היה בו כשיעור, ובימי החג נצטמק ועמד על פחות מכביצה, מ"מ פסול משום שאינו הדר, [כט]ח"א, **ואם** אין לו אחר יטלנו בלא ברכה, ואפילו ביום ראשון).

(**עיין בתשובת חתם סופר, שדי כביצה שבזמנינו, שאף שהביצים נתקטנו** כפי מה שהעיד הצל"ח, כי הכל לפי הזמן, אם הביצים נשתנו גם גידול האתרוגים נשתנו, **ולפי** דעת הבכורי יעקב, נכון לבעל נפש להדר לכתחלה אחר אתרוג שגדול כשני ביצים).

אבל אם הוא כביצה - דחשיב כפירי, **[ל]אפילו אם הוא בוסר שעדיין לא נגמר פריו** - שסופו להתגדל יותר, **כשר** - ובלבד שלא יהא ירוק ככרתי, דאז לא חשיב גמר פירא, כל שאינו חוזר למראה אתרוג, וכנ"ל בסכ"א.

ואם היה גדול כל שהוא, כשר - היינו אפילו הוא גדול שמביאו על כתיפו, ג"כ יצא, [גמרא], כיון שהד' מינים כשיש לו כולם אין מעכבין זה את זה, יכול ליטול הלולב ואח"כ האתרוג.

באר הגולה

כה משנה ל"ד ובגמרא ל"ו וכפי' רש"י ‹שם ל"ו. ד"ה נסדק› ורא"ש כו הר"ן שם כז שם במשנה כרבי יהודה, **תוספות והרא"ש שם** כח **שם במשנה כרבי יהודה** כט ‹דאע"ג דבגמרא {ל"א:} דחי טעמא דהדר, היינו לר' יהודה, דבעי למימר דלא בעי ר"י הדר, אבל ודאי בזה כו"ע מודו דאינו הדר - נשמת אדם› ל ל"ו. **ברייתא וכחכמים**

כתב הסמ"ג: אסור לזלזל אתרוג ושארי מצות שהעכו"ם מוכרים, עכ"ל, **כלומר** שצריך ליתן להם מעט יותר מכדי דמיהן, ולא הרבה, וכדלעיל בסימן ל"ט ס"ז ע"ש, **וכונת** הסמ"ג דאין לזלזל, דאתה מכשילו לעתיד לבא, שלא יביאם בפעם אחרת לקנות מידו.

[**וצריכין** הסוחרים הגדולים לידע, כשמזדמן להם לקנות האתרוגים משני מקומות, אחד מישראלים ואחד מנכרים, ושניהם בעניני הכשר הם שוים, **יקנו** מישראלים, וכמו דכתיב: או קנה מיד עמיתך, ופרש"י והוא מהספרא: אם תרצה לקנות קנה מן ישראל חבריך].

---

§ מסכת סוכה דף לה. §

אות א'* [א]

פרי אחד אמר רחמנא, ולא שנים ושלשה פירות

סימן תרנ"א סט"ו - לא יטול יותר מלולב אחד ואתרוג אחד - דכתיב: ולקחתם לכם ביום הראשון פרי עץ וגו', משמע אחד ולא שנים, [גמרא], וה"ה ללולב, דכתיב: כפות תמרים חסר וי"ו, דהיינו אחד, **וי"א** דעובר בזה גם על בל תוסיף.

[ב]**אבל בערבה והדס מוסיף בה כל מה שירצה** - דבערבה לא נתן בה תורה קצבה, **והאי** דקי"ל דבעינן שתי ערבות, משום דכתיב: ערבי נחל, היינו דבהכי סגי, דמיעוט ערבי שתים, אבל טפי ג"כ שפיר דמי, **וה"ה** בהדס דכתיב: ענף עץ עבות, ג"כ יכול להוסיף כמה שירצה.

[ג]**ויש מי שפוסל להניח הדס שוטה בלולב, נוסף על השלשה בדין עבות** - טעמם, דהוא מין אחר, ואסור כנ"ל בסי"ד.

[ד]**ויש מתירין** - ס"ל דלאו מין אחר הוא, דהא גדלי בערוגה אחת ובענף אחת, אלא שהתורה פסלתו, **ומן** הנכון לחשוב לכתחלה שאינו אוגדן לשם מצוה אלא לנוי בעלמא, **ואף** דדעה ראשונה ס"ל דאף לנוי אסור לכתחלה לאוגדן, הרבה פוסקים אין סוברין כן. (עיין לעיל סיק תרמו סוף ס"ג בהשעה"צ).

[ה]**והמדקדקים אינם מוסיפים על שתי ערבות ושלשה הדסים עבות** – (הנה ב' ערבות הוא אפשר כדי לצאת דעת הרמב"ם, שמתחלה היה דעתו לאסור בזה, **אבל** בהדסים גם הוא מודה בה להתירא, דמסתמא הוא לנוי, **ואולי** הטעם ע"פ סוד, **ופשוט** דהיכי שיש לו קצת ספק על איזה בד של הדס וערבה, או שרואה שעליהם רכים מאוד ועלולים מאוד ליפול עליהם, באופן זה פשוט דיוכל להוסיף כמה שירצה, ואין למדקדק לדקדק בזה).

אות א'

אתרוג של מעשר שני... לדברי חכמים אדם יוצא בו ידי חובתו ביום טוב

רמב"ם פ"ח מהל' לולב ה"ב - עיין לקמן עמוד ב'.

אות ב'

מצה של מעשר שני... לדברי חכמים אדם יוצא בה ידי חובתו בפסח

רמב"ם פ"ו מהל' מצה ה"ח - הכהנים יוצאין בחלה ובתרומה, אע"פ שהיא מצה שאינה ראויה לכל אדם, וכן יוצאין במצה של מעשר שני בירושלם; אבל אין יוצאין במצה של בכורים אפילו בירושלם, מפני שהבכורים אין להם היתר בכל המושבות, ומעשר שני אפשר שיפדה ויאכל בכל מקום, וכתוב: בכל מושבותיכם תאכלו מצות, מצה הראויה להאכל בכל המושבות היא שיוצאין בה ידי חובה.

אות ג'

עיסה של מעשר שני... לדברי חכמים חייבת בחלה

רמב"ם פ"ו מהל' ביכורים ה"ד - עיסה של מע"ש בירושלים, ועיסת שביעית, וספק מדומע, חייבין בחלה; אבל המדומע פטור מן החלה.

באר הגולה

[א] (ע"פ מהדורת נהרדעא) [ב] **תשובת הרמב"ם בסוף ימיו, וחזר ממה שכתב בחבורו** (בספר רבינו ירוחם כתוב, שכתב הרמ"ה בתשובה, אם יוכל אדם להוסיף על שני בדי ערבה או לא, **כבר** נשאלתי עליהם מאתכם פעם אחרת, והייתי מורה בדבר לאיסור כדברי הרמב"ם, שכתב אם רצה להוסיף בהדס כדי שתהיה אגודה גדולה, מוסיף ומנויי מצוה הוא, אבל שאר המינים אין מוסיפין על מנינם ואין גורעין מהם, ואם הוסיף או גרע פסול, ע"כ, **ואחר** כך העיד לי אדם גדול מחכמי פרובינצא, שהוא עמד על תשובת הרמב"ם שחזר בו בסוף ימיו מדבר זה, והורה בדבר להכשיר, וכן הדעת נוטה להכשיר, מאי טעמא, ערבי נחל כתיב, ומשמע שנים ואפילו מאה – ב"י) [ג] **בה"ג** [ד] **רב נטרונאי ורב פלטוי** [ה] **בית יוסף**

מסורת הש"ס

ברכות לו: ע"ש
יומא פא: ע"ש

[נ"ל פרי אחד כלומר אם באת להצריך שנים ושלשה כי סיכי דמתככר לקיחה פרי אחד אמר רחמנא. הרא"ש בפי' ע"ש]

[לעיל לא:]

[נ"ל הדור כן איתא בערוך ערך הדר ד' ובערוך איתא הדור]

[עי' תוספות לעיל ג. ד"ה משום]

[כרי"מ פ"ז מהל' ביכורים דין ד' לא מכר בר אבין וכתב דהלכתא כר' חייא דהוה רבו דרבי' של רב אסי]

[נ"ל פסול]

גליון הש"ס

גמ' שכן בלשון יוני. כעין זה שבת דף סא ע"ב וש"נ: תוס' ד"ה שאינכו' עיין חולין דף קטו ע"ב תוס' ד"ה כלאי הכרם:

פסחים לח.

[שם]

[שם לו:]

במדבר טו

[לעיל כו:ופ"נ]

דברים טז

גמ' ת"ר °פרי עץ הדר עץ שטעם עצו ופריו שוה הוי אומר זה אתרוג ואימא פלפלין כדתניא *היה רבי מאיר אומר ממשמע שנאמר °ונטעתם כל עץ איני יודע שהוא עץ מאכל מה ת"ל עץ מאכל עץ שטעם עצו ופריו שוה הוי אומר זה פלפלין ללמדך שהפלפלין חייבין בערלה ואין א"י חסרה כלום שנאמר °לא תחסר כל בה התם משום דלא אפשר היכי נעביד נגקוט חדא לא מינכרא לקיחתה נגקוט תרי או תלתא (*אחד) אמר רחמנא ולא שנים ושלשה פירות הלכך לא אפשר רבי אומר אל תקרי הדר אלא הדיר מה דיר זה יש בו גדולים וקטנים תמימים ובעלי מומין ה"נ יש בו גדולים וקטנים תמימים ובעלי מומין אטו שאר פירות לית בהו גדולים וקטנים תמימין ובעלי מומין אלא הכי קאמר עד שבאין קטנים עדיין גדולים קיימים ר' אבהו אמר אל תקרי הדר אלא (הדר) דבר *שדר באילנו משנה לשנה בן עזאי אומר אל תקרי הדר אלא (*אידור) °שכן בלשון יווני קורין למים (*אידור) ואיזו היא שגדל על כל מים הוי אומר זה אתרוג: **של אשרה ושל עיר הנדחת פסול:** מ"ט *כיון דלשרפה קאי כתותי מיכתת שיעוריה: (*ושל) **ערלה פסול:** מ"ט פליגי בהר' חייא *בר אבין ור' אסי חד אמר לפי שאין בה היתר אכילה וחד אמר לפי שאין בה דין ממון קא סלקא דעתיה מאן דבעי היתר אכילה לא בעי דין ממון ומאן דבעי דין ממון לא בעי היתר אכילה תנן של תרומה טמאה (*פסולה) בשלמא למ"ד לפי שאין בה היתר אכילה שפיר אלא למ"ד לפי שאין בה דין ממון אמאי הרי מסיקה תחת תבשילו אלא בהיתר אכילה כ"ע לא פליגי דבעינן כי פליגי בדין ממון מר סבר היתר אכילה בעינן דין ממון לא בעינן ומר סבר דין ממון נמי בעינן מאי בינייהו איכא בינייהו מעשר שני שבירושלים אליבא דר' מאיר למ"ד לפי שאין בה היתר אכילה הרי יש בה היתר אכילה למ"ד לפי שאין בה דין ממון מעשר שני ממון גבוה הוא תסתיים דר' אסי דאמר לפי שאין בה דין ממון דא"ר אסי *אתרוג של מעשר שני לדברי ר' מאיר אין אדם יוצא בו ידי חובתו ביו"ט לדברי חכמים אדם יוצא בו ידי חובתו ביו"ט תסתיים גופא אמר ר' אסי אתרוג של מעשר שני לדברי ר' מאיר אין אדם יוצא בו ידי חובתו ביו"ט לדברי חכמים [א]אדם יוצא בו ידי חובתו ביו"ט *מצה של מעשר שני לדברי ר' מאיר אין אדם יוצא בה ידי חובתו בפסח לדברי חכמים [ב]אדם יוצא בה ידי חובתו בפסח *עיסה של מעשר שני לדברי ר' מאיר פטורה מן החלה לדברי חכמים [ג]חייבת בחלה מתקיף לה רב פפא בשלמא עיסה כתיב °ראשית עריסותיכם אתרוג נמי כתיב לכם *משלכם אלא מצה מי כתיב מצתכם אמר רבה בר שמואל ואיתימא רב יימר בר שלמיא אתיא לחם לחם כתיב הכא °לחם עוני וכתיב התם והיה

רש"י

גמ' פרי עץ. שהעץ כפרי בטעם שוה: **ממשמע שנאמר ונטעתם.** וכתיב בסופיה לא יאכל איני יודע דבעץ מאכל משתעי קרא: **חייבין בערלה.** דלא תימא מין ירק הוא מפני שהוא עץ שפל כמין רותם שאינו גבוה מן הארץ: **לא תחסר כל בה.** ולמדך האי עץ מאכל דאפילו פלפלין בכלל: **ננקוט חדא.** תורה אור גרעין אחד: **לא מינכרא לקיחתה.** מתוך קטנה: **הדיר.** פרי עץ שדומה אילנו לדיר של צאן: **אטו כולהו אילני לית בהו פירות גדולים וקטנים.** והלא כל תפוחי אילן אחד אינן שוות: **ה"ק עד שבאים קטנים כו'.** כלומר האי גדולים וקטנים לאו של שנה אחת קאמר אלא גדולים של אשתקד וקטנים של שנה זו שהאתרוג דר וגדל באילנו שתים ושלש שנים וכשבאין ותוכפין של עכשיו עדיין גדולים דאשתקד קיימין בו: **הדר.** והיא היא דרבי אלא במשמעותא פליגי מר דריש ליה לשון דיר ומר דריש ליה לשון דירה: **לפי שאין בה היתר אכילה.** ורחמנא אמר לכם הראוי לכם בכל דרכי הנאתו: **לפי שאין בה דין ממון.** שאינו שוה פרוטה דאיסורי הנאה הוא הלכך לאו שלכם הוא: **קא סלקא דעתיה מאן דבעי היתר אכילה.** אי הוי ביה היתר אכילה כגון מעשר שני בירושלים לא בעי דין ממון דאע"פ שאין ממונו לרבי מאיר דאמר בקדושין (דף נג:) מעשר שני ממון גבוה הוא ואינו כנכסי הדיוט לקדש בו אשה כשר לצאת בו: **ומאן דבעי דין ממון לא בעי היתר אכילה.** ומכשיר אתרוג של טבל שאסור באכילה ומותר בהנאה: **אלא למ"ד לפי שאין בה דין ממון.** אבל היתר אכילה לא בעינן ומשום דין ממון קרינא ביה לכם: **הרי מסיקה לזו תחת תבשילו.** כדאמרינן (בשבת דף כה:) תתן לו ולא לאורו מכלל דבת אורו הוא: **אלא בהיתר אכילה דכ"ע לא בעינן.** ואפילו יש בה דין ממון לא מתכשרין בלא היתר אכילה דכיון דלא חזיא לכל דרכי הנאה לאו לכם הוא: **דין ממון לא בעינן.** אם מותרת באכילה כגון מעשר שני בירושלים ואליבא דרבי מאיר כשר ומתניתין דקתני של מעשר שני בירושלים כשר אפילו כר' מאיר דאמר מעשר שני ממון גבוה הוא מתוקמא: **דין ממון נמי בעינן.** ומעשר שני לר' מאיר פסול ומתני' דקתני כשר רבנן היא דאמרי ממון הדיוט הוא ומקדשין בו את האשה: **תסתיים דר' אסי הוא דאמר לפי שאין בה דין ממון.** וא"כ איכא היתר אכילה דין ממון נמי בעינן ושל מעשר לר' מאיר פסול: **אין יוצא בה ידי חובתו בפסח.** ידי חובת אכילת מצה לילה הראשון ולקמן פריך מי כתיב מצתכם: **פטורה מן החלה.** דכתיב עריסותיכם והאי דגבוה היא ואע"ג דאיכא היתר אכילה כיון דלית בה דין שאר ממון לאו דידיה הוא:

תוספות

ללמדך שהפלפלין חייבין בערלה. דלא תימא מין ירק הוא מפני שהוא עץ שפל כמו רותם שאינו גבוה כך פי' בקונטרס וקשיא דלא בהכי תליא מלתא וכמה עצים שפלים הם שיש להם תורת אילן אלא היינו טעמא משום דאמרינן פ' בתרא דיומא (דף פא: ושם) כס פלפלי ביומא דכיפורי פטור ופריך מהך דפלפלין חייבין בערלה ומשני הא ברטיבתא הא ביבשתא וס"ד כיון דסופו ליבש אפילו רטיבתא פטורין וא"ת ומנלן דקרא בפלפלין אימא אתרוג ואימא תלתן דאתרוג טעם עצו ופריו שוה כדאמר הכא וכן תלתן כדאמרינן בשילהי פ' קמא דבילה (דף יג:) וי"ל אתרוג אין זה חידוש אם הוא חייב בערלה ותלתן מין ירק הוא מדחשיב כלאים בכרם כדתנן במס' ערלה (פ"ג מ"ו) ומייתי לה בריש בילה (דף ג:) ובשילהי הערל (יבמות דף פא: ושם) מי שהיו לו חבילי תלתן של כלאי הכרם:

לפי °שאין בו היתר אכילה. ורחמנא אמר לכם הראוי לכם בכל דרכי הנאתו ואף על גב דגבי תרומה טמאה דרשינן פ' במה מדליקין (שבת דף כה:) מדכתיב לך שלך תהא להסיקה תחת תבשילך כיון דנטמאת ואסרה הכתוב שייך לדרוש לך דידיה לגבי שאר הנאות כמו לכם דלולב דלא שייך ביה אכילה וא"ת גבי לולב של אשרה ושל עיר הנדחת (לעיל לא:) למה לן טעמא דמיכתת שיעוריה תיפוק ליה משום דבעינן דין ממון דאפילו מאן דלא חייש הכא גבי אתרוג לדין ממון הייט משום דעיקרו לאכילה אבל לולב דלית ביה אכילה כתיב לכם דידיה לענין דין ממון וי"ל דנקט דמיכתת שיעוריה כדי לפסול בי"ט שני וא"ת אתרוג של ערלה תיפוק ליה דמיכתת שיעוריה דמצותו בשרפה דקתשיב ליה בתמורה פרק בתרא (דף לג:) בהדי נשרפין ואמרינן התם הנשרפין לא יקברו ואפשר דאפילו מדאורייתא הויא ערלה בשרפה דילפינן לה מכלאי הכרם דכתיב בה פן תקדש ודרשינן (חולין דף קטו:) פן תוקד אש ומהאי טעמא נמי פסול אתרוג של תרומה טמאה דמצותה בשרפה ולמה לן טעמא דהיתר אכילה וי"ל דודאי לא היה צריך אלא נחלקו בהך טעמי לענין ערלה משום דנפקא מינה לענין מעשר שני כדמסקינן איכא בינייהו מעשר שני ואליבא דרבי מאיר (ומאן דמכשיר הייט אליבא דרבנן) והוה מצי למימר נמי מעשר שני בגבולין ואליבא דטלי עלמא כדמוכח בסוף חלק (סנהדרין דף קיב:) שהוא ממון גבוה*:

אתיא לחם לחם. תימה בפרק כל שעה (פסחים דף לה:) דאין יוצאין ידי מצה בטבל מדכתיב לא תאכל עליו חמץ שבעת ימים תאכל עליו מצות יצא מי שאיסורו עליה משום בל תאכל טבל תיפוק ליה משום דבעינן מצה משלכם וטבל לא חשיב לכם כדמוכח הכא גבי אתרוג דעד כאן לא פליגי בית שמאי ובית הלל אלא בדמאי משום דאי בעי מפקר ליה לנכסיה והוי עני וחזי ליה אבל בטבל ודאי סלהו מהו וי"ל דלא דמי דהא דאין יכול לצאת באתרוג של טבל דהוי כמו אתרוג דשותפין שיש לכהן ולוי בו חלק ודמי לאחין שקנו אתרוג

עין משפט נר מצוה

נה א מיי' פ"ח מהלכות לולב הלכה ב:
נו ב מיי' פ"ז מהלכות מלה הלכה ח:
נז ג מיי' פ"ז מהלכות ביכורים הלכה ד:

רבינו חננאל

ת"ר פרי עץ הדר עץ שטעם עצו ופריו שוה. הוי אומר זה אתרוג. ואימא פלפלין ללמד שהפלפלין חייבין בערלה. ואסיקנא הדר באילנו משנה לשנה הוי אומר זה אתרוג. של אשרה ושל עיר הנדחת פסול. משום דהוה ליה מצוה הבאה בעבירה. של ערלה פסול מ"ט. פליגי בה ר' חייא בר אבא ור' אסי חד אמר לפי שאין בה היתר אכילה ולא חיישינן לדין ממון. וחד אמר בעינן נמי שיהא בה דין ממון מאי בינייהו איכא בינייהו אתרוג של מעשר שני בירושלים. ואליבא דר' מאיר דאמר במסכת קידושין מעשר שני ממון גבוה הוא. למ"ד בערלה פסול לפי שאין לו בה היתר אכילה באתרוג של מעשר שני בירושלים כשר שהרי יש לו בה היתר אכילה. למ"ד איסור הערלה לפי שאין בו דין ממון *). דא"ר אסי אתרוג של מעשר שני לדברי ר' מאיר אין אדם יוצא י"ח ביו"ט. לדברי חכמים אדם יוצא בו ביו"ט. תסתיים: גופא א"ר אסי אתרוג של מעשר שני לדברי ר' מאיר אין אדם כו'. וכן מצה וכן עיסה. ואתקפא עליה בשלמא עיסה כתיב עריסותיכם. ואתרוג נמי כתיב לכם משלכם. דבעינן ממונכם ומעשר שני לדברי ר' מאיר ממון גבוה הוא. אלא מצה מי כתיב מצתכם. ושנינן יליף

*) נראה דצ"ל אתרוג של מע"ש פסול תסתיים דר' אסי דאמר לפי שאין בה דין ממון דא"ר אסי וכו'.

ר"מ מ"ז ומהרש"א גורס ומאן דפסיל היינו מדרבנן

[ועי' תוס' קדושין נג: סד"ה איהו וע"ע תוספות בכורות ט: ד"ה ותנן]

עין משפט נר מצוה

נח א ב ג ד ה מיי' פ"ח מהלכות לולב הלכה מב סמג עשין מד :

נט ו מיי' פ"י מהלכות מעשר הלכה יא :

ס ז ח מיי' פ"ח מהלכו' לולב הלכה ג :

סא ט י כ מיי' פ"ח מהלכות לולב הלכה ז סמג עשין מד טוש"ע א"ח סי' תרמח סעיף ט :

סב ל מיי' שם טוש"ע שם סעיף ז :

סג מ מיי' שם טוש"ע שם סעיף ח :

מסורת הש"ס

פסחים לה. [סנהדרין קיב:]

[דיבור זה שייך למשנה דלעיל לה:]

[לעיל לג.]

דמאי פ"ג הלכה מג. שבת קכז: עירובין לא. פסחים לה.

[שייך לעיל במשנה לד:]

הגהות הב"ח

(א) גמ' ושלשה מקומות כשר אמר רבא כצ"ל ותיבת ליה נמחק :

גליון הש"ס

גמ' אר"א דבר זה וכו'. כעין זה לעיל דף ט. ע"ש :

והיה באכלכם מלחם הארץ מה להלן משלכם ולא משל מעשר אף כאן משלכם ולא משל מעשר לימא מסייע ליה *עיסה של מעשר שני פטורה מן החלה דברי ר"מ וחכמים אומרים חייבת בחלה לימא מסייע ליה היא היא אלא מדבהא פליגי בהא נמי פליגי או דלמא שאני עיסה דאמר קרא עריסותיכם עריסותיכם תרי זימני: *של תרומה טמאה פסולה: דלית בה היתר אכילה: ושל תרומה טהורה לא יטול: פליגי בה ר' אמי ור' אסי חד אמר מפני שמכשירה וחד אמר מפני שמפסידה מאי בינייהו כגון שקרא עליה שם חוץ מקליפתה חיצונה למ"ד מפני שמכשירה איכא למ"ד מפני שמפסידה ליכא: ואם נטל כשירה: למ"ד מפני שאין בה היתר אכילה הרי יש בה היתר אכילה למ"ד לפי שאין בה דין ממון הרי יש בה דין ממון: ושל דמאי: מ"ט דבית הלל כיון דאי בעי מפקר להו לנכסיה והוי עני וחזי ליה השתא נמי לכם קרינא ביה דתנן *מאכילין את העניים דמאי ואת אכסניא דמאי וב"ש עני לא אכיל דמאי דתנן (אין) מאכילין העניים דמאי ואת האכסנאי' דמאי ואמר רב הונא תנא ב"ש אומרים אין מאכילין את העניים ואת האכסנאים דמאי וב"ה אומרים מאכילין את העניים דמאי ואת האכסנאים דמאי: של מעשר שני שבירושלים: למ"ד מפני שמכשירה הרי מכשירה למ"ד מפני שמפסידה הרי מפסידה: ואם נטל כשרה: למ"ד מפני שאין בה היתר אכילה דברי הכל למ"ד לפי שאין בה דין ממון הא מני רבנן היא: עלתה חזזית: *אמר רב חסדא דבר זה *רבינו הגדול אמרו המקום יהיה בעזרו לא שנו אלא במקום אחד אבל בשנים ושלשה מקומות כשר אמר (א) ליה רבא אדרבה בשנים ושלשה מקומות הוה ליה כמנומר ופסול אלא אי אתמר אסיפא אתמר על מיעוטו כשר אמר רב חסדא דבר זה רבינו הגדול אמרו והמקום יהיה בעזרו ל"ש אלא במקום אחד אבל בשנים ושלשה מקומות הוה ליה כמנומר ופסול אמר רבא ועל חוטמו ואפילו במשהו נמי פסול: נטלה פטמתו: תנא ר' יצחק בן אלעזר נטלה בוכנתו: נקלף: אמר רבא האי אתרוגא דאגליד כאהינא סומקא כשרה והא אנן תנן נקלף פסול לא קשיא הא

רש"י

והיה באכלכם. גבי חלה כתיב : היא היא. ודאי מסייע ליה ומאי לימא : אלא ודאי. בהא מסייעא ולימא דקאמרינן אסייעתא דאתרוג ומצה קאמר והכי קאמר לימא מסייע לרבי אסי בכולהו דמדבהא פליגי באתרוג ומצה נמי פליגי דהא חד טעמא הוא דהתם נמי לכם כתיב ומצה נמי מחלה ילפא : או דלמא שאני עיסה. בהא הוא דקאמר ר"מ פטורה דכתיב מיעוטא יתירא אבל בחד מיעוטא לא נפקא לן דכיון דמשתרי לאכילה אע"ג דלית בה דין ממון לכם קרינא ביה : שמכשירה. לקבל טומאה דאמרינן במתני' (דף מב:) מקבלת אשה מיד בנה ומיד בעלה ומחזירת למים בשבת שהיו שורין האגודה בשבת כדי שלא ייבשו וכשנוגעים באתרוג הוכשר לטומאה דכתיב (ויקרא יא) וכי יותן מים על זרע ואסור לגרום טומאה לתרומה דכתיב (במדבר יח) משמרת תרומותי אמר רחמנא עשה לה שימור : שמפסידה. קליפתה החיצונה נמאסת במשמוש הידים ואסור להפסיד תרומה כדפרישית : הרי יש בה היתר אכילה. לכהן וישראל נמי נפיק בה אם לקחה מכהן הואיל ויכול להאכילה לבן בתו כהן אבל פדיון אין לה להיות ניתרת לאכילת ישראל והאומר כן רשע הוא : הרי יש בה דין ממון. כהן מקדש בה את האשה וישראל נמי אם נתנה לו הכהן מקדש בה את האשה ומוכרה לכהנים והדמים שלו : ושל דמאי. לקוח מעם הארץ וסתם פירותיהן ספק אינן מעושרין : מאי טעמייהו דב"ש. הא לית בה היתר אכילה : ומאי ניהו. דרוב עמי הארץ מעשרין הן וחומרא בעלמא הוא שהעמידו בספק טבל וגבי עניים ואכסניא לא העמידו דבריהם : אכסניא. חיילותיו של מלך ומטיל מזונותיהן על בני המדינה: הרי מכשירה. ומעשר שני בעי שימור דקודש איקרי דכתיב (ויקרא כז) וכל מעשר הארץ וגו' : למ"ד. בערלה לפי שאין בה היתר אכילה אבל אי יש בה היתר אכילה הוה מתכשרא ואפילו לית בה דין ממון הא יש בו נמי היתר אכילה ומתני' דתני כשר דברי הכל היא ואפילו לר"מ דאמר מעשר שני ממון גבוה הוא מיתוקמא דהא בהא דין ממון לא בעינן דכיון דאכיל לה לכם קרינא ביה : ולמ"ד. בערלה לפי שאין בה דין ממון דאי נמי הוה בה היתר אכילה הוה פסיל לה משום דליתיה ממון לשאר הנאות כגון מעשר שני בירושלים לר"מ : מתניתין רבנן היא. דאמרי מעשר ממון הדיוט הוא ולא ר"מ דאילו לר"מ פסול : ה"ג אלא אי אתמר אסיפא אתמר : ובחוטמו. בשופי גבהו שמשפע משם ויורד לצד ראשו : אפילו כל שהוא פסול. שנראה שם לעינים יותר משאר מקומות שבו שבאותו עובי אדם נותן עיניו : תני רבי יצחק בר אלעזר נטלה בוכנתו. במתניתיה הוה תני להאי נטלה פטמתו בוכנתו לפי שהוא חד ועשוי כמין בוכנא זה לשון מורי הזקן רבינו יעקב אבל רבינו יצחק הלוי היה מפרש פטמתו ועוקצו שניהם בזנב עוקצו שניטל העץ מה שתוך לגומא שבאתרוג כשר פטמתו שנתלש העוקץ מתוך האתרוג וחסרו לפיכך פסול והיינו דתני רבי יצחק בר אלעזר נטלה בוכנתו מה שנכנס בתוך האתרוג כבוכנא הנכנס ומכה באסיתא ולשון רבינו יעקב נראה לי שלא מצינו בכל מקום פטמא עוקץ : האי אתרוג דאגליד. נקלף : כאהינא סומקא. תמרה אדומה ואף זה לאחר שנקלף נהפך לאדמומית כדרך כל הנקלפים בפירות :

בטלה

תוספות

אתרוג בתפיסת הבית בסוף יש נוחלין (ב"ב דף קלז: ושם) אבל גבי חלה כשאוכל ממנה כמה זיתים אם יש משלו כזית יצא ומהאי טעמא נמי ניחא דעיסה של טבל חייבת בחלה כדמוכח בירושלמי דדמאי פרק חמישי דתניא הרוצה להפריש תרומה ותרומת מעשר וחלה כאחת ובודאי איירי מדקדק להפריש תרומה גדולה ולא פטרינן ליה מדכתיב עריסותיכם דמיירי בשיש שם חמשת רבעים בלא חלקו של כהן (אע"ג) דבפרק ראשית הגז (חולין דף קלה:) ילפינן עיסה דשותפין :

דכתיב עריסותיכם תרי זימני. אע"ג דאצטריך דרשינן במנחות פרק ר' ישמעאל (דף סז.) למעוטי עיסת נכרי ועיסת הקדש ועוד דריש ליה בפרק ראשית הגז (חולין דף קלה:) לכדי עריסותיכם כשיעור עיסת מדבר הכא דחוי בעלמא הוא :

מפני שמכשירה. שהלולב כמו שהוא אגוד נותנין אותו במים כדי שלא יכמוש כדתנן בפירקין (דף מב.) ומחזירו למים והשתא נוטפין מימיו על האתרוג והוה מצי למימר איכא בינייהו שכבר הוכשר :

דאי בעי מפקר נכסיה. לא הוה צריך להאי טעמא אלא משום דיש בו היתר אכילה לעני כמו לישראל דנפיק בשל תרומה דחזי לכהן ודכוותה בפרק מפנין (שבת דף קכז: ושם) תרומה ודמאי פריך בגמ' דמאי הא לא חזי ליה ומשני כיון דאי בעי מפקר לנכסיה והוה מצי למימר הואיל וחזי לעני כי היכי דשרי התם תרומה ביד ישראל הואיל וחזיא לכהן וההיא דפרק בכל מערבין (עירובין דף לא.) דתנן מערבין בדמאי ומפרש בגמרא משום דאי בעי מפקר נכסיה התם ניחא דאיצטריך להאי טעמא לישנא אפילו כסומכוס דפליג על ישראל בתרומה והא לא פליג :

מאכילין את העניים דמאי ואת האכסנאים דמאי. משנה בפרק ג' דדמאי ופליגי בגמ' דירושלמי דרבי יונה אמר בעניים חברים ובאכסניא כרבי יהושע כדמפרש התם שהם ישראל ור' יוסי אמר בעניים עמי הארץ היא ובאכסניא נכרי :

ואמר רב הונא תנא ב"ש אומרים אין מאכילין. וסתם מתני' במס' דמאי דמאכילין ותימה מאי קמ"ל רב הונא במאי דב"ש פליגי ואיכא לשנויי הכא כדמשני פ' בתרא דיבמות (דף קכב.) דתנן ומשיאין על פי בת קול אמר רבה בר שמואל בגמרא ב"ש אומרים אין משיאין וב"ה אומרים משיאין ופריך מאי קמ"ל ומשני דהא קמ"ל דאי משכחת סתמא דתניא אין משיאין ב"ש היא ולא סמכינן עלה :

עלתה חזזית על רובו. בירושלמי משמע קצת דבי"ט [ראשון] דווקא מיפסל כדפרישית בריש פירקין :

נטלה בוכנתו. במתני' פי' בקונטרס בשם ר' יעקב הזקן ניטלה פטמתו ראש האתרוג ודוגמתו הפיטמא של רמון וכאן פי' בקונטרס דר' יצחק בן אלעזר קרי במתני' להאי פטמתו בוכנתו לפי שהוא חד ועשוי כמו בוכנא ובשם רבו רבינו יצחק הלוי פירש דפטמתו ועוקצו שניהם בזנב עוקצו שניטל העץ מה שתוך לגומא

רבינו חננאל

לחם לחם מעסה של מעשר שני [מה עיסה של מע"ש] לא שנאמר עריסותיכם . אף מצת מעשר שני לא . לימא מסייע ליה עיסת מעשר שני פטורה מן החלה . וחכמים אומרים חייבת בחלה . וכי היכי דפליגי בעיסה הכי נמי פליגי במצה ובאתרוג . ודחינן דלמא שאני עיסה דכתיב תרי זימני עריסותיכם אבל הכי לא . אתרוג של תרומה טמאה פסול . לפי שאין בו היתר אכילה . ושל תרומה טהורה לא יטול . פליגי בה ר' אמי ור' אסי . חד אמר מפני שמכשירה כלומר משוי לה מנא . וחד אמר מפני שמפסידה בשימוש הידים . איכא בינייהו כגון שקרא עליה שם תרומה חוץ מקליפתה . מ"ד מפני שמפסידה בשימוש הידים הנה קליפה הפנימית אינה נפסדת וכשר . ומ"ד מפני שמכשירה הרי מכשירה *) ופסול . ואם נטל כשר . ושל דמאי ב"ה מכשירין דאית ביה היתר אכילה . דאי בעי מפקר להו לנכסיה והוי עני וחזי ליה . דתנן מאכילין את העניים דמאי ואת אכסניא [דמאי] ושל מעשר שני בירושלים לא יטול . למ"ד שמכשירה הרי מכשירה . למ"ד שמפסידה הרי מפסידה ואם נטל כשר . למ"ד לפי שאין לו בה היתר אכילה דברי הכל היא . למ"ד לפי שאין לו בה דין ממון רבנן היא : מתני' עלתה חזזית על רובו פסול . אוקימנא בין במקום אחד בין במקומות הרבה . אם תצטרף מכל מקומות שיש בו החזזות נמצא רוב אתרוג חזית ופסול . עלתה חזזית על מיעוטו כשר . ואוקימנא במקום אחד אבל בב' ובג' מקומות הוה ליה כמנומר ופסול . ובחוטמו אפי' לא עלתה בו חזזית אלא במשהו פסול . ניטלה פטמתו . חוטמו של אתרוג ושושנתו דגרסינן בירושלמי פיקא **) נקלף . אוקימנא בשנקלף כולו . כלומר נפשטה קליפתה החיצונה כולו פסול . אבל נקלף מקצתו ונשתייר מקצתו כשר . כדרבא דאמר רבא האי אתרוג דאגליד כאהינא סומקא . פי' האתרוג שנקלף

*) הלשון אינו מדוקדק ואולי דר"ל דפסול מליטול לכתחלה . **) בירושלמי איתא תמן אמרין שושנתו ור' יצחק ב"ר חבילא אמר פיקא ודברי רבינו צע"ק .

§ מסכת סוכה דף לה: §

אות א׳ - ב׳ - ג׳ - ד׳ - ה׳

של תרומה טמאה פסולה

ושל תרומה טהורה לא יטול

מפני שמכשירה

ואם נטל כשרה **ושל דמאי**

רמב״ם פ״ח מהל׳ לולב ה״ב - אתרוג של ערלה ושל תרומה טמאה ושל [א]טבל פסול; של דמאי כשר, שאפשר שיפקיר נכסיו ויהיה עני שמותר לו לאכול דמאי. אתרוג של תרומה טהורה ושל מעשר שני בירושלם לא יטול, שמא יכשירו לטומאה; ואם נטל כשר.

(כתב בספר בכורי יעקב, דלדעת רש״י ‹דף ל״ה: ד״ה הרי› והרשב״א, אם נטל ישראל אתרוג של תרומה, יוצא בו, משום דראוי להאכילו לאחרים, דהיינו לכהן, וה״נ אם אסר אתרוג רק מאכילתו, יכול להאכילו לאחרים, **אבל** אי אסר על עצמו האתרוג בהנאה, אין יכול להנות לאחרים, דמה שאסור לו בהנאה, אסור ליתן במתנה לאחר, לכן אין לו דין ממון קרינא ביה – סי׳ תרמט ס״ב), ‹**ולדעת** הר״ן, דדוקא הכהן יצא באתרוג של תרומה, דראוי לדידיה בעינן, כשאסר האתרוג מאכילתו, לא יצא – שם›.

אות ו׳

מאכילין את העניים דמאי ואת אכסניא דמאי

רמב״ם פ״י מהל׳ מעשר הי״א - מותר להאכיל את העניים ואת האורחים דמאי, וצריך להודיען, והעני עצמו והאורח אם רצו לתקן מתקנין.

אות ז׳ - ח׳

של מעשר שני שבירושלים

ואם נטל כשרה

רמב״ם פ״ח מהל׳ לולב ה״ב - אתרוג של תרומה טהורה ושל מעשר שני בירושלם לא יטול, שמא יכשירו לטומאה; ואם נטל כשר.

אות ט׳ - י׳ - כ׳

עלתה חזזית

לא שנו אלא במקום אחד, אבל בשנים ושלשה מקומות, הוה ליה כמנומר ופסול

ועל חוטמו, ואפילו במשהו נמי פסול

סימן תרמח ס״ט - [ב]עלתה חזזית (פי׳ תרגוס או ילפת: או חזזן) עליו - בין בתלוש ובין במחובר, אלא בעינן שיהיה גבוה משאר אתרוג, **אם בשנים או בשלשה מקומות, פסול** - דמחזי כמנומר, (ומ״מ מסתברא, שע״י חוט השערה מראה אתרוג שמפסיק בין חזזית לחזזית, לא מיחזי כמנומר, ושיעור ההפסק לא נתברר).

ואם במקום אחד, אם עלה על רובו - והיינו דעלה על רוב כל שטח האתרוג משני הצדדים, **פסול** - דאינו הדר.

ואם על חוטמו, אפי׳ כל שהוא פסול - שנראה שם לעינים יותר משאר מקומות שבו, שבאותו שפוע אדם נותן עיניו, (**ואפילו** בצד אחד פסול). **וחוטמו היינו ממקום שמתחיל להתקצר ולהתחדד כלפי ראשו** – (כדעת הרא״ש, והנה לכאורה היה נראה לומר, דהוא מחצי האתרוג ולמעלה, **אבל** באמת זה אינו, דא״כ אם החזזית מתפשט על רובו של האתרוג, ממילא הוא על חוטמו ג״כ, **ובפרט** לדעת רש״י שכתב, דעובי גבהו של האתרוג הוא נקרא חוטם, א״כ אם החזזית מתפשט על רובו, הרי חוטמו בכלל, ובגמרא וכן בפוסקים מוכח דתרי מילי נינהו, **וע״כ** אנו צריכין לומר, דלכו״ע מתחיל החוטם באתרוג אחר שיעור רובו של האתרוג ולא קודם, **ועיין** בשע״ת דמצריך לחוש גם לדעת רש״י, באם מתרמי החזזית במקום גבהו לבד, ודוחק את עצמו דגם כונת השו״ע הוא כן, **ולענ״ד** לשון השו״ע לא משמע כן, וכן בלבוש מוכח בהדיא, דכונת השו״ע הוא על השפוע לבד, ולא על מקום גובהו, **ועכ״פ** במקום הדחק בודאי יש להקל גם ביום ראשון, ולברך עליו).

אות כ׳* [ג]

סימן תרמח ס״י - [ד]י״א דהא דבב׳ ובג׳ מקומות פסול, היינו דוקא כשנתפשט הנימור ברובו, אף על פי שבשטח החברבורות הוא מיעוט - פי׳ שמקום החברבורות עצמם היא המיעוט, **אבל במיעוטו, כגון שכולם מצד אחד של אתרוג, כשר** – (עיין בב״מ שמצדד, דאפילו היה יותר משלשה חזזית כשר בזה, כיון שעכ״פ הם מיעוטו של כל האתרוג, **אך** לפי מה שמסיים לבסוף אין הדבר ברור בידו כ״כ, ע״ש, **ומיום** ראשון ואילך בודאי יש להקל בזה).

משמע דאם נתפשט מהם גם לצד השני, מקרי רובו, דהוי רוב הקיפו, אע״פ שאינו רובו של כל האתרוג, [**פי׳** דבזה דהאיסור משום מנומר, מקרי רוב הקיפו לחוד ג״כ בשם רובו, **אבל** ברובו במקום אחד, לא מקרי רובו רק כשהוא רוב של שטח האתרוג].

[ה]ויש פוסלים אפי׳ במיעוטו של צד אחד - הלבוש וא״ר פסקו כדעה הראשונה, וכן משמע גם בפמ״ג, שאין פסול עד שיתפשט ברובו, **מיהו** אם נתפשט גם לצד השני של האתרוג, כבר ביארנו דמקרי רובו בזה לכו״ע.

באר הגולה

[א] ‹עיין סי׳ תרמ״ט ס״ה דף ל״ו› [ב] שם במשנה וכרבא שם בגמ׳ [ג] ‹מילואים› [ד] טור בשם הראב״ד וכ״כ הריב״ש [ה] שם בשם הרי״ץ גאות

סימן תרמח סי"א - אם הוא מחצה על מחצה במקום אחד - לא מיירי שהיה חצי האתרוג של צד א' מראשו עד זנבו, דהא בראשו לבד פוסל חזזית במעוטו, וכנ"ל בס"ט, **אלא** מיירי דהמחצה היא כלפי העוקץ בכל היקף האתרוג, [ו]**יש מכשירין** - ס"ל דאפשר לצמצם, [ז]**ויש פוסלים** - ס"ל דא"א לצמצם.

ולדינא יש להחמיר כדעה בתרייתא, מדנקט אותה המחבר לבסוף. **ועיין** בפמ"ג שכתב, דלא סגי אם ימצא רוב בהכשר ע"י מדידה, אלא צריך שיראה לעינים בלא מדידה, **ובבכורי** יעקב חולק ע"ז.

סימן תרמח סי"ב - מחוטמו ואילך, דהיינו ממקום שמתחיל לשפע עד הפיטמא – (ופיטמא בכלל, ופיטמא הוא הדד ששושנתא עליו, ולא השושנתא עצמו), (והיינו ודלא כמו שפירש הרמ"א בס"ז), **פוסל חזזית וכל שינוי מראה** - כגון שחור ולבן, כמבואר לקמן בסט"ז, **בכל שהוא** - ודוקא כשנראה לכל, אבל אם אין נראה לעין מחמת דקותו, וצריך להסתכל, אין זה כל שהוא שפוסל, [**דכיון** דבחוטמו הטעם, ששם אדם רואה יותר משאר מקומות, משא"כ כשצריך עיון והסתכלות, ומרחוק אינו נראה, אף בחוטמו אינו פוסל].

[ח]**ויש מי שאומר דה"ה דיבש פוסל שם בכל שהוא** – (היינו אפילו לדעה קמייתא בס"ה, דס"ל שם בנסדק לא פסלינן בחוטמו יותר משאר מקומות, **הכא** לענין יבש חמיר טפי, דיבש טעמו משום הדר, ובחוטמו שניכר יותר לעין הרואה, **אפילו** נתייבש כל שהוא, **תו לא** הוי הדר).

וכן פסק הא"ר וש"א, ולאו דוקא יבש, ה"ה שאר פסולין דמשום הדר, (**ונראה דיש להחמיר גם בנסדק בחוטמו, אם לא במקום הדחק**).

והיינו במקום חוטמו, אבל בשאר מקומות האתרוג, דינו כחזזית ושינוי מראה, שבמקום אחד דינו ברובו, ואם בשנים או בשלשה מקומות פוסל אף במיעוטו, (**ולענ"ד** לא ברירא דבר זה של ב' וג' מקומות, דהא הטעם בחזזית איתא בגמ', משום דהו"ל מנומר, וע"י שנתייבש באיזה מקומות לא ידענא אם חשיב נימור עי"ז, **אם** לא שאנו רואין שנשתנה מראה האתרוג ע"י היובש, וצ"ע).

אות ל'

נטלה פטמתו

סימן תרמח ס"ז - [ט]ניטל דדו, והוא הראש הקטן ששושנתו בו - הדד הוא העץ שעל ראש האתרוג, כמו חוד הדד, ותחוב בתוכו, והשושנתא עליו, **פסול** - דהו"ל כחסר.

והנה מלשון ניטל הדד משמע, דניטל העץ אף מה שתקוע בתוך האתרוג, ונעשה שם כמו גומא, ולפיכך פסול, [**ואפי'** אם נשתייר עוד מעט עץ בתוכו, כיון שנעשה כמו גומא פסול], **אבל** אם ניטל רק מה שלמעלה מן האתרוג, אין להחמיר, וכן הסכים הט"ז לדינא, **אבל** יש מן הפוסקים שמצדדים להחמיר, אפילו אם לא ניטל רק למעלה מן האתרוג, וסוברים דזה הוי בכלל חסר לדידהו, **ואם** נשאר מן העץ למעלה מן האתרוג כל שהוא, דעת המ"א דאין להחמיר בזה.

[י]**הגה: ויש מחמירין אם נטלה השושנתא, דהיינו שאנו קורין פיטמא (ר"ן), וטוב להחמיר במקום שאפשר** - היינו שאפשר ליקח יותר מובחר מזה, **אבל** אם הוא המובחר, אין להחמיר בשביל השושנתא, **ומ"מ** נראה דדוקא אם חסר רק השושנתא, אבל אם חסר גם מקצת מן העץ, אף שיש עוד קצת עץ למעלה מן האתרוג, טוב להדר ליקח אחר אם אפשר לו, כי יש מחמירין גם בזה.

[יא]**מיהו לענין דינא אין לפסול אא"כ ניטל הדד, דהיינו העץ שראש הפיטמא עליו; והראש נקרא: שושנתא (המגיד).**

וכל זה דוקא שניטלה, אבל אם לא היה לו דד מעולם, כשר - כיון שכך היא ברייתו, וזהו דרך גידולן, אין לכנותם בשם חסרים או שאינן הדר, **וכן הם רוב האתרוגים שמביאים במדינות אלו (הרא"ש)** - וניכרים הם, כי יש במקום פטמא כמו גומא מתחלת ברייתו, [**ומ"מ** אם א"א להכיר כלל אם היה כן מתחילת ברייתו, בא"ר בשם הב"ח מצדד להחמיר, **אכן** בפמ"ג כתב דאפשר דיש להכשיר מטעם ס"ס, דשמא הלכה כמ"ד ניטל פיטמתו היינו עוקץ לבד, **ואפי'** הוא דדו, שמא לא ניטל אלא נברא כך, **ואף** דהמחבר והרמ"א העתיקו דניטל פיטמתו פסול, וכן לענין עוקצו, אפשר דהוא רק משום דחשש להחמיר בשניהם, ולא משום דפסקו כן להחלטה].

וכתב בבכורי יעקב, דזה דוקא רק כשיש גומא מעט, שאין כאן פסול רק משום חסר, וכיון שמתחלת ברייתו הוא כן, ולא נחסר ממנו כלל, לא מקרי חסר, **אבל** לפעמים יש גומא עמוקה, שחללה עד חדרי הזרע, וניכר ע"י שיכניס לתוך החלל מחט או שאר דבר דק, **בזה** נראה דפסול גמור הוא, שהרי נקב בתולדה פסול כל היכי דניקב פסול, וכיון דניקב עד חדרי הזרע פסול, ה"ה בניקב בתולדה.

אות מ'

נטלה בוכנתו

באר הגולה

[ו] שם בשם אחיו רבי יחיאל [ז] שם בשם הראב"ד [ח] טור בשם הראב"ד, וכ"כ הר"ן וארחות חיים בשמו ובשם הריטב"א [ט] שם במשנה נטלה פטמתו כפי' הרי"ף ורמב"ם ‹ולי נראה שהרי"ף נמי סובר כמו הרמב"ם - ב"י› [י] ‹הוא הרי"ף לפי' הר"ן - גר"א›, ‹**אבל** הרי"ף ז"ל פי' פטמתו שושנתו, ושכן אמרו בירושלמי, וכמו שקורין פטמא של רמון לאותו הנץ שעל הרמון בראשו, **אבל** הר"ן ז"ל כתב שהתלמוד שלנו לא הביא דברי מי שפירש בירושלמי פטמתו שושנתו, דטעותא הוא שטעו בפי' פטמא של רמון, שחשבו שהוא הנץ שלו, וליתא, דפטמא של רמון אינו שושנתו של רמון, אלא הדד שבראשו, שהפרח נץ שמו, דהתנן בעוקצין הפטמא של רמון והנץ שלו, אלמא תרי מילי נינהו, ע"כ בקיצור מופלג - מלאכת שלמה› **[יא] כתב שארי הרב רבי ישעיה הורוויץ בספרו שני לוחות הברית, שאין פסול בניטל השושנתא, ומכ"ש שיש שושנתא רק שנשברה מקצתה, והאתרג בעצמו מהודר ומפואר, ולוקח בשביל זה אתרוג אחר שאינו מהודר, הוא הכסיל בחושך הולך**

סימן תרמח ס"ח - [יב]**ניטל העץ שהוא תלוי בו באילן מעיקר האתרוג, ונשאר מקומו גומא, פסול** - דהוא בכלל חסר, **ואם** הוא שעת הדחק שאין אחר בעיר, העלה בתשובת חכם צבי, שיכול לברך עליו אפילו ביום ראשון, **כיון** שבשעת הדחק איתא בס"ס תרמ"ט, שמברכין אפילו על פסולין לגמרי, וכ"ש בזה שהיא תלוי בשיטת הראשונים כמבואר בב"י, **וה"ה** בניטלה פטמתו ונעשה גומא, ואין אחר בעיר, ג"כ יכול לברך עליו אפילו ביום ראשון.

הגה: ואם ינטל קלת העץ, ונשאר עובי כל שהוא, שכל רוחב הגומא מכוסה, כשר (טור) - ר"ל שנשאר מן עובי העץ בתוך האתרוג, שיעור קצר שיוכל עכ"פ למלא כל רוחב הגומא מן עוביו, ואף דלמעלה מן הגומא לא נשאר משהו, ג"כ כשר, דתו לא מקרי חסר.

אות מ'* [יג]

סימן תרמח סכ"א - אתרוג המורכב, הסכימו הפוסקים שהוא פסול, דלא מקרי אתרוג כלל, ומורכב היינו מאתרוג ולמונ"י או פאמראנ"ץ, או שום פרי אחרת, **אפילו** אם הבריך ענף מאילן אתרוג לתוך לומונ"י, וכ"ש אם הבריך ענף מאילן לומונ"י תוך אילן אתרוג, **אבל** אם הרכיב משני אילני אתרוג ביחד, כגון ענף אילן שפירותיו דקים וקטנים, לתוך אילן שפירותיו גסים, כשר.

ויש ג' סימנים שנוכל להכיר אם הוא מורכב או לא: **א)** כי המורכב חלק, ולאתרוג בליטות קטנות בכל גופה, וגובה להם, **ב)** המורכב העוקץ בולט, ובאתרוג העוקץ שוקע, **ג)** כי תוך המורכב רחב, והמוהל שלו הוא רב, והקליפה הממוצעת {דהיינו בין קליפה עליונה שהיא דקה כגליד, ובין התוך שהן חדרי הזרע עם קליפתן} דקה, ובאתרוג הוא להיפך, כי הקליפה עבה, והתוך קצר, והוא כמעט יבש.

ובעולת שבת כתב עוד סימן, שבאתרוג הגרעין זקוף לאורך האתרוג, ובמורכב הגרעין מושכב לרוחב האתרוג, **ובבכורי** יעקב כתב, שבדק באתרוגים הרגילים אצלנו, ושיש להם כל סימני אתרוג כשר, שלפעמים הגרעינים שוכבים באורך ולפעמים ברוחב, וע"כ ע"י סימן זה א"א להבחין כלל.

וכתב בתשובת חתם סופר: אתרוגים שיש להם סימנים שמבחוץ, דהיינו העוקץ שקוע, ובליטות הרבה, אין לחוש שמא ימצא בסימנים הפנימים היפך מזה, **ומשמע** מזה, דאם יש לו רק סימן אחד שמורה שהוא אתרוג, והסימן השני מורה שהוא מורכב, כגון שהוא חלק, והעוקץ שלו שוקע, יש להחמיר מספיקא, וכ"כ במו"ק.

אמנם מפקפק החת"ס מאוד בענין הסימנים, אחרי שלא נזכרו בש"ס, ודעתו דלמעשה אין לסמוך על סימנים כלל להקל, [**ומה** דנזכרו סימנים, היינו שאם בא אחד ואמר, שהאתרוגים שלו הוא ממקום שמוחזקים האתרוגים שלו לאינם מורכבים, והסימנים מראין להיפך, אינו נאמן], **ודינן** של אתרוגים כדין עוף טהור דנאכל במסורת, דהיינו שאותו המקום יהיה מוחזק מימים קדמונים שאתרוגיהם אינם מורכבים, **ומסיים** שם: העולה מזה, כל האתרוגים שאינם מייעניווע {וה"ה מקום אחר המוחזק בכשרות מימים קדמונים} אין ליקח בלי כתב הכשר, שיודע המעיד שאינם מהמורכבים, ואין לסמוך על הסימנים, עכ"ל, וכעין זה כתב ג"כ בספר שנות חיים, **אך** ביו"ט שני שהוא דרבנן, יש לסמוך על הסימנים, אף למאן דס"ל דגם ביו"ט ב' פסול מורכב.

אכן באמת אודות כתב ההכשר יש ג"כ הרבה לדקדק, **א)** שצריך למצוא אנשים שיכירו היטב חתימות המעיד, או עכ"פ שהסוחר עצמו יכיר כתב ההכשר, והוא יהיה מוחזק לנו בכשרות, **ב)** על האתרוגים שאינם מוחזקים מכבר בכשרות, להעיד שאינם מורכבים, לזה אין להאמין להמעיד רק אם הוא מוחזק בכשרות, **וצריך** שיהיה ירא שמים לדקדק, דאולי מטעי קטעי, ובפרט במלאכת הנטיעה, **גם** מצוי עוד כמה רמיות בענין זה, שהוא מניח כתב ההכשר על תיבה אחת, והסוחר כשמוכר אותו קעסטיל מניח הכתב על קעסטיל אחר, וע"כ יש לדקדק לקנות מאיש נאמן, **ואם** מוצא לקנות אתרוג מאיזה מקומות הידועים מעולם, ומוחזקים שאינם מורכבים, יותר טוב לקנות מהם.

(וז"ל הבכורי יעקב: **זה פשוט שהאתרוגים הגדלים אצלנו במדינת אשכנז בגנות של שרים, כולם מורכבים הם, אבל אותם שבאים מאיטליא, והם ספק מורכבים, לכאורה יהיו כשרים אם א"א להכריע, דניזל בתר רובא, ורוב האתרוגים שבעולם ידוע שאינם מורכבים, אכן לדינא צ"ע, ועכ"פ ספק מורכב אם אין לו אחר יטלו בלא ברכה, עכ"ל, ולענ"ד אפשר לומר, דלהכי סמכו כמה פוסקים על הסימנים, אף דאין ראיה כ"כ כמו שכתבו הפוסקים האחרונים, משום דבצירוף רובא יש לסמוך ע"ז, וע"כ אין למחות במי שסומך ע"ז ומברך, כנלענ"ד), ולפי** המבואר נראה, דבדיעבד כשכבר קנה, או שאין לו מקומות הידועים למוחזקים, נראה דיוכל לסמוך על ב' סימנים שמבחוץ, ולברך ג"כ וכמ"ש למעלה.

ודע שהסכימו האחרונים, דיש להחמיר לענין אתרוג המורכב אפילו בשאר ימים, **ואם** אין לו אחר בעיר, יש ליטלו כל שבעה בלא ברכה, **ויש** מחמירין דאפילו ליטלו בלא ברכה ג"כ אין כדאי, דילמא אתי למסרך לצאת בו תמיד.

ולענין הדסים, אם יודע שהם מורכבים, אין ליטול אותם, דפסולים הם כמו אתרוגים, **אך** בסתמא משמע מאחרונים שאין לחוש, דסתמא אינן מורכבים, **ומה** שרצה השבות יעקב לפסול אותן הגדלים בגנות השרים, מפני חשש מורכבים, חלקו עליו החכם צבי והפנים מאירות, **ועיין** בבכורי יעקב שכתב, שכן פשט המנהג להכשירים.

באר הגולה

[יב] **נטלה בוכנתו כפי' הרי"ף והרמב"ם** ‹כתב הרא"ש, ועתה לפירושא קמא של רש"י, אין פיסול בעוקץ כלל, אפילו נתלש העוקץ ונשאר מקומו כמו גומא, לפי שלא נחסר מגוף האתרוג כלום, מידי דהוה אנקלף דלא מיקרי חסר, דאין הקליפה מכלל האתרוג, **ולפירוש** בתרא של רש"י, אין פסול בפיטמתו שבראש האתרוג, לפי שאינו מכלל האתרוג. **ובערוך** פירש בשם רבינו חננאל, ניטלה פיטמתו, נראין הדברים שהוא דד והוא החוטם, וניטלה בוכנתו, היינו קצה העץ הנתון באתרוג, ומשמע מתוך פירושו דפיטמתו ובוכנתו תרי ענייני נינהו, זה בראשו וזה בעוקצו, ולא בא רבי יצחק לפרש אלא להוסיף על המשנה, וכן כתב הרי"ף והרמב"ם - ב"י. ‹**וניטל** עוקצו, לדברי מי שמפרש שפטמתו היינו מה שנכנס בתוך האתרוג מלמטה כבוכנא באסיתא, תנא ניטל עוקצו לאשמועינן דדוקא בשניטל מה שנכנס בתוך האתרוג פסול, אבל כשניטל העוקץ היוצא כשר - מלאכת שלמה. ‹**ועיין** בשעה"צ לעיל בס"ז, וז"ל: **ואף דהמחבר והרמ"א העתיקו דניטל פיטמתו פסול, וכן לענין עוקצו, אפשר דהוא רק משום דחשש להחמיר בשניהם, ולא משום דפסקו כן להחלטה**›

[יג] ‹מילואים›

§ מסכת סוכה דף לו. §

אות א'

הא בכולה, הא במקצתה

סימן תרמח ס"ז - [א]נקלף הקליפה החיצונה שלו, שאינו מחסרו, אלא נשאר ירוק כמות שהוא בריית - [כי כמה קליפות באתרוג, אחת קליפה ירוקה דק מאד, ולפנים ממנה היא הקליפה העבה קצת, שיש בה חריפות כשאוכלין אותה, ואח"כ מתחיל בשר האתרוג שהוא לבן, ולפנים ממנו יש כמו עגול, ובו מונחים גרעינים, וזה נקרא חדרי הזרע, **והשו"ע** מיירי בהקליפה העליונה שהוא דק כגליד שאינו מחסרו מגוף האתרוג].

דאם היה נקלף יותר בעומק אפילו במקום אחד, ונחסר מגוף האתרוג אפילו משהו, פסול מטעם חסר, לדעה ראשונה של ס"ב הנ"ל, **ולדעה** שניה, אם חסר כאיסר עכ"פ.

אם נקלף כולו, פסול - כמו בבהמה כשנקלף כל עורה טרפה, דלא הדרא בריא.

[ב]אם נשאר ממנו כל שהוא, כשר; [ג]ויש אומרים שצריך שישתייר כסלע - וכמו שם לגבי בהמה, דצריך שישתייר כסלע, וכן פסקו הב"ח וא"ר.

ואם מקום הנקלף [ד]הוא משונה במראיתו ממראה האתרוג, אפילו אם נקלף רק רובו, פסול, **וכ"ז** דוקא כשנקלף הכל ביחד, אבל אם נקלף בשנים ושלשה מקומות, אפילו במיעוט האתרוג, אם אינו דומה לשאר האתרוג, פסול, דהוי כמנומר, **ואם** נקלף במקום חוטמו, כשאינו דומה מקום הקילוף לשאר האתרוג, אפילו בכל שהוא פסול, וכמו לענין חזזית לקמן בס"ט, **וי"א** דאין להחמיר בכל זה רק דוקא כשאם נשתנה מקום הקילוף למראה פסול, כגון שחור ולבן, **אבל** אם הוא מראה כשר אין לפסלו, **ובשעת** הדחק יש לסמוך ע"ז, [אפי' בחוטמו], וע"ל בסי"ג בהג"ה.

אות ב'

ניקב נקב מפולש במשהו, ושאינו מפולש בכאיסר

סימן תרמח ס"ב - [ה]אתרוג שניקב נקב מפולש כל שהוא, פסול - אפילו אינו חסר מן האתרוג כלל, כגון שניקב ע"י מחט.

ושאינו מפולש, אם היה כאיסר, פסול - אפילו אין בו חסרון, כגון שתחב בו יתד רחב, **ואם** הנקב מרובע או ארוך, רואין אי כד מעגלת לה הוי כאיסר, פסול.

ואם חסר כל שהוא, פסול - ר"ל דאם חסר, אז אפילו הנקב הוא קטן ביותר, דהוא כל שהוא, ג"כ פסול, (**ודוקא** כשנחסר מגוף האתרוג, **אבל** אם נחסר רק הקליפה העליונה, שהיא כמין גליד על האתרוג, כשר לכו"ע, כדלקמן בס"ז, דזהו אינו בכלל חסר).

[ו]וי"א דגם בנקב מפולש בעינן חסרון משהו; ושאינו מפולש, בחסרון כאיסר - ס"ל דתרתי לריעותא בעינן, מפולש וחסרון, דבלא חסרון כשר בכל גווני, **אלא** ביש חסרון יש חילוק, דאם הוא מפולש, פסול אפילו בחסרון כל שהוא, **ובאינו** מפולש, דוקא כשחסר בכאיסר.

וקי"ל להחמיר זולת בשעת הדחק, כמ"ש רמ"א אח"כ, [ט"ז]. **ועיין** במאמר מרדכי שהסכים, דלענין יו"ט שני שפיר דמי לברך עליו, היכא שחסר כל שהוא, כל שאינו מפולש, ואינו חסר בכאיסר, [**אף** דמבואר לקמן, דפסולי ראשון נוטלין בשני בלא ברכה, הכא דבלא"ה יש דעות דכשר אפי' ביום ראשון, מקילינן לגמרי בשני].

הגה: ונהגו להכשיר הנקבים שנעשו באילן על ידי קוצים, אע"פ שיש בהם חסרון, שזהו דרך גדילתן (תה"ד) - ר"ל שנראה לפעמים באתרוג שהיה בו נקב בעודו במחובר, אלא שנקרם עליו עור ובשר מלמעלה, בזה יש להתיר, **אבל** אם אנו רואים שלא נקרם, אלא יש שם נקב וחיסרון, אע"פ שנעשה ע"י קוצים בדרך גדילתו, פסול, וזהו שסיים: מיהו אם רואה וכו', **והמון** עם טועין בכך, שסוברין שיש קולא כשנעשה הנקב ע"י קוצים.

מיהו אם רואה שאין העור והבשר קיים תוך הנקב, פסול לסברא הראשונה אע"פ שאינו מפולש - ואם יש ספק בזה אם הבשר קיים, אזלינן לקולא, כיון שהדעה אחרונה ס"ל אפילו בודאי יש חסרון, כשר כל שאינו מפולש ואין החסרון בכאיסר, שפיר נסמוך ע"ז בספק לכל הפחות, **ואפילו** אם ספק לו שמא הגיע פילוש הנקב עד חדרי הזרע, ג"כ יש להכשיר, שכל שאינו ברור לנו שהגיע עד חדרי הזרע, יש לסמוך על דברי האומרים, שאפילו אם הגיע לחדרי הזרע אינו נקרא נקב מפולש, ואינו פוסל אא"כ יש בו חסרון.

ובשעת הדחק יש להקל כסברא האחרונה, להכשיר חסרון שאינו כאיסר ואינו נקב מפולש (דעת עצמו) - ולברך עליו, [**ומסתימות** לשון הט"ז לעיל משמע, דבשעת הדחק יש לסמוך לגמרי על דעת הי"א, דהיינו להכשיר באינו חסר אפי' במפולש מעבר לעבר, וכן ברחב כאיסר בלא חסרון, **ומה** שהזכיר רמ"א פרט זה, היינו מפני שכתב מתחילה להחמיר לענין נקבים דאין עור ובשר קיים, שזה הוא חסרון משהו ואינו מפולש, כסברא הראשונה, וע"ז סיים דבשעת הדחק יכול להקל כדעה אחרונה, אבל אין כוונתו לשלול יתר הפרטים].

באר הגולה

א ל"ד: במשנה וכרבא שם ל"ו וכפי' התוס' בשם ר"ח ‹ודלא כרש"י› ב הרי"ף והרא"ש ורמב"ם ג תוס' בשם ר"ח ד ‹משא"כ כתמרה אדומה, משמע דמראה אתרוג הוא - פמ"ג, ע"ש דלכאורה כצ"ל› ה שם במשנה ובגמ' משמיה דעולא ‹כפ' רש"י - ב"י, וכפי' רבי ישעיה והרא"ש שהביאו הטור, וכ"כ התוס' דעולא אסיפא קאי אניקב ולא חסר, וכ"כ הרמב"ם ו שם בשם ר"ח, וכ"כ הראב"ד שפי' דעולא ארישא אניקב וחסר כל שהוא קאי

תורה אור

*הא בכולה הא במקצתה: נסדק ניקב: תני עולא בר (א) חנינא ב[ניקב נקב מפולש במשהו ושאינו מפולש בכאיסר בעי רבא נולדו באתרוג סימני טרפה מהו מאי קמיבעיא ליה אי נקלף תנינא אי נסדק תנינא אי ניקב תנינא כי קא מיבעיא ליה כדעולא אמר רבי יוחנן *ג[ריאה שנשפכה בקיתון כשרה ואמר רבא ד[והוא דקיימא סימפונהא הא לא קיימי סימפונהא טרפה ה[הכא מאי דלמא התם הוא דלא שליט בה אוירא הדר בריא אבל הכא דשליט בה אוירא סרוחי מסרחת או דלמא לא שנא ת"ש ו[אתרוג תפוח סרוח כבוש שלוק ז[כושי לבן ומנומר פסול אתרוג ככדור פסול ויש אומרים אף התיום אתרוג הבוסר ר"ע פוסל וחכמים מכשירין גדלו בדפוס ועשאו כמין בריה אחרת פסול קתני מיהת תפוח סרוח מאי לאו תפוח מבחוץ וסרוח מבפנים לא אידי ואידי מבחוץ ולא קשיא הא דתפח אע"ג דלא סרח הא דסרח אע"ג דלא תפח אמר מר אתרוג כושי פסול והתניא כושי כשר דומה לכושי פסול אמר אביי כי תנן נמי מתני' דומה לכושי תנן רבא אמר לא קשיא *ח[הא לן והא להו אתרוג הבוסר ר"ע פוסל וחכמים מכשירין אמר רבה ר' עקיבא ור"ש אמרו דבר אחד ר"ע הא דאמרן ר"ש מאי היא (*דתניא) ר"ש פוטר *את האתרוגים בקוטנן א"ל אביי דלמא לא היא עד כאן לא קאמר ר"ע הכא דבעינן הדר וליכא אבל התם כרבנן סבירא ליה אי נמי עד כאן לא קאמר ר"ש התם אלא דכתיב °עשר תעשר את כל תבואת זרעך כדרך שבני אדם מוציאין לזריעה אבל הכא כרבנן סבירא ליה

ותו

[מעשרות פ"א מ"ד] · דברים יד

רש"י

כולה. כשר: **במקצתה.** פסול דמנומר הוא: **תני עולא בר חנינא.** אניקב ולא חסר קאי דמכשר תנא דמתני' ואתא האי תנא למימר דאם מפולש הוא מצידו לצידו פסול בנקב כל שהוא אפילו של מחט ונקב שאינו מפולש בכאיסר אם רחב כאיסר פסול ואע"פ שלא חסר כלום כגון שתחב בו יתד עבה ומתני' בפחות מכאיסר ובשאינו מפולש: **סימני טרפה.** שהבהמה נטרפה בה ולקמיה מפרש ליה: **נקלף.** סימני טרפה הוא דהיינו הגלודה: **נסדק.** דהיינו גרגרת שנסדק רובה שלא נשתייר בה חוליא למעלה וחוליא למטה: **ניקב.** כגון ניקב קרום של מוח: **ריאה שנשפכה כקיתון.** הבשר שבתוך הקרום נימוח ונעשה כמים: **הא לא קיימי סימפונהא טרפה.** אלמא מסימני טרפה הוא: **הכא מאי.** אם נימוח וקיימי סימפונהא דהיינו חדרי הזרע שהגרעינין בתוכם: **סרוחי מסרחא.** נרקבת: **תפוח סרוח.** מפרש לקמן: **כבוש.** בחומץ או בחרדל: **שלוק.** מבושל ביותר באור ברותחין: (*ככדור). העשוי כמין כדור עגול כדור פלוט"א: **תיום.** שנים דבוקין יחד: **הבוסר.** קטן כפול הלבן: **גידלו בדפוס.** שעושה לו דפוס כשהוא קטן ונותנו בתוכו במחובר וגדל כמדת הדפוס דפוס פורמ"א בלע"ז כל דבר העשוי לעשות למדתו דברים אחרים על גביו כמו מנעלין או בתוכו כעין שהיו עושין קדרות ללחם הפנים שיכניסו העיסה לתוך הקדרה והלחם נעשה בצורתה כגון אלו קרי דפוס: **כמין בריה אחרת.** שאינו דומה לאתרוג כלל: **מאי לאו תפוח מבחוץ.** שנפחת ונרקב מבחוץ: **סרוח מבפנים.** וקליפתו קיימת כמין ריאה שנשפכה כקיתון: **לא תפח אע"ג דלא סרח סרח אע"ג דלא תפח.** תפח אינפל"ה בלע"ז כגון שנפלו גשמים בתלוש ותפח סרח נרקב ל"א תפח נרקב סרח ריחו רע מחמת תולעים שאכלוהו: **דומה לכושי.** שגדל כאן והרי הוא שחור: **פסול.** שנדמה הוא קונטרפא"ט בלע"ז אבל כושי עצמו היינו טעם דכשר דאורחיה הוא: **הא לן והא להו.** לעולם מתני' כושי נמי פסיל ולא קשיא מתניתין לבני ארץ ישראל שרחוקין מארץ כוש ואינם רגילים בהם ברייתא לבני בבל שקרובים לכוש ורגילין בהם ומכל מקום בגדל כאן ודומה לכושי נדמה הוא ופסול: **רבי עקיבא.** דאמר דעד גמר בישוליה לא הוי אתרוג פרי ורבי שמעון אמרו דבר אחד: **פוטר את האתרוגים בקוטנן.** מן המעשרות: **כרבנן סבירא ליה.** דחייבין במעשר דפרי הוא הואיל ותחילתן וסופן אוכל: **שבני אדם מוציאין לזריעה.** פרי העשוי לצמוח ולא משכחת לה אלא בבשל כל צרכו והא דנקט אתרוגין משום דלא פלוג רבנן בני פלוגתייהו לחיובי בקוטנן אלא אתרוגין ותפוחין דקסברי תחילתן וסופן אוכל הוא כדתנן לה פ"ק דמסכת מעשרות כל שתחילתו וסופו אוכל אע"פ ששומרו במחובר להוסיף אוכל חייב בין גדול בין קטן וכל שאין תחילתו אוכל וסופו אוכל אינו חייב עד שיעשה אוכל כו' האתרוגים והתפוחים חייבין בין גדולים בין קטנים ופליג ר' שמעון עלייהו באתרוגים ומודי בתפוחים דקסבר כדרך שבני אדם מוציאין לזריעה ואתרוגים קטנים שטעם אינם נומחין אבל תפוחין קים ליה דאף על פי שלא בישלו כל צרכן נומחין ובקטני קטנים אפילו בתפוחין ודאי פליגי הואיל וטעמא משום מוציאין לזריעה הוא:

תוספות

לגומא שבאתרוג כשר פטמתו שנתלש העוקץ מתוך האתרוג וחסרו לפיכך פסול והיינו דתני ר' יצחק בן אלעזר נטלה בוכנתו מה שנכנס בתוך האתרוג כבוכנא הנכנס ומכה באסיתא והקשה בקונטרס על זה שלא מצינו בכל מקום פיטמא עוקץ ור"ת מפרש שמצינו עוקץ ופיטמא במקום אחד בסוף פ' יוצא דופן (נדה דף מז: ושם) גבי סימני בוגרת דתנן בן עזאי אומר משתשחיר פטמתו ר' יוסי אומר כדי שיהא נותן ידו על העוקץ והוא שוקע ושוהה לחזור דעוקץ הוא חודו של דד שהתינוק מכניס לתוך פיו ופיטמא הוא הבשר שתחת העוקץ שמשחיר סביב וקלת היה נראה מדמזכיר כאן גבי אתרוג פטמתו ועוקצו וחוטמו וכן נמי התם גבי דדי אשה משמע שכלשה במקום אחד נגד ראשו של אתרוג דעוקץ פעמים שיוצא מחודו שבראשו כמין עוקץ בולט וקשה כעץ ולכך קרי ליה עוקץ ונטלה פטמתו דהיינו בוכנתו היינו שנתלש אותו עוקץ ממקום חיבורו ונשאר כמין גומא בראש האתרוג ובפרק יוצא דופן (נ"ז שם) פירש בקונטרס חוטמו ספק וכאן פירש בחוטמו אפילו במשהו הנראה בעובי גובהו שמשפע ויורד נגד ראשו ובירושלמי אמר נטלה פטמתו תמן אמרי שושנתו משמע שהוא נגד ראשו כעין פרח שושן ובערוך *פירש בשם ר"ח נטלה פטמתו נראין הדברים שהוא דד של חוטם כמין פיטמא של דד כדתנן (עוקצין פ"ב מ"ג) פיטמא של רימון אבל [הא] דאמר רבי יצחק נטלה בוכנתו הוא קצה העץ הנתון באתרוג כאותו דשחיטת חולין (דף מב:) האי *) (בוכנא) דאטמא דשף מדוכתיה טריפה מתוך פירושו משמע דפטמתו ובוכנתו תרי מיני ניכהו זה בעוקץ וזה בראשו ולא בא *ר' אליעזר בר יצחק לפרש אלא להוסיף על המשנה ובשם רבינו גרשום מאור הגולה פירש בערוך כפירוש רבינו יצחק בר יהודה הלוי:

הא בכולה הא במקצתה. פי' בקונטרס במקצתה פסול דמיחזי כמנומר ורבינו חננאל פי' איפכא בכולה פסול דלטריפות מדמי לה בשמעתין וגבי טריפות אשכחן בפרק אלו טרפות (חולין דף נד.) הגלודה טריפה ואם נשתייר בה כסלע כשרה דהדרא בריא וכן מוכח מדפריך אי נקלף תנינא כלומר אם סימן טריפה דקא אמרינן היינו נקלף דסימן טריפה הוא הגלודה תנינא במתני' שהוא פסול באתרוג משמע בהדיא דלענין טרפה מיפסיל: **אי** נסדק תנינא. שהוא כעין טרפות בגרגרת שנסדקה כולה שלא נשתייר בה חוליא למעלה וחוליא למטה תנינא במתני' נסדק פסול ובכי האי גוונא שנסדק על פני כולה אי ניקב שגם הוא סימן טריפה כמו ניקב קרום של מוח והשתא הא דפריך עלה תנינא לא הוי כעין אחריני אלא כלומר תנינא שהוא כשר גבי אתרוג כדקתני מתני' ניקב ולא חסר כשר ומכל מקום אע"ג דלענין טרפות אסור התם הוא משום דקרום לחודיה קאי אבל הכא סוליה אתרוג חיבור הוא ודמי לניקב הלב ולא לבית חללו ויתכן דגבי אתרוג נמי אם ניקב עד חדרי הזרע שהגרעינין לתוכן פסול אע"ג שלא חסר ולעיל דבעי נקב מפולש היינו שלא כנגד אותן חדרים ואם ניקב עד שם בכלל מפולש הוא דאותן חדרים במקום סימפונות דריאה קיימי כדמוכח שמעתין דבעי ליה למיפסל נשפכה כקיתון משום דלא קיימי סימפונהא ואי הוה מפרשי דמתניתין דקתני ניקב וחסר כל שהוא פסול תרי מילי ניכהו הוה ניחא טפי דהוי תנינא דומיא דאחריני כלומר ניקב נקב מפולש או לבית הסימפונות או חסר כל שהוא בלא מפולש אבל אי אפשר לומר כן דמשמע דחדא מלתא היא מדקתני סיפא ניקב ולא חסר כשר:

אתרוג ככדור פסול. כלומר עשוי כמין כדור של עור שמשחקות הבנות בו כדדרשינן (בפסיקתא רבתי) דברי חכמים כדרבונות ככדור של בנות שזורקות זו לזו כך דברי תורה נזרקין מפה אל פה פלוט"א בלע"ז כי ההיא דהכדור והאימוס דסוף ארבע מיתות (סנהדרין דף סח: ושם) ולית דגרס כדור בדל"ת והיינו עשוי כמין דוד ועגול כקדרה: [וע"ע תוס' סנהדרין כו: ד"ה כדור ותוס' חולין סד. ד"ה כודרת]: **אתרוג** הבוסר. פי' בקונטרס קטן כפול הלבן ולא יתכן כדפרישית בריש פירקין (דף לא:) אההיא דשיעור אתרוג דמייתינן התם:

עין משפט נר מצוה

סד א מיי' פ"ח מהלכות לולב הלכה ז טוש"ע א"ח סי' תרמח סעיף ו:

סה ב מיי' שם טוש"ע שם סעיף כ:

סו ג ד מיי' פ"ז מהל' שחיטה הלכה ט סמג עשין סג טוש"ע י"ד סי' לו סעיף ז:

סז ה (מיי' פ"ח מהלכות לולב הלכה ח) סמג עשין מד טוש"ע א"ח סימן תרמח סעיף ד:

סח ו מיי' שם טוש"ע שם סעיף טו:

סט ז מיי' שם טוש"ע שם סעיף טז:

ע ח מיי' שם טוש"ע שם סעיף יז:

רבינו חננאל

שנקלף עורו במקצת כמו פני תמרה. ארומין כשירה. וגרסי' נמי באלו טרפות. הגלודה ר' מאיר מכשיר וחכמים פוסלין שנקלף עורה באהינא סומקא. והני מילי כולה. אבל נשתייר מקצת מציל בגלודה. ניקב נקב מפולש במשהו ושאינו מפולש בכאיסר בעי רבא נולדו בו באתרוג סימני טריפה כגון שנשפך בקיתון [מהו] ואמרינן ת"ש אתרוג תפוח סרוח פסול מאי לאו תפוח מבחוץ וסרוח מבפנים וקתני פסול. ודחינן לא אידי ואידי מבחוץ ולא קשיא הא דאיתפח ואח"כ סרח. והא דסרח ואח"כ איתפח ולא איפשטא. ניטלה פיטמתה. נראין הדברים שהוא דד של חוטם. כפיטמא של דד כדתניא פיטמא של רמון. אבל הא דתני ר' יצחק ניטלה בוכנתו והוא קצה העץ הנתון באתרוג כגון בוכנא. דגרסי' בשחיטת חולין האי בוכנא דשף מדוכתיה טריפה. ושם המדוך בוכנא כדגרסינן (בחולין נ"ב) בוכנא ואסיתא ובאתרוג העץ שהוא תלוי בו באילן הוא כמין בוכנא. ובעיקר האתרוג חקוק כמו אסיתא והעץ נתון בה וקי"ל שאם נעקרה בוכנא מן האסיתא חיישינן שמא ניטל מגופו של אתרוג עמה וחסר האתרוג ופסול. אבל אם הבוכנא באתרוג קיימת בתוך האסיתא ונחתך העץ למעלה הימנה כשר שהרי העיקר קיים וזהו ניטל עוקצו כשר. אתרוג כושי פסול. אוקמה אביי דומה לאדם כושי פסול אבל אתרוג כושי כשר ורבא אוקמה בא"י שנו שאתרוג כושי פסול. אתרוג הבוסר כדכתיב אבות אכלו בוסר. ר"ע פוסל וחכמים מכשירין. והלכתא כחכמים. ור' שמעון דפטר את האתרוגין בקוטנן מן המעשר כשיטת ר'

מסורת הש"ס

חולין מז:

[נ"ל ככדור]

[נדרים ס: וש"נ]

[נ"ל דתנן]

הגהות הב"ח

(א) גמ' תני עולא בר חיננא. נ"ב כצ"ל וכן ברש"י:

*) בגמ' איתא בוקא דאטמא ופירש רש"י ז"ל בוכנא וכן הוא בערוך

אות ב'* [ז]

סימן תרמח ס"ג - מפולש, [ח]**יש מפרשים כפשוטו, דהיינו שניקב מצד זה לצד זה** - שע"ז מורה שם מפולש, כמו מבוי המפולש.

[ט]**ויש מפרשים שכיון שניקב עד חדרי הזרע שהגרעינים בתוכו, מקרי מפולש** - טעמם, שהקליפה העבה המקפת את חדרי הזרע, אינה נחשבת עם חדרי הזרע לד"א, אלא היא נחשבת לדבר בפני עצמו לענין זה, וכיון שניקבה כולה מצד אחד, הרי זה נקב מפולש, **וע"כ** אע"פ שחדרי הזרע וצד השני של האתרוג נשארו שלימים, הרי זה פסול, [**והיינו** דוקא כשאנו יודעין שהגיע עד חדרי זרע, אבל בספק כשר].

ולענין הלכה יש להחמיר כסברא האחרונה, **אבל** בשעת הדחק שא"א למצוא אתרוג אחר, יש לסמוך על סברא הראשונה, ומותר לברך על אתרוג זה, **ובפרט** היכי שאינו חסר כלום, כגון שניקב ע"י מחט, דיש בזה ס"ס, שמא הלכה כהי"א הנזכר בס"ב, דגם במפולש דוקא כשיש חסרון.

ואם ניקבה הקליפה העבה מצד זה לצד זה שלא כנגד חדרי הזרע, דהיינו במקום שהאתרוג מתקצר למטה, זה מקרי מפולש בין לדעה ראשונה ובין לדעה שניה.

אות ג' – ד'

ריאה שנשפכה כקיתון כשרה

והוא דקיימא סימפונהא, הא לא קיימי סימפונהא טרפה

יו"ד סימן לו ס"ז - הריאה שנשפכה כקיתון, וקרום העליון שלה קיים שלם בלא נקב, אם הסמפונות עומדין במקומן ולא נמוחו, כשרה; ואם נמוק אפילו סמפון אחד, טריפה.

אות ה'

הכא מאי

סימן תרמח ס"ד - [י]**אתרוג שנימוח כל בשרו בפנים, וקליפתו החיצונה קיימת, וחדרי הזרע קיימים בפנים** - ויוכל להרגיש דבר זה במשמוש היד, **כשר;** [יא]**ויש פוסלים** – (וזהו בעיא בגמ' ולא נפשטה, ופסק דעה ראשונה בה לקולא, משום דס"ל דכל הנך פסולין אין עיקרם אלא מד"ס, וספיקא לקולא, והי"א ס"ל דהוא ספיקא דאורייתא, וצריך להחמיר מספיקא). **ויש** להחמיר בדבר זה במקום שאפשר.

[יב](וכתב הפמ"ג, דאם נימוח בפנים ונסרח, י"ל דפסול לכו"ע, וצ"ע).

אות ו'

אתרוג תפוח סרוח כבוש שלוק... ומנומר, פסול

סימן תרמח סט"ז - [יג]**נפל עליו מים בתלוש ותפח** – (אפי' לא נרקב), **או סרח, או שהוא כבוש בחומץ** - [ומיירי בחומץ חזק], **והיינו** דבזה אפילו לא שהא אלא כדי שירתיח הוי כמבושל, **וה"ה** כששרה במים או בשאר משקין ודבש מעת לעת, קיימא לן דהוי כמבושל, [**ואם** טמן בדבש קרוש, לא אמרינן דהוי כמבושל].

(הנה בגמרא איתא תפוח סרוח פסול, ופירש"י שתי לשונות, בפי' אחד, כגון שנפלו עליו גשמים בתלוש ותפח, וסרח נרקב, ולישנא אחרינא, תפח נרקב, וסרח ריחו רע מחמת תולעים שאכלוהו. **ומשמע** ללישנא בתרא, ע"י תפיחה בלבד לא נפסל, והטוש"ע סתמו כלישנא קמא דרש"י, והמ"א שכתב ותפח, ר"ל נרקב, צ"ע).

או מבושל; או מנומר, פסול - [יד]י"א דדוקא אם הוא מנומר בגוונין הפסולין, כגון חזזית או שחור או לבן או ירוק כעשבי השדה, ודינו כמו שכתוב לקמיה בסט"ז, **וי"א** דאפילו אם הוא מנומר בהרבה מראות כשרות, ג"כ עכ"פ אינו בכלל הדר ופסול, [**ודעת** הגר"א בסט"ז להקל. ומדצייר השו"ע שם דינו בגוונין הפסולין, משמע לכאורה דס"ל כן לדינא, **ולמעשה** צ"ע]

והטעם בכל זה משום דאינו הדר.

(והנה לא נתבאר השיעור דתפח או סרח וכבוש ומבושל, ומסתברא דשיעורו ברובו, **ולענין** אם גם בזה בחוטמו בכל שהוא, צ"ע, אחרי דהטעם הוא בחוטמו משום דהחוטם הוא נראה לעינים יותר, ואפשר דזהו דוקא בחזזית ושאר שינוי מראה דמינכר טפי, אבל לא בתפח כל שהוא, וכן בהשאר לבד מנומר, וצ"ע).

באר הגולה

[ז] ‹מילואים› [ח] בה"ג והרי"ף והראב"ד [ט] הרא"ש בשם הירושלמי ושכן פי' ר"י וכ"כ הר"ן [י] **בעיא שם בגמרא ולא נפשטא ונקט הרי"ף לקולא** [יא] **טור בשם יש מחמירין ולזה הסכים** [יב] ‹מיוסד כל דברי הכפות תמרים וז"ל: ת"ש אתרוג תפוח סרוח כו', פירש"י סרוח מבפנים וקליפתו קיימת כו'. קשה, דהבעיא לא היתה כשכבר נסרח, דאם כבר נסרח, אפילו בריאה היא טרפה לדעת הרי"ף והרמב"ם, וכי קא מיבעיא ליה הוא בשנשפך כקיתון ועדיין לא סרח, דבריאה כשרה, אבל אתרוג דשליט ביה האויר יש לפוסלו משום דסופו להסריח, ואע"ג דעדיין לא סרח, וא"כ מאי ראיה מייתי מסרח כבר, לעתיד למסרח, והלא בסרח כבר פשיטא ליה דאפי' בריאה פסול. **וי"ל** דהפשיטות אינו לפסול אלא להכשיר, וה"ק תפוח מבחוץ וסרוח מבפנים, הא לא סרח מבפנים, דאין ריחו רע, אע"ג דנשפך כקיתון, כשר, ודחינן לא אידי ואידי מבחוץ וכו'. **והנה** כתב מרן הב"י ז"ל סימן תרמ"ח בשם הפוסקים, דהרי"ף והרמב"ם השמיטו בעיא זו, דסבירי להו דאזלינן ביה לקולא, משום דהנך פיסולי הם מד"ס. וטענה זו חלושה בעיני, דדלמא דפיסולים דאורייתא הם כמ"ש הטור, אלא הטעם דאזלינן ביה לקולא, משום דהפשיטות הוא לקולא לפום מאי דפרישית, ואע"ג דדחי הפשיטות, שינוייא דחיקא היא ולא סמכינן עלה. **וע"פ** זה כתב הפמ"ג, דבנימוח בפנים וגם נסרח, י"ל דפסול› [יג] **ברייתא שם ל"ו** [יד] ‹ראיתי בר"ן וכן בריטב"א, שכתבו אהא דאמרינן בחזזית בב' מקומות הוי כמנומר ופסול, וז"ל: דייקי רבנן ז"ל, מדלא אמר דהוי ליה מנומר, וקאמר כמנומר בכ"ף הדמיון, משמע דמנומר פיסולא אחריתי, שיש בו בהרות של גוונים הרבה. מיהו כתב הראב"ד ז"ל, דדוקא שהם גוונים הפוסלים באתרוג, כגון לבן וכושי וירוק ככרתי, אבל מנומר מגוונים שכולו מאותן גוון כשר, השתא נמי כשר – ביכורי יעקב›

אות ז'

כושי לבן... פסול

סימן תרמח סט"ז - [טו]אם הוא שחור או לבן במקום אחד, פוסל ברובו; בשנים או בשלשה מקומות, דינו כחזזית ליפסל אפילו במיעוטו.

(**ואדום הוא ממראה אתרוג – ח"א, ודעת הפמ"ג דאדום באדמימות, הוא מראה פסולה, [טז]אבל כאהינא סומקא, י"ל שמראה כשרה היא).**

אות ז'* [יז]

אתרוג ככדור פסול

סימן תרמח סי"ח - [יח]העגול ככדור, פסול - שאין דרכו להיות כן - לבוש, [**ומשמע** מלשון זה דלא הוי בכלל אתרוג, וא"כ הוא פסול בכל הימים, **אבל** לענ"ד אפשר לומר, דהטעם הוא משום שאינו הדר, ולפי"ז להרמב"ם וסייעתו כשר בשאר יומי].

אות ז'** [יט]

ויש אומרים אף התיום

סימן תרמח ס"כ - [כ]התיום, דהיינו שגדל שנים דבוקים זה בזה - בספר הערוך בשם רבינו האי, ז"ל: התיום שאמרו, שני פנים הם: שנים דבוקין בברייתן, ואחד שהוא שני חצאין חלוקין מלמעלה ומחוברין מלמטה כל שהוא, **כשר** - כיון שנבראו שנים יחד, ודבוקין ומעורין זה בזה שאין אדם יכול להפרידן, פרי אחד קרינא ביה, ואין בו משום תוספות, **ועיין** בב"י, שהסמ"ג פסלו, וע"כ יש להחמיר בדאפשר.

אות ח'

הא לן והא להו

סימן תרמח סי"ז - [כא]מקום שהאתרוגים שלהם כעין שחורות מעט, כשרים - דאורחייהו בכך, ולא נפיק מכלל הדר, **אבל** בשאר מקומות אפילו בשחור מעט פסול, **ומשמע** אפילו הם סמוכין להן, [**ודעת** רש"י להקל בזה]. **ואם היו שחורים ביותר כאדם כושי, הרי זה פסול בכל מקום.**

(**ואתרוג שחור מעט, שגדל בשאר ארצות שאתרוגיהן אינן שחורות כלל, והובא למקום זה, לדעת רש"י וסייעתו, הוא פסול אף במקום זה, דהוא בכלל נדמה, והוא מה שאמר בגמרא דומה לכושי פסול, אבל לדעת הרי"ף והרמב"ם לא נזכר זה בגמרא).**

באר הגולה

[טו] **שם בברייתא וכפי' הרא"ש** ‹ז"ל: כושי ולבן, אם הם במקום אחד, ברובו של אתרוג, כמו חזזית, ואם הוא בשנים ושלשה מקומות, היינו מנומר› [טז] ‹ומראה אדום אדמימות, י"ל פסול, וכאהינא סומקא [בגמרא שם], י"ל קרוב למראה אתרוג הוה – שם› [יז] ‹ע"פ מהדורת נהרדעא› [יח] **שם בברייתא** [יט] ‹ע"פ הב"י והבאר הגולה› [כ] **בברייתא וכת"ק** ‹שם בברייתא אתרוג ככדור פסול, ויש אומרים אף התיום, ומשמע דתנא קמא מכשיר בתיום, והלכה כוותיה, וכן פסק הרמב"ם, **אבל** סמ"ג פסק דפסול, ונראה שהוא סובר, דכיון דלא אשכחן מאן דמכשיר בהדיא, איכא למימר דליכא מאן דפליג איש אומרים דפסלי, ואי נמי משתכח מאן דפליג, הלכתא כוותייהו, כיון שלא הוזכר בתלמוד סברת החולק עליהם, **ודברי** הרמב"ם עיקר – ב"י› [כא] **ל"ד: במשנה וכאוקימתא דרבא שם ל"ו וכפי' הרי"ף והרמב"ם שם** ‹דומה לכושי: שדומה לאדם כושי, וכושי: הוא כעין שחור מעט – גר"א›, ‹**הרי"ף** פירש, לבני ארץ ישראל כושי פסול, וכל שכן כושי הרבה הדומה לכושי שהוא פסול, ולבני בבל שהאתרוגים כושים, הכושי כשר, והכושי הרבה שהוא דומה לאדם כושי, פסול, וכן כתב הרמב"ם – ב"י›

*ותו לא מידי יגדלו בדפוס ועשאו כמין בריה אחרת פסול אמר רבא לא שנו אלא כמין בריה אחרת אבל כברייתו כשר פשיטא כמין בריה אחרת (*תנן) לא צריכא דעבידא דפי דפי איתמר אתרוג שנקבוהו עכברים אמר רב אין זה הדר איני *והא ר' חנינא מטביל בה ונפיק בה ולר' חנינא קשיא מתני' בשלמא מתני' לר' חנינא ל"ק כאן ביו"ט ראשון כאן ביו"ט שני אלא לרב קשיא אמר לך רב שאני עכברים דמאיסי א"ד אמר רב זה הדר דהא ר' חנינא מטביל בה ונפיק בה ולרבי חנינא קשיא מתניתין ל"ק כאן ביו"ט ראשון כאן ביו"ט שני: אתרוג קטן וכו': אמר רפרם בר פפא *כמחלוקת כאן כך מחלוקת באבנים מקורזלות דתניא בשבת *ג' אבנים מקורזלות מותר להכנים לבית הכסא וכמה שיעורן רבי מאיר אומר כאגוז רבי יהודה אומר כביצה: ובגדול כדי שיאחז כו': תניא א"ר יוסי מעשה ברבי עקיבא שבא לבית הכנסת ואתרוגו על כתפו אמר לו רבי יהודה *משם ראיה אף הם אמרו לו אין זה הדר: **מתני'** *אין אוגדין את הלולב אלא במינו דברי רבי יהודה רבי מאיר אומר אפי' *בחוט במשיחה אמר רבי מאיר מעשה באנשי ירושלים שהיו אוגדין את לולביהן בגימוניות של זהב אמרו לו במינו היו אוגדין אותו מלמטה: **גמ'** *אמר רבא אפי' בסיב אפי' בעיקרא דדיקלא ואמר רבא מ"ט דרבי יהודה קסבר *לולב צריך אגד ואי מייתי מינא אחרינא הוה חמשה מיני ואמר רבא מנא אמינא לה דסיב ועיקרא דדיקלא מינא דלולבא הוא דתניא °בסוכות תשבו סוכה של כל דבר דברי ר"מ ר' יהודה אומר אין סוכה נוהגת אלא בד' מינים שבלולב והדין נותן ומה לולב שאין נוהג בלילות כבימים אינו נוהג אלא בארבעת מינין סוכה שנוהגת בלילות כבימים אינו דין שלא תהא אלא בארבעת מינין אמרו לו כל דין שאתה דן תחלתו להחמיר וסופו להקל אינו דין לא

[ויקרא כג]

רש"י

ותו לא מידי. אין לדון אחר דבר זה דלא סבר ר"ש כר"ע ולא ר"ע סבר כר' שמעון: **דעבידא דפי דפי.** כמין קרשים קרשים כמין גלגל של רחיים של מים ורבא אשמעינן דהוא כמי ברייתו: **והא ר' חנינא מטביל בה.** אוכל מקלתו: **ונפיק.** ויוצא ידי חובתו בטהר ומברך עליו והא דנקט מטביל שכל מאכלם ע"י טיבול היה כדאמר בפסחים (דף קיד:) השמש מטביל בבני מעיים רבי יצחק מטביל בירקא: **ופרכינן ולר' חנינא קשיא מתני'.** דקתני חסר כל שהוא פסול: **ומשנינן בשלמא מתני' לר' חנינא ל"ק.** מתני' ביום טוב ראשון שלקיחתו מן התורה ובעינן לקיחה תמה דכתיב (ויקרא כג) ולקחתם לקיחה תמה וביום טוב שני נפיק ביה ר' חנינא אע"ג דלא היה שלם: **אלא לרב.** דאמר אין זה הדר קשיה דר' חנינא דהא אפילו בשני נמי לרב לא נפיק דהא מצוה הדורה בעינן האיל ומזכיר שם שמים עליו כדאמר בריש פירקין יבש פסול לא שנא בי"ט ראשון ול"ש בי"ט שני ואוקימנא דבעינן הדר וליכא: ה"ג וליכא דאמרי אמר רב זה הדר דהא ר' חנינא מטביל בה ונפיק: **כדרך שחולקין כאן.** כשיעורן כאן כך שיעורן כאן: **מותר להכנים לבהכ"ס.** בתוך ד' אמות ובהכ"ס בשדה ואינו מוקף מחיצות ואין כאן אלא טלטול דרבנן ומשום כבוד הבריות לא גזור: **במקורזלות.** הראוים לקינוח מקורזלות פיקוד"ש בלע"ז: **כאגוז.** קסבר בהכי חזיא לקינוח אבל גדולה לא חזיא: **על כתפו.** מרוב גודלו: **אין זה הדר.** ואע"ג דאוקימנא (לעיל לא.) דטעמא דר' יהודה לאו משום הדר הוא הכי קאמר ליה אפילו לדידך דלא חיישת לאנפולי ומייתית ראיה מדר' עקיבא איכא ראיה דאף הם אמרו לו אין זה הדר: **מתני' אין אוגדין את הלולב אלא במינו.** כדמפרש בגמ': **גימוניות של זהב.** ליטיי"ל בלע"ז: גימוניות. חוטי זהב כפופין כגימון על שם הלכוף כאגמון (ישעיה נח): **במינו אוגדין אותו מלמטה.** לשם מצות אגד וזה לנוי בעלמא: **גמ' בסיב.** אוליר"ה שגדל סביב הדקל וכורך סביבו כעלבי גפנים: **עיקרא דדיקלא.** לחתוך ממנו נסרים וקולפן עד שראויין לאגד וטעמא דר' יהודה לאו משום הדר הוא דהא אוקימנא דלא בעי הדר אלא משום דבעי מינו: **ואי מייתי.** בעי מינו כיון דאמר לולב צריך אגד הוא ליה אף האגד מן המצוה: **ואי מייתי מינא אחרינא כו'.** ועובר משום בל תוסיף: **אלא בארבעת מינין שבלולב וכו'.** לקמן בפ' לולב וערבה (דף מג:) ילפינן מקראי לולב ביום וסוכה בין ביום בין בלילה: **אמרו לו כל דין ק"ו שאתה דן שתחילתו להחמיר וסופו להקל אינו דין.** קל וחומר שאתה מתחיל לדרוש על ידי חומר שיש בו להביא לו חומר אחר בק"ו מן הקל כגון זה וסופו שאתה מיקל עליו בחומר זה שהבאת בו שהוא נהפך להקל אינו ק"ו הגון שהרי הדין מלמד עליו חומר ואתה מביא עליו קל: לא

תוספות

מקורזלות פי' בקונטרס פיקוד"ש בלע"ז חדודות וטובות לקנח ולא משמע כן פרק אלו עוברין (פסחים דף מז.) גבי יש חרש תלם אחד דפריך ואי אמרינן הואיל אחרישה לא ליחייב הואיל וחזי לכסות בו דם צפור ומשני באבנים מקורזלות ומה שייך להזכיר שם אבנים חדודות ומפרש רבינו תם דמקורזלות הייט [רכות] דחזו לחרישה ולזריעה וכן יסד הפייט אשישת שטוחו בקטב תלה אשישות להגין בתיחות קירזולה:

בשבת שלש אבנים מקורזלות מותר להכנים לבית הכסא. בתוך ד' אמות ובית הכסא בשדה ואינו מוקף מחיצות ואין כאן אלא טלטול דרבנן ומשום כבוד הבריות לא גזור כך פי' בקונטרס *ומדקאמר להכנים משמע דאיכא מחיצות ולשון בית הכסא משמע בית וכן משמע פ"ק דתמיד (דף כז:) דאמר רב ספרא הוה יתיב בבית הכסא אתא ר' אבא נחר ליה ובפרק כהן גדול (סנהדרין יח.) שיהו נשים מספרות בבית הכסא משום יחוד משמע דמקום לגוע היה ומוקף מחיצות ואין רואין העומדים בחוץ ואפ"ה התירו להכנים ואע"ג דמכנים מכרמלית לרשות היחיד ותדע דהא איסור טלטול מוקצה חמור מאיסור כרמלית שלא התירו טלטול במת אלא ע"י ככר או תינוק כדמוכח פרק במה מדליקין (שבת דף ל:) ובפרק נוטל (שם דף קמב:) ואיסור כרמלית אשכחן דשרי במת בשילהי המצניע (שם דף צד:) בההיא שיכבא דשרא להו רב נחמן לאפוקיה לכרמלית משום כבוד הבריות וגבי בית הכסא דהתירו טלטול אבנים משום כבוד הבריות כ"ש דהתירו ארבע אמות בכרמלית *להכנים מכרמלית לרשות היחיד ומרשות היחיד לכרמלית ומיהו לדידן דיש לנו בית הכסא קבוע בבנין אסור כדמוכח בשילהי המוציא יין (שם דף פא: ושם) דשרי רב חסדא להעלותו אחריו לגג ומקשה ליה רבינא מהא דאסרינן לעיל מיניה ליטול קיסם משלפניו לחצות בו שיניו ומשני התם אדם קובע מקום לסעודה הכא אין אדם קובע מקום לבית הכסא משמע דהיכא דקבע אסור ואע"פ שפי' שם בקונטרס דהא דבעי למיסק בגג משום טירחא יתירא בהעלאה לגג לא משמע כן דא"כ כי מקשה ליה רבינא מהא דאסרינן קיסם משלפניו לחצות בו שיניו תיקשי ליה טפי שמעתא דהתם דשרי לטלטל אבנים מקורזלות אלא לפי שהיה יכול להעלותן לגג מערב שבת הוה בעי למיסר כיון דאפשר להזמינן ומסיק דשרי משום דאין אדם קובע מקום והא דאמר ר' ינאי התם אם יש לו מקום קבוע לבית הכסא מלא היד התם בשדות איירי דמקום רחוק הוא וטורח להזמין מערב שבת אבל לדידן דיש לן מקום קבוע בבית אסור אלא אם כן הזמין ושמא כיון דכפישי בני הבית דהוו שקלי להו לא אפשר ושרי: **דסיב** ועיקרא דדיקלא. מכאן קשה לפי' הקונטרס דפ' כל שעה (פסחים דף לט.) דתנן אלו ירקות שאדם יוצא בהן ידי חובתו בפסח וקחשיב תרחבינא ומפרש בגמרא אטוחא דדיקלא ופי' שם בקונטרס סיב הדקל שגדל סביב הדקל והכא משמע שהוא מין אילן ובהדיא אמריך התם מה מלה מין זרעים אף מרור מין זרעים: **רבי** יהודה אומר אין סוכה נוהגת אלא בארבעת מינין שבלולב. ולית ליה הא דדרשינן בפ"ק (דף יב.) באספך מגרנך ומיקבך בפסולת גורן ויקב הכתוב מדבר ומ"מ מודה דאין מסככין בדבר המקבל טומאה אפילו מארבעת המינים כגון שעשה מהם כלי או פירות דקל דבעינן דומיא (*דאויר) למ"ד ענני כבוד היו ולמאן דאמר סוכות ממש עשו להם ילפי מדאיתקש סוכה לחגיגה דלא שייך לאקשויי אי מה חגיגה בעלי חיים מאחר דלא מכשירין אלא מארבעת המינים והא דאיפליגו ר"מ ור' יהודה בפ"ק (דף יד:) בנסרים שאין בהם ד' וקתני ומודה ר"מ דאם יש בין נסר לנסר כמלא נסר שמניח פסל אחד ביניהן דמשמע פסל לשון פסולת הגורן ויקב כדפירש שם בקונטרס וקאמר דמודה לרבי יהודה לא בשביל שיכשיר רבי יהודה בפסולת גורן ויקב אי נמי מה שנגזר ופסל מן האילן קרי ליה פסל:

כל דין שאתה דן תחילתו להחמיר וסופו להקל אינו דין. כי האי גוונא פליגי פרק כל שעה (פסחים דף כח: ושם) דר' יהודה אומר אין ביעור חמץ אלא שריפה ק"ו מנותר שאינו בבל יראה ומהדרי ליה רבנן שאותו דין תחילתו להחמיר וסופו להקל אם לא מצא עצים לשורפו ובההיא קיימא לן כרבי יהודה דהתם מתניתין פרק בתרא דתמורה (דף לג:) דתנן בשריפה אלמא חשבינן ליה דין אף על פי שסופו להקל

עין משפט נר מצוה

עא א ב מיי' פ"ח מהל' לולב הלכה ח טוש"ע א"ח סי' תרמח סעיף יט:

עב ג ד מיי' שם הלכה ט וסמג שם טוש"ע א"ח סימן תרמט סעיף ה בהג"ה:

עג ה מיי' פכ"ו מהל' שבת הלכה ד סמג לאוין סה טוש"ע א"ח סי' שיב סעיף א:

[נ"ל תניא]

עד ו מיי' פ"ז מהלכות לולב הלכה יא יב סמג עשין מד טוש"ע א"ח סי' תרנא סעיף א:

רבינו חננאל

עקיבא אטרה. גידלו בדפוס. אוקימנא אפי' עשאו דפי דפי כגון כף מרובע. אם הוא כברייתו כשר ואינו פסול אלא אם עשאו כמין בריה אחרת: **איתמר** אתרוג שנקבוהו עכברים אמר רב אין זה הדר כלומר פסול הוא ואקשינן והא ר' חנינא מטבל ביה ונפיק ביה. היה חותך חתיכה מן האתרוג ואוכלה והיה יוצא י"ח בשאר ואע"פ שחתך ממנו. לר' חנינא קשיא מתני' דתנן ניקב וחסר כל שהוא פסול. ושנינן אליבא דר' חנינא מתני' דקתני חסר כל שהוא פסול ביו"ט ראשון שהוא מן התורה. ור' חנינא כי הוה מטבל ביה ונפיק ביה בשאר הימים זולתי היום הראשון. אלא לרב הא דר' חנינא קשיא ליה. ושנינן לא פסיל רב אלא בנקיבת עכברים דמאיסי אבל נקיבת בן אדם לא פסיל. וא"ד אתרוג שנקבוהו עכברים. אמר רב אין זה הדר. פי' בתימה כלומר הדר הוא זה וכשר. דר' חנינא מטבל ביה ונפיק אלא מתני' דקתני חסר כל שהוא פסול קשיא עלייהו ושנינן מתני' ביום ראשון. דרב ור' חנינא בשאר הימים. וקי"ל כוותייהו: **מתני'** שיעור אתרוג קטן ר"מ אומר כאגוז. ר' יהודה אומר כביצה. ובגדול כדי שיאחז שתיהן בידו אחת. פי' כדי שיאחז האתרוג ועמו לולב בידו אחת. ואם הוא האתרוג גדול שאין ידו יכולה להחזיק עם הלולב בבת אחת פסול האתרוג. ור' יוסי אמר אפי' בב' ידיו. והלכתא כר' יוסי. ולא עוד אלא דהא ר' עקיבא קאי כוותיה. וכן חלוקין באבני בית הכסא. דתניא ובשבת מותר להכנים ג' אבנים מקורזלות בבית הכסא. וכמה שיעורן ר' מאיר אומר כאגוז. ר' יהודה אומר כביצה וקיי"ל כר' יהודה: **מתני'** אין אוגדין את הלולב אלא במינו כו'. אוקמא רבא בסיב ועיקרא דדיקלא מין לולב הן ומותר לאגוד בהן דדייק מדתנן מסככין בנסרין דברי ר' יהודה. ותניא ר' יהודה אומר סוכה אינה נוהגת אלא בד' מינין

מסורת הש"ס

[עירובין קג: יבמות לט. קדושין כח: ע"ז כג. סו. סנהדרין סב. סו: הוריות ג. ס: בכורות יח. סב: חולין קב.]

[שבת פא. ע"ש] שם פ"ש

[שבת כט: וש"נ] לעיל לא.

[כמשנה שבמשניות ובר"ף וברא"ש ליתא מלת כאגוז וע"י תוי"ט וכן בפיסקא דלקמן לו. ליתא]

[לעיל ג: וש"נ]

גליון הש"ס

גמ' והא ר"ח מטביל בה ונפיק. עי' לקמן דף מו ע"ב תוס' ד"ה אתרוג כו'. וכע"ז דף נח ע"ב תוס' ד"ה בגר: תוס' ד"ה בשבת וכו' ומדקאמר להכנים. עיין בבכור שור ובספרו תבואת שור סי' י"ט סקכ"ז:

[נ"ל דאויר]

§ מסכת סוכה דף לו: §

אות א׳ - ב׳

גדלו בדפוס ועשאו כמין בריה אחרת, פסול

לא שנו אלא כמין בריה אחרת, אבל כברייתו כשר... לא צריכא, דעבידא דפי דפי

סימן תרמח סי״ט - [א]גדלו בדפוס ועשאו כמין בריה אחרת, פסול - היינו שעשה לו דפוס בעודו קטן ומחובר באילן, כדי שיגדל לפי מדת הדפוס ותמונתו.

(ונראה דלאו דוקא שדומה לאחרת, אלא אפי׳ אינו דומה לשום בריה, רק שגם דמיון אתרוג אין לו, מ״מ פסול).

[ב]עשאו כמו ברייתו, אף על פי שעשאו דפין דפין - היינו כעין שעושין גלגל ריחיים של מים, אפ"ה **כשר** - דחשיב שפיר צורתו.

אות ג׳ - ד׳

כאן ביום טוב ראשון, כאן ביום טוב שני

שאני עכברים דמאיסי

[ג]סימן תרמט ס״ה - כל אלו שאמרנו שהם פסולין [ד]מפני מומין שביארנו, או [ה]מפני גזל וגניבה, ביום טוב הראשון בלבד; אבל בשאר ימים, הכל כשר - הוא לשון הרמב״ם, וסתם המחבר לדינא כמותו, ודעת הרמ״א בזה יבואר לקמיה, **ודע** דיש בהן שהם פסולים משום שאינו הדר, ויש משום שהם בכלל חסר, ודעת הרמב״ם בכולם להכשיר מיום ראשון ואילך.

ומש״כ: מפני גזל וגניבה ביו״ט הראשון וכו׳, טעמו, כיון דיו״ט שני הוא דרבנן, מותר הגזול, אע״ג דהוי מצוה הבאה בעבירה, **וקשה**, דבס״א קאמר, דלא נפסל גנוב וגזול אלא לגנב ולגזלן עצמו, ומוכח שם דאפילו ביו״ט שני, **ותירץ** המ״א, דהתם רק לענין לכתחלה, והכא מיירי לענין עצם הדין, דבדיעבד יוצא ביו״ט שני אף בגזול, אבל יו״ט ראשון לכו״ע לא, דבעינן לכם, **ומ״מ** לענין ברכה בגנוב וגזול, גם לדעת הרמב״ם אין לברך, ד"בוצע ברך ניאץ ד'", [**ולפי״ז** לדעת הי״א המובא בהג״ה, אינו יוצא בו מעצם הדין, משום דהו״ל מצוה הבאה בעבירה, וע״כ אפי׳ בדיעבד אם נטל לולב הגזול, מחויב ליטול אחר שאינו גזול, וגם לברך עליו, **אבל** לדעה ראשונה, כשנוטל אחר אסור לו לברך, דכבר יצא מדינא בפעם ראשון, **ולדינא** צ״ע, וספק ברכות להקל].

(ובמטה יהודא כתב: וליתא לתירוץ המ״א לענ״ד, דהא בס״א הזכיר לשון פסול, ומשמעות פסול הוא אפי׳ דיעבד, **ויותר** נ״ל, דהך ד״גזל וגנבה״ באשגרת לישנא נקט הב״י, וכדי נסבה, ותפס לשון הרמב״ם ז״ל כצורתו, ועיקרו הוא משום החילוק דמחלק בין פסולי המומין, ובין פסולי שארי ענינים שהם משום ע״ז או מפני שאינם מינם, **ולפי״ז** מה דהוסיף הרמ״א: ויש פוסלין בגזול וכו׳, הוא רק אדעת הרמב״ם, ולא על ב״י, דהוא סובר ג״כ הכי לדינא, וכמו שפסק בס״א, וכן משמע מהגר״א).

הגה: ויש פוסלין בגזול כל ז׳ ימים, והכי נהוג - טעמם, דהו״ל מצוה הבאה בעבירה, ואינו יוצא בו.

אבל שאול יוצא בו (טור והמגיד בשם הפוסקים); ומותר ליטול לולב של חבירו בלא דעת חבירו בשאר ימים, דניחא ליה לאינש למיעבד מצוה בממוניה, והוי כשאול (תה״ד) - כיון דאין חשש קלקול במה שנוטלו ומנענע בו, ע"כ לא דמי זה ללומד מספר חבירו שלא מדעת, דאסור מפני שחושש בו שלא יקלקלנו.

כתב הפמ"ג, שדוקא פעם אחת מותר ליטלו ולנענע בו כהלכה, אבל לכל ז׳ ימים אפשר דמקפיד ואסור, **ומטעם** זה נ"ל, דה"ה שלא יתן לחבירו בעצמו, דאולי הוא מקפיד ע"ז, [**ולא** דמי למה דמבואר בסי׳ תרנ"ח ס"ה, דאפי׳ לכתחילה מותר ליתן לחבירו, וחבירו לחבירו, **שם** שאני, דנתנו לו במתנה, וברשותיה היא לכל דבר, רק שיקיים התנאי להחזיר, **משא"כ** הכא דתלינן רק משום דניחא ליה, ובאופן זה שילך מחבירו לחבירו, וחבירו לחבירו, אין גבול לדבר, ובודאי מצוי שיתקלקל עי"ז הלולב והאתרוג, **והוא** דומה ללומד בספר אפי׳ מעט, דאסור מטעם דאין גבול לדבר]. **ודוקא** ליטול באותו מקום, אבל להוציאו מביתו לביהכ"נ או איפכא, אסור.

ועיין לעיל בסימן י"ד שכתב הפמ"ג, דבכל גווני ראוי ליזהר כשבעליו עמו שישאלנו, שאין סומכין על החזקה במקום שיכולין לבררו בקל, **וכ"ש** אם יודע בו שהוא מקפיד, דאסור מדינא ליטול שלא מדעתו.

וביום א׳ לא מהני מה דניחא ליה וכו׳, דהא בעינן "לכם" שיהא שלו ממש, ולא עדיף משאול, [ולא אמרינן דניחא ליה שיטול חבירו במתנה ע"מ להחזיר], **ועיין** לקמן סי׳ תרנ"ח איך להתנהג ביום א׳.

וחסר כשר בשאר ימים (טור) - לכו"ע, דיום א׳ דאורייתא בגבולין, ושאר הימים דרבנן זכר למקדש, **הלכך** עיקר הלקיחה כגון ד׳ מינים שבלולב, ולקיחה לכל אחד ואחד בפני עצמו, ולא שיטול אחד בשביל כולם, תקון גם בשאר יומי כעין דאורייתא, **אבל** בחסר לא תקון, וכן בשאול.

באר הגולה

[א] **שם** [ב] **מימרא דרבא שם** [ג] ‹העין משפט מציין לעיין בהג"ה, והבאנו את כל הסעיף ע"פ הבאר הגולה› [ד] **רמב"ם מהא דרבי חנינא מטבל בה** ‹מכאן למדו הגאונים, לכל הפסולין מחמת מומין שהם כשרין בשני מק"ו, שאין לך מום גדול מזה – מגיד משנה›. ‹**וא"ת** כיון דלא בעינן הדר ביום טוב שני, איך אמר שם בשלמא לר׳ חנינא ניחא כאן ביום טוב ראשון וכו׳, אלא לרב דאמר אין זה הדר קשיא, לרב נמי ל"ק, דלא בעינן הדר אלא ביום טוב ראשון לבד, ואיהו לא אמר אלא דלא מקרי הדר, **ונ"ל** בדוחק, דרבינו סובר, דביום שני קצת הדר בעינן, וכל הפסולים הדר קצת מקרי, וביו"ט ראשון בעינן הדר גמור, ולכך פסול יבש, **אבל** אם אינו הדר כלל, כו"ע מודו דאפילו ביום טוב שני פסול, ולהכי הקשה לרב, דקאמר אין זה הדר כלל, דא"כ ביום טוב שני לא נפיק – לחם משנה› [ה] **משנה מ"א: ובררייתא שם** ‹ושאר ימות החג אדם יוצא ידי חובתו בלולבו של חבירו›. ‹**כשמואל** שם {דף ל.} וסייעיה רבא דהוא בתרא, ודלא כס"ד דאמר קפסיק ותני כו׳, אלא בין גזול ובין יבש ביו"ט ראשון בלבד – גר"א›

ודברים שטעמם משום שאינו הדר, יש דיעות בפוסקים, דעת הרמב"ם וסייעתו להכשיר, כמו בחסר, **ודעת** הרא"ש וסייעתו להחמיר בזה, דבעינן הדר בכל ז' ימים, משום הידור מצוה, **וסתם** הרמ"א לקמיה בזה כוותייהו.

וניטל פטמתו או עוקצו, דינו כחסר, וכשר מיום ראשון ואילך (ר"י) - ועיין במ"א שהביא דיש פוסקים שסוברין, דניטל הפטמא הוא משום הדר, והוא מצדד ג"כ כוותייהו, וע"כ אין להקל בניטל הפיטמא כל ז', **ומ"מ** אם א"א למצוא אחר, יש לסמוך על המקילין, דבלא"ה רוב הפוסקים סוברין כהרמב"ם, דאף אותן שפסולין משום הדר כשר בשאר יומי - א"ר, **ומשמע** מדבריו דיוכל לברך ג"כ, ויש שמפקפקין לענין ברכה, **אכן** אם יצטרף עוד ספק בזה אם נטלה פיטמתו, בודאי יוכל לברך בשאר יומי.

[ו]**מיהו אם נקבוהו עכברים, לא יטלנו אף בשאר הימים, משום מאוס (כל בו), עד שיסיר ניקור העכברים** - ולהכי מקילינן כאן, דמדינא הוא בכלל חסר, וחסר כשר בשאר יומי, ורק לכתחילה מחמרינן כאן משום דמאיס, וע"כ כשהסיר מקום המאוס כשר, [ז][מ"א ומאמ"ר, **ומשמע** מלשון זה, דבדיעבד אם נטל בלא הסרת ניקור העכברים, דדעת רמ"א דיצא, **ומהגר"א** **וא"ר** משמע, דדעת רמ"א דבלא הסרה פסול אף בדיעבד, **ולדינא** אף דבודאי צריך לנקר ולחזור וליטול משום זה, עכ"פ לא יברך, דמשמע מדעת הגר"א דמסכים דיצא, דכן פסקו רוב הפוסקים].

אבל אם היה יבש – (ומיירי שהיה יבש ברובו, או שהיה בשנים ושלשה מקומות, או בחוטמו כהי"א בסי' תרמ"ח סי"ב, דאל"ה כשר אף בלא חתך, וגם ביום א'), **או מנומר, שפסול כל שבעת ימים** - מדינא משום הדר, **אף אם חתך היבשות או הנמור, פסול כל שבעה, הואיל ובא מכח פסול (הג"א).**

עיין בביאור הגר"א שמצדד לומר, דלפי מה שפסק המחבר לעיל בסימן תרמ"ח סי"ד, דאם עלתה בו חזזית או שהוא מנומר, וקלפו, אם חוזר למראה האתרוג, כשר, מוכח דפליג ע"ז, וכן מצדד המאמר מרדכי במסקנתו, **וע"כ** מצדד המאמר מרדכי, דיש לדון להקל בחתך היבשות או הנימור בשאר יומי, מאחר דסתם המחבר כדעת הרמב"ם וסייעתו, דכל הפסולין משום מומין, דכולל בזה בין שהפסול משום חסר או משום הדר, כשר ביו"ט ב', וכלול בזה אף יבש או מנומר, דטעמם משום הדר, אף בלא חתך, עכ"פ אין לנו להחמיר בחתך, **ובמקום** הדחק בודאי יש לסמוך ע"ז, ועיין מה שכתבנו לקמיה לענין חזזית.

ומותר לכתחלה להתנות על אתרוג - היינו בעיו"ט קודם בין השמשות, [דלאחר ביה"ש שוב אינו יכול להתנות, דכיון דאיתקצאי לביה"ש ראשון ובלא שום תנאי, שוב איתקצאי לכל ימי החג, **אבל** כשהתנה בפירוש, שוב אינו נמשך שארי ימים ליום א'], **שיהיה כולו ליום ראשון** - דאינו יכול להתנות שאינו בודל ממנו ויוכל להנות, דהא יום ראשון איתקצאי כולו, דחסר פסול בו, [מ"א, **ור"ל** דאין כונת השו"ע, שיאמר: אני מתנה שיהיה כולו ליום ראשון, דא"צ לזה, דדי שיאמר: איני בודל ממנו מביה"ש של יום שני ואילך, **אלא** כונת השו"ע להזהיר, שלא יטעה לומר: שאיני בודל ממנו כל ביה"ש, כמו בסי' תרל"ח לענין נוי סוכה, **דהא** ע"כ צריך לבדול ממנו, ולא לחסר ממנו אפי' משהו, דחסר פסול בו], **ולכן** צריך להתנות שאינו בודל ממנו וכו' **ושאינו בודל ממנו כל בין השמשות של ליל שני ואילך** - [אבל לא מהני כשיאמר: מיום שני ואילך, דכיון שיכנס תחילת היום בלי תנאי, שוב איתקצאי כל היום].

ומותר אז לכתחלה לאכול ממנו מיום שני ואילך, ולצאת ידי מצוה עם הנשאר (ב"י בשם הרא"ש) - פי' לאכול ביום ב' ולצאת בו ביום ג', דהא אסור לאכול קודם נטילה.

ור"ל דאי לא התנה, אינו רשאי לאכול ממנו אפילו בכל ימי החג, כיון דאיתקצאי בבין השמשות של יום ראשון.

כתב הר"ן, דוקא בנשתייר רובו, דשמו עליו, הא לא"ה לאו אתרוג מקרי, ואתרוג אמר רחמנא ולא חצי אתרוג, **אבל** בפסקי מהרא"י משמע, דאפילו לא נשאר בו אלא מיעוטו, סגי ביום שני, ובלבד שיהא נשאר שיעור ביצה. (עיין לקמן ס"ו {דף ל"א:} ברמ"א שהביא דברי הר"ן).

ואם הפריש לכתחלה ליום שני, דעת המ"א בשם הרא"ש, דמותר לאכול אפילו בלא תנאי, רק שישאיר השיעור הראוי לאתרוג, דלא אמרינן איתקצאי רק השיעור הראוי לאתרוג ולא יותר, **וי"א** דאפילו הפריש ליום שני, אמרינן דאיתקצאי כל האתרוג, ואסור לאכול ממנו אם לא שהתנה מתחלה, וכן הסכים הגר"א בביאורו.

אלא שאין אנו בקיאין בתנאים, כדלעיל בסוף סימן תרל"ח בהג"ה.

[ח]**והפיסול שהוא משום עבודת כוכבים, או מפני שאותו אתרוג אסור באכילה,** (בין ביו"ט ראשון בין בשאר ימים, פסול) - משמע אע"פ שמותר בהנאה, כגון של *טבל, כיון דאסור באכילה, פסול כל ז', [**אבל** דעת התוס', דאותן שאין בהם משום איסורי הנאה, מותר ביו"ט שני], **וכ"ש** אתרוג של ערלה ושל תרומה טמאה, דעומדים לשרפה, דפסול כל ז', **וערלת** חו"ל כשר אפילו ביום ראשון.

ואתרוג של דמאי כשר, [והוא כב"ה, מטעם מיגו דאי בעי מפקר לנכסי והוי עני וחזי ליה].

*[**וטבל**, עיין בר"ן שהביא דעות בזה, אי אמרינן מיגו דאי בעי היה מפריש ממקום אחר עליו, דמיניה וביה א"א להפריש, דהו"ל חסר, **או**

באר הגולה

ו ‹כלישנא קמא. ור"ח ורי"ף ורא"ש וכל הגאונים פוסקין כלישנא בתרא - גר"א› ז ‹משום דהוי קשיא למ"א, איך העתיק רמ"א מה שכתב הכלבו, דאם חתך מה שנקבו העכברים כשר, ואחר זה העתיק דברי הגהות אשר"י, דאם חתך היבש והמנומר פסול, כיון שחל עליו שם פסול אינו חוזר להכשרו, ולכאורה פליג על הכלבו בדין עכברים, ואיך העתיק רמ"א דברי שניהם. **ועל** זה כתב מ"א דזה הכרעת רמ"א, דס"ל לדינא כדעת הפוסקים דמכשירים בניקבו עכברים, רק דמחמיר לכתחלה, לכן לא חל עליו שם פסול גמור מעולם, **משא"כ** יבש ומנומר דהוי פסול גמור, אינו חוזר להכשרו ע"י שמסירו - מחה"ש› ח רמב"ם

אפשר כיון דעתה אין בו היתר אכילה, אין יוצאין בו, והרמב"ם הוא מן המחמירין, כנ"ל, (**עיין** רש"י דף ל"ה. ד"ה ומאן דבעי), **ולכן** יש ליטול אתרוג של טבל בא"י בלא ברכה, **ובחו"ל** אין כאן איסור טבל כלל בזה"ז].

ואתרוג שנאסר מחמת בליעת איסור, כגון שנפל מקצתו לתוך חלב רותח, [דטעם פסול בישול הוא מטעם דאינו הדר, וא"כ דינו כמו חזזית דלא נפסל אלא רובו], יש להחמיר שלא לצאת בו ביום ראשון, **אבל** בשאר הימים יש להקל, כיון שאין איסורו מחמת עצמו, [ובמקום הדחק כשאין לו אחר, יש להקל גם ביום ראשון].

או מפני שאינם מינם, או שהם חסרים השיעור, בין ביו"ט ראשון בין בשאר ימים, פסול - אף דמבואר לעיל דחסר כשר בשאר יומי, מ"מ צריך שישאר בכל אחד כשיעורו.

וחזזית פוסלת כל שבעת הימים (רבינו ירוחם) - זהו רק לדעת המחמירים בהדר כל ז', **אבל** לדעת המחבר שהעתיק לשון הרמב"ם, גם בהדר אינו פוסל אלא ביום א' בלבד, **והו"ל** לכתוב בלשון ויש אומרים, אלא שכן דרכו בכמה מקומות, **וכן** מה שכתב בהג"ה למעלה, אבל יבש או מנומר שפסול כל ז', הוא ג"כ אזיל לשיטתו שמחמיר בהדר כל ז', **אבל** לדעת המחבר שהעתיק לשון הרמב"ם, גם ביבש ומנומר אינו פסול אלא ביום א' בלבד.

ובשעת הדחק יש לסמוך להקל בחזזית בשאר ימים, כיון דבשאר ימים אין חיוב נטילה אלא מדרבנן, [**ועיין** בפמ"ג שכתב, דיוכל לברך ג"כ, **ועיין** שם עוד שמצדד, דאין להקל רק בחזזית, משום דיש דעות בחזזית, אי פסולו משום חסר, או משום הדר, והוי ס"ס, דשמא משום חסר, ואת"ל משום הדר, שמא הלכה כהרמב"ם, אבל בשארי דברים שהם בודאי משום הדר, אין להקל בשאר יומי, **ומלשון** הגר"ז וח"א מוכח, דסמכו בשעת הדחק להקל אף בהדר, **לבד** ביבש יש מחמירין, משום "לא המתים יהללו יה", וצ"ע].

[ט] **והעושים שני יו"ט, פסולי ראשון נוטלין בשני, אבל ברוכי לא מברכינן** - דיש דיעות בפוסקים, דכיון דאנו עושין משום ספיקא דיומי, אפשר דדינו כראשון, **או** דכיון דאנו בקיאין בקביעא דירחא, דינו כשאר ימים, **לכך** נוטלין בדליכא אחר, ולא מברכינן, **ואף** דבדליכא אחר גם ביום ראשון נוטלין ולא מברכין, כמבואר לקמיה בס"ו, **שם** מיירי בדליכא אחר כלל, וכאן מיירי שיש בנמצא ע"י טורח, וקמ"ל דבשני א"צ לטרוח.

(**והוא הדין בשאול בשני, אין לברך עליו, והעולם אין נזהרין בזה**).

ואם יש לחבירו לולב ואתרוג כשר, יברך על של חבירו, מדעתו (ד"ע) - פי' יתן לו במתנה בענין דמהני אפילו ביום ראשון, **אבל** שלא מדעתו, אע"פ שכתב לעיל דמותר, דניחא ליה לאיניש למיעבד מצוה בממוניה, מ"מ לא עדיף משאול, ופסול ביו"ט ראשון, וגם בשני מספק, וע"כ יתן לו במתנה ולא בתורת שאלה.

וכתב המ"א בשם הד"מ, דאח"כ יטול את זה, ור"ל על של חבירו שקבל במתנה יברך, ואח"כ יטול שלו להלל והושענא.

אות ה'

בשבת, שלש אבנים מקורזלות מותר להכניס לבית הכסא

סימן שיב ס"א - משום כבוד הבריות התירו לטלטל אבנים לקנח, ואפי' להעלותם לגג עמו דהוי טרחא יתירה, מותר. ומי שיש לו מקום מיוחד לבית הכסא, יכול להכניס עמו אבנים לקנח [י] מלא היד.

אות ו'

אפילו בחוט במשיחה

סימן תרנא ס"א - [יא] ויכול לאגדם במין אחר - ולית ביה משום בל תוסיף, דכיון דאין חובה לאגדו, האי לחודיה קאי והאי לחודיה קאי, **ומשום** חציצה נמי ליכא, אף שהקשר מפסיק בין ידו להלולב, דכל לנאותו אינו חוצץ, [גמרא], ואפילו אם הקשר היה בדבר שאינו מינו.

באר הגולה

[ט] הר"ן [י] ‹ובברייתא אחריתא... אמרינן נמנו וגמרו מלא היד, ופי' רש"י מלא היד בין שלשתן, ואפילו הן ארבעה או חמשה ובין כולן מלא היד - ב"י›
[יא] משנה שם ל"ו וכר"מ

§ מסכת סוכה דף לז. §

אות א' - ב'

כל לנאותו אינו חוצץ

לקיחה על ידי דבר אחר שמה לקיחה

סימן תרנא ס"ז - [א]אם עשה בית יד ונתן בו הלולב ונטלו, שפיר דמי, דלקיחה ע"י דבר אחר שמה לקיחה - כגון שכל הלולב חוץ מידו, ואוחז בבית יד הבולט הנעשה מן הסודר, לא הוי חציצה כיון שאין אוחז הלולב בידו - מ"א, **ודעת** הא"ר הוא, דבית יד הוא לנאותו, וע"כ אף שאוחז להלולב בידו ג"כ דרך בית יד, שפיר דמי ולא הוי חציצה, **אם** לא שנעשה באופן שאינו מהודר, וכן הסכים בדרישה, דתלוי באופן עשייתו.

ובלבד שיהא דרך כבוד; [ב]אבל אם אינו דרך כבוד, כגון שנתן הלולב בכלי ונטלו, לא יצא - ואפילו הוא של כסף, דלא הוי דרך כבוד כשאוחזו בכלי, ולא שמה לקיחה, **והסכימו** כמה אחרונים, דבכלי יש להחמיר בכל ענין, בין שאוחזו בדופני הכלי, [משום חציצה, [ג]ולפי דעת הר"ן משום דלא הוי לקיחה תמה], **או** מניח ידיו תחת שוליו, או אוחז בבית יד של הכלי, [דהוי לקיחה ע"י דבר אחר דרך בזיון].

[ד]**ואם כרך עליו סודר, ונטלו,** ‹לא יצא› - מטעם חציצה, [דמסתמא אינו לנאותו, אם לא היכי דידעינן שהוא לנאותו], **ודעת** הר"ן משום דלא הוי לקיחה תמה.

[ה]**או שכרך סודר על ידו** - וה"ה אם לבש בתי ידים על ידיו, **ונטלו, י"א דלא יצא** - מה שכתב המחבר דין זה בלשון י"א, משום דעת הר"ן, דס"ל דיצא, דבטל לגבי היד, [וכן הוא דעת רש"י בדף מ"ב. ד"ה דרך כבוד], ‹וכן הוא ברש"י הכא›, **וע"כ** אם נטלו, יחזור ויטלנו בלא ברכה, **אבל** בכרך סודר על הלולב, גם לדעת הר"ן לא יצא, דלא הוי לקיחה תמה.

הגה: ונהגו להחמיר להסיר התפילין (מהרי"ל) וטבעות מידם - היינו שיקפלם התפילין אחורי אצבעו, וי"א שיחלוץ התפילין לגמרי קודם נטילת לולב.

אבל מדינא אין לחוש הואיל [ו]ואין כל היד מכוסה בהן (אגודה) - [ו]וכמה אחרונים כתבו, דאף מדינא יש הקפדה ע"ז משום חציצה, אף שאין כל היד מכוסה בהן, **וע"כ** אם נטל בעוד שלא הסיר התפילין מן ידיו, או הטבעות, יחזור ויטלנו בלא ברכה.

ובשם האר"י כתבו, שיברך תחלה בסוכה על הלולב, ואח"כ יעשה שאר הנענועים בביהכ"נ, [**אפשר** שטעמו כדי שלא להשהות המצוה, שמיד שקם מן שנתו בסוכה תיכף יקיים מצות נטילת לולב, **ואפשר** שהוא על פי סוד].

אות ג'

אזוב קצר מספקו בחוט ובכוש וטובל ומעלה, ואוחז באזוב ומזה

רמב"ם פי"א מהל' פרה ה"ד - האזוב הקצר אוגדו בחוט על הכוש וכיוצא בו וטובל במים ומעלה, ואוחז באזוב ומזה.

אות ד'

נפל משפופרת לשוקת פסול

רמב"ם פ"ט מהל' פרה ה"ב - המקדש צריך שיתכוין ויתן האפר בידו על המים, שנאמר: ולקחו לטמא, עד שיהיה מתכוין לקידוש ולמילוי ולהזייה; אבל אם נפל האפר מן הכלי שיש בו האפר לתוך המים, או שנטל האפר בידו ודחפו חבירו או הרוח, ונפל האפר מידו על המים, או שנפל האפר מידו על צד הכלי, או על ידו, ואח"כ נפל למים, הרי זה פסול.

באר הגולה

[א] **שם ל"ז וכרבא** [ב] **דף מ"ב.** [ג] ‹וז"ל: דאנן לית לן קרא לפסול חציצה בלולב, ומאי דחיישינן ביה, היינו משום דלא הוי לקיחה תמה - ב"י› [ד] **תוס' יומא נ"ח ופסחים נ"ז** ‹וכשהלולב תוך ידו אלא שכרך סודר על ידו או על הלולב, אף על גב דלית ביה משום לקיחה על ידי דבר אחר, מכל מקום מיפסל מטעם חציצה אם אינו לנאותו - ב"י. **ומש"כ** "על ידו" הוא דלא כרש"י וכדלהלן›, **וכתבו המרדכי בפ"ג דסוכה וכ"כ ר"י** [ה] **ר"ן** ‹וז"ל: לא יכרוך סודר שבין כתפיו על ידו ויאחז בו הלולב. **ולכאורה** פלא, דזה אמר בשיטת רבה, אבל כפי מה דקי"ל כשיטת רבא, י"א זה הוי בדוקא דלא כר"ן, וכדמבואר במ"ב, וכמ"ש הר"ן בשיטת רבא וז"ל: דכל לנאותו בטל לגבי לולב, והרי הוא כאילו נוטל בו ממש, וכל שהוא טפל לידו בטל לגבי ידו, והרי הוא כאילו נוגע ממש ידו בלולב› [ו] ‹אע"ג דבטבילה הוי חציצה אפילו במקצת, זהו מפני שכל הגוף טעון טבילה, אבל הכא א"צ להחזיק בכל אורכו של לולב, ואפילו אם יאחז האתרוג בפטמתו הוה נטילה, ולכן אם רק מקצת מן היד מגולה הרי אוחז בו במקצתו - ערוה"ש› [ז] ‹דהא אמרינן בסוף עירובין ובזבחים, דאפילו נימא אחת חוצצת במקום בגדים, וכן ביד אמרו שם דוקא שלא במקום עבודה, וכן הני איבעיות שם רוח עפר כו' - גר"א›

עין משפט נר מצוה

עה א ב מיי' פ"ז מהל' לולב הלכה יא טור ש"ע א"ח סי' תרנא סעיף ז:

עו ג מיי' פי"א מהלכות פרה הלכה ד סמג עשין רלג:

עז ד מיי' פ"ט שם הלכה ג סמג שם ז

[יש טעאות שלא היה כתוב נפניהם כך ור' יהודה עד לדפנות וכמו שהעיד החכם אזולאי בספר שמחת הרגל שמצא כן בש"ס של קלף וכוה א"ש תוספות ד"ה והביאו]

לא מצא ארבעת מינין יהא יושב ובטל והתורה אמרה בסוכות תשבו שבעת ימים סוכה של כל דבר וכן בעזרא אומר צאו ההר והביאו עלי זית ועלי עץ שמן ועלי הדס ועלי תמרים ועלי עץ עבות (*ועשו) סוכות ככתוב [א] *ורבי יהודה סבר הני לדפנות עלי הדס ועלי תמרים ועלי עץ עבות לסכך *ותנן מסככין בנסרין ד"ר יהודה אלמא סיב ועיקרא דדיקלא מינא דלולבא הוא ש"מ ומי אמר ר' יהודה ארבעת מינין אין מידי אחרינא לא *והתניא סיככה בנסרים של ארז שיש בהן ד' טפחים ד"ה פסולה אין בהן ד' טפחים רבי מאיר פוסל ורבי יהודה מכשיר ומודה רבי מאיר שאם יש בין נסר לנסר כמלא נסר שמניח פסל בינידן וכשירה מאי ארז הדס (א) כדרבה בר רב הונא *דאמר רבה בר רב הונא אמרי בי רב עשרה מיני ארזים הן שנא' אתן במדבר ארז שיטה והדס וגו': ר' מאיר אומר אפילו במשיחה כו': תניא *א"ר מאיר מעשה ביקירי ירושלים שהיו אוגדין את לולביהן בגימוניות של זהב אמרו לו *משם ראיה במינו היו אוגדין אותו מלמטה אמר להו רבה להנהו מגדלי הושענא דבי ריש גלותא כי גדליתו הושענא דבי ריש גלותא שיירי ביה בית יד כי היכי דלא תיהוי חציצה רבא אמר כל לנאותו אינו חוצץ ואמר רבה לא לינקוט איניש הושענא בסודרא דבעינא לקיחה תמה וליכא *ורבא אמר *[ג]לקיחה על ידי דבר אחר שמה לקיחה אמר רבא מנא אמינא לה דלקיחה על ידי דבר אחד שמה לקיחה דתנן *[ג]אזוב קצר מספקו בחוט ובכוש וטובל ומעלה ואוחז באזוב ומזה אמאי ולקח וטבל אמר רחמנא אלא לאו ש"מ לקיחה על ידי דבר אחד שמה לקיחה ממאי דלמא שאני התם כיון דחבריה כגופיה דמי אלא מהכא *[ד]נפל משפופרת לשוקת פסול הא

(נחמיה ח) (ישעיה מא) (במדבר יט)

לא מצא אחד מד' מינין הללו יצא יושב ובטל. מסוכה נמצא זה קל והדין היה מלמד חומר מתחלתו כדדרשת מה לולב הקל שאינו נוהג בלילות כבימים יש בו חומר זה שאינו נוהג אלא בד' מינין סוכה חמורה שנוהגת בלילות כו': **עלי זית ועלי עץ שמן.** לאו ד' מינין נינהו. ור"י סבר הנך לדפנות ועלי הדס ועלי תמרים ועלי עץ עבות לסכך ותנן מסככין בנסרים. ול"ג של ארז והא נמי דהני נסרים מאחד מד' מינים הם מיהו מעיקרא דדיקלא נינהו אלמא לר"י סיב ועיקרא דדיקלא כשירין לאגדו של לולב דאי לאו הכי הוו להו כמין אחר דהא לר"י אין סוכה אלא בהכשר לולב מק"ו: סככה בנסרים של ארז גרסינן הכא: **י' מיני ארזים הם.** והדס חד מינייהו במסכת ר"ה (דף כג.): **ביקירי ירושלים.** מנכבדי ירושלים העשירים: **במינו אוגדין אותו מלמטה.** כמלא אגד העליון נוי בעלמא ולא להכשיר מצוה לפיכך אינו תוספת לעבור על בל תוסיף: **מגדלי הושענא.** אוגדי הלולבים לשון גדילין ולשון הש"ס לומר לכל אומן בדבר לשון זה כגון הך דבפרק משקין (מו"ק דף יא.) למגדלי אוהרי ולמגדלי תטרי בחולו של מועד הא למדת שפירוש לשון זה לשון עשיה ותקון: **שיירי ביה בית יד.** מתחת לאגד שלא יקחנו במקום אגדו דקסבר אין האגד מן המצוה כרבנן דאמרי אין צריך אגד: **דלא תהוי חלילה.** בין יד להושענא ואין זו לקיחה: **לא לינקוט איניש הושענא בסודרא.** כשנוטלו לצאת בו לא יכרוך סודר שבין כתפיו על ידו ויאחוז בו הלולב: **אזוב קצר.** שהיו מביאין מי חטאת מעיר לעיר בשפופרת של קנים ארוכות ומניחין אותם בהם לטהרת טמאים ומטביל האזוב ומזה ואם היה קצר כשמכניסו בפי השפופרת אינו מגיע למים שבראש השני: **מספקו.** מאריכו כדי ספוקו: **בכוש.** פלך פוזי"ל בלע"ז שהנשים טוות בו: **ולקח.** אזוב וטבל במים בשעת טבילה בעינן לקיחה: **אלא שמע מינה שמה לקיחה.** ומיהו כשהוא מזה צריך לאחוז באזוב מפני שאם אוחזו בספוקו הוא מנענע כאן וכאן ואינו מכוין ומזה על הכלי: **נפל משפופרת לשוקת.** אף האפר היו מביאין בשפופרת ומקדשין בו את המים בשוקת של אבן שכל מעשה פרה בכלי אבנים היתה אם אפשר והיה נותן אפר משפופרת למים שבשוקת שהאפר נותן למעלה כדילפינן בסוטה (דף טז:) מים חיים אל כלי שהמים נותנין תחילה אל כלי ולא יפסיק אפר ביניהן והא דכתיב ונתן עליו מים מוקמינן (שם) לערבן ואם כשבא לקדש נפל האפר משפופרת לשוקת שלא במתכוין פסול הקידוש דבעינן ולקחו מעפר שרפת החטאת ונתן וגו' שיהא לוקח בידו ונותן: הא

להקל ותימה דהכא אין הלכה כר' יהודה דלא מכשר אלא בד' מינין דסתם מתני' בפ"ק (דף יא.) כרבנן בהדלה עליה את הגפן ואת הדלעת דקתני או שקצץ כשרה וי"ל דהא דקי"ל התם כרבי יהודה היינו מכח דין אחר ויליף במה מצינו מנותר שישנו בבל תותירו וחמץ ישנו בבל תותירו מה נותר בשריפה אף חמץ בשריפה דאע"פ שאמרו לו חכמים אשם תלוי וחטאת הבאה על הספק יוכיחו שהם בבל תותירו ואת אמרת בקבורה ושתק ר' יהודה אלמא הדר ביה מההיא אע"ג דהוא שתק אנן לא שתקינן דלא שתק אלא מתוך דברי עצמו במה שאומר במקום אחר דנותר בקבורה אבל אנן סברינן בשריפה ואין כאן יוכיח: **והביאו** עלי זית. רבי יהודה הוה מוקי ליה לדפנות: **מאי** ארז הדס כדרבה בר רב הונא דאמר י' מיני ארזים הם. תימה ולרב יהודה אמר רב דפליג עליו מאי איכא למימר דאמר במס' ר"ה פ' אם אינן מכירין (דף כג. ושם) ד' מיני ארזים הם אלו הן ארז וקתרום ועץ שמן וברוש ולספרים דגרסי לעיל בפ"ק (דף יד:) ברייתא דתניא כוותיה דרב סיככה בנסרים שאין בהן ארבעה דברי הכל כשרה ול"ג של ארז ניחא דבברייתא דהכא תניא כוותיה דשמואל ולא חשיב לה רב עיקר: **כי** היכי דלא ליהוי חלילה. דקסבר רבה מין במינו חוצץ אי נמי משום דמספקא ליה כדמוכח פרק בהמה המקשה (חולין דף ע. ושם) כרכתו אחותו והוליאתו מהו דמפרש ר"ת היינו נקבה שנולדה עמו וקרי לה אחותו כדאשכחן פרק כל הבשר (שם דף קיד.) אין לי אלא בחלב אמו בחלב אחותו הגדולה מניין והא דאמר פ"ק דבכורות (דף י. ושם) גבי חמורה שלא ביכרה וילדה שני זכרים ורבנן לימא קסברי מקלת רחם מקדש דאי טליה רחם מקדש כהי דא"א נלמלם חלילה מיהא איכא אמר רב אשי מין במינו אינו חוצץ התם הוא דפשיטא לן משום דאיכא מקלת רחם בלא חלילה ואע"ג דהכא נמי הוי חוצץ לאגד ומקלתה בלא חלילה וקא קפיד רבה דלמא לידה שאני דאורחייהו של תאומים בהכי והא דאשכחן בסוף שתי מדות (מנחות דף צד.) דמרבה כל בעלי חוברין לסמיכה [ובתנופות אחד מניף ע"י כולם] ולא בעי למילף תנופה בק"ו מסמיכה דלא אפשר דהיכי ניעבד לינפו טלהו בהדי הדדי קא הויא חלילה אפילו לרבא דאמר הכא מין במינו אינו חוצץ מ"מ פירכא היא ועוד מידי דלאו אורחיה סברא הוא דחוצץ כדתנן פ"ב דזבחים (דף טו:) על גבי רגל חברו פסול וכפ' הוציאו לו (יומא נח: ושם) מיבעיא ליה לרמי בר חמא הניח מזרק [תוך מזרק] וקבל בו את הדם מהו מין במינו חוצץ או אינו חוצץ ומסיק דאינו חוצץ דכתיב (ב) אשר ישרתו בם בקודש שנים כלים ושירות אחד והדר מיבעיא ליה הניח סיב בתוך המזרק דהוי מין בשאינו מינו אי חוצץ או אינו חוצץ ואין לדמות כל הדברים:

דבעינא לקיחה תמה וליכא. הכא לא שייך למימר דלא ליהוי חלילה כדאמר לעיל דלעיל איירי כשיאגד בלולב והכא כשכרך בידו ובדבר הכרוך בידו לא שייך חלילה ובסוף מקום שנהגו (פסחים נז. ושם) גבי יששכר איש כפר ברקאי דהוה כריך ידיה בשיראי ועביד עבודה ופי' בקונטרס וחלילה פוסלת בקדשים דכתיב ולקח הכהן בעינן שתהא לקיחה בעצמו של כהן אע"ג דלקיחה על ידי ד"א שמה לקיחה [לרבא] ה"מ דרך כבוד כדמוכח בסוף פירקין (דף מב.) גבי לולב שהוליאו בכלי דפריך עלה והאמר רבא לקיחה על ידי דבר אחר שמה לקיחה ומשני הני מילי דרך כבוד אבל דרך בזיון לא והשתא נמי אע"ג דכריך ידיה בשיראי לכבוד עצמו היה עושה שלא יתלכלכו ידיו בדם האברים ומבזה קדשי שמים קרי ליה התם אי נמי *דלטעמיה דחלילה נענש משום בזיון קדשים כדמוכח מבת קול ומיהו לא יתכן פירוש זה מדמייתי עלה ההיא דאזוב שספקו בחוט אלא י"ל דאגד הצריך ללולב שלא יתפרדו המינין שייך ביה חלילה אבל הכא סודרא לא בעי לולב ומיהו גם זה לא יתכן דכ"ש דהוה ליה למימר דחוצץ כדמוכח בעיא דרמי בר חמא דפרק הוציאו לו (יומא דף נח. ושם) דהניח מזרק בתוך מזרק דבעי למיפשטה מההיא דעל גבי רגל חבירו פסול ודחי שאני רגל דלא מבטל ליה וי"ל דמיירי שעשה מן הסודר כמין בית יד ללולב ואין שייך כאן חלילה שכל הלולב חוץ מידו ואוחזו בבית יד הבולט העשה מן הסודר ודמי לאזוב שספקו בחוט ולא חשיב ליה רבה לקיחה תמה ורבא סבר שמה לקיחה ולולב שהוליאו בכלי דסוף פירקין לא בשאוחז בדופני הכלי אלא מניח ידו תחת שוליו או שאוחזו בבית יד של כלי*: **נפל** משפופרת לשוקת. פי' בקונטרס לשוקת של אבן שכל מעשה פרה בכלי אבנים ואי אפשר לומר כך דהך שפופרת גופה מקבלת טומאה היא כדמוכח פרק חומר בקודש דאמרינן שפופרת שחתכה לחטאת טמאה ויטביל ובמסכת פרה בדוכתי טובא תנן שהיו ממלאין חביות לקדש בהן עוד משמע דעדיפי שאר כלים לקדש דתנן (פרה פ"ה משנה ה) בכל הכלים מקדשים אפילו בכלי גללים כלי אבנים כלי אדמה דאף על גב דלא חשיבי כלים לטומאה חשיבי כלי לקידוש וכ"ש שאר כלים ומה שכל מעשיה בכלי אבנים היינו בשבעת הימים שמפרישין כהן השורף את הפרה ללשכה שעל פני הבירה ולשכת בית אבן היתה נקראת כדמפרש בריש יומא (דף ג.) ועביד משום מעלה: [וע"ע תוספות חגיגה כג. ד"ה שפופרת ותוספות יומא ג. ד"ה שכל ותוספות חולין מ: ד"ה טמאה]

אמאי

מסורת הש"ס

[נ"ל לעשות]

[לעיל יד. וש"נ]

שם: יז:

תענית כה: ר"ה כג. ב"ב פ:

[תוספתא פ"ב]

[שבת כט: וש"נ]

[וע"ע תוספות זבחים כד. ד"ה הואיל ורגלים]

הגהות הב"ח

(א) גמ' מאי ארז הדס (כדרבה וכו' שיטה והדס) תא"מ ונ"ב בס"א אינו: (ב) תוס' ד"ה כי היכי וכו' דכתיב ואת כל כלי השרת אשר ישרתו בם:

הגהות הגר"א

[א] (ור"י סבר כו' עד לסכך) תא"מ:

גליון הש"ס

גמ' וכן בעזרא. עיין מ"ש לעיל בגליון דף יב ע"א ברש"י ד"ה לאו סכך: שם ורבא אמר לקיחה ע"י ד"א. עיין יומא דף מז ע"ב ברש"י ד"ה רב ספא:

[נ"ל דלטעמיה כצ"ל]

רבינו חננאל

שבלולב. ש"מ נסרין של דקל מין לולב הן. ואסיקנא נמי ארז מין הדס הוא. ר' מאיר אומר אפי' במשיחה אוגדין. תניא אמר ר' מאיר מעשה ביקירי ירושלים שהיו אוגדין אותו בגימוניות של זהב אמרו לו במינו היו אוגדין אותו מלמטה. אמר רבה למגדלי הושענא דבי ריש גלותא שיירו בלולב בית יד. כלומר קצה הלולב הנאגד עם ההדס הניחוהו בלא אגד כי היכי דלא ליהוי חציצה רבא אמר כל לנאותו אינו חוצץ מין במינו הוא. אמר רבה לא לינקוט איניש לוליבא בסודרא דבעינא [לקיחה תמה] וליכא. רבא אמר לקיחה [ע"י דבר אחר] שמיה לקיחה מהא דתנן בפרה פי"ב האזוב הקצר מספקו בחוט או בכוש טובל ומעלה ואוחז באזוב ומזה. ר' יהודה ור"ש אומרים כשם שהזיה באזוב כך טבילה באזוב. פי' אליבא דת"ק דפליג עלייהו אמאי קא שרי ולקח אזוב וטבל במים כתיב כו' וזה לא לקח אלא בחוט ובכוש שטוות בו הנשים נקרא כוש אלא ש"מ לקיחה ע"י דבר אחר שמה לקיחה ודחינן דלכא שאני חוט וכוש דכיון דחבריה לאזוב כאזוב דמי ולא דמי לסודר דלא חבריה ללולב אלא מהא דתנן בפרה פ"ו נפל הקידוש משפופרת על השוקת פסול ודייקינן

עין משפט
נר מצוה

עח א מיי' פ"ז מהל' לולב הלכה יב סמג עשין מד טוש"ע א"ח סי' תרנא סעיף א:

עט ב מיי' שם הלכה כו סמג שם טור ש"ע א"ח סי' תרנג סעיף א:

פ ג מיי' פכ"א מהלכות שבת הלכה ז סמג לאוין סה טוש"ע א"ח סי' שלו סעיף י:

פא ד מיי' פ"ז מהלכות לולב הלכה ו ט סמג עשין מד טוש"ע א"ח סי' תרנא סעיף כ:

פב ה מיי' שם הלכה י טוש"ע שם סעיף ח:

פג ו מיי' פ"ח מהלכות תמידין הלכה יא:

הא הפילו הוא כשר אמאי °ולקחו ונתן אמר רחמנא אלא לאו שמע מינה לקיחה ע"י דבר אחר שמה לקיחה ואמר רבה לא לדוץ איניש לולבא בהושענא דדלמא נתרי טרפי והוי חציצה ורבא אמר ^א מין במינו אינו חוצץ ואמר רבה לא ליגוז איניש לולבא בהושענא דמשתיירי הוצא והוי חציצה ורבא אמר *מין במינו אינו חוצץ ואמר רבה ^ב הדס של מצוה אסור להריח בו אתרוג של מצוה מותר להריח בו מ"ט הדס דלריחא קאי כי אקצייה מריחא אקצייה אתרוג דלאכילה קאי כי אקצייה מאכילה אקצייה °ואמר רבה ^ג הדס במחובר מותר להריח בו אתרוג במחובר אסור להריח בו מ"ט הדס דלהריח קאי אי שרית ליה לא אתי למגזייה אתרוג דלאכילה קאי אי שרית ליה אתי למגזייה ואמר *רבה ^ד לולב בימין ואתרוג בשמאל מ"ט הני תלתא מצות והאי חדא מצוה א"ל ר' ירמיה לר' זריקא מאי טעם לא מברכינן אלא על נטילת לולב הואיל וגבוה מכולן ולגבהיה לאתרוג ולבריך א"ל הואיל ובמינו גבוה מכולן: **מתני'** ^ה והיכן היו מנענעין בהודו לה' תחילה וסוף ובאנא ה' הושיעה נא דברי ב"ה וב"ש אומרין אף באנא ה' הצליחה נא א"ר עקיבא צופה הייתי ברבן גמליאל ור' יהושע שכל העם היו מנענעין את לולביהן והם לא נענעו אלא באנא ה' הושיעה נא: **גמ'** נענוע מאן דכר שמיה התם קאי *כל לולב שיש בו שלשה טפחים כדי לנענע בו כשר וקאמר היכן מנענעין תנן התם *^ו שתי הלחם ושני כבשי עצרת כיצד הוא עושה מניח שתי הלחם על גבי שני הכבשין ומניח ידו תחתיהן ומניף ומוליך ומביא מעלה ומוריד שנאמר °אשר הונף ואשר הורם א"ר יוחנן *מוליך ומביא למי שהארבע רוחות שלו מעלה ומוריד למי שהשמים והארץ שלו במערבא מתנו הכי א"ר חמא בר עוקבא א"ר יוסי ברבי חנינא מוליך ומביא כדי לעצור רוחות רעות מעלה ומוריד כדי לעצור טללים רעים א"ר יוסי בר אבין ואיתימא ר' יוסי בר זבילא זאת אומרת שירי

תורה אור: ולקחו ונתן — במדבר יט; אשר הונף ואשר הורם — שמות כט

הא הפילו הוא. במתכוין דומיא דנפל מאליו שלא אחז בלולב עצמו אלא אחז בספופרת ונערה לתוך שוקת כשר: ה"ג אמאי ולקחו ונתן אמר רחמנא אלא ש"מ לקיחה על ידי דבר אחר שמה לקיחה: ואמר רבה גרס בכולהו: **לא לידון איניש לוליבא בהושענא.** לאחר שאגד הערבה וההדס יחד לא יתחוב הלולב מלמעלה בתוך האגד: **דלמא נתרי טרפי.** הלולב משיר עלי ההדס והערבה ומשתיירין באגד וחוצצין בין מין למין ואינם אגודים יחד להיות לקיחה אחת: **לא (*ליגוד) איניש לוליבא בהושענא.** אם הוא ארוך יותר מדאי מן הערבה ובא לקצצו מתחת לא יקצצנו בעודו באגודה אלא יוליאנו ויגוז מתחת ויחזור ויאגוד: **דמשתיירי הוצא.** של לולב תלושין מן השדרה בתוך האגד לפי שעלי הלולב ארוכים ומחוברים מתחת השדרה ונמשכין ועולין כנגד גובהו של לולב וכשקוצצן מתחת נמצאו חתוכין מן השדרה ונשארין באגודה: **אסור להריח בו.** דגמרינן מסוכה דילפינן בפרק קמא (דף ט.) דחל שם שמים על עצי סוכה ליאסר בהנאה כל שבעה הואיל והוקצו למצוה: **מריחא.** שהוא דרך הנאתו אקצייה: **הדס במחובר.** לענין שבת נקט לה כל ימות השנה: **כי שרית ליה.** כלומר אע"ג דשרית ליה להריח לא אתי למיתלש דהא במחובר נמי מריח ליה שפיר ואינו טרוד בקלילתו שישכח ויתלשנו: **אבל אתרוג דלאכילה קאי.** כי מורח ליה מינכסי ותלים ואכיל ליה ואף אם אוכלו במחובר אין לך תולש גדול מזה: **הואיל וגבוה מכולן.** חשוב הוא ונקרא האגד על שמו: **ולגבהיה לאתרוג.** קא סלקא דעתיה דהואיל דגבוה דקאמ' היינו הא דאמרן לעיל (לב:) שדרו של לולב צריך שיצא למעלה מן ההדס טפח: **ובמינו.** גבוה משלשתן: **מתני' תחלה וסוף.** הודו שבתחלת הפרק והודו שבסוף הפרק בסוף ההלל מן הודו עד סוף ההלל חדא פרשתא במנין פרשיות של ספר תהלים: **גמ' נענוע מאן דכר שמיה.** שיהא אדם חייב לנענע דפשיטא ליה לתנא וקבעי היכן היו מנענעים: **כדי לנענע בו.** אלמא מצוה לנענע כדלקמן לעצור רוחות רעות ומללים רעים: **כיצד עושה.** אותם שהוא צריך להניפם יחד חיים כדכתיב (ויקרא כג) והניף הכהן אותם על לחם וגו' על שני כבשים וגו' הכבשים חיים ומניח שתי הלחם על שני הכבשים כדכתיב על לחם הבכורים תנופה על שני כבשים ואף על גב דרישיה דקרא משמע אותם על לחם ילפינן לה במנחות מלחם המלואים דלחם למעלה: **סונף.** היינו מוליך ומביא וכטלי"ר בלע"ז: **סורם.** מעלה ואין עלייה בלא הורדה והאי קרא לאו בכבשי עצרת כתיב אלא במלואים ומיהו כל תנופות ילפינן מינה: **למי שארבע רוחות שלו.** מצוה זו אנו עושין לשמו כן מראה בהנפתו: **זאת אומרת.** הא דרבי יוסי דקאמר תנופה עוצרת רוחות רעות וטללים רעים: שירי

אמאי ונתן אמר רחמנא אלא שמע מינה נתינה על ידי דבר אחר שמה נתינה הכא נמי לקיחה על ידי דבר אחר שמה לקיחה. כך כתוב בכל הספרים וקשה חדא דמה לו לדקדק מנתינה הא גבי פרה כתיב לשון לקיחה ולקחו לטמא מעפר שרפת החטאת השתא קנסיב על ידי שפופרת דהיינו על ידי דבר אחר ועוד ונתן קאי אמים ולא אאפר כדמוכח בהדיא פרק כל שעה (פסחים דף לה: ושם) דפריך ונתן אלמא תלושין נינהו והא מחוברין נינהו כלומר דבעינן מים חיים אל כלי ובפרק שני דסוטה (דף טז: ושם) ובפרק קמא דתמורה (דף יב: ושם) נמי קאמר תרי קראי כתיבי ונתן עליו אלמא אפר ברישא דפשטיה דקרא משמע דעליו אאפר קאי שנותן המים עליו וכתיב מים חיים אל כלי דמשמע שלא יהא הפסק בין מים לכלי ופרק הערל (יבמות עג: ושם) קאמר כתב רחמנא ולקחו ונתן דאפילו (א) שקלי תרי ויהיב חד היינו (ב) שקלי תרי מאפר ויהיב חד במים ומיהו יתכן דנתן אתרוייהו קאי אמים ואפר ובקונטרס גרים הכי ואמאי ולקחו ונתן אמר רחמנא אלא שמע מינה לקיחה על ידי דבר אחר שמה לקיחה: **ולגבהיה** לאתרוג ולבריך. קשה דהוה ליה למימר הואיל ובשיעור' גבוה מכולן: **בהודו** לה' תחלה וסוף. הודו שבתחלת הפרק והודו בסוף הלל מן הודו עד סוף ההלל חדא פרשה היא במנין פרשיות של ספר תהלים כך פירש בקונטרס ויש מפרשים תחלת הפסוק וסוף הפסוק ולאו מילתא היא אלא בהודו מנענע פעם אחד וכן באנא ה' הושיעה נא כבית הלל ולא באנא ה' הצליחה נא כבית שמאי וטעמא דבית הלל אע"פ שאין אנא ה' הושיעה נא תחלת הפרק ולא סוף הפרק מנענעים משום דכתיב (דה"א טז) אז ירננו עצי היער מלפני ה' כי בא לשפוט את הארץ וכתיב בתריה הודו לה' כי טוב כי לעולם חסדו וכתיב נמי בתריה ואמרו הושיענו אלהי ישענו והיינו ירננו שמנענעים את הלולב ומשבחין בהודו ובאנא ה' הושיעה נא ועכשיו שנהגו שליח צבור אומר יאמר נא ישראל והצבור עונין הודו וכן ביאמרו נא יראי ה' הצבור מנענעים על כל הודו והודו שעונין אבל שליח צבור לא ינענע וי"מ דאף שליח צבור מנענע אגב ליבורא שעונין בכל פעם ופעם הודו ומנענעין מנענע נמי שליח צבור ביאמר נא וביאמרו נא ובשעת ברכה לא מליע אם חייב לנענע בתחלת נטילה אלא מדאמרינן בפירקין (דף מב.) קטן היודע לנענע חייב בלולב משמע דמנענע בתחלה הברכה אע"פ שאינו יודע לקרות הלל ועוד מדתניא במסכת ברכות בסוף תפלת השחר (דף ל. ושם) הקדים לצאת לדרך מביאין לו שופר ותוקע לולב ומנענע מגילה וקורא בה משמע דמנענע בלא הלל: **כדי** לעצור רוחות רעות. בפרק כל המנחות באות מצה (מנחות סב. ושם) חשיב כל הטעונין תנופה ושמא לא בכל תנופות עושין כן אלא דוקא בתנופת שתי הלחם דעצרת וכן בלולב משום דאמרינן פ"ק דר"ה (דף טז.) דגזר דין נחתם בפסח על התבואה בעצרת על פירות האילן בחג על המים ולכך הנענוע שבלולב יש בו הולכה והבאה ובערוך פירש בערך נע [דאיתא בירושלמי תנא] צריך לנענע ג' פעמים על כל דבר ודבר בעי ר' זירא הכין חד והכין חד או דלמא הכין והכין חד פי' כבר אמרת לריך נענוע ג' פעמים ובעי ר' זירא הולכה פעם אחת והבאה פעם אחת או הולכה והבאה פעם אחת נחשבים ולריך להוליך ולהביא שלשה פעמים תמן תנינן בנדה פרק האשה (דף סב:) גבי שבעה סמנין מעבירין על הכתם ולריך לכסכס שלש פעמים על כל אחד רבי זעירא בעי הכין חד והכין חד או הכין והכין חד ולא אפשיט וכיון דלא אפשיט עבדינן לחומרא שלש פעמים לכל אחד ואחד ע"כ לשונו והיא בעיא דהתם איתא נמי בש"ס דידן בנדה פ' האשה (דף סג.) דבעי ר' ירמיה אמטוי ואתויי חד או דלמא אמטויי חד ואתויי חד ודכוותה פ' ואלו מנחות (דף עו.) גבי שלש מאות שיפה וחמש מאות בעיטה דבעי ר' ירמיה אמטויי ואתויי חד או דלמא אמטויי חד ואתויי חד: מאי

מסורת הש"ס: [ת"ל ליגוז] · [זבחים קי. בכורות טו:] · לעיל לג. · לעיל כט: וש"נ · מנחות סא. · שם סב. ע"ש

הגהות הב"ח
(א) תוס' ד"ה אמאי וכו' דאפי' שקיל תרי: (ב) בא"ד היינו שקיל תרי מאפר ויהיב חד ממים:

גליון הש"ס
גמ' ואמר רבה הדס במחובר. עיין בר"ן פ"ע דביצה דף לב ע"א בשם הגאונים הב' בכאן דכיסוף דהדס במחובר אסור להריח בו אתרוג שרי ע"ש וע"ע הגהת אשר"י:

רבינו חננאל
ודייקינן מינה טעמא דנפל הא הפילו הוא מן השפופרת בכוונה לשוקת כשר. ואמאי ולקחו לטמא וגו' אלא ש"מ לקיחה ע"י דבר אחר שמה לקיחה. אמר רבה לא לידוץ אינש כלומר לא ינעוץ לולב בהושענא דלמא ניתרי טרפי דהושענא בנעיצה זו והוצצין בין הלולב ובין הושענא. רבא אמר מין במינו אינו חוצץ וכן אמר רבה לא יחתוך אדם קנה הלולב היוצא מתחת ההדס אחר שאגדו שמא ישארו מן ההוצין שנחתך עיקרן בכלל אותן שהיו יוצא מן ההדס ונשארו ההוצין בלא עיקר והוצצין. רבא אמר מין במינו אינו חוצץ. הדס של מצוה שהוא עם הלולב מוקצה הוא ואסור להריח בו אבל האתרוג מותר להריח בו כי לא הקצהו אלא מן אכילה. וכן הדס במחובר אסור להריח בו גזירה שמא יתלוש. אתרוג מותר דלא אתי למתלש דלאכילה עביד ולאכול מיניה הא לא שרית ליה. אמר רבה לולב בימין שהוא ג' מצות בהודי ועליה מברכין הואיל ומינו של לולב גבוה מכולן. אתרוג בשמאל שהוא חד מצוה. כיון ששנינו לולב שיש בו ג' טפחים כדי לנענע בו. אמרנו ובהיכן היו מנענעין בהודו לה' תחלה וסוף ובאנא ה' הושיעה נא. ונענוע זה אלתי מוליך ומביא מעלה ומוריד ששנינו במנחות בענין שתי הלחם וכבשי עצרת. ואמר רבה התם וכן בלולב. אלא צריך לנענע בהולכה ובהובאה בג' פעמים זולתי מוליך ומביא מעלה ומוריד. וכן קבלנו מרבינו האי זצ"ל. והעמדנו עיקר דבר זה מתלמוד א"י. דגרסינן התם רב חייא בר אשי בשם רב נוטל לולב ומנענע שופר ותוקע וכשמגיע זמן ק"ש קורא ומתפלל. תני צריך לנענע ג"פ על כל דבר ודבר. ר' זעירא בעי הכן חד והכן חד או הכן והכן חד. פי' כבר אמרנו צריך לנענע ג"פ. בעי ר' זירא ההולכה תחשב פעם אחת וההבאה פעם אחת או [ההולכה] וההבאה פעם אחת נחשבם וצריך להוליך ולהביא ג"פ. תמן תנינן (בפרה) [בנדה] פ פ בענין ז' סממנים מעבירין על הכתם וצריך לכסכס על כא"א ג"פ. ר' זעירא בעי הכין חד והכין חד או הכן והכן חד ולא איפשטא. וכיון דלא איפשטא עבדינן לחומרא ג"פ הולכה והבאה כא"א ג"פ:

§ מסכת סוכה דף לז: §

אות א׳

מין במינו אינו חוצץ

סימן תרנא ס״א - [א]ואם נשרו מהעלין בתוך האגודה בענין שמפסיק, אין לחוש, (דמין במינו אינו חוצץ; אבל שלא במינו, חוצץ; על כן יזהר ליקח החוט שרגיל להיות סביב ההדס (מהרי״ל) - פי׳ שרגילין לקנות בדי ההדס מהעכו״ם אגודה אגודה, וקאמר שצריך להסיר החוט משם, דזה החוט הוא שלא במינו ואינו לנאותו, **אבל** אם כרך בדי ההדס בלולב, שרי ולא הוי חציצה, דזה מקרי לנאותו - לבושי שרד, **ומחה״ש** כתב הטעם דלהכי שרי, דכל ג׳ מינים כחד חשיבי.

אות ב׳

הדס של מצוה אסור להריח בו, אתרוג של מצוה מותר להריח בו

סימן תרנג ס״א - [ב]הדס של מצוה אסור להריח בו - לפי שעיקרו אינו אלא להריח בו, ומזה הוקצה כל ז׳ כמו בעצי סוכה, **ואפילו** בשבת, הגם דאין נוטלין בשבת, מ״מ הרי הוקצה לכל ז׳.

אבל אתרוג [ג]של מצוה מותר להריח בו מן הדין - דעיקרו עומד לאכילה, ומזה לבד הוקצה ולא מלהריח, **אלא שלפי [ד]שנחלקו אם מברכים עליו** - ברכה של ״הנותן ריח טוב בפירות״, **אם לאו** - די״א דכיון דלא עבידא לריחא, מפני שהוא של מצוה, אין לברך עליו, **[ה]יש למנוע מלהריח בו** - בעת נטילתו למצוה, **אבל** קודם או אח״כ להריח בו, לכו״ע יכול לברך, **וי״א** דיש למנוע כל שבעת הימים, ועיין לעיל בסימן רי״ו, שם ביארנו כל פרטי הדין, **אבל** מותר להריח בו בשבת, דהא עכ״פ עתה לאו למצוה עביד. ‹ועיין לקמן סי׳ תרנ״ח ס״ב, דף מ״ד.›

אות ב׳* [ו]

סימן תרנג ס״ב - [ז]עבד להושענא ולא אגבהה למיפק בה, שריא בהנאה - דהזמנה לאו מילתא היא, **וה״ה** לולב של אשתקד, לא נאסר עד שיטול בשנה זו, דאחר החג בטל הקדושה, וכמו שכתבנו כעין זה לענין סוכה של אשתקד בסי׳ תרל״ח במ״ב, **ולדעת** האחרונים דמפקפקין שם לענין סוכה, ה״ה לענין לולב.

אות ג׳

הדס במחובר מותר להריח בו, אתרוג במחובר אסור להריח בו

סימן שלו ס״י - [ח]הדס מחובר, מותר להריח בו - דלא שייך למגזר שמא יקוץ, כיון שאינו רוצה רק להריח, וזה יכול הוא לעשות אף במחובר, **[ט]ויש** מחמירין בזה, [ים של שלמה, והובא במ״א], **וכתב** בא״ר דהעיקר כפסק השו״ע.

ולענין לטלטלו בידו, דינו כמו לעיל לענין קנים הרכים בסעיף א׳.

אבל אתרוג ותפוח וכל דבר הראוי לאכילה, אסור להריח בו במחובר, שמא יקוץ אותו לאכלו - וכי תימא הא נמי יכול לנשכו בפיו מן המחובר, אין לך תלישה גדולה מזו, [רש״י, **ומ״מ** חיובא לית בהו, בין אם הוא תולש ברגלו או בפיו, **אבל** איסור יש אפי׳ אם תלש בניצוצות הניתזין מרגליו, שהם כחו לבד].

ולכן יש למחות ביד הטועים והולכים לגנות בשבת ויו״ט, וקוטפים פירות מן המחובר ואוכלים, **ומלבד** איסור תלישה, אסורים ג״כ אח״כ באכילה לכל בשבת, **וראוי** למנות אנשים להשגיח ע״ז עד שישתקע הדבר.

אות ד׳

לולב בימין, ואתרוג בשמאל

סימן תרנא ס״ב - [י]יטול האגודה בידו הימנית - משום דהני תלתא מצוה, והאתרוג חדא, **ואפילו** בירך עליו כבר, ואח״כ נוטלו פעם שני, כגון בשעת אמירת הושענות, צריך ליטלו בימין.

[יא]והאתרוג בשמאלית - ואם נטל שניהם בידו אחת, כתב בא״ח דלא יצא, **ודעת** הט״ז דיצא, כיון שלא היה האתרוג עמהם באגודה אחת, ועיין במטה יהודא שחולק עליו, ודעתו כהא״ח, **ולענין** הלכה, יש להחמיר בשל תורה וצריך לחזור וליטלו בלא ברכה, [**ולפי״ז** אם היה באגודה אחת, אפי׳ דיעבד לא יצא גם להט״ז, **ולדינא** גם בזה צ״ע, דהא קי״ל דלולב א״צ אגד, והא לחודיה קאי והא לחודיה קאי].

באר הגולה

א שם ל״ז וכרבא | ב מימרא דרבה סוכה ל״ז | ג שם | ד רבינו שמחה ואבי העזרי והביאם הטור | ה סמ״ק | ו ‹מילואים› | ז הגהות אשר״י | ח סוכה ל״ז כגירסת הרי״ף והרא״ש וכ״כ הרמב״ם | ט ‹דגרס איפכא, הדס במחובר אסור להריח בו, כיון דליכא הנאה אחרת כי אם להריח, וכיון דמותר להריח בו לית ליה הכירא, וחיישינן דלמא אתי למקציה. **אבל** אתרוג במחובר מותר להריח בו, כיון דראוי לאכילה ולא הותר לו כי אם הריח, אית ליה הכירה ולא אתי למקציה. **ויש** להחמיר כחומרת שתי הגרסאות, לאסור בין הדס ובין אתרוג - מחה״ש› | י מימרא דרבא שם ל״ז | יא ‹קטע החסר כאן מן הסעיף, נמצא בדף מה:›

אות ד'* [יב]

סימן תרנא ס"ג - [יג]אטר נוטל לולב בימין כל אדם, ואתרוג בשמאל כל אדם; דבתר ימין ושמאל דעלמא אזלינן, ולא בתר ימין ושמאל דידיה - דדוקא תפילין שהוא דאורייתא, איטר אזיל בתר ימין דידיה, **אבל** לולב דנטילתו בימין הוא דרבנן, משום חשיבותא בעלמא, דיש בה תלתא מצות, איטר הוא ככל אדם.

הגה: וי"א דאזלינן בתר ימין דידיה - כמו בתפילין, **ויש ליטול הלולב בימין דידיה והאתרוג בשמאל דידיה (הרא"ש ור' ירוחם ומהרי"ו), וכן נהגו, וכן עיקר.**

ואם היפך, יצא (מהרי"ל ומנהגים) - היינו בין איטר ובין מי שאינו איטר, אם היפך ונטל לולב בשמאלו ואתרוג בימינו, יצא. **ויש** מחמירין בזה, וע"כ טוב לחזור וליטלו בלא ברכה.

ושולט בב' ידיו - ר"ל שעושה כל המלאכות בשניהם שוה בשוה, **נוטל הלולב בימין והאתרוג בשמאל, ככל אדם (כל בו)** - אבל אם נקל לו לעשות בשמאל, אף שיכול לעשות אותם גם בימין, זה לא מקרי שולט בשתי ידיו.

סימן תרנא ס"ד - [יד]אדם שאין לו יד - ר"ל שאין לו ידים כלל, **נוטל לולב בזרועו** - של ימין, **וכן האתרוג** - בזרוע שמאל, דמי כתיב "ולקחתם ביד".

וזרועו היינו בית השחי, ואם יש קנה, נוטל במרפיקו, דזה נמי לקיחה מיקרי, **אבל** אין לו זרוע כלל, אין ליטול בפה, דזה לאו לקיחה היא כלל - פמ"ג, **ובבכורי** יעקב חולק עליו.

ואם יש לו יד אחד, יטול הלולב באותו יד, אפילו היא שמאל נחשבת אצלו ימין, והאתרוג בזרוע שכנגדו, **ואם** א"א לו ליטול האתרוג בזרוע, יטול שניהם בידו בזה אחר זה, ויוצא בזה כדלקמן סי"ב.

אות ה'* [טו]

והיכן היו מנענעין

סימן תרנב ס"א - [טז]ועיקר מצותו בשעת ההלל - כדי לנענע ב"הודו" ו"הושיעה נא", **וקצת** מן המהדרים נוהגים, לברך על הלולב בהנץ החמה בתוך הסוכה ולנענע, ואח"כ בשעת ההלל מנענעים עוד.

אות ה'

והיכן היו מנענעין, בהודו לה' תחילה וסוף, ובאנא ה' הושיעה נא

סימן תרנא ס"ח - [יז]ינענע בשעה שמברך - אפילו נוטל שלא בשעת ההלל, מנענע לכל הרוחות, ואע"פ שיחזור ויטלנו בשעת ההלל.

[יח]וכן ינענע ב"הודו לה'", פעם אחת - עיין בב"י שדעתו כהר"ן, שאין מנענעים אלא ב"הודו" הראשון שאומרים, **אבל** לא ב"הודו" שאומרין הקהל אחר שאמר הש"ץ "יאמר נא ישראל" או "יאמרו נא" וגו'.

ומנענעים בכל "הודו" שיאמרו (טור והרא"ש) - ורמ"א כתב כדעת הרא"ש, וכן הוא מנהגינו, **ור"ל** הקהל, אבל הש"ץ אינו מנענע אלא ב"הודו" הראשון.

וב"הודו לה'" שבסוף שכופלים אותו, שליח ציבור והצבור מנענעין שתי פעמים; [יט]וכן ב"אנא ה' הושיעה נא" מנענע שתי פעמים, לפי שכופלים אותו.

בהודו לד' - דכתיב: אז ירננו עצי היער, ר"ל בעצי היער, וכתיב בתריה: הודו לד' וכו', וכתיב בתריה: ואמרו הושיענו, וע"כ מנענעים גם ב"אנא ד' הושיעה נא".

הגה: וי"א שהש"ץ מנענע ג"כ כשאומר "יאמר נא ישראל" כו', אבל לא ב"יאמרו נא", וכן נהגו (הגהות אשר"י) - היינו שהש"ץ מנענע ב"הודו" ו"יאמר נא", אבל ב"יאמרו נא בית אהרן", ו"יאמרו נא יראי ד'", לא מנענע, **דכשאומר** "יאמר נא ישראל", הוא כמו הזכרה לצבור שיאמרו "הודו", ע"כ מנענע עמהם, **משא"כ** ב"יאמרו נא", שאין מדבר על כלל ישראל.

והקהל מנענעים בכל פעם שעונים "הודו", הרי ד' פעמים ב"הודו", וב"אנא הושיעה נא" הש"ץ והקהל מנענעים ב' פעמים, וב"הודו" שבסוף ג"כ הקהל והש"ץ מנענעים ב' פעמים.

ואם מתפלל ביחידי, אינו מנענע אלא ב"הודו" שבתחלת ההלל ובסוף ההלל, וב"אנא ד' הושיעה נא".

ויחלק הנענועים, ב"הודו לד' כי טוב" קצת, וקצת ב"כי לעולם חסדו", וכן ב"אנא", **ולא** ינענע בשעה שאומר השם, [כי בעת אמירת השם צריך לכוין, וכשיטרד בנענוע לא יכוין]. **וא"כ** ב"הודו" יעשה בכל תיבה נענוע אחת, וב"אנא" בכל תיבה שתי נענועים, **ובכל** הנענועים יביא סוף הלולב נגד החזה, מ"א בשם כתבים.

ובא"ר הביא בשם מהרי"ל, שהיה נשאר עומד במקומו ופניו למזרח בכל הנענועים, רק הפך ידיו נגד הרוחות, ונגד מערב הרים את הלולב

באר הגולה

יב (מילואים) | יג בעל העיטור וכ"כ הטור | יד רוקח | טו (ע"פ הבאר הגולה) | טז משנה סוכה ל"ז | יז תוס' והרא"ש מדין הקטן משנה מ"ב ומברייתא | יח (ברכות ל') [סוכה ל"ז:] | יט משנה סוכה ל"ז וכב"ה

על כתפו מאחוריו, [וזהו נגד הכתבים שהביא המ"א, שיביא סוף הלולב נגד החזה, ‹אפשר משום דכשמרימו על כתפו, אין שייך להביא סוף הלולב נגד החזה, דהא הוא כבר שם›, וע"כ יעשה כל אחד כמנהגו], **וכן** משמע לשון השו"ע, שכתב: ומטין ראש הלולב לכל צד שמנענע, משמע דהוא עומד על עמדו.

אם לא הביאו לו הלולב, ובאמצע הלל הביאו לו, מותר לברך עליו בין הפרקים, דהיינו בין מזמור למזמור.

אות ו'

שתי הלחם ושני כבשי עצרת כיצד הוא עושה, מניח שתי הלחם על גבי שני הכבשין, ומניח ידו תחתיהן ומניף, ומוליך ומביא, מעלה ומוריד, שנאמר: אשר הונף ואשר הורם

רמב"ם פ"ח מהל' תמידין הי"א - כיצד הנפת הלחם עם שני כבשי השלמים, מביא שני הכבשים ומניפם בעודן חיים, שנאמר: והניף אותם תנופה, ואם הניף זה בפני עצמו וזה בפני עצמו יצא; ואחר כך שוחטין אותן ומפשיט, ולוקח חזה ושוק מכל אחד משניהם ומניחן בצד שתי הלחם, ומניח שתי ידיו מלמטן ומניף הכל כאחד במזרח במקום כל התנופות, מוליך ומביא, מעלה ומוריד, ואם הניפן אחד אחד יצא; ואחר כך מקטיר אימורי שני הכבשים, ושאר הבשר נאכל לכהנים; וכן שתי החלות נוטל כהן גדול אחת מהן, והשניה מתחלקת לכל המשמרות; ושתיהן נאכלות אותו היום וחצי הלילה, כבשר קדשי קדשים.

‹**מלשון** רבינו ז"ל נראה, שזאת ההנחה עם שתי הלחם הוי כשהוא מניחן שחוטין, **וקשה** דבפ' כל המנחות אמר שם: והניף הכהן אותם על לחם הבכורים וכו', אלא מניח זה בצד זה ומניף, והך הנפה דקרא כשהם חיים, דהנפה דשחוטין מפקינן ליה מג"ש דשלמי יחיד, ולרבינא מפיק ליה משלמיהם, אבל ההנפה דקרא בחיין איירי. **ואולי** י"ל דהך "ומניח בצד שתי הלחם" דקאמר רבינו ז"ל, אשתי הנפות קאי, בין דחיין בין דשחוטין, ואהנפה דלעיל שכתב "ומניפן בעודם חיין" נמי קאי, וסובר רבינו ז"ל, דאע"ג דהנפה דקרא דקא אמרה על הלחם, איירי בחיים, מ"מ הנפה דשחוטים דילפינן הוי דומיא דהנפה דחיים, שיהו בצד הלחם - לחם משנה›.

§ מסכת סוכה דף לח. §

אות א'*[א]

וכן בלולב

סימן תרנ"א ס"ט - [ב]הנענוע הוא שמוליך ידו מכנגדו והלאה, וינענע שם [ג]ג' פעמים בהולכה, וג' פעמים בהבאה - ר"ל ההולכה עושה פעם אחת, אבל הנענוע בעת ההולכה עושה ג' פעמים, וכן בהובאה, כשמביא הלולב אצלו עושה ג"כ הנענוע ג' פעמים.

(טורף הלולב ומכסכס העלין בכל נענוע) (ר"ן) - ר"ל כסכוס מעט, והמנענעין בכח עד שכמעט שהלולב נשבר עי"ז, הוא טעות.

ואח"כ מטה ידו לצד אחר ועושה כן; [ד]וכן לכל צד מארבע צדדין – (למי שד' רוחות שלו, כדי לעצור רוחות רעות), **ומעלה ומטה** – [ה](כדי לעצור טללים רעים).

הגה: וההולכה וההבאה היא עצמה הנענוע, כי מוליך ומביא ג"פ לכל רוח (טור בשם גאון) - ההג"ה חולק על המחבר, ודעתו דצריך להוליך ולהביא ג"פ, [**והא** דלא כתב ההג"ה בשם י"א, משום דאין מוזכר במחבר בהדיא שכוונתו הולכה והבאה פ"א, ודרכו כן בהרבה מקומות], **והא** דכתב: היא עצמה הנענוע, אין ר"ל שא"צ נענוע כלל, [ו]דהא כתב לעיל בהג"ה: מכסכס העלין בכל נענוע, **אלא** ר"ל שלא יעשה הנענועים בעת שיגמור ההולכה וההבאה, אלא יעשם בעת ההולכה וההובאה גופא, ובכסכוס, כמו שכתב מקודם. [הגר"א, **והמרשים** טור בשם גאון, טועה], ‹כי הגאון כתב שא"צ לנענע {לטרוף העלין} – גר"א›.

אות א'**[ז]

סימן תרנ"א ס"י - [ח]יקיף דרך ימין בנענוע: מזרח, דרום, מערב, צפון - וכן העתיק בדה"ח ובח"א, דכן הוא המנהג הפשוט במדינותינו, **והטעם**, דהחכמים הזהירו אותנו תמיד, שתמיד תקח את הדרך שהוא בימין שלך, במקום שיש ימין ושמאל לפניך תבחר לך הימין שלך, **ואין** חילוק בין איטר לאינו איטר.

ועתה אסדר בקצרה סדר הנענועים כפי מה שנהוג במדינותינו, סדר הנענועים לרוחות: יחזיר פניו למזרח, ושדרו של לולב לצד פניו, ויעשה ג' הולכות למזרח ושלשה הבאות, והיינו שמוליך ידו עם הלולב מכנגדו והלאה ג"פ, ונכון שגם יכסכס בעלין בשעת הולכה והבאה, ובשעת הבאה יקריבו הרבה אל גופו נגד החזה, **ואח"כ** יטה ראש הלולב לדרום, ויעשה ג"כ ג"פ הולכה והבאה, הכל כמו במזרח, אבל א"צ להפוך פניו להצד שמנענע, רק יטה ראש הלולב לצד שמנענע, **וכן** לצד מערב, יטה ראש הלולב על כתפו ומוליך ומביא ג"פ, ואח"כ לצד צפון, מוליך ומביא ג"פ, ואח"כ למעלה ואח"כ למטה, הכל מוליך ומביא ג"פ כמו במזרח.

[**והנה** בבה"ט העתיק דעת הט"ז בענין זה, והיינו שמתחילה עושה הולכה בלא נענוע עד כנגדו, ושם עושה ג' תנועות קטנות דרך הולכה והבאה, **ואח"כ** מביאו אצלו ומקרבו הרבה אל גופו בלי נענוע, ואחר הקירוב אל גופו ינענע תנועות קטנות כמו בהולכה, **ואח"כ** עושה הולכה והבאה בלי נענוע כלל ב"פ, וכן יעשה במעלה ומוריד, ובזה יצא ידי הכל, עכ"ל, **אבל** אנכי העתקתי דברי הדה"ח, וכמו שכתב המ"א, שכן נהגו במדינותינו כדעת הג"ה הנ"ל].

סימן תרנ"א סי"א - [ט]צריך לחבר האתרוג ללולב בשעת נענועו, ולנענע בשניהם יחד - דאף דאיננו עמהם באגודה, עכ"פ צריך להיות מחובר עמו.

וכל הנענועים אינן מעכבין, ובאיזה דרך שנענע יצא בדיעבד - ואף דאם לא נענע כלל ג"כ אין הנענועים מעכבים, ומדאגבהיה לאתרוג נפק ביה, **מ"מ** שם טוב לחזור וליטלו ולנענע, משא"כ בזה.

אות א'***[י]

לא נטל שחרית, יטול בין הערבים, שכל היום כשר ללולב

סימן תרנ"ב ס"א - וכל היום כשר לנטילת לולב, [יא]שאם לא נטל שחרית, יטלנו אח"כ - ואם לא נטלו עד ביה"ש ביום ראשון, מחוייב אז ליטלו, דספיקא דאורייתא הוא, ובלי ברכה, דהברכות הם דרבנן, **והאחרונים** הסכימו, דבשאר הימים אף שהוא דרבנן, ג"כ נכון ליטלו, דאין בו טרחה, ורק יזהר שלא יברך אז על הנטילה, [**ובאמת** נראה, לפי מה שידוע דיש דעות בזמן ביה"ש, וקי"ל לחומרא דמתחלת תיכף אחר שקיעה, אבל לא להקל לפטור עצמו מן הנטילה, **אם** לא ברגע אחרונה קודם צה"כ, דהוא ביה"ש דר' יוסי].

אות א'

מאי קושיא, דלמא מצוה לאפסוקי, ואי לא פסיק יטול בין הערבים, שכל היום כשר ללולב

סימן תרנ"ב ס"ב - [יב]אסור לאכול קודם שיטלנו – (וה"ה בכל הדברים הנזכרים לעיל בסימן רל"ב קודם תפלת המנחה), **וטעימא**

באר הגולה

[א] ‹ע"פ הבאר הגולה› [ב] **מימרא דרבא ל"ז ל"ח** [ג] **תוס' והרא"ש בשם הערוך ע"פ הירושלמי** [ד] **הרא"ש וכ"כ הטור בשמו** [ה] ‹הכא לא הביא הבה"ל ב' הפשטים בגמ' כדלעיל, וצ"ע› [ו] ‹דדעת הרא"ש וטור שהעתיק כאן בשו"ע את לשונם, סברי מרנן דעושה רק תנועות קטנות בנחת ולא טירוף וכמכוס, לכן א"א לומר דכתב הרמ"א לעיל לפרש כן בדעת השו"ע, וממילא ע"כ הרמ"א כ"כ לדעת עצמו – ולקחתם לכם› [ז] ‹מילואים› [ח] **תשו' מהרי"ל** [ט] **הר"ר מנחם מראקנטי בפ' אמור** [י] ‹ע"פ הבאר הגולה› [יא] **משנה סוכה ל"ח** [יב] **משנה ובריייתא סוכה ל"ח וכאוקימתא דרבי זירא** ‹מאי דא"ר זירא מצוה לאפסוקי, אע"ג דבלשון דילמא אמריה, הלכתא הוא, דמכח אותה קושיא הדר מדרבא ואמר לעולם כדקאמר מעיקרא, ולכך פסק גבי ק"ש... מצוה לאפסוקי כדי שלא ישכח ויעבור זמן הקריאה, וזהו שכתב ואם היה מתיירא וכו', ופסק הרי זה משובח – ב"י סי' ע', **וז"ל** השו"ע בהל' ק"ש סי' ע' ס"ה: גומר ואח"כ קורא ק"ש, {כשהתחיל בהיתר ע"ש}, ואם היה מתירא שמא יעבור זמן קריאה ופסק וקרא, ה"ז משובח› ‹**וצריך** ביאור, אמאי לא פסק כן השו"ע הכא בהל' לולב, **וגם** אמאי מציין העין משפט בדוקא לשון זה של רבי זירא, {משא"כ הבאה"ג דמציין האוקימתא דרבי זירא}, כיון שאינו מביא פסק זה של סי' ע', וצ"ע›

שירי מצוה מעכבין את הפורענות שהרי תנופה שירי מצוה היא ועוצרת רוחות וטללים רעים ואמר רבא וכן בלולב רב אחא בר יעקב ממטי ליה ומייתי ליה אמר *דין גירא בעיניה דסטנא ולאו מלתא היא משום דאתי לאגרויי ביה: **מתני'** מי שבא בדרך ולא היה בידו לולב ליטול לכשיכנס לביתו יטול על שלחנו לא נטל שחרית יטול בין הערבים *שכל היום כשר ללולב: **גמ'** אמרת נוטלו על שלחנו למימרא דמפסיק ורמינהי *אם התחילו אין מפסיקין אמר רב ספרא ל"ק הא דאיכא שהות ביום הא דליכא שהות ביום °אמר רבא מאי קושיא דילמא הא דאורייתא הא דרבנן אלא אמר רבא אי קשיא הא קשיא לכשיכנס לביתו נוטלו על שלחנו אלמא דמפסיק והדר תני לא נטל שחרית יטול בין הערבים אלמא לא מפסיק אמר רב ספרא ל"ק הא דאיכא שהות ביום הא דליכא שהות ביום א"ר זירא *מאי קושיא דלמא מצוה לאפסוקי ואי לא פסיק יטול בין הערבים שכל היום כשר ללולב אלא אמר ר' זירא לעולם כדאמרינן מעיקרא ודקשיא לך הא דאורייתא הא דרבנן הכא ביום טוב שני דרבנן עסקינן דיקא נמי מדקתני מי שבא בדרך ואין בידו לולב דאי ס"ד ביו"ט ראשון מי שרי: **מתני'** ‏°מי שהיה עבד או אשה או קטן מקרין אותו עונה אחריהן מה שהן אומרין ותבא לו מאירה אם היה גדול מקרא אותו עונה אחריו הללויה *מקום שנהגו לכפול יכפול לפשוט יפשוט לברך יברך ‏°הכל כמנהג המדינה: **גמ'** ת"ר* ‏°באמת אמרו בן מברך לאביו ועבד מברך לרבו ואשה מברכת לבעלה אבל אמרו חכמים תבא מאירה לאדם שאשתו ובניו מברכין לו אמר רבא

הלכתא

שירי מצוה. מצוה שהיא שירים שאינה עיקר לעכב כפרה אעפ"כ חשובה היא לעכב את הפורענות: **שהרי תנופה שירי מצוה היא.** ואינה מעכבת כדתניא בתורת כהנים ומייתינן לה בגמרא דיומא (דף ה.) לתנופה לכפר וכי תנופה מכפרת והלא אין כפרה אלא בדם אלא שאם עשאה לתנופה שירי מצוה שׁשיירה ולא עשאה מעלה עליו הכתוב כאילו לא עשה מן המובחר וכיפר כלומר אעפ"כ כיפר שאין צריך להביא קרבן אחר: **וכן לולב.** מוליך ומביא מעלה ומוריד: **ממטי ליה.** מוליך: **ומייתי.** מביא: **גירא בעיניה דסטנא.** הרי זה חץ בעיניו של שטן שרואה בעיניו שאין בו כח לבטל מעלינו עול מצות: **ולאו מלתא היא.** אין נכון לומר כן: **לאגרויי.** שיתגרה בו שטן שהוא יצר הרע וישיאנו לחטוא מעל קונו וימסור עצמו על הדבר: **מתני' יטול על שלחנו.** אם שכח ולא נטל קודם אכילה צריך להפסיק סעודתו וליטול לולב: **גמ' אם התחילו אין מפסיקין.** גבי תפלת המנחה תנן לה במסכת שבת לא ישב אדם לפני הספר ולא יכנס לא לאכול ולא לדון ואם התחילו קודם המנחה ומשכה סעודתן והגיע זמן המנחה אין מפסיקין אין צריכין להפסיק סעודתן ולהתפלל: **הא דליכא שהות ביום.** התם בדאיכא שהות להתפלל אחר שיגמרו סעודתם ומתני' דהכא בדליכא שהות שתמשך סעודתו עד שתחשך: **ומאי קושיא.** דתפלה אלולב דאיצטריך רב ספרא לשנויי עלה דלמא תרוייהו בדאיכא שהות וגבי לולב מפסיקין דמדאורייתא היא אבל תפלה דרבנן: **אלא אי קשיא.** דאיצטריך רב ספרא לשנויי היא גופה קשיא דלולב אלולב רישא דקתני מפסיק וסיפא משמע ימתין אם ירצה שהרי יש לו שהות כל היום: **דלמא מצוה לאפסוקי.** שמא ישכח ויפשע: **אלא אמר ר' זירא לעולם.** כי איצטריך רב ספרא לשנויי משום קושיא קמייתא איצטריך: **מתני' מקרין אותו.** כך היו נוהגין אחד קורא את ההלל ומוציא את הרבים ואם היה עבד או אשה או קטן הואיל ואין מחויב בדבר אין מוציא את המחויב מידי חובתו הלכך עונה אחריו כל מה שהוא אומר: **ותבא לו מאירה.** שלא למד ואם למד תבא לו מאירה שמבזה את קונו לעשות שלוחים כאלה: **עונה אחריו הללויה.** על כל דבר שהוא אומר והכי קתני לה במסכת סוטה (דף ל:) כיצד אמרו ישראל שירה כיס כגדול המקרא את ההלל והם עונין אחריו הללויה משה אמר אשירה לה' והם אומרים אשירה לה' משה אמר כי גאה גאה והם אומרים אשירה לה' אלמא דעל כל דבר ודבר קאמר דעונין הללויה: **לכפול.** כל פסוק ופסוק ונהגו כן מפני שיש פרשה שכולה כפולה הודו תחלה וסוף יאמר נא שלשה פעמים קראתי יה ענני במרחב יה ה' לי ה' לי טוב לחסות טוב לחסות סבוני סבוני דחה דחיתני ויהי לי לישועה קול רנה וישועה ימין ה' ימין ה' לא אמות ולמות לא נתנני פתחו לי שערי זה השער וגו' אבל מאודך ולמטה אינו (*כופל) והיינו דאמרינן לקמן (דף לט.) מוסיף לכפול מאודך ולמטה: **גמ' באמת אמרו.** כל באמת הלכה היא ואין חולק בדבר: **בן מברך לאביו.** ברכות המזון משהגיע לחינוך דחייב מדרבנן ובמסכת ברכות פרק מי שמתו (דף כ:) מוקים לה כגון שלא אכל אביו אלא כזית או כביצה דהוי שיעורא דרבנן דמדאורייתא לא מיחייב עד דשבע דכתיב ואכלת ושבעת וברכת הלכך אתי מדרבנן ומפיק מדרבנן: **שאשתו ובניו מברכין לו.** דודאי מחמת שלא למד הוא:

הלכתא

מאי קושיא דלמא הא דאורייתא והא דרבנן. תימה והרי קידוש היום דאורייתא כדאמרי' פ' מי שמתו (ברכות דף כ: ושם) נשים חייבות בקידוש היום דבר תורה והא דמשמע בריש נזיר (דף ג:) שהוא מדרבנן אין הוא מדרבנן דדריש לאסור על היין מצוה כיין הרשות וקאמרינן מאי היא קידושא ואבדלתא מושבע ועומד הוא ומשני קידוש עצמו דאורייתא ואפ"ה א"ר יוסי בריש ערבי פסחים (דף ק. ושם) דאין מפסיקין ופסקינן התם הלכה כר' יוסי בע"ש וכר' יהודה בערב פסח וי"ל דשאני קידוש היום שיכול לקדש ביום כבלילה וליכא למיחש לפשיעות' כולי האי ועוד לפי שעוסק בסעודת שבת לא חיישינן כולי האי שמא יתעצל בקידוש היום:

יום טוב שני דרבנן. ואכתי הוה מצי לשנויי דאידי ואידי איכא שהות אלא משום דכולי יומא זמניה הוא חיישינן טפי דלמא אתי למיפשע כדאמרינן פ"ק דשבת (דף י.) במנחה כיון דקביעא ליה זימנא מירתת ולא אתי למיפשע ערבית כיון דכולי ליליא זמניה לא מרתת ואתי למיפשע ואין לומר משום דהתם ליליא זמן שינה וחיישינן טפי דא"כ ההוא טעמא ה"ל למימר התם וי"ל דתפלה צריכה שהות ומתעצל בה טפי מנטילת לולב דמכי אגבהיה נפק ביה:

מדקתני מי שבא בדרך. תימה בסוף פ' תפלת השחר (ברכות דף ל. ושם) אמרי' המשכים לצאת לדרך מביאין לו שופר ותוקע [לולב ומנענע] והייט ביום טוב וי"ל דהיכא דליכא למיטעי לא חיים ומיירי בהולך בתוך התחום למקום שבא חכם ועוד דהתם קתני המשכים לצאת לדרך שמביתו הולך לקראת חכם ונוטל לולב קודם שילא אבל הכא קתני מי שבא בדרך וכשיכנס בביתו נוטל לולב משמע שממקום רחוק בא לביתו:

מי שהיה עבד ואשה. משמע כאן דאשה פטורה מהלל דסוכות וכן דעלרת וטעמא משום דמצוה שהזמן גרמא היא אע"ג דבהלל דלילי פסחים משמע בפרק ערבי פסחים (דף קח.) דמחייבי בד' כוסות ומסתמא לא תיקנו ד' כוסות אלא כדי לומר עליהם הלל ואגדה שאני הלל דפסח דעל הנס בא ואף הן היו באותו הנס אבל כאן לא על הנס אמור:

ותהי לו מארה. שלא למד ואם למד תבא לו מארה שמבזה את קונו לעשות שלוחין כאלה כן פי' בקונט' ועל אשתו ובניו מברכין לו בגמרא היה לו לפרש כן דמתני' מיירי בלא למד שמקרין אותו ועונה אחריהן מה שהן אומרים ומשום דמבזה במה שאלו מברכין לו דלאו בני חיובא נינהו המקרין אותו קלייט ליה דהא בגדול מקרא אף על פי שאין עונין אחריו אלא הללויה דנפיק בשמיעה לחודיה ותבא לו מארה דעבד ואשה נמי לא מיחייבי בהלל דמצות עשה שהזמן גרמא הוא:

באמת אמרו בן מברך לאביו. אין זה מענין משנתינו ולא מייתי ליה אלא אגב גררא דתבא לו מארה דהכא לא איירי במקרא אותו דבפ' מי שמתו (ברכות דף כ: ושם) רוצה לדקדק מכאן דנשים חייבות בברכת המזון דאורייתא מדמוציאה אחרים ידי חובתן ופריך קטן אימא למימר דאורייתא אלא הב"ע דאכל שיעורא דרבנן ומפיק דרבנן ובתוספתא קתני גבי ברכת המזון דאין אשה ועבד וקטן מוציאין את הרבים ידי חובתן ואיכא לאוקומי כשאכל שיעורא דאורייתא ואין יכול לדקדק מכאן *דברכת המזון דאורייתא דדלמא לא הוי דאורייתא כיון דאין מצטרפות לזימון כדתנן פרק שלשה שאכלו (שם דף מה.) אין מוציאות אע"פ שהאיש מוציאן שאני איש דחשיב טפי אי נמי משום דרבים זילא בהו מלתא דהרי מגילה דנשים חייבות בה ויפירש בה"ג דאין נשים מוציאות את הרבים ידי חובתן במגילה:

הלכתא

עין משפט נר מצוה

פד א מיי' פ"ז מהל' לולב הלכה י סמג עשין מד טוש"ע או"ח סי' תרנב סעיף ב:

פה ב ג מיי' פ"ג מהל' חנוכה הלכה יד טוש"ע א"ח סי' תכב סעיף ג:

פו ד מיי' פ"ה מהל' ברכות הלכה טו סמג עשין כז:

רבינו חננאל

פי' כסטם. כמו לכסכוסי קרמי [במו"ק דף י' ע"ב] והוא כמו חיכוך ובעיא דר' ירמי' התם בסנדה ולא איפשיטא ועלתה בתיקו: **מתני'** מי שבא בדרך ואין בידו ל"לב כשיכנס לביתו נוטלו על שלחנו וכו'. אלמא מפסיק סעודתו ונוטלו ואוכל. איני והתנן בשבת פ"א לא יכנוס לאכול סמוך למנחה עד שיתפלל וקתני אם התחילו אין מפסיקין. ושנינן אי איכא שהות ביום כדי לאכול ולגמור סעודתו ואח"כ מתפלל אינו מפסיק. ואם אין שהות ביום מפסיק. ומתני' בדליכא שהות ביום. ואתא רבא ושני שנויא אחרינא ואמר לא שני לן בין מצוה דאורייתא למצוה דרבנן. הלא בהדיא שנינן מפסיקין לק"ש ואין מפסיקין לתפלה. הלכך לולב דמדאורייתא מפסיק. תפלה דמדרבנן לא מפסיק. אלא מתני' היא גופא קשיא קתני כשנכנס לביתו נוטלו על שלחנו אלמא מפסיק והדר תני לא נטל שחרית יטול בין הערבים אלמא לא מפסיק בשחרית. ומשני *)רב אשי לא שווי לולב לתפלה. ואמר לכתחלה איבעי ליה לאפסוקי ואי לא מפסיק יטול כל היום. אי הכי קשיא הכא קתני יטול על שלחנו אלמא מפסיק. והתם קתני ואם התחילו אין מפסיקין (לכתחלה לא). לעולם כדאמרינן הא דאיכא שהות ביום אין מפסיקין. ואי ליכא שהות ביום מפסיקין ומתני' נמי הכי קתני אין שהות ביום יטול על שלחנו אלמא מפסיק. ואם יש שהות ביום אינו מפסיק שאם לא נטל שחרית יטול בין הערבים שכל היום כשר ללולב. ושינויא הא דלולב דאורייתא ותפלה דרבנן לא מצית אמרת מדקתני מי שבא בדרך אלמא מתני' דבשאר הימים דמדרבנן היא. דאי ס"ד ביו"ם ראשון שהוא מןהתורה כדכתיב ולקחתם לכם ביום הראשון וגו'. מי שרי לסגויי באורחא אלא ש"מ **)דמדרבנן בשאר הימים נינהו: **מתני'** מי שהיה עבד או אשה או קטן מקרין אותו עונה אחריהן מה שהן אומרים כו'. אמר רבא

*) נראה דצ"ל לעולם שוה לולב לתפלה וכו'

מסורת הש"ס

[קדושין ל.סא.]

[מגילה כ:]

שבת ט:

[פסחים קיט.]

ברכות כ:

[צ"ל כפול]

גליון הש"ס

גמ' אמר רבא מאי קושיא. כעין זה יבמות דף קח ע"ב:

בה"ג ר"מ ואינו יכול לדקדק מכאן דאין חייבות בבהמ"ז דאורייתא דדלמא חייבות דאורייתא אלא כיון דאין מצטרפות:

ורבינו מפרש דרב אשי לשנויי קושיא קמייתא אתי ולא לתרוצי תירוצא דרב ספרא אתא ודוק. **) נראה דצ"ל אלא ש"מ בשאר הימים דמדרבנן נינהו.

בעלמא מדינא שרי, מ"מ אין להקל בזה אם לא לצורך גדול, **ומי** שבא בדרך בחוה"מ, ומצפה שיבוא למקום הלולב, או הדרים על הישובים ומשלחים להם לולב, ימתינו עד חצות היום, [עד ולא עד בכלל], ולא יותר, אפילו ביום א' שהוא מן התורה, דאסור להתענות, [דחצות הוא בכלל תענית].

ויש אומרים דאם מצפה שיביאו לו לולב, אין לו להמתין כלל, דהרי יש לו מי שיזכירנו לנטלו, היינו אותו שיביא לו הלולב, [**וכ"ש** אם הולך בעצמו למקום שיש בו לולב, **ובא"ר** משמע, דמ"מ נכון להמתין בכל זה לכתחילה עד חצות]. **ומי** שחלש לבו בודאי יוכל לסמוך ע"ז, [**ולענין** טעימה בודאי אין להחמיר, דהיינו שיוכל לטעום תיכף אחר התפילה, אפי' ביום ראשון].

ואם שכח ואכל ונזכר על שלחנו, "ביום הראשון שהוא מן התורה, יפסיק - באמצע סעודתו, כדין כל דבר שהוא מן התורה, שאם התחיל באיסור צריך להפסיק, **אפי' יש שהות ביום ליטלו אחר שיאכל** - [ואם המתין עד חצות ולא הביאו לו, דקי"ל דמותר לאכול כנ"ל, והתחיל לאכול, והביאו לו, א"כ הרי התחיל בהיתר, נראה דגומר סעודתו ואח"כ נוטלו].

ומיום ראשון ואילך, אם יש שהות ביום, "לא יפסיק; ואם לאו, יפסיק - ויו"ט שני לדידן שעושין משום ספיקא דיומא, דינו כמו ביום ראשון.

הגה: ואם התחיל לאכול יותר מחצי שעה קודם שהגיע זמן חיובו - ר"ל יותר מחצי שעה קודם עמוד השחר, ומקרי זה התחיל בהיתר, **אפי' ביום ראשון א"צ להפסיק בדאיכא שהות ביום (ר"ן).**

ועיין בט"ז שהקשה, הא בסימן פ"ט פסק בדעה ראשונה, דהיכי שהתחיל לאכול קודם עה"ש, אפ"ה צריך להפסיק לתפלה, א"כ בלא"ה צריך להפסיק משום תפלה, וכ"ש ביו"ט שצריך קידוש, **ולכן** חולק, דודאי צריך להפסיק ממילא משום לולב.

ובכורי יעקב תירץ, דאיירי שהתחיל לאכול קודם עה"ש, והתפלל קודם שבירך בהמ"ז וגם עשה קידוש, ואח"כ התחיל להשלים סעודתו, ושכח ליטול לולב, דבזה א"צ להפסיק ומותר לגמור אפי' ביום ראשון, כיון דהתחיל בהיתר, **ולא** ברירא תירוצו לדינא, (**כיון דכבר הפסיק בתפלה, ומדינא אם לא היה שוכח היה מחוייב ליטול הלולב קודם שיאכל, וכי בשביל ששכח לעשות כן מקרי התחיל בהיתר, דע"י שכחה בודאי לא מקרי התחיל בהיתר כדמוכח מהשו"ע, וכל סברתו הוא משום שהתחיל קודם עה"ש לאכול, ואז עדיין לא היה מחוייב ליטול לולב,** והיה אכילתו בהיתר, אבל כיון דהוכרח להפסיק משום תפלה, הרי נפסק סעודתו, ומחוייב היה ליטול הלולב קודם שישלים סעודתו).

(ולשון "בדאיכא שהות ביום" אינו מדוקדק כ"כ, דאם התחיל לאכול קודם עה"ש, בודאי יהיה שהות ליטול ביום אחר שיגמור סעודתו, **אבל** האמת דהר"ן לאו אהאי ענינא לבד קאי, אלא על כל ענינא דאורייתא כמו ק"ש, אם התחיל בהיתר ואיכא שהות ביום א"צ להפסיק, ולולי דברי הרמ"א היה נ"ל לומר, דגבי לולב דהתחיל בהיתר שלו הוא קודם עה"ש, גם הר"ן מודה, דכיון שצריך להפסיק משום תפלה, ממילא צריך ליטול לולב ג"כ, כדעת הט"ז, **אלא** קאי רק אשאר דברים שהוא דאורייתא, כמו ק"ש של ערבית וכיו"ב, דבהו אם התחיל בהיתר א"צ להפסיק בדאיכא שהות).

אות ב' - ג'

מי שהיה עבד או אשה או קטן מקרין אותו, עונה אחריהן מה שהן אומרין, ותבא לו מאירה

מקום שנהגו לכפול יכפול, לפשוט יפשוט, לברך יברך, הכל כמנהג המדינה

רמב"ם פ"ג מהל' חנוכה הי"ד - הקורא אומר: אנא ה' הושיעה נא, והן עונין אחריו: אנא ה' הושיעה נא, אף על פי שאינו ראש פרק; הוא אומר: אנא ה' הצליחה נא, והן עונין אחריו: אנא ה' הצליחה נא; הוא אומר: ברוך הבא: וכל העם אומרים: בשם ה'. ואם היה המקרא את ההלל קטן או עבד או אשה, עונה אחריהם מה שהן אומרין מלה מלה בכל ההלל. זה הוא המנהג הראשון ובו ראוי לילך, אבל בזמנים אלו ראיתי בכל המקומות מנהגות משונות בקריאתו ובעניית העם, ואין אחד מהם דומה לאחר.

סימן תכב ס"ג - "בענין הפסוקים שכופלין בו, וכן בפסוקים שש"צ אומר והקהל עונים אחריו, כל מקום כפי מנהגו - ובמקומותינו המנהג לכפול מ"אודך" עד סוף הלל.

עיין בטור, שהש"ץ אומר "הודו לד'" וגו', והקהל עונים אחריו "הודו" וגו', והוא אומר "יאמר נא" וגו', והקהל עונים אחריו "הודו" וגו', וכן ב"יאמרו נא בית אהרן", וב"יאמרו נא יראי ד'", **וכתבו** האחרונים, דאף דאמירת "יאמר נא ישראל" וגו' "יאמרו נא בית אהרן" וגו' "יאמרו נא יראי ד'" וגו', יוכלו הצבור לצאת במה ששומעין מפי הש"ץ, דשומע כעונה, מ"מ טוב יותר שיאמרו בעצמם בנחת, דלפעמים אינו מכוין, **וכן** נוהגין כהיום.

באר הגולה

יג ‹גמ', ומסיק רב אשי דמתני' ביום טוב שני איירי... ודוקא ביום טוב שני, אבל ביום טוב ראשון אפילו יש שהות מפסיק - רא"ש› יד ‹רש"י ד"ה "אם" מפרש, דאין מפסיקין למנחה מיירי בהתחיל בהיתר. **מדבריו** משמע כי בהתחיל באיסור, מפסיקין אפילו למצוה דרבנן. **וקשה**, הלא לולב ביום טוב שני איירי בהתחיל באיסור, ומ"מ אמר ר' זירא שאינו מפסיק, {וכדפסק השו"ע}, והטעם משום שהוא מצוה מדרבנן, וצ"ע - רי"ד סולובייצ'יק› טו **טור מהא דסוכה ל"ח מייתי מנהג קריאת ההלל, וכתב הר"ן שם, מנהגא קרי ליה, היכא דנהוג נהוג וכו'**

אות ד'

באמת אמרו: בן מברך לאביו, ועבד מברך לרבו, ואשה מברכת לבעלה, אבל אמרו חכמים: תבא מאירה לאדם שאשתו ובניו מברכין לו

רמב"ם פ"ה מהל' ברכות הט"ו - שנים שאכלו כאחד, כל אחד ואחד מברך לעצמו; ואם היה אחד מהן יודע ואחד אינו יודע, זה שיודע מברך בקול רם והשני עונה אמן אחר כל ברכה וברכה ויוצא ידי חובתו. ובן מברך לאביו, ועבד מברך לרבו, ואשה מברכת לבעלה, ויוצאין ידי חובתן; אבל אמרו חכמים: תבא מארה למי שאשתו ובניו מברכין לו.

רמב"ם פ"ה מהל' ברכות הט"ז - במה דברים אמורים שיצאו ידי חובתן, בזמן שאכלו ולא שבעו, שהן חייבים לברך מדברי סופרים, ולפיכך מוציאין אותן קטן או עבד או אשה מידי חובתן; אבל אם אכל ושבע, שהוא חייב בברכת המזון מן התורה, בין אשה בין קטן או עבד אין מוציאין אותו, שכל החייב בדבר מן התורה, אין מוציאין אותו מידי חובתן אלא החייב באותו דבר מן התורה כמותו.

השגת הראב"ד: ובן מברך לאביו כו' עד אלא החייב באותו דבר מן התורה כמותו. כתב הראב"ד ז"ל: א"א אין הדברים כתקנן ואין מסכימין להלכה, דקי"ל אכילה כזית וכבילה דאורייתא היא, שהרי מוציאין אחרים שאכלו כדי שבען; ולא נאמרו דברים הללו אלא לרב עוירא, דאמר כזית דגן מדקדוק שדקדקו ישראל על עצמן עד כזית וכביצה הוא; וברייתא דקתני בן מברך לאביו ובן אשה ועבד, במקרין אותו ועונה אחריהם מה שהן אומרים, ואיתא בירושלמי, עכ"ל.

עין משפט
נר מצוה

פז א מיי' פ"ג מהל' חנוכה הלכה יג יד:

פח ב מיי' פ"ח מהל' ברכות הלכה יא סמג עשין כו טוש"ע א"ח סי' כה סעיף י וסי' קד סעיף ז' וסי' קט סעיף ג וסי' ריג סעיף ב:

תורה אור

הלכתא גיברתא איכא למשמע ממנהגא דהלילא הוא אומר הללויה והן אומרים הללויה מכאן שמצוה לענות הללויה הוא אומר הללו עבדי ה' והן אומרין הללויה (תהלים קיג) מכאן שאם היה גדול מקרא אותו עונה אחריו הללויה הוא אומר הודו לה' והן אומרים הודו לה' מכאן שמצוה לענות ראשי פרקים אתמר נמי אמר רב חנן בר רבא מצוה לענות ראשי פרקים הוא אומר אנא ה' הושיעה נא והן אומרים אנא ה' הושיעה נא מכאן שאם היה קטן מקרא אותו עונין אחריו מה שהוא אומר הוא אומר אנא ה' הצליחה נא והן אומרים אנא ה' הצליחה נא מכאן שאם בא לכפול כופל הוא אומר ברוך הבא והן אומרים בשם ה' מכאן לשומע כעונה בעו מיניה מרבי חייא בר אבא שמע ולא ענה מהו אמר להו חכימיא וספריא ורישי עמא ודרשיא אמרו *שמע ולא ענה יצא אתמר נמי אר"ש בן פזי אמר רבי יהושע בן לוי משום בר קפרא מנין לשומע כעונה דכתיב את (*הדברים) אשר קרא (*יאשיהו) (מלכים ב כג) וכי יאשיהו קראן והלא שפן קראן דכתיב ויקראהו שפן (את כל הדברים האלה) לפני המלך אלא מכאן לשומע כעונה ודילמא בתר דקראנהו שפן קרא יאשיהו אמר רב אחא בר יעקב לא סלקא דעתך דכתיב יען רך לבבך (שם) ותכנע לפני ה' בשמעך (את הדברים האלה) בשמעך ולא בקראך אמר רבא לא לימא איניש ברוך הבא והדר בשם ה' אלא ברוך הבא בשם ה' בהדדי (*א"ל רב ספרא (רש"ל מ"ז)
משה

הלכתא גיברתא איכא למשמע ממנהגא דהלילא. במקום של רבא היו כולם בקיאים בהלל והיו כולם קוראים את ההלל עם שליח צבור כמו שאנו קוראים עכשיו ולא היו סומכים עליו כלל כדפירש בקונטרס אלא שנהגו לענות בהנך דוכתי דמפרש ואזיל כדי ללמוד מהן הלכה למעשה לבקי ולמי שאינו בקי וגדול מקרא אותו או קטן ומה שאין אנו נוהגין עכשיו לעשות כן משום דמנהגא קרי ליה (והיכא דנהוג נהוג) והיכא דלא נהוג לא נהוג: **הוא** אומר הללויה. שליח צבור והצבור עונין אחריו הללויה והוא שותק עד שיענו והשתא אינו מפרש היאך מברכין שגם הצבור חייבין לברך קודם שיתחילו ושמא כולם מברכין יחד ואף על פי שהצבור שותקין עד שיפתח שליח צבור הללויה אין לחוש בכך: **מכאן** שאם היה גדול מקרא אותו עונין אחריו הללויה. ממתני' שמעינן לה אלא מפרש והולך כל הלכתא דאיכא למשמע ממנהגא: **מכאן** שמצוה לענות בראשי הפרקים. פירש בקונטרס מכאן שבראשי הפרקים צריכין לענות ראשי הפרקים ולא סגי להו בהללויה משמע מתוך פירוש הקונטרס שבראשי פרקים עונין ראשי פרקים ולא יותר ועל כל דבר תוך מראשי פרקים עונין הללויה עד שיגמור את ההלל וכן פירש במתניתין ובסוף פרק כשם (סוטה דף ל: ושם) לא משמע הכי דתניא בגמרא כילד אמרו ישראל שירה כגדול (ב) מקרא את ההלל והן עונין אחריו ראשי פרקים משמע שמתחילת הפרק עד סופו עונה ראש (ראש) פרק על כל דבר ודבר עד סופו וכן פרק שני עונה ראש פרק שני ועל כל דבר ודבר עד סופו וכן כולם כגון הללויה בצאת ישראל ממצרים לא לנו ה' לא לנו אהבתי כי ישמע ה' הללו את ה' כל גוים הודו לה' כי טוב ושמא מתחלת הלל עד הודו פרק אחד מדלא עשה במנהגא דהלילא סימן לדבר עד הודו דבפרק ראשון הבא אחריו היה להם לעשות סימן זה ומה שנוהגין עכשיו שליח צבור אומר שלשה יאמרו נא והצבור עונין על כל אחד ואחד הודו ולא מצינו מנהג זה בש"ס מ"מ נפקי מהאך קראי דשומע כעונה: **הוא** אומר אנא ה' הושיעה נא והם אומרים אנא ה' הושיעה נא הוא אומר אנא ה' הצליחה נא וכו'. ואע"ג דאמרינן במגילה (דף כב.) אין מפסיקין בפסוק אלא לתינוקות הכא שאני שאמרוהו שני בני אדם כדאיתא בערבי פסחים (דף קיט.): **שמע** ולא ענה יצא. מי שאינו יודע לקרות ולא לענות אם שמע וכיון את לבו לשמוע אף על פי שלא ענה יצא וכן למתפללין בצבור ושליח צבור אומר קדושה או יהא שמיה רבא מברך ישתקו מתפלתן וישמעו והרי הן כעונין ולכשיגמור קדושה יחזרו לתפלתן וכן יסד רב יהודאי גאון בה"ג כדפירש בקונטרס וקשה מהא דאמרינן פרק מי שמתו (ברכות דף כא:) אם יכול להתחיל ולגמור עד שלא יגיע שליח צבור לקדושה יתפלל ואם לאו לא יתפלל *וי"א שם כן במודים ולמה לן כולי האי יתפלל כדרכו ולכשיגיע שם ישתוק אלא ודאי אם היה שותק היתה שמיעתו הפסקת תפלתו ומיהו שמא אע"ג דשומע כעונה מ"מ עונה עדיף ומצוה מן המובחר: **אמר** רבא לא לימא איניש ברוך הבא והדר בשם ה'. תימה דבסוף מצות חליצה (יבמות דף קו: ושם) אמר אביי האי מאן דמקרי חליצה לא ליקרי לדידה לא לחודי' ולאבה [יבמי] לחודיה דמשמע אבה יבמי אלא לא אבה יבמי בבת אחת ולא ליקרי לדידיה לא לחודיה ותפלתי [לקחתה] לחודיה דמשמע חפלתי לקחתה אלא לא חפלתי לקחתה בפעם אחת אמר רבא אפסוקי מלתא לית לן בה ויש לומר דלבתר דשמע הכי מרב ספרא סברה: אבל

הלכתא גיברתא. הלכות גדולות: **ממנהגא דהלילא**. ממה שאנו רואים שנוהגין עכשיו בימינו בבתי כנסיות כדמפרש ואזיל שהיו נוהגין לענות הללויה שתי פעמים ולא יותר ואומרים כל ההלל עם המקרא עד הודו ועונין הודו אחריו וחוזרין וקורין עמו עד אנא ועונין אנא הושיעה נא ואנא הצליחה נא אחריו כמו שאנו עושין ואין זו כקריאת הראשונים שהיו עונים הללויה על כל דבר כדאמרינן במתניתין דהכא ובסוטה (דף ל:) ואמר רבא ממנהג של עכשיו אנו למדים מהו עיקר קריאת הלל כשתיקנוהו תחילה לפי שהכל חייבין בקריאתו ואין הכל בקיאין נו תקנו אחד קורא ואחרים שומעים והכל עונים מקרא ועכשיו שכל בני כנסיותינו בקיאין וקורין אותו כולו ואעפ"כ עונין שתי פעמים הללויה והודו לה' ואנא מכאן אנו יכולים ללמוד מה תקנו הראשונים לענות למי שאין בקיאין ולבקיאין: **סוף אומר הללויה והן אומרים הללויה מכאן שמצוה לענות הללויה**. ממה שאנו נוהגין שהמקרא פותח בהללויה ואנו שותקין ועונין אחריו הללויה והוא שותק ואין אנו מתחילין לקרות עמו כסדר שאנו גומרים עמו שאר ההלל למדין אנו מכאן שמצוה לענות הללויה בפתיחתו ואפילו לבקיאין: **סוף אומר הללו עבדי ה' והם אומרים הללויה מכאן למי שגדול מקרא (א) שעונה אחריו הללויה**. ממה שנוהגין עכשיו לענות עוד הללויה פעם שניה ושאר הלל קורין כולן עמו אנו למדין תקנה הראשונה מי שאינו בקי או בקי ואינו גומרו אלא סומך על המקרא דיו לענות הללויה על כל דבר ודבר ולפיכך החזיקו עכשיו במנהג הזה לסמוך בהללו עבדי ה' על המקרא ולענות הללויה לדעת תקנה ראשונה ולא תשתכח שמותר בכל הלל לסמוך עליו ולענות הללויה למי שאינו בקי: **סוף אומר הודו**. והן שותקין ואחר כך עונין: **מכאן**. שבראשי פרקים צריכין לענות ראשי פרקים עצמן ולא סגי ליה בהללויה ומיהו אנן דגמרינן כוליה לא צריכינן אלא שבזה החזיקו שלא תשתכח תקנה הראשונה למי שאינו גומר: **סוף אומר אנא והם אומרין אחריו אנא**. ואין זה מראשי פרקים בזה החזיקו להיות סימן לעיקר תקנה למי שסומך על המקרא שפעמים שצריך לענות אחריו כל דבר ודבר שהוא אומר והיכי דמי כגון מי שהיה קטן מקרא אותו כדתנן במתניתין: **סוף אומר אנא ה' הצליחה נא**. והן שומעין ואחר כך עונין סימן זה החזיקו לדעת שהרוצה לכפול את ההלל כופל כמו שזה נכפל שהרי שומע כעונה כדלקמן ואלו שומעין ועונין הרי זו כפילה וכל הני מכאן דקאמר רבא מכאן לקטן המקרא כו' מכאן שאם בא לכפול לאו דווקא דהוא הדין כמי מצי למילף איפכא מאנא הושיעה נא שאם בא לכפול ומאנא הצליחה נא לקטן המקרא אלא אשמעינן שלא על חנם החזיקו אנו שגומרין את ההלל לענות דברים הללו אלא כדי ללמוד מהם תקנות הללו שתקנו נביאים לישראל: **סוף אומר ברוך הבא והם אומרים בשם ה'**. ובברוך הבא סומכין עליו ואין עונין לא התיבות עצמן ולא הללויה מכאן נלמד לשאינו יודע לא לקרות ולא לענות אם שמע וכיון לבו לשמוע אף על פי שלא ענה יצא וכן למתפללין בצבור ושליח צבור אומר *קדיש או יהא שמיה רבא ישתקו בתפלתן וישמעו בכוונה והרי הן כעונין וכשיגמור הקדושה יחזרו לתפלתן וכן יסד רב יהודאי גאון בעל הלכות גדולות: **חכימיא**. כמשמעו: **וספריא**. מלמדי תינוקות: **אשר קרא המלך וגו'**. בספר שמצא חלקיה הכהן משתעי קרא בספר מלכים (ב כג): **לא לימא איניש**. מי שאין אחר מקרא אותו לא לימא ברוך הבא ויפסיק בינתים והדר בשם ה' דלא קיימא אמילתא אזכרה אמילתא דלעיל ומיחזי כמוליאו לבטלה:
משה

[ברכות מה:]

[צ"ל מלך יהודה]

[צ"ל כל דברי הספר]

[צ"ל קדושה]

נ"י מכר"ם וכן אמרי' שם במודים ולמה לן

[עי' תוספות ברכות כה: ד"ה עד וכו' האריכו יותר בביאור]

הגהות הב"ח
(א) רש"י ד"ה סוף אומר הללו וכו' שגדול מקרא אותו שעונים:
(ב) תוס' ד"ה מכאן וכו' כגדול המקרא את ההלל והן עונים ראש פ' ראשון על כל דבר:

מסורת הש"ס

רבינו חננאל
הלכתא גיברתא איכא למגמר מן ההלל. הוא אומר הללויה והן אומרים הללויה מכאן שמצוה לענות הללויה. הוא אומר הללו עבדי ה' והן אומרים הללויה. מכאן שאם שהיה גדול מקרא ההלל. אמרו אחריו הללויה. הוא אומר הודו לה'. [והן אומרים הודו לה'] מכאן שמצוה לענות ראשי פרקים. הוא אומר אנא ה' הושיעה נא והן אומרים אנא ה' הושיעה נא. מכאן שאם היה קטן מקרא אותו עונה אחריו מה שהוא אומר. הוא אומר אנא ה' הצליחה נא. והן אומרים אנא ה' הצליחה נא. מכאן שאם בא לכפול כופל. הוא אומר ברוך הבא והן אומרים בשם ה' מכאן לשומע כעונה. א"ר חייא חכימיא וספריא ודרשיא ורישי עמא אמרי שמע ולא ענה יצא שומע כעונה. מהכא דכתיב את כל דברי הספר אשר קרא מלך יהודה קראם והלא שפן קראם אלא מכאן לשומע כעונה. אמר רבא לא לימא איניש ברוך הבא והדר בשם ה' אלא לא יפסיק ביניהן:

§ מסכת סוכה דף לח: §

אות א'

הלכתא גיברתא איכא למשמע ממנהגא דהלילא, הוא אומר הללויה והן אומרים הללויה, מכאן שמצוה לענות הללויה. הוא אומר הללו עבדי ה' והן אומרין הללויה, מכאן שאם היה גדול מקרא אותו עונה אחריו הללויה. הוא אומר הודו לה' והן אומרים הודו לה', מכאן שמצוה לענות ראשי פרקים

רמב"ם פ"ג מהל' חנוכה הי"ב - מנהג קריאת ההלל בימי חכמים הראשונים כך היה: אחר שמברך, הגדול שמקרא את ההלל מתחיל ואומר: הללויה, וכל העם עונין: הללויה; וחוזר ואומר: הללו עבדי ה', וכל העם עונין: הללויה; וחוזר ואומר: הללו את שם ה', וכל העם עונין: הללויה; וחוזר ואומר: יהי שם ה' מבורך מעתה ועד עולם, וכל העם עונין: הללויה; וכן על כל דבר, עד שנמצאו עונין בכל ההלל הללויה מאה ושלש ועשרים פעמים, סימן להם: שנותיו של אהרן.

רמב"ם פ"ג מהל' חנוכה הי"ג - וכן כשהקורא מגיע לראש כל פרק ופרק, הן חוזרין ואומרין מה שאמר; כיצד, כשהוא אומר: בצאת ישראל ממצרים, כל העם חוזרין ואומרין: בצאת ישראל ממצרים, והקורא אומר: בית יעקב מעם לועז, וכל העם עונין הללויה, עד שיאמר: אהבתי כי ישמע ה' את קולי תחנוני, וכל העם חוזרין ואומרין: אהבתי כי ישמע ה' וכו'; וכן כשיאמר הקורא: הללו את ה' כל גוים, כל העם חוזרין ואומרין: הללו את ה' כל גוים.

רמב"ם פ"ג מהל' חנוכה הי"ד - הקורא אומר: אנא ה' הושיעה נא, והן עונין אחריו: אנא ה' הושיעה נא, אף על פי שאינו ראש פרק; הוא אומר: אנא ה' הצליחה נא, והן עונין [אחריו]: אנא ה' הצליחה נא; הוא אומר: ברוך הבא, וכל העם אומרים: בשם ה'. ואם היה המקרא את ההלל קטן או עבד או אשה, עונה אחריהם מה שהן אומרין מלה מלה בכל ההלל. זה הוא המנהג הראשון ובו ראוי לילך, אבל בזמנים אלו ראיתי בכל המקומות מנהגות משונות בקריאתו ובעניית העם, ואין אחד מהם דומה לאחר.

וקשה, דלמה לא הזכיר זה רבינו ז"ל שהוא אומר: הודו והם אומרים: הודו. **וי"ל** דסובר רבינו ז"ל, דרבא כשאמר זה אינו אלא למנהג שהיה מנהג אחר המנהג הראשון, וכדמשמע התם, ולכך הוצרכו לומר: הודו והם יענו: הודו, כדי להודיענו שמצוה לענות וכו', כלומר מפני שבמנהג האחרון הזה לא היו עונין בראשי הפרקים כמו שהיו עושים במנהג הראשון, לכך הוצרכו לעשות דוגמא לדבר כדי שלא תשתכח, ועשו היכר זה, **אבל** במנהג הראשון לא היינו צריכים להיכר זה, שהרי היו עושים הפסקות בראשי הפרקים, **אבל** כל שאר הדברים האמורים שם שהם ללמד לנו דינים, סובר רבינו ז"ל דאפילו במנהג הראשון היה זה, מפני שלמדנו דינים מהן שהם צריכים לזמן ההוא – לחם משנה.

אות ב'

מכאן לשומע כעונה

סימן כה ס"י - אם שמע קדיש או קדושה בין תפלה של יד לתפלה של ראש, לא יפסיק לענות עמהם, אלא שותק ושומע ומכוין למה שאומרים - דהשתיקה כענייה לענין לצאת י"ח, אבל לא שיחשב כהפסקה.

סימן קד ס"ז - אינו פוסק ‹בתפלה› **לא לקדיש** - ר"ל לאיש"ר, **ולא לקדושה** - וה"ה לברכו, **אלא ישתוק ויכוין למה שאומר ש"צ** - עד יתברך.

ויהא כעונה - לענין שיצא בזה ידי חיוב קדיש וקדושה, ומ"מ לא חשיב הפסק. ‹ויש לעיין, למנהגינו דס"ל דאע"ג דשומע כעונה, אינו כדבור ממש, **אם** א' היה צריך לנקביו בשעה שחבירו הוציאו בתפלתו, אם יצא, **ואף** דלענין בעל קרי אסור כשחבירו מוציאו בתפלתו, אפשר דבעל קרי חמיר טפי›.

סימן קט ס"ג - יחיד העומד בתפלה, וכשיגיע למקום קדושה היו הציבור אומרים קדושה דסידרא - היינו ב"ובא לציון", וה"ה קדושת יוצר, **אינו אומר "קדוש" עמהם, שאין הקדושות שוות** – ‹משמע דבלא זה היה אומר עמהם "קדוש קדוש", אע"פ שעד עתה לא התפלל התפלה שלו עם הש"ץ בשוה, **ומכאן** אתה למד למה שכתבתי למעלה בס"ב›.

[א]אלא ישתוק ויכוין למה שאומרים, דשומע כעונה.

סימן ריג ס"ב - אין המברך מוציא אחרים אלא אם כן יאכל וישתה עמהם, ואז יוצאים בשמיעתן שמכוונין אליו - והוא ג"כ יכוין להוציאם, וכדלקמיה בס"ג, **אפי' לא יענו אמן** - דקי"ל דשומע כעונה, והרי הוא כמברך בעצמו, **וכ"ז** לענין דיעבד, אבל לכתחלה, לבד מה שמצוה לענות אמן על כל ברכה ששומע מישראל, **עוד** יותר יש חיוב לכתחלה לענות אמן בברכה שמתכוין לצאת בה, כדי להורות בפועל שמסכים לברכת המברך.

באר הגולה

א ‹עיין שם בהסעיף להשלמת הענין›

§ מסכת סוכה דף לט. §

אות א'

אלא התם והכא אסוקי מילתא הוא, ולית לן בה

סימן נו ס"א - [א]הגה: ולא יפסיק בין "יהא שמיה רבא" ל"מברך" - עיין בפמ"ג ומחצית השקל, דהיינו שלא יפסיק בשתיקה ביניהם, אבל אין צריך לומר בנשימה אחת, **עיין** במ"א, ולפי דבריו גם בין "יהא שמיה" ל"רבא" אין להפסיק. **(הגהות אשר"י בשם א"ז כתב, דלפי ראשון לא יפסיק בין "שמיה" ל"רבא", ולפי ר"י אין להפסיק בין "רבא" ל"מברך").**

אות ב'

כל המצות כולן מברך עליהן עובר לעשייתן

סימן כה ס"ח - כל המצות מברך עליהם עובר לעשייתן, (פי' קודם, ויעבר את הכושי, פירושו רץ והקדים לפניו), לפיכך צריך לברך על התפלה של יד אחר הנחה על הקיבורות, קודם קשירתם, שקשירתם זו היא עשייתן - דקודם הנחה על הקיבורת לכתחילה אין ראוי לברך, דהוי קודם דקודם, וצריך לקרב הברכה לעשיית המצוה בכל מה דאפשר.

ובדיעבד יברך אפילו אחר קשירתם, דמצוה שיש לה משך זמן הוא בכולי יומא.

הגה: וכן בשל ראש, קודם שמהדקו בראשו - כי ההידוק הוא מצות הקשירה, וצריך גם כן ליזהר שיהיה הברכה אחר שמונחים על הראש, לא כאותן שמברכין בעודם בידם, דא"כ הו"ל קודם דקודם, **גם** בשעת ברכה של תש"ר יראה שיהיה מכוסה ראשו בטלית, ולא יברך בגילוי הראש.

סימן קנח ס"א - מברך קודם נטילה, שכל המצות מברך עליהם עובר לעשייתן - קודם וסמוך להעשייה.

ונהגו שלא לברך עד אחר נטילה, משום דפעמים שאין ידיו נקיות - כגון שיצא מבהכ"ס, או שנגע במקומות המכוסות בגופו, שאינו ראוי לברך קודם שנטל ידיו, ומפני זה נהגו בכל הנטילות, [כגון לתפלה], לברך אחר הנטילה.

(**ומסתברא** דאין למחות ביד מי שירצה לברך קודם הנטילה, אם יודע שידיו נקיות, **ואף** שיזהר שיהא המקום נקי שראוי לברך שם).

ומפני כך מברכין עליהם אחר ששפשף ידיו, שכבר ידיו נקיות, קודם שיטיל עליהם מים שניים - הב"י הביא זאת בשם רבינו ירוחם, שכתב שכן נהגו רבותיו, **ובשבלי** לקט הביא בשם רבינו מאיר ז"ל, שנהג לברך אחר הנטילה וקודם הניגוב, וכדלקמיה, וכן נהגו העולם.

הגה: גם יכול לברך עליהם קודם נגוב, שגם הנגוב מן המצוה, ומקרי עובר לעשייתן - הוא טעם אחר לאיחור הברכה, דגם אחר הנטילה חשיב עוד עובר לעשייתן, דגמר הנטילה הוא הניגוב, **ואף** בשופך רביעית בבת אחת, דלדעת המחבר א"צ ניגוב כלל כדלקמיה, מ"מ לא פלוג.

אות ג' - ד'

הלוקח לולב מחבירו בשביעית, נותן לו אתרוג במתנה, לפי שאין רשאי ללוקחו בשביעית

לא רצה ליתן לו במתנה מהו, אמר רב הונא מבליע ליה דמי אתרוג בלולב

רמב"ם פ"ח מהל' שמיטה הי"א - הלוקח לולב מעם הארץ בשביעית, נותן לו אתרוג מתנה, ואם לא נתן לו, מבליע לו דמי אתרוג בדמי לולב.

אות ה'

וליתיב ליה בהדיא, לפי שאין מוסרין דמי פירות שביעית לעם הארץ

רמב"ם פ"ח מהל' שמיטה ה"י - כשם שאסור לעשות סחורה בפירות שביעית או לשמרן, כך אסור ליקח מעם הארץ, לפי שאין מוסרין דמי שביעית לעם הארץ, [ב]ואפילו כל שהוא, שמא לא יאכל אותן בקדושת שביעית.

באר הגולה

[א] ‹לשון המ"א: כתב הש"ך בגליון וז"ל: כ"כ בד"מ וב"ח, וצ"ע דפרק לולב הגזול איתא בהדיא דלית לן בה, עכ"ל. **וז"ל** הג"א פ"ג דברכות: לא יפסיק בין "שמיה" לתיבת "רבה", אבל בין "רבה ל"מברך" לית לן בה, עכ"ל. **וס"ל** לרמ"א, דהג"א ס"ל כפי' ראשון {בטור בפירוש של "יהא שמיה"}, דה"פ: שאנו מתפללים שיהא השם הגדול, שעכשיו השם הוא חציו, דהיינו "יה", ולעתיד תתמלא תיבתו, ו"מברך" הוא דבור בפני עצמו, **ומזה** למד רמ"א, דלפי' ר"י דס"ל דה"פ: יהא שמו הגדול מבורך וכו', א"כ אף בין "רבה" ל"מברך" אין להפסיק, **וצ"ע**, דא"כ הוא נגד הגמרא, בשלמא להג"א, י"ל דס"ל דוקא בין "רבה" ל"מברך" אמר רב ספרא ל"ל בה, כיון שעכ"פ אינו דבור א', אבל בין "שמיה" ל"רבה" אסור להפסיק, **אבל** לפר"י אין חילוק בין הפסק "שמיה" ל"רבה" או בין הפסק "רבה" ל"מברך", דבשניהם רשאי להפסיק, **ונ"ל** דס"ל לרמ"א, כיון דקי"ל באהע"ז סי' קס"ט סכ"ט, דעכ"פ לכתחלה יש לקרות בנשימה א', {"לא אבה יבמי" ו"לא חפצתי לקחתה", דאע"ג דמן הדין אין צריך נשימה א', כדאסיק רבא יבמות קו: "אסוקי מלתא לית לן בה", אפילו הכי אנו מחמירים - מחה"ש}, לכן ג"כ אין להפסיק לכתחלה, ודי שא"צ לאומרו בנשימה א', {דאע"ג דבחליצה מחמירים שצ"ל בנשימה א', וכאן קתני "שאין להפסיק", משמע דעכ"פ רשאי להנשים ביניהן, הכא קיל מחליצה ונחתינין דרגא - מחה"ש}, כנ"ל לדחוק לדעת רמ"א - מג"א. ‹**ולכאורה** לפי' רש"י דלא לימא איניש, היינו דלא ינשים בינתים, א"כ מה דאמרינן אסוקי מילתא הוא ולית לן בה היינו דלית לן בה אם ינשים בינתים, אבל דלמא באמת אין להפסיק בינתים כמ"ש הרמ"א, וצ"ע›

[ב] ‹והיינו בשכמותן בשמור, וכמו שמבאר הרמב"ם לקמן הי"ב, עיין עמוד ב'›

משה שפיר קאמרת אלא התם והכא *אסוקי מילתא היא ולית לן בה) אמר רבא לא לימא איניש יהא שמיה רבא והדר מברך אלא יהא שמיה רבא מברך בהדדי א"ל רב ספרא משה שפיר קאמרת °אלא התם והכא *אסוקי מילתא הוא ולית לן בה: מקום שנהגו לכפול: *תנא רבי כופל בה דברים רבי אלעזר בן פרטא מוסיף בה דברים מאי מוסיף אמר אביי מוסיף לכפול מאודך ולמטה: לברך יברך: אמר אביי *ל"ש אלא לאחריו אבל לפניו מצוה לברך דאמר רב יהודה אמר שמואל *כל המצות כולן מברך עליהן עובר לעשייתן ומאי משמע דהאי עובר לישנא דאקדומי הוא דאמר רב נחמן בר יצחק דכתיב °וירץ אחימעץ דרך הככר ויעבור את הכושי אביי אמר מהכא °והוא עבר לפניהם ואיבעית אימא מהכא °ויעבור מלכם לפניהם וה' בראשם: **מתני'** הלוקח לולב מחבירו בשביעית נותן לו אתרוג במתנה לפי שאין רשאי ללוקחו בשביעית: **גמ'** לא רצה ליתן לו במתנה מהו אמר רב הונא מבליע ליה דמי אתרוג בלולב וליתיב ליה בהדיא לפי שאין מוסרין דמי פירות שביעית לעם הארץ דתניא אין מוסרין דמי פירות שביעית לעם הארץ יותר ממזון שלש סעודות ואם מסר יאמר הרי מעות הללו יהו מחוללין על פירות שיש לי בתוך ביתי ובא

תורה אור: וירץ אחימעץ דרך הככר ויעבור את הכושי (ש"ב יח) · והוא עבר לפניהם (בראשית לג) · ויעבור מלכם לפניהם וה' בראשם (מיכה ב)

רש"י

מטה. גדול הדור: [**שפיר קאמרת.**] בתמיה: **כל אסוקי מלתא.** הואיל וטועתו לגמור לית לן בה: **כופל בה דברים.** מאלה והלאה: **מוסיף בה.** בהלל מוסיף לכפול על כפילתו של רבי: **מאודך ולמטה.** כדפרי' לעיל שכל המזמור כפול מראשו ועד כאן: **ל"ש.** דתליא ברכה במנהג אלא ברכה שלאחריו: **עובר.** קודם: **ויעבור את הכושי.** קדמו לרוץ לפניו: **מתני' הלוקח לולב מחבירו.** לי נראה דהלוקח לולב מעם הארץ גרסי' דהא בעם הארץ קמיירי כדאמרי' בגמ' ועם הארץ לגבי חבר לא קרי ליה חבירו ואי לוקח נמי עם הארץ מי לייה לן להחזיק חבירו בחשוד: **נותן לו אתרוג במתנה.** חבר שקונה הושענא טולה מעם הארץ בשביעית יבקש ממנו ליתן לו אתרוג במתנה: **לפי שאין רשאי כו'.** בגמ' מפרש טעמא: **גמ' מבליע ליה דמי אתרוג בלולב.** ימכור לולב ביוקר עד שיתן לו אתרוג במתנה: **וליתיב ליה.** דמי אתרוג בהדיא מ"ט אין רשאי ללוקחו בשביעית: **אין מוסרין דמי פירות כו'.** דהתורה אמרה (ויקרא כה) לאכלה ולא לסחורה שכל פירות שביעית חייבין להתבער בשביעית הן ודמיהן ולא שיעשה בהם סחורתו להצניע לאחר שביעית ולהעשיר ועמי הארץ חשודין על כך לפיכך אין מוסרין להם דמים ליקח מהם כלום בדמים דקעבר אלפני עור לא תתן מכשול (ויקרא יט): **יותר ממזון שלש סעודות.** אבל מזון ג' מוסרים כדי חייו דאיכא למימר לסעודת שבת הוא צריך וכיון שהותר בערב שבת הותר לכל ימות השבת: **ואם מסר.** שטעה ומסר לו: **יאמר.** חבר זה שמסר לו: **מעות הללו.** שמסרתי לעם הארץ זה(א) (וכו') וחלה עליהם קדושת שביעית כדאמרינן לקמן* שביעית תופסת דמיה בקדושת' מקרא: **יהו מחוללין על פירות שיש לי בתוך ביתי.** שאינם של שביעית ויכנסו הפירות לקדושה תחתיהן: ובא

תוספות

אבל לפניו מצוה לברך. כי האי גוונא אמרי' גבי מגילה פ' הקורא את המגילה עומד (מגילה דף כא:) וכן תנן פרק בא סימן (נדה נא:) ויש שטעון ברכה לפניו ואין טעון ברכה לאחריו ומפרש בגמ' לאתויי ריתני הוה מלי למימר לאתויי הלל ומגילה במקום שנהגו שלא לברך אחריהן אלא ריתני פסיקא ליה וכמו כן הוה מצי למימר מצות טובא כגון ציצית ושופר וסוכה ולולב למאי דפי' ר"ת דאין מברכין לשמור חוקיו אלא אתפילין לחודייהו ודוקא כשמסלקן משום לילה וכמאן דאמר לילה לאו זמן תפילין הוא* :

עובר לעשייתן. מטעם זה צריך לברך אלולב קודם שיטלט דאי לאחר שנטלו מדאגבהיה נפק ביה כדאמרי' בסוף פירקין (דף מב.) ומיהו לא מסתבר כלל דהיאך יברך עליו והוא מונח בכלי הא אמר בהקומץ רבה (מנחות לה: ושם) תפילין מאימתי מברך עליהן משעת הנחה עד שעת קשירה וכל שעה שאין המצוה מזומנת בידו לעשות לא מיסתבר כלל לברך עליו ושמא משיתחיל ליטול לולב קודם שיטול האתרוג מברך והייט עובר לעשייתן שמעכבים זה את זה אי נמי לאחר שנטל שניהם אלא שהופך אחד מהן כדאמרינן בסוף פירקין (דף מב.) כשהפכו דאין יוצא במצות אלא דרך גדילתן כדדרשינן פרק לולב וערבה (לקמן מה:) מדכתיב עצי שטים עומדים ואפי' נקיט ליה כדרך גדילתן אפשר שיתכוין שלא לצאת בו עד אחר ברכה דאע"ג דאמרי' בסוף ראוהו ב"ד (ר"ה כח:) דמצות אינן צריכין כוונה מ"מ בעל כרחו לא נפיק והא דלא משני הכא בסוף פירקין (דף מב.) דמיירי באדם שאינו בקי שהולך אצל בקי ללמוד אי נמי משום דלא גמרה מצותו עד אחר ניענוע דמהאי טעמא נמי מברכין אנטילת ידים אחר נטילה דלא גמר מצותו עד אחר ניגוב כדאמרי' פ"ק דסוטה (דף ד:) דאסור לאכול בלא ניגוב ידים ומיהו לא דמי טולי האי דניענוע אינו אלא מכשירי מצוה בעלמא ולא מעכב כדאמרי' (*פ"ק דסוכה) בסוף פירקין* מדאגביה נפק ביה ומשני כשהפכו ולא משני בשלא ניענע ומיהו אמת הוא דלבתר דנפק ביה מברך כדמוכח פ"ק דפסחים (דף ז: ושם) דפליגי בעל ביעור חמץ דמר סבר לשעבר משמע שפי ומר סבר להבא נמי משמע ופריך מהעושה לולב לעצמו דקתני נטלו לצאת בו אומר על נטילת לולב וקשיא למאן דמברך לבער ומשני שאני התם דבעידנא דאגבהינהו נפק ביה ופריך אי הכי לצאת יצא בו מיבעי לי' ומשני משום דקבעי למיתני סיפא ליטב בה תנא רישא לצאת בו וצריך לומר על כרחך הואיל והמצוה לא עמר עדיין לגמרי דבעי ניענע מברך ועוד כדאמרי' בסוף פירקין (דף מא:) מנהגן של אנשי ירושלים אדם יוצא מתוך ביתו ולולבו בידו נכנס לבית הכנסת ולולבו בידו קורא ק"ש ולולבו בידו אע"פ שכל אלו הדברים אין מעכבין מ"מ הואיל ויש בדבר מצוה מן המובחר חשיב כעובר לעשייתן ובהדיא אמר בירושלמי דברכות פרק הרואה גבי ציצית העושה ציצית לעצמו אומר בא"י אמ"ה אקב"ו לעשות ציצית נתעטף בה אומר אקב"ו להתעטף בציצית והיינו טעמא לפי שהמצוה מושכת כל זמן שהוא מעוטף ועומד ומ"מ לא לגמרי דמי ללולב דהתם מברך על נטילת לולב ומשנטל עברה כבר עיקר מצוה והתם בירו' פליגי מצות מאימתי מברך עליהן רבי יוחנן אמר עובר לעשייתן רב הונא אמר בשעת עשייתן:

הלוקח לולב מחבירו בשביעית. פירש בקונטרס דמעם הארץ מוקמי לה בגמרא ועם הארץ לגבי חבר לא קרי חבירו ועל חנם דחק דאשכחן בדוכתי טובא דקרי ליה חבירו דתנן בפ' הניזקין (גיטין סא. ושם) משאלת אשה לחברתה החשודה על השביעית ובפרק בכל מערבין (עירובין נג. ושם) האומר לחבירו לא ולקט לך תאנים מתאנתי אוכל מהן עראי ומעשרן ודאי *יוקמי סיפא בד"א בעם הארץ ובשבת פרק שואל (דף קנ.) לא יאמר אדם לחבירו שכור לי פועלים ומוקי לה בחבירו נכרי:

וליתיב ליה דמי האתרוג בהדיא. מ"ט אין רשאי ללוקחו דאי משום דאסור לעשות סחורה בפירות שביעית לא חשיב סחורה אלא כי ההיא דמסכת שביעית פ"ז (מ"ג) לא יהא לוקח ירקות שדה ומוכר בשוק אבל הוא לוקט ובנו מוכר על ידו לקח לעצמו והותיר מותר למכור פי' היינו לוקח כדקתני סיפא אבל הוא לוקט ובהדיא קתני בתוספתא ולא יהא לוקט וכשמוכר בשוק הוא הלוקט עצמו אסור [דללקט] לאכלה אמר רחמנא ולא ללקט לסחורה דהיינו למכור אבל הוא לוקט ובנו מוכר על ידו דלא חשיב סחורה כיון דהוא לא ליקטם ובירושל' אמרי' האחין מלקטין ואחד מוכר על ידיהן דעל ידי הבלעה מוכר שלו ושל חבירו א"ר יוסי בר בון ובלבד שלא יעשו פלטר פי' ולא יהא מוכר בההוא אתרא כל שעה וסוחרי שביעית דתנן פ"ק דר"ה (דף כב. ושם) ופ' זה בורר (סנהדרין כה:) היינו כי האי גוונא ואפשר הקונה מחבירו כדי להרויח ולמכור ביוקר היינו נמי סחורה ובפ' ז' דשביעית (מ"ג) תנן שאין עושין סחורה בפירות שביעית ולא בבכורות ולא בתרומות ולא בנבלות ולא בטרפות ולא בשקצים ולא ברמשי' לא משכחת שיהו כולם שוים לענין סחורה אלא כי האי גוונא דבהדיא שרא רחמנא למכור כדכתיב או מכור לנכרי:

שאין מוסרין לעם הארץ דמי פירות שביעית. פי' הקונט' דהתורה אמרה לאכלה ולא לסחורה שכל פירות שביעית חייבין להתבער בשביעית הן ודמיהן ולא יעשה בהן סחורתו להצניע לאחר שביעית ולהעשיר וקשה דא"כ ליסתרו כל אותן דתנן במס' שביעית פ"ז (מ"ה) שיש להן שביעית ואין להם ביעור ובהדיא פריך בשמעתין אי הכי *לולב אין לו ביעור דמתקיים הוא וקא אסר למסור דמיו לע"ה אלא ה"ט דאיכא איסורי טובא שאין ע"ה נזהר לאסור לקטת בהן בהמה טמאה עבדי' וקרקעו' חלוק וטלית ומנעלי' ואין טוחנין לא לבייר ולא לבנן ולא לספן ולא לספר דשביעית לאכילה ולשתיה ולסיכה ולא לשאר דברים ואסור לפרוע מהן חובו ואין מספר לדינים ולאיסורים שיש בפירות שביעית שצריך לנהוג בהן קדושת שביעית:

יותר ממזון שלש סעודות. משמע שיש בדמי אתרוג יותר ממזון שלש סעודות והא דתנן פ"ז דמעילה (דף כא.) נתן לו שתי פרוטות ואמר לו לך והבא לי אתרוג באחת ובאחת רמון התם באתרוג פסול דלא בעי ליה אלא לאכילה אבל הכא כשר והדר לברכה דמיו יקרים:

מעות הללו מחוללין על פירות שיש לי בביתי. פלוגתא היא בשמעתא דלטעין במרובה (ב"ק סח: ושם) גבי כרם אם יכול לחלל מה שביד חבירו ולמאן דאסר קשה מה מועיל כאן וי"ל דהכא קנסא בעלמא הוא ודכוותה אשכחן פרק האיש מקדש (קדושין דף נה: ושם) דאין לוקחין בהמה טמאה ועבדים וקרקעות במעות מעשר שני ואם לקח יאכל כנגדם ומפרש התם קנסא: בד"א

עין משפט נר מצוה

יבמות דף קו:

[ועי' תוס' ברכות מד: ותוס' נדה נא: ד"ה ולכני מערבא וכו' וע"ע תוס' מנחות לו: ד"ה משמרת]

פט א טוש"ע א"ח סי' ט סעיף א בהגה:

צ ב מיי' פ"א מהל' ברכות הל' ג' ופי"א הל' ג' ופ"ד מה' תפילין הלכה ז' סמג עשין כו טוש"ע א"ח סי' כה סעיף ח וסי' קנח סעיף יא:

צא ג ד מיי' פ"ח מה' שמיטה הלכה יא:

צב ה שם הלכה י:

[לולב נמי ולולב אין לו ביעור כצ"ל לענ"ד]

מסורת הש"ס

[שבת קיח: פרש"י כלומר רבינו כדורו כמשה בדורו ובכילים לח: פרש"י ביקרא דמשה קא משתבע ובחולין לג. פרש"י תלמיד חכם]

[ת"ל אמרי אסוקי וכו' כך הגי' בעיי' וכ"א באכודרהם דף כב ע"ב]

פסחים קיט:

פסחים ז:קיט: מנחות לה: מגילה כא: נדה סג.

[בכורות לא:]

[שם]

[דף מ:]

ר"מ ת"ו

[דף מב.]

הגהות הב"ח

(א) רש"י ד"ה מעות וכו' לעם הארץ זה וחלה כצ"ל ותיבת וכו' נמחק:

גליון הש"ס

תוס' ד"ה הלוקח לולב וכו' וקתני סיפא בד"א בע"ה. וכן ברכות דף י"ז ע"א אני ברי' וחבירי ברי'.

רבינו חננאל

וכן לא יאמר יהא שמיה רבה והדר מברך א"ל רב ספרא משה שפיר קאמרת אלא מיהו בתרוייהו הכא והתם חדא מלתא היא. ואסוקי מלתא ליה לן בה: מתני' מקום שנהגו לכפול יכפול. תנא רבי כופל בה דברים ר' אליעזר בן פרטא יוסיף. ואוקימנא מוסיף לכפול מאודך ולמטה. לברך אחריו יברך הכל כמנהג המדינה. ואוקמה אביי לא שנו אלא לאחריו אבל לפניו מצוה. דקי"ל כל הברכות כולן מברך עליהן עובר לעשייתן. פי' כדכתיב וירץ אחימעץ דרך הככר ויעבר את הכושי כלומר רץ אחימעץ והקדים את הכושי: **פיסקא** הלוקח לולב מחבירו בשביעית נותן לו אתרוג במתנה כו' לא רצה לתת לו אתרוג במתנה כו' מבליע לו דמי אתרוג בלולב. פי' אם היה שוה הלולב זוז והאתרוג זוז נותן לו שני זוזים בלולב. ולוקח האתרוג בחנם. כי בפירוש לתת דמי פירות שביעית לע"ה אסור. והאתרוג שהוא פרי אסור בהנאה. אבל הלולב שהוא כמו עץ ואינו פרי הייתי אומר כי אין בו איסור. *) הא דאמרינן לקמן שהוא אסור לא משום דהוא לולב בן שנה ששית שנכנס בשביעית דתניא אין מוסרין פירות שביעית לע"ה יותר ממזון שלש סעודות ואם מסר אומר לו מעות הללו מחוללין כו'. פי' מזון ג' סעודות כדי מזונו ליום אחד ואפילו לשבת.

*) אינו מובן ואולי צ"ל אבל מהא דאמרינן לקמן משמע שהוא אסור רק משום דהוא לולב וכו'.

ובא ואוכלן בקדושת שביעית בד"א בלוקח מן המופקר אבל בלוקח מן המשומר אפילו בכחצי איסר אסור מתיב רב ששת ומן המופקר ג' סעודות ותו לא ורמינהי הפיגם והירבוזין והשיטים והלגלוגות והכוסבר שבהרים והכרפס שבנהרות והגרגיר של אפר פטורין מן המעשר וניקחין מכל אדם בשביעית לפי שאין כיוצא בהן נשמר הוא מותיב לה והוא מפרק לה בכדי מן שנו וכן אמר רבה בר בר חנה א"ר יוחנן בכדי מן שנו מאי משמע דהאי מן לישנא דמזוני הוא דכתיב °וימן להם המלך וגו' (דניאל א) אי הכי לולב נמי לולב בר ששית הנכנס לשביעית הוא אי הכי אתרוג נמי בת ששית הנכנסת לשביעית היא אתרוג בתר לקיטה אזלינן והא בין ר"ג ובין ר' אליעזר לענין שביעית אתרוג בתר חנטה אזלינן דתנן אתרוג שוה לאילן בג' דרכים ולירק בדרך אחד שוה לאילן בג' דרכים לערלה ולרבעי ולשביעית ולירק בדרך אחד שבשעת

תורה אור

ובא. חבר זה ואוכל אותם הפירות בקדושת שביעית אכילה ושתיה וסיכה והדלקת הנר שהן הנאות המותרות בהן כדמפרש במס' שביעית (פ"ח מ"ב): **בד"א.** דמזון ג' סעודות מיהא מוסרים בלוקח מן המופקר שראה חבר זה שנתלקטו פירות הללו בשדה המופקר שאין ע"ה זה שומרו הואיל ולא ראיתו חשוד מותר למסור לו מעט אבל לא הרבה שלא תהא עינו צרה להצניען: **אבל בלוקח מן המשומר.** שדה זו היתה משומרת בגדר ופתח נעול זה נחשד לענין שאינו מפקיר לעניים דכתיב (שמות כג) ואכלו אביוני עמך וגו' והערמה היא שמוכרן על יד על יד: **הפיגם.** עשב שקורין רוד"א: **הירבוזין.** הגפל"ש בלשון אשכנז וכאן קורין לו אוידל"ש והן עשבים וטעמם קרוב ללולבי גפנים: **והשיטין.** אשפרו"ש ומין ירק הוא: **והלגלוגות.** פולפי"ד: **והכוסבר של הרים.** אלייגדר"א והוא גדל בהרים אבל כוסבר של גנה חשוב הוא: **והכרפס של נהרות.** שקורין בלע"ז קרישו"ן אבל של גנה חשוב הוא וי"א כרפס אפי"א וכן שמעתי אבל נראה שאינה גדילה בנהרות: **והגרגיר של אפר.** אורוג"א הגדילה באחו אבל של גנה חשוב הוא: **פטורין מן המעשר.** בכל השנים כדמפרש טעמא שאין כיוצא בהן נשמר שאין חשובין על הבריות ומפקירין אותן לכל והפקר פטור מן המעשר דכתיב (דברים יד) ובא הלוי כי אין לו חלק ונחלה עמך בדבר שאין לו חלק ונחלה עמך יטול מעשרותיו יצא הפקר לקט שכחה ופאה שיש לו חלק עמך: **וניקחין מכל אדם בשביעית.** ואף על גב דשביעית נהגא במופקרים מפני שאין כיוצא בהן נשמר והוה ליה לוקח מן המופקר ואף על גב דלא ידעינן ביה בהאי דודאי הפקיר מחזקינא ליה בהכי דאין דרך לשומרן לפיכך מוסרין לו דמיהן ולא חשדינן ליה שיכניעם לסחורה אלמא בלוקח מן המופקר מסרינן טובא דהא וניקחין קתני משמע אפי' טובא: **בכדי מן.** בכדי מזונותיו שנו דניקחין והיינו שלש סעודות: **וימן להם המלך.** בצרכי סעודה משתעי קרא בדניאל (א') וימן המלך ויפרנס המלך: **אי הכי.** דאין מוסרין דמי שביעית לעם הארץ לולב נמי לא נזבין מיניה שאף בו נוהג שביעית וטעמא מפרש לקמן: **ומשני לולב בר ששית שנכנס לשביעית הוא.** דעל כרחך בחמשה עשר יום שמראש השנה עד החג לא גדל וקיימא לן אילן בתר חנטה אזלינן ביה במסכת ראש השנה (דף יג:): **אתרוג בתר לקיטה אזלינן.** דחלוק משאר אילנות ודינו כירק שהלכו בו בתר לקיטה משום דגדל על כל מים כדאמרינן בר"ה (דף יב:) ותבואה ואילנות גדילין על מי גשמים ואתרוג גדל על כל מים שמשקין אותו תמיד כירק כדאמרינן בפ"ק דקדושין (דף ג.): **בין לר"א בין לר"ג.** דאפליגו באתרוג לענין מעשר מודו לענין שביעית דבתר חנטה אזלינן ביה: **לערלה.** שנוהג בו כאילן וכן רבעי נוהג בו: **ולשביעית.** דאזלינן ביה לענין שביעית בתר חנטה: שבשעת

בד"א דמזון שלש מיהא מוסרין בלוקח מן ההפקר שראה חבר זה שנתלקטו פירות הללו בשדה המופקר שאין ע"ה זה שומרן הואיל ולא ראיתו חשוד מותר למסור לו מעט אבל לא הרבה שלא תהא עינו צרה להצניען אבל בלוקח מן המשומר שהשדה זו מקום משומר בגדר ופתח נעול זה נחשד לענין שאינו מפקירן שאמרה תורה תשמטנה ונטשתה ואכלו אביוני עמך והערמה היא שמוכרן על יד כך פי' בקונט' ולא יתכן פי' זה לפי מה שפירשו בשם ר"ת פ"ב דכתובות (דף כד. ושם) גבי שלי חדש ושל חברי ישן דסתם ע"ה אינו חשוד אא"כ יודע ביה שהוא חשוד ואי בודאי חשוד מיירי הכא א"כ מן המופקר נמי ליתסר הפיגם וכו' וכל הני דחשיב התם ואומר ר"ת דפירות מן המשומר אסורין כדדרשי' בת"כ ואת ענבי נזיריך לא תבצור מן המופקר אתה בוצר ואי אתה בוצר מן המשומר דנזיריך משמע דגזר מהן בני אדם וכן פי' בקונט' בשם רבותיו בסוף יבמות (דף קכב.) גבי נכרי שהיה מוכר פירות בשוק ואמר פירות הללו של ערלה הם של נטע רבעי הם של עזקה הם לא אמר ולא כלום לא נתכוין זה אלא להשביח מקחו כלומר של עזקה מפרדס מעוזק וגדר סביב לו והיא שביעית והקשה שם בקונטרס על פירושם מה איסור יש כאן אם עבר זמן הביעור לא שנא מן המשומר ולא שנא מן המופקר אסור וקודם הזמן אלו ואלו מותרין ופירש שם דעזקה עיר שבארץ ישראל ופירותיה משובחים ואם היה עובד כוכבים זה בחולה לארץ ומשבחן ואומר מעזקה הן אין חוששין לדבריו לענין שביעית דאין נוהגין בחו"ל דאמרינן עמון ומואב מעשרים מעשר עני בשביעית ולענין שלא לעשר עליהן מפירות חו"ל משום מן הפטור על החיוב ופירוש ראשון נראה לר"ת דמן המשומר אסורים כדפרישית ועזקה לשון ויעזקהו ויסקלהו (ישעיה ה) כמו בית יעזק היתה נקראת דתנן פרק ב' דר"ה (דף כג:) ולהשביח מקחו אומר כל זה דפירות של ילדה טובים משל זקנה ופירות הפרדס השמור טובים משל הפקר שיד הכל ממשמשים בהן וקשו להו ידים וגם ממהרים ללקטם קודם בישולם והא דקאמר הכא אפי' כחצי איסר אסור היינו משום דאסירי באכילה ושומרי ספיחים בשביעית דפ' הבית והעלייה (ב"מ דף קיח.) לא שומרים מן האכילה דלא היו צריכין לשומרם מבני אדם דמאליהם היו פורשים כשהיו יודעין שהן לצורך העומר ולא היו שומרין אותם אלא מבהמה חיה ועוף ומיהו קשה לר"ת דלא אסר בת"כ מן המשומר אלא בבצירה כדרך הבוצרים אבל ע"י שינוי שרי כדקתני סיפא מכאן (א) אמרו תאנה של שביעית אין קוצצין אותה במוקצה אבל קוצה בחרבה אין דורכין ענבים בגת אבל דורך הוא בעריבה אין עושין זיתים בבד ובקוטב אבל כותש הוא ומכנים לבדידה ואמן המשומר קאי ועוד דמשמעתין משמע דלא אסר מן המשומר אפילו כחצי איסר אלא לפי שמוסר דמי שביעית לחשוד אבל פירות מיהא לאכילה שרי דאי אסירי וכי דרך לקנות דבר האסור ומיהו קשה דרישא דקרא דריש ליה התם לאיסור אכילה דקתני רישא את ספיח קצירך לא תקצור מכאן סמכינן על הספיחים שהן אסורין ועוד דכולה סיפא דתאנה של שביעית סתם משנה היא פרק ח' (מ"ו) משמע דבסתם שביעית איירי שדרך להפקיר אע"ג דבגמרא דירושלמי מייתי עלה כולה דרשא דתורת כהנים: **לרבעי.** קך משנה אתיא כמאן דאמר נטע רבעי בפרק כילד מברכין *(דף לה.): **ולשביעית.** ירק נמי אית ביה שביעית אלא מפרש בירושלמי פרק ב' דביכורים כגון אתרוג בת ששית הנכנסת לשביעית הרי היא לבעלים כאילן דבתר חנטה ולא כירק דבתר לקיטה והא דלא תנא שוה לאילן לענין כלאים (*ולא) הוי כלאי הכרם מה שאין כן בירק ולענין דר"ה שלו שבט כאילן אע"ג דלאחר לקיטתו עישורו כירק ומ"מ ר"ה שלו שבט כאילן כדאמרינן פ"ק דר"ה (דף יד: ושם) דלא תנא אלא מידי דבהא אזלינן בתר חנטה ובהא אזלינן בתר לקיטה וא"ת ואמאי לא אזלינן באתרוג בתר לקיטה לכל דבר כיון דגדל על כל מים כירק דהכי משמע פ"ק דר"ה (ג"ז שם) באספך מגרנך ומיקבך מה גורן ויקב שהן גדלין על רוב מים ומתעשרין על שנה שעברה יצאו ירקות שגדלים על כל מים מתעשרין לשנה הבאה ואע"ג דמעשר ירק דרבנן מ"מ לענין שביעית דאורייתא דרשא גמורה היא וי"ל משום דדרשינן פ"ק דר"ה (דף י.) גבי ערלה פעמים שברביעית ואסורים משום ערלה וא"ת דהכא משמע דאזלינן בירק בתר לקיטה לענין שביעית ובמסכת שביעית (פ"ט מ"א) תנן כל הספיחים מותרין חוץ מספיחי כרוב ופירשו שם ע"פ הירושלמי דאיירי בספיחי ששית הנכנסין לשביעית ומיתרצא בהכי ההיא דפ' מקום שנהגו (דף נא: ושם) דתניא איפכא אסורין חוץ מספיחי כרוב ונראה לפרש דהא דאזלינן בירק בתר לקיטה היינו בשלא נגמר גידולם בששית אבל נגמר גידולם בששית שרו בין לר"ע דדריש שגדילים על רוב מים בין לר' יוסי הגלילי דדריש שגדילים על מי שנה שעברה פ"ק דר"ה (דף יד.) מידי דהוה אבצלים הסריסים דהתם שמנע מהם מים ל' יום לפני ראש השנה דאפילו מאן דפליג התם הכא מודה דלר"י הגלילי כיון דנגמר גידולם נמצאו גדילים על מי שנה שעברה ותו לא גדלי על מי שנה הבאה ולר"ע נמי כיון דתו לא גדלי על כל מים יצאו מתורת ירקות הגדלים על כל מים כדקאמרינן בירושלמי גבי בצלים הסריסים פ"ב דשביעית אמר ר' מנא מכיון שמנע מהן מים שלשים יום לפני ר"ה נעשו כבעל שמספקת במי גשמים ומתעשרין לשעבר וכן נראה לגבי אורז ודוחן בר"ה פ"ק (דף יג:) דיהב להו שמואל דין ירק דבתר לקיטה וקאמר הכל הולך אחר גמר פרי אלמא גמר פרי עיקר אלא דנקט בכל דוכתי לקיטה משום דדרך ללקט בגמר פרי והנהו גמר פריים ביחד אלא שאין מתייבשין ביחד כדקאמרינן דעשויה פרכים פרכים ומיהו קשה מאתרוג דאמרינן פרק קמא דר"ה (דף יד:) באתרוג שחנטו פירותיה קודם חמשה עשר דאידך שבט ונלקטו באחד בשבט ומשמע משום דמספקא ליה אי אזלינן באתרוג בתר חנטה כר' אליעזר

עין משפט נר מצוה

א ב ג מיי' פ"ח מהל' שמיטה הל' יב וס"ו שם הלכה א:

ד מיי' פ"א מה' מעשר שני וג"ר הלכה ה:

רבינו חננאל

ואקשינן מזון ג' סעודות מן המופקרות ותו לא. ורמינהו הא דתנן בשביעית פ"ג הפיגם והירבוזין השושין והלגלוגות והכוספר שבהרים והכרפס (שבנגות) [שבנהרות] והגרגיר שבאפר פטורין מן המעשר ונלקחין מכל אדם בשביעית ולא קתני ג' סעודות. ופרקינן בכדי מן פי' כדי מזונותיו כלומר כדי שימכור אילו ויקנה בדמיהן פת כדי אכילתו ולא קשיא. אי הכי שאין מוסרין לו בשביעית*) הוא שנכנס משנה ששית לשביעי' כי הוא חשב מפירות שנה ששית לפיכך מותר. וא"ת אי הכי ליתני במתני' שנם האתרוג מותר. ונוקמה באתרוג בן ששית הנכנסת לשביעית לא מצית אמרת הכי דאפי' אתרוג בן ששית שנכנס לשביעית אסור דבתר לקיטה אזלינן ולא חיישינן לחנטתו של אתרוג.

*) נראה דחסר כאן וצ"ל שאין מוסרין לו דמי פירות שביעית לולב נמי לולב בר ששית שנכנס לשביעית הוא שנכנס וכו'.

[ועי' תוס' קדושין ג: ד"ה אתרוג]

מסורת הש"ס

שביעית פ"ט מ"א

ר"ה יד: קדושין ג: בכורי' פ"ב מ"ז

הגהות הב"ח

(א) תוס' ד"ה בד"א דמזון וכו' מכאן אמרו תאנה: אומר תאנה:

[נ"י דלא]

§ מסכת סוכה דף לט: §

אות א' - ב' - ג'

במה דברים אמורים בלוקח מן המופקר, אבל בלוקח מן המשומר, אפילו בכחצי איסר אסור

הפיגם, והירבוזין, והשיטים, וחלגלוגות, והכוסבר שבהרים, והכרפס שבנהרות, והגרגיר של אפר, פטורין מן המעשר, וניקחין מכל אדם בשביעית, לפי שאין כיוצא בהן נשמר בכדי מן שנו

רמב"ם פ"ח מהל' שמיטה הי"ב - במה דברים אמורים בזמן שהיה מוכר פירות [א]שכמותן בשמור, כגון תאנים ורמונים וכיוצא בהן; אבל היה מוכר פירות שחזקתן מן ההפקר, כגון הפיגם והירבוזין והשוטים והחלגלוגות והכסבר של הרים וכיוצא בהן, ה"ז מותר ליקח ממנו מעט, כדמי שלש סעודות בלבד, משום כדי חייו של מוכר.

רמב"ם פ"ו מהל' שמיטה ה"א - אין עושין סחורה בפירות שביעית, ואם רצה למכור [ב]מעט מפירות שביעית מוכר - ‹ורבינו אע"פ שלא הזכיר פה מזון ג' סעודות, סמך על מש"כ ברפ"ח, דדוקא מזון ג' סעודות - כסף משנה› **ואותן הדמים הרי הן כפירות שביעית, וילקח בהן מאכל ויאכל בקדושת שביעית, ואותו הפרי הנמכר הרי הוא בקדושתו כשהיה.**

אות ג*[ג]

אי הכי לולב נמי

רמב"ם פ"ח מהל' שמיטה הי"א - [ד]הלוקח לולב מעם הארץ בשביעית, נותן לו אתרוג מתנה, ואם לא נתן לו, מבליע לו דמי אתרוג בדמי לולב.

אות ד'

אתרוג... שוה לאילן בשלשה דרכים: לערלה, ולרבעי, ולשביעית

רמב"ם פ"א מהל' מעשר שני ה"ה - עיין בדף מ.

באר הגולה

א ‹רבנו מפרש דהיינו פירות שביעית שיש מהן משומרין, ואפי' אין יודעים אם הוא שמרן או לא, אסור לקנות ממנו, [אבל הפירות עצמן ס"ל דמותרין באכילה], **אבל** רש"י פי' דדוקא בידוע ששדה זו היתה משומרת בגדר ופתח נעול, שנחשד זה שאינו מפקיר, והערמה הוא שעושה שמוכרן על יד על יד, וכן פירשו עוד ראשונים, **ולהסוברים** דמשומר אסור באכילה, מפרשים כאן דאסור לקנות ממשומר משום דאסור באכילה - דרך אמונה› ב ‹דהיינו כשיעור שאדם מכין בביתו לתשמיש בני ביתו לימים מועטים, ומש"כ בכ"מ דהוא מזון ג' סעודות, כבר תמה ע"ז בפה"ש ועוד אחרונים - דרך אמונה› ג ‹מילואים› ד ‹ובלולב נחלקו הפוסקים, דדעת הרבה ראשונים דלולב הואיל ועומד לטאטאות בו את הבית, הו"ל הנאתו וביעורו שוה, ויש בו קדושת שביעית, ומיירי כאן בלולב של ששית שנכנס לשביעית, {**וכן** פי' רש"י, דמסקנא דשמעתין דלולב יש בו קדושת שביעית, משום דהנאתו וביעורו שוה, ולא דמי לעצים דהסקה דאין בהם קדושת שביעית משום דהנאתו אחר ביעורו}, **אבל** ביעור אין לו שמתקיים בארץ, **אבל** דעת רבינו (בפיה"מ בסוכה, וכן נראה מסתימתו כאן) ועוד ראשונים, דלמסקנת הגמ' הולכין גם בלולב אחר רוב עצים שעומדים להסקה, ואין בו קדושת שביעית, {**ודבריהם** תמוהים, דהא בשמעתין אמרינן דלולב יש בו קדושת שביעית, וטעמא דמתניתין משום דמיירי בששית הנכנסת לשביעית, דגבי לולב דהולכים בו אחר חנטה אין בו קדושת שביעית, אבל באתרוג דהולכים בו אחר לקיטה יש בו קדושת שביעית, ונ"מ דלולב דשביעית הנכנסת לשמינית יש בו משום קדושת שביעית דהנאתו וביעורו שוה, **ויראה** ליישב דהני רבוותא הרמב"ם ורע"ב ז"ל ס"ל, דנהי דהשתא בריש הסוגיא הכי ס"ל דיש חילוק בין עצים ללולב, ובלולב נוהג בו דין שביעית, **מ"מ** לא מסקינן הכי, משום דבתר הכי פריך (דף מ.), והאיכא עצים דמשחן דהנאתן וביעורן שוה, כלומר ואפ"ה חזינן דלא נהגה בהו קדושת שביעית, דעושים בהם סחורה, ומשני אמר רבא סתם עצים להסקה הם עומדים, כלומר והנך דמשחן בטלים לגבייהו, שכל העצים הם שוים, ואנו הולכים אחר רוב עצים דהנאתן אחר ביעורן דאין בהם קדושת שביעית, **ולפי** הך שנוייא ה"ה לולב אין בו קדושת שביעית, דבטל לגבי שאר עצים שאין בהם קדושת שביעית, ואין אנו צריכים לאוקמי טעמא דלולב משום דמיירי בששית הנכנסת לשביעית, זה נ"ל בדעת הרמב"ם ורע"ב ז"ל - כפות תמרים}, **מיהו** בזמנינו שאין דרך לעשות מטאטא מלולב, אפשר דלכו"ע אין בו קדושת שביעית.

והנה מיני בשמים שאין ראוי אלא לריח, הוא בעיא דלא איפשיטא בירושלמי אם נוהג בו קדושת שביעית או לא, ולכן יש להחמיר, **ולפי"ז** בהדסים יש קדושת שביעית, וכן ראיתי למרן ז"ל שהחמיר שלא לקחת הדסים ממשומר, כמנהגו שנהג להחמיר לעצמו במשומר, וגם משום איסור סחורה, **אך** שמעתי שצידד להקל בזה, וכ"כ בס' ציץ הקודש ח"א סי' ט"ו בשם מהרי"ל דיסקין ז"ל, ואולי משום שבזמנינו אין רובן עומדין לריח אלא למצוה או לנוי, וצ"ע.

ובערבות לכו"ע אין בו קדושת שביעית, ומ"מ אם נזרעו בשביעית, להחוששים לדעת הראב"ד לעיל בפ"ד הט"ו דאסור נעבד, יש לחוש גם בזה - דרך אמונה›

§ מסכת סוכה דף מ. §

אות א'

<u>שבשעת לקיטתו עישורו</u>

רמב"ם פ"א מהל' מעשר שני ה"ה - וכן האתרוג בלבד משאר פירות האילן הרי הוא כירק והולכין אחר לקיטתו בין למעשר בין לשביעית; כיצד, אם נלקט בשלישית אחר ט"ו בשבט, מפרישין ממנו מעשר עני, אף על פי שנגמרה בשנייה; וכן אם נלקט ברביעית קודם ט"ו בשבט, מפרישין ממנו מעשר עני; נלקט ברביעית אחר ט"ו בשבט, מפרישין ממנו מע"ש.

אות ב'

<u>ורבותינו נמנו באושא ואמרו: בין למעשר, בין לשביעית</u>

רמב"ם פ"א מהל' מעשר שני ה"ה - [א]וכן האתרוג בלבד משאר פירות האילן הרי הוא כירק והולכין אחר לקיטתו בין למעשר בין לשביעית.

רמב"ם פ"א מהל' מעשר שני ה"ו - ואף ע"פ שהולכין אחר לקיטתו, אתרוג בת ששית שנכנסה לשביעית, אפילו היתה כזית ונעשית ככר, חייבת במעשרות.

השגת הראב"ד: וכן האתרוג בלבד וכו' עד חייבת במעשרות. א"א כמה דבריו מבולבלים ומקולקלים ומשובשים, והוא תופס דברי רבי יוחנן ור"ש בן לקיש, דאמרי תרווייהו אתרוג בת ששית שנכנסת לשביעית לעולם ששית, וחייבים עליה משום טבל ופטורה מן הביעור, ואם כן היינו אחר חנטה לשביעית, מיהו לענין מעשר שני ומעשר עני אזלינן בתר לקיטה כרבי יוסי.

רמב"ם פ"ד מהל' שמיטה הי"ב - הירק בשעת לקיטתו. [ב]והאתרוג אפילו היה כפול קודם ר"ה ונעשה ככר בשביעית, חייב במעשרות כפירות ששית; ואפילו היה ככר בששית, הואיל ונלקט בשביעית הרי הוא כפירות שביעית, ומתעשר כפירות ששית להחמיר.

אות ג'

<u>לקטן לאכילה, יש בהן משום קדושת שביעית; לקטן לעצים, אין בהן משום קדושת שביעית</u>

רמב"ם פ"ה מהל' שמיטה הי"א - כלל גדול אמרו בפירות שביעית: כל שהוא מיוחד למאכל אדם, כגון חיטים תאנים וענבים וכיוצא בהן, אין עושין ממנו מלוגמא או רטייה וכיוצא בו, אפילו לאדם, שנאמר: לכם לאכלה, כל שהוא מיוחד לכם יהיה לאכלה ולא לרפואה. וכל שאינו מיוחד למאכל אדם, כגון קוצין ודרדרין הרכים, עושין מהן מלוגמא לאדם, אבל לא לבהמה. וכל שאינו מיוחד לא לזה ולא לזה, כגון הסיאה והאזוב והקורנס, הרי הוא תלוי במחשבתו, חשב עליו לעצים, הרי הוא כעצים; לאכילה, הרי הוא כפירות; למאכל אדם ולמאכל בהמה, נותנין עליו חומרי מאכל אדם שאין עושין מהן מלוגמא, וחומרי מאכל בהמה שאין שולקין אותו.

אות ד'

<u>אין מוסרין פירות שביעית לא למשרה ולא לכבוסה</u>

רמב"ם פ"ה מהל' שמיטה ה"י - [ג]מיני כבוסים כגון בורית ואהל, קדושת שביעית חלה עליהן ומכבסין בהן, שנאמר: והיתה שבת הארץ לכם לכל צרכיכם; אבל אין מכבסין בפירות שביעית ואין עושין מהם מלוגמא, שנאמר: והיתה שבת הארץ לכם לאכלה, ולא למלוגמא ולא לזילוף ולא להקיא ולא למשרה ולא לכביסה.

באר הגולה

[א] ‹פסק כרבותינו דאושא, נמנו וגמרו אתרוג אחר לקיטתו בין למעשר בין לשביעית, ואמרינן עלה (ר"ה ט"ו) איתמר רבי יוחנן ור"ל דאמרי תרווייהו, אתרוג בת ששית שנכנסה לשביעית, אפי' כזית ונעשית ככר, חייבין עליה משום טבל. **ולכאורה** משמע דרבי יוחנן ור"ל כרבי יוסי בן אבטולמוס שהעיד משום חמשה זקנים, אתרוג אחר לקיטתו למעשר ואחר חנטה לשביעית, וא"כ קשיא על רבינו איך פסק כרבותינו דאושא דאזלי בתר לקיטה לשביעית, וכרבי יוחנן ור"ל דאזלי בתר חנטה לשביעית {בהלכה ו'}, וזו היא השגתו של הראב"ד ז"ל - רדב"ז. **ועיין** מה שתירץ ע"ז הכסף משנה בסמוך, וכן הוא ברדב"ז› [ב] ‹ורבינו נראה דספוקי מספקא ליה אי אזלינן ביה אחר חנטה לשביעית כחמשה זקנים וכמתניתין דפ"ב דבכורים, {וכר"י ור"ל דבתראי נינהו - ע"פ הרש"ש}, או אחר לקיטתו כרבותינו דאושא וכסתם מתניתין דפ' לולב הגזול, וכן מספקא ליה אי אזלינן ביה אחר חנטה למעשרות כרבי אליעזר דפ"ב דבכורים, או אזלינן ביה בתר לקיטה כר"ע דפ"ב דבכורים וכחמשה זקנים וכרבותינו דאושא, ופסק בתרוייהו לחומרא - כסף משנה› [ג] ‹וסובר רבינו, דע"כ לא אפליגו אלא בפירות, וכדדייק לישנא דברייתא, ולישנא דקרא דלאכלה, אבל במיני כבוסים שאינם פירות, אף לרבנן מכבסים בהם, **ואע"ג** דבפרק לולב הגזול הקשו לרבנן דממעטי משרה וכביסה, הא כתיב לכם דמשמע לכל צרכיכם, ותירצו לכם דומיא דלאכלה, שהנאתו וביעורו שוה, יצאו משרה וכביסה שהנאתן אחר ביעורן, ופירשו שם שמשעה ששורה הפשתן או הבגדים ביין שעה אחת נתקלקל, והנאתן אינה עד לבישה, **י"ל** שלא אמרו כן אלא בפירות דשייך לאכלה, אבל מיני כביסות דלא שייך בהם לאכלה, שפיר מתרבו מלכם, אע"פ שהנאתם וביעורם אינו שוה - כסף משנה›

מסורת הש"ס

[ר"ה טו. תוספ' שביעית סוף פ"ג]

[ר"ה מ"ז] [צ"ל דתניא]

[נדה נג. פ"ס] [נדרים סב. פ"ס ב"ק קב.]

[מכות יג.]

עין משפט נר מצוה

צה א מיי' פ"א מהל' מעשר שני הל' ה:

צו ב שם ופ"ד מהלכות שמיטה הלכה יב:

צז ג מיי' פ"ה מהלכות שמיטה הלכה יא:

צח ד מיי' שם הל' י:

תורה אור

*שבשעת לקיטתו עישורו דברי רבן גמליאל ר' אליעזר אומר אתרוג שוה לאילן לכל דבר הוא דאמר כי האי תנא דתניא *א"ר יוסי אבטולמוס העיד משום חמשה זקנים אתרוג אחר לקיטה למעשר ורבותינו נמנו באושא ואמרו בין למעשר ב'בין לשביעית שביעית מאן דכר שמיה חסורי מיחסרא והכי קתני אתרוג אחר לקיטה למעשר ואחר חנטה לשביעית ורבותינו נמנו באושא ואמרו אתרוג (א) בתר לקיטה בין למעשר בין לשביעית טעמא דלולב בר ששית הנכנס לשביעית הוא הא דשביעית קדוש אמאי עצים בעלמא הוא ועצים אין בהן משום קדושת שביעית (*דתנן) *עלי קנים ועלי גפנים שגבבן לחובה על פני השדה ג'לקטן לאכילה יש בהן משום קדוש' שביעית לקטן לעצים אין בהן משום קדושת שביעית שאני התם דאמר קרא °לכם לאכלה לכם דומיא דלאכלה מי שהנאתו וביעורו שוה יצאו עצים שהנאתן אחר ביעורן והאיכא עצים דמשחן דהנאתן וביעורן שוה אמר רבא *סתם עצים ולהסקה הן עומדין ועצים להסקה תנאי היא דתניא* ד'אין מוסרין פירות שביעית לא למשרה ולא לכבוסה ר' יוסי אומר מוסרין מ"ט דת"ק דאמר קרא לאכלה ולא למשרה ולא לכבוסה מ"ט דרבי יוסי אמר קרא לכם *לכם לכל צרכיכם ואפילו למשרה ולכבוסה ות"ק הא כתיב לכם ההוא לכם דומיא דלאכלה מי שהנאתו וביעורו שוה יצאו משרה וכבוסה שהנאתן אחר ביעורן ורבי יוסי הא כתיב לאכלה ההוא מיבעי ליה לאכלה ולא למלוגמא כדתניא לאכלה ולא למלוגמ' ולא למלוגמא אתה אומר לאכלה ולא למלוגמ' או אינו אלא ולא לכבוסה כשהוא אומר לכם הרי לכבוסה אמור הא מה אני מקיים לאכלה לאכלה ולא למלוגמא מה ראית לרבות את הכבוסה ולהוציא את המלוגמא

מרבה

ויקרא כה

רש"י

שבשעת לקיטתו עישורו · שאם חנטו בשנה שניה שמתעשרותיה מעשר ראשון ומעשר שני ונלקט בשלישית לשמיטה שמתעשרותיה מעשר ראשון ומעשר עני מתעשר כדין מעשר שלישית ואילו שאר אילנות שחנטו פירותיהן בשניה ונלקטו בשלישית מתעשרין כדין שניה ולענין מעשר השוו אתרוג לירק דמעשר פירות האילן וירקות דרבנן ומעשר גורן ויקב דאורייתא ובגורן ויקב ילפינן בראש השנה (דף יג:) שמתעשר אחר השנה שהביאתו שליש מקראי ואסמכו רבנן מעשר דבריהם אגורן ויקב מה גורן ויקב מיוחדים שגדלים על רוב מים דהיינו מי גשמים ומתעשרין לשנה שעברה אף כל הגדלין על רוב מים כגון פירות האילן מתעשרין לשנה שעברה יצאו ירקות שגדלין על כל מים שמתעשרים לשנה הבאה ואתרוג נמי גדל על כל מים כירק: **לכל דבר** · אף למעשרות: **הוא דאמר** · תנא דמתני' דמקפיד אאתרוג: **(דאמר) כי האי תנא** · דקתני ורבותינו נמנו באושא ואמרו אתרוג אחר לקיטה בין למעשר בין לשביעית: **טעמא דלולב בר ששית כו'** · קושיא היא כלומר לעיל אמר דהיינו טעמא דלולב ניקח משום דבר ששית הוא הא שביעית הוא אסור ונפ"קא מינה שלולבי שביעית קדושת שביעית נוהג בהו שלא ליקח בדמיהן חלוק וטלית: **שגבבן** · שכינסן לאוצרן: **לחובה** · לשון מחבא: **לקטן לאכילה** · למאכל בהמה: **שאני התם** · גבי עלי הסקה להכי לא נוהגין בהן שביעית דאמר קרא והיתה שבת וגו' ומשמע לכם לכל צרכיכם וכתיב לאכלה למימרא דאין אסור ליהנות מפירות שביעית אלא הנאה הדומה לאכילה: **שהנאתו וביעורו שוה** · כלומר שהנאתו וביעורו שמתבער מן העולם באין כאחד כגון סיכה ושתיה והדלקת הנר ומהך דרשה נמי ילפינן שאין שביעית נוהג אלא בפרי העומד להנאות הללו דה"נ מידרש קרא והיתה שבת הארץ נוהגת במה שלכם לאכלה שהנאתו דומה לאכילה: **יצאו עצי הסקה שהנאתן אחר ביעורן** · משנעשו גחלים אופין בהן אבל לולב עיקר הנאתו לכבד את הבית והוא שעת ביעורו וקלקולו ודמי להנאת אכילה ועלי קנים וגפנים קיימי להכי ולהכי הלכך בתר מחשבה אזלי: **והא איכא עצים דמשחן** · עץ שמן שהעץ עצמו מדליקין בו להאיר כמו באבוקות והאי הנאתו וביעורו שוה נימא השתא מיהא אם לקטן להדלקה אורה דנהגא בהו שביעית: **ומשני סתם עצים** · של היסק להסקה ניתנו לבריות וסתמן לאו להאיר קיימו הלכך לא נחתא בהו קדושת שביעית מעיקרא ואפילו לקטן להאיר: **ס"ג עצים דהסקה תנאי היא** · ועצים דהסקה גופייהו שהנאתן אחר ביעורן תנאי היא אי נהגא בהו שביעית אי לא דאיכא תנא דדריש לכם דומיא דלאכילה למעוטי כל שהנאתו אחר ביעורו כדדרשינן לעיל ומההיא דרשה אימעוט עצים ואיכא דלא ממעט מיניה אלא דבר שאין הנאתו שוה בכל אדם כגון מלוגמא וזילוף ואפיקטויזין ואני שמעתי מרבותי שהיו גורסים וסתם עצים להסקה ניתנו תנאי היא וכן כתוב בכל הספרים וטרחתי מנעורי בכל לידי שיטות הש"ס ליישבה כפי דבריהם ואיני יכול ומצאתי גירסא זו בספר כתב ידו של רבינו גרשום בן יהודה מנוחתו כבוד ובסדר ישועות של רבינו יצחק בר מנחם כתוב ואינו מוגה וכן נראה בעיני: **אין מוסרין פירות שביעית לא למשרה** · לשרות פשתן ביין של שביעית: **ולא לכבוסה** · לכבוס בגדי' ביין של שביעית משרה וכבוסה הנאתן אחר ביעורן שמשעה ששורה הבגדים או הפשתן ביין שעה אחת נתבער ואבד לו והנאתו אינה עד שלבש הבגדים: **למלוגמא** · לרפואה:

תוספות

אליעזר אי בתר לקיטה כרבן גמליאל נהג בו שני עישורין אלמא דמאן דאמר בתר לקיטה אע"ג דנגמר פרי [ככר] דהרי חנטו בשבט של שנה שעברה ולא נלקט עד שבט אחר ושמא אתרוג חלוק משאר פירות לפי שדרכו לעמוד באילן שתים ושלש שנים וכל זמן שמתקיים באילן גדל בכל שנה ושנה אי נמי אע"פ שחנטו בשבט של שנה שעברה זימנין דאין נגמר גידולו עד שבט אחר וניחא השתא דנקט רבי יוחנן פ"ק דר"ה (דף טו:) גבי אתרוג אפילו כזית ונעשה ככר כלומר דע"י מי שנה הבאה גדילה ומיהו כזית לאו דווקא בעינן דהא רבי יוחנן בתר חנטה אזיל ושמא לא חשיבא חנטה באתרוג פחות מכזית:

ורבותינו נמנו באושא · אית דגרסי פ"ק דר"ה (דף טו:) אתרוג אחר חנטה בין למעשר בין לשביעית וסברי כרבי אליעזר דלעיל ואי אפשר לומר כן כדמוכח במתניתין דגרס אחר לקיטה ושלש מחלוקות בדבר:

שגבבן לחובה · יש לפרש דווקא נקט ויש לפרש אורחא דמלתא נקט:

לקטן לאכילה · אי בסתם היו לעצים לא היה מועיל מפרש לאכילה מידי דהוה אעצים דמשחן שליקטן להאיר לרבא דאמר סתם עצים להסקה ושמא הני סתמייהו להכי ולהכי הלכך אזלינן בתר מפרש:

ועצים דהסקה תנאי היא · אי נהגא בהו שביעית או לא דאיכא תנא דדריש לכם דומיא דלאכילה למעוטי כל שהנאתו אחר ביעורו ומתמעט עצי הסקה ואית דלא ממעט אלא דבר שהנאתו אין שוה בכל אדם כגון מלוגמא וזילוף ואפיקטויזין כך פירש בקונט' ורבותינו היו גורסין וסתם עצים להסקה ניתנו תנאי היא ופי' בקונט' דטרח עלה ליישבה ולא יכול ובהגוזל קמא (ב"ק דף קי:) פי' בקונט' וזה לשונו תנאי היא איכא למאן דאית ליה סתם עצים להסקה ניתנו ולא חיילא שביעית ואפילו אעצים דמשחן ואיכא דסבר אעצים דמשחן מיהא חיילא והיינו תנאי רבנן סברי סתם פירות לאכילה ניתנו וחיילא עלייהו קדושת שביעית כדאמרי' דאכל דבר שהם וביעורן שוה חיילא הלכך אפילו לקטן למשרה ולכבוסה לא מהניא מחשבה למיהוי כעלי קנים שלקטן לעצים ומשתרו דהכא סתמייהו להכי ולהכי אבל פירות סתמייהו לאכילה ומשעת יצירתן חיילא קדושה עלייהו ותו לא מהניא מחשבה לאפקועי למשרה ולכבוסה דאין נוהגין בקדושת שביעית וגבי עצים נמי סתם עצים להסקה ניתנו ולא חיילא אפילו אעצים דמשחן ור' יוסי סבר לא אמרי' סתם פירות לאכילה ניתנו ומהניא בהו מחשבה כעלי קנים וגפנים והיכא דלקטן למשרה הוי דבר שהנאתו אחר ביעורו ולא חל עליה שביעית:

יצאו משרה וכבוסה שהנאתן אחר ביעורן · שמשעת שריה הפשתן או הבגדים ביין שעה אחת נתבער ואבד והנאתו אינה עד שילבש אותן בגדים כך פי' בקונט' ותימה דבהגוזל קמא (ב"ק דף קא: ושם) קא חשיב מין הלבועין הנאתן וביעורן שוה ומאי טעמא הוה ליה לאחשובי הנאתו אחר ביעורו שביעור בשעת לביעה ולבישה אחר כך ולמאי דבעי למימר' התם יש שבח סממנין על גבי הצמר ניחא דאין זה שייך גבי משרה וכבוסה ובקונטרס פירש שם דמיני לבעים בשעת רתיחת היורה כלה השורש וקולטו הצבע בבגד נמצא הנאתו וביעורו שוה אבל משרה וכבוסה משעה שמטילין פשתן או בגד ביין נתקלקל ונבער והנאתו אינה עד שלשה ימים או ארבעה שיהא הפשתן שרוי:

אין

רבינו חננאל

דתניא נמנו וגמרו באושא אתרוג אחר לקיטה בין למעשר בין לשביעית כבר פירשנו זה הענין כולו בר"ה לפיכך לא הוצרכנו להאריך בכאן. ומקשינן וכי לולב כפרי הוא דמוקמת לה בבן ששית שנכנס לשביעית עץ הוא ועץ אין בו קדושת שביעית דתנן עלי קנים ועלי גפנים שגבבן מן השדה ליקטן לאכילה יש בהן קדושת שביעית לעצים אין בהם משום קדושת[שביעית] ושנינן שאני התם דאמר קרא לכם ואמר קרא לאכלה. כלומר לא ניתנה לכם שביעית אלא לאכילה. ובעינן [לכם] דומיא דלאכילה ודרך המאכל ללעום ולבער המאכל בלעיסתו מתורת אוכל. וכיון שמגיע בחניכיו נהנה חכו מן המאכל בלעיסתו ונתבער אותו הפרי נמצאת הנאתו ועת ביעורו באין כאחד. והוו פי' הנאתו וביעורו שוין וכל דבר שהנאתו וביעורו ביחד קדושה חלה עליו ואף על שאינו נאכל והואשניתן ליהנות ממנו בדרך האכילה ששוה בכל אדם. יצאו העצים שהנאתן אחר ביעורן. כלומר אין הפת נאפת ואין התבשיל מתבשלת אלא אחר שריפת עצים. הנה ביעורן קודם להנאתן. לפיכך אין קדושה חלה על העצים ודחינן והאיכא עצים דמשחן. פי' משחן להתחמם כדכתיב ויכסוהו בבגדים ולא יחם לו ומתרגמינן ולא שחין ליה כלומרשעושין מהן המדורה להתחמם שבעת הדלקתן הוא מתחמם בהן. נמצאת הנאתן ועת ביעורן ביחד ולמה אין קדושת שביעית חלה עליהן. ודחי רבא סתם עצים להסקה הן עומדין. פי' עצים להסיקן תחת תבשילו ועל התנור לאפות בו את הפת עומדים לאפוקי לולב דלאו להסקה עומד והנאתו בעת ביעורו. לפיכך יש בו קדושת שביעית ומשום דהוא בן ששית שנכנס לשביעית שרי לזבני. וסתם עצים להסקה עומדים ואין מותרין בשביעית אלא משום הנאתן אחר ביעורן תנאי היא דתניא אין מוסרין פירות שביעית למשרה ולכבוסה. פי' כגון פירות שמלבנין וכובסין בהן כגון הבורית וכיוצא בהן בשביעית ר' יוסי אומר מאי טעמא דכתיב לכם יהיה לאכלה בעינן לכם

דומיא דלאכלה מה לאכלה בעת הנאתו מתבערין אף לכם בעינן להיות ביעורו בעת הנאתו *) שמתכבסין ומתלבנין אחר ביעורן ונמצאה הנאתן אחר ביעורן ואסור ומן העצים. ור' יוסי מתיר דייק לכם לכל צרכיכם. ואפי' משרה וכבוסה והא דכתיב לאכלה למעטי מלוגמא שאינה צורך הבריאים אלא צורך החולים ותבאת עצים נמי שלכם נפקא ולא בעי דומיא

*) אולי צ"ל להוציא משרה וכבוסה שמתכבסין ומתלבנין כו'.

הגהות הב"ח

(א) גמ' ואמרו אתרוג אחר לקיטה:

עין משפט
נר מצוה

צט א ב מיי' פ"ה מהל' שמיטה הל' י :
ק ג מיי' פ"ז מהלכות שמיטה הלכה ח :
קא ד מיי' שם הל' ו :
קב ה מיי' שם הל' ז :
קג ו מיי' שם הלכה ט ופ"ד מהל' מעשר שני וכ"ר הלכה ו :

מרבה אני את הכבוסה ששוה בכל אדם ומוציא את המלוגמא שאינה שוה לכל אדם מאן תנא להא דת"ר "לאכלה ולא למלוגמא לאכלה ולא לזילוף לאכלה ולא לעשות ממנה אפיקטויזין כמאן כר' יוסי דאי רבנן הא "איכא נמי משרה וכבוסה אמר ר' אלעזר אין שביעית מתחללת אלא דרך מקח ורבי יוחנן אמר "בין דרך מקח בין דרך חילול מ"ט דר' אלעזר דכתיב °בשנת היובל הזאת וגו' וסמיך ליה וכי תמכרו ממכר דרך מקח ולא דרך חילול ורבי יוחנן מ"ט דכתיב כי יובל היא קדש מה קדש בין דרך מקח בין דרך חילול אף שביעית בין דרך מקח בין דרך חילול ורבי יוחנן האי כי תמכרו ממכר מאי עביד ליה מיבעי ליה לכדר' יוסי בר חנינא דתניא *א"ר יוסי בר חנינא בוא וראה כמה קשה אבקה של שביעית וכו' אדם נושא ונותן בפירות שביעית לסוף מוכר את מטלטליו ואת כליו שנאמר בשנת היובל הזאת תשובו איש אל אחוזתו וסמיך ליה וכי תמכרו ממכר לעמיתך וגו' ור' אלעזר האי קרא דר' יוחנן מאי עביד ליה מיבעי ליה לכדתניא °כי יובל היא קדש מה קדש תופס את דמיו אף שביעית תופסת את דמיה תניא כוותיה דר' אלעזר ותניא כוותיה דרבי יוחנן תניא כוותיה דרבי אלעזר *"שביעית תופסת את דמיה שנאמר כי יובל היא קדש תהיה לכם מה קדש תופס את דמיו ואסור אף שביעית תופסת את דמיה ואסורה אי מה קדש תופס דמיו ויוצא לחולין אף שביעית תופסת את דמיה ויוצאת לחולין תלמוד לומר תהיה בהוייתה תהא הא כיצד "לקח בפירות שביעית בשר אלו ואלו מתבערין בשביעית לקח בבשר דגים יצא בשר ונכנסו דגים לקח בדגים יין יצאו דגים ונכנס יין לקח ביין שמן יצא יין ונכנס שמן הא כיצד *אחרון אחרון נכנס בשביעית ופרי עצמו אסור מדקתני לקח לקח אלמא דרך מקח אין דרך חילול לא תניא כוותיה דר' יוחנן אחד שביעית ואחד מעשר שני מתחללין על בהמה חיה ועוף בין חיין בין שחוטין דברי ר' מאיר וחכמים אומרים "על שחוטין מתחללין על חיין אין מתחללין גזירה שמא יגדל מהן עדרים אמר רבא מחלוקת בזכרים

(ויקרא כה) (שם)

תוספות

אין שביעית מתחללת אלא דרך מקח · והא דתניא לעיל (דף לט.) ואם מכר יאמר מעות הללו מחוללין על פירות שיש לי בבית קנסא בעלמא כדפרישית לעיל: אבקה של שביעית · עיקר איסור בעבודת קרקע כגון חרישה וזריעה אבל משא ומתן איטו אלא עשה בעלמא דלאכלה ולא לסחורה ועונש זה מפרש בפרק קמא דקדושין (דף כ.) לסוף מוכר את מטלטליו ואת ביתו ואת עצמו בעון משא ומתן בא לו מדה כנגד מדה : על חיין אין מתחללין · במעשר שני חוץ לירושלים איירי דבירושלים מותר לקנות ממנו בהמה לזבחי שלמים כדמוכח פרק קמא דמעשר שני ועוד מדדייק בסמוך דאי לא תימא הכי מעשר מעשר ממש והא כתיב וצרת הכסף בידך כלומר היאך מתחלל על בהמה חיה ועוף אלא מאי מעשר דמי מעשר משמע בהדיא דאיירי חוץ לירושלים מדמייתי עלה קרא דוצרת הכסף ואפי' לכתחלה שרי ר"מ לחלל כדקתני בהדיא בתוספתא דשביעית אחד שביעית ואחד מעשר שני מחללין אותו על חיה ועוף ועל בהמה בעלת מום דברי רבי מאיר וחכמים אומרים לא אמרו אלא שחוטין ומחללין לכתחלה משמע והא דנקט הכא מתחללין דמשמע דיעבד כדאמר בריש הזהב (ב"מ דף מה:) *מתחללין ואין מתחללין מיבעי ליה משום רבותא דרבנן נקט לה דאפילו דיעבד אין מתחללין על חיין ותימה דבריש הזהב (שם דף מד:) משמע בין לב"ש בין לב"ה דמיבעא אפירא לא מחללין גבי פלוגתא דלא יעשה אדם סלעים דינרי זהב וי"ל דהכא מיירי ע"מ להעלותו ולאוכלו בירושלים ופלוגתא היא בירושלמי פ"ק דמעשר שני יש שאוסר אפילו על מנת להעלותו ומוקי פלוגתא דר' מאיר ורבנן דהכא בדמאי ותימה דמשום גזירה דרבנן דשמא יגדל מהם עדרים לא הוה לן למימר אין מתחללים דיעבד כדמשמע בריש הזהב גבי פלוגתא דלא יעשה אדם סלעים דינרי זהב דפריך בשלמא להך לישנא דאמרת מדאורייתא משרא שרי ורבנן הוא דגזרו בהו שמא ישהה עליוסיו היינו דקתני יעשה ולא יעשה אלא להך לישנא דאמרת מדאוריי' פליגי מתחללין ולא מתחללין מיבעי ליה משמע דמשום גזרה דרבנן לא אמרינן אין מתחללין דיעבד וי"ל דאין מתחללין דהכא היינו שיחזרו דמים למקומן כדאשכחן דכוותיה בפ' האיש מקדש (קדושין נו.) : שמא יגדל מהם עדרים . פרק האיש מקדש (קדושין דף נה: ושם) דתניא אין לוקחין בהמה במעות מעשר שני פירש שם בקונטרס שמא תכחיש ולא היה לו לפרש כן אלא כדמפרש טעמא הכא שמא יגדל עדרים ואפילו ר"מ לא פליג אלא בזכרים אבל בנקבות לא כדקאמרינן הכא ומפרש בירושלמי דבזכרים פליגי אי גזרי' זכרים אטו נקבות ותימה דרבנן דהתם דאמרי ואם לקח בשוגג יחזרו דמים למקומם במזיד תעלה ותאכל במקום וי"ל דאיירי כמו שמפרש ר' יהודה התם בד"א במתכוין ולקחו מתחלתו לשם שלמים [א]היינו נקבה כדאיתא בבילה (דף כ.) דאז לא גזרינן דיעבד שמא יגדל ולאו דווקא לקחו לשם שלמים דאפי' בסתם נמי כיון שהם תמימין דהא לא ממעט אלא דווקא מתכוין להוציא מעות מעשר שני לחולין אבל בעלי מומין קתני רבי יהודה בסיפא בתוספתא בין בשוגג בין במזיד יחזרו דמים למקומן וטלה ברייתא דקדושין רבי יהודה היא דאפילו

רש"י

מרבה אני את הכבוסה ששוה בכל אדם · שהכל צריכין לה כמו אכילה ששוה בכל אדם : מלוגמא שאינה שוה בכל אדם · שאין הכל חולין : ולא זולף · יין שמזלפין בבית לריח טוב : אפיקטויזין · להקיא והוא בנוטריקון אפיק טפי זין מזון האוכל יותר מדאי מוציא ומקיא : כמאן כר' יוסי · דלא ממעט אלא הנאה שאינה שוה בכל והאך נמי אינם אלא לצורך חולי ואסטניס והייט תנאי דלעיל דלרבנן לא נהגא שביעית אלא בדבר שהנאתו וביעורו שוה דדרשינן ליה נמי הכי והיתה שבת הארץ טוהגת בדבר שהוא לכם דומיא דלאכלה שהנאתו וביעורו שוה ולא בעצים ורבי יוסי דריש הכי והיתה שבת הארץ נוהגת כולו שהנאתו שוה בכל אדם ואפילו עצים להסקה : אין שביעית מתחללת · לתפוס דמיה בקדושתה אלא דרך מקח שמוכרה זה לחבירו אבל לא ע"י חילול לומר הרי פירות הללו מחוללין על מעות הללו כדרך שפודין הקדשות : בשנת היובל · שביעית ויובל חדא היא : וסמיך ליה וכי תמכרו ממכר · ודרשינן סמוכין למימרא דלא שייך בפירות לתפוס קדושת הדמים אלא ע"י ממכר : קודש מתחלל בין דרך מקח בין דרך חילול · דכתיב (ויקרא כז) ופדה בערכך ויסף חמישיתו עליו הרי חילול ואם לא יגאל ונמכר בערכך (שם) הרי מקח : ורבי יוחנן · הך דרשה דסמוכין דסמיך וכי תמכרו ליובל מאי דריש ביה : דרבי יוסי בר חנינא . במסכת ערכין (דף ל:) ארוכה היא מאד וכאן לא נכתבה כולה בספרים כמה קשה אבקה של שביעית מידי דלא הוי עיקר האיסור תלוי בו קרי אבק וכן אבק רבית וכן אבק לשון הרע שאינו לשון הרע גמור אלא צד לשון הרע כמו אבק העולה מדבר הנכתש במכתשת: אדם נושא ונותן בפירות שביעית · לסחורה דהיינו אבק שביעית דעיקר איסור שביעית לא תזרע לא תזמור וזהו איסור קל שבה : לסוף מוכר את מטלטליו ואת כליו · מחמת עניות: שנאמר בשנת היובל הזאת וסמיך ליה וכי תמכרו ממכר · ודרשינן סמוכין שבשביל עונשה של שביעית תבא לידי כך : קודש תופס את דמיו · פדיה כתיב ביה שזה יוצא וזה נכנס תחתיו יוצא הקדש לחולין ונכנסין הדמים תחתיו דהיינו ופדה והייט נמכר דכל מכירה יוצאה מכחו של זה ובא לזה והדמים נכנסין לרשות המוכר : בהוייתה תהא · בקדושתה : מתבערין בשביעית · בתוך זמן הביעור : יצא בשר · שהדמים יוצאין לחולין ע"י פדיה בדמים של קודש דלא כתיב תהיה אלא בפירות עצמן : ופרי עצמו · פרי הראשון אסור לנהוג בעצמו חול אלא קדושת שביעית עליו : מתחללין · משמע דרך חילול בפדיה ולא במקח וממכר : שמא יגדל מהם · ישהם אצלו לגדל וולדות ונמצא משהה מעשרותיו והתורה אמרה (דברים יד) שנה שנה ואכלת ואם שהה ראשונה ושניה חייב בשלישית לבער כל מעשרותיו בסוף שנה שלישית מן הבית ולהתוודות וגבי שביעית נהגה מהן להתעשר והתורה אמרה(א)ולא לסחורה אלא להפקיר ולבער בשביעית עד שלא תכלה לחיה מן השדה הוא זמן ביעור לפירות ולדמיהן : בזכרים

קדושין כ. ערכין ל: [תוספ' דערכין פ"ה]

הגהות הב"ח
(א) רש"י ד"ה שמא יגדל וכו' והתורה אמרה לאכלה ולא לסחורה :

קדושין נח. פ"ז נד:

[שביעית פ"ח מ"ז קידושין נח. פ"ז נד: בכורות ט.]

הגהות מהר"ב רנשבורג
[א] תוס' ד"ה שמא כו' הייט נקבה כדאיתא בבילה דף כ. נ"ב אין לזה מובן ובכ"מ דפוס ויניציא ובאסיליאה איננו :

[פ"א דלפניט איתא מחללין ולא מחללין מיבעי ליה]

רבינו חננאל

דומיא דלאכלה להיות דרך הנאתו וביעורו שוה א"ר אלעזר אין שביעית מתחללת אלא דרך מקח ממש מתחללת בלא כלום אונאה [שנאמר בשנת היובל הזאת וגו' וסמיך ליה וכי תמכרו ממכר ש"מ דקדושת יובל בעינא מקח וממכר ממש] ור' יוחנן אמר בין דרך מקח בין דרך חילול . כלומר אפי' אם יאמר הללו פירות שביעית יהו מחוללין על מעות הללו. הרי אלו מחוללין מ"ט דכתיב כי יובל היא קדש וגו' כקדש מה קדש אפי' דרך חילול אף שביעית כמותן ור' אלעזר האי מיבעי ליה לכדתניא כי יובל היא וגו'. (או) מה קדש תופס את דמיו ונעשו אותן דמים קדש אף שביעית תופסת דמיה . ותניא כוותיה כי יובל היא וגו' . אי מה קודש תופס את דמיו ויוצא הקדש לחולין אף שביעית תופסת דמיה ויוצאין הפירות לחולין . ת"ל תהיהכל תבואתה לאכול בהווייתה תהא לעולם. כיצד לקח בפירות שביעית בשר הבשר והפירות מתבערין בעיו"ם הראשון של פסח בשנה השביעית . ומפורש בפרק אחרון דמעשר שני לקח בבשר דגים יצא בשר נכנסו דגים לקח ברגים כו' . הא כיצד אחרון אחרון נתפס . כלומר לקח בבשר דגים ובדגים יין וביין שמן השמן נתפס לבדו שהוא אחרון והבשר והדגים והיין יצא לחולין ופירות שביעית עצמן אע"פ שנתפסו הדמים הפירות לא יצאו לחולין אלא הרי הן בקדושת שביעית ודייקינן מדקתני ברייתא בכל אחד מהן הבשר והדגים וביין ובשמן לקח בכל אחד ש"מ דרך מקח אין דרך חילול לא : תניא כר' יוחנן אחד שביעית ואחר מעשר שני מתחללין על בהמה חיה ועוף בין חיים בין שחוטין דברי ר' מאיר וחכ"א על שחוטין מתחללין על חיים אין מתחללין גזירה שמא יגדל מהן עדרים: הא דתני ר' יוסי בוא וראה כמה קשה אבקה של שביעית מפורש בקדושין פ"א חו השמועה עדיין צריכה עיון ואסיקנא

§ מסכת סוכה דף מ: §

אות א׳ – ב׳

לאכלה ולא למלוגמא, לאכלה ולא לזילוף, לאכלה ולא לעשות ממנה אפיקטויזין

איכא נמי משרה וכבוסה

רמב"ם פ"ה מהל' שמיטה ה"י - מיני כבוסים כגון בורית ואהל, קדושת שביעית חלה עליהן ומכבסין בהן, שנאמר: והיתה שבת הארץ לכם לכל צרכיכם; אבל אין מכבסין בפירות שביעית ואין עושין מהם מלוגמא, שנאמר: והיתה שבת הארץ לכם לאכלה, ולא למלוגמא ולא לזילוף ולא להקיא ולא למשרה ולא לכביסה.

אות ג׳

בין דרך מקח בין דרך חילול

רמב"ם פ"ו מהל' שמיטה ה"ח - [א]אין שביעית מתחללת אלא על דרך מקח; בד"א בפרי ראשון, אבל בפרי שני מתחלל בין דרך מקח בין דרך חילול.

אות ד׳

שביעית תופסת את דמיה

רמב"ם פ"ו מהל' שמיטה ה"ו - חומר בשביעית מבהקדש, שהפודה את ההקדש יצא הקדש לחולין ויתפשו הדמים תחתיו; והשביעית אינה כן, אלא המוכר פירות שביעית יתפשו הדמים ויעשו כפירות שביעית, והפירות עצמן לא נתחללו ונעשו כפירות שאר שנים, שנאמר בה: תהיה, בהוייתה תהא לעולם; ולפי שנקראת קדש תופשת דמיה; נמצאת אומר האחרון נתפש בשביעית, והפרי עצמו הוא כמו שהיה.

אות ה׳

לקח בפירות שביעית בשר, אלו ואלו מתבערין בשביעית; לקח בבשר דגים, יצא בשר ונכנסו דגים; לקח בדגים יין, יצאו דגים ונכנס יין; לקח ביין שמן, יצא יין ונכנס שמן; הא כיצד, אחרון אחרון נכנס בשביעית, ופרי עצמו אסור

רמב"ם פ"ו מהל' שמיטה ה"ז - כיצד לקח בפירות שביעית או בדמיהן בשר, נעשה הבשר כאותן הפירות ואוכלו כפירות שביעית, וצריך לבער אותן בשעת ביעור השביעית; לקח באותו בשר או בדמיו דגים, יצא הבשר ונתפשו הדגים; לקח בדגים או בדמיהן שמן, יצאו דגים ונתפש שמן; לקח בשמן או בדמיו דבש, יצא שמן ונתפש דבש; וצריך לבער הפירות הראשונות עם הדבש האחרון, כדרך שמבערין פירות שביעית, ואין עושין משניהם מלוגמא, ולא מפסידין אותן כשאר פירות שביעית.

אות ו׳

על שחוטין מתחללין, על חיין אין מתחללין, גזירה שמא יגדל מהן עדרים

רמב"ם פ"ו מהל' שמיטה ה"ט - וכשמחללין פרי הנלקח שנית, אין מחללין אותו על בהמה חיה ועוף חיים, שמא יניחם ויגדל מהם עדרים, ואצ"ל שביעית עצמה; אבל מחללין אותן הפירות על השחוטים.

רמב"ם פ"ד מהל' מעשר שני ונטע רבעי ה"ו - אין מחללין מעות מעשר על הפירות, ואם חילל, יעלו הפירות ויאכלו בירושלים; ולא יחללם על בהמה חיה ועוף חיין, ואם חילל, לא קנה מעשר, שמא יגדל מהם עדרים עדרים; אבל אם חילל על שחוטים, הרי הן כשאר הפירות, ויעלו ויאכלו בירושלים ויצאו המעות לחולין.

באר הגולה

א ‹אסיק רב אשי (דף מ"א) מחלוקת בפרי שני, אבל בפרי ראשון דברי הכל דרך מקח אין, דרך חילול לא, ופסק כרבי יוחנן – כסף משנה›

§ מסכת סוכה דף מא. §

אות א'

מחלוקת בפרי שני, אבל בפרי ראשון, דברי הכל דרך מקח אין, דרך חילול לא

רמב"ם פ"ז מהל' שמיטה ה"ח - **אין שביעית מתחללת אלא על דרך מקח; בד"א בפרי ראשון, אבל בפרי שני מתחלל בין דרך מקח בין דרך חילול.**

אות ב'

בראשונה היה לולב ניטל במקדש שבעה, ובמדינה יום אחד

רמב"ם פ"ז מהל' לולב הי"ג - **מצות לולב להנטל ביום הראשון של חג בלבד, בכל מקום ובכל זמן ואפילו בשבת, שנאמר: ולקחתם לכם ביום הראשון; ובמקדש לבדו נוטלין אותו בכל יום ויום משבעת ימי החג, שנאמר: ושמחתם לפני ה' אלהיכם שבעת ימים; [א]חל יום השבת להיות בתוך ימי החג, אינו ניטל בשבת, גזרה שמא יוליכנו בידו ארבע אמות ברשות הרבים, כמו שגזרו בשופר.**

אות ג'

משחרב בית המקדש התקין רבן יוחנן בן זכאי שיהא לולב ניטל במדינה שבעה, זכר למקדש

רמב"ם פ"ז מהל' לולב הט"ו - **משחרב בית המקדש התקינו שיהיה לולב ניטל בכל מקום כל שבעת ימי החג זכר למקדש; וכל יום ויום מברך עליו: אשר קדשנו במצותיו וצונו על נטילת לולב, מפני שהיא מצוה מדברי סופרים; ותקנה זו עם כל התקנות שהתקין רבן יוחנן בן זכאי משחרב בית המקדש, כשיבנה בית המקדש יחזרו הדברים לישנן.**

אות ד'

ושיהא יום הנף כולו אסור

סימן תפט ס"י - אסור לאכול חדש - היינו תבואה שנשרשה אחר ט"ז בניסן, שהוא זמן הקרבת העומר, דאם נשרשה קודם העומר, העומר מתירה, **ושייך** רק בחמשת המינים, חטים ושעורים וכוסמין ושבולת שועל ושיפון.

אף בזמן הזה - מדכתיב: ולחם וקלי וכרמל לא תאכלו עד עצם היום הזה וגו' בכל מושבותיכם, משמע מזה דאף בחוץ לארץ נוהג איסור עד עצם היום, דהיינו יום הבאת קרבן, שהוא ט"ז בניסן, ומשום ספיקא דיומא מחמרינן עוד על יום אחד.

בין לחם, בין קלי - גרעינים של חמשת המינים הנ"ל הקלויין באור,

בין כרמל - היינו שנתמולל ביד, ולא הובהב באור, [**ובספר** החינוך פי', דהיינו תבואה קלויה בשבלים].

עד תחלת ליל י"ח בניסן, ובארץ ישראל, עד תחלת ליל י"ז בניסן - דשם אינו אלא יום אחד, והא דמחמרינן כל יום ט"ז, משום דכתיב: עד עצם היום הזה, וקי"ל דעד ועד בכלל.

יו"ד סי' רצג ס"א - **אסור לאכול חדש מתבואת חמשת המינים עד שיקרב העומר שהוא בט"ז בניסן, שנאמר: [ב]ולחם וקלי וכרמל לא תאכלו עד עצם היום הזה. והאידנא דליכא עומר, אסור כל יום ט"ז; ובחו"ל שעושין ב' ימים, אסור כל יום י"ז עד תחלת ליל י"ח.**

אות ה' – ו'

הרחוקים מותרין מחצות היום ולהלן, לפי שאין בית דין מתעצלים בו

רמב"ם פ"י מהל' מאכלות אסורות ה"ב - **החדש כיצד, כל אחד מחמשה מיני תבואה בלבד אסור לאכול מהחדש שלו קודם שיקרב העומר בט"ז בניסן, שנאמר: ולחם וקלי וכרמל לא תאכלו; וכל האוכל כזית חדש קודם הקרבת העומר, לוקה מן התורה בכל מקום ובכל זמן, בין בארץ בין בחוצה לארץ, בין בפני הבית בין שלא בפני הבית; אלא שבזמן שיש מקדש משיקרב העומר הותר החדש בירושלים; והמקומות הרחוקין מותרין אחר חצות, שאין בית דין מתעצלין בו עד אחר חצות; ובזמן שאין בית המקדש, כל היום כולו אסור מן התורה; ובזמן הזה במקומות שעושין שני ימים טובים, החדש אסור כל יום י"ז בניסן עד לערב מדברי סופרים.**

באר הגולה

[א] ‹כפ' לולב וערבה (דף מ"ב מ"ג) יום טוב הראשון שחל להיות בשבת, לולב שבעה, ושאר כל הימים ששה, **והקשו** בגמרא ושאר כל הימים ששה אמאי טלטול בעלמא הוא ולידחי שבת, **ותירץ** רבה גזרה שמא ילך אצל בקי ללמוד ויעבירנו ארבע אמות ברה"ר, **והקשו**, אי הכי ראשון נמי לא לידחי, **ותירצו** ראשון דאית ליה עיקר מן התורה בגבולין לא גזרו ביה רבנן, הנך דלית להו עיקר מן התורה גזרו בהו רבנן, פי' אפילו במקדש, **והקשו** אי הכי לדידן נמי לידחו ראשון, **ותירצו** לא ידעינן בקיבוע דירחא, **והקשו** אינהו דידעי בקיבוע דירחא לידחו, **ותירצו** כיון דאנן לא דחינן אינהו נמי לא דחו, **ונתבארו** כל דברי רבינו – מגיד משנה›

[ב] ‹ולכאורה חלק זה של הפסוק שייך להאידנא, ולזמן המקדש היה צריך להביא סוף הפסוק "עד הביאכם"›

לולב הגזול פרק שלישי סוכה מא

תורה אור

בזכרים אבל בנקבות דברי הכל על שחוטין מתחללין על חיין אין מתחללין גזרה שמא יגדל מהן עדרים אמר רב אשי מחלוקת בפרי ראשון אבל בפרי שני דברי הכל בין דרך מקח בין דרך חילול והא דקתני לקח לקח איידי דתנא רישא לקח תנא נמי סיפא לקח איתיביה רבינא לרב אשי מי שיש לו סלע של שביעית וביקש ליקח בו חלוק כיצד יעשה ילך אצל חנווני הרגיל אצלו ואומר לו תן לי בסלע פירות ונותן לו וחוזר ואומר לו הרי פירות הללו נתונים לך במתנה והוא אומר לו הא לך סלע זו במתנה והלה לוקח בהן מה שירצה והא הכא דפרי שני הוא וקתני דרך מקח אין דרך חילול לא אלא א"ר אשי אמחלוקת בפרי שני אבל בפרי ראשון ד"ה דרך מקח אין דרך חילול לא והא דקתני אחד שביעית ואחד מעשר שני מאי שביעית דמי שביעית דאי לא תימא הכי מעשר מעשר ממש והא כתיב (דברים יד) °וצרת הכסף בידך אלא דמי מעשר הכא נמי דמי שביעית: **מתני'** *בבראשונה היה לולב ניטל במקדש שבעה ובמדינה יום אחד גמשחרב בית המקדש התקין רבן יוחנן בן זכאי שיהא לולב ניטל במדינה שבעה זכר למקדש דושיהא יום הנף כולו אסור: **גמ'** *מנא לן דעבדינן זכר למקדש א"ר יוחנן דאמר קרא (ירמיה ל) °כי אעלה ארוכה לך וממכותיך ארפאך נאם ה' כי נדחה קראו לך ציון היא דורש אין לה דורש אין לה מכלל דבעיא דרישה: ושיהא יום הנף: מ"ט *מהרה יבנה בית המקדש ויאמרו אשתקד מי לא אכלנו בהאיר מזרח השתא נמי ניכול ואינהו לא ידעי דאשתקד דלא הוה בית המקדש האיר מזרח התיר השתא דאיכא בית המקדש עומר מתיר דאיבני אימת אילימא דאיבני בשיתסר הרי התיר האיר מזרח אלא דאיבני בחמיסר מחצות היום ולהלן תשתרי דהא תנן *ההרחוקים מותרין מחצות היום ולהלן לפי שאין ב"ד מתעצלים בו לא צריכא דאיבני בליליא אי נמי סמוך לשקיעת החמה (אמר) רב נחמן בר יצחק אמר רבן יוחנן בן זכאי בשיטת ר' יהודה אמר' דאמר ומןהתורה הוא אסור דכתיב

עד

רש"י

בזכרים · שאין מגדלים מהם וולדות ואפ"ה גזרו רבנן אטו נקבות: **אמר רב אשי מחלוקת** · דרבי אלעזר ורבי יוחנן: **בפרי ראשון** · בפירות שביעית הוא דא"ר אלעזר דרך חילול לא משום דדריש סמוכין: **פרי שני** · דמי שביעית: **והא דתניא**. בברייתא דמסייע ליה: **לקח לקח** · בכולהו בין בפרי ראשון בין בדמיו דקתני לקח בבשר יין ולא קתני חילל בשר ביין: **איידי דתני רישא לקח** · דאיירי בפרי עצמו: **וביקש לו ליקח חלוק** · ואינו יכול דהתורה אמרה לאכלה בתוך הזמן (א) ולא לסחורה וזה מתקיים לשנה הבאה: **הרגיל אצלו** · שמתוך כך יעשה לו חפצו: **וחוזר ואומר לו** · לחנוני: **הרי פירות הללו** · שמכרת לי שהיו של חולין ונכנסו לקדושת שביעית נתונים לך במתנה ואוכל אותם בשביעית והחנווני אומר לו ואני נותן לך סלע חולין זה שילא לחולין במתנה ובא ולוקח מאותו סלע כל מה שירצה והחנווני יאכל הפירות בתורת שביעית: **והא הכא** · דהא סלע פרי שני הוא דמי שביעית וקתני דצריך לילך אצל חנווני ולהוציאו לחולין דרך מקח וממכר אלמא בפרי שני נמי איכא מאן דפליג דאי הוי שני בדרך חילול למה ילך אצל חנווני יקח פירות חולין שיש לו בביתו שוה סלע ויחללנו עליהם ויאכלם בתורת שביעית: **אלא** · אי אתמר דרב אשי הכי אתמר: **מחלוקת בפרי שני** · בהא הוא דאיכא למאן דשרי דרך חילול אבל פרי ראשון כו': **והא דקתני** · בברייתא דמסייע לר' יוחנן אחת שביעית ואחת מעשרות מתחללין אלמא שביעית עצמה דרך חילול: **מעשר מעשר ממש** · בתמיה וכי יש לומר שהמעשר עצמו יתחלל על בהמה חיה ועוף: **והכתיב** · ונתתה בכסף וצרת דאין מתחלל אלא על המטבע דבר שיש עליו צורה: **מתני' במקדש שבעה** · כדדרשינן בת"כ ושמחתם לפני ה' אלהיכם שבעת ימים (ויקרא כג) ולא בגבולין ז' ימים: **במדינה** · בירושלים שאף הוא כגבולים: **ושיהא יום הנף** · של עומר דהיינו ט"ז בניסן כולו אסור בחדש ובעוד המקדש קיים משקרב העומר היו אוכלין חדש בו ביום כדכתיב (שם) עד הביאכם וכשחרב הבית מותר מן התורה משהאיר המזרח כדאמר במנחות (דף סח.) כתוב אחד אומר עד עצם היום הזה דהיינו האיר המזרח וכתוב אחד אומר עד הביאכם הא כיצד בזמן דאיכא עומר עד הביאכם ובזמן דליכא עומר עד עצם ואסר רבן יוחנן בן זכאי עליהם כל היום כדמפרש טעמא בגמרא: **גמ' מהרה יבנה בית המקדש** · ויחזור דבר לאיסורו דהשתא קריגא ביה עד הביאכם ואי הוו נהיגי בחורבנו לאכול בהאיר מזרח כדין תורה אתיא למיכל נמי בבנייני ויאמרו אשתקד מי לא אכלנו כו': **דאיבני אימת** · הך חששא דחיישינן למהרה יבנה אימת הגמור המלאכה דאיכא למיחש לאיסור חדש כל היום דאצטריך לרבן יוחנן בן זכאי למיסר השתא כל היום משום סירכא דההוא יומא: **אי נימא דאיבני בשיתסר** · שלא נבנה עד יום ט"ז עצמו: **הרי התיר האיר המזרח** · ושפיר קאכלי דהואיל דהאיר המזרח ואין מקדש בנוי אשתרי ליה בחדש: **אלא דאיבני בחמיסר** · או קודם לכן דכי מטא שיתסר לא התיר האיר המזרח שהרי המקדש בנוי הלכך אכלי איסורא וגזר ריב"ז השתא משום ההוא יומא: **מחצות היום ולהלן נשתרי** · השתא דאי נמי אכלי ההוא יומא מחצות היום ולהלן כסירכא דמעיקרא נכלי וליכא איסורא דודאי קרב העומר: **דתנן** · במסכת מנחות (שם): **הרחוקים** · מירושלים לא היו רואין ולא היו שומעין שעת הקרבת העומר: **מותרין** · בחדש: **מחצות היום ולהלן** · לפי שיודעים שאין ב"ד מתעצלים בו מלהקריבו קודם חצות: **לא צריכא דאיבני בליליא** · כלומר לשמא יבנה בליליא חיש ולא יהו פנויים לקצור העומר עד סמוך ליום ויש טורח הרבה בעומר שהיו מייבשין אותו *באבוס של קלאים וכוברין אותו שיזובו מימיו וטוחנין אותו ברחים של גרוסות ומניפין אותו בי"ג נפה בגסה בדקה כדאמרינן התם וזה שלא יוכלו להתעסק בו מתחילת לילה לא יספיקו להקריבו למחר קודם חצות: **אי נמי** · דאיבני בחמיסר סמוך לשקיעת החמה והיא היא ואי קשיא דבלילה אינו נבנה דקי"ל בשבועות (דף טו:) דאין בנין בית המקדש בלילה דכתיב וביום הקים ולא בחמיסר שהוא י"ט דקי"ל בשבועות (שם) דאין בנין ב"ה דוחה י"ט ה"מ בנין הבנוי בידי אדם אבל מקדש העתיד שלנו מלפין בנוי ומשוכלל הוא יגלה ויבא משמים שנא' (שמות טו) מקדש ה' כוננו ידיך: **בשיטת ר' יהודה** · אותה שיטה שהיה ר' יהודה שהיה מתלמידי תלמידיו דורש אחריו דרש גם הוא בימיו:

עד

תוספות

דאפילו למ"ד פרק זה בורר (סנהדרין דף כה: ושם) אימתי דרבי יהודה לפרש ובמה לחלוק היינו דומיא דבמה לחלוק ומ"מ דומיא נמי היינו לפרש והא דאמרינן בהגוזל קמא (ב"ק דף לז: ושם) גבי מעות מעשר שני מעות של בבל והם בבבל למאי חזו ומשני דחבין ביה בהמה ומסיק לה התם היינו כרבי מאיר דשרי אפילו לכתחילה אי נמי אפילו כרבנן והתם דלא אפשר בענין אחר ולפי מה שפי' דר' מאיר שרי אפי' לכתחילה לא יתכן מה שפירש בקונטרס פרק הזהב (ב"מ דף נה:) דגבי דמאי מחללין אותו כסף על נחשת נחשת על הפירות ויחזור ויפדה את הפירות דדוקא כך צריך לעשות ולא מעלם לירושלים והכא אשכחן דשרי ר"מ דמאי לחלל על הפירות לכתחילה ובלבד שיעלו ויאכלו במקום דהכי עדיף מליחזור ויפדה את הפירות:

פירות הללו נתונים לך במתנה · בהדיא קתני בירושלמי דשביעית בסוף פרק שמיני והחנווני אומר לו הרי סלע נתון לך במתנה ובענין אחר לא שני ודייק דדרך חילול אינו מדלא חילל החנווני לכתחילה סלע של בעל הבית על פירותיו שלא כדרך מקח וממכר:

ושיהא יום הנף כולו אסור · הרבה תקנות תיקן רבן יוחנן בן זכאי אלא הנך תרתי תיקן יחד להכי תני הכא יום הנף אגב גררא ותימה דבמנחות פרק רבי ישמעאל (דף סח.) לא תני הנך דלולב אגב ההוא דיום הנף ובפרק בתרא דר"ה (דף ל.) תניא הנך תרתי ועוד תקנות טובא דתקון:

דאשתקד לא הוה בית המקדש האיר המזרח הוא מתיר · ואפילו לרבי יהושע דאמר שמעתי שמקריבין אף על פי שאין בית בפ"ק דמגילה (דף י.) הני מילי כשיש מזבח בנוי אבל בלא מזבח לא כדמוכח בזבחים פרק קדשי קדשים (דף ס. ושם) דמזבח שנפגם כל הקדשים שנשחטו שם פסולים ואין אוכלים בגינו שירי מנחה ולא קדשי קדשים ואפילו קדשים קלים:

אי נמי סמוך לשקיעת החמה דחמיסר · שלא יוכלו להתעסק בעומר בתחילת לילה ולא יספיקו להקריב קודם חצות למחר וי"מ דמיירי בערב י"ט סמוך לשקיעת החמה ולא יכול לבקר בי"ט מהיכן יקצרו את העומר והיכן מגלות וקופות ושלש עשרה נפה וכלי שרת דברים הצריכין לעומר כדתנן במנחות פ' ר' ישמעאל (דף סו.) דאי סמוך לשקיעת החמה דחמיסר קאמר שהוא י"ט הא אין בנין בית המקדש דוחה י"ט כדאיתא פרק שני דשבועות (דף טו:) ולאו פירכא היא דתיקשי לן הא דקאמרינן לא צריכא דאיבני בליליא הא נמי אמרינן התם דאין בנין בהמ"ק בלילה שנאמר וביום הקים את המשכן ביום מקימין אותו ובלילה אין מקימין אותו אלא על כרחיך צריך לחלק כמו שפירש בקונטרס דהני מילי בנין הבנוי בידי אדם אבל מקדש העתיד בנוי ומשוכלל יגלה ויבא מן השמים שנא' מקדש ה' כוננו ידיך:

ולקחתם

עין משפט נר מצוה

קד א מיי' פ"ו מהלכות שמיטה הלכה ח :

קה ב מיי' פ"ז מהלכות לולב הלכה יג סמג עשין מד :

קו ג מיי' שם הל' טו :

קז ד מיי' פ"י מהלכות אסורות הלכה ב סמג לאוין קמב טוש"ע א"ח סי' תפט סעיף י טוש"ע י"ד סי' רצג סעיף א :

קח ה ו מיי' שם הל' ב:

רבינו חננאל

ואסיקנא דמחלוקת ר' יוחנן ור' אלעזר בדמי פירות שביעית שהן פרי שני ושמעינן לה מהא דתניא מי שיש לו סלע של שביעית פי' סלע שלקחה בדמי פירות שביעית וביקש ליקח בה חלוק כיצד עושה הולך אצל חנוני הרגיל אצלו ואומר לו תן לי בסלע זו פירות ונותן לו וחוזר ואומר לו הרי פירות הללו שקניתי ממך נתונין לך במתנה והחנוני אומר הרי סלע זו נתונה לך במתנה. והלה אומר הרי פירות הללו מחוללין על פירות שיש לי בביתי ולוקח בסלע זו מה שירצה הנה הסלע של שביעית כמו פרי שני וקתני דרך מקח אין דרך חילול לא כמאן כר' אלעזר. אלא אם תאמר מחלוקת בפרי ראשון אבל בפרי שני דברי הכל אפי' בדרך חלול הוא. לא כר' יוחנן ולא כר' אלעזר אלא ש"מ מחלוקת בפרי שני ואי קשיא לך הא דתניא אחד שביעית ואחד מעשר שני מתחללין מאי שביעית דמי שביעית הן מדקתני מעשר שני בהדיה וכי מעשר שני מתחלל בבהמה והלא אינו מתחלל אלא בכסף שיש עליו צורה אלא בדמי מעשר שני [הכא] נמי בדמי שביעית :

פיסקא משחרב בית המקדש התקין ריב"ז שיהא לולב ניטל כל שבעה במדינה זכר למקדש שנאמר דורש אין לה מכלל דבעיא דרישה ושיהא יום הנף כולו אסור לאכול החדש כבר פירשנוה במסכת ר"ה הלוקות ר' יהודה על ריב"ז במסכת מנחות ואסיקנא לריב"ז אסור לאכול החדש בי"ו בניסן היום כולו. והאידנא לא אכלינן אלא באורתא דשיבסר נגהי תמניסר ומאי התקין דקתני במתני' דרש המקרא והתקין :

מסורת הש"ס

[ר"ה ל.]

[שם ע"ש]

[מנחות סח:]

ערכין לב: ר"ה ל. מנחות סח.

רש"ל מ"ז

[באבוס של קלאים רש"ל]

הגהות הב"ח

(א) רש"י ד"ה וביקש לו וכו' בתוך הזמן וזה כצ"ל ותיבת ולא לסחורה נמחק:

עין משפט נר מצוה

קט א מיי' פ"ב מהל' שגגות הלכה י:
קי ב מיי' פ"ח מהלכות לולב הלכה י סמג עשין מד טוש"ע א"ח סי' תרנח סעיף ג:
קיא ג ד מיי' שם טוש"ע שם סעיף ד:
[נ"ל דתנן]
קיב ה מיי' פ"ה מהל' תפלה הלכה ה סמג עשין יט טוש"ע א"ח סי' צו סעיף א:
קיג ו מיי' פ"ד מהל' תפלין הלכה יז סמג עשין כב טוש"ע א"ח סי' מג סעיף א:
קיד ז מיי' שם הל' טו סמג שם טוש"ע א"ח סי' מד:
קטו ח מיי' פ"ה מהל' תפלה הלכה ה סמג שם טוש"ע א"ח סי' צו סעיף א:
קטז ט מיי' שם ופ"ז מהל' לולב הל' כד סמג שם ועשין מד טוש"ע שם וסי' תרנב סעיף א בהג"ה:

°עד עצם היום הזה עד עיצומו של יום וקסבר *עד ועד בכלל ומי סבר ליה כוותיה והא מפליג פליג עליה (*דתניא) *משחרב בית המקדש התקין רבן יוחנן בן זכאי שיהא יום הנף כולו אסור אמר לו רבי יהודה והלא מן התורה הוא אסור דכתיב עד עצם היום הזה עד עיצומו של יום רבי יהודה הוא דקא טעי הוא סבר מדרבנן קאמר ולא היא מדאורייתא קאמר והא התקין קאמר מאי התקין דרש והתקין: **מתני'** י"ט הראשון של חג שחל להיות בשבת כל העם מוליכין את לולביהן לבית *הכנסת למחרת משכימין ובאין כל אחד ואחד מכיר את שלו ונוטלו מפני שאמרו חכמים אין אדם יוצא ידי חובתו ביום טוב הראשון בלולבו של חבירו ושאר ימות החג אדם יוצא ידי חובתו בלולבו של חבירו רבי יוסי אומר *איום טוב הראשון של חג שחל להיות בשבת ושכח והוציא את הלולב לרשות הרבים פטור מפני שהוציאו ברשות: **גמ'** מנה"מ דת"ר *°ולקחתם שתהא לקיחה ביד כל אחד ואחד *לכם בmשלכם להוציא את השאול ואת הגזול מכאן אמרו חכמים *אין אדם יוצא ידי חובתו בי"ט הראשון של חג בלולבו של חבירו אלא אם כן נתנו לו במתנה ומעשה ברבן גמליאל ורבי יהושע ורבי אלעזר בן עזריה ורבי עקיבא שהיו באין בספינה ולא היה לולב אלא לרבן גמליאל בלבד שלקחו באלף זוז נטלו רבן גמליאל ויצא בו ונתנו לרבי יהושע במתנה נטלו רבי יהושע ויצא בו ונתנו לרבי אלעזר בן עזריה במתנה נטלו רבי אלעזר בן עזריה ויצא בו ונתנו במתנה לרבי עקיבא נטלו ר"ע ויצא בו והחזירו לרבן גמליאל למה לי למימר החזירו מלתא אגב אורחיה קא משמע לן גמתנה על מנת להחזיר שמה מתנה כי הא *דאמר רבא דהא לך אתרוג זה על מנת שתחזירהו לי נטלו ויצא בו החזירו יצא לא החזירו לא יצא למה לי למימר שלקחו באלף זוז להודיעך °כמה מצות חביבות עליהן א"ל מר בר אמימר לרב אשי אבא צלויי קא מצלי ביה מיתיבי *הלא יאחז אדם תפילין בידו וספר תורה בחיקו ויתפלל ולא ישתין בהן מים *ולא יישן בהן לא שינת קבע ולא שינת עראי ואמר שמואל חסכין וקערה ככר ומעות הרי אלו כיוצא בהן התם לאו מצוה נינהו וטריד בהו הכא מצוה נינהו ולא טריד בהו תניא *רבי אלעזר בר צדוק אומר °כך היה מנהגן של אנשי ירושלים אדם יוצא מביתו ולולבו בידו הולך לבית הכנסת לולבו בידו קורא קריאת שמע ומתפלל ולולבו בידו קורא בתורה ונושא את כפיו מניחו על גבי קרקע הולך לבקר חולים ולנחם אבלים לולבו בידו נכנס לבית המדרש משגר לולבו ביד בנו וביד עבדו וביד שלוחו מאי קמ"ל להודיעך כמה היו זריזין במצות: רבי יוסי אומר י"ט: אמר אביי

לא

עד עצם עד (א) **עצמו של יום** · כל היום קרוי עצם היום: **וקסבר עד ועד בכלל** · ולא דריש עד ולא עד בכלל להתירו בהאיר מזרח כי ליכא עומר והכי מתוקמא קראי אין עומר עד עצם ועד בכלל יש עומר עד הביאכם: **והא מיפלג פליג** · רבי יהודה עליה שמליט תורה אור שתמה רבי יהודה בדורו על תקנת ריב"ז למה תלה הדבר בעצמו דמשמע לעשות סייג בא והלא מן התורה הוא אסור: **דרש** · המקרא עד ועד בכלל: **והתקין** · לפי שהיו רגילים לאכול חדש מחצות ולהלן כשהיה הבית קיים עד עכשיו הוצרך לתקן: **מתני' י"ט הראשון כו'** · דאמרינן לקמן (דף מג·) דדוחה מצות לולב שבת בי"ט הראשון לבדו: **מוליכין את לולביהן** · מערב שבת: **שהוציאו ברשות** · ברשות מצוה שהיה טרוד במצוה ומחשב ועסוק וממהר לעשותה ומתוך כך טעה ושכח שהוא שבת וקסבר רבי יוסי טועה בדבר מצוה ושגג בדבר כרת פטור מקרבן: **גמ' מנא הני מילי** · דאין אדם יוצא בלולבו של חבירו: **לכם משלכם** · משמע: **למה לי למימר החזירו** · מה אנו למידין מחזרה זו דאצטריך תנא למיתנייה במתני': **הא קמ"ל**. דר"ג ע"מ שיחזירוהו לו נתנו להם ואפ"ה הויא מתנה עד שיצאו בו: **החזירו לו יצא** · דמתנה על מנת להחזיר מתנה היא והרי החזירו לו אבל אם לא החזירו אגלאי מלתא דמעיקרא גזול הוא בידו: ה"ג למה ליה למימר שלקחו באלף זוז להודיעך כמה מצות חביבות עליהם: **הוה מצלי ביה** · כשהיה מתפלל היה לולבו בידו מרוב חיבתו עליו היה מתפלל בו: **לא יאחז אדם כו' ויתפלל** · מפני שטרוד הוא במחשבתו שלא יפלו מידו ויתבזו ואין דעתו מיושבת עליו בתפלתו: **לא יישן בהם לא שינת קבע ולא שינת עראי** · שמא יפלו מידו והכי אוקימנא ליה בהישן (לעיל דף כו·) דהא דקתני לא קבע ולא עראי בדנקיט ליה בידיה: **סכין**. מתיירא שמא יפול ויתקע לו ברגלו: **וקערה** · מליאה: **ומעות** · שלא יתפזרו: **וככר** · שאם יפול יהא נמאס: **לאו מצוה נינהו** · לאוחזן והויין עליו למשא לפיכך טרוד במשאם וכבד עליו משאם ושמירתם: **הכא** · נטילתה ולקיחתה מצוה היא ומתוך שחביבה מצוה עליו אין משאה ושימורה כבד עליו ולא טריד: **קורא בתורה** · צריך להניח הלולב לפי שגולל ס"ת ופותחו: **נכנס לבית המדרש** · טריד בשמעתא ויפול מידיו:

לא

ולקחתם שתהא לקיחה לכל א' וא' · מדלא כתיב ולקחת לשון יחיד וגבי סוכה לא צריך קרא דהא כתיב כל האזרח: **אלא** א"כ נתנו לו במתנה. ובאתרוג השותפין נמי לא נפיק כדמוכח בשילהי יש נוחלין (ב"ב דף קלז: ושם) גבי אחין שקנו אתרוג בתפיסת הבית ולא חשיב שלו כיון דאין מיוחד שלו אלא כשאול הוי ולית יוצא בו ומה שנהגו הקהל לקנות אתרוג בשותפות מלמדין אותן שיהו כולם נותן כל אחד ואחד חלקו לחבירו על מנת להחזיר ויש לסמוך דכיון דקנאוהו על מנת לצאת בו ואע"ג שלא פירשו סתמא דמלתא כאילו פרשו דמי כיון דבענין אחר אין יכולין לצאת בו:

הילך אתרוג זה במתנה על מנת שתחזירהו לי· בשום מקום אין מדקדק הש"ס בלשונו להקדים תנאי למעשה ותנאי כפול והן קודם לגלאו אע"ג דבהכי מיירי אלא שמקצר לשונו לפי שלא על חידוש זה בא להשמיענו ולא דמי לתנאי ומעשה בדבר אחד דהייט כששניהם סותרים זה את זה כי ההיא דעל מנת שתחזיר לי את הנייר בפרק מי שאחזו (גיטין דף עה· ושם) וא"ת כיון דאמר ע"מ שתחזירו לי א"כ אם הקדישו אינו מקודש כדמוכח בסוף יש נוחלין (ב"ב דף קלז:) גבי שור זה נתון לך במתנה ע"מ שתחזירהו לי דכיון דקאמר לי מידי דחזי לי קאמר וא"כ היאך יצא והא אנן תנן בנדרים פרק השותפין (דף מח·) גבי מתנה דבית חורון דכל מתנה שאינה *שאם הקדישה לא תהא מקודשת לא שמיה מתנה וי"ל דה"נ הוי בידו להקדיש להיות קדוש כל זמן שהוא בידו עד שיחזיר ועוד דהתם נמי לא בהקדש תלוי טעם המתנה כדמוכח בנדרים ירושלמי דאמר עלה רבי ירמיה רבי יהודה בעי מעתה מתנה אין אדם נותן מתנה לחבירו ע"מ שלא יקדשנה לשמים ומשני מתני' כל מתנה שהיא כמתנת בית חורון שהיתה בערמה שאם הקדישה אינה מוקדשת אינה מתנה כלומר שלא נתנה לו שיהנה המקבל שום הנאה שבעולם אלא שיהא מותר לאביו של נותן זה ודאי הערמה בעלמא ולא שמיה מתנה שהרי לא זכה בה לענין עצמו לשום דבר וא"כ מה הקנה לו אבל הכא דמזכה ליה שיהנה בו שמיה מתנה ולא הזכיר שם הקדש אלא משום שעל הקדש היה מעשה ולשון כל מתנה שאינה וכו' מוכיח כן דמשמע שאינה מתנה לשום דבר גם סעודתו היתה מוכחת עליו שלא היה דעתו ליתן כלל לענין שום דבר רק שיבא אביו ויאכל כמו שמפרש שם בגמרא או משום דויתור אסור במודר הנאה אבל בעלמא מתנה היא אע"פ שאין יכול להקדישה כדתנן פרק בתרא דנדרים (דף פח·) שנותן לבתו מה שנשאת ונותנת לפיה ובפ"ק דקדושין (דף כג: ושם) שנותן לעבד ע"מ שיצא בו לחירות*): **ואם** לאו לא יצא· ומה שלא החזירו רבי יהושע לרבן גמליאל אלא נתנו לרבי אלעזר בן עזריה ורבי אלעזר לרבי עקיבא דעתו של רבן גמליאל היה שילחו כולם ואח"כ יחזירוהו: **ואמר** שמואל סכין וקערה וככר ומעות הרי אלו כיוצא בהן · אצטריך ליה לשמואל למימר דלא תימא דווקא תפילין וס"ת דאיכא בזיון כתבי הקודש בנפילתו טריד בהו טפי ואין דעתו מתיישבת בתפלתו:

*) [וע"ע תוס' קדושין ו: ד"ה לא ודף מט: ד"ה דברים ותוס' ב"ב קלז: ד"ה לא ותוס' גיטין עה. ד"ה לאפוקי וד"ה אלא אמר ותוס' שם עב: ד"ה דתנאי]

*שאם הקדישה מוקדשת כ"ה גי' מהר"ם

רבינו חננאל

מתני' בי"ט הראשון כו'. זו ששנינו שאין אדם יוצא בי"ט הראשון בלולבו של חבירו אמרי' מנ"ל דת"ר ולקחתם לכם משלכם להוציא את הגזול והשאול אא"כ נתנו לו במתנה כאשר נתן ר"ג לר' יהושע כו'. ואסיק' כי הא דאמר רבא הילך אתרוג זה במתנה על מנת שתחזירהו לי החזירו יצא לא החזירו לא יצא: ירושלמי רב יעקב בר נחמן הוה יהיב אתרוגא לבריה הוה אמר ליה לכשתזכה בו ובמצותו תחזירהו לי. וכן הלכה אמר מר בר אמי אבא הוה מצלי ולולבו בידו. ומותבינן עלה מהא לא יאחוז אדם תפלין בידו וס"ת בזרועו ויתפלל כו'. ואמר שמואל סכין וקערה ככר ותינוק כיוצא בהן כלומר אסור לו להתפלל ואלו בידו ושנינן הללו לאו מצוה אבל לולב כיון דמצוה הוא לא טריד ביה ושרי תניא א"ר אלעזר בר' צדוק כך היה מנהג בני ירושלים נכנס לבית הכנסת ולולבו בידו קורא שמע ומתפלל ולולבו בידו. קורא בתורה או נושא את כפיו מניחו על הקרקע: פיסקא ר' יוסי אומר י"ט הראשון של חג שחל להיות בשבת שכח והוציא הלולב ברה"ר פטור מפני

מסורת הש"ס

[ברכות כו: וש"נ] ר"ה ל. מנחות סח.
[לקמן מג.]
פסחים עב.
[לקמן מג.]
[לעיל כז: וש"נ]
[תוספ' פ"ב]
[ב"ב קלז: קדושין ו:]
ברכות כג
[שם: לעיל כו.]
[תוספ' פ"ב]

הגהות הב"ח
(א) רש"י ד"ה עד עצם עד עיצומו של יום:

גליון הש"ס
גמ' כמה מצות חביבות. עיין בב"ק דף ט ע"ב תוס' ד"ה אילימא:

אמר

§ מסכת סוכה דף מא: §

אות א'

יום טוב הראשון של חג שחל להיות בשבת, ושכח והוציא את הלולב לרשות הרבים, פטור, מפני שהוציאו ברשות

רמב"ם פ"ב מהל' שגגות ה"י - המוציא את הלולב ביום טוב הראשון של חג שחל להיות בשבת כדי לצאת בו, והעבירו ארבע אמות ברשות הרבים בשוגג, פטור, שהרי ברשות הוציא; וכן השוחט את הפסח ביום ארבעה עשר שחל להיות בשבת, ונודע לו אחר כן שמשכו הבעלים את ידיהם או שמתו או נטמאו קודם שחיטה, או שנמצא טריפה בסתר, כגון נקוב מעיים או ריאה, הרי זה פטור, מפני ששחט ברשות; אבל נמצא בעל מום, או שהיתה טריפה גלויה, הרי זה חייב חטאת, מפני שהיה לו לבדוק ואחר כך ישחוט, וכן כל כיוצא בזה.

אות א'* [ג]

ולקחתם שתהא לקיחה ביד כל אחד

סימן תרנ"א ס"א - מצות ד' מינים שיטול כל אחד - ולא שאחד יטול בשביל כולם, דכתיב "ולקחתם" לשון רבים, ולא "לקחת", להורות שהחיוב על הרבים, [גמרא]. **ולא** מיבעי ביו"ט ראשון, ואפילו בשאר ימים בעינן לקיחה לכל אחד, **ולא** כמו שצוה אחד במעשה שלא היה בבהכ"נ אלא אתרוג אחד, שיקח הש"ץ עבור כולם, והם ישמעו הברכה ויענו אמן.

אות ב'

משלכם, להוציא את השאול ואת הגזול

סימן תרנ"ח ס"ג - [ד]אין אדם יוצא ידי חובתו ביום ראשון בלולב של חבירו שהשאילו, דבעינן "לכם", משלכם.

יש אומרים, דהני דקני אתרוג למצוה ופרעי לאחר החג, לא יאות עבדי, דכל כמה דלא יהיב דמי לא קני אלא מדרבנן, ואנן בעינן "לכם" דאורייתא, **אם** לא שהביאו לרשותו וקנהו בתורת חצר, **ולכתחלה** נכון ליזהר בזה ולפרוע קודם החג.

[**ואגב** ארשום דבר קטן שראיתי, אף שהוא דבר פשוט, אכן מפני שהוא מצוי הוכרחתי לכתבו, דהיינו אפי' אנשים החרדים הזהירים לקיים המצוה כתקונה בענין "לכם", ולוקחים לעצמם אתרוג ולולב והדסים ומשלמים תיכף, על ערבות אינם מקפידים להכין מבעוד יום, אלא למחר בבקר כשבאים לביה"מ, מבקשים מן השמש שיתן להם ערבות, ובאמת כל הד' מינים צריך ליזהר לקיים בהם "לכם" בשלמות.]

[ה]ואפילו אמר לו: יהא שלך עד שתצא בו, ואח"כ יהא שלי כבתחלה, לא יצא, דהוי כמו שאול - דאין זה לשון מתנה, כיון שפירש שהוא רק לזמן, (וכעין זה מבואר בר"ן נדרים, דכל דבר שאין לו קנין עולמית, לא הוי רק קנין פירות, **ועיין** בקצוה"ח שהאריך להביא הפוסקים החולקים ע"ז, ולדידהו, כל שאומר הנותן בפירוש שהוא מקנה למקבל קנין הגוף, אפילו אמר לזמן קצוב, נמי הוי מתנה, **ובאתרוג** אפי' לא אמר בפירוש, נמי קני קנין הגוף לזמן שאמר לו, ומשום דאי לפירות מאי קיהיב ליה, וכסברת הש"ס בב"ב).

ואם נתנו לו במתנה, מותר - ואם אין האיש בביתו, ונתנה האשה הלולב לאחד מאוהביו או קרוביו במתנה, לא יצא, דשמא לא ניחא ליה כי אם במכירה, [**ולמכרו** שרי, דזכין לאדם שלא בפניו, מ"א, וע"ז כתב בנהר שלום, דהיינו דוקא אם דרכה למכור בלא רשות בעלה, דאז מה שעשתה עשוי], **אם** לא שהוא אדם חשוב דזילא ביה מלתא למכרו, שרי, דאז אמדינן דעתיה דניחא ליה - מ"א.

והבכורי יעקב הקשה עליו, דהלא בלא"ה ג"כ קי"ל דניחא ליה לאינש לקיים מצוה בממוניה, ומחמת זה מותר ליטול לולבו של חבירו לצאת בו אפילו בלא דעתו, **ומ"מ** לא מהני סברא זו רק לענין שאר הימים, דהוי כאלו שאלו בעצמו, ולא לענין יום הראשון דבעינן "לכם", **וא"כ** מאי מהני מה דנאמר דניחא ליה, הלא מ"מ אינו שלו ממש, ואפילו כשהיא נושאת ונותנת בתוך הבית אין לה רשות ליתן משלו, **וע"כ** מסיק שם, דאפילו שמע בעלה אח"כ ונתרצה, לא מהני, דבעת הלקיחה לא היה שלו, וצריך לחזור וליטול, [**ולענין** ברכה יש לחוש לדעת שארי אחרונים שמקילין בזה, היכא דאנו משערין שהבעל לא יקפיד, ובפרט היכא דהיא נושאת ונותנת].

המ"א הוכיח, מהא דשואל כלי מחבירו לקדש בו אשה, דאמרינן שהיא מקודשת, משום דאמרינן מסתמא נתן לו במתנה ע"מ להחזיר, שיהיה יוכל לקדש בו, **א"כ** ה"ה באתרוג, אם השאילו לצאת בו, הו"ל כאלו נתנו לו במתנה ויצא, וכ"כ הבית שמואל באהע"ז שם, [**ומה** דכתב בשו"ע: יהא שלך עד שתצא בו וכו' דלא יצא בו, התם משום דמוכח מלשונו בהדיא דתחילת הקנאתו אינו אלא לזמן, ולא הוי קנין גמור דליקרי "לכם", **משא"כ** בהשאילו לצאת בו, אמרינן דנתנו בתורת מתנה ע"מ להחזיר, ושם המתנה הוא מתנה גמורה, וע"מ להחזיר הוא רק תנאה בעלמא], **אבל** הט"ז ובשו"ת בית יעקב, פוסקים דלא יצא, וע"כ צריך לחזור וליטול ובלי ברכה. (ע"ל סימן תרמ"ט ס"ב).

אות ב'* [ו]

משלכם, להוציא את השאול

סימן תרמ"ט ס"ב - [ז]וכן שאול ביום ראשון, משום דבעינן לכם - עיין במ"א ופמ"ג, ותוכן דבריהם, דודאי לכתחלה טוב שיפרט ביום ראשון שנותן לו במתנה ע"מ להחזיר, **אבל** בדיעבד אם שאל ממנו סתם שיתן לו לולבו לצאת בו, ונתן לו, יצא, דמסתמא נתן לו

באר הגולה

ג «ע"פ המ"ב, עיין בתוס' דף כט: ד"ה בעינן» | ד משנה וברייתא שם | ה הרא"ש | ו «ע"פ הבאר הגולה» | ז משנה מ"א וברייתא שם

באופן שמותר לצאת בו, דהיינו במתנה ע"מ להחזיר, **והשו"ע** מיירי שאמר לו בפירוש, שנותן לו רק בתורת שאלה, ולא במתנה, **או** דמיירי שהנותן אינו יודע הדין שאין יוצאין בשאלה, דבאופן זה בודאי אינו יוצא, כמו שכתב בבכורי יעקב. (עיין תרנ"ח ס"ג, ששם הביא חולקים ע"ז).

הגה: והמודר הנאה מלולבו של חבירו - ר"ל וחבירו רוצה ליתן לו הלולב במתנה ע"מ להחזיר, **או מלולבו של עצמו, אינו יוצא בו ביום א', דלא הוי "שלכם" (תשובת רשב"א)** - וקמ"ל דאף דכיון דקי"ל דמצות לאו ליהנות ניתנו, לא מקרי הנאה, מ"מ עכ"פ "לכם" לא מיקרי, דאיסורי הנאה נינהו, **אבל** ביום שני דלא בעינן "לכם", שרי, דהנאה לא מקרי כנ"ל.

(עיין בפמ"ג שמפקפק על לשון הרמ"א, דהל"ל המודר הנאה מנכסי חבירו, אינו יוצא י"ח בלולבו, דהכי איתא שם בתשו' הרשב"א, **ונ"ל** לפי מש"כ הפמ"ג, דלענין אתרוג, אפי' לא אסר על עצמו רק מאכילתו, ג"כ אינו יוצא, ניחא קצת, דנקט לולב לאפוקי אתרוג, דבאתרוג היתר אכילה בעינן ביה, עי"ש בפמ"ג, [**ולכאורה** אינו יוצא בו כל ז', וכמ"ש המחבר לקמיה בס"ה, דאתרוג האסור באכילה פסול כל ז', דדבר שאין בו היתר אכילה או שהוא של איסור הנאה, הוא כתותי מיכתת שיעוריה, וכן לכאורה אם אסר האתרוג על עצמו באכילה, **אכן** יש לדחות, דאפשר דוקא דבר שאין בו היתר אכילה לכל, ע"ז אמרינן כתותי מיכתת שיעוריה, משא"כ בזה]. **ובספר** בכורי יעקב חולק עליו, דלדעת רש"י (דף ל"ה: ד"ה הרי) והרשב"א, אם נטל ישראל אתרוג של תרומה, יוצא בו, משום דראוי להאכילו לאחרים, דהיינו לכהן, וה"נ הרי יכול להאכילו לאחרים, **אבל** אי אסר על עצמו האתרוג בהנאה, אין יכול להנות לאחרים, דמה שאסור לו בהנאה, אסור ליתן במתנה לאחר, לכן אין לו דין ממון קרינא ביה).

אות ג' – ד'

מתנה על מנת להחזיר שמה מתנה

הא לך אתרוג זה על מנת שתחזירהו לי, נטלו ויצא בו, החזירו יצא, לא החזירו לא יצא

סימן תרנח ס"ד - [ה]**נתנו לו על מנת להחזירו, הרי זה יוצא בו ידי חובתו ומחזירו, שמתנה על מנת להחזיר שמה מתנה** - דכשאמר: חפץ זה נתון לך, נפקע כל כחו ממנו, ומה שאמר: ע"מ שתחזיר לי, הוא רק תנאי כשאר תנאים שאדם יכול להתנות במכירתו ובמתנתו, [**ויוצא** בו י"ח אע"פ שלא קיים עדיין תנאו, דכל האומר ע"מ כאומר מעכשיו דמי, וקני, **אם** לא שיעבור התנאי, דאז בטלה המתנה למפרע].

[ט]**ואם לא החזירו, לא יצא** - וה"ה כשנפסל בידו והחזירו, [י]**אפילו נתן לו את דמיו** - ולא אמרינן בזה: מה לי הן מה לי דמיהן, כיון שצריך לו לצאת ידי חובה, בודאי הקפיד על הלולב גופיה.

(**ולפי"ז** אם יש לו עוד לולב לצאת בו, מסתברא דמהני נתינת דמים, עכ"פ היכי דאין החפץ בעולם, **וכן נראה** ג"כ במחזיר לו לולב אחר כשר ומהודר, דמהני, דשוב ליכא אומדנא, **אף** דאפשר לומר דרוצה אדם בשלו, מ"מ כיון דבלא"ה יש פוסקים דבנשרף או נאבד וכדומה, דנותן דמיו ויוצא, **וגם** מובא ברא"ש בסוגין דעת רבינו ישעיה דמוכח מיניה עוד יותר, דבנאנס פטור לגמרי ויוצא, שלא כיון ב"על מנת להחזיר" אלא כשהחפץ בעין, **ואף** דהמחבר לא סמך עלייהו, ומשמע מניה דאפילו דמים לא מהני ואפילו באונס, מ"מ במחזיר לו לולב אחר כשר ומהודר, אפשר דכו"ע מודי, **ובספר** שדי חמד הביא בשם ספר שם אריה, דגם בזה לא יצא, והנלענ"ד כתבתי).

ואפילו נאנס מידו - ואע"ג דלדעת המחבר בחו"מ, במתנה ע"מ להחזיר ונאנס פטור מתשלומין, היינו משום דאין עליו דין שומר, שהרי בתורת מתנה באה לידו, **אבל** עכ"פ התנאי לא נתקיים, ואינו אלא כפקדון בידו, ולהכי לא יצא בענינינו, **ומשמע** מרוב הפוסקים, דגם בנאנס לא מהני חזרת דמים, [**ושמעתי** שהגרעק"א אין סובר כן, ואין הספר תחת ידי לראות במה דחה דברי כל הגדולים].

ועיין בח"א שמסתפק, אם אמר: הריני כאלו התקבלתי, מהו, **ובספר** מאירי דעתו בהדיא, דיכול הנותן למחול תנאו, ולאמר: הריני כאלו התקבלתי, ויצא זה ידי חובה אע"ג שלא החזיר, [**מיהו** נראה דכ"ז אם הוא מבטל תנאי בתוך הזמן, אבל בלאחר זמן שכבר לא נתקיים התנאי, ונתבטל מתנתו ונתבטל מצותו, בודאי לא יועיל מה שיאמר: הריני כאלו התקבלתי].

וכן אם החזירו לאחר זמן מצותו, לא יצא - ר"ל אפי' באותו היום, אם הוא שעה שא"א עוד לצאת בו, דהיינו בערב, **ואם** בשעה שנתן לו כבר בירך עליו, צריך להחזיר לו עכ"פ ביום המחר בשעת מצותו, **ואע"ג** דלא פירש לו בהדיא מתי שיחזירנו לו, מ"מ אומדנא דמוכח הוא, שכונתו היה שיחזירנו לו לשעה שיוכל לצאת בו.

[**ומ"מ** מסתפקנא, בהחזיר לו אחר כל התפילות, ובשביל זה לא עשה הנענועים בהלל בצבור כדרכו תמיד, אולי יש בזה קפידא לבטל המתנה, **או** אפשר דוקא בהחזיר לו אחר זמן מצותו לגמרי, וצ"ע, **ועכ"פ** לכתחילה בודאי צריך ליזהר בזה, להחזיר לו קודם הלל].

(**ודע עוד דקרוב לומר**, דאפילו כבר בירך הנותן, אם לא בירכו עדיין בניו הסמוכין עליו, ושדרכן תמיד לברך על לולב של אביהם, נמי לא יצא אם לא החזיר, דגם זה אומדנא דמוכח הוא, שאין אדם מניח בניו בלא מצוה ונותן לאחרים).

(**וביש** לו עוד לולב כשר לברך עליו, נהי דאינו רשאי להחזיר לו אחר החג, שהרי אמר: החזירהו לי, ומידי דחזי ליה קאמר, **אבל** אינו מחוייב להחזיר לו ביום זה או למחר, וכל שמחזיר לו בחג אפילו ביום ז', נמי יצא ידי תנאו, דהא עדיין קאי למצותו, והרי לא פירש באיזה יום וכמה שיהא שוה בשעת החזרה).

באר הגולה

ה ממעשה דרשב"ג ורבי יהושע וכו' בברייתא שם | ט מימרא דרבא שם | י הרא"ש שם בשם בעל העיטור

וכתבו הפוסקים, דכ"ז באמר "ע"מ שתחזירהו לי", דמשמע שיהיה ראוי לו לדבר שעומד, אבל באומר "ע"מ שתחזירהו", ולא אמר "לי", אפי' החזירו לאחר החג שאינו שוה כלום, נמי קיים תנאו ויצא.

(כן הוא בחו"מ בהג"ה בשם הרשב"א, ולכאורה יש סתירה ע"ז מהא דס"ה, דאפי' בנתן לו סתם, אמרינן דבודאי נתנו לו ע"מ שיחזירו לצאת בו, ולא גרע זה מאלו לא אמר כלום, וע"כ אנו צריכין לומר, דס"ל להרמ"א שם, דמכיון שפירש דבריו "ע"מ להחזיר", ולא פירש לומר שיחזיר לו, גרע מסתמא, ומ"מ למעשה צ"ע, דכמה אחרונים מפקפקין על סברא זו, ודעתם דבעל העיטור שסובר, דאפילו בסתמא כונתו שיחזירנו בזמן מצותו, כ"ש כשמתנה "ע"מ שתחזירהו", אף שלא אמר "לי", וחולק על הרשב"א).

הגה: ומותר לתת לו אתרוג במתנה על מנת שלא יקדישנו - ר"ל דאם התנה במתנתו שלא יוכל המקבל להקדישו, מ"מ הוי מתנה, ואפשר לצאת בו, **דלא גרע ממתנה על מנת להחזיר (ר"ן)** - דג"כ אינו יכול להקדישו, ואפ"ה הוי מתנה.

(וממילא נראה דכ"ש, באם אמר לו: הרי הוא שלך במתנה ע"מ שלא תתנו לשום אדם, או אפילו באומר לו: הרי הוא שלך ואינך רשאי ליתנו לשום אדם, בודאי הוא שלו ויוצא בו, אע"ג שלא נתן לו כל כחו באתרוג זה).

אות ד'* [יא]

סימן תרנח ס"ה - [יב]**נתנו לו סתם, הוי כאילו אמר לו: על מנת שתחזירהו לי** - ר"ל בהיכי שאין לו רק אתרוג זה, אפילו נותנו בסתם, ג"כ אומדנא דמוכח הוא שלא כיון ליתן לו לחלוטין, אלא ע"מ שיחזיר לו, **דמסתמא על דעת כן נתנו לו, כיון שצריך לצאת בו שאין לו אחר** - ואפי' אם באותו היום כבר יצא בעצמו, והוא צריך לו רק לשאר ימי החג, ובשאר הימים הלא יכול לצאת בשאול, **מ"מ** אמדינן דעתו דאדם, שהוא רוצה יותר לצאת בשלו, ולא כיון אלא ע"מ להחזיר לו, שיהיה שלו כבתחלה, [מאמר מרדכי, **וראיה**, דהא במעשה דרבן גמליאל גם כן היה שנטל מתחלה בעצמו, ואפילו הכי אם לא היה ר' עקיבא מחזירו לר' גמליאל לבסוף משמע בגמרא דלא היה יוצא, והיינו משום שרבן גמליאל צריך לו למחר לצאת בו בעצמו]. **ואם לא החזירו, לא יצא.**

(וגם בזה לא מהני חזרת דמים, כיון שאין לו אחר, ומ"מ בנאנס בידו, מצאתי לרבינו ירוחם שכתב, דמשמעות בעל העיטור דיוצא בזה בחזרת דמים, שהרי עכ"פ לא אמר בפירוש: החזירהו לי).

הגה: וצריך לחזור וליתנו לבעליו במתנה - קאי אכל הנ"ל גם בס"ד, והטעם, דכל שנתנו לו הרי הוא שלו לגמרי, וע"מ להחזיר דקאמר, הוא כמו שאומר: ע"מ שתחזור ותתן לי במתנה, [**ומסתברא** לומר, דאפי' החזיר המקבל בסתם, נמי כמפרש דמי ויצא, ואומדנא דמוכח הוא, דאל"כ הרי לא יצא למפרע ידי מצוה, **ואפי'** בעת שהנותן מפרש דבריו, שנותן מתנה ע"מ שיחזירהו לי].

כדי שיהיה של בעלים ויצאו בו (הרא"ש ורבינו ירוחם) - הלשון מגומגם, דמשמע מזה, דאם לא יחזור ויתן להבעלים במתנה גמורה, לא יוכלו הבעלים לצאת י"ח באתרוג, **ולכאורה** אינו כן, דהבעלים בכל גווני יוכלו לצאת, שהרי נתנו רק ע"מ שיחזירו להם במתנה כדין, ואם לא החזירו להם באופן כזה, נתבטלה המתנה למפרע, וכלא נתנו דמי, וצ"ע, [**ואף** שיש לתרץ ולאשכוחי אופן שהבעלים לא יצאו, כגון שמחזיר לו בתחילת היום, שלא במתנה לעת עתה, והרי יש לו שהות מצד תנאו להחזיר גם בסוף היום, כל שיש לו עדיין זמן לברך עליו, ובזה א"א להו לבעלים לצאת בו אז, אם לא החזירו להם במתנה גמורה, מ"מ הוא דוחק לאוקמי בהכי, **ובהרא"ש** וברבנו ירוחם שמציין מקור דין זה, לא נזכר כלל פרט זה שתלוי בזה יציאת ידי חובה דבעלים, וגם בדרכי משה לא נזכר מזה מאומה, **ואולי** ט"ס הוא, וצ"ל "ויצא בו", וקאי על המקבל מתנה, ור"ל דכל זמן שאינו חוזר ונותן במתנה לבעלים, אינו מקיים תנאי הבעלים, ולא יצא המקבל י"ח].

[יג]**ומיהו אפילו לא החזירו לידו אלא לאחר, ואחר לאחר** - ר"ל שגם המקבל נתן לאדם אחר האתרוג במתנה ע"מ להחזיר, והלזה נתן ג"כ לשלישי להחזיר לבעלים הראשונים, **והאחרון מחזירו לבעלים, יצא** - ולא אמרינן הרי התנה עמו ע"מ שתחזיר לי, והרי לא החזיר בעצמו לבעלים הראשונים, דמסתמא לא היה כונת וקפידת הבעלים אלא שיוחזר להם החפץ, בין ע"י הראשון בין ע"י באי כחו.

מיהו מוכח לכאורה מדין זה, דמקבל מתנה ע"מ להחזיר, יש לו רשות לחזור וליתן לכל מי שירצה, ובלבד שיתקיים תנאו, [**והמאירי** דעתו להקל בענין אתרוג, מטעם דכל שהוא למצוה מסתמא דעת הנותן שלא להקפיד, **ולפי"ז** בשאר דברים אין דבר זה ברור].

מיהו כ"ז בסתם, אמנם אי מפרש בהדיא במתנתו, שאין לו רשות ליתנו לאחר, אינו יכול לזכות לאחר לצאת בו, **ואם** יתן, יתבטל המתנה, וגם הוא לא יצא בו.

ואחר לאחר - ומשמע אפילו להרבה, ובלבד שיוחזר לראשון בלא פסול, **ונראה** דהיכי שאיכא אומדנא שמקפיד הנותן שלא יטלוהו רבים, שמא יפסד לו, אין רשאי ליתן, **ובלא"ה** יש מאחרונים שמחמירין בעיקר דינא דהמחבר, וסוברין דלולב שקבל במתנה ע"מ להחזיר, לא יתן לאדם אחר מבלי דעת ורשות הנותן, [דיש שסוברין דעובדא דרבן גמליאל היה שהרשה ורצה שיצאו כולם, אבל לא בסתמא].

(ודע דמסתפקנא, דאפשר דוקא בשהחזיר עכ"פ באי כחו של המקבל, **אמנם** אם לא החזיר כלל המקבל, עד שהטריחו הבעלים בעצמם לבוא אליו וליקח האתרוג, **אף** שאמר לו שהוא מחזיר לו במתנה, אפשר דאין זה חזרה, **ונראה** דתלוי בטבעו של הנותן ובקפידתו).

באר הגולה

יא ‹מילואים› יב **שם וכפי' הטור והר"ן** ‹דהא רבן גמליאל נתן במתנה ולא אמר לו: על מנת להחזיר, אלא כיון שלקחו רבן גמליאל לצאת בו ולא היה לו אחר, מסתמא על מנת להחזירו נתנו - ב"י› יג **טור** ‹שם נתנו לרבי אלעזר בן עזריה כו' - גר"א›

(ודע עוד דפשוט, דאם מחזיר לבעלים ע"י שליח, בודאי הוי חזרה, ובמכ"ש דדינא דסעיף זה, ונראה לכאורה דאין צריך בזה דינא דשליחות, דאפילו במחזיר לו ע"י עכו"ם או קטן שאינם בני שליחות ובני אקנויי, ג"כ מקיים תנאו בזה, כיון שדעתו ליתן לו במתנה והלה זוכה בו, ועכו"ם וקטן מעשה קוף בעלמא הוא, וכ"ש לפמש"כ הרא"ש בשם העיטור, דאפילו מחזיר לו בסתמא, אומדין דעתו דמסתמא במתנה נותן לו, ומ"מ אינו ברור כ"כ).

סימן תרנח ס"ז - [יד]**שותפים שקנו לולב או אתרוג בשותפות, אין אחד מהם יוצא בו ידי חובתו ביום הראשון** - דבעינן שיהא כולו שלו, (בלבוש איתא: אחים או שותפים וכו', וטעמו, דכיון שהוא רק אתרוג אחד, אפילו באחים ג"כ דינא הכי, כמו שכתוב בסעיף שאחר זה).

עד שיתן לו חלקו במתנה - ואפילו בע"מ להחזיר ג"כ סגי, כנ"ל בס"ד, **ואם** אמר לו: טול לך לצאת בו, עיין לעיל בס"ג במש"כ שם.

הגה: ודוקא שלא קנו לצורך מצוה, אבל אם קנו לצורך מצוה, יוצאים בו מסתמא, דאדעתא דהכי קנאוהו (המגיד) - ר"ל דכיון שידעו בשעת לקיחה שאינו ראוי ליחלק, ועל דעת כן לקחוהו, ואף שלא פירשו כן בהדיא, הוי כאלו פירשו שלכל אחד בשעה שיקחהו לצאת בו יהיה כולו שלו, ע"מ שאח"כ יחזירהו לחבירו, **ומ"מ** טוב לומר בפירוש, שנותן כל אחד חלקו לחבירו במתנה ע"מ להחזיר בשעה שיוצא בו, וכמו שכתבנו לקמיה בס"ט.

סימן תרנח ס"ח - [טו]**האחים שקנו אתרוגים** - לאכילה, **מתפיסת הבית** - ר"ל מה שירשו מאביהם ועדיין לא חלקו, **ונטל אחד מהם אתרוג ויצא בו, אם יכול לאוכלו ואין האחים מקפידים בכך, יצא** - דאז נחשב כשלו.

ואם היו מקפידים, לא יצא עד שיתנו לו חלקם במתנה.

[טז]**ואם קנה זה אתרוג [יז]וזה פריש, או שקנו כאחד אתרוג רמון ופריש מתפיסת הבית, אינו יוצא באתרוג עד שיתנו לו חלקם במתנה, ואע"פ שאם אכלו אין מקפידים עליו, מפני שכל שאין שם מאותו המין, אין מחילתם בסתם מועלת** - שאע"פ שאין מקפידים על האכילה, מקפידין הם על המצות, שאף הם רוצים לקיים המצות כמוהו. **אבל כשיש שם מאותו המין, אפילו היה מעולה מאחרים, מחילתן בסתם מועלת, לפי שאינם מקפידים** - שגם הם יכולים לקיים המצות כמוהו.

סימן תרנח ס"ט - [יח]**מה שנוהגים במקום שאין אתרוג מצוי, שכל הקהל קונים אתרוג בשותפות, הטעם, מפני שכיון שקנאוהו לצאת בו, מסתמא הוי כאילו פירשו שכל הקהל נותנים חלקם לכל מי שנוטלו לצאת בו על מנת שיחזירוהו להם** - ומ"מ לכתחלה טוב שיכריז, שיתן כל אחד חלקו לחבירו במתנה ע"מ להחזיר.

ואע"פ שכל זה הוא דין גמור, מ"מ כיון שאין הכל יודעין להקנות, לכן כתבו כמה אחרונים, שמוטב לברך על שלו אם יש לו כל ד' מינים כשרים, אע"פ שאינם מהודרים כמו של חבירו, **ואם** אין לו, מוטב שיטול של חבירו הכשרים, משיטול של הקהל, כי י"א דבשל קהל לא יצא, דשמא יש באחד מהם מי שאין בדעתו להקנות חלקו לחבירו, **ואף** דלא קי"ל הכי, מ"מ לכתחילה עדיף טפי ליטול של יחיד.

הגה: וגובין מעות אתרוג לפי ממון, דהדור מצוה מוטל טפי על עשירים מעל עניים - ומי שאינו בעיר א"צ ליתן, **כתב** הח"א, אפילו לפי מנהגינו, שכל אחד נותן כמו שירצה, מ"מ זה שאינו נותן כלל, נראה שלא יצא, אם יש ביכולתו ליתן.

ואשה פטורה מליתן למעות אתרוג, הואיל ואינה חייבת בו (תשובת מהרי"ל) - ואם היא רוצה לברך, חייבת, [**והיינו** אם היא אלמנה או שאין בעלה בעיר, משא"כ אם בעלה בעיר, יתן הוא לבד, **ואם** יש מנהג שכל מי שיברך על האתרוג נותן מעות אתרוג, צריכה היא וגם בעלה ליתן].

וכל אדם ישתדל ויהא זריז במצוה, לקנות לו אתרוג ולולב לבד, כדי לקיים המצוה כתקנה (הג"מ) - כי רוב העולם אינם יודעים להקנות לחביריהם, **ועוד** לעשות הנענועים כהלכתן.

ואפילו חל יום ראשון בשבת, דעצם המצות עשה א"א שוב לקיים, אפ"ה נכון להשתדל להיות לו לולב ואתרוג לעצמו.

אדם שיש לו אתרוג מיוחד, ובעיר אחרת אין להם כלל, מוטב שישלחנו לשם, והוא יברך על של קהל, כ"כ מ"א בשם מטה משה, **ובמחה"ש** כתב, דבזה"ז דרוב פעמים אחר עבור איזה ימים מהחג, ע"י רוב משמוש בני אדם אתרוג של הקהל מתקלקל, אפשר א"צ לשלוח לחבירו אתרוג שלו, עכ"ל, **וספקו** יוכל להיות רק על שאר הימים, דביום ראשון אינו מצוי כ"כ להתקלקל, גם יכול לברך עליו בבקר קודם שיד הכל ימשמשו בו.

אות ה'

לא יאחז אדם תפילין בידו וספר תורה בחיקו ויתפלל

סימן צו ס"א - **כשהוא מתפלל** - בפמ"ג כתב, דה"ה בשעת ק"ש ופסוקי דזמרה, **לא יאחוז בידו תפילין, ולא ספר מכתבי הקודש** - וה"ה כל ספרים שלנו.

באר הגולה

יד מימרא דרבה בר רב הונא ב"ב קל"ז, והביאו הרי"ף ורא"ש בפ"ג דסוכה | טו מימרא דלעיל | טז כגירסת הרי"ף שם וכפי' הר"ן, וכ"כ הרמב"ם וכפי' הרב המגיד שם | יז פי' שקורין אותו קוויטין, ואיתא בירושלמי שנקרא פריש שהוא מופרש לבישול | יח טור בשם הרשב"ם והביאו הרא"ש בפ"ג דסוכה

אות ו'

ולא ישתין בהן מים

סימן מג ס"א - אסור ליכנס לבית הכסא קבוע להשתין בתפלין שבראשו, גזירה שמא יעשה בהם צרכיו - ה"ה דבזרוע נמי אסור מה"ט, והא דנקט בראשו, בא למעוטי אם אוחזן בידו.

המג"א כתב, דמה שכתב המחבר להשתין, לרבותא נקט, דאפילו להשתין אע"פ שהוא חייו של אדם, אסור לכנס, וכ"ש שלא לצורך.

ואם אוחזן בידו - ר"ל בבגדו וביד ימינו כנגד לבו, כמש"כ בס"ה, **מותר להשתין בהם בבית הכסא קבוע.**

הגה: והיינו דוקא כשמשתין מיושב דליכא למיחש לנצוצות, אבל משתין מעומד פשיטא דאסור - שמא יקנח הניצוצות, **דלא עדיף מבית הכסא עראי.**

וה"ה כשהם בראשו דאסור, (כשהוא מעומד בבה"כ קבוע), דחיישינן שמא ישב ויעשה בהם צרכיו.

וכ"ש אם משתין מיושב או בעפר תחוח - או במקום מדרון, **דליכא נצוצות, בבית הכסא עראי נמי שרי.**

ואין חילוק בין קבע לעראי לענין זה, אלא דבה"כ קבוע מסתמא עושה צרכיו מיושב, ובה"כ עראי מסתמא עושה מעומד, הואיל ואינן נפנה לגדולים - ומ"מ יש חילוק קצת, דבקבע דיש חשש שמא יעשה צרכיו, צריך שיהיה בבגדו ובידו, ובעראי אפילו בידו לבד נמי מותר, בזה דליכא חשש ניצוצות.

ובבית הכסא עראי מותר להשתין בהם כשהם בראשו - דלא גזרינן ביה שמא יפנה בהם, ורק שיזהר שלא יפיח בהם.

(ופשוט דה"ה לענין תפילין של זרועו, ונראה שיסיר הכריכות מעל כף ידו, שלא יבוא לשפשף בם).

אבל אם אוחזן בידו אסור להשתין בהם מעומד אפילו אם תופס אותם בבגדו, מפני שצריך לשפשף בידו ניצוצות שברגליו - וחיישינן שמא ישפשף ביד שאוחז בה התפילין, **ומיירי** בין בעראי ובין בקבוע, וכמו שכתב בהג"ה - מג"א.

אלא חולצן ברחוק ד' אמות ונותנם לחבירו - ומיירי בקבוע, דאי בבה"כ עראי, חולץ ומשתין לאלתר - מג"א, וכ"כ הט"ז.

ומדברי הרמב"ם נראה שאסור להשתין כשהם בראשו, בין בבית הכסא קבוע בין בבית הכסא עראי - וה"ה בזרועו, [מסתימות לשון הרמב"ם, וכן משמע בשו"ע של הגר"ז, **אכן** מצאתי בפמ"ג דמצדד להיתר בשם הא"ר], **דס"ל** דגזרינן שמא יפיח בהם, **אבל** כשהן בכיסן ואוחז הכיס בידו, מותר להשתין בהן לד"ה, שכשהן בכיסן אין איסור בהפחה.

ויש לחוש לדבריו - ולעת הצורך כגון שיתבטל עי"ז מתפלה בצבור, יכול לסמוך אדיעה ראשונה, אך שיזהר הרבה שלא יבוא לידי הפחה, כ"כ הח"א, **ומ"מ** נוהגין לחלוץ הש"ר, וגם הש"י נכון להסיר הרצועות מכף היד, שלא יבוא לשפשף הניצוצות בהם.

אות ז'

ולא יישן בהן לא שינת קבע ולא שינת עראי

סימן מד ס"א - כל זמן שהתפילין בראשו או בזרועו, אסור לישן בהם אפילו שינת עראי - דגזרינן שמא יבוא להפיח בהם, (**דלא** כהרא"ש ור"י שמתירין שינת עראי, והגר"א משמע שדעתו לפסוק כמותם להקל, **אך** לדעתו לא מיקרי שינת עראי כי אם כדי הילוך ק' אמה, **ואף** בזה דוקא אם הניח ראשו בין ברכיו).

ואין שיעור לשינת עראי, מ"א, **וי"א** כדי הילוך ק' אמה, והוא חלק ס"ז משעה בקירוב, וכן פסק הגר"א.

אלא אם הניח עליהם סודר - דעי"ז יזכור שיש תפילין עליו, ולא יבוא להפיח, **ולא היתה עמו אשה, ישן בהם שינת עראי** - אבל אם אשתו עמו אסור, גזירה שמא ישמש בהן.

וכיצד הוא עושה, מניח ראשו בין ברכיו, והוא יושב וישן - דאל"ה חיישינן שמא יבוא להשתקע בשינת קבע.

ולא חשיב היסח הדעת אלא כשהוא עומד בשחוק וקלות ראש, אבל כשהוא עוסק במלאכתו ואומנתו, ואין דעתו עליהן ממש, אין זה נקרא היסח הדעת, {**אם** לא שמטריד דעתו כ"כ לצרכי הגוף, עד שלבבו פונה מי"ש מחמת טרדתו}, **וכן** כשהוא ישן, שוכח הבלי העולם.

ומ"מ מצוה מן המובחר שיהא דעתו תמיד על התפילין, ושלא יסיח דעתו מהן למשוך ולהרהר במחשבות רעות, שמטעם זה חייב למשמש כל שעה שלא יסיח דעתו מהן, **זולת** בשעת התפלה והלימוד א"צ ליתן דעתו בהן.

היו תפילין כרוכין בידו, מותר לישן בהם אפי' שינת קבע - דלא חיישינן להפחה כיון שאינם עליו.

ואם אוחזן בידו ואינם כרוכים בידו, אסור לישן בהם אפי' שינת עראי - דחיישינן שמא יפלו מידו. **הגה: ודוקא כשאוחזן בלא נרתקן, אבל בנרתקן בכל ענין שרי** - דאפי' אם יפלו על הקרקע אין חשש כ"כ, **ועיין** בביאור הגר"א שכתב, דדוקא אם הנרתק מחזיק טפח, אז חשיב חציצה להפסיק בינו לקרקע.

אות ח'

סכין וקערה ככר ומעות הרי אלו כיוצא בהן

סימן צז ס"א - ולא קערה מלאה - שלבו עליה שלא ישפך ממנה, **ולא סכין** - שלא יפול לארץ ויתקע ברגלו, **ומעות** - שלא יתפזרו, ואף אם הם צרורין טריד שמא יאבדו, אם לא שאוחזן באופן

דליכא למיחש שמא יאבדו, **וככר, מפני שלבו עליהם שלא יפלו, ויטרד ותתבטל כוונתו** - וכתב בברכ"י, דה"ה דאסור להושיב תינוק לפניו בשעת תפלה.

ודוקא הני שאם יפלו יש בהם הפסד או יזיקו לו, אבל שארי דברים מותר לאחוז, [מ"א, ‹שהביא כן מדרש"י›, **וי"א** דהני לאו דוקא, אלא אורחא דמילתא נקט, וה"ה שאין ליטול שום דבר בידו בשעת התפלה, וכן הסכים הט"ז.

ובדיעבד א"צ לחזור ולהתפלל, אם לא שידע שעי"ז לא כיון באבות, [**ונ"ל** דזה יחזור אף בזמנינו, שאם לא יאחזם יכוין].

אות ט'

כך היה מנהגן של אנשי ירושלים, אדם יוצא מביתו ולולבו בידו, הולך לבית הכנסת לולבו בידו, קורא ק"ש ומתפלל ולולבו בידו וכו'

סימן צו ס"א - ולולב בזמנו, מותר לאחוז בידו, כיון שהאחיזה בידו היא מצוה, אינו נטרד בשבילו.

ומותר הש"ץ להחזיק הס"ת בידו בשבת כשאומר "יקום פורקן", דכיון שכונתו אז להתפלל על לומדי תורה, ע"כ מחזיק הס"ת בידו ולא לשם שמירה, והוי כמו לולב בזמנו, **וכן** מותר להחזיק בשעה שמברכים החודש.

צ"ע אם מותר ליקח תפילין וס"ת בידו היכא דמתיירא מפני גנבים, דאפשר דהתירו לו.

נפל ספר על הארץ ואינו יכול לכוין, מותר להגביהו כשיסיים הברכה שהוא עומד בה, ואי לא"ה לא יפסיק, **וכ"ש** שאין לקרוץ באצבע וכיוצא בשעת תפילה.

אם התחיל להתפלל שמו"ע ונתבלבל, מותר לילך למקום הידוע לו ליקח משם סידור.

סימן תרנב ס"א - הגה: והמדקדק יאחוז הלולב בידו כשנכנס מביתו לבהכ"נ, גם בשעת התפלה, וכן יחזירו לביתו, כדי לחבב המצות (טור) - ואע"פ שאסור להחזיק שום דבר בשעת התפלה, הכא כיון דלקיחתו מצוה, לא מיטריד ביה, **והנה** אף דבגמרא איתא שכן היו עושין אנשי ירושלים, היה אדם יוצא מביתו ולולבו בידו, קורא ק"ש ומתפלל ולולבו בידו וכו', **מ"מ** כתבו אחרונים, דכהיום מחזי כיוהרא, אם לא מי שמפורסם למדקדק במעשיו, [יט]**מיהו** זה נוהגין גם היום, שמוליכין הלולב בבקר בעצמו לביהכ"נ, וכן מחזיר לביתו בעצמו.

---

§ מסכת סוכה דף מב. §

אות א'

לא שנו אלא שלא יצא בו, אבל יצא בו חייב

רמב"ם פ"ב מהל' שגגות ה"י - [א]המוציא את הלולב ביום טוב הראשון של חג שחל להיות בשבת כדי לצאת בו, והעבירו ארבע אמות ברשות הרבים בשוגג, פטור, שהרי ברשות הוציא - ‹ואמר אביי, לא שנו אלא שלא יצא בו, אבל יצא בו קודם שהוציא, חייב, ופירש"י, משום דהשתא אינו טרוד בדבר מצוה, וז"ש רבינו: הוציא וכו' כדי לצאת בו - כסף משנה›.

אות ב' - ג'

הא מדאגבהיה נפק ביה

כשהפכו

רמב"ם פ"ז מהל' לולב ה"ט - משיגביה ארבעה מינין אלו, בין שהגביהן כאחת, בין בזה אחר זה, בין בימין בין בשמאל, יצא; והוא שיגביהן דרך גדילתן, אבל שלא דרך גדילתן לא יצא; ומצוה כהלכתה שיגביה אגודה של שלשה מינין בימין ואתרוג בשמאל, ויוליך ויביא ויעלה ויוריד, וינענע הלולב שלשה פעמים בכל רוח ורוח.

[ב]סימן תרנא ס"ה - [ג]יברך "על נטילת לולב", ו"שהחיינו", קודם שיטול האתרוג, כדי שיברך עובר לעשייתו - דאין לברך קודם שיטלנו להלולב, דלא מסתבר לברך בעוד שהלולב מונח בכלי, **וכן** אין לברך אחר שנטל כל הד' מינים, דבעינן עובר לעשייתן, **הלכך** מברך קודם שיטול האתרוג, דזהו עובר לעשייתן, שמעכבין זה את זה, דהיינו שאם חסר לו איזה מן המינין, לכו"ע לא יצא, הלכך מקרי עובר לעשייתן, [**דאף** שאם כולן בפניו, יכול ליטלן בזה אחר זה, מ"מ כל כמה שאינו נוטל האתרוג לא קיים המצוה כלל, דמצוה א' הן, לפיכך מקרי עובר לעשייתן].

[ד]או יהפוך האתרוג עד שיברך - העוקץ למעלה, דאינו יוצא בזה, דבעינן דרך גדילתן, ולאחר הברכה יהפוך העוקץ למטה כדרך גדילתן, ויוצא בזה.

באר הגולה

יט ‹ודוקא לאחוז הלולב בידו, ולא בקופסא או נרתיק, דצריך ליטול הלולב באופן שיוצא ידי חובה, ומבואר בשו"ע תרנ"א ס"ז, דאם נטל הלולב בכלי, לא יצא ידי חובתו, ובמ"ב כתב, ואפילו הוא כלי של כסף - שיעורי הגרי"ש אלישיב ברכות דף מ"ב: **ובשם** הגר"ח קנייבסקי, בבני ברק לא מכירים מנהג זה כלל›

א ‹זהו בזמן הבית, דבזמה"ז גזרו שלא ליטלו בשבת, ואין כאן טרדה דמצוה - ערוה"ש› ב ‹ע"פ הגר"א› ג **טור בשם הרמב"ם** ד **שם בשם ר"י תוס' ל"ט.** ‹ד"ה עובר, וע"ש דגם העצה שהיא הב"י לקמן נמצא שם›

לולב הגזול פרק שלישי סוכה מב

לא שנו · דפטור אלא שלא יצא ידי חובת נטילה קודם שהוליכו דהשתא טרוד במצוה וטעה בדבר מצוה אבל יצא בו קודם שהוליכו תו לא טעה בדבר מצוה הוא ולא טרוד מהשתא במצוה לעשותה: ס"ג הא **מדאגבהיה נפיק ביה אמר אביי כשהפכו.** הכי קשיא ליה ה"ד לא יצא בו הא לא הוציאו אא"כ הגביהו ומדאגבהיה נפק ביה ידי חובת לקיחה וקתני פטור אמר אביי כשהפכו כשהגביהו הפך העליון למטה והאגד למעלה ואמרינן לקמן* אין יוצאין בהן אלא דרך גדילתן: **דרך כבוד** · כגון בסודר שכורך ידיו בסודר כדאמרן לעיל (ד' לז·): **ודרך בזיון** · כגון בקערה: **אומר היה רבי יוסי עולת העוף שנמלאת בין אגפיים** · נראה בעיני דהאי בין אגפיים אינו אלא לשון עופות עולת העוף שנמלאת בין עופות המלוקים לחטאת המפרכסין אצל המזבח שפעמים שהן נעשין על קרן אחת כדתנן בשחיטת קדשים (זבחים ד' סג·) חטאת העוף היתה נעשית על קרן מערבית דרומית ושלשה דברים היתה אותה הקרן משמשת מלמטה וג' מלמעלה מלמטה חטאת העוף והגשות ושירי הדם ולמעלה ניסוך המים והיין ועולת העוף כשהיא רבה במזרח שעיקר מקום עולת העוף בקרן דרומית מזרחית וכשהיו כהנים רבים עומדים ומולקים עולת העוף במזרח באים למערב ונעשית שם בקרן חטאת העוף אלא שהעולה למעלה מחוט הסקרא והחטאת למטה: **וכסבור** · הכהן חטאת העוף היא: **ואכלה** · ונמצא שמעל בקדשי שמים בשוגג: **פטור** · מקרבן מעילה הואיל דעם החטאת נמצאת ואכילתה מצוה דכתיב (שמות כט) ואכלו אותם אשר כפר בהם הוה ליה טועה בדבר מצוה ופטור: **היינו הך** · למה ליה לרב הונא למימר פשיטא דממתני' שמעי' ליה: **מהו דתימא** · במתני' הוא דפטור משום דטעה בדבר מצוה וסוף סוף עשה מצוה שנטל הלולב בהולכה זו אבל הכא לא עשה מצוה באכילתה אם עולת העוף היא: **קא משמע לן** · רב הונא דשמיע ליה מרביה דלא שני לרבי יוסי בין טעה בדבר מצוה ועשה מצוה לטעה בדבר מצוה ולא עשה מצוה: הכי גרסינן רבי יוסי אומר השוחט את התמיד שאינו מבוקר כהלכתו מן המומין בשבת חייב חטאת משום שחיטה בשבת שחיטה של מצוה ואיכה דוחה אלמא טעה בדבר מצוה ולא עשה מצוה חייב שהרי טרוד זה במצוה שהיה רוצה לשחוט תמיד של שבת וכסבור שהוא מבוקר: להכשירן לא גרסינן: **מלשכה שאינן מבוקרין** · דאין זה טועה בדבר מצוה שבטלאים שבלשכה זו אינו טרוד שאינן עומדין להקרבה להיות חרד עליהם מתי יקרבו ואף חרדת זמן התמיד לא שייכא הכא שקרוב למזיד הוא ולא דק בלשכות להבחין מאיזו יביא:

אמר אביי כשהפכו · מדאיצטריך לשנויי הכי משמע דסבירא ליה דמצות *אינן צריכות כוונה דהא קאי אמוציא לרשות הרבים והתם אין שייך מתכוין לצאת כל כמה דלא בירך ועוד דאיירי בהולך אצל בקי ללמוד ותימה דבסוף ראוהו ב"ד (ר"ה ד' כח:) דאמר רבא מצות אינן צריכות כוונה קא מותיב ליה אביי טובא, ושמא אביי קיבלה מיניה: **עולת** העוף שנמלאת בין אגפיים · למאי דאמרי' בשילהי אלו דברים (פסחים ד' עב:) דלא פטר רבי יוסי בלולב אלא משום דזמנו בהול צריך לומר דהאי נמי זמנו בהול כדי שלא תבא חטאת לידי נותר: **מהו** דתימא התם הוא דטעה בדבר מצוה ועבד מצוה אבל הכא טעה בדבר מצוה ולא עשה מצוה אימא לא קא משמע לן · פלוגתא היא בפסחים פרק אלו דברים (שם) דמחייב התם בנתחלף לו ספוד של נותר בשפוד של צלי ואכלו ואית ספרים דגרסי מהו דתימא הני מילי מצוה דרמי עליה אבל מצוה דלא רמי עליה אימא לא כלומר לולב דלא סגי ליה דלא שקיל דאי אפשר על ידי אחרים אבל חטאת אפשר שיאכלנה אחר: **שאינו** מבוקר כהלכתו · ואפי' נמלא תם משום דטעון ביקור ד' ימים קודם שחיטה דבפרק מי שהיה טמא (שם דף צו·) יליף לה מפסח בגזרה שוה: **היודע** לישאל ברשות היחיד ספקו טמא · אבל אינו יודע לישאל אפילו ברשות היחיד ספקו טהור כדדרשינן בסוטה פרק כשם (ד' כח:): **היודע** לפרוס כפיו חולקין לו תרומה בבית הגרנות· מקמי הכא אין חולקין לו בגורן אבל משגרין לו לביתו אם יודע לשומרה בטהרה והכי תניא בגמרא דנושאין על האנוסה ביבמות (ד' לט: ושם) עשרה אין חולקין להן תרומה בבית הגרנות וקא חשיב חרש שוטה וקטן וקתני סיפא משגרין להן בבתיהן ובבית הגרנות אין חולקין לו שבזיון תרומה היא שאין כל רואיו בקיאין בו שיודע לשומרה בטהרה אבל לביתו משגרין לו הבקיאין בו *ומי שיודע לפרוס כפיו ופורס בלבור הכל יודעין שהביא שתי שערות שאין קטן פורס את כפיו כדתנן במגילה (דף כד·) כך פי' בקונט' ולא משמע הכי אלא בקטן ממש איירי דומיא דהיודע לדבר אביו מלמדו תורה והיודע לשחוט וכן כולהו אחריני והא דאמר בנושאין על האנוסה (יבמות דף לט: ושם) דאין חולקין תרומה

לא שנו אלא שלא יצא בו אבל יצא בו חייב הא מדאגבהיה נפק ביה אמר אביי כשהפכו רבא אמר אפילו תימא שלא הפכו הב"ע כגון שהוציאו בכלי והא רבא הוא *דאמר לקיחה על ידי דבר אחר שמה לקיחה הני מילי דרך כבוד אבל דרך בזיון לא אמר רב הונא אומר היה רבי יוסי עולת העוף שנמצאת בין אגפיים וכסבור חטאת העוף היא ואכלה פטור מאי קא משמע לן דטעה בדבר מצוה פטור היינו הך מהו דתימא התם הוא דטעה בדבר מצוה *פטור היינו דעבד מצוה אבל הכא דטעה בדבר מצוה ולא עבד מצוה אימא לא קא משמע לן מיתיבי רבי יוסי אומר השוחט את התמיד שאינו מבוקר כהלכתו בשבת חייב חטאת וצריך תמיד אחר אמר ליה בר מינה דההיא דהא אתמר עלה אמר רב שמואל בר התאי אמר רב המנונא סבא אמר רב יצחק בר אשיאן אמר רב הונא אמר רב כגון שהביאו מלשכה שאינן מבוקרין: **מתני'** מקבלת אשה מיד בנה ומיד בעלה ומחזירתו למים בשבת רבי יהודה אומר בשבת מחזירין ביום טוב מוסיפין ובמועד מחליפין *קטן היודע לנענע חייב בלולב: **גמ'** פשיטא מהו דתימא הואיל ואשה לאו בת חיובא היא אימא לא תקבל קא משמע לן: קטן היודע לנענע: ת"ר *קטן היודע לנענע חייב בלולב להתעטף חייב בציצית לשמור תפילין אביו *לוקח לו תפילין יודע לדבר אביו לומדו תורה וק"ש תורה מאי היא א"ר המנונא °תורה צוה לנו משה מורשה קהלת יעקב ק"ש מאי היא פסוק ראשון *היודע לשמור גופו אוכלין על גופו טהרות לשמור את ידיו אוכלין על ידיו טהרות היודע לישאל ברשות היחיד ספיקו טמא ברשות הרבים ספיקו טהור היודע לפרוס כפיו חולקין לו תרומה בבית הגרנות

תורה אור
דברים לג

רבי יוסי אומר השוחט את התמיד שאינו מבוקר כהלכתו מן המומין בשבת חייב חטאת משום שחיטה בשבת שחיטה של מצוה ואיכה דוחה אלמא טעה בדבר מצוה ולא עשה מצוה חייב שהרי טרוד זה במצוה שהיה רוצה לשחוט תמיד של שבת וכסבור שהוא מבוקר: להכשירן לא גרסינן: **מלשכה שאינן מבוקרין** · דאין זה טועה בדבר מצוה שבטלאים שבלשכה זו אינו טרוד שאינן עומדין להקרבה להיות חרד עליהם מתי יקרבו ואף חרדת זמן התמיד לא שייכא הכא שקרוב למזיד הוא ולא דק בלשכות להבחין מאיזו יביא: **מתני' מקבלת אשה מיד בנה ובעלה** · את לולביהן ולא אמרינן קמטלטלא מידי דלא חזי: **מחזירין למים** · שלא יכמוש: **בשבת מחזירין** · שהרי מכאן נטלום היום אבל לא מוסיפין מים כ"ש שאין מחליפין המים לשפוך את אלו ולתת אחרים טון מהכי דטרח לתקוני מנא: **במועד מחליפין** · בחולו של מועד מצוה להחליף: **גמ' אימא לא** · דלגבה איכא איסור טלטול: **קא משמע לן** · כיון דראוי לנטילת אנשים תורת כלי עליו ומותר בטלטול לכל: **חייב בלולב** · לחנכו מדבריהם: **לשמור תפילין** · שלא יכנס בהן לבית הכסא: **שיודע לשמור גופו** · מטומאת מגע ומשא ואהל: **אוכלין על גופו טהרות** · אם נגע גופו בטהרות אין חוששין להם אבל לא על ידיו אם נגע בידיו בטהרות חוששין להם שיש יודע לשמור גופו ואין יודע לשמור ידיו מתורת סתם ידים שגזרו עליהם להיות שניות אלא אם כן יודע לשומרם אבל היודע לשמור את ידיו משגלם אינו נוגע בשום דבר ספק או בספק המטמא את הידים ואם לא נזהר ובא ליגע בטהרות נוטל ידיו: **אוכלין על ידיו טהרות** · שנגעו ידיו בהם: **והיודע לישאל** · שאם שואלין אותו נגעת בטומאה זו יודע להשיב הן או לאו או איני יודע: **ברשות הרבים ספיקו טהור** · אם שאלוהו ואמר איני יודע: **ברשות היחיד ספיקו טמא** · הכי גמירי לה הלכתא מסוטה כדאמרינן במסכת סוטה (דף כה·) ומכאן אתה דן לשרץ כו': **היודע לפרוס כפיו** · כשהוא כהן: **חולקין לו תרומה בבית הגרנות** · ומקמי הכי אין חולקין לו בגורן אבל משגרין לו לביתו אם יודע לשומרה בטהרה דהכי תניא בגמרא דנושאין על האנוסה ביבמות (דף נט:) עשרה אין חולקין להם תרומה בבית הגרנות חרש שוטה וקטן כו' וכולן משגרין להם לבתיהם בבית הגרנות אין חולקין להם שבזיון תרומה הוא שאין כל רואיו יודעים בו שהוא בקי לשומרה אבל לביתן משגרין להם הבקיאים ומכירין בהם ומשיודע לפרוס כפיו ופורס בלבור הכל יודעים שהביא שתי שערות שאין קטן פורס כפיו כדאמרינן במגילה (דף כד·) הלכך חולקין לו:

עין משפט נר מצוה

קיז א מיי' פ"ב מהל' שגגות הלכה י:
קיח ב ג מיי' פ"ז מהלכות לולב הל' ט סמג עשין מד:
קיט ד מיי' שם הלכה יט סמג שם טוש"ע א"ח סי' תרנא ס"ז:
קכ ה ו מיי' פ"ז מהל' לולב הלכה כה סמג עשין מד טוש"ע א"ח סי' תרנד:
קכא ז מיי' שם הלכה יח סמג שם טוש"ע א"ח סי' תרנז:
קכב ח מיי' פ"ג מהל' ציצית הלכה ט סמג עשין כו טוש"ע א"ח סי' יז סעיף ג:
קכג ט מיי' פ"ד מהל' תפילין הלכה יג סמג עשין כב טוש"ע א"ח סי' לז סעיף ג:
קכד י כ מיי' פ"א מהל' ת"ת הלכה ו סמג עשין יב טוש"ע י"ד סי' רמה סעיף ה:
קכה ל מיי' פי"ז מהל' אבות הטומאות הלכה י:
קכו מ מיי' פי"ב מהל' תרומות הל' כב:

רבינו חננאל

שהוציא ברשות א"ר אמי ל"ש שפטור אלא שלא יצא בו מקודם שנמצא מוציאו עכשיו לצאת בו ולפיכך פטור אבל יצא בו חייב חטאת ואוקמה אביי כשהפך הלולב בשמאל ואתרוג בימין. ורבא אוקמה בשהוציאו בכלי דכי האי גוונא לא נפק ביה בהגבהתו כי דרך בזיון הוא. והא דאמר רבא בשמעתא דמקמי הא דאי נקטיה בסודרא נפיק ביה ידי חובתו דלקיחה ע"י דבר אחר שמה לקיחה הני מילי כגון סודר דהוא דרך כבוד אבל לקיחה בכלי דהוא דרך בזיון לא. אמר רב הונא אומר היה ר' יוסי עולת העוף שנמצאת בין אגפיים. פי' שנמצאת מלוקת בין אגפיים וכסבור חטאת העוף היא ואכלה פטור פשיטא מהו דתימא גבי לולב טעה בדבר מצוה וט"מ עשה מצוה אבל עולת העוף דלא עשה מצוה כי אכילת העולה אינה מצוה ליחייב קמ"ל דפטור. ואיתיבנא על רב הונא ר' יוסי אומר השוחט תמיד שאינו מבוקר כהלכתו בשבת חייב חטאת כו'. הנה ר' יוסי טעה בדבר מצוה מחייב ומשני בר מההיא דהא אוקמה כגון שהביאו מלשכת הטלאין שאין מבוקרין לפיכך חייב: מתני' מקבלת אשה מיד בנה ומיד בעלה לולב ומחזירתו למים בשבת כלומר אפי' אשה שאינה בת נטילת לולב והייתי אומר אסורה לטלטלו קמ"ל אפי' אשה מותרת לטלטלו וכ"ש איש. ומחזירתו למים בשבת ולא גזרינן משום השקת זרעים: ירושלמי תני מטלטלין עצי בשמים להריח בהן לחולה בשבת רבנן דקיסרי אמרין ערבה מותר לתניף לחולה בשבת. ר' יהודה אומר בשבת מחזירין ביום(טוב) מוסיפין במועד מחליפין. יש מי שאומר מחזירין ומוסיפין ומחליפין הכל במים ויש מי שאומר דמחליפין ומוסיפין בהדס הוא ומסתברא במ"ד במים דהא מחזירין ומוסיפין ומחליפין קתני חיכא דמחזירין בשבת תנן, קתני דמוסיפין בי"ט ותמן קתני דמחליפין במועד ואמאי אין מוסיפין מים בשבת משום דנראה כמשקה זרעים בשבת: פיסקא כל קטן היודע לנענע בלולב חייב היודע להתעטף בציצית חייב היודע לשמור תפילין אביו לוקח לו תפילין. היודע לדבר אביו מלמדו תורה צוה לנו וגו' ופסוק הראשון מק"ש היודע לשמור ידיו אוכלין ע"ג ידיו טהרות היודע לשמור גופו אוכל ע"ג גופו טהרות. כיצד בודקין אותו

ועיין בב"י דיש עוד עצה שיהיה קודם לעשייתן, דהיינו שיכוין שלא לצאת בהמצוה עד אחר הברכה, [**דאף** למ"ד מצות א"צ כונה, מ"מ אם כוון שלא לצאת, אינו יוצא], **ועיין** בביאור הגר"א שכתב, דזה העצה היא היותר מובחרת שבכולן, [**אמנם** בעיקר הענין משמע מהגר"א, שאין אנו צריכים כלל לחפש עצה בענינינו שיהיה עובר לעשייתן, ‹כמ"ש בפ"א דפסחים (דף ז:), דמשמע שמברך אחר שהן בידו ויצא בהן – שם, ע"ש בתוס'›.

ואם שכח לברך קודם לקיחה, מברך אחר כך, דהא גם הנענוע הוא מן המצוה, [פמ"ג, **והנה** לדבריו אם כבר נענע ג"כ, אף שאוחז עדיין בידו, שוב אינו יכול לברך, **אמנם** לפי דעת הגר"א הנ"ל, מברך אח"כ].

אות ד'

הני מילי דרך כבוד, אבל דרך בזיון לא

סימן תרנא ס"ז - ובלבד שיהא דרך כבוד; [ה]אבל אם אינו דרך כבוד, כגון שנתן הלולב בכלי ונטלו, לא יצא - ואפילו הוא של כסף, דלא הוי דרך כבוד כשאוחזו בכלי, ולא שמה לקיחה, **והסכימו** כמה אחרונים, דבכלי יש להחמיר בכל ענין, בין שאוחזו בדופני הכלי, [משום חציצה, ולפי דעת הר"ן משום דלא הוי לקיחה תמה], **או** מניח ידיו תחת שוליו, **או** אוחז בבית יד של הכלי, [דהוי לקיחה ע"י דבר אחר דרך בזיון].

אות ה' – ו'

מקבלת אשה מיד בנה ומיד בעלה, ומחזירתו למים בשבת בשבת מחזירין, ביום טוב מוסיפין, ובמועד מחליפין

סימן תרנד ס"א - [ו]מקבלת אשה הלולב מיד בנה או מיד בעלה ומחזירתו למים - דאע"ג דאינה חייבת בלולב, מ"מ רשאה לטלטלו, דגם היא רשאה לברך עליו, [הוא לפי מנהגינו, **ואפי'** לדעת המחמירין וסוברין דאינה רשאה לברך מאחר שאינה חייבת, **מ"מ** רשאה לטלטלו, הואיל ואיכא תורת כלי עליו לגבי אנשים, רש"י].

ותוסיף עליו מים אם צריך - ולא גזרינן משום השקת זרעים, **אבל לא תחליף המים** - דטרח הוא לתקוני מנא, **ואם** מותר להעמידן לכתחלה במים, עיין לעיל סימן של"ו סי"א ובמ"ב שם.

והנה בשבת ‹בזמן הזה שאין נוטלין אותו בו – לבוש›, אסור להוציאו ממים, דמוקצה הוא כדלקמן בסימן תרנ"ח, **ואם** שגג והוציאו, אסור להחזירו למים, [**והקשה** הפמ"ג, דהא כתב המ"א, דמוקצה כל זמן שהוא בידו מותר להניח באיזה מקום שירצה, **ותירץ** בבכורי יעקב, דכיון דהלולב מוקצה בשבת, א"כ גם המים שהיה בהם הוקצו עמו, וא"כ כשחוזר ומניח הלולב לתוכן, הרי מטלטל המים, דשבשוכן זהו טלטולן].

ובחוה"מ, [ז]מצוה להחליפם כדי שישאר לח והדור - ומנהג כשר וטוב ליתן לולב וערבה במים שלא ייבשו.

הגה: ונוהגין ליקח כל יום חוה"מ ערבה חדשה ולקשרה בלולב, והוא הדור מצוה - כתב בכורי יעקב, דהיינו שיקשור אותה מבחוץ עם הלולב, **ולא** כאותן שתוחבין אותה באגד, דכבר קרא תגר על מנהג זה הא"ר, דעל ידי זה שהוא מכניס ומוציא תמיד, לפעמים נושרין רוב העלין, **וגם** בלאו הכי יש לומר דלא מקרי אגד כהלכתו, שאין זה קשר ממש כיון שמכניס ומוציא, **לכן** יתיר הקשר לגמרי, ויחזור ויקשור, **וזה** דוקא בחול המועד, אבל ביום טוב אסור לעשות כן, דאסור לקשור.

אות ז'

קטן היודע לנענע חייב בלולב

סימן תרנז ס"א - [ח]קטן היודע לנענע לולב כדינו - היינו מוליך ומביא מעלה ומוריד, [ואפי' אינו בקי ממש בנענועים כבסי' תרנ"א], (ואפילו אינו יודע לקרות ההלל כלל), **אביו חייב לקנות לו לולב, כדי לחנכו במצות** - הא אם אינו יודע, אף שהוא כבר שית, אינו חייב לחנכו, דחינוך אינו שוה בכל המצות - פמ"ג במשב"ז, **ובאשל** אברהם צדד להיפוך, ובבכורי יעקב הסכים להקל, [**אך** אם ירצה לברך עליו רשאי].

(**ופשוט** דצריך שיהיו ד' מינין כשרין כמו בגדול), **ומצות** חינוך הוא אפילו בשאר הימים שהם מדרבנן.

וא"צ לקנות לו לולב בפני עצמו, כי לאחר שיצא בו אביו יתננו לבנו לנענע בו ולברך עליו - רש"ל, וכ"כ התוס' והעיטור, דיוצא בשל אביו, **וי"א** דאם ידו משגת, טוב יותר שיקנה לו לולב, כדי שיעשה הנענועים כדינו בשעת הלל עם הצבור, שזה טוב יותר ממה שיברך אח"כ.

(**ותינוקות** שאין יודעין לברך, ינענעו את הלולב ודים).

[ט]סימן תרנא ס"ח - [י]ינענע בשעה שמברך - אפילו נוטל שלא בשעת ההלל, מנענע לכל הרוחות, ואע"פ שיחזור ויטלנו בשעת ההלל.

אות ח'

להתעטף, חייב בציצית

סימן יז ס"ג - [יא]קטן היודע להתעטף, אביו צריך ליקח לו ציצית לחנכו - פי' ליקח לו בגד של ד' כנפות, ולהטיל בו ציצית כדי לחנכו במצות.

ושיעור טליתו, כתב בפמ"ג ובדרך החיים, שהוא כדי להתעטף בו ראשו ורובו שלו, ומשערינן בקטן עצמו שמתעטף בו, לפי גדלו ולפי קטנו, ואם יש בו זה השיעור, אז צריך אביו להטיל בו ציצית ולברך עמו, ואם אין בו זה השיעור, אין מברכין עליו.

באר הגולה

[ה] מימרא דרבא שם מ"ב [ו] משנה סוכה מ"ב [ז] כפי' רש"י והמרדכי שם בשם רבי אליעזר ממיץ [ח] משנה סוכה מ"ב [ט] ‹ע"פ הבאר הגולה› [י] תוס' והרא"ש מדין הקטן משנה מ"ב ומברייתא [יא] סוכה מ"ב

כ"ז דוקא כשלא הגיע עדיין לי"ג, אבל מי"ג ואילך חייב בציצית כגדול, **ומ"ש** מהרי"ל, שנוהגין שגם נערים גדולים אין מתעטפים בציצית, עד שנושאין להם נשים, וסמכו להן אקרא, דכתיב: גדילים תעשה לך, וסמיך ליה: כי יקח איש אשה, **הוא** דבר תמוה, דעד שלא ישא אשה יהיה יושב ובטל ממצות ציצית.

הגה: ודוקא כשיודע לעטוף שני ציציות לפניו ושנים לאחריו (הג' מיימוני), ויודע לאחוז הציצית בידו בשעת ק"ש (מרדכי).

אות ט'

לשמור תפילין, אביו לוקח לו תפילין

סימן לז ס"ג - [יב]קטן היודע לשמור תפילין בטהרה, [יג]שלא יישן ושלא יפיח בהם. הגה: ושלא ליכנס בהן לבית הכסא (רש"י פרק לולב הגזול), חייב אביו לקנות לו תפילין לחנכו - במצות הנחתן, וכן ללמדו הדינים הנצרכים לזה, דקודם לכן אין רשאי להניח תפילין, ולאו חינוך הוא.

(נראה פשוט דלדעת המחבר, אם מאיזה טעם לא קנה אביו עבורו תפילין, כגון שלא היה יכול לשמרם בטהרה וכה"ג, ונעשה בנו בן י"ג שנים ויום אחד, שוב אין על אביו מצות חינוך, דאיש הוא וחייב מעצמו בכל המצות, **ואם** איש עני הוא, כל ישראל חייבים בזה).

(ויש לעיין, אם יש לו ב' בנים, אם חייב לקנות תפילין עבור כל אחד, או שיוצא במה שיחנך מתחלה לבנו האחד, ואחר תפלתו יתנם לבנו השני, וכן ביש לו בן אחד, והוא משיג לשאול עבורו תפילין, או שיתן לו את תפליו לק"ש ותפלה בכל עת החינוך, דהיינו עד שיעשה לאיש, אם יוצא בזה, **דאפשר** מה דנקט הברייתא אביו קונה לו תפילין, היינו דוקא בזמנם, שהיו מניחין תפילין כל היום, ואין מצוי שישאיל א' לחבירו תפיליו, משא"כ בזמנינו, תדע, דלא נקט כן בלולב, וצ"ע).

הגה: וי"א דהאי קטן דוקא שהוא בן י"ג שנים ויום אחד (בעל העיטור) - היינו אפי' אם לא הביא ב' שערות, (פי' ואז תליא באם יודע לשמור תפיליו), **וכן נהגו, ואין לשנות (ד"ע)** - וקודם לכן אין מניחו ללבוש תפילין אפילו אם ירצה, דבודאי אין יודע לשמור תפילין.

(ומה דאין נוהגין כהיום לדקדק בזה, ‹דבבן י"ג יהיה תלוי באם יודע לשמור תפיליו›, אפשר דהרמ"א לא פסק לנהוג כוותיה רק לענין שלא יניח קודם בר מצוה, ולא לזה, **א"נ** דכ"ז דוקא בזמנם שהיו מניחין תפילין כל היום, וקשה ליזהר בשמירתן, אבל כהיום שאין מניחין רק בזמן ק"ש ותפילה, תלינן מסתמא בשנעשה י"ג שידע לשמור תפיליו, אם לא כשנדע שאין יודע לשמור תפיליו).

ועכשיו נהגו להניח ב' או ג' חדשים קודם הזמן, (ועיין בפמ"ג שמצדד לפסוק כמש"כ הב"ח, דעכ"פ קטן בן י"ב שנה הלומד תלמוד ומבין, יכול להניח תפילין, דעליו בודאי נוכל לסמוך, אם יודע לשמור את עצמו מהדברים הנזכרים בסמוך).

חרש המדבר ואינו שומע, או שומע ואינו מדבר, חייב להניח תפילין, **אבל** אין שומע ואין מדבר, אין מוחין בידו מלהניחם אם רוצה.

אות י' - כ'

יודע לדבר, אביו לומדו תורה וקריאת שמע וכו'

יו"ד סימן רמה ס"ה - [יד]מאימתי מתחיל ללמד לבנו, משיתחיל לדבר מתחיל ללמדו: תורה צוה לנו וגו', ופסוק ראשון מפרשת שמע; ואח"כ מלמדו מעט מעט, עד שיהא כבן ששה, או כבן שבעה - היינו בכחוש לגמרי, **ואז מוליכו אצל מלמדי תינוקות** - אבל בכחוש קצת, מכניסין אותו כבן שש שלימות, כדלקמן סעיף ח' - ש"ך.

אות ל'

היודע לשמור גופו, אוכלין על גופו טהרות וכו'

רמב"ם פט"ז מהל' אבות הטומאה ה"י - וארבעה ספיקות אמרו חכמים בתינוק: תינוק שאינו יכול להלך, שהניחתו אמו ובאה ומצאתו כמו שהוא במקומו, טהור, ואין אומרין שמא טמאה באה ונשקתו וגפפתו; התחיל התינוק לצאת ולהכניס, בגדיו טהורין ואין מדרס כשאר בגדי עם הארץ, ואף על פי שהן טהורין, אין עושין על גביהן טהרות; הגדיל עד שיהיה בו דעת לישאל, ספיקו טמא ברה"י; הגדיל עד שיהיה בו דעת לשמור את גופו, אוכלין על גופו טהרות; יודע לשמור את ידיו, אוכלין על גבן טהרות; כיצד בודקין אותו, מטבילין אותו ונותנין לו חולין לשם תרומה, אם יודע לשמור את גופו, אוכלין אגב גופו טהרות, ואם יודע לשמור את ידיו, אוכלים אגב ידו טהרות.

אות מ'

היודע לפרוס כפיו, חולקין לו תרומה בבית הגרנות

רמב"ם פי"ב מהל' תרומות הכ"ב - עשרה אין חולקין להן תרומה בבית הגרנות, אף על פי שהן אוכלין אותה או מאכילין אותה, ואלו הן: החרש, והשוטה, והקטן שאין בו דעת [טו]לפרוש חוקו, מפני שאין באלו דעת וכו'.

באר הגולה

[יב] סוכה מ"ב [יג] ‹כן פי' סה"ת וסמ"ק - גר"א›, ‹והרמ"א הביא פי' רש"י› [יד] **ברייתא סוכה דף מ"ב.** [טו] ‹ומש"כ: והקטן שאינו יודע לפרוש חוקו, הוא לשון התוספתא פ"ק דחגיגה, ופירושו שאינו יודע לפרוש כפיו, דאי יודע לפרוש כפיו חולקין לו בבית הגרנות, כדתניא ס"פ לולב הגזול דף מ"ב - כסף משנה›. ‹**ואע"ג** דדעת רבנו, דגם אם יש בו דעת אין נושא כפיו עד שיתמלא זקנו, מ"מ מזמן שראוי לישא כפיו כבר יכול לשמור התרומה בטהרה. **וי"א** שמשעה שיודע לישא כפיו אע"ג שעדיין קטן הוא, מותר לו לישא כפיו אם יש גם כהנים אחרים בביהכ"נ, אבל לא בפני עצמו. **ודעת** קצת ראשונים {רש"י סוכה}, דכל קטן אין חולקין לו תרומה עד שיביא ב' שערות - דרך אמונה›

ידיודע לשחוט אוכלין משחיטתו אמר רב הונא יוהוא שגדול עומד על גביו *גיכול לאכול כזית דגן מרחיקין מצואתו וממימי רגליו ארבע אמות אמר רב חסדא דוהוא שיכול לאוכלו בכדי אכילת פרס אמר רב חייא בריה דרב ייבא ובגדול אע"פ שאינו יכול לאכול בכדי אכילת פרס דכתיב °ויוסיף דעת יוסיף מכאוב ייכול לאכול כזית צלי שוחטין עליו את הפסח שנאמר °איש לפי אכלו רבי יהודה אומר עד שיכול לברר אכילה כיצד נותנין לו צרור וזורקו אגוז ונוטלו :

תורה אור: קהלת א — שמות יב

הדרן עלך לולב הגזול

לולב וערבה ששה ושבעה *ההלל והשמחה שמונה סוכה *וניסוך המים שבעה החליל חמשה וששה לולב שבעה כיצד יו"ט הראשון של חג שחל להיות בשבת לולב שבעה ושאר כל הימים ששה ערבה שבעה כיצד יום השביעי של ערבה שחל להיות בשבת ערבה שבעה ושאר כל הימים ששה מצות לולב כיצד (בשבת) *יום טוב הראשון של חג שחל להיות בשבת מוליכין את לולביהן להר הבית והחזנין מקבלין מהן וסודרין אותן על גבי איצטבא והזקנים מניחין את שלהן בלשכה ומלמדין אותם לומר כל מי שמגיע לולבי לידו הרי הוא לו במתנה למחר משכימין ובאין והחזנין זורקין אותם לפניהם והן מחטפין ומכין איש את חבירו וכשראו ב"ד שבאו לידי סכנה התקינו שיהא כל אחד ואחד נוטל בביתו : **גמ'** אמאי טלטול בעלמא הוא ולידחי שבת אמר רבה *הגזרה שמא יטלנו בידו וילך אצל בקי ללמוד ויעבירנו

יודע לשחוט · לאמן ידיו לשחיטה אף על פי שאינו בקי בהלכות שחיטה : **מותר לאכול משחיטתו** · כדאמר רב הונא והוא שגדול עומד על גביו וראה שלא שהה ולא דרס : **כזית דגן** · כל חמשת המינין קרי דגן חטין ושעורים וכוסמין ושבולת שועל ושיפון : **מרחיקין מצואתו** · משאכל כזית מאלו בכל ענין אכילה שהואת מינים הללו מסרחת : **ד' אמות** · לענין קריאת שמע ותפלה : **והוא שיכול לאכול כזית זה בכדי אכילת פרס** · לביטוני אבל אם צריך זה הקטן לשהות יותר מכאן הרי הוא כאוכל עכשיו חצי זית ולמחר חצי זית שכן הלכה למשה מסיני שאין אכילה מצטרפת לשהייה ארוכה מזו : **פרס** · חצי ככר ששיערו בו חכמים מזון שתי סעודות לעירוב ולשון פרס פלגא כדתנן בעירובין (דף פב:) חציה לבית המנוגע לבא בבית המנוגע ליטעון כיבוס בגדים שהלאן הכתוב בשהיית שיעור אכילה דכתיב (ויקרא יד) והאוכל בבית יכבס בגדיו : **מכאוב** · מסריח : **שוחטין עליו את הפסח.** ממנין אותו על בני החבורה ואי לא לא דכתיב (שמות יב) איש לפי אכלו תכסו הראוי לאכילה :

הדרן עלך לולב הגזול

לולב וערבה · שהן במקדש כל שבעה לולב לנטילה וערבה להקיף מזבח כדלקמן בפירקין (דף מה·) : **ששה ושבעה** · פעמים שדוחין שבת והן כל שבעה ופעמים שאין דוחין והוו להו ששה ימים ולקמיה מפרש ואזיל לה : **ההלל** · לגמור כל שמונה כן תקנו נביאים הראשונים ובערכין (דף י·) מפרש מאי שנא מפסח מפני שימי החג חלוקים בקרבנותיהן : **והשמחה** · לאכול בשר שלמים דקיימא לן בפסחים (דף קט·) בזמן שבית המקדש קיים אין שמחה אלא בבשר שנאמר וזבחת שלמים ואכלת שם ושמחת ואף על גב דהאי קרא לאו ברגלים כתיב דהאי קרא בהר גרזים ובהר עיבל כתיב מיהו ברגלים שמחה כתיבא ושמחת בחגך: **סוכה** · לישב בסוכה : **ניסוך המים** · בתמידי החג שחרית ולא ערבית כדאמרינן בסדר יומא בפ' שני (דף כו:) : **החליל** · שמחת בית השואבה היו שמחים בחג לכבוד שאיבת ניסוך המים ומחללים בחלילים ובכנורות ואותו חליל אינו דוחה יום טוב הלכך פעמים שהוא חמשה ימים בחג כגון שלא חל יום טוב הראשון בשבת דכיון דלא דחי יום טוב וכל שכן שבת שבתוכו של מועד פשו להו חמשה ופעמים שהוא ששה כגון שחל יום טוב ראשון בשבת דפשו להו ששה של חול המועד דבזמן מקדש אין עושין יום טוב שני : **לולב שבעה** · דיום טוב ראשון דחי שבת : **ושאר כל הימים.** שחל בהן יום טוב ראשון ונמצאת שבת בחולו של מועד לא דחי ואע"ג דכל שבעה הוא מן התורה במקדש לא דחי כדאמרינן טעמא בגמרא וכן ערבה בשביעי ובגמרא מפרש מאי שנא שביעי : **מצות לולב** · ביום טוב הראשון שחל להיות בשבת כיצד : ה"ג י"ט הראשון של חג שחל להיות בשבת כל העם מוליכין את לולביהן להר הבית מערב שבת : **החזנין** · שמשין שהיו שם לצורכי צבור : **ע"ג האיצטבא.** רחבה של הר הבית היתה מוקפת איצטבאות לישב שם ומסוככת למעלה מפני הגשמים . על גב האיצטבא גר' במתני' דהיינו על גבי הספסלים : **והזקנים** · שדואגין שלא ידחפום למחר ויתמעכו בהקהל הכל לקחת איש לולבו : **ומלמדין** · ב"ד את כולם לומר אם יבא לולבו לידי חבירו הרי הוא שלו במתנה כדי שלא יהא אללו לא גזול ולא שאול : **גמ' טלטול בעלמא** · אין בו צד איסור אלא כמטלטל עלים וכיון דמן התורה הוא במקדש כל שבעה למה אסרוהו מה סייג לתורה מצאו בו : **ללמוד** · כענענו או ברכתו:

תרומה לקטן בבית הגרנות היינו כשאינו יודע לישא את כפיו והא דתנן בפרק הקורא את המגילה עומד (מגילה דף כד· ושם) דקטן אינו נושא את כפיו היינו בפני עצמו אבל עם הגדולים נושא כדאשכחן גבי שיר של מקדש פרק אין נערכין (ערכין דף יג:) דתנן בין רגלי [הלוים] היו עומדים וצעירי הלוים היו נקראים והא דאמרינן בשילהי פרק קמא דחולין (ד' כד: ושם) נתמלא זקנו ראוי ליעשות שליח צבור ולירד לפני התיבה ולישא את כפיו*עד שיתמלא זקנו איכא לאוקומה ביחידי שאין עמו אחר אי נמי לישא את כפיו בקביעות ובשעה שמרבים ברחמים כגון ביום הכפורים ובתעניו' ובמעמדות וכן צריך לחלק נמי משום לירד לפני התיבה דבהקורא את המגילה עומד (מגילה ד' כד·)תנן קטן קורא בתורה אבל לא פורס על שמע ולא יורד לפני התיבה ולא נושא את כפיו משמע הא גדול יורד לפני התיבה ואף על פי שלא נתמלא זקנו אלא על כרחך צריך לאוקומה ההיא דחולין כגון ליעשות שליח צבור קבוע ולירד לפני התיבה ביום הכפורים ובתעניות ובמעמדות :

והיודע לשחוט · לאמן ידיו לשחיטה אע"פ שאינו בקי בהלכות שחיטה מותר לאכול משחיטתו כדמפרש רב הונא והוא שגדול עומד על גביו וראה שלא שהה ולא דרס כך פירש בקונטרס משמע דאם אין יודע לאמן ידיו לשחיטה אע"פ שראהו גדול מתחילה ועד סוף שלא שהה ולא דרס אסור לאכול משחיטתו: **יכול** לאכול כזית צלי · יש שיכול לאכול כזית מבושל ואינו יכול לאכול כזית צלי ומשערין בצלי לפי שדינו של פסח צלי :

הדרן עלך לולב הגזול

לולב וערבה.והשמחה·לאכול בשר שלמים דקאמר בע"פ(פסחים דף קט·) בזמן שבהמ"ק קיים אין שמחה אלא בבשר שנאמר וזבחת שלמים ואכלת שם ושמחת ואע"ג דהאי קרא לאו ברגלים כתיב אלא בהר גרזים ובהר עיבל מיהו ברגלים שמחה כתיב דכתיב ושמחת בחגך כך פירש בקונטרס וא"ת זימנין דאיכא נאכלין כל ח' כגון שחל י"ט ראשון דסוכות באחד בשבת ויום שמיני בא' בשבת דאי אפשר לומר כל ח' (א) שלמים דליל מוצאי שביעי לא ישחטו דבעינן יום הקרבה ויום השביעי נמי לא דאין חגיגת שמחה דוחה שבת וע"כ מהני דנשחטו ביום [ששי] אכיל בשביעי ואין שלמים נאכלין לשני ימים ושני לילות כמלא דליל מוצאי שבת שהוא ליל שמיני עצרת לא יאכל שלמים ויש לומר כדאמר רב פפא פרק אלו דברים (שם דף עא·) על קושיא אחרת משמחו בכסות נקיה וביין ישן ה"נ נימא הכי :

טלטול בעלמא הוא · אע"ג דחזי למצוה שייך ביה איסור מוקצה לטלטול מאחר דאין עשוי כלי כדאשכחן גבי קנים דלחם הפנים דכתיבי כדתניא במנחות פרק שתי הלחם (דף צז·) ומנקיותיו אלו קנים ותנן התם* לא סידור הקנים ולא נטילתן דוחה את השבת אלא נכנס מע"ש אלמא חשיב להו מוקצה אע"ג דחזו ללחם ובפ' ארבעה אחין (יבמות דף נג:) גבי זר ששימש דקאמר אי בקבלה ;הולכה טלטול בעלמא הוא ומיהו התם ניחא טפי כיון דזר הוא:

עין משפט נר מצוה

קכז א ב מיי' פ"ד מהל' שחיטה הלכה ס סמג עשין סג טוש"ע יו"ד סי' א סעיף ס :

קכח ג ד מיי' פ"ג מהל' ק"ש הל' ו סמג עשין יח טוש"ע א"ח סי' פא סעיף א :

קכט ה מיי' פ"ב מהל' קרבן פסח הל' ג סמג עשין רסא :

[ג' תיבות אלו עד שיתמלא זקנו ליתא שם]

א ו מיי' פ"ז מהלכות לולב הלכה יג טו סמג עשין מד :

ב ז מיי' שם הל' כא :

ג ח מיי' שם הלכה יג :

רבינו חננאל

אותו *) ומטבלין אותו ומוסרין לו חולין לשם תרומה ורואין והיודע לישאל ברשות היחיד ספיקו טמא ברה"ר ספיקו טהור . יודע לפרוש את כפיו חולקין לו תרומה בגרנות היודע לשחוט אוכלין משחיטתו אמר רב הונא והוא שגדול עומד על גביו יכול לאכול כזית דגן בכדי אכילת פרס מרחיקין מצואתו וממימי רגליו ד' אמות [לק"ש ולתפלה ובגדול אפילו אינו יכול] לאכול כזית דגן בכדי אכילת פרס מרחיקין מצואתו וממימי רגליו ד' אמות יכול לאכול כזית צלי שוחטין עליו הפסח ר' יהודה אומר עד שידע הפרש אכילה כיצד נותנין לו צרור וזורקו אגוז ונוטלו: ירושלמי אבל אינו עובר לפני התיבה ואינו נושא את כפיו ואינו עומד על הדוכן עד שתמלא זקנו . רבי יהודה אומר כולן מבן כ' שנה ולמעלה שנאמר ויעמידו הלוים מבן כ' שנה לנצח כבר פירשנוה בשחיטת חולין בסוף פרק ראשון :

הדרן עלך לולב הגזול

לולב וערבה ששה ושבעה כו' : אמאי אין הלולב ניטל בשבת כשאר הימים בביתו טלטול בעלמא הוא אמר רבה גזירה שמא יטלנו וילך אצל

*) לשון התוספתא דסוכות פ"ב כך הוא וכיצד בודקין אותו מטבילין אותו ומוסרין לו חולין לשם תרומה אם היה יודע לשמור את גופו אוכלין ע"ג גופו לשמור את ידיו אוכלין על גב ידיו טהרות . ע"כ :

הגהות הב"ח

(א) תוס' ד"ה לולב והשמחה · וכו' שמנה שלימים דהיינו ליל מוצאי שביעי דבלילה לא ישחטו ·

מסורת הש"ס

[תוספ' ברכות פ"ב ושם לא הכר דנלאמס בתוספ' חגיגה איתא דגן]

פסחים צא.

תענית ג.

[לקמן מג. מד.]

פסחים קט:

[כילה יז:]

ר"ה כג:

מגילה ד:

§ מסכת סוכה דף מב: §

אות א' - ב'

היודע לשחוט, אוכלין משחיטתו

והוא שגדול עומד על גביו

יו"ד סי' א ס"ה - וקטן [א]שאינו יודע לאמן ידיו לשחוט, אין מוסרין להם לשחוט לכתחלה, אפי' אחרים עומדים על גביהם; ואם שחטו, שחיטתן כשרה אם אחרים עומדים על גביהם; ואין מוסרין להם לכתחלה לשחוט כשאין אחרים עומדים על גביהם, אפילו אם רוצים להאכיל לכלבים. [ב]ואם הקטן יודע לאמן ידיו, אם אחרים עומדים על גביו, שוחט לכתחלה ומותר לאכול משחיטתו. הגה: אבל אם שחט בינו לבין עלמו, שחיטתו פסולה, אף על פי שיודע הלכות שחיטה, (הגהות אשירי ורשב"א ות"ה וא"ז). ומקרי קטן לענין זה עד שנעשה בר מלוה, דהיינו בן י"ג שנים ויום אחד, (ב"י בשם עיטור וא"ז בשם ר' יואל). ויש מחמירין שלא ליתן קבלה למי שהוא פחות מבן י"ח שנה, (מרדכי בשם הלכות א"י והג' אלפסי החדשים), דאז גברא בר דעת הוא, ויודע ליזהר.

אות ג' - ד'

יכול לאכול כזית דגן, מרחיקין מצואתו וממימי רגליו ד"א

והוא שיכול לאוכלו בכדי אכילת פרס

סימן פא ס"א - [ג]קטן שהגיע לכלל, שאחר כיוצא בו יכול לאכול כזית דגן, בכדי שיוכל גדול לאכול אכילת פרס, מרחיקין מצואתו או ממימי רגליו - שכל שהגיע לכלל זה, צואתו מסרחת, **ונראה** דכיון שהגיע לשיעור זה, גם נגד עמוד שלו הוא אסור מן התורה, כמו של שאר אדם גדול.

"**בכדי** שיוכל גדול", ר"ל אדם בינוני, [רש"י], כי יש שבטבעו מאריך באכילתו, ויש שהוא מקצר, **ושיעור** פרס, י"א ג' ביצים, וי"א ד' ביצים.

וכל ה' מינים קרויים דגן, וצואתם מסרחת, **ובמאכל** מבושל שעושין לתינוק, משערינן כפי מה שיכול גדול לאכול מאותו מין אכילת פרס.

ואם צריך הקטן לשהות באכילתו כזית יותר מזה השיעור, הרי הוא כמי שאוכל היום חצי זית ולמחר חצי זית, שכן הוא הלמ"מ בעלמא, שאין אכילה מצטרפת לשהייה ארוכה כזו, ‹כן הביא הט"ז מרש"י›.

"**שאחר** כיוצא בו", ר"ל אע"פ שלא ראינו לזה שאכל, כיון שאחר כיוצא בו יכול לאכול, מסתמא גם הוא יכול לאכול, **ואפילו** אם אין יכול לאכול אלא ע"י בישול, מיקרי אכילה, **אבל** אם הקטן הוא חלוש, וידוע לנו שאינו יכול לאכול כזית בכדי אכילת פרס, א"צ להרחיק מצואתו ומימי רגליו, אפילו הוא בן ג' וד' שנים, (**וטעמא**, דבתר דידיה אזלינן, ונ"ל דכ"ש דאזלינן בתר דידיה להחמיר, ע"כ אם אנו רואין שהקטן הזה יכול לאכול כזית דגן בכדי אכילת פרס, ואחרים בזמנו עדיין לא הגיעו לזה השיעור, אפ"ה צריך מדינא להרחיק מצואתו ומימי רגליו).

והוא שמימיו לא היה יכול לאכול כזית בכדי אכילת פרס, **אבל** אם היה יכול לאכול פעם אחד, ואח"כ נחלש ואינו יכול, ואפילו לא אכל דגן זה ימים רבים, שבודאי צואה זו אינה באה מדגן, מ"מ דינו כגדול, שצריך תמיד להרחיק מצואתו ומימי רגליו ‹של גדול›, אפי' אינו יכול לאכול כלל דגן מעולם, **ויותר** מזה, אפילו אם בעצם לא אכל הקטן מעולם עדיין מין דגן, מ"מ אם בטבעו היה יכול לאכול הכזית דגן בכדי אכילת פרס, ‹ואח"כ נחלש›, הבני מעיים מסריחים כל מיני מאכל שיאכל דומיא דגדול.

[ד]**ויש** מקילין בקטן אם ידוע שלא אכל דגן זה ימים רבים, וכ"ש אם לא אכל מעולם, ‹ואפי' כשלא נחלש›, **אך** לכתחלה בודאי יש להחמיר ולהרחיק אף מצואת קטן כזה, דספק איסור תורה הוא, [ואפשר דלענין מי רגלים יש להקל כוותייהו], **ובדיעבד** אם התפלל נגדם א"צ לחזור, דיש לסמוך על דעת המקילין, (**ולענ"ד, לענין קריאה יש להחמיר, לחזור ולקרות הפרשה של ק"ש עוד הפעם, אחרי שאין בזה חשש ברכה לבטלה, וגם הוא דאורייתא**), **אא"כ** ראינו הקטן הזה שבעצמו אכל ג"כ, ‹כזית בכדי אכילת פרס, בזמן לא רחוק, ויתכן שהצואה היא מהדגן›, שאז לכו"ע דינו כגדול, ואף בדיעבד יחזור ויתפלל.

ודוקא קטן, אבל גדול אפי' אינו יכול לאכול כלל דגן, מרחיקין מצואתו ומ"ר, **וגדול** מיקרי לענין זה, מי שהוא כבר שית כבר שבע.

וכ"ז מצד הדין, אבל טוב וישר הוא להרחיק מצואת קטן אפי' בן ח' ימים.

כתב המ"א בשם הרש"ל, דאין נכון לקרות ק"ש נגד תינוקות, דסתמן מטפחין באשפה מקום צואה, ובגדיהן ומנעליהן מטונפין.

אות ה'

יכול לאכול כזית צלי, שוחטין עליו את הפסח

רמב"ם פ"ב מהל' קרבן פסח ה"ג - אין שוחטין את הפסח אלא על מי שראוי לאכול; היה אחד מבני חבורה קטן או זקן או חולה, אם יכול לאכול כזית, שוחטין עליו, ואם לאו, אין שוחטין עליו, שנאמר: איש לפי אכלו, עד

באר הגולה

א מהא דסוכה לקמן ב **ברייתא סוכה דף מ"ב וכפי' רש"י וכאוקימתא דרב הונא** ‹וקטן היודע לשחוט אוכלין משחיטתו, כלומר שמוסרים לו לשחוט לכתחלה - רשב"א›. ‹**ע"ש** בש"ך שהביא בשם מהרש"ל ודרישה, דאפי' ביודע לאמן ידיו או מומחא, הוי בדיעבד, (ודלא כהמחבר), אא"כ הוא יודע לאמן ידיו וגם מומחא› ג **סוכה מ"ב לפי' הב"י לדעת הפוסקים** ‹ונראה מדברי רש"י, שאם קטן זה לא אכל עדיין כזית דגן, אין מרחיקין מצואתו, ואפי' הוא בן כמה שנים, **ונראה** עוד מדבריו לכאורה, שאע"פ שאכל כזית דגן, אם עברו ימים רבים עד שא"א לומר שצואה זו היא מאותו דגן שאכל, אין מרחיקין ממנו, שהרי תלה הטעם בשצואת מינים הללו מסרחת, **אלא** שלא פי' כמה ימים יעברו על אכילת הדגן ולא נצטרך להרחיק מצואתו ומי רגליו. **אבל** אין נראה כן מדברי הפוסקים, אלא מכיון שהגיע לשיכול לאכול כזית דגן בכדי אכילת פרס, אע"פ שעדיין לא אכל דגן כלל מעולם, מרחיקין מצואתו ומ"ר, שכל שהגיע לכלל זה צואתו מסרחת - ב"י› ד ‹מגן אברהם בשם הב"ח - שעה"צ›, ‹**והב"ח** כתב כן ממשמעות של רש"י, ע"ש. **וכתב** עוד וז"ל: והא דקתני יכול לאכול כזית דגן, היינו לומר דמסתמא כיון דיכול לאכול כזית דגן צריך להרחיק מצואתו מן הסתם, דתלינן דודאי אכל כזית דגן כיון שיכול לאכול, אבל אי ידעינן דלא אכל כזית דגן מעולם וכו' - ב"ח›

שיהיה ראוי לאכול; אפילו חבורה של מאה ואין כל אחד מהן יכול לאכול כזית, אין שוחטין עליהן.

אות ו'

יום טוב הראשון של חג שחל להיות בשבת, לולב שבעה, ושאר כל הימים ששה

רמב"ם פ"ז מהל' לולב הי"ג - מצות לולב להנטל ביום הראשון של חג בלבד, בכל מקום ובכל זמן ואפילו בשבת, שנאמר: ולקחתם לכם ביום הראשון; ובמקדש לבדו נוטלין אותו בכל יום ויום משבעת ימי החג, שנאמר: ושמחתם לפני ה' אלהיכם שבעת ימים; חל יום השבת להיות בתוך ימי החג, אינו ניטל בשבת, גזרה שמא יוליכנו בידו ארבע אמות ברשות הרבים, כמו שגזרו בשופר.

רמב"ם פ"ז מהל' לולב הט"ז - בזמן שבית המקדש קיים היה לולב ניטל ביום הראשון שחל להיות בשבת, וכן בשאר המקומות שידעו בודאי שיום זה הוא יום החג בארץ ישראל; אבל המקומות הרחוקים שלא היו יודעים בקביעת ראש חדש, לא היו נוטלין הלולב מספק.

אות ז'

יום השביעי של ערבה שחל להיות בשבת, ערבה שבעה, ושאר כל הימים, ששה

רמב"ם פ"ז מהל' לולב הכ"א - חל יום שבת להיות בתוך החג, אין זוקפין ערבה, אא"כ חל יום שביעי להיות בשבת, זוקפין אותה בשבת, כדי לפרסמה שהיא מצוה.

אות ח'

גזרה שמא יטלנו בידו וילך אצל בקי ללמוד

רמב"ם פ"ז מהל' לולב הי"ג - עיין לעיל אות ו'.

---

§ מסכת סוכה דף מג. §

אות א'

ראשון דאיתיה מן התורה בגבולין, לא גזרו בהו רבנן

רמב"ם פ"ז מהל' לולב הי"ד - ולמה לא גזרו גזרה זו ביום טוב הראשון, מפני שהוא מצוה מן התורה ואפילו בגבולין, נמצא שאין דינו ודין שאר הימים שוה, שבשאר ימי החג אין אדם חייב ליטול לולב אלא במקדש.

אות ב'

אנן לא ידעינן בקיבועא דירחא

רמב"ם פ"ז מהל' לולב הי"ז - ומשחרב בה"מ אסרו חכמים ליטול את הלולב בשבת ביום הראשון, [א]ואפי' בני ארץ ישראל שקדשו את החדש, מפני בני הגבולין הרחוקים שאינן יודעין בקביעת החדש, כדי שיהיו הכל שוין בדבר זה, ולא יהיו אלו נוטלין בשבת ואלו אין נוטלין, הואיל וחיוב יום ראשון בכל מקום א' הוא, ואין שם מקדש להתלות בו.

אות ג'

ביום ולא בלילה

סימן תרנב ס"א - [ב]מצות לולב ביום ולא בלילה - דכתיב: ולקחתם לכם ביום, ולא בלילה. **וכל היום כשר לנטילת לולב, [ג]שאם לא נטל שחרית, יטלנו אח"כ** - ואם לא נטלו עד ביה"ש ביום ראשון, מחוייב אז ליטלו, דספיקא דאורייתא הוא, ובלי ברכה, דהברכות הם דרבנן, **והאחרונים** הסכימו, דבשאר הימים אף שהוא דרבנן, ג"כ נכון ליטלו, דאין בו טרחה, ורק יזהר שלא יברך אז על הנטילה, [**ובאמת** נראה, לפי מה שידוע דיש דעות בזמן ביה"ש, וקי"ל לחומרא דמתחלת תיכף אחר שקיעה, אבל לא להקל לפטור עצמו מן הנטילה, **אם** לא ברגע אחרונה קודם צה"כ, דהוא ביה"ש דר' יוסי].

[ד]ומ"מ זריזים מקדימים למצות ונוטלים אותו בבוקר; [ה]וזמנו הוא משתנץ החמה - ואם נטלו מעמוד השחר יצא, דמעמוד השחר יממא הוא, אלא מפני שאין הכל בקיאין בו צריכין להמתין עד הנץ החמה, **וע"ל** בסימן פ"ט בביאור הלכה, דלפי דעת כמה אחרונים, אינו נקרא עמוד השחר עד שהאיר פני המזרח.

[ו]ועיקר מצותו בשעת ההלל - כדי לנענע ב"הודו" ו"הושיעה נא", **וקצת** מן המהדרים נוהגים, לברך על הלולב בהנץ החמה בתוך הסוכה ולנענע, ואח"כ בשעת ההלל מנענעים עוד. **[ז]ואם צריך להשכים לצאת לדרך, נוטלו משעלה עמוד השחר** - אע"פ שאח"כ יקרא הלל בלא לולב, וצריך לנענע בשעה שנוטלו.

אות ד'

ימים ואפילו לילות

סימן תרלט ס"א - כיצד מצות ישיבה בסוכה... בין ביום בין בלילה, כדרך שהוא דר בביתו בשאר ימות השנה.

באר הגולה

א ‹לפי מסקנת הגמרא תחלת דף מ"ד.› ב משנה מגילה כ' ג משנה סוכה ל"ח ד ברייתא פסחים ד' ה שם במגילה ו משנה סוכה ל"ז ז ברייתא ברכות ל'

לולב וערבה פרק רביעי סוכה מג

ויעבירנו ארבע אמות ברשות הרבים והיינו טעמא דשופר והיינו טעמא דמגילה אי הכי יום ראשון נמי ראשון הא תקינו ליה רבנן בביתו התינח אחר תקנה קודם תקנה מאי איכא למימר אלא ראשון דאיתיה מן התורה בגבולין לא גזרו בהו רבנן הנך דליתנהו מן התורה בגבולין גזרו בהו רבנן אי הכי האידנא נמי אנן לא ידעינן בקיבועא דירחא אינהו דידעי בקיבועא דירחא לידחו אין הכי נמי (*דתני) חדא *ביום טוב הראשון של חג שחל להיות בשבת *כל העם מוליכין את לולביהן להר הבית (*ותניא) אידך *לבית הכנסת שמע מינה כאן בזמן שבית המקדש קיים כאן בזמן שאין בית המקדש קיים שמע מינה דאיתיה מן התורה בגבולין מנא לן דתניא *ולקחתם שתהא לקיחה ביד כל אחד ואחד לכם משלכם להוציא את השאול ואת הגזול ביום ואפילו בשבת (א) ראשון אפי' בגבולין הראשון מלמד שאינו דוחה אלא יום טוב הראשון בלבד אמר מר ביום ואפילו בשבת מכדי טלטול בעלמא הוא איצטריך קרא למישרי טלטול אמר רבא לא נצרכא אלא למכשירי לולב ואליבא דהאי תנא דתניא* לולב וכל מכשיריו דוחין את השבת דברי ר' אליעזר מ"ט דר' אליעזר אמר קרא ביום ואפי' בשבת ורבנן האי ביום מאי עבדי ליה מיבעי ליה ביום ולא בלילה ור' אליעזר ביום ולא בלילה מנא ליה נפקא ליה מסיפא דקרא ושמחתם לפני ה' אלהיכם שבעת ימים ימים ולא לילות ורבנן אי מהתם הוה אמינא לילף ימים ימים מסוכה מה להלן ימים ואפי' לילות אף כאן נמי ימים ואפי' לילות וסוכה גופה מנלן *דת"ר בסוכות תשבו שבעת ימים ימים ואפי' לילות אתה אומר ימים ואפי' לילות או אינו אלא ימים ולא לילות ודין הוא נאמר כאן ימים (ב) ונאמר בלולב ימים מה להלן ימים ולא לילות אף כאן ימים ולא לילות או כלך לדרך זו נאמר כאן ימים ונאמר במלואים ימים מה להלן ימים ואפילו לילות אף כאן ימים ואפי' לילות נראה למי דומה דנין דבר שמצותו כל היום מדבר שמצותו כל היום ואל יוכיח דבר שמצותו שעה אחת או כלך לדרך זו דנין דבר שמצותו לדורות מדבר שמצותו לדורות ואל יוכיחו מלואים שאין נוהגין לדורות ת"ל תשבו

רש"י

ויעבירנו ארבע אמות ברה"ר · הוא הדין דמצי למימר ויוציא מרשות היחיד לרשות הרבים אלא שברוב מקומות ועניים אמרינן יש לחוש להעברת ארבע אמות ואין לחוש להוצאה כגון אם היה מונח בכרמלית או בקרפף או בגינה דאין כאן איסור הוצאה דאורייתא ויש כאן איסור העברה ברה"ר או הגביהו על מנת ליטלו ולא להוציאו ונמלך להוציאו פטור משום הוצאה אם לא עמד לפוש בינתים כדאמרינן במסכת שבת (דף ה:): הא תקינו ליה רבנן ליטלו בביתו · כדקתני מתניתין התקינו שיהא כל אחד ואחד נוטל בביתו ומתוך שלא התרת לו אלא בביתו זכור הוא ולא אתי לאפוקי: אלא ראשון · דחשובה נטילתו דאפי' בגבולין חייב לא גזרו ביה רבנן לא בגבולין ולא במקדש אבל שאר הימים שאינו מן התורה אלא במקדש לא חשיבא נטילה דידהו וגזור ביה רבנן משום חומרא דשבת אף במקדש ואם תאמר כמלאו ב"ד מתנין לעקור דבר מן התורה הא אותבינה ביבמות (דף צ:) ושנינן שב ואל תעשה שאני: אי הכי · משום דאיתיה בגבולין לא גזור ביה: האידנא נמי · לידחי בי"ט ראשון את השבת: לא ידעינן בקביעא דירחא · שמא אין י"ט עד למחר דהוה לן למעבד חלול מעובר: אינהו · בני א"י שעדיין מקדשין על (ג) הראיה: לידחו · להו אף בזמן הזה: ותניא אידך · מתניתין היא בסוף פירקין דלעיל (דף מב:): ביום אפי' בשבת · דמשמע כל דהו יום וקרא יתירא הוא דמצי למכתב בראשון: ראשון אף בגבולין · לאו מרבויא דריש אלא ולקחתם ביום ראשון ולא פירש מקדש משמע אפי' בגבולין: הראשון · ה"א מישוטא הוא כלומר בראשון לחודיה הוא דאמינא לך ואף בשבת: איצטריך קרא למישרא טלטול · דרבנן עדיין לא נאסר טלטול בעולם ובא הכתוב להתירו כאן: למכשירי לולב · בא הכתוב ללמדך שמכשירי לולב דוחין את השבת כלומר תיקוניה ואפילו לקוצצו מן המחובר ולאוגדו: ונאמר להלן ימים · בלולב מה להלן ימים ולא לילות כדכתיב ביום הראשון: במלואים · כדכתיב (ויקרא ח) ופתח אהל מועד תשבו יומם ולילה וגו': סוכה מצותה כל היום ומלואים מצותם כל היום לישב בעזרה ושלא לצאת כדכתיב ומפתח אהל מועד לא תצאו שבעת ימים ונאמר תשבו יומם ולילה שבעת ימים:

תשבו

תוספות

ויעבירנו ארבע אמות ברה"ר · ה"ה דמצי למימר ויוציאנו מרה"י לרה"ר אלא שברוב מקומות ועניים אמרינן דיש לחוש להעברת ארבע אמות ואין לחוש להוצאה כגון אם היה מונח בכרמלית או בקרפף או בגינה דאין כאן איסור הוצאה מדאורייתא ויש כאן איסור העברה ברה"ר או אם הגביהו על מנת ליטלו ולא להוציא ונמלך עליו להוציאו פטור אם לא עמד לפוש בינתים כדאמרינן בפ"ק דשבת (דף ה:) כך פי' בקונט' וטעם זה לא יתכן דגבי העברה נמי אם מתחילה נטלו על מנת שלא להעבירו ארבע אמות אע"פ שהעבירו אחרי כן לא מיחייב אם לא עמד לפוש בינתים · וטעם ראשון נראה אי נמי מרה"י לרה"ר אית להו היכירא וליכא למיגזר אבל ברה"ר זימנין דלאו אדעתיה ומעביר ארבע אמות*: הא תקינו רבנן ליטול בביתו · כדקתני מתניתין ומתוך שלא התרת לו אלא בביתו זכור הוא ולא אתי לאפוקי וכי תימא א"כ לתקנו נמי כל שבעה בביתו כשחל בשבת יודע הגמרא דמהני קצת הואיל דראשון דאורייתא: לא ידעינן בקביעא דירחא · לאו משום דלא ידעינן דהא אמרינן בר"ה ביצה (דף ד:) דהאידנא ידעינן אלא עבוד רבנן כאילו לא ידעינן משום גזרה דהתם דזימנין דגזרו גזרה ואתי לקלקולי ובפ' מקום שנהגו (פסחים דף נא: ושם) דאמ' ליה רב ספרא (*לרבא) כגון אנא דידענא בקביעא דירחא בישוב לא עבידנא במדבר מאי לא כמו שפירש בקונט' שהיה בקי בסוד העיבור דמ"מ אסור כדפרישי' אלא מפרש רבינו תם דהוה דייר היכא דמטו שלוחי תשרי וזימנין דאזיל בניסן היכא דמטו שלוחי ניסן ולא מטו שלוחי תשרי דגזרינן בההוא דוכתא ניסן אטו תשרי ועבדינן תרי יומי כדאמרינן בסוף פ"ק דר"ה השנה (דף כא.)*: אינהו דידעי בקביעא דירחא אין הכי נמי · אין מסקנא זו קיימא דלקמן מסקינן כיון דלדידן לא דחי לדידהו נמי לא דחי (*וברייתא) דקתני מוליכין לולביהן לבית הכנסת מוקמינן בזמן שבית המקדש קיים ובגבולין וא"ת מאי שנא משופר דתנן פרק ד' דר"ה (דף כט: ושם) י"ט של ר"ה שחל להיות בשבת במקדש היו תוקעין אבל לא במדינה וי"ל דשאני לולב שאינו אלא טלטול בעלמא וכיון דאישתרי במקדש לא החמירו במדינה אבל בתקיעת שופר איכא מעשה חכמה ואחמור בה טפי ומיהו קשה דלאחר חורבן הקילו בשופר טפי מבלולב דתנן בר"ה (שם) משחרב בהמ"ק התקין רבי יוחנן בן זכאי שיהו תוקעין בכ"מ שיש בו ב"ד ולולב לא אישתרי כלל כדמסקי' לקמן וי"ל דשופר שהוא לעלות זכרונם של ישראל לאביהם שבשמים לא רצו לבטל לגמרי וכיון דבחד ב"ד תקנו תקנו בכל מקום שיש בו ב"ד אע"פ שבזמן הבית לא היה אלא במקדש דוקא ועוד דבדין הוא דלולב יהא דוחה בגבולין יותר משופר דבר"ה דלא ידיע קביעות החודש אלא בירושלים אבל י"ט ראשון דלולב היה ידוע אף בגבולין: הראשון מלמד שאינו דוחה אלא י"ט ראשון · מייתורא דה"א קא דריש דה"א מישוטא הוא כלומר בראשון לחודיה הוא דבו ביום ובפ' גיד הנשה (חולין ד' צא.) דרש הירך המיומנת שבירך למעוטי שמאל וכן העולה עולה ראשונה (פסחים ד' מח:) וזימנין דאתיא ה"א לרבות כדאמרינן לעיל בסוף פרק הישן (ד' כח:) גבי תוספת עינוי דיום הכפורים האזרח לרבות את הנשים וגבי סוכה האזרח לרבות את הגרים כל אחד לפי ענינו: וסוכה גופה מנלן · דאי משום תשבו כעין תדורו מה דירה בין ביום בין בלילה דמהאי טעמא הוה מרבינן* נשים מה דירה איש ואשתו אי לאו משום הלכתא שאני הכא דמעטיה קרא בהדיא לילות דשבעת ימים משמע ימים ולא לילות דשבעת ימים מיהו למאי דקאמרינן נראה למי דומה קשה:

תשבו

עין משפט נר מצוה

ד מיי' פ"ז מהלכות לולב הלכה יד:

ה ב מיי' שם הל' יז:

ו ג מיי' שם הלכה י סמג שם טוש"ע א"ח סי' תרנב סעיף א:

ז ד מיי' פ"ו מהלכות סוכה הלכה ו סמג עשין מג טוש"ע א"ח סי' תרלט סעיף א:

[ועי' תוס' ר"ה כט: ד"ה שמא ותוס' מגילה ד: ד"ה ויעבירנה ותוס' ביצה יח. ד"ה שמא]

רבינו חננאל

בקי ללמוד ויעבירנו ד' אמות ברשות הרבים והיינו טעמא דשופר והיינו טעמא דמגילה. ואקשי' אי הכי ניגזור אפי' י"ט ראשון ושנינן י"ט ראשון דאיתיה מן התורה בגבולין לא גזרו רבנן בביתו אבל שאר הימים דליתנהו מן התורה בגבולין גזרו רבנן ליטלו בביתו. ואקשינן אי הכי דאיתיה מן התורה בגבולין האידנא נידחי ליטלו בביתו ודחינן לא ידעינן בקביעא דירחא ומספיקא לא דחיון שבת. בית הוועד דידעי בקביעא דירחא לידחו. ושנינן אין לדידהו דידעי בקביעא דירחא האידנא נמי דחי מדתנן בפ' לולב הגזול י"ט של חג שחל להיות בשבת כל העם מוליכין את לולביהן לבית הכנסת ובפירקין תנן כל העם מוליכין לולביהן להר הבית ש"מ בזמן שבית המקדש קיים היו מוליכין לולביהן להר הבית. אחר שחרב בהמ"ק היו מוליכין לולביהן לבהכ"נ ונדחית האי סברא דהא מקשינן לקמן ושנינן לא אידי ואידי בזמן שבהמ"ק קיים ולא קשיא [כאן] במקדש בהר הבית [וכאן] בגבולין ובשאר המדינות בכנסת ותרווייהו בזמן שבית המקדש קיים. יום ראשון דאיתיה מן התורה בגבולין מנ"ל. דתניא ולקחתם כל אחד ואחד לכם משלכם. להוציא השאול והגזול. ביום ואפי' בשבת לאיתויי מכשירי לולב.

מסורת הש"ס

[לעיל מב:] [לקמן מד.] [צ"ל ותנן] [שם] שבת קלא: ג"ז שם [לעיל כח:]

גליון הש"ס

תוס' ד"ה ויעבירנו וכו' וטעם ראשון נראה. עיין עירובין דף נג ע"ב תוס' ד"ה הכא באילן:

הגהות הב"ח

(א) גמ' ראשון אפילו בגבולים בראשון. כ"ב ובפסחים דף ה מוקי זה ללימוד אחר: (ב) שם אתה אומר ימים ואפילו לילות או אינו אלא ימים ולא לילות ודין הוא נאמר כאן ימים ונאמר במלואים ימים מה להלן ימים ואפילו לילות אף כאן ימים ואפילו לילות או כלך לדרך זו נאמר כאן ימים ונאמר להלן ימים מה להלן ימים ולא לילות אף כאן ימים ולא לילות נראה למי דומה דנין דבר כו"ל: (ג) רש"י ד"ה אינהו וכו' על פי הראיה:

תשבו תשבו לגזרה שוה נאמר כאן תשבו ונאמר במלואים °תשבו מה להלן ימים ואפי' לילות אף כאן ימים ואפילו לילות: ערבה שבעה כיצד: ערבה בשביעי מ"ט דחיא שבת א"ר יוחנן "כדי לפרסמה שהיא מן התורה אי הכי לולב נמי לידחי כדי לפרסמו שהוא מן התורה לולב גזרה משום דרבה אי הכי ערבה נ.מי נגזור ערבה שלוחי בית דין מייתי לה ל.ולב לכל מסור אי הכי כל יומא נמי לידחי אתי לפקפוקי בלולב ולידחי ביום טוב ראשון לא מוכחא מלתא אמרי לולב הוא דקא דחי ולידחי בחד מהנך כיון דקא מפקת לה מראשון אוקמה אשביעי אי הכי האידנא נמי לידחי אנן לא ידעינן בקיבועא דירחא אינהו דידעי בקיבועא דירחא לידחי כי אתא בר הדיא אמר "לא איקלע כי אתא רבין וכל נחותי אמרי איקלע ולאדחי ואלא קשיא אמר רב יוסף מאן לימא לן דערבה בנטילה דלמא בזקיפה איתיביה אביי לולב וערבה ששה ושבעה מאי לאו כלולב מה לולב בנטילה אף ערבה בנטילה מידי איריא הא כדאיתיה והא כדאיתיה איתיביה אביי *בכל יום מקיפין את המזבח פעם אחת ואותו היום שבע פעמים מאי לאו בערבה לא בלולב והא אמר רב נחמן אמר רבה בר אבוה בערבה א"ל הוא אמר לך בערבה ואנא אמינא בלולב אתמר ר' אלעזר אומר בלולב רב שמואל [בר נתן] אמר ר' חנינא בערבה וכן אמר רב נחמן אמר רבה בר אבוה בערבה א"ל רבא לרב יצחק בריה דרבה בר בר חנה *בר אוריא תא ואימא לך מלתא מעליתא דהוה אמר אבוך הא דתנן *כל היום מקיפין את המזבח פעם אחת ואותו היום מקיפין את המזבח שבע פעמים הכי אמר אבוך משמיה דר' אלעזר "בלולב איתיביה *לולב דוחה את השבת בתחלתו וערבה בסופו פעם אחת חל שביעי של ערבה להיות בשבת והביאו מרביות של ערבה מערב שבת והניחום בעזרה והכירו בהן בייתוסין ונטלום וכבשום תחת אבנים למחר הכירו בהן עמי הארץ ושמטום מתחת האבנים והביאום הכהנים וזקפום בצידי המזבח לפי שאין בייתוסין מודים שחיבוט ערבה דוחה את השבת "אלמא בנטילה היא תיובתא ואלא נדחו כיון דאנן לא דחינן אינהו נמי לא דחו והא יום טוב הראשון דלדידן לא דחי ולדידהו דחי

אמרי

תשבו · יומם ולילה ולולב מלותו שעה אחת שלא נאמר בו אלא לקיחה: הלי טעמא דוחה · ולא גזור בה כי היכי דגזור בלולב דהא הכא נמי ליתא מן התורה בגבולין כשאר ימי החג לגבי לולב ואמאי לא גזור בה במקדש: לפרסמה שהיא מן התורה · לפי שאינה מפורשת מן התורה אור התורה בהדיא שבקו לה רוותא למידחי שבת חד יומא כדי לפרסמה שמן התורה היא: לולב נמי נידחו. בשאר ימים במקדש כדי לפרסמו שהוא מן התורה כל שבעה דהא לא מפרשא בהדיא דאיכא למיטעי ולמימר דהאי ושמחתם לפני ה' שבעת ימים לאו שמחה לולב קאמר: שלוחי בית דין מייתי לה. מע"ש ולמחרת אינה מצוה לכל אדם אלא כהנים המקיפין בה את המזבח: אי הכי. דליכא למיגזר בה מידי והוא כל שבעה במקדש מן התורה: כל יומא נמי. דאיקלע בשבת נידחי מאי שנא חד יומא ותו לא: אתי לפקפוקי בלולב. לזלזולי בלולב משום דלא דחי בלולב אלא בחד יומא והא דחי כל יומא אתי למימר לולב לאו מצוה חשובה היא: ולידחי. ערבה בי"ט ראשון כלולב: לאו מוכחא מילתא. דמשום ערבה הוא דמיפרסם שהיא מה"ת דאמרי משום דנתנה לדחות אלל לולב נדחית אף אלל ערבה ועיקר משום לולב הוא: בחד מהנך. באחד משאר הימים: אוקמה אשביעי. יום מסויים או ראשון או אחרון: האידנא נמי. לאחר חורבן דעבדינן ערבה חד יומא כדאמרינן לקמן (ד' מד.) מנהג נביאים היא בגבולין כיון דליכא למיחש מידי לידחי בשביעי ויטלוה ויחבטוה שלוחי בית דין לפרסמה שהיא במקדש מן התורה שהרי לא גזרו עליה בשביעי ולאחר חורבן מי גזר עליה: לא ידעינן בקביעא דירחא. ושמא אין שביעי שלנו שביעי: לא איקלע. הם מעברים את אלול או אחד מן החדשים כשרואין שיארע שביעי בשבת: וכל נחותי. כל הסיעה שירדו מא"י לבבל ושעלו מבבל לא"י וחזרו: מאן לימא לן. דערבה במקדש בנטילה דלידחי השתא ערבה איסורא מדרבנן זכר למקדש דנידחי שבת: דלמא בזקיפה. לא היו נוטלין אותה ביד אלא זוקפין אותן בצידי המזבח לחוד כדתנן במתני' והשתא ליכא מזבח היכא נזקפה: ואותו היום · בשביעי מדקתני פעם אחת ושבע פעמים ש"מ הקפה ברגל סביב המזבח הוא ובמה מקיפין לאו בערבה: לא בלולב · מקיפים לאחר שזקפו הערבה סביב המזבח: בתחלתו · בי"ט ראשון: וערבה בסופו · בשביעי: מרביות · נטיעות: והכירו בהן בייתוסין · הרגישו תלמידי בייתוס והן לדוקים ואינם מודים בערבה שאינה מפורשת מן התורה: וכבשום · טמנום כמו בהדי כבשי דרחמנא למה לך במסכת ברכות (דף י') וי"מ כמו יכבוש עונותינו (מיכה ז) יכסה כסית כל חטאתם סלה (תהלים פה): תחת האבנים · ויודעים הם בחכמים שלא יטלטלו למחר האבנים: עמי הארץ · שלא היו בקיאים באיסור טלטול והם היתה ידם עם הפרושים: והביאום הכהנים וזקפום כו' · אבל ישראל לא היה נכנס בין האולם ולמזבח ומדקתני חיבוט ערבה מכלל דביד נוטלין אותה ומנענעים ומקיפין בה הכהנים את המזבח ברגליהם ואחר כך זוקפין אותה: ואלא לידחי · כיון דבנטילה הוה יש לו לעשות זכר למקדש ולידחי שביעי דילה שבת: כיון דאנן · בגולה לא דחינן משום דלא קים לן בקביעא דירחא*): לדידהו

ויקרא ח
[לקמן מה.]
רש"ל
[ברכות יב.]
[לקמן מה.]
[תוספ' פ"ג]

תשבו תשבו לגזרה שוה · לא לגמרי יליף ממלואים דהתם אי אפשר לישן בעזרה כמו באהל שהיה במקום עזרה דגמירי (סוטה ד' מא:) אין ישיבה בעזרה אלא למלכי בית דוד בלבד ואילו כאן אסור לישן חוץ לסוכה: שלוחי בית דין מייתי לה · מע"ש ולמחרת אינה מצוה לכל אדם אלא הכהנים מקיפין בה את המזבח כדפי' בקונטרס דישראל אין יכולין להקיף כדתנן פ"ק דכלים (מ"ח) דאין ישראל נכנס בין האולם ולמזבח ולכך הולרך בקונטרס לטעם זה שהכהנים מקיפין ואין ישראל שכן מוכח הלשון דקאמר לולב לכל מסור ועוד הכאת שלוחי ב"ד מה יש לו להועיל ועוד דא"כ ליתקן נמי בלולב שיביאום שלוחי ב"ד ולידחו אלא ודאי הדבר תלוי בזה שהכהנים זריזין הן ולא אתו לידי חילול שבת אבל לולב דלכל מסור כיון דלא דחי בישראל בכהנים נמי לא דחי ומיהו קשה דפריך האידנא נמי לידחי והאידנא ערבה לכל מסורה ובקונטרס דחק לפרש לידחי ויטלוה ויחבטוה שלוחי ב"ד: לא איקלע. שהיו מעברין אלול או אחד מן החדשים כשהיו רואים שאירע בשבת שביעי של ערבה והכי אמר בירושלמי ר' סימון מפקד לאלין דמתשבין הבון דעתכון דלא אתי תקעתא בשבתא ודלא אתא ערבתא בשבתא ואי דחיקתון עבדון תקעתא ולא תעבדון ערבתא משמע דחייש טפי יום ערבה מתקיעת שופר ולולב וגם עכשיו אנו מחשבין דלא מיקלע יום ערבה בשבת ואשופר ואלולב לא חיישינן אע"פ שיום ראשון דאורייתא ותימה דאיום ערבה שהוא זכר למקדש בעלמא חיישינן ואהכי דאורייתא לא חיישינן וי"ל דאין הכי נמי דהני דכתיבי בהדיא לא אתי לפקפוקי בהו בשאר שנים אבל ערבה דרבנן אתי לפקפוקי בה ועוד דמספק עבדינן תרי יומי וכי מיקלע יום ראשון בשבת אין שופר בטל לגמרי דתוקעין בשני אע"ג דכי באו עדים קודם המנחה לא עבדי בא"י אלא חד יומא מ"מ בחולה לארץ עבדינן תרי יומי אבל שביעי של ערבה דליתא אלא חד יומא דלא אפשר למיעבד השמיני על הספק לפי שהוא י"ט אם היה בטל לגמרי משתכח תורת ערבה: והביאו מרביות של ערבה מע"ש · כאן לא היו מתנין כל מי שיגיע בערבה של חבירו הרי הוא במתנה כדתנן גבי לולב למ"ד בפירקין דלעיל (דף נ"ד·) ערבה הלכה למשה מסיני לא גמרי משלכם ולאבא שאול נמי דדרש מדכתיב ערבי אחת ללולב ואחת למקדש אלמא בעי משלכם גבי מקדש כמו לולב מ"מ גבי לולב שכל אחד מביא לולבו להר הבית והחזנים מקבלין מידם היו לריכין להתנות אבל ערבה שלוחי ב"ד מייתו לה ואין אחד מהן זוכה בה עד למחרת בשבת ועוד דהכהנים מקיפין את המזבח ולא היו כל כך מרובים ועוד דזריזין הן:

אמרי

עין משפט נר מצוה

ח א מיי' פ"ז מהלכות לולב הלכה כא:

ט ב טוש"ע א"ח סי' תכח סעיף א:

י ג מיי' שם הלכה כג:

יא ד מיי' שם הל כג:

רבינו חננאל

ואליבא דר' אליעזר ביום למטומי לילה אליבא דרבנן אבל לולב לא איצטריך קרא למישרי מלטול. ראשון ואפילו בגבולין הראשון שאינו דוחה אלא אותו יום הראשון בלבד. סוכה שנוהגת בלילות כבימים מנא לן בסוכה כתיב בסוכות תשבו שבעת ימים ובמלואים כתיב ופתח אהל מועד תשבו יומם ולילה שבעת ימים מה להלן במלואים לילות כבימים. אף בסוכה חייבין לישב בה לילות כימים: מתני' ערבה שבעה כיצד יום שביעי כו'. ערבה בשביעי מ"ט דוחה את השבת. א"ר יוחנן כדי לפרסמה שהיא מן התורה כו'. ופשוטה היא. ואסיקנא אמרי' כיון דאפיקתיה מראשון אוקמה אשביעי ואקשי' אי הכי שערבה מן התורה היא שתהא ביום ז' נטילת תדחה שבת אצל בני ישראל דידעי בקביעא דירחא ויודעי שבודאי היום יום ז' של חג הוא. והנה ר' אבין וכל נחותי מערבא אמרי איקלע יום ז' של חג בשבת ולא נטלו בו ביום ערבה. ועלתה בקשיא' ושני רב יוסף כיון דלא אשכחן דכתיב לקיחה בערבה בפירוש כי בהלכה מפורש מצות ערבה ודלמא בזקיפה היא וקיום מצותה בזקיפה. ולפיכך לא הוצרכנו לנטילת ערבה והלכך לא דחי נטילתה שבת. ומותיב אביי ממתני' דקתני לולב וערבה מה לולב בנטילה אף ערבה בנטילה. ומשני לא.הא כדאיתיה והא כדאיתיה לולב בנטילה וערבה בזקיפה ואסיקנא א"ר אלעזר הא דתנן אותו היום היו מקיפין את המזבח שבעה פעמים בלולב ומותבינן מהא דתניא לולב דוחה את השבת בתחלתו וערבה בסופו פעם אחת חל שביעי של ערבה להיות בשבת והביאו מורביות של ערבה מע"ש והניחום בלשכה כו' עד ושמטום מתחת האבנים והביאום וזקפום בצידי המזבח לפי שאין בייתוסין מודים שחיבוט ערבה דוחה את השבת והא חיבוט דכי נטילה הוא ואמאי אמרת בזקיפה. ופרקי' לעולם יום ז' של ערבה מן התורה וכל מילתא דאנן בני חוצה לארץ לא דחינן ליה אינהו נמי בני א"י לא דחו ליה. איני והא לולב שחל להיות י"ט ראשון

*) דירחא לדידהו כו' הד"א ט' כשתי תורות הס"ד ומה"ד דלדידן כו' וש"יך לכאן

§ מסכת סוכה דף מג: §

אות א'

<u>ערבה בשביעי מאי טעמא דחיא שבת, אמר רבי יוחנן: כדי לפרסמה שהיא מן התורה</u>

רמב"ם פ"ז מהל' לולב הכ"א - כיצד היתה מצותה, בכל יום ויום משבעת הימים היו מביאין מורביות של ערבה וזוקפין אותן על צדדי המזבח, וראשיהן כפופין על גבי המזבח; ובעת שהיו מביאין אותה וסודרין אותה, תוקעין ומריעין ותוקעין; חל יום שבת להיות בתוך החג, אין זוקפין ערבה, אלא אם כן חל יום שביעי להיות בשבת, זוקפין אותה בשבת כדי לפרסמה שהיא מצוה.

אות ב'

<u>לא איקלע</u>

סימן תכח ס"א - אלו הימים שאין קובעים בהם המועדים; לא אד"ו ר"ה; ולא גא"ו יוה"כ; ולא זב"ד פורים; ולא בד"ו פסח; ולא גה"ז עצרת והושענא רבה; לא ג' חנוכה; ולא אג"ו צום אסתר; ולא בד"ו צום תמוז ואב. לעולם ביום שיהיה פורים יהיה ל"ג לעומר, וסימן פל"ג; וביום שיהיה חנוכה יהיה עצרת, כשיהיו כסדרן או חסירים.

אות ג'

<u>כל היום מקיפין את המזבח פעם אחת, ואותו היום מקיפין את המזבח שבע פעמים... בלולב</u>

רמב"ם פ"ז מהל' לולב הכ"ג - בכל יום ויום היו מקיפין את המזבח [א]בלולביהן בידיהן פעם אחת, ואומרין: אנא ה' הושיעה נא, אנא ה' הושיעה נא, וביום השביעי מקיפין את המזבח שבע פעמים; וכבר נהגו ישראל בכל המקומות להניח תיבה באמצע בית הכנסת, ומקיפין אותה בכל יום כדרך שהיו מקיפין את המזבח זכר למקדש.

[ב]סימן תרסד ס"ג - [ג]יש מי שאומר שאף ביום זה מקיפים בלולב ולא בערבה - ר"ל כמו בימים הקודמים, שאין נוטלין הערבה, שלא הוקבע ערבה רק ליום זה, **וטעם** הדבר, דבגמרא אית פלוגתא אם מקיפין בלולב או בערבה, ודעה הראשונה ס"ל כמ"ד דמקיפין בלולב.

ולא נהגו כן, אלא להקיף בו גם בערבה - כדי לצאת כל הדיעות, שגם מ"ד בלולב אין פוסל אם מקיף בערבה, וכן מ"ד בערבה אין פוסל אם מקיף בלולב - ב"י, **ועיין** לקמיה בס"ז בהג"ה, **והסכימו** האחרונים, דאם אין לולב בעיר, יקיפו בהו"ר בערבה.

אות ד'

<u>אלמא בנטילה היא</u>

רמב"ם פ"ז מהל' לולב הכ"ב - כיצד היו עושין, מביאין אותה מערב שבת למקדש, ומניחין אותה בגיגיות של זהב כדי שלא יכמשו העלין, ולמחר זוקפין אותה על גבי המזבח, ובאין העם ולוקחין ממנה ונוטלין אותה כדרך שעושין בכל יום. וערבה זו הואיל ואינה בפירוש בתורה, אין נוטלין אותה כל שבעת ימי החג זכר למקדש, אלא ביום השביעי בלבד הוא שנוטלין אותה בזמן הזה; כיצד עושה, לוקח בד אחד או בדין הרבה, חוץ מערבה שבלולב, וחובט בה על הקרקע או על הכלי פעמים או שלש בלא ברכה, שדבר זה מנהג נביאים הוא.

באר הגולה

א [להרמב"ם הקפה היתה בלולב לבד, בכל יום פ"א, וביום זה ז' פעמים, ‹דאע"ג דכתב בהל' כ"ב דערבה בנטילה, עיין לקמן אות ד', היינו לצורך חביטה, אבל לא בהקפה כל עיקר›, **ודעת** רש"י ‹דף מ"ג: ד"ה והביאום›, שלא היתה הקפה בלולב כלל, ‹לצד דערבה בנטילה, עיין ב"ח›, אלא דמתחילה כשהיו שלוחי ב"ד מביאין הערבות, היו העם נוטלין אותה ביד ומנענעים, ואח"כ מקיפים בם הכהנים את המזבח ברגליהם, ואח"כ זוקפין אותן בצדי המזבח, ובכל יום היה הקפה בערבה פ"א, וביום זה ז' פעמים - שעה"צ סי' תרסד ס"ב] ב ‹מילואים› ג **הר"ן ושכן כתב רש"י בתשובה והרמב"ם** ‹וז"ל תשובת רש"י: ועל היקף שבכל ימות החג נשאל רבינו נ"ע וכן השיב: שכתב על ההיקף שבכל ימות החג, שיש חולקין ואומרין אם אין לולב אין היקף, ויש אומרין יש היקף אע"פ שאין לולב מצוי: אני כבר נשאלתי על זה כמה שנים והשיבותי כדברי האומרין יש היקף. **ושגיתי** בה, שדימיתי דכי איתותב רב יוסף ממתניתא דחיבוט ערבה, אכולה מילתא איתותב, בין בהא דאמר ערבה לאו בנטילה, בין דאמר היקף אחת שבכל יום ושבע של שביעי בלולב. ואמרתי אחרי שהושב רב יוסף, ושמעינן דבערבה היה אותו היקף, אלמא לא הוזכר לולב לענין היקף אלא ערבה, ואמור רבנן דלא עבדינן לה האידנא שבעה זכר למקדש, לפיכך דימיתי שהיקף זה שאנו מקיפין בכל יום לא חובה הוא עלינו, אלא בענין זכר למקדש לערבה שבע מנהג בעלמא הוא, ולולב לא מחייבו ולא פוטרו, שהרי אין לולב בהיקף. [**אבל** עתה יישר כחו של אחי שלמדתי מפלפולו, ויש לומר שלא לחנם הנהיגו הראשונים בלולב היקף], קסברי מחוורתא היא, כי אתותב רב יוסף מהא מתניתא, [אהא דאמר ערבה בזקיפה] ולא בנטילה אתותב, ושמעינן מינה דבנטילה, אבל מילתא אחריתי דאמר היקף דמתני' בלולב, וכן אמר ר' אלעזר, בדוכתיה קיימי, וההיקף בלולב הוה, וכיון שהוטל עלינו חובה לעשות ללולב זכר למקדש שבעה, הנהיגו להקיף בו כל שבעה זכר למקדש, ואם אין לולב אין היקף, וכן [נראין] הדברים, וחוזרני בו מבראשונה. שלמה בר' יצחק›

§ מסכת סוכה דף מד. §

אות א'

לדידהו נמי לא דחי

רמב"ם פ"ז מהל' לולב הי"ז - ומשחרב בית המקדש אסרו חכמים ליטול את הלולב בשבת ביום הראשון, ואפי' בני ארץ ישראל שקדשו את החדש, מפני בני הגבולין הרחוקים שאינן יודעין בקביעת החדש, כדי שיהיו הכל שוין בדבר זה, ולא יהיו אלו נוטלין בשבת ואלו אין נוטלין, הואיל וחיוב יום ראשון בכל מקום א' הוא, [א]ואין שם מקדש להתלות בו.

רמב"ם פ"ז מהל' לולב הי"ח - ובזמן הזה שהכל עושין על החשבון, נשאר הדבר כמות שהיה, שלא ינטל לולב בשבת כלל לא בגבולין ולא בארץ ישראל, ואפילו ביום ראשון, ואע"פ שהכל יודעים בקביעת החדש; וכבר בארנו שעיקר האיסור בנטילת הלולב בשבת, גזרה שמא יעבירנו ארבע אמות ברשות הרבים.

סימן תרנח ס"ב - [ב]ביום שבת אינו נוטל, אפי' אם הוא יום ראשון - כן תקנו חכמים, משום גזירה שמא יטלנו בידו ויעבירנו ד' אמות בר"ה, [לילך אצל בקי ללמוד נענועו או ברכתו, רש"י].

הגה: ואסור לטלטל הלולב בשבת, דהוי כאבן (ר"ן והמגיד וכל בו) - וה"ה הערבות וההדסים, [דהא ההדס של מצוה הוקצה לכל ז' ימים, ואסור להריח בו אף בשבת].

ואפילו לצורך גופו ומקומו אסור, ולא דמי לשופר דשרינן בס"ס תקפ"ח לטלטלו לצורך גופו ומקומו, דשאני התם דהוי כלי, וראוי לאיזה דבר כלשאוב בו וכדומה, משא"כ הכא דעץ בעלמא הוא, [**ומה** דאיתא בירושלמי, דערבה מותר להניף בה לחולה בשבת, אפשר משום דהוא צורך חולה התירו איסור מוקצה].

אבל האתרוג מותר בטלטול, דראוי להריח בו - ואף שכתב המחבר בס"ס תרנ"ג שיש למנוע מלהריח בו, היינו בשעה שהוא נוטלו לצאת בו, או עכ"פ שהוא יום חול, ומשום שראוי ליטלו לצאת בו, ומשום ספק ברכה כמו שנתבאר שם, **משא"כ** בשבת שאיננו נוטלו, בודאי ראוי להריח ולברך עליו ג"כ, **ועוד** אם מברך על פרי אחר ומכוין להוציא גם הנאת ריח זו, בודאי יכול להריח בו, וע"כ אינו מוקצה.

[**והחמד** משה ומטה יהודה דעתם כהט"ז, דלהמחמירין למנוע מלברך בכל המועד על ריח האתרוג, יש למנוע בשבת ג"כ, **ומ"מ** נ"ל דהרוצה לנהוג כדעת המ"א, לברך בשבת על ריח האתרוג, אין מוחין בידו, דבלא"ה הרבה פוסקין עומדין בשיטת המ"א, דאפי' ביום חול כשאינו נוטלו למצותו רק להריח, דיוכל לברך]. ‹ע"ל סי' תרנ"ג ס"א›.

ואסור ליתנו על הבגד, אפי' ביו"ט, דמוליד ריחא (מהרי"ל) - בבגד, והוי כתיקון מנא, **ומשמע** דאפי' אינו מכוין לזה ג"כ אסור, מפני שא"א שלא יקלוט והוי פסיק רישא, [לפי מה שהסכימו כמה אחרונים, דאמרינן פ"ר אסור אפי' בדרבנן], **ויש** מקילין בזה היכי דאינו מכוין, [דיש לחלק בין איסור דרבנן להך דהכא], **ובשעת** הדחק שאין לו מקום משומר להניח האתרוג שמה, אפשר דיש לסמוך אמקילין, [**ובפרט** היכי דלא ניחא ליה כלל, ולא מהני ליה במה שיוקלט הריח, דאז אפשר לצרף לזה דעת הערוך, דמקיל בפ"ר דלא ניחא ליה אפי' באיסור דאורייתא].

אבל מותר ליתנו על הבגד או מוכין שהיה מונח בו מעיו"ט, שכבר קלט הריח.

אות ב'

ערבה דלית לה עיקר מן התורה בגבולין, לא עבדינן שבעה זכר למקדש

רמב"ם פ"ז מהל' לולב הכ"ב - כיצד היו עושין, מביאין אותה מערב שבת למקדש, ומניחין אותה בגיגיות של זהב כדי שלא יכמשו העלין, ולמחר זוקפין אותה על גבי המזבח, ובאין העם ולוקחין ממנה ונוטלין אותה כדרך שעושין בכל יום; וערבה זו הואיל ואינה [ג]בפירוש בתורה אין נוטלין אותה כל שבעת ימי החג זכר למקדש, אלא ביום השביעי בלבד הוא שנוטלין אותה בזמן הזה; כיצד עושה, לוקח בד אחד או בדין הרבה חוץ מערבה שבלולב, וחובט בה על הקרקע או על הכלי פעמים או שלש, בלא ברכה, שדבר זה מנהג נביאים הוא.

באר הגולה

[א] ‹בכאן תירץ קושיא אחת, והיא, דאפילו בראשונה, שמי שהיה במקדש והקרובים היו נוטלים ביום שבת, והרחוקים לא, הא מיחזי כשתי תורות, לכך קאמר דבזמן שהיה מקדש, אע"פ שמי שהיה במקדש והקרובים למקדש היו נוטלים בשבת, היו תולים הכל במקדש שהיה קיים, אבל השתא דליכא מקדש מיחזי תורה כשתי תורות – לחם משנה› [ב] **מסקנת הגמרא סוכה מ"ד** [ג] ‹תמה אני על טעם זה, לפי ששאלו בגמרא מאי שנא לולב דעבדינן שבעה זכר למקדש... ומתרץ אמר רב זביד משמיה דרבא לולב דאורייתא עבדינן שבעה זכר למקדש... ומקשה דערבה לאו מדרבנן היא לשום תנא... ומתוך כך נתנו טעם אחר, ואמרו אלא לולב דאית ליה עיקר מדאורייתא בגבולין, עבדינן ליה שבעה זכר למקדש, ערבה דלית ליה עיקר מן התורה בגבולין, לא עבדינן שבעה זכר למקדש, וזו היא מסקנא דגמ', וא"כ הו"ל לרבנו להזכיר כן, לפי שאין לערבה עיקר כלל מן התורה בגבולין, לא תקנו לה שבעה, ואולי היה לו לרבינו גרסא אחרת בזה, וצ"ע – מגיד משנה›

עין משפט נר מצוה

יב א מיי' פ"ז מהל' לולב הלכה יז יח סמג עשין מד טוש"ע א"ח סי' תרנח סעיף ג :
יג ב מיי' שם הלכה כב :

אמרי ׳לדידהו נמי לא דחי ואלא קשיא הני תרתי דתנא חדא *כל העם מוליכין את לולביהן להר הבית ותני' אידך לבית הכנסת ומתרצינן כאן בזמן שבית המקדש קיים כאן בזמן שאין בית המקדש קיים לא אידי ואידי בזמן שבית המקדש קיים ולא קשיא כאן במקדש כאן בגבולין א"ל אביי (א) לרבא מאי שנא לולב דעבדינן ליה שבעה זכר למקדש ומאי שנא ערבה דלא עבדינן לה שבעה זכר למקדש א"ל הואיל ואדם יוצא ידי חובתו בערבה שבלולב א"ל ההוא משום לולב הוא דקא עביד ליה וכי תימא דקא מגבה ליה והדר מגבה ליה *והא מעשים בכל יום דלא קא עבדינן הכי אמר רב זביד משמיה דרבא לולב דאורייתא עבדינן שבעה זכר למקדש ערבה דרבנן לא עבדינן לה שבעה זכר למקדש למאן אילימא *לאבא שאול האמר °ערבי נחל כתיב שתים אחת ללולב ואחת למקדש אי לרבנן הלכתא גמירי לה *דא"ר אסי א"ר יוחנן משום ר' נחוניא איש בקעת בית חורתן עשר נטיעות ערבה וניסוך המים הלכה למשה מסיני אלא אמר רב זביד משמיה דרבא לולב דאית ליה עיקר מה"ת בגבולין עבדינן ליה שבעה זכר למקדש ׳ערבה דלית לה עיקר מן התורה בגבולין לא עבדינן שבעה זכר למקדש אמר ר"ל כהנים בעלי מומין נכנסין בין האולם ולמזבח כדי לצאת בערבה א"ל ר' יוחנן מי אמרה מי אמרה הא אידהו אמר דא"ר אסי א"ר יוחנן משום ר' נחוניא איש בקעת בית חורתן עשר נטיעות ערבה וניסוך המים הלכה למשה מסיני אלא מי אמרה בנטילה דלמא בזקיפה מי אמרה בבעלי מומין דלמא בתמימים אתמר ר' יוחנן ור' יהושע בן לוי חד אמר ערבה יסוד נביאים וחד אמר ערבה מנהג נביאים תסתיים דר' יוחנן הוא דאמר יסוד נביאים דא"ר אבהו א"ר יוחנן ערבה יסוד נביאים הוא תסתיים א"ל ר' זירא לר' אבהו מי א"ר יוחנן הכי והא"ר יוחנן משום ר' נחוניא איש בקעת בית חורתן עשר נטיעות ערבה וניסוך המים הלכה למשה מסיני *°אשתומם כשעה חדא ואמר *שכחום וחזרו ויסדום ומי א"ר יוחנן הכי *והא"ר יוחנן דלכון אמרי דלהון היא ל"ק כאן

ויקרא כג

דניאל ד

תורה אור

רש"י

לדידהו נמי לא דחי. שלא לעשות ישראל אגודות ונראה כשתי תורות דלדידן לא דחי לולב שבת: **בגבולין.** מוליכין לבית הכנסת וכולהו בזמן הבית דהוו כולהו בארץ וסמוכים להיות ב"ד ויודעים אימת הוקבע החדש אבל עתה משחרב בית המקדש אין לולב דוחה שבת אפי' לבני א"י: **דלא עבדינן לה שבעה.** אבל יום אחד מיהא עבדינן כדאמרינן לקמן (עמוד ב) בר"א בר צדוק והוא היה לאחר חורבן שהרי ר' צדוק אביו בימי ר' יוחנן בן זכאי ובימי ר"א ור' יהושע ור"ג היה כדאמרינן בבכורות (ד' נו.) כלום חלקט בין חבר לעם הארץ והוא היה השואל: **למאן.** אליבא דמאן קאמר ערבה דרבנן: **עיקר.** יום אחד מיהא יש לו שורש אבל ערבה אין לה שום שורש מן התורה בגבולין: **כהנים בעלי מומין.** אף הם דוחקים ונכנסין להקיף ברגליהם וערבה בידם וא"א להקיף שלא יכנסו בין האולם למזבח וכל השנה אסורים ליכנס שם כדאמרינן במסכת כלים בפרק ראשון: **מי אמרה.** השתא ס"ד הה"ק מי אמרה שהיא חובה וקאמר לצאת בה ידי חובה ולהכי פריך מאן אמרה בתמיה: **מי אמרה בנטילה.** ותהא חובת כהנים דקאמר לצאת: **דלמא בזקיפה.** וכהן אחד זוקפה ע"י הכל ואין חובה על כולם: **יסוד נביאים סוא.** תקנת נביאים אחרונים חגי זכריה ומלאכי שהיו ממתקני תקנות ישראל באנשי כנסת הגדולה: **מנהג.** הנהיגו את העם ולא תקנו להם ונפקא מינה דלא בעיא ברכה דליכא למימר וצונו דאפילו בכלל לא תסור ליכא: **ומי א"ר יוחנן.** יסוד נביאים היא והא הלכה למשה מסיני היא: **שכחום.** בגלות בבל שכחו את התורה והמצות במקצת וזו נשכחה לגמרי: **וחזרו.** נביאים אחרונים: **ויסדום.** ע"פ הדבור: **והא"ר יוחנן דלכון אמרי דלהון היא.** רב כהנא היה מתלמידי רב והיה חריף מאד וברח לא"י לפני ר' יוחנן מחמת מרדין [שהרג לאדם אחד] כדאמרינן בפרק בתרא דב"ק (ד' קיז.) והולך לו ר' יוחנן לכמה ספיקות והיה אומר ר' יוחנן לבני א"י סבור הייתי שתורה שלכם שלא גליתם מארצכם ולא היה לכם טירוף הדעת אבל ראיתי שהיא של בני בבל שאע"פ שגלו עמדה להם חכמת החרש והמסגר שגלו עם יכניה כדכתיב (מ"ב כד) הכל גבורים עושי מלחמה ותניא בסדר עולם וכי מה גבורה עושין בני אדם הנתונין בשלשלאות של ברזל אלא שגבורים היו במלחמתה של תורה אלמא ס"ל לר' יוחנן דלא נשתכחה תורה בגלות בבל:

תוספות

לדידהו נמי לא דחי. ל"ק מידי משופר כדפרישנא לעיל: **כהנים** בעלי מומים. ה"ה דהוה מלי למימר ופרועי ראש דתרוייהו אסירי אי לאו משום ערבה כדתנן פ"ק דכלים (מ"ט) בין האולם ולמזבח מקודש הימנו שאין בעלי מומין ופרועי ראש נכנסים לשם:

אמר ליה ר' יוחנן מי אמרה. סלקא דעתיה דה"ק מי אמרה שהיא חובה דאורייתא ואתיא ודחיא מעלות דרבנן דלמא רבנן היא דלא דחיין מעלות דרבנן משום תקנתא דרבנן ולכך פריך הא איהו אמרה ומשני מי אמרה שהיא בנטילה דלמא בזקיפה וכיון דאין מקיפין את המזבח ולא בעי אלא זקיפה בעלמא אחד זוקף ע"י כולן א"נ בעלי מומין אפשר להו לזקוף בשאר רוחות ולא יכנסו בין האולם ולמזבח ואפי' תימצי לומר בנטילה כדאסקינן לעיל דאיתותב מ"ד בזקיפה מי אמרה בבעלי מומין דלמא אין הלכה למשה מסיני אלא בתמימין הראוין לעבודה כמו שאין הלכה למשה מסיני בזרים אלא בכהנים דהא מודית מדלא אמרת זרים נכנסין ולפי שיטה זו דפרי' דמעלה דרבנן היא קשה לאבא שאול דיליף (לעיל דף לד.) ערבה של מזבח מדכתיב ערבי אמאי בכהנים דלמא אפי' בישראל כמו ערבה דלולב וי"ל דשמא הקפת מזבח בכהנים ושאר ישראל בעזרה בלא הקפה:

והא א"ר יוחנן דלכון אמרי דלהון היא. רב כהנא מתלמידי דרב היה ומבבל ברח לא"י לפני ר' יוחנן מחמת מרדין כדאמרינן פרק בתרא דב"ק (דף קיז. ושם:) והולך לו ר' יוחנן לכמה ספיקות וא"ר יוחנן לבני א"י סבור הייתי שהתורה שלכם שלא גליתם מארצכם לא היה לכם טירוף הדעת אבל ראיתי שהיא של בני בבל שאע"פ שגלו עמדה להם חכמת החרש והמסגר שגלו עם יכניה כדכתיב הכל גבורים עושי מלחמה ותניא בסדר עולם וכי מה גבורה עושים בני אדם הנתונים בשלשלאות של ברזל אלא שהיו גבורים במלחמתה של תורה אלמא לר' יוחנן לא נשתכחה תורה בגלות בבל כך פי' בקונטרס והקשה רבינו תם אמו מי לא אשכחן פ' הבונה (שבת קד. ושם) גבי מנצפ"ך שכחום וחזרו ויסדום ולא פריך הכי ועוד אמו משום דהם בני תורה א"א שישתכחו תורת ערבה ורבינו חננאל גרס דלכון אמר דלהון היא ומפרש רבינו תם שהיה ר' יוחנן אומר לתלמידיו שהיו לפניו מבבל אחד משלכם אומר דהוא רב כהנא שעלה מבבל דלהון היא משלהם היא ערבה כלומר שהיא במקדש מנהג נביאים שהיו רגילין לדבר לתלמידים שבבבל וכן ת"ח שמבבל לתלמידים שמא"י כדאשכחן לקמן (דף מח.) רב חייא בר רב (אשי) שהיה מבבל דאמר פוחת בה ארבעה דמיירי לבני א"י ור' יהושע בן לוי שהיה מא"י דאמר מדליקין בה את הנר איירי לבני בבל וכן פ"ק דשבת (דף ס: ושם) גבי משיתיר תנורו והשתא ניחא דפריך הכא שפיר דרבי יוחנן אדר' יוחנן דאמר יסוד נביאים ודלהון היא משמע דמנהג הנביאים ולא יסוד והשתא נמי ניחא פרק המגרש (גיטין דף פד:) אמתני' דכילד יעשה יטלנו הימנה ויחזור ויתננו לה דאמר חזקיה רשב"א היא שמצריך כן פרק הזורק (שם דף עח.) גבי כנסי שטר חוב זה ור' יוחנן אמר אפי' תימא רבי דילכון אמרי שאני הכא הואיל וקנאתו ליפסל בו ופי' שם בקונט' דר' חייא ובניו עלו מבבל כדאמרינן לעיל בסוף פ"ק (דף כ.) וחזקיה בנו של ר' חייא היה וא"ל ר' יוחנן אחד משלכם דהוא רב כהנא שעלה מבבל כמותו אומר דאתיא אפי' כר' וקשה והלא חזקיה רבו של ר' יוחנן היה כדמוכח פרק אלו קשרים (שבת דף קיב:) וכשעלה רב כהנא היה ר' יוחנן ראש ישיבה כדמוכח בהגוזל בתרא (ב"ק דף קיז.) וזקן גדול היה דמסרחו ליה גביניה וסתמא לא היה ר' יוחנן ראש ישיבה כל ימי חזקיה רבו ואע"ג דאשכחן בהקומץ רבה (מנחות דף כג: ושם) דכשעלה רב כהנא אשכחינהו לבני ר' חייא דיתבי וקאמרי עשרון שחלקו והניחו בביסא ונגע טבול יום באחת מהן מהו שמא פעמיים עלה אחת בימי חזקיה ואחת בימי ר' יוחנן כששאל ממנו ר' יוחנן כל ספיקי דה"ל ולפירוש ר"ת ניחא דלתלמידיו שמבבל היה אומר ר' יוחנן דלכון אמרי אפי' תימא ר' ודטוסיה אשכחן פי' אין מעמידין בירושל' דא"ל ר' יוחנן לר' חייא בר אבא הלין תלת מילין סלקון מן גביכון:

רבינו חננאל

בשבת דלדידהו והא מדתנא כל העם מוליכין את לולביהן לכנסת ומשנה אחרת כל העם להר הבית. ואוקימנא להו הא דתנא בהר הבית בזמן שביהמ"ק [היה קיים] והא דתנן בכנסת בזמן הזה. ודחי' לא תרויהו בזמן בית המקדש והא דתנן בהר הבית במקדש. והא דתנן בכנסת בגבולין זולתי ירושלים פי' בשאר מדינות ותרוייהו כשהמקדש קיים. ועל זה הפסק של שמועה זו קבלנו שאלו שראו שהל יום ז' של ערבה בשבת בזמן שלא נתקבעו השנים כתיקונן כגון יסוד השמד: ירושלמי ר' סימון מספקי' לאילין[דמחשבין] יהבון דעתכון כי היכי דלא תעבדון תקיעתא ולא ערבתא בשבת. ואין תדחקון עבדון תקיעתא בשבת ולא תעבדון ערבה בשבתא א"ל אביי לרבא מ"ש לולב דעבדינן ליה זכר למקדש ומ"ש ערבה דלא עבדינן. ואסיק' לולב דאית ליה עיקר מן התורה בפני עצמה בגבולין *) לא עבדינן לה זכר למקדש א"ר לוי כהנים בעלי מומין נכנסין בין האולם ולמזבח כשמקיפין את המזבח כדי לצאת בערבה א"ל ר' יוחנן מי אמרה בנטילה דלמא בזקיפה. פי' זה שהיו מקיפין שבעה פעמים בלולב היה ולא בערבה כשאר"א אלעזר בראש השמועה. מי אמרה בבעלי מומין דלמא בתמימים. פי' שכיון שמצותה בזקיפה לא יתכן כהנים בעלי מומין לזוקפה על המזבח שנראה כאילו הן כשרים לגבי המזבח. **) תמימין לזוקפה כלומר הכהנים התמימים הן זוקפין אותה על המזבח. א"ר יוחנן עשר נטיעות ערבה וניסוך המים הל"מ: ירושלמי ערבה ולא כאבא שאול דאמר ערבה מן התורה ניסוך המים [דלא] כרבי עקיבא דאמר [בשני] ונסכיהם בששי ... בשביעי כמשפטם. מ"ם. יו"ד. מ"ם. מיכן לניסוך המים מן התורה: איתמר ר' יוחנן אמר יסוד נביאים הוא כלומר הנביאים הורו אותה לעשות כן. ריב"ל אמר מנהג נביאים הוא כלומר הוראה בלא תיקון ואקשינן איני והא אמר ר' יוחנן הל"מ. פי' וכיון שהל"מ אמאי צריכא הוראת נביאים ותיקונם והלא מתוקנת ועומדת היא. ופריק[אין]הכי נמי מיהו שכחום וחזרו הנביאים והורו להן הלכה ויסדוה להן ונתקיימה יסוד נביאים. תהדר בדברי ר' יוחנן שאמר יסוד נביאים הוא כלומר יסודה נביאים כי היא הל"מ. איני והא [אמר] ר' יוחנן לחזקיה בנו של ר' חייא שהוא בבלי דלכון ***) אמרי כלומר רב כהנא החכם בבלי דלהון היא פי' החכם שלכם אמר לי

מסורת הש"ס

[לעיל מג.]

[בתוספות סח: לג: ב"ק לה: ב"מ סו: קי: ב"ב קטנ:]

[לעיל לד.]

[לעיל לד. ע"ש תענית ג. מו"ק ג: זבחים קי:]

רש"ל

[שבת מז. מו"ק ג: קדושין לט. חולין כח.]

ב"ק קיז:

הגהות הב"ח

(א) גמ' א"ל אביי לרבא מאי שנא :

גליון הש"ס

גמ' שכחום וחזרו ויסדום. עיין דף קד ע"א מגילה דף ג ע"א:

*) נראה דחסר כאן וצ"ל עבדינן ליה זכר למקדש ערבה דלית לה עיקר מה"ת בגבולין לא עבדינן וכו'. **) אולי דגי' רבינו הי' בגמרא דלמא בתמימין לזוקפה ולכן פי' של זה כלומר הכהנים התמימים וכו'.

***) נ"ל דילכון אמר וכ"כ בתוס' להדיא לא כגי' כאן דליה והא כסם לפנינו דגרס דילכון אמר.

*כאן במקדש כאן בגבולין א"ר אמי ערבה צריכה שיעור ואינה ניטלת אלא בפני עצמה ואין אדם יוצא ידי חובתו בערבה שבלולב כיון דאמר מר אינה ניטלת אלא בפני עצמה פשיטא דאין אדם יוצא בערבה שבלולב מהו דתימא הני מילי היכא דלא אגבהיה והדר אגבהיה אבל אגבהיה והדר אגבהיה אימא לא קמ"ל ורב חסדא א"ר יצחק אדם יוצא ידי חובתו בערבה שבלולב (בי"ט הראשון של חג) וכמה שיעורה אמר רב נחמן ג' בדי עלין לחין ורב ששת אמר אפילו עלה אחד ובד אחד עלה אחד ובד אחד ס"ד אלא אימא אפילו *עלה אחד בבד אחד אמר אייבו הוה קאימנא קמיה דר"א בר צדוק ואייתי ההוא גברא ערבה קמיה ישקיל חביט חביט ולא בריך קסבר מנהג נביאים הוא אייבו וחזקיה בני ברתיה דרב אייתו ערבה לקמיה דרב חביט חביט ולא בריך קא סבר מנהג נביאים הוא אמר אייבו הוה קאימנא קמיה דרבי אלעזר בר צדוק אתא לקמיה ההוא גברא א"ל קרייתא אית לי כרמיא אית לי זיתיא אית לי ואתו בני קרייתא ומקשקשין בכרמיא ואוכלין בזיתיא אריך או לא אריך א"ל לא אריך הוה קא שביק ליה ואזיל אמר כדו הויתי דיירי בארעא הדא מ' שנין ולא חמיתי בר אינש מהלך בארחן דתקנן כדין הדר ואתי וא"ל מאי מיעבד א"ל אפקר זיתיא לחשוכיא ותן פריטיא לקשקושי כרמים *וקשקושי מי שרי והא תניא °והשביעית תשמטנה ונטשתה תשמטנה מלקשקש ונטשתה מלסקל *אמר רב עוקבא בר חמא תרי קשקושי הוו חד סתומי פילי וחד אברויי אילני אברויי אילני אסור סתומי פילי שרי אמר אייבו משום רבי אלעזר בר צדוק אל יהלך אדם בערבי שבתות יותר מג' פרסאות אמר רב כהנא לא אמרן אלא לביתיה אבל לאושפיזיה אמאי דנקיט סמיך ואיכא דאמרי אמר רב כהנא לא נצרכא אלא אפי' לביתיה אמר רב כהנא בדידי הוה עובדא ואפילו כסא דהרסנא לא אשכחי: מצות לולב כיצד: תני תנא קמיה דרב *נחמן סודרין על גג האיצטבא א"ל וכי

[שמות כג]

רש"י

במקדש · הלכה למשה מסיני : בגבולי' · יסוד נביאים : ערבה צריכה שיעור · לקמן מפרש שיעורה : אינה ניטלת אלא בפני עצמה · אין דבר אחר כנגד עמה דמוכח שהיא מטוה : אבל היכא דאגבהיה · לשם נטילת לולב והדר אגבהיה אימא ליפוק בה דהוכחה הוכחה טובה : וכמה שיעור' · דאמרן לעיל צריכה שיעור : שלשה בדי · שיש בכל אחד עלין לחין : עלה אחד ובד אחד ס"ד · עלה משמע בלא בד ובד בלא עלה ומאי לקיחה בעלה בלא בד דהא לא מיכשר : עלה אחד בבד אחד · בד אחד ובו עלה אחד ודיו וכי אמרינן לעיל (דף לג:) ג' טפחים גבי לולב הוא דאמרינן שתהא ערבה ארוכה שלשה טפחים אבל ערבה שהיו מקיפין בה בפני עצמה כל דהו סגי והשתא נהגו להביא מורביות ענפים ארוכים ויפים שמכשרא מטוה בעין יפה : אייבו · אבוה דרב : חביט חביט · לשון כיתעט : מנהג נביאים הוא · בגבולין ולא יסוד נביאים הלכך אינה צריכה ברכה : קרייתא אית לי · כפרים ויושביהם : ומקשקשין בכרמיא · עודרין את הכרמים בשביעית : ואכלי זיתיא · בשכר חפירת הכרמים ואינן מפקירין לעניים : אריך או לא אריך · טוב לעשות כן או לא אריך לשון דבר הגון וכעזרא (ד) יש לו דומה וערות מלכה לא אריך לנא למיחזי : א"ל לא אריך · לפי שאתה פורע פעולתם מפירות שביעי' והתורה אמרה לאכלה ולא לסחורה אבל הקשקוש מותר כדלקמן : א"ר אלעזר בר צדוק כדו הויתי דיירי · כבר עברו מ' שנה שאני דר בארץ הזאת : ולא חמיתי בר אינש · לא ראיתי בן אדם : דמהלך בארחא דתקנן כדין · שמהלך בדרך ישר כאדם זה : אפקר זיתיא לחשוכיא · לעניים : ותן פריטיא · וכו' פרוטות מכיך לקשקש הכרמים : ומי שרי · קשקוש בשביעית : מלסקל · להסליך אבנים לחוץ : סתומי פילי · שהשרשים מגולים וצריך לכסותם שלא ייבש האילן ואוקומי אילני הוא שלא ימות ואינו עושה להשביחו אלא לקיימן שרי : פילי · בקעים : וחד אברויי אילני · כמו ובראת אותם בחרבותם (יחזקאל כג) לנקוב העפר שעל השרשים ולהזיז שיהא קל ותיחוח והאילן משביח כך שמעתי ולשנא אחרינא להבריא את האילן ולהשביחו: לא יהלך כו' · אלא ישבות לו בעוד יום גדול ויכין לו סעודת שבת : אלא לביתיה · שהולך לביתו והם אינם יודעים שיבא היום ואין מכינים לצורכו והוא כועס עליהם : אבל לאושפיזיה אמאי דנקט סמיך · אינו סומך על בני הבית ונושא עמו סעודתו ועל מה שבידו נסמך : אפי' לביתיו · דמה שמוכנה אם מעט אם רב שלו הוא אעפ"כ לא יהלך וכ"ש לאושפיזיה שלא ימצא כלום : כסא דהרסנא · סעודה מועטת דגים קטנים מטוגנים בקמח בשמן שלהן : על גג האיצטבא · הוא תני תנא קמיה :

תוספות

כאן במקדש כאן בגבולין · במקדש הלכה למשה מסיני בגבולין פליגי דר' יוחנן אמר יסוד נביאים ור' יהושע בן לוי אמר מנהג נביאים ופי' בקונט' דנפקא מינה דאי תקנה היא בעיא ברכה ואי מנהגא לא בעיא דליכא למימר וצונו דמנהג בעלמא שהנהיגו העם ואפילו בכלל לא אסור ליתיה וכן אמרי' בסמוך חביט חביט ולא בריך קסבר מנהג נביאים הוא ויש מדקדקין מתוך כך דלא מברכינן אהלל דר"ח שאינו אלא מנהג בעלמא כדמוכח פ' בתרא דתענית (דף כח:) (ושם) רב איקלע לבבל חזי דקרו הלל בר"ח סבר לאפסוקינהו שמע דקא מדלגי ואולי אמר ש"מ מנהג אבותיהם בידיהם והא דקאמר רבי יוחנן התם י"ח יום יחיד גומר את ההלל בהן ובגולה כ"א יום לא משום דליהוי אחריני תקנה שיהו קורין בדילוג אלא יחיד גומר הייט כמו יחיד קורא דאורחיה דהש"ס דמשתעי הכי כי ההיא דהגיה פ"ק דברכות (דף יג: ושם) ותוקין *היו גומרין אותו עם הגן החמה ור"ת אומר דאין ראיה מערבה להלל דערבה אינה אלא טלטול וכיון דליכא מקנתא היא אלא מנהגא לא חשיבא למיקבע לה ברכה אבל קריאת הלל לא גרע מקורא במגילה ודכותיה אשכחן דמברכינן אשני ימים טובים של גליות ואינו אלא מנהג בעלמא כדאיתא פ"ק דביצה (דף ד:) (א) ומיהו אין מזה ראיה דהא טעמא דאין מברכין אערבה למ"ד מנהג וצונו משום דלא אפשר למימר וצונו וי"ט שני ימים טובים של גליות אין בהם וצונו אלא קידוש להזכרת היום בתפלה וברכת המזון ואי משום דמברכין אתקיעת שופר בי"ט שני של ר"ה ההוא תקנתא נינהו ואמרי' מב' ימים טובים של גליות לענין ביצה קדושה אחת נינהו כדמוכח בפ"ק דביצה (דף ה:) הוסרו במנהג אבותיהם בידיהם ועוד מדקדק ר"ת ממסכת ברכות פרק היה קורא (דף יד.) דמייתי ראיה דאין מפסיקין בהלל מרב שבא דאיקלע לבי דריבלא בימים שאין היחיד גומר בהן את ההלל ולא איפסיק ומשני שאני רב בר שבא דלא חשיב עליה דריבלא ואם אין מברכין עליו מה הפסקה שייך בו ועוד ראיה מההיא עובדא דתענית (דף כח: ושם) מעובדא דרב דאמר סבר לאפסוקינהו דמשמע דמברכי דאי לא מברכי מאי הוה לו לידע שהוא מנהג אבותיהם וכשמע לא בתחלה הלל איקלע מדקאמר רב איקלע לבבל ולא קאמר איקלע לבי כנישתא וכי תימא אכתי מכיון דמברכי לקרות היה לו לידע דמדלגי ואמאי סבר לאפסוקינהו הא לאו מילתא היא שאפילו כשגומרים את ההלל יכול לברך לקרות את ההלל כמו שמברכין לקרות מגילה ומה שנוהגין עכשיו לברך אהלל לגמור כשגומרין ומברכין לקרות כשמדלגין לסימן בעלמא נוהגין כן ובין בזה ובין בזה יכולין לברך לקרות ולגמור ואו"ת הא דנקט י"ח יום שיחיד גומר בהן את ההלל אמאי נקט יחיד דמשמע אבל צבור גומרין אותו אפי' בשאר ימות השנה והא עובדא דרב בצבור הוה ואפ"ה מדלגי ושמא לרבותא נקט יחיד דלאפי' יחיד בפני עצמו גומרו ועוד י"ל דלאפי' צבור שאין בו כל ישראל יחיד קרי להו משום דאמרינן בערבי פסחים (דף קיז.) נביאים שביניהם תיקנו להם לישראל שיהו אומרים אותו על כל פרק ופרק ועל כל צרה שלא תבא עליהן וכשנגאלין אומרין אותו על גאולתן ולכך נקט יחיד דכי ליכא כל ישראל אין גומרין אותו אלא בהנך הימים אבל נגאלו כל ישראל אומרים אותו והא דהגיה התם בתענית יחיד לא יתחיל ואם התחיל גומר דכי ליכא כל ישראל קרי ליה יחיד אפי' צבור אם נגאלו מן הגזרה והתחילו היו גומרין אותו ור"ת פי' לא יתחיל בברכה : [וע"ע תוס' ערכין יוד · ד"ה י"ח ימים ותוס' ברכות יד · ד"ה ימים ותוס' תענית כח: ד"ס אמר]

ואינה ניטלת אלא בפני עצמה · לא שיאסור ליטול עם הלולב דלא מיירי אלא בהגידי דהדי: שלשה בדי עלין לחין · שלשה *בדין יוצאין מקלח אחד וכו'

*) ג"י מסר"א עלין יוצאין

עין משפט נר מצוה

ד א מיי' פ"ז מהלכות לולב הלכה כ:
מו ב מיי' שם סמג עשין מד טוש"ע א"ח סי' תרסד סעיף ס:
מז ג ד מיי' שם טוש"ע שם סעיף ב וסעיף ו:
ז ה מיי' שם טוש"ע שם סעיף ד:
ח ו מיי' שם הלכה כב טוש"ע שם סעיף ב:
מ ז מיי' פ"ה מהלכות שמיטה הל' טו וס"ו הלכה יא:
כ ח מיי' פ"א מהלכות שמיטה הלכה ז:
כא ט מיי' פ"ל מהל' שבת הלכה יא סמג עשין ג טוש"ע א"ח סי' רמט סעיף א [רב אלפס כאן ובשבת פ"א דף ת.]:

[ועי' תוס' יומא לו: סד"ה אמר אביי]

רבינו חננאל

לי כי ערבה מדרבנן היא ואינה לא יסוד נביאים ולא הלכה ושנינן לא קשיא כי אמר ר' יוחנן הל"מ ויסוד נביאים שהמקדש קיים ובגבולין · וכי אמר רב כהנא מדרבנן היא אינה לא הלכה ולא יסוד נביאים בזמן הזה ומעשה דרב כהנא בהרי ר' יוחנן שפירק בו לכל קושיא שהיה לו לפרוש בתרא [בתרא] והיינו דא"ר יוחנן דלבו אמרי דלהון היא והא דאמרן דלחוקיה בן ר' חייא משיב ואמר לו דלכן אמר כן מפורש בנסון פ' המנהיג** אמר לה הרי את מותרת לכל אדם אלא לפלוני ונרסינן בתעניות פ' אחרון כל היכא דאמרינן הלכה דרשינן לה בפירקא מנהג מדרש לא דרשינן ליה אורויי מורינן ליה ואסיק ערבה אינה ניטלת אלא בפ"ע · וצריכה שיעור ושיעורא ג' בדי עלין כרב נחמן אבל דרב ששת דאמר עלה אחת בבד אחד לא אשכח*** צריכה חיבום ואינה צריכה ברכה כרב דקסבר מנהג נביאים היא וכריב"ל. א"ר אבין מעשה בההוא דאתא לקמיה דר' אלעזר בן צדוק ואמר ליה קריית' אית להו בני כפרים כרמיא אית לי זיתיא אית לי ויכך אמר לו זו הקריה כולה לי היא ובאין בני קריה בשביעית מקשקשין בכרמים לתקנם והן עניים ואין להם הנאה ומשקשין בזיתים וטולין ואוכלין ונמצאין מקשקשין בכרמים מפני הזיתים שנוטלין אריך או לא פי' כשר להיהנות מאותן הכרמים שנתקשקשו בשביעית. ***) כשר זה פי' אריך כדכתיב עדות מלכא לא אריך לנא למיחזי פי' אברויי אילני אסור מנתק [וכו' תחת]

מסורת הש"ס

ר"ס מ"ז
[ב"ס כד. ע"ש]
[ר"ס]
מו"ק ג.
שם. ס"ז כב
[צ"ל יהודה בן משמע לקמן כתוב' ד"ס וכי לייכן]

הגהות הב"ח

(א) תוס' ד"ה כאן וכו' ואינו אלא מנהג בעלמא כדאיתא בפ"ק דביצה סופרו כמנהג אבותיכם בידיכם ומיהו אין מזה ראיה וכו' כדמוכח בפ"ק דביצה ושוד מדקדק ר"ת כנ"ל:

גליון הש"ס

רש"י ד"ה וחד אברויי וכו' כמו ובראת. ע' מ"ש סימושים שם. ע"ב ברכ"ע. חולין דף מג ע"ב ד"ה אין שופשין.

תוס' ד"ה כאן במקדש וכו' וכו' ימים טובים של גליות אין בהן וכו' וכן לוקחין כו' וקשה לי דמ"ש ...

§ מסכת סוכה דף מד: §

אות א'

כאן במקדש

רמב"ם פ"ז מהל' ולולב ה"כ - הלכה למשה מסיני שמביאין במקדש ערבה אחרת חוץ מערבה שבלולב, ואין אדם יוצא ידי חובתו בערבה שבלולב; ושיעורה אפילו עלה אחד בבד אחד.

אות ב'

ואינה ניטלת אלא בפני עצמה

סימן תרסד ס"ה - [א]ואינה ניטלת אלא בפני עצמה, שלא יאגד דבר אחר עמה - כדי שיהא ניכר שהוא לשם מצוה, [רש"י]. **אבל אם יש בידו דבר אחר אין לחוש** - דלא חיישינן לחציצה, [מג"א. **ונתקשה** הפמ"ג אמאי לא חיישינן, ועיין בבכורי יעקב שמצדד דמשום הכי מקילין, משום דמסתמא רוב מחלק הערבה שהוא בידו נוגע בידו ממש, ובמיעוטו לא הוי חציצה, עיין שם שנדחק בזה. **ולענ"ד** מוכח מגמרא דלא חיישינן בזה לחציצה, מדסבירא לה לרב חסדא דניטלת בערבה שבלולב, אלמא דלא חששו בזה לחציצה, ועד כאן לא פליג רב אמי על זה רק משום דסבירא לה דאפילו היכא דאגבה והדר אגבה, כיון דאגודה עם שאר מינים עדיין אין היכר משום מה מגביה].

אות ג' – ד'

ואין אדם יוצא ידי חובתו בערבה שבלולב

מהו דתימא: הני מילי היכא דלא אגבהיה והדר אגבהיה, אבל אגבהיה והדר אגבהיה אימא לא, קא משמע לן

סימן תרסד ס"ב - [ב]ונוטלים ערבה ביום זה, מלבד ערבה שבלולב - זכר למקדש, שנטילת ערבה היה שם הלכה למשה מסיני, [גמרא]. וכן היתה מצותה בכל יום משבעת הימים, היו מביאין ערבות וזוקפין אותן הכהנים על צדדי המזבח, ואח"כ באין העם ונוטלין אותן משם, ומנענעין אותן, [ג][לשון הרמב"ם. ולדידיה הקפה היתה בלולב לבד, בכל יום פעם אחת, וביום זה ז' פעמים, **ודעת** רש"י שלא היתה הקפה בלולב כלל, אלא דמתחילה כשהיו שלוחי ב"ד מביאין הערבות, היו העם נוטלין אותה ביד ומנענעים, ואח"כ מקיפים בם הכהנים את המזבח ברגליהם, ואח"כ זוקפין אותן בצדי המזבח, ובכל יום היה הקפה בערבה פעם אחת, וביום זה ז' פעמים].

ולהכי לא תקנו לנטילה כל ז' כמו בלולב, דלולב אית ליה עיקר מן התורה, דיום ראשון הוא מן התורה אף בגבולין, עבדינן ליה זכר למקדש, ערבה דלית לה עיקר מן התורה בגבולין, די שנעבוד לה זכר למקדש יום אחד - גמרא, **וקבעו** יום ז' לערבה יותר מיום אחר, כיון שבמקדש היה ג"כ יותר קדושה ביום זה, שהרי היו מקיפין ז"פ ביום זה, [ט"ז, **ועוד** טעם עיין בב"י, שלפי שאף בזמן המקדש היה יום זה מיוחד לערבה יותר משאר הימים, שאפי' שבת היה דוחה].

סימן תרסד ס"ו - [ד]אין אדם יוצא ידי חובתו בערבה שבלולב, אפילו הגביה אותה שתי פעמים, אחד לשם לולב ואחד לשם ערבה - וזהו דוקא כל זמן שהיא אגודה בלולב עם שאר מינים, **אבל** אם התיר אגדו של לולב לאחר נטילה, ונטל הערבה בפני עצמה, פשיטא שיוצא בה.

[ה]וי"א שיוצא בה - היינו היכא דהגביה אותה פעם שני לשם ערבה, דיש היכר בזה שהוא לשם מצוה.

אות ה'

אפילו עלה אחד בבד אחד

סימן תרסד ס"ד - [ו]שיעור ערבה זו אפילו עלה אחד בבד אחד. הגה: מיהו מכוער הוא להיות עלה אחד בבד אחד (טור שם רב האי), ע"כ נהגו לעשות ההושענות יפים, משום זה אלי ואנוהו - וטוב לכתחלה שיהיה עכ"פ ג' בדין, [כדי לצאת דעת רב נחמן בגמרא, א"ז], **ובשם** האר"י כתבו ה' בדין.

[ז]ושיעור ארכה, כשיעור אורך ערבה שבלולב - דהיינו ג"ט, דלא מצינו שהקילו בה אלא בפרט זה דעלה אחד וכו'.

י"א דערבה של הו"ר יש ליטול הבדים בלתי קשורים, **אבל** הרמ"ז חלק עליו, וכתב דצריך לקשרם, וכן מנהגינו.

הגה: וכל הפוסל בערבה שבלולב, פוסל בערבה זו (מדברי הר"ן) - וע"כ יש ליזהר שלא יהיה גזול ולא יבש, **והנה** עכ"פ אם לא היה יבש אלא כמוש, בודאי כשר, **ומ"מ** נ"ל דלכתחלה יותר טוב שיהיה לחין, וראיה ממה דאיתא שם במשנה, דהיו מניחין אותן בגיגיות של זהב כדי שלא יכמושו, והוא משום הידור מצוה.

[ח]וחובט בה על הקרקע או על הכלי פעמים או שלש - ובשם האר"י ז"ל כתבו, דדוקא על הקרקע יחבוט ה' חבטות, **וטוב**

באר הגולה

א **מימרא דרב אמי שם** **ב** **שם בגמרא מ"ד** **ג** ‹מש"כ "ומנענין אותן" לא נמצא בלשון הרמב"ם, דאדרבא לפי הרמב"ם היו חובטים אותן, ורק לשיטת רש"י מנענין אותן, וכבאות הסמוך› **ד** **שם וכרבי אמי, טור בשם רמב"ם** **ה** **טור בשם אבי העזרי והרא"ש** ‹שפסקו כרב חסדא אמר רבי יצחק› **ו** **כרב ששת שם בגמרא, הסכמת הפוסקים** **ז** **הר"ן** ‹וצ"ע שלא הביא שרש"י חולק, וביותר תימה על הרב"י, שהביא דברי הר"ן והעתיק בשו"ע בלי שום חולק, דצריך ג' טפחים, ומי לנו גדול מרש"י ז"ל, שרוב דבריו מקובלין מרבותיו הקדמונים, וגם האחרונים לא הביאו דרש"י חולק בזה, ואולי היה להר"ן גירסא אחרת ברש"י – שפת אמת› **ח** **שם בגמרא, חביט, וכפי' הרמב"ם והביאו הטור** ‹ורש"י פי' חבוט לשון ניענוע, והרמב"ם ז"ל כתב: חובט בה על הקרקע או על הכלי ב"פ או ג', וכ"כ הרי"ץ גיאות – טור›

לחבוט תחלה על הקרקע ה' חבטות, ואח"כ על הכלים להסיר העלין, [דאם יסיר תחילה העלין, יכול להיות שיוסר כל העלין, וכבר נפסלה הערבה, ולא יקיים עוד מצות חבטה על הקרקע]. וא"צ להסיר כל העלין.

הגה: וי"א שצריך לנענע בה (טור בשם רש"י), ונהגו לעשות שתיהן, מנענעין בה ואח"כ חובטין אותה.

אות ו'

שקיל חביט ולא בריך, קסבר מנהג נביאים הוא

סימן תרס"ד ס"ב - [ט]**ואין מברכין עליה** - שהוא רק מנהג נביאים, [גמרא], שהנהיגו את העם לעשות כן, ולא בתורת תקנה, ולא שייך לברך ולומר "וצינו", [רש"י].

הגה: ונהגו שהשמש בהכ"נ מביא ערבה למכור, כמו שהיה המנהג בזמן שבית המקדש קיים (ר"ן) - שהיו שלוחי ב"ד מביאין להן, [גמרא].

אות ו'*

סימן תרס"ד ס"ח - [יא]**יש מי שאומר שהושענא שבלולב אע"פ שנזרקת** - [על הקרקע, דהלא קי"ל דתשמישי מצוה נזרקין, ורק לאשפה אין נזרקין], **אין לפסוע עליה** - וה"ה ערבה של הושענא אין לזלזל בה.

(וע"ל סי' כ"א גבי ציצית) - ר"ל מה דמבואר שם בס"א בהג"ה.

סימן תרס"ד ס"ט - [יב]**יש מי שאומר שאסור ליהנות מן הערבה לאחר נטילתה, אם לא התנה עליה מעיקרא, דלכולא יומא אתקצאי למצותה** - (לכאורה כונתו כמו לענין נוי סוכה, דמבואר בסימן תרל"ח, דצריך שיתנה קודם ביה"ש, שאינו בודל ממנה מלהנות, **אמנם** לפי מש"כ בבכורי יעקב, סגי כשיתנה קודם עשיית המצוה, שלא יאסר ע"י עשיית המצוה, כי אינו בודל עצמו מלהנות, וה"ה לענין הדס דאסור להריח בו כל שבעה משום דאקציה למצותו, סגי ג"כ כשיתנה מקודם עשיית המצוה, שאינו בודל עצמו מלהנות).

עיין במ"א שמפקפק, דלאו לכו"ע מהני תנאה, (דלדעת הרשב"א והר"ן מהני תנאי גם לאותו יום, ולדעת התוס' אין מועיל בזה תנאי), **אמנם** הא"ר מתרץ דברי השו"ע, (דהכא בערבה שאינו אלא מנהג, לכו"ע מהני תנאה, ולא אבין היטב ראית מ"א, דהכא דמיירי לענין ערבה שהוא רק ליום השביעי, מנ"ל דלהתוספות לא מהני תנאי לאותו יום, ואין לנו ראיה מתוספות רק דליום הראשון כיון דחסר פסול בו, וא"כ לא יכול להתנות בו שאינו בודל ממנו ביה"ש מלהנות, דומיא דעצי סוכה, **אבל** בשאר הימים כשהפריש להם, דחסר כשר בו, ובפרט בערבה זו, דגם נשרו רוב עליה כשר, בודאי גם לתוספות מהני תנאי, כשמתנה שאינו בודל עצמו מליקח ממנו מעט, **דאף** דמשמע מתוס', דאיתקצאי הוא רק שלא יכלוהו לגמרי, אבל יטול ממנו מעט וישאר כדי הכשר, לזה לא צריך תנאי, דלא איתקצאי לזה, מ"מ נ"מ גדולה יש בזה, דלסברת התוספות דלא איתקצאי רק כדי הכשר, אינו מותר רק ליטול ממנו השיעור היותר מכדי הכשר, ואף קודם קיום המצוה, אבל לכלותו לגמרי אסור אף לאחר קיום המצוה, דהלא איתקצאי לזה, וחייל עליה קדושה עד כלות החג, כיון שלא התנה, **אבל** כשהתנה שאינו בודל עצמו ממנו, לא חיילא עליה קדושה כלל, ונ"מ דתיכף לאחר קיום המצוה יכול ליקח עצי ערבה ולצלות בהם בשר ופירות ולכלותו לגמרי).

(**ואפילו** בערבה שחיברה עם הלולב גם ביום הראשון, ג"כ מהני התנאי שיתנה בעיו"ט הראשון קודם שיהיה כולו ליום ראשון, {דבו פסול חסר או אינו הדר, ואינו יכול לומר שאינו בודל ממנו}, שאינו בודל ממנו כל ביה"ש של ליל שני ואילך).

הגה: ונהגו להצניע ההושענות לאפיית מצות, כדי לעשות בה מצוה (מהרי"ו ומהרי"ל).

סימן תרס"ד ס"י - [יג]**יש מי שאומר שיש ליזהר שלא יקוץ ישראל ערבה למצוה משדה עכו"ם, אפי' ברשות העכו"ם** - משום דסתם עכו"ם הקרקעות שלהם גזולים מאחרים, ואינו מועיל רשותם לזה, ונמצא כשקוצץ הישראל, הוא הגוזל, אלא יקצוץ עכו"ם ויתנם לישראל, **וה"ה** כשקוצץ ישראל ונותן לחבירו שרי, וכמ"ש בסי' תרמ"ט ס"א במ"ב, [דאז חל היאוש של בעלים הראשונים משנעשה תלוש, ושינוי רשות משבא ליד שני], **ועיין** בט"ז שכתב, דבזה"ז לא אמרינן דסתמן גזולים הם, **ועיין** לעיל בסימן תרל"ז ס"ג בהג"ה ובמ"ב ובה"ל, ובסימן תרמ"ט ס"א בהג"ה ומ"ב ובה"ל, כי הכל שייך לענינינו.

סימן תרס"ד סי"א - [יד]**אם חל יום הושענא רבה ביום א', וקצצו עובדי כוכבים ערבה בשבת והביאו, כשרה** - היינו אפילו צוה לו ישראל לקוץ בשבילו, ובודאי עשה בזה עבירה, אפ"ה אין לאסרו לצאת בה אח"כ משום מצוה הבאה בעבירה, דאחר כלות העבירה ליכא משום מצוה הבאה בעבירה - מ"א בשם הרשב"א, **ויש** מאחרונים שמפקפקין בזה, דע"כ לא מצינו ברשב"א שהתיר בזה, אלא כשציוהו בע"ש סתם שיהיו מזומנת לו במו"ש, והיה יכול לקצצה מבע"י, ולכך אמרינן דבמלאכתו הוא עוסק, **אבל** כשציוהו לקוץ בשבת, לא מוכח משם להקל ביש לו אחרת.

הגה: מיהו אם צוה ישראל לקוצצה ואיכא פרהסיא בדבר, יש להחמיר אם יש לו ערבה אחרת (בית יוסף בשם תשובת הרשב"א) - אפילו לא ציוהו לקוצצו בשבת, רק אמר שתהא מזומנת לו למו"ש.

באר הגולה

[ט] מהא דרבי אליעזר בר צדוק ורב שם, דסברי דמנהג נביאים הוא, וכרבי יהושע בן לוי, טור בשם הרי"ף והרא"ש [י] ‹מילואים› [יא] הגהות אשר"י בשם אור זרוע [יב] הגהות מיימוני בשם רבי אליעזר ממיץ [יג] מצא כתוב מהא דרב הונא סוכה ל' [יד] מרדכי בשם רבי אביגדור כהן

אות ז'

לא אריך

רמב"ם פ"א מהל' שמיטה [טו]ה"ז - סוקרין את האילן בסקרא, וטוענין אותו באבנים, ועודרין תחת הגפנים; והמקשקש בזיתים: אם להברות את האילן אסור, ואם לסתום את הפצימים מותר.

רמב"ם פ"ו מהל' שמיטה הי"א - אין נותנין מהן לא לבלן ולא לספר ולא לספן ולא לשאר האומנין, אבל נותן הוא למי שדולה מים מן הבור להשקותו מים, ומותר ליתן מפירות שביעית או מדמיהן לאומנין מתנת חנם.

אות ח'

אברויי אילני אסור, סתומי פילי שרי

רמב"ם פ"א מהל' שמיטה ה"ז - סוקרין את האילן בסקרא, וטוענין אותו באבנים, ועודרין תחת הגפנים; והמקשקש בזיתים, אם להברות את האילן אסור, ואם לסתום את הפצימים מותר.

אות ט' – י'

אל יהלך אדם בערבי שבתות יותר משלש פרסאות

לא נצרכא אלא אפילו לביתיה

סימן רמט ס"א - [טז]אין הולכים בערב שבת יותר מג' פרסאות - מתחלת היום, והוא קרוב לשליש היום, כפי מהלך אדם בינוני י' פרסאות ביום, **כדי שיגיע לביתו** - היינו למקום ששובת שם, **בעוד היום גדול ויוכל להכין צרכי סעודה לשבת, בין שהולך לבית אחרים בין שהולך לביתו** - ואף שהוא מכוין שבביתו יהיה לו יותר עונג שבת, מ"מ אסור, שמא לא ידעו כלל מביאתו, ולא הכינו בשבילו, [גמרא].

(עיין בעו"ש שמחמיר בענין זה, אפילו במוליך מזונותיו עמו, דלא פלוג חכמים בזה, **אבל** בא"ר חולק עליו, ומצדד להקל בזה).

ובנוסע בעגלה או רוכב על סוס, דנוסע במהרה, יוכל ליסע הרבה יותר מג' פרסאות עד שליש היום, **ומהב"ח** משמע להקל בנוסע בעגלה, ליסע אפילו אחר חצות היום, (**ושאני** הולך ברגליו, דשמא יהיה עיף וימשך הרבה – פמ"ג), **ובלבד** שיעמוד לשבות בעוד היום גדול, בכדי שיוכל להכין צרכי שבת.

(**לכאורה נראה**, אם הולך לדבר מצוה מותר לילך עד סמוך לערב, ממה דאיתא בסימן רמ"ח ס"א ע"ש, אף שגם שם מתבטל מעונג שבת כמ"ש בס"ב, **ואולי** דבענייננו חמירא דלא הכין כלל, **ועיין** לקמן בסימן ר"נ בבה"ל מה שנכתוב בזה, **ומ"מ** נראה דיש להקל בהליכה יותר מג' פרסאות בענין זה, אם הוא משער שיגיע בעוד יום גדול).

[יז]וה"מ כשהוא ביישוב, במקום שיוכל להכין צרכי שבת - ר"ל במקום שכלו הג' פרסאות, כ"כ הלבוש, ועיין בא"ר, **אבל אם במקום שהוא שם א"א לו להכין צרכי שבת, או שאינו מקום יישוב בטוח** - דעמידה בדרך אינו מקום בטוח, דכל הדרכים בחזקת סכנה, ולכן אפי' יש עמו צדה כדי צרכי שבת, **מותר לילך אפילו כמה פרסאות** - עד שיבוא למקום בטוח, **ומ"מ** יזהר שלא יתאחר לבוא עד סמוך לערב.

[יח]ואם שלח להודיעם שהוא הולך שם לשבת, מותר לילך כמה פרסאות בכל גוונא.

ובמדינות אלו רוב בני אדם מכינים צרכי שבת בריוח, ולכן אין נזהרין בזה כלל, בין כשהולך לביתו או להתארח בבית אחרים, **ובהרבה** אחרונים ראיתי שכתבו, דמ"מ צריך ליזהר לכתחלה שלא ילך או יסע עד סמוך לערב, מפני שכמה פעמים נכשלים עי"ז, ובאים לידי חילול שבת, כי בעל אושפיזא או אפילו בביתו, כשבא סמוך לשבת מוסיפין לבשל בשבילו ומחללין שבת, **וגם** כמה פעמים יארע דלא יגיע למלון ולביתו מבעוד יום עד שחשכה ממש, וכמה חילול שבת יש בהוצאה והכנסה, ויציאה מחוץ לתחום, ושביתת בהמתו, **ולכן** כל זה ישים האדם ללבו, וימהר לשבות אפילו בכפר, ולא יסיתנו היצר לומר: עוד היום גדול והדרך טוב, **אך** אם אירע שהלך עד חשיכה והיה בבה"ש בתוך תחום עיר, מותר להלוך בתוכה, כבסימן ת"ו, וצריך לירד מעגלה וסוס, עיין סימן רס"ו ושם יבואר אי"ה.

באר הגולה

טו (לכאורה כצ"ל, דהא הלכה ט"ז אין לה שייכות לכאן) טז סוכה מ"ד וכדאיכא דאמרי, הרי"ף ורא"ש ורמב"ם יז בית יוסף יח מדברי הרמב"ם ורבינו ירוחם

§ מסכת סוכה דף מה. §

אות א'

ומלקטין משם מורביות של ערבה, ובאין וזוקפין אותן בצדי המזבח, וראשיהן כפופין על גבי המזבח, תקעו והריעו ותקעו

רמב"ם פ"ז מהל' לולב הכ"א - כיצד היתה מצותה, בכל יום ויום משבעת הימים היו מביאין מורביות של ערבה וזוקפין אותן על צדדי המזבח, וראשיהן כפופין על גבי המזבח, ובעת שהיו מביאין אותה וסודרין אותה תוקעין ומריעין ותוקעין; חל יום שבת להיות בתוך החג, אין זוקפין ערבה, אלא אם כן חל יום שביעי להיות בשבת, זוקפין אותה בשבת כדי לפרסמה שהיא מצוה.

אות ב'

בכל יום מקיפין את המזבח פעם אחת, ואומרים: אנא ה' הושיעה נא, אנא ה' הצליחה נא... ואותו היום מקיפין את המזבח שבע פעמים

רמב"ם פ"ז מהל' לולב הכ"ג - בכל יום ויום היו מקיפין את המזבח בלולביהן בידיהן פעם אחת, ואומרין: [א]אנא ה' הושיעה נא, אנא ה' הושיעה נא, וביום השביעי מקיפין את המזבח שבע פעמים; וכבר נהגו ישראל בכל המקומות להניח תיבה באמצע בית הכנסת, ומקיפין אותה בכל יום כדרך שהיו מקיפין את המזבח זכר למקדש.

סימן תרס ס"א - נוהגים להעלות ספר תורה על (הבימה) - שהיא נשארת לנו במקום מזבח, כדאיתא בגמרא, שהשיב הקב"ה לאברהם אבינו: שכל זמן שיהיו קוראין בניך לפני בסדר הקרבנות, מעלה אני עליהן כאלו מקריבין לפני וכו', [ב]**ולהקיפה פעם אחד בכל יום; ובשביעי מקיפים אותה שבע פעמים.**

הגה: ומוציאים שבעה ס"ת על הבימה ביום שביעי (מהרי"ל), ויש מקומות שמוציאים כל ס"ת שבהיכל (מנהגים), והכי נוהגין במדינות אלו.

זכר למקדש שהיו מקיפים את המזבח - ג"כ בכל יום פעם אחת, ובשביעי ז' פעמים.

וההקפות לצד ימין - [ולכאורה היו צריכין מתחילה להקיף לצד דרום שהוא ימין שלהם, **ולזה** תירץ המ"א], לפי שהס"ת על הבימה, והצבור אנשי מזרח צריכין להפוך פניהם כלפי ס"ת קודם שיתחילו להקיף, ואז ממילא הוי צפון ימין שלהם, וסדרן בהקפה הוא צפון מערב דרום מזרח, **והחזן** שעומד נגד ההיכל, אין מן הנכון שיהפוך פניו מתחלה שיהיה אחוריו נגד ההיכל, מ"מ צריך להקיף ג"כ לצפון עם הצבור, אף שאצלו הוא דרך שמאל.

ובשבת אין מקיפים (טור) - לפי שגם במקדש לא היו נוטלין ערבה בשבת, **וכ"ש** לפי מנהגינו שאנו מקיפין בלולב, אין הלולב ניטל בשבת.

ואין מוציאין ס"ת על הבימה - כיון דאין מקיפין, רק פותחין ארון הקודש, ואומרים הושענות וכדלקמיה.

סימן תרסד ס"א - ביום שביעי, שהוא הושענא רבה, נוהגים להרבות במזמורים כמו ביו"ט - לפי שבחג נידונין על המים, והוא גמר החתימה, ואומרים: "למנצח מזמור השמים מספרים", ושארי מזמורים, וקדושת מוסף "נעריצך" כמו ביו"ט, **נוהגים** ישראל להיות נעורים בליל ערבה, וכבר נדפס הסדר.

הגה: ואין אומרים "נשמת" - אלא "ישתבח", דבאמת הוא חול, **ואומרים: "מזמור לתודה", ואומרים: "אין כמוך", "שמע ישראל" וכו', כמו ביו"ט** - ר"ל בניגון של יו"ט.

ואומרים קדיש שלאחר תפלת מוסף בנגון יו"ט; ואין רגילין לעשות מלאכה של חול עד אחר יציאה מבהכ"נ - ויש מסירין מעצמן אפילו הכיס של מעות, **ומה** שגובין מעות אתרוג, מפני שרוב הקהל מתאספין בהו"ר, ויש ריוח לצדקה מזה.

ויש לומר פזמון "זכור ברית" כשיש מילה בהושענא רבה, ואומרים אותו קודם "אנא אזון חין" כו' - ויותר טוב לאומרו קודם החרוז "הבט לברית".

כתבו הראשונים ז"ל, שיש סימן בצל הלבנה בליל הו"ר מה שיקרה לו או לקרוביו באותה השנה; ויש מי שכתב שאין לדקדק בזה, כדי שלא ליתרע מזליה, גם כי רבים אינם מבינים הענין על בוריו; ויותר טוב להיות תמים ולא לחקור עתידות, כן נראה לי.

ומרבים קצת בנרות כמו ביוה"כ. הגה: והמדקדקים נוהגים לטבול עצמן קודם עלות השחר, כמו בעיוה"כ (מנהגים) - וטוב יותר לטבול מבערב, כדי ללמוד כל הלילה בקדושה, **ואודות**

באר הגולה

א ‹כך מצאתי מוגה בספר ה"ר יהוסף ז"ל. ירושלמי, ר' אבהו בשם ר' יוחנן כיני מתניתא ר' יהודה אומר אני והו הושיעה נא אני והו הושיעה נא, פי' דגרסינן במתני' תרי זמני אני והו הושיעה נא – מלאכת שלמה. **ור"ל** לכאורה דה"ה אנה ד' היה ג"כ ב' פעמים› ב **מהא דתנן בכל יום מקיפין וכו'** סוכה מ"ד

לולב וערבה פרק רביעי סוכה מה

וכי לייבשן הוא צריך אלא אימא על גב האיצטבא *אמר רחבא אמר (*רב) יהודה הר הבית סטיו כפול היה סטיו לפנים מסטיו:
מתני׳ מצות ערבה כיצד מקום היה למטה מירושלים ונקרא מוצא יורדין לשם ומלקטין משם מורביות של ערבה ובאין וזוקפין אותן בצדי המזבח וראשיהן כפופין על גבי המזבח תקעו והריעו ותקעו *בכל יום מקיפין את המזבח פעם אחת ואומרים אנא ה׳ הושיעה נא אנא ה׳ הצליחה נא ר׳ יהודה אומר אני והו הושיעה נא ואותו היום מקיפין את המזבח שבע פעמים (א) בשעת פטירתן מה הן אומרים יופי לך מזבח יופי לך מזבח ר״א אומר ליה ולך מזבח ליה ולך מזבח כמעשהו בחול כך מעשהו בשבת אלא שהיו מלקטין אותן מערב ומניחין אותן בגיגיות של זהב כדי שלא יכמושו ר׳ יוחנן בן ברוקה אומר חריות של דקל היו מביאין וחובטין אותן בקרקע בצדי המזבח ואותו היום נקרא חבוט חריות מיד תינוקות שומטין את לולביהן ואוכלין אתרוגיהן:
גמ׳ תנא מקום קלניא הוה ותנא דידן מ״ט קרי ליה מוצא איידי דמיפק מכרגא דמלכא קרי ליה מוצא: ובאין וזוקפין אותן בצדי כו׳: תנא] רבות וארוכות וגבוהות אחד עשר אמה כדי שיהו גוחות על המזבח אמה אמר מרימר משום מר זוטרא שמע מינה על היסוד מנח להו דאי סלקא דעתך ארעא מנח להו מכדי *עלה אמה וכנס אמה זהו יסוד עלה חמש וכנס אמה זהו סובב עלה שלש זהו מקום הקרנות גוחות על גבי המזבח היכי משכחת לה אלא לאו ש״מ איסוד מנח להו שמע מינה אמר רבי אבהו מאי קראה שנאמר (תהלים קיח) °אסרו חג בעבותים עד קרנות המזבח א״ר אבהו אמר ר״א כל הנוטל לולב באגודו והדס בעבותו מעלה עליו הכתוב כאילו בנה מזבח והקריב עליו קרבן שנאמר אסרו

רש״י

וכי לייבשן הוא צריך · והרי היבש פסול: **סטיו כפול**. אצטבאות מקיפות אותו ואצטבאות אחרים היקף לפנים מהיקף: **מתני׳ ונקרא מוצא** · בגמרא מפרש טעמא: **אני והו** · בגימטריא אנא ה׳ ועוד משבעים ושתים שמות הן הנקובים בשלש מקראות הסמוכין בפרשת ויהי בשלח ויסע וגו׳ ויבא ויט תורה אור בין מחנה ויט משה את ידו ושלשתן בני שבעים ושתים אותיות ומהן שם המפורש אות ראשונה של פסוק ראשון ואחרונה של אמצעי וראשונה של אחרון וכן בזה הסדר טלן השם הראשון והו וי״ו של ויסע ה״א דכל הלילה וי״ו דויט ושם השלשים ושבע הוא אני אל״ף דמאחריהם ונו״ן ראשון דהענן בחשבון של מפרע ויו״ד דרוח קדים: **ואותו היום** · בשביעי: **גיגיות** · קופ״ש של זהב מלאות מים: **חריות של דקל היו מביאין** · בין בחול בין בשבת ובגמרא מפרש טעמא: **חריות**. ענפים: **מיד תינוקות שומטין את לולביהן**. הגדולים שומטין את לולבי הקטנים מידם בשביעי*: **ואוכלין אתרוגיהן** · של תינוקות ואין בדבר לא משום גזל ולא משום דרכי שלום שכך נהגו מחמת שמחה:
גמ׳ קלניא. בן חורין מן המס של מלך: **דמפיק מכרגא**. מוצא מכלל המס של מלך והיינו כמי קלניא דתוספתא: **כדי שיהו גוחות על המזבח** · גרסינן גוחות מוטות כמו כותל הגוחה לרה״ר דפ״ק דמועד קטן (ד׳ ז׳): **ש״מ** · מדקתני גוחות על המזבח אמה וא״א להיות גוחות על המזבח אמה אלא א״כ גבוהות ממט אמתים ואם יותר יותר דאם אינם גבוהות אמתים ומוטות אמה הרי הן נגררות בגג המזבח ואין זה לשון גוחות: **כי מנח רגליהם איסוד מנח להו**. על אמה של כניסת היסוד של מזבח: **עלה אמה** · מן הארץ ברוחב שלשים ושתים על שלשים ושתים שמתחילה הביאו מלבן מרובע שלשים ושתים על שלשים ושתים והושיבוהו על הארץ כעין אייסטר״א וגובהו אמה ומילאוהו סיד וקוניא וזפת כמלא שעלה אמה וחזרו והביאו מלבן שהוא שלשים על שלשים וגובהו חמש אמות והושיבוהו על זה משוך אמה מכל צד ומילאוהו סיד וקוניא וזפת הרי שנכנס אמה ועל אותה כניסה היו שופכין הדמים ומשם יורדין לרצפה דרך שני נקבים שהיו באחת הזויות וכשנתמלא מלבן זה נמצא שעלה חמש מן היסוד ומעלה הרי שש מן הארץ חזרו והביאו מלבן שהוא כ״ח על כ״ח והושיבו על זה משוך אמה מכל צד וגובהו ג׳ אמות ומילאוהו סיד וקוניא וזפת נמלא גבוה תשע אמות והוא גג המזבח וכניסה זו של סוף שש הוא הסובב שבה מקום הילוך לכהנים סביב למזבח כשבאין להקטיר ולמתן דמים והיינו דקאמר עלה אמה וכנס אמה זה היסוד עלה חמש וכנס אמה זה הסובב עלה שלש זה מקום הקרנות ולא גרסינן וכנס אמה שלא היו משוכין הקרנות כלום לפנים אלא הביא מלבן שהוא אמה על אמה ברום אמה ונתנו לקרן ומילאוהו חלקי אבנים וסיד וקוניא וזפת וכן לכל קרן מ״מ גובה המזבח אנו למידין מכאן שהוא תשע אמות לבד הקרנות ואי אארעא מנח להו והתם צריך לתת באלכסון רגליהם משוכין להלן מן המזבח מפני הכניסות כדי שיהו ראשיהן גוחין על המזבח תו לא משכחת להו גבהו שתי אמות למעלה מגג המזבח שיהו גוחות עליו אמה אלא לאו שמע מינה איסוד מנח להו דהוי ליה שמונה אמות ממעטות קלת מגובהן שצריך למשוך רגליהם לשפת כניסת היסוד כמלאו גבוהות יותר משתי אמות ומהן אמה גחייה ולמטה מן הגחייה יותר מאמה שלא יהו נגררות על גבי המזבח: **מאי קראה** · דעולות למעלה מן המזבח: **אסרו חג בעבותים** · באילנות כמו ובין עבותים היתה צמרתו (יחזקאל לא) בגד שלו אסרו כמו הקיפו כמו אסרי לגפן *יסחר ישראל (בראשית מט): **עד קרנות המזבח**. עד קרנות שהם גבוהות מן המזבח:

תוספות

וכי לייבשן הוא צריך · תימה שאותו תנא נתחלפה שיטתו דהכא דהוה ליה למיתני על גב הוה תני על גג ובפ״ק דפסחים (ד׳ יג:) גבי שתי חלות של תודה דה״ל למיתני על גג הוה תני על גב ויש לומר דאותו התנא היה שונה שניהם בשוה על גב או שניהם על גג וכשהגיע לו לרב יהודה בראשון ואמר לו שטעה והיה סבור שכן יש להיות גם באחר:
זוקפין אותן בצדי המזבח · הייט לאחר שהקיפוהו פעם אחת למ״ד ערבה בנטילה:
תקעו והריעו ותקעו · משום שמחה:
אני והו · בגימטריא אנא ה׳ ועוד משבעים ושתים שמות הן הנקובין בשלשה מקראות הסמוכין בפרשת ויהי בשלח ויסע מלאך וגו׳ ויבא בין מחנה וגו׳ ויט משה את ידו וגו׳ ושלשתן בני שבעים ושתים אותיות ומהם שם המפורש אות ראשונה של פסוק ראשון אחרונה של אמצעי וראשון של אחרון וכן בסדר הזה כולם כך פי׳ הקונטרס ועדיין צריך טעם לזה למה נשתנו שני שמות הללו דאמרינן להו טפי מאחריני משום דדרשינן באיכה רבתי קרא דכתיב ביחזקאל (א) ואני בתוך הגולה וקרא דכתיב בירמיה (מ) והוא אסור בזיקים כביכול הוא בעצמו והיינו הושענא שיושיע לעצמו:
מיד תינוקות שומטין לולביהן · לולבי התינוקות שומטין הגדולים מידן ואוכלין אתרוגיהן של תינוקות ואין בדבר גזל ולא משום דרכי שלום אלא שכך נהגו בו מחמת שמחה כך פי׳ בקונט׳ ויש ללמוד מכאן לאותן בחורים שרוכבים בסוסים לקראת חתן ונלחמים זה עם זה וקורעין בגדו של חבירו או מקלקל לו סוסו שהן פטורין שכך נהגו מחמת שמחת חתן ועוד יש לומר דמתני׳ לא איירי כלל שיחטפו הגדולים מידן של תינוקות אלא מיד כלומר לאלתר התינוקות שומטין לולבי עצמן מתוך הערבה לפי שהלולב ארוך ושוחקין בו ואתרוגיהן היו אוכלין והשתא ניחא הא דפריך [לקמן מו:] בגמרא* למאן דאמר אתרוג בשביעי מותר דהכא משמע תינוקות אין גדולים לא ובקונט׳ דחק לפרש דהכי פריך תינוקות דווקא שלא הוקצה למצוה גמורה אבל של גדולים הוקצה למצוה גמורה אסורין כל היום וקשה דא״כ הוה ליה למימר דתינוקות אין דגדולים לא:
עלה שלש זהו מקום קרנות · ולא גרסינן וכנס אמה שהקרנות לא היו משוכין לפנים כלום אלא מביא מלבן שהוא אמה על אמה ברום אמה ונתנו לקרן ומלאהו חלקי אבנים וסיד וזפת וקוניא וכן בכל קרן כך פירש בקונט׳ וכן מוכיח בזבחים פרק איזהו מקומן (ד׳ נד׳) ובפרק שתי הלחם (מנחות ד׳ לז:) שהקרנות לא היו משוכין לפנים כלום אבל מ״מ מוחק בחנם גרסת הספרים שכתוב בכל הספרים עלה שלש וכנס אמה וזה מקום קרנות כלומר דבאותה כניסה היו הקרנות בגוים והשתא הוי ממש דומיא דאחריני עלה אמה וכנס אמה כו׳ זה מקום קרנות מקום הכניסה הוא מקום קרנות:
סביב

עין משפט נר מצוה

כב א מיי׳ פ״ז מהל׳ לולב הלכה כא סמג עשין מד:
כג ב מיי׳ שם הלכה כג טוש״ע א״ח סי׳ תרס סעיף א וסי׳ תרסד סעיף א:
כד ג מיי׳ שם הל׳ כב: [נ״ל רבי]
כה ד מיי׳ פ״ב מהל׳ בית הבחירה הל׳ ז:

רבינו חננאל

אמר רחבה אמר ר׳ יהודה כו׳. היה מספקא ליה אי משום ר׳ יהודה אי משום רב יהודה וזהו מדקדק על עצמו שלא יחלף השמועות והיה שונה [רבי*]: מתני׳ מצות ערבה כיצד מקום כו׳ תניא קלניא כלומר קלניא היה שם אותו מקום ולא האי שמא למאי דאמרינן בתחלת השותפין הורדוס קלניא מתעבד שפירושו בן חורין נעשה **) דהך קלניא והך קלניא ושם אותו מקום היה ותנא דידן קרא ליה מוצא שהוא מוצא מן המס שאינן שדות המוקפות אלא כמו המדבר שאין עולין מס. ותנא רבות ארוכות גבוהות י״א אמה כדי שיהו גיחות על המזבח אמה. פי׳ גיחות היו ***) נחונות כמו נחונות. ואמרינן ש״מ מזו הברייתא כי הן י״א אמה ומהן אמה אחת נחונה על המזבח. כי על יסוד המזבח היה מעמידם שאם תאמר עד קרקע היה מעמידם גובה המזבח עשר אמות עלה אמה זה יסוד עלה חמש אמה וכנס אמה זה הסובב עלה ג׳ וכנס אמה זה מקום מערכה עכשו אם ינטה קו המדה מקרקע המזבח עד שפת האמה החמישית שהן מן היסוד עד הסובב נמצא מתיחת הקו מן הקרקע ועד הסובב ו׳ אמות וב׳ חומשי אמה דקי״ל כל אמתא בריבועא אמתא ותרי חומשי באלכסונא ולכל כניסת אמה באלכסון כן תבוא מדידתה תמצא מקרקע המזבח י״א אמה פחות חומש אלא כיון ששנה י״א כדי שיהו נוהות על המזבח אמה ש״מ איסוד הוה מנח לה. פי׳ נחות נוטות כגון מי שהיה כותלו נוחה סותרו ובונה ופי׳ גוהה נוטה והוא קיר נטוי. א״ר אבהו מאי קרא אסרו חג בעבותים עד וגו׳ פי׳ המזבח י׳ אמות ****) והקרנות אמה אמה שצריכה הערבה והיותר בה אמה להתנח ע״ג הקרנות המזבח שיש בם אמה שהן פנויים כאשר שנינו מקום הקרנות אמה מזה ואמה מזה כו׳: ירושלמי א״ר יוסי מתניתא אמרה כן וראשיהן כפופין ע״ג

*) עי׳ בר״ת פסחים דף כ״ב ע״ב ובערוך השלם בסוף ערך אביי.
**) נראה דצ״ל הך קלניא שם אותו מקום
יותר להתגח ע״ג וכו׳.

מסורת הש״ס

ברכות לג:
פסחים יג: נג:
[לעיל מג:]
[ועי׳ רש״י לקמן מו: ד״ה מיד]
מנחות לז:
מדות פ״ג מ״א

הגהות הב״ח

(א) במשנה שבע פעמים (בשעת פטירתן וכו׳ ליה ולך מזבח) תא״מ ונ״ב ס״א ליתא במשנה אלא לקמן בגמרא וכן משמע מפירוש רש״י לקמן:

הגהות מהר״ב רנשבורג

[א] גמ׳ תנא רבות וארוכות וגבוהות. מלת רבות נמחק ונ״ב צ״ל רכות:

פי׳ ותנא דידן וכו׳. ***) אולי צ״ל פי׳ גיחות היו גוחות כמו נטוטה וכו׳ ועי׳ בערוך ערך גחן. ****) אולי צ״ל עשר אמות עד למעלה מן הקרנות והערבה כו׳ בה אמה יותר

הזיווג, הוא כמו בליל שבועות, ובליל טבילה ישמש, ועיין מה שכתבנו לעיל בסימן ר"מ, במ"ב ובה"ל.

ויש נוהגים ללבוש הקיטל כמו ביו"כ - שאז הוא גמר החתימה, **ובמדינתינו** נהגו ללבוש בגדי שבת, לבד הש"ץ לובש הקיטל.

[ג]**לפי שבחג נדונים על המים** - וכל חיי האדם תלויין במים, והכל הולך אחר החיתום.

[ד]**ונוהגים להתיר בו אגודו של** [ה]**לולב** - ‹כדי לנענע בו ביותר. **ומ"מ** משמע במהרי"ל שלא היה מתירו רק עד חציו, **ופשיטא** שלא יתיר אגד שלמטה שהוא מצוה לאוגדו משום זה אלי ואנוהו, כמבואר סי' תרנ"א – ביכורי יעקב›, **ומקיפים ז' פעמים** - כמו במקדש, שהיו מקיפין המזבח בזה היום ז' פעמים, **ומרבים תחנונים על המים.**

אות ב'*

סימן תרסד ס"ג - [ו]**יש מי שאומר שאף ביום זה מקיפים בלולב ולא בערבה** - ר"ל כמו בימים הקודמים שאין נוטלין הערבה, שלא הוקבע ערבה רק ליום זה, **וטעם** הדבר, דבגמרא אית פלוגתא אם מקיפין בלולב או בערבה, ודעה הראשונה ס"ל כמ"ד דמקיפין בלולב.

ולא נהגו כן, אלא להקיף בו גם בערבה - כדי לצאת כל הדיעות, שגם מ"ד בלולב אין פוסל אם מקיף בערבה, וכן מ"ד בערבה אין פוסל אם מקיף בלולב - ב"י, **ועיין** לקמיה בס"ז בהג"ה, **והסכימו** האחרונים, דאם אין לולב בעיר, יקיפו בהו"ר בערבה.

סימן תרסד ס"ז - [ח]**יש מי שאומר שאינו יכול ליטלה עם הלולב בשעה שהוא יוצא י"ח, עד אחר שיברך ויטול וינענע בתחלה; ואם נטלה, עובר משום בל תוסיף; ואחר הנענוע הראשון יכול הוא ליטלה עם הלולב, וכ"ש בשעת הקפה** - הטעם, דהא קי"ל דשלא בזמנו של המצוה אינו עובר על בל תוסיף, עד שיכוין להוסיף על המצוה, והכא כיון שעברה מצותו, הוי שלא בזמנו, והוא הלא לא כיון להוסיף על מצות לולב, כי אם בשביל לקיחת הערבה.

ואע"פ שמה שכתב, שאם נטלה עובר משום בל תוסיף, טעות הוא בעיני - הוא אזיל לשיטתו, דפסק לעיל בסימן תרנ"א סט"ו, דבערבה והדס מוסיף בה כל מה שירצה, **מ"מ אין הפסד לחוש לדבריו.**

[ט]**וכתב עוד, דגם אחר נטילה ונענוע צריך לתפוס הערבה לבדה, להכיר שהיא חובה** - וכמש"כ בס"ה, שמטעם זה אינה ניטלת אלא בפני עצמו, **ובשעת החבטה יטלנה בפני עצמה ויוצא בה ידי חובתו.**

הגה: והמנהג פשוט ליטול הערבה עם הלולב בשחרית בשעת הנענוע - ‹מדברי מור"ם ז"ל בד"מ נראה דר"ל, שנוהגין ליטול הערבה עם הלולב גם בשעה שיוצאין י"ח ממצות לולב, דהיינו בשעת ברכה ובנענוע הראשון, ושלא כדברי היש מי שאומר – מאמ"ר›, **ובשעת הקפה** - טעם המנהג היה, כדי לצאת כל הדיעות, די"א דמקיפים בלולב, וי"א דמקיפים בערבה, וכנ"ל בס"ג, **עד שעת החבטה, ונוטלים הערבה לבדה.**

ויותר טוב שלא ליטלה עם הלולב כלל - כדי שיקיים בשלימות מצות נטילת ערבה, וכנ"ל בסעיף ה', **וגם** האר"י ז"ל הזהיר מאוד, שלא לחבר הערבה עם הלולב.

ואף הנוטלה עם הלולב, נ"ל דלאחר שהקיף יסיר הלולב מידו - ר"ל דלא כמו שאוחזין הלולב עם הערבה עד שעת החבטה, **ויאחז הערבה, שהם ההושענות שעושין, לבד, כל זמן שאומרים תחנונים על המים; ומנענעים ההושענות בשעה שאומרים ההושענות, ואח"כ חובטים אותם** - ובזמנינו המנהג כמו שכתב הרמ"א, שאין נוטלין הערבה עם הלולב כלל.

סימן תרס ס"ב - [י]**נוהגים להקיף אף מי שאין לו לולב. הגה: וי"א שמי שאין לו לולב אינו מקיף, וכן נוהגין (טור בשם רש"י ור"ן)** - וביום ז' אם אין לולב בעיר יקיפו בערבה, [אבל כשיש בעיר, אף שהוא אין לו, לא יקיף בערבה, דמיחזי כיוהרא].

וביום שביעי נוטלין הערבה עם הלולב להקיף - עיין לקמן סימן תרס"ד ס"ז בהג"ה, דיותר טוב שלא לחבר הערבה עם הלולב כלל, וכ"כ בשם האר"י ז"ל, שלא לחברם כלל עם הלולב, **רק** אחר קדיש תתקבל, אז קח בידך הערבה ותחבוט ה' פעמים בקרקע, **ושל"ה** כתב, כשמגיע ל"תענה אמונים", אז מניח הלולב ויקח הערבה.

מי שאירע לו אבל בחג, אינו מקיף; וכן אבל כל י"ב חדש על אביו ואמו, וכן נהגו (כל בו) - דכתיב: ושמחתם לפני ד' אלהיכם שבעת ימים, והוא בשעת הקפה.

סימן תרס ס"ג - [יא]**יש מי שאומר שאין אומרים הושענא בשבת** - טעמם, מפני התנוקות שישמעו שאומרים בשבת כמו בחול, וילכו גם ליטול לולב.

[יב]**ולא נהגו כן** - דכיון שאין מקיפין בשבת, מתברר להם במה שאין מקיפין.

באר הגולה

[ג] משנה ראש השנה ט"ז [ד] טור והמרדכי, וסמך לזה: כפת חסר ו', פירוש ו' ימים יהיה כפות [ה] פי' מלמעלה, רוקח [ו] ‹מילואים› [ז] הר"ן ושכן כתב רש"י בתשובה והרמב"ם [ח] ה"ר שלמה בן הרשב"ץ ובשם הגאונים והרשב"א בתשובה [ט] שם [י] וכ"כ ארחות חיים בשם י"א [יא] טור בשם רב שרירא גאון [יב] ב"י

אות ג׳

אלא שהיו מלקטין אותן מערב ומניחין אותן בגיגיות של זהב כדי שלא יכמושו

רמב״ם פ״ז מהל׳ לולב הכ״ב - כיצד היו עושין, מביאין אותה מערב שבת למקדש, ומניחין אותה בגיגיות של זהב כדי שלא יכמשו העלין, ולמחר זוקפין אותה על גבי המזבח, ובאין העם ולוקחין ממנה ונוטלין אותה כדרך שעושין בכל יום; וערבה זו הואיל ואינה בפירוש בתורה אין נוטלין אותה כל שבעת ימי החג זכר למקדש, אלא ביום השביעי בלבד הוא שנוטלין אותה בזמן הזה; כיצד עושה, לוקח בד אחד או בדין הרבה חוץ מערבה שבלולב, וחובט בה על הקרקע או על הכלי פעמים או שלש, בלא ברכה, שדבר זה מנהג נביאים הוא.

אות ד׳

עלה אמה וכנס אמה זהו יסוד, עלה חמש וכנס אמה וכו׳

רמב״ם פ״ב מהל׳ בית הבחירה ה״ז - וכך היתה מדתו וצורתו, עלה ה׳ טפחים וכנס ה׳ טפחים זהו יסוד, נמצא רוחב ל׳ אמה ושני טפחים על רוחב ל׳ אמה ושני טפחים; עלה ל׳ טפחים וכנס ה׳ טפחים זהו סובב, נמצא רוחבו שמונה ועשרים אמה וד׳ טפחים על כ״ח אמה וד׳ טפחים; [עלה י״ח טפחים זהו מקום המערכה]; ומקום הקרנות אמה מזה ואמה מזה סביב, וכן מקום רגלי הכהנים אמה סביב; נמצא מקום המערכה רוחבו כ״ד אמות וד׳ טפחים על כ״ד אמות וד׳ טפחים. **השגת הראב״ד: רחבו עשרים וארבע אמות וכו׳. א״א אולי אינו כן, כי הארבעה טפחים הם כניסת הקרנות מדפני המזבח** - ודבר פשוט הוא שטענת אולי אינו טענה – כסף משנה.

עין משפט נר מצוה

כו א ש"ע א"ח סי' תרמ סעיף ב בהג"ה:

כז ב מיי' פ"ז מהל' לולב הלכה כ סמג עשין מד טוש"ע א"ח סי' תרנא סעיף ב וסעיף ט [רב אלפס לעיל פ"ג דף רנג]:

כח ג מיי' פ"ו מהל' שופר וסוכה ולולב הלכה ב סמג עשין קנג:

כט ד מיי' פ"ז מהל' סוכה ולולב הלכה ו ופ"ו הלכה יג סמג עשין מג טוש"ע א"ח סי' תרלט סעיף א וסי' תרנב סעיף א:

תורה אור

אסרו חג בעבותים עד קרנות המזבח א"ר ירמיה משום ר"ש בן יוחי ור' יוחנן משום ר"ש המחוזי משום ר' יוחנן המכותי כל העושה *איסור לחג באכילה ושתיה מעלה עליו הכתוב כאילו בנה מזבח והקריב עליו קרבן שנא' אסרו חג בעבותים עד קרנות המזבח אמר חזקיה א"ר ירמיה משום רשב"י ^ב^כל המצות כולן אין אדם יוצא בהן אלא דרך גדילתן שנאמר °עצי שטים עומדים *תנ"ה עצי שטים עומדים שעומדים דרך גדילתן דבר אחר עומדים שמעמידין את ציפוין דבר אחר עומדים °שמא תאמר אבד סיברם ובטל סיכויין ת"ל עצי שטים עומדים שעומדים לעולם ולעולמי עולמים ואמר חזקיה א"ר ירמיה משום רשב"י °יכול אני לפטור את כל העולם כולו מן הדין מיום שנבראתי עד עתה ואילמלי אליעזר בני עמי מיום שנברא העולם ועד עכשיו ואילמלי יותם בן עוזיהו עמנו מיום שנברא העולם עד סופו *ואמר חזקיה א"ר ירמיה משום רשב"י ראיתי בני עלייה והן מועטין אם אלף הן אני ובני מהן אם מאה הם אני ובני מהן אם שנים הן אני ובני הן ומי זוטרי כולי האי והא *אמר רבא *תמני סרי אלפי *) דרא הוה דקמיה קודשא בריך הוא שנאמר °סביב שמונה עשר אלף ל"ק הא דמסתכלי באספקלריא המאירה הא דלא מסתכלי באספקלריא המאירה ודמסתכלי באספקלריא המאירה מי זוטרי כולי האי והא *אמר אביי לא פחות עלמא מתלתין ושיתא צדיקי דמקבלי אפי שכינה בכל יום שנאמר °אשרי כל חוכי לו ל"ו בגימטריא תלתין ושיתא הוו ל"ק *הא דעיילי בבר הא דעיילי בלא בר: בשעת פטירתן מה הן אומרים וכו': והא קא משתתף שם שמים ודבר אחר ותניא *^ג^כל המשתתף שם שמים ודבר אחר נעקר מן העולם שנאמר °בלתי לה' לבדו הכי קאמר ליה אנחנו מודים ולך אנו משבחין ליה אנחנו [א] מודים ולך אנו מקלסין: כמעשהו בחול: אמר רב הונא מ"ט דר' יוחנן בן ברוקה דכתיב *°כפות שנים אחת ללולב ואחת למזבח ורבנן אמרי כפת כתיב ר' לוי אומר כתמר *מה תמר זה אין לו אלא לב אחד אף ישראל אין להם אלא לב אחד לאביהם שבשמים אמר רב יהודה אמר שמואל לולב שבעה וסוכה יום אחד מ"ט לולב דמפסקי *לילות מימים כל יומא מצוה באפיה נפשיה הוא סוכה דלא מפסקי לילות מימים כולהו שבעה כחד יומא אריכא דמו ורבה בר בר חנה אמר רבי יוחנן סוכה שבעה ולולב יום אחד מאי טעמא סוכה דאורייתא שבעה לולב דרבנן סגי ליה בחד יומא כי אתא רבין אמר רבי יוחנן ^ד^אחד זה ואחד זה שבעה אמר רב יוסף נקוט דרבה בר בר חנה בידך דכולהו אמוראי קיימי כוותיה בסוכה מיתיבי

*) נ"י איתא הוה דרה

העושה

רש"י

אסרו · אגודה של לולב: **בעבותים** · בהדס שהוא עבות של ג' בדין קליעה: **עד קרנות** · הרי הוא לכם כמתן דמים שבקרנות המזבח: **איסור לחג** · אגודה לחג: **באכילה ושתיה** · שקורא לחג עונג במאכל ומשתה ויש אומרים יום שלאחר החג: **בעבותים** · בבהמות עבות ושמנות: **כל המצות** · כגון קרשי המשכן ועמודים ולולב והדס וערבה: **דרך גדילתן** · התחתון למטה והעליון למעלה. **שמעמידין את ציפוין** · הציפוי של זהב קבוע בהן במסמרות של זהב כדכתיב (שמות כו) ואת הקרשים תצפה זהב ולא היה עושה עם ארוך כמדת הקרש שיעמוד מאליו: **אבד סיברם** · משנגנז אהל מועד בטל לו עולמית: **סכויים** · תוחלתם ומבטם כדמתרגמינן הבט נא (בראשית טו) איסתכי כען לשמיא: **לפטור** · בזכותי אני סובל כל עונותיהם ופוטרן מן הדין: **יותם בן עוזיהו** · צדיק היה ועניו יותר משאר מלכים וזכה בכיבוד אביו ועליו נאמר בן יכבד אב (מלאכי א) שכל הימים שהיה אביו מצורע והוא היה שופט עם הארץ כדכתיב (מלכים ב טו) ויותם (*בנו) שופט וגו' לא נטל עליו כתר מלכות בחייו וכל דינין שהיה דן אומרן בשם אביו: **ועד סופו** · עד שיכלה העולם: **ראיתי בני עלייה והן מועטין** · רואה אני לפי מעשה הבריות שבני עלייה כת המקבלין פני שכינה מועטים הם: **סביב שמנה עשר אלף** · סיפיה דקרא ה' שמה דאע"ג דבירושלים שלעתיד לבא כתיב קרא דרשינן לי' כמי להכי דמקום ששכינה שמה סובבין אותו שמנה עשר אלף והם הצדיקים הנחשבים לפנים ממלאכי השרת שנא' (במדבר כג) כעת יאמר ליעקב ולישראל מה פעל אל ואומר (ישעיה כג) ליושבים לפני ה' יהיה סחרה ואומר (שם ל) והיו עיניך רואות את מוריך: **אספקלריא** · מחילה שחוללת ביניהם לשכינה: **מאירה** · כמראה זו שרואין בה ויש לדיקים שאין מאירה להם כל כך ואין יכולין לראות ממש: **אשרי כל חוכי לו** · המחכים לכת שהוא כמנין לו: **בבר** · ברשות: **דעיילי בלא בר** · בלא רשות מועטים הן ובהנהו קאמר אני ובני מהם: **בשעת פטירתן** · אמתניתין קאי: **יופי לך** · היופי הזה אנו עושין לך שאתה מכפר עלינו: **ליה ולך** · אנו עושין את הכבוד הזה: **ליה אנו מודים** · שהוא אלהינו: **ולך אנו משבחים** · שאתה חביב לפניו לכפר עלינו מודים לאו לשון הוד אלא לשון תודה שאנו מודים בו ולא כופרים: **ר' לוי אומר כתמר** · טעמא דרבי יוחנן בן ברוקה לאו מקרא נפיק אלא סברא שהוא סימן יפה לקילוסן של ישראל: **אין לו אלא לב אחד** · כעין מוח יש בו כגון בען האגוז והגפן ואין לו אלא בען האמלעי הזקוף ועולה וגדל למעלה ולא בחריותיו ומכבדותיו: **סוכה שבעה** · לברכה: **ולולב יום אחד** · ואע"פ שניטל כל שבעה זכר למקדש אין מברכין בו אלא יום ראשון שהוא מן התורה: **נקוט דרבה בר בר חנה בידך** · דאמר סוכה שבעה ולא דרב יהודה אמר שמואל דאמר סוכה יום אחד: **דכולהו אמוראי** · משמיה דר' יוחנן קיימי כוותיה בסוכה ושמואל ור' יוחנן הלכה כר' יוחנן *כן מצאתי ביסודו של רבינו יעקב:

תוספות

סביב שמנה עשר אלף · והאי קרא כתיב בסוף יחזקאל (מח) גבי מדתה של ירושלים דלעתיד היקיפה שמנה עשר אלף קנים דנמצאת מדת ריבועה (על) ארבעת אלפים וחמש מאות קנים אורך על ארבעת אלפים וחמש מאות קנים רוחב ומדת הקנה שש אמות ומה שכתוב בספרים תמניסר אלפים פרסי לא גרס פרסי דלאו פרסי מי כתיב בקרא אלא גרסינן תמניסר אלפי (א) דרא קמי הקב"ה והוא היקף הקנה דנמצאת ריבוע ד' אלפים וחמש מאות קנים אורך על ד' אלפים וחמש מאות קנים רוחב דהכי כתיב קרא (יחזקאל מח) ואלה תוצאות העיר מפאת צפון חמש מאות וארבעת אלפים מדה וכתיב (שם) ופאת ימה חמש מאות וארבעת אלפים מדה וכתיב (שם) ופאת נגבה חמש מאות וארבעת אלפים מדה וכתיב (שם) ופאת קדמה חמש מאות וד' אלפים מדה והדר כתיב סביב שמנה עשר אלף ואע"ג דקרא גבי ירושלים כתיב דרשינן מיניה דדרא דקמיה קודשא בריך (ב) הוא דכתיב בסיפיה דקרא ושם העיר מיום ה' שמה: **אחת** ללולב ואחת למזבח · לא יתכן כלל לפרש דרבי יוחנן בן ברוקה לא פליג אלא בשביעי אלא אכולהו נמי פליג דסבר חריות של דקל היו מביאין כל שבעה ולא ערבה כי היכי דאבא שאול דדריש* ערבי אחד למקדש דהיינו כל ז' וכן רבנן דנפקא להו מהלכה דהיינו כל ז' ור' יוחנן בן ברוקה דריש להו ערבי כשאר תנאי דלולב הגזול והלכה לית ליה והא דקתני מתניתא ואותו היום לאו דוקא יום אחד ומיהו לר' לוי דמפרש טעמא דר' יוחנן בן ברוקה כתמר ולא מקרא דריש אלא סברא שהוא סימן יפה לקילוסן של ישראל שאין להם אלא לב אחד לאביהם שבשמים (אי) אפשר דלא יהוי אלא יום אחד בין יהיה יום אחד בין יהיה כל שבעה לא היתה ערבה בטלה ותרוייהו היו מרביות של ערבה וחריות של דקל:

אחד זה ואחד זה שבעה · אין סוכה ולולב שוין לברכה דאלולב אין מברך אלא פעם אחת ביום אבל סוכה כל אימת דנכנס לה כדי שיאכל וישתה ויישן ואפילו עשר פעמים ביום מברך אכל אחת ואחת מידי דהוה אתפילין כל זמן שמניחן והיינו טעמא דסוכה דאי מתרמי ליה סעודתא לא אפשר למיכל חוץ לסוכה אע"פ שכבר אכל בו ביום בסוכה וכן תפילין כל היום מצותן שיהו מונחין בראשו ובזרועו אבל לולב אין עיקר מצותו אלא פ"א ביום כדאמ' (לעיל ד' מב·) מדאגבהיה נפיק ביה:

רבינו חננאל

המזבח: כל המצות אין יוצא בהן אלא דרך גדילתן העיקר למטה (והצמר) [והצמח] למעלה שנאמר עצי שטים עומדים. כלומר כמו שעומדין בגדילתן. רשב"י היה במערה י"ג שנה ונראה לו בדרך מראות אלהים גודל כבודו והיה יודע בעצמו שהוא חסיד גדול והיה אומר יכול אני לפטור העולם כגון זה האמור בסדום אם אמצא שם כך וכך צדיקים ונשאתי לכל המקום בעבורם מיום (שנברא העולם) [שנבראתי] עד עכשיו כלומר בזכותי יתקיים העולם. ולא יחרב ולא ישחית אלהים העולם בעבורי. ואפי' אם אין שם צדיק ואם יהיה אלעזר בני עמי משנברא העולם ועד עכשיו · כלומר שלא תהא כליה כגון המבול שהיה בכל העולם כענין שפרשנו למעלה ואילמלי יותם כו' ולמה יותם לפי שנתברר לו כי לא קבל מוכיותיו בעוה"ז כלום שכל צדיקים קבלו בעוה"ז מעין השמור להן לעוה"ב ור' שמעון ובנו ויותם לא קבלו בעוה"ז לפיכך היתה להם זכות גדולה משאר הצדיקים · ואמר עוד ר' שמעון ראיתי בני עליה פי' ראיתי ברוה"ק כגון ראיית חלום כי הצדיקים שבדור הזה הראויין לעלות לג"ע מועטין הן שהמקום המוכן להם מגיד זה ואמר אם אלף הן מובטח אני שאני ואלעזר בני מהן ואם שנים הן אני ובני הן ואקשינן אינו שהצדיקים שבכל דור מופרדין בפני עצמן והאמר רבא דרא קמא פי' שורה של צדיקים הראשונים דסקמי קב"ה י"ח אלפי פרסי היא שנאמר סביב שמונה עשר אלף. ופרקינן הללו כולן צדיקים הן אבל מהן מסתכלין באיספקלריא שאינה מאירה ומהן מסתכלין באספקלריא הגדולה המאירה ואני לא אמרתי מועטין הן אלא המסתכלין באספקלריא המאירה בהן אמרתי ומקשינן ומי זוטרי כולי האי להיותם שנים והאמר אביי לא פחות עלמא מל"ו צדיקים בכל דור דמקבלי פני שכינה בכל יום שנאמר אשרי כל חוכי לו לו בגימטריא שיתא ותלתין ופרקינן לא קשיא הא דעיילי בבר הא דלא עיילי בבר פי' יש מי שאומר עיילי בבר הצדיקים העולין בג"ע בבניהן שהיה הוא צדיק ובנו צדיק כמותו כגון ר' שמעון ובנו ר' אלעזר והו שאמר מועטין הן בדור זה ויש מי שאומר הצדיקים הנכנסים בישיבה של מעלה בלא בר. כלומר אינן מתעכבין בחוץ עד שימליכו בשכינה המלאכים הממוני' ליתן רשות להכנס לפי שהן חשובין הרבה לפני השכינה ואין מי יעכב עליהן אלא מיד הן נכנסין בלא נטילת רשות ואלו שהן בענין הזה מועטין הן ושאר הצדיקים אינן כן והלא אביי ורבא דאחרונים הן לגבי רשב"י ואיך מקשינן מדבריהם עליו אלא ללמדך המסורת שהיה בידם בדברי אביי ורבא כך היה בידי הראשונים בקבלה כהל"מ · ואינם דבריהם שאלו הדברים וכיוצא בהן אי אפשר להאמר אלא בקבלה מן הנביאים ואלו הדברים שקיבלו מרבותיהם היו מגידין. פי' אני והו הושיעה נא. פי' על השכינה הדברים אמור כדכתיב בכל צרתם לו צר. הא דאמר ליה ולך מזבח אסור שנמצא משתף שם שמים למזבח ותניא כל המשתף שם שמים ודבר אחר נעקר מן העולם שנאמר בלתי לה' לבדו. אלא כך הוו אומרים ליה אנו מודים ולך מזבח אנו משבחים: מתני' כמעשהו בחול כך כו'. ר' יוחנן בן ברוקה אומר חריות של דקל היו מביאין כו'. מ"ט דר' יוחנן בן ברוקה שנאמר כפות תמרים אחת ללולב ואחת למסריש

מסורת הש"ס

יומא עב. · סנהדרין לז: · [סנהדרין לז: ע"ש] · [בסנהדרין איתא דרא דקמיה קודשא בריך הוא תמני סרי אלפי הוה שנאמר סביב וכו'] · ג"י שם · סנהדרין סג. [ועי' תוס' שם ד"ה כל] · [עי' רש"ל בעי' כ"ב דשם] · [עירובין מז:]

הגהות הב"ח

(א) תוס' ד"ה סביב וכו' תמניסר אלפי הוא דלא וכו' דקמי קודשא בריך הוא דכתיב:

הגהות הגר"א

[א] גמ' מודים. נ"ל מברכים:

גליון הש"ס

גמ' שמא תאמר אבד סברם. עירובין כא ע"ב: שם יכול אני לפטור. עיין אבות דר' נתן פט"ז:

§ מסכת סוכה דף מה: §

אות א'

איסור לחג באכילה ושתיה

סימן תקכט ס"א - ונוהגין להרבות קצת באכילה ושתיה ביום אחר החג, והוא אסרו חג - המנהג שלא להתענות בכל אסרו חג.

אות ב'

כל המצות כולן אין אדם יוצא בהן אלא דרך גדילתן

סימן תרנא ס"ב - [א]ראשיהם למעלה ועיקריהם למטה - דבעינן שיטלן דרך גדילתן באילן, **ואם** היפך אפילו בדיעבד לא יצא, **ומטעם** זה כתב מהרי"ל, שאותן הלוקחים הדסים יבשים הבאים מאיטליא, יתירום ויראו שמונחים כדרך גדילתן, דלפעמים מונחים ראשו של זה בצד עיקרו של זה, **וכתב** במטה משה, דגם כשנוטלין ראשיהן מן הצד, הוי שלא כדרך גדילתן.

ואע"ג דאתרוג כשהוא תלוי עוקצו למעלה, מכל מקום מקרי דרך גדילתו עוקצו למטה, אלא שהפירות מכבידין אותו.

סימן תרנא ס"ט - ומטין ראש הלולב לכל צד שמנענע נגדו, וכשמנענע למטה הופכו למטה, ומקרי דרך גדילתן הואיל ומחזיק אותן בידו דרך גדילתן (ב"י) - ר"ל הואיל שהנטילה שנטל אותם מתחלה בידו היה דרך גדילתו, שוב אין מקפידין על נענועין שיהיה דרך גדילתו.

ויש מדקדקין שלא להפך הלולב כשמנענעין למטה (מהרי"ל וב"י בשם אביו, וכן שמע ממהר"ר שכנא שראה כן ממהר"ר יעקב פולק, וכ"כ בכתבי אר"י) - משום חשש שהוא שלא כדרך גדילתו, **ולא** דמי לכל שאר הנענועים, שאינו אלא מטה לצדדין ולא מהפך ממש, משא"כ בזה אם יהפך יהיה ראשו למטה וסופו בידו, **וע"כ** לא יהפכנו אלא ישפיל הלולב למטה אחר העלאה ג' פעמים.

והמנהג כסברא ראשונה, וכן נ"ל עיקר - והט"ז כתב, דיותר טוב שלא יהפכנו, דבזה יוצא ידי הכל, ואי מהפכו יש לחוש שמא אותה דיעה עיקר, שאין זה דרך גדילתו, וכ"כ בדה"ח ובח"א שכן הוא נכון.

אות ג'

כל המשתף שם שמים ודבר אחר נעקר מן העולם

רמב"ם פי"א מהל' שבועות ה"ב - ואסור להשבע בדבר אחר עם שמו, וכל המשתף דבר אחר עם שם הקב"ה בשבועה, נעקר מן העולם, שאין שם מי שראוי לחלוק לו כבוד שנשבעין בשמו אלא האחד ברוך הוא.

אות ד'

אחד זה ואחד זה שבעה

סימן תרלט ס"א - [ב]כיצד מצות ישיבה בסוכה, שיהיה אוכל ושותה (וישן ומטייל) (טור) ודר בסוכה כל ז' הימים, בין ביום בין בלילה, כדרך שהוא דר בביתו בשאר ימות השנה. וכל ז' ימים עושה אדם את ביתו עראי ואת סוכתו קבע.

סימן תרנח ס"א - [ג]מן התורה אין מצות לולב חוץ למקדש אלא יום ראשון - דכתיב: ושמחתם לפני ד' אלהיכם ז' ימים, והיינו במקדש, **אבל** בשאר א"י, יום הראשון בלבד, דכתיב: ולקחתם לכם ביום הראשון פרי עץ וכו'.

וחכמים תקנו שיהא ניטל בכל מקום כל שבעה - זכר למקדש.

סימן תרסב ס"א - [ד]ביום שני מברך על נטילת לולב, וכן בכל שאר ימים - דאע"ג דכל הימים חוץ מן יום הראשון הוא רק מדרבנן, זכר למקדש שהיה המצוה לשמוח שם במצוה ההיא כל שבעת הימים, **אפ"ה** שייך לברך עליה ולומר "וצונו", מדכתיב: ולא תסור מכל הדברים אשר יגידו לך וגו'.

אות ד'* [ה]

סימן תרסב ס"ב - [ו]אינו מברך זמן ביום שני על הלולב - דממ"נ יצא במה שאמר ביום ראשון זמן, אף אם הוא חול, דלא גרע ממה שאמר זמן בשעת עשיית הלולב, [היינו בשעת אגידת הלולב], דיצא, **ולא** דמי לקידוש שאומר בליל ב' זמן, שאותו הוא בשביל היום ולא בשביל הסוכה, [ז]**ואע"ג** דגבי שופר מנהגינו לומר זמן אפי' ביום שני, שאני התם, דלפעמים עיקר הקדושה הוא ביום שני, כמ"ש שם בסי' ת"ר.

[ח]אא"כ חל יום ראשון בשבת - דאז צריך לברך זמן בשני, שהוא פעם ראשון שנוטלו, כיון שלא אמרו בראשון, **וה"ה** אם לא נטל הלולב עד יום הז', דמברך זמן בז' - אחרונים, [**כתב** הפמ"ג, משמע הא נטל הלולב ביום א' ולא בירך, שוב אינו מברך זמן כשנוטלו ביום ב', **ובאמת** לאו ראיה היא, דלפי שהשו"ע לא מיירי אלא בחיסר יום אחד שלא נטלו, דמברך זמן בשני, קמ"ל דה"ה חיסר ו' ימים, דמברך זמן בז', **אבל** אה"נ הה"נ אם נטל ולא בירך, וכ"כ הלבוש והמ"א, **ובאמת** אינו דומה לשאר עניני אוכל, דקי"ל דאינו מברך אלא בתחלה כשראוהו ולא כשהורגל בו, דהכא כיון דמפסקי לילות מימים, דבלילה אין זמן נטילה, כל יומא הוא מצוה בפ"ע, **וצ"ע**].

באר הגולה

א משמיה דרשב"י שם מ"ה ב ‹לא מוזכר בסעיף זה כלום בנוגע הברכה, ואינו מובן מה ראה העין משפט מהכא, וכן בתרנ"ח בנוגע הלולב› ג משנה מ"א ור"ה דף ל' ד מסקנת הגמ' מ"ו וכרבי יהודה ה ‹מילואים› ו טור בשם רשב"ש ור"י ורא"ש ז ‹ט"ז. **והמ"א** תירץ: ול"נ טעם אחר, משום דבלולב אם בירך זמן בשעת עשיה יצא, וכמ"ש סי' תרמ"ח, ולכן אפי' אי הוי אתמול חול, יצא בשהחיינו, דלא גרע משעת עשיה, משא"כ בשופר, כנ"ל ברור, עכ"ל. **וכתב** המחה"ש: ר"ל, דשופר אין מברכים בשעת עשייה, כמו שכתב מ"א סימן תרמ"א, ע"ש הטעם, א"כ אין יוצאים בברכת זמן לשופר כי אם בשעת התקיעה, דהיינו בשעת קיום המצוה, ולכן מספק שמא יום א' חול היה ולא יצא בזמן דאתמול, צריך לברך בשני, והוי זמן דשופר כמו זמן דרגל› ח טור

§ מסכת סוכה דף מו. §

אות א'

העושה לולב לעצמו אומר: ברוך שהחיינו וקיימנו והגיענו

סימן תרנא ס"ה - [א]יברך "על נטילת לולב", ו"שהחיינו", קודם שיטול האתרוג, כדי שיברך עובר לעשייתו - דאין לברך קודם שיטלנו להלולב, דלא מסתבר לברך בעוד שהלולב מונח בכלי, **וכן** אין לברך אחר שנטל כל הד' מינים, דבעינן עובר לעשייתן, **הלכך** מברך קודם שיטול האתרוג, דזהו עובר לעשייתן, שמעכבין זה את זה, דהיינו שאם חסר לו איזה מן המינין, לכו"ע לא יצא, הלכך מקרי עובר לעשייתן, [**דאף** שאם כולן בפניו, יכול ליטלן בזה אחר זה, מ"מ כל כמה שאינו נוטל האתרוג לא קיים המצוה כלל, דמצוה א' הן, לפיכך מקרי עובר לעשייתן]. **[ב]או יהפוך האתרוג עד שיברך** - העוקץ למעלה, דאינו יוצא בזה, דבעינן דרך גדילתן, ולאחר הברכה יהפוך העוקץ למטה כדרך גדילתן, ויוצא בזה.

ועיין בב"י דיש עוד עצה שיהיה קודם לעשייתן, דהיינו שיכוין שלא לצאת בהמצוה עד אחר הברכה, [**דאף** למ"ד מצות א"צ כונה, מ"מ אם כוון שלא לצאת, אינו יוצא], **ועיין** בביאור הגר"א שכתב, דזה העצה היא היותר מובחרת שבכולן, [**אמנם** בעיקר הענין משמע מהגר"א, שאין אנו צריכים כלל לחפש עצה בענינינו שיהיה עובר לעשייתן], ‹כמ"ש בפ"א דפסחים {דף ז:}, דמשמע שמברך אחר שהן בידו ויצא בהן – שם, ועי"ש בתוס'›.

ואם שכח לברך קודם לקיחה, מברך אחר כך, דהא גם הנענוע הוא מן המצוה, [פמ"ג, **והנה** לדבריו אם כבר נענע ג"כ, אף שאוחז עדיין בידו, שוב אינו יכול לברך, **אמנם** לפי דעת הגר"א הנ"ל, מברך אח"כ].

הגה: ויברך מעומד (מהרי"ל וכל בו) - ונטילתו תהיה ג"כ מעומד, **ובדיעבד** אם עשה הברכה וגם המצוה מיושב, יצא.

ולא יברך רק פעם אחת ביום, אע"פ שנוטלו כמה פעמים (מהרי"ו) - להידור מצוה, כמנהג אנשי ירושלים כדאיתא בגמרא.

אות א'* [ג]

סימן תרנא ס"ו - [ד]לא יברך "שהחיינו" בשעת עשיית לולב, אלא בשעת נטילתו - אע"ג דמן הדין היה ראוי לברך "שהחיינו" תיכף בשעת עשיית הלולב, דהיינו בשעה שאוגדו, **מ"מ** אנן נהגינן להניח הברכה לכתחלה עד שעת נטילה, [**ובדיעבד** אם בירך בשעת אגד, בודאי יצא], **ועיין** בח"א שכתב, דאם לא בירך "שהחיינו" ביום א', יוכל לברך אפילו ביום ז' כשנוטל הלולב.

אות ב'

ואף על פי שבירך עליו יום ראשון, חוזר ומברך כל שבעה

סימן תרסב ס"א - [ה]ביום שני מברך על נטילת לולב, וכן בכל שאר ימים - דאע"ג דכל הימים חוץ מן יום הראשון הוא רק מדרבנן, זכר למקדש שהיה המצוה לשמוח שם במצוה ההיא כל שבעת הימים, **אפ"ה** שייך לברך עליה ולומר "וצונו", מדכתיב: ולא תסור מכל הדברים אשר יגידו לך וגו'.

אות ג'

העושה סוכה לעצמו אומר: ברוך שהחיינו וקיימנו כו'

סימן תרמא ס"א - עיין למטה אות ט'.

אות ד'

תפילין כל זמן שמניחן מברך עליהן

סימן כה סי"ב - [ו]אם מניח תפילין כמה פעמים ביום, צריך לברך עליהם בכל פעם - אפילו אם כשסילקן היה דעתו להחזירם תיכף, ואפילו אם לא שינה מקומו כלל בינתים, והרמ"א בסמוך פליג ע"ז. **ואם** בשעת ברכה היה דעתו, שאח"כ יסלקם ויחזור ויניחם, מוכח מדברי המג"א, דלכו"ע אין צריך לחזור ולברך.

הגה: וי"א שלא לברך - [ז]אם חלצן לכנוס לבהכ"ס, אפילו היה דעתו ללבשן תיכף, צריך לברך לכו"ע, דהא אין רשאי לילך בהם לבית הכסא, ואדחי ליה.

אות ה'

ומברכין כל שבעה

סימן תרמג ס"ג - [ח]בשאר ימים מברך על הסוכה קודם ברכת המוציא.

אות ו'

המדליק מברך שלש

סימן תרעו ס"א - [ט]המדליק בליל ראשון מברך שלש ברכות: "להדליק נר חנוכה" - בגמרא וכל הפוסקים איתא: "נר של חנוכה", **וכ"כ** המהרש"ל, אך שכתב שיאמר "שלחנוכה" במילה אחת, ולא "של חנוכה" שתי מילות, **והעולם** אין נוהגין להקפיד בזה, **ו"שעשה נסים"** - "בזמן הזה", ולא "ובזמן", **ו"שהחיינו"** - "והגיענו לַזמן הזה", הלמ"ד בחיר"ק, ולא בפת"ח. ‹**ומנהג** העולם לומר לַזמן הזה – פסקי תשובות›.

באר הגולה

[א] **טור בשם הרמב"ם** [ב] **שם בשם ר"י תוס' ל"ט.** ‹ד"ה עובר› [ג] ‹ע"פ הב"י והבאר הגולה› [ד] **הרא"ש מברייתא מ"ו מהא דרב כהנא שם לענין סוכה** [ה] **מסקנת הגמרא סוכה מ"ו וכרב יהודה** ‹אמר שמואל› [ו] **סוכה מ"ו וכרבי** [ז] ‹דדוקא אי היה מחמת אונס, דאינו רשאי לילך שם עם התפלין, וכן משמע בגמרא, בסוכה דף מ"ו ע"א, דרבא כל אימת דאיצטרך לילך לבית הכסא כשיצא משי ידיה ומנח תפלין ומברך – מחה"ש. ‹וע"ש בסי' כ"ה סי"ב להשלמת הסעיף, דלא הבאנו רק קטע ממנו› [ח] **טור בשם מהר"ם מרוטנבורג** [ט] **מימרא דרב יהודה שבת כ"ג**

לולב וערבה פרק רביעי סוכה מו

תורה אור

*העושה לולב לעצמו אומר ברוך שהחיינו וקיימנו והגיענו לזמן הזה נטלו לצאת בו אומר ברוך אשר קדשנו במצותיו וצונו על נטילת לולב ואף על פי שבירך עליו יום ראשון חוזר ומברך כל שבעה *העושה סוכה לעצמו אומר ברוך שהחיינו וקיימנו כו' נכנס לישב בה אומר אשר קדשנו במצותיו וצונו לישב בסוכה וכיון שבירך יום ראשון שוב אינו מברך קשיא לולב אלולב קשיא סוכה אסוכה בשלמא לולב אלולב לא קשיא כאן בזמן שבית המקדש קיים כאן בזמן שאין בית המקדש קיים אלא סוכה אסוכה קשיא תנאי היא דתניא *תפילין כל זמן שמניחן מברך עליהן דברי רבי וחכמים אומרים אינו מברך אלא שחרית בלבד אתמר אביי אמר הלכתא כרבי ורבא אמר הלכתא כרבנן אמר רב מרי ברה דבת שמואל חזינא ליה לרבא דלא עביד כשמעתיה אלא מקדים וקאי ועייל לבית הכסא ונפיק ומשי ידיה ומנח תפילין ומברך וכי אצטריך זימנא אחרינא עייל לבית הכסא ונפיק ומשי ידיה ומנח תפילין ומברך ואנן נמי כרבי עבדינן ומברכין כל שבעה אמר מר זוטרא חזינא ליה לרב פפי דכל אימת דמנח תפילין מברך רבנן דבי רב אשי כל אימת דמשמשי בהו מברכי אמר רב יהודה אמר שמואל מצות לולב כל שבעה ור' יהושע בן לוי אמר יום ראשון מצות לולב מכאן ואילך מצות זקנים ורבי יצחק אמר כל יומא מצות זקנים ואפילו יום ראשון והא קיימא לן דיום ראשון דאורייתא אימא בר מיום ראשון אי הכי היינו דרבי יהושע בן לוי אימא וכן אמר רבי יצחק ואף רב סבר כל שבעה מצות לולב *דאמר רבי חייא בר אשי אמר רב המדליק נר של חנוכה צריך לברך רבי ירמיה אמר הרואה נר של חנוכה צריך לברך מאי מברך אמר רב יהודה יום ראשון המדליק מברך שלש הרואה מברך שתים מכאן ואילך מדליק מברך שתים ורואה מברך אחת ומאי מברך ברוך אשר קדשנו במצותיו וצונו להדליק נר (של) חנוכה והיכן צונו מלא תסור ורב נחמן בר יצחק אמר °שאל אביך ויגדך (*מאי ממעט זמן אימא ממעט נס נס כל יומא איתיה) רב נחמן בר יצחק מתני לה בהדיא אמר רב כל שבעה מצות לולב ת"ר העושה סוכה לעצמו אומר ברוך שהחיינו כו' נכנס לישב בה אומר ברוך אשר קדשנו כו' היתה עשויה ועומדת אם יכול לחדש בה דבר מברך אם לאו לכשיכנס לישב בה מברך שתים אמר רב אשי °חזינא ליה לרב כהנא דקאמר להו לכולהו אכסא דקדושא ת"ר היו לפניו מצות הרבה אומר ברוך אשר קדשנו במצותיו וצונו על המצות רבי יהודה אומר מברך על כל אחת ואחת בפני עצמה א"ר זירא ואיתימא רבי חנינא בר פפא הלכתא כרבי יהודה ואמר רבי זירא ואיתימא רבי חנינא בר פפא מ"ט דרבי יהודה דכתיב °ברוך ה' יום יום *וכי ביום מברכין אותו ובלילה אין מברכין אותו אלא בא לומר לך בכל יום ויום תן לו מעין ברכותיו הכא נמי בכל דבר ודבר תן לו מעין ברכותיו *ואמר ר' זירא ואיתימא ר' חנינא בר פפא בא וראה שלא כמדת הקב"ה מדת בשר ודם מדת בשר ודם כלי ריקן מחזיק

רש"י

העושה לולב. בערב יום טוב: לעצמו. ולא לאחרים: כאן בזמן בית המקדש. מברכין עליו במקדש כל שבעה דמדאורייתא היא כרבי יוחנן דתלי טעמא בדאורייתא: כל זמן שמניחן. ואפילו חולצן ומניחן מאה פעמים ביום וגבי סוכה נמי אע"ג דלא מפסקי לילות מימים וכחד יומא אריכא הוא מברכין עליה בכל יום דהוא דומיא דחולץ ומניח: אלא שחרית. ובסוכה נמי כיון דכחד יומא הוא סגי בברכה של יום ראשון: דלא עביד כשמעתיה. אלא כל זמן דמנח תפילין מברך: הכי גרסינן ואנן נמי כרבי עבדינן ומברכינן כל שבעה. ואע"ג דכחד יומא הוא ובלולב נמי כל שבעה ואע"ג דמדרבנן מברכינן עליה כי היכי דמברכינן בנר חנוכה ובמגילה דרבנן דקם ליה רב ושמואל בחד שיטתא בלולב ורבין נמי משמיה דר' יוחנן אמר לולב שבעה: דמשמשי בהו. דקיימא לן חייב אדם למשמש בתפילין כל שעה ק"ו מציץ בפ"ק דיומא (דף ז:): מצות לולב שבעה. לברכה: יום ראשון מצות לולב. דאורייתא ועיקר ובעיא ברכה: מכאן ואילך מצות זקנים. רבן יוחנן בן זכאי וסיעתו ודרבנן לא בעיא ברכה: ואף רב סבר לה כל שבעה. בעי ברכה למצות לולב ואף על גב דמדרבנן הוא בעי ברכה: דאמר רב. בנר חנוכה דמדרבנן היא ובעי ברכה הכא נמי לא שנא: הרואה נר חנוכה. קאי על שלא הדליק בביתו ועובר ברשות הרבים ורואה אותה בפתחי ישראל שמצוה להניח בפתח צריך לברך על (א) הראשונה: מברך שתים. שהחיינו ושעשה נסים שאין על הרואה לברך להדליק הנר: מכאן ואילך. זמן ליכא: המדליק מברך. להדליק נר ושעשה נסים: והרואה. שעשה נסים לחודיה: והיכן צונו. הואיל והוא מדבריהם: מתני לה בהדיא. להא דרב גבי לולב ולא שמע לה מכללא דנר חנוכה: מברך שתים. לישב בסוכה וזמן: מצות הרבה. ליטול לולב לישב בסוכה להניח תפילין להתעטף בציצית: על המצות. ויצא ידי כולן: כל יום ויום מעין ברכותיו. של שבת מעין של שבת של חול מעין של חול של יו"ט מעין של יו"ט המאורע:

תוספות

העושה סוכה לעצמו. דווקא נקט לעצמו אבל לאחר לא מברך מידי להאי תנא דסבר דאין מברך לעשות כדדייקינן פ' התכלת (מנחות דף מב: ושם:) ואיכא תנא דתני בירושלמי בפרק הרואה עשאה לעצמו מברך לעשות סוכה עשאה לאחר מברך [א] לעשות סוכה [לשמו]:

העושה סוכה לעצמו מברך שהחיינו. צריך לפרש טעם מאי שנא דיש מצות שתקנו לברך שהחיינו ויש מצות שלא תקנו בעשיית סוכה ולולב תקינו כדאשכחן הכא ובעשיית ציצית ותפילין לא תקינו כדמוכח פרק התכלת (ג"ז שם) דמפרש ר' יוחנן מאי מברך אתפילין של יד ותפילין של ראש ואילו לעשות תפילין לא מברך דלא חשיב ליה וכמו כן יש לדקדק דשהחיינו נמי לא מברך מדלא חשיב לה וכן אפדיון הבן מברך שהחיינו כדאיתא בסוף פרק ערבי פסחים (פסחים דף קכא:) ואילו אמילה לא מברך מדלא חשיב בפ' התכלת (מנחות שם) ובסוף ר"א דמילה (שבת דף קלז:) בהדי ברכות של מילה וכן אקריאת מגילה מברך שהחיינו כדאיתא בריש הקורא את המגילה עומד (מגילה דף כא:) ואילו אקריאת הלל לא מברך ונראה דמצוה שיש עליה שמחה תקנו שהחיינו ודאמרינן בהרואה (ברכות דף נט:) דמברך על כלים חדשים כתב רב שרירא גאון דלא סמכינן עלה דמסקינן בפרק בכל מערבין (עירובין ד' מ:) דבעינן מידי דאתי מזמן לזמן וקשה מפדיון הבן*:

נכנס לישב בה מברך לישב בסוכה. מדלא קאמר מברך שתים כדקתני סיפא בעשויה ועומדת ואין יכול לחדש בה דבר משמע דנפיק אהא דבירך אעשייה שהחיינו ותימה ותיפוק ליה דמברך משום יו"ט כמו שמברכין איום טוב דפסח ועצרת וכל שאר ימים טובים ושמא כיון דסוכה מחמת חג קאתיא סברא הוא דזמן דידה אע"פ שבירך בחול פטור הוא אף בחג דזמן כי קא אתי מחמת מועד קאתי אפילו בלא יום טוב כדאמר לקמן (דף מז:) דאי לא בריך האידנא מברך למחר או ליומא אוחרא:

דכל אימת דמשמשי מברכי. דמצוה למשמש בהן שלא יסיח דעתו דבפרק קמא דיומא (ד' ז:) ילפינן מציץ ומה ציץ שאין בו אלא אזכרה אחת ולא אתפרש מאי הוא מברך אם מברכין לשמור את חוקיו כמו שמברכין בתר דמסלקין תפלתו או להניח כמו שמברכין בשעת הנחה כדאיתא בהקומץ רבה (מנחות דף לו. ושם) דהכא הרי מונחין ועומדין ומסתברא דמברכין לשמור חוקיו כמו דמברכין לשמור בתר דמסלקין תפלתו כדאיתא פרק בא סימן (נדה דף נא:):

הרואה נר של חנוכה צריך לברך. בשאר מצות כגון אלולב וסוכה לא תקינו לברך לרואה אלא גבי נר חנוכה משום חביבות הנס וגם משום שיש כמה בני אדם שאין להם בתים ואין בידם לקיים המצוה וטעם ראשון ניחא דלא תיקשי ליה מזוזה ועוד יש לפרש דאין שייך לתקן לרואה ברכה שאין העושה מברך:

אתרוג

מסורת הש"ס

פסחים ז: [תוספ' ברכות פ"ו]

מנחות מב. [תוספתא שם]

[מנחות מג.]

שבת כג. ע"ש

דברים לב

תהלים סח

ברכות מ.

הגהות הב"ח

(א) רש"י ד"ה הרואה נר וכו' לברך על ראיה הראשונה:

הגהות הגר"א

[א] תוס' ד"ה העושה. לעשות סוכה לשמו. נמחק וכ"כ על עשיית סוכה:

עין משפט נר מצוה

ל א מיי' פי"א מהלכות ברכות הל' ט ופ"ז מהלכות לולב הלכה ו סמג עשין כו ועשין מד טוש"ע א"ח סי' תרנ"א סעיף ה: רס"ל [ועי' רש"א]

לא ב מיי' פ"ז מהלכות לולב הלכה טו טוש"ע א"ח סי' תרמב סעיף א:

לב ג מיי' פי"א מהל' ברכות הלכה ח ט ופ"ו מהלכות סוכה הל' יב סמג עשין מג טוש"ע א"ח סי' תרמא סעיף א:

לג ד מיי' פ"ד מהלכות תפילין הלכה ו סמג עשין כב טוש"ע א"ח סי' כה סעיף יב:

לד ה מיי' פ"ו מהל' סוכה הלכה יב סמג עשין מג טוש"ע א"ח סי' תרמג סעיף ג:

לה ו מיי' פ"ג מהל' חנוכה הלכה ד סמג עשין ה טוש"ע א"ח סי' תרעו סעיף א:

לו ז מיי' שם טוש"ע שם סעיף ג:

לז ח מיי' שם טוש"ע שם סעיף ב:

לח ט מיי' פ"ו מהל' סוכה הל' יב סמג עשין מג טוש"ע א"ח סי' תרמא סעיף א:

לט י מיי' פי"א מהלכות ברכות הלכה י:

[ועי' תוס' מנחות מב: סד"ה ולגו]

רבינו חננאל

למקדש ואין הלכה אלא ערבה למקדש: אמר רב יהודה אמר שמואל לולב ז'. פי' צריך לברך עליו כל שבעה. אבל סוכה סגי לה בחד יומא. רב' בר בר חנה אמר סוכה צריכה ברכה כל ז'. ולולב ביום אחד. ורב דימי ורבין תרוייהו משמא דר' יוחנן תרוייהו כרבה בר בר חנה קיימי בסוכה ומותבינן עליה דר' יוחנן מהא מתניתא דקתני לולב ז' וסוכה יום אחד ומשני לולב שבעה בזמן שבהמ"ק קיים. לולב יום אחד האידנא. סוכה תנאי היא דתניא תפלין כ"ז שמניחן מברך עליהן דברי רבי וחכמים אומרים אין מברך עליהן אלא שחרית בלבד ור' יוחנן דאמר כרבי. ואע"ג דאמר רבה בר בר חנה הלכה כחכמים לא עביד עובדא כשמעתיה אלא כל אימת דמנח להו מברך. רבנן דבי רב אשי כל אימת דהוו משמשי בהו מברכי אמר רב יהודה אמר שמואל מצות לולב כל ז' ואף רב סבר מצות לולב כל ז'. דאמר רב חייא בר אשי אמר רב המדליק נר חנוכה צריך לברך ביום ראשון המדליק מברך ג' והרואה מברך ב' כו'. וריב"ל אמר יום ראשון מצות לולב מיכן ואילך מצות זקנים וכן א"ר יצחק: ת"ר העושה סוכה לעצמו אומר ברוך שהחיינו. נכנס לישב בה מברך לישב בסוכה. היתה עשויה אם יכול לחדש בה דבר מברך אותה מיד שהחיינו. ואם לאו לכשיכנס בה מברך שתים אמר רב אשי רב כהנא מסדר להו לכולהו הני ברכתא אכסא דקידושא. ת"ר היו לפניו מצות הרבה אומר ברוך אשר קדשנו במצותיו וצונו על המצות. ר' יהודה אומר מברך על כל אחת ואחת מדכתיב ברוך ה' יום יום כל יום ויום תן לו מעין ברכותיו כלומר אם היא שבת מברך ברכת שבת. ואם י"ט הוא מברך ברכת י"ט הכא נמי כל מצוה ומצוה תן לו ברכתה בפ"ע והלכתא כר' יהודה א"ר זירא [לא] כמדת הקדוש ברוך הוא מדת בשר ודם

מדת

[י]ואם לא בירך זמן בליל ראשון, מברך בליל שני או כשיזכור - ר"ל כשיזכור בשאר הלילות בשעת ההדלקה, **ואם** נזכר אחר ההדלקה, אינו מברך בלילה זו עוד, [**אמנם** אם אירע זה בליל שמיני, וממילא יתבטל לגמרי ברכת "שהחיינו", צ"ע, **דאפשר** דכמו בעלמא קימ"ל, דזמן אומרו אפי' בשוק, דהוא קאי על עצם היו"ט, אפשר דה"ה בזה, דקאי על עצם הזמן דחנוכה, דנעשו בו נסים ונפלאות, אלא דלכתחילה סמכו זה על זמן דהדלקה].

אות ז'

הרואה מברך שתים

סימן תרעו ס"ג - [יא]מי שלא הדליק ואינו עתיד להדליק באותו הלילה - אבל אם ידליק אח"כ, לא יברך אראיה, כיון דיוכל לברך אח"כ על ההדלקה, **וגם אין מדליקין עליו בתוך ביתו, כשרואה נר חנוכה מברך "שעשה נסים", ובליל ראשון מברך גם "שהחיינו"; ואם אח"כ בליל ב' או ג' בא להדליק, אינו חוזר ומברך "שהחיינו"** - משום דהלא בירך מאתמול כשראה הנרות.

ואם באתמול לא בירך כלל, משום דסמך על אשתו שמדלקת בביתו, וכפי מה דמוכח מדברי המחבר, דאם אשתו מדלקת עליו בתוך ביתו, חשוב כמו שהדליק בעצמו, **ע"כ** אם בא בליל שני לביתו ומדליק, אינו צריך לברך ברכת "שהחיינו".

ויש פוסקים דסברי, דאפילו יודע שמדליקין עליו בביתו, כיון דהוא בעצמו אינו מדליק, וגם אינו משתתף עם אחרים בפריטי, צריך לברך על הראיה, להודות על הנס, וגם לברך אז "שהחיינו", [**דאילו** היה משתתף בפריטי, ושומע ברכה מבעה"ב, אפי' אם לא ראה אז הנרות, אינו מחוייב לכו"ע לברך אח"כ על הראיה, דשומע כעונה, והרי כבר הודה על הנס], **ומ"מ** אינו כדאי לעשות כן למעשה, דספק ברכות להקל.

אות ח'

מכאן ואילך, מדליק מברך שתים ורואה מברך אחת

סימן תרעו ס"ב - [יב]מליל ראשון ואילך מברך שתים: "להדליק", ו"שעשה נסים" - דנס כל יומא איתא, שהרי כל שמנה ימים הדליקו מן הפך, **אבל** זמן, משהגיענו להתחלת הזמן, הגיענו.

אות ט'

חזינא ליה לרב כהנא דקאמר להו לכולהו אכסא דקדושא

סימן תרמא ס"א - [יג]העושה סוכה, בין לעצמו בין לאחר, אינו מברך על עשייתה - שאין עשייתה גמר מצוה, שהרי צריך לישב בה. **[יד]אבל "שהחיינו" היה ראוי לברך כשעושה אותה לעצמו** - וה"ה אם היתה עשויה מכבר והוא מחדש בה דבר, דהיינו שהיה בה רק שני דפנות, והוא השלימה עכשיו, או שחידשה בהסכך, [גמ'].

(**ודוקא** כשעשה אותה תוך שלשים לחג, **אבל** קודם ל', אע"פ שכשרה בשעשאה אותה לשם חג, כמבואר סי' תרל"ז, מ"מ לא מקרי שעת עשייה לברך עליה זמן).

ודוקא דבר שעושין אותו משנה לשנה, אבל שופר ומגילה שעושין אותן לכמה שנים, אינו מברך "שהחיינו" על עשייתן, **ונר** חנוכה נמי אינו מינכר שעושין לשם מצוה.

(**משמע** דכשעושה אותה לאחרים אינו יכול לברך "שהחיינו", וכן הוא ברש"י, ורק הבעה"ב בעצמו יברך "שהחיינו", **ואה"נ** דאם הבעה"ב עומד פה ומבקשו שיכוין להוציאו, ה"נ דמותר, **אלא** שכבר העלו האחרונים, דאם יוכל לברך בעצמו אין כדאי שיוציאו בברכתו, **ודע** עוד, דמדברי התוס' משמע, דלהכי לא יוכל לברך "שהחיינו" כשעושה בשביל אחר, מדס"ל להאי תנא דאין מברך "לעשות", ר"ל וא"כ אין עשייה עיקר המצוה, וע"כ אין מברך "שהחיינו" בשביל אחרים, **ולפי"ז** במצוה שעשייה עיקר המצוה, לדעת התוס' יוכל לברך "שהחיינו" גם כשעושה המצוה בשביל אחרים, **ולשיטתם**, בשמיעת השופר דהוא עיקר המצוה, יוכל לברך "שהחיינו" גם בשביל אחרים).

אלא שאנו [טו]סומכים על זמן שאנו אומרים על הכוס של קידוש - שהוא קאי על מצות סוכה ועל החג.

הגה: ואם לא אכל לילה ראשונה בסוכה, אע"פ שבירך זמן בביתו, כשאוכל בסוכה צריך לברך זמן משום הסוכה - דהברכה שבירך מאתמול בביתו היה רק בשביל החג, **ואם בירך זמן בשעת עשייה, סגי ליה (ר"ן).**

(**ואם** בירך "שהחיינו" בשעת עשייה, מסתפק בפמ"ג אם שוב יברך זמן בשעת קידוש על יו"ט, **וראיתי** בברכי יוסף שנסתפק ג"כ בזה, והעלה דלדעת התוספות ‹ד"ה נכנס› והרא"ש והר"ן וכל בו וא"ח, לא יברך, דהזמן שבירך קודם החג על הסוכה מהני ממילא גם לרגל, **אבל** לדעת הרמב"ם והרמב"ן והריטב"א ודעימייהו, יברך, **ומסיק** כיון דספק פלוגתא הוא, לא יברך, דספק ברכות להקל).

אות י'

מברך על כל אחת ואחת בפני עצמה

רמב"ם פי"א מהל' ברכות ה"י - היו לפניו [טז]מצות הרבה, אינו מברך "אשר קדשנו במצותיו וצונו על המצות", אלא מברך על כל אחת ואחת בפני עצמה.

באר הגולה

[י] טור בשם תשובת אביו הרא"ש [יא] שם וכפי' רש"י בשם רבנו יצחק בן יהודה משום רבנו יעקב ‹שם בשבת דף כ"ג, ועיין בט"ז› [יב] שם במימרא הנזכרת [יג] מימרא דרב חסדא מנחות מ"ב [יד] ברייתא סוכה מ"ו [טו] כרב כהנא שם [טז] ‹עיין רש"י ד"ה מצות הרבה "להניח תפילין", ונלע"ד דרש"י ס"ל דחה"מ זמן תפילין (ועיין סימן ל"א ס"ב) - רעק"א, (וכ"כ המלא הרועים). **אין** להביא ראיה מזה שדעת רש"י דמניחין תפילין בחה"מ, די"ל דרש"י נקט כן למשל אי ס"ל תנא דברייתא כמ"ד (שבת סא א) שבת ויום טוב זמן תפילין הוא, **או** די"ל דב' חלוקות הם, שרש"י נקט למשל מצות שרגילין לבא ביחד כגון לטול לולב לישב בסוכה, או להניח תפילין להתעטף בציצית - ערוך לנר. **ובפשטות** מבואר כמש"כ רעק"א - הגרי"ש אלישיב›

אות י״* [יז]

סימן תרלט ס״ח - [יח]נהגו שאין מברכים על הסוכה אלא בשעת אכילה, (והכי נהוג) - ר״ל אף דמדינא דגמרא לדעת פוסקים ראשונים, כשבירך בסוכה ויצא לעשות ענינו, ולא לחזור תיכף, בענין שהיה יציאה גמורה, וא״כ הרי הסיח דעתו מן המצוה, וכשיחזור אח״כ צריך לברך שנית, ואפילו מאה פעמים ביום, ואימת שנכנס אע״פ שאינו אוכל שם מברך, שהרי גם הישיבה והעמידה שם היא מצוה, דהוי "כעין תדורו", {**ודוקא** שיצא יציאה גמורה, אבל אם יצא לעשות צרכיו, או להביא דבר לסוכה, א״צ לברך שהרי לא הסיח דעתו}, **מ״מ** מנהג כל העולם כדעת הפוסקים, שאינם מברכים אלא בשעת אכילה, ואפילו אם יושבים בסוכה קודם אכילה שעה, אינם מברכים, דס״ל דברכה שמברכים אח״כ על האכילה, היא פוטרת הכל, שהיא העיקר, והיא פוטרת השינה והטיול והלימוד, שכולם טפלים לה.

וכתבו האחרונים, דנכון הדבר לצאת גם דעת הפוסקים הראשונים, ולא לישב כך בלי ברכה, וע״כ תיכף בבואו מביהכ״נ, יברך על דבר שהוא מחמשה מינים, ויאכל ממנו מעט יותר מכביצה, ויברך "לישב בסוכה", ולא יברך אח״כ בשעת אכילה.

ואם בירך פעם אחת בשעת אכילה, ולא יצא מסוכתו לעשות עסקיו, ואף אם יצא מסוכתו רק שהיה דעתו לחזור מיד, א״צ לברך שנית "לישב בסוכה", אפילו אם אוכל סעודה שניה, כיון שמצוה אחת היא, **ולכן** מי שיושב כל היום בסוכה, וישן בלילה בסוכה, ומתפלל שם, ואינו יוצא לשום עסק רק אדעתא לחזור מיד, א״צ לברך רק בשעת אכילה ראשונה, ואח״כ א״צ לברך, [יט][אפי׳ אם היה כן כל שבעת הימים], [כ]**וי״א** דכיון שיצא בנתיים אפילו על דעת לחזור מיד, צריך לברך בשעת אכילה שניה, [**וספק** ברכות להקל, אם לא שיש עוד לצרף לזה צדדים אחרים].

ואם יצא לעשות עסקיו, או לביהכ״נ להתפלל, לכו״ע צריך לברך בשעת אכילה שניה, [מ״א, **ומשמע** דאפי׳ אם הלך באמצע שולחנו לביהכ״נ להתפלל מנחה או מעריב, ובאופן זה היה בודאי דעתו לחזור תיכף לסוכתו, מ״מ כשישוב לגמור סעודתו צריך לחזור ולברך "לישב בסוכה" - בכורי יעקב, **והנה** ידוע דטעם המ״א משום דהליכה הוי הפסק, אבל לפי מה שביארנו לקמיה דדעת כמה אחרונים דהליכה לא הוי הפסק, יש לעיין אם יצטרך לחזור ולברך, דלכאורה חדא אכילה היא, **וכן** מוכח דעת הבית מאיר, דהיכי דנכנס באמצע סעודתו להתפלל מנחה או מעריב, כל שלא הסיח דעתו מלאכול, א״צ לברך שנית כשישוב].

והמתענה בסוכות, או שאין דעתו לאכול פת באותו יום, אז לכו״ע כל אימת שיצא יציאה גמורה חייב לברך, **דדוקא** כשאוכל פת, ס״ל להנהו פוסקים שמברך על עיקר חיוב הסוכה, ופוטר כל הדברים הטפלים, אבל כשאינו אוכל לא שייך זה, **וכתב** הח״א, דה״ה כשיצא יציאה גמורה לאחר אכילה, וחוזר ונכנס, ולא יאכל עד הערב, וקודם האכילה יצטרך עוד הפעם לצאת לביהכ״נ, דבזה ג״כ לכו״ע צריך לברך.

ומי שהולך באמצע סעודתו לסוכת חבירו, דעת המ״א, שאפי׳ אם היה בדעתו בשעת ברכה שילך באמצע הסעודה לשם, ולשוב אח״כ מיד, אפ״ה צריך לברך שם "לישב בסוכה", דהליכה הוי הפסק, וע״כ אם רוצה לאכול בסוכה זו דבר שאסור לאכול חוץ לסוכה, צריך לברך שם "לישב בסוכה", [הגר״ז, דדוקא אם אוכל שם, **ודעת** הח״א, דבכל גווני חייב לברך שם, אפי׳ אם לא יאכל, ונראה דטעמו, דהמנהג שנהגו לברך רק על אכילה, הוא רק בביתו שדרך לקבוע שם סעודה, אבל בבית אחרים שאין דרך לקבוע שם סעודה, לכו״ע כל שנכנס שם חייב לברך, **ומ״מ** נראה דאפי׳ לדידיה, הוא כשנכנס לשם ורוצה לישב שם, אבל כשנכנס לשם לגבות חובו, וכדו׳ שאר עסק, ואין נ״מ אצלו אם הוא סוכה או בית או חוץ, בזה לכו״ע א״צ לברך, דלא עדיף ממתעסק בעלמא], **אמנם** הוא לשיטתו אזיל בסי׳ ח׳, אבל לפי מה שכתבנו שם דדעת כמה אחרונים דהליכה לא הוי הפסק, אם היה בדעתו א״צ לברך, וספק ברכות להקל, [**ועיין** בס׳ ב״מ דכ׳ ג״כ, דמ״ש סוכה זו או אחרת, כל שלא הסיח דעתו מלאכול א״צ לברך שנית, **ומשמע** דלדידיה אפי׳ לא היה דעתו בשעת ברכה לכתחילה לזה, ג״כ א״צ לברך, **מיהו** כיון דאיכא דעות ג״כ, אין כדאי לצאת באמצע סעודה].

ואם שכח לברך "לישב בסוכה" עד שהתחיל לאכול, יברך אח״כ על מה שרוצה לאכול, **ואפילו** אכל כבר ובירך בהמ״ז, יכול לברך, שגם הישיבה היא מן המצוה, דמאכילה ואילך כל זמן שיושב הוי הכל קביעות אחד, **ומ״מ** כל שעדיין לא בירך בהמ״ז, יברך ויאכל מעט.

ומי שקידש בליל סוכה והתחיל לאכול, ואח״כ ראה שהלאדי״ן לא היו נפתחין עדיין, נ״ל שיאכל שוב כזית ויברך "לישב בסוכה", **אבל** קידוש פשיטא שא״צ לברך שנית, ואפילו זמן לא יברך עוד הפעם, כיון דלדין התלמוד מהני הזמן שבשעת עשיית הסוכה למצות סוכה, כ״ש שמהני בזה מה שבירך כשהיו הלאדי״ן סתומים.

סימן תרמב ס״א - [כא]אם חל יום ראשון של סוכות להיות בשבת, אומרים בערבית ברכה אחת מעין שבע, וחותם בה בשבת בלבד - שלא נתקנה אלא עבור שבת בלבד.

ואז אין אומרים מערבית בליל ראשון, דכיון שאין העולם רגילין בהם, חשו שמא יטלו נרות לראות בהן, ובליל שני אומרים מערבית של יום ראשון, **וה״ה** כשחל ז׳ של פסח בשבת, אומרים במו״ש המערבית השייך ליום ז׳, וה״ה בשמחת תורה, אומרים המערבית של שמיני עצרת, **לבד** ליל א׳ וב׳ של פסח, שאומרים בליל ב׳ השייך לליל ב׳, משום בכּוּר לספירה, ‹היינו הפיוט של ליל ב׳, שהוא מענין של ספירה›.

וא״א "במה מדליקין", [גזירה משום יו״ט שחל בע״ש, שא״א בו "עשרתם" וכו׳, שאין מעשרין ביו״ט, לכן א״א אותו אפי׳ כשחל יו״ט בשבת עצמו].

בטור כתב, ‹כשחל סוכות בחול›: "באהבה מקרא קודש", ובמנהגים שלנו כתוב: ואין אומרים "באהבה".

באר הגולה

יז ‹מילואים› יח **מרדכי וה״ה, וכדעת ר״ת שהביא הטור, וכרבי יוחנן שם בגמרא מ״ה: דכולהו אמוראי קיימי כוותיה** ‹וצ״ע דשיטת ר׳ יוחנן הוא דמברכין על הסוכה בכל הז׳ ימים, ואיך זה שייך לכאן› יט ‹הביא זה ממ״א, ועיין ברש״י ד״ה כל זמן, ועיין במג״א וז״ל: גם מש״כ שם {בהג׳ הסמ״ק}, שאם מברך בבוקר פטור מלברך עד בוקר שני, צ״ע, כיון שישן בסוכה למה תחשב הלילה הפסק› כ ‹כיון די״א דבכל גווני צריך לברך באכילה שניה› כא **שבת כ״ד**

מחזיק מלא אינו מחזיק אבל מדת הקב"ה מלא מחזיק ריקן אינו מחזיק שנא' °והיה *אם שמוע תשמע וגו' אם שמוע תשמע ואם לאו לא תשמע ד"א אם שמוע בישן תשמע בחדש °ואם יפנה לבבך שוב לא תשמע: מיד תינוקות וכו' : א"ר יוחנן *אתרוג בשביעי אסור בשמיני מותר *סוכה אפי' בשמיני אסורה וריש לקיש אמר אתרוג אפילו בשביעי נמי מותר במאי קא מיפלגי מר סבר למצותה אתקצאי ומ"ס לכולי יומא אתקצאי איתיביה ריש לקיש לר' יוחנן מיד תינוקות שומטין את לולביהן ואוכלין אתרוגיהן מאי לאו הוא הדין לגדולים לא תינוקות דוקא איכא דאמרי איתיביה רבי יוחנן לריש לקיש מיד התינוקות שומטין את לולביהן ואוכלין אתרוגיהן תינוקות אין גדולים לא הוא הדין דאפילו גדולים והאי דקתני תינוקות אורחא דמלתא קתני א"ל רב פפא לאביי לרבי יוחנן מאי שנא סוכה מאי שנא אתרוג א"ל סוכה דחזיא לבין השמשות דאי איתרמי ליה סעודתא בעי מיתב בגווה ומיכל (בה) בגווה אתקצאי לבין השמשות ומיגו דאתקצאי לבין השמשות אתקצאי לכולי יומא דשמיני אתרוג דלא חזי לבין השמשות לא אתקצאי לבין השמשות ולא אתקצאי לכולי יומא דשמיני ולוי אמר אתרוג אפילו בשמיני אסור ואבוה דשמואל אמר אתרוג בשביעי אסור בשמיני מותר קם אבוה דשמואל בשיטתיה דלוי קם ר' זירא בשיטתיה דאבוה דשמואל דא"ר זירא אתרוג שנפסלה אסור לאוכלה כל שבעה א"ר זירא לא ליקני איניש הושענא לינוקא ביומא טבא קמא מ"ט *דינוקא מקנא קני אקנויי לא מקני ואשתכח דקא נפיק בלולב שאינו שלו וא"ר זירא לא לימא איניש לינוקא דיהיבנא לך מידי ולא יהיב ליה משום דאתי לאגמוריה שיקרא *שנא' °למדו לשונם דבר שקר ובפלוגתא דר' יוחנן ור"ש בן לקיש דאיתמר *הפריש שבעה אתרוגין לשבעה ימים (א) אמר רב כל אחת ואחת יוצא בה ואוכלה *לאלתר ורב אסי אמר כל אחת ואחת יוצא בה ואוכלה *למחר במאי קא מיפלגי מר סבר למצותה אתקצאי ומ"ס לכולי יומא אתקצאי ואנן דאית לן תרי יומי היכי עבדינן אמר אביי שמיני ספק שביעי אסור תשיעי ספק שמיני מותר מרימר אמר אפי' שמיני ספק שביעי מותר בסורא עבדי כמרימר רב שישא בריה דרב אידי עביד כאביי והלכתא כאביי אמר רב יהודה בריה דרב שמואל בר שילת משמיה דרב שמיני ספק שביעי שביעי לסוכה ושמיני לברכה ור' יוחנן אמר שמיני לזה ולזה מיתב כ"ע לא פליגי דיתבינן כי פליגי לברוכי

רש"י

מחזיק · מה שנותנין לתוכו : מלא אינו מחזיק · מה שתוסיף עליו : אם שמוע תשמע · אם הורגלת לשמוע אז תשמע תוכל ללמוד ולהוסיף : ואם לאו · שלא הטית אזן בילדותך לשמוע : לא תשמע . לאחר זמן לא יספיקו בידך : ד"א אם אתה שומע בישן · מחזר על תלמודך ששמעת : תשמע בחדש · תתחכם בו להבין דברים חדשים מתוך דברים ישנים : ואם יפנה לבבך · להתייאש על מה שלמדת כבר מלחזור עליו : שוב לא תשמע · משתפנה לבך לבטלה שוב אין משמיעין אותך דהכי כתיב אם יפנה לבבך ולא תשמע (דברים ל) : אסור · לאכילה ואפילו לאחר שילא בה כדמפרש טעמא קסבר לכל שבעת הימים אתקלאי : סוכה אפי' בשמיני אסורה · להסקה וטעמא מפרש לקמן מאי שנא מאתרוג : ואפי' בו' נמי (ב) מותרת · משילא בה ואינה עומדת למצוה עוד דקסבר למצותה אתקלאי ותו לא : מיד תינוקות שומטין כו' · בשביעי קאי במתני' ויש מפרשים מיד תינוקות כלומר מיד אחר סיום מצות לולב התינוקות שומטין את לולביהן כלומר מניחין אותם כמו *שומטו ומניחו בקרן זוית והולכין ואוכלין אתרוגיהן ואין נראה דאמרינן *(בבראשית רבה) מעשה בחסיד א' שנתן דינר לעני והקניטתו אשתו וברח ולא היה לו במה להתפרנס בשביעי של ערבה הלך ושמט אתרוגין מיד התינוקות כדתנן תמן מיד התינוקות שומטין כו' והיה אותו חסיד עובר בספינה דרך כרך אחד והוליכו לבית המלך לאתרוגין דמלוה לרפואה ומכרן ביוקר גדול וחזר לביתו אלמא דגדולים שמטי ליה מיד התינוקות : מאי לאו הוא הדין · באתרוגין של גדולים נמי שרו באכילה : תינוקות דוקא · שלא הוקלה למצוה גמורה אבל של גדולים שהוקלה למצוה גמורה אסורין כל היום : אורחא דמילתא · שאין דרך לשמוט מיד הגדולים את אתרוגיהם : דחזיא לבין השמשות · שהרי מצותה כל היום : אתרוג לא חזי לבין השמשות · משילא בו שחרית : אתרוג אפילו בשמיני אסורה · מיגו דאסירה בין השמשות דשמיני משום דבין השמשות ספק יום הוא ובשביעי אתקלאי לכולי יומא וכיון דבין השמשות אסורה ואע"ג דלא חזיא לבין השמשות אסורה לכולי יומא : קם אבוה דשמואל בשיטתיה דלוי · חזר בו מדבריו ואמר כלוי : קם רבי זירא בשיטתיה דאבוה דשמואל · אמר בבית המדרש בשביעי אסור בשמיני מותר : אתרוג שנפסלה · רבותא נקט דאפילו נפסלה אסורה כל שבעה שמתחילה לשבעה הוקלה אבל בשמיני מותרת : לא ליקני איניש הושענא לינוקא · במתנה עד שלא יצא בו הוא : מקנא קני · דרבנן תקינו ליה זכייה לנפשיה : אקנויי לא מקני · אינו יכול לחזור ולהקנותו לאביו במתנה דלאו בר דעת הוא : ובפלוגתא · הא דרבי יוחנן ורבי שמעון ב"ל איפלוג נמי רב ורב אסי וכיון דקמו רב (ג) אסי ורבי יוחנן בחדא שיטתא הלכתא כוותייהו ואסורה בשביעי ומותרת בשמיני והיינו דקבעי ואנן דאית לן בשמיני תרי יומי היכי עבדינן מי אסרינן ליה ביומא קמא משום ספק שביעי או לא : מרימר אמר אפילו תשיעי ספק שמיני אסורה לא גרסינן לה : שביעי לסוכה · כדמפרש לה לקמן : ושמיני לברכה · שאומר בתפלה ובברכת המזון וקידוש את יום השמיני חג עצרת הזה : שמיני לזה ולזה · אף לענין סוכה הוי שמיני ולקמן מפרש ואזיל למילתיה : כולי עלמא לא פליגי דיתבינן בסוכה · בשמיני ספק שביעי ואפילו לר' יוחנן דאמר שמיני לזה ולזה: לברוכי

תוספות

אתרוג בשביעי אסור · אפילו לאחר שילא בו כמו שמפרש דלכולי יומא אתקלאי ואפי' לריש לקיש דאמר בשביעי מותר היינו לבתר דנפק ביה כדאמרינן למצותה אתקלאי ותימה ר' חנינא דאמר פרק לולב הגזול (לעיל דף לו:) דמטביל ביה בריסא והדר נפיק ביה כמאן דלא כרבי יוחנן ולא כריש לקיש וי"ל כיון דלא אכל ליה כוליה ומשייר בה כשיעור דמלי נפיק ביה שרי אפי' לר' יוחנן ואע"ג דממה נפשך נאסרה כולה ביום ראשון דחסר כל שהוא פסול דלמא רבי חנינא הפריש כולה ליום ראשון ומקצתה לשאר הימים מידי דהוה אז' אתרוגין לשבעת הימים דלקמן בשמעתין ואע"ג דתנאי דמהני בסוכה לא מהני אלא באומר איני בודל מהן כל בין השמשות כדאיתא פרק המביא כדי יין (ביצה דף ל:) והכא ביום ראשון ממה נפשך בודל מכולן הא אמרינן התם אתרוג דמפסקי לילות מימים כל חד וחד באנפי נפשיה סוכה דלא מפסקי לילות מימים כולה כחד יומא אריכתא דמי והיה ר' חנינא מתנה כוליה ליום ראשון ובשאר הימים אינו בודל ממקצתו בבין השמשות שלהן ומיהו קשה דלעיל פרק לולב הגזול (דף לח·) גבי מי שבא בדרך ואין בידו לולב דקתני לכשיבא לביתו יטול על שולחנו משמע בגמרא דמפסיק סעודתו בשביל לולב וכל שכן שלא יתחיל א"כ רבי חנינא היכי מטביל בה בריסא וצריך לומר דהכי קאמר מטביל בה היום ונפיק בה למחר :

תינוקות אין גדולים לא · פירושו במתניתין :

דאי איתרמי ליה סעודתא · אע"ג דאתרוג נמי מוקלה בין השמשות מטעם ספק יום לא קשיא מידי כדפרישית פ"ק (דף י: ושם בד"ה עד) גבי עיטרה בקרמים וא"ת ולמה לי טעמא דאי איתרמי ליה סעודתא תיפוק ליה דאסור משום איסור סתירת אהל וי"ל דאילטריך למיסר בשמיני אפי' נפלה בחול המועד הואיל ואתקלאי לשבעה ואפילו בין השמשות מחמת דהוה אכיל בה אם היתה קיימת וכולה כחד יומא כדפריש' כיון דלא מפסקי לילות מימים א"נ לענין עיי סוכה דאין בהם משום סתירת אהל :

אתרוג אפילו בשמיני אסורה · דגזור אתרוג אטו סוכה כדמפרש פ"ק* גבי עיטרה בקרמים : [דף י: ושם ד"ה עד מוצאי]

דינוקא מקנא קני אקנויי לא מקני · לא דמי לבר שטיח דפ' ארבעה אחין (יבמות דף לא·) דאמרינן כשהוא שוטה זבן כשהוא שוטה זבין דשוטה גרע ולא קני מקני :

שמיני ספק שביעי אסור · בארץ ישראל דליכא ספיק' לא גזור אטו סוכה אבל בבבל דאיכא ספיקא אע"ג דלא מברך ביה גזור אטו סוכה אבל תשיעי ספק שמיני לא גזור אתרוג אטו סוכה:

מיתב

עין משפט נר מצוה

מ א מיי' פ"ז מהלכות לולב הלכה כו סמג עשין מד טוש"ע א"ח סי' תרסה סעיף א :

מא ב מיי' פ"ו מהל' סוכה הלכה טו סמג עשין מג טוש"ע א"ח סי' תרסז :

מב ג מיי' פ"ח מהל' לולב הל' י סמג עשין מד טוש"ע א"ח סי' תרנח סעיף ו :

מג ד ה מיי' פ"ז שם הלכה כז סמג שם טוש"ע א"ח סי' תרסה סעיף א ב :

רבינו חננאל

מדת הקב"ה כלי מלא מחזיק שנאמר והיה אם שמוע תשמע ריקן אינו מחזיק שנאמר ואם יפנה לבבך ולא תשמע כלומר אם הוא פנוי לא תשמע . מדת ב"ו כלי ריקן מחזיק מלא אינו מחזיק כדכתיב כי לא דבר רק ולמה הוא רק בשביל שאין אתם מתעסקין בו . א"ר יוחנן אתרוג בשביעי אסורה בשמיני מותרת . מ"ט אתרוג כיון דלצאת בו קאי אע"ג דקי"ל כל היום כשר לנטילת לולב מאחר שיצא בו מבע"י בשביעי אינו צריך לו למצוה ולא אתקצאי אלא בו ביום כולו אבל לבין השמשות דיליה לא איתקצאי אבל סוכה דחזיא כל יומא מיגו דאתקצאי לבין השמשות אתקצאי נמי לכולי יומא דשמיני . ריש לקיש אמר אתרוג אפי' בשביעי מותרת . מ"ט למצותה אתקצאי מתני' כר' יוחנן דתנן מיד התינוקות שומטין את לולביהן ואוכלין את אתרוגיהן . תינוקות אין גדולים לא . ושני ר"ל הוא הדין דאפילו גדולים . והאי דקתני תינוקות אורחא דמלתא נקט . ואסיקנא לדידן דאית לן תרי יומי הלכך שמיני ספק שביעי אסורה . תשיעי ספק שמיני מותרת · א"ר זירא לא ליקני איניש הושענא לינוקא ביומא טבא קמא דמיקנא קני אקנויי לא מקני . ואשתכח האי גברא דאהדר ליה ינוקא לולב דנפיק בלולב דלאו דיליה וכן לא לימא איניש לינוקא יהיבנא לך מידי ולא יהיב דאתי לאגמורי שיקרא שנאמר למדו לשונם וגו' . ולענין סוכה בשמיני ספק שביעי א"ר יהודה שביעי לסוכה לישב בה שמיני לברכה להזכיר בתפלה ובברכת המזון יום שמיני חג עצרת :

מסורת הש"ס

[עי' בברכות מ. ול"ע שוב דאיתי בע"י גרים כאן כמו דאית' בברכות]

[עי' תוספות שבת מה: ד"ה אמר ליה]

[ביצה כח:]

[נ"ל בויקרא רבה סדר בחוקותי פרשה לז]

[עי' תוספות סנהדרין סח: ד"ה קטן ותוס' גיטין נט. ד"ה קטנים]

[יבמות סג.]

[ביצה ל.]

למהרש"ל רש"ל

לאלתר גי' רש"ל

תורה אור: דברים כח · שם ל · ירמיה ט

הגהות הב"ח

(א) גמ' לשבעה ימים רב אמר כל אחד : (ב) רש"י ד"ה ואפי' בשביעי נמי מותר משילא בו ואינו עומד למצוה עוד דקסבר למצותו אתקלאי : (ג) ד"ה ובפלוגתא וכו' וכיון דקמו רב ור' יוחנן [בן סיס לפנינו סגי'] . ב"כ מסי' רש"י משמע דגורס רב אמר כל אחד ואחד יוצא בו ואוכלו למחר ורב אסי אמר כל אחד ואחד יוצא בו ואוכלו לאלתר ועיין בתוספות למעלה בדף י ע"ב בד"ה עד מוצאי יום טוב :

§ מסכת סוכה דף מו: §

אות א'

אתרוג בשביעי אסור, בשמיני מותר

סימן תרסה ס"א - [א]אתרוג בשביעי אסור - באכילה, אפילו לאחר שנעשית בו מִצְוָתֵיה, **שהרי הוקצה לכל שבעה** - ואם הפרישו ליום אחד, אינו אסור אלא ליום א' בלבד עד הלילה. [ב]**ואפי' נפסל אחר שעשה בו מצוה, אסור כל שבעה ימים.**

(וביום ראשון קודם שנטלו למיפק ביה, אין איסור מוקצה, דהזמנא לאו מילתא היא).

ובשמיני עצרת, מותר – (ולא אמרינן מיגו דאיתקצאי ביה"ש איתקצאי לכולי יומא, דהא ביה"ש גופא לא נאסר אלא משום ספק יום שעבר).

[ג]**ובחוצה לארץ, שעושים שני ימים טובים של גליות, אסור אף בשמיני** - דהוא ספק שביעי, **והנה** הט"ז העלה, דאם נפסל יש להקל בשמיני, **אבל** בקרבן נתנאל חולק עליו, וכן כתב בחידושי הריטב"א להחמיר.

ומותר בתשיעי, [ד]ואפילו חל להיות באחד בשבת - ולא אסרינן ליה מטעם הכנה, כיון שכבר היה בעולם, ולא נעשה בו מעשה, [ר"ל דוקא ביצה שלא היה בעולם, ונעשה בו מעשה שנולד בשבת, וזהו מקרי הכנה, **משא"כ** הכא שלא נעשה בו מעשה לא בידי אדם ולא בידי שמים, אלא הדבר בא ממילא ע"י הזמן, לא מקרי הכנה].

[ה]**ויש אוסרים בחל להיות באחד בשבת** - ס"ל דגם בזה שייך הכנה, כיון שהיה אסור ביומו, **ועיין** בא"ר שכתב, דלעת הצורך יש להקל, שרוב פוסקים התירו.

אות ב'

סוכה אפילו בשמיני אסורה

סימן תרסז ס"א - [ו]סוכה ונויה אסורים גם בשמיני - דאילו מתרמי סעודה בבין השמשות בעי למיכל בגוה, ומגו דאיתקצאי בין השמשות איתקצאי לכולי יומא, [גמרא], **ובחו"ל שעושים שני ימים טובים, אסור גם בתשיעי שהוא ספק שמיני** - מה"ט.

סוכה - (ר"ל עצי סוכה, אסורים מלהנות הימנה, דחל שם שמים עליהם, ואפילו נפלה הסוכה, דאל"כ בלא"ה אסור משום סתירת אהל).

ונויה - היינו כשעיטרה במיני פירות שתלה בה לנוי, **ואם** עיטרה בסדינין המצויירין, נוהגין להורידן לבית מפני חשש גנבים או גשמים.

ואם חל שבת במוצאי יו"ט האחרון של חג, [ז]נוהגים שלא להסתפק מנוי סוכה עד מוצאי שבת - דכיון דביו"ט אסור, אם יסתפק בשבת מקרי הכנה, **ואפשר** דלא בא להודיע אלא שנהגו כך, ולא מדינא, שגם בתוספות תמהו על המנהג, **וגם** לעיל בסי' תרס"ה, סתם בדעה הראשונה להקל כהיש מתירין דכאן. [ח]**ויש מתירים** - דמאיזה טעם נאסור, אי משום דשבת ויו"ט הם כחדא, הא קי"ל דשתי קדושות הן, ואי משום הכנה, מה הכנה יש כאן.

הגה: יש שנהגו כשהיו יוצאים מן הסוכה היו אומרים: יה"ר שנזכה לישב בסוכה של לויתן (כל בו).

ואסור להכין ביו"ט לצורך ליל יו"ט - של שמחת תורה, דספק חול הוא, ונמצא יו"ט מכין לחול, ואסור להביא יין מיו"ט לחבירו, **ובשעת** הדחק שלא ימצא בלילה בקל, מותר להביא יין וכן מים מיו"ט לחבירו, רק שצריך להביאו בעוד יום גדול, דלא מוכח מילתא, דאפשר דצריך עדיין לצורך היום, **וגם** לא יביא כדרך שנושא בחול, רק ישנה, **ומ"מ** לצורך חול אין לנו ראיה להתיר, די"ל דוקא לצורך מצוה מותר, ולכן אין מציעין המטות משבת לחול, **וכן** אסור לחפש הס"ת משבת ליו"ט, וכן מיו"ט לחבירו, [וה"ה מיו"ט לשבת].

ולכן אסור להעמיד השלחנות והספסלים בבית לצורך הלילה, דהוי הכנה (הגהות מיימוני ומהרי"ל) - והסכימו האחרונים, דדוקא לסדרן, דהיינו להניח הטבלא על הרגלים, אסור, **אבל** להביאן מהסוכה לבית מותר, (שדוקא כאשר גומר איזה ענין הרי זה הכנה – מ"ב המבואר), **ואם** צריך אותם לצורך היום, וכן אם צריך לסדר אותם שלא יהא נראה הבית כחורבה, מותר לסדר אותם.

אות ג'

לא ליקני איניש הושענא לינוקא ביומא טבא קמא, מאי טעמא, דינוקא מקנא קני, אקנויי לא מקני, ואשתכח דקא נפיק בלולב שאינו שלו

סימן תרנח ס"ו - [ט]לא יתננו ביום ראשון לקטן - וה"ה לדידן דעושין שני ימים, **קודם שיצא בו** - וה"ה אם מזכה רבים בלולבו, לא יתן לקטן עד שיברכו כולם.

(יש מאחרונים שסוברין, שאפילו לאחר שיצא בו אין כדאי ליתן לקטן במתנה, שמא יזדמן לו אחד שיבקש ממנו ליתן לו לצאת בו).

מפני שהקטן קונה ואינו מקנה לאחרים מן התורה, ונמצא שאם החזירו לו אינו מוחזר – (ר"ל ולא יכול לצאת בעצמו),

---

באר הגולה

א כר' יוחנן סוכה מ"ו | ב (מימרא דר' זירא שם – ב"ח) | ג שם וכאביי | ד טור בשם אביו הרא"ש | ה שם בשם ר"פ | ו מימרא דרבי יוחנן סוכה מ"ו, דמיגו דאתקצאי למצותו לאכול בו בין השמשות אי מתרמי ליה סעודה, איתקצאי לכולא יומא | ז טור בשם אביו הרא"ש וכ"כ התוס' בביצה ל' | ח שם וכ"כ התוס' בסוכה י' | ט מימרא דר' זירא מ"ו

ולפי"ז יש ליזהר שלא לברך על לולב של אישתקד, [כגון במקום הדחק, וכנ"ל בסוף סימן תרמ"ט בהג"ה], אם זוכר שנתן אותו במתנה לקטן.

(**וכתבו הפוסקים**, ואפילו נתן לו במתנה ע"מ להחזיר, ג"כ לא יצא אח"כ, דחזרתו אינו חזרה, **ולכאורה** הא איהו ע"מ להחזיר יהביה ניהליה, ואי לא יכול הקטן להקנות לו אח"כ בחזרה, נמצא מתנתו בטילה, **אבל** באמת ליתא, דהא קי"ל דכל תנאי שא"א להתקיים בסופו והתנה עליו בתחלתו, דתנאו בטל, ונמצא שהקטן קנאו אע"פ שלא יכול להחזירו).

(**דעה** ראשונה הוא לשון הרמב"ם, והטעם, דהרמב"ם לשיטתו, דהיכא דדעת אחרת מקנה לו, הוא זוכה מן התורה, וא"כ אפילו הגיע לעונת הפעוטות, דתקנו רבנן דמתנתו מתנה, הלא מן התורה אינו יכול להקנות, ולא הוי מן התורה משלכם).

[י] **ויש מי שאומר שאם הגיע לעונת הפעוטות** - היינו כבן וי"ו או כבן ז', **מותר** - דאז מתנתו מתנה מד"ס, (**דדעת** הי"א, דאפי' כשדעת אחרת מקנה אותו, [יא] אין קנינו אלא מדרבנן, ולכן כשהגיע לעונת הפעוטות, כשם שזוכה מדרבנן כן מקנה ג"כ מדרבנן).

(**ופשוט** דדין זה שייך בכל הד' מינים, וזה ג"כ פשוט דודאי יש להחמיר לכתחלה כדעה הראשונה, דהיא סתמית, שלא ליתן במתנה לשום קטן, **ודע**, דקטן נקרא לדעה ראשונה עד שהוא בן י"ג ויום אחד, **ועיין** בפמ"ג שכתב, דאפילו הוא בן י"ג שנה, כל זמן שלא ידעינן שהביא ב' שערות, אין ליתן לו, דספק תורה לחומרא, **אמנם** בתשובת כתב סופר דעתו, דמותר לכתחלה משום חזקה דרבא, וגם איכא ס"ס, דשמא גם בפעוטות מותר כדעת הי"א).

(קטן הסוחר אתרוגים, שקונה ומקנה, לכתחלה יש למנוע מלקנות, ובדיעבד אם יצא בו אינו חוזר לברך, משום חשש ברכה לבטלה).

[יב] **ואם תופס עם התינוק, כיון שלא יצא מידו שפיר דמי** - ר"ל דעי"ז אין הקטן קונה כלל, ולכן מותר אפילו בלא הגיע לעונת הפעוטות, **וה"ה** אם לא מקנה ליה כלל לקטן, או שאומר לו: יהא שלך עד שתצא בו, ואח"כ יהא שלי כבתחלה, דהו"ל כשאול כנ"ל בס"ג, **אלא** דבכל אלו העצות לא מהני רק לגדול, שיהיה יכול אח"כ לצאת בו, אבל הקטן לא יצא בנטילה כזה, דהא אינו שלו, ולא מקרי "לכם", ולא קיים בו אביו מצות חינוך, **ויש** מאחרונים שסוברין, דמצות חינוך מתקיים גם בשאול, דהא גם בזה מתחנך הבן למצות, וכן משמע במרדכי בשם ראב"ן, [**דס"ל** דמצות חינוך הוא רק על עצם המצוה, ולא על פרטי המצוה, **גם** פשטיות הלשון דשו"ע, דכתב ד"שפיר דמי", משמע גם כן דיוכל אביו לעשות כן לכתחילה, ולברך עמו, ויוצא בזה מה שמוטל עליו].

אות ד' – ה'

כל אחת ואחת יוצא בה ואוכלה למחר

שמיני ספק שביעי אסור, תשיעי ספק שמיני מותר

סימן תרסה ס"א - עיין לעיל אות א'.

סימן תרסה ס"ב - "הפריש שבעה אתרוגים לשבעה ימים, כל אחד יוצא בו ואוכלו למחר - לאו דוקא, וה"ה בלילה מותר, **ובשיטת** ריב"ב מסתפק, איך דינו לענין ביה"ש.

אבל ביומו אסור, שהוקצה לכל אותו היום.

אות ה'* [יד]

סימן תרנ ס"א - כדי להסביר היטב טעם השני דיעות, אקדים מה דאיתא בגמרא: הידור מצוה עד שליש במצוה, **ופירשו** בשם ר"ת, והוא הדעה הראשונה שנזכר בשו"ע, שאינו ר"ל שיש לפניו שני אתרוגים או שני ס"ת, ואחד הדר יותר מחבירו, שיצטרך מחמת מצות הידור להוסיף עד שליש במקח, דא"כ הרי לעולם ימצא נאה ונאה ואין סוף לדבר, **אלא** מיירי שאתרוג אחד היה בו רק כשיעור מצומצם שהוא כביצה, והאחר גדול ממנו, ע"ז אמרו דמצוה להדר אחר זה ולהוסיף עד שליש, דחיישינן שמא יתמעט השיעור, **ובאופן** זה אפילו כבר קנה האתרוג הקטן, מצוה להחליפו באחר ולהוסיף עד שליש בדמיו, **ויש** מפרשים עוד, דהגמרא מיירי באתרוג וכן כל המצות שמזדמן לפניו אחד הדר יותר מחבירו, מצוה להדר אחר ההדר ולהוסיף עד שליש בדמיו, וזהו הדעה השניה שמוזכרת פה.

(ומ"מ באתרוג או לולב שיש בו חשש פסול, וה"ה בכל המצות כה"ג, שתלוי בפלוגתא דרבוותא, אף שהלכה דכשר, מ"מ י"ל דבזה לכו"ע צריך לקיים הידור מצוה עד שליש, לקנות אחר לצאת כל הדיעות, כ"מ מפמ"ג, **ועיין** בבגדי ישע שהחמיר עוד ביותר מזה).

(**ומדסתם** השו"ע כדעה ראשונה, משמע דהכי ס"ל להלכה, שהיא שיטת הרא"ש, **והגר"א** בביאורו משמע דנוטה להיש אומרים דהוא שיטת רש"י, משום דבירושלמי מפורש כן, וכן הא"ר מחמיר בזה כהיש אומרים, **ובענין** הקושיא שהקשו, שהרי לעולם ימצא נאה ונאה, יש לומר דלא הטריחו עליו אלא בפעם ראשונה בלבד, דאל"כ אין לדבר סוף).

[טו] **אם קנה אתרוג שראוי לצאת בו בצמצום, כגון שהוא כביצה מצומצמת, ואח"כ מצא גדול ממנו** - עיין במ"א שמצדד, דלאו דוקא אתרוג, דה"ה ס"ת או שופר וכדומה, שקנהו והיה בו רק כשיעור מצומצם, ואח"כ נזדמן לו אחר שהוא גדול בשיעורו, [דגם בס"ת יש שיעור איך שצריך לעשות אותה, ואיך שיוצאים בה על פי הדחק], **מצוה להוסיף עד שליש מלגיו בדמי הראשון, כדי להחליפו ביותר נאה** - פי' אם הקטן נמכר בשש, יוסיף שני דינרין, דהיינו שליש תוך הדמים, **ושליש** מלבר נקרא, כשחולק הדמים לשנים ומוסיף חלק שלישי, דהיינו שמוסיף ג' דינרין, **ויש** מחמירין שצריך להוסיף שליש מלבר.

באר הגולה

[י] ר"ן [יא] ‹וכן הוא ברש"י ד"ה מקנא קני. **וז"ל הר"ן**: פי' {דהגמ' מיירי} בתינוק שלא הגיע לעונת הפעוטות, דזוכה לעצמו ואינו מזכה לאחרים, דאי בשהגיע לעונת הפעוטות כבן ו' או כבן ז', אקנויי נמי מקני, דהא קי"ל הפעוטות מקחן מקח וממכרן ממכר במטלטלין› [יב] **מרדכי והגהות אשר"י בשם אור זרוע** [יג] **שם וכרב אשי** ‹אסי› **הסכמת הפוסקים** [יד] ‹מילואים› [טו] **מימרא דרב הונא בב"ק ט' וכפי' הסמ"ג בשם רבי יעקב**

אבל אם חבירו אינו רוצה להחליפו רק למכרו, אינו חייב לקנותו ולהחזיק ב', **אם** לא שיש לו קונים שרוצים לקנות את הקטן שיש לו.

[טז]ויש מי שאומר שאם מוצא שני אתרוגים לקנות והאחד הדור מחבירו, יקח ההדר - ר"ל אפילו כל אחד גדול בשיעורו יותר מכביצה, כיון שהשני נראה הדר ביופי יותר מחבירו, צריך להוסיף.

ואם כבר קנה אחד והוא בשיעורו גדול יותר מכביצה, א"צ להוסיף להחליף בהדר לכו"ע, **לדיעה** ראשונה כיון שגם הראשון לא היה בו שיעור מצומצם, **ולדיעה** שניה לא החמירו ליקח ההדר כלל בשכבר קנה האחד, כ"כ המ"א בשם פוסקים, **אכן** הגר"א הביא ירושלמי מפורש, ומשמע דנקט לדינא כן, דאפילו לקח כבר אתרוג ולולב, וה"ה לכל המצות, והיה בהם יותר מכשיעור, ואח"כ מצא אחר נאה הימנו, צריך להחליף ולהוסיף עד שליש.

אם אין מייקרים אותו יותר משליש מלגיו בדמי חבירו - דהדור מצוה הוא רק עד שליש, ואפילו מי שאין חייו נדחקים, א"צ לבזבז יותר משליש, **אמרינן** בגמרא: עד שליש משלו, מכאן ואילך משל הקב"ה, ופירש"י: עד שליש משלו, דהיינו אותו שליש שיוסיף בהידור מצוה משלו הוא, שאינו נפרע לו בחייו, כדאמרינן: היום לעשותם ולא היום ליטול שכרם, **אבל** מה שיוסיף יותר על שליש, יפרע לו הקב"ה בחייו, עכ"ל, והיינו אף דאינו מצווה ע"ז, מ"מ אם יוסיף יפרע לו הקב"ה בעוה"ז, **וי"א** דבאיש אמיד שנתן לו הקב"ה הון, צריך להוסיף בשביל הידור אפילו יותר משליש.

(**ומי** שמזונותיו מצומצמין, אם צריך לדחוק חייו להוסיף שליש בשביל הידור, יש דיעות בפוסקים, דמן נ"י והרמ"ה משמע, דגם בזה צריך להוסיף עד שליש, והמהרש"ל ביש"ש חולק ע"ז).

הגה: ומי שאין לו אתרוג, או שאר מצוה עוברת, א"צ לבזבז עליה הון רב, וכמו שאמרו: המבזבז אל יבזבז יותר מחומש, אפילו מצוה עוברת (הרא"ש ורבינו ירוחם) - הנה שליש מנכסיו מוכח בגמרא בהדיא דאין צריך ליתן עבור מצוה אחת, והפוסקים הסכימו דאפילו פחות משליש ג"כ אין צריך ליתן, וסמכו דינו כמו לענין צדקה, שאמרו: המבזבז אל יבזבז יותר מחומש, שמא יעני ויצטרך לבריות, וה"ה בזה.

ומ"מ חייב להוציא עכ"פ עישור נכסיו לזה, דגם בצדקה שיעור בינוני הוא מעשר, **ועיין** במ"א וא"ר, דכמו שם לענין צדקה, שנה ראשונה מן הקרן מכאן ואילך מן הריוח, ה"נ בענינינו, **ועיין** בבה"ל שבירנו, דר"ל דמשיעור זה בודאי אסור לפחות, אבל אפשר דבענינינו דהוא מצוה עוברת גרע טפי, וחייב להוציא עד חומש מנכסיו.

(**והגם** דלפזר הון רב אין מחוייב, ורק עד חומש לכל היותר, ומשום הטעם דשמא יעני ויצטרך לבריות, זה לא שייך במי שאין לו רק חמש סלעים וכיו"ב, ומתפרנס ממלאכתו, ולא יגרע פרנסתו במה שיוציא זה על המצוה, וכן להיפך לא יתחזק מצבו במה שלא יוציא, ורק דאינו מחוייב לחזור על הפתחים בשביל מצות תפילין וציצית וכו', **אבל** אם יש לו, בודאי חייב, ולא נחשב זה כהון רב).

(**ואגב** אעורר פה במה שהיה קשה לי, על מה שהעתיקו הע"ת והא"ר ראיה מירושלמי, שאין מחוייב לחזור על הפתחים כדי לקנות תפילין וכדומה שאר מצות, **והלא** קי"ל דעל נר חנוכה וד' כוסות צריך לשאול על הפתחים כדי לקיימם, אף שהם רק מצות דרבנן, וכ"ש בענינינו, **ואפילו** אם תאמר דמשום פרסומי ניסא תקנו רבנן כן, מה יענה בהא דקיי"ל לעיל בסימן רס"ג ס"ב, דלנר שבת שואל על הפתחים ולוקח שמן ומדליק הנר, שזה בכלל עונג שבת הוא, והלא עונג שבת הוא רק מצות עשה מדברי קבלה, כמו שנאמר: וקראת לשבת עונג, ותפילין ושופר וכה"ג הוא הכל מצות עשה של תורה, וחפשתי ומצאתי קושיא זו בס' מו"ק, ונשאר בקושיא, **ואפילו** את"ל דאין הדין שיצטרך לחזור על הפתחים להשיג מעות לקנות תפילין, אבל עכ"פ מחוייב לחזור ולבקש מישראל שישאול לו תפילין לקיים המצות עשה).

ודוקא מצות עשה, אבל לא תעשה, יתן כל ממונו קודם שיעבור (הרשב"א והרא"ש"ד) - דבטול עשה הוא במניעה מלקיים, ואינו עושה שום מעשה נגד רצון הש"י, משא"כ בלא תעשה אם יעבור.

ואף דיצטרך עי"ז אח"כ לחזור על הפתחים, לא נוכל להתיר עי"ז איסורי תורה, **וזה** אפילו בל"ת גרידא, וכ"ש אם נוגע הדבר לחייבי כריתות ח"ו, כגון שאינו יכול להשיג איזה משמרת להרויח, אם לא שמתרצה לחלל השבת ולעשות בו מלאכה כשאר פועלים, אסור לו לשמוע להם, **ואף** דנוגע זה למזונותיו ולמזונות אנשי ביתו, אין לו להכרית נפשו עבורם.

כתב המ"א, משמע קצת בגיטין דף נ"ו במעשה דבר קמצא, שהיה מותר לעבור על ל"ת מפני אימת המלכות דעכו"ם, **והאחרונים** מפקפקים ע"ז, דהתם פיקוח נפש היה.

ועיין לקמן סוף סימן תרנ"ח בהג"ה – (פי' דשם איתא, שמצוה לכל אחד לקנות אתרוג לעצמו).

(**וכתב** המ"א, אם אין בידו אלא ה' סלעים, וצריך לפדות בנו וליקח אתרוג, יקנה אתרוג, שזו מצוה עוברת וזו מצוה שאינה עוברת, **אכן** אם יוכל לצאת באתרוג של אחר, **אף** שמצוה לקנות משלו, מ"מ פדיון קודם בזה).

(**אם** קנה אתרוג ונמצא נרקב, וכן לולב, כתב אליה רבה בשם שלטי גבורים, אם יכול לתלות שהרקבים נעשו ביד המוכר, הרי זה מקח טעות, ואם הדבר ספק, המוציא מחבירו עליו הראיה).

(**כתב** הפמ"ג, לדעת הי"א בחו"מ, דאם נתן מעות על יין לקידוש, קונה, דדין תורה מעות קונה, והעמידו על ד"ת בקנית מצוה, א"כ י"ל דה"ה אתרוג, ושניהם אין יכולין לחזור בו).

באר הגולה

טז כפי' רש"י שם

§ מסכת סוכה דף מז. §

אות א' – ב'

מיתב יתבינן, ברוכי לא מברכינן

אמר רבי יוחנן: אומרים זמן בשמיני של חג

סימן תרסח ס"א - [א]**ובחוצה לארץ, אוכלים בסוכה בלילה וביום, מפני שהוא ספק שביעי** - אבל לאחר שאכלו סעודתן ביום, מנהג העולם שנפטרין מן הסוכה ויושבין בבתיהם, (דכיון דאין מברכים לישב בסכה על דברים אלו, דומה לשינה דאין בו הכירא – מחה"ש, וכדלקמן), **אבל** אי איתרמי ליה לאכול אפילו בין השמשות, צריך לאכול בסוכה.

ומטעם זה הרבה אחרונים מצדדין, דצריך ג"כ לישן בסוכה, וכן הוא ג"כ דעת הגר"א, **ויש** אחרונים שסוברין, שאין כדאי לישן בסוכה בשמ"ע לא ביום ולא בלילה, דעושה אותו כחול, דבשלמא גבי אכילה לא מנכר, שכן דרך בני אדם לפעמים לישב בצל סוכה אפילו שלא לשם מצוה, משא"כ בשינה, [ד"מ לדעת הטור, **ודעת** המחמירים שצריך לישן בסוכה ס"ל, דגבי שינה ג"כ הוא כמו אכילה, שדרך לישן לפעמים בצל סוכה אף בשאר ימות השנה שלא לשם מצוה, כמו לענין אכילה, **ובמרדכי** בשם ראבי"ה טעם אחר להחמיר בשינה, משום דנראה כמוסיף על המצוה, דבשלמא גבי אכילה, במה שאינו מברך כמו בז' ימי הסוכה, איכא הכירא דאינו מכוין להוסיף על המצוה, משא"כ בשינה, דבכל ימי סוכות ג"כ אין מברכין על השינה, מאי הכירא איכא], **ומנהג** העולם להקל בשינה.

ודע, דלדעת הפוסקים שסוברין דאין ישנים בסוכה בשמ"ע, י"א דה"ה דאין אוכלין אז פירות, וה"ה פת פחות מכביצה בסוכה, **כללו** של דבר, כל דבר שא"צ לברך עליו ברכת "לישב בסוכה" בשאר ימי סוכה, אין אוכלין בסוכה בשמ"ע, [דה"ח, **ודבריו** הוא רק לטעם הראבי"ה המחמיר בשינה משום דלית ביה הכירא, וע"כ קאמר דה"ה בכל דבר שאין מברכין עליו ליכא הכירא, **משא"כ** לטעם ד"מ לדעת הטור, דבדבר אכילה אין נראה שעושה אותו כחול, אין נ"מ בין דבר שמברכין עליו בשאר ימי הסוכה או לא], **ויש** מקילין בזה, [מחצה"ש, שכתב דאפשר לחלק, כיון דפירות ומים א"צ לסוכה כלל כי אם מצד חומרא, אם אכלן בשמ"ע בסוכה אינו נראה כמוסיף], **וכן** מסתברא, דבאכילת פירות וכה"ג דברים שאין חייבים מצד הדין, יכול לעשות בשמ"ע כמה שירצה, בבית או בסוכה.

ואין מברכין על ישיבתה - דכיון דיום שמ"ע הוא, א"א לברוכי בסוכה, דקשיין אהדדי, אם יום סוכה הוא לאו שמ"ע הוא, ואם שמ"ע הוא לאו יום סוכה הוא, ומשו"ה עבדינן לחומרא, **והסכימו** האחרונים, דאין לאכול בערב עד שחשיכה, [**והטעם**, דכיון דעדיין מיום שביעי הוא, וחייב מן התורה לאכול בסוכה, איך יאכל בלי ברכת "לישב בסוכה", ולברך "לישב בסוכה" א"א, דסתרי אהדדי, דבתפלה וקידוש מזכיר דהוא יום שמ"ע], **אכן** בדיעבד אם נטל ידיו ובירך "המוציא", לא יברך "לישב בסוכה", דכבר קיבל שמ"ע בתפלתו ובקידוש, [**ולענין** אם מותר לו לאכול יותר אינו מבואר, אכן אם הוא בתוך רבע שעה שקודם צה"כ, דהוא בודאי ביה"ש, אפשר דיש להתיר לאכול יותר, אחרי שכבר בירך "המוציא"].

ומקדשין ואומרים [ב]**זמן** - דשמיני עצרת רגל בפני עצמו הוא, [גמרא].

אות ג'

ואין אומרים זמן בשביעי של פסח

סימן תצ ס"ז - [ג]**בליל יום טוב האחרון** - בין בז' בין בח', **מקדשין על היין** - ור"ל בבהכ"נ, וכונתו, דאף דבב' לילות הראשונים אין מקדשין בבהכ"נ, והטעם, לפי שאין לך עני בישראל שאין לו ד' כוסות, משא"כ הכא לא שייך זה.

ואין אומרין זמן - דהיינו "שהחיינו", שאינו רגל בפני עצמו כמו שמיני עצרת של החג.

אות ד'

לילה ראשונה חובה, מכאן ואילך רשות

סימן תעה ס"ז - [ד]**אין חיוב אכילת מצה אלא בלילה הראשון בלבד** - דכתיב: בערב תאכלו מצות, אבל שאר כל הלילות וכל הימים, אינו מוזהר אלא שלא לאכול חמץ, **ואף** דמחוייב לאכול פת ביו"ט, יכול לצאת במצה עשירה, דהיינו שנילושה במי פירות, **אבל** לחם עוני אינו מחוייב מן התורה כי אם בלילה הראשון, ומשום ספיקא דיומא חייב לדידן אף בלילה שניה.

באר הגולה

א מסקנא דגמרא שם מ"ז | ב שם מימרא דרבי יוחנן וכרב נחמן ושם בברייתא | ג סוכה מ"ז מימרא דר' יוחנן | ד פשוט בגמרא פסחים ק"כ

לולב וערבה פרק רביעי סוכה מז

תורה אור

לברוכי למ"ד שביעי לסוכה ברוכי נמי מברכינן למ"ד שמיני לזה ולזה ברוכי לא מברכינן אמר רב יוסף נקוט דר' יוחנן בידך דרב הונא בר ביזנא וכל גדולי הדור איקלעו בסוכה בשמיני ספק שביעי מיתב הוו יתבי ברוכי לא בריכי ודלמא סבירא להו כמ"ד כיון שבירך יו"ט ראשון שוב אינו מברך גמירי דמאפר אתו איכא דאמרי ברוכי כולי עלמא לא פליגי דלא מברכינן כי פליגי למיתב למ"ד (א) שבעה לסוכה מיתב יתבינן ולמ"ד שמיני לזה ולזה מיתב נמי לא יתבינן אמר רב יוסף נקוט דר' יוחנן בידך דמרא דשמעת' מני רב יהודה בריה דרב שמואל בר שילת ובשמיני ספק שביעי לבר מסוכה יתיבי והלכתא מיתב יתבינן ברוכי לא מברכינן אמר ר' יוחנן אומרים זמן בשמיני של חג ואין אומרים זמן בשביעי של פסח וא"ר לוי בר חמא ואיתימא ר' חמא בר חנינא תדע שהרי חלוק בג' דברים בסוכה ולולב וניסוך המים ולרבי יהודה דאמר *בלוג היה מנסך כל שמונה הרי חלוק בב' דברים אי הכי שביעי של פסח נמי הרי חלוק באכילת מצה *דאמר מר לילה ראשונה חובה מכאן ואילך רשות הכי השתא התם מלילה חלוק מיום אינו חלוק הכא אפילו מיום נמי חלוק רבינא אמר זה חלוק משלפניו וזה חלוק משלפני פניו (*אמר רב פפא) הכא כתיב פר התם כתיב פרים רב נחמן בר יצחק אמר הכא כתיב ביום התם כתיב וביום רב אשי אמר הכא כתיב °כמשפט התם כתיב כמשפטם (במדבר כט) לימא מסייע ליה הפרים האילים והכבשים מעכבין זה את זה ורבי יהודה אומר פרים אין מעכבין זה את זה שהרי מתמעטין והולכין אמרו לו והלא כולן מתמעטין והולכין בשמיני אמר להן *שמיני רגל בפני עצמו הוא שכשם ששבעת ימי החג טעונין קרבן ושיר וברכה ולינה אף שמיני טעון קרבן ושיר וברכה ולינה

מאי

רש"י

לברוכי · ליתב בסוכה : **ברוכי לא מברכינן** · דשמיני הוא ואין שם סוכות עליו והייט לזה ולזה לסוכה דלא מברכינן לברכה את יום שמיני חג עצרת הזה : **נקוט דר' יוחנן בידך** · דאמר לא מברכינן ליתב בסוכה : **גמירי דמאפר קאתו** · למדתי מרבותי שהן באו מן האפר שבהמותיהן רועות שם ולא ישבו בסוכה כל ימי החג : **דלא מברכינן** · ואפילו לרב יהודה דאמר שביעי לסוכה : **דמרא דשמעתא מני רב יהודה בריה דרב שמואל** · דאיהו אמר משמיה דרב וחזינא ליה דלא עביד כשמעתיה : **תדע** · דאומר בו זמן לפי שרגל בפני עצמו הוא : **שהרי חלוק** · משאר הימים : **בג' דברים** · אין יושבין בסוכה ואין נוטלין בו לולב ואין מנסכין בו מים כדתנן במתני' (לעיל דף מב:) סוכה וניסוך המים שבעה : **ולר' יהודה נמי** · דפליג בניסוך ואמר כל שמונה הרי חלוק מיהא בשני דברים : **בלוג היה מנסך כל שמונה** · בתרתי פליג דקאמר ת"ק שלשה לוגין בכל יום ואיהו אמר בכל יום לוג וקאמר ת"ק שבעה ולא שמיני והוא אומר כל ח' : **מיום אינו חלוק** · דאף י"ט ראשון רשות : **זה חלוק משלפניו** · שמיני חלוק מיום אתמול שביעי אינו חלוק אלא מן הראשון : **הכא כתיב פר והתם כתיב פרים** · כל ימי החג קריבים פרים הרבה ומתמעטין והולכין אחד ליום עד יום שביעי שקריבין פרים שבעה ובשמיני פר אחד לבדו נמצא שאינו מסדר שאר הימים שהיה [לו] להקריב בו ששה : **התם כתיב וביום והכא כתיב ביום** · כל ימות החג כתיב בהו וביום השני וביום השלישי אבל בשמיני כתיב ביום השמיני חלקו מהן ולא עשאו מוסיף על הראשונים : **רב אשי אמר** · בשביעי כתיב במספרם כמשפטם משמע כמשפט כל קרבנות שאר הימים ובקרבנות שמיני כתיב במספרם כמשפט עשאן משפט חלוק לעצמו : **לימא מסייע ליה** · לר' יוחנן דאמר זמן בשמיני : **הפרים האילים והכבשים** · האמורים בקרבנות החג לכל יום : **מעכבין זה את זה** · אם חסר אחד מן הראוין ליום אין מקריבין : **שהרי מתמעטין** · מיום אל יום אלמא לא קפיד עליה רחמנא הלכך אף האמורין ליום אין מעכבין : **אמרו לו** · אם מכאן אתה למד אף האילים והכבשים לא יעכבו שהרי כולן מתמעטין בשמיני דכל ימי החג אילים שנים וכבשים י"ד ובשמיני איל אחד ושבעה כבשים : **רגל בפני עצמו הוא** · ואין קרבנותיו בכלל שאר קרבנות החג ואין למידין הימנו לקרבנות החג : **טעונין קרבנות** · לעצמן אף זה קרבן לעצמו ואינו מסדר האחרים : **שיר** · שהלוים אומרים בקרבנות שמיני אינו מסדר שיר החג ולא פירש לי שיר של שמיני *אבל שיר של חג מפורש בהליל (לקמן דף נה·) בינו בוערים בעם כו' הבו לה' כולן רמוזים על עסקי מתנות עניים מפני שזמן אסיפה הוא ועת ליתן לקט שכחה ופאה ומעשרות שישמעו מפרישים ויפרישו בעין יפה : **וברכה** · מפרש ואזיל מאי היא : **ולינה** · ללון לילה של מוצאי י"ט הראשון בירושלים דגמרי' מפסח דכתיב (דברים טז) ופנית בבקר והלכת לאהליך בי"ט לא קאמר קרא שהרי הוא יום שחייבו חכמים לראות בעזרה כך פי' בפ"ק דר"ה (דף ה·) לראות בעזרה כדי להביא עולת ראייה ואי אפשר לומר והלכת לאהליך אלא בחולו של מועד וקאמרינן בבקר אלמא חייב ללון מוצאי י"ט בתוך העיר ומי שלא הביא חגיגתו ביום ראשון והביא באחד מן הימים צריך ללון לילה שלאחריו :

מאי

תוספות

מיתב כולי עלמא לא פליגי דיתבין · בלולב לא רצו לתקן כלל שיטלט הלולב מספק לפי שהוא י"ט ומוקצה לטלטול ומינכר' למילתיה שנוהג בו מנהג חול אבל סוכה פעמים שסוכתו עריבה עליו אוכל בה אפי' בי"ט :

גמירי דמאפר קאתו · באין מן האפר שבהמותיהן רועות שם ולא ישבו בסוכה כל ימי החג ואע"ג דאמרי'* סוכת רועים לא היה להם :

הכא כתיב כמשפט · בכולהו כתיב כמשפט והאי בתרא כתיב כמשפטם ואין זה כענין האחרים דרב פפא דאמר בכולהו כתיב פרים ובהאי כתיב פר דקאי אשמיני וכן אההיא דר"נ בר יצחק אבל לרב אשי אשביעי קאי דכתיב ביה כמשפטם לפי שהוא סוף הרגל וגמר החג כתב רחמנא כמשפטם לומר לך זהו משפטם של ששה ואין שמיני הבא אחריו כמשפט זה לומר לך כמשפטם:

שיר · פירש בקונט' לא פי' מהו שיר של שמיני ובמסכת סופרים* משמע שהיו אומרים בבית הכנסת למנצח על השמינית ושמא כמו כן היו אומרים הלוים בבית המקדש וכן משמע בירושלמי :

לינה · ללון לילה של מוצאי י"ט ראשון (ב) דגמרינן מפסח דכתיב (דברים טז) ופנית בבוקר והלכת לאהליך ואי אפשר לומר והלכת לאהליך אלא בחולו של מועד דביום טוב חייב בראיית פנים בעזרה אלא לבוקרו של מוצאי י"ט קאמר והא לא קשיא ליה לינה כל שבעה מי איכא דפשיטא ליה דאיכא דמי שלא הביא חגיגה יום ראשון והביא באחד הימים צריך ללון לילה שאחריו אבל אזמן קשיא ליה דלא אסיק אדעתיה אם לא אמרו בראשונה שיאמרו בשני ועוד משום טום וא"ת ותיפוק ליה משום דטעון לינה משום שלמי שמחה דאיכא כל שמנה דתנן (לעיל דף מב:) ההלל והשמחה כל שמנה ואפי' בשאר ימות השנה אם הביא קרבן טעון לינת לילה כדתני' בספרי (פרשת ראה) ופנית בבקר והלכת לאהליך מלמד שטעונין לינה כלומר כל הזבחים דומיא דפסח אין לי אלא אלו בלבד מנין לרבות עופות ומנחות ועצים ולבונה שנאמר ופנית כל פינות שאתה פונה מן הבקר והילך [ובפסח] שני פליגי תנאי במתניתין ובפרק מי שהיה טמא (פסחים נה: ושם) ובספרי מפרש טעמא דמ"ד טעון לינה דהרי הוא כעצים ולבונה וי"ל דמשכחת דלא מייתי קרבן ביום שבא לירושלים כגון דשלא שלמיו מאתמול דנאכלין לשני ימים ועוד דבפ"ק דחגיגה (דף ח· ושם) תניא ושמחת בחגך לרבות כל מיני שמחות לשמחה ואמרי' בפסחים פרק אלו דברים (דף עא·) אפי' בכסות נקיה ויין ישן ובענין אחר לא משכחת לה שמחת שמנה כשחל יום ראשון להיות בשבת משום דבעינן זביחה בשעת שמחה וכי האי גוונא אשכחן בירושלמי בפרק שני דביכורים דתנן וטעונין לינה א"ר יוחנן בשאין עמהן קרבן אבל יש עמהן קרבן בלא כך טעונין לינה מחמת הקרבן ובפ' דם חטאת (זבחים דף צז. ושם) משמע קצת דטעונין לינה כל שבעת ימי הפסח שכולן חשובין כלילה אחת גבי הא דתנן ר"ט אומר אם בישל בכלי מתחילת הרגל יבשל בו כל הרגל ואמרי' בגמרא מ"ט דר"ט א"ר ינחק דאמר קרא ופנית בבקר והלכת לאהליך הכתוב עשאן כולן בקר אחד ואע"ג דלא קיימא מסקנא הכי דפריך עלה וכי אין פיגול ברגל וכי אין

נותר

עין משפט נר מצוה

מד א ב מיי' פ"ו מהל' סוכה הלכה יג סמג עשין מג טוש"ע א"ח סי' תרסח סעיף א :

[לעיל ח:]

מה ג מיי' פכ"ט מהל' שבת הלכה כג סמג עשין כט טוש"ע א"ח סי' תל סעיף ז :

מו ד מיי' פ"ו מהלכות מלה הלכה א סמג עשין מ טוש"ע א"ח סי' מעה סעיף ז :

[פי' ורש"י כעלמו בר"ה ד: סביא כן דמ"ס]

רבינו חננאל

ובתר הכי פסקינן והלכתא מיתב יתבינן כולי יומא בסוכה ברוכי לא מברכינן לישב בסוכה כשאר הימים . א"ר יוחנן אומרים שהחיינו בשמיני של חג שהרי חלוק משאר הימים בג' דברים כי בשבעת ימי החג חייב לישב בסוכה ולנטילת לולב ולניסוך המים מה שאין כן בשמיני לפיכך רגל אחר חשוב וצריך לומר בו זמן . ואין אומרים זמן ביום ז' של פסח ואם תאמר גם שביעי של פסח חלוק באכילת מצה שביום שביעי אין חובה עליו לאכול מצה התם בפסח כל שבעה אין עליו חובה זולתי לילה הראשון ויום שביעי מיום ששי אינו חלוק מיום הראשון חלוק והוא לפני פניו אבל בסוכה ח' חלוק מיום ז' שהוא לפניו דבז' חייב ובח' אינו חייב . לימא הא מתניתא מסייעא לר' יוחנן דתניא הפרים והאילים והכבשים מעכבים כו' עד אמר להן שמיני רגל בפ"ע הוא שכשם ששבעת [ימי] החג טעונין קרבן שיר ברכה ולינה

מסורת הש"ס

[לקמן מח: מנחות נ.]

[לעיל כז. פסחים קכ.]

נ"ל רב פפא [ומר]

[לקמן מח. חגיגה יז. ר"ה ד: יומא ג.]

הגהות הב"ח

(א) גמ' למאן דאמר שביעי לסוכה מיתב : (ב) תוס' ד"ה לינה כו' יום טוב ראשון בירושלים דגמרינן :

[עמ"ש רש"י בר"ה ד: בשם מס' סופרים]

לולב וערבה פרק רביעי סוכה 94

גמרא

מאי לאו זמן לא ברכת המזון ותפלה הכי נמי מסתברא דאי ס"ד זמן זמן כל שבעה מי איכא הא לא קשיא דאי לא בריך האידנא מברך למחר או ליומא אחרינא מ"מ כוס בעינן לימא מסייע ליה לר"נ *דאמר רב נחמן *זמן אומרו אפילו בשוק דאי אמרת בעינן כוס כוס כל יומא מי איכא דלמא דאיקלע ליה כוס וסבר ר' יהודה שמיני טעון לינה והא תניא *רבי יהודה אומר מנין לפסח שני שאינו טעון לינה שנא' °ופנית בבקר והלכת לאהליך וכתיב °ששת ימים תאכל מצות את שטעון ששה טעון לינה את שאינו טעון ששה אינו טעון לינה למעוטי מאי לאו למעוטי נמי שמיני של חג לא למעוטי פסח שני דכוותיה הכי נמי מסתברא *דתנן [ב]הביכורים טעונין קרבן ושיר ותנופה [ג]ולינה מאן שמעת ליה דאמר תנופה רבי הודה וקאמר טעון לינה דתניא *ר' יהודה אומר [א] °והנחתו זו תנופה אתה אומר זו תנופה או אינו אלא הנחה ממש כשהוא אומר והניחו הרי הנחה אמור הא מה אני מקיים והנחתו זו תנופה ודלמא ר"א בן יעקב היא דתניא* °ולקח הכהן הטנא מידך לימד על הביכורים שטעונין תנופה דברי ר"א בן יעקב מ"ט דר"א בן יעקב *אתיא יד יד משלמים כתיב הכא ולקח הכהן הטנא מידך וכתיב התם °ידיו תביאינה את אשי ה' מה כאן כהן אף להלן כהן ומה להלן בעלים אף כאן בעלים הא כיצד [ד]כהן מניח ידו תחת יד בעלים ומניף מאי הוי עלה רב נחמן אמר אומרים זמן בשמיני של חג ורב ששת אמר אין אומרים זמן בשמיני של חג והלכתא אומרים זמן בשמיני של חג תניא כוותי' דרב נחמן *שמיני רגל

(תורה אור: דברים טז; שם; דברים כו; שם; ויקרא ז)

רש"י

מאי לאו זמן. הך ברכה דקאמר ר' יהודה מאי היא לאו היינו זמן לעצמו: ברכת המזון. דעד השתא אמרי' את יום חג הסוכות הזה וכאן את יום שמיני חג עצרת הזה: מ"מ. היכי משכחת לה זמן בתוכו של מועד ואפי' לא בריך יומא קמא הא בעינא כוס של יין ואין יין מצוי לכל אדם בתוכו של מועד: לימא. הא דקתני ברכה כל ז' ומפרש' דהיינו זמן: מסייע לר"נ. דאמר אומרו בשוק בלא כוס: מנין לפסח שני. האמור לטמאים לעשותו בחדש השני שאינו טעון לינה בירושלים: ופנית בבקר. וסמיך ליה ששת ימים וגו' פסח שני אינו אסור בחמץ אלא שטעון מצה למצוה ואוכל חמץ מיד: ס"ג מאי לאו למעוטי נמי שמיני. דכיון דאינו אלא י"ט יחיד אינו טעון לינה: לא למעוטי פסח שני דכוותיה. אינו ממעט אלא פסח שני לבדו דבפסח קאי ופסח קממעט אבל שבועות ושמיני עצרת אע"ג דלא איתנהו ז' ימים טעון לינה: ס"ג מסתברא. דלא ממעיט ר' יהודה אלא פסח שני לחוד: טעונין קרבן. להביא עמהם שלמים ובהש"ס ירושלמי יליף מושמחת בכל הטוב (דברים כו) ואין שמחה אלא שלמים דכתיב (שם כז) וזבחת שלמים ואכלת ושמחת ושיר נמי יליף לה מבכל הטוב ואין טוב אלא שיר והלוים היו אומרים אותו ומהו השיר ארוממך ה' כי דליתני (תהלים ל) דכתיב (יחזקאל לג) יפה קול ומטיב נגן ובספרי (פרשת ראה) נמי תניא בכל הטוב זה השיר: ותנופה. לקמיה יליף לה: ולינה. התם יליף לה ופנית בבקר הא למדת שכל הפינות שאתה פונה לא יהו אלא בבקר: מאן שמעת ליה דאמר תנופה לביכורים: ר' יהודה. כדלקמן: וקאמר הכא טעונין לינה. ואע"ג דאין טעונין ששה: דתניא. דאית ליה לרבי יהודה תנופה בביכורים: והנחתו זו תנופה. דבראש הפרשה נאמר ולקח הכהן הטנא מידך והניחו לפני ה' וגו' ובסיפיה נאמר והנחתו מכלל שחזר ונטלו ולמה נטלו לתנופה: זו הנחה. שמגיד לך שמטוה להניחו לפני המזבח ואח"כ יטלוהו הכהנים ויאכלוהו: ודלמא. ההיא דקתני תנופה ולינה ר"א בן יעקב הוא דשמעי' ליה נמי דאמר טעונין תנופה אבל כרבי יהודה לא מתוקמא דאית ליה לר' יהודה כל שאין טעון ששה אין טעון לינה ולא תילף מהכא סברא דידך: ידיו תביאינה. בבעלים דשלמים כתיב גבי תנופה דכתיב בסיפיה להניף אותו תנופה וגו': מה כאן. בביכורים כהן דכתיב ולקח הכהן: תחת יד הבעלים. בעלים אוחזים בשפת הטנא וכהן מניח ידיו תחת שוליו וכן מפרש במסכת ביכורים (פ"ג מ"ו): מאי הוי עלה. דזמן בשמיני:

תוספות

טהר ברגל מ"מ לענין לינה יתכן דעשאן בקר אחד כפשטיה דקרא שאחר הרגל ישוב לביתו ויתא השתא דשמיני עצרת וביכורים דטעונין לינה מיתרבו מדכתיב ופנית ולחג הסוכות בעינן היקשא מחג המצות ולא מיתרבי מדכתיב ופנית כדאמרינן פ"ק דר"ה (דף ס: ושם) למאי הלכתא כתב רחמנא לחג הסוכות לאקושי לחג המצות מה חג המצות טעון לינה אף חג הסוכות טעון לינה דאי משום דכתיב ופנית הוה אמינא לילה אחד ואתיא היקשא לאשמועינן דאסור לצאת מירושלים כל ז' ימי החג שכל הרגל חשוב בקר אחד כחג המצות ויתא נמי הא דקאמרי' הכא שכשם ששבעת ימי החג טעון לינה:

הביכורים טעונים קרבן שיר תנופה ולינה. בפ' ג' דביכורים (מ"ו) מפרש דבאמצע הקריאה היתה תנופה דתנן הגיע לארמי אובד אבי מוריד הסל מכתפו ואוחזו בשפתותיו וכהן מניח ידו תחתיו ומניפו וקורא מארמי אובד אבי עד שגומר כל הפרשה כולה ומניחו בצד המזבח ומשתחוה ויוצא משמע שלא היה מניף אלא בשעת הקריאה אבל בספרי (פרשת ראה) משמע דאיכא שתי תנופות דקתני והנחתו לפני ה' אלהיך מלמד שטעונין תנופה ב' פעמים אחת בשעת קריאה ואחת בשעת השתחויה והתם בספרי דרש ב' תנופות מדכתיב ולקח הכהן הטנא מידך כר' אליעזר בן יעקב ושמא סבר לה נמי כרבי יהודה דדריש הכא והנחתו זו תנופה ולהכי בעי ב' תנופות דולקח הכהן באמצע קריאה כתיב וכי כתיב והנחתו גבי השתחויה כתיב ומשמע ליה לשון תנופה מלשון לך נחה את העם (שמות לב) מתרגם בלע"ז ומוליך ומביא א"נ מדאחר הנחת כהן כתיב' עוד הנחה אחריתא לאחר קריא' ש"מ דלאחר הנחת כהן חזר ונטלו כדי לחזור ולהניף אחר קריאה דהיינו בשעת השתחויה אבל קשה דבפרק בתרא דמכות (דף יח:) אמרינן מאן תנא דפליג עליה דרבי יהודה ר"א בן יעקב מנא ליה דפליגי דלמא דרשי תרוייהו כמו תנא דספרי והתם משמע דר"א מייתי ליה והנחתו לומר דהנחה מעכבת בהן ושמא מדלא מייתי כל חד דרש' דחבריה מכלל דלא ס"ל ומיהו קשה דרבי יהודה דריש תנופה מוהנחתו ואפ"ה מוקי לה בשעת קריאה כדתנן פרק ג' דביכורים (מ"ו) משום דוהניחו [קמא] גבי קריאה כתיב לכך נראה דבספרי דריש תנופה להשתחויה מדאיתקש להנחה ועוד תנא שלישי דלית ליה תנופה כלל כדמשמע הכא מאן שמעת דאמר תנופה רבי יהודה מכלל דרבנן לא בעו תנופה כלל והוא תנא פרק כל המנחות באות מצה (מנחות דף סא.) דתנן התם גבי ואלו טעונות תנופות הביכורים כדברי ר"א בן יעקב שמע מינה דלרבנן לא בעו תנופה וכי קאמר במכות מאן תנא דפליג עליה דרבי יהודה ר"א בן יעקב ניחא ליה לאתויי תנא דמשנה בהדיא ועוד י"ל דב' תנופות לאו דוקא אלא לפי שיש ביכורים שאין טעונין קריאה כגון מן החג ועד החנוכה כדתנן פ"ק דביכורים (מ"ו) וקאמר דהטעונין קריאה מניף בשעת קריאה ושאין בהן קריאה מניף בשעת השתחואה:

כהן מניח ידו תחת יד הבעלים ומניף. לאו דוקא קאמר תחת יד הבעלים ממש דא"כ הויא חציצה בין הכלי ובין הכהן ובסוף שתי מדות מסקינן גבי בעלים חברים לנפו טלהו בהדי הדדי קא הויא חציצה אלא כדתנן פרק ג' דביכורים (מ"ו) גבי סל של ביכורים אוחזו בשפתותיו וכהן מניח ידו תחתיו ומניפו והייט תחת יד הבעלים ומיהו בההיא דבעלים חברים פי' שם בקונט' דבתנופת הכהן לא איכפת לן אם יש בה חציצה דעיקר תנופה בבעלים היא ותימה היא מנא ליה הא דתרוייהו כתיבי והתם (מנחות דף סא:) תניא גבי תנופה דשלמים הא כיצד כהן מניח ידו תחת יד הבעלים ומניף כילד עושה מניח אימורין על פיסת היד וחזה ושוק עליהם והתם מליט למימר שאוחז הכהן באימורים היוצאין חוץ לפיסת היד ולפי שהבעלים למעלה קאמר תחת יד הבעלים ובירושלמי דסוטה משמע קצת דהוי בנגיעה ממש גבי תנופת מנחת סוטה דפריך בירושלמי ואין הדבר כעור מביא מפה ואינו חוצץ מביא כהן זקן ואפילו תימא ילד אין יצר הרע מצוי לאותה שעה מיהו מליט למימר דאף על פי שזה למטה מן הכלי וזה למעלה מן הכלי פעמים שנוגעין ידו בידה על ידי שמתעסקין בתנופה:

רגל

עין משפט נר מצוה

מו א מיי' פכ"ט מהל' שבת הל' כג וסמג"מ סוף הל' שביתת עשור טוא"ח סי' תרים:

מח ב מיי' פ"ג מהל' ביכורים הלכה יב סמג עשין רכח:

מט ג מיי' שם הל' יד:

נ ד מיי' שם הל' יג:

רבינו חננאל

מאי ברכה דקתני לאו זמן ש"מ דאומרין זמן בשמיני של חג ודחינן לא מאי ברכה דקתני הזכרה בבהמ"ז ובתפלה. פי' מזכירין בפירוש את יום מקרא קדש הזה יום שמיני חג עצרת הזה הכי נמי מסתברא דברכה זו ברכת המזון ותפלה. דאי ס"ד זמן זמן כל ז' מי איכא דקתני כשם שימי החג טעונין קרבן שיר ברכה ולינה כך שמיני טעון קרבן שיר ברכה ולינה ודחינן האי סברא לא קשיא דאי לא בריך האידנא בריך למחר כו'. ואע"ג דמראין הדברים כי אין אומר זמן אלא על הכוס גרסינן בהדיא בעירובין בסוף בכל מערבין והלכתא אומרים זמן בר"ה וביוה"כ והלכ' זמן אומרו אפילו בשוק. ואקשינן וסבר ר' יהודה שמיני של חג טעון לינה. והתניא ר"י אומר ופנית בבקר והלכת לאהליך. ששת ימים תאכל מצות את שטעון ששה טעון [לינה] את שאינו טעון ששה אינו טעון לינה. מאי לאו למעוטי שמיני של חג שכיון שאינו טעון ששה אינו טעון לינה ודחינן לא למעוטי פסח דכותיה דאינו טעון לינה ומאי ניהו פסח שני. והאי דקתני בברייתא בהדיא מנין לפסח שני אחר שתירצוה והעמידוה כן נשנת כך. הכי נמי מסתברא דתנן במסכת ביכורים פ"ב הביכורים טעונין קרבן שיר ותנופה ולינה. וגרסינן בגמ' דילה טעונין לינה דכתיב ופנית וגו' כל פינות שאתה פונה לא יהו אלא בבקר. א"ר יונה הדא דאיתמר בשאין שם קרבן אבל יש עמהן קרבן בלא כך טעונין לינה מחמת קרבן ואמרינן מאן שמעת ליה דביכורים טעונים תנופה ר' יהודה *) כלומר הוא שמצריך לינה על הקרבן ודחינן כו'. מתניתין כר' אליעזר דהא ר' אליעזר מחייב תנופה בביכורים

*) נראה דצ"ל וקאמר טעון לינה כלומר והוא שמצריך.

מסורת הש"ס

עירובין מ: · פסחים נה: · ביכורים פ"ב מ"ד · מכות יח: · מנחות סא: · ב"ק שם. ספרי פ' כי תבא · קדושין לו: [סוטה יט:] · [תוספ' פ"ד]

הגהות הגר"א

[א] גמ' ר"י אומר והנחתו זו כו' כשהוא אומר והניחו הרי הנחה אמור הא מה אני מקיים והנחתו זו תנופה כצ"ל

§ מסכת סוכה דף מז: §

אות א'

זמן אומרו אפילו בשוק

טור או"ח סימן תריט - ואחר שאמר "כל נדרי", מברך "שהחיינו", דקי"ל שאומרין זמן בר"ה ויוה"כ, וזמן אומרו אפי' בשוק, אלא שתקנו לאומרו על הכוס, והכא אי אפשר לאומרו על הכוס, דאי אמר זמן, קבליה ליוה"כ עלויה ואיתסר למשתי; ולא יהבינן ליה לתינוק, דלמא אתי למיסרך, פי' יבא לשתות אף לאחר שיגדיל.

אות ב'

הביכורים טעונין קרבן, ושיר, ותנופה

רמב"ם פ"ג מהל' ביכורים הי"ב - ומניין שהן טעונין תנופה, שנאמר: ולקח הכהן הטנא מידך, [א]לרבות את הבכורים לתנופה; וכשם שטעונין תנופה כך טעונין קרבן שלמים [ושיר], שנאמר בהן: ושמחת בכל הטוב, [ב]וברגלים אומר: ושמחת בחגך, מה שמחת החג בשלמים, אף כאן בשלמים; ואין הקרבן מעכבת.

אות ג'

ולינה

רמב"ם פ"ג מהל' ביכורים הי"ד - הבכורים טעונים לינה, כיצד, הביא בכוריו למקדש וקרא והקריב שלמיו, לא יצא באותו היום מירושלים לחזור למקומו, אלא ילין שם ויחזור למחר לעירו, שנאמר: ופנית בבקר והלכת לאהליך, כל פונות שאתה פונה מן המקדש לכשתבוא לו לא יהיו אלא בבקר; נמצאת אומר שהבכורים טעונין שבעה דברים: הבאת מקום, וכלי, קריאה, וקרבן, ושיר, ותנופה, ולינה.

אות ד'

כהן מניח ידו תחת יד בעלים ומניף

רמב"ם פ"ג מהל' ביכורים הי"ב - המביא את הבכורים יש לו רשות ליתנם לעבדו וקרובו בכל הדרך עד שמגיע להר הבית, הגיע להר הבית נוטל הסל על כתיפו הוא בעצמו, ואפילו היה מלך גדול שבישראל, ונכנס עד שמגיע לעזרה, וקורא ועודהו הסל על כתיפו: הגדתי היום ליי' אלהיך וגו', ומוריד הסל מעל כתיפו ואוחזו בשפתיו, והכהן מניח ידו תחתיו, ומניף, וקורא: ארמי אובד אבי וירד מצרימה וגו' עד שגומר כל הפרשה, ומניחו בצד המזבח בקרן דרומית מערבית בדרומה של קרן, וישתחוה ויצא.

באר הגולה

[א] ‹ויליף מדכתיב הכא מידיך, וכתיב התם ידיו תביאינה - כסף משנה› [ב] ‹ואינו מביא הלימוד מהר עיבל כרש"י, הגם דמה דשמחת החג הוי בשלמים, נלמד גופא במס' פסחים דף ק"ט. מהר עיבל›

§ מסכת סוכה דף מח. §

אות א׳

פייס בפני עצמו

רמב"ם פ"י מהל' תמידין ומוספין הי"ג - וכל מי שהיה מקריב פר היום לא היה מקריב פר למחר, אלא חוזרין חלילה; בשמיני חוזרין לפייס כולן כאחד כשאר הרגלים כמו שביארנו.

אות ב׳

קרבן בפני עצמו

רמב"ם פ"י מהל' תמידין ומוספין ה"ה - ביום השמיני עצרת מקריבין מוסף היום, פר ואיל ושבעה כבשים כולן עולות, ושעיר חטאת, וזהו מוסף בפני עצמו - ‹והיינו הק' של פז"ר קש"ב – הר המוריה›.

(אות ג׳)

שירה בפני עצמו

רמב"ם פ"י מהל' תמידין ומוספין הי"א - בכל יום ויום מימי החג היו אומרים שירה בפני עצמה על מוסף היום, בראשון מימי חולו של מועד היו אומרין: הבו לה' בני אילים, בשני: ולרשע אמר אלהים וגו', בשלישי: מי יקום לי עם מרעים, ברביעי: בינו בוערים בעם וגו', בחמישי: הסירותי מסבל שכמו, בששי: ימוטו כל מוסדי ארץ וגו', ואם חל שבת להיות באחד מהן, ימוטו ידחה.

אות ד׳

ברכה בפני עצמו

סימן תרסח ס"א - בערב שמ"ע, אין לקבוע סעודה מן מנחה קטנה ולמעלה, כדי שיאכל בלילה לתיאבון, ולא כאותן שאוכלין ושותין ומשתכרין, עד שאין יכולין לקדש בלילה, [**ועיין** בפמ"ג שכתב, דה"ה בשמ"ע ג"כ אסור קודם שמחת תורה מט' ולמעלה, **ואין** דין זה ברור, לבטל עונג יו"ט מי שהוא תאב לאכול, מפני חשש לתיאבון דיו"ט שני, **ומ"מ** בודאי יש ליזהר שלא לאכול ולהשתכר הרבה, עד שיהא אבילת לילה עליו למשא, **וכ"ש** אם יוכל להגיע לידי ביטול מצות קידוש ע"י שכרותו].

ליל שמיני אומר בתפלה: ותתן לנו את יום שמיני [ג]חג העצרת הזה - [ד]עיין בפמ"ג, שיש לומר "עצרת" בלא ה', **והנה** רש"ל וט"ז כתבו, שיש לומר: שמיני עצרת חג הזה, **אבל** הלבוש כתב כמ"ש בשו"ע, וכן הסכים בא"ר בשם כמה ראשונים וביאור הגר"א.

הגה: ואנו נוהגין שאין אומרים: חג בשמיני, דלא מצינו בשום מקום שנקרא חג, אלא אומרים: יום שמיני עצרת (מנהגים) - כמה אחרונים השיגו ע"ז, והרבו בראיות דשמיני עצרת מקרי חג, ע"כ אין לנטות ממה שכתב המחבר.

ואם שכח ואמר: את יום חג הסוכות הזה, ועקר רגליו, אם צריך לחזור, יש דיעות בין האחרונים, **ולכו"ע** אם לא סיים הברכה, צריך לחזור ל"ותתן לנו" ולומר כהוגן.

אות ד׳* [ה]

סימן תרסח ס"ב - [ו]**שחרית מוציאין שלשה ספרים, וקורין באחד מ"וזאת הברכה" עד סוף התורה** - הכא לא קאמר קורין ה' כדלקמיה, דבא"י שאין עושין רק יום אחד יו"ט, הלא אותו היום הוא שמחת תורה, דלהכי קורין בו "וזאת הברכה", ובשמחת תורה המנהג להוסיף על הקרואים, וכדלעיל בסי' רפ"ב.

ובשני "בראשית" עד "אשר ברא אלהים לעשות" - ומניחין ס"ת השלישית אצלה ואומרים ח"ק.

ולהכי רגילין להתחיל מיד בראשית, שלא יהא פתחון פה לשטן לקטרג, לומר כבר סיימו אותה, ואינם רוצים לקרותה עוד.

ובשלישי "ביום השמיני עצרת", ומפטיר "ויהי אחרי מות משה".

ובמקום שעושים שני ימים טובים, אין מוציאין ביום הראשון אלא שני ספרים, וקורין באחד חמשה בפרשת "ראה" מ"כל הבכור"; ואם הוא שבת קורין ז' ומתחילין "עשר תעשר" - ומניחין ס"ת השניה אצלה ואומרים ח"ק.

ואנו מתחילין "עשר תעשר" אפילו חל בחול, מפני שהוא זמן מעשרות ומתנות עניים, **אמנם** בדיעבד אם כבר בירך אדעתא לקרות "כל הבכור", א"צ לחזור.

קורין שבעה - ואם סיים הפרשה בחמשה, לא יאמר קדיש, ויחזור ויקרא ב' עולים, או עכ"פ עולה אחד לבד המפטיר, **ואם** אמר קדיש, כל שלא סילק הספר, יחזור ויקרא ויאמר קדיש פעם ב', **ואם** סילק הספר האחד, יקרא עולה אחד לספר השני, וישלים עמו פרשת "עשר תעשר", ואח"כ יקרא למפטיר בחובת היום.

באר הגולה

[ג] **ברייתא סוכה מ"ח וכפי' התוס' והרא"ש שם** ‹ופי' תוס' (ד"ה רגל) והרא"ש, דברכה בפני עצמו היינו שבתפלה ובברכת המזון אומרים: את יום שמיני חג עצרת הזה, וכן פי' גם כן רש"י אהא דאמרינן התם (מו:) שמיני ספק שביעי שביעי לסוכה ושמיני לברכה – ב"י›, ‹**ודלמא** משום דרש"י הכא כתב רק "את יום השמיני", ולא כל הנוסח, כמש"כ בדף מ"ו:› [ד] ‹וכן באמת הוא לשון רש"י ותוס'› [ה] ‹מילואים› [ו] **הב"י לא הביא מהיכן יצא לו דין זה, ולענ"ד צ"ע בסתמא דתלמודא וברייתא במגילה ל"א** ‹דשם איתא דבשמיני קורין כל הבכור›

לולב וערבה פרק רביעי סוכה מח

*רגל בפני עצמו לענין פז"ר קש"ב *פיים בפני עצמו זמן בפני עצמו רגל בפני עצמו קרבן בפני עצמו שירה בפני עצמו ברכה בפני עצמו: **מתני'** ההלל והשמחה שמונה כיצד מלמד שחייב אדם בהלל ובשמחה ובכבוד יום טוב האחרון של חג כשאר כל ימות החג: **גמ'** מנה"מ דת"ר *והיית אך שמח לרבות ליליום טוב האחרון או אינו אלא יו"ט הראשון כשהוא אומר *אך חלק ומה ראית *לרבות לילי יו"ט האחרון ולהוציא לילי יו"ט הראשון מרבה אני לילי יום טוב האחרון שיש שמחה לפניו ומוציא אני לילי יום טוב הראשון שאין שמחה לפניו: **מתני'** סוכה שבעה כיצד גמר מלאכול לא יתיר את סוכתו אבל *מוריד את הכלים מן המנחה ולמעלה מפני כבוד יו"ט האחרון של חג: **גמ'** אין לו כלים להוריד מהו אין לו כלים אלא כי אשתמש במאי אשתמש אלא אין לו מקום להוריד כליו מהו ר' חייא בר (*רב) אמר פותח בה ארבעה ור' יהושע בן לוי אמר מדליק בה את הנר ולא פליגי *הא לן והא להו הא תינח סוכה קטנה סוכה גדולה מאי איכא למימר דמעייל בה מאני מיכלא *דאמר רבא מאני מיכלא בר ממטללתא מאני משתיא במטללתא: **מתני'** ניסוך המים כיצד צלוחית של זהב מחזקת שלשה לוגים היה ממלא מן השילוח הגיעו לשער המים תקעו והריעו ותקעו עלה בכבש ופנה לשמאלו שני ספלים של כסף היו שם ר' יהודה אומר של סיד היו אלא שהיו מושחרין פניהם מפני היין ומנוקבין כמין

דברי' טז

רש"י

פז"ר קש"ב · סימן הוא כדמפרש ואזיל: **פיים בפני עצמו** · שבכל פרי החג לא היו מטילין פיים איזה משמר יקריב לפי שבסדר היו מקריבין אותן עד שכל כ"ד משמרות שוות ומשלשות בהן חוץ משתים כדאמרי' בהחליל (לקמן דף נה:) ופר דשמיני בתחילה מפייסין עליו: **זמן** · לברך בו שהחיינו: **רגל בפני עצמו** · שאין יושבין בסוכה: **קרבן לעצמו** · שאינו כסדר פרי החג דא"כ היו בו ששה פרים: **ברכה לעצמו** · את יום השמיני ובתוספתא משמע שמברכין את המלך והכי גרסינן לה ברכה בפני עצמו שנאמר (מלכים א ח) ביום השמיני שלח את העם ויברכו את המלך: **מתני'** **והשמחה** · שלמי שמחה: **וההלל** · לגמור בו את ההלל: **גמ'** **מנא ה"מ** · דשמיני חייב בשמחה דהא לא כתיב ביה בהדיא אלא בשבעת ימי החג דכתיב (דברים טז) חג הסוכות תעשה לך וגו' וסמיך ליה ושמחת בחגך: **אך שמח** · בההיא פרשה דעשר תעשר כתיב ז' ימים תחוג: **לרבות לילי יו"ט האחרון** · לשמחה שלפניו לכוללו עם שבעת הימים שיזבח שלמים בשביעי כדי לאכול ליל שמיני דהאי שמח למאי אתא כיון דכתיב לעיל מיניה ושמחת בחגך אלא לרבות שמחת ליל שמיני וכיון דאתרבי לילי יו"ט האחרון שהוא טפל ק"ו היום שהוא עיקר שחייב בשמחה ושאר הלילות לא צריכי ריבויי דימים אפילו לילות במשמע כדרבינן גבי סוכה (לעיל מג·) וכי איצטריך ללילי יו"ט האחרון איצטריך דאינו בכלל שבעה ועל כרחך לילה אתרבי שהוא סמוך לשבעת ימים דקרא ויום אתי בק"ו ואשמעינן שבשלמים הנזבחים בחג הסוכות ישמחו בליל שמיני שאינו יכול להקריב בלילה: **או אינו אלא לרבות לילי יו"ט הראשון** · ואשמעי' שצריך לזבוח שלמים ערב יום טוב לשמחת לילה הראשון ולא בעינן זביחה בשעת שמחה: **מתני'** **גמר מלאכול** · בשביעי: **לא יתיר את סוכתו** · לא יתיר אגדים שלה לסותרה דהא כל היום חובתה לישן ולשנן ואי אקלע ליה סעודתא אכיל לה בגווה: **אבל מוריד הוא את הכלים** · ואת המלעות שנשתמש בהן בתוכה כדתניא בפ' הישן (לעיל דף כח:) היו לו כלים נאים ומלעות נאות מעלן לסוכה: **מפני כבוד יום טוב** · שמראה כמכין עלמו לקראתו למקום שיסעוד שם הלילה: **גמ'** **אין לו מקום** · אחר לאכול שם (שיוריד כליו וצריך לאכול בסוכה) ביו"ט האחרון: **מאי** · מה יעשה להוכיח שאינו מוסיף על המלוה לעשות סוכה שמנה ימים: **פותח בה ארבעה** · טפחים ופוסלה: **מדליק בה את הנר** · דאמרי' (דף כט·) שרגא בסוכה קטנה לבר ממטללתא: **הא לן** · לבני בבל שהשמיני שלהם ספק שביעי דלא קים להו בקביעא דירחא מדליק בה את הנר ולא יפתחנה ויפסלנה לפי שצריך לישב בה מחר: **והא להו** · לבני א"י דקים להו בקביעא דירחא ולא יתבי בסוכה בשמיני פותח: **הא תינח בסוכה קטנה** · בהדלקת הנר: **סוכה גדולה מאי איכא למימר** · דהכי אמרן לעיל (שם) שרגא אמרי לה במטללתא ואמרי לה לבר ממטללתא ולא פליגי הא בסוכה גדולה כו': **מתני'** **מן השילוח** · מעיין הוא סמוך לירושלים: **מחזקת שלשה לוגין** · זהו פחות שבנסכים רביעית ההין לכבש: **שער המים** · אחד משערי עזרה נקרא כן על שם שמכניסין בו צלוחית של מים של ניסוך בחג: **תקעו והריעו** · משום שמחה דכתיב (ישעיה יב) ושאבתם מים בששון: **עלה בכבש** · שהיה בדרומו של מזבח: **ופנה לשמאלו** · שהנסכים נעשים בקרן מערבית דרומית וכשהוא פונה לשמאלו היא הראשונה ובמסכת זבחים יליף לה מקראי בפרק קדשי קדשים (דף סג·): **שהיו מושחרין פניהם** · ודומין לכסף שהוא שחור מן הסיד:

כמין

תוספות

רגל בפני עצמו · דאין יושבין בסוכה קרבן לעצמו שאינו בסדר פרי החג דא"כ היו בו ששה פרים ברכה לעצמו את יום שמיני חג העצרת הזה ובתוספתא משמע שמברכין את המלך דה"נ בה ברכה לעצמו שנאמר ביום השמיני שלח את העם ויברכו את המלך כך פי' בקונט' והשתא לא הוי כי ההוא דתניא לעיל דאמרינן כשם שחג טעון שיר קרבן ברכה ולינה כך שמיני טעון קרבן שיר וברכה ולינה ורבינו תם מפרש ברכה דהכא ברכת המזון ותפלה כי ההיא דלעיל ורגל בפני עצמו לענין שטעון לינה ורבינו חננאל מפרש לענין [שיחה] אבילות משום דאמרי' פרק בתרא דמועד קטן (דף יט·) דהקובר את מתו שבעה ימים קודם הרגל בטלה ממנו גזרת שלשים וזימנין דליכא שבעה קודם לרגל ואפ"ה בטלה הימנו גזרת ל' משום שמיני עצרת ורבינו תם עצמו יסד במעריב של שמיני עצרת קודש ללינה ושלשים ידחם כאשר אבלים ינחם ומיהו אי אפשר לומר שידחה לגמרי דהא פרק בתרא דמו"ק (דף כד: ושם) אמרי' יום אחד לפני החג וחג ושמיני שלו הרי כאן עשרים ואחד יום וברכת המלך לא בעי למיתני משום דצריך למיתני דומיא דברכה של ז' ימי החג שיר שהיו אומרים מזמור שלם משא"כ בשאר ימי החג שלא היו אומרים מזמור שלם אלא חליו היום וחליו למחר כך מפרש ר"ת כדאיתא בשילהי החליל (לקמן דף נה·) דמותיב בה סימנא הומבה"י ולעיל* פירשתי שהיו אומרים למנלח על השמינית:

פותח בה ארבעה · טפחים ופוסלה כך פי' בקונט' ותימה מה שיעור הוא זה בארבעה והלא אויר פוסל בשלשה בין בסוכה גדולה בין בסוכה קטנה בין באמצע (א) כדמוכח שילהי פ' קמא (דף יז·)(*):

מדליק בה את הנר · פירשנו לעיל פרק הישן (דף כט. ושם בד"ה ואמרי לה):

שער המים · מן השערים הדרומיים שבעזרה הוא דתנן במס' מדות (פ"ב מ"ו) שערים הדרומיים סמוכים למערב וקחשיב שער המים וקתני למה נקרא שער המים שבו מכניסין צלוחית המים של ניסוך המים בחג:

והחוזרין על העקב · לא כמו שפי' בקונט' משום שלא ירבה בהילוך בחנם דא"כ כשהיא בקרן דרומית מזרחית נמי אלא הייט טעמא דהכא דחוזרן על העקב הוי דרך ימין:

ועולת העוף כשרבתה במזרח · ברייתא זו כולה משנה שלימה היא במסכת זבחים פרק קדשי קדשים (דף סג·) והתם דייק מדקא אמר כשרבתה במזרח מכלל דמקומה במזרח ועל חנם נקט טעמא מן הדיוק דבהדיא תנן התם (דף סד:) עולת העוף כילד היתה נעשית עלה לכבש ופנה לסובב בא לו לקרן דרומית מזרחית):

שני ספלים של כסף · תימה דתנן במנחות פרק שתי הלחם (דף צט:) שתי שולחנות היו באולם אחד של כסף ואחד של זהב על של כסף נותנין לחם הפנים בכניסתו ועל של זהב ביליאתו שמעלין בקודש ולא מורידין אפי' סילקוהו מעל שלחן הזהב בהיכל לא היו יכולים להורידו ולהניחו בשל כסף וא"כ הכא שהיו ממלאים בצלוחית של זהב היאך היו מנסכין בספלין של כסף וכי תימא בצלוחית שאינה מקודשת היו ממלאין לא היא דגבי חבית כשנתמלאת מע"ש קתני מתני' שאינה מקודשת כדמפרש טעמא בגמרא אבל צלוחית שהיו ממלאין בחול היתה מקודשת וי"ל דספלים היו קבועים בסיד ולא כלים נינהו דנחשבין כגופו של מזבח והרי הם כלבונה שהיתה בבזיכין של זהב שהיו מקטירין על המזבח:

*) עי' בריטב"א תי' ע"ז

כמין

עין משפט נר מצוה

נא א מיי' פ"ז מהל' תמידין ומוספין הלכה יג:

נב ב מיי' שם הלכה ה:

נג ג (מיי' שם הל' יא):

נד ד מיי' בסדר תפלות טוש"ע א"ח סי' תרסח סעיף א:

נה ה מיי' פ"ג מהלכות חנוכה הל' ו טוש"ע א"ח סי' תרמד סעיף א:

נו ו מיי' פ"ו מהלכות י"ט הלכה יז:

נז ז ח ט מיי' פ"ו מהל' סוכה הלכה יד סמג עשין כג טוש"ע א"ח סי' תרסו:

נח י מיי' פ"י מהל' תמידין הלכה ו סמג עשין שם:

[פסחים עא.]

רבינו חננאל

ופשוטה היא ואסיקנא להלכתא אומרין זמן ליום ח' של חג ואין אומרין זמן בח' של פסח. פי' פז"ר קש"ב. פיים כדתנן בשמיני חזרו לפיים כרגלים. זמן כדאמרן. רגל בפ"ע לחשב אותו ז' ימים לענין אבלות כדגרסינן בפרק אחרון במשקין אמר רב יום אחד לפני החג והחג ושמיני שלו הרי כאן כ"א לענין שלשים. קרבן בכל הימים פרים. וביום השמיני פר אחד. שיר בפני עצמו ברכה בברכת המזון ותפלה כדאמרן: מתני' ההלל והשמחה שמונה כו'. בשביל שלמי חגיגה שצריך לאוכלו בח' ימי החג שאין שמחה אלא בבשר. תנא ההלל י"ח ימים ולילה אחד שגומרין בהן את ההלל. ואלו הן ח' ימי החג וח' ימי חנוכה וי"ט ראשון של פסח ולילו וי"ט של עצרת: והשמחה דת"ר והיית אך שמח לרבות י"ט האחרון לשמחה בו: ירושלמי השמחה ח'. הגע עצמך שחל י"ט הראשון להיות בשבת. לשחום מערב אין אתה יכול דאמר*) רבי שלמי חגינה ששחטן מערב הרגל אין יוצא בהן י"ח ברגל. לשוחטו בשבת אי אפשר הלכך לא משכחת לה אלא בכהנים שאוכלים את שעיר החטאת **): פיסקא סוכה ז' כו' אם אין לו מקום לחוריד את הכלים שנשתמש בהן בסוכה פותח בה ד' טפחים או מכניס בה כלי מאכל ואם היא קטנה מכניס בה נר ודיו: [מתני'] ניסוך המים כיצד כו'.

*) לפנינו בירושלמי איתא דאמר ר' זעירא עולא בר ישמעאל בשם ר' אלעזר.

**) ועי' בבבלי פסחים ד' עא וצ"ע.

מסורת הש"ס

[לעיל מז.] יומא ג. חגיגה יז. ר"ה ד:

[פסחים עא.]

[פסחים ס. וש"נ]

[עי' פרש"י שבת קכד: ד"ה שתים בידי אדם וכו']

[כהרא"ש אי' אשי]

[לעיל לו.] תענית ד: ברכות ה: מד. יומא כח: שבת מ: [וש"נ] לעיל כט.

רש"ל מ"ז

הגהות הב"ח

(א) תוס' ד"ה פותח וכו' בין באמצע בין מן הצד כדמוכח:

גליון הש"ס

מתני' ניסוך המים. עיין ב"ב דף עט ע"א ברשב"ם ד"ה מים ובשיטה מקובלת שם:

והמפטיר קורא בשני "ביום השמיני עצרת", ומפטיר במלכים "ויהי ככלות שלמה", ומחזיר הספרים - ומזכירין נשמות ואומרים "אב הרחמים" - לבוש, **ואומר קדיש, ומכריז: משיב הרוח ומוריד הגשם.**

מה שנוהגין באיזה מקומות, שאחר מנחה של יו"ט ראשון קובעין עצמן לשתות עד מעריב, ולפעמים נמשך דבר זה עד שעה ויותר בלילה, **שלא** כדין הוא מפני כמה טעמים: **א)** דקי"ל בסימן צ"ט, דאם שתה יין כדי רביעית אל יתפלל, אף שיכול לדבר עדיין בפני המלך, וה"ה אם שתה שאר משקין המשכרין, **ואפילו** אם שותה שאר משקין שאין משכרין, כיון שהגיע ספק חשיכה, חל עליו חובת קידוש, ואסור לטעום עד שיקדש, **ואפילו** לאחר קידוש, הלא מעוכב לאכול מחמת ק"ש של ערבית, ואינו מותר רק טעימה בעלמא, דהוא מיני פירות או פת כביצה ולא יותר, **אכן** יש לחפש עליהם זכות, דרבים מדכרי אהדדי ולא יבואו לשכוח תפלת ערבית, **אבל** עכ"פ יש ליזהר שלא לשתות אז משקה המשכר.

סימן תרסט ס"א - במקום שעושין שני יו"ט, ליל תשיעי מקדשים ואומרים זמן, ולמחר מוציאין ג' ספרים, וקורין באחד [ז]"וזאת הברכה עד סוף התורה" - ומי שקורא פרשה זו נקרא "חתן תורה".

ובשני "בראשית" עד "אשר ברא אלהים לעשות" - ומניחין ס"ת השלישית אצלה ואומרים ח"ק.

ומי שקורא פרשה זו נקרא "חתן בראשית", ונהגו למכור חתן תורה וחתן בראשית, וקונים בדמים מרובים, **וראוי** להדר אם באפשר שיהיו הקונים מוכתרים בתורה, או עכ"פ מגדולי הקהל.

ואף מי שעלה כבר בפרשת "וזאת הברכה", יכול לעלות לחתן תורה או לחתן בראשית, **אבל** חתן תורה לא יקרא פרשת חתן בראשית, והטעם, כיון דליכא הפסק ביניהם שייך פגם לס"ת הראשונה, שיאמרו פסולה היתה ולכן קורא מיד בשניה, [**ולפי"ז** כשאין להם רק ס"ת אחת, שקורין בה חתן תורה וחתן בראשית ומפטיר, לכאורה החתן תורה יכול להיות גם חתן בראשית, דלא שייך פגם ס"ת, **ומשום** ברכה לבטלה ליכא, דהא גם כשקורא ב"וזאת הברכה" ואח"כ חתן תורה מברך ב' פעמים, ואעפ"כ מותר לכו"ע, ולדינא צ"ע]. **וכ"ז** באותה בהכ"נ, אבל מי שקרא חתן תורה בבהכ"נ זו, ודאי שמותר לקרות חתן בראשית בבהכ"נ אחרת.

וכתב במהרי"ל, שכהן או לוי יכול להיות חתן תורה או חתן בראשית.

ובשלישי קורא המפטיר כמו אתמול, [ח]ומפטיר: "ויהי אחרי מות משה".

הגה: וקורין יום טוב האחרון "שמחת תורה", לפי שמשמחין ועושין בו סעודה משתה לגמרה של תורה - כדאיתא במדרש שה"ש, וה"ה לגמר מצוה, **כתב** הא"ר, מבואר מהפוסקים דיש לשמוח לרבים בכל מה דאפשר בשמחה של מצוה, ודלא כיש שמכין ודוחין אלו לאלו עד שהשמחה נהפך לתוגה ח"ו, גם מתוך כך מונעין משמחה של מצוה, ולכן יש לגעור בהן, עכ"ל, **גם** מהרי"ק האריך מאוד שלא לבטל שום מנהג שנהגו לכבוד שמחת התורה, ע"ש.

ולכן רעה עושין בהרבה מקומות, במה שביטלו מקרוב שלא לעשות משתה ושמחה בשמחת תורה, אף גם ששמחין בשארי ימים וכל ימיהם כחגים, ובעו"ה ביזוי כבוד התורה גרם זה, שהתורה מונחת בקרן זוית ואין דורש ואין מבקש, ומי יתן ישיב וירחם שבר בית ישראל במהרה בימינו.

ולכבוד התורה מותר לרקד ביו"ט, [ולכאורה ה"ה דמותר לספק כף אל כף נמי], **אבל** לגמר מוגמר, דהיינו לפזר מיני בשמים על הגחלים, אסור, וכ"ש דאסור להבעיר פילווע"ר להשמיע קול לשמחה, [ואפשר במיני נפט וזפת ג"כ אסור], **ומ"מ** מותר לקבוע פילווע"ר בנר בעיו"ט קודם הדלקת הנר, אע"פ שגורם לבסוף שהנר נכבה עי"ז.

כתב הא"ר, שבשמחת תורה לילה ויום יש להרבות בנרות בבהכ"נ, לכבוד התורה שמוציאין.

כתבו הפוסקים, שבליל שמחת תורה יקרא הפרשה שנים מקרא ואחד תרגום, שעתה הוא זמנה.

ונוהגין שהמסיים התורה והמתחיל בראשית נודרים נדבות - ובימינו המנהג, שכל העולים נודרים נדבות לצרכי בהמ"ד, ולהחזיק לומדי תורה.

וקוראים לאחרים לעשות משתה (טור) - וגם אבל בתוך י"ב חודש יכול לאכול על סעודת משתה זו.

ועוד נהגו במדינות אלו להוציא בשמחת תורה ערבית ושחרית כל ספרי תורה שבהיכל, ואומרים זמירות ותשבחות, וכל מקום לפי מנהגו.

אם יש בבהכ"נ זה רק ס"ת מועטים, אין להביא ס"ת מבהכ"נ אחרת, **ויש** מי שמתיר, כי אף שבכל השנה אין להביא ס"ת דרך ארעי, רק לקביעות, אבל בשמחת תורה אפילו דרך ארעי שרי.

ועוד נהגו להקיף עם ספרי התורה הבימה שבבית הכנסת, כמו שמקיפים עם הלולב, והכל משום שמחה - יש מקיפין ג' פעמים, ויש ז' פעמים כמו בהו"ר, וכל מקום לפי מנהגו.

כתב מהרי"ק בשם רב האי גאון, יום זה רגילים אצלנו לרקד בו אפילו כמה זקנים, בשעה שאומרים קילוסים לתורה וכו', ולכן יש להתאמץ בזה, לרקד ולזמר לכבוד התורה, כמו שכתוב גבי דוד המלך ע"ה: מפזז ומכרכר בכל עוז לפני ד', [**וסיים** שם: ואל יאמר האדם אין זה כבודי וכבוד התורה, לרקד לפני העם כאחד הרקים, דהרי זה היה חטא

באר הגולה

ז ברייתא מגילה ל"א ח תוס' שם בשם י"א שרב האי גאון תיקן לומר כן, ונגד התלמוד שם, וכ"כ הטור בשם הירושלמי ושכן המנהג

מיכל בת שאול, שהשיב לה דוד המלך ע"ה: ונקלותי עוד מזאת וגו'], **וכ"כ** משם האר"י ז"ל, והעידו על האר"י ז"ל שאמר, שהמעלה העליונה שהשיג, באה לו ע"י שהיה משמח בכל עוז בשמחה של מצוה, **וגם** על הגר"א ז"ל כתבו, שהיה מרקד לפני הס"ת בכל כחו.

ונהגו עוד להרבות הקרואים לספר תורה - משום כבוד התורה, ועוד כדי שיזכו כולם בשמחת התורה, **ונוהגין** לקרות שנים בפעם אחת, או כהן עם כל הכהנים, ולוי עם כל הלוים, ויש מפקפקין ע"ז, ואו"ר מיישב המנהג, **ומ"מ** נכון הדבר לכתחלה, שאחד יברך והשאר יכונו לצאת בברכתו, או שאחד יברך לפניה ויוציא חבירו, ואחד יברך לאחריה ויוציא חבירו, **וה"ה** כשקורין גדול עם כל הנערים, הגדול יברך והנערים ישמעו ויצאו בברכתו, **כתב** הח"א, נכון הדבר שיבחרו עשרה אנשים שישמעו בברכת התורה ויענו אמן, כי נוהגים קלות גדול, שאין עשרה ששומעים בקריאת התורה, [**עוד** כתבו, שמהנכון שחמשה קרואים יהיו מתחילה אחד אחד, כדין יו"ט].

וקורים פרשה אחת הרבה פעמים, ואין איסור בדבר (מנהגים וריו"ב) - עד "מעונה אלקי קדם", אבל משם והלאה אין כופלין, ששם מתחילין לקרות לחתן תורה - לבוש.

עוד נהגו לקרות כל הנערים לספר תורה - והמנהג שקודם שקורין חתן תורה, קורין לכל הנערים כדי לחנכם במצות קה"ת, מ"ולדן אמר" עד "מעונה", וכ"כ מהרי"ל.

וקורים להם פרשת "המלאך הגואל" וגו' - בלבוש כתב, שמברכין אותם על פה פסוק "המלאך הגואל", **וכתב** בא"ר, דמברכים אותם קודם ברכה אחרונה שלהם, וכן המנהג.

ובלילה קורים בספר תורה הנדרים שבתורה - הם הפרשיות שרגילין למוכרן בכל השנה בפני עצמן, ונודרין עליהן, כגון פרשת "ויתן לך", פרשת "המלאך", פרשת "ויכולו", פרשת "יברכך", פרשת "מה טובו", שאלו נקראו נדרים, וכן משמע במ"א, [ולאפוקי שלא נטעה שהוא פרשת "מטות"], **וכל מקום לפי מנהגו** - ובימינו המנהג לקרות ג' גברי בפ' "וזאת הברכה", **וצריכין** לומר קדיש אחר הקריאה, ואין סומכין על הקדיש שאחר "עלינו", משום דהוי הפסק.

עוד נהגו לסיים התורה אף על קטן העולה, אע"ג די"א דדוקא תלמיד חכם צריך לסיים (מרדכי הגהות קטנות), בזמן הזה שהחזן קורא אין לחוש (ד"ע) - אף דכתבנו לעיל, דראוי שיהיה המסיים מוכתר בתורה, או עכ"פ אחד מחשובי הקהל, אבל מעיקר הדין גם קטן יכול לסיים.

במקום שאין להם רק שני ספרי תורה, קורין בראשונה "וזאת הברכה", ובשניה "בראשית", וחוזרין ולוקחין הראשונה לענינו של יום - (ודוקא אם כבר נגללת הראשונה למקום הזה, שלא יצטרכו הצבור להמתין, אבל בלא"ה יותר טוב לגלול אותה שכבר מונחת, ולא לעבור על המצות וליקח ראשונה), **וכן עושין כל מקום דבעינן ג' ספרי תורה ואין להם רק שתים (מלא כתוב).**

ואין נוהגין לעלות לדוכן מפני דשכיחי שכרות - לבוש, **ובא"ר** כתב, שבפראג נוהגין לעלות במוסף, **ויש** עולין בשחרית, וכל מקום לפי מנהגו, ויזהרו שלא ישתו.

אות ה'

ההלל... שמונה

סימן תרמד ס"א - שחרית אחר חזרת תפלה, [ט]נוטלין הלולב ומברכין: "על נטילת לולב", [י]ו"שהחיינו" - ואח"כ ינענע, **והנה** "שהחיינו" זה הוא על קיום המצוה, וע"כ אף דאתמול בלילה בירך "שהחיינו", שם היה על מצות סוכה ועל יו"ט, וזה הוא על מצות לולב, **ואם** נטל הלולב ביום א' ולא בירך "שהחיינו", יכול לברך כל ז' אימת שיזכור, ובשעת נטילה דוקא, **ואם** בירך ביום א', שוב אין מברך ביום ב' "שהחיינו", [דאע"פ שיום א' היה חול, הו"ל כמו שבירך בשעת עשייה, דיצא].

בטור איתא: דמשכימין, והוא משום דזריזין מקדימין למצוה, לקיים מצות לולב.

א"א "אל נא" ביום א' דסוכות, כי אומר במקומו "אז היתה חניית סוכו", שהוא ג"כ שיר ושבח כמו "אל נא", **ובמקום** שמהפכין הסדר כשחל בשבת יום ראשון, אז ראוי לומר "אל נא" ביום א' ולא ביום ב', **והעולם** לא נהגו כן לפי שלא ידעו טעמו של דבר.

וגומרים ההלל; וכן כל שמונת ימי החג - ולא הוי כחוה"מ פסח דמדלגין, משום דבסוכות כל יום חשוב כיו"ט בפני עצמו, כיון שחלוק קרבנותיו מיום שלפניו.

ומברכים: [יא]"לגמור את ההלל", בין צבור בין יחיד - ר"ל ולא הוי כמו ר"ח וחוה"מ פסח, דלכמה פוסקים אין מברכין אז על ההלל אפילו לצבור, ובפרט ליחיד, **דשם** ההלל הוא רק מנהג של כל ישראל, אבל בזה דמדינא הוא, מברכין לכו"ע בין לצבור בין ליחיד.

עיין לעיל סימן תפ"ח ס"א בהג"ה שם, דבמדינותינו המנהג לברך "לקרות ההלל".

באר הגולה

ט ברייתא סוכה מ"ו | י הרא"ש, ומהא דרב כהנא דמסדר להו אכסא דקידושא, ה"נ בלולב מברכין ליה בשעת נטילה | יא כ"כ הטור בסי' תפ"ח, ואף שהר"מ היה מברך לקרות, הרא"ש דחה דבריו, וכתב הב"י שכן נראה מהמפרשים בפרק ב' דברכות, וכן נהגו הספרדים

[יב]**ואין מפסיקין בו אלא כדרך שאמרו בקריאת שמע: באמצע, שואל מפני היראה ומשיב מפני הכבוד; בין הפרקים, שואל מפני הכבוד ומשיב שלום לכל אדם; ואם פסק באמצע, ושהה אפי' כדי לגמור את כולו, אינו צריך לחזור אלא למקום שפסק** - הכל מבואר לעיל בסימן תפ"ח ובמ"ב שם, לענין הלל בשני ימים הראשונים של פסח, דגומרין בו ההלל, **ולא** כפלו הכא אלא לאשמועינן, דבסוכות שוין בזה לדינא כל שמונת הימים, [דיש כמה דינים חלוקין לענין הפסקה, בין חוה"מ פסח דדינו לענין זה כר"ח, ובין חוה"מ סוכות דחמיר טפי]. **ולדידן** בחו"ל גם שמחת תורה בכלל זה, דגם בו גומרין ההלל, דהוא ספק שמיני.

אם הביאו לו לולב באמצע הלל, מותר לו להפסיק בין הפרקים, דהיינו בין מזמור למזמור, לברך - ח"א.

אות ה'*[יג]

סימן תרמד ס"ב - [יד]בהלל אפילו עשרה קורין כאחד - [מה דחזור סעיף זה דהוא לקולא, איני יודע, דבודאי לא חמיר חוה"מ סוכות משני ימים הראשונים של פסח, דמבואר בסימן תפ"ח להקל, וצ"ע].

אות ו'

והשמחה שמונה

רמב"ם פ"ו מהל' יו"ט הי"ז - שבעת ימי הפסח ושמונת ימי החג עם שאר ימים טובים, כולם אסורים בהספד ותענית; וחייב אדם להיות בהן שמח וטוב לב, הוא ובניו ואשתו ובני ביתו וכל הנלוים עליו, שנאמר: ושמחת בחגך וגו'; אף על פי שהשמחה האמורה כאן היא קרבן שלמים, כמו שאנו מבארין בהלכות חגיגה, יש בכלל אותה שמחה לשמוח הוא ובניו ובני ביתו כל אחד ואחד כראוי לו.

אות ו' – ז' – ח'

גמר מלאכול, לא יתיר את סוכתו, אבל מוריד את הכלים מן המנחה ולמעלה מפני כבוד יום טוב האחרון של חג

פוחת בה ארבעה

מדליק בה את הנר

סימן תרסו ס"א - [טו]אע"פ שגמר מלאכול ביום השביעי שחרית, לא יסתור סוכתו - דהא כל היום חובתו לישן ולשנן שם, ואי איקלע ליה סעודתא צריך לאכול בגוה, [רש"י].

אבל מוציא הוא את הכלים ממנה מן המנחה - קטנה, **ולמעלה, ומתקן את הבית לכבוד יו"ט האחרון.**

[טז]**ואם אין לו לפנות כליו, ורוצה לאכול בה בשמיני** - ר"ל שאין לו מקום אחר לאכול, וצריך לאכול ביו"ט האחרון בסוכה, **צריך לפחות בה מקום ארבעה על ארבעה** - ונראה דהיינו קודם שקיעת החמה, דפן יזדמן לו עוד לאכול בגוה, **לעשות היכר שהוא יושב בה שלא לשם מצות סוכה.**

ואע"ג דאויר פוסל בשלשה טפחים, מ"מ אין ההיכר כ"כ אם לא כשפוחת בסכך ד' על ד', שהוא שיעור מקום חשוב, [**ובחי'** הריטב"א תירץ דלהכי נקט ד"ט, לומר אף כשאין נפסלת באויר, כגון שיש ד' דפנות, ונשאר עדיין הכשר סוכה, אפ"ה כיון שפרץ בסכך שיעור ד"ט מקום חשוב, הכירא הוי ולא נראה כמוסיף].

שלא יהא נראה כמוסיף - אבל מוסיף ממש לא נקרא לעבור עליו משום בל תוסיף, כיון דאינו מתכוין לשם מצוה, דשלא בזמנו בעי כונה להוסיף לכו"ע.

הגה: ואם רוצה לאכול בסוכה אחר החג, א"צ לפחות בה, דלא נראה כמוסיף רק ביום שמיני (מנהגים) - מפני שהוא סמוך לחג.

ואם הוצרך לסעוד בשאר היום - אפי' ביה"ש, **צריך לאכול בסוכה, שמצותה כל שבעה.**

[יז]**ובחוצה לארץ, שצריך לישב בה בשמיני, גמר מלאכול ביום השמיני** - היינו שאין דעתו עוד לאכול כלל היום, דאל"ה אם איקלע בשבת צריך לעשות סעודה ג' בסוכה, דכל היום יש חיוב סוכה משום ספיקא דיומא, **מוריד כליו ומפנה אותם ממנה** - היינו מן המנחה קטנה ולמעלה, דשמיני לבני חו"ל הוא כמו יום שביעי בא"י, וקודם לזה אין נראה שעושה כן לכבוד יו"ט, ועיין בסוף סימן תרס"ז ובמש"כ שם.

באר הגולה

[יב] הרא"ש בברכות ורוב המפרשים **[יג]** ‹מילואים› **[יד] ברייתא מגילה כ"א** **[טו] משנה סוכה מ"ח** **[טז] שם בגמרא וכרבי חייא בר אבא** ‹לכאורה נקט לשון הגמ', אבל אה"נ דר"ל שאין לו מקום, כמו שפי' המ"ב, וכמו שהוא עצמו כותב בנוגע חו"ל›. ‹**כתב** הביכורי יעקב: משמע מזה, דאם מפנה כליו אין צריך היכר אחר, וכן דעת הב"ח. **אבל** הא"ר ופמ"ג כתבו דיש להחמיר לעשות היכר ע"י נר או להביא שם כלי מאכל, וכן משמע שיטת רש"י, ע"ש (לא הבנתי משמעותו), וגם לשון השו"ע יש ליישב כן, דמה דקאמר ואם אין לו לפנות כליו, אינו רק טעם דעי"ז רוצה לאכול בסוכה, וכן נראה בפי' בגמרא (דף מח ע"א), אבל מ"מ אפילו מפנה כליו ורוצה לאכול שם צריך היכר - ביכורי יעקב› **[יז] מסקנת הגמרא שם מ"ז**

ואם אין לו מקום להוריד את כליו, [יח]**ורוצה לאכול בה בתשיעי, אינו יכול לפחות בה מפני שהוא יו"ט, ומה יעשה להיכרא,** [יט]**אם היתה קטנה שאסור להניח בה הנר בשאר הימים, יניחנו בה** - עיין בפמ"ג שמסתפק, אם יניח בה בשמיני, או אולי דוקא בתשיעי, דשמיני, ספק שביעי הוא לדידן, וכן מצדד בספר מאמר מרדכי, שלא יכניס בה נר וקערה בשמיני, דאולי יוצרך לאכול בה, וא"א לו לפוסלה, **אמנם** בפסקי הרא"ש מצאתי בהדיא "בשמיני", ואולי כונתו ג"כ בסוף שמיני.

ואם היא גדולה, שמותר להניח בה הנר, [כ]**מכניס בה קדרות וקערות וכיוצא בהם, כדי להכיר שהיא פסולה ושכבר נגמרה מצותה** - המחבר נקט לשון הרי"ף, ועיין שם בר"ן וברמב"ן, דאין הכונה שנפסלת בכך, אלא ר"ל שעושה היכר לפוסלה, שאינו יושב בה בתורת סוכת החג, ועיין לעיל בסימן תרל"ט במ"ב ובשער הציון שם.

אות י'

ניסוך המים

רמב"ם פ"י מהל' תמידין ומוספין ה"ו - כל שבעת ימי החג מנסכין את המים על גבי המזבח, ודבר זה הלכה למשה מסיני, ועם ניסוך היין של תמיד של שחר היה מנסך המים לבדו.

באר הגולה

יח ‹כפירוש הרי"ף, דלא כרש"י דס"ל דלדידן צריך לעשות היכר בח' ספק ז', אבל הרשב"א כתב דכל שעושה מפני תקנת חכמים ל"ל בל תוסיף, וכן פי' כל הפוסקים דלא כרש"י, שכולם פירשו כפי' הרי"ף דאתשיעי קאי - גר"א. **וזהו** ספיקו של הפמ"ג המובא במ"ב, וז"ל: ואע"ג דכל שעושה בספק אין עובר בל תוסיף, י"ל בקיאין בקביעא דירחא, או כל מה דאפשר לתקן מתקנינן› **יט** **כרבי יהושע בן לוי שם מ"ח** **כ** **שם בגמרא וכרבא**

עין משפט נר מצוה

נט א מיי' פ"י מהל' תמידין הלכה ח :
ס ב מיי' שם הל' ט :
סא ג מיי' שם הל' י :
סב ד מיי' פ"ח מהל' מעשה הקרבנות הלכה יא :

תורה אור

כמין שני חוטמין דקין (*ואחד) מעובה ואחד דק כדי שיהו שניהם כלין בבת אחת מערבו של מים מזרחו של יין עירה של מים לתוך של יין ושל יין לתוך של מים יצא *ר' יהודה אומר בלוג היה מנסך כל שמונה *ולמנסך אומר לו הגבה ידך שפעם אחד נסך אחד על גבי רגליו ורגמוהו כל העם באתרוגיהן [ג]כמעשהו בחול כך מעשהו בשבת אלא שהיה ממלא מערב שבת חבית של זהב שאינה מקודשת מן השילוח ומניחה בלשכה [י]נשפכה נתגלתה היה ממלא מן הכיור שהיין והמים מגולין פסולין לגבי מזבח :

גמ' מנא הנ"מ אמר רב עינא דאמר קרא °ושאבתם מים בששון וגו' הנהו תרי מיני חד שמיה ששון וחד שמיה שמחה א"ל ששון לשמחה אנא עדיפנא מינך דכתיב °ששון ושמחה ישיגו וגו' א"ל שמחה לששון אנא עדיפנא מינך דכתיב °שמחה וששון ליהודים א"ל ששון לשמחה חד יומא שבקוך ושויוך פרוונקא דכתיב °כי בשמחה תצאו א"ל שמחה לששון חד יומא שבקוך ומלו בך מיא דכתיב ושאבתם מים בששון א"ל ההוא מינא דשמיה ששון לר' אבהו עתידיתו דתמלו לי מים לעלמא דאתי דכתיב ושאבתם מים בששון א"ל אי הוה כתיב לששון כדקאמרת השתא דכתיב בששון משכיה דההוא גברא משוינן ליה גודא ומלינן ביה מיא : עלה בכבש ופנה לשמאלו כו' : ת"ר *[ד]כל העולים למזבח עולין דרך ימין ומקיפין ויורדין דרך שמאל *חוץ מן העולה לשלשה דברים הללו שעולין דרך שמאל וחוזרין על העקב ואלו הן ניסוך המים וניסוך היין ועולת העוף כשרבתה במזרח : אלא שהיו משחירין : בשלמא דיין משחיר דמיא אמאי משחיר כיון דאמר מר עירה של מים לתוך של יין ושל יין לתוך של מים יצא של מים אתי לאשחורי : ומנוקבים כמין ב' חוטמין וכו' : לימא מתניתין ר' יהודה היא ולא רבנן דתנן רבי יהודה אומר בלוג היה מנסך כל שמונה דאי רבנן כי הדדי נינהו אפי' תימא רבנן חמרא סמיך מיא קליש הכי נמי מסתברא דאי רבי יהודה רחב וקצר אית ליה דתניא רבי יהודה אומר שני *קשוואות היו שם אחד של מים ואחד של יין של יין פיה רחב של מים פיה קצר כדי שיהו שניהם כלין בבת אחת ש"מ : מערבו של מים : ת"ר *מעשה בצדוקי אחד שניסך על גבי רגליו ורגמוהו כל העם באתרוגיהן *ואותו היום נפגמה קרן המזבח והביאו בול של מלח וסתמוהו לא מפני שהוכשר לעבודה אלא מפני שלא יראה מזבח פגום

שכל

רש"י

כמין שני חוטמין דקים · חוטם אחד בספל ונקב אחד בחוטמו והכהן מערה כפי הספלים והנסכים מקלחין ויורדין דרך החוטמין על גב המזבח ובמזבח היה נקב שבו המים והיין יורדין לשיתין של מזבח שהיו עמוקין וחלולים מאד : אחד מעובה ואחד דק · אחד מנקבים מעובה אותו של יין ואחד דק אותו של מים : שיהו שניהם כלים כאחד · כדמפרש בגמרא שהמים ממהרים לצאת לפיכך צריך שיהא הנקב דק : מ"ג מערבו של מים מזרחו של יין · הספלים נתונים אצל הקרן זה לפני זה סמוכין זה לזה אחד לצד מערב ואחד לפנים הימנו דהיינו למזרח : ר' יהודה אומר כו' · בתרתי פליגי אשלשה לוגין קאי ואשבעה דקאמר ת"ק ואתא רבי יהודה למימר אף בשמיני מנסכים : הגבה את ידך · שנראה שאתן המים בספל לפי שהצדוקין אין מודין בניסוך המים שפעם אחת נסך צדוקי אחד את המים על רגליו : שאינה מקודשת · לא נתחנכה לעבודת המזבח שתהא קדושה לכלי שרת דקיימא לן (יומא דף יב:) כל הכלים שעשה משה משיחתן מקדשתן מכאן ואילך עבודתן מחנכתן ובגמרא מפרש מ"ט ממלאים בשאינו מקודש : היה ממלא מן הכיור · מן המים שבתוך הכיור ומי הכיור אע"פ שנמשח והוקדש לכלי שרת ומקדש מימיו אין נפסלין בלינה שהיו משקעין אותו מבערב בבור כדאמר בסדר יומא (דף לז:) אף הוא עשה מוכני לכיור שהיו משקעין במוכני הכיור שלא יהו מימיו נפסלין בלינה : שהיין והמים מגולין כו' · נתגלה היינו טעמא דממלא מן הכיור ולא היה מנסך מהן לפי שהיין [והמים] המגולין פסולין לגבי מזבח דהיישינן שמא שתה מהן נחש והארס מעורב בהן ונמצא שאינו מנסך מים כשיעור שהרי הארס משלים לשיעורן : גמ' מנא ה"מ · דתוקעין ומריעין בשאיבת המים של נסוך : דכתיב שמחה וששון · אקדים קרא לשמחה קמיה ששון : חד יומא שבקוך · יפקיעוך מן השמים : פרוונקא · רץ לרוץ לפניו : בשמחה תצאו · שהוא יראה הדרכים ויעבור מעברות המים : משכא דההוא גברא משוינן · נד גודא · נוד וחבירו במסכת שבת (דף קלח:) הגוד והמשמרת : עולין דרך ימין · כשהוא עולה לראש המזבח פונין לקרן מזרחית דרומית דהיינו לימין העולה שהכבש בדרומו של מזבח ומקראי ילפינן לה (זבחים דף סב:) ומעלותהו פונות קדים (יחזקאל מג) כשתעלו בו תפנו למזרח : ומקיפין ויורדין דרך שמאל · כשהוא בא לירד אינו חוזר על עקביו אלא מקיף סביב למזבח עד שמגיע לכבש ויורד במערבו של כבש שהיא לשמאלו בעלייתו והאי דאין חוזרין על העקב דא"כ נמצא מהלך לצד שמאלו שהרי פניו למזבח ואינו מחזיר לו *אחוריו ורחמנא אמר כל פינות שאתה פונה לא יהו אלא דרך ימין דנפקא לן מדתני רמי בר יחזקאל עומד על שנים עשר בקר וגו' במסכת זבחים (דף סב:) : חוץ מן העולה לג' דברים · הנעשין בקרן מערבית דרומית שפונים דרך שמאל כשהן בראש המזבח פונין לקרן מערבית דרומית שהיא לשמאלו ואין פונין לימין שיהו פונין סביב עד שיגיעו לקרן מערבית דרומית ובשחיטת קדשים (דף סד·) מפרש טעמא נסכים שמא יתעשנו בעשן המערכה כשיקיפוהו סביב שיותר ממהלך מאה אמה יש בהיקף המזבח ועולת העוף שמא תמות בעשן : וחוזרין על העקב גרסינן ולא גרסינן ומקיפין על העקב בדרך שעלו בו ואין מקיפין דכל כמה דמצינן למעוטי בהילוך של שמאל ממעטינן : כשרבתה במזרח · מקום עולת העוף על קרן דרומית מזרחית היא מפני שקרובה לבית הדשן שאם זורקין מוראה ונוצה כדכתיב (ויקרא א) והשליך אותה אצל המזבח וגו' ובית הדשן היה אצל הכבש במזרחה סמוך לה בשלשה טפחים ורחוק מן המזבח כ' אמה כדתנן במסכת תמיד (פ"א מ"ד) גבי תורם את הדשן וכשעולת העוף רבה במזרח שיש שם כהנים רבים מולקין עולת העוף בה אין ועושין אותה במערבית דרומית אותם שאין יכולין לעמוד שם : אתי לאשחורי · לפי שפעמים שמחליפין : לימא מפניהם · דבעי אחד מעובה ואחד דק רבי יהודה היא דאמר של מים לוג ושל יין רביעית ההין כתיב בנסכי תמיד היינו ג' לוגין שההין שנים עשר לוג : סמיך · עב : ומיא קליש · ויוצאין בנקב קטן : הכי נמי מסתברא · דמתני' רבנן היא : דאילו ר' יהודה רחב וקצר אית ליה · כלומר שמעינן ליה דבלשון אחד רחב ואחד קצר קאמר ליה ולא בלשון מעובה ודק רחב משמע יותר על קצר טפי מייתרא דמעובה על מידק : נפגמה קרן המזבח · ע"י אבנים שזרקו בו : בול של מלח · מלא אגרוף : לא מפני · שיהא המזבח כשר לעבודה בסתימה זו : אלא כדי שלא יראה פגום · מפני הכבוד :

שכל

תוספות

כמין חוטמין דקין · פירש בקונט' חוטם אחד בספל ונקב אחד בחוטמו והכהן מערה (א) מים כפי הספלים והנסכים מקלחין דרך החוטמין ע"ג המזבח ובמזבח היה נקב שבו המים והיין יורדין לשיתין של מזבח שהיו חלולין מאד ועמוקין וזו תימה גדולה מכין לו כל אותו הענין שמחוטם של הספלים מקלח על גג המזבח ומשם לנקב המזבח ומשם לשיתין דלמא הוא דמנקב הספלים יורדין לשיתין כמין שני נקבי החוטם ולא שהיה בולט כמין חוטם כי ההיא דתנן במסכת מדות (פ"ג מ"ב) גבי דמים ובקרן מערבית דרומית היו שני נקבים כמין שני חוטמין דקין שהדמים ניתנין על יסוד מערבית ועל יסוד דרומית ויורדין בהן ומתערבין באמה ושמא כמין בליטת חוטם היה עשוי על הנקב שלא יפול עליו דבר לסותמו :

אחד מעובה ואחד דק · פירש בקונטרס אחד מן הנקבים מעובה משמע שרוצה לומר שהיה הנקב רחב וגדול זה מזה ולשון מעובה משמע שסולי הספל היו עבים ומתוך כך אין המשקה ממהר לצאת :

שהיין והמים מגולין פסולין לגבי מזבח · שמא שתה מהן נחש והארס מעורב במים ונמצא שאינו מנסך מים כשיעור שהרי הארס משלים לשיעורן כך פירש בקונטרס ויתכן פירוש זה למאי דסלקא דעתיה מעיקרא בגמרא דפריך (לקמן נ·) ונעבריניהו במסננת אבל לפי המסקנא מפרשינן משום הקריבהו נא לפחתך :

מנא הנ"מ · דתוקעין ומריעין בשאיבת מים של ניסוך כך פי' הקונט' ועוד יש לפרש דמנלן דמי השילוח בעי ומפרש מדכתיב ממעייני הישועה :

שכל

רבינו חננאל

*) פי' המים שאתם שואבים בשמחת החג יהיו מן המעיין . לפיכך שנינן מן השילוח תנא מאימתי מנסכין עם אברי תמיד של שחר מעשה באחד שניסך על רגליו ורגמוהו כל העם באתרוגיהן . עלה לכבש ופנה לשמאלו . תנן התם (זבחים סג) כל העולין למזבח עולין דרך ימין ומקיפין ויורדין על העקב חוץ מן ג' דברים ואלו הן ניסוך המים והיין ועולת העוף שרבתה במזרח ניסוך המים והיין שלא יתעשנו עולת העוף שלא תמות בעשן . אחד מעבה ואחד מדק שיהו שניהן כלים כאחד. פי' ספל אחד עבה שמוציא הרבה. והאחד דק מוציא מעט מעט . ואמרינן לימא מתני' ר' יהודה היא דאמר מלוג המים היה מנסך נמצאו המים המתנסכים לוג אחד והיין ג' לוגין דלא אשכחן בניסוך היין פחות מנסוך הכבש והוא ג' לוגין שנאמר ורביעית ההין לכבש יין דההין י"ב לוגי רבע ההין ג' לוגין לפיכך היה של יין נקב גדול ושל מים נקב קטן ועמוד זה של יין היה יוצא עבה ושל מים היה דק . דאי כרבנן כיון דאמרי היין ג' לוגין כדאמרי' והמים ג' לוגין דתנן צלוחית של זהב היתה שם ומחזקת ג' לוגין אמאי צריך אחד מעבה ואחד מדק והא כי הדדי נינהו . ואמרינן אפי' תימא רבנן חמרא סמיך מיא קליש וגרסינן בירושלמי בעיין מימר מעבה של מים מדק של יין וה .ירושלמי בהיפך מסוגיא דשמעתין דא"ר יונה בשם ר' מאיר נקב שאינו מוציא מים היה מוציא יין ושאינו מוציא יין מוציא שמן ושאינו מוציא שמן מוציא דבש: ואוקימנא מתניתא לרבנן דלרבי [יהודה] לא היו ספלים אלא קשות כו'. ת"ר מעשה בצדוקי אחד שניסך ע"ג רגליו ורגמוהו כל העם באתרוגיהן כו': ירושלמי אית דאמרי שהוא הצדוקי דפרה שבא ונגע בו ריב"ז הוא שניסך ברגליו והקטורת של יוה"כ אחד ואית דאמרי דפרה ודיוה"כ חד ודסוכה חד:

*) [צ"ל דחסר כד' רבינו וצ"ל מנה"מ וכו' דא"ק ושאבתם מים בששון ופי' כפי' בתוס' בד"ה מנה"מ]·

מסורת הש"ס

[נ"י אחר]
[לעיל מז. תענית ג.]
יומא כו:
זבחים סג.
חוץ מן העולה כו' ושחוזרין: חוזרין על העקב ג' מסכ'
[פירוש כלים מלבון קנות כנסך ערוך]
[יומא כו: תוספתא פ"ג]
זבחים סב.
כ"א עורך

הגהות הב"ח

(א) תוס' ד"ה כמין חוטמין וכו' מערה כפי הספלים כנ"ל ותיבת מים נמחק:

§ מסכת סוכה דף מח: §

אות א׳

ולמנסך אומר לו הגבה ידך, שפעם אחד נסך אחד על גבי רגליו, ורגמוהו כל העם באתרוגיהן

רמב״ם פ״י מהל׳ תמידין ומוספין ה״ח - זה שמנסך המים היו אומרין לו: הגבה ידך, שפעם אחת נסך אחד על רגליו, ורגמוהו כל העם באתרוגיהן, שאמרו צדוקי הוא, שהן אומרין אין מנסכין מים.

אות ב׳

כמעשהו בחול כך מעשהו בשבת, אלא שהיה ממלא מערב שבת חבית של זהב שאינה מקודשת מן השילוח, ומניחה בלשכה

רמב״ם פ״י מהל׳ תמידין ומוספין ה״ט - כמעשהו בחול כך מעשהו בשבת, אלא שהיה ממלא מערב שבת חבית של זהב ואינה מכלי השרת, ומניחה בלשכה, ולמחר ממלא ממנה.

אות ג׳

נשפכה נתגלתה, היה ממלא מן הכיור

רמב״ם פ״י מהל׳ תמידין ומוספין ה״י - אם נשפכה או נתגלתה, ממלא מן הכיור ומנסך.

אות ד׳

כל העולים למזבח עולין דרך ימין, ומקיפין ויורדין דרך שמאל, חוץ מן העולה לשלשה דברים הללו, שעולין דרך שמאל וחוזרין על העקב, ואלו הן: ניסוך המים, וניסוך היין, ועולת העוף כשרבתה במזרח

רמב״ם פ״ז מהל׳ מעשה הקרבנות הי״א - כל העולין למזבח עולין דרך ימין ומקיפין ויורדין דרך שמאל, חוץ מן העולה לאחד משלשה דברים אלו שלמעלה בקרן זו, שהן עולין ונפנין על השמאל לקרן ועושין מלאכתן וחוזרין לעקב; ומפני מה נפנין לשמאל, כדי שיפגעו בקרן מערבית דרומית תחלה, שאם נפנין על ימין ומקיפין את כל המזבח עד שיגיעו לקרן דרומית מערבית, שמא יתעשן המים והיין, או שמא ימות העוף בעשן המזבח.

§ מסכת סוכה דף מט. §

אות א'

שכל מזבח שאין לו לא כבש ולא קרן ולא יסוד ולא ריבוע, פסול לעבודה

רמב"ם פ"ב מהל' בית הבחירה הי"ז - ארבע קרנות של מזבח ויסודו ורבועו מעכבין, וכל מזבח שאין לו קרן יסוד וכבש וריבוע הרי הוא פסול, שארבעתן מעכבין; אבל מדת ארכו ומדת רחבו ומדת קומתו אינן מעכבין, והוא שלא יפחות מאמה על אמה ברום שלש אמות, כשיעור מקום המערכה של מזבח מדבר.

אות ב'

שמחוללין ויורדין עד התהום

רמב"ם פ"ב מהל' בית הבחירה הי"א - ובקרן מערבית דרומית היו שני נקבים כמין שני חוטמין דקין, [א]והן הנקראין שיתין, שהדמים יורדין בהן ומתערבין באותה הקרן באמה ויוצאין לנחל קדרון.

אות ג'

לול קטן היה בין כבש למזבח במערבו של כבש וכו'

רמב"ם פ"ב מהל' בית הבחירה הי"ב - [ב]ולמטה ברצפה באותו הקרן היה מקום אמה על אמה, וטבלא של שיש וטבעת קבועה בה, שבו יורדין לשיתין ומנקין אותו.

באר הגולה

א ‹נפלאתי בזה מאד, דהא משמע מדוכתי טובא דאין אלו שיתין, כדמוכח בס"פ לולב וערבה, דשיתין היו מחוללין עד התהום, והם היו בראשו של מזבח לנסך בהם הנסכים והמים בחג, אבל הדמים הניתנין ביסוד דאיירי בהו הכא, למטה ביסוד היו, כמו ששנינו במדות שהדמים הניתנין ביסוד מתערבין בהן, וכן משמע מאותה ששנינו בפ' קדשי קדשים: שלשה דברים היתה אותה קרן משמשת למעלן, ושלשה למטן, למעלן ניסוך ולמטה שיירי הדם.

וא"א לומר שאותן חוטמין של ניסוך שלמעלן, עוברין על אותן שלמטה של דמים שביסוד, ולעולם חדא נינהו משו"ה קרי להו שיתין, דהא אפי' למאן דפליג התם בגמרא דלולב וערבה, וס"ל דאין השיתין מחוללין עד התהום, מכל מקום אית ליה דעמוקין הן, וחלל יש שם תחת המזבח שמתעכבין בו הנסכים, כדמשמע מהא דאיתא התם: לול קטן היה בין כבש למזבח, ואחת לשבעים שנה פרחי כהונה מלקטין משם יין קרוש, ואילו הכא גבי דמים תנן שמתערבין באמה ויוצאין לנחל קדרון,

ונראה מדעת הר"מ דשני חוטמין דהכא ודתנן התם גבי ניסוך חדא נינהו, ועל זה נשתוממתי מאד, וביותר תמהתי על שלא העיר בכ"מ כלום בכל זה, שנראה שהיה פשוט אצלו בלי צורך לביאור, ואני בעונותי לא מצאתי ידי ורגלי בכאן וחפשתי בספרים ואין פותר.

אמנם מה היו שני נקבין הללו משמשים ג"כ נעלם מאתי, שלדמים היה די באחד, אחר שהדמים בסוף מתערבין באמה, ושל יסוד מערבי הוצרכו עכ"פ להמשך דרך צינור קבוע ברצפה להיותן נגרין אל קרן דרומי ששם הנקבין, א"כ היותן שנים יראה שהוא לבטלה לענין הדמים לבדן, ולא ראיתי מי שפירש זה.

שוב מצאתי גם לזה תקנה, דלעולם שניהן נקראין שיתין, ורבינו דייק בשמא ד"שיתין", לשון רבים משמע, ואשכחן נמי במתני' דמדות דקרי ליה "שית" בלשון יחיד, כדתנן הכא: למטה בקרן מקום היה שם אמה וכו' שבו יורדין לשית ומנקין אותו, והיינו על כרחין דיין לחודיה הוא שצריך לנקותו משום שמתעכב שם כדפרישית, ומשו"ה קרי ליה בלשון יחיד, דשל דמים אינו צריך לנקותו, שאינו חפור בעומק אלא יוצא באמה שבעזרה, ומיהת שמע מינה דלתרווייהו קרינן שיתין, **וליכא** למימר דקרי להו הכי משום אותן שני חוטמין שבראש המזבח של ניסוך החג דהוו תרי, שאותן אינן חלוקין כי אם בספלים, כדפירש רש"י בפ' לולב וערבה, שהמים והיין יורדין שניהם לנקב שבמזבח לשיתין, משמע דבמזבח לא הוי אלא נקב אחד, ואותו נקב עובר עד הנקב של ניסוך שלמטה ביסוד ודוק, א"כ מצאנו טעם בדברי רבינו, ויראה שהוא נכון ובאמת יש לו על מה לסמוך.

ועדיין לא נתקררה דעתי עד שמצאתי את שאהבה נפשי לדעתי מאין יצא לו לר"מ, ודקדקתי עוד דרך אחר וישר בעיני והוא זה, דשית דתנן (במדות פ"ג מ"ג "למטה ברצפה באותו הקרן מקום היה שם אמה על אמה, וטבלא של שיש וטבעת היתה קבועה בה, שבו יורדין לשית ומנקין אותו") הוא של דמים בודאי, והיה צריך לניקוי מפני הדמים היורדין לתוכו תדיר שלא יקרשו ויסתמו המעבר, שלזה היתה מתוקנת הטבלא למטה ברצפה שיוכלו לנקותה מיד, וזה בהכרח שאותו נקב של דמים הוא הקרוי שית שמנקין אותו, (ושלא כדברי הרע"ב ז"ל), דאי של נסכים לא היה צריך לכך, לפי שלאותו נקב שבו נסכים יורדין היה הלול במערבו של כבש שבו פרחי כהונה יורדין אחת לשבעים שנה ומלקטין היין, הרי מבואר מאד שא"א לומר שהשית הנזכר במדות שמנקין אותו שיהא אותו של ניסוך, שהרי יורדים אליו דרך הלול לא למטה ברצפה, גם לא היו מנקין אותו שאינו מהצורך, ואדרבה היו מתעכבין בו הנסכים ואינן יוצאין משם ומניחין אותן במחילה ההיא זמן מרובה. **הרי** זכינו לדין שיפה כיון רבינו, שעל כרחך גם הנקב שביסוד של שפיכת דמים הוא קרוי כמו כן שית, ולזה קראום שיתין לשון רבים וכנ"ל, ואלו דברים מוכרחים כולם ברורים ואהובים, ורחוקים נעשו קרובים, וברוך ה' שהאיר עיני להבין דעת רבינו, דהוא גברא דמריה סייעיה, וכל דבריו צדקו יחדיו, אין בהם נפתל ועקש.

וכלל רבינו דבריו כאן דרך קצרה, שסתם וכתב: ובקרן דרומית היו שני נקבים, שר"ל בין אותן נקבים שלמעלה בין שלמטה שארבעתם באותה קרן היו, כמו ששנינו שלשה דברים אותה קרן משמשת למעלה ושלשה למטה, ורבינו ז"ל בחר לתפוס כאן דרך קצרה, על כן לא היה מתכוין לומר לא למעלה ולא למטה אלא בקרן סתמא, ושני חוטמין היו בכללם שהן ארבע בפרטן, שאותן שלמעלה הם נעשין רק נקב אחד במזבח ויורדין לשית דרך החלל שלמטה העשוי לניסוך כל השנה, והשני למטה לדמים וכנ"ל, ופרטי הנקבים ביאר כל אחד במקומו בהל' תמידין ומוספין ובמעשה הקרבנות, ונתכוונו דברי רבינו בכל אופן המועיל. **וגם** מה שאמר כאן: שהדמים יורדין בהן אינו קשה, שאע"פ שאין עשוי לשפיכת הדמים כי אם האחד, כיון שהיה האחר בצידו וסמוך לו אי אפשר שלא יעברו מהן לשני כשמתרבין, ואינו מזיק אם מעט מן הדמים יורד לשית של ניסוך, אי נמי בהם באחד מהם נמי משמע, והרע"ב בפירוש המשנה במדות לא דק – לחם שמים, מר' יעקב עמדין›

ב ‹וצ"ע, איך זה שייך להלול, ועיין לעיל בר' יעקב עמדין, דלפי פי' הרע"ב משנה זה עוסק ביין, דלדמים א"צ לנקותו, וע"כ משנה זה הוא פי' של הלול›

שכל מזבח שאין לו לא כבש ולא קרן ולא יסוד ולא ריבוע פסול לעבודה רבי יוסי בר יהודה אומר אף הסובב אמר רבה בר בר חנה א״ר יוחנן שיתין מששת ימי בראשית נבראו שנאמר °חמוקי ירכיך כמו חלאים מעשה ידי אמן חמוקי ירכיך אלו השיתין כמו חלאים שמחוללין ויורדין עד התהום מעשה ידי אמן זו מעשה ידי אומנותו של הקב״ה תנא דבי ר׳ ישמעאל °בראשית אל תיקרי בראשית אלא ברא שית תניא *ר׳ יוסי אומר שיתין מחוללין ויורדין עד תהום שנאמר °אשירה נא לידידי שירת דודי לכרמו כרם היה לידידי בקרן בן שמן ויעזקהו ויסקלהו ויטעהו שורק ויבן מגדל בתוכו וגם יקב חצב בו ויטעהו שורק זה בית המקדש ויבן מגדל בתוכו זה מזבח וגם יקב חצב בו אלו השיתין תניא* א״ר אלעזר בר צדוק לול קטן היה בין כבש למזבח במערבו של כבש ואחת לשבעים שנה פרחי כהונה יורדין לשם ומלקטין משם יין קדוש שדומה לעיגולי דבילה ובאין ושורפין אותו בקדושה שנא׳ °בקדש הסך נסך שכר לה׳

כשם

שכל מזבח כו׳. להכי אין כשר לעבודה שכל המזבח שאין לו קרן וכבש ויסוד וריבוע פסול לעבודה הכי גרסינן קרן אבן אמה על אמה ברום אמה לכל קרן ויסוד דהיינו אמה כניסה ראשונה וריבוע שאינו מרובע אם חסר אחד מכל אלו פסול וטעמא אמר רב הונא בשחיטת קדשים (זבחים סב.) כל מקום שנאמר המזבח לעכב דהכי משמע המזבח זהו המזבח העשוי כן והנך בכולהו כתיב המזבח על קרנות המזבח באצבעך במלואים (שמות כט) ובכבש כתיב אל פני המזבח (ויקרא ו) והכבש הוא פניו של מזבח שהוא פתחו ועלייתו וביסוד כתיב אל יסוד המזבח (שם ח) ובריבוע כתיב רבוע יהיה המזבח (שמות כז): **רבי יוסי בר יהודה אומר אף הסובב.** מעכבו דקסבר כרכוב המזבח זהו הסובב והרי נאמר בו המזבח ורבנן סבירא להו זהו הכיור והכי אמרינן בזבחים בפרק קדשי קדשים (שם): **שיתין.** חלל שתחת המזבח כנגד מקום הנסכים: **חמוקי.** סתרי לשון חמק עבר (שיר ה) נסתר ונכסה ממני וכן עד מתי תתחמקין (ירמיה לא) תסתרי ממני שאת בושה ליקרב אלי על שמעלת בי חמוקי ירכיך לשון ירך המזבח (ויקרא א): **מעשה ידי אומנותו של הקב״ה.** גרסינן ועליהם כרה דוד וכו׳ לא גרסינן ליה בתוספתא והכא נמי לא גרסינן ליה דמאן דאית ליה שכראן לית ליה שמששת ימי בראשית נבראו: **לידידי.** הקב״ה בשבילו אני משוררו ובמקומו אני לקבול על זאת: **שירת דודי לכרמו.** על כרמו: **כרם היה לידידי בקרן בן שמן.** בארץ ישראל זוית השמינה מכל הארצות: **ויעזקהו.** בנה להם ערים בצורות מוקפות דלתים ובריח כטבעת דמתרגמינן עיזקא (שמות כה): **ויסקלהו.** כאדם המפנה אבנים מכרמו כלומר פינה האומות מפניהם שלא ישבו בארצם פן יחטיאו אותם: **ויטעהו שורק.** נטעו גפנים משובחות ולא זמורה אלא שרשין עלמן זה בית המקדש שהוא שורשן ועיקרן שמתכבם לפני המקום: **ויבן מגדל בתוכו זה מזבח.** העשוי כמגדל עוז: **וגם יקב חצב בו.** באותו מגדל יקב הוא בור חפור וכן עד יקבי המלך (זכריה יד) בית שיחא דמלכא לשון שיח ומערה פוסיי״ן בלע״ז: **לול.** ארובה שהיא מלמעלה למטה: **בין כבש למזבח.** הכבש ארכו ל״ב ומשפע ועולה ט׳ אמות עד שעוה למזבח ולא היה ראשו מחובר למזבח אלא אויר מעט מפסיק בינתים כדאמר בזבחים (דף קד.) ועשית עולותיך הבשר והדם מה דם בזריקה אף בשר בזריקה הא למדת אויר יש בין כבש למזבח ואותו אויר קרוי בין כבש למזבח ולול היה באותו אויר במערבו של כבש בשמונה אמות מערבית של כבש שהכבש רחבו ט״ז אמה ממזרח למערב ואותו חלל שהנסכים יורדין לתוכו שהן נעשין בדרומית מערבית של מזבח ומוקף ארבע מחיצות עד קרקעיתו וקרקעיתו של רלפת שיש ואין היין נבלע שם וכל נסכי יין של כל השנה יורדין שם והאי תנא לית ליה שהיו שיתין יורדין עד תהום והכי אמרינן לקמן דלית ליה ופליג אדרבנן: **פרחי כהונה.** ילדים כהנים: **יין קדוש.** שנקפה ונקרש: **ושורפין אותו בקדושה.** במקום קדוש בעזרה ומתוך השיתין מוליאין אותו שלא יתמלאו השיתין מן הנסכים שכל קרבנות הצבור והיחיד טעונין נסכים חוץ מחטאת ואשם *ושורפין אותם שאסורין בהנאה דקדש הוא: **שנאמר בקדש הסך.** הקיש שריפה לניסוכו:

מה

שכל מזבח שאין לו קרן. וזה שקרט נפגמה הא ליה קרן כמאן דליתיה ולכך נפסל לעבודה דאין לו קרן דפגימה פוסלת באבני מזבח כדי שתתגור בה לפורן כדאמר פ״ק דחולין (דף יח. ושם) וטעמא פירש שם בקונט׳ משום דכתיב אבנים שלמות תבנה [ובסידרא] פליגי בה תנאי התם ר״ש בן יוחי אומר טפח ר׳ אליעזר בן יעקב אומר כזית וי״ל דהטעם משום דלא חשיב ריבוע למר בהאי שיעורא ולמר בהאי שיעורא וריבוע מעכב כדקתני הכא ומיהו במזבח ניחא דכתיב רבוע יהיה המזבח אבל קרן מנלן דסיד היה בקרן דלע״פ שפירש כאן בקונט׳ קרן אבן מרובע אמה על אמה ברום אמה לא יתכן דע״י מלבן נעשה כדאי׳ בפ׳ איזהו מקומן (זבחים נד.) ושמא רבוע דקרן ילפינן ממזבח וא״ת ואבני מזבח מאי איריא משום דנפגמה תיפוק ליה משום דחסרה האבן ואפילו לא נפגמה לא קרינן בהו שלמות כדמוכח פ׳ איזהו מקומן (שם) גבי מזרחית דרומית שלא היה לו יסוד דפריך היכי עבדי לה אי דגייז לה אבנים שלמות אמר רחמנא וי״ל דהכי קאמר ליה התם אי גייז לשבר האבן אי אפשר [לשבר] בלא פגימה ואין כאן שלמות ואם בא לפתות ולהחליק בסכין בלא פגימה איכא איסורא דלא תניף עליהן ברזל וכן משמע במסכת ע״ז פ׳ ר׳ ישמעאל (דף נב:) גבי אבני מזבח *שקגלום וגנזום בית חשמונאי דקאמר היכי נעביד ניתבריניהו אבנים שלמות אמר רחמנא נסרינהו פי׳ לעשות בלא פגימות לא תניף עליהם ברזל כתיב וא״ת וליעבדו על ידי שמיר דבבית שני הוה שמיר כדמוכח במסכת סוטה בפ׳ עגלה ערופה (דף מח.) דקאמר משמתו נביאים הראשונים בטלו אורים ותומים משחרב בית המקדש בטל שמיר והיינו בית שני דאי בית ראשון ליערבינהו משחרב בית המקדש בטלו אורים ותומים ושמיר דמשמתו נביאים הראשונים היה חורבן הבית כדתניא בגמ׳ משחרב בהמ״ק בטלו אורים ותומים והיינו בית ראשון דחמשה דברים חסר בית שני מבית ראשון כדאיתא ביומא (דף כא:) אלא בטל השמיר היינו לאחר בית שני וכן הא דקאמר רשב״ג התם משחרב בהמ״ק ניטל טעם הפירות מסתמא לאחר חורבן בית שני קאמר שחרב בימיו תדע דאשכחן בבית שני שהיו פירות מתברכין בימי שמעון בן שטח *שנעשין חטין ככליות של שור הגדול ועוד יש להביא ראיה דהוה שמיר בבית שני מעובדא דדמא בן נתינה דפ״ק דקידושין (דף לא.) ודפ״ב דע״ז (דף כג: ושם) שבקשו ממנו חכמי ישראל אבנים לאפוד ואבני אפוד בעו שמיר כדקאמר ר׳ נחמיה פ׳ עגלה ערופה (סוטה מח:) כדכתיב במלואותם ואפי׳ ר׳ יהודה דפליג עליה ואמר שמיר שבו בנה שלמה את בהמ״ק מודה נמי דלאבני אפוד בעו שמיר כדמוכח פ׳ מי שאחזו (גיטין סח. ושם) גבי בנין בהמ״ק שעשה שלמה דקאמרינן היכי נעביד איכא שמיר דאייתי משה לאבני אפוד והאי על כרחך רבי יהודה היא דלר׳ נחמיה לא הוה שמיר לבית המקדש ועובדא דדמא בן נתינה בבית שני הוה דקאמרינן התם לשנה טלדה לו פרה אדומה בעדרו ושבע פרות היו הראשונה שעשה משה שניה שעשה עזרא כדתנן במסכת פרה (פ״ג מ״ה) וכיון שהיה שמיר בבית שני כדפרישית אמאי גנזום בית חשמונאי וי״ל שמיר אין עושה אותן שלמות שלא תתגור בה לפורן וא״ת א״כ היאך בנו את המזבח דלא אפשר לומר שהיה מתקן מבחוץ ומכניסו מבפנים דאפילו כי האי גוונא במזבח אסור כדתניא במכילתא בסוף פרשת וישמע יתרו לא תבנה אתהן גזית בו אין אתה בונה גזית אבל אתה בונה גזית בהיכל ובקודש הקדשים ומה אני מקיים ומקבות והגרזן וכל כלי ברזל לא נשמע בבית בהבנותו בבית הוא נשמע אלמא במזבח אפילו בחוץ הוא נשמע וכן יסד רבינו אליא הזקן באזהרת אמת יהגה חיכי אבני מזבח תוך וכר כן עוזו ועבר והיינו יסלין לחלק בין קודם שהוקדשו אבנים למזבח דעודן חולין לאחר שהוקדשו אבל אין לריך דמשמע בפ׳ איזהו מקומן (זבחים נד. ושם) שבע אותו באבנים החלוקות כגון חלוקי אבנים מן הנחל שבחול הים ובחול הים נבראו חלוקות מששת ימי בראשית ומיהו קשה דגבי בית המקדש כתיב אבן שלמה מסע נבנה ואמר ר׳ יהודה דהוה שמיר לבהמ״ק:

אל תיקרי בראשית אלא ברא שית. האי תנא ור׳ יוחנן סברי מששת ימי בראשית נבראו אבל אידך תנא דדריש וגם יקב חצב לית ליה דמההוא קרא דריש מזבח ושיתין למזבח בידי אדם הוא ובמילתיה גרסינן ועליו כרה דוד ומיהו קשה דר׳ יוחנן אדר׳ יוחנן דהכא סבר מששת ימי בראשית נבראו דדריש מעשה ידי אמן מעשה אומנותו של מקום ולקמן בפרק החליל (נ.) א״ר יוחנן בשעה שכרה דוד שיתין קפא תהומא ושמא אמוראי נינהו ואליבא דר׳ יוחנן: **ויטעהו** שורק זה בית המקדש ויבן מגדל בתוכו זה מזבח וגם יקב חצב בו אלו השיתין. כך כתוב בכל הספרים וזה גרסת הקונט׳ אבל בתוספתא גרים ויבן מגדל בתוכו זה היכל וגם יקב חצב בו זה מזבח וקרי למזבח יקב לפי שמנסכין עליו את היין שמוליאין מן היקבים ומריבויא דגם דרשינן שיתין:

נסכים

סג א מיי׳ פ״ב מהל׳ בית הבחירה הל׳ יז סמג עשין קסג:

סד ב מיי׳ שם הלכה יא:

סה ג מיי׳ שם הלכה יג:

רבינו חננאל

תניא א״ר אליעזר ב״ר צדוק לול קטן היה בין כבש למזבח במערבו של כבש פרחי כהונה אחת לע׳ שנה יורדין שם ומלקטין משם יין קדוש הדומה לעיגול דבילה. ושורפין אותו בקדש שנאמר

זבחים סב.

[תוספ׳ פ״ג]

[שם מעילה דף יא: תוספתא מעילה פ״א]

[מנחות נ.]

[תענית כג.]

נ״ל שקלוס ינבז״ך

[ועי׳ תוספות ע״ז נג: ד״ה בקשו ותוספות גיטין סח. ד״ה איכא ותוספות זבחים נד: ד״ה אבנים ותוספות חולין יח. ד״ה וכמה]

כשם שניסוכו בקדושה כך שריפתו בקדושה מאי משמע אמר רבינא אתיא קדש קדש כתיב הכא °בקדש הסך נסך וכתיב התם °ושרפת את הנותר באש לא יאכל כי קדש הוא כמאן אזלא הא *(דתניא) [נ"א דתנן] **נסכים בתחילה מועלין בהן ירדו לשיתין אין מועלין בהן לימא רבי אלעזר בר צדוק היא דאי רבנן הא נחתו להו לתהום אפילו תימא רבנן בדאיקלט ואיכא דאמרי לימא רבנן היא ולא ר' אלעזר בר צדוק דאי רבי אלעזר אכתי בקדושתייהו קיימי אפילו תימא רבי אלעזר *אין לך דבר שנעשה מצותו ומועלין בו אמר ריש לקיש בזמן שמנסכין יין על גבי מזבח פוקקין את השיתין לקיים מה שנאמר בקדש הסך נסך שכר לה' מאי משמע אמר רב פפא שכר לשון שביעה לשון שתיה לשון שכרות אמר רב פפא שמע מינה כי שבע איניש חמרא מגרוניה שבע אמר רבא צורבא מרבנן דלא נפישא ליה חמרא ליגמע גמועי רבא אכסא דברכתא אגמע גמועי *דרש רבא מאי דכתיב °מה יפו פעמיך בנעלים בת נדיב מה יפו פעמותיהן של ישראל בשעה שעולין לרגל בת נדיב בתו של אברהם אבינו שנקרא נדיב שנא' °נדיבי עמים נאספו עם אלהי אברהם אלהי אברהם ולא אלהי יצחק ויעקב אלא אלהי אברהם [ב]שהיה תחילה לגרים תנא דבי רב ענן מאי דכתיב *°חמוקי ירכיך למה נמשלו דברי תורה כירך לומר לך מה ירך בסתר [ג]אף דברי תורה בסתר והיינו דא"ר אלעזר מאי דכתיב *°הגיד לך אדם מה טוב ומה ה' דורש ממך כי אם עשות משפט ואהבת חסד והצנע לכת עם אלהיך עשות משפט זה הדין ואהבת חסד זו גמילות חסדים והצנע לכת עם אלהיך זו הוצאת המת והכנסת כלה לחופה *והלא דברים ק"ו ומה דברים שדרכן לעשותן בפרהסיא אמרה תורה הצנע לכת דברים שדרכן לעשותן בצנעא על אחת כמה וכמה א"ר אלעזר גדול העושה צדקה יותר מכל הקרבנות שנאמר °עשה צדקה ומשפט נבחר לה' מזבח וא"ר אלעזר גדולה גמילות חסדים יותר מן הצדקה שנאמר °זרעו לכם לצדקה וקצרו לפי חסד אם אדם זורע ספק אוכל ספק אינו אוכל אדם קוצר ודאי אוכל וא"ר אלעזר אין צדקה משתלמת אלא לפי חסד שבה שנאמר זרעו לכם לצדקה וקצרו לפי חסד ת"ר בשלשה דברים גדולה גמילות חסדים יותר מן הצדקה צדקה בממונו גמילות חסדים בין בגופו בין בממונו צדקה לעניים גמילות חסדים בין לעניים בין לעשירים צדקה לחיים גמילות חסדים בין לחיים בין למתים וא"ר אלעזר כל העושה צדקה ומשפט כאילו מילא כל העולם כולו חסד שנאמר °אוהב צדקה ומשפט חסד ה' מלאה הארץ שמא תאמר כל הבא לקפוץ קופץ ת"ל °מה יקר חסדך אלהים (*חסד ה' מלאה הארץ) וגו' יכול אף ירא שמים כן ת"ל °וחסד ה' מעולם ועד עולם על יראיו א"ר חמא בר פפא כל אדם שיש עליו *חן בידוע שהוא ירא שמים שנא' חסד ה' מעולם ועד עולם על יראיו וא"ר אלעזר מאי דכתיב °פיה פתחה בחכמה ותורת חסד על לשונה וכי יש תורה של חסד ויש תורה שאינה של חסד אלא תורה לשמה זו היא תורה של חסד שלא לשמה זו היא תורה שאינה של חסד איכא דאמרי תורה ללמדה זו היא תורה של חסד שלא ללמדה זו היא תורה שאינה של חסד: כמעשהו בחול כו': ואמאי נייתי במקודשת אמר זעירי קסבר אין שיעור למים וכלי שרת מקדשין שלא מדעת

ואי

תוספות

נסכים בתחילה מועלין בהם · משנה היא במעילה פרק ולד חטאת (דף יא.) ומסיק עלה בגמ' בלשונות אחרים שאין כתובים כאן וגירסא דהכא עיקר:

ואי

רש"י

מה ניסוכו בקדושה כו'. לא יליף מהכא אלא שריפתו בקדושה ולא בחיל חוץ לעזרה אבל הוצאתו מהם פשיטא ליה כדי שלא יתמלאו ולא צריך קרא: **מאי משמע.** מהכא שריפה: **אתיא קדש קדש.** והיכא למימר נמי דמצות הוצאתו ושריפתו מהכא יליף: **בתחילה מועלין בהם.** משהוקדשו עד שנתנסכו יש בהם מעילה דקדשי גבוה נינהו: **ירדו לשיתין אין מועלין בהן.** שאין בהם שום צורך גבוה: **כמאן.** איצטריך למיתני אין מועלין כר' אלעזר בר צדוק דאין יורדין לתהום ואפשר לירד ולהביאם: **דאיקלט.** אם תלה כלי בתוך השיתין וקיבל: **א"ד לימא.** הא דקתני ירדו לשיתין אין מועלין רבנן היא ואיקלט אין מועלין דאין בהן מעתה צורך גבוה דאי ר' אלעזר אכתי בקדושתייהו קיימי דקאמר שורפין אותו בקדושה אלמא קדושתו עליהם מדבעו שריפה: **שנעשית מצותו.** וניסוכו הוא עיקר מצותו: **פוקקין את השיתין.** את נקב שבראש המזבח שהנסכים יורדין בו לשיתין שיראה היין עליו כגרון מלא ושבע: **שכר.** לשון שכרות ושמחה ונסיכה: **מגרוניה שבע.** ע"י ששותהו בלגימות גסות וגרון מלא הוא משביע ולא על ידי שתיה מרובה שמככים הרבה יין במעיו ע"י לגימות דקות ואינן כאוכלין שמשבע שלהם בא במילוי כרס: **לגמע גמועי.** בלגימות גסות: **מגמע ליה גמועי.** דרך שביעה משום חיבוב מצוה: **בנעלים.** בעליית רגלים: **נדיב.** שנדבו לבו להכיר את בוראו: **תחילה לגרים.** בנדבת לבו להתגייר: **מאי דכתיב חמוקי ירכיך וגו' למה נמשלו וכו'.** רב ענן דרש לקרא כמו חלאים כלוחות שהיו מאבנים טובות כמו נזם [זהב] וחלי כתם (משלי כה) מעשה ידי אמן והלוחות מעשה אלהים (שמות לב): **חמוקי ירכיך.** הנסתרים כירך שכבוד התורה בצנעא ולא להיות יושב ושונה בגובה של עיר* ולא לשנות לתלמידיו בשוק כדאמר במועד קטן (דף טז.): **הוצאת המת והכנסת כלה.** דכתיב בהו לכת טוב ללכת אל בית אבל מלכת אל בית משתה (קהלת ז) אף שם צריך הצנע א] לספוד במדה נאה ולשמוח במדה נאה ולא להנהיג קלות ראש בעצמו וי"א אם צריך לבזבז להוצאת מת עני או להכנסת כלה ענייה יעשה בצנעא ולא לימא קמי מאן דלא ידע דעבדי [כן] וכן מפרש בשאלתות דרב אחאי*: **דברים שדרכן לעשותן בצנעא.** כגון צדקה הניתנת לעני בסתר שאין צריך להודיע לשום אדם מה שאין כן במת ובכלה לפי שאחרים מתעסקין בהן ויודעין היאך משל מי והיינו דאמר רבי אלעזר דכל מילי בעי צניעותא והוא הדין לדברי תורה: **נבחר לה' מזבח.** הכל בכלל זבח חטאת ואשם ועולה ושלמים כולם זבח הם: **שנאמר זרעו לכם לצדקה וגו'.** קרא הכתוב לזריעה צדקה ואת החסד קרא קציר וטובה קצירה מזריעה כדמפרש: **אדם זורע כו'.** ספק אינו אוכל שמא לא יצמח או ילקה בשדפון וברד: **אלא לפי גמילות חסדים שבה.** הנתינה היא הצדקה והטורח הוא החסד כגון מוליכה לביתו או טורח שתעלה לו להרבה כגון נותן לו פת אפויה או בגד ללבוש או מעות בעת שהתבואה מצויה שלא יוציא מעותיו לאיבוד שנותן לבו ודעתו לטובתו של עני: **זרעו לכם לצדקה.** הצדקה היא הזריעה שזורע כדי לקצור לקבל שכר וקצרו לפי חסד שתקבלו שכר לפי החסד שבה: **גמילות חסדים בין בגופו.** כגון מספיד למת נושאו קוברו משמח חתן מלוה חבירו בדרך: **ובממונו.** מלוה לו מעות משאילו כלים ובהמה: **שמא כל הבא לקפוץ.** ולעשות צדקה וחסד קופץ ומספיקין וממציאין לו אנשים מהוגנים לכך ת"ל מה יקר צריך לתת לב ולטרוח ולרדף אחריה לפי שאינה מצויה תמיד לזכות בה למהוגנים: **ואמאי נייתי במקודשת.** דקא סלקא דעתיה אין הכלי מקדשן קדושת הגוף ליפסל בלינה אא"כ דעתו שיקדשנו הכלי או אם יש בהן יותר מכשיעור אין ראויין לכלי ואין הכלי מקדשן דאין מקדשין אלא הראוי להם: **אין שיעור למים.** שאפילו יותר משלשה לוגין ראויין לנסך דלא פירשה בהן תורה שיעורא הלכך ראויין לכלי הם וכלי מיד מקדשם דכתיב (שמות ל) כל הנוגע בהם יקדש ואפילו אינו רוצה שיתקדשו עד מחר הכלי מקדשן מיד שלא מדעת:

ואי

עין משפט נר מצוה

סו א מיי' פ"ב מהל' מעילה הלכה ט:

סז ב מיי' פ"א מהל' עכו"ם הלכה ג:

סח ג מיי' פ"צ מהל' ת"ת הלכה יג טוש"ע י"ד סי' רמו סעיף כג:

רבינו חננאל

בקדש הסך כשם שניסוכו בקדש כך שרפתו בקדש דקי"ל כל בקדש באש תשרף. אסיקנא אין לך דבר שנעשת מצותו ומועלין בו. אמר רבא צורבא מרבנן דלא נפיש חמריה לגמעיה גמועי כי היכי דלישבע נחיריה. עם אלהי אברהם מפני שהוא תחלה לגרים. א"ר אלעזר מ"ד הגיד לך אדם וגו'. עשות משפט זו הדין ואהבת חסד זו גמ"ח. והצנע לכת עם (ה') אלהיך זו הוצאת המת והכנסת כלה. ומה דברים הללו שדרכן להעשות בפרהסיא אמרה תורה הצנע לכת דברים שדרכן לעשות בצנעא כגון זו דברי תורה עאכו"כ. ועוד אמר גדולה צדקה מכל הקרבנות שנאמר עשה צדקה וגו'. וגמ"ח גדולה מן הצדקה: ת"ר בג' דברים גמ"ח גדולה מן הצדקה. צדקה לחיים היא ולעניים והיא בממונו. וגמ"ח לעניים ולעשירים לחיים ולמתים בגופו ובממונו. והאוהב צדקה ומשפט כאילו מילא העולם חסד שנ' אוהב צדקה ומשפט וחסד וגו'. ושמא תאמר כל הבא לקפוץ קופץ ת"ל מה יקר חסדך. יכול אף יראי שמים כן ת"ל וחסד ה'. וכל מי שיש עליו חן בידוע שהוא ירא שמים שנאמר וחסד ה' מעולם ועד עולם על יראיו. ועוד אמרינן מאי דכתיב פיה פתחה בחכמה ותורת חסד על לשונה וגו' תורה לשמה ותורה ללמדה זו היא תורת חסד. ושאינה כן אינה תורה של חסד: מתני' כמעשהו בחול כו'. אמאי לייתי במקודשת

מסורת הש"ס

מעילה דף יא. [יומא נג: וש"נ] חגיגה דף ג. [מו"ק טז.] [מכות כד.] [ג"ז שם] [כדאי' פסחים קיב.] [פרשתבראשית סי' ג] [כע"י וילקוט ליתא] [בשאלתות דקמו: פעתיק חסד]

הגהות מהר"ב רנשבורג

א] רש"י ד"ה הוצאת המת וכו' אף שם צריך הצנע לספוד. מלת לספוד נמחק וצ"ל לספוד:

§ מסכת סוכה דף מט: §

אות א'

נסכים בתחילה מועלין בהן, ירדו לשיתין אין מועלין בהן

רמב"ם פ"ב מהל' מעילה ה"ט - הנסכים מועלין בהן משהוקדשו, ירדו לשיתין אין מועלין בהן. מים שמנסכים בחג הסוכות, כל זמן שהן [א]בכד של זהב, אין נהנין בהן, והנהנה לא מעל; נתנו אותן בצלוחית, מועלין בכולן, שהרי הן מכלל הנסכים.

אות ב'

אברהם שהיה תחילה לגרים

רמב"ם פ"א מהל' עבודה זרה ה"ג - כיון שנגמל איתן זה, התחיל לשוטט בדעתו והוא קטן, והתחיל לחשוב ביום ובלילה והיה תמיה היאך אפשר שיהיה הגלגל הזה נוהג תמיד ולא יהיה לו מנהיג ומי יסבב אותו, כי אי אפשר שיסבב את עצמו, ולא היה לו מלמד ולא מודיע דבר אלא מושקע באור כשדים בין עובדי כוכבים הטפשים, ואביו ואמו וכל העם עובדי כוכבים, והוא עובד עמהם, ולבו משוטט ומבין עד שהשיג דרך האמת, והבין קו הצדק מתבונתו הנכונה, וידע שיש שם אלוה אחד והוא מנהיג הגלגל והוא ברא הכל, ואין בכל הנמצא אלוה חוץ ממנו, וידע שכל העולם טועים, ודבר שגרם להם לטעות זה שעובדים את הכוכבים ואת הצורות עד שאבד האמת מדעתם, ובן ארבעים שנה הכיר אברהם את בוראו, [השגת הראב"ד: א"א יש אגדה בן שלש שנים, שנאמר: עקב אשר שמע אברהם בקולי, מנין עקב]. כיון שהכיר וידע התחיל להשיב תשובות על בני אור כשדים ולערוך דין עמהם, ולומר שאין זו דרך האמת שאתם הולכים בה, ושיבר הצלמים והתחיל להודיע לעם שאין ראוי לעבוד אלא לאלוה העולם, ולו ראוי להשתחוות ולהקריב ולנסך כדי שיכירוהו כל הברואים הבאים, וראוי לאבד ולשבר כל הצורות כדי שלא יטעו בהן כל העם, כמו אלו שהם מדמים שאין שם אלוה אלא אלו. כיון שגבר עליהם בראיותיו, בקש המלך להורגו, ונעשה לו נס ויצא לחרן, והתחיל לעמוד ולקרוא בקול גדול לכל העולם ולהודיעם שיש שם אלוה אחד לכל העולם ולו ראוי לעבוד, והיה מהלך וקורא ומקבץ העם מעיר לעיר וממלכה לממלכה עד שהגיע לארץ כנען והוא קורא, שנאמר: ויקרא שם בשם ה' אל עולם, [השגת הראב"ד: א"א ותמה אני, שהרי היו שם שם ועבר, איך לא היו מוחין, ואפשר כי מוחים היו ולא אירע להם שישברו את צלמיהם, לפי שהיו מתחבאים מהם, עד שבא אברהם ושבר צלמי אביו]. וכיון שהיו העם מתקבצין אליו ושואלין לו על דבריו, היה מודיע לכל אחד ואחד כפי דעתו עד שיחזירהו לדרך האמת, עד שנתקבצו אליו אלפים ורבבות, והם אנשי בית אברהם, ושתל בלבם העיקר הגדול הזה וחבר בו ספרים והודיעו ליצחק בנו, וישב יצחק מלמד ומזהיר, ויצחק הודיע ליעקב ומינהו ללמד, וישב מלמד ומחזיק כל הנלוים אליו, ויעקב אבינו למד בניו כולם, והבדיל לוי ומינהו ראש והושיבו בישיבה ללמד דרך השם ולשמור מצות אברהם, וצוה את בניו שלא יפסיקו מבני לוי ממונה אחר ממונה כדי שלא תשכח הלמוד, והיה הדבר הולך ומתגבר בבני יעקב ובנלוים עליהם, ונעשית בעולם אומה שהיא יודעת את ה'; עד שארכו הימים לישראל במצרים וחזרו ללמוד מעשיהן ולעבוד כוכבים כמותן, חוץ משבט לוי שעמד במצות אבות, ומעולם לא עבד שבט לוי עבודת כוכבים, וכמעט קט היה העיקר ששתל אברהם נעקר וחוזרין בני יעקב לטעות העולם ותעיותן, ומאהבת ה' אותנו ומשמרו את השבועה לאברהם אבינו עשה משה רבינו רבן של כל הנביאים ושלחו, כיון שנתנבא משה רבינו ובחר ה' ישראל לנחלה, הכתירן במצות והודיעם דרך עבודתו, ומה יהיה משפט עבודת כוכבים וכל הטועים אחריה.

אות ג'

אף דברי תורה בסתר

יו"ד סימן רמו סכ"ב - ברית כרותה שכל הלומד בבית הכנסת לא במהרה הוא משכח - לאו דוקא, שהרי קדושת בהמ"ד חמורה מבהכ"נ כדלעיל סי' ז', גם מצינו בברכות ברבי אמי ורבי אסי אע"ג דהוי להו תליסר בי כנשתא לא הוו מצלי אלא היכא דהוי גרסי, ולא קאמר דהיו לומדים במקום שהיו מתפללים - ש"ך.

וכל היגע בתלמודו בצנעה מחכים, שנאמר: ואת צנועים חכמה. וכל המשמיע קולו בשעת תלמודו, מתקיים בידו; אבל הקורא בלחש, במהרה הוא שוכח.

באר הגולה

א ‹ובפ"י דתמידין ומוספין הל' ט' העתיק חבית, וידוע דהיינו כד היינו חבית, כמ"ש ברפ"ג דבב"ק - מעשה רוקח›

§ מסכת סוכה דף נ. §

אות א'

כלי שרת אין מקדשין אלא מדעת

רמב"ם פ"ג מהל' פסולי המוקדשין ה"כ - כל כלי השרת אין מקדשין אלא במקדש, ואין מקדשין אלא מדעת, ואין מקדשין אלא מתוכן, ואין מקדשין אלא שלימים; ניקבו, אם עושין מעין מלאכתן שהיו עושין והם שלימים, מקדשין, ואם לאו אין מקדשין; ואין מקדשין אלא מליאין, אבל המדות אין מקדשות חסרות, אלא אם דעתו למלאותן; ואם אין דעתו למלאותן, מקדשות להפסל אבל לא ליקרב.

אות ב'

יש שיעור למים

רמב"ם פ"י מהל' תמידין ומוספין ה"ז - ואם עירה המים לתוך היין או היין לתוך המים [א]ונסך שניהם מכלי אחד, יצא; ואם הקדים ניסוך המים לזבח, אפילו נסכן בלילה, יצא; ובקרן דרומית מערבית היה מנסך [ב]למעלה מחצי המזבח, והכל יורד לשיתין כמו שביארנו. כיצד היו עושין, [ג]צלוחית של זהב מחזקת שלשה לוגין היה ממלא אותה מן השילוח, הגיעו לשער המים תקעו והריעו ותקעו, עלה לכבש ופנה לשמאלו, ונותן המים מן הצלוחית לתוך הספל שהיה שם, ושני ספלים של כסף היו שם, מערבי היה בו המים, ומזרחי היה בו היין של נסך, והיו מנוקבין כמין שני חוטמין דקין, ושל מים היה נקב שלו דק משל יין, כדי שיכלה המים עם היין כאחד.

אות ג'

מסננת יש בו משום גילוי

רמב"ם פי"א מהל' שמירת הנפש הי"ד - חבית שנתגלתה, אף על פי ששתו ממנה תשעה ולא מתו, לא ישתה עשירי, מעשה היה ואמרו ששתה עשירי ומת, מפני שארס הנחש שוקע למטה, ויש סם חמת זוחלי עפר שעולה וצופה למעלה, ויש סם שהיא נתלית באמצע המשקה, ולפיכך הכל אסור, ואפילו סננו במסננת, וכן אבטיח שנתגלה, אף על פי שאכלו ממנה תשעה ולא מתו, לא יאכל עשירי.

אות ד'

לגבוה מי אמר

רמב"ם פ"ו מהל' איסורי מזבח ה"י - [ד]יין שנתגלה פסול לגבי המזבח. הדלה גפן על גבי תאנה, יינה פסול לנסכים, מפני שנשתנה ריחו, הרי הוא אומר: זבח ונסכים, מה זבח שלא נשתנה, אף נסכים שלא נשתנו.

אות ה'

החליל חמשה וששה, זהו החליל של בית השואבה שאינו דוחה לא את השבת ולא את יום טוב

רמב"ם פ"ח מהל' לולב הי"ג - והיאך היתה שמחה זו, החליל מכה ומנגנין בכנור ובנבלים ובמצלתים, וכל אחד ואחד בכלי שיר שהוא יודע לנגן בו, ומי שיודע בפה בפה, ורוקדין ומספקין ומטפחין ומפזזין ומכרכרין כל אחד ואחד כמו שיודע, ואומרים דברי שיר ותושבחות; ושמחה זו אינה דוחה לא את השבת ולא את יום טוב.

באר הגולה

[א] ‹אבל רש"י ז"ל פי' דהחליף הכלים, עירה של מים לכלי של יין כו' ע"ש. **והרמב"ם** ז"ל נראה דלא ניחא ליה לפרש הכי, דמאי קמ"ל בזה, פשיטא דכשר אם החליף הכלים, ע"כ פירש דעירב היין עם המים ביחד. **אבל** קשה לי על דבריו ז"ל, חדא דא"כ נעשה היין מזוג, ויין מזוג פסול לגבי מזבח, **ועוד** דהש"ס בעי לאוקמי התם להא דעירה של מים כו' כר"י דאמר בלוג היה מנסך כל שמונה, וא"כ תיקשי ליבטיל המים בתוך היין דהוי רובא, ג' לוגין, **ואין** לומר משום דעולין אין מבטלין זא"ז, הא ר"י לא ס"ל עולין אין מבטלין, אלא מין במינו לא בטיל, והכא דמין בשאינו מינו הוא יבטלו זה את זה – קרן אורה› [ב] ‹והוא בזבחים ס"ג, דאותו הקרן היה משמש לזה מלמעלה ולמעלה, וידוע דמחצי המזבח ולמעלה, נחשב כלמעלה על הקרן, והא דאיתא במשנה דהיה נותן בספלים, באופן זה יפה יותר, אבל באמת כיון שנותן על המזבח וממנו יורד לשיתין, יצא – לקוטי הלכות דף מ"ח› [ג] ‹והא זה לשון המשנה, ואעפ"כ יש נידון אי ס"ל להתנא יש שיעור למים, ומהיכן ראיית העין משפט דהרמב"ם ס"ל דיש שיעור למים› [ד] ‹העין משפט ציין דבריו על מה שמחדש הגמ', דאפי' לר' נחמיה לא מהני מסננת לגבוה, אבל נקודה זו אינו נוגע להרמב"ם, דהא הרמב"ם פסק דלא כר' נחמיה וכנ"ל, דעבר במסננת יש בה משום גילוי, וגם דהרמב"ם כאן לא איירי בעבר במסננת, והיה לו לציין הלכה זו על המשנה מ"ח: "שהיין והמים מגולין פסולין לגבי המזבח"›

ואי מייתי במקודשת איפסילו להו בלינה חזקיה אמר **כלי שרת אין מקדשין אלא מדעת וגזירה שמא יאמרו לדעת נתקדשו א"ר ינאי א"ר זירא אפילו תימא ביש שיעור למים וכלי שרת אין מקדשין אלא מדעת וגזירה שמא יאמרו לקידוש ידים ורגלים מלאן : נשפכה או נתגלתה כו' : ואמאי ליעביר במסננת לימא מתני' דלא כר' נחמיה *דתניא *גמסננת יש בו משום גילוי אמר רבי נחמיה אימתי בזמן שהתחתונה מגולה אבל בזמן שהתחתונה מכוסה אע"פ שהעליונה מגולה אין בה משום גילוי מפני שארס נחש דומה לספוג צף ועומד במקומו אפילו תימא רבי נחמיה אימר דאמר ר' נחמיה להדיוט אבל דלגבוה מי אמר ולית ליה לרבי נחמיה (מלאכי א) הקריבהו נא לפחתך הירצך או הישא פניך אמר ה' צבאות :

הדרן עלך לולב וערבה

החליל החמשה וששה זהו החליל של בית השואבה שאינו דוחה לא את השבת ולא את יום טוב :

גמ'

רש"י

ואי מייתי במקודשת איפסלו בלינה. הואיל ואיקדשו קדושת הגוף הוו להו כאימורי קרבן : **חזקיה אמר.** הא ודאי מלית למשמע מינה דאין שיעור למים אבל קידוש שלא מדעת לא שמעינן מינה וטעמא דמתני' דלא מייתי במקודשת דמאן דחזי להו למחר דשקלי להו מתוך כלי שרת סבר לדעת שיקדש כלי ניתנו בו מאתמול וכיון דאין שיעור למים קדשום הכלי וקא חזי דמנסכי להו ש"מ אין לינה מועלת בנסכים ונפקא מינה חורבה : **ר' ינאי אמר.** אפילו תימא יש שיעור למים ואפ"ה נפק מינה חורבה : **גזירה שמא יאמרו לקידוש ידים ורגלים.** לכהן גדול מלאום וקדשום בכלי שאין מקדשים ידים ורגלים אלא במים מקודשים דומיא דכיור שנמשח בשמן המשחה ומקדש את מימיו והם לקידוש ידים ורגלים ואף קתון של זהב שהיו עושין לכבודו של כ"ג לקדש הימנו ידיו ורגליו כדאמרי' בסדר יומא פ' טרף בקלפי (דף מג:) מקודש היה ואתי למימר הכא לקידוש ידים ורגלים מילאום ולית להו שיעורא שאפי' הוה ק' לוגין ראוין הם לכלי ונתקדשו וכי חזי דמנסכי להו אמר אין לינה מועלת בנסכים : **ואמאי.** מים מגולין פסולין : **ליעבריגהו במסננת.** קולי"ר בלעז מסננת שמסננין בה קונדיטון כמו שעושין בעלי חנויות שתלוי כמין כברה ובו אבקת רוכל ויין ותחתיה כלי והקונדיטון מסתנן לתוכו : **יש בו משום גילוי.** אם הניחו בלא שמירה כשיעור שהיית גילוי המפירש בהכל שוחטין (חולין י.) כדי שילא נחש מתחת אזן כלי וישתה ויחזור לחורו ואסורה בשתיה : **התחתונה.** כלי התחתון :

הדרן עלך לולב וערבה

החליל חמשה וששה. פעמים שהוא ששה ימים פעמים חמשה : **וזהו חליל.** שהיו מחללין לרבות שמחה לבית השואבה דמפרש במתני': **בית השואבה.** כל שמחה זו אינה אלא בשביל ניסוך המים כדמפרש ושאבתם מים בששון : **שאינו דוחה כו'.** הלכך אם חל י"ט להיות בשבת פשו להו ששה חולו של מועד נמצא חליל ששה חל י"ט בחול הוו להו תרי יומי שבת וי"ט דלא דחי להו (שבת) פשו להו חמשה :

תוספות

ואי מייתי להו במקודשת איפסלו בלינה. וא"ת דנעשה כמי שמלאוהו הקוף כיון שנתמלאה שלא בזמנה דכלי שרת אינם מקדשים שלא בזמנו וא"י משום דכי מטו לילי דבי שימשי תיקדש דלילה אין מחוסר זמן ומיפסלו בלינה סוף סוף מאחר דקודש לכן נתמלאו יש לנו לחושבן כאלו מלאו הקוף כדאשכחן במנחות פ' שתי הלחם (דף ק. ושם) גבי לחם הפנים שסידרו אחר השבת שאפילו הוא על השלחן כמה ימים אין בכך כלום דנעשה כמי שסידרו הקוף וי"ל דלא דמי דשאני הכא דלא בעי (א)כהן בגדי כהונה במילוי וא"ת והלא ללוחית של זהב המחזקת שלשה לוגין מקודשת היתה דלא קתני שאינה מקודשת כדקתני גבי חביה ולא קתני שיהו מקדשין אותן בכלי שרת אחר קודם ניסוך וא"כ היאך היו ממלאין ממי השילוח הא מיפסלי ביוצא כיון דנתקדשו בכלי שרת כי היכי דמיפסלי בלינה וכן פי' בקונטרס בהדיא בריש שתי מדות (מנחות פז: ושם) גבי שלחן אבל מקדש ליפסל בלינה וביוצא ובפ' המזבח מקדש (זבחים דף פח.) מפרש בקונטרס אבל מקדשין ליפסל אם יצא חוץ לקלעים או נגע בו טבול יום וגם רביט שלמה פירש פ"ב דזבחים (דף כ: ושם) גבי יליאה מהו שתועיל בקידוש ידים ורגלים כדרך כל הקדשים (ב) הנפסלים ביוצא והשתא קשה ממי דללוחית דלא מיפסלי ביוצא ומיהו אין מכאן קושיא כל כך דאין כלי שרת מקדש בחוץ עד שיכנס לפנים כדאמר שמואל בהדיא בשילהי המזבח מקדש (שם דף פח.) דכלי שרת אין מקדשין אלא מתוכן ואין מקדשין אלא מבפנים אבל קשה מפ"ק דמנחות (דף ס. ושם) דפליגי בבללה חוץ לחומת עזרה דריש לקיש אמר כשירה דמדכהונה לא בעיא פנים נמי לא בעיא ור' יוחנן אמר פסולה כיון דעשייתו בכלי נהי דכהונה לא בעיא פנים מיהא בעיא אלמא בפנים מתקדשא ואפ"ה לא מיפסלא ביוצא וכן משמע בפ' התכלת (שם מז.) דאמר רב ששת הני תנאי כרבי סבירא להו דאמר שחיטה מקדשא פי' דאיפסלא ביוצא ובסוף (ג) שמעתין (דף מח.) קאמר הא דלא כרבי דאי כרבי כיון דאמר שחיטה מקדשא דפריך להו היכא אי אברא איפסלי ביוצא משמע דוקא משום דשחיטה מקדשא הוא מיפסל ביוצא הא לאו הכי לא אע"ג דרבי אית ליה תנור מקדש במנחות פרק רבי ישמעאל (דף עב:) מיהו יש לדחות דבאין עם הזבח שאני דהא נסכים הבאים עם הזבח לא מיפסלי בלינה אלא בשחיטת הזבח כדאמר זעירי בפרק התודה (מנחות עט.) ואלו בפני עצמן תנן במס' מעילה (דף י.) קידשו בכלי נפסלו בלינה ועוד יש לדקדק מהגהו דתנן פרק שני דמעילה (שם) קדשו (ד) הוכשרו ליפסל בטבול יום ובמחוסר כפורים ובלינה ולא קתני וביוצא אע"ג דגבי עופות וזבחים הוה מלי למיתני ליה ולא תני ליה איידי דלא תני ליה גבי שתי הלחם ולחם הפנים ומנחות לא תני ליה בהנהו והא דאמרינן בפ' כל שעה (פסחים נו.) גבי לישה דמנחות נהי דבזריזין ליתא במקום זריזין איתא אורחא דמילתא הוא דדרך לעשותה במקום זריזין וליתא דקידוש ידים ורגלים לאו משום פסול *יוצא הוא אלא כדקאמרינן התם כיון דפריש אסוחי אסח דעתיה והא דדייק פרק שתי הלחם (מנחות נה:) אמרת לישתן ועריכתן מבחוץ אלמא מדת יבש לא נתקדשה וכן בסוף כל המנחות באות מלה (שם סג.) דדריש ר' שמעון תטר תטר שתי פעמים שתהא אפייתן בתטר ושיהא הקדישן בתטר ופריך מהא דתנן ר"ש אומר לעולם הוי רגיל לומר שתי הלחם ולחם הפנים כשירות בעזרה וכשירות אבי פגי לאו משום דאי מקדשא הוי מיפסיל ביוצא אלא משום דדבר מכוער הוא להוציא דבר לחוץ שנתקדש וא"ת כיון דבקדושת כלי לא מיפסלא ביוצא מנחת כהנים וחביתי כהן גדול דלית בהו קמיצה ונסכים הבאים בפני עצמן אימת מיפסלי ביוצא וי"ל ודאי דבאותן מועיל קידוש כלי דכוותיה אמרינן בסוף ב"ש בזבחים (דף מה:) יש לו מתירים משקרבו מתיריו אין לו מתירין משיקדשו בכלי ואם תאמר לפי מה שפירש' דכלי שרת אין מקדשין אלא בפנים אם כן אכתי תיקשי לן ונייתי במקודשת ולא יכניסום בעזרה עד לאחר עמוד השחר כדי שלא יפסלו בלינה וי"ל דא"כ מה יועיל שתהא מקודשת ועוד דדבר מכוער הוא להשהותם כל כך בכלי שרת בחוץ :

חזקיה אמר כלי שרת אין מקדשין שלא מדעת. תימה דבפ' התודה (מנחות עח:) פליגי בתודה ששחטה על שמונים חלות חזקיה אמר קדשו ארבעים מתוך שמונים ר' יוחנן אמר לא קדשו ומסיק אביי דפליגי בכלי שרת מקדשין שלא מדעת חזקיה סבר מקדשין וכמו כן קשיא דרבי יוחנן אדר' יוחנן דרב פפא קאמר התם דכ"ע כלי שרת מקדשין שלא מדעת ובפ"ק דמנחות (דף ז. ושם) גבי קמילה פסולין דתניא לא שנו אלא קמץ אבל קידש פסל ופריך וכי מהדר ליה לקומץ לדוכתיה ליקדש וליפסול א"ר יוחנן זאת אומרת כלי שרת אין מקדשין אלא מדעת ומיהו דר' יוחנן איכא לשנויי שאני תודה דמתוך שמקדש מ' מתוך פ' מדעת מקדש נמי שלא מדעת אבל מהך קשה שאין שיעור למים ואפ"ה אין מקדשין שלא מדעת וי"ל דשאני הכא שלא בזמן הוא אע"ג דאמרינן בסוף שתי הלחם (שם ק.) דכלי שרת מקדשין שלא בזמנו מ"מ גרע שלא בזמן מבוזמן לענין שלא מדעת :

הדרן עלך לולב וערבה

החליל. הא דלא קתני כילד יום טוב שחל להיות בשבת חליל ששה ובשאר כל הימים חמשה כדלעיל בפרק לולב (דף מב:) משום דבעי למיסמך ולמימר חליל של בית השואבה דדייק מינה בגמרא האי הוא דלא דחי הא דקרבן דחי :

שאינו דוחה לא את יו"ט ולא את השבת. אע"ג דחליל אינו אסור אלא משום שמא יתקן כלי שיר כמו לא מספקין ולא מספחין דפ' משילין (ביצה דף לו:) וקיי"ל דאין שבות במקדש בית השואבה שאני כדאמרינן בגמרא דאינה אלא משום שמחה יתירה :

חד

עין משפט נר מצוה

סט א מיי' פ"ג מהל' פסולי מוקדשין הי"ב:

ע ב מיי' פ"י מהלכות תמידין הלכה ז :

עא ג מיי' פי"א מהל' שמירת הנפש הל' יד :

עב ד מיי' פ"ו מהלכות אסורי מזבח הלכה י סמג לאוין ש"ע :

א ה מיי' פ"ח מהלכות לולב הלכה יג.

[במשנה תרומות פ"ח מ"ז איתא כב"ג ור' נחמיה מתיר אמנם בברייתא דמייתי הכא מפורש ספי הלכך מייתי הש"ס הברייתא]

רבינו חננאל

ועירי חזקיה ור' ינאי חלקו בזה . ודברים פשוטין הן : **פיסקא** שהמים והיין מגולין פסולין לגבי מזבח : **ירושלמי** מה טעם דכתיב ושה אחת מן הצאן מן המאתים ממשקה ישראל . מדבר שראוי ישראל לשקותו עד כאן מים . יין . א"ר שבתי שנאמר המשמח אלהים ואנשים אם אנשים משמח במה משמח אלהים בניסוך שנא' בקדש הסך. ואוקימנא למתני' אפי' לר' נחמיה דתני אימתי מסננת יש בה משום גילוי בזמן שתחתונה מגולה . אבל בזמן שהתחתונה מכוסה אע"פ שהעליונה מגולה אין בה משום גילוי מפני שארס הנחש דומה לספוג וצף ועומד ואינו בוקע המרשת*) של תחתונה. לא קשרי ר' נחמיה כי הא גוונא אלא להדיוט (דמשום). אבל לגבוה דמשום גריעותא הוא לא מכשר . וכי לית ליה הקריבהו נא לפחתך הירצך או הישא פניך :

הדרן עלך לולב וערבה

החליל חמשה כו' : זה חליל של בית השואבה שאינו דוחה לא את השבת ולא את יו"ט :

*) תיבה זו לא מובנת ואולי צ"ל המסרת מן מסרת ענבים או משמרת.

מסורת הש"ס

מנחות דף ז. עח:[סוטה יד:]

ב"ב דף נח: [ב"ק קטו:]

הגהות הב"ח

(א) תוס' ד"ה ואי מייתי וכו' דלא בעי כהן ובגדי כהונה : (ב) בא"ד כדרך כל הקדשים בכלי הנפסלים: (ג) בא"ד דאיפסלא ביוצא ובסוף היינו במעילה קאמ':(ד)בא"ד קדשו בכלי הוכשרו וכו' יוצא הוא דהא קאמרינן התם אבל יציאה כיון דפריש וכו' אלמא מדת יבש לא נתקדשה ואפייתן בפנים אלמא מדת יבש נתקדשה וכן בסוף כל המנחות :

ב א ב מיי' פ"ג מהל' בית הבחירה הלכה יח:

גמ' איתמר רב יהודה ורב עינא חד תני שואבה וחד תני חשובה אמר מר זוטרא מאן דתני שואבה לא משתבש ומאן דתני חשובה לא משתבש מאן דתני שואבה לא משתבש דכתיב °ושאבתם מים בששון ומאן דתני חשובה לא משתבש דאמר רב נחמן מצוה חשובה היא ובאה מששת ימי בראשית ת"ר *החליל דוחה את השבת דברי ר' יוסי בר יהודה וחכ"א אף י"ט אינו דוחה אמר רב יוסף מחלוקת בשיר של קרבן דר' יוסי סבר *עיקר שירה בכלי ועבודה היא ודוחה את השבת ורבנן סברי עיקר שירה בפה ולאו עבודה היא ואינה דוחה את השבת אבל שיר של שואבה דברי הכל שמחה היא ואינה דוחה את השבת אמר רב יוסף מנא אמינא (א) דבהא פליגי דתניא **[א]כלי שרת שעשאן של עץ רבי פוסל ורבי יוסי בר יהודה מכשיר מאי לאו בהא קמיפלגי מאן דמכשיר סבר עיקר שירה בכלי וילפינן מאבובא דמשה ומאן דפסיל סבר עיקר שירה בפה ולא ילפינן מאבובא דמשה לא דכ"ע עיקר שירה בכלי והכא בדנין אפשר משאי אפשר קמיפלגי מאן דמכשיר סבר *דנין אפשר משאי אפשר ומאן דפסיל סבר (ב) לא דנין אפשר משאי אפשר ואיבעית אימא דכ"ע דעיקר שירה בפה ואין דנין אפשר משאי אפשר והכא במילף *מנורה בכללי ופרטי או ברבויי ומיעוטי קא מיפלגי רבי דריש כללי ופרטי ר' יוסי בר יהודה דריש ריבויי ומיעוטי רבי דריש כללי ופרטי °ועשית מנורת כלל זהב טהור פרט מקשה תעשה המנורה חזר וכלל כלל ופרט וכלל אי אתה דן אלא כעין הפרט מה הפרט מפורש של מתכת [ב]אף כל של מתכת ר' יוסי בר יהודה דריש ריבויי ומיעוטי ועשית מנורת ריבה זהב טהור מיעט מקשה תעשה המנורה חזר וריבה ריבה ומיעט וריבה ריבה הכל מאי רבי רבי כל מילי מאי מיעט מיעט *של חרס אמר רב פפא כתנאי

ישעיה יב | שמות כה

גמ' מששת ימי בראשית . דאמרן לעיל שיתין נבראו מששת ימי בראשית לקבל הנסכים : בשיר של קרבן . בחליל המכה לפני המזבח בשעת ניסוך *(המים (ג) ו)היין לתמיד של שחר וניסוך היין לתמיד של בין הערבים שהלוים עומדין על דוכנם ואומרים שיר והחליל מכה לפניהם כדתנן במסכת ערכין (דף י.) בי"ב יום בשנה החליל מכה לפני המזבח ואין אומרים שיר על המזבח אלא על היין כדאמרינן התם ובאותו חליל נחלק ר' יוסי בר יהודה לומר שהוא דוחה: עיקר שירה. שקרבן לבור טעון שיר מן התורה כדאמרינן במסכת ערכין (דף יא.) מכמה מקראות וסבר ר' יוסי עיקר השיר אינו אא"כ חליל מכה עם השיר וכן כנורות ונבלים הכל כמנין המפורש שם הלכך עבודה היא וכי היכי דתמיד דוחה שבת שיר שלו נמי דוחה שבת : בפה . הלוים אומרים השיר דבר יום ביומו כגון לה' הארץ ומלואה (תהלים כד) בראשון גדול ה' ומהולל (שם מח) בשני וכן כולם ובשבת שאי אפשר לחליל אינו דוחה שאין כלי שיר המלוה ולקמן ילפינן טעמייהו מקראי : אבל שיר של שואבה . שהיה כל הלילה על מעלות היורדות מעזרת ישראל לעזרת נשים כדקתני במתני' והלוים בכנורות ובנבלים : דברי הכל שמחה יתירה היא . ואינה מן התורה אלא לחבב את המצות ולא דחי שבת : דבהכי פליגי . בעיקר שירה בפה או בכלי : מאן דמכשר . עץ לכל כלי שרת סבר עיקר שירה בכלי והוו להו כלי השיר כלי שרת ואבוב היה במקדש מימות משה והוא של קנה כדתנן בערכין (דף י:) הלכך שאר כלי שרת מיניה ילפינן לאכשורי בשל עץ : עיקר שירה בפה . וכלי לבסומי קלא בעלמא הוא הלכך כלי השיר אינן כלי שרת ולא ילפינן מינייהו לדמויי כלי שרת לאבוב של משה : אין דנין אפשר משאי אפשר . שאר כלים אפשר שיהיו של מתכת והן מכובדים הלכך ממנורה ילפינן להו ולא מאבוב של משה דהתם טעמא משום שאי אפשר לעשות של מתכת כדמפרש בערכין (דף י:) שצפוהו *זהב ולא היה קולו ערב נטלו את ציפויו והיו קולו ערב ומאן דמכשר סבר דנין אפשר משאי אפשר דמ"מ אשכחן כלי שרת דעץ : ס"ג ואיבעית אימא עיקר שירה בפה ואין דנין אפשר משאי אפשר . וה"פ דכ"ע עיקר שירה בפה וליכא למילף מאבוב ואת"ל עיקר בכלי אפילו הכא באבוב לא גמר דאין דנין אפשר משאי אפשר : והכא במילף מנורה בכללי ופרטי או בריבויי ומיעוטי קמיפלגי ס"ג ול"ג ממנורה . יש שדורשין את התורה בכלל ופרט ויש שדורשים אותה במדת רבוי ומיעוט הדורשה בכלל ופרט משמע ליה פרט הבא אחר כלל פירושו של כלל הלכך כלל ופרט אין בכלל אלא מה שבפרט ואפילו דברים הדומין לפרט אין כדונין עמו לפי שהוא פירושו מהו כלל הכלול למעלה זה שאני אומר לך עכשיו ולא יותר וכי אתי כלל שני אחר הפרט בא להוסיף עליו ודייך אם תוסיף עליו את הדומים לו הלכך אי אתה דן על ידי כלל האחרון אלא דברים הדומין לפרט שלא נתרבו מתחילה והדורשה בריבוי ומיעוט לא משמע ליה פרט הבא אחר כלל פירושו של כלל דנימא אין בכלל אלא מה שבפרט אלא משום דבכלל קמא נתרבה הכל במשמע אתי פרטא בתראה למעוטי ממשמעותיה וכי הדר אתי ריבוי אחריני בהדיה אהני לרבויי כל מילי דאלו דברים שהן כעין הפרט לא אילטריך דלא אימעיטו להו ממיעוטא והכי אמר בהדיא בפרק נגמר הדין (סנהדרין דף מה:) גבי כל הנסקלין נתלין דמאן דדריש ריבויי ומיעוטי משמע ליה בריבוי ומיעוט להודיה בלא ריבוי אחרון כל הדומין לפרט : מיעט של חרס . דע"כ מיעוטא למעוטי אתא וזהו הראוי להתמעט יותר מן הכל :
כתנאי

חד תני שואבה . בירושלמי מפרש שמשם שואבים רוח הקודש שהשכינה שורה מתוך שמחה דכתיב ויהי כנגן המנגן ותהי עליו רוח ה' ומייתי עובדא דיונה בן אמיתי שהיה מעולי רגלים ובשמחת בית השואבה שרתה עליו שכינה : וחד תני חשובה . בריש מסכת ע"ז (דף ב. ושם) גבי עידיהן ואידיהן מפרש טעמא מאן דתני אידיהן מ"ט לא תני עידיהן ובשמעתין לא דייק הכי ולא בדוכתי טובא בריש כילד מעברין (עירובין דף נ.) מעברין ומאברין ובפ' הגוזל בתרא (ב"ק קטז:) גבי מסיקין ומליקין ובריש פרק שני דיבמות (דף יז. ושם) גבי ראשונה ושניה (ד) ובפרק מסילין (ביצה דף לה:) : ורבנן סברי עיקר שירה בפה . תימה דבפ' המוצא תפילין (עירובין קב:) תנן קושרין נימא במקדש אבל לא במדינה ואיכא תנא בגמ' דאמר לא היה קושרה אלא עונבה ועד כאן לא פליגי אלא בתיקון כלי אי דחי שבת משום מכשירי קרבן אבל שיר עצמו לכ"ע דחי ותנן נמי פרק שני דערכין (דף י.) בשנים עשר יום בשנה החליל מכה לפני המזבח בשחיטת פסח ראשון ובפסח שני וביו"ט הראשון של פסח וביו"ט של עצרת ושמנה ימי החג אלמא דחי שבת ויו"ט דא"א לשמנת ימי החג בלא שבת ולרב ירמיה בר אבא דמסיק בשמעתין בשיר של שואבה פליגי אבל שיר של קרבן לכ"ע דחי ניחא ורב יוסף דהכא איתותב מברייתא וצ"ל דמתניתין דערכין ודעירובין הוה מוקי להו רב יוסף כרבי יוסי בר יהודה ומיהו אכתי קשה דבסוף תמיד נשחט (פסחים סה.) משמע דמילתא דפשיטא היא דאין שבות במקדש ואפי' ר' נתן דמחמיר התם מודה דשבות צריכא התירו ועוד תנן בפירקין (דף נג:) גבי תקיעות של מקדש דבכל יום היו שם עשרים ואחת תקיעות ואפילו בשבת כדדייק בגמרא דבכל יום תנן* ולא אשתמיט דפליג שום תנא ואין לומר דהנהו תקיעות דאורייתא דהא (*דקתני) שלש לפתיחת שערים ותקיעות נמי שלש כדי להבטיל העם ממלאכה דוחות יו"ט שחל להיות בערב שבת כדתנן פרק קמא דחולין (דף כו:) יו"ט שחל להיות בערב שבת תוקעין ולא מבדילין שהיו משנין בהם במקלת כדמפרש התם טעמא בגמרא וכל הני דהתם דרבנן ולא גזור במקדש ובמילוי המים דכתיב ושאבתם מים בששון *גזור וי"ל דלפי שהיה שם רוב כלי שיר חלילים כנורות מצלתים נבלים שצריכים לתקן תדיר גזור בהו טפי מהנך דסגי בשופר דלא בעי תיקון ואגב דגזור בהו גזור נמי שלא יתקעו למילוי המים בי"ט כדמוכח בפירקין (דף נד:) דפריך אי הכי ערב שבת שבתוך החג נמי לא ליחשביה זימנין דלא אשכחן כגון דחל יו"ט ראשון של חג בע"ש כלומר דבלאו הכי תקיעות משום דלא תקעי למילוי המים והייט טעמא כדפרישנא לפי שרגילין בהו להרבות בשאר כלי שיר בלא מספר כדתנן בפירקין (דף נא:) גזרו שלא יתקעו כלל :
כתנאי

רש"ל מ"ז

[תוס' פ"ד ערכין ותוס' פ"א ע"ש] [לקמן נא. תענית כז. ע"ז מז. ערכין יא.]

סוטה דף יד: מנחות ד' כח:

[יבמות מו. פא: הוריות ז: זבחים לח. מנחות יט. פב: תמורה טז: יח: נדה לג:] (סוטה יד:)

מנחות דף כה:

גי' מהרש"ל ולא פליג שם תנא

[נ"ל דקתני]

[זבחים נג:]

גזור אע"פ שיש לנו סמך מן המקרא כו' לתקן תדיר גזור בהו טפי מבהנך כו' כצ"ל מהרש"ל

הגהות הב"ח

(א) גמ' מנא אמינא דבהכי פליגי: (ב) שם ומאן דפסיל סבר אין דנין: (ג) רש"י ד"ה בשיר של קרבן וכו' בשעת ניסוך המים. נ"ב משום חג הסוכות נקט ניסוך המים כי לא היה ניסוך המים אלא בחג ודוקא בתר כמו שפירש רש"י במשנה ר"ס לולב וערבה: (ד) תוס' ד"ה וחד תני וכו' ובנים וכן בפרק מסילין:

רבינו חננאל

רב יהודא ורב עיינא . חד הוה תני מתני' השואבה כדכתיב ושאבתם מים בששון . וחד הוה תני מתני' חשובה [משום דחשובה] ובאה מששת ימי בראשית : ת"ר חליל דוחה את השבת דברי ר' יוסי ב"ר יהודה . וחכ"א אפי' יו"ט אינו דוחה . אמר רב יוסף מחלוקת בשיר של קרבן . דר' יוסי סבר עיקר שירה בכלי ועבודה היא ודחיה שבת . ורבנן סברי עיקר שירה בפה ולאו עבודה היא ולאו דחיה שבת : ואמר רב יוסף מנא אמינא לה דבהכי פליגי . דתניא כלי שרת שעשאן של עץ פסול . ור' יוסי ב"ר יהודה מכשיר . מאי לאו בהא קמיפלגי . ר' יוסי סבר עיקר שירה בכלי והאבוב כלי שרת הוא ואמר מר אבוב של משה של קנה היה . ש"מ שעושין כלי שורת של עץ. [רבי פוסל דר'] (ור') סבר דעיקר שירה בפה והאבוב לאו כלי שרת הוא לפיכך עשאוה של קנה . ודחינן לא כ"ע עיקר שירה בכלי . ר' ור' יוסי בדנין אפשר משאי אפשר פליגי . פי' אבוב אי אפשר לעשותו ממיני מתכות דגרסינן בערכין פ"ב (דף י.) . ת"ר אבוב שבמקדש חלק היה דק קנה היה מימות משה היה והיה קולו ערב . וצוה המלך וצפוהו זהב ולא היה קולו ערב ונטלו צפויו וחזר קולו כמו שהיה . וא"ר פפא התם היינו חליל היינו אבוב . דתנן *) לא היה מכה באבוב של נחשת אלא באבוב של קנה מפני שקולו ערב כו' . לפיכך אמר אבוב אי אפשר לעשותו ממיני מתכות כשאר כלי שרת שאפשר לעשותן ממיני מתכות . הלכך אמרינן ר' סבר אין דנין כלי שרת שאפשר לעשותן ממיני מתכות מן אבוב שאי אפשר לעשותן ממיני מתכות . ור' יוסי סבר דנין אפשר משאי אפשר . איבעית אימא כ"ע לא ילפינן מאבוב דמשה אי משום דאין דנין אפשר משאי אפשר או משום דעיקר שירה בפה . והכא במילף ממנורה פליגי ר' דריש כללי ופרטי ועשית מנורת כלל בכל דבר זהב פרט . זהב ולא דבר אחר מקשה תעשה . חזר וכלל . כלל ופרט כו' . מאי מיעט . מיעט של עץ . ר' יוסי ב"ר יהודה דריש רבויי ומעוטי . ועשית מנורת ריבה . זהב מיעט . מקשה תעשה חזר וריבה כו' : א"ר פפא עיקר שירה בפה או בכלי

*) נראה דצ"ל דתנן שם החליל מכה לפני המזבח וכו' ולא היה מכה באבוב כו'

§ מסכת סוכה דף נ: §

אות א׳ – ב׳

כלי שרת שעשאן של עץ, רבי פוסל

אף כל של מתכת

רמב״ם פ״א מהל׳ בית הבחירה הי״ח - המנורה וכליה והשולחן וכליו ומזבח הקטורת וכל כלי שרת, אין עושין אותן אלא מן המתכת בלבד; ואם עשאום של עץ או עצם או אבן או של זכוכית, פסולין.

§ מסכת סוכה דף נא. §

אות א׳ – ב׳

משפחת בית הפגרים... שהיו משיאין לכהונה

עיקר שירה בפה

רמב"ם פ"ג מהל' כלי המקדש ה"ג - ואין פוחתין מי"ב לוים עומדים על הדוכן בכל יום לומר שירה על הקרבן, ומוסיפין עד לעולם. ואין אומרין שירה אלא בפה בלא כלי, שעיקר השירה שהיא עבודתה בפה; ואחרים היו עומדים שם מנגנין בכלי שיר, מהן לוים ומהן ישראלים מיוחסין המשיאין לכהונה, שאין עולה על הדוכן אלא מיוחס; ואין אלו המשוררים ע"פ הכלים עולין למנין הי"ב.

אות ג׳

ליוחסין, אבל לא למעשר

רמב"ם פ"ג מהל' כלי המקדש ה"ג - עיין לעיל.

רמב"ם פ"כ מהל' איסורי ביאה ה"ב - אי זהו כהן מיוחס, כל שהעידו לו שני עדים שהוא כהן בן פלוני הכהן, ופלוני בן פלוני הכהן, עד איש שאינו צריך בדיקה, והוא הכהן ששימש על גבי המזבח, שאילו לא בדקו בית דין הגדול אחריו לא היו מניחין אותו לעבוד; לפיכך אין בודקין [א]מהמזבח ומעלה, ולא מן הסנהדרין ומעלה, שאין ממנין בסנהדרין אלא כהנים לויים וישראלים מיוחסין.

אות ד׳

שמחה יתירה אינה דוחה את השבת

רמב"ם פ"ח מהל' לולב הי"ג - והיאך היתה שמחה זו, החליל מכה ומנגנין בכנור ובנבלים ובמצלתים וכל אחד ואחד בכלי שיר שהוא יודע לנגן בו, ומי שיודע בפה בפה, ורוקדין ומספקין ומטפחין ומפזזין ומכרכרין כל אחד ואחד כמו שיודע, ואומרים דברי שיר ותושבחות; ושמחה זו אינה דוחה לא את השבת ולא את יום טוב.

אות ה׳

בשיר של קרבן דברי הכל עבודה היא, ודוחה את השבת

רמב"ם פ"ג מהל' כלי המקדש ה"ו - [ב]בי"ב יום בשנה החליל מכה לפני המזבח: בשחיטת פסח ראשון, ובשחיטת פסח שני, וביו"ט הראשון של פסח, וביום הראשון של עצרת, ובשמנה ימי החג; וחליל זה דוחה שבת מפני שהוא חליל של קרבן, וחליל של קרבן [ג]עבודה היא ודוחה את השבת.

אות ו׳

במוצאי יו"ט הראשון של חג ירדו לעזרת נשים ומתקנין וכו'

רמב"ם פ"ח מהל' לולב הי"ב - אע"פ שכל המועדות מצוה לשמוח בהן, בחג הסוכות היתה שם במקדש שמחה יתירה, שנאמר: [ד]ושמחתם לפני ה' אלהיכם שבעת ימים; וכיצד היו עושין, [ה]ערב יו"ט הראשון היו מתקנין במקדש מקום לנשים מלמעלה ולאנשים מלמטה, כדי שלא יתערבו אלו עם אלו; ומתחילין לשמוח ממוצאי יו"ט הראשון, וכן בכל יום ויום מימי חולו של מועד מתחילין מאחר שיקריבו תמיד של בין הערבים לשמוח שאר היום עם כל הלילה.

אות ז׳

מבלאי מכנסי כהנים ומהמייניהן, מהן היו מפקיעין

רמב"ם פ"ח מהל' כלי המקדש ה"ו - מכנסי כהנים [ו]הדיוטים שבלו ואבנטיהם היו עושין מהן פתילות, ומדליקין בהן במקדש בשמחת בית השואבה; וכתנות כהנים הדיוטים שבלו, היו עושין מהן פתילות למנורת תמיד.

אות ח׳

חסידים ואנשי מעשה היו מרקדין בפניהם

רמב"ם פ"ח מהל' לולב הי"ד - מצוה להרבות בשמחה זו, ולא היו עושין אותה עמי הארץ וכל מי שירצה, אלא גדולי חכמי ישראל וראשי הישיבות והסנהדרין והחסידים והזקנים ואנשי מעשה, הם שהיו מרקדין ומספקין ומנגנין ומשמחין במקדש בימי חג הסוכות, אבל כל העם האנשים והנשים כולן באין לראות ולשמוע.

באר הגולה

א ‹כפ' עשרה יוחסין (דף ע"ו): אין בודקין לא מן המזבח ולמעלה ולא מן הדוכן ולמעלה ולא מן הסנהדרין ולמעלה – מגיד משנה, ורבינו השמיט דוכן, ואפשר דהעין משפט סובר דנכלל ומובן ממילא› ב ‹ומה שפרש"י דקאי פלוגתייהו אי"ב יום דחשיב התם, ולא פי' דפליגי בכלי שיר של כל שבת לתמיד, דהא משמע דבכל יום היה השיר, כדאמרינן השיר של הלוים ביום הראשון היו אומרים לה' הארץ ומלואה וכו', ולמ"ד דעיקר שיר הוא בכלי א"כ בכל יום הוי כלי, אלא שבהנך י"ב ימים היה שם ג"כ אותו כלי הנקרא חליל וכדמשמע התם בערכין, **י"ל** משום דנקיט בברייתא לשון חליל, דקתני החליל דוחה את השבת וכו', מכלל דאיירי בהנך ימים שהיה בהן חליל, **אלא** שעדיין צריך ליישב, דלפי סברת רב יוסף, דטעמו דר' יוסי משום דס"ל עיקר שירה בכלי ועבודה היא, א"כ בשיר של כל שבת נמי לידחי שבת, ולמה נקיט דוקא חליל, **וי"ל** בדוחק, דלהודיע כחן דחכמים נקט חליל, לאשמעינן דאפי' בהנך ימים דהוה בהו חליל אין דוחה אפי' יו"ט – מהר"ם מלובלין› ג ‹כתב נמי (כלשון הגמרא) שעבודה היא ודוחה שבת, והרמב"ם עצמו כתב (בהל' ג') שעיקר שירה בפה, וא"כ כל ההיתר הוא מצד דאין שבות במקדש, כמו שפי' תוס' (דף נ: ד"ה ורבנן), ולא שייך כאן לשון עבודה היא ודוחה את השבת, דאין כאן שום איסור כיון דהוה שבות ואין שבות במקדש, ומה שייך לשון דחיה – הערות הגרי"ש אלישיב› ד ‹מבואר דדעת הרמב"ם דלא כרש"י, אלא שמחה יתירה הוה משום חג הסוכות, והביא קרא דושמחתם לפני ד' אלוקיכם, ולא משום ניסוך המים – הערות הגרי"ש אלישיב› ה ‹נ"ב במתני' קתני במוצאי יו"ט מתקנין וכו' – הג' עמק המלך› ו ‹ובגדי כה"ג שבלו כתב הרמב"ם (שם ה"ו) דגונזין אותן. ומיהו בירושלמי מבואר דעושין מהן פתילות – משנה הלכות›

כתנאי (*דתניא) *עבדי כהנים היו דברי ר' מאיר רבי יוסי אומר משפחת בית הפגרים ומשפחת בית ציפריא ומאמאום היו שהיו משיאין לכהונה ר' חנינא בן אנטיגנוס אומר לוים היו מאי לאו בהא קא מיפלגי דמאן דאמר *עבדים היו קסבר עיקר שירה בפה ומאן דאמר לוים היו קסבר *עיקר שירה בכלי ותסברא רבי יוסי מאי קסבר אי קסבר עיקר שירה בפה אפילו עבדים נמי אי קסבר עיקר שירה בכלי לוים אין ישראלים לא אלא *דכולי עלמא עיקר שירה בפה ובהא קא מיפלגי דמר סבר הכי הוה מעשה ומר סבר הכי הוה מעשה למאי נפקא מינה למעלין מדוכן ליוחסין ולמעשר קא מיפלגי מאן דאמר עבדים היו קסבר אין מעלין מדוכן ליוחסין ולא למעשר ומאן דאמר ישראל היו קסבר מעלין מדוכן ליוחסין אבל לא למעשר ומאן דאמר לוים היו קסבר מעלין מדוכן בין ליוחסין בין למעשר ורבי ירמיה בר אבא אמר מחלוקת בשיר של שואבה דרבי יוסי בר יהודה סבר שמחה יתירה נמי דוחה את השבת ורבנן סברי שמחה יתירה אינה דוחה את השבת אבל בשיר של קרבן דברי הכל עבודה היא ודוחה את השבת מיתיבי שיר של שואבה דוחה את השבת דברי רבי יוסי בר יהודה וחכמים אומרים אף יום טוב אינו דוחה תיובתא דרב יוסף תיובתא לימא בשיר של שואבה הוא דפליגי אבל בשיר של קרבן דברי הכל דוחה את השבת לימא תיהוי תיובתא דרב יוסף בתרתי אמר לך רב יוסף פליגי בשיר של שואבה והוא הדין לקרבן והאי דקמיפלגי בשיר של שואבה להודיעך כחו דרבי יוסי בר יהודה דאפילו דשואבה נמי דחי והא קתני זהו חליל של בית השואבה שאינו דוחה לא את השבת ולא את יום טוב זהו דאינו דוחה אבל דקרבן דוחה מני אי נימא רבי יוסי בר יהודה האמר שיר של שואבה נמי דוחה אלא לאו רבנן ותיובתא דרב יוסף בתרתי תיובתא מאי טעמא דמאן דאמר עיקר שירה בכלי דכתיב ויאמר חזקיהו להעלות העולה להמזבח ובעת החל העולה החל שיר ה' והחצוצרות ועל ידי כלי דויד מלך ישראל מ"ט דמאן דאמר עיקר שירה בפה דכתיב ויהי כאחד למחצצרים ולמשוררים להשמיע קול אחד ואידך נמי הא כתיב ויאמר חזקיהו הכי קאמר החל שיר ה' בפה על ידי כלי דויד מלך ישראל לבסומי קלא ואידך נמי הא כתיב ויהי כאחד למחצצרים ולמשוררים הכי קאמר משוררים דומיא דמחצצרים מה מחצצרים בכלי אף משוררים בכלי:

מתני' (א) מי שלא ראה שמחת בית השואבה לא ראה שמחה מימיו במוצאי יום טוב הראשון של חג ירדו לעזרת נשים ומתקנין שם תיקון גדול מנורות של זהב היו שם וארבעה ספלים של זהב בראשיהם וארבעה סולמות לכל אחד ואחד וארבעה ילדים מפירחי כהונה ובידיהם כדים של מאה ועשרים לוג שהן מטילין לכל ספל וספל *מבלאי מכנסי כהנים ומהמייניהן מהן היו מפקיעין ובהן היו מדליקין ולא היה חצר בירושלים שאינה מאירה מאור בית השואבה חסידים ואנשי מעשה היו מרקדין בפניהם באבוקות

מתני' · עיקר שיר בפה או בכלי: **עבדי כהנים היו** · [משנה] במסכת ערכין היא על אוחזי כלי שיר בשעת שיר של קרבן קיימינן: **משפחת בית הפגרים ומשפחת בית ציפריא** · זה שם המשפחות: **ומאמאום היו** · זה שם מקומם: **ומשיאין לכהונה** · ישראל מיוחסין היו שנשיאם אלמנות ובנותם ראויות תורה אור ליכשא לכהנים: **לוים היו** · אבל ישראלים פסולין לכך: **מעלין מדוכן** הרואהו עומד על הדוכן עם הלוים א"צ לבדוק אחריו לא להשיאו מיוחסת ולא ליתן לו מעשר ראשון דודאי לוי הוא שמפני דבר זה לא הרגילו להעמיד שם כי אם לוים כדי שלא יטעו בהם בני אדם להחזיקם כלוים ואינם לוים: **ומ"ד ישראל היו** סבר מדוכן ליוחסין מעלין שמפני דבר זה לא הרגילו להעמיד שם עבדים: **אבל לא למעשרות** · שלא נזהרו מלהעמיד שם ישראל: **ומאן דאמר עבדים היו** · קסבר אין סומכין על הדוכן מלבדוק אחריו להעלותן ליוחסין הלכך לא נזהרו על כך: **ור' ירמיה אמר כו'** · לעיל קאי אפלוגתא דרבי יוסי ברבי יהודה ורבנן ופליג אדרב יוסף: הכי גרסינן דרבי יוסי סבר שמחה יתירה נמי דוחה שבת הואיל ושמחת מצוה היא ובחליל אין איסור מלאכה אלא שבות בעלמא: **תיובתא דרב יוסף** · דאמר מודה ר' יוסי בשיר של שואבה דלא ידחה: **אבל בשיר של קרבן דוחה כו'** · האי לשון קושיא ובעיא הוא כלומר חזינן הכא דבשל שואבה פליגי ואיכא למידק הא בשל קרבן מודו רבנן דדחי: **נימא תהוי תיובתא דרב יוסף** · נמי בהא דאמר לעיל בשל קרבן פליגי והכא דייקינן דמודו רבנן ביה והויא תיובתא בתרתי בשל שואבה הוי תיובתיה מדרבי יוסי ובשל קרבן הוי תיובתיה מדרבנן: **והוא הדין לקרבן** · ומדרבנן לא תותביה: **והא קתני מתניתין וזהו חליל כו'** · ל"ג והא עלה קתני אלא והא קתני: **אלא לאו רבנן היא** · דשמעינן להו בדשואבה דלא דחי וקתני זהו למעוטי דקרבן אלמא בשל קרבן מודו: **החל שיר ה' והחצוצרות ועל ידי כלי דויד** · אלמא כלי דוד שיר ה' קרי ליה: **למחצצרים ולמשוררים** · והכא לא כתיב כלים וחצוצרות לאו כלי שיר נינהו שהן לתקיעות התמידין והמוספין: **מתני' יורדין לעזרת נשים** · כהנים ולוים יורדין מעזרת ישראל שהיא גבוהה לעזרת נשים שלמטה הימנה בשיפוע ההר: **ומתקנין שם תיקון גדול** · מפרש בגמרא: **וארבעה ספלים של זהב בראשיהן** · בראש כל מנורה ומנורה: **ילדים** · בחורים ובידיהם כדי שמן ועולים כל אחד בסולמו: **מבלאי מכנסי כהנים ומהמייניהן היו מפקיעין** · ממכנסי בגדי השרד שהיו משל צבור ומאבנטיהם הישנים · מפקיעין קורעין לעשות פתילות: **שלא היתה מאירה מאור בית השואבה** · לפי שהמנורות גבוהין חמשים אמה* והר הבית גבוה והאורה זורחת בכל העיר וכותל מזרחי שהוא לסוף עזרת נשים היה נמוך כדאמרינן בסדר יומא (דף טז.) והמנורות עולין למעלה הימנה:

*) [נ"א דלא הקשו גם ממגלפת ועיין בתוי"ט שהניח דבר זה בתימה]

כתנאי עבדי כהנים היו · משנה היא פרק שני דערכין (דף י.) ותימה דהכא מסקינן דכ"ע עיקר שירה בפה והתם קתני רישא דחליל מכה בשמונה ימי החג ואי אפשר בלא שבת וי"ל דהא מפרש טעם משום דאין שבות במקדש ובירושלמי פריך ומשני רישא רבי יוסי בר' יהודה היא:

מעלין מדוכן · ראוהו עומד על הדוכן עם הלוים אין צריך לבדוק אחריו לא להשיאו מיוחסת וליתן לו מעשר ראשון דודאי לוי הוא שמפני דבר זה לא הרגילו עבדים לעמוד שם כך פירש בקונטרס משמע שרוצה לומר דפליגי בהכי דמר סבר אין להעמיד עבדים לדוכן דחיישינן שמא יעלום ליוחסין ולמעשר ומר סבר לא חיישינן למעשר אבל חיישינן ליוחסין ומר סבר אף ליוחסין לא חיישינן ואין הלשון משמע כן דקאמר והכא בהא קא מיפלגי מר סבר הכי הוה מעשה ומ"ס הכי הוה מעשה משמע שהמעשר אין תלוי בהעלאה אלא העלאה תלויה במעשר דמר סבר הכי הוה מעשה שהלוים היו בקיאים בכלי שיר ומר סבר עבדים היו בקיאים יותר מן הכל והעמידום ומיהו פרק שני דערכין (דף יא. ושם) משמע כפירש הקונטרס דגרס והכא במעלין מדוכן למעשרות וליוחסין קמיפלגי ומיהו גם לפי מה שפירשתי שם יש ליישב:

למחצצרים ולמשוררים והכא לא כתיבי כלים וחצוצרות לאו כלי שיר ניניהו שהם לתקיעות התמידין והמוספין כך פירש בקונ' ותימ' קרא גופיה כתוב בכלי שיר דקרא הכי כתיב בדברי הימים (ב' ה') גבי שלמה כאחד למחצצרים ולמשוררים להשמיע קול אחד להלל ולהודות לה' וכהרים קול בחצוצרות ובמצלתים ובכלי השיר ובהלל לה' כי טוב כי לעולם חסדו וי"ל דדייק מדחלקם לב' הילולים דמעיקרא כתיב גבי שירה בפה להשמיע קול אחד להלל ולהודות לה' ולבתר הכי כתיב גבי כלי השיר ובהלל לה' שמע מיניה דעיקר שירה בפה וכלי השיר לבסומי קלא:

מבלאי מכנסי כהנים ומהמייניהן · תימה דלא חשיב נמי *)כתונת שגם היא היתה של שש:

שעליהן הלוים עומדין בכלי שיר · לשמחת בית השואבה אבל דוכן לשיר דקרבן אצל המזבח היה כך פירש בקונט' ובמס' מדות (פ"ב מ"ו) תנן ומייתי לה בפ"ק דיומא (דף טז.) ראב"י אומר מעלה היתה שם גבוהה אמה ודוכן נתון עליה ואותה מעלה היתה בין עזרת ישראל לעזרת כהנים:

קרא

עין משפט
נר מצוה

ג א ב מיי' פ"ג מהל' כלי המקדש הלכה ג סמג עשין קסט:

ד ג מיי' שם ופ"כ מהל' איסורי ביאה הל' ג:

ה ד מיי' פ"ח מהלכות לולב הלכה יג:

ו ה מיי' פ"ג מהלכות כלי המקדש הל' ו סמג עשין קע:

ז ו מיי' פ"ח מהלכות לולב הלכה יב:

ח ז מיי' פ"ח מהלכות כלי המקדש הלכה ו:

ט ח מיי' פ"ח מהלכות לולב הלכה יד:

רבינו חננאל

תנאי היא דתנן בערכין פ"ב עבדי כהנים היו דברי ר"מ [ר' יוסי] אומר משפחת בית הפגרים כו' · רבי חנניה בן אנטיגנוס אומר לוים · מאי לאו בהא פליגי דמ"ד עבדים היו · פי' אלו המכים באבוב קסבר עיקר שירה בפה והלויים הם משוררים · פי' ואלו המכים באבוב אף על פי שהן עבדים הותרו שהרי אין הסמיכה עליהן · ומ"ד לוים היו קסבר עיקר שירה בכלי לפיכך לויים היו · ותסברא דבהכי פליגי אי הכי ר' יוסי דקתני כשרין היו מאי קאמר כו' כמו שהוא מפורש בערכין פרק ב' ור' ירמיה בר אבא אמר מחלוקת בשיר של בית השואבה אבל בשיר של קרבן דברי הכל עבודה היא ודחיא שבת מיתיבי חליל של בית השואבה דוחה שבת דברי ר' יוסי בר' יהודה וחכ"א אפילו יו"ט אינו דוחה תיובתא דרב יוסף תיובתא בחליל של בית השואבה אבל בשיר של קרבן דברי הכל דחי ואסיקנא תיובתא דרב יוסף בתרתי תיובתא מ"ד עיקר שירה בכלי מ"ט דכתיב ויאמר חזקיהו להעלות העולה להמזבח וגו' ומ"ד עיקר שירה בפה מ"ט דכתיב ויהי כאחד למחצצרים ולמשוררים להשמיע קול אחד *) והכי קאמר להעלות העולה החל שיר ה' בפה ועל ידי כלי דוד לבסומי קלא · ואידך אמר לך אדרבה משוררים למחצצרים מה מחצצרים בכלי אף משוררים בכלי: מתני' מוצאי יו"ט הראשון של חג היו יורדין לעזרת ישראל ומתקנין שם תיקון גדול

*) חסר כאן ונ"ל ואידך נמי הא כתיב ויאמר חזקיהו וגו' הכי קאמר וכו'

מסורת
הש"ס

ערכין י.

[שם יא.] תענית כז. [לעיל נ: ושם נסמן]

[שם בערכין ע"ש]

סוכה כא. יומא כג.

הגהות
הב"ח

(א) במשנה אמרו כל מי שלא ראה שמחת וכו' כדים של במן של מאה:

גליון
הש"ס

גמרא לימא תהוי תיובתא דר"י בתרתי · כעין זה לעיל דף ד ע"ב וש"נ:

תורה אור

באבוקות של אור שבידיהן ואומרים לפניהם דברי שירות ותושבחות והלוים בכנורות ובנבלים ובמצלתים ובחצוצרות ובכלי שיר בלא מספר על חמש עשרה מעלות היורדות מעזרת ישראל לעזרת נשים כנגד חמש עשרה (*מעלות) שבתהלים שעליהן לוים עומדין בכלי שיר ואומרים שירה ועמדו שני כהנים בשער העליון שיורד מעזרת ישראל לעזרת נשים ושני חצוצרות בידיהן קרא הגבר תקעו והריעו ותקעו הגיעו למעלה עשירית תקעו והריעו ותקעו [א] הגיעו לעזרה תקעו והריעו ותקעו (*הגיעו לקרקע[ב] תקעו והריעו ותקעו) היו תוקעין והולכין עד שמגיעין לשער היוצא ממזרח הגיעו לשער היוצא ממזרח הפכו פניהן ממזרח למערב ואמרו אבותינו שהיו במקום הזה אחוריהם אל ההיכל ופניהם קדמה ומשתחוים קדמה לשמש ואנו ליה עינינו ר' יהודה אומר היו שונין ואומרין אנו ליה וליה עינינו : גמ' ת"ר מי שלא ראה שמחת בית השואבה לא ראה שמחה מימיו מי שלא ראה ירושלים בתפארתה לא ראה כרך נחמד מעולם מי שלא ראה בהמ"ק בבנינו לא ראה בנין מפואר מעולם מאי היא אמר אביי ואיתימא רב חסדא זה בנין הורדוס במאי בניה *אמר (רבא) באבני שישא ומרמרא איכא דאמרי באבני שישא כוחלא ומרמרא אפיק שפה ועייל שפה כי היכי דלקבל סידא סבר למשעיין בדהבא אמרו ליה רבנן שבקיה דהכי שפיר טפי דמיתחזי כאדותא דימא תניא *רבי יהודה אומר מי שלא ראה דיופלוסטון של אלכסנדריא של מצרים לא ראה בכבודן של ישראל אמרו כמין בסילקי גדולה היתה סטיו לפנים מסטיו [ג] פעמים שהיו בה (*ששים רבוא על ששים רבוא) כפלים כיוצאי מצרים והיו בה ע"א קתדראות של זהב כנגד ע"א [א] של סנהדרי גדולה כל אחת ואחת אינה פחותה מעשרים ואחד [ד]רבוא ככרי זהב ובימה של עץ באמצעיתה וחזן הכנסת עומד עליה והסודרין בידו וכיון שהגיע לענות אמן *הלה מניף בסודר וכל העם עונין אמן ולא היו יושבין מעורבין אלא זהבין בפני עצמן וכספין בפני עצמן ונפחין בפני עצמן °וטרסיים בפני עצמן וגרדיים בפני עצמן וכשעני נכנס שם היה מכיר בעלי אומנתו ונפנה לשם ומשם פרנסתו ופרנסת אנשי ביתו אמר אביי וכולהו [א]קטלינהו [ה]אלכסנדרוס מוקדן מ"ט איענשו משום דעברי אהאי קרא °לא תוסיפון לשוב בדרך הזה עוד ואינהו הדור אתו כי אתא אשכחינהו דהוו קרו בסיפרא °ישא ה' עליך גוי מרחוק אמר מכדי ההוא גברא בעי למיתי ספינתא בעשרה יומי דליה זיקא ואתי ספינתא בחמשא יומי נפל עלייהו וקטלינהו : במוצאי יום טוב כו' : מאי תיקון גדול אמר רבי אלעזר כאותה ששנינו *חלקה היתה בראשונה והקיפוה גזוזטרא והתקינו שיהו נשים יושבות מלמעלה ואנשים מלמטה תנו רבנן *בראשונה היו נשים מבפנים ואנשים מבחוץ והיו באים לידי קלות ראש התקינו שיהו נשים יושבות מבחוץ ואנשים מבפנים ועדיין היו באין לידי קלות ראש התקינו שיהו נשים יושבות מלמעלה ואנשים מלמטה היכי עביד הכי והכתיב °הכל בכתב מיד ה' עלי השכיל אמר רב *)קרא אשכחו ודרושו

וספדה

*) [זבחים סב.]

דברים יז | ירמיה כח | דה"א כח

רש"י

באבוקות של אור · זורקין אותם כלפי מעלה ומקבלין אותם ויש שבקיאין לעשות כן בארבע אבוקות או בשמונה וזורק זו ומקבל זו וזורק זו ומקבל זו : **דברי תושבחות** · מפרש בגמרא : **ט"ו מעלות** · אורך המעלה כרוחב העזרה ורוחב המעלה חצי אמה ורומה חצי אמה כדאמרינן במסכת מדות (פ"ב מ"ג) ובסדר יומא (דף טז.) : **שעליהן הלוים עומדין [בכלי] שיר** · לשמחת בית השואבה אבל דוכן לשיר הקרבן אצל המזבח היה : **תקעו והריעו** · זה סימן לילך למלאות המים לניסוך מן השילוח : **הגיעו לעזרה** · לקרקע עזרת נשים : **תקעו והריעו ותקעו** · וברה"ש השנה (דף לג:) יליף בכל תקיעות פשוטה לפניה ופשוטה לאחריה ותרועה באמצע : **והיו תוקעין והולכין** · באלו שלש תרועות מאריכין עד שמגיעין לשער היוצא מעזרת נשים להר הבית לשיפולו למזרח והשער ההוא מכוון כנגד שער שמעזרת ישראל לעזרת נשים ויורדין ממערב למזרח וכשהיו נכנסין למקדש היו הולכין ממזרח למערב דרך עלייה : **הפכו פניהם** · למערב לצד העזרות וההיכל לומר דבר זה : **אבותינו** · בבית הראשון היו כופרין ולא היו פניהם לבית אלא אחוריהם אל היכל ה' וגו' פסוק הוא ביחזקאל (ח) : **שונין אותה** · כופלין אותה כדמפרש אנו ליה וליה עינינו : **גמ' מאי היא** · איזה מן הבנינים של שלמה או של נחמיה בן חכליה או של הורדוס שסתרו ובנאו : **[שישא]** · שיש לבוע לא לבן ולא שחור אלא כעין ירוק בלע"ז בי"ש : **[ומרמרא]** · שיש לבן : **כוחלא** · שישא לבוע ככחול : **אפיק שפה** · שורה של אבנים נכנסה ושורה יוצאה : **דמיתחזי כאדותא דימא** · כגלי הים שהאבנים משונים במראיהן זו מזו והעינים המסתכלות בהן שוטטות ונראות כאילו גלי הים הם נדים ונעים : **דיופלוסטון** · לשון יונית דיו שנים פלו לשון שרים כמו מטרפולין וכמו דיופולין מרומי דתענית (דף יח:) סטון לשון סטיו שני סטוין : **סטיו כפול** · לישיבת שרים של אלכסנדריא שהלכו שם יוחנן בן קרח ושרי החיילים לאחר חורבן בית ראשון בימי ירמיה ונתיישבו שם ואף על פי שעלה שם נבוכדנצר והחריב את מצרים והרגו מישראל שהלכו שם כמו שנתנבא עליהם ירמיה (מג) עלו בניהם שם לגדולה ועושר עד שהחריבם אלכסנדרוס : **בסילקי** · פלטירין גבוהים נקראים בסילקאות : **כנגד שבעים ואחד זקנים** · שעשו להם סנהדרין : ככרי זהב "גרסינן : **בימה** · כעין אלמימבר"א שלנו : **חזן הכנסת** · שמש הצבור : **לענות אמן** · שהיה שליח שלפני התיבה גומר ברכתו והן לא היו יכולין כולן לשמוע קולו : **זהבין כספין** · צורפי זהב צורפי כסף : **נפחים** · חרשי ברזל : **טרסיים** · חרשי נחושת : **גרדיים** · אורגין : **ונפנה לשם** · ונשכר להם למלאכתם : **ההוא גברא הוה** · עליו נאמר מקרא זה וגזרת מלך היא להחריבה : **ודלי זיקא** · גבה הרוח : **חלקה היתה** · העזרת נשים בראשונה ולא היו זיזין יוצאין מן הכתלים : **והקיפוה גזוזטרא** · נתנו זיזין בכתלים בולטין מן הכותל סביב סביב וכל שנה מסדרין שם גזוזטראות לווחין שקורין בלנ"ק כדי שיהו נשים עומדות שם בשמחת בית השואבה ורואות וזהו תיקון גדול דקתני מתניתין שמתקנין בכל שנה : **מבפנים** · בעזרת נשים : **מבחוץ** · ברחבה של הר הבית ובחיל : **היכי עביד הכי** · שהוסיפו ושינו כלום על בנין שלמה : **והכתיב** · גבי דוד המלך כשצוה את שלמה על מדת הבית ובניינו : **הכל בכתב מיד ה' עלי השכיל** · כל מלאכת התבנית שהודיעו הקב"ה ע"י גד החוזה ונתן הנביא : **קרא אשכחו** · שצריך להבדיל אנשים מנשים ולעשות גדר בישראל שלא יבאו לידי קלקול :

וספדה

תוספות

קרא הגבר תקעו והריעו ותקעו · תימה דמשמע שמקרות הגבר הולכין לשאוב מים וא"כ היו נפסלין בלינה דע"כ לא פליגי פ"ב דזבחים (דף כ.) אלא לענין קידוש ידים ורגלים מקרות הגבר ועד לפרא[אי] פסלא בלינה או לא אבל מי הכיור (עצמו) נפסלין בעמוד השחר כדמוכח התם ואפי' סילקן מן הכיור אחר קרות הגבר הדר משקע ליה וי"ל דשוהין היו בתקיעות ובתרועות ובהפיכת פניהם למערב וגם בחזרה לאחר מילוי והיה מאיר היום קודם שיגיעו לעזרה ועד שיקדשן בכלי לא הוכשרו ליפסל בלינה כדתנן פרק חטאת העוף במסכת מעילה (דף י.) גבי נסכים ואף על פי שהצלוחית היתה מקודשת מכל מקום אין כלי שרת מקדשין בחוץ אלא בפנים :

והיו בה ע"א קתדראות של זהב כנגד ע"א זקנים (ב)· פירוש סנהדרין תימה הא דתנן פרק קמא דסנהדרין (דף ב. ושם) סנהדרי גדולה היתה של שבעים ואחד רבי יהודה אומר שבעים [וא"כ ה"ל לעשות רק שבעים קתדראות] ומתוך כך צריך לפרש שאותה קתדרא היתה למופלא שבב"ד ולא היה מן החשבון *דאי לאו הכי קשיא דרבי יהודה אדרבי יהודה :

עין משפט נר מצוה

י א טוש"ע א"ח סימן קכד סעיף ח :

יא ב מיי' פ"ה מהלכות מלכים הלכה ז :

יב ג מיי' פ"ח מהל' לולב הלכה יב :

רבינו חננאל

תנא בראשונה כשהיו רואין שמחת בית השואבה היו אנשים מבפנים ונשים רואות מבחוץ והיו באין לידי קלות ראש התקינו ג' גיזוזטראות בעזרה כנגד ג' רוחות להיות הנשים רואות מלמעלה · והיכי עבדי הכי והכתיב הכל בכתב מיד ה' וגו' [והאיך] התקינו אח"כ. אמר רב יוסף קרא אשכח

[וע"ע תוספות סנהדרין טז: ד"ה אחר]

הגהות הב"ח

(א) גמרא כנגד שבעים ואחד זקנים כל אחת כצ"ל ותיבות של סנהדרי גדולה נמחק : (ב) תוס' ד"ה והיו בה וכו' זקנים שעשו להם סנהדרין :

הגהות הגר"א

[א] במשנה (הגיעו לעזרה תקעו והריעו ותקעו) תא"מ : [ב] שם הגיעו לקרקע · נ"ב העזרה : [ג] גמ' סטיו לפנים מסטיו והיו בה כו' · כצ"ל : [ד] שם ריבוא · רשום עליו קו נמחקו : [ה] שם (אלכסנדרוס מוקדן) תא"מ ונ"ב טרכינוס :

גליון הש"ס

גמרא וטרסיים · עיין ע"ז דף יז ע"ב תוספות ד"ה רנן :

הגהות מהר"ב רנשבורג

[א] גמרא קטלינהו אלכסנדרוס מוקדן · נ"ב עיין הקדמת אברבנאל לס' מלכים שמחק מלת מוקדן וביאר שם בראיה ברורה שאלכסנדרוס הוא לא היה אלכסנדר מוקדן שהיה בתחלת בית שני ואלכסנדר הזה קיסר היה ק"נ שנה אחר הבית יעוש"ה :

מסורת הש"ס

[צ"ל שיר המעלות וכ"ה במשנה שבמשניות]

[כל זה ליתא במשנה שבמשניות ו מוכרח מרש"י דהכא ד"ה הגיעו לעזר וכו' וגם מרש' דלקמן נג: ד"ה שלשה לשער התחתון וכו' מוכח דליתא [כבא זו]

כ"ב דף ד. פ"ב [ושם איתא רבה]

[תוספת' פ"ו]

[כל זה ליתא בתוספ' ובע איתא פעמי' שהיו שם ששים רבוא כיוצאי מצרי ואמרי לה כפלים כיוצאי מצרים]

[מדות פ"ב מ"ה ע"ש]

[תוספתא פ' ע"ש]

גרסינן לאו דינרי כ"ה בס"א · רב

§ מסכת סוכה דף נא: §

אות א'

הלה מניף בסודר, וכל העם עונין אמן

סימן קכד ס"ח - [א]ולא יענה אמן יתומה, דהיינו שהוא חייב בברכה אחת וש"צ מברך אותה, וזה אינו שומעה, אע"פ שיודע איזו ברכה מברך הש"צ - וכגון שהוא מכיר לפי סדר הברכות, או שחיסר משמוע רק סוף הברכה, **מאחר שלא שמעה, לא יענה אחריו אמן, דהוי אמן יתומה** - דעת המחבר, דדוקא אם רוצה לצאת באיזה ברכה שהוא חייב, כגון שרוצה לצאת ידי תפלה וקידוש וכה"ג, **ואפילו שמעה מתחלתה, כל שלא שמע בסופה,** והנה היכא שהוא רוצה לצאת באיזה ברכה, צריך לשמוע אותה מתחלתה ועד סופה, וא"כ לכאורה אם חיסר משמוע אפילו רק תחלת הברכה לבד, שוב אין רשאי לענות אמן עליה, וצ"ע).

אבל אם אינו חייב, כגון שכבר התפלל לעצמו, אף דמצוה לכל אדם לשמוע חזרת הש"ץ, מ"מ אין עליו חיוב בעצמיות הברכה, **וכ"ש** אם האמן הוא מסתם ברכות דעלמא, מותר לדעת המחבר לענות אף שהוא אינו יודע על איזה ברכה הוא עונה, רק ששמע לאחרים שעונים.

(**ואין** לומר דמאי גריעותא בברכה זו, מסתם ברכה דעלמא שאינו רוצה לצאת בה כלל, דצריך לענות אמן עליה, א"כ אפילו לא שמעה כלל נמי יהא מותר, דכיון שהוא רוצה לצאת בה, והוא עשאה באופן שאינו יוצא בה, אסרו רבנן לענות אמן עליה).

הגה: [ב]ויש מחמירין דאפילו אינו מחויב באותה ברכה, לא יענה אמן אם אינו יודע באיזה ברכה קאי ש"צ, דזה נמי מקרי אמן יתומה - הרמ"א פליג, ואוסר אפילו בכל הברכות, אם אינו יודע על איזה ברכה הוא עונה.

ואם יודע על איזה ברכה הוא עונה, מותר לענות בכל הברכות אפילו בחזרת הש"ץ, כיון שכבר התפלל ואינו מחויב בעצם הברכה, [ג]**ויש** מאחרונים שמחמירין בחזרת הש"ץ, וס"ל דמכיון דתיקון רבנן שיחזור ש"ץ התפלה, אפילו כולם התפללו, כאילו מחוייבים באותה ברכה קרינן להו, ואין להם לענות אפילו יודע באיזה ברכה קאי הש"ץ, אם לא שמע סיום הברכה מהש"ץ גופא, **ויש** לחוש לזה לכתחילה, ליזהר לשמוע כל ברכות י"ח מפי הש"ץ גופא, וגם בלא"ה מצוה לכוין לשמוע ברכת הש"ץ, וכדלעיל בס"ד, **אבל** בדיעבד אפי' אם לא שמע, רק שידע איזה ברכה מי"ח מסיים הש"ץ, יענה אמן, כיון שכבר התפלל בעצמו.

אות ב'

דעברי אהאי קרא: לא תוסיפון לשוב בדרך הזה עוד, ואינהו הדור אתו

רמב"ם פ"ה מהל' מלכים ה"ז - [ד]ומותר לשכון בכל העולם חוץ מארץ מצרים, מן הים הגדול ועד המערב ארבע מאות פרסה על ארבע מאות פרסה, כנגד ארץ כוש וכנגד המדבר, הכל אסור להתישב בה; בשלשה מקומות הזהירה תורה שלא לשוב למצרים, שנאמר: לא תוסיפון לשוב בדרך הזה עוד, לא תוסיף עוד לראותה, לא תוסיפו לראותם עוד עד עולם; ואלכסנדריאה בכלל האיסור.

אות ג'

נשים יושבות מלמעלה ואנשים מלמטה

רמב"ם פ"ח מהל' לולב הי"ב - אף על פי שכל המועדות מצוה לשמוח בהן, בחג הסוכות היתה שם במקדש שמחה יתירה, שנאמר: ושמחתם לפני ה' אלהיכם שבעת ימים; וכיצד היו עושין, ערב יום טוב הראשון היו מתקנין במקדש מקום לנשים מלמעלה ולאנשים מלמטה, כדי שלא יתערבו אלו עם אלו; ומתחילין לשמוח ממוצאי יום טוב הראשון, וכן בכל יום ויום מימי חולו של מועד, מתחילין מאחר שיקריבו תמיד של בין הערבים לשמוח שאר היום עם כל הלילה.

באר הגולה

[א] ‹פירש רבינו יונה, דכי אמרינן דלא יענה אמן יתומה, הני מילי שלא יצא ידי חובת הברכה, ועונה אמן כדי לצאת, אבל אם כבר יצא לית לן בה... כדי ליישב ההיא דפרק החליל - ב"י› [ב] ‹ומדברי רב כהן צדק משמע, שאע"פ שכבר יצא לא יענה אמן יתומה, ולסברא זו קשיא מההיא דפרק החליל, וצריך לתרץ דלא מיקרי אמן יתומה אלא כשאינו יודע באיזו ברכה עומד המברך, אלא עונה אחר האחרים בלא שמיעה ובלא ידיעה, אבל אם יודע איזו ברכה סיים, אע"פ שלא שמעה מפיו, יכול לענות אמן, ובכי האי גוונא מיתוקמא ההיא דפרק החליל - ב"י› [ג] ‹והא דעונין אמן בהנפת סודרין, היינו בקריאת ספר תורה, ולא בתפלה ולא בדבר ששליח מוציא רבים ידי חובתן - תוס' דף נ"ב. ד"ה וכיון› [ד] ‹ויש תימה על קהילות השוכנים שם, וגם רבינו המחבר עצמו הלך לגור שם, **ואין** לנו טעם להתיר אם לא נפרש כפירוש רא"ם, שפירש "לא תוסיפו", לא אסרה תורה אלא "בדרך הזה", כלומר מא"י למצרים, אבל משאר ארצות מותר, ע"כ הגהות מיימונית. ‹**ואין** זה טעם מספיק, דהא קרא ד"לא תשוב בדרך הזה עוד" ניחא, אבל הנך קראי דכתיב "לא תוסיפו לראותם עוד" מאי איכא למימר. **ויש** ליתן טעם, שלא אסרה תורה אלא לירד לגור שם ולהשתקע, כדאיתא בירושלמי: לישיבה אי אתה חוזר אבל אתה חוזר לסחורה ולפרקמטיא ולכיבוש הארץ, וכל היורדים תחלה לא ירדו להשתקע אלא לסחורה, ואע"ג דאח"כ נשתקעו, אין כאן לאו אלא איסורא בעלמא, ומפני טורח הטלטול ומיעוט ריוח המזונות בשאר המקומות לא חששו לאיסור זה, **וכן** משמע מתחלת לשון רבינו, שכתב "אסור להתישב בה", **אלא** שמסוף הלשון משמע דאיכא איסור לאו, שכתב בה"ח: מותר לחזור לארץ מצרים לסחורה ולפרקמטיא, ולכבוש ארצות אחרות, ואין אסור אלא להשתקע שם, ואין לוקין על לאו זה, שבעת הכניסה מותר הוא, ואם יחשב לישב ולהשתקע שם אין בו מעשה, ע"כ, **ואפשר** שהראשונים היו מפרשים כאשר כתבתי. **וא"ת** תיקשי לרבינו שהרי נשתקע במצרים, וי"ל דאנוס היה על פי המלכות, שהיה רופא למלך ולשרים, וגם אני נתישבתי שם זמן מרובה ללמוד תורה וללמדה, וקבעתי שם ישיבה, וכי האי גוונא מותר, ושוב באתי לירושלים - רדב"ז›

§ עניני הלכה שונים הקשורים להדף §

משפחת בית דוד לבד ונשיהם לבד

חת"ס - והנה אנו מוזהרין לשמוע קול זמר אשה, אפי' פנויה שאינה נדה וערוה, בשעה שאנו קורין ק"ש ובשעת תפלה, כמבואר בשו"ע או"ח סימן ע"ה סעיף ג', ובמג"א שם סק"ו... והטעם לזה, כי אנו מאמינים שכל תפלה או שבח והודאה שמתערב במחשבה ההיא שום הרהור אפי' באשתו, לא תעלה במעלות לפני השי"ת, ולא תקובל לפניו, ומפני זה אנו מפרישין הנשים מן האנשים בבה"כ בפ"ע, שלא יבאו לידי הרהור בשעת תפלה, ותהיה תפלה נדחית רחמנא לצלן, **ויצא** לנו זה משמחת בית השואבה, דאמרינן מס' סוכה שהיו מתקנין שיהיה נשים מלמעלה ואנשים מלמטה, שלא יבואו לידי קלות ראש... יע"ש, **ומזה** ראיה להנ"ל, דאפי' היכא דליכא משום איסור ערוה, כגון אשתו של עצמו, מ"מ במקום תפלה והודאה או הספד, כל מה דבעי לבא לרחמנא, לא יתעורר שום ענין הרהור, אפי' באשתו אמרו, שהרי כתיב: משפחת בית דוד לבד ונשיהם לבד, ומ"ט לא יספדו כל איש עם אשתו יחדיו, אע"כ דגם זה אסור, דגורם הרהור ובטול הכוונה, וכיון דבררנו דקול באשה ערוה, א"כ הקול המתהלך מעזרת נשים לעזרת אנשים מעורר הרהור ובטול הכוונה בתפילה והודאה, ואנחנו מאמינים לפי דתינו שזאת התפילה וזה השבח לא יקובל לפני שומע תפילה, וכיון שכן ראוי ומחיוב עלינו לשום עינא פקיחא לבלתי היות שם ערוב... - שו"ת חת"ס ח"ה השמטות סי' ק"צ.

אגרות משה - והנה עצם הדין שאף אם האנשים הם בצד אחד והנשים בצד אחר, אסורין הן להיות בלא מחיצה, הוא לענ"ד דינא דאורייתא. **וראיה** מסוכה דף נ"א, שהקשה בגמ' הכתיב: הכל בכתב, שאסור להוסיף שום דבר בבנין הבית ובעזרה, ותירץ רב דקרא אשכחו שצריך להבדיל אנשים מנשים כדפרש"י עיין שם. **ופשוט** שכוונת התירוץ הוא, שלכן הוא כמפורש שצריך לעשות הזיזין והגזוזטרא, ולא הוצרך להאמר זה ע"י גד החוזה ונתן הנביא שהודיעו להם ע"פ ה' מלאכת התבנית, והוי ג"ז ממילא בכלל הכל בכתב, **ואם** היה זה רק איסור דרבנן, לא היה שייך למימר שהוא ממילא בכלל הכל בכתב, כיון שא"צ זה מדאורייתא. **ואף** שאינו אלא קרא בדברי קבלה, יש למילף שפיר, שהרי לא בא הקרא לחדש איסורין, שנימא לא ילפינן משם, אלא שנאמר בקרא דדברי קבלה שיספידו כדין התורה, אנשים לבד ונשים לבד, והוא כמו שלמדנו כמה דינים ממעשיהם של הנביאים והשופטים והמלכים שהוזכרו בקראי דדברי קבלה.

אמנם יש לעיין בזה, שכתב מהרש"א בחדושי אגדות טעם אחר על תירוץ הגמ' דקרא אשכחו, דלפי שזה התיקון לא היה צורך עבודת המקדש, אלא לאפרושי מאיסורא דערוה, לא הוה בכלל הכל בכתב, וכוונתו היא לכאורה שהכל בכתב נאמר רק על דברים שעושין לצורך עבודת המקדש, ולא על דברים שעושין בשביל שאר ענינים... וא"כ אין ראיה שהוא איסור דאורייתא, שהרי אף אם הוא רק מדרבנן ליכא בזה איסור דהכל בכתב... **אבל** א"א לומר כן, שהרי גם להוסיף בשביל כסוי הדם אינו לצורך העבודה, ומ"מ אמרו בגמ' שבשביל איסור הכל בכתב ליכא מצות כסוי הדם במוקדשין. **ועוד** דלפי"ז למה הוצרך רב לתרץ משום דקרא אשכחו, הא גם בלא קרא היה להם לעשות את התיקון, כמו שעשו את הסורג בשביל היתר טלטול, אף שליכא קרא, ולעצם איסור קלות ראש עם הנשים, לא צריך למקרא זה להשמיענו שאסור מיהא ודאי מדרבנן שסגי לכאן, וגם הא בשאר מקומות שהוזכר איסור קלות ראש עם נשים, לא הביא קרא זה, **אלא** ודאי שצריך לומר כדבארתי, שמקרא זה ידעינן שהוא כמפורש, שצריך להבדיל בין אנשים לנשים במחיצה גם מדאורייתא, וא"כ ממילא הוא כנאמר לגד החוזה ולנתן הנביא לעשות הגזוזטרא. **ואין** להקשות מנלן מן התורה שיהיו כלל שם נשים, דהא בהקהל ודאי היו צריכין להיות שם אנשים ונשים, וא"כ צריכים היו לעשות הגזוזטרא בשביל הקהל, וממילא מותרין גם בכל חג לעשות כן בשביל שמחת בית השואבה. **ועיין** בהגהות הריעב"ץ, שכל הקושיא דהכל בכתב היה בשביל הזיזין, שהם קבועים, וממילא היה זה לכל חג, ומצד הגזוזטרא עצמה אין איסור. **אך** אף אם נאמר דלא כהריעב"ץ, שאיסור מצד הכל בכתב הוא אף שלא בקביעות, וכדמשמע מהא דר"פ כסוי הדם, נמי ניחא, דכיון שהוא כנאמר שרשאין לעשות תוספת זה, לא שייך לחלק בין הימים, ויש להתיר בכל עת.

וממילא חזינן מסוגיא דסוכה, דאף אם היתה מחיצה, אבל כזו שאפשר לבא לידי קלות ראש, יש עדיין אותו האיסור מדאורייתא, דהא אף בראשונה שהיו נשים מבפנים ואנשים מבחוץ, פרש"י שהנשים היו בעזרת נשים, והאנשים היו ברחבה של הר הבית ובחיל, שהיתה מחיצה גדולה ביניהם בדין מחיצה, אבל כיון שהוצרכו לעמוד נגד השערים הפתוחים כדי לראות את השמחה, ראו שבאו לידי קלות ראש, ולא הועילה המחיצה, וא"כ היה עדיין אסור מדאורייתא, שלכן הותר לעשות הגזוזטרא, שמזה ראיה שהוא מדאורייתא כדבארתי. **ולכן** צ"ל שהאיסור הוא רק משום קלות ראש, וחשבו מתחלה שמה שבאו לידי קלות ראש היה מחמת שהאנשים הוצרכו לראות דוקא דרך הנשים, שהרי שניהם הסתכלו למקום א', באו לידי קלות ראש, שאף שמצד ההסתכלות עצמה חזינן שלא היתה הקפידא, דהא זה ידעו גם מתחלה, וא"כ היה באופן המותר, שלא נראו מקומות המכוסים, ולא חששו שיסתכלו בכוונה ליהנות, שזה אסור אף במקומות המגולים, ולכן התירו כשלא ידעו שיבאו לידי קלות ראש, **אבל** כשראו שבאו מזה לידי קלות ראש, שהוא להרבות שיחה ביניהם ולנגיעה בידיהם וכדומה, התקינו להחליף שהנשים יהיו מבחוץ אחורי האנשים, שבזה יש מעלה שאין הכרח שיסתכלו בהן. **אבל** עדיין באו לידי קלות ראש, שכיון שלא היתה מחיצה במקום השערים, היה בא הקלות ראש מצד הנשים שראו דרך האנשים, ולפיכך אף שלכל דבר הצריך מחיצה הרי הוא מחיצה גמורה, מ"מ לענין הבדלת אנשים ונשים אינה כלום, שעדיין הם כמעורבין ובאין לקלות ראש. **ונתברר** שצריכים מדאורייתא לעשות גזוזטרא שיהיו הנשים מלמעלה והאנשים מלמטה, שרק אז אינם כמעורבין, וכלשון המשנה במדות: והקיפוה כצוצטרא שהנשים רואות מלמעלן והאנשים מלמטן כדי שלא יהיו מעורבין. וכן פסק הרמב"ם פ"ה מביה"ב ה"ט. **אלמא** שבתחלה אף שהיו מובדלין בדין מחיצה, שמועילה לשאר דברים שצריכין מחיצה, לא הועילה לזה, ונחשבו כמעורבין ואסור מדאורייתא, והוי כמפורש שיעשו גזוזטרא.

(המשך התשובה מול עמוד ב').

זכריה יב °וספדה הארץ משפחות משפחות לבד משפחת בית דוד לבד ונשיהם לבד אמרו והלא דברים ק"ו ומה לעתיד לבא שעוסקין בהספד ואין יצר הרע שולט בהם אמרה תורה אנשים לבד ונשים לבד עכשיו שעסוקין בשמחה ויצה"ר שולט בהם על אחת כמה וכמה הא הספידא מאי עבידתיה פליגי בה רבי דוסא ורבנן חד אמר על משיח בן יוסף שנהרג וחד אמר על יצה"ר שנהרג בשלמא למאן דאמר על משיח בן יוסף שנהרג היינו
שם דכתיב °והביטו אלי את אשר דקרו וספדו עליו כמספד על היחיד אלא למאן דאמר על יצר הרע שנהרג האי הספידא בעי למעבד שמחה בעי למעבד אמאי בכו כדדרש רבי יהודה לעתיד לבא מביאו הקב"ה ליצר הרע ושוחטו בפני הצדיקים ובפני הרשעים צדיקים נדמה להם כהר גבוה ורשעים נדמה להם כחוט השערה הללו בוכין והללו בוכין צדיקים בוכין ואומרים היאך יכולנו לכבוש הר גבוה כזה ורשעים בוכין ואומרים היאך לא יכולנו לכבוש את חוט השערה הזה
זכריה ח ואף הקב"ה תמה עמהם שנאמר °כה אמר ה' צבאות כי יפלא בעיני שארית העם הזה בימים ההם גם בעיני יפלא *א"ר אסי °יצה"ר בתחילה דומה לחוט של *בוכיא ולבסוף דומה כעבותות העגלה שנאמר
ישעיה ה °הוי מושכי העון בחבלי השוא וכעבות העגלה חטאה תנו רבנן משיח בן דוד שעתיד להגלות במהרה בימינו אומר לו הקב"ה שאל ממני דבר ואתן לך שנאמר
תהלים ב °אספרה אל חוק וגו' אני היום ילדתיך
שם °שאל ממני ואתנה גוים נחלתך וכיון שראה משיח בן יוסף שנהרג אומר לפניו רבש"ע איני מבקש ממך אלא חיים אומר לו חיים עד שלא אמרת כבר התנבא עליך דוד
שם כא אביך שנאמר °חיים שאל ממך נתתה לו וגו' דרש ר' עוירא ואיתימא ר' יהושע בן לוי שבעה שמות יש לו ליצה"ר הקב"ה
בראשית ח קראו רע שנאמר °כי יצר לב האדם רע
דברים י מנעוריו משה קראו ערל שנאמר °ומלתם את ערלת לבבכם דוד קראו טמא שנאמר
תהלים נא °לב טהור ברא לי אלהים מכלל דאיכא
משלי כה טמא שלמה קראו שונא שנאמר °אם רעב שונאך האכילהו לחם ואם צמא השקהו מים כי גחלים אתה חותה על ראשו וה' ישלם לך אל תקרי ישלם לך אלא ישלימנו לך ישעיה קראו מכשול שנאמר °סלו סלו פנו דרך
ישעיה נז הרימו מכשול מדרך עמי יחזקאל קראו אבן *שנאמר °והסרתי את לב האבן מבשרכם ונתתי לכם
יחזקאל לו לב בשר יואל קראו צפוני *שנאמר °ואת הצפוני ארחיק מעליכם ת"ר ואת הצפוני ארחיק מעליכם זה
יואל ב יצה"ר שצפון ועומד בלבו של אדם והדחתיו אל ארץ ציה ושממה למקום שאין בני אדם מצויין להתגרות בהן את פניו אל הים הקדמוני שנתן עיניו במקדש ראשון והחריבו והרג תלמידי חכמים שבו וסופו אל הים האחרון שנתן עיניו במקדש שני והחריבו והרג תלמידי חכמים שבו ועלה באשו ותעל צחנתו שמניח אומות העולם ומתגרה בשונאיהם של ישראל כי הגדיל לעשות אמר אביי ובתלמידי חכמים יותר מכולם כי הא דאביי שמעיה להוא גברא דקאמר לההיא אתתא נקדים וניזיל באורחא אמר איזיל אפרשינהו מאיסורא אזל בתריידו תלתא פרסי באגמא כי הוו פרשי מהדדי שמעינהו דקא אמרי אורחין רחיקא וצוותין בסימא אמר אביי אי מאן דסני לי הוה לא הוה מצי לאוקומיה נפשיה אזל תלא נפשיה בעיבורא דדשא ומצטער אתא ההוא סבא תנא ליה
קידושין ל: כל הגדול מחבירו יצרו גדול הימנו *אמר רבי יצחק יצרו של אדם מתגבר עליו בכל יום שנאמר °)רק

°) בראשית ו

רע

רש"י

וספדה הארץ · בנבואת זכריה ומתאבלה לעתיד שיספדו על משיח בן יוסף שנהרג במלחמת גוג ומגוג וכתיב משפחת בית דוד לבד ונשיהם לבד שאפי' בשעת האבל צריך להבדיל אנשים מנשים : שעוסקין בהספד · באותה שעה והמצטער אינו מיקל ראשו מהר ועוד שאין יצר הרע שולט כדקאמר קרא והסירותי את לב האבן ולקמן אמר שהקב"ה שוחטו כו' אמרה תורה כו' : כאן שעוסקין בשמחה · וקרובה לקלות ראש ועוד שיצה"ר שולט עכשיו לא כל שכן : והביטו אלי את אשר דקרו · יסתכלו בהרוג שלפניהם : וספדו עליו כמספד על היחיד · כאדם המספיד על בן יחיד שהיה לו ומת : צדיקים בוכים · שנזכרים בצער שהיה להם לכבוש הרשע הזה בחייהם : כי יפלא בעיני וגו' · סיפיה דקרא גם בעיני יפלא : של בוכיא · עכביש שקורין איריני"א : ולבסוף · משאדם נמשך אחריו מעט מתגבר והולך בו : מושכי העון בחבלי השוא · בתחלה היו מביאין אותו עליהם ע"י חבלים שאינן של כלום : וכעבות העגלה · חבל עבה שקושרין בו את הפרה למחרישה : אספרה אל חוק · אספר דבר זה להיות לחק ולזכרון : היום ילדתיך · היום אגלה לבריות שבני אתה : אם רעב שונאך · יצרך הרע רעב ותאב לעבירה : האכילהו לחם · הטריחהו במלחמתה של תורה דכתיב לכו לחמו בלחמי (משלי ט) : השקהו מים · תורה דכתיב בה הוי כל צמא לכו למים (ישעיה נה) : ישלימנו לך · שיהא שלם יצרך עמך ואוהבך ולא ישיאך לחטוא וליאבד מן העולם : הצפוני · כדמפרש צפון בלבו של אדם : פניו אל הים הקדמוני · המקדש הראשון שהוא כים שהיו הכל נקבצים שם כים שכל הנחלים הולכים אליו : ועלה באשו ותעל צחנתו · ומפני שהעלה באשה וסרחון שהגיח האומות ונתגרה בישראל : נקדים וניזיל באורחא · נשכים בהשכמה קודם היום השכמה קרי קדמותא בש"ס : כי הוו פרשי מהדדי · שהיו משתי עיירות והגיעו לפרשת דרכים פירש זה לכאן וזו לכאן : אורחא רחיקא · דרך רחוקה היא בין שתי מקומותינו ואי אפשינו עוד לילך יחד : וצוותין בסימא · אילו הייתי יכולים לילך בדרך אחד היה נעים צוות שלנו : אי מאן דסני לי · אם היה שונאי מתייחד עם האשה לא הוה מצי אוקומי אנפשיה מלחטוא ועל עצמו היה אומר : תלא נפשיה · כשטן על בריח הדלת כאדם שמתחשב ומצטער :

רע

תוספות

וכיון שהגיע לעונת אמן מניף בסודר וכל העם עונין אמן · במרוך* קשיא ליה לרבינו נסים הא דאמר בריש גמרא דשלשה שאכלו (ברכות דף מז.) אין עונין אמן יתומה והא הכא לא שמעו הברכה אלא בהנפת הסודרין יודעין שהגיע עונת אמן וכן עונין אמן יתומה ומפרש בשם רבנן דבני מערבא שעל מי שהוא חייב ברכה קאמר ובענייתו אמן רוצה לצאת ידי חובתו צריך שישמע ואחר כך יענה אמן ולא יענה אמן יתומה והא דעונין אמן בהנפת סודרין הייט בקריאת ספר תורה ולא בתפלה ולא בדבר שצריך (א) מוציא רבים ידי חובתן וכן מפרש בגמרא דפירקין בירושלמי בימיה של עין באלעזר וחזן הכנסת עליה עמד אחד מהן לקרות היה הממונה מניף בסודרין והם עונין אמן על כל ברכה וברכה ובברכות ירושלמי בסוף אלו דברים קאמר איזו היא אמן יתומה הוגא אמר רב הן הן דחייב לומר ברכה ולא ידע מה הוא עונה ורב כהן צדק גאון אמר חייב לבור לשתוק ולשמוע כל ברכה וברכה מפי החזן ואח"כ יענה אמן לאחר שתכלה הברכה מפי המברך* ועוד יש לומר יודעים היו לשון סדר הברכות שזו אחר זו במנין שמונין כסדרן* : אם ברזל הוא מתפוצץ · שנאמר וכפטיש יפוצץ סלע ותימה הא משמע שהפטיש הוא ברזל מפוצץ סלע וכמו כן קשה פרק אחד דיני ממונות (סנהדרין דף לד. ושם:) דקאמרינן מה ברזל מתחלק לכמה ניצוצות אף מקרא אחד יוצא לכמה טעמים וכן קשיא במסכת שבת פרק אמר רבי עקיבא (דף פח: ושם) מה פטיש זה מתחלק לכמה ניצוצות אף כל דיבור ודיבור שיצא מפי הקב"ה מתחלק לשבעים לשון ובההיא דסנהדרין היה מגיה רבינו שמואל מחלק ולא גרסינן מתחלק ולא יתכן להגיה כן כלל דמה לו להזכיר הפטיש ה"ל למימר מה סלע מתחלק ועוד בהך דשמעתין משמע שהברזל מתפוצץ ואית דגרים הכא אם ברזל הוא מתפוצץ שנאמר הלא כה דברי כאש ואם מפוצץ את הברזל ואם סלע הוא מתפוצץ שנאמר וכפטיש יפוצץ סלע ורבינו תם מקיים גירסת הספרים ומפרש וכפטיש יפוצץ סלע שהסלע מפוצץ את הברזל כדאמרינן במדרש (*אגדה) מעשה באחד שקנה סנפירין ובא לבדקו נתנו על הסדן והכה בקורנס נבקע הסדן ונחלק

שייך לעמוד הקודם

[ערך אמן]

[ע"כ בערוך]

[וע"ע תוספות ברכות מז. ד"ה אין]

רבינו חננאל

ודרש וספדה הארץ משפחות וגו' אמר רב יצר הרע בתחלה דומה לחוט של כוביא*). פי' הכלי שמשליך האורג בנפש המסכת ועליו הערב כרוך נקרא בוכיא ובסוף דומה לחוט העגלה שנאמר הוי מושכי העון בחבלי השוא וגו' · ז' שמות נקרא יצה"ר · הקב"ה קראו רע שנא' כי יצר לב האדם רע מנעוריו' משה קראו ערל שנאמר **) ונמלתם את בשר ערלתכם · דוד קראו טמא שנאמר לב טהור ברא לי אלהים מכלל דאיכא טמא · שלמה קראו שונא שנאמר אם רעב שונאך וגו'· ישעיה קראו מכשול שנאמר הרימו מכשול וגו'· יחזקאל קראו אבן שנאמר והסירותי את לב האבן · יואל קראו צפוני שנאמר את הצפוני ארחיק מעליכם וגו'.***) וגם זה יצה"ר הצפון בלבו של אדם ארחיק מעליכם שהוא החריב המקדש ראשון והשני ומניח האומות ומתגרה בישראל ובתלמידי חכמים יותר מכולם · וכל הגדול מחבירו יצרו גדול

*) נראה דצ"ל כוכיא וכ"ה בערוך ערך כוכיא וידוע דע"פ הרוב ד' בערוך נתייסד ע"פ גירסת רבנו חננאל ז"ל ·

**) סדברים נראה דטס"ה דצ"ל ומלתם את ערלת לבבכם וכמו דאיתא בגמרא וק"ל.

***) אולי צ"ל וגם בברייתא תניא ואת הצפוני זה יצה"ר.

[בקדושין איתא מתחדש וכן איתא בפ"י דסכה]

מסורת הש"ס

[סנהדרין נט:]

[גי' הערוך בוכיא פי' הכלי שמשליך האורג בנפש המסכת עליו הערב כרוך נקרא בוכיא]

הגהות הב"ח

(א) תוס' ד"ה וכיון וכו' ולא בדבר שאליח צבור מוליא :

גליון הש"ס

גמרא יצה"ר בתחילה דומה · עי' מדרש רבה בראשית פכ"ב

רבינו חננאל

היסנו ומתגבר עליו להמיתו שנאמר צופה רשע לצדיק וגו' אם פגעך מנוול זה פירוש הוא יצה"ר משכהו לבית המדרש · אם וכו' וה' לא יעזבנו בידו · שכן בא"ט ב"ח קורין לסהדה מנון פירוש כגון א"ת ב"ש ג"ר ד"ק · וא"ל ב"ם ג"ן ד"ס וכיוצא בהן · ואלו האותיות של א"ט ב"ח כה הן א"ט ב"ח ג"ז ד"ו י"צ כ"ף ל"ע מ"ס ק"ת ר"ש · הן האותיות שאצל סמ"ך ה"א דל"ת ה"א שהוא סהדה יבא מהן מנון וכן חילוף · אמר רבא בתחלה קראו הלך ובסוף קראו אורח ובסוף איש · שנאמר ויבא הלך לאיש העשיר וגו' · א"ר יוחנן אבר יש באדם מרעיבו שבע משביעו רעב : ד' הקב"ה מתחרט שבראן באלו יש הרעה אלו הן כשדים וישמעאלים גלות ויצה"ר כשדים הן ארץ כשדים זה העם לא היה אילמלא ג' מקראות הללו נתמוטטו רגלי שונאי ישראל ואשר הרעותי וכתיב כי הנה כחומר ביד היוצר וגו' וכתיב והסירותי וגו' · רב פפא אמר האי נמי דכתיב ואת רוחי אתן וגו' ד' חרשים משיח בן דוד משיח בן יוסף אליהו וכהן צדק · (ד' חרשים משיח בן דוד שבעה רועים משיח בן יוסף) שבעה רועים דוד באמצע אדם שת מתושלח מימינו אברהם יעקב ומשה משמאלו [שמונה נסיכי אדם ישי שאול ושמואל . עמוס צפניה חזקיהו ואליהו ומשיח : פיס' ומנורות של זהב היו שם' וספלין בראשיהם כו' ד' ילדים מפרחי כהונה ובידיהן כדי שמן של ק"כ לוג ואוקיסנא ביד כל אחד כד שמן של ל' לוג הכל ק"כ לוג · ואלו הילדים שהיו עולין בסולמות ובידיהן כד של ל' לוג היו משובחין מבן מרתא בת בייתוס שהיה נוטל ב' ירכות של שור גדול הלקוח באלף כסף בידו אחת ומהלך עקב בצד גודל ועולה בהן במזבח שהכהן היה עולה בכבש שאינו זקוף · ואלו הילדים כשהן זקופין : פיס' מבלאי מכנסי הכהנים ומהמייניהם היו מפקיעין : ירושלמי מבלאי מכנסי כ"ג היו מדליקין נרות שבפנים ממכנסי כהן הדיוט היו מדליקין נרות מבחוץ כתיב להעלות נר תמיד שיערו לומר אין לך דבר שעושה שלהבת אלא פשתים · מהו מפקיעין תירגם ר' חגי מפשילין : תנן לא היתה חצר בירושלים שלא היתה מאירה

תורה אור

רע כל היום אמר רבי שמעון בן לקיש *יצרו של אדם מתגבר עליו בכל יום ומבקש להמיתו שנאמר °צופה רשע לצדיק ומבקש להמיתו ואלמלא הקב"ה שעוזר לו אינו יכול לו שנאמ' °ה' לא יעזבנו בידו ולא ירשיענו בהשפטו תנא *דבי רבי ישמעאל אם פגע בך מנוול זה משכהו לבית המדרש אם אבן הוא נימוח אם ברזל הוא מתפוצץ אם אבן הוא נימוח דכתיב °הוי כל צמא לכו למים וכתיב °אבנים שחקו מים אם ברזל הוא מתפוצץ דכתיב °הלא כה דברי כאש נאם ה' וכפטיש יפוצץ סלע א"ר שמואל בר נחמני א"ר יונתן יצר הרע מסיתו לאדם בעוה"ז ומעיד עליו לעולם הבא שנאמר °מפנק מנוער עבדו ואחריתו יהיה מנון שכן באטב"ח של ר' חייא קורין לסהדה מנון רב הונא רמי כתיב °כי רוח זנונים התעה וכתיב °בקרבם בתחלה התעם ולבסוף בקרבם אמר רבא בתחלה קראו הלך ולבסוף קראו אורח ולבסוף קראו איש שנאמר °ויבא הלך לאיש העשיר ויחמול לקחת מצאנו ומבקרו לעשות לאורח וכתיב ויקח את כבשת האיש הרש ויעשה לאיש הבא אליו *אמר רבי יוחנן אבר קטן יש לו לאדם מרעיבו שבע משביעו רעב שנאמר °כמרעיתם וישבעו וגו' אמר רב חנא בר אחא אמרי בי רב ארבעה מתחרט עליהן הקב"ה שבראם ואלו הן גלות כשדים וישמעאלים ויצר הרע גלות דכתיב °ועתה מה לי פה נאם ה' כי לקח עמי חנם וגו' כשדים דכתיב °)הן ארץ כשדים זה העם לא היה ישמעאלים דכתיב °ישליו אהלים לשודדים ובטוחות למרגיזי אל לאשר הביא אלוה בידו יצר הרע דכתיב °ואשר הרעתי *אמר רבי יוחנן אלמלא שלש מקראות הללו נתמוטטו רגליהם של שונאיהן של ישראל חד דכתיב ואשר הרעתי וחד דכתיב °הנה כחומר ביד היוצר כן אתם וגו' ואידך °והסרתי את לב האבן מבשרכם ונתתי לכם לב בשר רב פפא אמר אף מהאי נמי °ואת רוחי אתן בקרבכם וגו' °°)ויראני ה' ארבעה חרשים מאן נינהו ארבעה חרשים אמר רב חנא בר ביזנא אמר רבי שמעון חסידא משיח בן דוד ומשיח בן יוסף ואליהו וכהן צדק מתיב רב ששת אי הכי היינו דכתיב °ויאמר אלי אלה הקרנות אשר זרו את יהודה הני *לשובה אתו א"ל שפיל לסיפיה דקרא ויבואו אלה להחריד אותם לידות את קרנות הגוים הנושאים קרן אל ארץ יהודה לזרותה וגו' א"ל בהדי חנא באגדתא למה לי °והיה זה שלום אשור כי יבא בארצנו וכי ידרוך בארמנותינו והקמנו עליו שבעה רועים ושמנה נסיכי אדם מאן נינהו שבעה רועים דוד באמצע אדם שת ומתושלח מימינו אברהם יעקב ומשה בשמאלו ומאן נינהו שמנה נסיכי אדם ישי ושאול ושמואל עמוס וצפניה *)צדקיה *ומשיח ואליהו: ארבעה סולמות כו' : תנא גובהה של מנורה חמשים אמה (כו') : וארבעה ילדים של פרחי כהונה ובידיהם כדי שמן של מאה ועשרים לוג : איבעיא להו מאה ועשרים לוג (א) כולהו או דלמא לכל חד וחד תא שמע ובידיהם כדי שמן של שלשים שלשים לוג שהם כולם מאה ועשרים לוג תנא והן משובחין היו יותר מבנה של מרתא בת בייתוס אמרו על *בנה של מרתא בת בייתוס שהיה נוטל שתי יריכות של שור הגדול שלקוח באלף זוז ומהלך עקב בצד גודל ולא הניחוהו אחיו הכהנים לעשות כן משום °ברב עם הדרת מלך מאי משובחים אילימא משום יוקרא הני יקירי טפי אלא התם כבש ומרובע ולא זקיף הכא סולמות וזקיף טובא : ולא היה חצר בירושלים : תנא

אשה

*) נ"א חזקיהו °)ישעיה כג °°) זכריה ב

תוספות

ונחלק הקורנס וסנפירין לא נחלק ממקומו היינו הא דכתיב וכפטיש יפוצץ סלע הסלע יפוצץ את הפטיש וסנפירין הוא אבן ספיר ואע"ג דלא כתב יפוצצו סלע הרבה פסוקים יש בענין זה אבנים שחקו מים (איוב יד) פירושו שחקו אותן מים וקלא קשה דהכא מדמה פטיש ליצה"ר ובהכהו מדמי פטיש לדברי תורה בסנהדרין ובשבת ושמא ה"ט דמקרא אחד יוצא לכמה טעמים וקשה לפירוש ר"ת דבריש מסכת תענית (דף ד.) אמר כל תלמיד חכם שאינו קשה כברזל אינו תלמיד חכם שנאמר כפטיש יפוצץ סלע אלמא פטיש קשה ומפוצץ את הסלע* :

משביעו · שמרבה בתשמיש ביום ובלילה דהא מייתי לה בחלק (סנהדרין דף קז.) גבי עובדא דדוד שאמר בחנני ה' ונסני דקאמר מיד לעת ערב ויקם דוד מעל משכבו ואמר רב יהודה אמר רב שהפך משכבו של לילה למשכבו של יום ונתעלמה ממנו הלכה דאמר רבי יוחנן אבר קטן יש בו באדם :

[ע"ב מסכת קידושין ל: ד"ה אם]

רש"י

רע כל היום · כל היום רעתו מתוספת : **ה' לא יעזבנו בידו** · בתריה כתיב : **מנוול זה** · יצר הרע : **לכו למים** · נמשלה תורה למים וכתיב אבנים שחקו מים : **דברי כאש** · והאש מפעפע את הברזל והיינו מתפוצץ שהניצוצות ניתזין ממנו : **עבדו** · יצה"ר הוא עבדו של אדם שאם רצה הרי הוא מסור בידו שנאמר ואתה תמשל בו : **באטב"ח** · (ב) אלפא ביתא הוא א"ט ב"ח ג"ז ד"ו הרי עשיריות י"צ כ"פ ל"ע מ"ס הרי מאות ק"ץ ר"ף ש"ן ת"ם הרי אלפים ונשארו הנ"ך שלא היה לה"א בן זוג בעשיריות ולא לנו"ן בן זוג במאות לפי סדר האותיות ולא לכ"ף בן זוג באלפים וחברם יחד נמצא דרך אלף בית זה סהדה מנון סמ"ך מן מ"ם במקום מ"ם ה"א מן ה"ן במקום נו"ן דלי"ת מן ד"ו במקום וי"ו ועוד ה' במקום נו"ן : **התעם** · תעות בעלמא : **בקרבם** · משמע נטוע בלבם : **הלך** · עובר דרך עליו ואינו מתאכסן עמו : **אורח** · אכסנאי : **איש** · בעל הבית : **ויבא הלך** · בדוד ובת שבע קאי דקאמר ליה נביא לדוד על יצר רע הבא אליו : **אבר קטן** · גוייה : **משביעו** · בתשמיש : **רעב** · גופו חסר כח ורעב לעת זקנה : **שבע** · בכח שלם : **גלות** · שהגלה את ישראל : **לא היה** · אינו כדי והלואי לא היה : **אהלים לשודדים** · אלו ערביים השוכנים באהלים במדברות ורועים מקנה כל ימיהם וכתיב סיפיה דקרא לאשר הביא וגו' כלומר הוא עצמו גרם לו הרגזתו שהביאם בעולם : **מה לי פה** · זו היא חרטה : **ואשר הרעתי** · רישא דקרא אוספה הצולעה והנדחה אקבצה ואשר הרעתי אני בראתי את יצר הרע המחטיאם וגרמתי להם כל זאת : **שלשה מקראות** · המעידין שהטעות והזכיות בידו ותוכן הלבבות: **חרשים** · אומנים : משיחים שניהם חרשים לבנין בית המקדש אליהו חרש אבן שבנה מזבח · בהר הכרמל ומליט שהוא עתיד להשתלח: **וכהן צדק** · הוא שם בן נח ונקרא חרש ויחזק חרש את צורף (ישעיה מא) ובבראשית רבה (פ' מ"ג) מפרש ליה במלכי צדק שבא לקראת אברהם וברכו וחיזקו וקראו חרש על שם בנין התיבה שבנה עם אביו: **אלה הקרנות אשר זרו** · בתריה כתיב : **שפיל לסיפיה דקרא** · דאלה הקרנות ויבאו אלה להחריד אותם סוף הפסוק הוכיח שתחילתו אינו מדבר בחרשים אלא באומות שכששאל הנביא את המלאך מה אלה החרשים אמר לו אלה הקרנות כלומר אומות הללו אשר זרו את יהודה ויבאו אלה החרשים להחריד אותם הקרנות לידות את קרנות הגוים : **שפיל*** · השפל עצמך לתחתית המקרא לסופו : **אמר רב ששת בהדי חנא באגדתא למה לי** · מה לי אצלו בהגדה בקי הוא בהגדה ממני ולא אוכל לו: **שבעה רועים ושמנה נסיכים** · לא ידעתי בהם טעם כמדומה לי דאמרינן בעלמא וילחק להיכן אזל להציל בניו מדינה של גיהנם כדכתיב כי אתה אבינו (מדרש ילקוט מיכה ה)* : **עמוס וצפניה** · מן הנביאים היו : **אדם שת ומתושלח** · מן הצדיקים שהיו קודם המבול שלא חטאו עד דור אנוש כדכתיב (בראשית ד) אז הוחל וגו' מתושלח צדיק גמור היה כדאמרינן בחלק (סנהדרין דף קח:) שבעת ימים שנתאבלו לדור המבול הן ימי אבלו של מתושלח : **לכולהו** · לארבעת הילדים דהוו שלשים לכל חד : **והן משובחין** · בדבר זה היו משובחים בכחם יותר מבנה של מרתא : **בנה של מרתא בת בייתוס** · כהן היה : **עקב בצד גודל** · הוליכן בכבש בנחת עקב רגל אחד בצד גודל של חבירתה והלך טפחי משאוי לרוץ : **ולא הניחוהו אחיו הכהנים** · להוליך שני אברים אלא כמנין המפורש בסדר יומא (דף כו:) פר קרב בכ"ד משום ברוב עם הדרת מלך : **מי משום יוקרא** · כובד המשוי : **הנך יקירי טפי** · שתי ירכות כאילו כבידות משלשים לוג : **כבש ומרובע** · הכבש היה משפע בשיפוע אורך קרוב ארבע אמות שיפוע לכל אמה גובה דשתים ושלשים אמה אורך לתשעה גובה :

יש

מסורת הש"ס

עיין נדה י"ג תוספתא אחרת

[קידושין ל: ע"ש]

[שם]

סנהדרין ק.

ברכות לב. ע"ש

ס"א יתיבי מותבי ליהודה

[נע"י איתא ואליהו ומשיח וכ"א בילקוט]

[ועי' פרש"י ברכות י. ד"ה שפיל]

[תוספתא דיומא פ"א]

[ועיין שבת פט:]

הגהות הב"ח

(א) גמ' מאה ועשרים לוג לכולהו : (ב) רש"י ד"ה באטב"ח' נ"ב זהו סירוש סמוך אבל רש"י פירש בפ"א וכמו שמעתיק בס' עין יעקב :

היוצא מזה, גם בבתי כנסיות שמתקבצין שם אנשים ונשים להתפלל, טוב יותר לעשות גזוזטרא שהנשים יהיו למעלה, ואם מאיזה טעם קשה לעשות גזוזטרא, צריכים לעשות מחיצה ממש כזו שתמנע מלבוא לידי קלות ראש, ולא סגי במה שנחשבה מחיצה לכל דבר, כגון בשערים פתוחים, כמו שראינו שלא הועילה במקדש, והיה אסור מדאורייתא. ולכן לא סגי גם במחיצה של עשרה טפחים מן הקרקע, שאינה כלום לענין קלות ראש, שהרי יכולים לדבר ולהרבות שיחה עם הנשים בלי שום קושי, וליגע בידיהם, ואין לך קלות ראש גדולה מזו, ונחשבו כמעורבין ממש, ואסור מדאורייתא, שגרועה היא ממחיצה שהבדילה בין עזרת נשים לחיל במקדש, שלא הועילה אף שהיתה יותר ניכר, אלא צריכים לעשות מחיצה גבוהה, במדה כזו שלא יבואו לידי קלות ראש.

אבל מסתבר לענ"ד, שסגי במחיצה גבוהה עד אחר הכתפים, דהרי חזינן שהמחיצה אינה מצד איסור הסתכלות, כדכתבתי לעיל, שזה הרי ידעו גם מתחלה, ומ"מ התירו ולא חשו לזה, **ואף** אחר התיקון הגדול לא נזכר שהיתה שם רק גזוזטרא, שהיא מקרשים מונחים על הזיזין הבולטים, וסתם גזוזטרא אינה במחיצה, עיין עירובין דף פ"ז, ובתוס' דף פ"ו, ובפי' המשנה להרמב"ם שם, ונמצא שנראו הנשים כיון שלא הקיפו את הגזוזטרא במחיצה, ולא חשו לזה, ואף שלא נראו להאנשים שעמדו תחת הגזוזטרא, מ"מ הרי נראו להאנשים העומדים באמצע.

ולכן במחיצה גבוהה עד אחר הכתפים, שמסתבר שאין לבוא לידי קלות ראש, יש להתיר. והוא גובה ג' אמות, שהן י"ח טפחים, כדאיתא בשבת דף צ"ב, עיין ברש"י ותוס' שם, ובתוס' עירובין דף מ"ח, ותוס' ב"ב דף ק'. **ואף** שנראים הראשים אף בי"ח טפחים כשעומדות, לא יבא מזה לידי קלות ראש. **והמחמירין** להגביה המחיצה עד שלא יתראו גם ראשיהן, תבוא עליהן ברכה, ובפרט שהרבה נשים במדינה זו אינן נזהרות בכסוי הראש. **אבל** לדינא יש להתיר גם בגבוהה רק י"ח טפחים, ואם שנמצאות שם גם פרועי ראש, כבר הורה זקן בעל ערוך השולחן, שבזה"ז שבעוה"ר יש הרבה כמותן, מותר להתפלל כנגדן, ולכן אין למחות, אבל בפחות מי"ח טפחים, אסור, וצריך למחות בכל התוקף, כי אף אם היה אסור רק מדרבנן צריך למחות, כ"ש שלענ"ד הוא מדאורייתא, כדהוכחתי לעיל.

והנה יש מקום לומר שרק במקדש היה אסור מדאורייתא, משום דין יראה, דומקדשי תיראו, שאם הוא בקלות ראש אינו ביראה, וא"כ בביהכ"נ הוא רק מדרבנן, שאסרו גם בהם קלות ראש, ולא מהני גם תנאי, עיין במגילה דף כ"ח, ובשו"ע או"ח סי' קנ"א סעיף י"א, וכ"ש לקלות ראש של איסור שאין מועיל בה תנאי. **אבל** בשעת התפלה וכשמזכירין שם שמים ודברי תורה וקדושה, מסתבר שהוא דאורייתא, שהלא הקדושה שתיקנו בביהכ"נ, כתב הר"ן במגילה כ"ו, שהוא משום שעיקרו עשוי לומר בו דבר שבקדושה, ע"ש, ואם דברי הקדושה עצמן אין בהם דיני הקדושה, לא היה שייך לתקן קדושה על ביהכ"נ בשבילם, ולכן משמע שבעת התפלה הרי הוא בדיני קדושה מדאורייתא, ויהיה אסור לנהוג בו קלות ראש בתפלה מדאורייתא. **אבל** מוכרחין קצת לומר שדין זה הוא מדאורייתא בכל מקום קבוץ, שהרי ההספד שלעתיד שלמדין משם, לא מצאנו בו שיהיה במקדש, ואם שם לא נאסר מדאורייתא אלא לצניעות בעלמא, איך שייך למילף מזה איסור דאורייתא למקדש, אלא משמע שהוא איסור בכל מקום שצריכין להקבץ בו אנשים ונשים, שאסורין להיות בלא הבדלת מחיצה ביניהם, כדי שלא יבואו לידי קלות ראש. **אך** אולי אף שבהספד יהיה לצניעות בעלמא, הוא עכ"פ ראיה שיש בזה ענין קלות ראש, שלכן יש לאסור במקדש מדאורייתא משום מצות יראה, ויהיה בביהכ"נ מדרבנן, ובשעת התפלה דאורייתא, אבל יותר מסתבר שהוא מדאורייתא בכ"מ קבוץ.

ובלא צורך קבוץ, אף במקדש מותר, שהרי חנה התפללה סמוך לעלי הכהן, וכהא דדחקה ונכנסה בקידושין נ"ב, ותוס' שם, מותרות נשים ליכנס בעזרה גם בלא דוחק, ע"ש, אף שנמצאים שם הרבה אנשים, אבל במקום שצריכין להתקבץ, כהא דשמחת בית השואבה, וכהא דיתקבצו להספיד לעתיד, הרי הוא דין מדאורייתא שצריך מחיצה להבדיל ביניהם.

ולפיכך גם בבתי כנסיות שלנו שמתקבצים להתפלל, צריך שתהיה מחיצה, ודוקא מחיצה כזו שלא יבואו מתוכה לידי קלות ראש, שהוא או בגזוזטרא שהנשים למעלה והאנשים למטה, אף כשנראות משם, או במחיצה גבוהה עד אחר הכתפים, שהוא י"ח טפחים. - אג"מ או"ח ח"א סי' ל"ט.

מרעיבו שבע, משביעו רעב

איזהו מחשבה נכונה שתהיה לאדם בשעת תשמיש... שהוא מכוון בעצמו לגדור בה מן העבירה, כדי שלא יתאוה לעבירה, כי רואה יצרו גובר ומתאוה אל הדבר ההוא, וגם בזה יש שכר, אך לא כראשונים, לפי שהיה יכול לדחות את יצרו ולכבוש אותו, כענין שאמרו סוכה: אבר קטן יש באדם מרעיבו שבע ומשביעו רעב, ומ"מ מי שכוונתו לכך שיהיה שבע מן ההיתר שלא ירעב ויתאוה אל האיסור, כוונתו לטובה - טור או"ח סי' ר"מ.

פירש רש"י: מרעיבו בתשמיש, גופו שבע בכח שלם, ואם משביעו בתשמיש, גופו רעב וחסר כח לעת זקנתו, **אבל** מלשון רבינו לא משמע כן, מדהביא זה לראיה שיכול לדחות היצר, גם מדקאמר אח"כ עד שלא ירעב ויתאוה אל האיסור וכו', משמע דאיצר קאי ולא אגוף, **ונ"ל** דקאי הכל אאבר, מי שמרעיב האבר ואינו ממלא כל תאותו תמיד, האבר לעולם שבע, ולעולם יצרו מתמעט, וכן להיפך יצרו מתגבר, וק"ל - פרישה שם.

ולא הניחוהו אחיו הכהנים, משום ברב עם הדרת מלך

וז"ל האו"ז: אשר ששאלתם, ששמעון מוחה ביד ראובן שקנה מן הקהל להוציא ס"ת מאה"ק ולתתה ביד שליח צבור וכן להחזירה, והמעות הללו באין לכיס של צדקה, ושמעון מוחה שלא לעשות כן מפני שהיא מצוה של חזן. **נראה** בעיני שלא כיון יפה אותו שמעון, שהרי במה זכה בה חזן, ודאי אילו לא היה יכול לקרות ספר תורה כי אם הוא, אז הוא זוכה, **אבל** השתא שיכול אחר לקרות, מעשים בכל יום, שראובן מתפלל שחרית, שמעון קורא, ולוי מתפלל מוסף, אם כן היאך נאמר שזכה בה. [**פי'** אי לא היה יכול לקרות בתורה אלא הש"ץ, א"כ היתה התפלה והקריאה בס"ת חדא מלתא, והיינו אומרים כיון שהתחיל להתפלל יגמור המצוה בהוצאת והכנסת ס"ת, אבל כיון שלפעמים אחד מתפלל ואחד קורא, וחזינן דתפלה וקריאה לא שייכים להדדי, וכיון שסיים התפלה כבר עברה מצותו ואין לו שייכות להכנסת והוצאת ס"ת, וכן הקורא עדיין לא התחיל במצוה ג"כ אין לו שייכות להוצאה והכנסת ס"ת, א"כ אפילו המתפלל קורא בתורה מ"מ אין לו זכיה בהוצאה והכנסת ס"ת, דאין לו שייכות לזה - מחה"ש], **ותנן** בתמיד נשחט, שחט ישראל וקבל הכהן נותנו לחבירו וחבירו לחבירו, ואמר בגמ' ש"מ הולכה שלא ברגל שמה הולכה, דילמא דנייד פורתא, מאי קמ"ל, הא קמ"ל ברוב עם הדרת מלך - אור זרוע ח"א סי' קט"ו, הובא ברמ"א או"ח סי' קמז ס"ב.

§ מסכת סוכה דף נג, §

אות א'* א

כשהיינו שמחים שמחת בית השואבה

חסידים ואנשי מעשה עושים לזכר שמחת בית השואבה, להיות נעורים בלילות של חוה"מ סוכות, ולהרבות בזמירות ושבחים, ומרבים נרות בסוכה בלילות אלו, **גם** בהרבה בתי מדרשות נהגו להרבות בנרות בתפילת ערבית דחוה"מ בחג הזה, יסוד ושורש העבודה - משנה ברורה סימן תרסא.

אות א'

שבועה שלא אישן שלשה ימים, מלקין אותו וישן לאלתר

יו"ד סימן רלו ס"ד - נשבע לשנות את הידוע לאדם, כגון על איש שהוא אשה או על אשה שהוא איש, חייב משום שבועת שוא. וכן אם נשבע לאמת האמת על דבר שהוא ידוע לכל, כגון על שנים שהם שנים וכיוצא בו; או על דבר שאי אפשר לעשותו, כגון שלא אישן ג' ימים, או שנשבע שלא יאכל ז' ימים, או שנשבע שלא יאכל מכל פירות שבעולם, הוי שבועת שוא ומלקין אותו, וישן לאלתר ואוכל לאלתר. הגה: נשבע סתם שלא ישן ושלא יאכל, הוי כאילו נשבע שלא יעשה לעולם, והוי שבועת שוא.

באר הגולה

א (מילואים)

החליל פרק חמישי סוכה נג

תורה אור

אשה היתה בוררת חטים לאור של בית השואבה: חסידים ואנשי מעשה כו': ת"ר *יש מהן אומרים אשרי ילדותנו שלא ביישה את זקנותנו אלו חסידים ואנשי מעשה ויש מהן אומרים אשרי זקנותנו שכפרה את ילדותנו אלו בעלי תשובה אלו ואלו אומרים אשרי מי שלא חטא ומי שחטא ישוב וימחול לו תניא *אמרו עליו על הלל הזקן כשהיה שמח בשמחת בית השואבה אמר כן אם אני כאן הכל כאן ואם איני כאן מי כאן הוא היה אומר כן למקום שאני אוהב שם רגלי מוליכות אותי אם (א) תבא אל ביתי אני אבא אל ביתך אם אתה לא תבא אל ביתי אני לא אבא אל ביתך שנאמר °בכל המקום אשר אזכיר את שמי אבא אליך וברכתיך *אף הוא ראה גלגולת אחת שצפה על פני המים אמר לה על דאטפת אטפוך ומטיפיך יטופון אמר רבי יוחנן רגלוהי דבר איניש אינון ערבין ביה לאתר דמיתבעי תמן מובילין יתיה הנהו תרתי כושאי דהוו קיימי קמי שלמה °אליחרף ואחיה בני שישא סופרים דשלמה הוו יומא חד חזייה למלאך המות דהוה קא עציב א"ל אמאי עציבת א"ל דקא בעו מינאי הני תרתי כושאי דיתבי הכא מסרינהו לשעירים שדרינהו למחוזא דלוז כי מטו למחוזא דלוז שכיבו למחר חזיא מלאך המות דהוה קבדח א"ל אמאי בדיחת א"ל באתר דבעו מינאי תמן שדרתינהו מיד פתח שלמה ואמר רגלוהי דבר איניש אינון ערבין ביה לאתר דמיתבעי תמן מובילין יתיה תניא *אמרו עליו על רבן שמעון בן גמליאל כשהיה שמח שמחת בית השואבה היה נוטל שמנה אבוקות של אור וזורק אחת ונוטל אחת ואין נוגעות זו בזו וכשהוא משתחוה נועץ שני גודליו בארץ ושוחה ונושק את הרצפה וזוקף ואין כל בריה יכולה לעשות כן וזו היא קידה *לוי אחוי קידה קמיה דרבי ואיטלע והא גרמא ליה והאמר רבי אלעזר לעולם אל יטיח אדם דברים כלפי מעלה שהרי אדם גדול הטיח דברים כלפי מעלה ואיטלע ומנו לוי הא והא גרמא ליה לוי הוה *מטייל קמיה דרבי בתמני סכיני שמואל קמיה שבור מלכא בתמניא מזגי חמרא אביי קמיה (*דרבא) בתמניא ביעי ואמרי לה בארבעה ביעי תניא אמר ר' יהושע בן חנניה כשהיינו שמחים שמחת בית השואבה לא ראינו שינה בעינינו כיצד שעה ראשונה תמיד של שחר משם לתפלה משם לקרבן מוסף משם לתפלת המוספין משם לבית המדרש משם לאכילה ושתיה °משם לתפלת המנחה משם לתמיד של בין הערבים מכאן ואילך לשמחת בית השואבה איני *והאמר רבי יוחנן *שבועה שלא אישן שלשה ימים מלקין אותו ויישן לאלתר אלא הכי קאמר לא טעמנו טעם שינה דהוו מנמנמי אכתפא דהדדי: חמש עשרה מעלות: אמר ליה רב חסדא להההוא מדרבנן דהוי קמסדר אגדתא קמיה א"ל *שמיע לך הני חמש עשרה מעלות כנגד מי אמרם דוד א"ל הכי אמר רבי יוחנן בשעה שכרה דוד שיתין קפא תהומא ובעי למשטפא עלמא אמר דוד חמש עשרה מעלות והורידן אי הכי חמש עשרה מעלות יורדות מיבעי ליה אמר ליה הואיל ואדכרתן (מלתא) הכי אתמר *בשעה שכרה דוד שיתין קפא תהומא ובעא למשטפא עלמא אמר דוד מי איכא דידע אי שרי למכתב שם אחספא

רש"י

יש מהם אומרים · הייט תושבחתא דמתני' שמשבחין להקב"ה על כך: **אלו חסידים** · כל חסיד הוי חסיד מעיקרו: **שלא ביישה כו'** · שלא עברנו עבירה בילדותנו לבייש את זקנותנו: **אם אני כאן הכל כאן** · דורש היה לרבים שלא יתעצלו בשמו של הקב"ה אם אני כאן הכל כאן כל זמן שאני חפץ בבית הזה ושכינתי שרויה בו יהא כבודו קיים ויבאו הכל כאן ואם תחטאו ואסלק שכינתי מי יבא כאן: **הכי גרסינן בתוספתא הוא היה אומר למקום שאני אוהב שם רגלי מוליכות אותי אם אתה תבא לביתי** · ונראה לי שאף כאן צריך לגורסה כן משום דאמר ר' יוחנן בתרה רגלוהי דבר איניש כו' ואי לא גרסינן ליה מאי שייכא דר' יוחנן הכא: **שצפה על פני המים** · שחתכו את ראשו והטילוהו למים והכיר בו שהוא רוצח ופגעו בו עכשיו לסטים כיוצא בו: **אמר לה על דאטפת אטפוך** · על שהצפת גלגולות של אחרים במים אטפוך הציפוך אחרים עכשיו: **לסוף מטיפיך יטופון** · עוד יבא יום ויציפו גולגולתם של אלו שהרגוך: **לאתר דמתבעי** · למקום שנגזר עליו למות בו משם הוא מתבקש ליטול נשמתו: **תמן מובילין יתיה** · לשם רגליו מוליכות אותו: **תרי כושאי** · על שם שהיו יפים קרי להו הכי: **אליחורף ואחיה** · פסוק הוא במלכים שהיו סופרים לשלמה: **דקא בעו מינאי** · אלו מתבקשים ממני למעלה שהגיע זמנם למות ולא היה יכול ליטול נשמתם כיון שלא נגזר עליהם למות כי אם בשער לוז: **מסרינהו** · שלמה: **לשעירים** · לשדים שהוא היה מלך עליהם כדכתי' (דה"א כט) וישב שלמה על כסא ה' למלך שמלך על העליונים ועל התחתונים*: **אמטינהו למחוזא דלוז** · עיר שאין מלאך המות שולט בתוכה כדאמרינן בסוטה (דף מו:): **ערבין ביה** · לשמים משלמין ערבותן ומוליכין אותו למקום שמתבקש שם: **שני גודליו** · של שתי ידיו ונשען עליהן עד שוחה ונושק את הרצפה לקיים מה שנאמר כי רצו עבדיך את אבניה (תהלים קב): **וזו קידה** · האמורה בכתובים דאמר מר *קידה על אפים אין לו להשתטח להגיע לארץ גופו אלא פניו בלבד מי שיודע ויכול לעשות כן ובדורו של רבן שמעון לא היה אחד מעומדי עזרה יכול לעשות כן אלא הוא: **איטלע** · נעשה חיגר לפי שנזוקף גופו מאליו ואינו נשען על ידיו בחוזקה לדחוף גופו למעלה כמלא כל אונס זקיפתו על מתניו: **יטיח** · יזרוק לשון כמטחוי קשת (בראשית כא): **הטיח דברים** · במס' תענית (דף כה.) עלית וישבת לך במרום ואי אתה משגיח על בנין: **הא והא גרמא ליה** · נענש בהטחת דברים ונענש בשעת המחורע כדאמרינן במסכת שבת (דף נב.) נפל תורא חדר לסכינא: **קמיה דרבי** · בביתו שהיה נשיא ומכבדין אותו לשמחו שהיה דואג תמיד בצרת ישראל ובחוליו כדאמרינן בנדרים (דף כ:) יומא דמחיך ביה רבי אתי פורענות לעלמא: **שבור מלכא** · מלך פרס היה: **מזגי חמרא** · כוסות זכוכית מלאים יין ואין היין נשפך: **רבי יהושע בן חנניה** · מן הלוים *)המשוררים היה כדאמר בערכין (דף יא:) וכבר הלך *ר"י בן גודגדא לסייע את ר' יהושע בן חנניה בהגפת דלתות: **מלקין אותו** · שנשבע לשוא ומשעה שיצאת שבועה מפיו הרי הוא כנשבע על העמוד של אבן שהוא של זהב שאף זה נשבע על דבר שאי אפשר ובשבועות (דף כט.) תנן דהיינו שבועת שוא וחייבים על זדונה מכות וכגון שהתרו בו: **בשעה שכרה דוד שיתין** · ולא סבירא ליה שמששת ימי בראשית נבראו ואי סבירא ליה שמא נתמלאו עפר או נרמסות וצריך לכרותן: **קפא תהומא** · צף התהום למעלה וינא ויצף הברזל מתרגמינן וקפא פרזלא (מלכים ב ו): **א"ל** · רב חסדא לדידיה הואיל ואדכרתן הכי איתמר: **מי איכא דידע כו'** · דוד לא היה מורה הלכה בפני רבו אחיתופל והוא היה שם:

*) [נ"ל כמשוררים]

תוספות

אשה היתה בוררת חטין לשמחת בית השואבה · בירושלמי פריך היאך בוררת האיכא מעילה דשמן ופתילה היו של הקדש ומשני דקול ומראה וריח אין בהן משום מעילה וקשה דבפרק כל שעה (פסחים דף כו. ושם) אמרינן עלה מעילה הוא דליכא הא איסורא איכא וי"ל דבוררת לאו דוקא אלא כלומר היתה יכולה לברור מרוב אורה: **אם** אני כאן · פירש בקונטרס שהיה הלל אומר בשמו של הקב"ה אבל בירושלמי משמע שהיה אומר על עצמו דפריך ולקילוסיו הוא צריך כלומר וכי היה צריך לשבחו והכתיב אלף אלפין ישמשוניה ומשני דכנגד ישראל היה אומר וחביב עליו קילוסן של ישראל מן הכל שנאמר (שמואל ב כג) ונעים זמירות ישראל וכתיב (תהלים כב) ואתה קדוש יושב תהלות ישראל ומיהו הא דקאמר אם אתה תבא אל ביתי אני אבא אל ביתך לא אפשר אלא בשכינה דהא דריש ליה מדכתיב בכל המקום אשר אזכיר את שמי אבא אליך וברכתיך:

רבי

עין משפט נר מצוה

יג א מיי' פ"ה מהלכות שבועות הלכה כ סמג לאוין רלה טוש"ע י"ד סימן רלו סעיף ד:

רבינו חננאל

תני יכולה אשה לבור חטים לאור המערכת ולא היו מועלות דא"ר סימון ריח ומראה וקול אין בהן משום מעילה ו' קולות נשמעין מיריחו קול שער הגדול שנפתח· קול המגריפה. [בערכין יא] רב ושמואל חד אמר עשרה נקבים היו בה וכל נקב מוציא מאה מיני זמר וחד אמר מאה נקבים היו בה וכל נקב מוציא (ס"ו)[עשרה] מיני זמר מדברי שניהם המגריפה היתה מוציאה אלף מיני זמר [קול העץ] שעשה בן קטין מוכני לכיור· קול גביני כרוז קול החליל· קול הצלצל קול כ"ג ביוה"כ בשעה שאומר אנא השם· ריח פטום הקטורת· מראה כדאמר ר' חייא בר אבא הוא נבל הוא כנור ניטין יתירות בין זה לזה· ולמה נקרא שמו נבל מפני שמנבל כל מיני זמר ועוגב זה אורדלס חסידים ואנשי מעשה שלא טעמו טעם חטא בילדותם כ"ש בזקנותם· *) חסידים בעלי תשובה. הלל הזקן כד הוה חמי עבדין בפחז הוה אמר וכי קילוסין דהללו צריך והכתיב אלף אלפין ישמשוניה וכד הוה חמי לון דעבדין בכושר הוה אמר הכי(איאנלינג מולן)[דאי לא אנן הכא מאן הכא]. אע"פ שיש כמה קילוסין לפניו חביב עליו קילוסי ישראל יותר מן הכל דכתיב ונעים זמירות ישראל ואתה קדוש יושב תהלות ישראל· ר' חייא רבה אחוי כריע' קדסרבי ונפסח ונתרפא· לוי אחוי קידה כריעה קמי רבי ונפסח ולא נתרפא. הלל ראה גולגולת א"ת צפה על פני המים [אמר לה] על דאטפאך עטיפוך ודאטפך יטופון. הנהו תרי כושאי כו'· א"ר יוחנן רגלוהי דבר איניש אינון עריבין ליה לאתר דמתבעי תמן מובלן יתיה· כשהיה משתחוה רשב"ג היה נועץ שני גודליו ושוחה ונושק פני רצפה וזוקף ומה שאין אחר יכול לעשות כך וזו היא הקידה· לוי הוה מטלל קמי דרבי בתמני סכיני תניא א"ר יהושע בן חנניה כשהיינו מתעסקין בשמחת בית השואבה לא היינו רואין שינה בעינינו· שעה ראשונה לתמיד של שחר ומשם לתפלת השחר ומשם למוספין· ומשם לתפלת המוספין ומשם לביהמ"ד· ומשם לאכילה ושתיה ומשם לתמיד של בין הערבים מכאן ואילך לשמחת בית השואבה· ואסיקנא מאי לא ראינו שינה בתרדמה אלא שינה כעין נמנום: ט"ו מעלות כו' בשעה שכרה דוד שיתין קפא תהומא בעא

*) נ"ל דל"ל יש מהן אומרים וכו' אלו חסידים ואנשי מעשה ויש מהן אומרים וכו' אלו בעלי תשובה כנ"ל ועי' בתוספתא וירושלמי וברש"י כאן ובק"ע.

הגהות הב"ח (א) גמרא אם אתה תבא אל ביתי:

גליון הש"ס גמרא אליחרף· עיין ירושלמי פ"ט דכלאים ושם איתא בשינוי לשון קצת: שם משם לתפלת המנחה· בתשובת תשב"ץ ח"ב סימן קס"א הביא סוגיא זו משם לתמיד של בין הערבים משם לתפלת מנחה· ועיין בתשובת הרמ"ע סימן י"ד:

אחספא ונשדיה בתהומא ומנח ליכא דקאמר ליה מידי אמר דוד כל דידע למימר ואינו אומר יחנק בגרונו נשא אחיתופל ק"ו בעצמו *ומה לעשות שלום בין איש לאשתו אמרה תורה שמי שנכתב בקדושה ימחה על המים לעשות שלום לכל העולם כולו על אחת כמה וכמה אמר ליה שרי כתב שם אחספא ושדי לתהומא ונחית תהומא שיתסר אלפי גרמידי כי חזי דנחית טובא אמר כמה דמידלי טפי מירטב עלמא אמר חמש עשרה מעלות ואסקיה חמיסר אלפי גרמידי ואוקמיה באלפי גרמידי אמר עולא ש"מ סומכא דארעא אלפי גרמידי והא חזינן דכרינן פורתא *ונפקי מיא אמר רב משרשיא ההוא מסולמא דפרת:

ועמדו כהנים בשער העליון שיורד כו': בעי ר' ירמיה למעלה עשירית דנחית חמשה וקאי אעשרה או דלמא דנחית עשרה וקאי אחמשה תיקו *תנו רבנן ממשמע שנאמר °ופניהם קדמה איני יודע שאחוריהם אל היכל ה' אלא מה תלמוד לומר אחוריהם אל היכל ה' מלמד שהיו פורעין עצמן ומתריזין כלפי מטה: אנו ליה וליה עינינו כו': איני *והאמר רבי זירא *כל האומר שמע שמע כאילו אמר מודים מודים אלא הכי אמרי המה משתחוים קדמה ואנו ליה (א) (אנחנו מודים) ועינינו ליה מיחלות:

מתני' *אין פוחתין מעשרים ואחת תקיעות במקדש ואין מוסיפין על ארבעים ושמנה בכל יום היו שם עשרים ואחת תקיעות במקדש שלש לפתיחת שערים ותשע לתמיד של שחר ותשע לתמיד של בין הערבים ובמוספין היו מוסיפין עוד תשע °ובערב שבת היו מוסיפין שש *שלש להבטיל את העם ממלאכה ושלש להבדיל בין קדש לחול ערב שבת שבתוך החג היו שם ארבעים ושמנה שלש לפתיחת שערים שלש לשער העליון ושלש לשער התחתון ושלש למילוי המים ושלש על גבי מזבח תשע לתמיד של שחר ותשע לתמיד של בין הערבים ותשע למוספין שלש להבטיל את העם מן המלאכה ושלש להבדיל בין קודש לחול:

גמ' *מתניתין דלא כרבי יהודה דתניא ר"י אומר הפוחת לא יפחות משבע והמוסיף לא יוסיף על שש עשרה במאי קא מיפלגי ר"י סבר תקיעה תרועה תקיעה אחת היא ורבנן סברי תקיעה לחוד ותרועה לחוד מ"ט דרבי יהודה אמר קרא °ותקעתם תרועה (*וכתיב תרועה יתקעו הא כיצד תקיעה ותרועה אחת היא) ורבנן ההוא לפשוטה לפניה ולאחריה הוא דאתא (ור' יהודה לפניה ולאחריה מגליה נפקא ליה משנית) ורבנן מאי טעמיהו דכתיב °ובהקהיל את הקהל תתקעו ולא תריעו ואי ס"ד תקיעה תרועה אחת היא אמר רחמנא פלגא דמצוה עביד ופלגא לא עביד ור' יהודה ההוא לסימנא בעלמא הוא דאתא ורבנן סימנא הוא ורחמנא שויה מצוה כמאן אזלא הא דאמר *רב כהנא אין בין תקיעה לתרועה ולא כלום כמאן כרבי יהודה (אי רבי יהודה) פשיטא

מהו

אחספא · מפני שהחרס צולל ויורד ואינו צף כדי שירד ויגוח על הנקב ובהגדת דספר שמואל מפורש שמצאו דוד על פני נקב התהום וכתוב בו שהיה שם משעת ימי בראשית : לעשות שלום בין איש לאשתו · לבדוק את הסוטה ואם טהורה היא יהא שלום ביניהם : שמי שנכתב בקדושה · שכתב במגילה יתן ה' אותך וגו' כדכתיב וכתב את האלות האלה וגו' (במדבר ה) : כמה דמידלי טפי מירטב עלמא · כמה שהתהום גבוה וסמוך לארץ מתלחלח העולם והארץ מצמחת פירותיה : אמר · ט"ו מזמורים של שיר המעלות : סומכא דארעא · עובי הארץ עד התהום : סולמי דפרת · מעלות העשויות כמחילות שבהן מי פרת עולין תחת הקרקע לפי שפרת גבוה מאלו מאד כדאמרינן בבכורות (דף נה.) כל הנהרות למטה מפרת ומים היוצאים מהר גבוה אם דרך מתוקן להם עולין על הר כיוצא בו ולא יותר לפיכך אף החופרים בהרים שבבבל הסמוכה לפרת מוציאין מים : וקאי אחמשה · עמדו על חמשה שעדיין יש ה' מעלות לירד עד עזרת הנשים : ממשמע שנא' ופניהם קדמה איני יודע שאחוריהם אל היכל ה' · שהיו עומדים פתח (ב) ההיכל כדכתיב ברישיה דקרא והנה פתח היכל ה' כעשרים וחמשה איש ולא הוה ליה למיכתב אלא ופניהם קדמה וממילא ידענא דאחוריהם אל היכל ה' שהיכל הוא במערב ופתחו בכותל מזרחי : מפריעין · מגלין : ומתריזין · ריעי : שמע שמע · פסוקא פסוקא ותני לה : כלומר מודים מודים · דתנן (ברכות דף לג:) משתקין אותו משום דמיחזי כשתי רשויות : אנו ליה משתחוים וליה עינינו מיחלות · דכיון דאתרי מילי קמדכר ליה תרי זימני ולאו אחדא מילתא תרי זימני לית לן בה : מתני' מעשרים ואחת תקיעות · בכל יום כדמפרש ואזיל פשוטה לפניה ופשוטה לאחריה ותרועה באמצע חשיב ליה תלת : שלש לפתיחת שערים · שערי העזרה : תשע לתמיד של שחר · כשהיו מנסכין את נסכי התמיד הלוים אומרים בשיר ושלשה פרקים היו בשיר שהיו מפסיקין בו ותוקעין הכהנים בחצוצרות ומשתחוים העם כדתנן במסכת תמיד (פ"ז מ"ג) הגיעו לפרק תקעו והשתחוו העם על כל פרק תקיעה ועל כל תקיעה השתחויה ועל כל תקיעה היתה תרועה באמצע ופשוטה לפניה ולאחריה : ובמוספין · ביום שיש בו מוסף מוסיפין עוד תשע לשיר של מוספין : שלש להבטיל העם ממלאכה · כדמפרש בשילהי במה מדליקין (שבת דף לה:) : בין קודש לחול · כשקדש היום להודיע שחשכה ויש מעתה חיוב סקילה במלאכה : שלש לפתיחת שערים · כמו בכל יום שבעה שערים היו בעזרה : שלש לשער העליון · דאמרן לעיל קרא הגבר תקעו והריעו ותקעו : שלש לשער התחתון · דאמרן לעיל הגיעו לעזרה תקעו והריעו ותקעו והיו מאריכין בהן עד שהגיעו לשער היוצא למזרח והוא שער התחתון ובגמרא מפרש אמאי לא חשיב שלש של מעלה העשירית : שלש למילוי המים · אחר שמלאום ושבו ובאו להן לעזרה דרך שער המים ותנן לעיל בפרק לולב וערבה (דף מח:) הגיעו לשער המים תקעו והריעו ותקעו : שלש לגבי מזבח · כשזוקפין את הערבה כדתנן בפרק לולב וערבה לעיל (דף מה.) וזוקפין את הערבה בצידי המזבח ותקעו והריעו ותקעו : גמ' אחת היא · מצוה אחת הן וחדא חשיב להו : ה"ג מ"ט דר"י דכתיב ותקעתם תרועה אלמא תרועה היינו תקיעה כלומר מדקרי לתרועה תקיעה שמע מינה חדא היא : ההיא לפשוטה לפניה ופשוטה לאחריה · מהכא ילפינן לה בראש השנה (דף לד.) דכתיב ותקעתם והדר תרועה והדר כתיב תרועה יתקעו כלומר אחר התרועה יתקעו : ההוא לסימנא בעלמא הוא · ההיא תקיעה שהיא להקהיל הקהל אינה אלא לסימן כשהיה משה רוצה לדבר אליהם ואינה מצוה : רחמנא שויה מצוה · שמצווים להקהיל בסימן זה ולא באחר : ולא כלום · לא היה מפסיק בינתים אלא כדי נשימה :

מהו

רבי יהודה סבר תקיעה ותרועה ותקיעה אחת היא · מכאן ראיה לפירוש הקונטרס דפרק במה מדליקין (שבת דף לה: ושם) גבי שש תקיעות בע"ש שכולן בסדר תקיעה ותרועה ותקיעה והא דקתני התם התחיל לתקוע תקיעה שניה תקיעה לאו דוקא דתרועה היא דהא קתני מתניתין שלש להבטיל את העם ממלאכה ור' יהודה לא חשיב לה אלא אחת ואע"ג דאמרינן במתניתין לרבי יהודה אין בין תקיעה לתרועה ותקיעה ולא כלום לאו אכולהו קאי דהנך להבטיל את העם מן המלאכה היה שהות גדול בין זו לזו כדאמר בסוף במה מדליקין (ג"ז שם) :

רבינו חננאל

למשתף עלמא נשא אחיתופל ק"ו בעצמו ואמר מה לעשות שלום בין איש לאשתו אמר הקב"ה שמי הנכבד שנכתב ימחה על המים לעשות שלום בעולם על אחת כמה וכמה כתב שם אחספא ושדא אתהומא ונחת [שיתסר אלפי גרמידי] אמר דוד ט"ו מעלות ואסיק להו למיא ט"ו אלפי גרמידי : קרא הגבר כו' ירושלמי תרגים רב עליה דר' שילא קרא הגבר [אכריז כרוזא] אמר ליה ר' שילא קרא תרנגולא · א"ל רב והתנינן (גביני כרוז) בן גבר על נעילת שערים אית לן למימר קרא תרנגולא: הגיעו למעלה העשירית [בעי רבי ירמיה] דנחתי חמשה או לא *) וקמו העשרה תיקו : כתיב אחוריהם אל היכל ה' ופניהם קדמה · מלמד שהיו מפריעין עצמן ומתריזין כלפי מעלה כו' · ועכשיו אנו אומרים אנו ליה מודים ולו עינינו מיחלות : מתני' אין פוחתין מכ"א תקיעות במקדש ולא מוסיפין על י"ח כו' · מתני' דלא כר' יהודה דתניא ר' יהודה אומר אין פוחתין משבע ואין מוסיפין על ט"ז · ובמאי פליגי ומפרישנא ר' יהודה חשיב תקיעה ותרועה ותקיעה אחת קסבר שלשתן אחת הן תשובות הלכך נמצאו כששנינן במשנתנו כ"א הן לרבי יהודה שבע והמ"ח הן ט"ז ומפרש טעמייהו בשמועה זו מ"ט [דר"י] קחשיב שלשתן כאחת ומ"ט דתנא דידן דקא חשיב תקיעה אחת ותרועה אחת ותקיעה אחת לכל אחת בפני עצמה וחשיב לתקיעתא בכל יום כ"א ובע"ש בתוך החג מ"ח ופשוטין דברי כל אחד מהן ואין צריכין פירושא אבל הא דאמר רב כהנא אין בין תקיעה

*) כנראה דצ"ל דנחתי חמשה וקאי אעשרה או דלמא דנחית עשרה וקאי אחמשה כו'.

עין משפט נר מצוה

יד א מיי' פ"ב מהלכות ק"ש הלכה יא סמג עשין יח טוש"ע א"ח סימן סא סעיף ט :

טו ב מיי' פ"ז מהלכות כלי המקדש הל' ה :

טז ג מיי' שם הלכה ו :

[גי' הערוך וקא נבגי מיא פי' מפכים המים ועולין ועי' תוספות בכורות מד: ד"ה לא וכו' כשתיקו ונבעי מיא]

מסורת הש"ס

[שבת קטז. מכות יא. נדרים סו: חולין קמא.]

יחזקאל ח

יומא עז. קדושין עב:

ברכות לג: מגילה כה.

[ערכין י.]

שבת קיד:

[ערכין י. תוספתא פ"ד]

במדבר י

רש"ל מ"ז וס"ג אלמא תרועה ותקיעה אחת היא וע' רש"א

שם

[ערכין י.]

ר"מ מ"ו

הגהות הב"ח

(א) גמ' ואנו ליה משתחוים ועינינו : (ב) רש"י ד"ה ממשמע שנא' וכו' שהיו עומדים פתח היכל ה' כעשרים וחמשה איש אחוריהם אל היכל ה' וגו' ולא הוה ליה למיכתב כצ"ל ותיבות ההיכל כדכתיב ברישא דקרא והנה פתח נמחק :

§ מסכת סוכה דף נג: §

אות א'

כל האומר שמע שמע כאילו אמר מודים מודים

סימן סא ס"ט - אסור לומר שמע ב' פעמים - משום דנראה כאלו מקבל עליו שתי רשויות ח"ו, **בין שכופל התיבות שאומר: שמע שמע, בין שכופל הפסוק ראשון.**

ובדיעבד בכפילת הפסוק יצא, (דלא מיבעי לפיר"ח, דכפילת הפסוק רק מגונה הוי, בודאי לא מיעקר עי"ז הקריאה ראשונה, **אלא** אפילו לפירש"י דמשתקין אותו, ג"כ מסתברא דיצא, דהלא על אמירה ראשונה לא היה איסור, ואמירה שניה לא הוי הפסק בק"ש, דהרי לא שהה בזה כדי לגמור את כולה).

ובכפילת התיבות צ"ע, (כי לפירוש רש"י דפירש בגמרא, דלהכי לא הוי בזה רק מגונה ואין משתקין אותו, משום דקריאתו לא נחשב רק כמתלוצץ, אפשר דלפי"ז דלא יצא, **אבל** לפיר"ח דפירש דבזה משתקין אותו, משמע דלית ליה האי סברא דרש"י, נראה דיצא בזה).

ואם לא כיון מעיקרא, יחזור ויקרא בלחש, **ואם** ליכא שומעין, אפילו בקול רם מותר, **אבל** אם כיון מעיקרא, אפילו בלחש אסור.

ובסליחות מותר לומר "שמע" בכל פעם שאומר "ויעבור", דכיון שמפסיק הרבה בינתים, לא מיחזי כשתי רשויות, **ועיין** בט"ז שכתב ג"כ, דאם ממתין איזה זמן בין הקריאה ראשונה לשנייה, שרי, דאין משתקין אותו אא"כ קורא ב' פעמים רצופים, ואפילו מגונה נמי לא הוי.

איתא בב"י, דמפסוק ראשון והלאה אין חשש ‹לכפול›, **ומלשון** הרי"ף לכאורה לא משמע כן, ועיין במגן גבורים שגם המאירי מחמיר בזה, **אך** על מטתו בודאי אין להחמיר בזה.

אות ב'

אין פוחתין מעשרים ואחת תקיעות במקדש, ואין מוסיפין על ארבעים ושמנה

רמב"ם פ"ז מהל' כלי המקדש ה"ה - זה שעל המשוררים הוא בורר בכל יום המשוררים שעומדים על הדוכן לומר שירה בפה, ועל פיו תוקעין על הקרבנות. אין פוחתין במקדש מאחת ועשרים תקיעה בכל יום: שלש לפתיחת שערים, ותשע לתמיד של שחר, ותשע לתמיד של בין הערבים; ויום שיש בו קרבן מוסף מוסיפין תשע על קרבן מוסף; ואם חל ראש חדש או יום טוב להיות בשבת, או שחל ראש השנה להיות בשבת שיש שם שלשה מוספין, אין תוקעין לכל מוסף ומוסף בפני עצמו, אלא תוקעין תשע בלבד לכל המוספין.

אות ג'

ובערב שבת היו מוסיפין שש: שלש להבטיל את העם ממלאכה, ושלש להבדיל בין קדש לחול

רמב"ם פ"ז מהל' כלי המקדש ה"ו - בערב שבת מוסיפין שש, שלש להבטיל את העם מן המלאכה, ושלש להבדיל בין קדש לחול. [א]וברגל מוסיפין [ב]שלש לפתיחת שער [ג]התחתון והוא שער עזרת נשים; וג' לפתיחת שער העליון הוא שער נקנור, ולמה נקרא שער עליון, לפי שהוא למעלה מעזרת נשים; וכן תוקעין שלש למילוי המים שמנסכין בחג, ואין תוקעים למלוי המים בשבת; [ד]ותוקעין ג' על גבי המזבח בשעה שמנסכין המים. וכל התוקעים שתוקעים על הקרבנות, מתחת יד זה שעל המשוררים וברשותו; וכל אלו התקיעות בחצוצרות הן.

באר הגולה

א ‹מ"ש רבינו וברגל, דהיינו בכל רגל מג' רגלים, מוסיפין שלשה לפתיחת שער העליון וכו', ולא בחג לבדו, לא ידעתי מנ"ל לרבינו זה, דהא במתני' דסוכה (דף נ"ג ב) לא משמע כי אם בחג משום ניסוך המים מוסיפין ג' לשער העליון וג' לתחתון, וכפירש"י - הג' עמק המלך› ב ‹ופירש"י ג' לשער עליון: דאמרן לעיל גבי שמחת בית השואבה: עמדו שני כהנים בשער העליון היורד מעזרת ישראל לעזרת הנשים, קרא הגבר תקעו והריעו ותקעו. ג' לשער התחתון: דאמרן לעיל: הגיעו לעזרה תקעו והריעו ותקעו, והיו מאריכים בהם עד שהגיעו לשער היוצא למזרח, והוא שער התחתון וכו'. ג' למילוי המים: אחר שמילאו ושבו ובאו להם לעזרה דרך שער המים, ותנן בפרק לולב וערבה: הגיעו לשער המים תקעו והריעו ותקעו, עכ"ל. **ומדברי** רבינו נראה שהוא מפרש דלשער התחתון דקתני, {ונלע"ד שצריך להגיה: דשלש לשער העליון ושלש לשער התחתון דקתני - מלאכת שלמה}, היינו לפתיחת שער העליון ולפתיחת שער התחתון - כסף משנה, ‹**וכן** משמע לשון הגמ' דף נ"ד. "כיון דתקע לפתיחת שערים"› ג ‹צ"ע למה שינה מסדר המשנה, דהקדים שער העליון› ד ‹הריטב"א הביא פי' רבינו, ותמה עליו דא"כ פשו להו תקיעות, **ורש"י** בדף נ"ד כתב פי' אחר, דהיינו כשמוליכין המים ע"ג המזבח. ותמה עליו כאמור, ותירץ דשמא זקיפת ערבה בעת שמוליכין המים למזבח היא, **ורבינו** ג"כ צריך לומר דס"ל דבעת שהיו מביאין אותה וסודרין אותה היו מנסכין, **וסוגיית** הגמ' אתי שפיר יותר לרבינו מלפי' רש"י, דרבנן ס"ל כיון שהיו תוקעין משום ניסוך היין ט' תקיעות, למה לי דתקע, אבל קשה מה יתרץ ראב"י לקושיא זו - שמחת עולם›.

§ מסכת סוכה דף עד. §

אות א'

<u>לפי שאין תוקעין למילוי מים בשבת</u>

רמב"ם פ"ז מהל' כלי המקדש ה"ו - בערב שבת מוסיפין שש: שלש להבטיל את העם מן המלאכה ושלש להבדיל בין קדש לחול. וברגל מוסיפין שלש לפתיחת שער התחתון והוא שער עזרת נשים; וג' לפתיחת שער העליון הוא שער נקנור, ולמה נקרא שער עליון, לפי שהוא למעלה מעזרת נשים; וכן תוקעין שלש למילוי המים שמנסכין בחג, [א]ואין תוקעים למלוי המים בשבת; ותוקעין ג' על גבי המזבח בשעה שמנסכין המים. וכל התוקעים שתוקעים על הקרבנות, מתחת יד זה שעל המשוררים וברשותו; וכל אלו התקיעות בחצוצרות הן.

באר הגולה

[א] ‹ר"ל על תקיעות כשנכנסין בשער המים אחר שחזרו מהשאיבה ששאבו מן השילוח בצלוחית, דכתב בפרק עשירי מהלכות תמידין יעו"ש, ועל אלו של שער המים כתב רבינו דאין תוקעין בשבת, מפני שכבר נתמלאו מע"ש, אבל להנך דשער העליון ודשער התחתון לא שנא חול לא שנו שבת, בכולן תוקעין, **וזה** שלא כפי' רש"י בסוכה דף נ"ד, שפירש בהך דאמר רבא לפי שאין תוקעין למילוי המים בשבת, דהך דשער עליון ותחתון נמי בכלל, דאינהו נמי הוו סימנא למילוי המים כדפירש במשנה, דכל מי שלא ראה שמחת בית השואבה וכו' יעו"ש (דף נ"א: ד"ה תקעו והריעו), **ורבינו** אזיל לטעמיה, דמפרש דהנך דשער עליון ותחתון אינה אלא לפתיחת שערים שלהן, כמ"ש מרן כ"מ כאן. **אלא** דאיכא למידק לדעת רבינו איך מתיישבים דברי רבא, שאמר שם דבצרי טובא, והא לא בציר אלא תלת דמילוי המים ודלהבטיל ולהבדיל, **ואם** תימצי לומר דרבינו לא גריס לה, מ"מ מאי משני רבא, הא אפי' בשבת שבתוך החג הוה להו מ"ח תקיעות, ולא בציר מידי, דאפיק תלת דמילוי ושית דלהבטיל ולהבדיל, הוו תשע, ועייל תשע דמוסף שבת – לחם יהודה›

החליל פרק חמישי סוכה נד

 /

גמרא

מהו דתימא אפילו כרבנן ולאפוקי מדרבי יוחנן דאמר *שמע תשע תקיעות בתשע שעות ביום יצא קמ"ל ואימא הכי נמי אם כן מאי ולא כלום: ע"ש שבתוך החג כו': ואילו למעלה עשירית לא קתני מתניתין מני רבי אליעזר בן יעקב היא דתניא שלש למעלה עשירית ר' אליעזר בן יעקב אומר *שלש על גבי המזבח האומר למעלה עשירית אינו אומר ע"ג המזבח והאומר ע"ג המזבח אינו אומר למעלה עשירית מ"ט דר' אליעזר בן יעקב כיון דתקע לפתיחת שערים למעלה עשירית למה לי דתקע האי לאו שער הוא הלכך ע"ג המזבח עדיף ורבנן סברי כיון דתקע למילוי המים ע"ג המזבח למה לי הלכך למעלה העשירית עדיף כי אתא *ר' אחא בר חנינא מדרומא אייתי מתניתא בידיה °ובני אהרן הכהנים יתקעו בחצוצרות שאין ת"ל יתקעו שכבר נאמר °ותקעתם בחצוצרות על עולותיכם ועל זבחי שלמיכם ומה ת"ל יתקעו הכל לפי המוספין תוקעין הוא תני לה והוא אמר לה לומר שתוקעין על כל מוסף ומוסף תנן ע"ש שבתוך החג היו שם מ"ח ואם איתא ליתני שבת שבתוך החג משכחת לה חמשין וחד א"ר זירא לפי שאין תוקעין לפתיחת שערים בשבת אמר *רבא מאן הא דלא חש לקימחא חדא דבכל יום תנן ועוד אי נמי כהדדי נינהו ליתני שבת שבתוך החג היו שם ארבעים ושמונה דשמעת מינה תרתי שמעת מינה דרבי אליעזר בן יעקב ושמעת מינה דר' אחא בר חנינא אלא אמר רבא *לפי שאין תוקעין למילוי מים בשבת דבצרי טובא וליתני נמי ר"ה שחל להיות בשבת דהא איכא תלתא מוספין מוסף דר"ה מוסף דר"ח מוסף דשבת ע"ש שבתוך החג איצטריך ליה לאשמעינן כדרבי אליעזר בן יעקב אטו מי קאמר ליתני הא ולא ליתני הא ליתני הא וליתני הא *תנא ושייר מאי שייר דהאי שייר ערב הפסח

אי

במדבר י / שם

רש"י

מהו דתימא רבנן היא · ויכול להפסיק בינתים הפסקה מועטת ומאי אין בין דקאמר שלא ימתין המתנה מרובה לאפוקי מדרבי יוחנן: תשע תקיעות · האמורות בראש השנה מן התורה שלש למלכיות תקיעה תרועה תקיעה ושלש לזכרונות ושלש לשופרות כדאמרינן בראש השנה (דף לד.) והאי דעבדינן טפי משום ספיקא דתרועה הוא דלא ידעינן אי גנוחי הוא אי ילולי הוא: ולא כלום · משמע דאפילו הפסקה מועטת ליתא: אינו אומר על גבי מזבח · שהיו תוקעין לגבי המזבח: ה"ג לגבי המזבח למה לי דתקע הא תקע ליה למילוי המים · כל תקיעות הללו של שער העליון והתחתון ושער המים משום מילוי המים הוא הלכך לערבה למה לי תקיעה הא כל הני תקיעות דמוספין בחג אינן אלא משום ושאבתם מים בששון הלכך הואיל וגמירי חשבון התקיעות בחג שנים עשר למעלה העשירית עדיף למיעבד דמוכחא מילתא שהן משום מילוי המים שתוקע לכולן על דבר המילוי כסדר ומעלה עשירית משום דמקום מכוים בעלמא הוא לידע היכן תוקעין אותם ואני שמעתי שלש לגבי מזבח כשמוליכין את המים למזבח וה"ג לגבי מזבח למה לי דתקע הא תקע ליה בשעת נסוך המים ט' לתמיד של שחר בשעת נסכים היו שאין אומרים שיר אלא על היין וקשיא לי א"כ נפישן להו תקיעות דהא איכא הנך דתנן" גבי זקיפת ערבה או שמא זקיפת ערבה בעת שמוליכין המים למזבח היא: שאין ת"ל יתקעו · אלא ובני אהרן בחצוצרות: הכל לפי המוספין תוקעין · מפרש ואזיל לה: הוא תני לה · רבי אחא דתני לה הוא אמר לה: לומר שתוקעין כו' · הוא היה מפרש לה דמאי הכל לפי המוספין דקאמרינן שתוקעין על כל מוסף ומוסף יום שיש בו שתי קדושות כגון שבת ויום טוב וצריך שני מוספין תוקעין לכל מוסף שאומרים למוסף שבת שיר של שבת ותוקעין תשע תקיעות לשלשה פרקים ולמוסף יו"ט שיר של יום טוב ותוקעין ט' תקיעות: ואם איתא · דתוקעין על כל מוסף ליתני שבת שבתוך החג: שאין תוקעין לפתיחת שערים בשבת · שאינה למצוה כתקיעות של קרבן דכתיבי בקרא ותקעתם בחצוצרות על עולותיכם אבל הנך לסימנא נינהו שישמעו ויבאו למעמדם ולדוכנם ולא דחו שבת הלכך הדר האי להו מ"ח: מאן הא · דתרין הכי: דלא חש לקימחא · טוחן ומוליא סובין ואינו חושש כלומר מרבה דברים שאינם: חדא דמתני' תנן בכל יום · היו שם אחת ועשרים ומני פתיחת שערים בהדייהו ואם אינם בשבת נמלא שפותחין מאחת ועשרים: ועוד אי נמי כי הדדי נינהו · כלומר אפי' לדבריו שאין תוקעין לפתיחת שערים בשבת והוו להו נמי בשבת שבתוך החג מ"ח כדהוו ארבעים ושמונה בע"ש שבתוך החג ליתני שבת שבתוך החג דהא הוה ליה למיתני ולמישבק ע"ש: דהא שמעינן מינה תרתי שמעת מינה דרבי אליעזר בן יעקב · דאין תוקעין למעלה העשירית אלא על גבי המזבח כדקאמר להו ואזיל ושמעינן מיניה דרבי אחא דתוקעין על כל מוסף דאילו שלשה להבדיל וג' להבטיל אשמעינן ברישא ואמאי שבקה ותנא ע"ש ולא אשמעינן מילתא חדתא אלא דרבי אליעזר בן יעקב לחודה: לפי שאין תוקעין למילוי המים בשבת · שכבר נתמלאו מערב שבת כדתנן בפרק לולב וערבה (לעיל דף מח:) אלא שהיה ממלא מערב שבת: ובצרי להו טובא · כל התוספות בחג דשער עליון ותחתון ושער המים ולגבי מזבח ובצרי להו נמי דלהבטיל ולהבדיל דערב שבת ואיכא טובא: וליתני ר"ה כו' · לרבי אחא מותבינן אם איתא דתוקעין לכל מוסף ליתני ר"ה שחל להיות בשבת היו שם מ"ח כ"א שבכל יום וכ"ז של שלשה מוספין: כדרבי אליעזר בן יעקב · דמני להו ולא חשיב דלמעלה העשירית:

ערב

תוספות

מהו דתימא אפילו כרבנן · ואין בין דקאמר שלא יפסיק בין זה לזה הפסקה מרובה כדי לגמור שלשתן כדרבי אבהו דאמר בשילהי ראש השנה (דף לד: ושם) שהה כדי לגמור את כולה חוזר לראש ולאפוקי מדרבי יוחנן דאמר שמע תשע תקיעות בתשע שעות ביום יצא דשהה כדי לגמור את כולן אינו חוזר לראש קמ"ל דוקא לרבי יהודה קאמר רב כהנא משום דתקיעה ותרועה ותקיעה כולה אחת היא ואפילו הפסקה מועטת פחות מכדי לגמור שלשתן לא יפסיק אלא כדי נשימה דהפסקה צריך כדאמר בשילהי ר"ה (שם) ותקעתם תרועה תקיעה בפני עצמה ותרועה בפ"ע אבל לרבנן לא חיישינן אי מפסיק טובא והשתא לענין תקיעות לא נפקא לן מיניה מידי לרבי יהודה בפלוגתא דר' אבהו ור' יוחנן וכי פליגי אליבא דרבנן ולענין מילי טובא בהלל ובמגילה ובק"ש ובתפלה:

שייר ערב הפסח · יש בשחיטת הפסח עשרים ושבע תקיעות שהפסח נשחט בשלש כתות כת אחר כת כדתנן בתמיד נשחט (פסחים דף סד.) וכל כת קוראה את הלל שלש פעמים שהיו פסחיהן מרובין (א)והם טעונים הלל בשחיטתן ולא היו מספיקין לשחוט פסחיהם כל כת וכת עד שיקראוהו ג' פעמים ואף על גב דתנן ואף על פי שלא שלשו מימיהן היינו לא גמרו פעם שלישית אבל מיהו אין כת שלא היתה גומרתו שתי פעמים ומתחלת בו פעם שלישית ואין חסר מן התקיעות כלום שבתחלת קריאה תוקעין ובכל קריאה שלש תקיעות כך פירש בקונטרס ואין הלשון משמע כן דתנן התם קראו את ההלל אם גמרו שנו ואם שנו שלשו אף על פי שלא שלשו מימיהן משמע שאפילו כת ראשונה לא התחילה פעם שלישית מעולם ועוד משמע שבראשי פרקים היו תוקעין כדאשכחן בסוף מסכת תמיד גבי שיר של תמיד דכרו הלוים בשיר הגיעו לפרק תקעו והשתחוו העם על כל פרק תקיעה ועל כל תקיעה השתחואה ושני פרקים יש בהלל מדר' יהודה דאמר מימיהם של כת שלישית לא הגיעה לומר אהבתי משמע דאהבתי הוא תחילת הפרק והודו נמי תחילת הפרק כדאמרינן פרק לולב הגזול (לעיל דף לח: ושם) מכאן שמצוה לענות בראשי פרקים והם היו תוקעין בתחלת ההלל שלש תקיעות כדתנן פרק תמיד נשחט (פסחים דף סד.) ננעלו דלתות העזרה תקעו והריעו ותקעו וכן לכל פרק ופרק נמצא להלל אחד תשע תקיעות וכן לכל כת וכת ואין לך כת שלא היתה גומרת הלל אחד לרבנן נמצא לשלשה כתות שלשה הללות ובהן כ"ז תקיעות אפילו כשלא היו שונות את ההלל כלל וכשהיו שונות נפישי תקיעות טובא אלא הני דפסיקי ליה קאמר דשייר והא דתנן אין מוסיפין על מ"ח הוה מצי לאקשויי זימנין דמוסיפין כגון היכא דשונות את ההלל אבל בלאו הכי פרכינן עלה מערב הפסח שחל להיות בשבת דנפישי לרבי יהודה ולרבנן ומשני כיון דליתיה בכל שנה לא קא חשיב ומה שפירש בקונטרס שהכת קוראה את הלל לא היתה הכת קוראה אלא הלוים קוראים וכן איתא בתוספתא דפסחים הלוים היו עומדים על דוכנן ואומרים את ההלל בשיר אם גמרו שנו ואם שנו שלשו ואע"פ שלא שלשו מימיהם א"ר יהודה מימיהם של כת שלישית לא הגיעה לומר אהבתי כלומר לא הגיעו הלוים לומר אהבתי בשחיטת פסחיהן:

אי

עין משפט נר מצוה

יז א מיי' פ"ז מהלכות כלי המקדש הל' ו:

רבינו חננאל

תקיעה לתרועה ולתקיעה ולא כלום צריכא פירושא לאוקמא כרבי יהודה ואילו לא ולא כלום הוה אמרינן לאפוקי מדרבי יוחנן דאמר שמע ט' תקיעות בט' שעות יצא בא רב כהנא לומר שאם ריחק הרבה ביניהם לא יצא לפיכך פירש ולא כלום להודיע דהכי סבירא ליה דכולהו חדא חשיבן כר' יהודה: מתני' ע"ש שבתוך החג היו כו' · ואמרי' מתני' ר' אליעזר בן יעקב היא מדלא אמר למעלה העשירית [דתניא] ר"א בן יעקב אומר ג' לגבי מזבח כו' פי' המצריך ג' למעלה העשירית אינו מצריך כלום לגבי מזבח והמצריך ג' לגבי מזבח והוא רבי אליעזר בן יעקב אינו מצריך כלום למעלה העשירית · כי אתא רב אחא בר חנינא מדרומא אתא ואייתי מתניתא בידיה דקתני בה הכל לפי המוספין [תוקעין]· ופירשה הוא בעצמו שתוקעין על כל מוסף ומוסף [תשע תקיעות] בפני עצמן ומקשינן עליה והא שבת שבתוך החג דאיכא מוסף דחג ומוסף דשבת ואע"ג מדלית מן מ"ח ג' להבטיל העם מן המלאכה כו' [ג'] להבדיל בין קדש לחול שאין תוקעין בהן בשבת ונשתיירו מ"ב וט' למוסף של שבת הרי נ"א ליתני במתני' שבת שבתוך החג היו שם נ"א תקיעות ופריק ר' זירא אין תוקעין על פתיחת שערים בשבת הרי ט' פי' ג' להבטיל ג' להבדיל ג' לפתיחת שערים אפיק הללו ועייל ט' של מוסף של שבת מ"ט מ"ח הויין · ובא רבא ואמר מאן האי דלא חייש לקמחיה שלא שימש כל צרכו ולא ידע שמועה · ואתי לפרוקי לן לא חזי דמתני' בכל יום תנן ואפי' בשבת. ועוד סוף סוף כי מדלית ג' להבטיל את העם וג' להבדיל ג' לפתיחת שערים ועיילת ט' למוסף של שבת הויין להו מ"ח ואי איתא לדר' אחא בר חנינא ליתני (ע"ש) [שבת] שבתוך החג היו שם מ"ח ואשמעינן מתני' ר"א בן יעקב ואשמעינן נמי דר' אחא בר חנינא · ונדחו דברי רבי זירא ופירק רבא אליבא דרבי אחא ואמר לפי שאין תוקעין על מילוי המים בשבת · פי' שאין מילוי המים בשבת · דתנן כמעשהו בחול כו' · אלא שהיה ממלא מע"ש חבית של זהב שאינה מקודשת מן השילוח בשבת ואין שם תקיעה על מילוי המים ולא על שער [העליון] ולא על שער התחתון כו'. ושית אחריני להבטיל ולהבדיל בין קדש לחול וכיון דמדלית הני ט"ו נשתיירו כ"א דבכל יום וג' דלגבי מזבח · וט' למוספי שבת וט' למוספי יו"ט הרי מ"ב ובצרי להו טובא

לפיכך לא תני [שבת] שבתוך החג דהא לא משתכח בה מ"ח · ומקשינן תוב וליתני ר"ה שחל להיות בשבת דאיכא ג' מוספי של ר"ה ושל שבת ושל ר"ח דאינון כ"ז תקיעות . ג' לפתיחת שערים וט' לתמיד של שחר וט' לתמיד של בין הערבים מ"ח ואי איתא לדר' אחא ליתני ר"ה שחל בשבת היו שם מ"ח · ופרקינן איצטריך ליה למיתני ע"ש שבתוך החג לאשמעי' ג' לגבי מזבח ומתניתין ר' אליעזר בן יעקב היא · וליתני ר"ה שחל להיות בשבת לאשמעי' הא דר' אחא בר חנינא · ודחינן אין הכי נמי מיהו תנא חדא ושייר אחריתי · מאי שייר דהאי שייר שייר. ערב הפסח נמי אית ביה מ"ח תקיעות כ"א בכל יום ושלש תקיעות בכל הלל · ושנינן כי הפסח נשחט בשלש כתות וכל כת שעוחטין פסחים קורין את הלל · ותוקעין ומריעין ותוקעין · ואם גמרו את הלל שונין אותו ואם שנו ועדיין לא נשלמה שחיטת פסחים של כל כת משלשין את הלל נמצאו שתוקעין על כל כת ט' תקיעות בג' כתות כ"ז תקיעות הנה מ"ח תקיעות בערב הפסח ושייר ולא שנאה במשנתנו וכשם ששייר

זו

מסורת הש"ס

[תוספתא ר"ה פ"ב ערכין י. ר"ה לג:]

[תוספתא פ"ד]

[לקמן נה.]

[לעיל מב.]

[פסחים סד. יומא מו. יבמות מב:]

[תענית יג: יד. יבמות כט: עג. סד: כתובות מח. קדושין סז. נזיר נח: סוטה טז. ב"ק ו. טו. מנ: סב: מכות כב:]

הגהות הב"ח

(א) תוס' ד"ה שייר וכו' פסחיהן מרובים וסיו טעונים:

עין משפט נר מצוה

יח א מיי' פ"ה מהל' שבת הלכה כא סמג לאוין סה :

יט ב סמג עשין מג :

כ ג מיי' פ"ו מהלכות תמידין הלכה י :

כא ד מיי' שם הל' ג :

אי משום ערב הפסח לאו שיורא הוא דהא מני רבי יהודה היא *דאמר מימיהם של כת שלישית לא הגיעה לומר °אהבתי כי ישמע ה' מפני שהיו עמה מועטין (*הא אוקימנא דלא כר' יהודה ודלמא האי תנא סבר לה כוותיה בחדא ופליג עליה בחדא אלא מאי שייר דהאי שייר ערב הפסח שחל להיות בערב שבת אפיק שית ועייל שית : ואין מוסיפין על מ"ח : ולא והא איכא ערב הפסח שחל להיות בשבת דאי לרבי יהודה חמשין וחדא אי לרבנן חמשין ושבע כי קתני מידי דאיתיה בכל שנה ערב הפסח שחל להיות בשבת דליתיה בכל שנה ושנה לא קתני אטו ע"ש שבתוך החג מי איתיה בכל שנה זימנין דלא משכחת ליה והיכי דמי כגון שחל יום טוב ראשון בערב שבת כי מקלעינן יום טוב ראשון בערב שבת מרחי דחינן ליה מאי טעמא כיון דאיקלע יו"ט הראשון של חג להיות בע"ש יוה"כ אימת הוי בחד בשבת הלכך דחינן ליה ומי דחינן ליה והא תנן *חלבי שבת קריבין ביוה"כ ואמר רבי זירא כי הוינן בי רב בבבל הוה אמרי הא דתניא **יום הכפורים שחל להיות ערב שבת לא היו תוקעין ובמוצאי שבת לא היו מבדילין דברי הכל היא כי סליקית להתם אשכחתיה לרבי יהודה בריה דר' שמעון בן פזי דיתיב וקאמר ר"ע היא לא קשיא הא רבנן הא אחרים היא דתניא *אחרים אומרים ^אין בין עצרת לעצרת ואין בין ראש השנה לראש השנה אלא ארבעה ימים בלבד ואם היתה שנה מעוברת חמשה מיתיבי ^ראש חדש שחל להיות בשבת שיר של ראש חדש דוחה שיר של שבת ואי איתא לימא דשבת ולימא דראש חדש אמר רב ספרא מאי דוחה לקדם ואמאי תדיר ושאינו תדיר תדיר קודם אמר ר' יוחנן לידע שהוקבע ראש חדש בזמנו והאי היכירא עבדינן הא היכירא אחריתא עבדינן (*דתניא) *חלבי ^תמיד של שחר ניתנין מחצי כבש ולמטה *במזרח ושל מוספין ניתנין מחצי כבש ולמטה *במערב ושל ראש חדש ניתנין תחת כרכוב המזבח ולמטה ואמר

תורה אור
תהלים קטז

תוספות

אי משום ערב הפסח לאו שיורא הוא הא מני רבי יהודה היא · תימה וכי יעמידנה כר' יהודה כדי שיקשה לו וכי האי גוונא איכא בנזיר פרק שלשה מינים (דף לח: ושם) אי משום בל יחל לאו שיורא הוא וכן בב"ק ספ"ק (דף טו.) ובכתובות פרק אלו נערות (דף מא. ושם) אי משום חצי כופר לאו שיורא הוא (א) בההוא ניחא טפי דאיצטריך ליה למימר הכי כדי שלא יקשה למ"ד פלגא נזקא ממונא דשייר חצי כופר מאי שייר דהאי שייר :

כגון שחל יו"ט הראשון של חג להיות בערב שבת · דאין תקיעות של שמחת בית השואבה דוחות יו"ט אע"פ שהתקיעות של בטלה ממלאכות דוחות יו"ט כדתנן בסוף פ"ק דחולין (דף כו:) והטעם פי' בריש פירקין :

אלא ד' ימים בלבד · דקסבר אין מעברין את החדש לצורך וטלם הולכים לפי המולדות ובפרק ב' דערכין (דף ט: ושם) פריך דאיכא יומא דשני לתלת שנין ואיכא יומא דחלקים לתלתין שנין לפי שיש עדיין שמונה שעות ותתע"ג חלקים ועולות השעות יום אחד לסוף שלש שנים והחלקים עולין ליום לסוף שלשים שנה ומשני כיון דליתא בכולי שני לא קחשיב :

ואמאי תדיר ושאינו תדיר תדיר קודם · בלא רב ספרא יכול להקשות כן :

דתניא אברי תמיד ניתנין מחצי כבש ולמטה במערב ושל מוספין ניתנין מחצי כבש ולמטה במזרח ושל ראשי חדשים ניתנין על כרכוב המזבח ולמעלה · והיא שנויה כן בסוף מסכת שקלים (פ"ח מ"ח) ואין גירסת הספרים שלפנינו נכונה :

רש"י

ערב הפסח · שיש בשחיטת פסח כ"ז תקיעות שהפסח נשחט בג' כתות כת אחר כת כדאמר בתמיד נשחט (פסחים דף סד.) וכל כת קוראה את ההלל ג' פעמים שהיו פסחיהם מרובין והיו שונין הלל בשחיטתם ולא היו מספיקין לשחוט פסחם כל כת וכת עד שיקראוהו שלש פעמים ואף על גב דתנן התם אע"פ שלא שילשו מימיהן הייט לא גמרו פעם שלישית כולו אבל מיהו אין כת שלא היתה גומרתו שתי פעמים ומתחלת בו פעם שלישית ואין חסר מן התקיעות כלום שבתחילת קריאתו תוקעין וכל קריאה ג' תקיעות : **לא הגיעה לאהבתי** · של קריאה ראשונה ואין בה אלא ג' תקיעות מפני שעמה מועטין שבשתי כתות הראשונות נתמלאה העזרה לכל כת ונשאר כת שלישית במעט ולא היה שחיטת פסחיהן מארכת בכדי קריאת שלש הללות : **והאמרת רישא דלא כרבי יהודה** · דאי ר' יהודה תקיעה ותרועה ותקיעה בחדא מני להו : **סבר לה כוותיה בחדא** · בערב הפסח ופליג עליה במנין התקיעות : **ואלא** · הואיל ואיכא לאוקמה כרבי יהודה מאי שייר דהאי שייר : **ערב הפסח שחל להיות בערב שבת דאפיק שית** · מתקיעות כת שלישית כר' יהודה : **ועייל שית** · דכל ערב שבת דהבטלה והבדלה : **ולא מוסיפין על מ"ח ולא** · בתמיהה גרסינן ליה : **דאי לרבי יהודה חמשין וחדא** · כ"א שבכל יום ותשעה דמוספין הרי שלשים ושמונה עשרה דשתי כתות ושלשה דכת שלישית הרי חמשין וחדא : **זימנין דלא משכחת לה** · שיהו בו תקיעות דמילוי המים דמתני' : **והיכי דמי כגון שחל יו"ט הראשון בערב שבת** · דשמחת בית השואבה לא דחיא יום טוב כדתנן מילוי יו"ט כו' וכי תמי תו ערב שבת הוה ליה שמיני עצרת : **מידחא דחינן ליה** · ועבדינן ליה אלול מעובר כי היכי דליקלע ראש השנה בשבת : **יוה"כ כו' בחד בשבא** · וחיישינן משום ירקייא ומשום מתייא כדאיתא בראש השנה (דף כ.) : **והתנן** · פרק אלו קשרים : **חלבי שבת** · של תמיד של בין הערבים קריבין ביום הכפורים שחל במוצאי שבת אלמא חייל יוה"כ במוצאי שבת : **ואמר ר' זירא** · התם באלו קשרים : **כי הוינן בבבל הוה אמרי הא דתניא יוה"כ שחל להיות בע"ש לא היו תוקעין** · להבטיל ולהבדיל משום דיום הכפורים נמי לאו מלאכה עביד : **ובמוצאי שבת** · ואם חל יוה"כ להיות במוצאי שבת : **לא היו מבדילין** · על הכוס בין קודש לקודש כדרך שמבדילין משבת ליו"ט דהתם הוא שהיוצא חמור והנכנס קל אבל כאן הנכנס חמור כיוצא לענין כל איסור מלאכה והוה אמרינן דברי הכל היא בין לרבי ישמעאל בין לר"ע דפליגי גבי חלבי שבת קריבין ביוה"כ מיתוקמה : **כי סליקית להתם אשכחתיה לרבי יהודה בריה דר' שמעון בן פזי דיתיב וקאמר ר"ע היא** · והתם מפרש למילתיה מיהו שמעינן נמי מברייתא דחל יוה"כ במוצאי שבת : **הא רבנן הא אחרים** · מתני' רבנן דפליגי אדאחרים ואמרי מעברין החדש לצורך הלכך ר"ה בערב שבת לא מיקלע דדחינן ליה והך מתניתין דאמרי מיקלע ולא אמרינן דחינן אחרים היא דאמרי אין מעברין את החדש לצורך : **אלא ארבעה ימים בלבד** · אם זה באחד בשבת יחול לשנה הבאה בחמישי בשבת דהייט ארבעה ימים וזה הסדר לפי מולד לבנה הוא שבין מולד למולד עשרים ותשעה יום ומחצה לשני מולדות חמשים ותשעה נמצא כל חדשי השנה אחד מלא ואחד חסר ואחרים סבירא להו דאין מעברין ואין מחסרין שום חודש לצורך אלא קובעים ראשי חדשים אחד מלא ואחד חסר לעולם נמצא בין פסח לפסח ד' ימים שהן ששה מלאים וששה חסרים שלש מאות וחמשים וארבעה ימים הן שלש מאות וחמשים ימים חמשים שבועות נמצאו ד' יתירים בין קביעת שנה זו לקביעת שנה הבאה : **ואם היתה שנה מעוברת חמשה** · דקסבר חדש העיבור לעולם חסר עשרים ושמונה ימים שלו ארבעה שבועות נמצא יום אחד יתר תנהו על ארבעה ימים שבשנה פשוטה הרי חמשה : **מיתיבי** · לרבי אחא דאמר תוקעין על כל מוסף ומוסף : **לידע שהוקבע ראש חדש בזמנו** · האי חשיבותא עבדינן ליה להיכרא שיכירו דפשיטא להו לב"ד שקידשוהו כהלכתו ולא יגמגם לב אדם עליו דרוב בני אדם לא ראו חידוש הלבנה : **חלבי תמיד** · ה"ה לכל אבריו דכל אברי עולה קרי חלבי : **ניתנין מחצי כבש ולמטה במזרח** · ששה כהנים הזוכים באולכת אברים כדאמרינן בסדר יומא (דף כ.) מסדרין אותו בתחתיתו של כבש מחציו ולמטה במזרחו של כבש עד שיבא המעלה ומקטירן מן הכבש ולמזבח וזה היה סימן שהן של תמיד שפעמים היו מתעכבין אברי תמיד עד המוסף והיה צריך היכר שלא יקטירו למוספין קודם לעולת התמיד דהא מפקינן מקרא שאין שום קרבן קודם על המערכה לתמיד של שחר הלכך היה צריך היכר : **ושל מוספין** · ניתנין כנגדו במערבו של כבש שהכבש רחבו שש עשרה אמה מן המזרח למערב ואורכו ל"ב מן הצפון לדרום : **ושל ראשי חדשים** · אברים של מוספי ראשי חדשים נתנין היו בכבש סמוך לכרכוב המזבח למטה הימנו מעט דהייט בחצי העליון של כבש שכל הכבש אורכו שלשים ושתים והוא משפע ועולה אלא תשע אמות השש אמות מן הארץ לסובב והשלש מן הסובב ולמעלה נמצאו שני שלישי אורך הכבש מן הארץ לסובב : ואמר

רבינו חננאל

ו' כך שייר ר"ה שחל להיות בשבת ואמרינן לא יכלת למימר הכי דאית לך למימר משנתנו ר' יהודה היא דאמר מימיה של כת שלישית לא הגיעה לאהבתי כי ישמע ה' מפני שעמה מועטין ואין להן פסחים הרבה כדי שיתעכבו בהן ולא משכחת בע"פ לרבי יהודה אלא מ"ב תקיעות הלכך לאו שיורא היא ואמרינן והא אמרת מתני' דלא כר' יהודה דמתניתין קתני מ"ח ור' יהודה תני מ"ו · ופרקינן האי תנא סבר לה כוותיה בערב הפסח שאין שם אלא שתים וט' תקיעות ופליג עליה בחדא בתקיעות דחשיב כל תלתא חדי · הלכך שיורא דערב הפסח לאו שיורא הוא · ואקשינן והא איכא ערב הפסח שחל להיות בערב שבת דמשכחת אפילו לרבי יהודה מ"ח תקיעות כיצד כ"א שבכל יום · וט' לכת ראשונה · וט' לכת שניה · וג' לשלישית הרי כאן מ"ב וג' להבטיל וג' להבדיל בין קדש לחול אלא שיוריה הא נמי ר"ה שחל בשבת שיוריה ואהדרינן לאקשויי אהא דתנן ואין מוסיפין על מ"ח ולאו והא איכא ערב הפסח שחל בשבת דאית תמן כ"א תקיעות שבכל יום וי"ח לב' כתות וג' לשלישית הרי מ"ב וט' למוספי שבת הרי נ"א אליביה דרבי יהודה ולרבנן דמוספין ששה לכת השלישית הדי נ"ז תקיעות · ופרקינן כיון דליתה בכל שנה לא שכיח בכל השנה *) וזמנין דמקלע יו"ט ראשון בע"ש ואין תוקעין למילוי המים ביו"ט · ולא משכחת לה מ"ח תקיעות בע"ש ופרקינן כי מקלע ר"ה בע"ש אתי יוה"כ אחר השבת ודחינן ליה וכן הכי נמי כי מקלע ברביעי אתי יוה"כ בע"ש · ודחינן להו דלא למקלע יוה"כ סמוך לשבת בין מלפניה ובין מלאחריה: ירושל' במס' מגילה בתחילה לית כאן חל להיות בשני בשבת ולא חל להיות בשבת דאי חל בשני חל צומא רבא בחד בשבתא ואי בחד בשבתא צומא רבא בערובתא הלכך לא מקלע יו"ט ראשון בע"ש לעולם · ומקשינן איני דלא חייל יוה"כ סמוך לשבת ובאחד בשבת לעולם · והתנן במסכת שבת פרק אלו קשרים חלבי שבת קריבין ביוה"כ · וא"ר זירא כי הוינן בבבל תוה אמרינן הא דתנן יוה"כ שחל להיות בע"ש לא היו תוקעין ובמ"ש לא היו מבדילין דברי הכל היא אלמא חייל יוה"כ להיות בערב שבת ובאחד בשבת ולא קא דחו ליה · ופרקינן הא דאמר ר' זירא דברי הכל היא ליתא אלא מתני' דהתם אחרים הוא דלית להו דחויים אלא לעולם סבר כולהו ירחי אחד מלא ואחד חסר · דתניא אחרים אומרים אין בין עצרת לעצרת אין בין ר"ה לר"ה אלא ד' ימים בלבד ואם היתה השנה מעוברת ה'. וקי"ל דלא תני בקי ר' מאיר בסוד העיבור והא דאחרים מיפרשא בערכין בפרק אין נערכין ובשבת בסוף אלו קשרים · ואסיקנא דהא ר' זירא לאו דברי הכל היא ולעולם לרבנן כל איומת דמתרמי הכי דחינן להני היכי דמסרי להו בסוד העיבור למשה מסיני והא הלכה לא איססירא ליה לר' מאיר · הוב מותבינן אהא דר' ארא ר"ח שחל בשבת שיר של ר"ח דוחה את של שבת ואם איתא דר' אחא לימא שיר דר"ח ושיר של שבת במוסף של שבת · ופרקינן אמר רב ספרא איכא למימר דאמר הא והא ומאי דוחה דקתני דקדם דר"ח והא שבת תדיר · ותנן תדיר ושאינו תדיר תדיר קודם · ופריק רבי יוחנן להודיע שהוקבע ר"ח בזמנו מקדימין שאינו תדיר · איני והא הכירא אחרינא עבדינן לה באברים וא"ד

*) נראה דחסר בדברי רבינו וצ"ל ע"ש שבתוך החג נמי מי איתא בכל שנה דזמנין

מסורת הש"ס
פסחים סד.
והא אמרת רישא דלא כר"י רש"ל
שבת קיז. [יומא מו.]
[שבת קיד:]
[תוספתא ערכין פ"א] ערכין ט: שבת פו: ר"ה ו: [ודף כ.] ערכין ט.
שקלים פ"ח מ"ח ס"א במערב ס"א במזרח וכ"ה הרמב"ם

הגהות הב"ח
(א) תוס' ד"ה אי משום וכו' לאו שיורא הוא ומיהו בההיא ניחא :

§ מסכת סוכה דף נד: §

אות א'

<u>יום הכיפורים שחל להיות ערב שבת לא היו תוקעין, ובמוצאי שבת לא היו מבדילין</u>

רמב"ם פ"ה מהל' שבת הכ"א - [א]יוה"כ שחל להיות בע"ש לא היו תוקעין, חל להיות במוצאי שבת לא תוקעין ולא מבדילין; יום טוב שחל להיות בע"ש תוקעין ולא מבדילין, חל להיות לאחר השבת מבדילין ולא תוקעין.

אות ב'

<u>אין בין עצרת לעצרת, ואין בין ראש השנה לראש השנה, אלא ארבעה ימים בלבד, ואם היתה שנה מעוברת חמשה</u>

סמ"ג עשין מ"ז - וכן כשתשליך ימי שנת הלבנה שבעה שבעה, אם שנה פשוטה היא, ישאר יתר על השביעיות ד"ח תתע"ו, פירוש: ארבעה ימים ח' שעות תתע"ו חלקים; ולחצי שנה עולה ב"ד תל"ח, פירוש: שני ימים ארבעה שעות תל"ח חלקים. ואם שנה מעוברת היא, תהיה שאריתה הכ"א תקפ"ט, פירוש: ה' ימים כ"א שעות תקפ"ט חלקים; ולחציה ישאר ג"י"ז קנ"א, פירוש: ג' ימים י"ז שעות קנ"א חלקים.

אות ג'

<u>ראש חדש שחל להיות בשבת, שיר של ראש חדש דוחה שיר של שבת</u>

רמב"ם פ"ו מהל' תמידין ומוספין ה"י - ראש חדש שחל להיות בשבת, שירה של ראש חדש דוחה את שירה של שבת, כדי לפרסם שהיום ראש חדש.

אות ד'

<u>חלבי תמיד של שחר ניתנין מחצי כבש ולמטה במזרח, ושל מוספין ניתנין מחצי כבש ולמטה במערב, ושל ראש חדש ניתנין תחת כרכוב המזבח ולמטה</u>

רמב"ם פ"ו מהל' תמידין ומוספין ה"ג - ואחר שזורקין את הדם, מטיב זה שבהיכל חמש נרות, ויוצאין שניהן מן ההיכל; ואלו שבבית המטבחים מפשיטין ומנתחין, וכל אחד ואחד מעלה אבר שזכה בו לכבש, ונותנין האיברים מחצי כבש ולמטה [ב]במערבו; ושל מוספין היו נותנין אותן מחצי כבש ולמטה במזרחו; ושל ראשי חדשים נותנין על המזבח מלמעלה [ג]בין קרן לקרן במקום הילוך רגלי הכהנים, כדי לפרסמו שהוא ראש חדש; ומולחין שם את האיברים. וזורקין מלח על גבי הכבש אפילו בשבת, כדי שלא יחליק ויפלו הכהנים שם בעת הליכתן בעצים למערכה, ואף על פי שהמלח חוצץ בין רגליהם ובין הכבש, הואיל ואין ההולכה הזאת עבודה אינן חוששין.

באר הגולה

א ‹ויתבאר בהלכות קדוש החדש, שבזמננו שאין מקדשין על פי הראיה, אין יוה"כ חל לעולם לא בערב שבת ולא במוצאי שבת - מגיד משנה› ב ‹עיין בתוס', ובגירסא שבצד הגמ'› ג ‹ובירושלמי: איזהו כרכוב המזבח, אמה בין קרן לקרן מקום הילוך רגלי כהנים - כסף משנה›

§ מסכת סוכה דף נה. §

אות א'

יכול כשם שתוקעין על שבת בפני עצמו ועל ראש חדש בפני עצמו, כך יהיו תוקעין על כל מוסף ומוסף, תלמוד לומר: ובראשי חדשיכם

רמב"ם פ"ז מהל' כלי המקדש ה"ה - זה שעל המשוררים הוא בורר בכל יום המשוררים שעומדים על הדוכן לומר שירה בפה, ועל פיו תוקעין על הקרבנות. אין פוחתין במקדש מכ"א תקיעה בכל יום: ג' לפתיחת שערים, ותשע לתמיד של שחר ותשע לתמיד של בין הערבים; ויום שיש בו קרבן מוסף מוסיפין תשע על קרבן מוסף; ואם חל ראש חדש או יום טוב להיות בשבת, או שחל ראש השנה להיות בשבת שיש שם שלשה מוספין, אין תוקעין לכל מוסף ומוסף בפני עצמו, אלא תוקעין תשע בלבד לכל המוספין.

אות ב'

בחולו של מועד, בראשון מה היו אומרים וכו'

רמב"ם פ"י מהל' תמידין ומוספין הי"א - בכל יום ויום מימי החג היו אומרים שירה בפני עצמה על מוסף היום: בראשון מימי חולו של מועד היו אומרין: הבו לה' בני אילים; בשני: ולרשע אמר אלהים וגו'; בשלישי: מי יקום לי עם מרעים; ברביעי: בינו בוערים בעם וגו'; בחמישי: הסירותי מסבל שכמו; בששי: ימוטו כל מוסדי ארץ וגו'; ואם חל שבת להיות באחד מהן, ימוטו ידחה.

אות ב'*[א]

סימן תרנט ס"א - ‹ביו"ט ראשון›[ב]**מוציאים שני ספרים; באחד קורים: שור או כשב, בפרשת אמור** - בחול חמשה, ובשבת שבעה, ומניחין ס"ת שניה אצלה ואומרים ח"ק, **ובשני קורא המפטיר קרבנות המוספין: ובחמשה עשר יום לחודש השביעי** - עד "וביום השני", **ואם** התחיל לקרות "ביום השני", פוסק אפילו באמצע הפסוק, **ואם** קרא בענין אחר לא יצא, וצריך לקרותה כולה בברכה לפניה ולאחריה, **ואם** דילג פסוק אחד צריך לחזור, **ואם** דילג פסוק "ובחמשה עשר" וכו', א"צ לחזור.

וכן קורין ביום השני, וכן קריאת המפטיר.

ומפטיר בזכריה: הנה יום בא וגו' - זהו ביום הראשון, ומפני שיש בה מענין סוכות, **וביום** שני קורא הפטרה במלכים, מן "ויקהלו" עד "בהוציאי אותם מארץ מצרים", מפני שיש בה ענין חנוכת הבית שהיתה באותו אסיפה בחג הסוכות.

ובשבת במנחה קורין ג' בפרשה "וזאת הברכה".

אות ג'

[ג]שביעי ידחה

סימן תרסב ס"ג - ‹ביו"ט שני› **מוציאים שני ספרים וקורין בהם פרשיות שנקראו אתמול** - ואם התחיל במפטיר מן "וביום השני", אע"פ שגמר ובירך, יחזור ויקרא מן "ובחמשה עשר" בברכה לפניה ולאחריה. **ומפטיר במלכים: [ד]ויקהלו, עד: בהוציאו אותם מארץ מצרים.**

‹המשך ההלכות בעמוד הבא›

באר הגולה

א ‹מילואים› ב **הרא"ש ושאר פוסקים בשם רב עמרם,** ‹שלא נמצא בתלמוד שמוציאין ב' תורות, אלא שרב עמרם כתב כן - ב"י, **וכתבו ואולי רבנן סבוראי הנהיגו כן והגאונים אחריהם שיוציאו ב' ס"ת, וסמכו אהא דאמרו שאמר הקב"ה לאברהם וכו' מגילה ל"א** ג ‹לכאורה תימה על העין משפט, דמה שמביא סימן תרס"ב ס"ג, זה אינו דוקא אליבא דרבא, דהא לכו"ע קורין ביום השני מה שקראו אתמול, דאל"כ עבדינן ליה חול, ומשו"ה חסר יום אחד, ויש מחלוקת בגמ' קריאת איזה יום ידחה, ואמאי ציינו על הא דרבא "שביעי ידחה", **ועוד** דמה שמביא סימן תרס"ג ס"א, (עיין לקמן בסמוך), זהו כמו שהתקין אמימר, וכדמפרש רש"י, ולא כרבא› ד **מפני שחנוכת הבית היתה באותה אסיפה ובחג הסוכות**

החליל פרק חמישי סוכה נה

ואמר ר' יוחנן לידע שהוקבע ר"ח בזמנו תרי היכירא עבדינן דחזי האי חזי וחזי בהאי חזי מיתיבי דתני רבא בר שמואל יכול כשם שתוקעין על שבת בפני עצמו ועל ראש חדש בפני עצמו כך יהיו תוקעין על כל מוסף ומוסף ת"ל °ובראשי חדשיכם תיובתא דרבי אחא תיובתא מאי תלמודא אמר אביי אמר קרא ובראשי חדשיכם הוקשו כל חדשים כולם זה לזה רב אשי אמר כתיב חדשכם וכתיב ובראשי ואיזה חדש שיש לו שני ראשים הוי אומר זה ר"ה ואמר רחמנא חדשכם חד היא ועוד תניא בחולו של מועד בראשון מה היו אומרים °הבו לה' בני אלים בשני מה היו אומרים °ולרשע אמר אלהים בשלישי מה היו אומרים °מי יקום לי עם מרעים ברביעי מה היו אומרים °בינו בוערים בעם בחמישי מה היו אומרים °הסירותי מסבל שכמו בששי מה היו אומרים °ימוטו כל מוסדי ארץ ואם חל שבת באחד מהם ימוטו ידחה רב ספרא מנח בהו סימנא הומבה"י רב פפא מנח בהו סמנא הומהב"י וסימנך *אמבוהא דספרי תיובתא *דר' אחא בר חנינא תיובתא והא ר' אחא בר חנינא קרא ומתניתא קאמר אמר רבינא לומר שמאריכין בתקיעות רבנן דקיסרי משמיה דר' אחא אמרי לומר שמרבה בתוקעין ואנן דאית לן תרי יומי היכי עבדינן אביי אמר שני ידחה רבא אמר שביעי ידחה תניא כותיה דרבא אם חל שבת להיות באחד מהן ימוטו ידחה אתקין אמימר בנהרדעא דמדלגי דלוגי:

מתני'

וא"ר יוחנן · לכך סודרין אותן למעלה מאחר אברים להראות שהן חשובין ולהודיע שהוקבע החדש בזמנו: **יכול כשם שתוקעין** · על מוסף של ר"ח בפני עצמו כשחל בחול ועל מוסף שבת בפני עצמה כשהיא לבדה: **כך תוקעין על כל מוסף ומוסף** · כשחלו להיות יחד: **ת"ל ובראשי חדשיכם** · גבי תקיעות כתיב וביום שמחתכם ובמועדיכם ובראשי חדשיכם ותקעתם וגו': **הוקשו כל החדשים כולן** · לענין תקיעות שתקיעותיהן שוות: **שני ראשים** · ר"ח ור"ה וקרייה רחמנא חדשכם חסר כתיב לענין תקיעות: **בחולו של מועד** · דסוכות: **מה היו אומרים** · בשיר המוספין: **בראשון** · ביום הראשון דחוה"מ: **אומרים הבו לה' וגו'** · כל המזמור על שם שהיום תחלת שמחת בית השואבה דהייט כבוד ועוז ובאותו מזמור קול ה' על המים על שם ניסוך המים: **ולרשע אמר כו'** · וכל המזמור דברי כבושין הן לנאספים לעזרה למצות החג ושמחים שמחת החג ומוכיחם מה לך לספר חקי כלומר למה לך לבא לבית זה עם שאר עמי אם אינך חוזר בתשובה ובאותו מזמור כתיב זבח לאלהים תודה ושלם לעליון נדריך על שחג הסוכות זמן כל תאחר הוא לשלש רגלים כסדרן וסוף המזמור זובח תודה יכבדנני ושם דרך אראנו וגו': **מי יקום לי עם מרעים** · ובינו בוערים במזמור אחד הם ובינו בוערים מוקדם ומי יקום לי מאוחר והם מקדימין את המאוחר ונראה בעיני מפני שפרשת מי יקום לי מדברת על גרותן שהיו משועבדין בבית שני תחת מלכי פרס ומלכי יון ומלכי רומי ואף על פי כן אינן נמנעים מלשמוח שמחת מלכם ומתפללים מי יקום לנו להצילנו מן המרעים האלה לולי ה' עזרתה לי כמעט שכנה דומה נפשי אם אמרתי מטה רגלי וגו' ברעפי בקרבי תנחומיך ישעשעו כלומר אף לפי גרותינו אין אנו נמנעין מלבא להשתעשע בתנחומיך וכו' עד סוף המזמור ולמחר בינו בוערים בעם מפני שעכשיו זמן מתנות עניים שהוא זמן אסיף זמן לקט שכחה ופאה ומעשר עני וכשמגיעין ימים האחרונים שהן קרובים לפרוש ולשוב לבתיהם קורין לפניהם להוכיחם שיעשרו כראוי ואע"פ שהמעשרות בלנעה ולא יאמרו מי רואנו ומי יודענו לכך אומר בינו בוערים בעם שאומרים בלבם מי יגיד מעשינו הנוטע אזן הלא ישמע אם יוצר עין הלא יביט היוסר גוים הלא יוכיח וגו' עד מי יקום לי: **הסירותי מסבל שכמו** · דברי תנחומין הן אם תזכו בצרה קראת ואחלצך אענך בסתר רעם אבחנך על מי מריבה כו' על המים שנידונין עליהם בחג לפי מה שאני בוחנך אפסוק לך על שם שמתפללין על הגשמים ולריכים להם וכתיב במזמור זה אנכי ה' אלהיך המעלך מארץ מצרים הרחב פיך ואמלאהו שאשלח לכם ברכה וסוף המזמור ויאכילהו מחלב חטה וגו': **ימוטו כל מוסדי ארץ** · במזמור אלהים נצב בעדת אל ואומרים כל המזמור על שם שכתוב בו עני ורש הצדיקו אלו מעשרות שכך הוא נדרש בחולין לדק משלך ותן לו בפרק הזרוע (דף קלד.) לא ידעו ולא יבינו ומי שאינו נותן לבו להבין לכך בחשכה יתהלכו זו מיתה כדתנן (אבות פ"ה מ"ט) בארבעה פרקים הדבר מתרבה כו' במוצאי החג שבכל שנה מפני גזל מתנות עניים וגורם קללה לעולם ורעבון שימוטו כל אפסי ארץ: **ואם חל שבת באחד מהן** · ידחו שיר המועד מלפני שיר שבת: **ימוטו ידחה** · שהוא שיר אחרון ונדחה מפני שאמרו באחד בשבת שיר שהיה ראוי לומר אתמול שאין מדלגין סדר השיר ובשני שיר של אחד בשבת נמצא האחרון נדחה: **הומבה"י** · סימן סדר הפרשיות הוא ומחליף להקדים הסירותי לבינו בוערים בעם: **וסימנך** · שלא תטעה איזה סימן של רב ספרא: **אמבוהא דספרי** · גדודי אנשים ונשים רגילים להיך במבוי של מלמדי תינוקות שהתינוקות ואבותיהם ואמותיהם מצויין אצלם אף כאן מי ששמו ספרא היה סימנו הומבה"י שדומה לתיבת אמבוהא: **תיובתא דר' אחא** · דאמר תוקעין על כל מוסף אלמא דאמר לכל אחד שירו והכא קתני ימוטו ידחה אלמא לא אמרו בשבת של חול המועד אלא שיר של שבת: **אמר רבינא לומר שמאריך בתקיעות** · ברייתא קתני סתמא הכל לפי המוספין תוקעין ור' אחא פירשה שתוקעין על כל מוסף ולא ה"ל לפרושי הכי דודאי אין אומר אלא שיר אחד ואין כאן אלא תשע תקיעות לשלשה פרקי השיר וברייתא קמ"ל שמאריך במשך התקיעות כשיש שני מוספין ואומרין השיר לאחר שקרבו נסכי שניהם: **שמרבה בתוקעין** · שמוסיפין חצוצרות ותוקעין יחד וכולהו חד מיחשבי דתנן בערכין (דף יג.) אין פוחתין משתי חצוצרות ומתשע כנרות ומוסיפים עד לעולם: **אנן דאית לן תרי יומי היכי עבדינן** · משום דאיירי בשתי פרשיות המאורעות ליום דדחינן חדא מינה קבעי לה ואנן דמיבעי לן למימר בצלותא דמוספין את מוספי היום וקרבנות החג אינן שוין שהפרים מתמעטין והולכין ואית לן תרי יומי י"ט מספיקא ולא מצינן למימר בי"ט שני פרשת וביום השני דא"כ עבדינן ליה חול ומיבעי לן למימר ביה ובחמשה עשר יום כיומא קמא היכי עבדינן בראשון של חול המועד ובשאר הימים מי אמרינן ביומא קמא וביום השני דה"ל למימר מאתמול וכן כסדר ונמצא שביום השביעי של ערבה נאמר וביום הששי ועל כרחך למחר שהוא יו"ט לא מצית למימר וביום השביעי דאם כן עבדת ליה חול ונמצא שביעי נדחה או דלמא יומא קמא אמרינן וביום השלישי ושני נדחה ממקומו מפני שהוא ספק ידחה לגמרי: **ימוטו ידחה** · שהוא אחרון אלמא פרשה שנדחת היום אומרים אותה למחר ואחרונה נעקרת: **אתקין אמימר דמדלגי דלוגי** · ובמלאו כולן עומדין אומרין ביום ראשון של חול המועד ביום השני וביום השלישי ספק שני ספק שלישי ולמחר אומרים ביום השלישי וביום הרביעי ובשלישי דחול המועד ביום הרביעי וביום החמישי וברביעי ביום החמישי וביום הששי ובחמישי דחול המועד שהוא הושענא רבא אומרים ביום הששי וביום השביעי כספיקו והייט דלוגי שאומרים היום מה שאמרו אתמול כדאמרינן(מגילה דף כג.) גבי ר"ח רב אמר דולג שאומר השני אחד מן הפסוקים שאמר ראשון וכי היכי דאתקין אמימר לענין תפלה עבדינן נמי לענין קוראי התורה שהרביעי הקורא שהוא (א) מוסף בחולו של מועד יותר משאר ימים וניכר שהוא בא לכבוד היום הוא קורא את ספיקי היום כמו ששליח צבור אומרן ואם שבת הוא קוראן המפטיר והשלשה שקורין תחילה אין מקפידין על קריאתם יקראו מה שירצו ומכל מקום כך היו נוהגין רבותי שני ראשונים קוראים שניהם ספיקי היום והשלישי בפרשת יום המחרת שאינה מספיקות היום כלל והרביעי חוזר וקורא מה שקראו שנים הראשונים:

אתקין אמימר דמדלגי דלוגי · יום ראשון של חול המועד אומר במוסף ביום השני וביום השלישי לפי שהוא ספק שני ספק שלישי וכן בכל יום ויום של חול המועד ספק הראוי ופירש בקונטרס כי היכי דאתקין אמימר לענין תפלה עבדינן נמי לענין קוראי התורה ורביעי שנתוסף להול המועד יותר משאר ימים וניכר שהוא בא לכבוד היום הוא קורא ספיקי היום כמו שש"ץ אומרן ואם שבת הוא קוראן המפטיר וג' הקוראים תחילה שנים ראשונים קוראים שתי ספיקות היום והשלישי בפרשת יום המחרת והרביעי חוזר וקורא מה שקראו שנים הראשונים והשתא לפי סדר זה ישתנה הסדר ביום הושענא רבא שאם יקראו שנים הראשונים שתי ספיקות היה השלישי זקוק לקרות ביום השמיני עצרת תהיה לכם ואין נכון לקרות בחג פרשה שאינה של חג ואם מתחיל הראשון וקורא פרשה שלפני הספיקות ושני ושלישי קוראים הספיקות נמצא שאין סדר זה כסדר שאר הימים ועוד דבחנוכה כשקוראין בפרשת נשיאים רגילים שנים הראשונים לקרות נשיא אחד דיומא ושלישי קורא דלמחרת אלמא חשיב ראשון עיקר ובחג איפכא דאדרבה האחרון נחשב עיקר לפיכך ראוי להגיע שכל הארבעה הקוראים בתורה אין קוראים כי אם בספיקות יום ראשון של חול המועד קורא ראשון ביום השני ושני ביום השלישי וחוזר שלישי וקורא ביום השני ורביעי ביום השלישי וכיוצא בזה קורין בספיקות בכל יום ויום: ובחילוק

מסורת הש"ס
(סנהדרין ז:)

עין משפט נר מצוה

כב א מיי' פ"ז מהל' כלי המקדש הל' כ:

כג ב מיי' פ"י מהלכות תמידין הלכה יא סמג עשין רס:

כד ג טוש"ע א"ח סימן תרסג סעיף ג ותרסג סעיף א:

רבינו חננאל

ואמר ר' יוחנן לידע שהוקבע ר"ח בזמנו ואסיקנא תרי הכירא עבדינן ליה דחזי האי חזי ודלא חזי האי חזי האי· ת"ש יכול כשם שתוקעין של ר"ח בפ"ע ושל שבת בפ"ע כך היו תוקעין על כל מוסף ומוסף ת"ל ובראשי חדשכם ואמרינן בה תרי טעמי חדא הוקשו כל החדשים זה לזה שאין תוקעין *) בכל ר"ח· ואמר רב אשי כתיב ראשי דמשמע ב' וכתיב חדשכם חסר דמשמע חדא שנאמר ובראשי חדשכם ש"מ איזהו חדש שיש לו ב' ראשים ואתה מוכירו חדש אחד הוי אומר זה ר"ה שהוא גם ר"ח ואי אתה מחשבו אלא (ראש) [חדש] אחד תוב מקשינן אדר' אחא מהא דתניא בענין שיר של כל יום מששת ימי סוכת וקתני בזמן שחלה שבת להיות באחד מהן ימוטו שהוא שיר של לוים ביום האחרון מחולו של מועד ידחה כלומר האחרון אחרון נדחה. ואי איתא לדר' אחא אמאי נדחה ליתני לשבת וליתני דיומיה דהא תנן בשיר (בתמיד פ"ו) על כל פרק תקיעה ועלתה בתיובתא לרב אחא ואמרינן והא ר' אחא מתניתא תני ואין נרחו דבריו ופריק רבינא לר' אחא הא פירושא דמתניתא דאיתי לה בידיה כך פירוש' דהא דתניא הכל לפי המוספין [תוקעין] לומר שמרבה בתוקעין או מאריך בתקיעות כלומר מרבין כהנים ותוקעין ומריעין ומאריכין לפי המוספים והכל ביחד· אבל לזה בפ"ע ולזה בפ"ע לא· ואנן דאית לן תרי יומי היכא עבדינן במקרא בספרא ובתפלה· אביי אמר שני נדחה פירוש בשני ימים טובים קרינן בין בספירא בין בצלותא ובחמשה עשר יום וגו' ובשלישי קרינן ביום השלישי נמצא יום ב' שנדחה· רבא אמר שביעי נדחה פי' ב' ימים טובים קרינן ובחמשה עשר יום ומחר שהוא חולו של מועד קרינן וביום השני ואחריו וביום השלישי ואחריו וביום הרביעי ואחריו וביום החמישי ואחריו שהוא יום ערבה וביום הששי ולמחר שהוא יו"ם קרינן ביום השמיני נמצא יום טוב שביעי הוא שנדחה· תניא כרבא' הא דתניא ימוטו ידחה פי' האי שיר דפריש בהא ברייתא' שיר דיומי דחולו של מועד דחג הסוכות הוא· ימוטו ידחה דקתני **) יו"ם [של] ערבה שהוא ששי לימי חולו של מ"ע. אתקין אמימר בנהרדעא דמדלגין דלוגי מצאנו

הגהות הב"ח
(א) רש"י ד"ה אתקין וכו' שהוא מוסף בחולו של מועד:

שפירוש נאן וצ"ל הכין מנהג באתרין בתרין סתיבתא ביום הראשון וביום השני שהן יו"ט קורא ובחמשה עשר בלבד ביום השלישי שהוא חול קרי כהן וביום השני ולוי קורא וביום הג' וישראל קורא ביום הרביעי

*) נראה דצ"ל שאין תוקעין בחודש שיש בו ב' מוספין רק כמו בכל ר"ח. **) נראה דצ"ל היינו שיר של יו"ט של ערבה וכו'.

סימן תרסג, ס"א - [ה]בחוה"מ מוציאין ס"ת וקורים בו ארבעה [ו]בקרבנות החג שבפרשת פנחס - ואומרים ח"ק אחר הרביעי.

[ז]וביום הראשון של חול המועד, קורא כהן: וביום השני; ולוי: וביום השלישי; וישראל חוזר וקורא: וביום השלישי - ולא ס"ל כדעה שניה שיקרא "וביום הרביעי", כי היא שלא מענינו של יום, שאם תמנה מיום ראשון של יו"ט, הוא יום שלישי, ואם תמנה מיום שני של יו"ט, הוא יום שני. **והרביעי קורא ספיקא דיומא: וביום השני, וביום השלישי, ועל דרך זה קורים בשאר ימים.**

אבל ביום השני של יו"ט, אף דאנו עושין אותו ליו"ט ג"כ משום ספיקא דיומא, אין קורין בו "וביום השני", דגנאי לקרות ליו"ט ספק חול, [רש"י].

הגה: וי"א שנים הראשונים קורין בספיקא דיומא, והשלישי קורא ביום המחרת, והרביעי חוזר וקורא כל ספיקא דיומא, דהיינו מה שקראו שנים הראשונים, וכן אנו נוהגים.

ואם קרא הלוי "ביום השלישי" "וביום הרביעי", יקרא להשלישי "וביום החמישי", והרביעי יקרא "ביום השני" "וביום השלישי".

וביום הז', הכהן קורא: ביום החמישי; לוי: ביום הששי; ישראל: ביום השביעי; והרביעי קורא: ביום הששי וביום השביעי, וכן אנו נוהגין (רש"י בשם רבותיו ומהרי"ו ומנהגים).

וכן בתפילה בקרבנות המוספין בחוה"מ, מזכירין ג"כ ספיקא דיומא, דהיינו ביום א' דחוה"מ אומרים: וביום השני פרים שנים עשר וגו', וביום השלישי פרים עשתי עשר וגו'. **וסימן** שלא תטעה, לעולם הפרים והימים ביחד הם י"ד - טור.

וצריך לומר "ומנחתם" בין יום השני ליום השלישי, וכן בכל יום צ"ל "ומנחתם" על כל יום בפני עצמו, ודלא כהטועין שאין אומרים רק פעם אחת "ומנחתם". **במוסף** בחול: "את מוסף", ובשבת: "מוספי" - פמ"ג.

סדר הושענות: בשני ימים טובים אומרים "למען אמתך" "אבן שתיה", ובחוה"מ: "אערוך שועי" ‹"אום אני חומה" - מחה"ש› "אל למושעות" "אדון המושיע", ובשבת: "אום נצורה", **ואם** חל יום א' דסוכות בשבת, אומר ביום ב': "למען אמיתך", וביום א' דחוה"מ: "אערוך שועי", וביום ב' דחוה"מ: "אבן שתיה", וביום ג' דחוה"מ: "אל למושעות", וביום ד' דחוה"מ: "אדון המושיע", "ואום אני חומה" נדחה לגמרי, **ואם** חל יום ששי בשבת, אז אומרים ע"ז הסדר: "למען אמיתך" "אבן שתיה" "אערוך שועי" "אום אני חומה" "אל למושעות" "אום נצורה", והפיוט "אדון המושיע" נדחה, והטעם לזה הסדר עיין במחה"ש.

[ח]ובארץ ישראל, שאין שם ספיקא דיומא, אין קורים בכל יום אלא קרבן היום בלבד, כי ביום שני, הוא ראשון לחולו של מועד, קורא כהן: וביום השני; והג' העולים אחריו חוזרים וקורים אותה פרשה עצמה, ועל דרך זה בכל יום משאר הימים.

באר הגולה

[ה] **משנה מגילה כ"א** [ו] **שם ל"א** [ז] **מהא דאתקין אמימר סוכה נ"ה, וכמו שפי' הרי"ף והרא"ש בשם גאון** ‹ורש"י כתב כך היו נוהגים רבותי, שנים הראשונים קורין שתי ספיקות היום, והשלישי בפרשת יום המחרת שאינה מספיקות היום כלל, והרביעי חוזר מה שקראו שנים הראשונים. **והתוס'** (שם ד"ה אתקין) הקשו עליו, וכתבו הם שראוי להנהיג שביום ראשון של חול המועד יקרא הראשון: וביום השני, והשני: וביום השלישי, וחוזר שלישי: וביום השני, ורביעי: וביום השלישי, וכיוצא קורין בספיקות בכל יום ויום. **והרמב"ם** בקצת נוסחאות כתב כמנהג רבותיו של רש"י, ובקצת נוסחאות כתב כפירוש הגאון שכתבו הרי"ף והרא"ש, {כמ"ש הטור: שביום הא' של חוה"מ קורא כהן וביום הב', ולוי וביום הג', וישראל חוזר וקורא וביום הג', והד' קורא ספיקא דיומא, שהוא וביום הב' וביום הג'}, ונוסחא זו עיקר - ב"י› [ח] **ב"י**

אות ג*[ט]

סימן תרסג ס"ב - [י]**שבת של חולו של מועד, ערבית ושחרית ומנחה מתפלל של שבת ואומר יעלה ויבא בעבודה; ובמוסף אומר: אתה בחרתנו, ומפני חטאינו, את יום המנוח הזה את יום חג הסוכות הזה, וחותם: מקדש השבת וישראל והזמנים.**

הגה: ונוהגין לומר קהלת בשבת של חוה"מ, או בשמיני עצרת אם אקלע בשבת (מהרי"ל), וע"ל סימן ת"צ - שם מבואר לענין אם יש לברך עליהם, וע"ש במ"ב.

סימן תרסג ס"ג - **מוציאין שני ספרים,** [יא]**באחד קורין: ראה אתה אומר אלי** - שיש בה ענין סוכה, **ומפטיר קורא בקרבנות של ספיקא דיומא; ומפטיר ביחזקאל: והיה ביום בוא גוג** - לפי שלעתיד תהיה מלחמת גוג ומגוג בתשרי.

וחותם בהפטרה: מקדש השבת וישראל והזמנים, וכן מזכיר של סוכות באמצע הברכה, כמו ביו"ט ראשון של סוכות, [**ודעת** הגר"א, שלא לומר רק "מקדש השבת" בלבד, ובודאי לדידיה אין מזכיר גם כן של סוכות באמצע].

באר הגולה

ט (מילואים) | י ברייתא ביצה י"ז ועירובין ח' | יא ברייתא מגילה ל"א

עין משפט
נר מצוה

כה א מיי' פ"י מהל' תמידין הלכה יב :

כו ב מיי' שם הל' יג :

כז ג מיי' פ"ד מהלכות כלי המקדש הלכה ד סמג עשין קעג :

כח ד מיי' שם הלכה ה ופ"ד מהל' תמידין הלכה יב :

כט ה ו מיי' פ"ד מהל' כלי המקדש הלכה ה :

מסורת הש"ס

מתני' *יום טוב הראשון של חג היו שם י"ג פרים אילים שנים ושעיר אחד נשתיירו שם י"ד כבשים לשמונה משמרות ביום ראשון ששה מקריבין שנים שנים והשאר אחד אחד בשני חמשה מקריבין שנים שנים והשאר אחד אחד בשלישי ד' מקריבין שנים שנים והשאר אחד אחד ברביעי שלשה מקריבין שנים שנים והשאר אחד אחד בחמישי שנים מקריבין שנים שנים והשאר אחד אחד בששי אחד מקריב שנים והשאר אחד אחד בשביעי כולן שוין ^ב^בשמיני חזרו לפיים כברגלים אמרו מי שהקריב פרים היום לא יקריב למחר אלא חוזרין חלילה: **גמ'** נימא מתני' רבי היא ולא רבנן דתניא פר הבא בשמיני בתחילה מפיסין עליו דברי רבי וחכמים אומרים אחת משתי משמרות דלא שלשו בפרים עושה אותו אפילו תימא רבנן אטו שתי משמרות לא אפוסי בעי כמאן אולא הא דתניא *כל המשמרות שונות ומשלשות חוץ משני משמרות ששונות ואין משלשות נימא רבי ולא רבנן אפי' תימא רבנן מאי לא שלשו בפרי החג ומאי קמ"ל הא קמ"ל מי שהקריב פרים היום לא יקריב למחר אלא חוזרין חלילה א"ר (*אליעזר) הני שבעים פרים כנגד מי כנגד שבעים אומות פר יחידי למה כנגד אומה יחידה משל למלך בשר ודם שאמר לעבדיו עשו לי סעודה גדולה ליום אחרון אמר לאוהבו עשה לי סעודה קטנה כדי שאהנה ממך א"ר יוחנן אוי להם לעובדי כוכבים שאבדו ואין יודעין מה שאבדו בזמן שבהמ"ק קיים מזבח מכפר עליהן ועכשיו מי מכפר עליהן: **מתני'** *^י^בשלשה פרקים בשנה היו כל משמרות שוות באימורי הרגלים ^י^ובחילוק לחם הפנים בעצרת אומר לו הילך מצה הילך חמץ ^ה^משמר שזמנו קבוע הוא מקריב תמידין נדרים ונדבות ושאר קרבנות צבור ומקריב את הכל: **גמ'** אימורי הרגלים של גבוה נינהו אמר רב חסדא מה שאמור ברגלים ת"ר מנין שכל המשמרות שוות באימורי הרגלים ת"ל °ובא בכל אות נפשו ושרת יכול אף בשאר ימות השנה כן תלמוד לומר מאחד שעריך לא אמרתי אלא *בשעה שכל ישראל נכנסין בשער אחד: ובחילוק לחם הפנים כו': תנו רבנן ^י^מנין שכל המשמרות שוות בחילוק לחם הפנים
תלמוד

תורה אור: דברים יח

[תוספתא פ"ד]
[נ"ל אליעזר]
[מו"ק יז:]
[פסחים נה.]

רש"י

מתני' יו"ט הראשון של חג כו' · וכל המשמרות עולות לרגל ושם עשרה מהם מקריבין שם עשרה בהמות הללו : **נשתיירו כו'** · דכל המשמרות זוכות בחובות הבאות מחמת הרגל ברגל ואין משמר של אותה שבת יכולה לעכב עליהן כדאמרינן בגמרא : **יום הראשון** · שהיו שמונה משמרות לי"ד כבשים ששה משמרות מן השמונה היו מקריבין שני כבשים כל אחת מהן הרי שנים עשר כבשים : **והשאר** · שנים הנותרות מקריבות אחד אחד: **בשני** · שנתמעט אחד מן הפרים ונשתיירו תשעה משמרות לי"ד כבשים : **חמשה מהם מקריבים שנים שנים** · הרי עשרה : **והשאר** · ארבעה הנותרות מקריבות כל אחת כבש אחד : **בשלישי** · שנתמעט עוד אחד מן הפרים ונשארו עשרה משמרות לי"ד כבשים: **ארבעה מקריבין שנים שנים** · דהוו להו שמונה : **והשאר אחד אחד** · ששה כבשים לששה משמרות : **בשביעי כולן שוין** · כל המשמרות המקריבות כבשים שוות שכל אחת מקרבת אחד שהרי אינם אלא שבעה פרים ואילים שנים ושעיר אחד לעשרה משמרות נשתיירו י"ד כבשים לי"ד משמרות : **בשמיני חוזרים לפיים כברגלים** · פר אחד ואיל אחד ושבעה כבשים הקריבים בשמיני אין קריבים כסדר קרבנות החג שקרבו לפי סדר משמרות כדבעינן לפרושי במסקנא אלא כל המשמרות באות ומפיסות עליהן כמו שמפיסין בשאר רגלים שאין קרבנותיהן מרובין להקריבן לפי הסדר ולהשוות בהן כל המשמרות אף בשמיני כולן מפייסין והזוכה בפיים מקריבו ובסדר יומא (דף כג.) מפרש היאך מפיסין : **אמרו מי שהיה מקריב היום פרים לא היה מקריב למחר** · פרים שאין המשמרות שהקריבו כבשים אתמול מניחים אותם אלא חוזרין חלילה ונמצאו כולן שונות ומשלשות בפרים חוץ משתים ששונות ואין משלשות כיצד ביום הראשון היו י"ג פרים והקריבו י"ג משמרות כדרך שסדרום בדברי הימים (א כד) יהויריב ראשון ואחריו ידעיה חרים כו' טלן כמות שהן סדורים נשתיירו עשתי עשרה אחרונות לאילים ולכבשים למחרת היו שנים עשר פרים ומקריבין אותן הנך י"א משמרות וחוזר יהויריב ומקריב אחד נמצא ששנה יהויריב לבדו בשלישי היו אחד עשר פרים והקריבום י"א משמרות שאחרי יהויריב נמצא ששנו י"ב משמרות ברביעי היו עשרה פרים והקריבום עשרה משמרות שלאחריהם הרי ששנו נמצאו כ"ב משמרות שונות בחמישי תשעה פרים שתי משמרות האחרונות הקריבו שנים מהן וחזר יהויריב ושם משמרות שלאחריו והקריבו שבעה הרי ששילשו שבעה משמרות בששי שמונה פרים והקריבום השמונה שלאחריהם הרי ט"ו משמרות ששילשו בשביעי שבעה פרים לשבעה משמרות נמצאו כולן משלשות חוץ משתים האחרונות : **גמ' נימא מתניתין** · דקתני בשמיני חוזרים לפיים כברגלים וקא סלקא דעתיה דכל המשמרות באות ומפיסות רבי היא ולא רבנן : **בתחילה מפיסין עליו** · כל המשמרות כאילו הוא תחילה קרבנות ולא אמרינן ליקרבו חד מהנך שלא שילשו : **לאו אפוסי בעי** · בין שתיהן איזה מהן תזכה בו ודלמא ההוא פיים דקאמר מתני' בין שתיהן היא דהא לא תנן ביה בתחילה : **מאי קמ"ל** · וכי מגיילא אתא לאגמרינן שכן עולה החשבון כשחוזרין חלילה : ומשני קמ"ל מאי דאשמועינן נמי תנא דמתניתין מי שהיה מקריב פרים היום כו' : **שבעים פרים** · פרי החג שבעים הם חוץ משל שמיני כנגד שבעים אומות לכפר עליהם שירדו גשמים בכל העולם לפי שנידונין בחג על המים : **פר יחידי** · של שמיני : **שאהנה ממך** · אין לי הנייה וקורת רוח בשל אלו אלא בשלך : **מתני' בג' פרקים** · בשלשה רגלים : **באימורי רגלים** · בשורות של עולות ובחזה ושוק של שלמי חגיגה הבאות מחמת הרגל ובגמרא מפרש מאי לשון אימורים דקתני : **ובחילוק לחם הפנים** · אם אירעה שבת ברגל שבשבת מסלקין אותו ומסדרין לחם אחר תחתיו כדכתיב (ויקרא כד) ביום השבת יערכנו : **ובעצרת** · כשאירע בשבת ויש בו חילוק חמץ דשתי הלחם וחילוק לחם הפנים שהוא מצה כדאמרינן בכל המנחות באות מצה (מנחות דף נב:) : **אומר לו** · לכל אחד כשנותנין לו חלקו הילך מצה וכשנותנין לו בשתי הלחם אומרים לו הילך חמץ לפי שאין חולקים קרבן כנגד קרבן אלא מכל אחד חלקו כדקיימא לן בקידושין (דף נג.) ובמנחות (דף עג.) מלכל בני אהרן תהיה ולפיכך מודיעים אותו : **משמר שזמנו קבוע** · שהיה משמש בשבת זו שהרגל חל בתוכה : **מקריב תמידין** · שהרי אינם בשביל הרגל : **ונדרים ונדבות** · שנדבו ונדרו כל השנה ומקריבין אותם עכשיו אין שאר המשמרות זוכין בהם שאין זוכין אלא חובות שמחמת הרגל : **והוא מקריב את הכל** · בגמרא מפרש לאתויי מאי : **גמ' אימורין דגבוה נינהו** · ומאי שוות איכא : **כמה שאמור ברגלים** · בחילוק קרבנות האמורים ברגל הראויין להתחלק כגון חזה ושוק של שלמי חגיגה של כל יחיד ויחיד ועורות של עולות ראייה ומוספי צבור ושעירי חטאות : **ובא בכל אות נפשו ושרת ככל אחיו** · שאין המשמר מעכב עליו וכיון דזוכה בעבודתו זוכה באכילתו דכתיב (ויקרא ז) לכהן המקריב אותה לו תהיה ובכ"ד מקומות נקראו כהנים לוים : **ת"ל מאחד שעריך** · רישיה דקרא וכי יבא הלוי מאחד שעריך ודריש ליה הכי כמו באחד שעריך כשכל ישראל נכנסין בשער אחד כלומר בעיר אחת : **מנין שכל המשמרות שוות** · ברגל בחילוק לחם הפנים :
תלמוד

תוספות

ובחילוק לחם הפנים · דוקא בחילוקו שוין אבל סילוקו וסידורו והקטרת הבזיכין למשמר הקבוע דהכי תניא בתוספתא לחם הפנים עבודתו במשמר הקבוע ואכילתו בכל המשמרות והיינו טעמא משום דבגמרא מרבינן ליה חלק כחלק יאכלו משמע לאכילה רביה רחמנא ולא לעבודה ומוסף שבת לא מפרשה מתניתין מידי ושיילא והוי בכלל דשאר קרבנות צבור וכי קאמר בגמרא לאתויי פר העלם דבר של צבור ושעירי ע"ז הוה מצי לאתויי מוסף שבת דבהדיא קתני בתוספתא שהוא למשמר הקבוע והא דמרבה לחם הפנים טפי דיאכלו משמע מידי דאכילה הוא עיקרו והיינו לחם הפנים שכבר נעשה מצותו משבת שעברה שסידרוהו על השלחן ואינו מחוסר מעתה אלא סילוק דאי משום הקטרת בזיכין להתיר לחם קאתיין ואין עבודה זו בגוף הלחם :
עד

רבינו חננאל

הרביעי והרביעי דהוא מפטיר קורא וביום השני וביום השלישי · וכן מזכירין תרי עניני ובשביעי קורא ביום הששי וביום השביעי וכן בתפלה: **מתני'** יום [טוב] הראשון שהיו שם י"ג פרים כו' פי' בכל הרגלים בכל המשמרות של כהנים באות לחוג (יהיה החלות) להיות כולן מקריבין קרבנות של חג וכשם שכולן מקריבין כך היו כולן חולקין ביו"ט הראשון של חג היו שם ל' בהמות י"ג פרים וב' אילים ושעיר אחד הרי ט"ז וי"ד כבשים הפרים והאילים והשעיר חולקין ט"ו משמר בהמה אחת נשארו י"ד כבשים לח' משמרות ביום הראשון שש משמרות מקריבין ב' ב' כבשים [הרי י"ב כבשים] ושתי משמרות מקריבין א' א' יום שני חסרו הפרים י"ב פרים ואילים ב' ושעיר א' ט"ו בהמות לט"ו משמרות נשתיירו י"ד כבשים לט' משמרות מקריבין ב' ב' וד' מקריבין א' א' · יום ג' י"א פרים וב' אילים ושעיר י"ד בהמות לי"ד משמרות נשתיירו שם י"ד כבשים לי' משמרות ד' משמרות מקריבין ב' ב' וששה משמרות מקריבין א' א' · וכן סדר כל יום עד שביעי ובשביעי כולן שוין כי ז' פרים לז' משמרות וב' אילים לב' משמרות ושעיר למשמר' הרי י' ונשתיירו י"ד כבשים לי"ד משמרות כל אחד כבש אחד בשמיני חזרו לפיים כרגלים · ופליגי רבי ורבנן לענין פר הבא בח' דרבי סבר מפיסים עליו כל המשמרות ככל הרגלים וחכמים סברי אין מפיסין עליו אלא ב' משמרות שלא שילשו בפרי החג והן מפיסין עליו בלבד לפי שפרי החג כולן הן ע' ותנן מי שהיה מקריב בפרים היום לא היה מקריב למחר אלא חוזרין חלילה הלכך כשתחלק את ע' פרים לכ"ד משמרות נמצאו ביד כ"ב ג' פרים לכל משמר ומשמר נשארו ב' משמרות בידם ב' ב' ואלו הן ב' שלא שילשו בפרים ומתני' לא אכרעא דאתיא נמי כרבנן והא דתניא כל המשמרות כולן שונות ומשלשות בפרים חוץ מב' משמרות ששונות ואינן משלשות איכא דאוקמא בפרי החג ודרשבנא בעלמא קמ"ל אבל בפר דשמיני משמרת אחת מהנך תרתי דאמרן שקלא ביה ולא פליגא אדרבנן ואיכא לאוקמא כרבי : **מתני'** בשלשה פרקים בשנה היו כל המשמרות שוין באימורי רגלים ובחלוק כו' · ש"מ דלית למשמר קבוע בההוא שבוע לא באימורי הרגלים ולא בלחם הפנים אלא כאחת מן המשמרות כולן · ובעצרת נמי שתי הלחם לכ"ד משמרות היו מתחלקות ואמרו לראש המשמר הא לך מצה דהוא לחם הפנים והא לך חמץ דהוא משתי הלחם · פי' אימורי הרגלים [illegible] לזכרי כהונה לפנים מן הקלעים וכל חובות הבאות מחמת הרגל [illegible] הרגלים והלמודא מבי יבא הלוי מאחד וגו' ושרת בשם ה' וגו' : בשעה שכולן נכנסים

§ מסכת סוכה דף נה: §

אות א'

יום טוב הראשון של חג היו שם: שלשה עשר פרים וכו'

רמב"ם פ"י מהל' תמידין ומוספין הי"ב - כבר ביארנו שכל משמרות כהונה עשרים וארבעה, וכולן עובדין בשוה ברגלים, ובחג הסוכות היה כל משמר מקריב פר אחד או איל אחד או שעיר החטאת, אבל הכבשים יש משמר שמקריב מהן שני כבשים, ויש משמר שמקריב כבש אחד; כיצד, ביום טוב הראשון של חג היו שם שלשה עשר פרים ושני אילים ושעיר, כל משמר מקריב בהמה אחת מהם, נשארו שם ארבעה עשר כבשים לשמונה משמרות, ששה משמרות מקריבין שנים שנים, ושני משמרות מקריבין אחד אחד; בשני היו שם שנים עשר פרים ושני אילים ושעיר, כל משמר מקריב אחד, נשארו שם ארבעה עשר כבשים לתשעה משמרות, חמשה מקריבין שנים שנים, וארבעה מקריבין אחד אחד; בשלישי היו שם אחד עשר פרים ושני אילים ושעיר, כל משמר מקריב אחד, נשארו ארבעה עשר כבשים לעשרה משמרות, ארבעה מקריבין שנים שנים וששה מקריבין אחד אחד; ברביעי היו שם עשרה פרים ושני אילים ושעיר, כל משמר מקריב אחד, נשארו שם ארבעה עשר כבשים לאחד עשר משמר, שלשה מקריבין שנים שנים ושמונה מקריבין אחד אחד; בחמישי היו שם תשעה פרים ושני אילים ושעיר, כל משמר מקריב אחד, נשארו שם ארבעה עשר כבשים לשנים עשר משמר, שני משמרות מקריבין שנים שנים ועשרה מקריבין אחד אחד; בששי היו שמונה פרים ושני אילים ושעיר, כל משמר מקריב אחד, נשארו שם ארבעה עשר כבשים לשלשה עשר משמר, משמר אחד מהן מקריב שני כבשים ושנים עשר משמר מקריבין אחד אחד; בשביעי היו שם שבעה פרים ושני אילים ושעיר, וארבעה עשר כבשים כמנין המשמרות, נמצא כל משמר מקריב בהמה אחת.

אות ב'

בשמיני חזרו לפייס כברגלים. אמרו מי שהקריב פרים היום לא יקריב למחר, אלא חוזרין חלילה

רמב"ם פ"י מהל' תמידין ומוספין הי"ג - וכל מי שהיה מקריב פר היום לא היה מקריב פר למחר, אלא חוזרין חלילה; בשמיני חוזרין לפייס [א]כולן כאחד כשאר הרגלים כמו שביארנו.

אות ג'

בשלשה פרקים בשנה היו כל משמרות שוות באימורי הרגלים

רמב"ם פ"ד מהל' כלי המקדש ה"ד - ומצות עשה להיות כל המשמרות שוים ברגלים, וכל שיבא מן הכהנים ברגל ורצה לעבוד, עובד וחולק עמהם, ואין אומרין לו: לך עד שיגיע משמרך, שנאמר: וכי יבא הלוי מאחד שעריך וגו'.

אות ד'

ובחילוק לחם הפנים. בעצרת אומר לו: הילך מצה הילך חמץ

רמב"ם פ"ד מהל' כלי המקדש ה"ה - בד"א בקרבנות הרגלים, ובחילוק לחם הפנים, ובחילוק שתי הלחם של עצרת.

רמב"ם פ"ד מהל' תמידין ומוספין הי"ב - ובזמן שיהיה יום טוב של אחד משלשה רגלים בשבת, וכן בשבת שבתוך החג, חולקין כל המשמרות בשוה בלחם הפנים.

אות ה' – ו'

משמר שזמנו קבוע הוא מקריב תמידין נדרים ונדבות ושאר קרבנות צבור ומקריב את הכל

מנין שכל המשמרות שוות בחילוק לחם הפנים, תלמוד לומר: חלק כחלק יאכלו

רמב"ם פ"ד מהל' כלי המקדש ה"ה - בד"א בקרבנות הרגלים ובחילוק לחם הפנים ובחילוק שתי הלחם של עצרת; אבל נדרים ונדבות ותמידין אין מקריבין אותן אלא משמר שזמנו קבוע, ואפילו ברגל, שנא' חלק כחלק יאכלו לבד ממכריו על האבות, כלומר חלק כחלק יאכלו [ב]בקרבנות הצבור, ואין חלק כחלק בשאר הדברים, שכבר חלקו אותם האבות וקבעום כל משמר ומשמר בשבתו.

באר הגולה

א ‹קשה אמאי פסק רבינו ז"ל כרבי ולא כרבנן, הא קי"ל הלכה כרבי מחבירו ולא מחביריו, **ואולי** משום דפשטה דמתני' וכן ברייתא דכל המשמרות שונות ומשלשות כרבי מוכחי, אע"ג דאוקמינהו התם כרבנן, סובר רבינו ז"ל דהיינו דחייה בעלמא, אבל פשט דידהו כרבי אתיא, ולכך פסק כרבי – לחם משנה.› ‹**ואפשר** משום זה ציינו העין משפט כאן, ולא על שיטת רבי›

ב ‹צ"ל בקרבנות הרגלים. **אך** צ"ע קצת כי מהעולה בש"ס שם יראה, כי הא דאוכל בקרבנות הרגלים ילפינן מדכתיב ושרת וכו', ומדאיתרבי לעבודה איתרבי נמי לאכילה, רק קרא זה אתי ללחם הפנים, דאף דלא היה להם זכות בעבודתן מ"מ נתחלק לכל המשמרות, **לכן** נ"ל דבאמת הנוסחא בקרבנות הצבור יותר נכון, וקאמר דבקרבנות צבור איתרבי לאכילה ולא לעבודה, ולא מצינו בקרבנות צבור שלא באים מחמת הרגל שום אכילה אם לא בלחם הפנים, ודו"ק היטיב – הר המוריה›

§ מסכת סוכה דף נו. §

אות א'

סוכה ואחר כך זמן

סימן תרמג ס"א - [א]סדר הקידוש: יין קידוש וסוכה - שא"א לברך על הסוכה קודם שיברך על קידוש היום, שהרי מתחלה נתקדש היום, ואח"כ נתחייב לישב בסוכה, [**והאי** טעמא הוא רק לענין לכתחילה, אבל לא לעיכובא. **וה"ה** בשבת ויו"ט שבסוף החג, אף דשם אין שייך סברא זה, ג"כ מברך על הסוכה אחר הקידוש, מטעם הנזכר בס"ג במ"ב, דאז הוא זמן תחילת הסעודה, דמקודם אין רשאי לאכול].

ואח"כ זמן, לפי שהזמן חוזר על קידוש היום ועל מצות סוכה - כיון שלא בירך עליה אז בשעת עשייה, א"כ מוטל עליו עכשיו לברך זמן על קיום המצוה, (**דאם היה מברך בשעת עשייה, אז ברכת הזמן קאי רק ארגל, וע"כ צריך לברך זמן ואח"כ סוכה, ולדעת** התוספות והרא"ש א"צ לברך בזה כלל ברכת הזמן, **דברכת הזמן שבירך קודם החג על הסוכה, מהני ממילא גם לרגל**).

ואין נ"מ בין שעשאה הסוכה קודם חג הסוכות, ובין שהיתה עשויה ועומדת עם הסכך מכבר, (**והיינו דאפילו באופן זה, ברכת הזמן קאי על הסוכה, דהיינו על קיום המצוה של סוכה**).

ומ"מ בדיעבד אם עבר ובירך זמן ואח"כ סוכה, אינו חוזר לברך זמן, ואמרינן דהאי זמן קאי גם אסוכה דבתריה, [**דבגמרא** אפלגו רב ורבה בר בר חנה לענין לכתחלה, אי סוכה קודם משום דהוא חובת היום, או זמן קודם דהוא תדיר, ונהי דאנן פסקינן כרב, היינו לענין לכתחלה, אבל בדיעבד גם רב מודה דיצא, **וידוע** מכמה אחרונים, דטעם זה שכתבו הטור ושולחן ערוך איננו עיקר הטעם, {עיין [ב]בב"ח וט"ז ושאר אחרונים}, אלא משום דרב, דאקדמה משום דהוא חובת היום, ועל כן בודאי יצא בדיעבד].

אם לא בירך זמן בלילה, יוכל לברך כל שבעה, ואפילו בלא כוס, דזמן יכול לומר אותו אפילו בשוק, (**ולכאורה** בחו"ל לענין ליל שני, שייך ג"כ לומר: אי לא בירך מברך כל ז', וצ"ע).

אות א'*[ג]

סוכה ואחר כך זמן

סימן תרסא ס"א - [ד]בליל יום טוב שני אומר קידוש, וזמן אחריו מיד, ואח"כ ברכת סוכה - דזמן לא קאי אלא אקידוש ולא אסוכה, דאף אם יום ראשון חול, יצא בזמן דסוכה, דלא גרע מאלו בירך זמן בשעת עשיית הסוכה, דיצא, הלכך צריך שלא להפסיק בסוכה בין קידוש לזמן, **אכן** מי שלא אכל לילה ראשונה בסוכה, וגם למחר בשחרית לא אכל בסוכה, יברך בליל שניה סוכה ואח"כ זמן, דאז הזמן יהיה קאי אשניהם.

(וז דעת הרא"ש, וכן ראוי לנהוג) - והנה הרדב"ז והרש"ל דעתם כאבי העזרי, דלעולם סוכה ואח"כ זמן, ומ"מ לא מקרי הפסק מה שאומר בינתיים ברכת סוכה, ודומיא דאנו אומרים כשחל יו"ט במוצאי שבת יקנה"ז, אע"פ שהזמן אינו חוזר על ההבדלה כי אם על קידוש, ה"נ הזמן חוזר על קידוש שלפני סוכה, [ה]**ויש** מאחרונים שהעתיקו לדינא כמותם, ע"כ מי שרוצה לנהוג כן אין מוחין בידו, **ומ"מ** אם כמה בעלי בתים אוכלין בסוכה אחת, לא יהיו חלוקין במנהגם בזה.

אות א'**[ו]

סימן תרמג ס"ב - [ז]להרמב"ם, מקדש מעומד, ומברך: לישב בסוכה, ויושב - דלדעתו הישיבה הוא תחלת עשיית המצוה, ויש לו לברך עובר לעשייתן, היינו קודם עשיית תחלת המצוה, ויש לו לנהוג כן כל שבעת הימים, [**עיין** בט"ז, והנה לדעתו גם הרמב"ם מודה להרא"ש, דאם אוכל מעומד יכול לברך "לישב בסוכה", דהכונה היא העכבה בסוכה, כמו שכתוב: ותשב בקדש ימים רבים, **ולדעת** הב"ח, אם אוכל מעומד אינו יכול לברך "לישב בסוכה" לדעת הרמב"ם, ולאכול בלי ברכה ג"כ אינו רשאי, וע"כ מוכרח לישב ולברך, אם לא שהוא אנוס ואינו יכול לישב].

ואח"כ מברך זמן - בא לאפוקי שלא יברך ברכת זמן קודם שישב, **דאף** דברכת זמן גופא רשאי להיות בעמידה לכו"ע, מ"מ אין נכון לעשות כן מטעמא אחרינא, דצריך להסמיך עשיית המצוה אל הברכה, וכיון שבירך "לישב בסוכה" צריך לישב תיכף.

(ואין נוהגים כן, אלא מקדשין מיושב, וכן דעת הרא"ש) - ס"ל שיש לסמוך הברכה על עיקר המצוה שהיא האכילה, וכמש"כ סוף סימן תרל"ט, שנוהגין שאין מברכין אלא על האכילה.

(**ובביאור הגר"א מצדד כדעת הרמב"ם, ועיין במור וקציעה דדעתו, דבקידוש היכי שהוא מוציא בזה לאחרים, בודאי יש לנהוג לקדש מיושב**).

וראוי לומר ברכה דסוכה בקול במשיכה בניגון, כשאר ברכות דקידוש, וה"ה בכל שאר ברכות ירגיל לומר בקול רם, כי הקול מעורר הכונה - של"ה. **ולענין** אם יכולין כמה בעלי בתים לקדש בסוכה בבת אחת, עיין לעיל סימן תפ"ח במ"ב.

באר הגולה

[א] מסקנת הגמ' סוכה נ"ו [ב] {ומש"כ בגמרא דהטעם הוא משום דחיובא דיומא עדיף, אינו אלא לומר, דאי לאו האי טעמא הו"ל להקדים הזמן סמוך לקידוש, והוה קאי אסוכה דבתריה, {ורק לאחר שיש סברא דחיובא דיומא עדיף, שייך לדון דעדיף לומר זמן אחר סוכה משום דקאי אסוכה נמי}, **אבל** היכא דסוכה לא בעי זמן כגון בליל שני, לכולי עלמא ראוי לסמוך הזמן לקידוש מיד - ב"ח אליבא דהרא"ש. **והא** דקי"ל חובת היום עדיף, לא קשיא מידי, דמשום הפסק נדחה זה - א"ר} [ג] {ע"פ הב"י והבאר הגולה} [ד] רא"ש בפ"ד דסוכה בשם יש מן הגדולים **אהא דאמר רב סוכה ואח"כ זמן** [ה] {דמאחר דאמרינן בגמרא דמברכין אסוכה ברישא משום דחיובא דיומא עדיף, א"כ אין חילוק בין ראשון לשני - ב"ח אליבא דנפשיה} [ו] {מילואים} [ז] **בפ"ו בשם מנהג רבותיו וחכמי ספרד**

החליל פרק חמישי סוכה נו

עין משפט נר מצוה

ל א מיי' פ"ו מהלכות סוכה הלכה יג סמג עשין מג טוש"ע א"ח סימן תרמג סעיף א:

לא ב מיי' פכ"ט מהל' שבת הלכה ו סמג עשין כט טוש"ע א"ח סימן רעא סעיף י:

לב ג מיי' פ"ד מהל' התמידין הלכה יב:

לג ד מיי' שם הל' יג:

לד ה מיי' שם הל' יג:

מסורת הש"ס

ברכות נא: פסחים קיד.

פסחים [illegible]

[יומא יח.]

[עי' בכתובות יב:]

[עי' תוי"ס]

גמרא

תורה אור: דברים יח · ויקרא ז · דברים יח

תלמוד לומר חלק כחלק יאכלו כחלק עבודה כך חלק אכילה ומאי אכילה אילימא קרבנות מהתם נפקא לכהן המקריב אותה לו תהיה אלא לחם הפנים יכול אף בחובות הבאות שלא מחמת הרגל ברגל ת"ל לבד ממכריו על האבות מה מכרו האבות זה לזה אני בשבתי ואתה בשבתך: בעצרת אומר לו הילך וכו': איתמר רב אמר סוכה ואח"כ זמן רבה בר בר חנה אמר זמן ואחר כך סוכה רב אמר סוכה ואחר כך זמן חובא דיומא עדיף רבה בר בר חנה אמר זמן ואחר כך סוכה תדיר ושאינו תדיר תדיר קודם לימא רב ורבה בר בר חנה בפלוגתא דבית שמאי ובית הלל קמיפלגי דת"ר *דברים שבין בית שמאי ובית הלל בסעודה בית שמאי אומרים מברך על היום ואחר כך מברך על היין ובית הלל אומרים מברך על היין ואחר כך מברך על היום בית שמאי אומרים מברך על היום ואח"כ מברך על היין שהיום גורם ליין שיבא וכבר קידש היום ועדיין יין לא בא ובית הלל אומרים מברך על היין ואחר כך מברך על היום שהיין גורם לקידושא שתאמר *ד"א ברכת היין תדירה וברכת היום אינה תדירה תדיר ושאינו תדיר תדיר קודם לימא רב דאמר כבית שמאי ורבה בר בר חנה דאמר כבית הלל אמר לך רב אנא דאמרי אפילו לבית הלל עד כאן לא קאמרי בית הלל התם אלא שהיין גורם לקידושא שתאמר אבל הכא אי לאו זמן מי לא אמרינן סוכה ורבה בר בר חנה אמר לך אנא דאמרי אפילו לבית שמאי עד כאן לא אמרי בית שמאי התם אלא שהיום גורם ליין שיבא אבל הכא אי לאו סוכה מי לא אמרינן זמן תנן בעצרת אומר לו הילך מצה הילך חמץ והא הכא דחמץ עיקר ומצה טפל וקתני הילך מצה והילך חמץ תיובתא דרב אמר לך רב תנאי היא דתניא הילך מצה הילך חמץ אבא שאול אומר הילך חמץ הילך מצה דרש רב נחמן בר רב חסדא לא כדברי רב דאמר סוכה ואחר כך זמן אלא זמן ואחר כך סוכה ורב ששת בריה דרב אידי אמר סוכה ואחר כך זמן והלכתא סוכה ואחר כך זמן: משמר שזמנו קבוע [וכו'] ושאר קרבנות צבור: לאתויי מאי לאתויי פר העלם דבר של צבור ושעירי עבודת כוכבים: והוא מקריב את הכל: לאתויי מאי לאתויי קייץ המזבח:

מתני' יום טוב הסמוך לשבת בין מלפניה בין לאחריה היו כל המשמרות שוות בחילוק לחם הפנים חל להיות יום אחד [להפסיק] בינתים משמר שזמנו קבוע היה נוטל עשר חלות והמתעכב נוטל שתים ובשאר ימות השנה *הנכנס נוטל שש והיוצא נוטל שש רבי יהודה אומר הנכנס נוטל שבע והיוצא נוטל חמש הנכנסין חולקין בצפון והיוצאין בדרום בילגה לעולם חולקת בדרום וטבעתה קבועה וחלונה סתומה:

גמ' מאי מלפניה ומאי מלאחריה אילימא לפניה יום טוב ראשון לאחריה יום טוב אחרון היינו שבת שבתוך החג אלא לפניה יום טוב אחרון לאחריה יום טוב ראשון מ"ט כיון דהני מקדמי והני מאחרי תיקנו רבנן מילתא כי היכי דניכלו בהדי הדדי: חל יום אחד: והני

תוספות

עד כאן לא קאמרי ב"ה התם אלא שהיין גורם לקידוש שתאמר · תימה הא קאמרי ב"ה דהיין תדיר וי"ל לא מטעם זה לחודיה קודמת לחובת היום דנימא מטעם זה יקדים זמן לסוכה ושמא איט בא ליישב דברי רב אלא לפי דבריו בדין ולא לפי טעמי בית הלל:

והלכתא סוכה ואח"כ זמן · ולא חיישינן לסתם מתני' דקתני הילך מצה הילך חמץ א"נ חשיב נמי לחם הפנים חובת היום אף על פי שהם משבת שעברה: בולינא

רש"י

תלמוד לומר חלק כחלק · בתריה דההוא קרא דלעיל כתיב דאוקמא ברגל: **חלק אכילה** · שוה בכולן כחילוק עבודה דאתרבי לעיל מובא בכל אות נפשו ושרת: **ומאי אכילה** · איצטריך לאשמועינן: **אילימא אכילה דקרבנות** · דשעירי חטאות וחזה ושוק: **מהתם נפקא לכהן המקריב אותה וגו'** · מי שעובדה אוכלה וכיון דאתרבי לעבודה פשיטא דמיכל נמי אכלי: **אלא לחם הפנים** · איצטריך לרבויי שאין בו שום עבודת לחם שכבר נעשית עבודתו משבת שעברה: **יכול אף חובות הבאות שלא מחמת הרגל ברגל** · יהו זוכין בעבודתן ויחלוקו: **ת"ל לבד ממכריו** · חוץ ממה שמכרו אבות זה לזה: **ומה מכרו אבות זה לזה** · כלומר שהתנו ביניהם שיהו משמשין כל אחד בשבתו קבוע: **אני בשבתי ואתה בשבתך** · ונדרים ונדבות וקרבנות צבור דאיתנהו בשאר ימות השנה והרי הן למשמר המשמש ליתנהו בכלל הרגל. שלא יהו שוין בהן אלא למשמר שבאותו שבוע יהו כבשאר ימות השנה הלכך על כרחך לא אתרבו מחלק כחלק יאכלו אלא ממשמעותיה דקרא דבר שאין בו אלא אכילה והיינו לחם הפנים דאכילה אית ביה אבל עבודה לית ביה: **סוכה ואח"כ זמן** · מי שלא בירך שהחיינו בעשייתה שהיתה עשויה ועומדת ותניא בפרק לולב וערבה (לעיל דף מו.) כשנכנס לישב מברך שתים סוכה וזמן ואמר רב סוכה לימא ברישא והדר זמן: **זמן תדיר** · שנוהג בכל הרגלים: **דברים שבין ב"ש וב"ה בסעודה** · דברים שנחלקו בהלכות סעודה: **מברך על היום** · כשמקדש בערבי שבתות קידוש היום תחילה ואחר כך ברכת היין: **שהיום גורם ליין שיבא** · שאם לא מפני קידוש לא היה נזקק לכוס לפני סעודה: **וכבר קדש היום** · כלומר ועוד טעם אחר שקדש היום מאליו משחשיכה ועדיין יין לא בא לפניו: **שהיין גורם לקידוש שתאמר** · שאם לא היה לו יין לא היה מקדש בכדי והוא הדין נמי למקדש על הפת מקדים ברכת הפת מהאי טעמא שהפת במקום יין: **לימא רב** · דאמר חובת היום עדיפא מתדיר דאמר כבית שמאי: **ורבה כב"ה** · דאמרי תדיר עדיף: **אלא שהיין גורם כו'** · אי לאו דהאי טעמא נמי איכא משום תדיר לא הוו מקדמו ליה דחובת היום עדיפא: **אי לאו סוכה** · אי לאו ישיבת סוכה מי לא אמרינן זמן כגון הולכי דרכים דפטורין מן הסוכה אומרין זמן בשביל המועד כמו בשאר רגלים: **דחמץ עיקר** · שהיא חובה ליום: **ומצה טפל** · שהוא של שבת שעברה וקתני דפלגי מצה ברישא אלמא תדיר עדיף: **פר העלם דבר של צבור** · אם אירע בהן ברגל שעברו עבירה בהוראת ב"ד: **קייץ המזבח** · כשהוא בטל שכלתה הקטרת תמיד ואין מביא נדר ונדבה היו שופרות שם שנותנין בהם מעות כל מותרות השנויין בהש"ס בכל מקום וכ"מ שאמרו ירעו עד שיסתאבו וימכרו ויפלו דמיהן לנדבה ומהן לוקחין עולות לקיץ המזבח ולשון קיץ כאדם האוכל תאנים בקינוח סעודה *:

מתני' בין מלפניה בין מלאחריה · מפרש בגמרא שחל יו"ט לאחריה דלא הוי ליה שבת שבתוך החג ואפ"ה הואיל וצריכין להקדים ביאתן מע"ש בשביל יו"ט שהרי בשבת לא יוכלו לבא חולקין בלחם הפנים וכן *אם חל שמיני לפניה בע"ש אע"פ שאין השבת בתוך החג חולקין בו הואיל ולא יוכלו ללכת: **חל יום אחד להפסיק בינתים** · כגון שחל יו"ט ראשון בשני בשבת שהיו יכולין לבא באחד בשבת והם קדמו ובאו מע"ש או שחל יו"ט האחרון בחמישי בשבת שהיו יכולין לילך מע"ש ונתעכבו שם בשבת כל המשמרות שנתעכבו אין נוטלין אלא שתי חלות ומשמר שזמנו קבוע נוטל עשר וחולקין אותן בין משמר הנכנס למשמר היוצא כדרך כל שבתות השנה: **הנכנס נוטל שבע** · מפרש בגמרא שהמשמרות מתחלפות בשבת זו עובדת שחרית וזו עובדת ערבית כדאמרינן בגמרא בברייתא: **הנכנסים חולקין ביניהם בצפון** · את המגיע לחלקן כדאמרינן בגמרא כדי שיראו הנכנסין שהצפון עיקר שהרי קבעו הכתוב לשחיטת קדשי קדשים: **והיוצאים חולקים בדרום** · כדי שיראו שהן יוצאין והולכין להם לפיכך שינו מקומן אלל רוח שאינו עיקר: **בילגה** · שם המשמרה: **לעולם חולקת בדרום** · ולפי' כשהיא נכנסת קנס הוא שקנסוה כדמפרש בגמרא: **וטבעתה קבועה** · כ"ד טבעות היו בעזרה במקום בית המטבחיים כנגד עשרים וארבע משמרות והיו נתונות באבני רצפה והטבעת פתוחה מצד אחד והופכה למעלה ומכניס צואר הבהמה לתוכה וחוזר והופך פתחה לתוך הרצפה וטבעת של בילגה קבועה ואינה נהפכת כדי שתשתמש בשל אחרים וגנאי הוא לה: **וחלונה סתומה** · חלונות היו בבית החליפות בעובי כותלי התאים שבצפונו של היכל ששם גונזין את סכיניהן כדתנן במסכת מדות (פ"ד משנה ז) וכתמו חלונה של בילגה: והני

רבינו חננאל

נכנסים בשער אחד ושרת. ותלמודא דלחם הפנים [מדכתיב] חלק כחלק יאכלו השוה (בין) אכילה לעבודה מה עבודה פי' עבודה של אמורי הרגלים שאמרנו בה שכל המשמרות שוין בחילוקה כן חלק אכילת לחם הפנים טלן לוקחין ממנו *) ובא בכל אות נפשו אף אכילה כיוצא בה · והני מילי ברגלים אבל בשאר ימות השנה לבד ממכריו כו' מה מכרו אבות זה לזה אני בשבתי ואתה בשבתך כל המשמרת זוכה בכל הקרבנות הבאות בשבתה:

פיסקא אתמר רב אמר סוכה ואח"כ זמן. פירוש מקדים ומברך לישב בסוכה ואח"כ זמן סבר חיובא דיומא עדיף לאקדמה · רבה בר בר חנה אמר זמן ואחר כך סוכה סבר תדיר קודם ורב אמר לך הא הוראה בעלמא הוא ולית בית תדיר קודם **) וחלוקת ב"ש וב"ה קמו בה רב ורבה בר רב הונא וכל חד מינייהו אזיק ססריה כתרווייהו ואתינן לאכרועי מדתנן הילך [מצה] תחלה דהיא תדירה והדר חמץ דהוא חיובא דיומא ואמר לך רב תנאי היא ואסיקנא כרב והלכתא סוכה ואח"כ זמן:

מתני' יו"ט הסמוך לשבת מלפנית כו' מאי לפניה ומאי לאחריה · פירוש יו"ט האחרון שחל בע"ש והו לפניה ואם חל יו"ט הראשון להיות באחד בשבת זהו לאחריה · מ"ט כיון דהני לא סגי להו אלא דקדמי אתי והני לא סגי דלא מעכבי תקינו רבנן להו לחם הפנים אבל יום טוב הראשון לפניה יום טוב אחרון לאחריה (היינו) שבת שבתוך החג ואנן בעינן שתהא שבת לרגל הסמוכה ואינה מן הרגל [רק] כיון שאי אפשר לבאין שלא יקדימו בו' בשבת בזמן שהיא לפני הרגל ואי אפשר שלא יתעכבו עד אחד בשבת בזמן שהוא אחר הרגל תקנו חכמים לשאר משמרות לחלוק בלחם הפנים · ויש מי שאומר יו"ט סמוך לשבת מלפנית כגון דמקלע יו"ט באחד בשבת · כל יו"ט דהוא צריכין משמרות למיתיא מן מעלי [שבתא] ומאחריה כגון דמקלע יו"ט במעלי [שבתא] כל יום דצריכין משמרות לאחורי עד בתר שבתא תקינו להו רבנן לכל המשמרות לחלוק בלחם הפנים:

מתני' חל [יום] אחד להפסיק בינתים כו': פיסקא אחד מימי החול (יום) להפסיק בין יו"ט לשבת וזהו בינתים כאשר פירש הנה והוא הסביא לידי עיכוב כו' עד המתעכב נוטל פי שנים · פי' כגון שחל יו"ט האחרון להיות בחמישי בשבת ויש במשמרות מי שעייתותיהן רחוקות ונמנעין מלצאת בע"ש ומתאחרות וצריך להתעכב עד אחד בשבת וזו היא משמר המתעכב כזה ששנינו משמר שזמנו קבוע והוא משמר היוצא ומשמר הנכנס נוטל י' חלות והמתעכב כגון זה שפירשנו למעלה נוטל שתים וכן בזמן שחל יו"ט (האחרון) הראשון בשני בשבת נמצא משמר היוצא מתעכב (לחג) [משום החג]שאינו יכול לילך ולחזור בו ביום

*) נראה דחסר כאן איזה תיבות וצ"ל כמו דבעבודה כולן חולקין בה דכתיב ובא בכל אות נפשו ושרת אף אכילה כיוצא בה. **) נראה דצ"ל וס"ד דתלמודא דבחלוקת ב"ש וב"ה קמו בה רב וכו'.

סימן תרמג ס"ג - [ח]בשאר ימים מברך על הסוכה קודם ברכת המוציא - ר"ל דביו"ט הלא מבואר לעיל בס"א, יין קידוש וסוכה, וביארנו שם טעם הדבר, דא"א לברך על הסוכה קודם קידוש היום, **אכן** בשאר הימים שאין בהם קידוש, דעת המחבר דצריך לברך על הסוכה קודם ברכת "המוציא", כדעת רבינו מאיר מרוטנבורג, דבה נתחייב תחלה תיכף שנכנס וישב בה לסעוד סעודתו, וראוי לסמוך הברכה להישיבה כל מה דאפשר, **אך** העולם לא נהגו כן כדמסיים.

[ט]ונוהגים לברך על הסוכה אחר ברכת המוציא, קודם שיטעום - כדי שיתחיל בסעודה, דעל ידה הוא עיקר חיוב הסוכה, ואח"כ יברך, **ולא** הוי הפסק בין ברכת "המוציא" לאכילה, דצורך סעודה הוא כמו קידוש.

הגה: הכי נוהגין בחול, אבל בשבת ויום טוב שיש בהן קידוש - על היין, ואומר על הכוס סוכה וזמן כדלעיל, **מברך לאחר קידוש (מהרי"ו)** - דאז הוא זמן התחלת הסעודה, {דמקודם אין רשאי לאכול}, ושייך אז לברך ברכת הסוכה, ואח"כ המוציא על הפת, **ואם** מקדש על הפת, אומר "המוציא" וקידוש וסוכה וזמן, **משא"כ** בחול שאין שם אלא "המוציא" מברך על הסוכה תיכף אחר ברכת "המוציא".

ולענין סעודת שבת ויו"ט שחרית, שאין בהם קידוש רק ברכה בעלמא על הכוס, יש דיעות בין האחרונים, **י"א** דבזה אין כדאי להפסיק בברכת סוכה בין הברכה להשתיה, דעל השתיה ליכא חיוב סוכה כלל, אלא יברך אותה אחר ברכת "המוציא" למנהגינו, **וי"א** דגם בזה כיון שמכין עצמו בקידוש זה לאכילה, יברך אותה קודם שיטעום מן הכוס, **ודעביד** כמר עביד, ודעביד כמר עביד.

והנה זה הוא בנוטל ידיו אח"כ לסעודה, **אבל** אם אינו רוצה עתה לסעוד סעודתו, רק מברך על הכוס ואוכל אחריו פת כיסנין, כדי שיהיה קידוש זה במקום סעודה, **מצדד** בשע"ת, דבזה לכו"ע יברך ברכת סוכה קודם שיטעום מן הכוס.

ואם קידש בבית ואוכל בסוכה, או איפכא, עיין לעיל סימן רע"ג סעיף א'.

אות ב'

מברך על היין ואחר כך מברך על היום

סימן רעא ס"י - ואח"כ אומר בפה"ג ואח"כ קידוש.

אות ג'

יום טוב הסמוך לשבת, בין מלפניה בין לאחריה, היו כל המשמרות שוות בחילוק לחם הפנים

רמב"ם פ"ד מהל' תמידין ומוספין הי"ב - ובזמן שיהיה יום טוב של אחד משלשה רגלים בשבת, וכן בשבת שבתוך החג, חולקין כל המשמרות בשוה בלחם הפנים; וכן אם חל יום טוב הראשון של חג באחד בשבת, חולקין כל המשמרות בשוה מערב יום טוב שהוא שבת בלחם הפנים, מפני שהקדימו לעבודה; וכן אם חל יום טוב האחרון להיות בערב שבת, חולקין כל המשמרות בשוה בלחם הפנים באותה שבת שהיא מוצאי החג; ודבר זה תקנה כדי שיתאחרו הכהנים בשביל חילוק לחם הפנים, ואם נתאחר אחד מבעלי משמר ולא בא, ימצא אחר. השגת הראב"ד: א"א איני יודע מה שאמר כדי שיתאחרו, והלא על כרחם מתאחרים ולפיכך הם חולקים; [י]ומ"ש ואם נתאחר אחד מבעלי משמר וכו', הכל הבל.

אות ד'

חל להיות יום אחד [להפסיק] בינתים, משמר שזמנו קבוע היה נוטל עשר חלות, והמתעכב נוטל שתים

רמב"ם פ"ד מהל' תמידין ומוספין הי"ג - חל יום אחד להפסיק בין השבת ובין יום טוב, כגון שהיה יום טוב הראשון של חג בשני, או יום טוב האחרון בחמישי, או יום של עצרת שחל להיות בשני או בחמישי, משמר שזמנו קבוע באותה שבת נוטל עשר חלות, וזה הנכנס נוטל שתים, שהרי לא נשאר להם לעבודה הם לבדם אלא יום אחד שהוא ערב שבת או אחד בשבת, ומתעצלין ואין באין מהן אלא מעט.

[יא]השגת הראב"ד: א"א כל מה שכתב בכאן הבל ורעיון רוח, שהמשמר שזמנו קבוע הם שני משמרות של אותה שבת, והם נוטלין י' חלות, והמשמר שהוא רחוק מביתו ולא יגיע לביתו ביום אחד, מתעכב שם ונוטל שתי חלות.

באר הגולה

[ח] טור בשם מהר"ם מרוטנבורג [ט] שם בשם אביו הרא"ש [י] ‹וי"ל לדעת רבינו, דמאי כדי שיתאחרו דקאמר, שיתאחרו במקדש ולא ימנעו מלבא למקדש, וכ"ת מה תועלת יש לנו כשיבאו למקדש, שאם יתאחר אחר מבעלי משמר מלבא למקדש, ימצא אחר שיבא במקומו, וטעם מתיישב הוא - כסף משנה›, ‹ארישא, אם חל יום טוב הראשון של חג באחד בשבת, והקדימו לעבודה, שאם נתאחר אחד מבעלי משמר ולא בא, ימצא אחר, **אלא** דיש להוסיף עפ"מ שכתב הרמב"ם בהל' י"ג, {עיין לקמן בסמוך}, שהרי לא נשאר להם לעבודה הם לבדם אלא יום אחד, שהוא ערב שבת או אחד בשבת, ומתעצלים ואין באים מהם אלא מעט, **וא"כ** גם כאן כיון דבאחד בשבת חל יום טוב שבו חלוף המשמרות, המשמר שצריך לבוא על שבת זה אין להם לעבודה הם לבדם אלא שבת זה, ומתעצלים ואין באים מהם אלא מעט, וא"כ בזה פשוט שהוא תועלת בזה שהקדימו לבא למקדש מערב יום טוב שהוא שבת מכל המשמרות הבאים על יום טוב, **אבל** בסיפא אם חל יום טוב האחרון להיות בערב שבת, שבשבת זה יש לבני המשמר של השבוע כל השבוע לעבודה, וא"כ שפיר צריך טעם איזה תועלת יש מן המתאחרים ונשארים במקדש בשבת מכל המשמרות שהיו בחג, ולכן כתב הרמב"ם שאם נתאחר אחד מבעלי משמר ולא בא ימצא אחר, **ומבואר** שעירב הכ"מ הטעמים, דשלא ימנעו לבוא הוא ארישא, וכדי שיתאחרו אסיפא - אבן האזל› [יא] ‹ופירש"י... וכך הם דברי הראב"ד. **אבל** רבינו מפרש חל יום א' להפסיק בינתים, הוא שיהיה יום טוב ראשון

אות ה'

ובשאר ימות השנה, הנכנס נוטל שש והיוצא נוטל שש

רמב"ם פ"ד מהל' תמידין ומוספין הי"ב - כיצד חולקין לחם הפנים בכל שבתות השנה, משמר הנכנס נוטל שש חלות, ומשמר היוצא נוטל שש; הנכנסין חולקין ביניהם בצפון שהרי הן מוכנים לעבודה, והיוצאין חולקין בדרום.

באר הגולה

של חג בשני בשבת או יום טוב אחרון יום ה', וכשאירע כן לא ישאר למשמר השני הנכנס אלא עבודת יום ראשון בלבד, ויבוא החג וישתתפו כלם בעבודה, אם יחול יום טוב הראשון יום שני, או יכנס המשמר שני יום שבת אם יחול יום טוב האחרון יום ה', לפי שכל יום שבת הוא יום שמתחלפין תצא אחת ותכנס השניה ומחלקים לחם הפנים, וכשיזדמן לאחת מהמשמרות זה המשמר שלא ישאר לו לעבוד אלא יום אחד, יתעצל בדבר ויתעכב מלבא, ותרגום ויתמהמה ואיתעכב, ולפיכך תקנו לו שיקח מלחם הפנים שתי ככרות בלבד, עכ"ל בפירוש המשנה. **נמצא** לפירוש זה כשחל יום טוב ביום שני, בשבת שקודם יום טוב, משמר היוצא נוטל עשר והנכנס נוטל שתים, וכשחל יום טוב האחרון להיות בחמישי, בשבת שאחר המועד, משמר הנכנס נוטל עשר והיוצא נוטל שתים. **ופירוש** מתיישב הוא ואיני יודע למה ההביל אותו הראב"ד, ואדרבא לישנא דהמתעכב דנקט מתניתין אתי שפיר טפי לפירוש רבינו, דהיינו המתאחר מלבא לעבודה, ואילו לפירוש רש"י והראב"ד, נהי דכשחל יו"ט האחרון בה' שייך לומר המתעכב, כשחל יום טוב הראשון בשני לא שייך לומר אלא המקדים - כסף משנה›

עין משפט נר מצוה

לה א מיי' פ"ד מהל' תמידין הלכה ט :

מסורת הש"ס

גמ' והני תרתי מאי עבידתייהו אמר ר' יצחק בשכר הגפת דלתות ונימא ליה דל בדל אמר אביי *בוצינא טבא מקרא אמר רב יהודה ובמוספין חולקין מיתיבי *משמרה היוצאת עושה תמיד של שחר ומוספין משמרה הנכנסת עושה תמיד של בין הערבים ובזיכין ואילו מוספין חולקין לא קתני האי תנא בחלוקה לא קא מיירי אמר רבא והא תנא דבי שמואל דמיירי בחלוקה ובמוספין חולקין לא קתני דתנא דבי שמואל משמרה היוצאת עושה תמיד של שחר ומוספין משמרה הנכנסת עושה תמיד של בין הערבים ובזיכין ארבעה כהנים היו נכנסין שם שנים ממשמר זו ושנים ממשמר זו וחולקין לחם הפנים ואילו במוספין חולקין לא קתני תיובתא דרב יהודה תיובתא : הנכנסין חולקין בצפון : ת"ר *הנכנסין חולקין בצפון כדי שיראו שהן נכנסין והיוצאין חולקין בדרום כדי שיראו שהן יוצאין : בילגה לעולם חולקת בדרום : ת"ר *מעשה במרים בת בילגה שהמירה דתה והלכה ונשאת לסרדיוט אחד ממלכי יוונים כשנכנסו יוונים להיכל היתה מבעטת בסנדלה על גבי המזבח ואמרה לוקוס לוקוס עד מתי אתה מכלה ממונן של ישראל ואי אתה עומד עליהם בשעת הדחק וכששמעו חכמים בדבר קבעו את טבעתה וסתמו את חלונה ויש אומרים משמרתו שוהה לבא ונכנס ישבב אחיו עמו ושימש תחתיו אע"פ ששכיני הרשעים לא נשתכרו שכיני בילגה נשתכרו שבילגה לעולם חולקת בדרום וישבב אחיו בצפון בשלמא למ"ד משמרתו שוהה לבא היינו דקנסינן לכולה משמר אלא למ"ד מרים בת בילגה שהמירה דתה משום ברתיה קנסינן ליה לדידיה אמר אביי אין כדאמרי אינשי שותא דינוקא בשוקא או דאבוה או דאימיה ומשום אבוה ואימיה קנסינן לכולה משמרה אמר אביי אוי לרשע אוי לשכינו טוב לצדיק טוב לשכינו [שנאמר ישעיה ג °אמרו צדיק כי טוב כי פרי מעלליהם יאכלו] :

הדרן עלך החליל וסליקא לה מסכת סוכה

בוצינא טבא מקרא · משל הדיוט הוא האומר לחברו דלעת קטנה אני נותן לך במחובר אם תרצה להניחה עד שתיגדל ותיעשה קרא תניחה טוב לו ליטלה מיד שמא לאחר זמן יתחרט בו זה או שמא לא יצטרך זה לזה כך פי' בקונטרס °ור"ת מפרש דעל כרחך בוצינא וקרא שני מינים הם דקשואין מתרגמינן בוצינא ודלעת היינו קרא כדמוכח בנדרים פרק הנודר מן המבושל (דף נא.) דאמרינן מאי דלעת הרמוצה קרי קרקוזא וקישואין ודילועין ב' מינים כדמוכח במסכת כלאים (פ"ג מ"ה) דתנן נוטע אדם קישות ודלעת בתוך גומא א' ובלבד שתהא זו נוטה לצד זו וזו נוטה לצד זו ונוטה שער של זו לכאן ושער של זו לכאן ועוד ראיה מהא דאמרינן בפרק שלשה שאכלו (ברכות דף מח.) בוצינא מקטפי' ידיע משמע דלאחר שנגמר הפרי נקרא בוצינא ואומר ר"ת שהקישות מין פרי קטן מדלעת שממהר להתבשל ויכול לתולשו מיד והדלעת גדולה ואינה ממהרת להתבשל ואין יכול לתולשה עד לאחר זמן ואוהב אדם דבר מועט לאלתר מדבר מרובה לאחר זמן* :

[וע"ע תוס' כתובות פג:]

הדרן עלך החליל

וסליקא לה מסכת סוכה

גמ' וסני תרתי מאי עבידתייהו · אדר' יהודה קאי דאמר הנכנס נוטל שבע : בשכר הגפת דלתות · שמשמר הנכנס מגיף הדלתות ערבית שפתח אותן משמר היוצאת : ונימא ליה · יוצא לנכנס : דל בדל · הסר חוק זה מכאן בשביל שיסירוהו אצלך אם תטול עכשיו שבע יטול לשבת הבאה משמר הנכנס שבע ואתה* טול עתה בשוה כדי שתטול גם אתה לשבת הבאה בשוה דל הסר כמו דל רגלים (ר"ה דף ז:) וכדגרסינן בריש מסכת (דף ב.) דל עשתרות קרנים איכא צל סוכה דל דפנות ליכא צל סוכה דל מעשר בהמה (ר"ה דף ז:) : בוצינא טבא מקרא · משל הדיוט הוא האומר לחבירו דלעת קטנה אני נותן לך במחובר אם תרצה לתולשה עכשיו תלוש ואם תרצה להניחה עד שתיגדל ותיעשה קרא הניחה ותגדל טוב לו ליטלה מיד שמא לאחר זמן יתחרט בו זה או שמא לא יצטרך זה לזה ה"נ גבי משמרות מי שראוי ליטול עכשיו לא ימתין לשבת הבאה : ובמוספין חולקין · כי היכי דפלגי בלחם הפנים משמר הנכנס והיוצא פלגי נמי בעורות המוספין של כל שבת : ובזיכין · מסלקין ומסדרין להם הפנים ומקטירין שני בזיכי לבונה שסילקו מעל השלחן והן מתירין את הלחם באכילה כדכתיב והיה ללחם לאזכרה : האי תנא לא איירי בחלוקה כלל · ואם תאמר מאחר שהמשמר היוצא עושה המוספין היאך יחלקו בהם משמר הנכנס איכהו נמי מהפכי בהו בכיורא על המזבח כל היום לאחר שילא משמר היוצא ומתניתין דאיירי בחלוקה ולא תנא חלוקה דמוספין היינו טעמא דלא אותביה דאיכא למימר תנא דמתניתין איידי דאיירי בלחם הפנים דרגלים הוא איירי בלחם דשאר ימות השנה ואגב גררא בעלמא נקט חלוקה בשאר שבתות : נכנסין · לעזרה : כדי שיראו נכנסין · טעמא דמתניתין קא מפרש וגמרא היא : מרים בת בילגה · ממשמר בילגה היתה וכן שמה : כשנכנסו יוונים להיכל · בימי מתתיהו בן יוחנן :

לוקוס · הוא זאב בלשון יווני : וכששמעו חכמים בדבר · לאחר שגברה יד בית חשמונאי : סתמו חלונה · של משמרה ולקמן פריך ומשום דידה קנסינן לכולה משמרה : משמרתו של בילגה שוהה לבא · כשהגיע שבת שלה לא היו באים ומוכחא מילתא שאין העבודה חביבה עליה : ונכנס ישבב אחיו · סדר משמרות בילגה אחר ישבב וכשישבב יוצא בילגה נכנס וכששהה משמרת בילגה לבא עיכבן ישבב במשמרתו ולא יצא לפיכך קנסוה : ואע"פ שכל שכיני הרשעים לא נשתכרו · דאוי לרשע אוי לשכינו : שכיני בילגה נשתכרו · היינו ישבב : שבילגה לעולם חולקת בדרום · ואפי' בכניסתו וישבב לעולם בצפון אף ביציאתו שהרי בילגה נכנס אחריו ושבח הוא להם לחולקי לצפון : משום ברתיה קנסינן ליה לדידיה · כלומר אפי' לאבוה מי הוה לן למיקנסיה : שותא דינוקא בשוקא דאבוה או דאימיה · משל הדיוט הוא מה שהתינוק מדבר בשוק מאביו או מאמו שמע אף (*זה) אם לא שמעה מאביה שהיה מבזה את העבודה לא אמרה כן שותא דיבור כמו לא תיפוק לכו שותא (כ"ב דף לט.) ובקדושין (דף ע.) שותא דמר לא ידענא : אוי לרשע ואוי לשכינו · בתורת כהנים תניא וחללו את האבנים נגע באבן שבמקצוע שניהן חוללין ואע"פ שהנגע לא נראה אלא בביתו של זה מחמת שהיתה עיטו נרה בכליו חבירו לקה בשבילו מכאן אמרו אוי לרשע אוי לשכינו וממילא טוב לצדיק טוב לשכינו דמדה טובה מרובה :

[נ"ל זו]

הדרן עלך החליל וסליקא לה מסכת סוכה

רבינו חננאל

ביום *) הלכך נוטל ב' חלות יתירות ושאר כל ימות השנה הנכנס נוטל ו' והיוצא נוטל ו' ר' יהודה אומר הנכנס והן באי שבת נוטלין ז' חלות שתים יתירות על יוצאי השבת בשכר הגפת דלתות שהיוצאין פתחו והבאין צריכין לסגור וזהו ששנינו הנכנס נוטל ז' בשכר הגפת דלתות ואמרינן לימא ליה משמר היוצא למשמר הנכנס נחלוק י"ב חלות ו' ו' וכן בשבת הבאה תחלקו אותן עם המשמר הנכנס ו' ו' · זהו פירוש דל בדל פירוש לישנא קלילא הוא מן דלי ודילך · כלומר לא תיסב דילי כי היכי דלא לישקלן בשבת הבאה דילך ודחינן אמר אביי בוצינא טב מקרא · כלומר הנאה הבאה עכשיו ואפילו היא מועטת כגון הנאת קישואין שהיא קטנה ואדם אוכלה מיד חפץ בה ובוחר באכילתה מיד מאכילת דלעת שהיא צריכה איחור עד שתתבשל בוחר וקרוב ואפילו היא פחות מן הרחוק כך אני טב לי ב' חלות בשבת זו יותר מחמשת לשבת אחרת · אמר רב יהודה ובמוספין חולקין · ואיתותב רב יהודה ונתברר כי המוספין של משמר היוצא הן בלבד : מתני' הנכנסין חולקין בצפון והיוצאין בדרום בילגה לעולם חולקת בדרום טבעתה קבועה וחלונה סתומה · פי' בילגה שם המשמר · ומסקנא דשמעתין מפני ששהתה ולא באה בשבתה במקדש לעבוד עבודתה קנסוה חכמים בחלונה ובטבעתה ובחלוקה פי' בחלוקה שחולקת בדרום לעולם ותצא לפיכך בילגה לעולם נראית יוצאה לעולם טבעתה קבועה פירוש שהיתה לכל משמר טבעת של ברזל קבועה בקרקע ופירושו שקושרין חבל ברגלי השור ומכניסין חבל ההוא בטבעת ומושכין החבל מעט מעט ומפילין השור בניחותא דחיישינן לריסוק אברים · ופירש בתלמוד א"י רב אמר משום ר' יהודה טבעות שעשו רחבות מלמטן וצרות מלמעלן · ושנינו במדות פ"ג טבעות היו לצפונו של מזבח שש הסדרים של ד' ד' וי"א ד' של שש שש שעליהן שוחטין את הקדשים ותנא בתוספתא כ"ד טבעות היו שם כנגד כ"ד משמרות למה אלו חלונות של לוים שהיו נותנין בהן כלי שיר והן זולתי חלונות כהנים · ועוד תנן בסוטה בפרק עגלה ערופה יוחנן כ"ג העביר הודיית המעשר ואף הוא ביטל את המעוררין ואת הנוקפין ופירש בתלמוד בענין הנוקפין אמר רחבה שהיו מטרטין לעגל בין קרניו כדי שיפול לו דם מעיניו · ובא הוא ואסר לעשות כך · משום דמחזי כמומא במתניתא תנא שהיו מכין העגל בין קרניו כדרך [שעושין] לע"ז אמר להן יוחנן כ"ג עד מתי אתם מאכילין למזבח נבלות והא שחוטות נינהו · אלא אימא טרפות חיישינן שמא ניקב קרום של מוח מה עשה תיקן להם טבעות בקרקע כאשר פירשנו כבר למעלה ענין הטבעות וחלונות של כהנים היו נותנין בהן בגדיהן ולא היו מניחין עליהם אלא מכנסים בלבד וחלונות היו שם וכתוב בהן תשמיש הכלים וכך היו להן חלונות לתת בהן סכינים ששוחטין בהן דתנן ופ"ז אמה מן הדרום והוא היה נקרא בית החליפות ששם גונזין את הסכינין וקנסו בילגה ששהתה לבוא בשלשתן על אלו נאמר אוי לרשע ואוי לשכנו אשרי לצדיק לשכנו :

*) לדברי רבינו משמר שמתעכב היינו משמר היוצא ונוטל שתי חלות לבד מה שנוטל חלק כחלק בעשר חלות עם משמר הנכנס .

נ"ל ואתה חמש

כתובות פג: תמורה ע.

[תוספתא פ"ד]

[תוספתא פ"ד]

גליון הש"ס

תוס' ד"ה בוצינא וכו' ור"ת מפרש · עיין טורי אבן מגילה דף יב ע"ב תוס' ד"ה היינו דאמרי

הדרן עלך החליל וסליקא לה מסכת סוכה

§ מסכת סוכה דף ע: §

אות א'

משמרה היוצאת עושה תמיד של שחר ומוספין, משמרה הנכנסת עושה תמיד של בין הערבים ובזיכין

רמב"ם פ"ד מהל' תמידין ומוספין ה"ט - בשבת שיש שם תמידין ומוספין ושני בזיכי לבונה כיצד הם עובדין,

מפיסין בשחר אנשי אותו בית אב של משמר היוצא, ומקריבין תמיד של שחר ושני כבשי עולה של מוספין, וכל שזכה בעבודה מעבודת התמיד של שחר הוא זוכה בה בשני כבשי מוסף; [א]והמשמר האחר שנכנס בשבת מפיסין פייסות אחרות לתמיד של בין הערבים, ואלו ואלו חולקין בלחם הפנים.

באר הגולה

א ‹אבל הבזיכין אינו מפרש מי מקריב להו, ועיין מש"כ מרן בשם הריטב"א, ומשמע שם דמשמר היוצא הוא מקריב אותם, ולכן מי שזכה בפייס השני בתמיד של שחר היו זוכין ג"כ בלבונה, ועיין בתוס' ישנים ביומא כ"ו ב' בד"ה שני בזיכי וכו', שכתבו ממש כמש"כ הריטב"א, **אמנם** בסוכה נ"ו ב' איתא, דמשמר הנכנס היו עושין את הבזיכין עם תמיד של בין הערבים, וכן הוא בתוספתא שם פ"ד יעו"ש, וכ"כ רבינו בפי' המשניות בספ"ו דתמיד יעו"ש היטיב, **אמנם** רבינו בעצמו לא כ"כ לקמן פ"ג הי"א, שכתב שם וז"ל, בשבת מקטירין את שני בזיכי לבונה עם המוספין, עכ"ל, ומשמע דהיינו עם תמיד של שחר אחר המוספין קודם ניסוך היין של המוספין, **אבל** יש לעיין לכאורה דהוא נגד הש"ס דסוכה הנ"ל, **והנה** התוס' ישנים ביומא כתבו, דהך דסוכה ס"ל דמוספין קודמין לבזיכין, והמשנה דיומא שם דקא חשיב שני בזיכין של לבונה בהדי תמיד של שחר, ס"ל דבזיכין קודמין למוספין, יעו"ש היטיב בד"ה ושנים בידם וכו', **וא"כ** רבינו דס"ל דמוספין קודמין לבזיכין, הו"ל לפסוק להלכה דבזיכין עם תמיד של בין הערבים נעשה, **לכן** נ"ל דרבינו ס"ל דהמשנה ס"ל דמוספין קודמין לבזיכין, דליכא למימר דס"ל דבזיכין קודם למוספין, דהא המשנה דפסחים נ"ח א' אוקמה אביי ורבא דס"ל מוספין קודמין לבזיכין, ומ"מ הך משנה דיומא חשיב לבזיכין בהדי תמיד של שחר, לכן פסק כסתם משנה דיומא, ודלא כברייתא דסוכה הנ"ל, וס"ל דאפילו למ"ד מוספין קדמי, מ"מ בזיכין נעשים עם תמיד של שחר והמוספין, ומ"מ צ"ע בזה, **ועיין** בשיורי קרבן בירושלמי יומא פ"ב ה"ב ד"ה חביתין וכו', שלכאורה נעלם ממנו דברי הריטב"א ותוס' ישנים, ומש"כ שמי שזכה בקטורת ומחתה זוכה בבזיכין, תמוה הוא, והוא נגד הש"ס דיומא ודו"ק - הר המוריה›

לעלוי נשמת
הרה"ג ר' שרגא פייבל
בן ר' מאיר הכהן הולנדר ז"ל

ולאשתו
מרת פייגע פעסל
בת ר' ישראל בנימין זאנטאג ע"ה

ולעלוי נשמת
הרה"ג ר' שמשון רפאל
בן הרב אהרן ווייס ז"ל

ולאשתו
האשה לאה
בת ר' משה קרליבך ע"ה

ולעלוי נשמת
הר"ר שלום שכנא בן
ר' שלמה זלמן הלוי גוטפריינד ז"ל

ולאשתו
מרת אסתר בת
ר' מרדכי לאובנשטיין ע"ה

ולעלוי נשמת
ר' דוד בן
ר' יהושע זליקוביץ ז"ל

ולאשתו
האשה רבקה לאה בת
ר' בנימין זאב הרשקוביץ ע"ה

This publication was made possible by Chazarah MP3.

Chazarah MP3 is a series of recorded shiurim covering all of Shas, Mishna Berurah, sections of Yoreh Deah, and all the Mishnayos in Shisha Sidrei Mishna. The purpose is to enable someone to review material that they're familiar with, (ie; daf yomi) quickly, and smoothly. Some have even been using it to learn new gemara. Additionally it helps people use their time productively when traveling etc.

The Gemara is read and translated in a clear and simple fashion, geared toward someone with a yeshiva backround. Almost all the Rashi's are spoken out as the Gemara is being explained. The approximate timing is 15 - 18 minutes a blatt.

For more information please call 718-646-1243 email info@chazarahmp3.com or visit www.chazarahmp3.com